V&R unipress

Deutschland und Frankreich im wissenschaftlichen Dialog
Le dialogue scientifique franco-allemand

Band / Volume 2

Herausgegeben von Willi Jung und Catherine Robert
Collection dirigée par Willi Jung et Catherine Robert

Angela Fabris / Willi Jung (Hg.)

Charakterbilder

Zur Poetik des literarischen Porträts

Festschrift für Helmut Meter

V&R unipress

Bonn University Press

Bibliografische Information der Deutschen Nationalbibliothek

Die Deutsche Nationalbibliothek verzeichnet diese Publikation in der Deutschen Nationalbibliografie; detaillierte bibliografische Daten sind im Internet über http://dnb.d-nb.de abrufbar.

ISBN 978-3-89971-794-5

Veröffentlichungen der Bonn University Press
erscheinen im Verlag V&R unipress GmbH.

Gedruckt mit freundlicher Unterstützung der BKS-Bank Klagenfurt, des Forschungsrats der Alpen-Adria-Universität Klagenfurt und der Fakultät für Kulturwissenschaften der Alpen-Adria-Universität Klagenfurt.

© 2012, V&R unipress in Göttingen / www.vr-unipress.de
Alle Rechte vorbehalten. Das Werk und seine Teile sind urheberrechtlich geschützt. Jede Verwertung in anderen als den gesetzlich zugelassenen Fällen bedarf der vorherigen schriftlichen Einwilligung des Verlages.
Printed in Germany.
Titelbild: Giuseppe Arcimboldo, »Il bibliotecario«, Skoklosters Slott, Stockholm
http://commons.wikimedia.org/wiki/File:Arcimboldo_Librarian_Stokholm.jpg
Druck und Bindung: CPI Buch Bücher.de GmbH, Birkach

Gedruckt auf alterungsbeständigem Papier.

Helmut Meter (Dezember 2011) Photo: Leonard Fister

Inhalt

Zum Geleit 13

Schriftenverzeichnis Helmut Meter 17

Angela Fabris / Willi Jung
Einführende Worte zu Geschichte und Poetik des literarischen Porträts . 27

Markante Beispiele mittelalterlicher Porträts

Mario Mancini (Bologna)
Mimesis, V: Auerbach decostruisce la *Chanson de Roland* 41

Cristina Noacco (Toulouse)
Parure de femme, armure de guerrière, tombeau d'héroïne: le portrait de
Camille en Amazone dans le *Roman d'Énéas* (vers 1160) 55

Giosuè Lachin (Padova)
La *descriptio personae* nei *Lais* di Marie de France 75

Gianfelice Peron (Padova)
Il ritratto doppio o ›incrociato‹ nel *Galeran de Bretagne* 97

Furio Brugnolo (Padova)
»Sovra la morta imagine avvenente«. Commento a due sonetti di Dante
(*Vita nuova*, VIII [3]) 117

Roberto Antonelli (Roma)
L'immagine femminile come funzione dell'Io maschile: *Chiare, fresche et
dolci acque* 137

Vom 16. zum 18. Jahrhundert: das literaturbezogene Porträt und das Porträt historisch-sozialer Ausrichtung

Cornelia Klettke (Potsdam)
Marguerite de Valois – Freilegung eines durch Mythenbildung
vernebelten und verschütteten Charakterbildes 149

Renzo Cremante (Pavia)
Il primato di Sofonisba nella tragedia del Cinquecento. Appunti per un
ritratto 167

Bernhard Huss (Erlangen)
Wenn Dichter Dichter porträtieren. Die literarischen Vergilbilder von
Luigi Groto und Giovan Battista Marino 179

Michael Bernsen (Bonn)
Das Porträt des Königs. Zwei Körper, zwei Diskurse 197

Klaus-Dieter Ertler (Graz)
Das Charakterbild in den Moralischen Wochenschriften – Justus Van
Effens *Le Misanthrope* 215

Angela Fabris (Klagenfurt)
Il ritratto veneziano del medio Settecento: Gasparo Gozzi 231

Arnaldo Bruni (Firenze)
Da Voltaire a Monti: perdita d'aureola del personaggio nella *Pulcella
d'Orléans* italiana 247

Franziska Meier (Göttingen)
»Il faut être né physionomiste«. Louis Sébastien Mercier und die Kunst
des Porträtierens nach der Französischen Revolution 259

**Techniken des Porträtierens im 19. Jahrhundert: die Register von
Individualisierung, Typisierung und variabler Selbstdarstellung**

Elvio Guagnini (Trieste)
Automitografia, ritratti e autoritratti poetici del giovane Foscolo 275

Marie-Catherine Huet-Brichard (Toulouse)
Chateaubriand et le portrait de Napoléon: Peut-on tuer les légendes? . . 285

Fabienne Bercegol (Toulouse)
George Sand portraitiste dans *Le Meunier d'Angibault* (1845) 295

Laurence Claude-Phalippou (Toulouse)
D'un portrait l'autre: du personnage au conteur dans »Le Dessous de cartes d'une partie de whist« de Barbey d'Aurevilly 309

Mario Richter (Padova)
Locuteurs et voyageurs dans *Le Voyage* de Baudelaire 319

Michela Landi (Firenze)
Sul »portrait fatal«: il *Victor Hugo* di Baudelaire 333

Yves Reboul (Toulouse)
Portrait et autofiction dans *Un cœur sous une soutane* de Rimbaud 353

Marina Paladini Musitelli (Trieste)
Il ritratto femminile nella narrativa verghiana d'ambientazione mondana   365

Rudolf Behrens (Bochum)
Die Szene der Hysterikerin. Medizinisches Porträt und soziale Wahrnehmung eines Krankheitsbildes im naturalistischen Roman 383

Um die Wende vom 19. zum 20. Jahrhundert: das Porträt als Mittel der Kritik an Individuum, Gesellschaft und Kultur

Edgar Sallager (Klagenfurt)
Von den Tücken der ›Wahrheit des Augenblicks‹: Émile Zola im *Journal* der Goncourt 401

Roberta Capelli (Trento)
Remy de Gourmont e le ›maschere‹ del Simbolismo 413

Pierre Glaudes (Paris)
La vision »démonique« des personnages dans *Le Journal d'une femme de chambre* d'Octave Mirbeau 427

Bernard Gallina (Udine)
Anatole France. Les variations sur le portrait d'un jeune homme entraîné
dans la Révolution 441

Francesco Zambon (Trento)
La figura di Circe nell'opera di Giovanni Pascoli 457

Das 20. Jahrhundert: Beispiele für das ambige, das verrätselte und das fragmentierte Porträt

Gino Tellini (Firenze)
Remo nelle *Sorelle Materassi:* un ritratto ambiguo 481

Patrizia Farinelli (Ljubljana)
›Mettere in musica‹ il personaggio: il ritratto letterario nella narrativa di
Savinio 495

Winfried Wehle (Eichstätt)
Identität *in absentia.* Über die Lyrik Salvatore Quasimodos 511

Marzio Porro (Milano)
Una figura sacrificale tra Ungaretti e Montale 529

Patrick Marot (Toulouse)
Le sexe de l'écriture: les portraits féminins de Monsieur Gracq 543

Dagmar Reichardt (Groningen)
Versionen und Visionen. Translatorische und figurenkonzeptuelle
Textveränderungsprozesse aufgezeigt an zwei Theaterentwürfen von Paul
Willems' *Off et la lune* 557

Giampaolo Borghello (Udine)
La tana, il libro, gli altri. Alle origini della narrativa di Carlo Sgorlon . . 583

Michael Schwarze (Konstanz)
»Un vero ritratto«? – Italo Calvinos Porträt des literarischen Porträts in
Se una notte d'inverno un viaggiatore 597

Didier Alexandre (Paris)
Des noms, des physionomies singulières, ou une histoire littéraire du jazz
en portraits par Jacques Réda 619

Jean-Yves Laurichesse (Toulouse)
Portrait en éclats. Le général L. S. M. dans *Les Géorgiques* de Claude Simon   635

Sylvie Vignes (Toulouse)
Le portrait dans *Vie de Joseph Roulin* de Pierre Michon: l'Art et la manière   649

Peter V. Zima (Klagenfurt)
Die Atrophie des Helden zwischen Realismus und Postmoderne   661

Ausblick auf das Porträt im frühen 21. Jahrhundert: die Koexistenz von traditionellen Mustern, ästhetischem Spiel und Auflösungserscheinungen

Friedrich Wolfzettel (Frankfurt am Main)
»Rien que du blanc à songer«: die Leerstelle als Emblem des Anderen in
den Porträts von Maxence Fermine 683

Andrea Grewe (Osnabrück)
Eine moderne Heiligenlegende. Das Porträt der Khady Demba in Marie
NDiayes *Trois femmes puissantes* 697

Andreas Gipper (Mainz)
Die Kunst des Porträts und das Porträt des Künstlers in Michel
Houellebecqs Roman *La carte et le territoire* 711

Gisela Schlüter (Erlangen)
Literarisches Selbstporträt mit Möbiusschleife: Houellebecq, *La carte et
le territoire* 727

Gerhild Fuchs (Innsbruck)
Gegenläufige Strategien der Figurendarstellung in Gianni Celatis *Costumi
degli italiani* 741

Die Autoren – Les Auteurs – Gli Autori 755

Index nominum 759

Zum Geleit

Helmut Meter wurde am 29. Juni 1944 in Trier geboren, der ältesten Stadt Deutschlands, ein Geburtsort, dessen großartige römische und romanische Vergangenheit ihm die Pflege der Romanistik vielleicht schon als Aufgabe und Verpflichtung in die Wiege gelegt hat. Im Februar 1964 bestand er am Staatlichen Max Planck-Gymnasium in Trier sein Abitur. Das Studium der Romanistik und Germanistik führte ihn an die Universitäten Bonn, Bordeaux, Bologna und Saarbrücken. In Saarbrücken schloss er auch sein Studium mit dem Ersten Staatsexamen für das Lehramt an Gymnasien ab, das Zweite Staatsexamen absolvierte er in Neunkirchen / Saar. 1974 erfolgte die Promotion bei Hans Ludwig Scheel in Französischer Philologie, mit den weiteren Prüfungsfächern Italienische Philologie (Willi Hirdt) und Ältere Deutsche Philologie (Heinrich Beck), an der Universität des Saarlandes. Seine akademische Laufbahn verläuft dann in vorgezeichneten Bahnen. In Saarbrücken war er zunächst – nach längerer Tätigkeit als wissenschaftliche Hilfskraft – kurzfristig Mitarbeiter am DFG-Projekt des ›Lessico Etimologico Italiano‹, anschließend Assistent und Lehrbeauftragter am Romanistischen Institut der Universität Trier (1976/77) bei Bernhard König. Ab Herbst 1977 folgte dann eine Assistentur am Institut für Romanistik der Universität Klagenfurt, die er 1984 mit der Habilitation in Romanistischer Literaturwissenschaft abschloss. Nachdem er anschließend mehrere Jahre als Universitätsdozent an der Klagenfurter Romanistik gelehrt hatte, erhielt er im Januar 1992 einen Ruf an die Universität Tübingen und zwei Monate später einen Ruf an die eigene Universität, wobei als Alternative auch die Möglichkeit bestand, ihn nach Salzburg zu berufen. Den Ruf nach Klagenfurt nahm er im Oktober 1992 an und wurde somit Nachfolger von Ulrich Schulz-Buschhaus. Einen ehrenvollen Ruf an die Universität Jena im Jahre 1994 hat er abgelehnt.

Als methodische Dominante der Schriften Helmut Meters ist die komparatistische Dimension hervorzuheben, und hierbei in der Regel der typologische Vergleich in historisch umgrenzten Kontexten. Seine Vorgehensweise ist als historisch-hermeneutisch zu beschreiben, da er der Auffassung ist, dass alle Erkenntnis, so sehr sie zum Beispiel auch theoretischer oder formalistischer

Natur sein mag, sich letztendlich in ein solches Betrachtungsmuster einfügen muss. Die Lesbarkeit der literaturwissenschaftlichen Texte ist ihm dabei besonders wichtig. Seine wissenschaftlichen Beiträge haben insgesamt eine große Spannbreite, die unter anderem auch die Beschäftigung mit dem Mittelalter impliziert. Er hat sich zudem wiederholt mit der *para-littérature* auseinandergesetzt, da literarische Texte insgesamt für ihn ein historisches Kontinuum *sui generis* bilden. Sein Hauptinteresse aber gilt der erzählenden Literatur und weiterhin bestimmten Aspekten der modernen Lyrik. Vom historischen Profil her gesehen liegen die Schwerpunkte seiner Arbeiten im 19. und 20. Jahrhundert sowie der Novellistik der Renaissance. In seinen zahlreichen Studien legt Helmut Meter immer wieder seine Überzeugung vom historischen, gesellschaftlichen, aber auch existentiellen Erkenntniswert von Literatur dar.

Helmut Meter ist vor allem aus familiären Gründen, wegen seiner umbrischen Ehefrau und seiner Tochter, doch auch der unmittelbaren Nähe zu Italien halber in Klagenfurt geblieben und hat die Rufe nach Tübingen und Jena ausgeschlagen. Er unterhält viele wissenschaftliche Kontakte nach Italien, etwa nach Udine, Triest, Pavia und Florenz, besonders aber zu den Kollegen der ›Filologia Romanza‹ in Padua, Verbindungen, die andernfalls in dieser Weise kaum möglich gewesen wären. Zugleich hat er aber auch seine zweite und ältere romanistische Vorliebe, die Franko-Romanistik, gezielt gepflegt. So kooperiert er seit langen Jahren erfolgreich mit der Forschergruppe ›Littérature et Herméneutique‹ der Universität Toulouse-Le Mirail.

Sein Weg zum Romanisten ist, wie eingangs gesagt, schon in der Kindheit und Jugend angelegt, zumal durch ein starkes Interesse an der französischen Sprache und Kultur seit der Gymnasialzeit in Trier; dort wurde er natürlich stark beeinflusst durch vielfältige Beziehungen zur französischen Bevölkerung Triers, da die Stadt ja nach Paris die zweitgrößte französische Garnisonsstadt war mit einem entsprechend hohen Anteil auch an Zivilpersonen. Seit dem Alter von dreizehn Jahren nahm er überdies regelmäßig, jeweils mehrwöchig und zwei Mal im Jahr, am Unterricht des Lycée Saint-Sigisbert in Nancy im Rahmen einer Schulpartnerschaft teil. Das war Ende der fünfziger Jahre noch relativ selten, die deutsch-französische Versöhnungsarbeit blieb im Wesentlichen ja noch zu leisten. Das Italienische hat Helmut Meter schon ab dem Alter von fünfzehn Jahren an der Volkshochschule und im Selbststudium gelernt, dabei hat ihn anfangs vor allem sein Interesse am italienischen *calcio* motiviert. Wenn sein Weg zur Romanistik als Wissenschaft ihn später als Studenten unter anderem an europäische Traditionsuniversitäten führte, so gelangte er am Ende unvorhersehbarer Weise nach Klagenfurt. Nur per Zufall, könnte man sagen, fand er den Weg in den Süden Österreichs, da die von ihm kurzzeitig besetzte Assistentenstelle in der Trierer Romanistik damals den rheinland-pfälzischen Sparmaßnahmen rasch zum Opfer fiel und er Ulrich Schulz-Buschhaus von der

Mosel nach Kärnten begleiten konnte. Ist er dort heimisch geworden, so sind seine bevorzugten Regionen gleichwohl das Rheinland, Umbrien und der ›Midi toulousain‹.

Bei allen wissenschaftlichen Kontakten, die Helmut Meter im Laufe seines bisherigen Romanistenlebens aufgebaut und gepflegt hat, liegt ihm besonders auch der konviviale Aspekt am Herzen. Literaturwissenschaft als *science humaine* hat eben eine ›menschliche Dimension‹, ohne die die Literaturwissenschaften »lettres mortes« (Danièle Sallenave) wären. Der kritische Umgang mit Literaturen, die hermeneutische Arbeit am Text hat ihm auch bis heute seine große Sensibilität für den Umgang mit der eigenen Sprache, dem Deutschen, bewahrt. Seine Wissenschaftsprosa ist nicht nur erfreulich lesbar, sondern einem guten und im besten Sinne klassischen deutschen Stil verpflichtet, ohne in modische ›Schuljargons‹ von kurzer Lebensdauer zu verfallen. Dem mit dieser Festschrift Geehrten kann man schließlich nur *ad multos annos* zurufen und ihm ein erfülltes *émeritat* mit nie versiegender wissenschaftlicher Schaffenskraft und weiterhin vielen menschlichen Begegnungen wünschen, die mit seinem Ideal der Romanistik untrennbar verbunden sind.

Klagenfurt/Bonn, im Februar 2012   Angela Fabris und Willi Jung

Schriftenverzeichnis Helmut Meter

Buchpublikationen

Apollinaire und der Futurismus, Rheinfelden, Schäuble Verlag, 1977 (Romanistik, 7).
Kriminalerzählungen im Französischunterricht. Untersuchung zu Rezeptionsformen fremsprachiger Trivialliteratur auf der Sekundarstufe II anhand ausgewählter Erzählungen von Simenon und Boileau-Narcejac, Hamburg, Buske, 1981 (Romanistik in Geschichte und Gegenwart, 8).
zusammen mit Walter N. Mair: *Fremdsprachenunterricht – wozu? Historische und methodologische Überlegungen zur Situation der Sprachdidaktik*, mit einem Vorwort von Ulrich Schulz-Buschhaus, Tübingen, Narr, 1981 (TBL 151).
Figur und Erzählauffassung im veristischen Roman. Studien zu Verga, De Roberto und Capuana vor dem Hintergrund der französischen Realisten und Naturalisten, Frankfurt a.M., V. Klostermann, 1986 (Analecta Romanica, 51).

Herausgegebene Schriften

zusammen mit Ulrich Schulz-Buschhaus: *Aspekte des Erzählens in der modernen italienischen Literatur*, Tübingen, Narr, 1983.
zusammen mit Walter N. Mair: *Italienisch in Schule und Hochschule. Inhalte. Probleme. Vermittlungsweisen*, Tübingen, Narr, 1984.
zusammen mit Pierre Glaudes: *L'Expérience des limites dans les récits de guerre (1914– 1945)*, Genève, Slatkine, 2001.
zusammen mit Werner Helmich und Astrid Poier-Bernhard: *Poetologische Umbrüche. Romanistische Studien zu Ehren von Ulrich Schulz-Buschhaus*, München, Fink, 2002.
zusammen mit Pierre Glaudes: *Le Génie du lieu. Expériences du ravissement, du transport, de la dépossession*, Münster / Hamburg / London, LIT Verlag, 2003 (Ars Rhetorica, 12).
zusammen mit Pierre Glaudes: *Le Sens de l'événement dans la littérature française des XIXe et XXe siècles*. Actes du Colloque International de Klagenfurt, 1er–3 juin 2005, Bern / Berlin et al., Lang, 2007 (Littératures de langue française, 6).
zusammen mit Marie-Catherine Huet-Brichard: *La Polémique contre la modernité. Antimodernes et réactionnaires*, Paris, Classiques Garnier, 2011 (Rencontres, 14).

zusammen mit Furio Brugnolo und unter Mitwirkung von Angela Fabris: *Vie Lombarde e Venete. Circolazione e trasformazione dei saperi letterari nel Sette-Ottocento fra l'Italia settentrionale e l'Europa transalpina*, Berlin / Boston, de Gruyter, 2011 (Reihe der Villa Vigoni, Bd. 24).

Aufsätze und Artikel in Sammelbänden und Fachzeitschriften

Die Metaphorik der Vagina im Italienischen. Ein Beitrag zur Diskussion über die Metapher, in Walter N. Mair – Edgar Sallager (Hgg.), *Sprachtheorie und Sprachenpraxis. Festschrift für Henri Vernay*, Tübingen, Narr, 1979, 215–243.

›*Il marito di Elena*‹ *di G. Verga e il problema della* ›*trivialità*‹ *fittizia*, in Ulrich Schulz-Buschhaus – Giuseppe Petronio (Hgg.), *Trivialliteratur? Letteratura di massa e di consumo*, Trieste, Lint, 1979, 281–299.

Der düpierte Held und die enttäuschten Leser. Zur Erzählstruktur von G. Vergas ›*Il marito di Elena*‹, in »Italienische Studien«, II, 1979, 29–51.

Kommunikativer Fremdsprachenunterricht und Literaturdidaktik, in *Zehn Jahre Universität Klagenfurt. Forschungsperspektiven '80*, hg. von der Universität für Bildungswissenschaften Klagenfurt durch ihre Forschungskommission, Klagenfurt / Wien, 1980, 320–335.

zusammen mit Walter N. Mair: *Die Romanistik in Österreich zwischen 1945 und 1980: Versuch einer Institutionsgeschichte unter besonderer Berücksichtigung der Italianistik*, in »Italienische Studien«, V, 1982, 159–193.

›*Stile indiretto libero*‹ *und Figurenkonzeption. Die Inkongruenz von Denken und Handeln in Vergas* ›*I Malavoglia*‹, in Ulrich Schulz-Buschhaus – Helmut Meter (Hgg.), *Aspekte des Erzählens in der modernen italienischen Literatur*, Tübingen, Narr, 1983, 11–49.

Die Rolle des Abenteuers in den Romanen Emilio Salgaris, in Willi Hirdt – Reinhard Klesczewski (Hgg.), *Italia viva. Studien zur Sprache und Literatur Italiens. Festschrift für Hans Ludwig Scheel*, Tübingen, Narr, 1983, 273–289.

Formen der Satire in den ›*Sonetti Romaneschi*‹ *von G.G. Belli*, in Walter N. Mair – Helmut Meter (Hgg.), *Italienisch in Schule und Hochschule. Inhalte, Probleme, Vermittlungsweisen*, Tübingen, Narr, 1984, 123–152.

›*... de chevaleries d'amours et de cembiaus*‹. *Liebesthematik und Genre-Problematik in Jean Bodels* ›*Sachsenlied*‹, in Susanne Knaller – Edith Mara (Hgg.), *Das Epos in der Romania. Festschrift für Dieter Kremers*, Tübingen, Narr, 1986, 271–297.

Erzählerische Innovation im Zeichen des Kriminalromans: Robbe-Grillets ›*Les Gommes*‹ *und Gaddas* ›*Quer pasticciaccio*‹, in »Romanistische Zeitschrift für Literaturgeschichte«, X, 1986, 453–468.

Maschinenkult und Eschatologie. Zum historischen Ort des italienischen Futurismus, in »Sprachkunst. Beiträge zur Literaturwissenschaft«, XVII, 1986, 2. Halbband, 274–291.

Zivilisatorischer Enthusiasmus und gesellschaftliche Aporie. Das paradoxe Geschichtsbild des italienischen Futurismus, in Peter V. Zima – Johann Strutz (Hgg.), *Europäische Avantgarde*, Frankfurt a.M. u. a., Lang, 1987, 87–102.

Der sizilianische Verismus und seine Loslösung vom naturalistischen Literaturverständnis, in Helene Harth – Titus Heydenreich (Hgg.), *Sizilien. Geschichte. Kultur. Aktualität*, Tübingen, Stauffenburg, 1987, 135–150.

Singularität. Eine begriffliche Kategorie und ein Sujet-Faktor in der ›Chartreuse de Parme‹, in »Romanische Forschungen«, XCIX, 1987, H. 2/3, 169–197.

Moravias ›Racconti Romani‹ und das Problem der römischen Identität, in »Romanistisches Jahrbuch«, XXXVIII, 1987, 155–182.

Brancatis ›Don Giovanni in Sicilia‹ und die Tradition des passiven Liebhabers im neueren italienischen Roman, in »Archiv für das Studium der Neueren Sprachen und Literaturen«, CXL, 1988, 99–116.

Eßkultur und Nationalbewußtsein. Zur literatur- und sozialgeschichtlichen Funktion von Artusis ›La Scienza in cucina e l'Arte di mangiar bene‹, in »Italienisch. Zeitschrift für italienische Sprache und Literatur«, XI, 1989, H. 1, 60–75.

Aux origines du roman sentimental: les ›Lettres d'une Péruvienne‹ de Madame de Grafigny, in *Le Roman Sentimental*. Actes du Colloque International, Limoges, 1990 (No. spécial de »Trames«), 41–52.

Erzählabschluß und genregeschichtliche Zäsur. Zur novellistischen Pointe bei Maupassant und bei Pirandello, in Frank-Rutger Hausmann – Michael Rössner (Hgg.), *Pirandello und die europäische Erzählliteratur des 19. und 20. Jahrhunderts*, Bonn, Romanistischer Verlag, 1990, 94–118.

An den Anfängen veristischen Erzählens. Capuanas ›Giacinta‹ und das Verhältnis von wissenschaftlicher Fiktion und fiktiver Wissenschaft, in Helene Harth – Susanne Kleinert – Birgit Wagner (Hgg.), *Konflikt der Diskurse. Zum Verhältnis von Literatur und Wissenschaft im modernen Italien*, Tübingen, Stauffenburg, 1991, 69–90.

Die Eifersucht in Prousts ›Un amour de Swann‹. Sprachliche Kriterien ihrer Modellierung und Funktionsweise, in Karl Hölz (Hg.), *Marcel Proust. Sprache und Sprachen*, Frankfurt a.M./Leipzig, Insel Verlag, 1991, 101–117.

Marivaux' Dramenfiguren und die Dichotomie von ›cœur‹ und ›raison‹. Anthropologisches Denken im Theater des 18. Jahrhunderts, in »Romanistische Zeitschrift für Literaturgeschichte«, XV, 1991, H. 3/4, 262–290.

Timonedas ›patraña octava‹ und der achtundzwanzigste Gesang des ›Orlando Furioso‹. Ein Aspekt des Imports der Renaissancenovelle in Spanien, in Ulrich Schulz-Buschhaus – Andreas Kablitz (Hgg.), *Literarhistorische Begegnungen. Festschrift zum sechzigsten Geburtstag von Bernhard König*, Tübingen, Narr, 1993, 249–263.

Nievos ›Confessioni di un italiano‹. An der Nahtstelle von historischem Roman und Zeitroman, in Friedrich Wolfzettel – Peter Ihring (Hgg.), *Erzählte Nationalgeschichte. Der historische Roman im italienischen Risorgimento*, Tübingen, Narr, 1993, 37–68.

Verismo und literarische Moderne, in Hans Joachim Piechotta – Ralph-Rainer Wuthenow – Sabine Rothemann (Hgg.), *Die literarische Moderne in Europa. Bd 1: Erscheinungsformen literarischer Prosa um die Jahrhundertwende*, Opladen, Westdeutscher Verlag, 1994, 299–308.

Von der Renaissancenovelle zu Elementen einer ›scientia sexualis‹: Brantômes ›Dames Galantes‹, in »Romanistische Zeitschrift für Literaturgeschichte«, XVIII, 1994, H. 3/4, 245–262.

D'Annunzio und die Dramatik des doppelten Registers. Die Tragödie ›Le chèvrefeuille‹ und ihre italienische Fassung ›Il ferro‹, in Johann Strutz – Peter V. Zima (Hgg.), *Literarische*

Polyphonie. Übersetzung und Mehrsprachigkeit in der Literatur, Tübingen, Narr, 1996, 175–191.

Die italienische Literatur in den Schriften von August Wilhelm und Friedrich Schlegel, in Frank-Rutger Hausmann (Hg.), ›*Italien in Germanien*‹. *Deutsche Italien-Rezeption von 1750–1850*, Tübingen, Narr, 1996, 150–168.

›*Les parents terribles*‹ *de Cocteau et les conventions du théâtre de boulevard*, in »Œuvres et Critiques«, XXII, 1, 1997, 205–217.

Liebesroman und Postmoderne in Italien. Das Beispiel De Carlo, in »Literaturwissenschaftliches Jahrbuch der Görres-Gesellschaft«, XXXVIII, 1997, 205–221.

Die ›*Promessi sposi*‹ *und ihre Illustrationen. Francesco Gonins Zeichnungen für die Edition Guglielmini-Redaelli*, in »Italienische Studien«, XVIII, 1997, 165–187.

Wege und Aporien der Selbstsuche. Drei Romane Tabucchis, in Ulrich Schulz-Buschhaus – Karlheinz Stierle (Hgg.), *Projekte des Romans nach der Moderne*, München, Fink, 1997 (Romanistisches Kolloquium 1995), 237–262.

Die Krise der ›*regole morali*‹. *Scerbanencos Kriminalromane und der Widerstreit von Selbstjustiz und offizieller Justiz*, in Hubert Pöppel (Hg.), *Kriminalromania*, Tübingen, Narr, 1998, 85–94.

Alte Topoi und ihre Metamorphose. Mosaiksteine zu einem Bild Deutschlands in der neueren italienischen Literatur, in Anna Comi – Alexandra Pontzen (Hgg.), *Italien in Deutschland. Deutschland in Italien. Die deutsch-italienischen Wechselbeziehungen in der Belletristik des 20. Jahrhunderts*, Berlin, E. Schmidt, 1999, 145–158.

Vincenzo Cardarelli: ›*Autunno veneziano*‹, in Manfred Lentzen (Hg.), *Italienische Lyrik in Einzelinterpretationen*, Berlin, E. Schmidt, 1999, 79–87.

Kosmopolitismus und Schematismus in der zeitgenössischen Erzählliteratur Italiens, in Manfred Schmeling – Monika Schmitz-Emans – Kerst Walstra (Hgg.), *Literatur im Zeitalter der Globalisierung*, Würzburg, Königshausen & Neumann, 2000, 271–283.

Andrea Camilleri oder der Kriminalroman als kulturelles Gedächtnis, in Hans Felten – David Nelting (Hgg.), ›*… una veritade ascosa sotto bella menzogna …*‹. *Zur italienischen Erzählliteratur der Gegenwart*, Frankfurt a.M. u. a., Lang, 2000, 149–158.

Boccaccio in modernem Gewand. Aldo Busis ›*Decamerone. Da un italiano all'altro*‹, in Anja Bandau – Andreas Gelz – Susanne Kleinert – Sabine Zangenfeind (Hgg.), *Korrespondenzen. Literarische Imagination und kultureller Dialog in der Romania. Festschrift für Helene Harth zum 60. Geburtstag*, Tübingen, Stauffenburg, 2000, 113–123.

›*Au-dessus de la mêlée*‹. *Nachruf auf Ulrich Schulz-Buschhaus*, in »Lendemains«, XXV, 2000, Nr. 98/99, 258–262.

La scène dans le récit de voyage littéraire: Stendhal et Nerval, in *La Scène. Littérature et Arts Visuels*. Textes réunis par Marie-Thérèse Mathet, Paris, L'Harmattan, 2001, 241–251.

Guerre et ordre mâle dans ›*Le Songe*‹ *de Montherlant*, in *L'Expérience des limites dans les récits de guerre (1914–1945)*. Textes réunis et présentés par Pierre Glaudes et Helmut Meter, Genève, Slatkine, 2001, 63–76.

zusammen mit Pierre Glaudes: »Introduction«, in *L'Expérience des limites dans les récits de guerre (1914–1945)*. Textes réunis et présentés par Pierre Glaudes et Helmut Meter, Genève, Slatkine, 2001, 9–13.

Enjeux idéologiques de l'écran: modèles italiens et taxinomie du désir féminin dans ›*Les Dames Galantes*‹ *de Brantôme*, in *L'Écran de la représentation* (Texte et Image, Groupe de Recherche à l'École Normale Supérieure / Centre de recherche »La Scène« (LLA), Université de Toulouse-Le Mirail). Sous la dir. de Stéphane Lojkine, Paris, L'Harmattan, 2001 (Champs visuels), 159 – 170.

Die ritualisierte beffa. Boccaccios Calandrino-Novellen, in Werner Helmich – Helmut Meter – Astrid Poier-Bernhard (Hgg.), *Poetologische Umbrüche. Romanistische Studien zu Ehren von Ulrich Schulz-Buschhaus*, München, Fink, 2002, 29 – 45.

Bilinguismo letterario e autotraduzione. Alcune riflessioni su tre scrittori del Novecento (G. D'Annunzio, Y. Goll, S. Beckett), in *Eteroglossia e plurilinguismo letterario. II. Plurilinguismo e letteratura*. Atti del XXVIII Convegno interuniversitario di Bressanone (6 – 9 luglio 2000), a cura di Furio Brugnolo e Vincenzo Orioles, Roma, il Calamo, 2002, 351 – 365.

Il concetto di ›letteratura mitteleuropea‹ nella prospettiva di germanisti e di italianisti, in *Dal centro dell'Europa: culture a confronto fra Trieste e i Carpazi*, a cura di Eszter Rónaky e Beáta Tombi, Pécs, Imago Mundi, 2002, 41 – 48.

Problematik der literarischen Gattungen, in Ingo Kolboom – Thomas Kotschi – Edward Reichel (Hgg.), *Handbuch Französisch. Sprache. Literatur. Gesellschaft. Für Studium, Lehre, Praxis*, Berlin, E. Schmidt, 2003, 645 – 648 (2. neu bearbeitete und erweiterte Auflage 2008, 759 – 762).

Spazio, sensazione e scrittura in ›Verso La Foce‹ di Gianni Celati, in *Voci delle pianure*. Atti del Convegno di Salisburgo (23 – 25 marzo 2000), a cura di Peter Kuon, Roma, Cesati, 2003, 105 – 116.

Vitaliano Brancati: ›Singolare avventura di Francesco Maria‹, in Manfred Lentzen (Hg.), *Italienische Erzählungen des 20. Jahrhunderts in Einzelinterpretationen*, Berlin, E. Schmidt, 2003, 155 – 165.

Evasion als Chimäre. Nervals ›Voyage en Orient‹, in Birgit Tappert – Willi Jung (Hgg.), *Heitere Mimesis. Festschrift für Willi Hirdt zum 65. Geburtstag*, Tübingen / Basel, Francke, 2003, 445 – 454.

zusammen mit Pierre Glaudes: »Postface«, in Helmut Meter – Pierre Glaudes (Hgg.), *Le Génie du lieu. Expériences du ravissement, du transport, de la dépossession*, Münster / Hamburg / London, LIT Verlag, 2003, 207 – 211.

Expériences du désert dans le récit de voyage au XIXe siècle: Fromentin, Maupassant, Loti, in Helmut Meter – Pierre Glaudes (Hgg.), *Le Génie du lieu. Expériences du ravissement, du transport, de la dépossession*, Münster / Hamburg / London, LIT Verlag, 2003, 45 – 61.

Le ombre del fantastico in Verga. Tre novelle di ›Vita dei campi‹, in *La tentazione del fantastico. Narrativa italiana fra 1860 e 1920*, a cura di Peter Ihring e Friedrich Wolfzettel, Perugia, Guerra Edizioni, 2003, 61 – 75.

Von der Vergänglichkeit erinnerter Liebe. Apollinaires ›La Boucle de cheveux‹, in Anna-Sophia Buck – Marina Mariani u. a. (Hgg.), *›Versos de amor, conceptos esparcidos‹. Diskurspluralität in der romanischen Liebeslyrik. Für Hans Felten*, Münster, Daedalus Verlag, 2003, 263 – 270.

Le lettere dedicatorie delle novelle di Bandello: ragionamento moralistico e disposizione ricettiva, in *I margini del libro. Indagine teorica e storica sui testi di dedica*. Atti del Convegno Internazionale di studi Basilea, 21 – 23 novembre 2002, a cura di Maria Antonietta Terzoli, Roma / Padova, Editrice Antenore, 2004 (Miscellanea Erudita LXVII), 55 – 77.

Oscurità e ricezione: la poesia di G. Apollinaire, in *Obscuritas. Retorica e poetica dell'oscuro*. Atti del XXIX convegno interuniversitario di Bressanone, 12–15 luglio 2001, a cura di Giosuè Lachin e Francesco Zambon, Trento, Università degli studi di Trento, 2004 (Labirinti 71), 473–484.

Entwicklungslinien des italienischen Kriminalromans, in »Informationen zur Deutschdidaktik. Zeitschrift für den Deutschunterricht in Wissenschaft und Schule«, XXVIII, 2004, H.2, 64–73.

Getrübte Ein- und Ausblicke. Foscolos Jacopo Ortis auf Hügeln und Höhen, in »Italienisch. Zeitschrift für italienische Sprache und Literatur«, XXVI, 2004, H. 2, 20–40.

Memoria ed erotismo nella narrativa di Brancati, in *Memoria. Poetica, retorica e filologia della memoria*. Atti del XXX Convegno interuniversitario di Bressanone, 18–21 luglio 2002, a cura di Gianfelice Peron, Zeno Verlato e Francesco Zambon, Trento, Università degli studi di Trento, 2004, 319–331.

Ästhetisierte Alterität – Théophile Gautiers Orientalismus im Spiegel seiner Frauengestalten, in Michael Bernsen – Martin Neumann (Hgg.), *Die französische Literatur des 19. Jahrhunderts und der Orientalismus*, Tübingen, Niemeyer, 2006, 113–132.

Metamorfosi romane: ›*Ponte Garibaldi*‹, in *Palazzeschi europeo*. Atti del Convegno Internazionale di Studi, Bonn-Colonia 30–31 maggio 2005, a cura di Willi Jung e Gino Tellini, Firenze, Società Editrice Fiorentina, 2007 (Biblioteca Palazzeschi, 5), 95–110.

»Préface«, in Pierre Glaudes – Helmut Meter (Hgg.), *Le Sens de l'événement dans la littérature française des XIXe et XXe siècles*. Actes du Colloque International de Klagenfurt, 1er – 3 juin 2005, Bern et al., Lang, 2007, VII-XII.

L'Événement dans la nouvelle du XXe siècle. Modes et tendances de sa réalisation, in Pierre Glaudes – Helmut Meter (Hgg.), *Le Sens de l'événement dans la littérature française des XIXe et XXe siècles*. Actes du colloque international de Klagenfurt, 1er – 3 juin 2005, Bern et al., Lang, 2007, 133–150.

Lectures dialogiques. José Cabanis critique littéraire, in *Présence de José Cabanis*. Actes du Colloque International de Toulouse, octobre 2006. Textes réunis et présentés par Marie-Catherine Huet-Brichard, Versailles, Via Romana, 2007 (Cahiers José Cabanis, N. 3, 2007), 197–214.

Da Klagenfurt a Trieste, la Trivialliteratur, in *L'attività storiografica, critica, letteraria, politica di Giuseppe Petronio*. Atti della giornata di studio, Trieste, 13 gennaio 2005, Palermo, Palumbo, 2008, 109–114.

Über das Versagen der Vernunft vor den Affekten. Der Vergleich als Medium anthropologischer Erkenntnis im Hinblick auf zwei Renaissancenovellen (Marguerite de Navarre, ›*L'Heptaméron*‹, *23 / Bandello,* ›*Novelle*‹, *II 24)*, in Monika Schmitz-Emans – Claudia Schmitt – Christian Winterhalter (Hgg.), *Komparatistik als Humanwissenschaft. Festschrift zum 65. Geburtstag von Manfred Schmeling*, Würzburg, Königshausen & Neumann, 2008, 129–137.

Gloires littéraires mises à nu. Barbey d'Aurevilly critique de Goethe et d'E.T.A. Hoffmann, de Dante et de Leopardi, in »Littératures«, LVIII-LIX, 2008 (*Barbey polémiste*, sous la direction de Pierre Glaudes et Marie-Catherine Huet-Brichard), 53–67.

Imitazione e ideologia. ›*La Chastelaine de Vergi*‹ *riscritta da Margherita di Navarra e da Bandello*, in ›*Contrafactum*‹. *Copia, imitazione, falso*. Atti del XXXII Convegno Interuniversitario (Bressanone / Brixen 8–11 luglio 2004), a cura di Gianfelice Peron e Alvise Andreose, Padova, Esedra Editrice, 2008, 139–151.

Trieste e gli occhi dell'anima. Sguardi sulla città in ›*Trieste e una donna*‹ *di Umberto Saba*, in ›L'ornato parlare‹. Studi di filologia e letterature romanze per Furio Brugnolo, a cura di Gianfelice Peron, Padova, Esedra Editrice, 2008, 725 – 737.

Das Ende eines wissenschaftlichen Paradigmas? Die Philologie und ihre Herausforderung durch die Kulturwissenschaft, in Willi Jung – Grażyna Bosy (Hgg.), Romanische Philologie als Herausforderung – Les défis des études romanes, Göttingen, V&R unipress / Bonn University Press, 2009 (Deutschland und Frankreich im wissenschaftlichen Dialog, 1), 131 – 143.

Poésie comme citation sélective: ›La Loreley‹ de Guillaume Apollinaire, in La citazione, a cura di Gianfelice Peron, Padova, Esedra Editrice, 2009 (Quaderni del Circolo Filologico Linguistico Padovano, 19), 469 – 478.

Un'idea di ›Mimesis‹ nel primo Auerbach? Appunti sulla sua tesi di laurea, in Mimesis. L'eredità di Auerbach, a cura di Ivano Paccagnella e Elisa Gregori, Padova, Esedra Editrice, 2009 (Quaderni del Circolo Filologico Linguistico Padovano, 23), 1 – 10.

Gefährdete Hierarchien? Erotik jenseits von Standesgrenzen in den Novellen Matteo Bandellos, in Brigitte Burrichter – Laetitia Rimpau (Hgg.), Diener – Herr – Herrschaft? Hierarchien in Mittelalter und Renaissance, Heidelberg, Winter, 2009, 183 – 198.

Polemica e poetica ne ›L'Incendiario‹ di Aldo Palazzeschi, in Il discorso polemico. Controversia, invettiva, pamphlet. Atti del XXXIII Convegno Interuniversitario (Bressanone / Brixen 7 – 10 luglio 2005), a cura di Gianfelice Peron e Alvise Andreose, Padova, Esedra Editrice, 2010 (Quaderni del Circolo Filologico Linguistico Padovano, 21), 401 – 413.

Leo Spitzer e il volto ultimo della sua ›explication de textes‹. Le lezioni sulla poesia francese all'Università di Heidelberg (1958), in Leo Spitzer. Lo stile e il metodo. Atti del XXXVI Convegno Interuniversitario (Bressanone / Innsbruck, 10 – 13 luglio 2008), a cura di Ivano Paccagnella e Elisa Gregori, Padova, Esedra Editrice, 2010 (Quaderni del Circolo Filologico Linguistico Padovano, 24), 121 – 132.

Poetica della meraviglia. La presenza di Roma in ›Cuor mio‹, in Aldo Palazzeschi a Roma. Atti della Giornata di Studi (Casa di Goethe, Roma, 20 aprile 2009), a cura di Gino Tellini, Firenze, Società Editrice Fiorentina, 2011 (Biblioteca Palazzeschi, 8), 103 – 120.

zusammen mit Marie-Catherine Huet-Brichard: Introduction, in La Polémique contre la modernité. Antimodernes et réactionnaires. Textes réunis et présentés par Marie-Catherine Huet-Brichard et Helmut Meter, Paris, Classiques Garnier, 2011 (Rencontres, 14), 7 – 11.

Ethnographie comparée de Stendhal. La dichotomie entre moderne et antimoderne dans ›Rome, Naples et Florence‹ (1826), in La Polémique contre la modernité. Antimodernes et réactionnaires. Textes réunis et présentés par Marie-Catherine Huet-Brichard et Helmut Meter, Paris, Classiques Garnier, 2011 (Rencontres, 14), 41 – 60.

Spielarten des lyrischen Subjekts bei Apollinaire. Zum Verhältnis von ›je‹, ›tu‹ und ›il‹ in ausgewählten Gedichten, in Simona Bartoli Kucher – Dorothea Böhme – Tatiana Floreancig (Hgg.), Das Subjekt in Literatur und Kunst. Festschrift für Peter V. Zima, Tübingen, Francke, 2011, 203 – 219.

›Spirito tedesco‹ e ›Spirito francese‹ nel pensiero di Curtius tra le due guerre, in Ernst Robert Curtius e l'identità culturale dell'Europa. Atti del XXXVII Convegno Interuniversitario (Bressanone / Innsbruck, 13 – 16 luglio 2009), a cura di Ivano Paccagnella e Elisa Gregori, Padova, Esedra Editrice, 2011 (Quaderni del Circolo Filologico Linguistico Padovano, 25), 25 – 38.

zusammen mit Furio Brugnolo: *Introduzione. Identità lombarde e venete nel contesto culturale europeo. Prospettive e parametri di ricerca*, in *Vie Lombarde e Venete. Circolazione e trasformazione dei saperi letterari nel Sette-Ottocento fra l'Italia settentrionale e l'Europa transalpina*, a cura di Helmut Meter e Furio Brugnolo con la collaborazione di Angela Fabris, Berlin / Boston, de Gruyter, 2011 (Reihe der Villa Vigoni, Bd. 24), 1 – 7.

Dall'io singolo all'io emblematico. La trasformazione della ›confessio‹ rousseauiana ne ›Le Confessioni d'un Italiano‹ di I. Nievo, in *Vie Lombarde e Venete. Circolazione e trasformazione dei saperi letterari nel Sette-Ottocento fra l'Italia settentrionale e l'Europa transalpina*, a cura di Helmut Meter e Furio Brugnolo con la collaborazione di Angela Fabris, Berlin / Boston, de Gruyter, 2011 (Reihe der Villa Vigoni, Bd. 24), 57 – 70.

Valérys ›La Crise de l'Esprit‹ und Montales ›L'Europa e la sua ombra‹. Zwei Essays zur Krise des ›europäischen Geistes‹, in »Germanisch-Romanische Monatsschrift«, N.F., LXI, H. 2, 2011, 179 – 194.

Ripetizione e trasformazione. La novella ›La Fiancée du Roi de Garbe‹ di La Fontaine e la sua base decameroniana, in *›Anaphora‹. Forme della ripetizione*. Atti del XXXIV Convegno Interuniversitario (Bressanone / Brixen 6 – 9 luglio 2006), a cura di Gianfelice Peron e Alvise Andreose, Padova, Esedra Editrice, 2011 (Quaderni del Circolo Filologico Linguistico Padovano, 22), 265 – 277.

Zur Publikation angenommene Schriften

Beginnende Modernität. Apollinaires Rheinland-Gedicht ›Le Dôme de Cologne‹, erscheint in: Willi Jung (Hg.), *France-Rhénanie. Das Rheinland in der französischen Literatur*, Göttingen, V&R Unipress / Bonn University Press, 2012, Ms. 19 S.

Fiction poétique et question existentielle: Apollinaire face à Ungaretti e Montale, erscheint in: Paul Geyer (Hg.), *Apollinaire et l'histoire littéraire européenne*. Actes du colloque de Bonn (2009), Göttingen, V&R Unipress / Bonn University Press, 2012, Ms. 21 S.

›L'Exil et le Royaume‹ ou Camus moraliste moderne, erscheint in: Willi Jung (Hg.), *Albert Camus ou Sisyphe heureux*, Göttingen, V&R unipress / Bonn University Press, 2012, Ms. 14 S.

Il problema della ›questione filologica‹, erscheint in: Gianfelice Peron (Hg.), *Filologia e Modernità. Metodi, problemi, interpreti*. Atti del XXXVIII Convegno Interuniversitario Bressanone / Brixen, 15 – 18 luglio 2010, Padova, Esedra Editrice, 2012, Ms. 10 S.

Apollinaire et Rilke au croisement de modernités différentes: ›Un fantôme de nuées‹ et la ›Cinquième Élégie de Duino‹, erscheint in: Wieslaw Kroker (Hg.), *Guillaume Apollinaire à travers l'Europe*. Actes du Colloque International de Varsovie, Varsovie, Institut d'Études romanes, 2012, Ms. 15 S.

Poetica del discontinuo: i registri del semplice e del difficile in Apollinaire, erscheint in: Furio Brugnolo (Hg.), *La lirica moderna. Momenti, protagonisti, interpreti*. Atti del XXXIX Convegno Interuniversitario, Bressanone / Brixen 2011, Padova, Esedra Editrice, 2012, Ms. 14 S.

Le Cheval dans l'imaginaire poétique d'Apollinaire. Thèmes, métaphores, connotations, erscheint in: Francesco Zambon (Hg.), *›Sonò alto un nitrito‹ – Il cavallo nel mito e nella* *letteratura*. Atti del VI Convegno Internazionale del Centro Europeo di Studi sulla Civiltà Cavalleresca, Volterra 2011, Pisa, Pacini Editore, 2012, Ms. 12 S.

Buchbesprechungen

in: Romanische Forschungen
   Romanistisches Jahrbuch
   Zeitschrift für französische Sprache und Literatur
   Archiv für das Studium der neueren Sprachen und Literaturen
   Sprachkunst. Beiträge zur Literaturwissenschaft

Angela Fabris / Willi Jung

Einführende Worte zu Geschichte und Poetik des literarischen Porträts

I. Die Beiträge des unter dem Titel *Charakterbilder. Zur Poetik des literarischen Porträts* hier vorliegenden Bandes haben die literarische Porträtkunst sowohl historisch als auch systematisch in zwei markanten europäischen Literaturen – der französischen und der italienischen – zum Gegenstand. Sie widmen sich somit einem Forschungsfeld, dem ein besonderes Interesse von Helmut Meter, dem primären Adressaten dieses Buches, gilt. Das literarische Porträt ist überraschenderweise im quantitativen Vergleich zur Porträtmalerei keineswegs so umfassend Objekt einschlägiger Studien geworden, wie man dies erwarten könnte, obwohl ihm heute, etwa im Kontext der literarischen Anthropologie, wieder zunehmend wissenschaftliche Aufmerksamkeit zuteilwird.

Literarisches Porträt heißt zunächst ganz allgemein die wie auch immer intendierte Darstellung eines Menschen in Worten. Im Gegensatz zur Biographie, die vor allem den Lebenslauf einer Person erkundet und nacherzählt, schildert das Porträt die äußere Erscheinung und die Wesenszüge einer Person, ihre Sitten, manchmal auch ihre Umgebung. Während beim ikonographischen Porträt – dem Porträt schlechthin – aus der körperlichen Erscheinung Schlüsse auf das geistige Wesen gezogen werden müssen, sind umgekehrt beim literarischen Porträt Intellekt, Gemüt und Charakter das Primäre, hinter dem der Körper zurücktritt. Erst die Vereinigung beider Porträtarten – des physischen und des psychischen Porträts, des äußeren und des inneren – erschöpft das Bild einer Person. Ziel der literarischen Porträtkunst ist im Idealfalle, die größtmögliche Ähnlichkeit mit der gemeinten Person zu erreichen und eine erschöpfende Wiedergabe ihrer wesentlichen und charakteristischen Eigenschaften. Gegenstand des Porträts sind im ursprünglichen Sinne historische Personen in ihrem als tatsächlich betrachteten Wesen, im weiteren Sinn dann Idealtypen oder vor allem auch fiktive Gestalten. Demnach sind Biographie, wo das Porträt Selbstzweck ist, und geschichtliche Darstellung, wo es sich einer Generalidee unterzuordnen hat, sein ursprüngliches Feld, an das Epos, Drama, Roman und weitere Textsorten angrenzen.

Der soeben umrissene literarische, fiktionale Bereich steht im Mittelpunkt dieses Sammelbandes, der sich in zahlreichen Beiträgen zur französischen und italienischen Literatur der literarischen Modellierung des Menschen annähert, aber keineswegs den Anspruch erhebt, alle Facetten des literarischen Porträts umfassend zu berücksichtigen. Auf ein solches Ansinnen muss begreiflicherweise verzichtet werden, da das literarische Porträt hier nicht weitläufig unter Berücksichtigung der Weltliteratur behandelt werden kann. Für die vielgestaltigen französischen und italienischen Analysebeispiele ergeben sich allerdings durchaus interessante neue Perspektiven eines romanisch-komparatistischen Zugangs zum Porträt. Vielfältig sind natürlich auch die Definitionen des Porträts. Je nach dem Menschenbild einer Epoche ist das Porträt zwischen überindividueller, sozialer, individuell-physiognomischer und psychologischer Wiedergabe angesiedelt. So unterscheidet man – in der Literatur wie auch in der Malerei – das Einzelporträt, zu dem auch das Selbstporträt zählt, das Doppelporträt und das Gruppenporträt. Das Porträt gehörte und gehört zu den klassischen Aufgabenfeldern der Literatur und Kunst. Bis zum Ausgang des Mittelalters ging man meist nicht vom Prinzip äußerer Ähnlichkeit aus, sondern schuf aus der Vorstellung gestaltete Idealbildnisse und kennzeichnete die dargestellte Person durch den allgemeinen Typus. Das individuell-ähnliche Porträt setzte hingegen eine realistische Kunst voraus und erlebte seinen Höhepunkt erst im 19. Jahrhundert. Doch in Moderne und Postmoderne finden sich dann anschließend auch experimentelle und unorthodoxe Vorgehensweisen, die geeignet sind, am Ende auch neue Dimensionen des Porträts freizulegen.

II. Im Hinblick auf die methodischen Verfahren des Porträtierens sind, in schematischer Sicht und psychologisch wie historisch betrachtet, vier Entwicklungsstufen des Porträts zu unterscheiden. Erscheint der Porträtierte als Repräsentant zum Beispiel eines Standes, ohne Individualitätsmerkmale, kann das Verfahren als typisch-deduktiv umschrieben werden. Wird der Körper zuerst individuell erfasst, so ist von einem physisch-induktiven Verfahren auszugehen. Werden häufig widerspruchsvolle einzelne Handlungen als individuelle erfasst und motiviert, ist das Verfahren psychisch-induktiv. Wird indes die Wesensart deterministisch und organisch aus den aufgedeckten Grundtrieben der Psyche abgeleitet, haben wir es also mit einer konsequenten Analyse des inneren Porträts zu tun, so könnte man viertens gar von einem literarischen Psychogramm oder einer Exploration sprechen. Die Erzähltextanalyse im Besonderen wie auch die Interpretation im Allgemeinen finden in der literarischen Menschendarstellung eine ihrer faszinierendsten Aufgaben. Das Phänomen »literarisches Porträt« und seine Ergründung interessiert jede Wissenschaft vom Menschen. Wenn Literaturwissenschaft sich mit der Menschendarstellung befasst, dann überschreitet sie ihr literarisches Feld im engeren Sinne und wird zur ›Lebenswissenschaft‹. Auf der Analyseebene kann es zu einem synthetischen Interpretieren kommen oder, anders gewendet, zum interdisziplinären Ineinandergreifen so unterschiedlicher Ansätze wie Literatursoziologie (Mensch und Milieu), Literaturpsychologie (Mensch und Psyche), *Gender Studies* (Geschlecht und Kultur), Intermedialität (literarisches Menschenbild und Porträtkunst der Malerei), Rezeptionsästhetik (Wirkung des Porträts auf den Leser) und weiterer Verfahrensweisen. Man kann das Porträt ohne Einschränkung als einen der Hauptgegenstände der literarischen Anthropologie bezeichnen. In literarischen Texten finden Porträts, jeweils in der Ökonomie des Werkes, ihren spezifischen Ort in Relation zum dominierenden Menschenbild der entsprechenden Epoche. So räumt die Erzählung zum Beispiel traditionellerweise der Handlung den Vorrang ein; daher wird hier die Kategorie der Person vorzugsweise in Bezug auf die Handlung definiert, Modalitäten ihrer Beschreibung sind oft zweitrangig. Das literarische Porträt liegt freilich in vielen Fällen am Schnittpunkt von Narration und Deskription, in der Erzählung ist es mehr oder weniger in den Handlungsablauf mit unterschiedlichen Erzähltechniken eingestreut: Es kann als retardierendes Moment der Beschreibung funktionalisiert werden, als Parenthese, oder es kann auch auf mehrere Handlungsepisoden verteilt sein.

Im ursprünglichen Verständnis wird das Porträt als Charakterschilderung einer historisch realen Persönlichkeit in literarischer Form definiert. Die Etymologie des Wortes geht auf das lateinische »protrahere« (hervorziehen, entdecken) zurück, unmittelbar entlehnt ist der Terminus allerdings dem Französischen und verweist somit auf »portrait« in der Bedeutung ›Bildnis‹. In Handbüchern und Nachschlagewerken zur Literatur- und Kulturtheorie findet man häufig keine Einträge mehr unter dem Stichwort »Porträt«, stattdessen liegen Lemmata zur literarischen Figur und zur literarischen Figurendarstellung vor. Literarische Figuren werden demzufolge als menschlich zu verstehende oder menschenähnliche Gestalten in fiktionalen Texten definiert, sie bestehen aus Textelementen, die durch den Bezug auf literarische Typen und Modelle der Personenwahrnehmung Kohärenz erhalten und mit weiteren Informationen angereichert werden. Dabei sind zu unterscheiden auf der einen Seite der Inhalt der Figurendarstellung und auf der anderen Seite die Art und Weise der literarischen Inszenierung. Als Mittel der direkten und der indirekten Charakterisierung werden zum Beispiel Erzählerkommentar, Handlung, Figurenrede, Selbst- und Fremdbeschreibungen angeführt. Menge, interne Ordnung und Komplexität der Eigenschaften bilden die Grundlage zu Kategorisierungsversuchen im Hinblick auf Figuren wie etwa: flache versus runde Figuren (E.M. Forster), Typus versus Individuum (Charakter und Typ). Einen Sonderfall der Figur stellen der Protagonist und dessen Rezeption, oft in Form der Identifikation, durch den Leser dar. Seit der Antike werden die Abhängigkeit der Figur von der Handlung (Aristoteles) und das interne Verhältnis der figurenspezifischen Textelemente (Horaz) diskutiert; denn Figurenklassifikationen waren schon von der Typenkomödie her bekannt. Noch lange im Kontext normativer oder anthropologischer Konzepte erörtert, erhielt die Theorie der Figuren einen wesentlichen Anstoß erst durch die strukturalistische Erzähltheorie, die die Figur als Aktant, mithin als Funktionsstelle der Handlung bestimmt. Rezeptionstheoretische Überlegungen betonen dagegen die Rolle von impliziten Persönlichkeitstheorien des Lesers bei der Figurenkonstitution. Eine Integration der textanalytischen und rezeptionsästhetischen Ansätze steht noch aus. Grundlegende Arbeiten zur literarischen Figur verdanken wir unter anderem H. Grabes, Th. Koch, V. Kapp und R. Schneider. »Literarische Figurendarstellung« wird letztlich als Sammelbegriff für alle Textverfahren zur Konzeption, Präsentation und Charakterisierung der Aktanten bzw. literarischen Figuren in dramatischen und narrativen Texten verstanden. Während früher Klassifizierungsversuche der Figurendarstellung durch stark psychologisierende Lesarten auf einer postulierten Äquivalenz der Figuren mit realen Personen beruhten und heute als überholt gelten, wurde im Strukturalismus neben dem Tod des Autors auch der ›Tod der Figur‹ ausgerufen. Das im Wesentlichen auf den Analysen von V. Propp basierende Aktantenmodell von Greimas weist den Figuren lediglich den Platz eines textuellen Elements im Rahmen der übergeordneten Struktur zu. Es stellt gerade nicht die individualisierenden und die Realität imitierenden oder dieser entlehnten Qualitäten der Figur in den Mittelpunkt, sondern ihre rollengebundene Funktion in einem Modell aus Oberflächen- und Tiefenstruktur. Die neuere Erzähltheorie räumt der Figur zwar immer noch keinen so zentralen Platz ein wie der Untersuchung von Erzählsituation, Fokalisierung und *plot*, ist aber zunehmend um die Präzisierung ihres narrativen Stellenwerts bemüht. Unter einer Reihe von Modellentwürfen zur Einbindung der Figurenkonzeption in die Narratologie, von denen insbesondere ein auf Basis der Semiotik entwickeltes Modell erhebliches Potenzial verspricht, hat Pfisters Systematik zur Figurendarstellung im Drama großes Interesse gefunden als hilfreiches Beschreibungsmodell, das die Figuren innerhalb eines Systems von Korrespondenz- und Kontrastrelationen platziert. Die Figurencharakterisierung kann explizit/direkt und implizit/indirekt erfolgen und jeweils in Form des Eigen- oder Fremdkommentars vorliegen. Diese Systematik ermöglicht durch ihre feinen Differenzierungen ein präziseres Ausloten der Figurenkonstellation eines Textes als ältere Modelle. Die Rezeptions- und Wirkungsästhetik sowie die kognitive Narratologie haben den Akzent von strukturellen Aspekten der Figurendarstellung auf die Prozesse der Figurenrezeption und der ästhetischen Illusionsbildung verlegt, durch die im Akt des Lesens aus Sätzen Personenvorstellungen werden. Wichtige Impulse verdankt die neuere Forschung zur Figurendarstellung insbesondere rhetorischen Ansätzen der Narratologie.

III. Die historische Analyse der Porträtkunst kommt natürlich nicht ohne einen Blick auf die Porträtmalerei aus, von der das literarische Porträt sicherlich die meisten Impulse erhalten hat.

Das 16. Jahrhundert gilt gemeinhin als die Blütezeit des Porträts. Tizians Bildnis eines Mannes in Halbfigur von etwa 1510 dokumentiert das Selbstverständnis eines modernen Menschen, der sich in Haltung, Gestik und Mimik so präsentiert, wie er sich selbst sieht und gesehen werden will. Die berühmten Porträts dieser Zeit überliefern ein neues, durch die Entwicklung der Wissenschaften, durch Philosophie und Literatur geprägtes Bewusstsein. Ihre Inszenierung der Persönlichkeit, die vom Modell beabsichtigt war und vom Künstler mit den Mitteln seiner Bildsprache umgesetzt wurde, entspricht den Forderungen, die noch heute an ein Porträt gestellt werden: Abgebildet wird ein Mensch mit allen typischen Merkmalen seines Aussehens und seines Charakters zu einem bestimmten Zeitpunkt seines Lebens, damit sein Bild den Zeitgenossen und der Nachwelt über seinen Tod hinaus erhalten bleibe. Wesenszüge wie Machtbewusstsein und Selbstsicherheit, aber auch Melancholie und Selbstreflexion lassen sich an diesen Gesichtern ablesen. Sie bestätigen, dass die ›Erfindung‹ des neuzeitlichen Bildnisses in der Zeitenwende der Renaissance anzusiedeln ist. Der Begriff »Porträt« – »portrait« im Französischen, »ritratto« im Italienischen – ist jedoch älter als das, was heute darunter verstanden wird: die bildnerische Wiedergabe eines identifizierbaren Menschen in einem Gemälde, einer Zeichnung oder einer Skulptur. Obwohl bereits das mittelalterliche »Konterfei« einen Bezug zwischen Abbild und Modell herstellt, entstand die Idee, einen Menschen durch ein Bild in seiner Identität zu erfassen, erst im 15. Jahrhundert. Dieses Phänomen ist Ausdruck der Emanzipation und Bewusstwerdung des Einzelnen, eingebettet in Umbrüche der politischen, sozialen und geistigen Verhältnisse. Zugleich aber sind die Porträts auch Produkte einer ins Mittelalter und bis ins Altertum zurückreichenden Tradition. So liegen die Wurzeln der neuzeitlichen Porträtmalerei in der Antike, deren Wiederentdeckung die italienischen Künstler des 15. und 16. Jahrhunderts zur Nachahmung anregte. Im frühen und hohen Mittelalter widersprach die auf das Jenseits ausgerichtete christliche Religion der Wiedergabe des irdischen Menschen und verdrängte das eigentliche Porträt; Darstellungen eines Menschen sind in dieser Zeit Sinnbilder des Amtes, das der Abgebildete innehatte. Im 19. Jahrhundert, das durch die Erfindung der Photographie die Porträtmaler zumindest im bürgerlichen Milieu teilweise ihrer Arbeitsmöglichkeiten beraubte, wurde dann das Ambiente des Modells durch agierende Personen erweitert, sodass die Porträts begannen, Geschichten zu erzählen. Erst das 20. Jahrhundert, insbesondere die Kunst des Expressionismus, fand schließlich neue Wege, das Bild des Menschen auszudrücken. Da die Künstler jetzt nicht mehr auf ein Modell und dessen Wiedererkennbarkeit verpflichtet waren, konnten sie neben symbolischen oder surrealen Darstellungsweisen sogar zur Abstraktion neigende Formen verwenden, um die Persönlichkeit eines Menschen zu erfassen – was bis heute eine der wichtigsten Aufgaben der Kunst geblieben ist. Man denke beispielsweise nur an die beeindruckenden Porträts von Francis Bacon, deren Techniken, mit Einschränkungen, versteht sich, durchaus in einer Verbindung zu sehen sind mit dem Künstler der Titelabbildung dieses Sammelbands. Der Ruhm des Malers Giuseppe Arcimboldo (1527 – 1593) beruht auf seiner bizarren Kunst, aus Tieren, Blüten oder Gemüse, aus Gegenständen des täglichen Bedarfs oder Natursegmenten Porträts, Stillleben und Landschaften zu gestalten. Das vor 1622 entstandene Porträt des Bibliothekars (Leinwand, 97×71 cm, Skokloster bei Uppsala, Sammlung Baron R. v. Essen) ist geradezu paradigmatisch für seine Porträtkunst, gestaltet er doch hier den Typus des Bibliothekars mit den typischen Attributen seines Berufs, den Büchern. Die Entwicklung, die zu ebendieser Gestaltungsart führte, hatte freilich schon vor Arcimboldo begonnen, wenn man an die mysteriöse Vorstellungswelt von Hieronymus Bosch oder an phantastische Allegorien Pieter Bruegels d. Ä. denkt. Die Einordnung Arcimboldos in diesen geschichtlichen Ablauf lässt Größe und Bedeutung des Malers bewusst werden, dessen schöpferische Kraft sich nicht allein über Jahrzehnte, sondern sogar über Jahrhunderte hinweg als wirksam erwies. Eine spätere Steigerung bildeten die Porträts Goyas, deren durchdringende Hässlichkeit nichts anderes als Mittel der psychologischen Entlarvung war und damit der schöpferischen Gestaltung eines Charakters diente. Dieser Umstilisierungsprozess erreichte seinen vorläufigen Höhepunkt im Surrealismus des 20. Jahrhunderts.

Versuchen wir nach diesen wenigen Hinweisen zur Porträtmalerei kurz die Geschichte des literarischen Porträts anhand einiger signifikanter Beispiele zu umreißen, und dies natürlich ohne den Anspruch auf Vollständigkeit zu erheben. Die Kunst des Porträts geht auf Lukians *Eikones* (2. Jh. n. Chr.) zurück, eine viel nachgeahmte Vorlage im italienischen Cinquecento, wobei die Dichter den edlen Wettstreit mit den Meistern der bildenden Kunst thematisieren. Da schon seit der Renaissance, wie oben dargelegt, das Einzelporträt auch ein gängiges Motiv in der Malerei ist, nimmt beispielsweise Miguel de Cervantes in seinem literarischen Selbstporträt darauf Bezug, das er als »Prólogo al lector« seinen *Novelas ejemplares* (1613) vorangestellt hat. Seit dem 17. Jahrhundert ist das Vorkommen eines gemalten Porträts in der Handlung sozusagen ein Topos der Liebesliteratur. In der *Princesse de Clèves* (1678) ist die Episode des gestohlenen Porträts eine jener Episoden, in der die Liebe zwischen Nemours und Madame de Clèves besonders deutlich wird. Obwohl die Geschichte des literarischen Porträts noch relativ jung ist, erlebt das Porträt zur Zeit der Preziosität mit *Le Grand Cyrus* (1649 – 53) von Madeleine und Georges de Scudéry eine entscheidende Wende. Die preziösen Salons praktizieren das Selbstporträt und das vereitelte Porträt als mondäne Kunst voller intellektueller Spielerei. La Fontaines Fabeln und vor allem *Les Caractères* (1688-93) von La Bruyère tragen im Zeitalter des Moralismus wesentlich zur Porträtkunst bei, indem sie eine Wechselbeziehung zwischen außen und innen herstellen. Das Studium des menschlichen Herzens wird zum Erfolg des psychologisch analysierenden Romans beitragen, der sich von Madame de Lafayette bis zu Nathalie Sarraute in die Moderne erstreckt. In den fünfziger Jahren des 17. Jahrhunderts war im Übrigen das Entwerfen des eigenen oder eines fremden Porträts ein beliebtes, geistreiches Gesellschaftsspiel für die Salons des Barock. Bereits 1659 wurde indessen die Porträtmode in Molières *Les Précieuses ridicules* und Ch. Sorels *La Description de l'Isle de Portraiture et de la Ville des Portraits* wegen ihrer enkomiastischen und manchmal ermüdenden Stereotypie belächelt. Die Art der systematischen Inventarisierung der physischen, psychischen und ethischen Züge einer Person und die rhetorische Virtuosität blieben über die bekannten Porträtsammlungen hinaus erhalten, wovon zum Beispiel der von Mademoiselle de Montpensier wiederholt herausgegebene *Recueil des Portraits* (1659) zeugen kann. Der neu entstehende psychologische Roman (Madame de La Fayette), die moralistische (La Bruyère) und historische (Cardinal de Retz, Saint-Simon) Literatur bis hin zu späteren autobiographischen Schriften (J.-J.Rousseau, *Mon portrait*, 1755-62) übernahmen ihrerseits, freilich mit verschiedenen Gewichtungen und Funktionen, Elemente der Gattung. Im 19. Jahrhundert ist das Porträt sogar eine Kategorie der Literaturkritik Sainte-Beuves geworden, wie aus seinen *Portraits littéraires* (1876-78), *Portraits de femmes* (1870) und *Portraits contemporains* (1869-71) hervorgeht. Indem er sich mit den zu Porträtierenden durch große Anpassungsfähigkeit identifizierte, erfasste er nicht nur die psychologischen Aspekte von Leben und Werk. Durch Gruppierungen in »familles d'esprit« vermochte er seinen Porträts auch eine historische Dimension zu verleihen. Sainte-Beuve kann als Vorläufer sowohl der impressionistischen Literaturkritik als auch der vielgeübten biographischen Methode gelten. Aber es ist Balzac, so darf man mit Recht sagen, durch den die Ästhetik, Technik und Ideologie des literarischen Porträts auf Dauer etabliert wird. Der im Bezug zur literarischen Figur allwissende Erzähler Balzacs ordnet diese in ein System von Typen ein, das es erlaubt, ihre Singularität in eine intelligible Allgemeinheit einzuschreiben. Der Kohärenzeffekt wird durch zwei Faktoren determiniert: einmal die Physiognomie, die ein Korrespondenzsystem zwischen dem Charakter einer Figur und ihrer physischen Erscheinung herstellt; des Weiteren den reziproken Implikationsbezug zwischen der Figur und dem Milieu, in dem sie angesiedelt ist. Bestes Beispiel hierfür ist die Beschreibung der Pension Vauquer zu Beginn des *Père Goriot* (1835). Erst mit der Auflösung des Identitätsbildes beim Menschen des 20. Jahrhunderts hört das Porträt auf, eigenständiger Bestandteil literarischer Werke zu sein. So haben zahlreiche Autoren der Moderne gerade das Verfahren literarischer Porträtierung radikal in Frage gestellt und zugleich auch den Begriff der literarischen Figur selbst; das gilt etwa für Autoren wie Proust, Joyce oder Kafka und vor allem den Nouveau Roman. Pikanterweise ist das Porträt dann aber titelgebend in Nathalie Sarrautes *Portrait d'un inconnu* (1948).

Im Prinzip liegen in der italienischen Literatur analoge Verhältnisse im Hinblick auf die Porträtgeschichte vor. Dennoch ist es sinnvoll, auf einige Besonderheiten hinzuweisen. So lassen sich Techniken des individuellen Porträts schon in Dantes *Divina Commedia* (1304–21), und hier besonders im *Inferno*-Teil, beobachten. Manifestiert sich im System der sündhaften Verfehlungen und der ihnen korrespondierenden Strafen eine typologische Festlegung der porträtierten Gestalten, so fehlt es mitunter dennoch nicht an beeindruckenden Zeichen von Individualität, wofür zum Beispiel die Figur des Farinata degli Uberti (*Inf.* X, 22–51) in ihrer imposanten Physis und unverbrüchlichen Selbstsicherheit stehen mag. Unter dem Gesichtspunkt einer frühen Individualisierung des Porträts ist weiterhin auf Petrarcas *Rerum vulgarium fragmenta* (1336–74) zu verweisen, wobei die zentrale Gestalt der sinnlich akzentuierten Madonna Laura sich dann freilich in der Rezeption seitens der benachbarten Literaturen zu einem topischen Referenzmodell wandelt. Schließlich bietet Ariost in seinem Renaissance-Epos *Orlando Furioso* (1532) eine wahre Galerie individueller Porträts, unter denen das der Titelfigur hervorsticht, des ehedem idealtypischen Ritters der Christenheit, den sein sehr persönliches Liebesleid längere Zeit in höchste geistige Verwirrung treibt. Sind Ariosts exponierte Frauengestalten in ihrer Modellierung einem verbindlichen und sie verbindenden Schönheitsideal verpflichtet, so schränkt das indessen ihre jeweilige physische und charakterliche Eigenart keineswegs ein – Alcina und Olimpia verbürgen es anschaulich. Für das 19. Jahrhundert ist auf die richtungsweisende Porträtgestaltung Manzonis hinzuweisen. In ihrer teils sozialen Rollenhaftigkeit, teils recht ausgeprägten individuellen Psychologie geben die Figuren der *Promessi sposi* (1840–42) ein gewichtiges Orientierungsmuster für die nachfolgende Erzählliteratur ab; fern jeder Idealisierung und Normierung veranschaulicht dies exemplarisch Don Abbondio. Obgleich G. Verga den deterministischen Klassifikationsmustern naturalistischen Erzählens in hohem Maße verpflichtet ist, präsentiert er etwa mit dem jungen 'Ntoni aus *I Malavoglia* (1881) ein neues Figurenparadigma der sozialen und geistigen Bindungslosigkeit in der Moderne, letztlich einer schwindenden Zuordnungs- und Verortungsmöglichkeit. Pirandello thematisiert dann die die Persönlichkeit unterminierenden Zweifel an dem eigenen Selbst, was in *Uno, nessuno e centomila* (1926) seinen Anfang nimmt, als der Protagonist Moscarda eine Anomalie in seiner Physiognomie wahrnimmt. Pirandellos skeptisch-relativistische Denkweise beeinträchtigt denn auch die Konsistenz der Figurenpsychologie und folglich der Porträtgestaltung. Im Unterschied zu Frankreich hat Italien im 20. Jahrhundert entschieden weniger literaturtheoretische Debatten gekannt. Die Pariser Moden und Methoden haben hier kaum verfangen. Dennoch ist eine vergleichbare Entwicklung zu Rätselhaftigkeit, Fragmentierung oder auch Negation von Figur und Porträt wahrzunehmen. Ein abschließendes Beispiel zu dem postmodernen Autor Tabucchi verdeutlicht dies. So ist es unmöglich, Maria do Carmo, der Zentralfigur der charakteristischen Erzählung *Il gioco del rovescio* (1981), eine plausible Identität zuzuweisen. Wie im sprachlichen ›Umkehrspiel‹ kann stets auch das Gegenteil des wechselnden Selbst- und Fremdverständnisses ihrer Person gemeint sein. Im ironisch unterlegten Verlust der Grenzlinie zwischen Sein und Schein schwindet jede Möglichkeit, Identität zu bestimmen. Darf auch das als eine Art ›Tod der Figur‹ begriffen werden, so überlebt diese zumindest als skripturale Entität.

Auf diesen einführenden Seiten kann sicherlich kein Forschungsbericht zum literarischen Porträt vorgelegt werden, am Ende ergibt sich ein solcher ja auch aus der Fülle der Beiträge dieses Sammelbandes, die – spezifisch auf ihre jeweilige Fragestellung bezogen – entsprechende Forschungsüberblicke bieten. Nur auf drei Arbeiten aus Frankreich soll im Folgenden kurz eingegangen werden. In dem Band *Le personnage* von Pierre Glaudes und Yves Reuter aus dem Jahre 1998 (Paris, PUF) wird die literarische Figur unter den folgenden vier Aspekten behandelt: Figur und Literaturgeschichte, Figur und Erzählorganisation, psychologische und soziologische Annäherung an die Figur. In Jean-Philippe Miraux' *Le personnage de roman* von 1997 (Paris, Nathan) werden in einem ersten Kapitel Person, Figur und das Kriterium der Wahrscheinlichkeit behandelt, im zweiten Kapitel die Frage des Realismus, im dritten Kapitel die Entwicklung hin zur Dekonstruktion, und im vierten und letzten Kapitel wird ›das Zeitalter des Verdachts‹ (»L'ère du soupçon«) thematisiert. Es ist im Wesentlichen ein Gang durch die Literaturgeschichte, wie schon die Titel der Kapitel ankündigen. Die Anthologie von Christine Montalbetti unter dem Titel *Le personnage* aus dem Jahre 2003 (Paris, Flammarion) stellt Texte zusammen zu Aspekten wie ontologischer Status der Figur, Eigenname der Figur, referentielle Figuren auf fiktionalem Terrain. Die Autorin geht der Frage nach, wie man ein Held wird, behandelt die Krise der Figur, aber auch den Prozess ihrer ›Inkarnation‹. Am Ende sei noch einmal festgehalten, dass im Porträt der Mensch zum Ausdruck kommt und das Porträt selbst die Vision vom Menschen des jeweiligen Autors oder der jeweiligen Epoche konnotiert, die Fähigkeit, Menschen zu individualisieren oder zu charakterisieren, sie in Typologien der Psychologie oder Soziologie einzuordnen.

IV. Überblickt man die Beiträge dieses umfangreichen Sammelbandes, so zeigt sich, dass sehr unterschiedliche Aspekte behandelt werden, so zum Beispiel die literarische Technik des Porträts, das Porträt als repräsentatives Menschenbild einer Epoche, Rhetorik und Stilistik des Porträts, Individualisierung und Typisierung, Lang- und Kurzporträts, Funktionen des Porträts im Text, unterschiedliche Porträttechniken in Roman, Novelle und anderen Genres sowie die Gestaltung besonders markanter Porträts. Darüber hinaus sind auch einzelne stark von der Porträtierung geprägte Werke, der Einfluss der Physiognomik auf die Porträtkunst, das Menschenbild eines Autors oder auch weitere porträtbezogene Fragestellungen Gegenstand der Untersuchungen. Die Beiträge behandeln zudem die literarische Porträtkunst unter Berücksichtigung der vielfältigen Gestaltungsmöglichkeiten, die die literarische Menschendarstellung erlaubt. So wird beispielsweise das Porträt als dynamisches Porträt, als fortschreitende Figurencharakterisierung und als sequentielles Porträt fokussiert. Neben den Porträts historischer finden sich auch solche mythologischer Gestalten, aber auch das Selbstporträt und die mittelbare Selbstporträtierung. Das Dichterporträt ist ein in der Literaturgeschichte bis heute beliebter Darstellungsmodus. Formen der Auflösung des Porträts kündigen sich im fragmentierten Porträt an. Neben dem mimetischen findet sich auch das satirische Porträt; beide verfolgen natürlich ganz unterschiedliche Ziele. In vielen der hier versammelten Beiträge steht der immer wieder dominante Bezug von Literatur auf Malerei im Fokus, das *ut pictura poesis*-Prinzip erweist sich mitunter als Leitmotiv der literarischen Porträtkunst.

Das Porträt, so zeigen die Einzelstudien, situiert sich letzten Endes im Schnittpunkt von jeweiliger anthropologischer Auffassung und literarästhetischer Vorgehensweise. In ihm verdichtet sich die vorherrschende epochale Signatur des Wissens, da es als immanente Wissensbilanz historisch verfügbarer Kenntnisse über den Menschen fungiert. Das Porträt kann mithin auch als Historiographie *in nuce* fungieren. Es ist auf jeden Fall als eine besondere kommunikative Form zu sehen, da es sich als Begegnungsort von Autor und Leser im gemeinsamen Bemühen um die Vergegenwärtigung humaner Essentialia erweist.

Insgesamt belegen die Untersuchungsergebnisse, dass das Porträt schließlich immer auch als Integrationsfaktor unterschiedlicher Aussageintentionen fungiert. Es kann mimetisch intendiert sein, enkomiastischen Charakter haben, einen satirischen Zweck verfolgen, als Selbstporträt der Ich-Suche dienen, sich in die Reaktivierung einer mythologischen Tradition einschreiben, die Projektion des Porträtierenden in ein Fremdbild festhalten oder eine politisch motivierte Aufgabe erfüllen. Wenn die Porträtkunst sich im Wesentlichen auf die Physiognomie konzentriert, wie aus einigen Beiträgen erhellt, so handelt es sich um ein sektorielles Porträt. Neben der historischen Abfolge in der Porträtierung einzelner Figuren durch verschiedene Autoren findet sich auch die Parallelsetzung diverser Porträts im Zuge sequentieller Reihung. Die Komplexität von Porträts dieser hier vorliegenden Bandbreite ist nur bedingt zu reduzieren. Schließlich sind die pragmatischen Ansatzpunkte zu einer Porträtgestaltung so zahlreich, dass auch Versuche einer formal bestimmten Kategorisierung sich als problematisch, da wenig aussagekräftig, erweisen müssen. Darüber hinaus zeugt das Porträt, selbst auf der Reduktions- und Schwundstufe des Humanen in der Literatur, von diesem als einem wie auch immer persistenten Bezugspunkt. Kernzonen des Porträts, so resultiert aus dem Spektrum der Analysen, sind die im weiten Sinne mimetisch bestimmten Formen des Erzählens. Im Porträt konzentriert sich am Ende die Potentialität von Handlungsweisen, Ereignishaftigkeit und Geschehensanlage.

Als besonders originelle Formen des Porträts findet der Leser in diesem Sammelband etwa das Porträt einer Toten als Modus deskriptiver Wiederbelebung (F. Brugnolo), das mittelbare Porträt der Dichteridentität, wie sie aus den Gedichttexten selbst ableitbar ist (W. Wehle), das ambivalente Porträt, das die Möglichkeit festgefügter Urteilsformen dementiert (G. Tellini), das medizinische Porträt, das sich narrativer Muster zum Erfassen und zur Plausibilisierung pathologischer Phänomene bedient (R. Behrens), das auf rezeptive Wirkung angelegte Porträt, das nahezu unmerklich dem Leser die Kriterien der Sinngebung überantwortet (L. Claude-Phalippou) und das Fremdporträt als kaschiertes Selbstporträt (Y. Reboul). Wenn hier Bausteine einer europäischen Poetik des literarischen Porträts zusammengetragen sind, verknüpfen die Herausgeber damit die Hoffnung, dass sie Anregungen für weitere porträtbezogene Arbeiten geben können. Gerade in der Porträtanalyse kann am Ende auch ein wichtiger Beitrag der Literaturwissenschaft zu den *sciences humaines*, den Wissenschaften vom Menschen, gesehen werden. Der Literatur gewordene Mensch, so vollständig-realistisch oder fragmentarisch-modern er auch repräsentiert sein mag, hat das Interesse der Leser und der Hermeneutik verdient, gelangen wir doch alle am Ende über die Lektüre von Fremdporträts immer auch zu einer tieferen Selbsterkenntnis.

*

Die Einführung soll schließen mit einem Wort des Dankes an all jene, ohne die dieser Sammelband als Festgabe für Helmut Meter nicht entstanden wäre. Der Dank gilt zunächst den Autorinnen und Autoren, die sich immer kooperativ und engagiert gezeigt und wissenschaftliche Beiträge von hoher Qualität eingereicht haben. Er gilt des Weiteren den Institutionen, die durch ihre finanzielle Unterstützung die Drucklegung der Festschrift ermöglicht haben: der BKS-Bank in

Klagenfurt, dem Forschungsrat der Alpen-Adria-Universität Klagenfurt und ihrer Fakultät für Kulturwissenschaften. Nicht zuletzt gebührt unser großer Dank drei wissenschaftlichen Mitarbeiterinnen für die wertvolle Mithilfe bei der redaktionellen Arbeit und beim Korrekturlesen: Martina Meidl und Andrea Urban in Klagenfurt sowie Marie Bellec in Bonn. Ein besonderes Lob möchten wir am Ende auch dem Verlag, und hier vor allem Frau Ulrike Schermuly und ihren Mitarbeiterinnen, aussprechen, die auf so kompetente und angenehme Weise das Buchprojekt von Anfang an gefördert und unterstützt haben.

Markante Beispiele mittelalterlicher Porträts

Mario Mancini (Bologna)

Mimesis, V: Auerbach decostruisce la *Chanson de Roland*

1.

Conformemente al suo modo di procedere, piano, avvolgente, suggestivamente scalare – »Il metodo da me adottato, di presentare cioè per ogni epoca un certo numero di testi, per saggiare su di essi le mie idee, introduce immediatamente nell'argomento, sicché al lettore è dato di sentire di che cosa si tratta ancor prima che gli si voglia imporre una teoria« (II, 342)[1] – anche per l'analisi della *Chanson de Roland*, che costituisce il capitolo V di *Mimesis*, Auerbach parte da un testo, e propone una scena della *Chanson: La nomina di Orlando a capo della retroguardia*.

I primi versi citati sono dalla lassa LVIII, vv. 737 sgg.:

Tresvait la noit e apert la clere albe ...
Par mi cel host (sonent menut cil graisle).
Li emperere mult fierement chevalchet,
– Seignurs barons, – dist li emperere Carles,
– veez les porz e les destreiz passages:
kar me juget ki ert en la rereguarde –.
Guenes respunt: – Rollant, cist miens fillastre:
n'avez baron de si grant vasselage –.
Quant l'ot li reis, fierement le reguardet,
si li ad dit: – Vos estes vifs diables.
El cors vos est entree mortel rage.
E ki serat devant mei en l'ansguarde? –
Guenes respunt: – Oger de Denemarche:
n'avez barun ki mielz de lui la facet.

Dall'esposizione, estremamente dettagliata, quasi una parafrasi, emerge però subito un tratto stilistico, la ›paratassi‹, che diventa, con scandita insistenza, il

---

[1] E. AUERBACH, *Mimesis. Il realismo nella letteratura occidentale*. Con un saggio introduttivo di A. Roncaglia, nuova ed. in due volumi, Torino, Einaudi, 2000 (che citerò direttamente nel testo, indicando il volume e la pagina).

tratto dominante dell'interpretazione. L'esortazione di Carlo »è espressa paratatticamente«, la proposta di Gano »è anch'essa paratattica«, la risposta di Carlo comincia con parole violente »in ordine esclusivamente paratattico« (I, 110). A partire da qui, anche attraverso il rilievo della »mancata chiarezza di alcuni punti della scena« (I, 111), e soprattutto dell'atteggiamento strano e impotente di Carlo – »Tutto l'atteggiamento dell'imperatore è poco chiaro e, nonostante la posa decisa e autoritaria che ogni tanto assume, sembra paralizzato, come succede in sogno« (I, 111–112) – Auerbach, facendo leva proprio sul fenomeno della paratassi, avanza già alcune considerazioni generali che costituiranno il nucleo di tutta la sua lettura:

> Il poeta non spiega nulla, ma tutto ciò che succede è espresso con tanto rigore paratattico da convincere che nulla potrebbe succedere diversamente e che non ci sia bisogno di legami chiarificatori. Ciò si riferisce non solo agli avvenimenti ma anche ai principî che ispirano i personaggi nel loro agire: la volontà cavalleresca di lotta, il concetto di onore, la reciproca fedeltà d'armi, la comunanza di parentado, il dogma cristiano, la distribuzione di diritto e di torto tra fedeli e infedeli, sono le concezioni più importanti (I, 112–113).

Auerbach parla di »dogma cristiano«, e non di »cristianesimo« e argomenta così: »Il cristianesimo dei cristiani è un puro dato: esso si esaurisce nella sua professione e nelle formule rituali ad essa riferentesi; è inoltre posto totalmente al servizio della volontà cavalleresca di lotta e dell'espansione politica« (I, 113). Tutti gli ordinamenti sono fissi, limitati, immotivati: »Nessuna spiegazione è necessaria, quando viene pronunciata la frase: ›paien unt tort et chrestiens unt dreit‹ (v. 1015)« (I, 113). La visione del mondo riproduce, come in uno specchio, la maestosa rigidità della paratassi: »essa è quella che è, una struttura paratattica di dati che sono molto semplici, ma insieme spesso pieni di contraddizioni tra loro e di un'estrema limitatezza« (I, 113).

Compare già in questa pagina – »Questo parallelismo si estende fino nei particolari e contribuisce a rendere ancor più evidente la ristrettezza dello spazio vitale« (I, 113) – la formula decisiva, »ristrettezza dello spazio vitale« (»Enge des Lebensraumes«),[2] che ritornerà tale quale nella seconda parte del capitolo, aprendo l'analisi della *Chanson d'Alexis:* »La stessa ristrettezza dello spazio vitale si trova nei testi religiosi romani dei primordi. Ne abbiamo più d'uno cronologicamente anteriore alla *Chanson de Roland*. Il più importante è la *Chanson d'Alexis*« (I, 123).

Dopo aver impostato, con grande incisività, alcuni parametri della sua interpretazione, anche a livello della ›visione del mondo‹, Auerbach torna di nuovo, pianamente, alla lettera del testo:

---

2 E. AUERBACH, *Mimesis. Dargestellte Wirklichkeit in der abendländischen Literatur*, Bern, Francke, 1956² (1949), 100.

Passiamo ora alla seconda parte dell'azione, la reazione di Orlando. Essa forma l'argomento di tre lasse: nelle prime due Orlando parla a Gano, nella terza all'imperatore. Il suo discorso contiene tre motivi di diversa intensità e diversamente intrecciati: selvaggia tracotante presunzione del proprio valore, poi odio contro Gano, e finalmente, in tono più umile, dedizione e sottomissione all'imperatore (I, 113-114).

Qui abbiamo il ripetersi della stessa situazione con varianti, con svolte sorprendenti, così nelle tre diverse risposte che Gano dà a Marsilio (lasse XL-XLII), così nelle lasse LXXXIII-LXXXV, nelle quali Olivieri prega tre volte Orlando di suonare il corno e tre volte ha la stessa risposta negativa, così nelle tre lasse del suono del corno, CXXXIII-CXXXV, dove l'effetto del suono è sviluppato ogni volta in modo diverso. Il fenomeno della ripetizione è eminentemente ›stilistico‹ e Auerbach, con il suo solito garbo ma con fermezza – nominando, per dissentire, due autorevoli interpreti, Edmond Faral ed Ernst Robert Curtius –, prende le distanze da un'analisi puramente ›retorica‹ e riconduce la ripetizione al fenomeno primario da cui aveva preso le mosse per la sua analisi, la paratassi:

> La ripetizione dello stesso tema con varianti è una tecnica che trae origine dalla poetica latina della media latinità, e questa a sua volta la trae dalla retorica antica, come dimostrarono recentemente Faral e E.R. Curtius; ma con ciò la forma e l'effetto stilistico delle »regressioni« nella *Chanson de Roland* non è né spiegata, né descritta. Evidentemente tanto le serie di fatti analoghi quanto la ripresa, sono fenomeni il cui carattere è affine a quello della paratassi nella costruzione del periodo (I, 116).

Cosa interessa ad Auerbach, al di là della ›retorica‹ privilegiata da Faral e da Curtius? L'›irrazionalità‹ di queste scene. Le risposte di Gano ad Orlando, una cortese e una adirata, »a un esame fugace e puramente razionale non concordano nel contenuto« (I, 114). Così l'atteggiamento di Gano verso Marsilio, dove egli, pur pensando già al tradimento, si comporta in un primo momento con tanta ostilità e superbia, come se volesse irritare il re ad ogni costo, »risulta incomprensibile a un'analisi puramente razionale« (I, 115). Insomma, gli eroi della *Chanson de Roland* »non conoscono il ragionamento ampio degli eroi omerici, né espressioni di sfoghi spontanei« (I, 118). Si riprende qui l'osservazione sull'oscurità, sulla mancanza di chiarezza e di argomentazione che era stata avanzata nella prima parte dell'analisi, e che già citavo: »Il poeta non spiega nulla, ma tutto ciò che succede è espresso con tanto vigore paratattico da convincere che nulla potrebbe succedere diversamente e che non ci sia bisogno di legami chiarificatori« (I, 112). E si approfondisce, con un affondo decisivo, »evasione da una struttura razionale«, l'incapacità, clamorosa, di cogliere la complessità del reale:

> Ora, sia che al posto di una rappresentazione in massa subentri un'enumerazione di scene singole, simili in forma e decorso, sia che al posto di un'azione intensa venga usato il ripetersi della stessa azione facendola partire sempre dall'inizio, sia infine che al posto

di una azione dallo sviluppo molteplice subentri un ripetuto ritornare al punto di partenza, con l'aggiunta ogni volta dell'esposizione particolareggiata di membri e motivi diversi, sempre si tratta di un'evasione da una struttura razionale e di una preferenza per il procedimento a scatti, ad arresti, che pone gli avvenimenti uno accanto all'altro, li fa avanzare e retrocedere, cosicché i rapporti causali, modali e perfino temporali sfumano e si confondono (I, 116 – 117).

2.

Accanto a un riconoscimento della »molta arte« della *Chanson de Roland* – si parla di »grande maestria«, di »grande penetrazione psicologica« (I, 116) – Auerbach, come abbiamo visto, conduce un attacco a fondo ai princìpi che ispirano la canzone, alla sua ›visione del mondo‹. La sua posizione non è ovvia. È quanto mai diversa, per esempio, da quella di Bédier. Joseph Bédier, con i quattro volumi delle sue *Légendes épiques* (1908 – 1913), con l'edizione, traduzione e commento della *Chanson de Roland* (1922 e 1927), è indubbiamente, al momento in cui Auerbach scrive, il più autorevole interprete dell'epica antico francese. Auerbach lo cita con consenso come difensore di un'importante lezione del manoscritto di Oxford (I, 114), ma l'interpretazione complessiva della canzone che ci propone può essere letta come una risposta, come una confutazione della lettura bédieriana.

Riapriamo le vibranti pagine delle *Légendes épiques*, dove il terzo volume, uscito nel 1912, è dedicato in gran parte alla *Chanson de Roland* (pp. 183 – 477). La linea di fondo, insieme alla ricostruzione dei riferimenti topografici, alla rivendicazione del poeta Turoldo, contro le tesi tradizionaliste, è l'elogio commosso della *Chanson de Roland* come dramma della ›volontà‹:

> Il n'est pas un drame de la fatalité, mais de la volonté. En ce poème, Roland et ses compagnons, loin de subir leur destinée, en sont les artisans au contraire, et les maîtres, autant que des personnages cornéliens. Ce sont leurs caractères qui engendrent les faits et les déterminent, et mieux encore, c'est le caractère du seul Roland. Si je réussis à le montrer, à faire voir que toutes les combinaisons du poème, si diverses, si complexes, tendent d'un même effort à une seule fin, à soutenir le caractère une fois posé de Roland, plus j'aurai mis en relief l'adresse, l'unité de direction, la cohérence de ces combinaisons, plus je serai en droit, semble-t-il, de les dire individuelles, d'en faire honneur à un seul poète, non pas à une légion de poètes.[3]

Se Bédier, nel 1909, appoggia con i liberali l'elezione di Alfred Loisy, modernista e seguace di Renan, al Collège de France, per la cattedra di Storia delle religioni, rivelando uno spirito aperto, laico, repubblicano, pure emergono nel suo pen-

---

3 J. BÉDIER, *Les Légendes épiques. Recherches sur la formation des chansons de geste*, vol. III, Paris, Champion, 1929³, 411.

siero e nelle sue opere forti concessioni al nazionalismo più spinto. Alain Corbellari, a cui dobbiamo una esemplare ricostruzione della personalità e dell'opera di Bédier, rileva il parallelismo sconcertante che collega *Les Légendes épiques* a *La Colline inspirée* (1912) di Maurice Barrès, con cui Bédier corrisponderà assiduamente negli anni 1917-1920:

> Le nationalisme de Barrès est, en apparence, plus religieux que celui de Bédier (le récit même de *La colline inspirée* tendrait à le prouver), mais la religion n'est, en fait, pour Barrès, que l'un des modes – le plus visible – de l'attachement de l'homme à la terre. De son côté, le rationalisme athée de Bédier apparaît-il clairement dans *Les légendes épiques?* Les moines qu'il nous décrit semblent certes plus occupés à falsifier les chartes et à assurer leur propagande qu'à jeûner et à prier, mais ne sont-ils pas sincèrement convaincus qu'honorer la »douce France« c'est encore et toujours servir Dieu? Le Dieu de Barrès et celui de Bédier sont, en fin de compte, très proches: c'est l'Honneur, c'est la Patrie, et – pour Bédier en tout cas – c'est la »Vérité«, non celle du salut par la grâce, mais celle du salut par la science.[4]

Non stupisce che le *Légendes épiques*, che celebrano nella *Chanson de Roland* la »mission héroïque de la France«, vengano accolte con entusiasmo dallo schieramento di destra. Corbellari ricorda l'ammirazione di Pierre Lasserre, critico letterario dell'»Action française«, e quando, nel 1921, Bédier viene eletto all'Académie Française, Louis Barthou, nel discorso di accoglienza, lo ringrazia vivamente »d'avoir demontré ce que nous sentions. La *Chanson de Roland*, qui exalte la fidélité et l'honneur, est à nous«.[5] E un'espressione di fiero nazionalismo

---

4 A. CORBELLARI, *Joseph Bédier. Écrivain et philologue*, Genève, Droz, 1997, 404.
5 *Ibidem*, 405-406. Louis Barthou sarà ministro degli Esteri nel governo di coalizione Doumergue e lavorerà pazientemente per un sistema di alleanze contro Hitler e insieme per un ravvicinamento della Francia all'Italia di Mussolini e per un patto franco-sovietico. La sua politica, facendo leva anche sull'orgoglio nazionale, boicotta il disarmo e tende a riorganizzare e a rafforzare l'esercito francese. Cfr. W.L. SHIRER, *La caduta della Francia. Da Sedan all'occupazione nazista*, Torino, Einaudi, 1971 (ed. orig. *The Collapse of the Third Republic. An Inquiry into the Fall of France in 1940*, 1969), 272-273: »Il 17 aprile 1934 Barthou aveva fatto compiere una svolta decisiva alla politica estera francese. La conferenza mondiale per il disarmo era riunita ormai da due anni a Ginevra senza fare alcun passo avanti. Gli Alleati avevano atteso tredici anni per convocarla, in osservanza dell'articolo 8 del patto della Società delle Nazioni secondo il quale tutte le potenze dovevano ridurre i loro armamenti fino a portarsi allo stesso livello militare. I francesi erano i più tenaci nel rifiutarsi di concedere alla Germania una immediata parità negli armamenti, e Hitler in risposta a tale opposizione il 14 ottobre 1933 si era ritirato sia dalla conferenza per il disarmo che dalla Società delle Nazioni, accelerando il riarmo segreto della Germania. Gli inglesi, nella persona del primo ministro Ramsey MacDonald e del leader sindacale Arthur Henderson, presidente della conferenza per il disarmo, avevano aumentato le loro pressioni sulla Francia perché concedesse alla Germania il principio della parità degli armamenti e accettasse, per cominciare, che entrambe le nazioni limitassero i loro eserciti a trecentomila uomini. La risposta francese era stata sorprendentemente decisa. In una nota al governo inglese, il 17 aprile 1934, Barthou aveva dichiarato che la Francia ›rifiutava di legalizzare il riarmo tedesco‹, proibito dal trattato di Versailles, e che da quel momento in poi essa ›avrebbe provveduto a garantire la sua sicurezza con i propri mezzi‹.

– per reazione contro chi, come Pio Rajna, voleva collegare l'origine dell'epica antico francese al mondo germanico – chiude, orgogliosamente ed epigrammaticamante, il terzo volume delle *Légendes épiques:* »Je ne rendrai notre *Chanson de Roland* aux Germains que lorsque les Allemands auront d'abord rendu aux Scythes leurs *Nibelungen*«.[6]

3.

Quello che nella *Chanson de Roland* tocca e commuove Bédier – eroismo, volontarismo, nazione, conquista, pathos sublime – è proprio quello che inquieta e sconcerta Auerbach. Profonda sintonia possiamo rilevare invece con le posizioni di un altro filologo romanzo francese, della generazione precedente, Gaston Paris, il maestro di Bédier. Auerbach non lo cita, in *Mimesis*, ma possiamo pensare che lo conoscesse, che avesse meditato le sue pagine, riprendendone e approfondendone il tenore.

La semplicità, l'espressione di passioni elementari e di emozioni, queste sono le caratteristiche principali che Gaston Paris, nella sua prima grande opera, *L'histoire poétique de Charlemagne* (1865), coglie nell'epica antico francese, ma il suo interesse va anche agli aspetti stilistici, con osservazioni importanti sulla ›paratassi‹:

> Le style de l'épopée ancienne est roide et sobre comme sa conception. La phrase, comme dans toutes les œuvres primitives, est très-simple; la langue ne sait pas faire de périodes, elle range les idées successivement sans pouvoir exprimer leur rapport; les phrases courtes, concises, hachées, se suivent vers par vers; les modes subordonnés, comme le subjonctif et le conditionnel, sont rares; les temps simples sont presque les seuls employés; l'imparfait même se trouve à peine.[7]

La convinzione di una lunga durata dell'epica, propria della posizione tradizionalista, che è quella di Gaston Paris, si riflette anche nella valutazione della »visione del mondo«. Le formule della tradizione non comportano solo il pericolo della monotonia, della banalità, ma diventano anche incapacità di »voir directement«, di cogliere la realtà:

La nota francese inferse un colpo mortale alla conferenza per il disarmo, che sarebbe spirata nel giugno, e indebolì la Società delle Nazioni, sotto i cui auspici era stata indetta la conferenza. I francesi non facevano più affidamento sul suo sistema di sicurezza collettivo; finiva così il sogno del disarmo controllato«.

6 J. Bédier, *Les Légendes épiques* (nota 3), 453.
7 G. Paris, *Histoire poétique de Charlemagne*, a cura di P. Meyer, Paris, Bouillon, 1905^2 (1865), 23.

> Le style est simple, ferme, efficace; il ne manque par endroits ni de grandeur ni
> d'émotion; mais il est sans éclat, sans véritable poésie et sans aucune recherche d'effet;
> on peut dire qu'il est terne, monotone, quelque peu triste; il n'est nullement imagé: on
> ne trouve dans tout le poème qu'une seule comparaison, et elle n'a rien d'original ni de
> vu (*Si com li cers s'en vait devant les chiens, Devant Rodlant si s'en fuient paien*). Il y a
> déjà dans le *Roland* beaucoup de formules toutes faites, héritage de l'épopée antérieure,
> qui facilitent au poète l'expression de ses idées, mais la rendent facilement banale, et qui
> l'empêchent trop souvent de voir directement et avec une émotion personnelle les
> choses qu'il veut peindre.[8]

Alcuni aspetti del giudizio sullo stile possono apparire ingenerosi e semplificanti, per noi che abbiamo letto la magnifica e convincente rivendicazione dell'›arte epica dei giullari‹ ne *La chanson de geste* di Jean Rychner,[9] ma non può non colpire il tentativo di arrivare allo ›spirito‹ della canzone di gesta. Gaston Paris non esita a parlare, per la *Chanson de Roland* – e colpisce l'affinità con le osservazioni di Auerbach sull'»evasione da una struttura razionale« e sulla »ristrettezza dello spazio vitale« –, di »points de vue restreints«, di »incapacité de sortir d'un horizon assez factice«, di »logique obstinée«, di »étroitesse«:

> Les sentiments généraux de l'humanité apparaissent à peine; tout est spécial, marqué au
> coin d'une civilisation transitoire, et même d'une classe déterminée, celle des hommes
> d'armes. Leur existence bornée à trois ou quatre points de vue restreints, leur passions
> simples et intenses, leur incapacité de sortir d'un horizon assez factice, la naïveté de
> leurs idées, la logique obstinée de leurs convictions, se peignent à merveille dans le
> poëme, où la profondeur des sentiments n'a d'égale que leur étroitesse. La vie manque
> partout; les lignes sont hautes, droites et sèches; les mouvements sont roides, l'inspi-
> ration uniforme.[10]

4.

Il discorso di Auerbach fa presa sui testi, è così suggestivo e coinvolgente per il lettore anche per la densità, così concettuale, ma anche così calibrata, così piana, delle sue categorie. Queste nascono all'interno di un dialogo serrato e partecipe

---

[8] G. Paris, *La Littérature française du Moyen Âge (XIe-XIVe siècle)*, Paris, Hachette, 1905³ (1888), 63.

[9] J. Rychner, *La Chanson de geste. Essai sur l'art épique des jongleurs*, Genève/Lille, Droz – Giard, 1955.

[10] G. Paris, *Histoire poétique* (nota 7), 18. Sulla sua persona e sulle sue opere sono importanti H.U. Gumbrecht, »*Un souffle d'Allemagne ayant passé*«. *Friedrich Diez, Gaston Paris und die Genese der Nationalphilologien*, in »Zeitschrift für Literaturwissenschaft und Linguistik«, XIV, 1984, 37–78; U. Bähler, *Gaston Paris et la philologie romane*, Genève, Droz, 2004; M. Zink (a cura di), *Le Moyen Âge de Gaston Paris. La poésie à l'epreuve de la philologie*, Paris, Odile Jacob, 2004.

con pochi, sceltissimi autori, spesso operanti al di là dei confini della disciplina, come antichisti, storici, filosofi, storici dell'arte.

Per la ›paratassi‹ possiamo individuare uno ›scambio di idee‹ con il grande filologo classico Eduard Norden. Auerbach fa riferimento spesse volte in *Mimesis*, con aperto consenso, alla sua opera maggiore, *Die antike Kunstprosa* (1898, 3 ed. aggiornata 1915). La cita per la retorica in Tacito (I, 44), per »il discorso diretto al fine della vivacità del dialogo nei *Vangeli*« (I, 54), per lo stile grecizzante di Ammiano Marcellino (I, 67), per »la splendida analisi di Apuleio« (I, 69). Ma anche altre pagine l'avranno colpito. Nella prima parte di *Die antike Kunstprosa* Norden richiama, per la nascita della prosa d'arte attica, il giudizio famoso di Aristotele, nel terzo libro della *Retorica*, sulla differenza fra la costruzione paratattica, a frasi allineate una dopo l'altra (*lexis eiromenê*), con cui avevano parlato e scritto gli ›antichi‹ (*archaioi*) fino ad Erodoto incluso, e quella ipotattica (*lexis katestrammenê*).[11]

L'esattezza della sentenza aristotelica viene poi verificata con passi di antichi autori, come Ecateo, come Ferecide (di cui si ricorda una pagina che consta di ventisei brevi frasi, delle quali non meno di diciassette sono coordinate con *de*, cinque col *kai*, e tre rispettivamente con *gar*, *oûn*, *epeita*). C'è anche un riferimento agli studi sul folklore, e si riporta l'inizio di una favola turca, della regione dell'Altai: »C'era una volta un commerciante che aveva tre figli. Il commerciante disse ai suoi tre figli: ›cercate di vedere in sogno chi prenderete in moglie‹. I tre figli se ne andarono. Il maggiore ritornò. Quando ritornò disse: ›Io ho sposato la figlia di un commerciante‹. Il secondogenito ritornò. Quando fu ritornato disse: ›In sogno ho sposato la figlia di un funzionario‹ ecc.«[12]

Norden ritorna in una posizione chiave, per »l'uso del tu nello stile della predica« - il riferimento è al suo libro *Agnostos Theos*, del 1913[13] - in un saggio del 1949, *Dantes's Prayer to the Virgin (Paradiso, XXXIII) and earlier eulogies*, che gli viene dedicato: »In memoriam Eduard Norden«.[14] *Agnostos Theos* non è citato in *Mimesis*, ma possiamo pensare che Auerbach lo conoscesse già all'inizio degli anni Quaranta, dato il grande interesse con cui guarda a Norden. Già in

---

11 E. NORDEN, *La prosa d'arte antica dal VI secolo a.C. all'età della Rinascenza*, a cura di B. Heinemann Campana, con una nota di aggiornamento di G. Calboli e una premessa di S. Mariotti, Roma, Salerno Ed., 1986 (ed. orig. *Die antike Kunstprosa vom VI. Jahrhundert v. Chr. bis in die Zeit der Renaissance*, 1898), 46.
12 *Ibidem*, 46-47
13 E. NORDEN, *Agnostos Theos*, reprint Darmstadt, Wissenschaftliche Buchgesellschaft, 1956 (1913).
14 Il saggio è ripreso in *Gesammelte Aufsätze zur romanischen Philologie*, Bern und München, Francke, 1967, 123-144.

Dante als Dichter der irdischen Welt (1929) cita due sue opere, *Die Geburt des Kindes* (1924) e il Commento al VI Libro dell'*Éneide* (1926).[15]

In *Agnostos Theos* ci interessa, in particolare, tutta l'Appendice VII, le pp. 483–494 nella traduzione italiana, che è dedicata alla *Dizione continua (lexis eiromenê)*, o paratassi. In densissime pagine Norden ci ricorda la frequenza di congiunzioni coordinanti, come *kai*, poste in serie nei *Vangeli*, lo stile arcaico e ripetitivo, di tipo paratattico, in Ecateo, in Protagora, e la sua ripresa parodica – che calca sulla paratassi e sulla ripetizione del verbo – nel *Protagora* di Platone: »C'era un tempo in cui esistevano gli dèi, ma non esistevano le stirpi mortali« e successivamente »e poi ... e dopo«.[16] È lo »stile smorzato«, disadorno, che scende fino alla lingua di basso livello e di uso quotidiano e che può divenire un genere di oratoria secco ed esangue, ma che, adoperato con arte, trionfa nella novella milesia e nello stile del *Satyricon* di Petronio.[17]

5.

Tra i possibili ›dialoganti‹ con Auerbach inserirei anche il grande storico dell'arte Alois Riegl. È solo una congettura: mancano le prove, ma abbiamo degli indizi. Nell'analisi auerbachiana della *Chanson de Roland* e del *Saint Alexis* emerge in molti momenti una forte sensibilità per le immagini, per la dimensione dello spazio, per la ›sintassi visiva‹. La descrizione delle lasse, dominate dalla paratassi, si anima in questo paragone: »ogni riga sembra una forma indipendente e tutta la strofa un fascio di membri indipendenti, quasi fossero bastoni o lance della stessa lunghezza e dalla punta uguale legati insieme« (I, 117). Nella seconda parte del capitolo, dedicata al *Saint Alexis*, si parla ripetutamente di »quadri«:

> La *Chanson d'Alexis* è una serie di fatti chiusi in sé, con un nesso sciolto, una serie di quadri di una vita di santo, indipendenti, di cui ognuno contiene un gesto espressivo e nello stesso tempo semplice. [...] Molti di questi vengono scomposti in ulteriori quadri simili, ognuno indipendente dall'altro; ogni quadro è incorniciato, e sta a sé in modo che nulla vi succede di nuovo, o di inatteso. Negli spazi intermedi c'è il vuoto, non un vuoto buio e profondo nel quale succedono e si preparano molte cose, nel quale si trattiene il respiro per un'attesa trepidante come talvolta nello stile biblico con i suoi intervalli che rendono pensosi, ma una durata piatta, pallida, senza consistenza, qualche volta soltanto d'un attimo, qualche volta di diciassette anni, qualche volta del tutto indefinibile (I, 127).

---

15 E. AUERBACH, *Dante als Dichter der irdischen Welt*. Mit einem Nachwort von K. Flasch, Berlin, de Gruyter, 2001 (1929), 16 e 112.
16 E. NORDEN, *Agnostos Theos. Dio ignoto*, a cura di C.O. Tommasi Moreschini, Brescia, Morcelliana, 2002, 483–486.
17 *Ibidem*, 492.

Successivamente, l'analisi si precisa così: »Le figure vengono accostate paratatticamente come sui sarcofagi della tarda antichità; non hanno più realtà, ma soltanto significato« (I, 129). È a partire proprio da questo particolare, dall'accenno ai ›sarcofagi‹, che possiamo immaginare un contatto con Alois Riegl, che nella sua opera più famosa, *Spätrömische Kunstindustrie* (1901), dedica una lunga, decisiva sezione all'analisi dei sarcofagi della tarda antichità: il Sarcofago con Achille e Pentesilea, nel Vaticano, il Sarcofago cosiddetto di Alessandro Severo e di Giulia Mammea, nel Museo Capitolino, il Sarcofago con la caccia al cinghiale calidonio, nel Palazzo dei Conservatori, il Sarcofago di Ippolito, nel Museo di Spalato, il Sarcofago di Giunio Basso, nelle Grotte Vaticane...[18]

Auerbach, è vero, non cita mai Riegl. Dialoga però volentieri con gli storici dell'arte e nelle sue pagine incontriamo Emile Mâle, Friedrich Wölfflin, Erwin Panofsky, Max Dvořák.[19] E Riegl, soprattutto per l'opera pionieristica *Spätrömische Kunstindustrie*, dove veniva introdotta la categoria estetico-filosofica di »volontà artistica«, di »Kunstwollen«, era nell'aria. Leo Spitzer, la cui opera e la cui persona Auerbach conosceva bene, in un suo saggio sul barocco ricorda, consentendo, le analisi formali di Wölfflin, nate in parallelo con l'opera di Riegl, e parla esplicitamente di »Kunstwollen«:

> Wölfflin es quién en Munich, en 1915, en sus *Conceptos Fundamentales de Historia del Arte*, quitó a la palabra *barroco*, aún aplicada al arte del siglo XVII, su tono peyorativo demostrando que en el arte barroco no había una facultad creadora inferior a las de otros artes, sino una intención artística distinta, otra Kunstwollen.[20]

Ancora, nel suo saggio su La Fontaine, *Die Kunst des Übergangs bei La Fontaine*, mettendo a confronto, a ridosso di Taine, l'immaginazione debordante di Rabelais e la concentrazione e il *raffinement* di La Fontaine, Spitzer invita a comprendere storicamente, senza prevenzioni, »la differenza della volontà artistica di due secoli e di due temperamenti«, »die Verschiedenheit des Kunstwollens zweier verschiedener Jahrhunderte und zweier künstlicher Temperamente«.[21]

---

18 A. RIEGL, *Arte tardoromana*, a cura di L. Collobi Ragghianti, Torino, Einaudi, 1959 (ed. orig. *Spätrömische Kunstindustrie*, 1901), 115–155. Su Riegl: L. DITTMANN, *Stil, Symbol, Struktur. Studien zu Kategorien der Kunstgeschichte*, München, Fink, 1967, 16–49; W. KEMP, *Alois Riegl*, in H. Dilly (a cura di), *Altmeister moderner Kunstgeschichte*, Berlin, Reimer, 1999 (1990), 37–60; A. PINOTTI, *Il corpo dello stile. Storia dell'arte come storia dell'estetica a partire da Semper, Riegl, Wölfflin*, Milano, Mimesis, 2001.
19 I rimandi si ricostruiscono agevolmente a partire dall'indice dei nomi delle varie opere.
20 L. SPITZER, *El barroco español*, in *Romanische Literaturstudien. 1936–1956*, Tübingen, Niemeyer, 1959 (orig. in »Boletín del Instituto de Investigaciones Históricas«, XXVIII, Buenos Aires, 1943–1944), 790.
21 L. SPITZER, *Die Kunst des Übergangs bei La Fontaine*, in *Romanische Literaturstudien* (nota 20; orig. in »Publications of the Modern Language Association of America«, LIII, 1938), 163;

Auerbach e Riegl, dunque. Il riferimento ai sarcofagi della tarda antichità e alla loro sintassi visiva, nel capitolo di *Mimesis*, assume un ruolo centrale in tutto lo svolgersi dell'argomentazione:

> Le figure vengono accostate paratatticamente come sui sarcofagi della tarda antichità; non hanno più realtà, ma soltanto significato. Di fronte ai fatti terreni regna la stessa tendenza: staccarli dal loro nesso orizzontale, inquadrarli in una cornice rigida, renderli efficaci attraverso i gesti in modo da farli apparire come modelli e tutto il resto lasciarlo in una vaga inconsistenza (I, 129).

Ora, per Riegl, l'arte tardoromana è caratterizzata »dalla positiva intenzione artistica [Kunstwollen] di isolare rigidamente nello spazio figure e parti di figure tra loro, e ottenere così l'effetto ottico di un ritmico alternarsi di chiaro e scuro«.[22] Nella descrizione del Sarcofago con la caccia al cinghiale caledonio, nel Palazzo dei Conservatori in Roma, si sottolinea l'isolamento delle figure:

> L'innovazione più importante che esso ci presenta è che tutte le teste sono ormai liberate dal fondo; ogni figura, cioè, è circondata completamente dal libero spazio; ma, volendo celare al massimo l'esistenza di questo male inevitabile, esso venne limitato al minimo necessario, appunto quanto bastava per far apparire le figure conchiuse in sé cubicamente o spazialmente. Si creò perciò una nicchia rettangolare, di piccola profondità, cioè avvicinata al piano, profonda quel tanto da mostrare le figure nel loro isolamento in profondità, ma così limitata, d'altra parte, da non potere evocare l'immagine di una parte del libero spazio infinito.[23]

Anche nelle più piccole particolarità, nei fregi e nelle decorazioni, nell'arte tardoromana si manifesta una precisa tendenza, »quella cioè di tralasciare volutamente le relazioni in piano che uniscono fra loro le varie parti, per seguire la tendenza fondamentale di isolare la forma singola, in senso compiutamente cubico-spaziale«.[24]

Riegl mette in guardia dalla tentazione di considerare il »Kunstwollen« tardoantico, che isola la forma singola, come un fenomeno di decadenza:

> Non dobbiamo però considerare questo come un effetto di inabilità, ma un aspetto positivo (il più positivo di tutti, direi) della volontà artistica antica, per cui unità e chiarezza vengono costantemente ricercate nella forma singola, mentre lo spazio intermedio è per se stesso informe, e ogni considerazione di esso appare perciò confusa, ripugnante, e quindi non artistica.[25]

---

trad. it. *L'arte della »transizione« in La Fontaine*, in *Critica stilistica e storia del linguaggio*, a cura di A. Schiaffini, Bari, Laterza, 1954, 212.
22 A. RIEGL, *Arte tardoromana* (nota 18), 80.
23 *Ibidem*, 118.
24 *Ibidem*, 134.
25 *Ibidem*, 186.

Nello stesso tempo sottolinea con forza – e possiamo allora ricordare l'analisi di Auerbach, che, a partire dalla paratassi, rileva »un'evasione da una struttura razionale« (I, 117), e che argomenta: »Il poeta non spiega nulla, ma tutto ciò che succede è espresso con tanto vigore paratattico da convincere che nulla potrebbe succedere diversamente e che non ci sia bisogno di legami chiarificatori« (I, 112) – come l'allineamento uniforme equivalga a una mancanza di relazione:

> Se il ritmo classico si era basato finora sui contrasti (contrapposizioni, composizione triangolare), quello tardoromano riposa invece sull'allineamanto uniforme (composizione rettangolare). E siccome le forme si sono ormai sciolte dal reciproco collegamento, esse devono essere rese nella loro apparenza obiettiva, libera il più possibile da relazioni momentanee con altre singole forme.[26]

Nelle pagine finali della *Spätrömische Kunstindustrie*, dove il discorso si precisa in rapporto alla »visione del mondo«, alla »Weltanschauung«, il cogliere le relazioni, »i legami delle cose tra loro« – così come per Auerbach l'analisi storica e stilistica, erede dello storicismo di Vico e di Hegel, è capace di cogliere la complessità del mondo, nei suoi aggrovigliati nessi e nella dimensione del tempo – diventa una caratteristica fondamentale dello spirito moderno:

> Nel Medioevo ritroviamo la tendenza all'isolamento delle cose (stavolta nello spazio invece che in piano), ad una norma obiettiva della loro apparenza oggettiva e alla più stretta correlazione col culto (che non è altro se non la necessità soggettiva di religiosità trasposta in una norma obiettiva, fissa, valida per tutti i singoli individui). Nell'età moderna invece si fa luce la tendenza ad unire gli oggetti tra loro (nello spazio, sia a mezzo della linea, come nel secolo XVI, sia a mezzo della luce come nel secolo XVII, sia a mezzo della colorazione individuale come nell'arte più recente), onde rappresentarne l'aspetto oggettivo e liberarsi dal culto: per cui vediamo subentrare al suo posto filosofia e scienza, in quanto discipline capaci di esprimere i legami delle cose tra loro.[27]

In Auerbach, come in Riegl, valori visivi e visione del mondo si implicano a vicenda, nel segno di una considerazione storica e insieme stilistica dell'esperienza umana. I rischi di schematismo vengono superati grazie a una magnifica duttilità, grazie a una tenace e sottile adesione alla particolare tonalità delle opere.

I quadri e i gesti non sono gli stessi, per Auerbach, nella *Chanson de Roland* – dove il carattere di Orlando, il suo ritratto letterario si costruisce in un mondo di

---

26 *Ibidem*, 265.
27 *Ibidem*, 275. Sarà questa »delicata empiria«, capace di cogliere sia l'»idea« che i »valori visivi«, che susciterà l'interesse e l'ammirazione di Walter Benjamin. Si vedano W. KEMP, *Walter Benjamin e la scienza estetica. I. I rapporti tra Benjamin e la scuola viennese*, in »aut aut«, n. 189–190, maggio-agosto 1982, 216–233 (che rileva come derivino da Riegl le geniali proposizioni di Benjamin sull'ottico e sul tattile, orientate poi verso il fenomeno della »decadenza dell'aura«) e l'illuminante saggio di E. RAIMONDI, *Benjamin, Riegl e la filologia*, in *Le pietre del sogno*, Bologna, Il Mulino, 1985, 159–197.

rigidità e di costrizioni, quello dello spirito di crociata, della »propaganda ecclesiastica e feudale« (I, 134) – e nel *Saint Alexis*. In quest'ultimo, per tanti aspetti prigioniero della »stessa ristrettezza dello spazio vitale« (I, 123), troviamo però scene drammatiche, come il lamento della madre nella stanza abbandonata, come la lotta interiore del santo (I, 130). Le persone acquistano lentamente, gradualmente – sono soltanto »germi«, ma fecondi – concretezza e pienezza umana: »ne risulta che il culmine del processo di irrigidimento è già sorpassato; proprio nei quadri isolati si trovano i germi della vivificazione« (I, 134).

Cristina Noacco (Toulouse)

Parure de femme, armure de guerrière, tombeau d'héroïne: le portrait de Camille en Amazone dans le *Roman d'Énéas* (vers 1160)

L'importance attribuée aux personnages féminins et à la description de leurs atours par l'auteur anonyme du Roman d'Énéas est l'un des traits les plus saillants du passage de la chanson de geste au nouveau genre romanesque, apparu quelques années seulement avant la rédaction du *Roman d'Énéas*, qu'on situe autour de 1160, avec le *Roman de Thèbes*, anonyme (1150) et avec le *Roman de Brut* de Wace (1155).

Il convient avant tout de rappeler que Camille, dans l'adaptation médiévale de l'*Énéide* de Virgile, est la reine des Volsques, un peuple allié des Rutules dans la guerre qui oppose Turnus et les troupes latines aux Troyens guidés par Énéas (l'Énée latin) pour la double conquête de la ville de Laurente et de la fille du roi, Lavine. Le portrait de Camille est doublement remarquable, par sa construction en diptyque et par son étendue: 152 vers, dans l'édition de référence (v. 4046– 4171 et 6974–7001),[1] ce qui lui assure une place de tout premier plan non seulement à l'intérieur du *Roman d'Énéas*, mais aussi dans l'ensemble de la production romanesque naissante.[2]

De plus, la description de Camille, indissociable de son cheval, la présente comme un centaure au féminin; mieux, comme un personnage qui a nié son rôle de femme au foyer pour se consacrer à l'activité guerrière. Ces traits l'associent d'une manière évidente au peuple légendaire des guerrières dont l'histoire circulait déjà en Grèce vers le IVe siècle av. J.-C.: les Amazones.[3]

Mais contrairement à Virgile, qui lui assignait un rôle limité dans l'*Énéide* et en

---

1 A. PETIT (éd.), *Le Roman d'Énéas*, édition critique d'après le manuscrit B.N. fr. 60, traduction, présentation et notes d'Aimé Petit, Paris, Librairie générale française, 1997 (Le Livre de Poche – Lettres gothiques).
2 L'analyse du portrait en diptyque de Camille a été proposée par J.-CH. HUCHET, *Le roman médiéval*, Paris, P.U.F, 1984 (Littératures modernes, 36), 60–80.
3 Au sujet des Amazones, voir W. BL. TYRELL, *Amazons. A study in athenian mythmaking*, Baltimore, The Johns Hopkins University Press, 1984 et G. LEDUC (éd.), *Réalités et représentations des Amazones*, Paris, l'Harmattan, 2008 (»Des idées et des femmes«).

donnait une description succincte,[4] dans les épisodes qui présentent l'héroïne en Amazone, l'auteur médiéval actualise les enjeux de l'amplification littéraire si, comme le dit Jean-Charles Huchet, »[la] *descriptio* doit non seulement composer la fiction d'une totalité corporelle, mais épuiser les caractéristiques du personnage pour le rendre à son essence«.[5]

Quelle est la place qu'occupent la description de la parure féminine et celle de l'armement masculin dans le portrait de Camille et quel rôle jouent-elles dans la composition du personnage?

L'analyse des deux volets de ce portrait rend compte à la fois des qualités physiques de Camille, liées aux canons des »Arts Poétiques«, et de ses qualités morales. Un troisième élément descriptif, concernant les parements funéraires et la mise au tombeau de l'héroïne, permet de compléter le portrait de ce personnage et éclaire le rôle que l'écrivain lui a attribué dans son œuvre.[6]

I. Portrait et »Arts Poétiques«

La féminité et la virilité se trouvent réunies dans la description de Camille, car elle incarne à la fois la beauté féminine (v. 4046–4131) et la prouesse chevaleresque (v. 6974–7001). Dès son apparition, le poète annonce que »a grant merveille par fu bele, / et moult estoit de grant pooir« (v. 4049–4050).

Dans chacun des portraits que l'auteur anonyme consacre aux deux aspects du personnage, il prend soin d'évoquer le sexe opposé, afin de faire apparaître les deux composantes, féminine et masculine, de Camille. Ainsi, l'héroïne se construit à travers un diptyque, sorte de miroir rhétorique où chaque volet est le reflet inversé de l'autre.[7]

1. L'héroïne en habits d'apparat

Dans la description de la beauté physique de Camille, l'auteur suit les règles établies par les théoriciens de l'époque et en particulier par Matthieu de Vendôme qui, dans son *Ars versificatoria*, »considère la description comme l'objet suprême

---

4 Virgile, *Énéide*, texte établi et traduit par Jacques Perret, Paris, Les Belles Lettres, 1978, t. 2, VII, v. 803–817; 1980, t. 3, XI, v. 498–915.
5 J.-Ch. Huchet, Le roman médiéval (note 2), 65.
6 À défaut de proposer une interprétation originale du personnage de Camille, cet article d'hommage vise à offrir une synthèse des nombreux travaux qui ont paru à ce sujet. Le rassemblement des différentes pièces du dossier permettra néanmoins d'esquisser un portrait complet de Camille, à la fois femme, guerrière et héroïne dans le *Roman d'Énéas*.
7 J.-Ch. Huchet, *Le roman médiéval* (note 2), 69.

de la poésie«,⁸ »[...] mettant en relief [...] les valeurs esthétiques que le sujet *doit* avoir pour inspirer les sentiments que veut provoquer le discours«.⁹ L'ordre à suivre est suggéré par Nature, la grande Artiste: de même qu'elle forme l'homme de la tête jusqu'aux pieds,¹⁰ de même la description du visage doit suivre un ordre descendant.¹¹ Cheveux, front, sourcils, yeux, joues, teint, nez, bouche, dents et menton sont ainsi décrits successivement dans la présentation de la belle Hélène par Matthieu de Vendôme.¹² L'auteur du *Roman d'Énéas* suit cet enseignement lorsqu'il dresse le portrait de Camille (v. 4074-4087): elle a un »front« beau et bien fait, des »sourcis« noirs, bien fins, les »iex« rieurs, toujours joyeux, un joli »nés«, sur un visage plus blanc que neige sur glace, un teint où la blancheur et la rougeur se mêlent harmonieusement, une »bouchete« bien faite et des »denz« petites et serrées, »plus reluisanz que n'est argenz« (v. 4087).

Le portrait est donc un exercice littéraire stéréotypé, où les conventions priment nettement sur le souci de vérité. Alors que pour nous, lecteurs de Balzac, Flaubert ou Zola, les termes de description et de portrait évoquent une garantie de réalisme, cette préoccupation semble totalement étrangère aux auteurs des premiers romans en langue vernaculaire.

Ainsi, plus que la description d'une femme, l'auteur du *Roman d'Énéas*, comme le feront Chrétien de Troyes et les émules des premiers romans courtois du Moyen Âge, dépeint un idéal de femme qu'il est aisé de rattacher à un modèle féminin nordique, plutôt que méditerranéen, où la lumière (des cheveux, du teint, du sourire) est dispensatrice de beauté.¹³ Après que l'auteur a annoncé son incapacité à dire la beauté de Camille (la prétérition est une autre posture courante à cette époque), il passe de la description du visage à la peinture d'une

---

8   E. FARAL, *Recherches sur les sources latines des contes et romans courtois du Moyen Âge*. Nouveau tirage augmenté de *La littérature latine du Moyen Âge*, Paris, Champion, 1983 [1913], 76.
9   E. DE BRUYNE, *Études d'esthétique médiévale*, 2 vol., Paris, Albin Michel, 1998 (Bibliothèque de l'Évolution de l'Humanité) [Bruges, De Tempel, 1946], 548. Cf. A. COLBY, *The portrait in Twelfth-century French literature*, Genève, Librairie Droz, 1965.
10 B. SILVESTRE, *De mundi universitate*, hg. von C. S. Barach – J. Wrobel, Innsbruck, Wagner'sche Universitätsbuchhandlung, 1876, 6; Sidoine Apollinaire, *Le portrait de Théodoric* (Epist. I, 2, 2), cité comme modèle de la »dispositio« dans G. DE VINSAUF, *Documentum de Arte versificandi*, II, 2, 10 (*Les arts poétiques du XIIe et du XIIIe siècle*, éd. Édmond Faral, Paris, Champion, 1958, 272-273). V. E. DE BRUYNE, *Études* (note 9), 550. Cet ordre sera à nouveau souligné par Geoffroi de Vinsauf, dans sa *Poetria nova*, composée entre 1208 et 1213 (v. 597-599): »[...] Et sic / A summo capitis descendat splendor ad ipsam / Radicem totumque simul poliatur ad unguem«.
11 Cet ordre ne constitue pas une règle, mais il est du moins une tendance fort répandue.
12 M. DE VENDÔME, *Ars versificatoria*, 1.56, dans É. FARAL (éd.), *Les Arts poétiques du XIIe et du XIIIe siècle* (note 10), 129-130 (v. 7-20; 27-30).
13 A. MOROLDO, *Le portrait dans la poésie lyrique de langue d'oc, d'oïl et de si, aux XIIe et XIIIe siècles*, in »Cahiers de civilisation médiévale«, 26, 1983, 147-167 et 239-250. Cf. A. COLBY, *The portrait in Twelfth-century French literature* (note 9).

image d'ensemble, la montrant en guerrière chevauchant vers l'ennemi, les cheveux longs jusqu'aux pieds tressés dans un fil d'or (v. 4095-4097):

> Vers l'ost chevauchoit la meschine;
> Cheveuls ot blois jusqu'à ses piez,
> A .I. fil d'or furent treciez.

La lumière du visage de Camille, l'argent (terme de comparaison dans la description de ses dents) et l'or qui en embellit la blonde chevelure en font d'emblée un personnage associé aux métaux précieux, dignes de son statut de reine. Virgile avait déjà remarqué, dans sa rapide description de l'héroïne, le bijou et les vêtements qui en soulignaient à la fois la royauté et la féminité: chez lui, Camille avait les cheveux attachés par une agrafe d'or (*Énéide*, VII, v. 815-816: »fibula crinem/auro internectat«), tandis qu'une parure royale voilait de pourpre ses fines épaules (*ibidem*, v. 814-815: »regius ostro/uelet honos leuis umeros«).[14]

Dans le roman médiéval, la description de Camille en habits d'apparat suit également de près celle de sa beauté physique. La description du vêtement qu'elle porte à même le corps offre un développement intéressant de l'indication de Virgile, alliant la richesse de l'or, le savoir-faire des fées qui l'ont tissé et la symbolique que l'auteur lui attribue. C'est là que le romancier a déployé toutes ses connaissances rhétoriques, pour faire de Camille, à partir de la technique de l'*amplificatio*, une reine dont le pouvoir s'étend à tous les êtres vivants: les animaux sauvages, les oiseaux et les poissons de mer (v. 4100-4107).

> La pourpre fu a or brodee,
> Par grant entente fu ouvree:
> .III. faees serours la firent,
> En une roche la tissirent;
> Chascune d'eulz s'i essaia
> Et son savoir y demoustra,
> Et firent i poissons marages,
> Oisiaus volanz, bestes sauvages.

Les images qui décorent la »pourpre« de Camille signifient que son pouvoir ne s'exerce pas seulement sur l'armée qui reconnaît en elle une reine, mais aussi sur tous les êtres qui peuplent la terre (les »bestes sauvages«), l'air (les »oisiaus volanz«) et l'eau (les »poissons marages«).[15] Par sa richesse et par sa symbolique,

---

14 Voir A. PETIT, *La reine Camille de l'Énéide au Roman d'Énéas*, dans *Actes du colloque sur l'épopée gréco-latine et ses prolongements européens*, 8-9 décembre 1979, à l'E.N.S., Paris, Les Belles Lettres, 1982, 153-166.

15 C'est probablement de cet épisode que s'inspirera Chrétien de Troyes lorsqu'il décrira, dans son premier roman, *Érec et Énide*, la *robe* d'Érec, produite également par des fées et représentant les arts libéraux. Voir CH. DE TROYES, *Érec et Énide*, éd. et trad. par J.-M. Fritz, Paris, Librairie générale française, 1992 (Le Livre de Poche – Lettres Gothiques), v. 6736 et suiv.

l'habit est ici avant tout un symbole de royauté. Mais l'auteur ne se prive pas du plaisir d'habiller son héroïne de manière à en souligner également la féminité (v. 4098–99, 4108–4111):

> Moult fu la dame estroit vestue
> De porpre noir a sa char nue.
> [...] Vestue en fu estroitement,
> Desor fu çainte laschement
> D'une çainture a or brodee,
> Menuement fu boutonneee.

Le vêtement de Camille, taillé dans une »porpre«, une étoffe précieuse de couleur foncée, a une coupe moulante et la ceinture brodée d'or qu'elle porte semble avoir pour seule fonction celle d'ajouter une touche de coquetterie à l'ensemble. La série de boutons du vêtement pourrait représenter une autre référence à la mode du XIIe siècle.[16]

Le portrait de la reine des Volsques en habits d'apparat suit le même ordre descendant qui a été signalé dans la peinture du visage (v. 4112–4131): l'auteur décrit tour à tour les chausses de Camille, coupées dans une étoffe de soie colorée, le »siglaton«; ses souliers, confectionnés avec des écailles de poisson bariolées et fermés par des lacets en or, et enfin son manteau qui, recouvrant le corps, représente le symbole ultime de la richesse et du pouvoir de Camille: il est composé en échiquier par une alternance de cases de fourrure d'hermine (blanche) et de gorge de martre (noire). Doublé de porpre impériale, il est fermé par des agrafes émaillées et bordé des plumes de deux oiseaux merveilleux, deux foulques ou *fulicae*, oiseaux calorifuges qui, d'après le *Bestiaire* de Philippe de Thaon, pondent au fond de la mer et couvent leurs œufs en flottant sur l'eau.

Bref, les habits d'apparat de Camille frappent par leur richesse, par la finesse de leur confection et, surtout, par l'association des couleurs que l'auteur s'amuse à multiplier, dans un jeu de coloriage qui pourrait avoir la même fonction qu'auraient des bijoux voyants, si Camille les portait à la place de son armement: celle d'attirer l'attention du lecteur-spectateur sur le corps de la femme que ces étoffes multicolores enveloppent.

Enfin, l'auteur décrit la monture de Camille, un palefroi qui, bariolé comme elle, en représente l'équivalent animalier. Il s'agit d'une merveille, d'un monstre, au sens étymologique du terme. Le choix des couleurs qui le caractérisent est des plus improbables (v. 4134–4171):[17] il a la tête blanche et le toupet noir, les oreilles vermeilles, la crinière violette et rouge par touffes, l'épaule droite pommelée et la

---

16 Sur la mode féminine au XIIe siècle, voir *Histoire des femmes en Occident*, t. 2, *Le Moyen Âge*, sous la dir. de Georges Duby et de Michelle Perrot, Paris, Plon, 1990, notamment le chap. 5.
17 Pour une analyse détaillée des caractéristiques du cheval de Camille, voir J.-Ch. Huchet, *Le roman médiéval* (note 2), 65.

gauche grise... L'auteur multiplie les vers et les couleurs dans la description de chaque composante physique de l'animal, de manière à présenter la monture de Camille comme un *alter ego* de l'héroïne permettant de souligner et de renforcer son caractère merveilleux.[18] De plus, l'or, l'argent, l'ivoire, les pierres précieuses et les émaux qui ornent les parements du cheval (v. 4158 – 4171) donnent de l'éclat non seulement à la monture, mais également et surtout à sa cavalière. Cette richesse est rendue par l'abondance de l'or et des pierres précieuses qui composent la têtière, les rênes, la selle, les arçons, les sangles, les contresangles et les étriers du cheval, ainsi que par la description du travail d'orfèvrerie – dont l'auteur évoque notamment la technique de la gravure de l'or en bas-relief que l'on attribuait à Salomon – (4162 – 4165):

> [...] li arçon
> Furent de l'uevre Salemon,
> A or trenchié de blanc yvoire,
> L'entaille en fu toute trifoire.

S'il est vrai que l'auteur de l'*Énéas* a voulu peindre, à travers ce cheval, une merveille digne de Camille, il faudrait rattacher cette caractéristique merveilleuse surtout au pouvoir de l'imagination de l'auteur et au savoir-faire des orfèvres qui, comme lui, s'évertuent à transformer la matière: celle des pierres précieuses pour les uns, la matière littéraire pour l'autre.

La description de Camille en Amazone se transforme ainsi en un jeu stylistique, qui permet à l'écrivain de souligner et de formuler ses connaissances dans une composition originale. Ce jeu tire aussi sa valeur de l'ambiguïté de sens: lorsque, par exemple, on lit que Camille se montre avec un pan du manteau ouvert (»Ele en ot entrovert les pans / que li parut li destres flans«, v. 4132 – 4133), on pourrait interpréter son geste comme une coquetterie, mais on sait également que ce geste était attribué aux Amazones, qui relevaient leur vêtement pour avoir une plus grande liberté de mouvement dans la chevauchée et dans le maniement de la lance.[19]

---

18 La multiplication des couleurs sur le pelage de l'animal, comme dans la parure de Camille, permet d'interpréter ce binôme à la lumière des codes des couleurs de l'époque: d'un côté, l'uni et le semé sont connotés positivement et définissent la norme; de l'autre, le tacheté et le rayé, formes de la *varietas*, désignent l'extraordinaire et le mal. Les bestiaires faisaient état de ces codes, en présentant comme mauvais les animaux à pelage rayé ou tacheté, comme le léopard (V. GONTERO, *Parures d'or et de gemmes. L'orfèvrerie dans les romans antiques du XIIe siècle*, Aix-en-Provence, Publications de l'Université de Provence, 2002, 36). Camille et sa monture reflètent également ces codes et s'y inscrivent en tant que manifestations de l'étrange et du merveilleux. Voir aussi *Vers une histoire sociale des couleurs*, dans M. PASTOUREAU, *Couleurs, Images, Symboles. Études d'histoire et d'anthropologie*, Paris, Le Léopard d'Or, 1986 (Cahiers du Léopard d'Or), 9 – 68.
19 Voir aussi *Énéide* XI, v. 649. Cf. A. PETIT, *Le traitement courtois du thème des Amazones d'après trois romans antiques: Énéas, Troie et Alexandre*, dans »Le Moyen Âge«, 89, 1983,

2. L'héroïne en armes

Dans le poème épique de Virgile, lors de la première apparition de Camille, son équipement militaire était très réduit: elle portait seulement un carquois et une branche de myrte avec une pointe au sommet.[20] Puis, dans la description d'une scène de combat, l'auteur avait évoqué les pièces d'armement de l'héroïne au fur et à mesure qu'elle s'en servait: des javelots, une lance, une hache, une épée.[21] Dans le roman médiéval, la description de l'armement de Camille, bien que moins développée par rapport à celle de ses atours féminins,[22] est régie par le même principe de l'*amplificatio*.

Après avoir présenté la couverture d'hermine qui couvre la selle du cheval – détail qui a peut-être la fonction d'établir une jonction avec le premier volet de la description –, l'auteur anonyme présente tour à tour la lance de Camille (v. 6989), son écu d'ivoire, à boucle d'or, dont la courroie est d'orfroi (v. 6989 – 6992), son haubert, blanc comme neige (v. 6993), et son heaume, dont le cercle est d'or fin et brille d'un vif éclat (v. 6994 – 7001).

L'ordre suivi contrevient au schéma de la description de l'armement épique, qui devait suivre le même ordre descendant préconisé par les ›Arts Poétiques‹, de manière à présenter successivement le heaume, le haubert, l'écu et la lance. En revanche, quelques éléments constants sont présents tout au long de ce deuxième portrait, en armes, de Camille: l'or, le blanc (qui est une couleur à part entière, à cette époque) et la lumière. L'éclat et la richesse de ces armes en font le pendant de sa parure féminine. De plus, les caractéristiques de l'armure font écho aux qualités physiques de l'héroïne: on voit réapparaître ici, en particulier, sa »bloie crine« (v. 6998), sa blonde chevelure.

Si la femme tend à disparaître sous son équipement guerrier, la chevelure de Camille est présentée comme tellement abondante qu'elle descend jusqu'à ses pieds, sortant d'une ouverture prévue à cet effet dans la coiffe du haubert (v. 6996 – 7001):

> La coife du hauberc fu faite
> En telle manière qu'elle ot traite
> Sa bloie crine de defors,
> Et li couvrirent tout le cors;

---

n° 1, 63 – 84; Id., *La reine Camille dans le* Roman d'Énéas, dans »Les Lettres Romanes«, 36, 1982, 5 – 40 et J.-Ch. Huchet, *Le roman médiéval* (note 2), 69.
20 *Énéide*, VII, v. 816 – 817: »Lyciam ut gerat ipsa pharetram / et pastoralem praefixa cuspide myrtum«.
21 *Énéide*, XI, notamment aux v. 650 – 654; 667; 676; 691; 696; 711.
22 La description de l'armement de Camille s'étale sur 27 vers, tandis que 87 vers sont consacrés à ses habits d'apparat.

> Derier li venteloit aval
> Dessor la crupe du cheval.

L'armure ne parvient donc pas à dissimuler totalement la femme: la longue chevelure de Camille flotte dans l'air, derrière elle, sur la croupe du cheval. Cette image, qui vise à confondre la guerrière avec sa monture, du fait que la chevelure de la femme se mêle à la crinière de l'animal, permet surtout à l'auteur médiéval de rappeler que les cheveux représentent l'une des composantes physiques les plus féminines et les plus séduisantes: chassée, la sensualité de la femme revient ›au galop‹, si l'on peut dire.

II. Le portrait moral de Camille

La fonction narrative de ce double portrait de l'héroïne, en habits d'apparat et en armes, est celle d'illustrer la double nature, féminine (par sa naissance) et masculine (par sa vaillance), du personnage. L'auteur anonyme résume les caractéristiques de son personnage en une formule très dense: »Le jour ert roys, la nuit roÿne« (v. 4064). Le jour et la nuit, la royauté au masculin et au féminin, rendent compte des deux composantes complémentaires de ce personnage aussi farouche que séduisant, qui exerce un pouvoir de roi pendant le jour et s'entoure de femmes la nuit, n'acceptant d'autre compagnie que celle de ses fidèles compagnes de chambre.

Camille est une femme par sa naissance mais elle a nourri dès son plus jeune âge une forte inclination pour l'activité guerrière, éminemment masculine. Tout ce qui concerne le monde féminin, y compris l'amour, ne l'intéresse pas: c'est une vierge qui a voué son existence tout entière à la guerre. Et pourtant, pour chevalier qu'elle se montre, en se battant en Amazone, elle n'en est pas moins femme:[23] bien qu'elle en refuse le rôle et les fonctions sociales, sa féminité est toujours soulignée; l'accent mis sur sa valeur au combat tend à faire d'elle l'égal féminin d'un homme; de plus, outre le plaisir des armes, Camille manifeste un goût pour la coquetterie qui lui sera fatal.

1. Refus du rôle de la femme et féminité latente

Lorsque l'auteur présente l'inclination à la guerre de l'héroïne, il dissocie cette dernière des activités féminines les plus typiques par la négation (v. 4058–4059): »Onques d'oevre a femme n'ot cure, / Ne de filer ne de tisture«. Puis, il utilise le

---

23 Aimé Petit étend ce constat à l'ensemble des Amazones des romans antiques dans son étude sur *Le traitement courtois du thème des Amazones* (note 19), 75.

même procédé pour nier l'existence d'une femme aussi vaillante qu'elle (v. 4063: »ne fu femme de sa vaillance«). Le terme de comparaison est toujours le monde féminin, y compris lorsque l'auteur souligne sa passion pour les armes, à travers un adverbe qui, au lieu de l'associer grammaticalement au monde masculin, la sépare de l'univers féminin (v. 4060 – 4062):

> Milz amoit armes a porter,
> A tournoier et a jouster,
> Ferir d'espee ou de lance.

La conception médiévale du rôle de la femme est soulignée par le discours qu'un Troyen, Tarchon, adresse à Camille pour lui rappeler ce qui sied à la femme (filer, coudre, tailler et faire l'amour, v. 7152 – 7154) et pour l'exhorter à jeter ses armes (v. 7142 – 7144, 7148 – 7149):

> »[…] Femme ne doit mie combatre
> Se par nuit non et en gissant,
> La puet faire homme recreant;
> […] L'escu metez jus et la lance,
> Et le hauberc qui trop vous blece […]«.

Comment interpréter le refus des activités féminines de la part de Camille, refus qui intègre également l'amour, lorsqu'elle répond à Tarchon qu'elle n'aime pas les ébats amoureux (v. 7189 – 7191)?

> »[…] Miex say abatre .I. chevalier
> Que acoller ne donoier:
> Ne say mie combatre enverse.«

Une tentative d'explication du plaisir pour le métier des armes qu'éprouve cette femme vierge consiste à y voir une expression de la nostalgie pour l'unité originaire des êtres masculins et féminins, une réminiscence du mythe de l'androgyne.[24] Cette unité de l'homme et de la femme chez Camille est inscrite jusque dans le nom de l'héroïne, qui trouve un pendant romanesque dans le personnage de Pallas, l'ami et le fidèle allié d'Énéas au nom aux traits à la fois féminins et masculins et non, comme on pourrait le croire, génériquement ambigus.[25] Comme les autres Amazones des romans médiévaux inspirés de l'Antiquité, Camille affiche moins une ambiguïté sexuelle qu'une complétude: elle est

---

[24] J.-Ch. Huchet, Le roman médiéval (note 2), 68 et suiv. Toutefois, cet auteur avance également des réticences à ce sujet, lorsqu'il pose la question de savoir si »parler d'androgynie est […] pleinement satisfaisant« (p. 72).

[25] C'est notamment le planctus d'Énéas (v. 6212 – 6269) qui permet à l'auteur de développer un discours qui est digne d'un amant et qui décrit Pallas avec les topoï qui étaient normalement réservés aux femmes, comme la pâleur du visage (»blanchor«, v. 6254) et ses rougeurs (»rouvors«, v. 6255).

homme et femme à la fois, puisqu'elle montre une attitude masculine dans un corps féminin. C'est ce corps que ses atours et sa chasteté (vœu absolument féminin, il convient de le rappeler) ne cessent de souligner. Quel est le sens à donner à cette double nature ? Il est tentant de croire que les caractéristiques complémentaires de Camille permettent à l'auteur de peindre un idéal.

2. Le double féminin de l'homme

Une interprétation intéressante du personnage de Camille, avancée par Aimé Petit, consiste à reconnaître que »l'un des premiers modèles féminins selon la mentalité courtoise pourrait être, à partir du thème de l'Amazone, celui de la femme chevalier, qui réunit en elle prouesse, beauté, virginité et chasteté«.[26] C'est un thème littéraire qui traverse les âges[27] et que la figure de Jeanne d'Arc a même incarné historiquement. Comme l'a remarqué Aimé Petit, le topos épique et masculin composé par les qualités *fortitudo-sapientia* se trouve transformé, dans le personnage de Camille, en un »anti-topos *fortitudo-pulchritudo feminea-pudicitia*«,[28] où la femme est la dépositaire de qualités qui en font une femme extraordinaire, associant en elle la force et une beauté chaste, non génératrice de désir, contrairement à Didon, qui jouait pourtant elle aussi un rôle masculin (en tant que reine de Carthage) dans le roman (comme dans sa source latine).

Ainsi, à l'encontre de l'antiféminisme médiéval, »le recours au thème des Amazones a l'intérêt de proposer au public des romans antiques du XIIe siècle l'image littéraire d'un statut social féminin qui n'est pas ou plus celui de l'infériorité, mais plutôt, par l'existence des vertus guerrières chez la femme, celui de l'égalité«.[29] Cette écriture féministe avant la lettre s'appuie sur la célébration des qualités morales et de la *clergie* de Camille (v. 4051 – 4052 : »ne fu femme de son savoir. / Moult ert courtoise, preuz et sage«), sur sa capacité à exercer un pouvoir royal (v. 4050, 4053 – 4054 : »pooir, grant barnage, tenoit bien terre«) et sur son éducation chevaleresque (v. 4055 – 4057 : »norrie en guerre, chevalerie«), le concept de ›norreture‹ étant complémentaire de celui de ›nature‹. Cette femme qui sait se battre est l'égal d'un homme. Mieux, sa vaillance exemplaire, associée à la beauté féminine, nourrit le fantasme du héros épique au féminin.[30] Il s'agit d'un

---

26 A. PETIT, *Le traitement courtois du thème des Amazones* (note 19), 78.
27 Aimé Petit cite à ce propos les personnages de Bradamante et de Marphyse dans le *Roland Furieux* de l'Arioste, ainsi que Clorinde dans la *Jérusalem délivrée* du Tasse (*Le traitement courtois du thème des Amazones* (note 19), 63).
28 A. PETIT, *Le traitement courtois du thème des Amazones* (note 19), 77.
29 *Ibidem*, 79.
30 Ce fantasme n'a pas disparu de la mentalité collective contemporaine, à en juger par la fréquence des femmes dans les scénarios cinématographiques d'action.

fantasme qui joue constamment de ces deux registres dans la scène du combat et qui finira par révéler l'essence féminine du personnage. Tarchon, le premier, semble deviner le sens ultime de la présence de Camille sur le champ de bataille, lorsqu'il lui demande, d'un ton sarcastique: »»Venistes ça por vous moustrer?‹« (v. 7155).

3. Plaisir des armes et goût pour la coquetterie

Nous avons vu plus haut l'engouement de l'auteur pour tout ce qui évoque la richesse dans la description de la personne physique, en habits d'apparat et en armes, de Camille. Outre la présence de l'or dans la chevelure et dans les vêtements de l'héroïne, la richesse de ses atours est soulignée par la somptuosité (son manteau de fourrure à échiquier, l'éclat des armes, les parements de son cheval), la rareté (les plumes de »fulque« qui bordent le manteau, les souliers en écailles bariolées de poisson) et l'insolite (les couleurs étrangement juxtaposées du cheval).

Ce désir pour l'or, les pierres précieuses et la lumière se traduit, sur le champ de bataille, en un penchant qui trahit la nature féminine de Camille. Voyant le heaume d'un Troyen, Chlorée, qui »contre le soleil reflambioit« (v. 7237), elle est poussée par la convoitise à s'en emparer. Pour justifier le geste de Camille, l'auteur donne une description détaillée de ce heaume (v. 7238–7242):

> Sus el chief une pierre avoit
> Qui estoit de maintes coulors;
> En fin or sist, taillie a flors;
> Touz li cercles et li nasalz
> Ert a pierres et a esmalz.

Voilà – doit se dire Camille – un joli heaume qui ajouterait de l'éclat à son armement de guerrière et qui ferait pendant à ses chaussures multicolores! Qui plus est, les émaux et les sculptures en bas-relief du casque rappellent le travail d'orfèvrerie de la selle de son cheval. L'objet, comme il arrive souvent, crée la nécessité et pousse même la guerrière à bouleverser les finalités du combat: tuer l'ennemi pour s'emparer de ses armes; ici, Camille veut tuer pour posséder le heaume qu'elle convoite. Force est de constater que la dernière scène jouée par Camille met en évidence son goût pour la coquetterie: »[en] habits d'apparat ou en armes, Camille aime à être parée. Ce goût du luxe explique son désir impérieux devant les armes de Chlorée. […]: la dimension guerrière s'efface derrière la féminité«.[31] La convoitise se transforme rapidement en un péché mortel et fa-

---

31 V. GONTERO, *Parures d'or et de gemmes* (note 18), 90–91.

tal:[32] l'anaphore des sons [m] et [s] résonne dans les vers qui annoncent à la fois le sort malheureux et la mort de Camille (v. 7261 – 7262):

> Mais maulz et sa mort y gissoit
> La ou dessor le mort estoit.

Lorsqu'elle se penche sur Chlorée pour s'emparer du heaume, Arruns, un autre Troyen qui se tenait près de là, lui lance son javelot et »lui fiert el cuer soz la mamelle« (v. 7268). La guerrière tombe au sol, sans vie. Sa beauté disparait en peu de temps et la lumière de son visage et de ses mains cède la place à une couleur livide (v. 7284 – 7287). La couleur de la mort, à présent, pare le corps de l'héroïne. La mort de Camille marque la fin de l'idéal chevaleresque au féminin que l'auteur a dépeint à travers ce personnage: contrairement à Diane, la déesse vierge qu'elle veut servir, depuis l'*Énéide* de Virgile, en se vouant à la guerre, la reine des Volsques possède un corps et elle est femme avant tout par son corps et c'est ce corps féminin qu'elle a refusé qui va marquer, par la mort, sa sortie de la scène littéraire. Mais si elle sort du cours linéaire de l'Histoire, c'est pour rentrer, à travers son portrait funéraire, dans la dimension atemporelle du mythe. Telle est la valeur que revêt l'*ecphrasis* du tombeau que l'auteur érige à la mémoire de Camille.

III. Le portrait funéraire de Camille

La toilette funèbre et la mise au tombeau de Camille représentent le troisième et dernier volet du portrait littéraire que l'auteur anonyme du *Roman d'Énéas* consacre à son héroïne. La louange contenue dans le *planctus* de Turnus, son fidèle allié, et celle qui apparaît dans son épitaphe offrent à cette femme guerrière un dernier hommage: une parure de mots, tandis que le tombeau monumental dans lequel on enferme son corps permet de célébrer à la fois la grandeur de son âme et celle de l'art de son auteur.

1. La toilette funèbre de Camille

Le corps de Camille est l'objet d'un rituel funéraire codifié, qui correspond à une pratique courante au XIIe siècle. Outre la mise en valeur du corps de la défunte, la description de ce rituel présente donc une valeur documentaire. Nous essayerons

---

32 De même, dans l'*Énéide* (XI, 768–831), c'est la convoitise (passion féminine, »femineo…amore«, encadrant le v. 782) causée par l'équipement riche et resplendissant de Chlorée qui est fatal à Camille.

en particulier de souligner ce qui peut caractériser le genre masculin ou féminin du dernier habit humain du personnage, afin de comprendre comment le poète dépasse les différences génériques dans la célébration de sa mémoire.

Le rituel funéraire s'organise en trois moments: préparer (c'est-à-dire laver et parfumer le corps), parer (phase qui comprend l'embaumement, l'habillage et la remise des *regalia*), puis protéger le corps (par la mise au tombeau).[33] Au cours de la préparation du cadavre, chaque geste est très symbolique, car il s'agit d'attenter à l'intégrité du corps, afin d'en nettoyer la souillure et de le préparer à son passage dans l'au-delà. Toutefois, il s'agit d'un privilège aristocratique, qui perpétue l'inégalité sociale au-delà de la mort, car le baume et les épices sont des produits précieux.[34]

L'embaumement est présenté comme un privilège réservé aux rois. C'est notamment dans la description du rituel que l'auteur consacre à Camille comme à Pallas, fils du roi Évandre (»com l'en doit faire fil de roy«, v. 6441), qu'on remarque les parallélismes les plus saisissants entre ces deux personnages.

Le corps de l'héroïne est tout d'abord déshabillé (v. 7496), puis il est lavé avec de l'eau de rose, qui permet à la fois de nettoyer et de parfumer sa peau:[35] »D'une yaue rose l'ont lavee« (v. 7498). Ensuite on coupe ses cheveux (»Sa blonde crine ont trenchie«, v. 7499),[36] pratique qui doit être replacée dans le contexte de l'Occident chrétien, car elle accompagnait l'entrée des novices dans les ordres religieux. Même dans le contexte païen de l'Antiquité, où l'action est censée se dérouler, ce geste désigne le passage de la vie séculière à l'au-delà spirituel. Puis vient l'embaumement proprement dit, c'est-à-dire l'enlèvement des viscères: »après l'ont arimatisie« (v. 7500). Le verbe utilisé (›arimatisier‹) reste évasif et met surtout l'accent sur la fin du procédé, lorsque le corps était enduit de baume et de parfum (v. 7501–7502): »Et bausme et mierre i ot plenté, / le cors en ont bien conraé«. Cette pudeur dont l'auteur témoigne à l'égard du corps féminin de Camille est moins marquée dans la description du rituel que l'auteur consacre à Pallas, puisqu'on y trouve la référence à un système de tuyauterie destiné à

---

33 V. GONTERO, *Le corps paré du défunt. Les rites funéraires dans le* Roman d'Énéas, dans *Le Nu et le Vêtu au Moyen Âge (XIIe – XIIIe siècles)*. Actes du colloque du CUER-MA, mars 2000, Aix- en-Provence, Publications de l'Université de Provence, 2001 (Senefiance, 47), 139–152. Cf. E. BAUMGARTNER, *Tombeaux pour guerriers et Amazones. Sur un motif descriptif de l'Énéas et du* Roman de Troie, dans *De l'histoire de Troie au Livre du Graal*, Orléans, Paradigme, 1994, 182–202.
34 D. ALEXANDRE-BIDON, *Le corps et son linceul*, dans *Réveiller les morts. La mort au quotidien dans l'Occident médiéval*, sous la dir. de Danièle Alexandre-Bidon et Cécile Treffort, Lyon, Presses Universitaires de Lyon, 1993, 183–206, notamment à la p. 187, cité par V. GONTERO, *Le corps paré du défunt* (note 33), 139.
35 Ce rituel est légèrement différent lorsqu'il s'agit de préparer le corps d'un homme. Dans le cas de Pallas, on utilise du vin et du »claré« (v. 6445), c'est-à-dire du vin aromatisé.
36 Il ne s'agit pas d'une pratique réservée aux femmes, puisque l'auteur affirme également au sujet de Pallas que »ses blons cheveus li ont trenchié« (v. 6448).

instiller du baume et de la térébenthine dans les veines du défunt (v. 6530 – 6537) pour en empêcher la putréfaction (v. 6542 – 6545):

> Se dedenz li vont les oudors
> De ces especiauz licors,
> Toz tenz le garront de porrir
> Et de malmetre et de puïr [...].

Des vases de baumes parfumés sont en revanche placés dans la pièce où sera déposée la dépouille de l'héroïne »por rafreschir la des oudors« (v. 7716), ce qui évite de multiplier les manipulations de son corps.

Camille est revêtue »d'un drap de soie d'Aumarie« (v. 7503) et allongée sur une civière digne d'une reine. La profusion de l'or, des pierres précieuses et des tissus qui la décorent (v. 7506 – 7550) caractérise également la civière de Pallas (v. 6172 – 6197). Mais contrairement aux riches et multiples couches qui composent la parure de celui-ci, la dernière toilette de Camille est présentée rapidement: »Camille vestent de chemise / et d'un bliaut de baudekin« (v. 7704 – 7705) – pour évoquer peut-être son péché de convoitise ou pour éviter de redoubler son portrait en habits d'apparats – et la défunte reçoit enfin les insignes royaux: »Ces *regalia* correspondent aux objets que le roi recevait lors de son couronnement: la scène se lit donc comme un couronnement *post mortem*«.[37] Camille, qui a été reine des Volsques, porte la couronne royale et tient un sceptre dans la main droite, symbole de pouvoir, tandis que sa main gauche repose sur sa poitrine (v. 7706 – 7708):

> coronne ot en son chief d'or fin,
> le sceptre tint en sa main destre,
> dessor son pis tint sa senestre.

La droite et la gauche renvoient aux deux natures de Camille: la main droite, qui tient le sceptre, symbolise le pouvoir qu'elle a incarné en tant que guerrière, suivant donc son penchant masculin, tandis que la main gauche est posée sur son sein, geste qui peut désigner sa nature féminine.

Les différences que l'on peut remarquer entre le rituel funéraire de Camille et celui de Pallas ne sont pas, somme toute, très significatives. Elles se concentrent autour de quatre éléments: dans le rituel consacré à Camille l'eau de rose remplace le vin utilisé pour laver le corps de Pallas, le système de tuyauterie qui permet d'empêcher la putréfaction du cadavre de Pallas est remplacé par des vases de baume pour parfumer Camille, la mention de la position de la main gauche de Camille sur son sein manque dans la description de Pallas, qui insiste

---

[37] V. GONTERO, *Le corps paré du défunt* (note 33), 143. Voir aussi A. ERLANDE-BRANDEBOURG, *Le roi est mort. Étude sur les funérailles, les sépultures et les tombeaux des rois de France jusqu'à la fin du XIIIe siècle*, Paris, Arts et Métiers graphiques, 1975.

plutôt sur la richesse de son anneau royal, et une plus simple toilette par rapport à celle de Pallas caractérise la parure funèbre de Camille.[38] L'intérêt de la description doit alors être reconnu précisément dans la volonté de l'auteur de rendre à Camille les mêmes honneurs que l'on voue à un roi. L'égalité sexuelle est atteinte. Elle est même sublimée dans la double louange que la parole prononcée par Turnus et celle que porte l'épitaphe adressent, en dernier hommage, à cette femme guerrière lorsqu'elle est célébrée en tant qu'héroïne.

2. La parole, dernière parure et essence de Camille

En même temps qu'ils permettent de réunir les composantes complémentaires de Camille, le *planctus* de Turnus et l'épitaphe posée sur son tombeau monumental permettent d'éclairer le statut que l'auteur confère à ce personnage dans son œuvre: celui d'une héroïne, au sens moral et littéral du terme. La grandeur de Camille en fait un personnage romanesque qui fournit à l'auteur le prétexte pour déployer ses connaissances artistiques et littéraires.

La nature féminine associée aux valeurs chevaleresques ressort tout d'abord du *planctus* prononcé par Turnus: »Tant estiez courtoise et belle, / et tant amiez chevalerie« (v. 7440 – 41).[39] De même, l'épitaphe de Camille évoque à la fois la femme et la guerrière qu'elle a été (v. 7729 – 7734):

»Ci gist Camille la pucelle,
Qui moult fu preus et moult fu belle,
Qui moult ama chevalerie
Et maintint la toute sa vie.
En porter armes mist s'entente,
Occise fu dessouz Laurente.«

Mais, à bien regarder, la mort de cette femme guerrière est intrinsèque à sa double nature: la fin prématurée du personnage achève et justifie un mélange de caractères que l'esprit médiéval, profondément respectueux de l'ordre instauré par la Création, ne pouvait pas accepter de voir incarné. Les couleurs bariolées des habits d'apparat de Camille, de son cheval, de sa civière et de son tombeau insistent sur le caractère merveilleux et insoutenable de son existence. Si les armes de Camille brillent sur le champ de bataille (v. 6989 – 6995), c'est qu'elle représente plus une perfection idéale qu'un modèle et, comme telle, elle est destinée à s'y sacrifier.

De plus, la parabole de la courte vie de Camille dessine le parcours existentiel

---

38 Cette dernière différence entre les parures des deux personnages pourrait être justifiée, comme on le rappelait plus haut, par des raisons d'équilibre interne au roman.
39 J.-Ch. HUCHET, *Le roman médiéval* (note 2), 66.

d'un personnage qui offre à l'auteur un prétexte à l'écriture, à travers le procédé rhétorique de l'*amplificatio*, lui permettant de s'éloigner de sa source latine pour construire son propre monument littéraire. En effet, la description de Camille en Amazone représente un modèle qui excède les règles des »Arts Poétiques« et trahit le plaisir qu'éprouve le clerc-écrivain dans la composition.[40] Sa construction littéraire permet surtout à la fiction de découvrir ses règles et de s'interroger car, comme l'a écrit Jean-Charles Huchet,

> [le] portrait de Camille remplit dans l'économie générale du récit une fonction identique à celle des mises en abyme: [...] [il permet] au roman de se réfléchir, de saisir le mouvement qui le porte, en brisant la continuité de la *narratio*. Le portrait de Camille constitue une excroissance, un »surplus«, grâce à quoi l'*Énéas* s'arrache à son modèle latin et à l'épopée pour inaugurer l'ère du roman.[41]

Bref, derrière le portrait de Camille en Amazone, le clerc dévoile sa maîtrise de l'art descriptif, mélange savant de réminiscences mythiques et d'esthétique médiévale.

3. Par delà les étoffes et les armes: le marbre

Cette maîtrise de l'art descriptif de l'auteur trouve son domaine de prédilection dans la peinture des monuments funéraires qui accueillent les dépouilles de Camille (v. 7599 – 7790) et de Pallas (v. 6476 – 6591). Ces deux longues *ecphraseis* inaugurent le motif du tombeau funéraire dans les romans antiques, voué à un long succès littéraire.

L'or et les gemmes de ces monuments reprennent, en les parachevant, les parures des corps, car la construction du tombeau est le signe matériel, enrichi de valeurs symboliques, de la célébration du défunt. L'auteur crée alors une analogie entre l'habit, l'habitat et l'habitant: le monument se fait écrin et le corps devient joyau.[42] Miroir du défunt, le tombeau donne à lire sa vie et ses caractéristiques par le truchement des détails ornementaux et architecturaux. Le mausolée de Camille – que Pierre Gallais et Joël Thomas considèrent comme un équivalent minéral de l'arbre, thème majeur de l'*Énéide*[43] – est constitué d'un échafaudage très complexe.[44]

---

40 *Ibidem*, 67.
41 *Ibidem*, 68.
42 V. Gontero, *Le corps paré du défunt* (note 33), 139.
43 P. Gallais – J. Thomas, *L'Arbre et la Forêt dans l'Énéide et l'Énéas. De la psyché antique à la psyché médiévale*, Paris, Champion, 1997 (Essais sur le Moyen Âge), 14.
44 Voir la description d'Édmond Faral, dans É. Faral, *Recherches sur les sources latines des contes et romans courtois*, Paris, Champion, 1967, rééd. 1983, 77 et la reconstruction qu'en ont donnée P. Gallais – J. Thomas, *L'Arbre et la Forêt dans l'Énéide et l'Énéas* (note 43), 109.

L'architecture est ascensionnelle et suit un mouvement vertical qui ne cesse de s'élever vers le ciel. Ces tombeaux cumulent richesse, beauté et prouesse architecturale: le tombeau de Pallas est constitué de deux constructions empilées, car sur des fondations de jagonces, de béryls et d'argent (v. 6423-6424) repose une voûte où se mêlent l'or, les gemmes et les émaux (v. 6443-6448); la prédominance de l'or, des gemmes et des couleurs reste prégnante dans la description du tombeau de Camille, taillé dans un bloc d'ambre et disposé sur des statues d'or (v. 7711-7713); il a la particularité de s'élever tout en s'élargissant, car il se termine par trois pyramides renversées: il défie donc les lois de la physique. Par sa forme inversée, ce tombeau rappelle le caractère de Camille, qui a renversé les lois de la nature en voulant cumuler la beauté féminine et la bravoure guerrière.[45] Pierre Gallais voit dans l'architecture du tombeau un miroir des qualités de la défunte:

> Rêve de l'union des contraires (la dame et le chevalier, l'amour – que sa vénusté implique, même si la farouche vierge le nie – et la guerre, etc.), que marquent justement du sceau du rêve (à la fois merveilleux et impossible) la splendeur et le caractère fantastique de son mausolée offert à l'admiration fascinée de la postérité.

Le caractère merveilleux de ces monuments n'indique donc pas seulement la conduite chevaleresque exemplaire des personnes qu'ils commémorent; ils rappellent également que l'appartenance de Pallas et de Camille à la double sphère masculine et féminine est une position intenable dans la mentalité médiévale, que seule la mort peut résoudre, en l'anéantissant dans la dissolution des corps.

Au sommet du tombeau de Camille, le miroir donne l'ultime clé de lecture à la description de ces tombeaux: ces *ecphraseis* sont l'emblème d'une écriture spéculaire et monumentale.

La construction narrative du couple Pallas-Camille s'élabore à partir de la figure du miroir, car l'un apparaît comme le reflet inversé de l'autre. La double description des rites funéraires consacre et parachève leur gémellité. En effet, tout au long du texte, ces deux personnages se font écho, par leur ambiguïté sexuelle commune et par leur rôle similaire, l'un par rapport à Énéas, l'autre par rapport à Turnus. Leur mort est provoquée par leur attitude déraisonnable: »[l'] un et l'autre expient la mort dans un même péché, un même excès: excès langagier dû à l'orgueil de Pallas (v. 5753-81), fascination excessive pour les armes de Chlorée chez Camille (v. 7227-66)«.[46]

Le thème du double traduit également la position du texte roman face à son

---

45 P. GALLAIS – J. THOMAS, *L'Arbre et la Forêt dans l'Énéide et l'Énéas* (note 43), 108.
46 J.-CH. HUCHET, *L'Énéas: un roman spéculaire*, dans *Relire le »Roman d'Énéas«*, Études recueillies par Jean Dufournet, Paris, Champion, 1985 (Unichamp), 69. Les citations du texte ont été adaptées à l'édition de référence.

modèle latin: adaptation, le *Roman d'Énéas* est à la fois une nouvelle *Énéide* et une œuvre tout autre. Si l'auteur de l'*Énéas* ne formule aucune réflexion directe sur sa pratique scripturale, il élabore néanmoins un art poétique par le biais des descriptions et notamment par celles des tombeaux, qui en viennent à symboliser la valeur de son œuvre romanesque. À travers, en particulier, l'*ecphrasis* du monument funéraire de Camille, l'auteur peut penser, comme Horace: »Exegi monumentum aere perennius«.[47]

Camille est un personnage tout en paradoxes: l'auteur anonyme de l'*Énéas* lui consacre le plus long portrait féminin du roman, bien qu'elle y joue un rôle secondaire. La dissociation de son portrait en deux parties séparées l'une de l'autre, la première esquissant sa beauté féminine (v. 4046–4171), l'autre soulignant sa prouesse au combat (v. 6974–7001), montre toute la complexité du personnage.

La double description de Camille, en habits d'apparat et en armes, permet à l'auteur de célébrer le portrait-programme d'un idéal de femme guerrière égalant la vaillance masculine et, en même temps, de dresser un portrait-bilan[48] de ce même idéal: cette image de femme intégrant les qualités guerrières est utopique et ne peut trouver de place que dans l'espace aussi extensible que fictif du roman. Camille est alors réduite à une création littéraire: le roman détermine les limites du champ de bataille où, le temps d'une scène de combat, elle peut incarner un idéal chevaleresque qui fait de la femme l'égale de l'homme, voire un fantasme de femme dépassant le modèle masculin par sa beauté.

Le monument érigé à sa mémoire représente enfin à la fois un prolongement et une sublimation des caractéristiques complémentaires irrecevables chez elle, du fait que l'appartenance d'un être à deux genres s'oppose à l'ordre divin établi lors de la Création. Reste sa grandeur, illustrée par la taille, la richesse et l'extravagance de la *merveille* du monument funéraire que l'auteur érige en son honneur, défiant les lois physiques et dépassant même, par ses caractéristiques, celui qu'il décrit pour célébrer la mémoire de Pallas. Ces tombeaux permettent à l'auteur de sublimer l'idée insoutenable au Moyen Âge de l'existence d'un être double, à la

---

47 HORACE, *Carminum liber* III, ode XXIV. Le poème horacien utilise la métaphore du monument – et en particulier celle de la pyramide – pour célébrer la valeur de son œuvre littéraire, que ni le temps, ni les agents corrupteurs pourront détruire (»Exegi monumentum ære perennius, / Regalique situ pyramidum altius; / Quod non imber edax, non Aquilo impotens / Possit diruere, aut innumerabilis / Annorum series, et fuga temporum [...]«, v. 1–5). Cette idée sera reprise également par Chrétien de Troyes, qui l'expose à la fin du prologue de son premier roman, *Érec et Énide*).
48 Les termes de portrait-programme et de portrait-bilan ont été utilisés par Catherine Croizy-Naquet, dans son ouvrage *Thèbes, Troie et Carthage. Poétique de la ville dans le roman antique au XIIe siècle*, Paris, Champion, 1994, 226 et ont été cités également par V. GONTERO, *Parures d'or et de gemmes* (note 18), 36.

fois homme et femme, et de symboliser la valeur monumentale de son œuvre romane, face à sa source latine.

S'il est vrai, comme l'a écrit Aimé Petit, »que le thème des Amazones est lié au roman antique, c'est-à-dire aux débuts de la littérature courtoise«,[49] force est de constater qu'avant de découvrir la femme par le roman, les auteurs du Moyen Âge découvrent le roman à travers la femme. Parée et armée, elle chevauche vers l'ennemi, les cheveux flottant dans l'air.

---

49 A. PETIT, *Le traitement courtois du thème des Amazones* (note 19), 65.

Giosuè Lachin (Padova)

La *descriptio personae* nei *Lais* di Marie de France

Con le parole precise e brevi di Claude Fauchet, che le assegna il *surnom* »de France«,[1] inizia la vicenda critica moderna di Marie, questa grande letterata del XII secolo. Ci si duole soltanto che a lungo, sino al 1800, di lei siano note solo le favole esopiche (*Ysopet*), e che i *littérateurs* del Sei e del Settecento non abbiano conosciuto i suoi *Lais*, che avrebbero certamente gradito e valorizzato. Dal momento della sua riscoperta, dovuta agli inglesi Thomas Warton e Thomas Tyrwhitt (rispettivamente nel 1774 e nel 1775) e all'Abbé Gervais de La Rue (a partire dal 1800), le si attribuiscono altre due opere, i *Lais* e l'*Espurgatoire Seint Patriz*, e si giunge alla prima edizione complessiva di Jean-Baptiste Bonaventure de Roquefort (1820).[2] D'ora in poi i saggi dedicati alla poetessa si affastellano; nel secondo Novecento e soprattutto oggi in modo spesso ridondante, a causa dell'apparente semplicità del suo dettato e del fascino dei suoi racconti.[3]

Ciò malgrado, a oggi manca una descrizione codicologica accurata del ms. Harley 978 della British Library (H), che è all'origine della sua riscoperta settecentesca, ed è fondamentale nella tradizione manoscritta di *Ysopet* e *Lais*. Si dimentica spesso che il volume composto comprende a distanza due unità codicologiche in origine omogenee, dall'impaginazione graficamente coerente: *Ysopet* (ff. 40–67) e *Lais* (ff. 118–160) sono infatti copiati da due mani coeve, che si succedono in sequenza ancora ignota. La mano α ha trascritto l'*Ysopet* (40a1 – 67c18, il resto di f. 67 è bianco) e gran parte dei *Lais*, dal v. 263 di *Guigemar* alla fine della raccolta (120d1 – 160c36; la colonna 160d è bianca); la mano β ha scritto

---

1 CL. FAUCHET, *Recueil de l'origine de la langue et poesie françoise, ryme et romans*, Paris, Mamert Patisson imprimeur du Roy, au logis de Robert Estienne, 1581, 163–164
2 Ricostruisce bene la vicenda critica, anche se in forma capziosa (e con minime imprecisioni bibliografiche) R. BAUM, *Recherches sur les œuvres attribuées à Marie de France*, Heidelberg, Winter, 1968 (Annales Universitatis Saraviensis. Reihe: Philosophische Fakultät, 9), Chap. II.
3 G. S. BURGESS, *Marie de France. An Analytical Bibliography*, London, Grant and Cutler, 1977 (con *Supplement 1*, 1986; *Supplement 2*, 1997; *Supplement 3*, 2007).

l'inizio dei *Lais*, da f. 118a1 a f. 120b32 (ovvero i due prologhi alla raccolta e *Guigemar* fino al v. 262).[4]

Interessa sapere se la copia è avvenuta nell'ordine *Ysopet* – *Lais* (α-β-α) oppure nell'ordine inverso (β-α). Ciò sarebbe utile a stabilire il progetto originale del libro (o dell'unità codicologica omogenea) dedicato a Marie e forse qualche caratteristica del suo antigrafo immediato o remoto (ma H non è molto lontano da un originale probabilmente voluto dall'autrice). In particolare sarebbe possibile ridiscutere il ruolo dei prologhi e degli epiloghi delle due raccolte: i *Lais* presentano due prologhi all'intera collezione, ma sono senza epilogo complessivo; l'*Ysopet* ha prologo ed epilogo complessivi. Nell'ipotetico ordine β-α l'epilogo dell'*Ysopet* (almeno agli occhi di chi ha progettato la raccolta in nostra mano) avrebbe potuto fungere da epilogo di ambedue le opere.

Complica il quadro il fatto che le *fables* esopiche sono trascritte senza soluzione di continuità, un verso per rigo con solo una capitale decorata che segnala l'inizio di prologo, epilogo e di ciascuna unità narrativa, senza rubriche o spazi bianchi a esse riservati; lo stesso per i *lais*, con un significativo spazio bianco di due righe però (118c19–20), che segnala la separazione tra i due prologhi generali e l'inizio di *Guigemar*. Sul margine alto della colonna rispettiva, fuori dello specchio di scrittura, una mano coeva (γ o, più probabilmente, α) ha scritto un titolo per ciascuna unità narrativa, favola o *lai*. Ora, mentre le *fables* hanno una rubrica generale, »Ici cumence le ysope«, che definisce un titolo, questo manca alla raccolta di *lais* (ciascuno di essi ha il suo proprio, il prologo ne è privo).

Anche prescindendo da osservazioni di carattere ecdotico si può ritenere, per riferimenti contenuti negli stessi testi, che la raccolta di dodici *Lais* di Marie de France trascritta nell'ultima parte di H derivi da un esemplare autorizzato dall'autrice.[5] Essa è preceduta da un prologo generale, che introduce esplicitamente una pluralità di testi:

---

4 Secondo Warnke »Die Fabeln stehen fol. 40a bis 67b. Die Hs. enthält *von derselben Hand geschrieben* fol. 118a bis 160a die Lais der Marie« (corsivo mio), in MARIE DE FRANCE, *Die Fabeln*. Mit Benutzung des von Ed. Mall hinterlassenen Materials. Hrsg. von K. Warnke, Halle, Niemeyer, 1898 (Bibliotheca Normannica, VI), *Einleitung*, III. La descrizione a oggi più particolareggiata del ms. è in R. BAUM, *Recherches* (nota 2), 45–48.

5 E. HOEPFFNER, *La tradition manuscrite des ›Lais‹ de Marie de France*, in »Neophilologus«, XII, 1927, 1–10 e 85–96, a p. 93: »La supériorité du manuscrit harléien, reconnue depuis longtemps, s'affirme d'une manière éclatante. La version représentée par H donne sans contredit la tradition la plus pure, celle qui rend avec le plus de fidélité le texte original«. C. SEGRE, *Per l'edizione critica dei ›Lai‹ di Maria di Francia*, in »Cultura Neolatina«, XIX, 1959, 215–237, a p. 228: »H ha tutta l'aria di riprodurre fedelmente un'›edizione autorizzata‹, sia perché è l'unico manoscritto a contenere tutti i *lai*, sia perché è l'unico ad essere aperto e unificato dal Prologo; viceversa l'ordine di PS [rispettivamente ms. Paris, BnF, fr. 2168 e nouv. acq. fr. 1104] può solo costituire o una fase anteriore della storia dei *lai*, o un'antologia, mal riordinata, di un originale simile ad H. Tutto fa propendere per la seconda ipotesi: H è il manoscritto più antico, e compilato in un ambiente vicino a quello in cui operò la poetessa; H è non solo privo di

> Des lais pensai, k'oïz aveie.
> [...]
> Plusurs en ai oï conter,
> nes voil laissier ne oblier.
> *Prologo*, vv. 33–40[6]
>
> Les contes ke jo sai verrais,
> dunt li Bretun unt fait les lais,
> vos conterai assez briefment.
> El chief de cest comencement,
> sulunc la lettre e l'escriture,
> vos mosterai une aventure
> [...]
> *Guigemar*, vv. 19–24

Ci si riferisce a un plurale, »les contes« (v. 19), e a un inizio (»comencement«, v. 22), poiché *Guigemar* è il primo dei racconti raccolti; si nomina anche il libro, che Marie presenta al dedicatario e al pubblico.[7]

> Quant des lais faire m'entremet,
> ne voil ublier Bisclavret;
> [...]
> *Bisclavret*, vv. 1–2

Marie, che va raccogliendo i suoi racconti, non può dimenticare di inserire nella serie la vicenda del lupo mannaro.

> L'aventure d'un autre lai,
> cum ele avint, vus cunterai.
> *Lanval*, vv. 1–2

---

tracce di rimaneggiamento, ma evidentemente più arcaico e genuino degli altri manoscritti [...]«.

6 *Les Lais de Marie de France*, publiés par J. Rychner, Paris, Champion, 1966 (Les classiques français du Moyen Âge, 93). Salvo diversa indicazione le citazioni derivano da questa edizione che riproduce – con parche correzioni – il testo di H, rispettando l'ordine dei *lais* che esso presenta, nella paginazione e nella divisione in colonne del testimone, ma con spaziature tipografiche, corrispondenti a presunte partizioni dei testi, non presenti nel manoscritto, che possono talvolta risultare fuorvianti. Il *Prologo* è stato così intitolato (e definito nella sua estensione) dagli editori, mentre i titoli dei diversi *lais* derivano dalle rubriche inserite sul margine alto del manoscritto. L'edizione Rychner è stata utilizzata tenendo presenti tutte le altre edizioni critiche, a partire dalla *princeps* di Roquefort (1820 e 1832), i commenti e le traduzioni, per cui rinvio a G. S. BURGESS, *Bibliography* (nota 3).

7 Il v. 23, »sulunc la lettre e l'escriture«, mi pare riferirsi non tanto a una presunta fonte scritta, dalla quale Marie avrebbe tratto il racconto di *Guigemar*, quanto alla situazione stessa della lettura pubblica a partire dal libro che la poetessa tiene in mano; così avviene anche nell'*Espurgatoire Seint Patriz*, vv. 2061–2062: cfr. MARIA DI FRANCIA, *Il Purgatorio di san Patrizio*, a cura di G. Lachin, Roma, Carocci, 2003, 226 e nota al v. 2057.

»Un autre lai«, altro dunque rispetto all'insieme. Esattamente alla metà della raccolta, introducendo il settimo dei dodici racconti, *Yonec*, Marie inserisce un secondo prologo di carattere generale, corrispondente ai vv. 1-4 (mentre i vv. 5-10 annunciano il racconto che seguirà):

> Puis que des lais ai comencié,
> ja n'iert pur mun travail laissié;[8]
> les aventures que j'en sai,
> tut par rime les cunterai.
> En pensé ai e en talent
> que d'Iwenec vus die avant
> [...]
> *Yonec*, vv. 1-6

Inizio di *Milun*, con un richiamo alla necessità della *variatio*: »Ki divers cuntes veut traitier / diversement deit comencier / [...]« (vv. 1-2).

Risulta chiaro che, anche volendo prescindere dall'ordinamento dei *lais* presentato dal ms. H, la poetessa ha fin dall'inizio progettato una raccolta, un libro coerente, introdotto dal secondo prologo generale (vv. 1-18 di *Guigemar*), cui poi è stata preposta la dedica al »nobles reis«, che costituisce il primo prologo.[9]

*

Attraverso molteplici e scaltriti procedimenti di incastonamento, o di *mise en abyme*, come è stato più volte sottolineato,[10] la poetessa anglonormanna costruisce un sistema molto complesso di rispecchiamenti e di parallelismi. La genesi della materia antica greca e latina rielaborata in volgare è messa sullo stesso piano della materia bretone, che dal fatto (*aventure*) passa al canto (*lai*) e al racconto (*cunte*), poi tradotto in versi e messo per iscritto; per metonimia (dalla materia al prodotto d'arte, dalla *inuentio* all'*elocutio* e all'*actio*, poiché l'autrice

---

8 Con un iperbato non raro nella sintassi scorciata di Marie, letteralmente »Poiché ho iniziato dei *lais* / [l'opera] non sarà abbandonata per la mia fatica«.
9 Cfr. M.-L. OLLIER, *Les ›Lais‹ de Marie de France ou le recueil comme forme*, in *Formation, codification et rayonnement d'un genre médiéval. La nouvelle*. Actes du Colloque International de Montréal (McGill University, 14-16 octobre 1982), publiés par M. Picone - G. Di Stefano - P. Stewart, Montréal, Plato Academic Press, 1983, 64-79. La separazione del primo prologo dal secondo, assegnato al primo lai, *Guigemar*, si deve già a Roquefort, ed è stata mantenuta in tutte le edizioni successive.
10 L. DÄLLENBACH, *Le récit spéculaire. Essai sur la mise en abyme*, Paris, Seuil, 1977. F. ZAMBON, *Tantris o il narratore-sciamano*, in »Medioevo romanzo«, XII, 1987, 307-328; ID., *Il titolo e la finzione dell'origine nei ›Lais‹ di Marie di Francia*, in *Il titolo e il testo*. Atti del XV Convegno Interuniversitario (Bressanone 1987), a cura di M. A. Cortelazzo, Padova, Programma, 1992 (Quaderni del Circolo filologico linguistico padovano, 14), 145-153.

dà pubblica lettura dei suoi testi) i *lais* forse solo musicali delle origini bretoni conferiscono il loro nome ai *lais* in ottosillabi francesi che da questi traggono origine. L'attività dei *philesophe*, gli autori antichi, è sullo stesso piano di quella dei *Bretun*, gli autori dei *lais* lirico musicali, e come la *translatio studii* si realizza glossando la lettera (»lettre«) degli antichi, Marie cerca di ritrovare il *sen* e la *verité* dell'antico soggetto bretone attraverso numerosi passaggi, di lingua, di registro, di genere: dal bretone al francese, dall'orale allo scritto, dal lirico al narrativo. Così essa sottolinea e rivendica il suo ruolo e la sua importanza nella catena euristica della *translatio studii*, che mette sullo stesso piano la saggezza degli antichi e la saggezza dei moderni, quella dei *philesophe* e quella dei Bretoni. La sua dedica al re svela l'implicazione politica, la proposta di una *translatio imperii* che legittimi anche la sovranità sulle popolazioni celtiche di Bretagna, Grande e Piccola, recuperandone la misteriosa alterità, così come, nel *lai*, sarà il re a recuperare alla civiltà e alla corte il mannaro Bisclavret.

Marie ritiene che la sua pratica letteraria sia un dovere, imposto dallo *studium* e dalla *scientia* che Dio le ha donato, una *scientia* che è in buona parte retorica, *eloquentia*:

> Ki Deus ad duné escïence
> e de parler bone eloquence
> ne s'en deit taisir ne celer,
> ainz se deit voluntiers mustrer.
> *Prologo*, vv. 1-4

Seguendo l'esempio degli antichi, il suo compito, la sua professione appresa nella scuola consiste nel far fiorire (metafora evangelica e retorica nello stesso tempo) la saggezza dei Bretoni che, come i filosofi greci e latini, hanno intuito l'importanza di ciò che destinavano al ricordo, ma non sempre ne hanno compresa tutta l'essenza, parlando dunque *oscurement*, e lasciando all'acume dei moderni il compito di »gloser la lettre« (*Prologo*, v. 15). Come è sempre possibile un'interpretazione tipologica e figurale del testo precristiano, così si può dare un'analoga interpretazione del mistero bretone. Il progetto di un libro di *lais*, se è vera l'equivalenza tra un antico ›filosofo‹ come Esopo e gli autori di *lais* bretoni, l'idea di una raccolta di racconti bretoni può proprio nascere dall'esempio della raccolta fabulistica che la stessa Marie metterà in francese.[11] Che ciò si traduca

---

11 Ciò prescindendo dall'ipotetica cronologia delle tre opere comunemente attribuitele, che tradizionalmente ormai vedrebbe la sequenza *Lais, Ysopet, Espurgatoire Seint Patriz*. M.-L. OLLIER, Les ›Lais‹ (nota 9), 71, propone come modelli possibili la *Disciplina clericalis*, la *Historia septem sapientium*, il *Salomonis et Marcolphi dialogus*, ma vi è un modello ben più autorevole nelle *Metamorfosi* ovidiane, se si pensa anche alle due metamorfosi del mannaro e dell'uomo uccello in *Bisclavret* e *Yonec* o, a mio parere in senso ancor più stringente, alle metamorfosi implicite o metaforiche presenti almeno in *Fresne* (la fanciulla frassino e la fanciulla nocciolo), *Deus Amanz* (le erbe officinali nate sul monte dallo spargimento

nella confezione di un libro, anche materialmente inteso come oggetto, a me pare risulti evidente:

> Plusurs en ai oï conter,
> nes voil laissier ne oblier.
> Rimé en ai e fait ditié,
> soventes fiez en ai veillié!
> En l'honur de vus, nobles reis
> [...]
> m'entremis des lais assembler,
> par rime faire e reconter.
> En mun quoer pensoie e diseie,
> sire, kes vos presentereie.
> Si vos les plaist a receveir,
> [...]
> Ne me tenez a surquidiee
> si vos os faire icest present.
> Ore oëz le comencement!
> *Prologo*, vv. 39–56

L'azione messa in scena nel prologo, poco importa se reale o *ficta*, è quella della presentazione di un omaggio (»present«, v. 55: un oggetto materiale) al re, che è pregato di volerlo accettare (»receveir«, v. 51); l'oggetto è una raccolta (»assembler«, v. 47) di racconti in versi (»Plusurs en ai oï conter«, v. 39; »rimé en ai e fait ditié«, v. 41). L'autrice del libro non si limita a consegnarlo simbolicamente nelle mani stesse del sovrano: ne esegue anche la lettura, ritornando così forse anche allo stato originale dei testi, quello orale. In termini retorici, l'*inuentio* è di secondo grado, poiché i racconti bretoni sono già dati, e al lavoro di *dispositio* ed *elocutio* (che comprende la traduzione), si aggiungono *compilatio* e poi *actio*, la lettura pubblica. La *memoria* assume invece un significato particolare. Nei termini di Marie, *aventure, conte, lai* (bretone), *faire ditier, assembler, presenter*. »Remambrance« è la motivazione che porta a comporre il *lai* lirico bretone, per opera di uno dei protagonisti dell'*aventure*, della vicenda spesso misteriosa o meravigliosa che obbliga a ricordarla per i posteri, o da parte di chi sia venuto a conoscenza del fatto o, più genericamente, da parte dei saggi Bretoni. Marie si inserisce dunque nella catena memoriale della *remambrance*, ma con testi scritti che si compongono in un *livre*. *Memoria* e *actio* si esercitano contemporaneamente nella finzione e nella realtà della recitazione pubblica al cospetto del sovrano. Messasi infine sullo stesso piano degli antichi *philesophe*, Marie ri-

---

dell'elettuario, che sono il frutto del tragico amore dei due giovinetti), *Chievrefoil* (gli amanti avvinti fino alla morte in caprifoglio e nocciolo).

vendica anche il suo personale diritto alla *remambrance*, consegnando al libro il suo nome di autrice:

> Ki de bone mateire traite
> mult li peise si bien n'est faite.
> Oëz, seignurs, ke dit Marie,
> ki en sun tens pas ne s'oblie.
> *Guigemar*, vv. 1 – 4[12]

È questo il secondo aspetto principale della *memoria* retorica: l'*actio* del testo, espressa nella lettura (nella pubblicazione) e fissata nella scrittura del libro, consegna il nome dell'autrice al ricordo dei contemporanei e dei posteri, alla fama. È la memoria che cristallizza nei nomi, all'interno di questa poetica, la sostanza, tanto *mateire* che *verité*, delle *aventures* narrate: da ciò l'eccezionalità e la modernità della firma d'autore e dell'uso dei titoli dei *lais*, quasi sempre costituiti dal nome (proprio, comune, diventato tale per antonomasia, soprannome) dei protagonisti del racconto.

Per il fatto che Marie consegna al »nobles reis«, ai »seignurs« e »*a ceus ki a venir sunt / e ki aprendre les devent« (vv. 13 – 14) i *lais* raccolti (›assemblez‹) in un libro, la poetessa conosce i limiti materiali del manufatto e teme la labilità degli aspetti che oggi chiameremmo paratestuali, come le rubriche. In questo modo, per garantire che i protagonisti delle *aventures* (o gli attanti dei *contes*), gli autori dei *lais* lirici bretoni (che in due casi almeno, *Chaitivel* e *Chievrefueil*, si identificano in uno dei protagonisti) e il suo nome stesso di autrice dei nuovi *lais* narrativi non rimangano esterni al testo, la poetessa provvede che essi ne facciano parte integrante, vi vengano incastonati. Autori, titoli e storie così si identificano, sono il testo stesso in emblema che nel testo è inserito *en abyme*, perché solo in questo modo ne è garantita la memoria.

Questa essenziale consapevolezza letteraria è ben rappresentata nell'unico *lai* in cui è il testo stesso a fornire il titolo, *Chievrefoil*: qui il fuoco prospettico è costituito dal ramo inciso con un segno misterioso per noi, ma perfettamente comprensibile ai protagonisti, Tristano e la regina. Questo genera la storia, l'*aventure* che sta all'origine della filiera che porta dal *lai* bretone, che si dice

---

12 Nello stesso *lai*, al v. 538, si parla di »Fortune, ki ne s'oblie«, ovvero della ruota della Fortuna che mai si ferma; dunque anche qui *s'oblier* avrà il significato di ›perdere tempo‹, cadendo nel peccato dell'ozio. La traduzione di questi versi è dunque »Chi tratta di un bell'argomento / si dispiace se non è ben composto. / Ascoltate, signori, ciò che dice Marie, / che del suo tempo non fa spreco.« È lo stesso significato dei vv. 1 – 4 del primo prologo, »Ki Deus ad duné escïence / e de parler bone eloquence / ne s'en deit taisir ne celer, / ainz se deit voluntiers mustrer.« Ciò non toglie che, nominandosi, Marie abbia consegnato anche la sua avventura narrativa alla memoria dei posteri. Merita rammentare i primi versi dell'epilogo dell'*Ysopet*: »Al finement de cest escrit, / qu'en romanz ai traitié e dit, / me numerai par remembrance: / Marie ai num, si sui de France.« (vv. 1 – 4).

composto da Tristano stesso, al *cunte* e al *lai* francese. Qui la lettera è esplicitamente protagonista, e Marie dichiara di fare letteratura della letteratura. Non parranno allora casuali la scelta della materia (un episodio altrimenti ignoto della saga tristaniana) e il fatto che, eccezionalmente, la poetessa dichiari qui fonti plurime, orali e scritte (ma della saga in generale, non dell'episodio particolare che essa racconta). Il prologo e l'epilogo infatti da un lato riferiscono la genesi del racconto (vv. 1-4 e 107-118), dall'altro, in una forma che pare anche implicitamente polemica, la diffusione della saga (vv. 5-10). A maggior ragione importanti, prologo ed epilogo, perché occupano nel più breve dei *lais* (118 versi) ben ventidue versi.

La poetica della raccolta, del libro fatto di più pezzi narrativi brevi, determina la forma e il genere; quella della memoria consegna alla fama e alla storia i titoli e i protagonisti dei racconti, insieme con il nome dell'autrice ultima, Marie. Poiché gli antichi Bretoni, primi autori dei *lais*, sono assimilati agli antichi *philosophe* – che raccoglievano temi e fatti memorabili anche senza comprenderne fino in fondo il significato e li narravano *oscurement* affinché anche i posteri potessero esercitare la loro interpretazione, apponendovi la loro *glose* –, ciò genera una poetica della *obscuritas* che, a sua volta, si può dilatare di una *glose*, ma essenzialmente rimane poetica della *brevitas*, ove l'ultimo glossatore non sia in grado di spiegare. In tal caso il suo compito sarà quello di mantenere gli elementi essenziali del *conte*, di affidarlo alla memoria in attesa che altri, più avanti nel tempo, sia in grado di glossarlo. È dunque doppia la motivazione della *obscuritas*, che genera di per sé la scelta della *brevitas*.

Poiché vale l'equiparazione di »ancïens« (Greci e Latini) con »Bretuns« (i quali, tra l'altro, sono anch'essi chiamati »ancïens«[13]), è transitivamente applicabile a loro quanto degli antichi si dice nel primo prologo generale dei *Lais*:

> Custume fu as ancïens,
> ceo testimoine Precïens,
> es livres ke jadis feseient,
> assez oscurement diseient
> pur ceus ki a venir esteient
> e ki aprendre les deveient,
> k'i peüssent gloser la lettre
> e de lur sen le surplus mettre.
> *Prologo*, vv. 9-16

---

13 *Eliduc*, v. 1: »un mut ancïen lai bretun«; *ibid.*, v. 1182: »li auncïen Bretun curteis«; *Guigemar*, v. 26: »al tens ancienur«; *Milun*, v. 532: »firent un lai li auncïen«; *Equitan*, vv. 1-8: i Bretoni antichi, »jadis« (v. 3), erano come gli antichi filosofi nobili, cortesi e prodi e per questo componevano i *lais*.

L'*obscuritas* degli antichi (Greci, Latini, Bretoni) ne motiva la *brevitas*, il dire condensato ed emblematico che suscita l'esegesi dei posteri. Marie che, sul piano della storia, si inserisce nella catena tradizionale che consegna la saggezza degli antichi ai moderni, è costretta a mantenere un nucleo di enigma nelle sue storie, che è linfa utile alla loro ›fioritura‹,[14] nella memoria dei moderni e dei posteri. La poetessa concepisce così sull'esempio degli antichi una sua poetica dell'*obscuritas* attraverso la *brevitas*, limitandosi a rinarrare la *verité* e il *sen* dei racconti che ha udito:

> Les contes ke jo sai verrais,
> dunt li Bretun unt fait les lais,
> vos conterai assez briefment.
> *Guigemar*, vv. 19 – 21

> Ici comencerai Milun
> e musterai par brief sermun
> pur quei e coment fu trovez
> li lais ki issi est numez.
> *Milun*, vv. 5 – 8

> Tristram, ki bien saveit harper,
> en aveit feit un nuvel lai;
> assez briefment le numerai:
> Gotelef l'apelent Engleis,
> Chievrefoil le nument Franceis.
> *Chievrefoil*, vv. 112 – 116

Un titolo possibile, come quello di *Tristram*,[15] viene rifiutato e sostituito, con le sue varianti linguistiche, che ne attestano la ›verità‹; nella sua ›brevità‹ (*Gotelef* o *Chievrefoil*) il nome, o il titolo, rappresenta il testo. Il titolo rimane fisso e immobile, designando un contenuto in movimento – *aventure*, *lai* bretone, *cunte*, *lai* francese – e assume, con parole moderne, una funzione linguistica tanto conativa quanto poetica: il ramo di caprifoglio può così fiorire.

Si possono usare altre metafore e altre *interpretationes nominum* per dire che la poetica di Marie, la sua poetica della *brevitas* e della *obscuritas*, appare in

---

14 Prologo, vv. 5 – 6: »Quant uns grans biens est mult oïz,/ dunc a primes est il fluriz.« Sulla *obscuritas* intrinseca alla poetica di Marie si leggano le osservazioni di C. Donà, *Oscurità ed enigma in Marie de France e Chrétien de Troyes*, in *Obscuritas. Retorica e poetica dell'oscuro*. Atti del XXVIII Convegno Interuniversitario di Bressanone (12 – 15 luglio 2001), a cura di G. Lachin e F. Zambon, Trento, Dipartimento di Scienze Filologiche e Storiche, 2004 (Labirinti, 71), 103 – 115.

15 Ci si può domandare ancora se l'autrice fosse consapevole della possibile interpretazione in *trist ram*, ›ramo triste‹, com'è triste il ramo di nocciolo quando lo si strappa all'abbraccio del caprifoglio, secondo la deliziosa metafora vegetale. Certo è che Marie non inserisce nel testo alcun elemento che indirizzi verso questa interpretazione.

concorrenza con altre poetiche a lei contemporenee, quale quella della »conjointure« in Chrétien de Troyes. Nel prologo di *Erec et Enide* Chrétien la esprime così:

> Por ce dist Crestïens de Troies
> que reisons est que totevoies
> doit chascuns panser et atandre
> a bien dire et a bien aprandre;
> e tret d'un conte d'avanture
> une molt bele conjointure
> [...]
> *Erec et Enide*, vv. 9–14[16]

Non si tratta qui di una semplice tecnica della *dispositio*; la CVM-IVNCTVRA, la connessione dei *disiecta membra* è necessaria a recuperare il senso della storia ed è obbligata per il fatto che i cantastorie ›fanno a pezzi‹ e ›corrompono‹ le storie che narrano a corte:

> d'Erec, le fil Lac, est li contes,
> que devant rois et devant contes
> depecier et corronpre suelent
> cil qui de conter vivre vuelent.
> *Ibidem*, vv. 19–22

È per Chrétien l'arte di riconnettere i pezzi della storia bretone, che si raccontano in modo sconnesso, la via per arrivare alla verità, alla composizione letteraria e infine alla memoria del testo che garantisce quella dell'autore (la fama):

> Des or comancerai l'estoire
> qui toz jorz mes iert an mimoire
> tant cum durra crestïantez;
> de ce s'est Crestïens vantez.
> *Ibidem*, vv. 23–26

Ora, al ›con-joindre‹ di Chrétien Marie contrappone il ›re-membrer‹ che, a dispetto dell'etimologia (a lei per altro ben presente), evoca il ridar vita a un membro secco, il far fiorire nella memoria il ramo triste di caprifoglio usato da Tristano per inviare a Isotta il suo messaggio segreto. I tratti enigmatici delle sue storie Marie li riporta come essi sono, in attesa di una *glose*, di comprensione. Nel *lai* di Bisclavret anche le capacità taumaturgiche del re, che ha compreso che il *garwaf* »ad sen d'hume« (v. 154), »ad entente e sen« (v. 157), devono essere

---

16 Nel testo di Guiot, edito da Mario Roques: CHRÉTIEN DE TROYES, *Erec et Enide*, éd par M. Roques, Paris, Champion, 1955 (Classiques français du Moyen Âge, 80); cfr. l'edizione di Wendelin Foerster: KRISTIAN VON TROYES, *Erec und Enide*, Textausgabe mit Variantenauswahl, Einleitung und erklärenden Anmerkungen hg. von W. Foerster, Halle, Niemeyer, 1934³ (Romanische Bibliothek, 13).

affiancate dalla sapienza di »uns sages hum« (v. 239), il quale conosce »meinte merveille [...] / ki en Bretaigne est avenue« (vv. 259-260) e consente la segreta rivestizione del mannaro, che viene restituito in forma umana alla corte.

Curtius ci insegna, nel suo *excursus* su *Kürze als Stilideal*,[17] che la *brevitas* era già richiesta da Isocrate e che come tale fu ereditata dal Medioevo tra le *virtutes narrationis*, dunque come parte tecnica della *constructio*, della *dispositio* e non della *elocutio: aretè tes diegéseos*, ›pregio della narrazione‹. Nello stesso pezzo, egli ricorda che questo aspetto dell'arte è osservato da Quintiliano (*Institutio oratoria* I, 9, 1-2) nelle scuole, ove si insegna a fare il riassunto delle favole di Esopo mantenendone il senso:

> Adiciamus tamen eorum [*scil.* grammaticorum] curae quaedam dicendi primordia quibus aetatis nondum rhetorem capientis instituant. Igitur Aesopi fabellas, quae fabulis nutricularum proxime succedunt, narrare sermone puro et nihil se supra modum extollente, deinde eandem gracilitatem stilo exigere condiscant: uersus primo soluere, mox mutatis uerbis interpretari, tum paraphrasi audacius uertere qua et breuiare quaedam et exornare salue modo poetae sensu permittitur.

È naturalmente superfluo ricordare che Marie ha composto (tradotto) un *Ysopet*; meno inutile ribadire ciò che ho insinuato più sopra, ovvero che anche la raccolta di favole esopiche possa essere all'origine dell'idea di un libro che raccogliesse i *lais*.[18]

È una poetica della *obscuritas* proficua e didattica, attuata attraverso la *brevitas* che mantiene il mistero nel nome che è anche titolo. Una poetica nella quale la *descriptio* può aver luogo solo come parte integrante ed essenziale della narrazione, della diegesi, esattamente perché la *brevitas* stessa è *virtus narrationis*. Nei romanzi di Chrétien la descrizione fa parte della *conjointure*;[19] ci si deve ora chiedere quale ruolo svolga nella poetica del *lai* in Marie.[20] Osserviamo anzitutto le misure di

---

17 E.R. CURTIUS, *Europäische Literatur und Lateinisches Mittelalter* (1953), Bern, Franke, 1984[10], *Exkurs* XIII, 479-485.
18 Insieme con altri modelli classici, come le *Metamorfosi* ovidiane; ma v. *supra*, nota 11.
19 D. KELLY, *The Art of Description*, in N. J. Lacy - D. Kelly - K. Busby (eds.), *The Legacy of Chrétien de Troyes*, Amsterdam, Rodopi, 1987, I, 191-221 (Faux Titre, 31): »Description is, therefore, the articulation of *matiere* and *san* that we associate with *conjointure* in Chrétien's romances. What was before dismembered and corrupt or incomplete (*depecier* and *corrompre* in the *Erec* Prologue) is made whole and coherent. The integration and articulation of sources and descriptive developments may occour through juxtaposition or amalgamation. For description, the former is more closely associated with stereotype descriptions [...], whereas the latter is more like the artful attribution of qualities found in Chrétien's romances« (p.193).
20 Mi sono noti due contributi sul tema: J. A. RICE, *Conventional and Unconventional Character Description in the Lais of Marie de France*, in »Neuphilologische Mitteilungen«, LXXXV, 1984, 344-352 e M. KALLAUX, *Une reconsidération du portrait dans les lais médiévaux*, in K. Kupisz - G.-A. Pérousse - J.-Y. Debreuille (sous la dir. de), *Le Portrait littéraire*, Lyon, Presses universitaires, 1988, 15-23.

questa brevità, di quest'arte della concentrazione e della focalizzazione: esse variano molto, da un massimo di 1184 versi (*Eliduc*) a un minimo che ne conta esattamente un decimo, con i 118 versi di *Chievrefoil*. A me pare non casuale che sia proprio quest'ultimo testo, il più breve dei *lais*, il più denso di sottosensi poetici e simbolici.

*

In *Chievrefoil* non è necessaria alcuna descrizione di luoghi, oggetti o persone: è la lettera a farsi testo essenziale. *Tristram* è il ramo di nocciolo inciso con il nome[21] ma, soprattutto, non è necessaria alcuna *glose* che interpreti una vicenda oscura. Il contesto dell'episodio narrato è noto a tutti: l'amore ineluttabile fra Tristano e la regina, la gelosia di re Marco, l'esilio; perfettamente comprensibile così quanto è narrato dal *lai*: la necessità di un incontro fugace e segreto, il sotterfugio per ottenerlo.[22] Vi è però anche una ragione intrinseca, che riduce qui la retorica al grado zero, e consente la massima brevità: *Chievrefoil* è storia della storia, *Caprifoglio* è la storia del nome che diventa *lai* bretone e poi racconto;[23] non ci si meraviglierà troppo che di questo episodio non si ritrovi alcuna traccia nell'insieme della saga tristaniana.

Laüstic – anch'esso molto breve, di 160 versi – presenta molti punti di contatto con *Chievrefoil*. La vicenda è del tutto simile a quella di un amore trobadorico: la dama, il marito geloso, la corrispondenza tra la dama e l'innamorato che si svolge per il tramite di un uccelletto cortese, un usignolo, che fa le spese della vendetta e, ucciso crudelmente, viene racchiuso in un cofanetto avvolto d'uno sciamito ricamato con le parole che narrano la storia, simbolo e scrittura allo stesso tempo di un amore impossibile.[24] Qui però i protagonisti dell'*aventure* (poi del *lai* e del *conte*) non sembrano noti a tutti. Entrano allora in gioco descrizioni, seppur

---

21 Diverse sono le interpretazioni proposte per l'incisione fatta da Tristano sul ramo: si va da semplici segni ogamici all'intera frase emblematica esplicitata nei vv. 77–78: »Bele amie, si est de nus:/ne vus sanz mei, ne jeo sanz vus.« Mi pare però che la lettera dei vv. 53–54 sia sufficientemente chiara: »quant il a paré le bastun,/de sun cutel escrit sun nun«, »quando [Tristano] ebbe preparato il ramo,/con il coltello scrisse il suo nome.«

22 *Chievrefoil*, vv. 5–10: »Plusur le m'unt cunté e dit/e jeo l'ai trové en escrit/Tristram e de la reïne,/de lur amur ki tant fu fine,/dunt il eurent meinte dulur,/puis en mururent en un jur.« Il riferimento è alla saga, o anche al perduto *Urtristan*, non certo a una fonte scritta del *lai*.

23 *Ibidem*, vv. 1–4: »asez me plest e bien le voil,/del lai qu'hum nume Chievrefoil,/que la verité vus en cunt/pur quei fu fez, cument e dunt.« Le implicazioni sciamaniche della vicenda sono state chiarite da F. ZAMBON, *Tantris* (nota 10); resta da indagare il mitologema del bastone inscritto, tramite della ricongiunzione.

24 È questo il *lai* che più si avvicina al tipo provenzale della *razo* trobadorica, ovvero di quel testo breve in prosa che presume di ricostruire in modo narrativo le circostanze, l'occasione o gli avvenimenti che hanno dato origine alla canzone lirica.

parche e stereotipate, che assumono parte integrante nella diegesi, caratterizzandone gli attanti senza assumere alcuna funzione esornativa o di *amplificatio*.²⁵

Anche la vicenda di *Chaitivel* (240 versi) non richiede sforzi di comprensione, basata com'è sulla vicenda della *desmesure* di una dama che tiene legati a sé quattro pretendenti, provocandone la rovina durante un torneo, vicenda trattata con sottile perfidia. Anche qui, nell'ambientazione cortese, è sufficiente ricorrere a descrizioni stereotipe:

> En Bretaine a Nantes maneit
> une dame ki mut valeit
> de beauté e d'enseignement
> e de tut bon affeitement.
> *Chaitivel*, vv. 9-12

I quattro pretendenti vengono anche descritti in modo breve e tipizzato, collettivamente:

> En Bretaine ot quatre baruns,
> mes jeo ne sai numer lur nuns;
> il n'aveient gueres d'eé,
> mes mut erent de grant beauté
> e chevalier pruz e vaillant,
> large, curteis e despandant.
> Mut par esteient de grant pris
> e gentil humme del païs.
> *Ibidem*, vv. 33-40

Ci si dovrebbe soffermare su due aspetti di questa storia, probabili mitologemi inavvertiti: la sfida tra quattro per la conquista di una donna inarrivabile, e la singolare ferita che segna il fallimento dell'unico superstite del sanguinoso torneo, »par mi la quisse e einz el cors« (v. 123); ma la poetessa risolve tutto il tragico e il simbolico della vicenda in una sottile motivazione psicologica, che sembra appagarla nella sottolineatura dei rischi della gara d'amore, e della pena forse non innocente della donna causa di tanti mali che, comunque, resterà senza compagno, nel culto doloroso dei morti e del ferito.

Il racconto dei *Deus Amanz* ci aiuta a fare qualche passo in avanti nella comprensione della tecnica esplicativa che Marie applica ai materiali narrativi che utilizza. Diversi i temi che si intrecciano:²⁶ l'amore esclusivo, sospetto di

---

25 Pochissimi i tratti che descrivono i protagonisti e le loro dimore (vv. 7-22), e il sarcofago prezioso dell'uccelletto (vv. 135-136 e 149-155); le descrizioni sono del tutto inserite in tratti narrativi dell'azione. Nessuna allusione qui al tema del cuore mangiato che soggiace alla storia, come ritorna nei *Gesta Romanorum*, XXI.
26 Cfr. O. M. JOHNSTON, *The Sources of the Lay of the Two Lovers*, in »Modern Language Notes«, XXI, 1906, 34-39.

incesto, di un padre vedovo verso la figlia; la prova insuperabile (l'ascesa rapida di un monte scosceso con la giovinetta in braccio) per ottenerla in sposa; la bevanda magica, che potrebbe fornire al prescelto la forza necessaria a superare la prova; la sua incomprensibile rinuncia a bere la pozione, preso dall'entusiasmo della corsa, con la conseguente morte e fine tragica dell'impresa e dell'amore. Marie interpreta come può, anche a scapito della coerenza narrativa. La fanciulla, definita con epiteti generici (»bele/e mut curteise damesele«, vv. 21-22) allo stesso modo del suo amico (»damisel,/fiz a un cunte, gent e bel«, vv. 56-57), per essere più leggera digiuna ma, soprattutto, il giorno della prova »n'ot drap vestu fors la chemise« (v. 183) quando l'amico la prende tra le braccia. Marie razionalizza, è questo il motivo solo che può giustificare come »li danzeus,/ki tant es sages, pruz e beus« (vv. 81-82) durante la prova rifiuta di bere l'elettuario, perché si sente particolarmente forte, »kar n'ot en lui point de mesure« (v. 189). È il desiderio che lo porta alla dismisura e alla morte per fatica.

Una *descriptio personae* più diffusa e (relativamente lunga) è necessaria per giustificare la trama di *Equitan*, e va nella stessa direzione che abbiamo visto nei *Deus Amanz*: la razionalizzazione di un aspetto irriducibile del *cunte* attraverso il movente del desiderio carnale. Ambientazione cortese, ma fino a un certo punto, poiché la conclusione è orrenda: il »sire des Nauns, jostise e reis« (v. 12) ama la moglie del suo fedele siniscalco per udita, la conosce finalmente e intreccia una relazione con lei. La *desmesure* lo porta a violare una regola cortese, secondo la quale non si deve amare una donna di rango inferiore. Dietro istigazione della dama si trama l'omicidio del marito, per ustioni in una »cuve« preparata per un bagno con acqua bollente. Sorpreso nella camera da letto dal siniscalco, il re vi si getta, restando ucciso al suo posto; nella stessa si toglie la vita la donna infedele. Finale tragico e grottesco, che potrebbe giustificarsi nell'identificazione di *Equitan* con un ›re dei Nani‹, tradizionalmente legati al mostruoso e alla crudeltà.[27] Non ci si spiega come, anche prescindendo dalla malvagità della dama (»dunt puis vint el païs granz mal«, v. 30), il re e giudice molto amato e giusto sia portato a progettare l'omicidio del siniscalco. Ma egli »deduit amout e druërie,/pur ceo maintint chevalerie« (vv. 15-16), e

> La dame ert bele durement
> e de mut bon affeitement.
> Gent cors out e bele faiture,
> en li former uvrat Nature;
> les oilz out veirs e bel le vis,
> bele buche, neis bien asis:
> el rëaume n'aveit sa pere!
> *Equitan*, vv. 31-37

---

27 M. DELBOUILLE, *Le nom et le personnage d'Equitan*, in »Le Moyen Âge«, LXIX, 1963, 315-323.

Una descrizione che non risponde ai canoni di scuola che si affermeranno pochi anni dopo Marie: a una definizione generale, vv. 31-32, segue la menzione del corpo, prodotto di Dea Natura (altro *topos* ben noto), e solo infine si descrivono occhi, viso, bocca, naso senza seguire l'ordine che in seguito sarebbe divenuto paradigmatico. Ma ciò che interessa è la funzione della *descriptio*: la bellezza della dama giustifica l'accettazione da parte di Equitan del suo progetto criminale. Resterebbe da chiarire anche qui la singolare arma del delitto, che costringe anche a una macchinazione complessa e rischiosa: soprattutto ricordando come, in area sciamanica, sia una scarnificazione rituale, ottenibile anche attraverso bollitura, che porta alla trasformazione simbolica del candidato.[28]

In *Bisclavret* (318 versi) Marie non riesce a »gloser la lettre« fino in fondo, comprendendo la natura doppia del mannaro: qui si affaccia un meraviglioso che la spinge a ricorrere alla sua poetica ellittica della *obscuritas*. Ella surroga la sua glossa con una sorta di stupore compassionevole e benevolo nei confronti dell'uomo lupo, concentrandosi sulla slealtà della moglie e sui poteri taumaturgici del re che lo restituisce alla condizione umana, benché intermittente: si limita a schizzare la doppiezza del protagonista nelle brevissime, essenziali descrizioni dei vv. 7-12 e 17-20.[29] Emblematica piuttosto la figura del saggio consigliere del re, di cui ho più sopra evidenziato la funzione di parziale risolutore dell'enigma. In ogni caso il *garwaf* è un dato di natura, ancorché solo nelle terre altre e lontane anche temporalmente degli antichi Bretoni.

Così come Marie non giudica il mistero della metamorfosi di Bisclavret, sottolineando solo gli aspetti dell'*aventure* che risultano comprensibili, mantenendo i dettagli enigmatici del racconto originale (la trasformazione, il ruolo degli abiti, la soglia tra cosmo e caos rappresentata dalla cappella presso cui il cavaliere nasconde gli abiti per farsi lupo); allo stesso modo essa tratta senza esprimere un giudizio il tema centrale di *Fresne* (518 versi), quello dell'incomprensibilità del parto gemellare, che si crede effetto di due amplessi della stessa donna con due uomini diversi. Ciò costituisce l'elemento scatenante della vicenda: la diffamazione da parte della dama, il suo successivo parto gemellare, questa volta di due femmine, la necessità di sopprimerne una o di abbandonarla, come poi avviene; infine le peripezie della bambina abbandonata su un frassino, che ne determina il nome. Infine l'incontro con la gemella più fortunata,

---

28 Rinvio al racconto di *Gulinus*, discusso alle pagine 66-67 di MARIA DI FRANCIA, *Il Purgatorio* (nota 7).
29 *Bisclavret*, vv. 7-12: »hume plusur garval devindrent/e es boscages meisun tindrent./Garvalf, ceo est beste salvage;/tant cum il est en cele rage,/hummes devure, grant mal fait,/es granz forest converse e vait.« Una descrizione etologica, ove il *monstrum* è comprensibile solo all'interno del luogo dell'alterità, la foresta. *Ibidem*, vv. 17-20: nel suo stato umano Bisclavret »Beaus chevaliers e bons esteit/e noblement se cunteneit./De sun seinur esteit privez/e de tuz ses veisins amez.«

l'agnizione ultima per mezzo di oggetti particolari che determinano il riconoscimento e la conclusione felice della vicenda, con la restaurazione di *Fresne*, la fanciulla del frassino, nella sua dignità. In questa vicenda, che allude metaforicamente alla metamorfosi delle due gemelle in vegetali (frassino e nocciolo) i personaggi sono, più che descritti, semplicemente allusi nel loro aspetto fisico con tratti convenzionali e generici; una loro descrizione non è funzionale alla diegesi, e ne viene esclusa; solo alla malevolenza iniziale della diffamatrice è riservata una brevissima notazione psicologica (»kar ele ert feinte e orguilluse / e mesdisanz e envïuse«, vv. 27 – 28). Sembrano qui intrecciarsi i due mitologemi del parto gemellare e della ierogamia tra fratelli (le due famiglie sono così vicine da essere quasi formate da germani); malgrado il lieto fine poi, e la sostituzione di una gemella all'altra, resta inspiegata e quindi degna di rilievo la figura della seconda madre, causa scatenante di tutta la peripezia nella sua iniziale e poi riscattata invidia.

Milun (534 versi) narra di un perfetto cavaliere amato da una fanciulla, dalla quale ha un figlio che viene allontanato per evitare il disonore. La fanciulla è costretta a nozze indesiderate ma ineludibili; riallaccia un dialogo amoroso a distanza con l'eroe, per mezzo di un cigno messaggero. Nel frattempo il figlio lontano viene armato cavaliere, coprendosi di gloria e fama. Il padre ne sente magnificare le gesta, lo va a sfidare e, sconfitto in duello, lo riconosce per l'anello che porta, con il quale era stato marcato all'atto dell'abbandono. Avvengono così agnizione e ricongiungimento della famiglia, anche per la morte provvidenziale del vecchio marito indesiderato. La trama riunisce e razionalizza due motivi mitologici, quello dell'uccello messaggero, un cigno, che adombra l'immagine dell'amante uccello di *Yonec*, con il tema, frequente nell'epica, del duello tra padre e figlio; vi si aggiunge il tema del figlio abbandonato o disperso, riconosciuto attraverso oggetti donatigli alla nascita. Tutto è comunque razionalizzato in una peripezia famigliare coerente, all'interno della quale nessuna descrizione, che non sia stereotipa e limitata a pochi tratti (che uniscono *descriptio* fisica a *effictio* caratteriale o psicologica), è utile allo svolgimento diegetico. Il tema melusiniano è risolto e razionalizzato nella vicenda cavalleresca e familiare, e la conclusione positiva rimane confinata in quei limiti. Si conferma però che in questo tipo di narrazione l'esito è ottenuto a spese del marito della donna d'eccezione, che qui muore.[30]

Stupore benevolo e quasi affettuoso nei confronti dell'arcano; tentativo di ricondurlo a un'etica familiare; concentrazione sugli aspetti psicologici, fissità di quelli fisici dei personaggi, che si limitano a inserire la vicenda in un'ambientazione cortese. Questi sono anche gli aspetti essenziali di *Yonec* (558 versi), che si

---

30 Cfr. L. HARF-LANCNER, *Les fées au Moyen Âge. Morgane et Mélusine. La naissance des fées*, Genève, Slatkine, 1984 (Nouvelle Bibliothèque du Moyen Âge, 8), Ch. VII, 179 – 198.

ridurrebbe alla pura vicenda di una malmaritata rinchiusa nella torre dall'anziano marito geloso, ove viene raggiunta avventurosamente e amata da un giovane dalle virtù ideali, destinato a essere mortalmente ferito dal *gilos*. A tanto poco e ovvio si ridurrebbe la trama narrativa, la *matiere* del *lai*, se il giovane amante non fosse un uomo uccello, che la raggiunge in volo e poi si allontana nelle fattezze di un astore, capace di passare attraverso la stretta finestra della torre, quella stessa finestra che, munita dal geloso di taglienti inferriate, lo ferirà a morte. Le descrizioni sono, come sempre, essenziali alla *dispositio*; viene citato in forma non esornativa e scorciata solo ciò che è necessario alla caratterizzazione dei personaggi nel loro agire: il geloso, »uns riches hum, vielz e antis« (v. 12, con dittologia progressiva a indicare il superlativo), »mut fu trespassez en eage« (v. 17), e ciò motiva la sua necessità non tanto di amore, ma di un erede. Resta implicita la disapprovazione delle nozze improprie, e si constata solo che

> De haute gent fu la pucele,
> sage, curteise e forment bele,
> ki al riche hume fu donee.
> *Yonec*, vv. 21-23

Tale bellezza e virtù convenzionale serve a motivare l'infatuazione del vecchio, e soprattutto la sua gelosia, impersonata dalla guardiana, la sorella vedova e vecchia, »veille ert e vedve, sanz seignur« (v. 30): i tratti fisici e morali della *gardairitz* scaturiscono netti da questa semplice notazione del suo stato. La vicenda è tuttavia bipartita, e non si conclude con la morte dell'uomo uccello: la fanciulla fugge dalla torre, segue le tracce di sangue fino a una grotta (il sacro *síd* della tradizione celtica, soglia dell'altro mondo) e la attraversa, giungendo in un regno fatato (anch'esso sui limiti del mondo, perché vi si trova un porto); penetrata nel castello vi trova l'amante morente, che le annuncia però che è incinta di un suo figlio, che porterà il suo nome e, di fatto, lo sostituirà al suo fianco. Altro racconto melusiniano (la giovane si lascia scoprire, infrange cioè il divieto impostole), cui Marie si arrende senza »gloser la lettre«, limitandosi a ricorrere agli ingredienti dell'intreccio cortese: la malmaritata, la guardiana, il marito geloso, l'amore con un amante ideale.

Anche in *Lanval* (646 versi) si ha contaminazione delle tracce: un tema melusiniano (la fata chiama a sé un prescelto, cavaliere trascurato e negletto alla corte di Artù, che rinvia al mitologema dell'umiliazione iniziale dell'eroe), l'amore e la ricchezza di questi, la violazione del patto.[31] Sottoposto a processo

---

31 Cfr. L. Harf-Lancner, *Les fées* (nota 30), 250-254; con ulteriore contaminazione con il tema della donna respinta – in questo caso Ginevra – e con quello dell'accusa di omosessualità, che rinviano rispettivamente all'episodio della moglie di Putifarre e a quello di Ippolito e Fedra (nelle *Metamorfosi*, XV, vv. 479-546). Ippolito ama solo la caccia e trascura l'amore.

tuttavia Lanval, doppiamente colpevole (della violazione del segreto nei confronti della dama meravigliosa e di aver disprezzato la regina), accusato però dinanzi al re di averla disprezzata, vantando la bellezza della minima delle serventi dell'amata, superiore a quella della regina stessa, viene salvato da una sicura condanna dall'ingresso in città della bellissima con le due ancelle. Quando questa si allontana a cavallo dopo aver reso testimonianza, egli si lancia in arcione con la dama, e con lei scompare in Avalon, nell'altro mondo:

> Sur le palefrei, detriers li,
> de plain eslais Lanval sailli!
> Od li s'en vait en Avalun,
> ceo nus recuntent li Bretun,
> en un isle ki mut est beaus.
> La fu raviz li dameiseaus!
> *Lanval*, vv. 639–644

In *Lanval* la resa dell'argomento ferico è diretta, senza tentativi speciali di razionalizzazione, con i particolari degni di menzione del corteo delle damigelle che vengono a invitare il cavaliere, delle quali una »portout uns bacins / d'or esmeré, bien faiz e fins«, l'altra »une tüaile« (vv. 61 e 64), oggetti non ancora motivati soddisfacentemente, e dell'accusa di omofilia rivolta dalla regina al protagonista che la respinge (che rinvia a una speciale predestinazione verso l'essere femminile straordinario). Questo *lai* si distingue tuttavia per alcune descrizioni molto più dettagliate che altrove, anche se prive di quella regolarità che verrà canonizzata poco più tardi dai trattati: i vv. 80–106 descrivono insieme il padiglione e la giovane che lo abita, con equa divisione (vv. 80–92 e 93–106):

> Dedenz cel tref fu la pucele;
> flur de lis e rose nuvele,
> quant ele pert al tens d'esté,
> trespassot ele de beauté.
> Ele jut sur un lit mut bel –
> li drap valeient un chastel –
> en sa chemise senglement.
> Mut ot le cors bien fait e gent!
> Un chier mantel de blanc hermine,
> covert de purpre alexandrine,
> ot pur le chaut sur li geté;
> tut ot descovert le costé,
> le vis, le col e la peitrine:
> plus ert blanche que flur d'espine!
> *Ibidem*, vv. 93–106

Come si vede, non si ha una vera *descriptio personae*: vengono sottolineati da una parte la postura e l'atteggiamento – esplicitamente attrattivi – della fanciulla, la sua seminudità e, insieme, vengono descritti il parziale abbigliamento e il letto su cui ella giace. La funzione è del tutto narrativa, serve a sottolineare l'attrazione e la sottintesa promessa d'amore che essa offre: ha un corpo bello e delicato, è coperta solo dalla sua camicia e avvolta di ermellino; ha nuda la schiena, il viso, il collo e il seno.

Questo aspetto di attrazione erotica, cui è funzionale l'anomala descrizione, ritorna quando le due ancelle e lei stessa entrano in città per discolpare *Lanval*; le ancelle che annunciano l'arrivo della bellissima sono descritte per gli abiti e per i cavalli che montano, ma soprattutto sono seminude: »De cendal purpre sunt vestues / tut senglement a lur chars nues« (vv. 475-476). La loro signora, quando arriva, cavalca un ricco palafreno, la cui descrizione occupa tanto spazio quanto quello dedicato a lei. Descrizione del palafreno e descrizione della donna si dividono quasi equamente come nel caso della tenda:

> Ele iert vestue en tele guise
> de chainse blanc e de chemise
> que tuit li costé li pareient,
> ki de deus parz lacié esteient.
> Le cors ot gent,
> basse la hanche,
> le col plus blanc que neif sur branche;
> les oilz ot vaires e blanc le vis,
> bele buche, neis bien asis,
> les surcilz bruns e bel le frunt,
> e le chief cresp e aukes blunt:
> fils d'or ne gette tel luur
> cum si chevel cuntre le jur!
>
> *Ibidem*, vv. 558-570

Ancora una volta si sottolineano gli aspetti che inducono l'attrazione erotica, le descrizioni dell'animale e degli abiti intersecano quella della persona, che è del tutto fuori dai canoni: nell'ordine si menzionano il corpo, i fianchi, poi il collo gli occhi e il viso e, dal basso verso l'alto, bocca naso sopracciglia fronte capelli. È una descrizione che non segue l'ordine retorico, muove in soggettiva, dal punto di vista degli spettatori; sottolinea le cose e le parti del corpo su cui soggettivamente, in ordine emozionale, si sofferma il loro sguardo al momento dell'ingresso a corte. Prima notano il cavallo, poi la seminudità della dama; infine, più attentamente, osservano i particolari uno per uno, come uomini affascinati il cui sguardo avido corra qua e là per il corpo che li attrae.

Guigemar (886 versi)[32] è racconto morganiano: il cavaliere eletto, cui Natura

---

32 Cfr. gli importanti lavori di C. DONÀ, ›Guigemar‹: poetica dell'oscurità e tessitura del racconto, in »L'immagine riflessa«, II, 1993, 199-302 e *La cerva divina*. ›Guigemar‹ e il viaggio iniziatico, in »Medioevo Romanzo«, XX, 1996, 321-377 e XXI, 1997, 3-68.

ha dato (come nel caso di Ippolito, come nel caso di Lanval accusato di omofilia dalla regina) il disinteresse per l'amore femminile, poiché egli è in realtà chiamato a un amore superiore; la caccia nella foresta, l'animale androgino: una cerva con il suo cerbiatto, dotata però di un palco di corna maschili, che respingono la freccia che l'ha comunque colpita; il dardo ferisce a sua volta caratteristicamente Guigemar (»en la quisse«, v. 99; ferita che richiama quella subita dal *Chaitivel*); la maledizione profferita dalla cerva: egli avrà solo un amore infelice. Scopre una nave senza equipaggio che lo porta in una città fantastica, ove una regina è segregata da un marito geloso; amore tra il cavaliere e la regina, violazione del segreto e scoperta dell'amore. Guigemar viene tuttavia lasciato andare dal re, e solo dopo molte peripezie viene nuovamente ritrovato dalla sua amante lontana, che lo porta via con sé (l'eletto ritorna in questo mondo, ma poi viene definitivamente rapito nell'altro). Nessuna descrizione, aggettivazione parca e stereotipa, solo un tentativo di interpretare e razionalizzare, questa volta in chiave puramente letteraria, la fata lontana come dea dell'amore. Essa è infatti segregata in una *camera picta*, le cui pareti vengono descritte con un abbozzo di *ekphrasis:* le pitture raffigurano Venere che mostra i modi dell'amore, e in un riquadro getta nel fuoco i *Remedia amoris* di Ovidio.

Eliduc (1184 versi) è il più lungo dei *Lais*, un piccolo poema che intreccia diverse avventure ma, nella sostanza, costituisce il più avanzato sforzo di razionalizzazione della sua materia attuato da Marie. L'amore per la donna lontana è inserito nel contesto di eroiche imprese guerriere, il viaggio per mare è perfettamente integrato nel nucleo narrativo, l'opposizione tra questo e l'altro mondo è risolta nell'amore, egualmente sincero e bene intenzionato, tra due donne, la moglie e la fanciulla d'oltremare: anche lo sforzo di »moralizzazione« è spinto all'estremo, poiché i tre protagonisti accettano l'impossibilità della loro condizione, e risolvono il loro reciproco amore in quello di Dio, ritirandosi in convento. Malgrado l'estensione del testo, non è necessaria a Marie qui alcuna descrizione che sia funzionale alla diegesi.

*

All'epoca dei *lais* non si era ancora consolidata una tradizione retorica che consentisse di utilizzare modelli della *descriptio* in generale, e della *descriptio personae* in particolare.[33] Come si è visto tuttavia, anche in assenza di tali modelli, Marie de France non avrebbe, all'interno della sua poetica dell'*obscura brevitas*,

---

33 Cfr. P. BOURGAIN, *La difficulté de la description de réalités médiévales en termes latins antiques*, in *La description au Moyen Âge*. Actes du Colloque de janvier 2002 à Amiens. Publiés par D. Buschinger, Presses du »Centre d'Études Médiévales«, Amiens, Université de Picardie-Jules Verne, 2002.

utilizzato descrizioni che non fossero essenziali alla narrazione. Il materiale che la poetessa utilizza, dichiaratamente di origine celtica, può essere diversamente classificato: protagonisti, fattori narrativi, oggetti animali e persone vengono sottoposti a un procedimento di acclimatazione, o di adattamento alla diversa temperie culturale all'interno della quale essa opera: ciò che può essere razionalizzato o ›moralizzato‹, come in *Eliduc*, subisce fino in fondo questo procedimento; ciò che si presta solo parzialmente a tale tentativo, è ricondotto alle tematiche cortesi dell'amore e della cavalleria, all'interno delle quali tuttavia un peso rilevante assumono la *desmesure* (*Deus Amanz*) e, soprattutto, il desiderio amoroso, che è quasi sempre uno dei motori del racconto. Quando nessun elemento è razionalizzabile, esso viene accettato con partecipazione affettiva, senza giudizio, negativo o positivo, e, in quella temperie che richiedeva di integrare l'elemento bretone viene accolto nel segno del meraviglioso.[34] La *descriptio personae* che, come si è visto, compare solo in pochi casi, ha la funzione di rafforzare, razionalizzandolo, l'amore del mortale per l'essere eccezionale (non viene mai nemmeno alluso che si tratti di un essere soprannaturale): la dama di *Lanval*, con le sue ancelle, è soggetto erotico e quasi lascivo, e solo ciò giustifica l'attrazione che questa esercita. La sua *descriptio*, unica di una certa estensione in tutti i *Lais*, è quella di una bellissima che suscita desiderio erotico, senza manifestare alcuna capacità di promanare quel fascino oltremondano – e di profferire le promesse di sovranità che questo implica – proprio della trama mitologica che soggiace al racconto.

In nessun caso si tratta comunque qui di materiali di una presunta tradizione popolare confluiti nella letteratura: sono con ogni evidenza aspetti e frammenti, anche essenziali, di un patrimonio culturale esclusivo della nobiltà di origine celtica (bretone, gallese, poi anche irlandese), che il progetto culturale e politico del regno plantageneto, e di Enrico II in particolare, integra sottilmente nell'immaginario e nella letteratura dell'epoca.

---

34 Si veda il capitolo »L'idéologie Plantagenêt«, alle 95–183 di M. AURELL, *L'Empire des Plantagenêt 1154–1224*, Paris, Perrin, 2004.

Gianfelice Peron (Padova)

Il ritratto doppio o ›incrociato‹ nel *Galeran de Bretagne*

Il romanzo francese medievale, pur senza collegarsi con la linea prosopografica antica e mediolatina, da Svetonio a Eginardo, e non implicando necessariamente un rapporto diretto con le *Artes* medievali nonostante convergenze significative, sviluppa e consolida una vera e propria arte della descrizione, e di quella di persone in particolare,[1] inserendosi nella tradizione del ritratto, sia esso storico o immaginario, letterario o artistico in senso lato, nel quale c'è un'enumerazione dettagliata dei tratti fisici e morali dei personaggi descritti.[2] Il largo impiego della *descriptio personarum*, come delle altre varie declinazioni descrittive (*rerum*, *locorum*, ecc.), è anzi un aspetto importante che distingue i generi narrativi lunghi da quelli brevi. Al carattere più concentrato e funzionale dei *lais* di Maria di Francia o dei *fabliaux*, dove prevale la narrazione, si oppone il gusto descrittivo e decorativo del romanzo, che crea con diversa intensità una sospensione o per certi aspetti un ›ritardo‹ nel racconto.[3] Nei romanzi in lingua d'*oïl* la descrizione delle persone, fatta direttamente dall'autore-narratore o indirettamente attraverso la ›voce‹ di un personaggio, è un elemento costruttivo di cui gli scrittori hanno piena e dichiarata consapevolezza. Si individua agevolmente il ›tema introduttore‹, spesso accompagnato e sottolineato dall'affermazione di ›voler fare una descrizione‹. C'è la denominazione della persona che si intende

---

1 Svetonio, *Le vite dei dodici Cesari*, a cura di G. Vitali, Bologna, Zanichelli, 1965, 2 voll.; Eginardo, *Vita di Carlo Magno*, a cura di G. Bianchi, Roma, Salerno Editrice, 1980, 67, 99; E. Faral, *Les arts poétiques du XIIe et du XIIIe siècle*, Paris, Champion, 1924, 80, 271, 277; M. Liborio, *I luoghi privilegiati della descrizione*, in »Annali dell'Istituto Orientale di Napoli«, sez. romanza, XXIX, 1, 1987, 5–12; Ead., *Problemi teorici della descrizione*, in Ead. (a cura di), *Le forme del romanzo medievale. La descrizione*, Napoli, Istituto Universitario Orientale, 1991, 20.
2 E. Faral, *Les arts poétiques du XIIe et du XIIIe siècle* (nota 1), 80; F. Lyons, *Les éléments descriptifs dans le roman d'aventure au XIIIe siècle*, Genève, Droz, 1965, 12–16.
3 G. Genette, *Figure II. La parola letteraria*, Torino, Einaudi, 1972 (ed. orig. *Figures II*, 1969), 33; Ph. Hamon, *Cos'è una descrizione*, in Id., *Semiologia, lessico, leggibilità del testo narrativo*, Parma, Pratiche, 1977, 59; P. Pellini, *La descrizione*, Roma/Bari, Laterza, 1998, 20–21.

descrivere, sulla quale poi si espande tutta un'estesa ›nomenclatura‹, con la rassegna delle varie parti che la compongono, definite di solito con dei predicati, più frequentemente con l'aggettivo ›bello‹.[4]

La tendenza è chiara già nei romanzi della triade classica con la lunga teoria di ritratti del *Roman de Troie*: prima gli eroi greci, incorniciati tra la descrizione di Elena e quella di Briseide, seguiti dai Troiani con la presentazione anzitutto degli uomini, a cominciare da Priamo, e poi delle donne.[5] Nel *Roman de Thèbes* il ritratto di Argya e Deiphyle, le figlie di Adrasto, appare come il tentativo originale di un'unica descrizione ›al plurale‹, comprensiva di entrambe le giovani,[6] e su una via originale si pone anche l'autore dell'*Eneas* soffermandosi su una lunga descrizione di Camilla.[7] Sono ritratti variamente abbozzati, ma forniti di tutti gli ingredienti sfruttati nella ritrattistica romanzesca, contemporanea e successiva, che si distende e acquista maggiore varietà nella folta galleria di personaggi di Chrétien de Troyes (Erec, Enide, Soredamor, Cligès, Fenice, Laudine, Blancheflor, ecc.), la cui tecnica descrittiva ha influenzato imitatori e successori.[8]

Tra questi, Renaut nel suo *Galeran de Bretagne* manifesta una sensibilità specifica per le descrizioni.[9] Ritrae con ampiezza e fastosità gli oggetti che spesso sono lussuosi e preziosi, ricchi di colore; con altrettanta puntualità si applica alle descrizioni della società e dei luoghi, ma lascia largo spazio alla *descriptio personarum*. Tutti i personaggi che contano ai fini della narrazione sono descritti, anche se non allo stesso modo. Il padre della protagonista, Brundoré, e il suo vassallo, Maten, sono presentati rapidamente solo sotto il profilo delle loro virtù

---

4 CHRÉTIEN DE TROYES, *Cligès*, in ID., *Œuvres complètes*, éd. publ. sous la dir. de D. Poirion, avec la coll. d'Anne Berthelot et al., Paris, Gallimard, 1994, 239 (»Por la biauté Cligés retreire/vuel une description feire«, vv. 2143–2144), RAOUL DE HOUDENC, *Meraugis de Portlesgues. Roman arthurien du XIII siècle, publié d'après le manuscrit de la Bibliothèque du Vatican*, éd. bilingue, publ., traduction, prés. et notes par M. Szkilnik, Paris, Champion, 2004 (Champion Classiques Moyen Âge, 74 (»Por ce me plest que gë en face/de si bele descriptïons«, vv. 15–16). Cfr. PH. HAMON, *Introduction a l'analyse du descriptif*, Paris, Hachette, 1981, 140–141; P. PELLINI, La *descrizione* (nota 3), 20–21.
5 BENOÎT DE SAINTE-MAURE, *Roman de Troie*, publ. par L. Constans, vol. III, Paris, Firmin – Didot, 1907 (rist. New York/London, Johnson Repr. Corporation – Johnson Repr. Company, 1968), 106–197 (vv. 5119–5140, 5275–5288).
6 *Le roman de Thèbes*, publ., trad., prés. et notes par A. Petit, Paris, Champion, 2008 (Champion Classiques Moyen Âge, 25), 126–129 (vv. 947–996).
7 *Le roman d'Eneas*, éd. crit. d'après le ms B.N. fr. 60, trad., prés. et notes par A. Petit, Paris, Librairie Générale Française, 1997 (Lettres gothiques), 272–281 (vv. 4046–4189); cfr. anche E. AUERBACH, *Lingua letteraria e pubblico nella tarda antichità latina e nel Medioevo*, Milano, Feltrinelli, 1960, 166–174.
8 CHRÉTIEN DE TROYES, *Erec et Enide*, vv. 81–104, 397–441, *Cligès*, vv. 768–858, 1697–2781, *Yvain*, vv. 1463–1508, *Perceval*, vv. 1795–1829, in ID., *Œuvres complètes* (nota 4), 5, 12–13, 192–95, 237–239, 374–376, 730. Cfr. A. M. COLBY, *The portrait in the twelfth-century French literature. An example of the stylistic originality of Chrétien de Troyes*, Genève, Droz, 1965, 138–169.
9 F. LYONS, *Les éléments descriptifs dans le roman d'aventure* (nota 2), 62–70.

morali (vv. 1–4, 56–63), mentre le rispettive mogli, Gente (vv. 6–53) e Marsile (vv. 64–77),[10] sono raffigurate nelle loro qualità fisiche e morali in due ritratti accostati che esemplificano due casi opposti di comportamento femminile. Efficace è soprattutto la descrizione di Gente, ›Gentile‹, tutta giocata sul contrasto tra la gentilezza esteriore, inutilmente proclamata dal nome, e la radicata villania interiore, opposta dunque all'ideale descrittivo delineato nel profilo di Cligès, di cui Chrétien sottolinea invece con una metafora vegetale la perfetta coerenza tra esterno e interno: »Si ot le fust a tot l'escorce«.[11] In Gente Renaut disegna un ritratto basato sull'antitesi: l'opposizione tra la bellezza esterna e la perfidia interna. Tra la descrizione estrinseca, provvista dei consueti *topoi* (capelli d'oro, viso vermiglio, paragone della rosa) e quella intrinseca, il verso »si resembloit le nom le cors« (v. 27) si pone come una chiave di volta e quasi un'anticipazione tematica, data la frequenza con cui, lungo tutto il romanzo, l'autore insiste sulla contrapposizione *cuer/corps, dedans/dehors* ecc.[12] Fondata poi principalmente sui pregi morali è la descrizione che Renaut sbozza con non celata simpatia del cappellano Lohier, consigliere e amico dei due giovani (vv. 910–934) e quasi una controfigura dell'autore.[13]

Ma, se ritratti singoli come quelli appena citati costellano i romanzi francesi medievali, più rari e infrequenti sono quelli doppi o intrecciati, che rappresentano in un dittico o in un ›medaglione‹ due personaggi accostati, secondo una consuetudine che è anche celebrativa e artistico-pittorica (dittici consolari o i doppi ritratti quattrocenteschi).[14] Nei testi letterari è una tecnica tramite la quale due personaggi sono descritti uno dopo l'altro o la descrizione dell'uno è strettamente legata a quella dell'altro, quasi a indicare anche per questa via la saldezza della loro unione, come avviene per esempio nel *Floire et Blancheflor*, nel

---

10 JEAN RENART [= RENAUT], *Galeran de Bretagne*. Roman du XIIIe s., éd. par L. Foulet, Paris, Champion, 1966, 1–51
11 CHRÉTIEN DE TROYES, *Cligès*, in ID., *Œuvres complètes* (nota 4), 239.
12 Su questo aspetto cfr. A.-M. PLASSON, *L'obsession du reflet dans ›Galeran de Bretagne‹*, in *Mélanges de langue et littérature médiévales offerts à Pierre Le Gentil*, Paris, SEDES, 1974, 673–694, rist. in RENAUT, *Galeran de Bretagne*, trad. en fr. mod. par J. Dufournet, Paris, Champion, 1996, 181–203. Cfr. inoltre M. VUAGNOUX-UHLIG, *Le couple en herbe*. Galeran de Bretagne et L'Escoufle à la lumière du roman idyllique médiéval, Genève, Droz, 2009, 193–198.
13 JEAN RENART [= RENAUT], *Galeran de Bretagne* (nota 10), 28–29. Sulla descrizione di Lohier cfr. anche F. LYONS, *Les éléments descriptifs dans le roman d'aventure* (nota 2), 63.
14 Cfr. M. DAVID (a cura di), *Eburnea diptycha. I dittici d'avorio tra Antichità e Medioevo*, Santo Spirito (Bari), Edipuglia, 2007; R. DELBRUECK, *I dittici consolari tardoantichi*, a cura di M. Abbatepaolo, Santo Spirito (Bari), Edipuglia, 2009; L. CRACCO RUGGINI, *I dittici tardoantichi nel Medioevo*, in L. CRISTANTE e S. RAVALICO (a cura di), *Il calamo della memoria. Riuso di testi e mestiere letterario nella tarda antichità*, IV, Trieste, Edizioni dell'Università, 2011, 77–99; P. ALLEGRETTI, *Piero della Francesca*, Milano, Rizzoli/Skira, 2003, 148–155 (doppio ritratto dei duchi di Urbino); M. MOLTENI, *Ercole de' Roberti*, Milano/Cinisello Balsamo, Silvana Editoriale, 1995 (dittico Bentivoglio).

Cligès di Chrétien,[15] nello stesso *Galeran de Bretagne* e, più sinteticamente, nell'*Escoufle* di Jean Renart.

Pur dislocate in momenti diversi del racconto, le descrizioni doppie nel *Floire* e nel *Cligès*, oltre che per tratti topicamente comuni, sono accostabili anche per la situazione di attesa dei protagonisti da parte del pubblico. La loro descrizione, infatti, è funzionale e subordinata all'effetto esercitato sugli astanti che, in un caso, guardano i due giovani con un forte senso di pietà, misto ad ammirazione, nella speranza che l'emiro sia clemente nei loro riguardi (un po' come avviene nel *Tristan* di Béroul, quando Isotta, condotta al rogo, suscita la compassione di tutti i presenti);[16] nell'altro, osservano con stupore l'arrivo a corte di Cligès e Fenice in una situazione che crea le premesse dell'innamoramento tra i due. La descrizione simultanea o contigua dei due innamorati stimola la partecipazione, suscitando una speciale ›passione‹ nel pubblico, e tende a creare una complicità tra il pubblico del romanzo e i personaggi descritti. Il pubblico li vede in una prospettiva di eccezionalità, è coinvolto e portato a esprimere coralmente la sua meraviglia e il suo stupore per la loro bellezza o per la condizione in cui si trovano.

Il caso del *Galeran de Bretagne* è singolare e particolarmente elaborato e, per quanto gli studiosi non siano stati benevoli verso l'arte ritrattistica di Renaut, giudicata stereotipata e adagiata su luoghi comuni,[17] esso rivela una sua individualità nel confronto con altri ritratti doppi. Si distacca ad esempio dai due casi parzialmente analoghi di doppio ritratto del *Floire* e del *Cligès*, nel quale le descrizioni sono poste una di seguito all'altra, in un rapporto di paratassi descrittiva, mentre nel *Galeran* c'è non solo una ricerca di ›simmetria‹,[18] ma un vero e proprio intreccio, in un rapporto di ipotassi descrittiva. Ci sono in particolare un'esposizione analitica e minuziosa nell'elenco delle qualità e un'attenzione a dettagli che rompono la sequenza di luoghi comuni e danno un tocco di vivacità e novità alla raffigurazione dei due protagonisti Fresne e Galeran. Renaut procede come se si trattasse di un unico personaggio: descrive in primo luogo le com-

---

15 »The portraits of Fénice and Cligès are placed side by side in a literary locked held together by a transitional hinge proclaiming the comeliness of the two young people«. A. M. COLBY, *The portrait in the twelfyh-century French literature* (nota 8), 112.
16 BÉROUL, *Tristan et Yseut*, in *Tristan et Yseut. Les premières versions européennes*, éd. publ. sous la dir. de C. Marchello-Nizia, avec la collab. de R. Boyer et al., Paris, Gallimard, 1995, 33 – 34 (vv. 1141 – 1154).
17 Cfr. M. LOT-BORODINE, *Le roman idyllique au Moyen Âge*, Genève, Slatkine Repr., 1972 (Paris, Picard, 19131), 136; R. LEJEUNE-DEHOUSSE, *L'œuvre de Jean Renart. Contribution à l'étude du genre romanesque au moyen âge*, Genève, Slatkine Repr., 1968 (I ed. Paris, 1935), 312 – 314. Più propensa a sottolineare aspetti di originalità è invece F. LYONS, *Les éléments descriptifs dans le roman d'aventure* (nota 2), 62 – 63; si veda anche U. ROSSI, *Galeran de Bretagne e il romanzo cortese in Francia*, Genova, ERGA, 2007, 53 – 56.
18 M. VUAGNOUX-UHLIG, *Le couple en herbe* (nota 12), 233.

petenze di Fresne, poi quelle di Galeran, quindi, affronta la descrizione fisica di Galeran, seguita da quella di Fresne, in una successione nella quale prima vengono le qualità interiori e dopo quelle esteriori, ma la descrizione complessiva di Galeran è ›contenuta‹ dentro quella di Fresne, secondo la sequenza ›descrizione intrinseca di Fresne – descrizione intrinseca di Galeran – descrizione estrinseca di Galeran – descrizione estrinseca di Fresne‹. La duplice descrizione – un vero e proprio *tour-de-force* retorico – forma un blocco unico, che occupa una serie lunghissima di versi e si segnala per la sua rilevanza nell'economia del racconto e per la ricercata costruzione a intreccio con effetti di chiasmo.[19] Si può affermare che anche questa descrizione come quella di Cligès e Fenice »non è casuale«,[20] ma rientra nella più vasta strategia narrativa del romanzo. Renaut analizza i sentimenti dei due giovani che, allevati ed educati assieme, sulle soglie dell'adolescenza scoprono l'amore. Attraverso la sua analitica descrizione giustifica in un certo modo la ragione del loro innamoramento. Infatti, dopo aver sottolineato il potere e gli effetti d'amore, nota il leale servizio d'amore praticato da Fresne e Galeran (»bien sont enfant et sage et duit/de servir Amour sans boisier«, vv. 1142–1143) e quindi introduce un'affermazione sentenziosa relativa all'impossibilità per chi è innamorato di trovare altra gioia al di fuori dell'amore stesso:

> Cuer qui ayme fait povre feste
> d'autre deduit, pou s'i arreste,
> et pou y pence et pou le prise.
> (vv. 1149–1151).

Continua con una rapida presentazione di insieme, segnalando le caratteristiche generali fisiche (la bellezza soprattutto) e morali di entrambi:

> Ne pourquant ilz avoient mise
> leur entente a tres bien servir:
> ce leur faisoit los desservir
> qu'il estoient bel, aqueullant,
> et preu et sage et bien parlant.
> Si furent ausques de grant pris.
> (vv. 1152–1157)

Per la prima porzione descrittiva Renaut focalizza la sua attenzione sulla sola Fresne, con una partizione esatta di versi dedicati alla diffusa descrizione delle due competenze, tessitorie e musicali, decisive per lo sviluppo della narrazione:

---

19 JEAN RENART [= RENAUT], *Galeran de Bretagne* (nota 10), 36–41 (vv. 1157–1313).
20 Cfr. L. RENZI, *Tradizione cortese e realismo in Gautier d'Arras*, Padova, Cedam, 1964, 105.

> Fresne avoit a ouvrer apris:
> n'ot telle ouvriere jusqu'en Pouille
> com elle est de tistre et d'aguille;
> si sot faire œuvres de manieres,
> laz et tissus, et aulmosnieres,
> et draz ouvrés de soye et d'or
> qui bien valoient ung tresor:
> maint en fist puis pour sa marrine.
> De la harpe sot la meschine
> si lui aprint ses bons parreins
> lais et sons, et baler des mains,
> toutes notes sarrasinoises,
> chançons gascoignes et françoises,
> loerraines, et laiz bretons,
> que ne failli n'a moz n'a tons,
> car elle en sot l'usage et l'art.
> (vv. 1158–1173).

Fresne conosce dunque la pratica e la teoria delle sue abilità musicali.[21] Renaut insiste sull'idea dell'apprendimento e dell'educazione, accentuata dalla ripresa anaforica dei verbi *aprendre/savoir* e dalla citazione del maestro, indicato prima come »bons parrains«, poi con il nome di Lohier:

> Galerens aprint d'autre part,
> par le conseil Lohier son maistre,
> comment l'en doit ung oyseau pestre,
> gerfaut, oustour ou esprevier,
> faucon ou gentil ou lannier,
> et l'aprint a laisser aller
> et poursuïr et rappeller
> et comment l'en le garde en mue,
> et quant l'en l'oste et remue;
> des chiens sot, s'en ama la feste;
> s'aprint a deffaire la beste,
> si sot de l'arbeleste traire
> et sot moult bien ung boujon faire;
> si sot de tables et d'eschecs.
> (vv. 1174–1187).

La prima serie di cognizioni acquisite da Galeran è esposta in un accurato elenco delle fasi dell'educazione alla caccia e in primo luogo a quella con gli uccelli rapaci puntigliosamente nominati. »Ars nobilior«, giusta la definizione federi-

---

21 Sulla terminologia musicale in *Galeran* cfr. U. MALIZIA, *Il lessico della musica in* Galeran de Bretagne. *Un approccio letterario*, in »Quaderni di filologia e lingue romanze«, Università di Macerata, 1999, 33–46.

ciana, Renaut mostra per la falconeria una viva attenzione e un pronunciato interesse. *Pestre, laisser aller, poursuir, rappeller, garder en mue, oster e remuer* sono verbi che indicano le conoscenze necessarie a un esperto cacciatore. L'elencazione di Renaut echeggia gli insegnamenti del più tardo *De arte venandi cum avibus* di Federico II ma, ancor prima, rinvia alla scena di caccia dell'*Escoufle* di Jean Renart, ricca di terminologia tecnica venatoria, nella quale il protagonista, Guillaume, lancia il suo falco per catturare un nibbio sul quale poi, facendolo a brani e mangiandone il cuore, si vendica di un altro nibbio che aveva causato la sua separazione da Aelis.[22] Più concisamente accenna anche all'abilità di Galeran nella caccia con i cani e nel saper tagliare a pezzi correttamente la preda (come nell'episodio di caccia riferito da Thomas e Goffredo di Strasburgo nel quale Tristano insegna ai cacciatori il giusto modo di squartare il cervo),[23] nell'uso delle armi e al tempo stesso nei giochi da tavola.

Si volge quindi alla descrizione fisica enumerando ogni singola componente della figura di Galeran. Dalla presentazione encomiastica dei pregi morali discende un'altrettanto ricca presentazione di quelli fisici:

> Vermeil ot le visage et fres,
> nes droit, vers yeux, et le poil blont
> qui li recerceloit amont,
> bouche vermoille, blans les dens
> plus que n'est yviere n'argens,
> bien parlant langue, et doulce alaine;
> si fu bien chantans de voix plaine;
> ne fu trop rades, ne trop maz;
> belles mains ot et longs les braz,
> gros par espaules, bien moulez,
> mais par my le saint fu pou lez,
> qu'il fu gresles et alis;
> plus ot la char blanche que lis;
> s'ot les jambes droites aval
> pour bien chevauchier ung cheval,

---

22 FEDERICO II DI SVEVIA, *De arte venandi cum avibus. L'arte di cacciare con gli uccelli*, ed. critica e trad. curata da A. L. Trombetti Budriesi, Roma/Bari, Laterza, 2000, 6, 322, 330 (I, 6, II, 36, 42); JEAN RENART, *L'Escoufle. Roman d'aventure*, publié pour la première fois d'après le manuscrit unique de l'Arsenal par H. Michelant et P. Meyer, Paris, Firmin – Didot, 1894 (rist. Johnson Repr. Corporation, New York – Johnson Repr. Company, London, 1968), 203 (vv. 6776–6777, 6796–6801), ID., *L'Escoufle. Roman d'aventure*, nouvelle éd. d'après le manuscrit 6565 de la Bibliothèque de l'Arsenal par F. Sweetser, Paris/Genève, Droz, 1974, 220 (vv. 6796–6801).
23 THOMAS, *Le roman de Tristan*, poème du XIIe siècle publié par J. Bédier, Paris, Didot, 1902, t. I (rist. New York/London, Johnson Repr. Corporation – Johnson Repr. Company, 1968), 43–50; GOTTFRIED VON STRASSBURG, *Tristano*, a cura di L. Mancinelli, Torino, Einaudi, 1994, 72–79.

> et s'ot les piez voutiz et flenchez.
> entre les frans n'entre les franchez
> n'estoit plus frans ne plus adroiz,
> qu'il y estoit biaux et gens et droiz,
> courtois et bien apris et sages.
> Si fu de quinze ans ses aages.
> (vv. 1188 – 1208).

Nella sua descrizione Renaut avanza veloce per raggruppamenti ternari e binari, rallentati dall'inserzione di glosse esplicative o frasi relative con funzione di complemento attributivo. Attinge alle figure retoriche di ripetizione, dell'anafora, dell'*annominatio*, dell'iperbato, del chiasmo, della *congeries*, del parallelismo; ricorre a similitudini, come quella dei denti con l'avorio e l'argento improntata al *Cligès*, ma presente anche in Matthieu de Vendôme (*Ars versificatoria*, 56, 27).[24] Nella descrizione di Galeran Renaut non omette nulla; ogni singola parte del corpo è presa in considerazione: viso (fresco e vermiglio), naso, occhi, capelli, bocca, denti, mani, braccia, spalle, gambe, piedi; e non manca di accennare alla sua saggezza e bravura nel parlare, così come non tralascia di indicare l'età: quindici anni, un numero topico, che è già nel classico *Dafni e Cloe* (VII, 1), ma anche in *Floire et Blancheflor* (»Ses eages fu de .xv. ans«, v. 2848) e nel *Cligès* (»en la flor estoit ses aages,/car ja avoit prés de quinze anz«, vv. 2746 – 2748) come in numerosi altri testi medievali, e che Alice M. Colby mette in relazione con l'età dell'*adoubement* cavalleresco.[25]

Il trapasso dalla descrizione fisica di Galeran a quella di Fresne è modulato sul tema del ›dono del cuore‹. Sembra quasi che Renaut, mentre si dispone a descrivere la giovane, faccia rientrare tra i pregi di Galeran l'essersi innamorato di Fresne:

> Biaux estoit et bien entechez;
> si fu son cuer la atachiez
> ou il de rien ne s'abessa,
> car celle l'ot qui bien pensa
> a garder droite loiauté.
> A vraye amie et a biauté
> s'est Galeren donnez et mis,
> et il est tenu pour amis
> de la plus belle qui soit nee,
> de haulte dame et bien senee:

---

24 CHRÉTIEN DE TROYES, *Cligès*, in ID., *Œuvres complètes* (nota 4), 193 (v. 830); E. FARAL, *Les arts poétiques* (nota 1), 130.
25 LONGUS, *Pastorales (Daphnis et Chloé)*. Texte ét. et trad. par G. Dalmeyda, Paris, Les Belles Lettres, 1960², 6; *Le Conte de Floire et Blancheflor*, éd. par J.-L. Leclanche, Paris, Champion, 1980, 93; CHRÉTIEN DE TROYES, *Cligès*, in ID., *Œuvres complètes* (nota 4), 239; A. M. COLBY, *The portrait in the twelfth-century French literature* (nota 8), 113 – 114.

ne fait de li nul villain fuer.
(vv. 1209–1219).

Il motivo del ›dono del cuore‹, sviluppato con particolare cura e vivacità dialettica da Chrétien de Troyes nella descrizione di Cligès e Fenice e sfruttato anche da Jean Renart,[26] è qui proposto in modo rapido ed essenziale ma non meno significativo ai fini del racconto.

La vera e propria descrizione fisica di Fresne prende le mosse da un confronto – quasi una sfida – con le donne antiche e medievali famose per la loro bellezza. Renaut enuncia, infatti, in modo generico le bellezze di Fresne con un'affermazione (»car de toutes graces fu pleine«, v. 1221) che sembra una reminiscenza biblica (»gratia plena«),[27] invitando Isotta, Lavinia ed Elena, secondo un *topos* che chiamava a raccolta per il confronto le donne più belle, a porsi nel suo seguito come ancelle (un po' come fa il trovatore Raimbaut de Vaqueiras nel *Carros* dedicato a Beatrice di Monferrato):[28]

Celle li ot doné son cuer,
car de toutes graces fu pleine,
Yseut, ou Lavine, ou Heleine,
meïssiez de vo cuer arriere,
aussi comme une chamberiere,
envers Fresne qui tant fu belle.
Moult loign en courrut la nouvelle,
s'en furent femmes amaties.
(vv. 1220–1227).

È implicita in questo passo la volontà di Renaut di superare con la propria descrizione quella di tre tra le più celebrate donne dell'antichità e del medioevo secondo il *topos* del ›sopravanzamento‹.[29] La fama della bellezza di Fresne si diffonde e suscita uno scoramento in molte donne (mentre in altri testi lo stesso motivo provoca sentimenti più positivi).[30] Renaut fa posto quindi a un paragone

---

26 CHRÉTIEN DE TROYES, *Cligès*, in ID., *Œuvres complètes* (nota 4), 239–241 (vv. 2782–2836); JEAN RENART, *L'Escoufle. Roman d'aventure*, publié par H. Michelant et P. Meyer (nota 22), 137 (vv. 4614–4615), ID., *L'Escoufle. Roman d'aventure*, nouvelle éd. par F. Sweetser (nota 22), 149 (vv. 4614–4615).
27 Lc., I, 28, in *Biblia Sacra iuxta vulgatam versionem*, adiuvantibus B. Fischer et al., recensuit et brevi apparatu critico instruxit R. Weber cum sociis praeparavit R. Gryson, Stuttgart, Deutsche Bibelgesellschaft, 1994⁴, 1606.
28 J. LINSKILL, *The poems of the troubadour Raimbaut de Vaqueiras*, The Hague, Mouton & Co, 1964, 204–215.
29 E.R. CURTIUS, *Letteratura europea e Medio Evo latino*, a cura di R. Antonelli, Firenze, La Nuova Italia, 1992 (ed. orig. *Europäische Literatur und lateinisches Mittelalter*, 1948), 182.
30 Per la fama della bellezza che desta ammirazione e attrae cfr. APULEIUS, *Metamorphoseon libri XI*, ed. R. Helm, Leipzig, Teubner, 1968, 96–97 (IV, 28–29), RAOUL DE HOUDENC, *Meraugis de Portlesgues* (nota 4), 78–79 (vv. 88–93).

costruito attorno al luogo comune della rosa, ma personalizzato nel confronto con la tradizione:

> Car tout aussi com les orties
> vaint en may la rose et surmonte,
> n'est il de toutes femmes conte
> envers la doulce creature;
> (vv. 1228-1231).

Il confronto tra la rosa e le ortiche, due piante citate anche nell'invettiva di Vénus contro Honte nel più tardo *Roman de la rose*,[31] implica emblematicamente una diversità fisica e ancor più morale nella superiorità di Fresne su tutte le altre donne. Dopo questo incisivo paragone, Renaut si richiama una prima volta al *topos* dell'intervento mirabile di Natura (ripetuto poi altre tre volte, e una quarta con la variante ›Dio‹):[32]

> Car bien la revesti Nature
> de tout quanqu'ell'ot, et fist don;
> si despendi a bandon
> tout son pouoir en li pourtraire,
> qu'or n'as mes de quoy present faire
> ne qu'elle puit autrui donner;
> qu'elle li voulst abandonner
> a lui ouvrir tout son tresor.
> (vv. 1232-1239).

Anche in Fresne, come già in Cligès,[33] Natura, operando diversamente dal suo solito, ha messo in lei tutto ciò che era in suo potere, unificando le qualità che concede separatamente e restando priva della possibilità di dare qualcosa a un'altra. In questo tipo di descrizione esagerata si attua l'aspirazione a un'impossibile unione in un'unica donna di tutte le migliori doti femminili. Fresne è una creatura eccezionale, un'incarnazione di quell'ideale di donna perfetta alla quale dall'antichità al medioevo avevano mirato molti artisti e scrittori: dalla Giunone-Elena dipinta da Zeusi, di cui racconta Cicerone, alla *domna soisebuda* di Bertran de Born.[34]

A questo preambolo, annunciatore di qualche cosa di straordinario, segue l'inizio della descrizione vera e propria che procede senza nulla trascurare dai

---

31 GUILLAUME DE LORRIS et JEAN DE MEUN, *Le Roman de la rose*, présentation, trad. et notes par A. Strubel, Paris, Librairie Générale Française, 1992, 1188 (vv. 20772-20773).
32 E.R. CURTIUS, *Letteratura europea e Medio Evo latino* (nota 29), 204.
33 CHRÉTIEN DE TROYES, *Cligès*, in ID., *Œuvres complètes* (nota 4), 239, 1152 (vv. 2762-2767).
34 M.T. CICERONE, *L'invenzione retorica*, a cura di A. Pacitti, Milano, Mondadori, 1967, 158-161 (II, 1-3); G. GOUIRAN, *L'amour et la guerre. L'œuvre de Bertran de Born*, éd. crit., trad. et notes, Aix-en-Provence, Université de Provence, 1985, 107-122. Cfr. anche M. MANCINI, *Metafora feudale. Per una storia dei trovatori*, Bologna, il Mulino, 1993, 147-154.

capelli in giù, seguendo un rigoroso ordine canonico parallelo all'insegnamento delle *Artes* medievali. È una descrizione ampia e sovrabbondante, ricca di elementi topici, ma non priva di qualche spunto originale e imprevisto, soprattutto relativamente all'acconciatura, secondo un'inclinazione di Renaut che si distingue »par sa préoccupation des coiffures féminines«:[35]

> Si lui a taint les cheveux d'or,
> Dont elle met partie en tresse,
> l'autre a delivre et sans destresse,
> qui li ondoient vers la face
> tant que le doit lez en rechasse;
> s'a suer son chief bien faite greve
> qui bien li siet et amans greve,
> si depart les cheveux a droit;
> (vv. 1240 – 1247).

I capelli sono d'oro analogamente a quanto scrivono Matthieu de Vendôme a proposito di Elena (»auro respondet coma«, *Ars versificatoria*, 56, 7)[36] e anche, più vicino a Renaut, Chrétien de Troyes a proposito di Cligès (»Si chevol resanbloient d'or«, *Cligès*, v. 2736).[37] Segue un catalogo sistematico delle altre parti (gola, collo, fronte) nel quale Renaut ribadisce il *topos* di Natura aggiungendo la similitudine consueta del candore, superiore a quello della neve (come in *Cligès*, v. 843).[38] Prende quindi in considerazione le sopracciglia, il naso, gli occhi, verdi e chiari come stella (anche in Matthieu de Vendôme, *Ars versificatoria*, 56, 15),[39] gli orecchi, le labbra, la bocca – che con uno di quegli effetti taumaturgici anche più marcati in altri testi,[40] addolcisce quanto avvicina, – i denti, le labbra come noce moscata o cannella, la voce migliore del suono dell'arpa o della viella:

> blanche a la gorge et le col droit
> a deux redoubles redoublez;
> ne doit estre li frons emblez
> qu'on n'en parost, tant est esliz:
> il est plain et blanc et poliz,

---

35 F. LYONS, *Les éléments descriptifs dans le roman d'aventure* (nota 2), 65.
36 E. FARAL, *Les arts poétiques* (nota 1), 129.
37 CHRÉTIEN DE TROYES, *Cligès*, in ID., *Œuvres complètes* (nota 4), 239.
38 *Ibidem*, 193.
39 E. FARAL, *Les arts poétiques* (nota 1), 129.
40 Cfr. per es. *Le Conte de Floire et Blancheflor* (nota 25), 95 (ritratto di Blancheflor: »De sa bouce ist si douce alaine/vivre en puet on une semaine;/qui au lundi le sentiroit/en la semaine mal n'aroit«, vv. 2896–2900); RAOUL DE HOUDENC, *Meraugis de Portlesgues*. (nota 4), 78, 80 (descrizione di Lidoine: »qui une foiz fust acolez/de ses braz qui tant erent blans/james n'eüst la goute es flans [...] car qui de li veoir se digne/ja le jor ne li mescheïst,/non, par mon chief, nes s'il cheïst/d'autresi haut com un clochier,/ja por ce n'esteüst clochier,/quë il l'eüst le jor veüe«, vv. 76–78, 102–107).

si l'ost si Nature ennegié
que ja mes n'avroit nulz jugié
que nef par blancheur le surmont;
desurs les deux yeux contremont
a les sourcilz faiz a devise,
qu'il n'y a poil qui ne gise;
avec sont et gresle et brunet;
s'a le nez ample, blanc et net,
la cui biautez point ne se choile;
les yeux a vers, clers comme estoille,
et s'a petites les oreilles
et bien assises, s'a vermeilles
les levres et petite bouche
qui adoulcist quanqu'elle atouche;
nulz ne vit onc bouche dedens
garnie de si plesans dens,
blanches sont, serrees ensemble;
de la levre cuit, et moi semble,
que soit noiz muguete ou quanelle.
Son de herpe ne de vielle
ne prise nulz quant elle chante,
qu'elle emble les cuers et enchante
a tous ceulx qui l'oent chanter
[...]
(vv. 1248-1275).

Renaut mette in evidenza la bravura di Fresne nel parlare, con un ›vanto‹ della lingua che potrebbe essere apprezzata dalle persone colte, e, sulla scorta della *Philomena* di Chrétien de Troyes,[41] ancora con un confronto, chiama in causa nomi importanti della tradizione oratoria classica, come Catone e addirittura Cicerone:

la langue doit on bien vanter,
qu'il n'est maistre ne clerc d'escolle,
pour qu'il entendist sa parolle,
qu'il ne tenist Chaton ou Tule,
pour let parlant et pour entule.
(vv. 1276-1280).

---

41 Chrétien De Troyes, *Philomena*, in Id., *Œuvres complètes* (nota 4), 920 (vv. 129-132); M. *Un curieux cas de plagiat littéraire. Le poème de ›Galeran‹*, Paris, Champion, 1928, 28 (estr. da »Bulletins de l'Académie royale de Belgique«, Classes des Lettres, 5e série, t. 14, nn. 7-9, 1928, 269-309).

Successivamente, in un verso che trova un identico riscontro nel *Floire*,⁴² con scontati effetti di cromatismo è dato rilievo al topico colore del viso bianco e vermiglio (come quello di Galeran), sostenuto da una comparazione con il giglio e nuovamente con la rosa; poi è la volta delle spalle, delle braccia, delle mani:

> menton a bel et bien assis,
> et le vis blanc com fleur de lis,
> destempré de couleur vermeille,
> a qui rose ne s'aparaille,
> tant epanisse en may matin;
> nulz qui romans sache ou latin
> n'aprint oncques, par tous les sains,
> d'espaules, de braz ne de mains,
> en femme si belle faiture.
> (vv. 1281 – 1289).

Con un nuovo richiamo alla Natura Renaut passa a una delicata descrizione tutta al diminutivo del seno di Fresne:

> mises li au sein Nature
> de nouvelle ente deux pomettes,
> ce sont deux dures mameletes
> qui li peignent et nessent hors.
> (vv. 1290 – 1293).

All'immagine viva e briosa del seno (che oltre alla *Philomena* ricorda curiosamente anche l'*Ars versificatoria* di Matthieu de Vendôme: »tumorem/increpat et lateri parca mamilla sedet«, 56, 29 – 30)⁴³ subentra il *topos* dell'inesprimibile,⁴⁴ un espediente che permette a Renaut di eludere una rappresentazione troppo minuziosa della *pars inferior*: il ventre, il corpo in generale, i piedi, le gambe elencati in modo un po' caotico:

> de son ventre et de son corps
> ne pourroit nulz tous les biens dire;
> conter la pouez et eslire
> au mieulx plaisant de toutes femmes,
> ce est en piez, ce est en jambes,
> et si est en bien faictes hanches
> que vos tendrïez a plus blanches
> que n'est nef ou goute de let;
> en li n'a riens qu'on tiengne a let,

---

42 *Le Conte de Floire et Blancheflor* (nota 25), 94 (v. 2864).
43 CHRÉTIEN DE TROYES, *Philomena*, in ID., *Œuvres complètes* (nota 4), 921 (vv. 161 – 162), E. FARAL, *Les arts poétiques du XIIe et du XIIIe siècle* (nota 1), 130.
44 E.R. CURTIUS, *Letteratura europea e Medio Evo latino* (nota 29), 180.

qui ne soit bel et avenant.
(vv. 1294-1303).⁴⁵

Non c'è nulla, in definitiva, che in Fresne non sia apprezzabile. La descrizione fisica di Fresne è più ampia e in certo senso è più ›ardita‹ rispetto a quelle del *Floire* e del *Cligès*. Bella è Fresne nei piedi, nelle gambe, è ben fatta di anche, più candide della neve e del latte. Se cortesia lo permettesse il poeta descriverebbe bellezze ancora maggiori che Dio (o Natura) ha dato a Fresne. Il ritratto termina, infatti, con un sottinteso erotico-galante, un tratto non frequente, che il poeta riesce a contenere nei termini di una garbata levità e gentilezza:

> et s'il a en li remenant
> ne richesse que Dieux ait mise,
> soubz la pelice ou la chemise,
> que courtoisie me deffent
> que je ne nomme appertement,
> louer assez plus le devez
> que trestout ce qu'oy avez:
> je croy qu'il soit, n'y soit celé,
> blanc et poli et potelé.
> de ceste biauté sont sans doubte
> [...]
> (vv. 1304-1313).

Renaut usa il termine »li remenant«, lo stesso di Chrétien nella descrizione di Soredamor,⁴⁶ intendendo maliziosamente più provocanti bellezze nascoste. Questo riferimento indiretto è stato considerato come un esempio della *pruderie*, del moralismo di Renaut, ma è forse più corretto interpretarlo come un voluto accenno provocante e un ammiccamento al lettore, come farà anche Cervantes che, descrivendo Dulcinea per bocca di Don Quijote, riprende ironicamente il *topos* e accenna, dopo il nome, alla bellezza inesprimibile, ecc., alle »partes que a la vista humana encubrió la honestidad« (I, 13).⁴⁷ Ma già nei testi medievali più prossimi a Renaut non mancano espressioni cariche di una certa sensualità: da Chrétien de Troyes, che ferma la descrizione di Soredamor al »piz nu sanz coverture/plus blanc que n'est la nois negiee«, a Maria di Francia, che descrive la fata bellissima venuta a difendere Lanval, »vestue en tel guise,/de chainse blanc e de chemise/que tuit li costé li pareient,/ki de deus partz lacié esteient«, da Jean Renart, che presenta l'attraente Lienor vestita in modo che »la poitrine blanche/assez plus que n'est noif sor branche/li parut«,⁴⁸ a Hue de Rotelande che,

---

45 JEAN RENART [= RENAUT], *Galeran de Bretagne* (nota 10), 36-40.
46 CHRÉTIEN DE TROYES, *Cligès*, in ID., *Œuvres complètes* (nota 4), 192 (v. 795).
47 M. CERVANTES, *El ingenioso hidalgo don Quijote de la Mancha*, Madrid, Planeta, 1999, 131-132.
48 CHRÉTIEN DE TROYES, *Cligès*, in ID., *Œuvres complètes* (nota 4), 193 (vv. 842-843), MARIE

nella descrizione della Fière (l'Orgogliosa), porta lo sguardo non solo sulla »char nue« e »blanche«, visibile sotto la veste, e sulle labbra, fatte oltre che per baciare anche per un ambiguo qualcos'altro (»mut est musart ki cest n'entent«, v. 2254), ma, con un'indicazione che costituisce un *unicum* nei ritratti di persona, allude esplicitamente al sesso della Fière:

> Quant si beaus out les membres tuz,
> ke nus dites vus de cel desuz,
> ke nus apelum le cunet?
> Je quit, qe asez fu petitet.
> (vv. 2267 – 2270).[49]

Come in questa occasione, anche più in generale, le parti intime del corpo o quelle con possibile valenza erotica sono indicate con diminutivi, quasi per attenuare l'espressione troppo realistica e dare un tocco più discreto alla descrizione, senza impegnarsi in argomenti scabrosi. Così avviene, ad esempio, nel *Floire et Blancheflor* (vv. 2893 – 2894) o nell'*Ipomedon* (vv. 2249 – 2250) con riferimento alle labbra o, relativamente al seno, nella *Philomena* di Chrétien de Troyes (vv. 161 – 162), che sembra quasi citata dal *Galeran* (vv. 1291 – 1292), e nel *Guillaume de Dole* (v. 4362).[50]

La definizione del ritratto di Fresne e Galeran è preliminare al loro innamoramento. La scoperta o la ›visione‹ della reciproca bellezza nel passaggio dall'età infantile alla giovinezza fa scoccare la scintilla dell'amore. In un certo senso la definizione iniziale del *De amore* di Andrea Capellano, »Amor est passio quaedam procedens ex visione«, trova qui, come nel *Cligès*, una sua concreta realizzazione.[51] La ›forma‹, l'aspetto dei due giovani, è dunque funzionale alla nascita del loro amore, perciò la descrizione è esplicativa delle ragioni che li inducono a innamorarsi, e cioè si situa dinamicamente nel processo narrativo. D'altra parte è significativo che Renaut descriva anzitutto i pregi morali e le

---

DE FRANCE, *Les lais*, publ. par J. Rychner, Paris, Champion, 1968, 51 – 52 (vv. 559 – 562), cfr. anche MARIA DI FRANCIA, *Lais*, a cura di G. Angeli, Milano, Mondadori, 1983, 154 – 155 (poi Roma, Carocci, 2003); JEAN RENART, *Le roman de la rose ou de Guillaume de Dole*, éd. par F. Lecoy, Paris, Champion 1970, 134 (vv. 4378 – 4380).

49 HUE DE ROTELANDE, *Ipomedon*, ed. avec intr., notes et glossaire par A. J. Holden, Paris, Klincksieck, 1979, 167, 536 nota.

50 *Le Conte de Floire et Blancheflor* (nota 25), 93 – 95; HUE DE ROTELANDE, *Ipomedon* (nota 49), 166; CHRÉTIEN DE TROYES, *Philomena*, in ID., *Œuvres complètes* (nota 4), 921; JEAN RENART [= RENAUT], *Galeran de Bretagne* (nota 10), 40; JEAN RENART, *Le roman de la rose ou de Guillaume de Dole* (nota 48), 134; M. WILMOTTE, *Un curieux cas de plagiat littéraire* (nota 41), 28 – 29.

51 ANDREA CAPELLANO, *Trattato d'amore. Andreae Capellani regii Francorum ›De amore‹ libri tres*. Testo latino del sec. XII con due traduzioni toscane inedite del sec. XIV a cura di S. Battaglia, Roma, Perrella, 1947, 4; CHRÉTIEN DE TROYES, *Cligès*, in ID., *Œuvres complètes* (nota 4), 188 (vv. 616 – 622).

abilità di Fresne e Galeran, e dunque che la *descriptio intrinseca* preceda quella *extrinseca*. Questa collocazione in capo alla descrizione complessiva si potrebbe leggere quasi come una ripresa di convinzioni analoghe a quelle dello stesso Andrea Capellano quando, nell'innamoramento, mostra di privilegiare le qualità interiori, la *morum probitas*, rispetto a quelle esteriori.[52]

Attraverso la descrizione di ciò che sanno fare i due protagonisti, Renaut fornisce anche un »portrait social«,[53] una rappresentazione dell'educazione di una perfetta damigella e di un perfetto giovane nobile. Fresne sa fare magnifici lavori con l'ago, sa suonare l'arpa, sa cantare; Galeran conosce l'arte di trattare gli uccelli e i cani da caccia, l'uso della balestra e il modo di costruire una freccia, i giochi da tavola e gli scacchi come ogni perfetto uomo di corte. Ma ancor più va rilevato che l'abilità di Fresne nel ricamare e nel suonare l'arpa è strettamente legata al prosieguo della narrazione, in un certo senso la ›genera‹.[54] La prima abilità rimanda alla ›corrispondenza‹ figurata che Fresne intrattiene con Galeran, all'immagine di se stessa ricamata su una manica che gli invia durante la loro separazione; l'altra favorisce il ritrovamento finale, svolgendo una funzione ›svelatrice‹ ai fini della trama e del lieto fine del romanzo stesso nell'agnizione conclusiva, quando Fresne canta il *lai Galerent*, insegnatole dal suo amico, e si accompagna con l'arpa, che diventa così un elemento decisivo per il reciproco riconoscimento, come anche uno stratagemma per evitare che si celebri il matrimonio con la gemella Flourie.

Pur dedicando la sua arte descrittiva anche ad altri personaggi, è dunque nel »double portrait«[55] di Fresne e Galeran che Renaut, come in una specie di fuoco d'artificio, raggiunge l'apice della sua arte ritrattistica sotto il profilo del dispendio di ›energie‹ retoriche messe in atto.

La descrizione intrecciata, lunga ed estesa, di Renaut risalta per la profusione di termini e di artifici retorici, oltre che per le sue varie funzionalità nel contesto della narrazione in confronto con la più semplice ed essenziale descrizione ravvicinata che anche Maria di Francia fa dei due giovani, prima di Fresne e poi di Gurun, nel suo *lai du Fresne*, il breve *conte* dal quale Renaut riprende trama e personaggi del suo *roman*:

---

52 ANDREA CAPELLANO, *Trattato d'amore* (nota 47), 20 (»Morum probitas acquirit amorem in morum probitate fulgentem. Doctus enim amans vel docta deformem non reiicit amantem, si moribus intus abundet «, I, 6).
53 F. LYONS, *Les éléments descriptifs dans le roman d'aventure* (nota 2), 63.
54 Cfr. F. LYONS, *Les éléments descriptifs dans le roman d'aventure* (nota 2), 64; M. LIBORIO, *Problemi teorici della descrizione* (nota 1), 23. Sulla descrizione come generatrice di »condizioni di racconto«, cfr. P. PELLINI, *La descrizione* (nota 4), 11.
55 F. LYONS, *Les éléments descriptifs dans le roman d'aventure* (nota 2), 63.

> Quant ele vint en tel eé
> que Nature furme beuté,
> en Bretaine ne fu si bele
> ne tant curteise dameisele;
> franche esteit e de bone escole,
> e en semblant e en parole.
> Nuls la vit que ne l'amast
> e merveille ne la preisast.
> A Dol aveit un bon seignur:
> Unc puis ne einz n'i ot meillur!
> Ici vus numerai sun num:
> El païs l'apelent Gurun.
> (vv. 235–246).[56]

È evidente la diversità di interesse dei due autori per la descrizione: breve e concisa in Maria, distesa e articolata in Renaut. Maria presenta Fresne con una concentrazione di aggettivi che tengono conto dell'aspetto fisico e di quello morale. Poi, con una ripresa narrativa (»A Dol aveit«), comincia un nuovo episodio e abbozza di seguito un veloce ritratto di Gurun, sottolineandone i pregi e il nome, il suo innamoramento per fama, la conseguente ricerca e il ritrovamento di Fresne, che ai suoi occhi conferma le doti che gli erano state descritte (»Mut la vit bele et enseignee,/sage, curteise et afeitiee«, vv. 253–254).

Renaut invece, anche se con minor senso della misura, è più vicino allo stile descrittivo dei romanzi di Chrétien, adopera medesimi *clichés*, analoghe espressioni e similitudini, si mostra ligio agli stessi modelli retorici. Per quanto la descrizione di Galeran e Fresne sia legata al seguito della narrazione, essa costituisce comunque una ›sosta‹, una ›digressione‹ in modo più decisivo rispetto a quanto avviene per esempio nell'*Escoufle* di Jean Renart (con il quale Renaut è stato identificato da una parte degli studiosi), dove la descrizione corre maggiormente sul filo della narrazione, ed è rinvenibile un modo di descrivere meno scolastico, con rare – rare nel senso tradizionale –*descriptiones personarum*. Jean Renart è più misurato ed evita le forti stilizzazioni retoriche. Nell'*Escoufle* non c'è una *descriptio personarum* particolareggiata e costruita secondo i modi intravisti nel *Galeran* (o anche in *Floire* e *Cligès*). L'immagine dei due protagonisti, Guillaume e Aelis, prende consistenza e si arricchisce di particolari in modo progressivo. Renart aggiunge, infatti, o ripropone in momenti successivi singoli tratti, disseminandoli nel corso del racconto per cui i suoi personaggi acquistano contorni e caratteri più precisi un po' alla volta. Anch'egli, però, schizza un doppio ritratto dopo che Guillaume, figlio del conte Richard, condotto a corte ancora bambino, è educato come un fratello assieme ad Aelis, figlia dell'imperatore. Crescendo i due si innamorano e preferiscono al nome di fratello e sorella

---

56 MARIE DE FRANCE, *Les lais* (nota 26), 51–52; MARIA DI FRANCIA, *Lais* (nota 26), 86–89.

quello di ›ami‹ e ›amie‹. È allora che Renart li presenta più estesamente uno di seguito all'altra con una descrizione che prepara e introduce la scena nella quale i rispettivi padri li guardano compiaciuti e l'imperatore propone un matrimonio tra i due. Jean Renart accenna al loro modo di vestire e, dopo un'allusione complessiva alla bellezza di cui natura li aveva dotati, focalizza l'attenzione su ciò che Guillaume ha imparato dal suo maestro. In particolare, con intento didascalico, formula un singolare elogio in più versi della scherma, un'arte che aiuta ad avere resistenza. Mette in rilievo inoltre che Guillaume sa ben parlare e cantare e che l'attività nella quale manifesta i maggiori progressi è l'equitazione (»Li maistres li fait les destriers/poindre et guencir et eslaissier«, vv. 2034-2035). Da perfetto uomo di corte, Guillaume è misurato nelle parole e generoso (»Mout par sot bien amis aquerre/par biau parler et par largece«, vv. 2052-2053). Segue immediatamente la descrizione di Aelis, introdotta dal suo stesso nome: »Bele Aelis. Hè!«. La giovane ha tutte le qualità di una donna perfetta: è valente, cortese e generosa, è preparata nelle attività femminili, soprattutto nella tessitura e nei lavori con l'ago. In ciò che una donna deve saper fare supera tutte le altre:

> Il n'estoit deduis ne mestiers
> dont pucele deüst savoir
> qu'el n'i atort si son savoir
> k'ele en set plus c'une autre feme.
> (vv. 2068-2071).[57]

Ne risulta un ritratto dei due protagonisti che, pur composto da una serie di dati affini, suggerisce un modo diverso di descrivere, più direttamente partecipe alla narrazione, rispetto alla massiccia raffigurazione di quello di Fresne e Galeran. Gli aspetti che definiscono il profilo dei personaggi sono inseriti in un flusso narrativo più immediato e complesso al tempo stesso. Intrecciando più strettamente narrazione e descrizione, Jean Renart presenta le caratteristiche fisiche, ma soprattutto quelle morali e le abilità tecniche dei due giovani. Dopo questa prima descrizione allargata, anche in altre scene si sofferma con uno spiccato gusto descrittivo mescolando i tratti delle persone con diversi elementi del racconto come, ad esempio, nell'episodio del *déjeuner sur l'herbe* di Aelis e Guillaume durante la fuga dalle rispettive dimore paterne. Jean Renart descrive Guillaume mentre accudisce alle bestie da soma e stende la tovaglia sull'erba, inserendo, con singolare finezza descrittiva, accenni ai capelli biondi, »li cort kavelet et li blont«, di Aelis che scendono fino al viso vermiglio e al collo bianco.[58] Proprio le osservazioni sui capelli e sui vestiti, combinati con altri

---

57 JEAN RENART, *L'Escoufle. Roman d'aventure*, publié par H. Michelant et P. Meyer (nota 22), 58-64; ID., *L'Escoufle. Roman d'aventure*, nouvelle éd. par F. Sweetser (nota 22), 64-69.
58 JEAN RENART, *L'Escoufle. Roman d'aventure*, publié par H. Michelant et P. Meyer (nota 22),

elementi, hanno permesso a Rita Lejeune di affermare, tra l'altro, che »Chez Jean Renart, déjà, l'évocation de certains détails vise à quelque chose de plus général qu'une simple description. Les traits descriptifs commencent, timidement encore, à renouveler des situations, à préciser la psychologie: c'est d'un art tout moderne, très juste et très profond«.[59]

Questa descrizione di Jean Renart, quella intrecciata di Renaut e quelle doppie sopra citate hanno tra loro (come anche rispetto a quelle singole) vari elementi in comune, ma tra di loro presentano una solidarietà particolare per il fatto di essere accostate, di interessare la storia di due giovani innamorati, di situarsi in punti significativi e cruciali della narrazione (all'inizio o alla fine del romanzo per esempio). Proprio a seconda della loro collocazione in »posti strategici«[60] possono assumere una funzione diversa nel quadro della narrazione, possono riguardare direttamente la storia dei protagonisti oppure il loro rapporto con gli altri personaggi. In particolare, mentre in *Floire et Blancheflor* la descrizione ravvicinata dei due protagonisti è quasi una ricapitolazione delle loro qualità in un momento risolutivo, che potrebbe essere decisivo anche per la loro vita, ma non è subordinata al loro innamoramento, in Chrétien e in Renaut (come anche in Renart) la descrizione sta invece all'inizio dell'innamoramento e di una serie di vicende, avventure e peripezie che caratterizzeranno la vita dei due protagonisti. Renaut introduce largamente nella descrizione le abilità dei protagonisti, funzionali allo svolgimento successivo del racconto. Se in *Floire* la descrizione acquista un valore sospensivo rispetto alla narrazione e alla decisione che deve prendere l'emiro, in *Cligès* e *Galeran* essa allarga il suo valore a una funzione di giustificazione e di sostegno all'innamoramento dei due personaggi. Il doppio ritratto accostato o intrecciato o la descrizione ravvicinata dei personaggi sembra essere, del resto, una caratteristica dei romanzi cosiddetti »idillici«, o comunque dei testi antichi e medievali nei quali si racconta l'educazione comune e l'amore di due giovani.[61] È una modalità attraverso la quale indirettamente è sottolineata la solidità del rapporto e dell'amore tra i due protagonisti e che agisce ancora in testi successivi come ad esempio nei doppi ritratti di Paul e Virginie o di Vincent e Mireille, abbozzati con felicità di disegno descrittivo e sapienza psicologica da Bernardin de Saint-Pierre e Frédéric Mistral rispettivamente nell'omonimo

---

58–64; ID., *L'Escoufle. Roman d'aventure*, nouvelle éd. par F. Sweetser (nota 22), 140–143 (vv. 4355–4427).
59 R. LEJEUNE-DEHOUSSE, *L'œuvre de Jean Renart* (nota 15), 312, per i ritratti di persona in Renart, cfr. 305–314; F. LYONS, *Les éléments descriptifs dans le roman d'aventure* (nota 2), 86–91, 108–115.
60 PH. HAMON, *Cos'è una descrizione* (nota 3), 56.
61 M. LOT-BORODINE, *Le roman idyllique au Moyen Âge* (nota 17), 1–7; J.-J. VINCENSINI et C. GALDERISI (dir.), *Le récit idyllique. Aux sources du roman moderne*, Paris, Garnier, 2009.

romanzo, ›trascrizione‹ di una »enfance du monde«, e in *Mireio*, »canto della giovinezza perenne del mondo«.⁶²

---

62 BERNARDIN DE SAINT-PIERRE, *Paul et Virginie*, préf. et comm. de J. Delabroy, Paris, Pocket, 2007; F. MISTRAL, *Mireille*, éd. bilingue, chron., intr. et archives de l'œuvre par Ch. Rostaing, Paris, Garnier-Flammarion, 1978, 58–63; ID., *Mirella*, a cura di D. Valeri, Torino, UTET, 1935, 19.

Furio Brugnolo (Padova)

»Sovra la morta imagine avvenente«. Commento a due sonetti di Dante (*Vita nuova*, VIII [3])

Offro all'amico Helmut Meter il commento analitico a due sonetti strettamente collegati della *Vita nuova* di Dante, in cui si intravvede – per la prima volta, a mia conoscenza, nella poesia volgare del Medioevo – il tentativo (esperito del resto con estrema sobrietà, e solo nel primo dei due) di ritrarre o descrivere la »bella donna« oggetto di poesia non da viva, cioè com'era, ma da morta: »avvenente« non è più lei in persona, ma la sua »morta imagine«. Il tema troverà sviluppo, sia pure in forma di visione onirica, nella quinta stanza di *Donna pietosa e di novella etate*.

I due componimenti vengono qui commentati come testi autonomi e autosufficienti, in quanto sicuramente anteriori all'ideazione della *Vita nuova*, a prescindere dunque dal significato che vengono ad assumere dopo il loro inserimento nel prosimetro.

Piangete, amanti, poi che piange Amore

I *planhs* provenzali – compianti funebri, in genere per sovrani o nobili signori, più raramente per dame: una lista in SANTAGATA, 67–68 (da ASTON) – sono di norma affidati alla forma »lunga« del sirventese, cioè, tecnicamente parlando, della canzone; così anche i non molti compianti poetici italiani, che si fissano viceversa prevalentemente proprio nelle forme del lamento per la morte della donna amata (così i due archetipi di Pier della Vigna, *Amando con fin core*, e di Giacomino Pugliese, *Morte, perché m'hai fatta sì gran guerra*; poi di Pacino Angiulieri, Cino da Pistoia e, solo per il tema dell'*improperium mortis* che tornerà nel sonetto seguente, Lapo Gianni), anche se non mancano componimenti per la morte di personaggi maschili di rilievo (le due anonime canzoni »gemelle« per Baldo di Scarlino, la canzone di Guittone per Jacopo da Lèona, ecc.). Questo di Dante è probabilmente il primo *planh* italiano interamente composto nella forma »breve« del sonetto (l'ibridismo della sua architettura induce a scartare l'anonimo sonetto siculo-toscano *Vertù di pietre aver*, »priamel« nell'ottetto e *planh* nel sestetto«, per cui cfr. *PdSS*, III, 1025); la defunta è, una volta di più, una giovane donna, ma non, stando alla *Vita nuova* (in cui il componimento viene inserito, assieme al successivo, nel cap. VIII [= 3 nell'ed. GORNI]) e stando anche al dettato del testo (dove l'io lirico, che si affaccia solo al v. 10, è piuttosto un osservatore »esterno«, anche se partecipe), la donna amata, Beatrice, bensì – dirà la *Vita nuova* – una sua gentile (e sconosciuta) accompagnatrice, »giovane e di gentile aspetto molto« (per una proposta d'identificazione, vd. il sonetto seguente). Il componimento, assieme al successivo, con cui forma – anche nell'economia del libello – un dittico, sembra dunque quasi scritto »su commissione«. In realtà si tratta del primo confronto con un'esperienza che segna, come mostra la *Vita nuova*, l'intera giovinezza di Dante (cfr. GIUNTA 2002, 437; SANTAGATA, 63 – 111), quella della morte della donna, morte non metaforica o letteraria ma reale: un confronto che qui si avvale ancora di un filtro indiretto e impersonale, dialogico e non monologico, attraverso la percezione esterna (l'udire, il vedere...) e l'appello a un uditorio compartecipe.

>   Piangete, amanti, poi che piange Amore,
> udendo qual cagion lui fa plorare.
> Amor sente a Pietà donne chiamare,
> mostrando amaro duol per li occhi fore,
>   perché villana Morte in gentil core   5
> ha miso il suo crudele adoperare,
> guastando ciò che al mondo è da laudare
> in gentil donna sovra de l'onore.
>   Audite quanto Amor le fece orranza,
> ch'io 'l vidi lamentare in forma vera   10
> sovra la morta imagine avvenente;
>   e riguardava ver lo ciel sovente,
> ove l'alma gentil già locata era,
> che donna fu di sì gaia sembianza.

Nota al testo. Ediz. BARBI. L'ediz. GORNI introduce alcune minime varianti grafico-fonetiche e una sola variante di sostanza: *sora* [cioè ›sorella‹] *dell'Onore* 8. CARRAI 2009 ha *messo* 6, *udite* 9, *verso 'l ciel* 12, *fue* 14.

Nota metrica. Sonetto a schema ABBA:ABBA.CDE:EDC (SOLIMENA 1980, 95:69, equivalente a 74:2, qualora si voglia vedere in *Amor* 9 un'improbabile rima al mezzo con *onore* 8), usato da Dante tredici volte (sette nella *V. n.*), spesso in sonetti missivi e di corrispondenza (*Guido, i' vorrei*, *Qual che voi siate, amico*, *Savere e cortesia*, *Sonetto, se Meuccio*), e anche questo in un certo senso lo è; ma è anche lo schema, per fare l'esempio più celebre, di *Tanto gentile e tanto onesta pare*. Relativamente raro nei rimatori siculo-toscani (ciò che vale anche per la variante con le quartine a rime alternate), è invece molto apprezzato dagli stilnovisti, e in ispecie da Cavalcanti, dove prevale su tutti gli altri schemi di sonetto;

il cosiddetto »Amico di Dante« (sia o no Lippo Pasci de' Bardi) ne fa poi lo schema pressoché esclusivo della sua lunghissima »corona« (cfr. MAFFIA SCARIATI, 265).

Le rime A, B e D sono legate da consonanza (A e B in più da assonanza atona): ciò che, unitamente ai numerosi connettori lessicali tra fronte e sirma (fondamentale *gentil* 5, 8 e 13, e poi *udendo* 2 – *Audite* 9, *Amore* 1, 3 e 9, *donna* 8 e 14, *sovra* 8 e 11; cui s'aggiunga la figura etimologica *onore* 8 – *orranza* 9, che crea una sorta di *capfinidad* tra fronte e sirma), conferisce al testo una intensa unità e coesione semantica. Desinenziale la rima B (tutti infiniti verbali), ricca 2:6, inclusiva (*era*) 10:13. FOSTER-BOYDE mettono in rilievo la frequenza dei sintagmi aggettivali, senza alcuna concessione al gusto dell'*epitheton ornans:* »amaro duol«, »villana morte«, »crudele adoperare«, »gentil donna«, »imagine avvenente«, »alma gentil«, »gaia sembianza«. Da notare anche la frequenza dei gerundi, tutti a inizio verso, nella fronte: *udendo* 2, *mostrando* 4, *guastando* 7. Poche le allitterazioni versali (*Audite* – *Amor* 9 e *vidi* – *vera* 10), ma è significativa l'iterazione interversale di *v* + vocale ai vv. 10-12: »ch'io 'l VIdi lamentare in forma VEra / sovra la morta imagine avVEnente; / e riguardaVA VEr lo ciel soVEnte«. Forse non casuale la paronomasia a distanza *Amor* 3 – *amaro* 4. Le rime in *-anza*, così connotate in senso gallicizzante e arcaicizzante (così come le parole *orranza* e *avvenente*), compaiono anche nel sonetto *Sonar bracchetti*, che condivide col nostro anche le rime in *-are* e in *-ore* (e in più la rima *-enti*, qui *-ente*: dunque praticamente tutte).

Bibliografia. M. PAZZAGLIA, *Piangete, amanti, poi che piange Amore*, in ED, IV, 1973, 477; M. SANTAGATA, *Amate e amanti. Figure della lirica amorosa fra Dante e Petrarca*, Bologna, Il Mulino, 1999, 96–105.

1. Per un'apostrofe in parte simile, cfr. »Venite a intender li sospiri mei, / oi cor gentili ...«. L'impostazione retorica del verso (*polyptoton* verbale e *derivatio Amore-amanti*) ha probabilmente come modello (o comunque come illustre antecedente) Giacomo da Lentini: »und'eo prego l'Amore / a cui prega ogni amanti« (*Madonna mia, a voi mando* 13-14). – *amanti*: nel senso pregnante della tradizione cortese (i *fis amanz* dei trovatori, i *fini amanti* dei Siciliani), cioè, come si dice nella prosa corrispondente della *V. n.*, i »fedeli d'amore«. Anche Chiaro Davanzati invia una sua canzone (XIX, 57) agli »amanti«, in un'altra (XXXVIII, 41) si rivolge agli *amorosi amanti*; e agli »amanti« (vv. 5, 18 e 25) è rivolta la ballata *Amore, i' non son degno* di Lapo Gianni; ne costituiscono eloquente perifrasi amplificante gli *incipit* dei due sonetti che nel prosimetro precedono il nostro (*A ciascun'alma presa e gentil core* e *O voi che per la via d'amor passate*). – *piange Amore*: stessa clausola in *Era venuta ne la mente mia* 2 (vd. nota seguente). Cfr. anche nota al v. 10. L'intero *incipit* verrà riecheggiato, ma

con minor enfasi retorica, da Petrarca, *R.v.f.* XCII, 1: »Piangete, donne, et con voi pianga Amore« (in morte di Cino da Pistoia).

2. *lui*: pronome obliquo libero in funzione di oggetto diretto in posizione preverbale di topicalizzazione (cfr. SALVI-RENZI, I, 415 – 16). - *plorare*: sinonimo di *piangere*, con in più la connotazione (vd. v. 10) di ›gemere, lamentarsi‹; cfr. *O voi che per la via* 20: »[...] struggo e ploro«. Amore piange (per Beatrice) anche in *Era venuta ne la mente mia* 2: »quella donna gentil cui piange Amore« (e già in Cavalcanti, *Perché non fuoro a me* 9 – 10: »[...] vène Amore / a pianger sovra lor pietosamente«); e cfr. anche *Voi che portate* 6.

3. *a Pietà (...) chiamare*: si può tradurre con ›invocare‹, ›supplicare‹, ›rivolgersi implorando‹, o, forse meglio, con ›fare appello alla Pietà‹, la quale è personificata come avvocata, difenditrice, consolatrice: cfr. *Tutti li miei penser* 13 – 14: »convenemi chiamar la mia nemica, / madonna la Pietà, che mi difenda«, *Donne ch'avete* 22: »sola Pietà nostra parte difende«; *chiamare a* ha dunque una connotazione giuridica, un po' come *clamare in* in *Donne ch'avete* 15 (cfr. PELLEGRINI, 412 – 21).

4. Senso: ›manifestando (*mostrando* [...] *fore*) con le lacrime (*per li occhi*) il loro dolore‹. È l'»amarissimo pianto« di *V. n.* III 7 [1, 18], l'*amaro lagrimar* dell'omonimo *incipit*, qui espresso ricorrendo a formule tradizionali, da Giacomo da Lentini, *Amando lungamente* 67: »e li occhi fore – piangano [...]«, a Rustico Filippi, *Amore, onde vien* 6 – 7: »e convien che con duol degli occhi spanda; / ché, se dagli occhi non uscisse fore«, fino a Petrarca, *R.v.f.* CII, 4: »pianse per gli occhi fuor [...]«). - *mostrando*: gerundio congiunto, con valore participiale (riferito a *donne*); va collegato a *fore*, che però si unisce *apò koinù* anche a *per li occhi* (cfr. *Inf.* XVII 46: »Per li occhi fora scoppiava lor duolo«). Sempre riferito alla lamentazione funebre delle donne è l'analogo *mostrando dolore* di *Voi che portate* 2.

5. *villana Morte* (senza articolo, in quanto la Morte è personificata): l'espressione – che verrà ripresa nell'*incipit* del sonetto successivo – deriva da Giacomino Pugliese, *Morte, perché m'ài fatta* 5: »villana morte, che nonn-à' pietanza«, dove l'aggettivo (in cui, con le parole di BARBI-MAGGINI, »è incluso anche il concetto di durezza e crudeltà, sentimenti inseparabili dalla villania«; per FOSTER-BOYDE *villana* si può tradurre con ›brutale‹) è di ascendenza galloromanza (vd. la nota di G. Brunetti ai vv. 1 – 5 di Giacomino, in *PdSS*, II, 563); ovvia la netta antitesi col successivo *gentil*. - *gentil core*: ›cuore nobile, dotato di eccelse virtù‹, cfr. *A ciascun'alma presa e gentil core* 1, *Amore e 'l cor gentil* 1; il sintagma, presente già in Bonagiunta da Lucca, diventa canonico soprattutto a partire da Guinizzelli. È sineddoche per la donna, ma s'intende che è nel cuore che risiede lo spirito vitale, cfr. *V. n.* II 4 [1, 5]: »lo spirito de la vita, lo quale dimora ne la secretissima camera de lo cuore«.

6. *ha miso ... adoperare:* ›ha esercitato, messo in atto la sua crudele azione‹; *miso* è forma siciliana per ›messo‹ (qui notevole perché non condizionata dalla rima); *adoperare* è un infinito sostantivato (›operazione‹, ›azione‹) molto frequente nelle rime di Chiaro Davanzati, sempre in combinazione con un aggettivo (»buono a.«, »folle a.«, ecc.). Per la crudeltà della morte, cfr. *Quantunque volte* 18 – 19: »quando la donna mia / fu giunta da la sua crudelitate« (e già Pier della Vigna, *Amando con fin core* 12: »la morte amara, crudele e ingressa«).

7 – 8. ›distruggendo ciò che sulla terra è degno di lode in una nobile donna, a parte l'onore‹, e cioè la bellezza (la *gaia sembianza* del v. 14) o meglio, come si specificherà nel sonetto seguente (dove il v. 14: »e ciò ch'è in donna da pregiar vertute« riprende il presente distico), la *cortesia*, la *gaia gioventute* e l'*amorosa leggiadria*. La distruzione – e anzi, dato il contesto, la decomposizione – della bellezza è espressa con lo stesso verbo (che appartiene al lessico della guerra, con la sfumatura di ›devastare‹) anche nel *planh* di Pacino Angiulieri, *Quale che per amor* 44 – 5: »che tanta bieltà fosse / per te, Morte, così tosto guastata«. L'onore è il massimo pregio della donna, né esso può, come la bellezza, la giovinezza ecc., venire »guastato« dalla morte (cfr. FOSTER-BOYDE, 45).

8. *sovra de:* ›a parte‹, ›oltre a‹, ›al di là di‹; nesso preposizionale che compare, con lo stesso valore, anche nel sonetto *Io non so se la giostra* di Nerio Moscoli, v. 12: »Sovra de ciò, temo zappare in Arno« (ed. MANCINI, 103); un valore in parte simile di *s.*, cioè ›al di là di‹, sembra sussistere per Cino da Pistoia, *Guardando a voi* 3 – 4: »ché sopra ciascun mortal cor tenete / compimenti di ben [...]« (MARTI, 449: »molto più di quanto possa un cuore mortale«); per non dire dei documenti veneziani editi da STUSSI (vd. Gloss., *s. v.*). Non è esatto dunque che esso »non esista in un senso compatibile qui col contesto«, come afferma GORNI, 394, a giustificazione della lezione da lui prescelta »sora dell'Onore«, ›sorella dell'Onore‹ (apposizione di *gentil donna*), che è lezione del solo ms. Chigiano L. VIII. 305; e cfr. del resto *Conv.* IV, v, 17: »aggiunta sopra la loro buona natura«, cioè ›oltre la stessa bontà della loro natura‹ (così VASOLI, 578).

9. *Audite:* per la forma, che si appoggia sia al latino che al provenzale (*auzir*) cfr. *O voi che per la via d'Amor* 4: »e prego sol ch'audir mi sofferiate«. – *orranza:* ›onore‹, qui nel senso di ›solenne omaggio (funebre)‹, dal prov. *onransa*, con assimilazione (cfr. *orrato* nella risposta di Dante da Maiano all'Alighieri, *Lo vostro fermo dir* 1). La voce, frequente nei Siculo-toscani, sopravvive ancora in *Inf.* XXVI 6, poi scompare dal lessico italiano (cfr. CELLA, 242 – 43). Per *fare onore*, sempre in clausola, cfr. Cavalcanti II, 12; XXV, 24; XXXV, 6.

10. *ch(e):* vd. nota al v. 14. – *io ... lamentare:* ›lo vidi elevare il suo lamento (funebre)‹, in costruzione parallela – verbo di percezione + infinito – a quella del v. 3; cfr., per l'immagine, Cavalcanti, *Perché non fuoro* 9 – 10: »[...] venne Amore / a pianger sovra lor pietosamente«. – *in forma vera:* indica una realtà incorporea resa manifesta. Come osserva BETTARINI 2005, 75 in nota a *R.v.f.* XVI,

14, dove essa torna tale e quale (»la disiata vostra *forma vera*«), la formula è di ascendenza agostiniana e indica la *res intelligibilis*, in particolare la *quidditas* angelica contrapposta alla cosa mortale o creatura terrestre; nulla di strano dunque che la personificazione di Amore, che in realtà è incorporeo (cfr. il cap. XXV [16] di *V. n.*, dove Amore è definito »sustanzia intelligente« e non »sustanzia corporale«) e può dunque essere solo »forma«, richieda questa terminologia tecnica, cui non a caso si oppongono *imagine* 11 e *sembianza* 14, che si riferiscono alla realtà corporea (non a caso l'*imagine*, con una sorta di ardita ipallage, è *morta*; vd. nota a v. 11). È dunque limitativo, ancorché in sé non erroneo, tradurre, con BARBI-MAGGINI (seguiti in genere da tutti i commentatori), ›in forma reale, in aspetto di vera persona, tanto da essere visibile ai presenti‹ (del resto fin dall'inizio Amore »piange« e »sente«), allegando magari il più banale e retorico Cino da Pistoia, *Vedete, donne* 13: »ch'io veggio Amor visibil che l'adora«, e *Vinta e lassa* 8: »ch'Amor visibil veder mi parea« (ma *visibile* non è esattamente sinonimo di *in forma vera*), mentre ha ragione la BAROLINI, 112, nel sottolineare che qui Dante intende »sondare i confini tra animato e inanimato«, tra »vero e non vero«. Dante vuol dire insomma che ha visto Amore ›nella sua vera essenza‹, e non come »incarnata figura«. Ciò esclude che vi sia qui, come pure è stato ritenuto, una identificazione tra Amore e Beatrice, sulla base della »somiglianza« tra i due celebrata nel cap. XXIV [15] di *V. n.* e nel corrispondente sonetto *Io mi senti' svegliar* (v. 14).

11. *sovra*: stessa preposizione in dipendenza di un sinonimo di *lamentare* in Cavalcanti, *Perché non fuoro a me* 10 (cit. in nota al v. 2): »suggerisce il gesto del chinarsi, dando forza di rappresentazione alla personificazione« (REA-INGLESE, 95). – *la morta imagine avvenente*: ›la bella sembianza della donna morta‹ (Gorni), con una sorta di ipallage (qualcosa di analogo nella »vista morta / de li occhi« di *Ciò che m'incontra* 13 – 14, e già nel »morto colore« di Cavalcanti, *Veder poteste* 7). Privo di anima (*alma* 13), il corpo è solo un'*imagine*, un'›apparenza visibile‹, un simulacro (vd. nota al v. preced.); *(i)maginar* è del resto il verbo che poi Dante userà, nella canzone *Li occhi dolenti* (*V. n.*, cap. XXXI [12]) in morte di Beatrice, per riferirsi al fissarsi nella mente (»vede*re* nel penser*o*«, v. 41; »[...] 'l 'maginar mi vien ben fiso«, v. 49) di tale simulacro (»quale ella fue«, v. 42). – *avvenente* ›bella‹, è un provenzalismo (*avinen*) usato da Dante solo qui (mentre è frequente nei Siciliani e oltre, fino a Cavalcanti, a volte in unione con *gentile*).

12. Identico è l'atteggiamento del poeta, nella »fantasia« della morte di Beatrice, in *Donna pietosa* 82: »[...] guardando verso l'alto regno«, e nella prosa corrispondente: »e quivi mi parea guardare verso lo cielo« (*V.n.* XXIII 10 [14, 10]); cfr. anche *Li occhi dolenti* 15: »Ita n'è Beatrice in l'alto cielo«. – *riguardava*: antico gallicismo per *guardava* (CELLA, XXXII n.). – *ver*: ›verso‹, con abbreviazione in proclisia.

13. *alma gentil:* cfr. l'»anima gentile« di Beatrice morta in *Li occhi dolenti* 30. – *locata era:* ›era collocata‹, e semplicemente ›era‹, ›stava‹, ›dimorava‹. La collocazione della defunta in paradiso – che verrà allusa anche nel distico finale di *Morte villana* – è già un *topos* dei *planhs* provenzali in morte di una dama (cfr. SANTAGATA, 72 – 73).

14. *che:* non è relativo, come in genere si ritiene, ma è una congiunzione con valore causale (si parla anche di *che* polivalente, ciò che vale anche per il *ch(e)* del v. 10), la quale si riferisce, nel loro complesso, ai vv. 9 – 11, e al v. 9 in particolare; il senso è cioè: ›Amore le fece orranza perché fu una donna *ecc.*‹. Dubbio dunque ritenere che qui si parli dell'*alma* in quanto incarnata in un corpo di *donna*, e da rigettare l'interpretazione, talora avanzata, di *donna* in senso etimologico, DOMINA, con *che* relativo retto da *alma:* ›signora di un corpo che aveva un aspetto così leggiadro‹ (SCHERILLO). – *gaia sembianza:* ›aspetto incantevole‹, in clausola anche in Rustico Filippi, *Gentile ed amorosa* 2: »cortese e saggia, con gaia sembianza«, in combinazione, al v. 1, con *avenente*); ma è già nei trovatori (p. es. Folchetto di Marsiglia, *Chantan volgra* 23: »[...] sos bels risa ab sa gaia semblanssa«) e poi nei Siciliani e nei Siculo-toscani; in Dante torna, sempre in clausola, in *Sonar bracchetti* 12: »lasciar le donne e lor gaia sembianza!«. L'agg. *gaio*, desunto da prov. *gai* (vd. CELLA, 415 – 16) e diffusissimo nella nostra poesia antica (torna subito dopo in *Morte villana* 15, e cfr. poi *Io son venuto* 33), »ha un significato più largo che non di semplice letizia, indicando anche vaghezza, leggiadria, graziosità; qualità che fanno la donna piacevole e avvenente« (BARBI-MAGGINI); vd. la nota di BETTARINI 1969 a Dante da Maiano, *Ahi gentil donna gaia ed amorosa.* Altro diffuso gallicismo (a.fr. *semblance*, prov. *semblansa*) è *sembianza* ›aspetto‹.

Morte villana, di pietà nemica

Come i tre componimenti che lo precedono nella *V. n.* (*A ciascun'alma presa, O voi che per la via d'Amor* e quello sopra commentato), anche questo si apre con un'apostrofe, ma questa volta a un'entità astratta (e nello stesso tempo terribilmente »concreta«): la Morte, qui personificata e raffigurata – o meglio »biasimata« (v. 6) – nei suoi più infamanti attributi e nelle sue crudeli operazioni, con una calibrata progressione che va, diversamente dagli antecedenti che Dante poteva aver presenti (vd. le note ai primi due versi), dal generale (vv. 1 – 3) al particolare: ma sempre con tratti di universalità (»dal secolo hai partita cortesia«, v. 13).

Il discorso rivolto alla morte – che è una vera e propria invettiva, un *improperium* – si prolunga fino al v. 16, dopo di che Dante si rivolge, per usare la sua terminologia, a »indiffinita persona« (*V. n.* VIII 12 [3, 12]), con uno stacco invero un po' inaspettato e un uso improvviso della preterizione che ha fatto pensare (vd. nota al v. 15) che nei vv. 13 – 16 venga in qualche modo »cifrata« o comunque allusa l'identità della giovane defunta.

Il sonetto dunque si configura anch'esso – a rimorchio del precedente, con cui forma un dittico inscindibile (anche se non è detto che siano stati composti in contemporanea) – come un *planh*, un compianto funebre, ma l'inventiva di Dante è stata chiaramente sollecitata più dalle peculiarità dell'*improperium mortis* che dalla celebrazione delle virtù della defunta.

> Morte villana, di pietà nemica,
> di dolor madre antica,
> giudicio incontastabile gravoso,
> poi che hai data matera al cor doglioso
> ond'io vado pensoso,   5
> di te blasmar la lingua s'affatica.
> E s'io di grazia ti vòi far mendica,
> convenesi ch'eo dica
> lo tuo fallar d'onni torto tortoso,
> non però ch'a la gente sia nascoso,   10
> ma per farne cruccioso
> chi d'amor per innanzi si notrica.
>   Dal secolo hai partita cortesia
> e ciò ch'è in donna da pregiar vertute:
> in gaia gioventute   15
> distrutta hai l'amorosa leggiadria.
> Più non vòi discovrir qual donna sia
> che per le propietà sue canosciute.
> Chi non merta salute
> non speri mai d'aver sua compagnia.   20

Nota al testo. Ediz. BARBI (ma ai vv. 7 e 17 preferisco accentare *vòi*). L'ediz. GORNI innova solo sul piano formale, e precisamente nei seguenti punti: 1 *Pietate* (dunque personificata), 3 *iuditio* (*iudizio* nella riediz. del 2011), 4 *ài*, *materia*, 6 *afatica*, 7 *gratia* (poi *grazia*), *vo'*, 8 *eo*, 10 *alla*, 13 *ài*, *distructa* (poi *-utta*) *ài*, 17 *vo'*, 18 *conosciute*. Minime, di carattere grafico e interpuntivo, anche le varianti dell'ed. CARRAI 2009.

Nota metrica. Sonetto »doppio« (o »rinterzato«), che, su una »base« endecasillabica ABBA:ABBA.CDC:CDC (quella del primo sonetto della *V.n.* e di soli altri tre sonetti danteschi), inserisce dei settenari secondo la medesima modalità esperita nel secondo sonetto della *V. n.*, *O voi che per la via d'Amor* (che parte però da una »base« ABAB:ABAB.CDC:DCD): un settenario dopo ogni verso dispari della fronte e dopo il verso centrale di ognuna delle terzine; ogni settenario rima con l'endecasillabo immediatamente precedente, sì che si ottengono sei rime *a*, sei rime *b*, quattro *c* e quattro *d:* venti versi in totale; ne risulta uno schema AaBBbA:AaBBbA.CDdC:CDdC (SOLIMENA 1980, 15:1), che non ha altre attestazioni, nella sua interezza, né in Dante né in altri rimatori duecenteschi; gli esempi più vicini, in quanto dotati della medesima fronte (mentre varia la sirma), sono *Poi del mastro Guitton* di Terramagnino da Pisa (con la relativa risposta di un anonimo; cfr. *Poeti del Duec.*, I, 328-30), l'anon. *Quant'aggio ingegno* (in *CLPIO*, 207) e *Amor, eo chero* di Lapo Gianni, nonché, per Dante, *Se Lippo amico* e *Quando 'l consiglio*. Si tratta di uno schema in senso lato »guittoniano«, in quanto la moda del sonetto »doppio«, nelle sue varie forme, nella lirica del Duecento si deve fondamentalmente all'iniziativa di Guittone d'Arezzo, con la differenza che nelle terzine Guittone inserisce il settenario sia dopo il primo che dopo il secondo verso, ottenendo una sirma di dieci versi anziché otto come in Dante (il modulo delle quartine, che è quello standard, resta invece stabile); cfr. BIADENE, 44-51. È interessante che Cino da Pistoia riproduca interamente la stessa tramatura dantesca nel sonetto *Meuccio, i' feci*, ma solo attraverso l'artificio della rima al mezzo, giocata nei medesimi punti in cui *Morte villana* inserisce i settenari di rinterzo: A(a)BB(b)A:A(a)BB(b)A.CD(d)C:CD(d)C (SOLIMENA 1980, 17:1). La sirma-base a rime replicate CDC:CDC è relativamente rara sia nei pre-stilnovisti (più che altro in Monte Andrea e Dante da Maiano) che negli stilnovisti.

Ricche le rime 2:6, 7:8 e 14:15, ricca e inclusiva 13:17. Similari, per assonanza (*-ica*, *-ia*), le rime A e C, che aprono e chiudono il componimento e sono a contatto immediato fra 12 e 13, quasi concatenando fronte a sirma (mentre sono deboli i connettori lessicali: *vòi* 7 e 17, *amor* 12 e *amorosa* 16). Una trafila allitterante è ravvisabile in *Morte* 1, MAdre 2, MAtera 4 (forse fino a *Mendica* 7). Dal punto di vista dell'*elocutio* il testo si caratterizza per l'inconsueta abbondanza delle anastrofi in presenza di costrutti preposizionali, con massima concentrazione nella fronte (vv. 1, 2, 6, 7, 9, 10, 12).

Bibliografia. M. PAZZAGLIA, *Morte villana, di pietà nemica*, in *ED*, III, 1971, 1042; M. SANTAGATA, *Amate e amanti. Figure della lirica amorosa fra Dante e Petrarca*, Bologna, Il Mulino, 1999, 96-105.

1-3. L'apostrofe alla morte, posta a immediata apertura di componimento, si inserisce in una tradizione di poesia volgare che va, in Italia, da Giacomino Pugliese (*Morte, perché m'ài fatta sì gran guerra*) all'anonimo dittico in morte di Baldo di Scarlino (*Morte fera e dispietata* e *Dispietata Morte e fera*: cfr. CARRAI 2003) fino a Lapo Gianni - la cui »prolissa, oratoria canzone« (GORNI, 42) *O Morte, della vita privatrice* è però una smaccata imitazione amplificatoria proprio del presente sonetto - e a Dino Frescobaldi (*Morte avversara*), nonché all'»Amico di Dante«, sonetto *Morte gentil, rimedio de' cattivi*, in cui l'appellativo esordiale ribalta nel suo esatto contrario - sulla scorta peraltro dello stesso

Dante, *Donna pietosa* 29-32 - il nostro *villana*: che varrà dunque ›ignobile‹, ›miserabile‹, ›abbietta‹, in quanto brutale e spietata, oltre che ingiusta (v. 9); sul repertorio di epiteti, per lo più standardizzati, con cui viene qualificata la morte nella letteratura medievale, vd. in generale SICILIANO, 227-79, e per la poesia provenzale SCHULZE-BUSACKER, 228.

1. *Morte ... nemica*: il verso riecheggia e riformula la già citata *Morte, perché m'ài fatta* di Giacomino Pugliese, v. 5: »villana Morte, che nonn-à' pietanza« (cui segue un »disparti amor«, da raffrontare col v. 13). - *villana*: riprende, invertendone i membri, l'espressione già usata al v. 5 del sonetto precedente (vd. nota relativa). Il concetto di *villania* - che etimologicamente è la ›rusticità‹ - è diametralmente opposto a quello di *cortesia*, di cui è anzi la totale negazione: da ciò il v. 13 (la morte è *villana* perché »distrugge virtù e gioia cortese«: SPITZER, p. 112). Il nesso tra morte e villania è anche nella canzone di Guittone *Tutto 'l dolor* (utilizzata da Dante anche nel sonetto *O voi che per la via d'Amor*), v. 37: »Ahi morte, villania fai e peccato«. - *di pietà nemica*: ossia ›spietata‹, come in Pacino Angiulieri, *Quale che per amor* 35: »Morte spietata [...]«, e nei già citati *planhs* per Baldo di Scarlino; ma la perifrasi, con anastrofe o meno, è quella che in genere si attribuirebbe alla donna »fera«, orgogliosa e crudele (così in Cino da Pistoia, *Donna, io vi miro* 11: »nemica di pietà crudelemente«; Id. [?], *Ben dico certo* 10: »d'amor selvaggia e di pietà nemica«; Lapo Gianni, *Amore, i' prego* 14: »che par che sia nemica di pietate«); cfr. del resto, per l'esatto contrario, lo stesso Dante, *Madonna, quel signor* 4: »che voi sarete amica di pietate« (da cui Cino, *I' no spero che mai* 4: »[...] di Pietate amica«). Per altre perifrasi del tipo »amico di«, »nemico di«, cfr. Cavalcanti, *Per ch'i' no spero* 10: »[...] nemica di gentil natura« (cioè ›villana‹); Brunetto Latini, *Favolello* 72: »amico di ventura«; Dante, *Tre donne intorno al cor* 97: »amico di virtù [...]«.

2. *di dolor ... antica* (anastrofe in parallelo con la precedente): ›fonte da sempre di dolore‹ (De Robertis), ossia fin »dal tempo della colpa dei progenitori« (GORNI, 42); non a caso *antica matre* è definita Eva in *Purg.* XXX 52, così come *padre antico* Adamo in *Par.* XXVI 92; e cfr. anche il *serpente antico* di Brunetto Latini, *Tesoretto* 477, che riprende una formula diffusa nella poesia religiosa e devozionale, da cui deriva anche l'uso traslato di *madre* (*mater misericordiae*, ecc.); un'analoga metafora parentale, pure di stampo biblico, anche in *Li occhi dolenti* 75, dove la canzone è definita »figliuola di tristizia« (cfr. il »figliuol di grazia« di *Par.* XXXI 112).

3. *giudicio*: ›sentenza‹, ›condanna‹ (BARBI-MAGGINI, con rinvio a *Purg.* VI 100: »Giusto giudicio [...]«). - *incontastabile*: ›senza appello‹, ›inappellabile‹; *hápax* dantesco, a partire dal diffusissimo *contastare* (letteral. ›fare opposizione‹, ›fare ostacolo‹, ›ostacolare‹; cfr. *Savere e cortesia* 12; *Detto d'Amore* 294), che non è forma dissimilata da *contrastare*, ma incrocio fra quest'ultimo e *contestare* (da cui deriva per assimilazione, cfr. RAJNA). - *gravoso*: qui ›terribile‹, ›durissimo‹;

uso metonimico dell'aggettivo (già standardizzato fin dai Siciliani a definire la sofferenza per amore: *g. affanno, g. male*, ecc.): *gravoso* è il *giudicio* in quanto »gravosa« è la pena che ne consegue. L'asindeto induce a vedere nel binomio una sorta di endiadi.

4-5. S'intenda: ›poiché hai dato al cuore dolente motivo di afflizione, di angoscia‹ (*matera ond'io vado pensoso*).

4. *data matera:* la risoluzione del nesso -RJ- + vocale in -r- (*materia* > *matera*, così come *moro* ›muoio‹, *avversaro, martiro*, ecc.) è uno dei tanti tratti colti sicilianeggianti, e genericamente non toscani, della lingua poetica delle origini. Normale poi in it. a. l'accordo del participio perfetto con l'oggetto diretto (*hai data* e non *hai dato*; cfr. anche v. 13), cfr. SALVI-RENZI, I, 564-65. Solo qui in Dante il sintagma *dar matera* (che ricompare in *Inf.* XX 2, dove però *m.* vale ›argomento da trattare‹, in senso tecnico) significa ›dare motivo, cagione‹ (ma la specificazione di tale ›motivo‹, qui lasciata nel vago, verrà esposta solo ai vv. 13-16). – *cor doglioso:* il fortunato sintagma (compare anche in Chiaro Davanzati e poi in Petrarca), variante di *cor dolente* (cfr. *Oltre la spera* 11), è attestato già nella canzone anonima siculo-toscana *Sì son montato in doglia* 50 e, con i membri invertiti, in Neri Visdomini, *Oi forte inamoranza* 23.

5. *ond(e):* dipendente da *matera* 4, introduce una relativa restrittiva con valore causale, ›per cui‹, ›a causa della quale‹. – *pensoso:* ›dolente‹, ›afflitto‹, come spesso in Dante (cfr. per esempio gli incipit *Onde venite voi così pensose* e *Deh peregrini che pensosi andate*) e in generale nella lirica duecentesca, dove è pure consueta la perifrasi *andar p.* (cfr. Bonagiunta da Lucca, *Quando apar l'aulente* 10 e 13; Cino da Pistoia, *Omo smarruto* 1, *Una donna mi passa* 13). Anche nella citata canzone anonima *Morte fera e dispietata* la morte dà, con significativa endiadi, »pensiero e doglia«.

6. Senso: ›le mie parole si sforzeranno, cercheranno in tutti i modi [si tratta probabilmente di un generico *praesens pro futuro*, anche se meno forte di quello del v. 12] di vituperarti e maledirti', enunciato che Lapo Gianni condenserà nel più prosaico »ond'io ti vo' blasmare« (*O Morte, della vita privatrice* 25). – *di te blasmar:* in quanto usato al posto del pronome clitico corrispondente, *te* va inteso come pronome »debole« (cfr. SALVI-RENZI, I, 416-17), che può precedere, diversamente dall'it. mod., il verbo all'infinito (cfr. *V. n.* XXX 2 [19, 9]: »E se alcuno volesse me riprendere [...]«; *Fiore* 155, 6: »e sì son messa qui per te nodrire«). – *blasmar:* diffusissimo gallicismo (prov. *blasmar*, fr. *blasmer*), il cui senso oscilla tra il generico ›biasimare‹, ›criticare‹ e il più energico ›vituperare‹, e quasi, come qui, ›maledire‹, ›esecrare‹ (in *Conv.* I, I, 5 *biasimo* e *abominazione* formano una dittologia sinonimica). Il »biasimo« della Morte si affaccia già nelle due canzoni gemelle in morte di Baldo di Scarlino (»per ragione sè blasmata«, »Di te mi blasmo [...]«) ed è ampiamente tematizzato nella citata canzone di Lapo Gianni. – *lingua:* metonimicamente per ›parole‹, cioè le parole che seguono, il

componimento stesso (cfr. *Inf.* XV 87: »convien che ne la mia lingua si scerna«). – *s'affatica:* ›si sforza‹, ›si industria‹, qui in costrutto preposizionale (diversamente, per esempio, da *Purg.* XXVI 39: »sopragridar ciascun s'affatica«); forse però è implicito proprio il senso della ›fatica‹, della ›difficoltà‹ (cfr. *Voi che 'ntendendo* 55: »tanto la parli faticosa e forte«): la fatica e difficoltà di parlare contro ciò che è »incontastabile« (v. 3), oppure »perché il biasimo è inesauribile« (GORNI, 43, che rinvia anche a *Inf.* XXVI 87–89: »pur come quella cui vento affatica / [...] come fosse la lingua che parlasse«).

7. Senso: ›e se io voglio renderti odiosa‹ (odiosa in primo luogo a chi »d'amor [...] si nutrica« 12 e, più in generale, alla *gente* 10). – *E:* forse con sfumatura avversativa (FOSTER-BOYDE, 45), ›e tuttavia, malgrado la »fatica«‹. – *s(e):* con sfumatura causale, a introdurre un costrutto bi-affermativo (SALVI-RENZI, II, 1014–15), in cui il contenuto proposizionale non è solo ipotizzato, ma è interpretato come fattuale. – *vòi:* forma apocopata di ›voglio‹, minoritaria rispetto al più comune *vo'*. – *di grazia (...) mendica:* ›povera, priva di grazia‹ (un'analoga perifrasi in *Inf.* XVI 129: »[...] di lunga grazia vòte«), dove *grazia* (che nei lirici duecenteschi forma spesso dittologia con *amore* e *onore*) è nel senso di ›favore‹, ›gradimento‹, ›benevolenza‹ (di cui si gode). Per la perifrasi *mendico di* ›privo di‹ + SOST., cfr. Guittone, *Ahi, bona donna* 64: »[...] de gioi d'amor mendico«; Monte Andrea, *Più soferir no'm posso* 72: »[...] di bontà tuto mendico«; Cecco Angiolieri, *L'Amor, che m'è guerrero* 4: »[...] di veder mendìco«; ecc.

8. *convenesi ... dica:* ›bisogna che io manifesti (in questa poesia)‹. Frequente in Dante, e in genere nell'it. a., la forma (pseudo)riflessiva dell'impersonale *convenire* ›bisognare‹ (l'enclisi pronominale si deve qui alla legge Tobler-Mussafia, in quanto precede una frase subordinata circostanziale). – *eo* è la forma sicilianeggiante del pronome soggetto di prima persona sing., alternante con *io* (qui al v. precedente). – *dica:* nel senso pregnante di ›dire in versi, per rima‹, ma con la connotazione, qui, di ›manifestare‹, ›rivelare‹, e quasi ›denunciare‹, ›smascherare‹.

9. Con *fallar* (infinito sostantivato), che vale letteralmente ›colpa‹, ›agire colpevole‹, s'intende qui l'operare fraudolento e iniquo della Morte, che è ›subdolo e ingiusto al massimo grado‹, ›la più ingiusta delle ingiustizie‹ (con riferimento anche al *giudicio incontastabile* del v. 3): così si può tradurre *d'onni torto tortoso*, che è una sorta di superlativo di stampo biblico (tipo *canticum canticorum*, »re dei re«, ecc.) enfatizzato dal gioco di parole. Quest'ultimo – *figura etymologica* a contatto immediato (caso più unico che raro nelle rime di Dante) – è un artificio della retorica mediolatina rilanciato nella lirica volgare da Guittone d'Arezzo, ma si identifica più col tipo »[...] aggio de fin pregio pregiato« (Guittone, *Viso non m'è* 10) che non con quello, in genere richiamato dai commentatori, »gioia gioiosa«, »noiosa noia«, »piacer piacente« ecc., in cui l'aggettivo rinforza semplicemente il sostantivo (esattamente come, nel I

dell'*Inferno*, »selva selvaggia«): qui invece *tortoso* è attributo di *fallar*. – *tortoso*: l'aggettivo, di significato »analogo al latino *tortuosus*, da *tortus* e *torquere*« (ED, V, 665), è un *hápax* in Dante, e ricorre nella lirica antica solo in una variante del sonetto *Ercol, Timbreo* (v. 3) di Pietro Faitinelli (cfr. VITALE, 652).

10. *non ... nascoso:* ›non perché la gente lo ignori (*sc.* il *fallar*)‹. Per la formula *non perché ..., ma ...,* cfr. *Donne ch'avete* 3 – 4: »non perch'io creda sua laude finire,/ ma ragionar [...]« (e vd. anche *O voi che per la via* 7 – 8). – *nascoso:* ›nascosto, celato‹; forma di gran lunga prevalente nella lirica antica, specie in posizione di rima.

11 – 12. Senso: ›ma per suscitare nei suoi confronti l'odio e la rabbia degli amanti presenti e futuri‹.

11. *cruccioso:* »corrucciato, dolente nel senso di adirato« (DE ROBERTIS, 60). Per *fare cruccioso*, cfr. Tomaso di Sasso, *D'amoroso paese* 25 – 26: »Amor mi face [...] crucioso, sollazzante« (i due aggettivi sono antitetici); Cavalcanti, *Io vidi li occhi* 7: »ch'Amor medesmo ne farei cruccioso«; *Fiore* 184, 2: »[...] per farla più crucciosa« (traduce il fr. *metre en ire*).

12. *chi ... notrica:* ›chi d'ora in avanti si nutrirà d'amore, vivrà d'amore‹ (*praesens pro futuro*): ennesima perifrasi (cfr. *A ciascun'alma presa* 1, *O voi che per la via d'Amor* 1) per ›gli amanti‹, i »fedeli d'Amore«; non tanto forse »i futuri amanti« (GORNI, 43), quanto gli amanti d'ora in poi, dopo che avranno letto questi versi (*per innanzi* ›d'ora in avanti‹). – *si notrica:* ›si nutre‹, ›si alimenta‹; nutrirsi d'amore equivale a vivere d'amore (analoga immagine nell'»Amico di Dante«, *A voi, gentile Amore* 34 – 35: »[...] il mi' cor si notrica/ nel vostro dolce amor [...]«).

13 – 16. Per un lontano antecedente di questi versi, cfr. Chrétien de Troyes, *Cligès* 5718 – 21 Méla, dove si piange la morte (presunta) di Fenice: »Morz, qu'as tu fet? Dex te confonde,/ qui as tote biauté esteinte!/ La meillor chose et la plus sainte/ as ocise, s'ele durast...«; e 5775 – 79: »Biauté, cortesie et savoer, / et quanque dame puet avoer/ qu'apartenir doie a bonté/ nos a tolu et mesconté/la mort...«.

13. *dal secolo ... cortesia:* ›da questo mondo terreno (a norma della semantica cristiana, SAECULUM) hai bandito, cacciato la cortesia‹; quasi che la donna fosse l'incarnazione stessa della cortesia, o la sua »fonte«, con le parole di Monte Andrea, *Senno e Valore* 3: »di Cortesia siete fonte verace« (e forse anche qui *cortesia* andrebbe stampato con la maiuscola, come in *De gli occhi di quella gentil* 5: »Beltà e Cortesia sua dea la chiama«). – *partita:* quello del »partire« o »dipartire« (letteralmente ›separare‹, ›allontanare‹, ›strappar via‹) è un topos ricorrente nelle invettive poetiche contro la Morte del Duecento, da Giacomino Pugliese, *Morte, perché m'ài fatta* 24: »partit'ài la più dolze compagnia«, a *Dispietata Morte e fera* 19: »Dipartit'ài [...]/lo più verace amore«, da Pacino Angiulieri, *Quale che per amor* 36: »Morte spietata, non dovei sofrire/ di dipartir

sì tosto nostro amore!«, a Lapo Gianni, *O Morte, della vita* 33: »O Morte, partimento d'amistate«. Quanto alla formula *partire dal secolo*, cara al Dante della *V. n.* (XXIII 6 [14, 5], XXX 1 [19, 8]), essa compare già in un *incipit* di Guittone: »Chi pote departire / d'esto secol malvagio el suo talento«. – *cortesia:* il fatidico sostantivo, non poi così frequente nel Dante lirico, assume qui il suo più alto valore semantico, quello chi si ritroverà, ulteriormente amplificato, nella finale perifrasi della *V. n.* per »Dio«: »colui che è sire de la cortesia« (XLII 3 [31, 3]).

14. *e ciò ... vertute:* ›e tutto quello che in una donna si deve pregiare come virtù‹, perifrasi volutamente vaga che rinvia in definitiva al *pretz* (appunto ›pregio‹, ›merito‹, ›qualità‹) dei Trovatori, prerogativa della dama cortese (*cortesia* e *pregio* vanno spesso insieme); inutile quindi cercare di determinare ulteriormente *ciò*, che si riferisce a un insieme di valori (e non per esempio, con Gorni, alla sola castità); cfr. del resto i versi del *Cligès* citati più sopra, e in particolare 5776–77: »et quanque dame puet avoer / qu'apartenir doie a bonté«, di cui il presente costituisce una sorta di variazione. Il sintagma *è da pregiare* è frequentissimo nel Duecento (»è da gradire e da pregiare«, »è da pregiare ed amare«, »quanto è da pregiare« ecc.), ma mai seguito da un complemento predicativo, come qui: si tratta dunque di un'innovazione sintattica dantesca.

15. *gaia:* non solo ›lieta‹, ›gioiosa‹, ›piacevole‹, ma anche ›amorosa‹, ›che induce all'amore‹; è un provenzalismo tra i più abusati nella lirica siciliana e siculo-toscana (cfr. nota al v. 14 del sonetto precedente), ancora resistente negli stilnovisti (ma la »gaia giovinezza« di Lapo Gianni, *Questa rosa novella* 2, e di Dino Frescobaldi, *Poscia ch'io veggio* 6, dipendono da Dante), ma già latitante in Petrarca. – *gioventute:* per DE ROBERTIS, 60, si ha qui un uso dell'astratto (›giovinezza‹) per il concreto (›giovane donna‹). Forse Dante aveva ancora presente il valore emblematico del sostantivo *joven* ›gioventù‹ nei trovatori, componente essenziale della »cortesia«, qualità morale ed estetica in qualche modo indipendente dall'età, come spiega esemplarmente un trovatore ben noto a Dante, Bertran de Born, nel sirventese *Bel m'es quan vei chamjar lo senhoratge*, dove si afferma che una dama è »giovane« se è virtuosa, se compie azioni degne di lode, se cura la sua bellezza, se ha maniere cortesi e così via (cfr. KÖHLER, 253; RIQUER, 142–43); »Domna, Jovens es ab vos sebelhitz«, ›Madonna, Gioventù è stata sepolta con voi‹, scrive Aimeric de Peguilhan nel suo compianto *De tot en tot es er de mi partiz*, v. 33. Vale la pena di rammentare che nel IV libro del *Convivio* la *gioventute* è illustrata più volte come la »perfezione« della vita. Il sostantivo contribuisce dunque, con *cortesia, vertute* e *leggiadria* a definire il ritratto morale e spirituale della giovane donna (le *proprietà* che definiscono il suo essere, v. 18), così come nel sonetto precedente ne era stato abbozzato il ritratto fisico. Secondo SANTAGATA, 96–105, il sostantivo alluderebbe, come una sorta di *senhal*, a *Giovanezza*, »sviluppo paraetimologico e galante« (GIUNTA, 176) – e dunque a sua volta *senhal* – del nome della donna amata, per testimonianza dello

stesso Dante (*V. n.*, cap. XXIV [15]), da Guido Cavalcanti, Giovanna (sarebbe lei la »Giovanezza« apostrofata nella ballata cavalcantiana, peraltro dubbia, *Sol per pietà ti prego, Giovanezza*): e dunque per la morte di lei sarebbe stato composto il sonetto, quasi in omaggio allo stesso Guido. Anche non tenendo conto che Giovanna – cui Dante attribuisce un diverso *senhal*, »Primavera« – compare assai più avanti, in compagnia di Beatrice, nella *Vita nuova* (appunto il cit. cap. XXIV), gli indizi atti a confortare tale interpretazione sono evidentemente troppo labili (senza dire che una *Graziosa Giovanna* compare anche in Cino da Pistoia, LXIII 1); né si potrebbe escludere, con GORNI, 248, che l'eventuale *senhal* di cui tenere conto qui sia piuttosto il due volte ripetuto *gaia*.

16. *distrutta hai*: da notare, con Gorni, il chiasmo con *hai partita* 13. – *leggiadria*: il significato di *l.* conosce in Dante svariate sfumature e revisioni, dall'accezione blandamente »negativa« di *O voi che per la via* 12 (dove è erronea l'interpretazione corrente di *leggiadro* come ›lieto, esultante‹) o di *Sonar bracchetti* 10 a quella »estetica« di ›grazia‹, ›amabilità‹ (e anche ›bellezza‹) all'accezione più nobile ed alta illustrata dalla canzone *Poscia ch'Amor*, che è certo quella presente anche qui: *l.* come »qualità morale« (BARBI-MAGGINI), elevatezza d'animo e predisposizione alle virtù cortesi che si manifesta anche in un atteggiamento esteriore (gli »atti« leggiadri di *Poscia ch'Amor* 63) che induce all'ammirazione e all'amore (*amorosa* è qui pressoché sinonimo di *gaia* 15).

17 – 18: ›Non voglio rivelare chi è questa donna se non attraverso le sue qualità a tutti ben note‹. Non c'è bisogno, insomma, di nominare la defunta: tutti capiranno chi è (cfr. nota al v. 15); ma probabilmente agisce ancora l'antica norma trobadorica del *celar*, del tenere celata, per discrezione e prudenza, l'identità della dama cantata.

18. *le propietà sue*: ›le sue qualità‹, cioè quelle appena enumerate (*cortesia*, *leggiadria*, ecc.). La forma è quella dissimilata ricorrente in italiano antico. – *canosciute*: forma sicilianeggiante per ›conosciute‹. Il termine sembra assumere qui quasi la valenza tecnica della conoscenza intellettuale e filosofica, riguardante per l'appunto le *proprietates*.

19 – 20. ›Chi non merita la salvezza eterna non speri mai di poter essere vicino a lei‹, cioè, come dirà in *Donna pietosa* 83, di vederla, dopo morto, nell'*alto regno* dei cieli: »Beato, anima bella, chi te vede«. Lunga circonlocuzione per dire che la defunta non può che essere in Paradiso (cfr. *Piangete, amanti* 13, e nota relativa), e anche, implicitamente e inversamente, per esortare a imitarne la virtù (chi spera di poter essere vicino a lei, cerchi di meritarsi la salvezza eterna). Per Gorni, si tratta di un epifonema in cui si riassume il senso dell'intero componimento.

19. *salute*: nel senso cristiano di *salus* ›salvazione‹. Per il sintagma »meritare salute«, cfr. Guittone, Lettera XV, *Non te posso, Simone*, vv. 12 – 13: »E ben merta salute […]«.

20. *non speri … compagnia*: richeggia formalmente Cavalcanti, *Gli occhi di*

quella 29-31: »però che dice che *non spera mai* /... / ch'a la *sua* donna faccia *compagnia*« (per il sintagma iniziale, cfr. anche Id., inc. *Per ch'io no spero di tornar giammai*), ed è riecheggiato a sua volta da Cino da Pistoia, inc. *I' no spero che mai per mia salute*. Il motivo della »compagnia« di madonna ricorre ben due volte in Giacomino Pugliese, *Morte, perché*, vv. 17 e 24, e una volta in *Dispietata Morte e fera*, v. 17, ma nel complesso ci potrebbe essere un lontano ricordo o una sottile allusione al sonetto di Giacomo da Lentini *Io m'aggio posto in core*, che, sulla scorta di un passo del troviero Thibaut de Champagne, svolge il tema della volontà di non andare in Paradiso, dopo morto, se non in compagnia dell'amata. La leggerezza un po' blasfema del Notaro è naturalmente ben lontana dal tono grave e ispirato di Dante.

Scioglimento dei rinvii bibliografici

ASTON = S. C. ASTON, *The Provençal ›planh‹: II. The lament for a lady*, in *Mélanges offerts à Rita Lejeune*, I, Gembloux, Duculot, 1969, 57-65.
BARBI = *La Vita Nuova* di Dante Alighieri, edizione critica per cura di M. Barbi, Società Dantesca Italiana. Edizione Nazionale delle Opere di Dante, Firenze, Bemporad e figlio, 1932 (I ed. del testo critico in: *La Vita Nuova*, per cura di M. Barbi, Opere minori di Dante Alighieri – Edizione critica, Firenze, Società Dantesca Italiana, 1907).
BARBI-MAGGINI = DANTE ALIGHIERI, *Rime della ›Vita Nuova‹ e della giovinezza*, a cura di M. Barbi e F. Maggini, Firenze, Le Monnier, 1956.
BAROLINI = DANTE ALIGHIERI, *Rime della giovinezza e della ›Vita Nuova‹*, Cura, saggio introduttivo e introduzioni alle rime di T. Barolini, Note di M. Gragnolati, Milano, BUR, 2009.
BETTARINI 1969 = DANTE DA MAIANO, *Rime*, a cura di R. Bettarini, Firenze, Le Monnier, 1969.
BETTARINI 2005 = F. PETRARCA, *Canzoniere – Rerum vulgarium fragmenta*, a cura di R. Bettarini, Torino, Einaudi, 2005.
BIADENE = L. BIADENE, *Morfologia del sonetto nei secoli XIII-XIV*, in »Studj di Filologia romanza«, IV, 1888, 1-234 (rist. anast. Firenze, Le Lettere, 1977).
BOYDE = P. BOYDE, *Retorica e stile nella lirica di Dante*, a cura di C. Calenda, Napoli, Liguori, 1979.
CARRAI 2003 = S. CARRAI, *Il ›planctus‹ duecentesco per la morte di Baldo di Scarlino*, in »Studi di filologia italiana«, LXI, 2003, 5-14.
CARRAI 2009 = DANTE ALIGHIERI, *Vita nova*, Introduzione, revisione del testo e commento di S. Carrai, Milano, BUR, 2009.
CELLA = R. CELLA, *I gallicismi nei testi dell'italiano antico (dalle origini alla fine del secolo XIV)*, Firenze, Accademia della Crusca, 2003.
CLPIO = *Concordanze della lingua poetica italiana delle origini (CLPIO)*, I, a cura di d'A.S. Avalle e con il concorso dell'Accademia della Crusca, Milano-Napoli, Ricciardi, 1992.
DE ROBERTIS = DANTE ALIGHIERI, *Vita nuova*, a cura di D. De Robertis, Milano-Napoli,

Ricciardi, 1980 (poi confluito in DANTE ALIGHIERI, *Opere minori*, I, parte I, a cura di D. De Robertis e di G. Contini, Milano-Napoli, Ricciardi, 1984, 3-247).

ED = *Enciclopedia Dantesca*, Dir. U. Bosco, Roma, Istituto della Enciclopedia Italiana, 5 voll. + 1 di *Appendice*, 1970-1976.

FOSTER-BOYDE = K.FOSTER - P. BOYDE, *Dante's Lyric Poetry*, II. *Commentary*, Oxford, At the Clarendon Press, 1967.

GIUNTA = C. GIUNTA, *La »giovinezza« di Guido Cavalcanti*, in »Cultura neolatina«, LV, 1995, 149-78.

GORNI = DANTE ALIGHIERI, *Vita Nova*, a cura di G. Gorni, Torino, Einaudi, 1996 (poi confluito, con ritocchi e aggiornamenti, in DANTE ALIGHIERI, *Opere*, I. *Rime, Vita Nova, De Vulgari Eloquentia*, a cura di C. Giunta, G. Gorni, M. Tavoni, Introduzione di M. Santagata, Milano, Mondadori, 2011, 745-1063).

KÖHLER = E. KÖHLER, *Sociologia della ›fin'amor‹. Saggi trobadorici*, Padova, Liviana, 1976.

MAFFIA SCARIATI = *La corona di casistica amorosa e le canzoni del cosiddetto »Amico di Dante«*, a cura di I. Maffia Scariati, Roma-Padova, Antenore, 2002.

MANCINI = *Poeti perugini del Trecento*, II. *Nerio Moscoli*, Edizione a cura di F. Mancini, con la collaborazione di L. M. Reale, Perugia, Guerra, 1997.

MARTI = *Poeti del Dolce stil nuovo*, a cura di M. Marti, Firenze, Le Monnier, 1969.

PdSS = *I Poeti della Scuola siciliana*, Edizione promossa dal Centro di studi linguistici e filologici siciliani, a cura di R. Antonelli, C. Di Girolamo e R. Coluccia, Milano, Mondadori, 2008, 3 voll.

PELLEGRINI = S. PELLEGRINI, *Varietà romanze*, a cura di G. E. Sansone, Bari, Adriatica, 1977.

Poeti del Duec. = *Poeti del Duecento*, a cura di G. Contini, Milano-Napoli, Ricciardi, 1960, 2 voll.

RAJNA = P. RAJNA, *Contrastare, contastare*, in »Rivista di Filologia Romanza«, II, 1873, 226-34.

REA-INGLESE = GUIDO CAVALCANTI, *Rime*, a cura di R. Rea e G. Inglese, Roma, Carocci, 2011.

RIQUER = M. DE RIQUER, *Leggere i trovatori*, Edizione italiana a cura di M. Bonafin, Edizioni Università di Macerata, Macerata, 2010.

SALVI-RENZI = *Grammatica dell'italiano antico*, a cura di G. Salvi e L. Renzi, Bologna, Il Mulino, 2010, 2 voll.

SANTAGATA = M. SANTAGATA, *Amate e amanti. Figure della lirica amorosa fra Dante e Petrarca*, Bologna, Il Mulino, 1999, 96-105.

SCHERILLO = *La Vita Nuova di Dante*, per cura di M. Scherillo, Milano, Hoepli, 1911.

SCHULZE-BUSACKER = E. SCHULZE-BUSACKER, *La complainte des morts dans la littérature occitane*, in *Le sentiment de la mort au Moyen Âge*, Études présentées au Cinquième colloque de l'Université de Montréal, Ouvrage publié sous la direction de C. Sutto, Montréal, Les Editions Univers, 1979, 229-48.

SICILIANO = I. SICILIANO, *François Villon et les thèmes poétiques du Moyen Âge*, Paris, Nizet, 1967.

SOLIMENA 1980 = A. SOLIMENA, *Repertorio metrico dello Stil novo*, Roma, Soc. Filologica Romana, 1980.

SPITZER = L. SPITZER, *Osservazioni sulla ›Vita nuova‹ di Dante*, in Id., *Studi italiani*, a cura di C. Scarpati, Milano, Vita e pensiero, 1976, pp. 95–146

STUSSI = *Testi veneziani del Duecento e dei primi del Trecento*, a cura di A. Stussi, Pisa, Nistri-Lischi, 1965.

VASOLI = DANTE ALIGHIERI, *Convivio*, in Id., *Opere minori*, to. I parte II, a cura di C. Vasoli [testo in prosa] e di D. De Robertis [canzoni], Milano-Napoli, Ricciardi, 1984 (con rif. al commento di C. Vasoli, 3–885).

VITALE = *Rimatori comico-realistici del Due e Trecento*, a cura di M. Vitale, Torino, UTET, 1965.

Le sigle *V. n.* e *R. v. f.* stanno rispettivamente per *Vita nuova* (titolo cui resto affezionato, giacché non mi sembra meno legittimo di *Vita nova*) e *Rerum vulgarium fragmenta*. Le rime di Dante non comprese nella *Vita nuova* (che qui si cita dall'ediz. BARBI) si citano da DANTE ALIGHIERI, *Rime*, Edizione commentata a cura di D. De Robertis, Firenze, Edizioni del Galluzzo, 2005; il *Convivio* da VASOLI; la *Commedia* da DANTE ALIGHIERI, *La Commedia secondo l'antica vulgata*, a cura di G. Petrocchi, Milano, Mondadori, 1966–68, 4 voll. (poi, come »Seconda ristampa riveduta«, Firenze, Le Lettere, 1994). Le citazioni da altri poeti provengono, nell'ordine, dalle seguenti edizioni: *I Poeti della Scuola Siciliana*, Edizione promossa dal Centro di studi filologici e linguistici siciliani: vol. I. *Giacomo da Lentini*, Edizione critica a cura di R. Antonelli; vol. II. *Poeti della corte di Federico II*, Edizione critica diretta da C. Di Girolamo; vol. III. *Poeti siculo-toscani*, Edizione critica diretta da R. Coluccia, Milano, Mondadori, 2008; CHIARO DAVANZATI, *Le Rime*, Edizione critica a cura di A. Menichetti, Bologna, Commissione per i testi di lingua, 1965; *Poeti del dolce stil nuovo*, a cura di M. Marti, Firenze, Le Monnier, 1969 (per Lapo Gianni e Cino da Pistoia); FRANCESCO PETRARCA, *Canzoniere.* ›*Rerum vulgarium fragmenta*‹, a cura di R. Bettarini, Torino, Einaudi, 2005, 2 voll.; GUIDO CAVALCANTI, *Rime, con le rime di Iacopo Cavalcanti*, a cura di D. De Robertis, Torino, Einaudi, 1986; RUSTICO FILIPPI, *Sonetti amorosi e tenzone*, a cura di S. Buzzetti Gallarati, Roma, Carocci, 2009; *Poeti del Duecento*, a cura di G. Contini, Milano-Napoli, Ricciardi, 1960, 2 voll.; *Poeti perugini del Trecento*, II. *Nerio Moscoli*, edizione a cura di F. Mancini, con la collaborazione di L. M. Reale, Perugia, Guerra, 1997; DANTE DA MAIANO, *Rime*, a cura di R. Bettarini, Firenze, Le Monnier, 1969; *Le poesie* di FOLCHETTO DI MARSIGLIA, Edizione critica a cura di P. Squillacioti, Pisa, Pacini, 1999; *Concordanze della lingua poetica italiana delle origini (CLPIO)*, vol. I, a cura di d'A.S. Avalle e con il concorso dell'Accademia della Crusca, Milano-Napoli, Ricciardi, 1992; DINO FRESCOBALDI, *Canzoni e sonetti*, a cura di F. Brugnolo, Torino, Einaudi, 1984; A. MENICHETTI, *Una canzone di Bonagiunta: ›Quando apar l'aulente fiore‹*, in *Forme e vicende. Per Giovanni Pozzi*, Padova, Antenore,

1989, 23 – 36; ›Il Fiore‹ e ›Il Detto d'Amore‹, attribuibili a Dante Alighieri, a cura di G. Contini, Milano, Mondadori, 1984; GUITTONE D'AREZZO, Le Rime, a cura di F. Egidi, Bari, Laterza, 1940; MONTE ANDREA DA FIORENZA, Le Rime, Edizione critica a cura di F.F. Minetti, Firenze, Accademia della Crusca, 1979; CECCO ANGIOLIERI, Le rime, a cura di A. Lanza, Roma, Archivio Guido Izzi, 1990; La corona di casistica amorosa e le canzoni del cosiddetto »Amico di Dante«, a cura di I. Maffia Scariati, Roma-Padova, Antenore, 2002; CHRÉTIEN DE TROYES, Oeuvres complètes, édition publiée sous la direction de D. Poirion, Paris, 1994; M. DE RIQUER, Los trovadores. Historia literaria y textos, Barcelona, Editorial Planeta, 1975, 3 voll.; GUITTONE D'AREZZO, Lettere, Edizione critica a cura di C. Margueron, Bologna, Commissione per i testi di lingua, 1990.

Roberto Antonelli (Roma)

L'immagine femminile come funzione dell'Io maschile: *Chiare, fresche et dolci acque*

La rappresentazione della donna presso la poesia trobadorica ha spesso sofferto di una tipizzazione estrema (occhi biondi, chiaro viso, ecc.), con obliterazione di altre caratteristiche corporee che solo la ricerca più recente sta mettendo in luce[1]. Presso il Dipartimento di Studi europei, americani e interculturali dell'Università ›Sapienza‹ di Roma, è ora in corso una ricerca sul lessico europeo dell'affettività che potrà portare a qualche ulteriore risultato anche da questo punto di vista, potendo contare su un database complessivo che raccoglie le concordanze di tutta la lirica romanza medievale (provenzale, antico-francese, gallego-portoghese, antico-italiana), che ha già consentito, in un lavoro in corso, di analizzare l'immagine e la funzione della donna nella poesia medievale. In questa circostanza non seguiremo perciò l'evoluzione diacronica del tema, sia pure per sommi capi, ma cercheremo invece di coglierne, con l'analisi ravvicinata di un testo esemplare del *Canzoniere* di Petrarca, uno dei punti di svolta, che costituisce, a mio parere, uno dei fondamenti ancora attuali della relazione Amante-Amata/Io-Tu. Non c'è dubbio infatti che dietro ogni immagine o carattere, dietro ogni ritratto letterario c'è un Soggetto-ritraente (l'Autore), quasi sempre maschio, e un Soggetto (in realtà Oggetto)-ritratto, femminile. E non c'è dunque parimenti dubbio che dietro un'immagine e un ritratto letterario si può, si deve scorgere anche un sistema di relazioni che legano Ritraente e Ritratto, Io-Tu, Uomo-Donna in un sistema storico-antropologico, cui anche la lirica partecipa a pieno titolo e su cui anzi ha elaborato una topica e un orizzonte d'attesa che ha contribuito fortemente a formare le modalità dello sguardo e della ritrattistica europea in senso fortemente maschile, tanto fortemente da risultare fino praticamente ai giorni nostri quasi ›naturale‹ piuttosto che culturale. La lirica petrarchesca e l'impatto che questa ebbe sulla lirica europea per almeno tre secoli ne sono uno snodo e al tempo stesso una dimostrazione evidente.

Abbiamo scelto perciò di analizzare e commentare *Chiare, fresche et dolci*

---

1 Cfr. G. GUBBINI, *Tactus, osculum, factum. Il senso del tatto e il desiderio nella lirica trobadorica*, Roma, Nuova Cultura, 2008.

acque, che è comunemente ritenuta oltre che una delle più belle anche una delle più limpide canzoni del *Canzoniere*. Si rivela invece, ad un'analisi semantica ravvicinata, molto complessa nella rappresentazione dell'immagine della donna e dell'Io Osservatore/Amante. Nella canzone viene profondamente investita e modificata, rispetto alla tradizione precedente, anche la relazione fra Amata e Amante, la stratificazione narrativa e le motivazioni profonde dei passaggi tematici. Aperta dal ricordo meraviglioso di Laura al bagno in un luogo ameno, la canzone passa, con sviluppo fulmineo e apparentemente inspiegabile, alla visione della morte del protagonista-Io, per tornare quindi, una volta immaginato il dolore della donna, alla scena idillica dell'incontro e al ricordo paradisiaco della visione della divina bellezza di lei. Un'immagine dunque della donna quasi da ›gotico fiorito‹: oggetto del ritratto è veramente, in senso proprio, un personaggio nella sua effettiva essenza, in senso più ampio un tipo ideale, ma con qualche novità. In tanta soave pace e terrenamente paradisiaca bellezza (cfr. esplicitamente il v. 55, *paradiso*) non mancano naturalmente le tradizionalissime »trecce bionde«, ma arrivano soltanto al v. 47 e sono precedute e sovrastate da un ritratto perfino un po' audace del corpo e di parti del corpo della donna (le *belle membra*, il *bel fianco*, l'*angelico seno*) solitamente non nominate e comunque non inserite in un quadro donna-natura così sottilmente eppur ›chiaramente‹ (come le acque) erotico. Eppure, eppure, ancora una volta il ritratto e la rappresentazione di Laura, inserita pienamente, come altrove, all'interno della natura, anzi insieme sua proiezione e metafora, è però funzionale ad altro: ancora una volta all'uomo-*auctor* e alle straordinarie tortuosità che un distorto rapporto col corpo e la natura aveva radicato nell'immaginario e nell'antropologia culturale medievale. Dal ritratto naturale e atemporale di Laura si articola l'analisi delle contraddizioni e delle proiezioni, tortuose e modernissime, dell'Io. Elemento, questo, stranamente assente anche nei più recenti e analitici commenti al *Canzoniere*[2].

Ma leggiamo il testo, avvalendoci di qualche minima annotazione funzionale[3].

---

[2] Totalmente assente ogni accenno al riguardo in F. PETRARCA, *Canzoniere*, ed. commentata a cura di M. Santagata, Milano, Mondadori, 1996 (I Meridiani), 583 segg., che si perde in divagazioni retorico-cronologiche, mentre cede il passo a una fine rappresentazione del rapporto »della persona con le cose« quale »canzone della memoria e dell'immaginazione«, Rosanna Bettarini in F. PETRARCA, *Canzoniere. Rerum vulgarium fragmenta*, a cura di R. Bettarini, Torino, Einaudi, 2005, 587 segg.

[3] Il testo segue l'edizione Contini, cfr. F. PETRARCA, *Canzoniere*, Introduzione di R. Antonelli, Saggio di G. Contini, note al testo di Daniele Ponchiroli, Torino, Einaudi, 1992.

Chiare, fresche et dolci acque,
ove le belle membra
pose colei che sola a me par donna;
gentil ramo ove piacque
(con sospir' mi rimembra) 5
a lei di fare al bel fiancho colonna;
herba et fior' che la gonna
leggiadra ricoverse
co l'angelico seno;
aere sacro, sereno, 10
ove Amor co' begli occhi il cor m'aperse:
date udïenzia insieme
a le dolenti mie parole extreme.

S'egli è pur mio destino,
e 'l cielo in ciò s'adopra, 15
ch'Amor quest'occhi lagrimando chiuda,
qualche gratia il meschino
corpo fra voi ricopra,
e torni l'alma al proprio albergo ignuda.
La morte fia men cruda 20
se questa spene porto
a quel dubbioso passo:
ché lo spirito lasso
non poria mai in più riposato porto
né in più tranquilla fossa 25
fuggir la carne travagliata et l'ossa.

Tempo verrà anchor forse
ch'a l'usato soggiorno
torni la fera bella et mansüeta,
et là 'v'ella mi scorse 30
nel benedetto giorno,
volga la vista disïosa et lieta,
cercandomi; et, o pieta!,
già terra in fra le pietre
vedendo, Amor l'inspiri 35
in guisa che sospiri
sí dolcemente che mercé m'impetre,
et faccia forza al cielo,
asciugandosi gli occhi col bel velo.

Da' be' rami scendea 40
(dolce ne la memoria)
una pioggia di fior' sovra 'l suo grembo;
et ella si sedea
humile in tanta gloria,
coverta già de l'amoroso nembo. 45
Qual fior cadea sul lembo,
qual su le treccie bionde,
ch'oro forbito et perle
eran quel dí a vederle;

qual si posava in terra, et qual su l'onde; 50
qual con un vago errore
girando parea dir: Qui regna Amore.

   Quante volte diss'io
allor pien di spavento:
Costei per fermo nacque in paradiso. 55
Cosí carco d'oblio
il divin portamento
e 'l volto e le parole e 'l dolce riso
m'aveano, et sí diviso
da l'imagine vera, 60
ch'i' dicea sospirando:
Qui come venn'io, o quando?;
credendo d'esser in ciel, non là dov'era.
Da indi in qua mi piace
questa herba sí, ch'altrove non ò pace. 65

   Se tu avessi ornamenti quant'ài voglia,
poresti arditamente
uscir del boscho, et gir in fra la gente.

1. *Chiare ... acque:* la cornice naturalistica delinea un paesaggio fluviale (generalmente indicato come quello della valle del Sorga, ma la precisazione geografica non ha in realtà alcuna importanza critica).

2–3. *ove ... pose:* ›nelle quali si bagnò le membra colei che è l'unica mia signora‹; *donna* ›signora‹.

4. *gentil:* ›nobile‹, perché toccato da Laura, che come Beatrice rende *gentile* tutte le cose, anche quelle inanimate.

5. *(con ... rimembra):* ›ricordo con sospiri‹, l'inciso parentetico introduce l'alternanza temporale fra passato e presente, articolata nelle strofe successive fra il ricordo del passato e la vana speranza del futuro (»Tempo verrà...«, v. 27).

6. *fare ... colonna:* ›(a lei piacque di) fare sostegno (*colonna*) al bel corpo‹.

9. *co ... seno:* alcuni commentatori hanno inteso *seno* come latinismo per ›lembo‹, da riferire a *gonna* (v. 7) e definito *angelico* per via del colore bianco; più probabile (Bettarini), anche in virtù di altri luoghi petrarcheschi, la comune interpretazione, certo più sensuale, del termine come ›petto‹ (›insieme con l'angelico petto‹).

10. *aere ... sereno:* ›aria, clima, rasserenata dal sacro‹, della presenza di Laura.

11. *ove Amor ... m'aperse:* ›dove Amore aprí il mio cuore grazie ai begli occhi (della donna)‹, con allusione al *topos* di Amore arciere che ferisce dagli occhi dell'amata (cf. *Rvf* 3 *Era il giorno* vv. 12–14).

12–13. *date ... extreme:* ›ascoltate tutti voi le mie ultime parole dolorose‹, il poeta si rivolge direttamente nel distico finale agli elementi della natura evocati in precedenza; per *extreme* (›ultime, a causa della ferita mortale‹).

14. *S'egli è pur:* ›se è proprio‹ (*egli* è impersonale).

15. *in ciò s'adopra:* ›si dà da fare, spinge in tal direzione‹.

16. *ch'Amor ... lagrimando:* ›che Amore chiuda a forza di piangere questi occhi‹, col gerundio con valore di infinito causale, come spesso in antico italiano.

17-18. *qualche ... ricopra:* ›una qualche grazia o benevola sorte faccia che il mio corpo sia sepolto qui fra voi‹. *meschino / corpo:* ›povero corpo‹, l'*enjambement* pone in rilievo l'immagine del corpo straziato e infelice del poeta, ribadita al verso finale di strofa con l'espressione »la carne travagliata et l'ossa« (v. 26). *fra voi ricopra:* l'auspicio è che il corpo possa essere inumato (*ricopra*) fra gli elementi naturali di quel luogo (*voi*, indica sempre le componenti paesaggistiche individuate nella prima strofa).

19. *torni ... albergo:* ›e l'anima ritorni alla propria dimora, il cielo, priva (*ignuda*) delle spoglie mortali‹.

20. *fia men cruda:* ›sarà meno crudele‹.

21. *questa ... porto:* ›se porto questa speranza‹, di essere sepolto in quel luogo, poiché spera che Laura vi possa tornare (cf. strofa III).

22. *a quel ... passo:* ›a quel temibile momento (della morte)‹.

23. *lasso:* ›spossato‹, come il corpo (*meschino*, v. 17), anche l'anima è provata dalle pene amorose.

24-26. *non poria ... ossa:* ›non potrebbe lasciare (*fuggir*) in un approdo più riposato e in un sepolcro più tranquillo la carne travagliata e le ossa‹; la coppia *porto* e *fossa* indica la fine desiderata dal poeta (*porto* è da intendere come ›sede terminale‹); le due espressioni fanno parte di una struttura chiastica (vv. 23-26), in cui all'auspicata serenità espressa dagli aggettivi *riposato* e *tranquilla*, si contrappongono la prostrazione dell'anima (v. 23, *spirito lasso*) e la spossatezza del corpo (v. 26, *carne travagliata*).

27. *Tempo ... forse:* snodo logico-temporale nella stanza centrale della canzone, proietta il ricordo del passato verso la speranza per il futuro (cf. già *spene* v. 21).

28. *usato soggiorno:* ›luogo abituale‹, come usano le fiere, cf. v. 29.

29. *la fera:* la donna amata è indicata come ›animale selvaggio e feroce‹, dal momento che è causa delle sofferenze del poeta, ma è al contempo anche *bella et mansueta*, in ossimoro.

31. *benedetto giorno:* il giorno in cui s'incontrarono in quel luogo, non il giorno del primo incontro.

32. Immagina (attenzione!) che Laura cerchi lui, morto, lieta e desiderosa di rivederlo.

33. *o pietà!:* ›o visione pietosa!‹, ma *pietà* vale anche ›dolore, angoscia‹, cf. *If.* 1, v. 21.

34-35. *già ... vedendo:* ›vedendomi ormai polvere fra le pietre (del sepolcro?), Amore l'ispiri‹, in rima derivativa, per sottolineare il momento drammatico.

36-37. *in guisa ... m'impetre:* ›in modo che sospiri così dolcemente che riesca ad ottenere per me la grazia‹.

38. *e faccia ... cielo:* ›e forzi la volontà celeste‹, col suo pianto (v. 39); coordinato sintatticamente e logicamente al verso precedente, è concetto di derivazione evangelica (*Lc* XVI, v. 16 e *Mt* XI, v. 12).

40. *be' rami:* posto in apertura di strofa, il riferimento alla vegetazione riconduce il discorso alla dimensione del ricordo: cf. il *gentil ramo* del v. 4.

41. *(dolce ... memoria):* ›dolce ricordo‹ della visione di Laura; l'inciso esprime il processo evocativo del poeta come in v. 5, sebbene ne venga mutato il fattore emotivo: qui la memoria delle immagini è *dolce*, nella prima stanza è invece caratterizzata da *sospir'*.

44. *humile ... gloria:* l'ossimoro richeggia non a caso espressioni dantesche della *Vita Nuova* e del *Convivio*.

45. *amoroso nembo:* è qui ripresa la metafora meteorologica della *pioggia di fior'* (v. 42); la ›nuvola‹ (*nembo*) di fiori che avvolge la donna amata, è significativamente già in Dante, per Beatrice, cf. *Pg*. vv. 30, 28-30, cui probabilmente allude, in funzione anche contrastiva.

46. *Qual:* indeterminativo, ›qualche‹, ripetuto anaforicamente nei successivi vv. 47, 50, 51. *lembo:* della veste, come ai vv. 7-8.

48-49. *ch'oro ... vederle:* ›che (le trecce) sembravano essere composte d'oro fino e perle‹, i capelli di Laura sono paragonati – secondo un noto topos, riattualizzato – allo splendore dei preziosi in virtù del loro colore e di quello candido dei fiori (e si ricordi anche la relazione, di luce, tra *l'aura-l'auro* e *l'oro*).

51. *vago errore:* ›movimento aggraziato e leggero‹.

54. *spavento:* forse in accezione positiva, per ›sbigottimento ammirato‹, ma non è escluso che possa indicare una ›paura‹ simile, o apparentabile, a quella che pervadeva Dante alla vista di Beatrice nella *Vita nuova*.

55. *per fermo:* ›di sicuro‹, l'affermazione è già nella *Vita nova*.

56-61. *Così carco ... sospirando:* ›Il divino portamento e il volto e le parole e il dolce riso m'avevano riempito di oblio, fatto dimenticare tutto, e tanto allontanato (*diviso*) dalla realtà (*l'imagine vera*), che io dicevo sospirando‹; da notare la commistione di piani fra il ricordo dell'incontro, espresso negli incisi ai vv. 5 e 41, e la paralisi mnemonica (*oblio*), in seguito alla visione di Laura. L'*immagine vera*, le sembianze reali di Laura sono trasfigurate agli occhi del poeta e da terrene appaiono celesti (*divin portamento*, v. 57): *forma vera*, sempre in contesto fortemente simbolico e sacrale.

62. *Qui ... quando?:* è l'espressione concreta dello smarrimento (*spavento* v. 54) e dell'*oblio* (v. 56) in cui versa il poeta in seguito alla visione di Laura.

64. *Da ... qua:* ›da allora in poi‹.

65. *questa herba:* sineddoche per ›questo luogo‹, con accento sull'aspetto naturale del paesaggio, ripreso poi nell'ultimo verso da *boscho*.

66. *tu:* il poeta si rivolge direttamente alla canzone per indirizzarla, forse con lontana allusione al genere della ›pastorella‹. *ornamenti:* ›abbellimenti‹, in senso retorico e stilistico. *quant'ài voglia:* ›come desideri, a piacimento‹.

67-68. *poresti ... boscho:* ›potresti senza esitazione uscire dal bosco e andare (*gir*) fra la gente‹; indica il carattere bucolico e quindi lo stile della canzone, quasi in contrapposizione al congedo della cavalcantiana *Donna me prega* (vv. 71-74), »Tu puoi sicuramente gir...«.

*

Proviamo ora a trarne un'interpretazione complessiva e ›continua‹. La canzone si apre con l'enumerazione di tre aggettivi per descrivere la bellezza delle acque ove si era bagnata Laura. Il lettore è calato *in medias res*, in mezzo ad un racconto di cui è protagonista la natura. Gli elementi costitutivi del *locus amoenus*, dove l'Io-Petrarca aveva visto Laura bagnarsi, sono gradualmente svelati in forma vocativa: oltre ad *acque* v. 1 cf. *gentil ramo* v. 4, *herba et fior'* v. 7 e *aere sacro* v. 10, che contrassegnano con equilibrio la partizione metrico-sintattica della strofa (all'inizio dei due piedi e della sirma). Ad *ogni* elemento naturale è associata una parte del *corpo* di Laura: *acque-membra* vv. 1-2, *ramo-fianco* vv. 4-6, *herba et fior'-gonna/seno* vv. 7-9, *aere-occhi* vv. 10-11. Con tecnica retorica sperimentata anche altrove nel *Canzoniere*, i vocativi rimangono senza il verbo reggente a lungo, fino al v. 12, quando il loro riconoscimento d'interlocutori umanizzati è totale, poiché gli si chiede di ›ascoltare‹ le parole dell'Io. Natura e personaggi, donna e uomo, si muovono in una scena serena, sacra, ove la natura partecipa simpateticamente alle emozioni umane: bellezza della natura e bellezza della donna si corrispondono perfettamente nel presente dell'Io, laddove la scena è tutta ›girata‹, descritta, al passato: è la scena di un ricordo appunto ›sacro‹, rotto però dalla drammaticità dell'invocazione, poiché chi invoca gli elementi del paesaggio ›fatato‹ si rivela allo stremo, sull'orlo della morte (vv. 12-13).

Con la II strofa l'Io sostituisce la donna e occupa il centro della scena: il ritratto in simbiosi con la natura, interrotto già alla fine della I strofa (vv. 10-13), è del tutto rimosso. Colui che rievocava una scena e un'immagine femminile mirabili, invocando gli elementi che la componevano, ora ipotizza improvvisamente un destino di morte data quasi per certa (vv. 14-16). Chiede però una grazia: di essere sepolto nel luogo che l'aveva visto compartecipe di tanta meraviglia (vv. 17-19). La morte sarebbe meno crudele con tale speranza

(vv. 20 – 22): non potrebbe immaginare infatti un luogo più »riposato« per far seppellire il proprio corpo travagliato dall'amore. La condizione disperata dell'amante è esplicitamente evocata soltanto dalla drammatica richiesta e alla fine della strofa, dal rapido e leggero riferimento allo spirito stanco (v. 23) e al corpo travagliato (v. 26).

Non c'è uno sfogo diretto, non viene spiegata una ragione, tutto è già avvenuto. Noi stiamo vivendo come lettori gli effetti di un dramma già consumato, che è dietro la scrittura: l'Autore lascia a noi il compito di individuarlo e eventualmente ricostruirlo. Occorrerà pensare ad una separazione dalla meravigliosa immagine di donna descritta nella I strofa, posto che la scena mirabile è stata quella di una visione *in presenza*: la donna ora è lontana, non è più lì, non si offre allo sguardo dell'amante, non compone più la scena di un idillio bucolico, di un quadro di eterna bellezza atemporale. La natura è ancora presente ma la donna non più. Il tempo, si suggerisce (ma non si dice), è entrato nella natura e ha causato una storia di lontananza e di separazione. Stiamo vivendo un dramma di separazione, tanto più efficace e grande in quanto non dichiarato, non gridato, ma quasi subliminalmente infiltrato nel lettore grazie al distacco brutale operato rispetto alla descrizione di Laura e del suo ›ambiente‹ naturale.

La fantasia di morte, finora vissuta con la natura, nella III strofa viene *spostata* sulla donna. Noi capiamo allora che l'amata, mai attaccata frontalmente, proprio perché ancora amata malgrado la separazione, viene ritenuta la vera colpevole. E' a lei in realtà che è rivolta tutta la scena precedente e la fantasia di morte. L'Io infatti immagina che una volta morto la donna torni »all'usato soggiorno«, sul luogo (e nel tempo fantastico, il »benedetto giorno«, v. 31) del delitto' (vv. 27 – 31), cioè dell'idillio spezzato. Soprattutto immagina che, cercandolo, si mostri desiderosa di vederlo, quando ormai è troppo tardi (vv. 33 – 34). Laura potrà però chiedere e ottenere, ›forzando il cielo‹, pietà per lui (vv. 35 – 39): potrà così dimostrare di amarlo. L'Io non espone perciò il timore di un'eventuale prossima ›morte ma elabora minutamente, ossessivamente, una fantasia autocommiserativa, quasi un sogno infantile, volta ad ottenere dal fantasma assente della donna, un risarcimento per la separazione (ovvero per il non-amore). L'uomo immagina di non poter avere altra forma di attenzione che offrendo la propria morte: quel che è negato nella realtà, si tenta di recuperarlo in una fantasia in cui l'Io si pone prepotentemente al centro della scena, *sostituendo* la donna e il paesaggio e reclamando tutta l'attenzione per sé in un delirio autoconsolatorio, ›narcisistico‹.

Le fantasie di morte e del risarcimento placano in realtà il conflitto interiore: il *locus amoenus* e l'evento paradisiaco di cui l'Io era stato testimone e partecipe possono allora ripresentarsi alla sua immaginazione. La scena riprende dove si era interrotta alla fine della I strofa (vv. 10 – 13), e può dispiegarsi in ulteriori particolari, rivelandosi come evento fuori del tempo, in un passato perenne. I fiori scendevano come pioggia su di lei »umile in tanta gloria« (terrena, non divina, vv. 40-45), i suoi capelli biondi risplendono potenziati dal candore dei fiori che pervadono, come in una miniatura gotica, il paesaggio, sulla terra e sull'acqua (vv. 46-50). Quello era il regno d'Amore (v. 52). Laura può perdere a questo punto anche quelle componenti fisiche che avevano potuto turbare l'autore e il lettore, inserendo nella ritrattistica cortese nuove sottili componenti erotiche. La donna era in realtà talmente straordinaria che non poteva che essere nata in paradiso e non poteva che produrre, come già la visione di Beatrice nella *Vita nuova*, che sbigottimento e perdita di sé, oblio (vv. 56-63), fino al ritorno in sé (v. 63). Ora, ricomposta mentalmente la separazione, grazie al delirio fantastico sulla propria morte e sul dolore amoroso della donna (II e III strofa), il luogo può ritornare »sacro« (v. 10). La pace può essere *ora* garantita da una memoria filtrata attraverso il risarcimento, la ›ricompensa‹, dell'Io: una ricompensa materiale nella lirica cortese, qui solo spirituale, piacere dell'interiorità. La donna infatti è stata punita dalla morte fantasticata dell'Io e l'ha *compreso* e aiutato, *curato:* la memoria del luogo e dell'idillio sono tornate pacificatrici, sono anzi l'unica fonte di pace. L'*herba* rievocata alla fine (v. 65) sarà allora quella del *locus amoenus* ma anche, necessariamente, l'erba appena narrata in poesia, ovvero la scrittura poetica, la canzone stessa, come conferma il congedo, dove il luogo comune della modestia (v. 66) cela la scelta di una canzone di genere bucolico, composta per la pace dell'Io, per se stesso, non per ornamenti (v. 66).

La donna e il suo meraviglioso ritratto incipitario, ivi compreso l'eros che ne scaturiva, sono divenuti funzione dell'immaginario e dell'Io maschile, e come tali vanno interrogati.

Vom 16. zum 18. Jahrhundert: das literaturbezogene Porträt und das Porträt historisch-sozialer Ausrichtung

Cornelia Klettke (Potsdam)

Marguerite de Valois – Freilegung eines durch Mythenbildung vernebelten und verschütteten Charakterbildes

> On peut, à juste titre, la regarder comme la Princesse la plus extraordinaire de son siècle; elle réunit en elle toutes les vertus & tous les défauts des Rois de la souche d'Orléans-Valois.[1]

Anliegen des Beitrags: eine Skizze zur Profilierung eines simulakren Porträts durch positive Fakten

Die Studie widmet sich dem Charakterbild einer Königin aus dem 16. Jahrhundert mit einer echten Genealogie und einer authentischen Biographie sowie einer überlieferten Autobiographie. Diese historisch verbürgte Persönlichkeit ist zu einer literarischen Figur geworden, deren Porträt sich zu einer *mise en abyme* von Bildern vervielfältigt hat bis hin zu aktuellen filmischen Zerrbildern. Bei der Auseinandersetzung mit der historischen Marguerite de Valois (1553–1615), eher bekannt unter dem volkstümlichen Namen Reine Margot, drängt sich die Erinnerung an das von Schiller auf Wallenstein bezogene Wort auf: »Von der Parteien Gunst und Haß verwirrt / Schwankt sein Charakterbild in der Geschichte«.[2] Die historische Überlieferung nach Lage der zeitgenössischen Zeugnisse und Selbstzeugnisse bietet naturgemäß nur ein lückenhaftes Bild für eine Charakterdarstellung. Diese *blancs* gewährten reichlich Platz für Interpretationen, Aufpfropfungen und phantastische Vorstellungen, um dieses Charakterbild jeweils nach der politischen und religiösen Gesinnung zu manipulieren. In den Lücken gedeiht der Mythos, der sich schließlich in einem Maße

---

1 ANTOINE MONGEZ, *Histoire de la reine Marguerite de Valois, première femme du roi Henri IV*, Paris, Ruault, 1777, 408. Der Satz geht zurück auf JEAN FRANÇOIS DREUX DU RADIER, *Mémoires historiques, critiques et anecdotes des reines et régentes de France*, 6 Bde., Amsterdam, M. Rey, 1776, Bd. 5, 211–317, hier: 211, den Mongez nicht zitiert. Cf. É. VIENNOT, Marguerite de Valois: *histoire d'une femme, histoire d'un mythe*, Paris, Éditions Payot, 1993 und 1995. Neuausgabe unter dem Titel *Marguerite de Valois »la reine Margot«*, Paris, Perrin, 2005 (collection »tempus«), 407.
2 *Wallenstein. Ein dramatisches Gedicht*, Prolog. Zit. nach F. SCHILLER, *Werke in drei Bänden*, Bd. 3, München, Hanser, 1966, 10.

von der Realität ablöst, dass das Charakterbild zu einem Dispositiv negativer Affekte von Bosheit und Hass defiguriert bzw. deformiert wird.

Es ist nach unserem Dafürhalten außerordentlich bedauernswert, dass eine der hervorragendsten Frauen des 16. Jahrhunderts im kollektiven Gedächtnis nicht den Platz einnehmen darf, den sie verdient. Wir schließen uns den Stimmen an, die Marguerite de Valois ihre Würde zurückgeben möchten und die sich bemühen, eine historische Persönlichkeit nicht zu einem Simulakrum verblassen zu lassen. In diesem Sinne skizziert der Beitrag in größtmöglicher Nähe zu den historischen Quellen ihrer Zeit einige positive Fakten zu einem Porträt.

Das Trauma der Bartholomäusnacht: die Ehe des protestantischen Königs mit der katholischen Königin im Fegefeuer von Parteilichkeit und Hass

Zu Lebzeiten der Marguerite de Valois, reine de Navarre, waren der Hass und die Parteilichkeiten aufgrund der politischen Lage der Religionskriege, welche in Frankreich zwischen 1562 und 1598 über dreißig Jahre als grausame Bürgerkriege tobten, besonders extrem. Vom Standpunkt des Politischen aus ließen sich hier Parallelen zwischen der Figur des Wallenstein und der französischen Königin ziehen. Das ist aber nur ein Aspekt. Bei Marguerite reicht die (politische) Parteilichkeit bis in die intimste Sphäre hinein, insofern als es sich um die eheliche Verbindung der katholischen Prinzessin aus dem regierenden Königshaus der Valois mit dem protestantischen Prinzen Henri de Navarre (1553 – 1610), dem späteren französischen König Henri IV, handelt.

Eine junge, verwöhnte, in jeder Hinsicht mit natürlichen Reichtümern der Schönheit, der Intelligenz und einer überragenden Geistigkeit gesegnete Frau, dazu eine Prinzessin aus einem der vornehmsten europäischen Adelsgeschlechter mit historischer Vergangenheit, erleidet durch die in Zusammenhang mit ihrer Hochzeit stehende Pariser Blutnacht (24. August 1572) ein Trauma, das sie sicherlich zu einer anderen gemacht haben muss als zuvor. Der Schicksalhaftigkeit dieser ehelichen Verbindung einer Katholikin aus der Königsfamilie mit dem vornehmsten Oberhaupt und militärischen Führer der Protestanten, der beide Partner hilflos ausgeliefert waren, konnte auf die Dauer kein guter Wille standhalten. Es scheint nicht so sehr, dass die Braut anfänglich eine unüberwindliche Abneigung gegen ihren Verlobten hatte, der ein stattlicher Mann war und mit Frauen umzugehen verstand, zumal beide gleichaltrig und blutsverwandt waren. Es war jedoch zweifellos eine politisch motivierte Heirat, der sich Marguerite nicht widersetzen konnte und der sie zunächst die besten Seiten abzugewinnen versuchte. Zu den glücklichen Verbindungen von glühender

Zuneigung, die entgegen dem Klischee über Fürstenheiraten auch und gerade aus dem 16. Jahrhundert bekannt sind, kann die Heirat zwischen Marguerite und Henri nicht zählen.

So tritt zu dem Trauma der furchtbaren Todesszenen in der Blutnacht in Paris und besonders auch im Louvre nach und nach das Unerfülltsein einer jungen Frau, die geistig zu kompliziert strukturiert war, um in der Verbindung das erträumte Glück zu finden. Ihre Sehnsüchte, die aus den Illusionen ihres Weltbildes entsprangen, wurden aus der Literatur und Dichtung, namentlich dem Ideal des Hofmanns bzw. der Hofdame (Castiglione) sowie dem Neuplatonismus und dem Petrarkismus, genährt. Der Weg von Marguerite ist von diesem Punkt der Bartholomäusnacht und der unglücklichen Ehe aus zu denken. Elf Jahre nach ihrer Heirat schreibt sie in einem Brief an ihren Liebhaber Champvallon: »[...] ayant reçu du mariage tout le mal que j'ai jamais eu, et le tenant pour le seul fléau de ma vie«.³ Die Blutnacht hat eine Spur in ihrer Psyche hinterlassen. Misstrauen und ein übertriebenes Sicherheitsbedürfnis werden für den Rest ihres Lebens an Marguerite zu beobachten sein.⁴ Wie sich in späteren Phasen ihres Lebens zeigen wird, reift Marguerite nach der durchlebten Katastrophe und den chaotischen und für sie beengenden Zuständen am Königshof in Paris zu einer Persönlichkeit, die sich nicht mit dem Mittelmaß begnügt und sich auch nicht einem mittelmäßigen Ehemann unterordnet, der sie zudem betrügt, sondern die in jeder Beziehung zu den Sternen greift. Als emanzipierte Frau *avant la lettre* wird sie von einigen ihrer Zeitgenossen missverstanden und in ein Zwielicht gerückt.

Marguerite als historische Persönlichkeit: die Problematik der Profilierung eines authentischen Charakterbildes

Man kann diese Frauengestalt aus verschiedenen Perspektiven betrachten und den Versuch unternehmen, sie aus der Nähe durch die Brille ihrer Zeitgenossen oder aus der Entfernung von heute zu sehen. Man kann sich mit dem Urteil des Historikers begnügen, der sie global in den Rahmen der Ereignisse der dama-

---

3 Brief 167, gerichtet an Jacques de Harlay, seigneur de Champvallon; nach der Ordnung von Éliane Viennot vom 21. Februar 1583, Paris, datierend. Cf. MARGUERITE DE VALOIS, *Correspondance 1569–1614*, édition critique établie par Éliane Viennot, Paris, Honoré Champion, 1998, 239.
4 So ist z. B. nachgewiesen worden, dass Marguerite auf der Reise von Nérac nach Paris im Jahr 1582 bei jedem Wechsel ihres Aufenthaltsorts einen Handwerker mit der Installation einer speziellen Sicherung der Tür ihres Schlafgemachs beauftragt. Vgl. dazu J. GARRISSON, *Marguerite de Valois*, Paris, Fayard, 1994, 182–184, die dementsprechend eine Anzahl von Rechnungen auflistet.

ligen Zeit stellt, ohne ihr eine besondere Bedeutung beizumessen, oder mit den Beschreibungen des Kulturwissenschaftlers, der einerseits ihre Gedächtnisgeschichte nachzeichnet und andererseits die geistes- und kulturgeschichtlichen Strömungen und Gegebenheiten der Zeit als Hintergrund für ein oberflächliches Bild benutzt, ohne ein markantes Porträt zu zeichnen. Man kann sich in den labyrinthischen Untersuchungen der zahlreichen Biographien verlieren, ohne angesichts ihrer Widersprüchlichkeit eine Orientierung zu finden.

Erst seit den 1990er Jahren gibt es eine wissenschaftliche Forschung zu Marguerite de Valois, die diesen Namen verdient, wobei sich die Konturen ihres Charakterbildes schärfer abzeichnen. Zwei Forscherinnen, eine Spezialistin für die Literatur der französischen Renaissance, Éliane Viennot,[5] und eine Historikerin, Janine Garrisson,[6] haben sich so eingehend wie nie zuvor mit den überlieferten Quellen beschäftigt. Dazu gehören die von Marguerite hinterlassenen Schriften: ihre *Mémoires*,[7] der erhalten gebliebene Teil ihrer *Correspondance*[8] und ihre *Discours*[9] und einige Gedichte.[10] Garrisson hat die handschriftlichen Quellen aus den Archives nationales untersucht, im Besonderen die umfassende Serie KK: Rechnungen der Marguerite de France, 1572–1615.[11] Die Untersuchung dieses beachtlichen Aktenbestandes erlaubt der Forscherin, auf dem Weg über die Einnahmen und Ausgaben verbindliche Aufschlüsse über das alltägliche Hofleben, die Lebensgewohnheiten der Marguerite, die Schwankungen und Veränderungen in Notzeiten, über Luxus, Verschwendung und Sparmaßnahmen, über Vorlieben und Ängste, über das Ambiente ihrer Häuslichkeiten sowie über Freigebigkeit und Großzügigkeit gegenüber ihrem Hofstaat zu

---

5 Cf. insbes. die Monographie von É. VIENNOT, *Marguerite de Valois »la reine Margot«* (Anm. 1).
6 Cf. J. GARRISSON, *Marguerite de Valois* (Anm. 4).
7 Entstanden seit 1594, posthum veröffentlicht erstmals 1628. Cf. MARGUERITE DE VALOIS, *Mémoires et discours*, édition établie, présentée et annotée par Éliane Viennot, Saint-Étienne, Publications de l'Université de Saint-Étienne (collection »La cité des dames«), 2004, 45–203.
8 Cf. MARGUERITE DE VALOIS, *Correspondance 1569–1614* (Anm. 3).
9 Es handelt sich um die von Marguerite verfasste Schrift *Le Mémoire justificatif pour Henri de Bourbon* (entst. April 1574), erstmals publiziert unter dem Titel *Déclaration du roi de Navarre* (1659) und erst im 18. Jahrhundert als Werk Marguerites identifiziert, sowie um einen Beitrag Marguerites zur *Querelle des femmes*, ihren *Discours docte et subtil dicté promptement par la Reyne Marguerite* (1614), den einzigen zu ihren Lebzeiten veröffentlichten Text. Cf. MARGUERITE DE VALOIS, *Mémoires et discours* (Anm. 7), 205–215 und 217–221.
10 Zu den unsignierten, zum Teil anonym in kollektiven Alben eingestreuten Gedichten Marguerites cf. die bei Viennot angegebenen Anthologien und anderen Quellen. Cf. É. VIENNOT, *Marguerite de Valois »la reine Margot«* (Anm. 1), 617–618. Cf. neuerdings auch M. DE VALOIS, *Album de poésies*, édition de Colette Winn et François Rouget, Paris, Éditions Classiques Garnier, 2009.
11 Cf. J. GARRISSON, *Marguerite de Valois* (Anm. 4), 357 (Bibliographie).

geben.¹² Auch dieser Gang durch die verdienstvollen biographischen Rekonstruktionen von Viennot und Garrisson führt über nicht zu erforschende *blancs*, die die Autorinnen mit hypothetischen Beweisführungen auszufüllen versuchen, wobei auch sie des Öfteren von gesichertem Wissen in die Sphäre des Meinens und Glaubens abirren müssen, um einen kohärenten Zusammenhang dieser *Vita* herzustellen und Ungereimtheiten plausibel zu erklären. Letztendlich bleiben auch Viennot und Garrisson zu der Person Marguerite immer auf Distanz, wie es in der Natur der Sache liegt, wenn man eine historische Persönlichkeit aus einer Entfernung von ca. 400–450 Jahren ›wiederauferstehen‹ lassen möchte.

Das Charakterbild einer historischen Figur lässt sich immer nur indirekt erfassen. Man kann im Falle Marguerites ihre Autobiographie studieren, bekanntlich eine der ersten ihrer Art von Fürstinnen des 16. Jahrhunderts und heute als der ›Durchbruch‹ zur weiblichen Autobiographie¹³ angesehen, aber man muss auch in diesem Fall zunächst verschiedene Schichten abtragen, um über die allgemeinen, im 16. Jahrhundert üblichen Konventionen für die Verschriftlichung von Selbstzeugnissen, die Kodierungen des Genres und politischen Vorsichten sowie anderen Rücksichtnahmen vielleicht einen kleinen Lichtblick von Authentizität dieser Persönlichkeit und dieses Charakters zu erhaschen.

Marguerite als literarische Figur – der Mythos der Reine Margot

Da gibt es über die Jahrhunderte hinweg eine beachtliche Anzahl von literarischen Schriften – Gedichten, satirischen Pamphleten, Theaterstücken, Romanen –,¹⁴ in denen Marguerite als literarische Figur auftritt, die ein Kaleidoskop

---

12 »L'intitulé de ces registres est variable selon le trésorier qui gère les comptes; tantôt le registre porte le titre de ›Trésorerie et recette générale‹, tantôt ›Recettes et dépenses‹. Cette comptabilité est divisée en recettes et dépenses; les dépenses elles-mêmes sont subdivisées en plusieurs postes: les gages des officiers et des dames, etc., les dépenses de l'argenterie, c'est-à-dire celles faites par Marguerite, les dépenses de l'écurie, groupant tout ce qui concerne les animaux, les voitures, les gens, y compris les pages et les laquais, les voyages.« J. GARRISSON, *Marguerite de Valois* (Anm. 4), 357 (Bibliographie).

13 M. ZIMMERMANN, *Frühe Formen der Autobiographie: die Memoiren der Marguerite de Valois*, in EAD., *Salon der Autorinnen. Französische dames de lettres vom Mittelalter bis zum 17. Jahrhundert*, Berlin, Erich Schmidt, 2005, 147–183, hier: 174.

14 Die Zusammenstellung *Œuvres de fiction évoquant Marguerite, par ordre chronologique* von É. VIENNOT, in EAD., *Marguerite de Valois »la reine Margot«* (Anm. 1), 632–633, ist unvollständig und außer der Erwähnung von Shakespeares *Love's Labour's Lost* (entst. 1595?) nur auf Frankreich fixiert. So enthält sie nicht den Romanzyklus von Heinrich Mann (cf. Anm. 18). Es fehlen auch die zeitgenössischen Gedichte auf Marguerite, die Viennot freilich in ihrer *Histoire d'un mythe* (Anm. 15) besprochen hat.

von Bildern entwerfen. Zunächst genießt die unverheiratete Prinzessin in üppiger Weise das konventionelle Fürstenlob ihrer großen Zeitgenossen, allen voran Pierre de Ronsard, dessen Schülerin sie war.[15] Es fällt auf, dass die literarische Auseinandersetzung mit Marguerite kurz nach ihrer Verheiratung (1574) offensichtlich durch den Hass zwischen den religiösen Parteien eine entschieden andere Wendung nimmt, indem sie sich in zwei entgegengesetzte Richtungen bewegt. Sie vollzieht sich von nun an auf die Dauer zwischen den zwei äußersten Extremen der Vergöttlichung einer Märchenprinzessin wie in dem panegyrischen *Discours* von Brantôme (1593)[16] und der Verteufelung einer sittenlosen Hure, hinterhältigen Hexe und eines skrupellosen, zynischen und Macht missbrauchenden Monstrums voller Grausamkeiten gegenüber Schwächeren wie in dem wahrscheinlich von dem sittenstrengen Calvinisten Théodore Agrippa d'Aubigné stammenden satirischen Pamphlet *Le divorce satyrique* (1607).[17]

Bis in unsere heutige Zeit hat sich die Waage unter dem heuchlerischen Deckmantel der moralisch gesteuerten Verurteilung und der Sucht nach pornographischen Sensationen schließlich mehr und mehr auf die negative Seite geneigt, so dass Ende des 20., Anfang des 21. Jahrhunderts die ›Reine Margot‹ zu einer Figur grotesker Sittenlosigkeit verkommen ist. Für diese Eskalation stehen besonders die letzten Verfilmungen,[18] die einen freien Umgang mit den Romanen von Alexandre Dumas und Heinrich Mann pflegen, indem sie sich als Modell einer historischen Persönlichkeit bemächtigen, die der breiten Masse des Publikums als solche weit entrückt und ihnen wohlfeil ist, um sie hemmungslos in den Schmutz zu ziehen. Dabei kommen sie dem Geschmack eines Massenpublikums entgegen, das für derartige grelle Lesarten empfänglich ist und sich um

---

15 Cf. hierzu den Abschnitt *La nouvelle Minerve* aus dem 2. Teil der Abhandlung von Viennot, die den Titel *Histoire d'un mythe* trägt. É. VIENNOT, *Marguerite de Valois »la reine Margot«* (Anm. 1), insbes. 308.
16 PIERRE DE BOURDEILLE, SEIGNEUR DE BRANTÔME, *Discours sur la Reyne de France et de Navarre, Marguerite, fille unique maintenant restée et seule de la noble Maison de France*, in ID., *Recueil des Dames, poésies et tombeaux*, édition établie, présentée et annotée par Étienne Vaucheret, Paris, Gallimard (Bibliothèque de la Pléiade), 1991, 119–158. Der *Discours* wurde ihr wahrscheinlich 1593 gewidmet.
17 Anonymes Flugblatt [Agrippa d'Aubigné?], *Le divorce satyrique ou les amours de la Reyne Marguerite* (1607), in THÉODORE AGRIPPA D'AUBIGNÉ, *Œuvres complètes*, édition de Françoise de Caussade und Eugène Réaume, Paris, A. Lemerre, 1873–1892, Bd. 2, 653–684. Zur Urheberschaft cf. É. VIENNOT, *Agrippa d'Aubigné, Marguerite de Valois et le Divorce satyrique*, in »Albineana, Cahiers d'Aubigné«, VII, 1997 (http://www.elianeviennot.fr/Articles/Viennot-MgV-DivorceSatyrique.pdf).
18 P. CHÉREAU, *La Reine Margot* (1994), nach dem gleichnamigen Roman von Alexandre Dumas (1844–1845), sowie J.-A. ›Jo‹ BAIER, *Henri 4* (2010), nach dem Romanzyklus *Henri Quatre – Die Jugend des Königs Henri Quatre* (1935) und *Die Vollendung des Königs Henri Quatre* (1938) – von Heinrich Mann.

jeden Preis amüsieren will. Demgegenüber gehen die Arbeiten von Viennot und Garrisson, die freilich weitgehend nur in der *République des Lettres* bekannt sind, mit Sorgfalt und einer abwägenden Vorsicht zu Werke. Sie versuchen, in alle Winkel der Überlieferung hineinzuleuchten und ihre Erkenntnisse dem negativen Bild von Marguerite entgegenzusetzen. Die wissenschaftlich Interessierten, die sich die Mühe machen, die umfänglichen, detailgenauen Diskurse oder labyrinthischen Argumentationen nachzuvollziehen, werden sich dem positiven Urteil der Forscherinnen kaum verschließen können.[19]

Die Reine Marguerite als Dispositiv des politischen Hassdiskurses

Im Rückblick betrachtet, scheint das negative Bild, für das der Name ›Reine Margot‹ steht, im Laufe der Zeit die Oberhand gewonnen zu haben. Es ist in der Überlieferung zu einem Mythos gewachsen, der die historische Wirklichkeit überwuchert und überfremdet hat.[20] Der Beginn der negativen Traditionslinie in der die Reine Margot betreffenden Überlieferung lässt sich auf zwei im Jahre 1574 kursierende Flugblätter zurückführen, die in der durch die Bartholomäusnacht politisch aufgeheizten Stimmung gegen das Königshaus die Öffentlichkeit aufzustacheln versuchten. Das erste, anonym verfasst,[21] polemisiert gegen die Politik von Catherine de Médicis und enthält nur eine eher harmlose Anspielung auf Marguerites voreheliche Verliebtheit in den katholischen Herzog von Guise, wohingegen das zweite unter dem bisher nicht aufgeklärten Pseudonym eines Eusèbe Philadelphe, Cosmopolite,[22] mit der suggestiven und zum Aufruhr anregenden Überschrift *Le Réveil-Matin des François* außer der Königinmutter Catherine den regierenden König Charles IX, seine beiden Brüder und seine Schwester Marguerite aufs heftigste attackiert. Es handelt sich um ein Pamphlet

---

19 In der deutschen Romanistik hat sich vor allem Margarete Zimmermann um Marguerite de Valois verdient gemacht und dafür gesorgt, dass Marguerite de Valois ein Gesicht als ›humanistische Intellektuelle‹ und ernstzunehmende Frauenpersönlichkeit ihrer Zeit bekommt. Vgl. insbes. M. ZIMMERMANN, *Frühe Formen der Autobiographie: die Memoiren der Marguerite de Valois* (Anm. 13), 174–183. Vgl. auch C. PROBST, *Margarete von Valois*, in *Französische Frauen der Frühen Neuzeit. Dichterinnen–Malerinnen–Mäzeninnen*, hgg. von Margarete Zimmermann und Roswitha Böhm, Darmstadt, Wissenschaftliche Buchgesellschaft, 1999, 109–126.

20 Zur Gedächtnisgeschichte der Marguerite de Valois cf. É. VIENNOT, *Histoire d'un mythe*, (Anm. 1), 305–536; ferner die *Chronologie de la légende* (Anm. 1), 549–551. Cf. auch C. PROBST (Anm. 19) und M. ZIMMERMANN (Anm. 13).

21 Es handelt sich um den *Discours merveilleux de la vie et déportements de Catherine de Médicis* (1574). Cf. É. VIENNOT, *Histoire d'un mythe* (Anm. 1), 313.

22 Viennot vermutet dahinter Nicolas Barnaud. Cf. É. VIENNOT, *ibidem*.

protestantischen Ursprungs.²³ In diesem Jahr 1574 befindet sich Henri de Navarre, der noch im Louvre geduldet wurde, im *Complot des Malcontents*, eine Verschwörung protestantischer Führer mit dem jüngsten Prinzen des Königshauses, dem Duc d'Alençon, gegen den Thronfolger Henri d'Anjou, den späteren Henri III, und damit auch gegen Catherine de Médicis. Über die damals aufkommenden und die Krone gefährdenden monarchomachischen Tendenzen der Schrift hinaus konkretisiert sich die Diffamierung der jungen Königin Marguerite in schweren moralischen Vorwürfen: Inzest mit dem Bruder Henri,²⁴ dem späteren Henri III, und Verteufelung als Ehefrau eines Hugenotten. Zu diesem Argument hatte ihr Bruder Charles selbst die Steilvorlage geliefert. Der von ihm initiierte Spitzname »Margot« wurde benutzt, um dem König ein böses Wort in den Mund zu legen, mit dem er sich gleichzeitig von den Protestanten hätte distanzieren können. Er gäbe seine Margot, die dem Hugenotten Henri de Navarre angetraut war, damit gleichzeitig allen Häretikern des Reiches. Wie Viennot nachgewiesen hat,²⁵ sind beide Vorwürfe, die im Pamphlet gegen Marguerite erhoben werden, haltlos. Dennoch gaben sie Anlass zu Gerüchten und werden heute als die ersten Bausteine der »Schwarzen Legende«²⁶ angesehen.

Was der Öffentlichkeit nicht bekannt war, ist die Tatsache, dass Marguerite in diesen gefährlichen Verwicklungen eine aktive Rolle spielte, in der sie darauf abzielte, ihren Ehemann Henri gegenüber der französischen Krone zu verteidigen. Die mit »Henri« unterzeichnete und an die Adresse von Katharina von Medici gerichtete Rechtfertigung für das politische Paktieren Henris mit dem Duc d'Alençon, *Le Mémoire justificatif pour Henri de Bourbon*,²⁷ zeigt sowohl Marguerites intellektuelle Fähigkeiten als auch ihre zu dem Zeitpunkt noch geübte Solidarität zu ihrem Ehemann. In dieser politisch prekären Situation zeugt Marguerites Intervention, motiviert von dem Willen zur politischen Selbstbehauptung, von einem großen persönlichen Mut.

---

23 Cf. É. VIENNOT, *Agrippa d'Aubigné, Marguerite de Valois et le* Divorce satyrique (Anm. 17), 12.
24 Cf. É. VIENNOT, *Histoire d'un mythe* (Anm. 1), 314.
25 Cf. *ibidem*.
26 Zum Begriff cf. M. ZIMMERMANN, *Frühe Formen der Autobiographie: die Memoiren der Marguerite de Valois* (Anm. 13), 181.
27 Cf. *supra*, Anm. 9.

Marguerite in die politische Bedeutungslosigkeit abgestürzt: zwischen den Fronten zerrieben – in der Öffentlichkeit diffamiert

Eine nähere Beleuchtung der Jahre von 1574–1585 zeigt das Drama einer jungen, intelligenten Königin, die in einem verzweifelten Kampf um persönliches Ansehen, um machtpolitischen Einfluss, religiöse Glaubwürdigkeit, mütterliche Anerkennung und Zuwendung sowie die politische Stärke ihres Ehemannes und dessen Zuneigung chancenlos ist. Das Scheitern aller Initiativen der zwischen den erbitterten und verhärteten Fronten stehenden, zur Einzelkämpferin verurteilten Königin, ist vorprogrammiert. Marguerite ist und bleibt Katholikin. Sie ist und bleibt in ihrem Selbstverständnis eine Angehörige des edlen Geschlechts der Valois. Sie trägt den Stolz als Enkelin und Tochter großer Könige und als Schwester dreier Könige dieses Hauses bis zu ihrem Lebensende in sich. Zugleich will sie aber auch die hilfreiche und politisch wichtige Ehefrau des ihr angetrauten Königs sein. Es ist die Quadratur des Kreises, die sie trotz ihrer Willensanstrengungen nicht lösen kann. Zwischen den Fronten von Paris und Nérac wird sie zerrieben, zur Enttäuschten, Gedemütigten, Gejagten, Ausgestoßenen und um ihr Leben Bangenden, um ihr Erbe Betrogenen, hier wie dort Unerwünschten.

Für die Öffentlichkeit dient sie nach ihrer Trennung von Henri (1585) als quasi verstoßene Königin ohne den Schutz des Ehemannes als Zielscheibe von Verleumdung und übler Nachrede. In dem von einem abgründigen Hass geprägten Diskurs verliert die Vernunft nach und nach an Terrain. Sie ist teilweise völlig ausgeblendet, denn mit gesundem Menschenverstand lassen sich die Diffamierungen nicht mehr in Einklang bringen. Darüber hinaus führen verschiedene politische Kurzschlusshandlungen Marguerites die isolierte und exilierte Frau vollends in ein Abseits und zu politischer Bedeutungslosigkeit. In den von dem Chronisten und Journalisten Pierre de L'Estoile in seinen *Mémoires-Journaux* zitierten Gedichten aus der Episode des Aufenthaltes in Agen (1585), in denen Marguerite als Hure mit einem ausschweifenden Sexualleben verleumdet wird,[28] ist eine Eskalation gegenüber der ersten *médisance* von 1574 erreicht. Éliane Viennot konstatiert ab dieser Phase in der Gedächtnisgeschichte der Königin Marguerite eine Art »double image«.[29]

---

28 Cf. É. VIENNOT, *Histoire d'un mythe* (Anm. 1), 315–316. Zu den drei Marguerite thematisierenden Gedichten cf. P. DE L'ÉTOILE, *Mémoires-Journaux*, 12 Bde., Paris, A. Lemerre, 1875–1896, Bd. 2, 272, 305, 309.
29 É. VIENNOT, *Histoire d'un mythe* (Anm. 1), 316.

Die Ablösung des Persönlichkeitsbildes von der Realität: Die »Schwarze Legende«

Die »Schwarze Legende« etabliert sich endgültig und nachhaltig mit dem oben bereits erwähnten *Divorce satyrique* (1607).[30] Bei diesem Text handelt es sich um eine späte Satire auf die längst vollzogene Ehescheidung von Henri und Marguerite (1599), wahrscheinlich aus der Feder des als aufrecht betrachteten Protestanten Agrippa d'Aubigné. Man darf mit Viennot annehmen, dass sich der ehemalige Parteigänger und politische Ratgeber von Henri IV aus Enttäuschung über den Frieden mit den Katholiken politisch gerächt hat. Es gibt 1607 für ihre fanatischen Feinde Veranlassung, die üble Nachrede auf Marguerite wieder zu beleben, nachdem die Königin nunmehr in Paris weilt (ab 1605) und sich ab 1606 im Hôtel de Sens, einem ehemaligen Bischofspalast, mit ihrem freigeistigen Hofstaat niedergelassen hat. Als Reine Marguerite gewinnt sie in ihrem letzten Lebensjahrzehnt einen besonderen Status als die letzte Valois und pflegt Freundschaft mit dem König und seiner Familie. Die als Rechtfertigung der Ehescheidung vom Standpunkt Henris gesehen daherkommende Satire erweist sich letztendlich zwar als zweischneidiges Schwert sowohl für den einen als auch für den anderen Partner,[31] verfehlt aber keineswegs, die bereits 1574 begonnene üble Nachrede Marguerites fortzusetzen und sie zu übertrumpfen. Die evozierte angebliche Sittenlosigkeit und die Ärgernis erregende Libertinage von Marguerite, die in *Le divorce satyrique* angeprangert werden, bilden den Grundstein für die Entstehung des Mythos.[32]

Die mit dem Sittenkodex der damaligen Zeiten, namentlich dem der Protestanten, sicherlich nicht im Einklang stehende Lebensweise einer alleinstehenden Frau, zumal einer Fürstin, hat zu ihren Lebzeiten Veranlassung zu aufbauschenden Vorwürfen und phantastischen Verleumdungen geboten. Das entworfene Bild wird posthum zum Klischee, das nicht nur in der pamphletären und satirischen Literatur fest verankert ist, sondern auch noch die eher ambivalenten literarischen Fiktionalisierungen bis in das 20. Jahrhundert hinein bestimmt. So enthält das monumentale Romanwerk von Alexandre Dumas *La Reine Margot* (1844–1845) als Fiktionalisierung von Historie deutliche Spuren der Lesart der »Schwarzen Legende«,[33] wenn auch im Gewand romantisch-he-

---

30 Cf. *supra*, Anm. 17.
31 Cf. É. VIENNOT, *Histoire d'un mythe* (Anm. 1), 322–323. Cf. auch É. VIENNOT, *Agrippa d'Aubigné, Marguerite de Valois et le* Divorce satyrique (Anm. 17), 12.
32 Cf. É. VIENNOT, *Histoire d'un mythe* (Anm. 1), 320.
33 Hierzu gehört insbesondere die erstmals in *Le divorce satyrique* nachweisbare Erzählung vom Raub der abgeschlagenen Häupter von La Molle und Coconnas durch Marguerite und die Duchesse Henriette de Nevers sowie deren Transport in ihren Kutschen und die Bestattung mit eigenen Händen; ferner der Mythos von dem von Marguerite um die Taille

roisierenden Zeitgeschmacks und ungeachtet dessen, dass die Schreibwerkstatt Dumas sehr wohl Kenntnis von der die Königin Marguerite rehabilitierenden Biographie von Antoine Mongez von 1777[34] hatte. Ähnlich wie Dumas verfährt Heinrich Mann in dem auch separat veröffentlichten Kapitel IV *Margot*[35] aus dem Roman *Die Jugend des Königs Henri Quatre* (1935), indem er das Bild der Marguerite nach Art der Moderne in ironische Distanz rückt und ihm zynisch abwertend die Würde nimmt. Auch bei Heinrich Mann scheint die Stimme der Vernunft in weiten Teilen chancenlos, obschon davon auszugehen ist, dass ihm die Biographie von Jean-Hippolyte Mariéjol (1928)[36] bekannt war, die im Gefolge von Mongez ein unvoreingenommenes positives Bild der Königin, das dennoch immer noch nicht gänzlich frei von Klischees ist, zu zeichnen beabsichtigt.

Die Leistung der Aufklärung für die Neutralisierung des Persönlichkeitsbildes der Reine Marguerite

In den letzten Jahrzehnten des 18. Jahrhunderts, der letzten Phase der französischen Aufklärung, unternahm es der Archivar und Historiker Antoine Mongez, erfüllt vom ›esprit critique‹ seiner Zeit und von einer historischen Verantwortung gegenüber der Geschichte der französischen Könige, eine wissenschaftliche Abhandlung über die Reine Marguerite zu schreiben. Er begründete sein Vorhaben mit dem Argument, dass sie zu den wenigen Angehörigen der französischen Dynastien gehöre, über die es noch keine wissenschaftliche Bearbeitung nach den neuen Maßstäben der Aufklärung gab. So verfasste er die erste große Biographie über die Reine Marguerite. In diesem Werk versucht der Autor, unvoreingenommen und frei von Galle, Hass und Ironie ein möglichst echtes Porträt der Königin zu zeichnen, indem er das Wahre vom Falschen scheidet. Mit Hilfe des urteilenden Verstandes bewertet er die Stärken und Schwächen einer Persönlichkeit, die einerseits außergewöhnliche Züge trägt, andererseits aber auch nicht frei von Fehlern war und nicht immer den

---

getragenen mit Taschen versehenen Wulst, in denen sich, in Kästchen verschlossen, die einbalsamierten Herzen ihrer dahingeschiedenen Liebhaber befinden. Cf. dazu *La Reyne Marguerite* (1657), in GÉDÉON TALLEMANT DES RÉAUX, *Historiettes*, édition Antoine Adam, Paris, Gallimard, 1960 (Bibliothèque de la Pléiade), 59–62, hier: 60.

34 Cf. ANTOINE MONGEZ, *Histoire de la reine Marguerite de Valois, première femme du roi Henri IV* (Anm. 1). Cf. dazu É. VIENNOT, *Histoire d'un mythe*, in EAD., *Marguerite de Valois »la reine Margot«* (Anm. 1), 406.
35 H. MANN, *Margot. Die Bartholomäusnacht*, Frankfurt am Main, Fischer, 2006² (1998¹).
36 J.-H. MARIÉJOL, *La vie de Marguerite de Valois: Reine de Navarre et de France (1553–1615)*, Paris, Hachette, 1928. Nachdruck Genf, Slatkine Reprints, 1970.

menschlichen Abirrungen (»écarts«[37]) ausweichen konnte. Diese Seite der Marguerite zeigt sich namentlich in ihrer Schwäche für verschiedene Liebhaber und den ihr unterstellten eventuellen Schwangerschaften, Vorwürfe, die allerdings bis heute nicht zu belegen sind.[38]

Für diese Bestandteile der Biographie ist auch bei Mongez zweifellos das Pamphlet *Le divorce satyrique* zuständig. Mongez trachtet aber danach, durch eine nüchterne Beurteilung seine Darstellung dem Hassdiskurs zu entziehen. So gesehen, präsentiert sich das Faktum der Liebhaber bei Mongez nicht mehr in der obszönen Beleuchtung, zumal der Autor eine Art Entschuldigung für Marguerite bei den ›männlichen‹ (*sic!*) Vorfahren der Valois-Königin – ihrem Vater Henri II und ihrem Großvater François Ier – sucht,[39] die ihrerseits die Gesetze einer gesellschaftlichen Moral für sich selbst sehr frei auslegten. Das allerdings verdankt sich wiederum dem Geist der Renaissance, der auch eine Frau, die Königin Marguerite de Navarre, Schwester von François Ier und Großtante von Marguerite de Valois, beflügelte, als *réécriture* des *Decameron* ein *Heptaméron* zu verfassen.

In seiner Biographie widmet Mongez eine besondere Aufmerksamkeit den *Mémoires*, der Autobiographie der Reine Marguerite. Dazu schreibt Viennot, die Mongez zitiert:

> Cependant, le biographe [Mongez] suit de près les *Mémoires* et donne le plus souvent raison à Marguerite. Surtout, il pense qu'on doit ›écarter le poison et le fiel répandus sur cette princesse, coupable à la vérité de quelques écarts, mais bien éloignée de tout ce que le désespoir d'un parti abandonné par son héros, ou la rage de ceux qui n'avaient retiré aucun fruit des troubles excités par leur ambition, a osé écrire contre elle‹. L'historien est en effet l'un des premiers à attribuer le *Divorce satyrique* à Aubigné, et il voit dans sa rancune personnelle et politique la raison de la violence de ses pamphlets.[40]

---

37 ANTOINE MONGEZ, *Histoire de la reine Marguerite de Valois, première femme du roi Henri IV* (Anm. 1), 14.
38 Cf. die ausführlichen Einlassungen hierzu insbes. von É. Viennot, in MARGUERITE DE VALOIS, *Correspondance 1569–1614* (Anm. 3), 619–620; cf. ferner É. VIENNOT, *Marguerite de Valois »la reine Margot«* (Anm. 1), 200–203.
39 Cf. das als Motto vorangestellte Zitat von ANTOINE MONGEZ, *Histoire de la reine Marguerite de Valois, première femme du roi Henri IV* (Anm. 1), 408.
40 É. VIENNOT, *Marguerite de Valois »la reine Margot«* (Anm. 1), 407. Viennot zit. ANTOINE MONGEZ, *Histoire de la reine Marguerite de Valois, première femme du roi Henri IV* (Anm. 1), 14.

Die Bedeutung der *Mémoires* Marguerites

In der Tat spielen die *Mémoires* in der positiven Traditionslinie die Hauptrolle. Der ursprünglich nicht zur Veröffentlichung bestimmte autobiographische Text wurde erst posthum im Jahr 1628 gedruckt. Noch über ein Jahrzehnt nach ihrem Tode wirken die Ablehnung und das Misstrauen gegenüber der Königin Marguerite, was zur Folge hatte, dass das Werk sofort beschlagnahmt wurde. Es konnte nur heimlich gedruckt werden, erreichte aber in kürzester Zeit den Rang eines Bestsellers, nachdem ein bestimmtes Lesepublikum in den Jahren 1628 und 1629 sechs Auflagen aufkaufte und auch in der Folgezeit bis 1666 ein regelmäßiges Interesse an Neudrucken zeigte. Auch die Preziösen gehören zum Interessentenkreis. Die *Académie Française* nimmt die Autobiographie Marguerites »in die Liste der rund dreißig berühmtesten in französischer Sprache verfaßten Bücher auf«.[41] Das Werk wird sehr früh ins Englische (um 1630), dann ins Italienische (1641) und mit großer Verspätung 1803 auch ins Deutsche übersetzt. Dieser Übertragung von Dorothea Schlegel ist eine kurze *Vorrede* von Friedrich Schlegel vorangestellt, der das politische Schicksal der Marguerite de Valois mit dem ihrer Schwägerin Mary Stuart vergleicht. Wie den Aufklärer Mongez beschäftigt auch den deutschen Frühromantiker die Frage,

> [...] warum diese Königin, mit so großen Ansprüchen geboren, mit dieser ausgezeichneten Bildung und allbewunderten Schönheit, ebenso talentvoll und verführerisch wie ihre Jugendfreundin Maria Stuart und nur auf eine andre Art auch ebenso unglücklich; warum sie mit allen diesen Vorzügen begabt, dennoch keine größere Rolle in der Geschichte gespielt hat.[42]

Die *salonnière*: Marguerites Bedeutung für das literarisch-philosophische Leben ihrer Zeit

Der Nachruhm der Marguerite de Valois gründet sich abgesehen von den *Mémoires* auf ihrem Wirken als *salonnière*, das vielfältig bezeugt und nachgewiesen ist. In den Jahren nach ihrer Verheiratung begibt sie sich in den berühmten *Salon vert* der Maréchale de Retz in Paris, der als Vorbild für alle späteren aristokratischen Salons gelten kann.[43] In dieser Phase inspiriert Mar-

---

41 M. ZIMMERMANN, *Frühe Formen der Autobiographie: die Memoiren der Marguerite de Valois* (Anm. 13), 181.
42 F. SCHLEGEL, *Vorrede zu Geschichte der Margaretha von Valois, Gemahlin Heinrichs IV. Von ihr selbst beschrieben*, übersetzt von Dorothea Schlegel, zusammengestellt und mit einer Vorrede versehen von Friedrich Schlegel, Darmstadt, Wissenschaftliche Buchgesellschaft, 1996, 12–13.
43 Zum Grünen Salon der Claude-Catherine de Clermont, Duchesse et Maréchale de Retz cf. M.

guerite verschiedene berühmte Renaissance-Dichter, die sie ihrerseits als Muse besingen und ihr Gedichte widmen: z. B. Philippe Desportes, sonnet 61 der *Amours d'Hippolyte* (1673), Jean Passerat, *Quatrains des trois Marguerites, pour réciter sur la lyre* (1575), Rémi Belleau, *La Perle* (1576).[44] Während ihrer Jahre in Nérac (1578–1582) gründet sie mit Philosophen, Literaten, Künstlern und Musikern einen Kreis, der den Ehrentitel ›Musenhof‹ erhält. Die berühmtesten Gäste am Hof sind Montaigne und Shakespeare. Guy Le Fèvre de La Broderie widmet ihr seine Übersetzung (1578) von Ficinos Kommentar zu Platons *Symposion*.[45] Montaignes Widmung der *Apologie de Raimond Sebond* (1580) an die nicht namentlich genannte Adressatin ist von der Forschung als eine verschlüsselte Eloge an Marguerite erkannt worden. Sie wurde von den gebildeten Zeitgenossen sehr wohl als solche identifiziert.[46] Der Dichter war *habitué* auf dem Schloss von Nérac. Es ist bezeugt, dass Marguerite häufig gelehrte Gespräche mit Montaigne geführt hat, die gleichsam ihre literarische Fortsetzung in der *Apologie de Raimond Sebond* finden. Die *Essais* werden zu Marguerites »livre de chevet«.[47]

In der Einsamkeit von Usson, ihrem Exil in der Auvergne, in dem sie sich von 1585–1605 ca. zwanzig Jahre aufhält, gelingt es Marguerite, auch in dieser schwer zugänglichen Einöde einen Kreis von Intellektuellen, Dichtern und Musikern in einem Parnass um sich zu scharen, unter anderem Guy Le Fèvre de La Broderie, Antoine Lapujade und die Brüder d'Urfé, Honoré und Antoine.[48] Sie beauftragt Honoré d'Urfé mit der Abfassung der *Épîtres morales*.[49] Zu den zahlreichen Besuchern gehört auch Brantôme. Dieser unternimmt zwischen 1589 und 1592 die beschwerliche Reise nach Usson. Er hatte die Marguerite gewidmeten Kapitel des *Recueil des Dames* im Gepäck, um sie der Königin zu unterbreiten und von ihr begutachten zu lassen. Bekanntlich nimmt Marguerite diese panegyrische Schrift zum Anlass einer Erwiderung in Gestalt ihrer *Mémoires*. Darin dämpft sie die von ihr als übertrieben angesehenen Elogen ihres ehemaligen, sie noch immer verehrenden *cavalier d'honneur*. Auch in ihrer letzten Lebensphase (1605–1615) unterhält Marguerite in Paris ihren eigenen Salon, in dem Berühmtheiten wie Théophile de Viau, Honoré d'Urfé und Malherbe verkehren. Inzwischen ist der Kultroman *L'Astrée* (1607–1627) von Ho-

---

ZIMMERMANN, *Frühe Formen der Autobiographie: die Memoiren der Marguerite de Valois* (Anm. 13), 117–121.
44 Cf. É. VIENNOT, *Marguerite de Valois »la reine Margot«* (Anm. 1), 309–310.
45 Cf. *ibidem*, 310.
46 Cf. J. COPPIN, *Marguerite de Valois et le livre des créatures de Raimond Sebond*, in »Revue du XVIe siècle« 10, 1923, 57–66, hier: 57. Zit. bei É. VIENNOT, *Marguerite de Valois »la reine Margot«* (Anm. 1), 311.
47 É. VIENNOT, *Marguerite de Valois »la reine Margot«* (Anm. 1), 160.
48 Cf. J. GARRISSON, *Marguerite de Valois* (Anm. 4), 290–291.
49 Cf. *ibidem*, 318.

noré d'Urfé entstanden, dessen Schäferin Galathée Züge von Marguerite trägt. Marguerite, eine begeisterte Leserin von Schäferromanen, fördert dieses Genre, so dass es ihr Salon ist, der die Mode der Schäferdichtung in Frankreich einführt.[50]

Das Liebesabenteuer Marguerites als eine *mise en fiction* des neuplatonischen Denkens: aus überlieferten Briefen der Königin

Diese hervorgehobene Stellung Marguerites in der Welt der Schöngeister der damaligen Zeit lässt die üblen Unterstellungen, Diffamierungen und Vulgarisierungen ihrer Persönlichkeit als absurd erscheinen. Der erlesene Kunstgeschmack und die geistigen Ansprüche führen auf ein anderes Niveau. Auch ihre Liebesabenteuer sind keineswegs banal. Ihre Korrespondenz mit Champvallon, von der zwanzig Briefe Marguerites und zwei Briefe von Champvallon überliefert sind, offenbart die hochgesteckten Ansprüche Marguerites an ihren Liebhaber, die sich jenseits von Sex und Erotik an die Seele und an das Gefühl richten. In den Briefen spiegelt sich das Verhältnis als eine *mise en fiction* des neuplatonischen Denkens, wie es in den Liebestraktaten von Marsilio Ficino, Mario Equicola und Leone Ebreo dargestellt wird. Marguerite verlangt von ihrem Partner, dass er sich in die höheren Sphären einer seelischen Verbindung einfühlt und mit großer Sensibilität auf zarte Regungen reagiert.

Bei der Anwendung neuplatonischer Theorien auf das Liebesverhältnis ermöglicht ihr die Lehre Ebreos einen originellen und innovativen, auf die Rolle der Frau bezogenen *écart*. Aufgrund der Aufwertung des Geliebten durch Ebreo,[51] der gewissermaßen die platonische Hierarchie von Liebendem und Geliebten umkehrt und dekonstruiert, wird für Marguerite eine Identifizierung mit beiden – dem Geliebten *und* dem Liebhaber – möglich. Damit fühlt sie sich als Frau nicht unterlegen. Mit ihrer Umdeutung von Ebreo stärkt sie das Selbstverständnis der liebenden Frau gegenüber dem ihr standesmäßig unterlegenen Liebhaber. Es vermischen sich die irdischen Realitäten mit den esoterischen Vorstellungen. Die Ansprüche einer geistigen Überhöhung des Liebesverhältnisses müssen zwangsläufig zu seinem Scheitern beitragen, wie es im Falle Champvallon geschah. Dieses Liebesabenteuer mit seinen katastrophalen Folgen (vermutliche Schwangerschaft, Abtreibung?, Trennung, Flucht und Be-

---

50 Näheres hierzu cf. M. ZIMMERMANN, *Frühe Formen der Autobiographie: die Memoiren der Marguerite de Valois* (Anm. 13), 121.
51 Cf. Brief 163, gerichtet an Jacques de Harlay, seigneur de Champvallon; nach der Ordnung von Éliane Viennot vom Winter 1583, Paris, datierend. Cf. MARGUERITE DE VALOIS, *Correspondance 1569–1614* (Anm. 3), 234–235.

strafung des Liebhabers) offenbart die Tragödie des goldenen Käfigs, in dem sich eine Königin befindet.

Die Reine Marguerite als Idol und Dispositiv hymnischer Verehrung – ein Appell zur Freilegung eines vernebelten und verschütteten Charakterbildes

Die schrillen Töne, die sich im Laufe des Lebens von Marguerite in Intervallen einstellen, sind in der Beschreibung ihres großen Bewunderers Brantôme gänzlich unterdrückt worden. Sein in den Jahren 1665 / 1666 posthum im Druck erschienener *Discours sur la Reyne de France et de Navarre, Marguerite, fille unique maintenant restée et seule de la noble Maison de France* (entst. 1593) lässt in der euphorischen und bis ins Hymnische gesteigerten Darstellung vergessen, dass dieses menschliche Wesen, das er mit antiken göttlichen Schönheiten vergleicht, inzwischen gealtert und sterblich ist. Er stellt sein Idol einer jugendlichen Schönheit im königlichen Schmuck mit graziler Eleganz dar, die zudem noch ein Wunder an Intelligenz, Gelehrsamkeit, Beredsamkeit und Urteilsfähigkeit ist. Er beschreibt ein Gemälde, das sie als junge Frau verewigt, und inspiriert Ronsard zu einem Gedicht.[52] Für ihn ist Marguerite eine Ausnahmeerscheinung mit dem angeborenen Charisma einer echten Königin, deren Genialität zur Herrscherin ihr bereits in die Wiege gelegt ist.

Trotz der sinnfälligen Übertreibungen der Brantômeschen Schrift muss dieser Text auf viele Leser einen unwiderstehlichen Charme ausgeübt haben. Man darf davon ausgehen, dass die Reine Marguerite zu ihren Lebzeiten nicht nur Feinde, sondern auch viele Verehrer hatte. Étienne Vaucheret fasst in seiner *Notice* das Verdienst von Brantôme mit folgender Einschätzung zusammen:

> Brantôme, quant à lui, met en lumière d'autres aspects de son héroïne: certes, il fut surtout ébloui par sa beauté, mais il a vu également en elle une princesse de la Renaissance, intelligente et cultivée et une femme à l'âme fière, sachant allier la générosité au sentiment de sa grandeur. Grâce au mémorialiste, la reine revit dans le cadre éclatant de la cour des Valois, se présentant à la postérité avec un visage certes embelli et pour ainsi dire transfiguré par l'adulation. Mais en dépouillant ce portrait des enluminures hyperboliques, l'historien ne pourra-t-il cependant déceler certains éléments d'authenticité?[53]

---

52 Cf. BRANTÔME, *Discours sur la Reyne de France et de Navarre, Marguerite, fille unique maintenant restée et seule de la noble Maison de France* (Anm. 16), 126. Es handelt sich vermutlich um das François Clouet zugeschriebene Porträt Marguerites (um 1572). Cf. Abbildung 3.
53 É. VAUCHERET, *Notice*, in BRANTÔME, *Discours sur la Reyne de France et de Navarre, Marguerite, fille unique maintenant restée et seule de la noble Maison de France* (Anm. 16), 1139–1140.

Abb. 1: François Clouet, *Marguerite de Valois, future reine de Navarre* (um 1559) [links]
Abb. 2: François Clouet, *Marguerite de Valois, future reine de Navarre* (um 1561) [rechts]

Abb. 3: François Clouet (zugeschrieben), *Marguerite de Valois* (um 1572)

Abbildungsnachweis

Abb. 1: François Clouet, *Marguerite de Valois (1553–1615), future reine de Navarre* (um 1559). Zeichnung. 21,3 x 29,7 cm. Bibliothèque et archives du Château de Chantilly, Inv.: MN 42. Die Zeichnung der sechsjährigen Marguerite wurde erst nachträglich (im 18. Jh.) aquarelliert. Sie bildet das Modell für das Ölgemälde (cf. Abb. 2). Die weiße Guaschmalerei des Perlenschmucks auf der Zeichnung ist im Laufe der Zeit nachgedunkelt. Für den unkomplizierten Zugang zur Zeichnung danke ich M. le Prof. Frank Lestringant (Université de la Sorbonne, Paris IV), Mme Nicole Garnier, (conservateur générale du Patrimoine chargée du musée Condé Château de Chantilly) sowie dem Bibliothekar, M. Florent Picouleau. Lizenz: Public domain. http://commons.wikimedia.org/wiki/File: Clouet_Margerite_of_Valois.jpg?uselang=de.

Abb. 2: François Clouet, *Marguerite de Valois (1553–1615), future reine de Navarre* (um 1561). Öl auf Leinwand. 24 x 31 cm. Chantilly, Musée Condé, Le Cabinet des Clouet, Inv.: PE 255. Das Ölgemälde der Prinzessin in weißer Seidenrobe basiert auf der (zunächst noch unkolorierten) Zeichnung Inv. MN 42 (cf. Abb. 1). Im Unterschied zu dieser sind hier die Unterarme und Hände nicht ausgeführt. Lizenz: Public domain. http://commons.wiki media.org/wiki/File:Margot_001.jpg?uselang=de.

Abb. 3: François Clouet (zugeschrieben), *Marguerite de Valois* (um 1572). Öl auf Leinwand. 39 x 29 cm. Le Puy-en-Velay, Musée Crozatier. Lizenz: Public domain. http://commons.wikimedia.org/wiki/File: Margot00.jpeg.

Renzo Cremante (Pavia)

Il primato di Sofonisba nella tragedia del Cinquecento. Appunti per un ritratto

Composta a Roma, probabilmente, fra il 1514 e il 1515 e subito divulgata manoscritta, presentata a Leone X nel 1518, pubblicata per la prima volta a Roma nel luglio 1524 e ancora ristampata due mesi dopo sempre per le cure congiunte del calligrafo vicentino Ludovico degli Arrighi e dell'intagliatore perugino Lautizio di Bartolomeo de' Rotelli, con gli eleganti caratteri corsivi appositamente disegnati per quella prima maniera delle ›lettere nuovamente aggiunte ne la lingua Italiana‹ che costituivano il segnale più vistoso e polemico dell'ambizioso programma trissiniano di riforma ortografica, linguistica e metrica, la *Sofonisba*, per citare la disamina recente di Glenn W. Most, »è il primo tentativo postclassico attuato in una letteratura europea di drammatizzare una storia antica in una forma che imita la tragedia classica, ma che è resa in lingua volgare«.[1] Un pur veloce, sommario confronto con un'altra ›tragedia‹ ispirata alla medesima *fabula*, composta da Galeotto del Carretto una dozzina d'anni prima, dedicata a Isabella d'Este nel 1502, ma pubblicata postuma soltanto nel 1546,[2] basterebbe da solo a dimostrare la marcata novità strutturale e formale dell'esperimento trissiniano, la sua assoluta, programmatica incompatibilità rispetto a qualsivoglia prodotto del contemporaneo consumo letterario o teatrale occasional-

---

1 G.W. Most, *Giangiorgio Trissino. La Sofonisba*, in *Palladio*, a cura di G. Beltramini e H. Burns, Venezia, Marsilio, 2008, 33. Cfr. la *Nota introduttiva* premessa all'edizione della tragedia compresa in *Teatro del Cinquecento*. Tomo I. *La tragedia*, a cura di R. Cremante, Milano / Napoli, Ricciardi, 1988, 3–28. Da questa edizione, senza però conservarne le innovazioni ortografiche, dipendono tutte le citazioni della tragedia trissiniana.
2 Cfr. G. Del Carretto, *Li sei contenti e La Sofonisba*, edizione e commento di M. Bregoli-Russo, Madrid, José Porrúa Turanzas, 1982. Si noti, tuttavia, che l'etichetta di ›tragedia‹ compare soltanto nel frontespizio e nella lettera di dedica della stampa postuma procurata nel 1546 a Venezia, per Giolito, da Niccolò Franco, non senza l'intenzione di contrapporre il testo del poeta monferrino, morto nel 1531, alla tragedia del Trissino e di metterne in discussione, in qualche modo, il primato. Nella lettera di dedica alla Marchesana di Mantova, datata 22 marzo 1502 e allegata alla stampa del 1546, l'autore non parla propriamente di tragedia, ma di »opera mia continuata, la qual per una volta sarà in satisfazione de le mie rime, che le soleva mandare, e del tempo interrotto in scriverle al solito costume« (*ibidem*, 150–151).

mente divulgato, sia in latino sia in volgare, sotto l'etichetta equivoca, generica e approssimativa di tragedia.

Ma un altro fatto importa subito sottolineare, e cioè la scelta di un'eroina, di un personaggio femminile per il ruolo eponimo di protagonista, da esibire, appunto, nel frontespizio delle stampe. Non si tratta affatto di una scelta ovvia o scontata. Delle trentaquattro tragedie di Eschilo, Sofocle ed Euripide a noi pervenute (non tutte, del resto, note a Trissino), soltanto undici, meno di un terzo del totale – ben nove delle quali sono di Euripide – prendono il titolo da personaggi femminili; delle dieci tragedie che costituiscono il *corpus* di Seneca tragico (compresa l'*Octavia*, che nel Cinquecento gli è attribuita), due soltanto si intitolano a protagoniste femminili: mentre nella tragedia italiana del Cinquecento accade precisamente il contrario, accade cioè che i personaggi eponimi siano in netta prevalenza di sesso femminile.[3]

La *fabula* di *Sofonisba* procede, com'è noto, dal celeberrimo racconto di Livio (XXX 12 – 15).[4] E si tratta di una scelta tematica che non contraddice affatto, a ben vedere, all'assunto grecheggiante che improntra tutta quanta la teoria e la prassi della tragedia trissiniana. La protagonista, infatti, è un'eroina cartaginese, di fieri spiriti antiromani. Come ha osservato Carlo Dionisotti:

> L'Italia linguistica e letteraria del Trissino si affrontava all'antica Grecia direttamente, senza la mediazione romana. L'argomento stesso della tragedia, *Sofonisba*, esemplifica il distacco critico e l'avversione del Trissino nei confronti della tradizione romana. Come il Bembo e il Castiglione, e a differenza dell'Ariosto, il Trissino aveva imparato bene il greco. Ma nessun ellenista italiano di quell'età, neppure il maggiore di gran lunga, Poliziano, andò mai tanto oltre, come il Trissino, nello scarto della romanità.[5]

Che significa anche distacco nei confronti di gran parte della tradizione medievale e umanistica, sia latina sia volgare, che aveva variamente divulgato e

---

3 Per un calcolo molto sommario e puramente indicativo, mi limito ad osservare che nell'*Index of Italian and Latin Tragedies* menzionate nel volume di M.T. HERRICK, *Italian Tragedy in the Renaissance* (Urbana, The University of Illinois Press, 1965, 307 – 309), che annovera più di un centinaio di titoli, i nomi dei personaggi eponimi femminili superano di più del doppio quelli dei personaggi eponimi maschili. Sui modelli femminili nella tragedia italiana del Cinquecento si veda, intanto, A. BIANCHI, *Alterità ed equivalenza. Modelli femminili nella tragedia italiana del Cinquecento*, Milano, UNICOPLI, 2007.
4 Occorre tuttavia osservare che proprio in un punto decisivo per gli effetti drammatici, e cioè il riferimento al precedente fidanzamento di Sofonisba con Massinissa, la fonte liviana è contaminata dal Trissino con una diversa tradizione, riferita da Appiano (VIII 10 – 28), del quale lo scrittore vicentino mostra di tener presente anche il fortunato volgarizzamento di Alessandro Braccesi, però condotto sulla traduzione latina di Pier Candido Decembrio. La versione di Appiano è ripresa anche da Diodoro Siculo, *Bibl.*, XXVII 6 – 7.
5 C. DIONISOTTI, *L'Italia del Trissino*, in *Atti del Convegno di studi su Giangiorgio Trissino* (Vicenza 31 marzo – 1 aprile 1979), a cura di N. Pozza, Vicenza, Accademia Olimpica, 1980, 17; quindi in *Scritti di storia della letteratura italiana*, a cura di T. Basile – V. Fera – S. Villari, III, 1972 – 1998, Roma, Edizioni di Storia e Letteratura, 2010, 155.

illustrato con ininterrotto successo il racconto liviano, sia sviluppandone, volta a volta, la straordinaria fertilità narrativa, le potenzialità dialogiche, i chiaroscuri drammatici, il »pathetice materie fundamentum«,[6] sia circoscrivendone l'enfasi moraleggiante e la funzione scopertamente gnomica nella cornice topica e didattica dell'*exemplum*: dalle vette di Petrarca, naturalmente (*Africa* V 534–688, *Scipio* VI 52–83, *Triumphus Cupidinis* II 1–93, oltre al luogo delle *Familiares* appena citato), al Boccacccio (*Amorosa visione* X 17–21; *Elegia di madonna Fiammetta* 8; *De casibus virorum illustrium* III 4–11; *De mulieribus claris* LXX; epistola consolatoria a Pino de' Rossi)[7], al suo epitomatore Iacopo Filippo Foresti (*De plurimis claris selectisque mulieribus* LIII), a Marcantonio Sabellico (*Exemplorum libri decem* IV), alla citata ›tragedia‹ di Galeotto del Carretto etc.[8]

Non meno di altri indici formali (a cominciare dalla rivoluzionaria adozione, per le parti dialogiche, dell'endecasillabo sciolto), anche la scelta tematica concorre ad assegnare alla prototragedia trissiniana un ruolo preminente ed esemplare per quanto concerne la grammaticalizzazione cinquecentesca del genere tragico. Ma l'elaborazione tragica della *fabula* di *Sofonisba* deve continuamente misurarsi con le motivazioni espressamente ellenizzanti dell'imitazione trissiniana, non solo con i presupposti teorici della *Poetica* aristotelica ma soprattutto con i modelli tragici di Sofocle e di Euripide che Aldo Manuzio da una dozzina d'anni aveva portato pressoché integralmente alla luce della stampa. La fittissima trama delle relazioni intertestuali, la dinamica delle contaminazioni e delle interferenze, l'accumulo delle allusioni e delle citazioni, mentre documentano l'intenso travaglio sperimentale che presiede alla nascita della prima tragedia moderna nonché i limiti vistosi dell'esperimento, producono effetti assai curiosi che si riflettono talora, nella storia del genere tragico, in un doppio movimento di dare e avere. Accade per esempio che la Sofonisba trissiniana,

---

6 L'espressione è di PETRARCA, *Familiares* XVIII 7 3.
7 Tracce del racconto liviano e in particolare del dialogo fra Scipione e Siface sono presenti anche in *Decameron* X 6, in cui il »re Carlo vecchio, vittorioso, d'una giovinetta innamoratosi, vergognandosi del suo folle pensiero, lei e una sua sorella onorevolmente marita«.
8 Cospicua, del pari, la fortuna iconografica della *fabula*, per la quale si rinvia a P. GUERRINI, *Iconografia di Sofonisba. Storia e teatro*, in *Nascita della tragedia di poesia nei paesi europei*, Atti del Convegno Internazionale di studi (Vicenza, 17–20 maggio 1990), a cura di M. Chiabò e F. Doglio, Viterbo, Union Printing, 1991, 77–131. Quanto alla novella di Matteo Bandello (I 41), procedendo dichiaratamente dalla »bella istoria di Masinissa e Sofonisba« dei *Triumphi* e dalla sua fonte, anche a giudizio del suo più autorevole commentatore, Letterio Di Francia, essa »non rivela alcun segno di stretta consanguineità« con la tragedia trissiniana (L. DI FRANCIA, *Alla scoperta del vero Bandello*, II, in »Giornale Storico della Letteratura Italiana«, LXXX, 1922, 67. Si vedano anche le osservazioni di A. KRAPPE, *Notes on Bandello*, P. I, nov. 41, in »Modern Language Review«, XX, 1925, 195–202; la replica di L. DI FRANCIA, *The Real Source of a Novella by Bandello (I, 41) on the Loves of Sophonisba and Massinissa*, ibidem, XXI, 1926, 195–199; e la relativa nota di V. CIAN, in »Giornale Storico della Letteratura Italiana«, LXXVIII, 1926, pp. 340–341).

dopo aver ricalcato moduli e situazioni di più di una protagonista delle tragedie di Sofocle o di Euripide (da Andromaca a Ecuba, a Ifigenia, ma soprattutto ad Alcesti),[9] impresti poi, a sua volta, alcuni tratti distintivi della propria fisionomia e persino la lettera della propria voce drammatica a chissà quante altre eroine tragiche del Cinquecento, alle Rosmunde, alle Ecube, alle Cleopatre, alle Medee, alle Tullie, alle Marianne etc. Soccorrono numerosissimi gli esempi di ogni tipo. Mi limiterò a proporne qualcuno.

Nella scena d'apertura Sofonisba confida all'amica Erminia i propri timori circa le sorti della battaglia decisiva fra Cartaginesi e Romani, con una *lamentatio* intessuta di reminiscenze petrarchesche:

> Lassa, dove poss'io voltar la lingua
> Se non là 've la spinge il mio pensiero,
> Che giorno e notte sempre mi molesta?
> E come posso disfogare alquanto
> Questo grave dolor che 'l cuor m'ingombra,
> Se non manifestando i miei martiri?[10]

Ebbene, le stesse formule, con una perfetta corrispondenza strutturale, saranno ripetute, alla lettera, da tante altre eroine tragiche cinquecentesche: dalla Rosmunda di Giovanni Rucellai, in dialogo con la Nutrice (»Onde grave pensiero el cor m'ingombra«),[11] alla Didone di Alessandro Pazzi de' Medici (»l'angoscioso pensier, che mi preme tanto«),[12] dalla Didone, ancora, (»un novo / E molesto pensier ch'ora m'ingombra«) e dalla Selene giraldiana (»l'infinito dolor che mi tormenta«)[13], all'Alvida tassiana (»il mio pensier dolente / Lo qual mi sveglia, e mi perturba, e m'ange, / La notte e 'l giorno«).[14] Ma il catalogo potrebbe agevolmente allungarsi. E se nella *Sofonisba*, all'annuncio della sconfitta di Siface e dell'imminente occupazione di Cirta da parte dell'esercito romano, l'interrogazione simpatetica e affettuosa del Coro (»Qual spirto al mondo è di pietà sì nudo / Che

---

9 Si rinvia, per questo, all'»Indice delle citazioni« allegato a *Teatro del Cinquecento* (nota 1).
10 G.G. Trissino, *Sofonisba*, in *Teatro del Cinquecento* (nota 1), 1–6. Cfr., per esempio, RVF LXX 1–4 e 38, e CXXVII, 100–101. Il dialogo fra Sofonisba ed Erminia rappresenta un modello incipitario per molte tragedie cinquecentesche, dalla *Rosmunda* e dall'*Oreste* di Rucellai all'*Antigone* di Alamanni, alla *Dido in Cartagine* di Pazzi de' Medici, alla *Didone* e alla *Marianna* di Dolce, alla *Selene* e all'*Eufimia* di Giraldi, all'*Adriana* di Groto, al *Re Torrismondo* di Tasso, alla *Merope* di Torelli, alla *Semiramis* di Manfredi, etc.
11 G. Rucellai, *Rosmunda*, in *Teatro del Cinquecento* (nota 1), 104.
12 A. Pazzi De' Medici, *Tragedia Dido in Cartagine*, in *Le tragedie metriche*, a cura di A. Solerti, Bologna, Romagnoli-Dall'Acqua, 1887, 61.
13 *Didone*, atto I, scena IV, e *Selene*, atto I, scena I, in G.B. Giraldi, *Le Tragedie*, Venezia, Cagnacini, 1583, 20, rispettivamente, e 13 (la numerazione delle pagine è distinta per le singole tragedie).
14 T. Tasso, *Il Re Torrismondo*, a cura di V. Martignone, Milano, Fondazione Pietro Bembo-Parma, Guanda, 1993, atto I, scena I, 31–33.

mirando or costei tenesse il pianto?«)¹⁵ echeggia le analoghe parole del Coro presso Euripide (*Hec.* 296-298), sarà però la memoria letterale del testo trissiniano a essere esibita proprio nel corrispondente luogo del più tardo rifacimento della tragedia euripidea operato da Ludovico Dolce:

> Qual spirto al mondo è di pietà sì nudo,
> A cui li caldi preghi di costei
> [...]
> Non tirasser le lacrime da gli occhi?¹⁶

Ma di là dalla fonte comune, l'*Hecuba* di Dolce conserva sensibili tracce, anche letterali, dell'intero episodio dell'incontro fra Sofonisba e Massinissa che certo costituisce uno dei fulcri drammatici dell'intera tragedia.¹⁷ Nel testo del poligrafo veneziano le preghiere che Ecuba rivolge in due distinte occasioni, prima a Odisseo:

> Ma s'a infelice prigioniera afflitta
> È lecito parlar col suo Signore,
> [...]
> prego che voi, per la pietà ch'avete,
> Signor de la mia vita e de la morte,
> Mi concediate volentier [...],

e poi ad Agamennone:

> Io ti prego per queste tue ginocchia,
> Che umile in terra e riverente abbraccio,
> [...]
> Per questa tua vittoriosa mano,
> Io ti prego, Signor, che mi concedi
> S'io ne son degna, questa grazia sola,¹⁸

riecheggiano ancora, quasi parola per parola, i due tempi della preghiera che Sofonisba rivolge a Massinissa:

> Pur s'a prigion, ch'è posto in forza altrui,
> Lice parlare e supplicare al nuovo
> Signor de la sua vita e de la morte,
> I' chieggio a voi quest'unna gratia sola;

---

15 G.G. Trissino, *Sofonisba*, in *Teatro del Cinquecento* (nota 1), 296-297.
16 L. Dolce, *La Hecuba*, Venezia, Giolito, 1543, c. 16v.
17 Il dialogo trissiniano, per altro, dipende manifestamente da quello fra Clitennestra e Achille nell'*Ifigenia in Aulide* di Euripide. Si vedano in particolare i vv. 502-504 (e *Iphig. in Aul.* 990-991); 508-534 (e *Iphig. in Aul.* 919-934); 535-536 (e *Iphig. in Aul.* 975-976); 537-551 (e *Iphig. in Aul.* 977-982).
18 L. Dolce, *La Hecuba* (nota 16), c. 14v e c. 33r.

> Fatemi questa gratia, ch'io la chieggio,
> Per le care ginocchia che hor abbraccio,
> Per la vittoriosa vostra mano.[19]

Con un altro tratto distintivo del personaggio tragico di Sofonisba, quale si rispecchia nelle parole da lei pronunciate, in dialogo commatico col Coro, appena appresa la notizia della vittoria dei Romani (»Più tosto vo' morir, che viver serva«),[20] parole replicate subito dopo (»Che più tosto morire/Voglio, che viver serva de' Romani«), con un *enjambement* e un'anastrofe che determinano, in *crescendo*, l'energica *mise en relief* dei due termini della perifrasi verbale,[21] si identificherà ancora, per dichiarazione esplicita, Cleopatra nell'omonima tragedia di Giraldi, rappresentata nel 1548 e pubblicata postuma nel 1583:

> Morir già Sofonisba in libertade
> Volle più tosto ch'esser serva e viva
> E così anch'io vo' col suo essempio fare.[22]

A questi esemplari si riallaccia, infine, la Marianna di Dolce, non immemore, forse, della stessa efficace scansione ritmica e retorica dei versi trissiniani:

> Generosa Reina, che più tosto
> Volle morir, ch' a guisa di captiva
> Esser di quel felice alto Monarca
> Nel trionfo condotta innanzi al carro,
> [...][23]

Non si tratta già, a me pare, di semplici e magari occasionali reminiscenze verbali. Gli esempi prodotti attestano, piuttosto, come la *Sofonisba* sia tempestivamente

---

19 G.G. Trissino, *Sofonisba*, in *Teatro del Cinquecento* (nota 1), 393–396 e 489–491. E si noti che il testo del Trissino dipende qui molto strettamente dalla fonte liviana (XXX 12, 12–4). La formula suggestiva del v. 395 (»Signor de la sua vita e de la morte«), traduzione del »dominum vitae necisque suae« di Livio, sarà ancora ripresa, alla lettera, in altre tragedie di metà Cinquecento, nella *Cleopatra*, per esempio, di Cesare de' Cesari (Venezia, Griffio, 1552, c. 10v), e nella *Medea* di Dolce (Venezia, Giolito, 1557, c. 12v).
20 Ed è memoria ritmica di Petrarca, RVF LXXI 29–30: »ché 'n lor presenza/m'è più caro 'l morir che 'l viver senza«.
21 G.G. Trissino, *Sofonisba*, in *Teatro del Cinquecento* (nota 1), 327–330. Ed è citazione delle parole pronunciate da Massinissa in F. Petrarca, *Triumphus Cupidinis* II 58–60: »Così questa mia cara a morte venne,/ché, vedendosi giunta in forza altrui,/morir in prima che servir sostenne«. La terzina petrarchesca sarà ancora esibita come epigrafe nella *Sofonisba* alfieriana.
22 G.B. Giraldi, *Cleopatra*, in *Le Tragedie* (nota 13), 114; e si veda anche, con più marcata fedeltà alla memoria petrarchesca, Medea in L. Dolce, *Medea* (nota 19), c. 15v: »Perché meglio è morir che viver serva«.
23 L. Dolce, *Marianna*, in *Teatro del Cinquecento* (nota 1), 369–372. Cfr. anche M. Bandello, *Ecuba*, Roma, De Romanis, 1813, 49: »Ma quanto più felice fora questi,/S'all'hor che lieto in terra si ritrova,/E il viver sì li giova,/Prima morisse, che poi viver servo«.

riconosciuta nella sua autorità di archetipo, di prima tragedia moderna, sia elevata al rango della citabilità, riguardata proprio sotto il profilo contestuale e funzionale, come repertorio ed erario pressoché inesauribile di situazioni, episodi, sentenze, alla medesima stregua dei venerandi esemplari antichi sui quali lo stesso Trissino aveva elaborato con coraggioso ardimento la teoria e la prassi dell'*imitatio* tragica. Converrà forse, a questo riguardo, spendere brevemente qualche parola.

Sulla genesi della tragedia italiana del Cinquecento continuano a pesare, in sede critica, non pochi pregiudizi e luoghi comuni. Uno dei più diffusi e resistenti è che la ragione e il significato storico della *Sofonisba* consistano quasi esclusivamente in una puntigliosa, ortodossa applicazione delle norme statutarie codificate da Aristotele nella *Poetica*, in una rigida e meccanica imitazione dei modelli tragici greci. Nessuno potrà, naturalmente, disconoscere che l'oltranza grecheggiante sia uno fra i caratteri fondamentali, costitutivi della tragedia trissiniana, né mettere in dubbio che la sperimentazione teatrale dello scrittore vicentino, come anche, più in generale, tutta quanta la sua opera letteraria, sia sollecitata, in primo luogo, da uno strenuo interesse teorico e critico e in questo quadro essa vada puntualmente studiata e valutata. Eppure ogni tentativo di ridurre la *Sofonisba* sotto l'esclusivo segno normativo della *Poetica* e dei modelli tragici greci, di pesarla per intero sulle bilance di Aristotele[24], non potrà non riuscire, a mio giudizio, approssimativo e generico. La prima tragedia regolare del moderno teatro europeo, in verità, non rappresenta affatto una sintesi di grandezza e armonia, non esce già dalla *Poetica* tutta regolata e classicamente composta, come Atena armata dalla testa di Giove. La sua struttura ibrida, irregolare, composita, contraddittoria, fortemente scorciata, asimmetrica, non può in nessun modo corrispondere al modello dell'*Edipo Tiranno* sofocleo. L'*Edipo Tiranno* costituirà, precisamente, l'archetipo tragico dell'età di Tasso, come potrebbe esserlo di quella di Ariosto?

L'audace proposito di trasferire la tragedia dalle rive dell'Illisso alle onde dell'Arno (per citare il Giraldi dell'*Orbecche*,[25] ripreso a sua volta dal Dolce nel Prologo dell'*Ifigenia*),[26] se richiedeva, da una parte, tutto il vigore ed il rigore teorico di cui Trissino era capace, non esonerava pertanto il poeta tragico

---

24 Mutuo la metafora dal Prologo I della *Marianna* di Dolce, 28–32, dove a proposito di Aristotele si afferma: »Che se ben fu Filosofo di tanto / Sonoro grido, egli non fu Poeta; / E chi vuol por le Poesie di quanti / Tragici fur dentro le sue bilancie / Non sarà degno di tal nome alcuno« (*Teatro del Cinquecento* (nota 1), 749).

25 Cfr. *La Tragedia a chi legge*, in *Teatro del Cinquecento* (nota 1), 3300–3302: »E 'l Trissino gentil che col suo canto / Prima d'ognun dal Tebro e da l'Illisso / Già trasse la Tragedia a l'onde d'Arno«.

26 »E come su l'Ilisso / Stetti molt'anni, così a me non piacque / D'abitar sopra il Tebro. Or sopra l'Arno / Volger mi fece il piede assai pomposa / Quel che già pianse il fin di Sofonisba / […]« (L. DOLCE, *Ifigenia*, Venezia, Giolito, 1551, c. 52r.).

dall'obbligo di ridefinire, nella prassi concreta della scrittura scenica, nella prospettiva, foss'anche solamente virtuale, di una rappresentazione e di un pubblico,[27] il rapporto fra gli archetipi di Sofocle e di Euripide e l'intera tradizione poetica volgare, sia lirica sia narrativa. E se è vero, per usare ancora le parole di Dionisotti, che »nessun poeta italiano di quell'età andò mai tanto oltre, come il Trissino, nello scarto della tradizione lirica petrarchesca e nella preferenza per l'opposta tradizione narrativa e dialogica dantesca«,[28] nella fattispecie il confronto ravvicinato e inevitabile col modello petrarchesco – dei *Rerum Vulgarium Fragmenta* non meno che dei *Triumphi* – non poteva essere eluso nell'elaborazione di una tragedia nella cui *fabula* il tema del κρατος s'intreccia strettamente con quello dell'ερος.[29]

Alla luce di queste considerazioni potrà risultare anche meno sorprendente quello che a me continua a sembrare un esempio clamoroso e sintomatico delle contraddizioni e delle incongruenze tuttavia sottese alla dominante classicistica, all'ortodossia aristotelica e all'intransigenza grecheggiante che informano la proposta tragica trissiniana. È noto come il racconto e la rappresentazione del sacrificio e della morte di Sofonisba siano scopertamente modellati sui due primi episodi dell'*Alcesti* di Euripide, tradotto anzi, in più punti, alla lettera.[30] Ma non è già indicativo, intanto, che l'*aemulatio* contaminatoria del testo fondativo della tragedia moderna si appunti con più assidua frequenza sull'esemplare forse più anomalo di tutta quanta la tragedia classica, sulla più antica delle tragedie di Euripide, su quella che potremmo chiamare una tragedia ›alla rovescia‹ (si ricordi, oltre tutto, che essa venne originariamente rappresentata al quarto posto della tetralogia, nella sede di solito riservata al dramma satiresco)? L'identificazione di Sofonisba con Alcesti è anzi di tanta e tale evidenza che ad un traduttore settecentesco dell'*Alcesti*, Giovan Battista Parisotti (al quale non era infatti sfuggito »quanta similitudine vi sia nella morte di queste due donne, poiché ambedue, benché per fine diverso, si mojono per cagione del marito«), potrà perfino accadere di servirsi talvolta »delle stesse parole di Sofonisba per tradur quello che dice Alceste«.[31] Si aggiunga, a complicare la trama intertestuale,

---

27 La connessione tra l'intrepida proposta linguistica e metrica e la destinazione spettacolare della tragedia è dichiarata con chiara evidenza nella lettera di dedica a Leone X, dove si fa più volte riferimento agli ›ascoltatori‹ e alla οψις, alla »rappresentazione [...] la quale (come dice Aristotele) è la più dilettevole parte de la Tragedia« (*Teatro del Cinquecento* (nota 1), 31).
28 C. Dionisotti, *L'Italia del Trissino* (nota 5), 18.
29 Cfr. M. Ariani, *Utopia e storia nella ›Sofonisba‹ di Giangiorgio Trissino*, in *Tra classicismo e manierismo. Il teatro tragico del Cinquecento*, Firenze, Olschki, 1974, 9–51. Per l'incidenza di Petrarca mi permetto di rinviare a R. Cremante, ›*Or non parl'io, né penso, altro che pianto*‹. *Usi del Petrarca nella tragedia del Cinquecento*, in *I territori del petrarchismo: Frontiere e sconfinamenti*, a cura di C. Montagnani, Roma, Bulzoni, 2005, 187–208.
30 Basti il rinvio ai riscontri prodotti in nota a *Teatro del Cinquecento* (nota 1).
31 Trattandosi di un testo poco noto, vale forse la pena di riprodurre in nota poche righe della

che alla memoria dell'*Alcesti* euripidea si sovrappone, in più di un luogo, quella dell'*Aiace* di Sofocle.[32]

Eppure, a ben guardare, non sono soltanto gli spiriti magni e i colori mitologici e classici di Alcesti e Aiace a modellare il ritratto sublime della giovane regina cartaginese che assume impavida il veleno »per fuggir la servitute/ e per non far vergogna al nostro sangue« (vv. 1805 – 1806).[33] Si rileggano, nel racconto della Serva, i versi che scolpiscono Sofonisba nella plastica esemplarità del gesto supremo, quando, dopo aver visitato, come già Alcesti, tutti gli altari, »Ne la camera sua fece ritorno,/ Ove senza tardar prese il veleno;/ E tutto lo beveo sicuramente/ Insin al fondo del lucente vaso« (vv. 1621 – 1624).[34] L'immagine di Sofonisba che beve senza esitazione il veleno, fino all'ultima goccia, fa scattare, improvviso, il ricordo di un analogo gesto compiuto, in ben diverso contesto, dalla protagonista di una novella fra le più celebri e divulgate de *L'inamoramento de Orlando*, da Tisbina: la quale, decisa a darsi morte per sottrarsi alla promessa di corrispondere all'amore di Prasildo, ove egli avesse superato una prova ritenuta impossibile, presa la coppa di »succo venenoso« che Iroldo, lo splendido amante, aveva già bevuto »sicuramente«[35] per metà, con ferma determinazione

---

lettera di dedica della traduzione al cardinale Lodovico Pico della Mirandola: »Giovan Giorgio Trissino, quel celebre Poeta che fu il primo che diede alla lingua italiana una regolata Tragedia con la sua *Sofonisba*, volle in essa imitare, anzi prendere dall'*Alceste* di Euripide il più bello, che rende così pregevole la Tragedia sua: quasi che senza un tale aiuto egli si riconoscesse inabile a riuscire nella sua impresa così, come si vede, felicemente«. Il confronto tra le due tragedie registra a giudizio di Parisotti la netta supremazia dell'antica, ma per ragioni di ordine, soprattutto, moralistico: mentre Alcesti, infatti, »di sua libera volontà, e unicamente per salvar la vita al marito, esempio rarissimo, patisce la morte; all'incontro Sofonisba [...] s'uccide per non cadere in servitù de' Romani. Questa azione era stimata magnanima dalla sciocca gentilità, da quegli però che cercavano la gloria senza sapere dove ella si stesse« (G.B. PARISOTTI, *L'Alceste tragedia d'Euripide tradotta dal Greco in verso Toscano* [...], in »Raccolta d'Opuscoli scientifici e filologici«, XII, 1735, 15 – 16).

32 Si vedano, in particolare, l'invocazione di Sofonisba morente al figlio (vv. 1642 – 1646, cfr. *Ai* 550 – 555); il pensiero che il Coro rivolge ai genitori di Sofonisba e al loro dolore, quando apprenderanno la notizia della morte della figlia (vv. 1708 – 1719, cfr. *Ai* 624 – 633 e 641 – 645); l'addio che Sofonisba, prima di morire, rivolge alla luce del sole e alla sua terra (vv. 1723 – 1726, cfr. *Ai* 856 – 864).

33 L'*exemplum* di Sofonisba è conservato da Rosmunda, nella tragedia di Rucellai: »E prima pensar voglio a quel ch'io fui/ Per non far cosa indegna al nostro sangue« (*Teatro del Cinquecento* (nota 1), vv. 660 – 661).

34 E sono versi che rimarranno saldamente impressi nella memoria tragica cinquecentesca. Saranno riecheggiati alla lettera, per esempio, dal Dolce del *Thyeste*, nelle parole di Atreo, quando si appresta a porgere al fratello la coppa di vino mescolato al sangue dei figli orribilmente trucidati: »E beverai l'almo liquor divino/ Insino al fondo del dorato vaso« (L. DOLCE, *Thyeste*, Venezia, Giolito, 1543, c. 28r).

35 L'avverbio, che Boiardo riferisce al gesto di Iroldo, è trasferito da Trissino a quello di Sofonisba, il cui coraggio, già sottolineato nell'episodio del primo incontro con Massinissa (cfr. il v. 459: »Io parlerò con voi sicuramente«), sarà ribadito anche in seguito, nel racconto

ma anche »con frigido core« e con mano tremante, anzi »biastemando la Fortuna e Amore«, »Bevéte il succo che ivi era rimaso,/ Infino al fondo de il lucente vaso«.[36] Il doveroso supplemento d'indagine che la perentorietà della citazione letterale impone, permette infine di ricostruire una più sottile e diffusa trama di segnali e di corrispondenze fra la tragedia trissiniana e l'intera partitura della novella cortese di Boiardo (I xii), che procede a sua volta, com'è noto, dalla quarta questione d'amore del *Filocolo* e dalla quinta novella della decima giornata del *Decameron*.[37]

Alla deprecazione topica di Sofonisba all'annuncio della sconfitta di Siface e della presa della città di Cirta (ma la sentenza è filtrata attraverso l'Esodo dell'*Edipo a Colono* di Sofocle e il *Triumphus Temporis* di Petrarca),[38] corrisponde per esempio, in un registro più accentuatamente patetico ed affettuoso (secondo i moduli cortigiani, è stato osservato, di una ›disperata‹), il lamento di Tisbina, quando Prasildo le chiede di onorare la sua promessa: »- Ahi, lassa me! –diceaperché fui nata?/ Ché non morite in cuna picolina?« (*Inam*. I xii 44 5 – 6). La citazione evangelica e centonaria imprestata tuttavia a Massinissa nel colloquio con Sofonisba (v. 586: »Di poca fede, dunque dubitate«[39]), ricorre ugualmente nelle parole che Prasildo rivolge a Tisbina, dopo che lei gli ha appena comunicato di aver preso insieme a Iroldo il veleno: »Di poca fede, or perché dubitasti / Di richiedermi in don la tua promessa« (*Inam*. I xii 70 1 – 2). Come Prasildo, dopo l'imprevedibile successo della sua avventurosa impresa, ricorda a Tisbina »comme è dovere / Che li sia atesa l'alta sua promessa« (*Inam*. I xii 43 5 – 6), così Massinissa, con uno scambio delle parti, dopo la celebrazione del matrimonio, si ritira »Credo pensando a l'alta sua promessa« (v. 775).[40] L'accenno del Coro a

---

della Serva, vv. 1584 – 1585: »Udito questo, la Regina porse / La mano e prese arditamente il vaso«.
36 *Inam*. I xii 59 – 60. Tutte le citazioni de *L'inamoramento de Orlando* si riferiscono alla seguente edizione: M.M. BOIARDO, *Opere*. Tomo I. *L'inamoramento de Orlando*. Parte I, edizione critica a cura di A. Tissoni Benvenuti e C. Martignoni. Introduzione e commento di A. Tissoni Benvenuti, Milano/Napoli, Ricciardi, 1999.
37 Il nome di Boiardo, oltreché nella *Poetica*, è debitamente registrato da Trissino nel catalogo dei poeti illustrato dalla Sibilla nel XXIV libro dell'*Italia liberata da' Gotthi*, come termine intermedio della terna ›L'Aretino, il Boiardo e l'Ariosto‹.
38 Cfr. *Oed. Col.* 1224 – 1227 e *Triumphus Temporis* 136 – 138 (fasce : nasce)
39 Sono le parole di Cristo presso Matt. 14,31: »modicae fidei, quare dubitasti«.
40 Il motivo cortese del rispetto della promessa fede, naturalmente centrale nella prospettiva dell'*Inamoramento de Orlando*, è trasferito con non minore evidenza nella trama tragica della *Sofonisba*, con curiosi effetti di ambiguità e dissonanza. Si confrontino, per esempio, i vv. 443 – 444, 448 – 449, 469 – 470, 502 – 504, 529 – 532, 583 – 584, 589 – 590, 680 – 681, 753, 758, 761, 1409 – 1411, 1416 – 1417 della tragedia, con *Inam*. I xii 29, 5 – 8; 43, 5 – 6; 45, 1; 46, 6 – 8; 50, 3 – 5; 55, 2 – 3; 62, 1 – 2. Vale la pena di notare come proprio la dominante cortese improntino la menzione di Sofonisba e Massinissa prodotta dallo stesso Boiardo nel *Capitulo del triompho del vano mondo* dei *Tarocchi*, vv. 37 – 39: »Fede hebbe Sofonisba non suspetta / A

Massinissa, che attende di conoscere la suprema decisione di Sofonisba »ne le serrate/Tende e ne manda fuor voci meschine« (vv. 1527–1529), di là dalla comune ascendenza petrarchesca (RVF LXX, 7), conserva la memoria del »Pianto deroto con voce meschina« dell'innamorato Prasildo (*Inam*. I xii 18 5), del quale anche si legge, alla fine della novella, che, preso congedo da Tisbina, »nela ciambra se è serrato« (*Inam*. I xii 78 3). L'iperbole convenzionale e petrarchesca[41] che connota la disperazione di Erminia quando apprende che Sofonisba ha sorbito il veleno (»in modo che faria piangere i sassi«, v. 1681), è del pari riferita al lamento dell'innamorato Prasildo che ha l'effetto di muovere a pietà Tisbina: »che avrìa speciato un saxo di pietade« (*Inam*. I xii 18 8). Alle già citate reminiscenze dell'*Alcesti* e dell'*Aiace*, nella dolente invocazione del Coro in dialogo con la Serva (»O sventurato figlio di Gisgone, / Che farai, come senti / La morte della cara tua figliola«, 1708–1710), si sovrappone, non senza qualche discrepanza, la memoria di Tisbina, che però invoca: »Hiroldo sventurato, or che farai, / Dapoi che avrai la tua Tisbina persa« (*Inam*. I xii 46 1–2). L'appassionata dichiarazione di Erminia che proclama fedeltà e devozione eterne alla Regina morente:

> Adunque, lassa, voi pensate ch'io
> Mi debba senza voi restare in vita?
> Crudele, or non sapete il nostro amore,
> E quante volte ancor m'avete detto
> Che se voi su nel ciel fossi Regina,
> Il starvi senza me vi saria noia?
> Or vi pensate andare ad altra vita
> E me lasciare in un continuo pianto (vv. 1762–1769),

mutato appena il registro metrico, linguistico e stilistico (ma conservata la misura della stanza), ricalca perfettamente le parole che Tisbina, risoluta di prendere il veleno insieme a lui, rivolge a Iroldo »con voce affannata«:

> Adunque credi, ingrata a tante prove,
> Che io potesse sanza te campare?
> Dove è l'amor che me portavi, e dove
> E' quel che spesso soleva iurare:
> Che se tu avesti un ciel, o tuti nove,
> Non mi potresti me sanza habitare?
> Hor te pensi de andar nelo Inferno
> E me lasciar in terra in pianto eterno? (*Inam*. I xii 53).

Massinissa, che 'l venen promisse / Se a seguire il triumpho era constretta« (M.M. BOIARDO, *Tarocchi*, a cura di S. Foà, Roma, Salerno, 1993, 74).
41 Cfr. RVF CCLXXXVI 14.

Così come l'affermazione di Erminia: »Perché non voglio mai che s'oda dire:/ Herminia è viva senza Sophonisba« (1779 - 1780), riprende le parole che Tisbina rivolge a Iroldo: »Non vòi che mai si dica, o mai si scriva:/ -Tisbina sanza Hiroldo si conforta-« (*Inam.* I xii 54 5 - 6). Non diversamente, la solenne promessa di Erminia: »Et io curerò poi, quando ch'io muoja, / Ch'un medesmo sepulcro ambe noi chiuda« (vv. 1847 - 1848), di là del filtro ancora una volta petrarchesco e topico, è la stessa che, memore del costume medievale consacrato dal romanzo di Tristano e Isotta, proclama Tisbina sul punto di dividere la morte con l'amante: »E teco in un sepolcro sarò messa« (*Inam.* I xii 55 6).[42] Un'altra reminiscenza petrarchesca,[43] nella rappresentazione canonica del pentimento tardivo di Massinissa: »Hoimè, del dolor mio ministro fui!« (v. 2015), adombra, infine, lo sconsolato lamento di Iroldo: »Hor cossì parve a la sventura ria / Che io stesso de il mio mal fossi cagione« (*Inam.* I xii 49 5 - 6).

La memoria della novella di »Quei dui leal amanti e sventurati« (I xii 57 2), del »guiderdone / Di quella cortesia di smisurata« (di Prasildo: I xii 76 1 - 2), di un codice cavalleresco (»Comme tra dui cortesi usar se sòle«: I xii 87 4) fondato sulla legge dell'onore e sulla consapevolezza che »la vertù crescie sempre mai / Che se ritrova in l'homo inamorato« (I xii 12 3 - 4), ed al quale anche Massinissa dichiara piena fedeltà ed osservanza,[44] concorre, in primo luogo, a precisare gli inequivocabili risvolti non soltanto patetici ed erotici ma, più specificamente, cortesi che contrappuntano il dramma politico di *Sofonisba:* la cui bellezza non a caso è più volte associata al tema della libertà. La strada della tragedia italiana non poteva essere, e non sarebbe mai stata, una strada agevole e piana.

---

42 La fortuna tragica della formula annovera, per esempio, i nomi della *Tullia* del Martelli e dell'*Altile* e della *Cleopatra* del Giraldi (cfr. *Teatro del Cinquecento* (nota 1), 147n.).
43 *Triumphus Cupidinis* II 61.
44 Si ricordino, almeno, le parole che egli rivolge a Sofonisba: »Pur s'io ne il volesse inanzi a gli occhi / Sempre tenere e vendicarle tutte [le offese], / Io non sarei con voi se non cortese; / Però ch'esser non può cosa più vile / Che offender donne et oltraggiar coloro / Che sono oppressi senz'alcuno aiuto« (vv. 430 - 435).

Bernhard Huss (Erlangen)

Wenn Dichter Dichter porträtieren. Die literarischen Vergilbilder von Luigi Groto und Giovan Battista Marino

Luigi Groto, genannt Il Cieco d'Adria (1541 – 1585), war zu Lebzeiten eine Berühmtheit der europäischen Literaturszene, geriet bis in die jüngere Vergangenheit hinein aber weitgehend in Vergessenheit. Dies änderte sich spätestens mit der fundamentalen Studie von Ulrich Schulz-Buschhaus zur Stil- und Gattungsgeschichte des italienischen Madrigals.[1] In den engeren Fokus der wissenschaftlichen Aufmerksamkeit ist Groto nicht nur als Madrigalist, sondern insbesondere auch als lyrischer Parademanierist gerückt, als einer der »ersten und kühnsten Buchstaben- und Wort-Ingenieure [...] des italienischen 16. Jahrhunderts«,[2] dessen *Rime* vor allem mit ihrer *Parte prima* (Erstveröffentlichung 1577)[3] einen der wichtigsten Hypotexte von Giovan Battista Marinos

---

1 U. SCHULZ-BUSCHHAUS, *Das Madrigal. Zur Stilgeschichte der italienischen Lyrik zwischen Renaissance und Barock*, Bad Homburg/ Berlin/ Zürich, Gehlen, 1969 (Ars poetica. Texte und Studien zur Dichtungslehre und Dichtkunst. Studien, 7).
2 G.R. HOCKE, *Manierismus in der Literatur. Sprach-Alchimie und Esoterische Kombinationskunst. Beiträge zur Vergleichenden Europäischen Literaturgeschichte*, Hamburg, Rowohlt, 1959, 31. Hocke diskutiert Groto als einen frühen Vertreter des ›Leporismus‹.
3 Die *Parte prima* der *Rime* Grotos ist 1577 in Venedig bei Fabio und Agostino Zoppini erschienen. Es folgten (Beleg für die umfängliche Groto-Rezeption an der manieristischen Schwelle von der Renaissance zum Barock) elf Neuauflagen: Venedig 1584, 1587 (zweimal), 1592, 1595, 1597, 1598, 1601; Piacenza 1602; Venedig 1605 und 1610. Die letztgenannte, dreibändige Ausgabe, verlegt von Ambrogio Dei, schloss an die *Parte prima* einen zweiten und dritten Teil an, die einen Gedichtbestand bieten, der vermutlich von Groto selbst verfasst ist, aber zahlreiche Texte im Entwurfsstadium integrieren dürfte. Vgl. zur Entstehungs- und Editionsgeschichte der *Rime* ausführlich A. MOTT-PETAVRAKIS, *Studien zum lyrischen Werk Luigi Grotos. Interpretation und literarhistorische Einordnung seiner Rime*, Hamburg, Romanisches Seminar der Universität Hamburg, 1992 (Hamburger Romanistische Dissertationen, 23), 23 – 40; siehe ferner A. DURANTI, *Sulle rime di Luigi Groto*, in »Filologia e Critica«, II/III, 1977, 337 – 388: hier 337 Anm. 1; M. KRUSE, *Autoporträt und Selbstdarstellung bei Luigi Groto*, in *Interpretation: Das Paradigma der Europäischen Renaissance-Literatur. Festschrift für Alfred Noyer-Weidner zum 60. Geburtstag*, hg. v. K.W. Hempfer und G. Regn, Wiesbaden, Steiner, 1983, 170 – 190: hier 172; G. BENVENUTI, *Il Cieco di Adria. Vita ed opere di Luigi Groto*, Sala Bolognese, Forni Editore, 1984, 119 – 120; G. GATTI, ›Alcune cosette a stampa‹. *Il canzoniere di Luigi Groto Cieco d'Adria*, in »Rivista di Letteratura Italiana«, XIII.3, 1995, 377 – 412: hier 377 Anm. 2.

Galeria bilden.[4] Groto figuriert insofern häufig als ein Wegbereiter der italienischen Barocklyrik, und mit zentralen Texten seiner *Rime* bereitet er gerade auch die ikonisch-intermedialen Dimensionen von Marinos Porträtgedichten vor. Wenn nun der extremste lyrische Stilmanierist des Cinquecento und der exponierteste Lyriker der italienischen Barockzeit nicht eine beliebige Person literarisch porträtieren, sondern wenn es sich dabei um den in der Frühen Neuzeit und darüber hinaus vielleicht am stabilsten kanonisierten lateinischen Schriftsteller überhaupt handelt, nämlich um Vergil, so steht zu vermuten, dass diese lyrischen Bilder eine in hohem Maße metapoetische Valenz aufweisen dürften.[5] Eben dies soll im Mittelpunkt der folgenden Überlegungen stehen: Es geht um den literarischen *ritratto* am Beispiel der beiden Vergilporträts von Groto und Marino, um die mit diesen Porträts aufgerufenen Gattungsfolien und um die programmatischen poetologischen Positionen, die die beiden Dichter mit ihren Texten in jeweils prägnanter Weise beziehen.

*

---

4 Vgl. zu Grotos Bedeutung für Marino besonders U. SCHULZ-BUSCHHAUS, *Das Madrigal* (Anm. 1), 182, 208 – 213, 232 – 235; siehe ferner J. HUTTON, *The Greek Anthology in Italy to the year 1800*, Ithaca / New York, Cornell University Press, 1935 (Cornell Studies in English, 23), 352; M. ARIANI, *Giovan Battista Strozzi, il manierismo e il madrigale del '500: strutture ideologiche e strutture formali*, in: G.B. Strozzi il Vecchio: *Madrigali inediti*, hg. v. M. Ariani, Urbino, Argalìa, 1974, VII-CXLVIII: hier XCI, XCIII; A. DURANTI, *Sulle rime di Luigi Groto* (Anm. 3), 341 – 342, 347 – 348; F. ERSPAMER, *Luigi Groto rimatore*, in *Luigi Groto e il suo tempo (1541 – 1585)*, I, Atti del convegno di studi (Adria, 27 – 29 aprile 1984), a cura di G. Brunello e A. Lodo, Rovigo, Minelliana, 1987, 205 – 220: hier 211; A. MOTT-PETAVRAKIS, *Studien zum lyrischen Werk Luigi Grotos* (Anm. 3), 178 – 179, 280 – 281; G. GATTI, ›*Alcune cosette a stampa*‹ (Anm. 3), 405 – 406.

5 Eine vergleichbare Valenz haben ›ikonische‹ Gedichte möglicherweise oft. Jedenfalls kann dann, wenn sie konkreter als die im Folgenden besprochenen Texte auf Werke der bildenden Kunst rekurrieren, gelten: »Die Reflexion des Gemäldes als Medium soll zugleich zur Reflexion des Mediums Text führen«. So über Marinos *Galeria* R. STILLERS, *Bilder einer Ausstellung. Kunstwahrnehmung in Giovan Battista Marinos Galeria*, in *Künstler und Literat. Schrift- und Buchkultur in der europäischen Renaissance*, hg. v. B. Guthmüller, B. Hamm und A. Tönnesmann, Wiesbaden, Harrassowitz, 2006 (Wolfenbütteler Abhandlungen zur Renaissanceforschung, 24), 231 – 251: hier 245. Vgl. auch 246: »Gerade dort, wo auf der semantischen Ebene die Illusionskraft der Gemälde behauptet wird, drängt sich der Text mit seinen Wiederholungen, Alliterationen, Polyptota und Binnenreimen als sprachliches, rhetorisch und metrisch konstruiertes Gebilde auf«, 247: Marino »lenkt […] den Blick des Lesers auf den textuellen Charakter des Gedichts und hebt die spezifisch lyrische Oberflächenstrukturierung des sprachlichen Materials hervor.« Wenn somit ein *Galeria*-Gemälde schlechthin schon eine Selbstreflexion des Textes bedingt, bedingt speziell ein *Galeria*-Gemälde mit dem Sujet ›literarischer Autor‹ zusätzlich die Reflexion von Autorschaft, Textproduktion und (wie wir sehen werden) Fragen der Gattungspoetik.

Luigi Grotos *Rime* (genauer gesagt ihre *Parte prima*, in der das im Folgenden zu besprechende Vergilporträt steht) bestehen aus 328 lyrischen Texten im *volgare*,[6] zu denen sich 31 *carmina latina* gesellen. Die Sammlung ist nach der eindringlichen Analyse von Gabriele Gatti[7] unter Rückgriff auf Bauschemata der Petrarkischen *Rerum vulgarium fragmenta* strukturiert. Sie hat Rahmentexte, die auf das Vorbild Petrarcas verweisen, und sie baut sich großenteils aus thematisch variierenden Sequenzen auf, die petrarkistische Motive ausagieren.[8] Zwischen diese petrarkistischen Elemente sind allerdings (wie Gatti meint: mit absichtlich gliedernder Funktion) Blöcke lyrischer Texte eingelagert, die der petrarkistischen Tradition fern stehen. Dazu gehört neben etlichen okkasionellen Gedichten vor allem eine beachtliche Phalanx von Texten, die zumeist nicht-amouröse Gegenstände traktieren und epigrammatischen Charakter haben.[9] Die sehr prominente Massierung epigrammartiger Texte ist bei Groto nicht überraschend, ist er doch zuvörderst mitverantwortlich für die von Schulz-Buschhaus ausführlich diskutierte epigrammatisch-pointierte Zuspitzung der Lyrik und insbesondere des Madrigals im Cinquecento. Groto rekurriert massiv sowohl auf die lateinische und neulateinische Epigrammatik als auch auf die in der zweiten Hälfte des 16. Jahrhunderts bekanntermaßen sehr wirkungsmächtig

---

6 Darunter 147 Sonette, 119 Madrigale, 53 isolierte Stanze, 3 Capitoli, 2 Canzonen, 1 ›canzone-ode‹, 1 geschwänzte Doppelsestine, 1 Gedicht aus neun Stanze, 1 Gedicht aus fünf elegischen Distichen. Vgl. G. GATTI, ›*Alcune cosette a stampa*‹ (Anm. 3), 381 Anm. 20. Dass die Zählung von A. DURANTI, *Sulle rime di Luigi Groto* (Anm. 3), 350–351 etwas anders ausfällt, liegt offensichtlich an der Schwierigkeit, die Oktavstrophen Grotos metrisch exakt zu definieren. Sie werden als Stanze, als *strambotto*-artige Texte oder aber als madrigalhafte Gebilde aufgefasst; vgl. dazu A. MOTT-PETAVRAKIS, *Studien zum lyrischen Werk Luigi Grotos* (Anm. 3), 48 Anm. 16 und siehe im Folgenden Anm. 22.
7 G. GATTI, ›*Alcune cosette a stampa*‹ (Anm. 3). Vgl. dort zum Aufbau der *Rime. Parte prima* bes. die Strukturschemata auf S. 380 und 390–391.
8 Die Rede vom ›Petrarkismus‹ bei Groto ist freilich *cum grano salis* zu nehmen. Die petrarkistischen Themen und Stileme werden von Groto in extremer Weise manieristisch zergliedert, überspitzt, pointiert und aufgebrochen. Somit findet sich eine eigenartige Verquickung von Affirmation und Überdehnung der petrarkistischen Tradition, zu der ich bei anderer Gelegenheit mehr zu sagen hoffe. Vgl. zum ambiguen Verhältnis der Grotoschen *Rime* zum Petrarkismus die durchaus unterschiedlichen und z. T. widersprüchlichen Einschätzungen von E. TADDEO, *Il manierismo letterario e i lirici veneziani del tardo Cinquecento*, Roma, Bulzoni, 1974 (Biblioteca di Cultura, 56), 67–68, 174–180; M. ARIANI, *Giovan Battista Strozzi, il manierismo e il madrigale del '500* (Anm. 4), XCI, XCIII – XCIV; A. MOTT-PETAVRAKIS, *Studien zum lyrischen Werk Luigi Grotos* (Anm. 4), 237–238; ferner den bereits zitierten grundlegenden Aufsatz von G. GATTI, ›*Alcune cosette a stampa*‹ (Anm. 3).
9 Dabei handelt es sich um 79 Texte, in Gattis Zählung die Nummern 222–300 der *Parte prima*. Vgl. G. GATTI, ›*Alcune cosette a stampa*‹ (Anm. 3), 391. Vgl. zum epigrammatischen Akzent in den *Rime* E. TADDEO, *Il manierismo letterario* (Anm. 8), 67 sowie F. BANDINI, *Sui madrigali di Luigi Groto*, in *Luigi Groto e il suo tempo (1541–1585)*, I, Atti del convegno di studi (Adria, 27–29 aprile 1984), a cura di G. Brunello e A. Lodo, Rovigo, Minelliana, 1987, 221–235: hier 225–226.

gewordene *Anthologia Graeca* (in der Form der damals noch allein bekannten *Anthologia Planudea*).¹⁰ Groto betreibt die forcierte Infiltrierung epigrammatischer Schreibweisen in die volkssprachliche Lyrik, und nicht zuletzt hierin zeigt er sich als prominenter Vertreter des literarischen Manierismus: Denn die epigrammatische Pointierung des Gedankens in einer engen Verbindung mit einer radikal experimentellen Stilistik gilt schon Ernst Robert Curtius nicht zu Unrecht als manieristisches Zentralmerkmal, und insofern kann der Rekurs auf das Epigramm Ausweis manieristischer Vertextungsverfahren sein.¹¹ Bei Groto ist der Rekurs auf das Epigramm nun insbesondere auch ein Rekurs auf die Tradition ›ikonischer‹ Epigramme, die sich (gemäß der Etymologie des Begriffs ›Epigramm‹) als erläuternde Inschriften unter Skulpturen geben bzw. Werke der bildenden Kunst beschreiben oder zu beschreiben vorgeben.

> Even when Groto does not imitate any given epigram, his manner and theme often recall the Greek. Many of his epigrams are imagined to be for works of sculpture, recalling the fourth book of the Planudean Anthology, and looking forward to the *Galleria* of Marino.¹²

Damit im Einklang steht, dass bereits bei Groto manche dieser sich ›ikonisch‹ gebenden epigrammatischen Texte als *scoltura* oder eben als *ritratto* betitelt werden.¹³ In der Kaskade dieser programmatisch mit ›Porträtfunktion‹ belehnten Texte nun finden wir Luigi Grotos literarisches Bildnis Vergils:¹⁴

---

10 Vgl. dazu J. HUTTON, *The Greek Anthology in Italy* (Anm. 4), 328–330; U. SCHULZ-BUSCHHAUS, *Das Madrigal* (Anm. 1), 181–182, 232; B. KÖNIG, *Summationsschema und Epigramm. Zerstreute Anmerkungen zu Ausonius (Mosella, V. 27–32) und zur lateinischen und italienischen Lyrik der Renaissance*, in *Verführung zur Geschichte. Festschrift zum 500. Jahrestag der Eröffnung einer Universität in Trier*, hg. v. G. Droege, W. Frühwald und F. Pauly, Trier, NCO-Verlag, 1973, 1–19: hier 16–19; A. MOTT-PETAVRAKIS, *Studien zum lyrischen Werk Luigi Grotos* (Anm. 3), 41–124; G. GATTI, ›*Alcune cosette a stampa*‹ (Anm. 3), 411.
11 Vgl. E.R. CURTIUS, *Europäische Literatur und lateinisches Mittelalter*, Bern, Francke, 1954², 295–297 (Kapitel »Manierismus«, Abschnitt »Epigramm und Pointenstil«). Siehe in diesem Kontext ferner J. HUTTON, *The Greek Anthology in Italy* (Anm. 4), 45–54 (Abschnitt »Vernacular writers and the Anthology«) sowie B. KÖNIG, *Summationsschema und Epigramm* (Anm. 10), 15, 19 (mit dem Fazit, »daß die eigentliche Heimstätte ›formaler Manierismen‹ [...] der Bezirk epigrammatischer Dichtung ist«).
12 J. HUTTON, *The Greek Anthology in Italy* (Anm. 4), 329.
13 In der Ausgabe von 1587 (*Delle rime di Luigi Groto, Cieco d'Hadria. Nuovamente ristampate, & ricorrette dal medesimo Auttore*, In Venetia, Appresso Fabio, & Agostino Zoppini fratelli. 1587) tragen, wie überhaupt in den zu Lebzeiten Grotos erschienenen Auflagen, die meisten Gedichte keine Betitelung – der epigrammatische Block dagegen weist (wie für die Gattung Epigramm spezifisch) Titel auf. Erst in der posthumen Ausgabe von A. Dei (1610) werden die Gedichte ganz prinzipiell mit Titeln versehen, wobei Dei auf die ›Argumenta‹ zurückgegriffen hat, die Groto zu manchen seiner Texte in die älteren Ausgaben integriert hatte. Vgl. M. KRUSE, *Autorporträt und Selbstdarstellung bei Luigi Groto* (Anm. 3), 183 Anm. 42.
14 Ich zitiere den Text nach der soeben genannten Ausgabe von 1587 (S. 146 oben). In der mir

Vergilio.
Al pastor, al bifolco, al cavaliero
Mostra come si scorga, ari, e disarmi
Il gregge, il campo, l'avversario fero,
Con la verga, col vomero, e con l'armi.
[5] Teocrito sormonta, Hesiodo, Homero,
Co i silvestri, temprati, heroici carmi.
Mincio, Tebro, Sebeto illustri face,
Nasce tra Cigni, tra Sirene giace.

Dieser Text bezieht sich ostentativ auf prominente lateinische Vergil-Epigramme mit der Funktion von Epitaphien. Zunächst springt schon im ersten Vers der Bezug auf gerade jenes Epigramm ins Auge, das Ernst Robert Curtius in seinem berühmten Manierismus-Kapitel von *Europäische Literatur und lateinisches Mittelalter* als »ein spätlateinisches Musterstück«[15] für den Formalmanierismus der *versus rapportati* angeführt hat:

Epitaphium super Vergilium.
Pastor arator eques pavi colui superavi
Capras rus hostes fronde ligone manu.[16]

Das Korrelationsschema, das ein bevorzugtes manieristisches Vertextungsverfahren von Luigi Groto ist,[17] ist sowohl im *Epitaphium super Vergilium* als auch

---

gleichfalls vorliegenden Edition von 1610 (*Rime di Luigi Groto Cieco d'Hadria. Parte prima. A cui seguono altre due Parti hora di novo date in luce.* [...] In Venetia appresso Ambrosio Dei, 1610. Bd. 1, fol. 63ᵛ unten) ist der Text von *Vergilio* bis auf minimale Abweichungen (wie »Theocrito«, »Heroici«, Quisquilien in Apostrophierung und Interpunktion) mit dem Text von 1587 identisch.

15 E.R. CURTIUS, *Europäische Literatur und lateinisches Mittelalter* (Anm. 11), 290.
16 Zitiert nach A. RIESE (Hg.), *Anthologia latina sive poesis Latinae supplementum*, Pars prior: *Carmina in codicibus scripta*, Fasc. II: *Reliquorum librorum carmina*, Leipzig (Lipsiae), Teubner, 1906², 276 (no. 800). E.R. CURTIUS, *Europäische Literatur und lateinisches Mittelalter* (Anm. 11), 290 übersetzt diesen Text in Anm. 2 wörtlich ins Deutsche: »Als Hirt, Pflüger, Reiter, weidete, bebaute, überwand ich Ziegen, Land, Feinde mit Laub, Karst, Hand.« Bei Riese folgt noch ein zweites, gleichfalls nach dem Korrelationsschema organisiertes Distichon: »De capris pastis, de rure sato, hoste subacto / Nec lac nec segetes nec spolia ulla tuli.«
17 Vgl. zum Konnex der Korrelation und des damit verwandten Summationsschemas mit der Gattung Epigramm B. KÖNIG, *Summationsschema und Epigramm* (Anm. 10), 6–7, 12–13, 15; A. MOTT-PETAVRAKIS, *Studien zum lyrischen Werk Luigi Grotos* (Anm. 3), 41, 103–111, 320–321. Umstritten ist, ob die Korrelationsfiguren bei Groto sich neben der epigrammatischen Gattungsfolie auch auf vorgängige petrarkistische Stileme beziehen. König und Mott-Petavrakis äußern sich in dieser Frage skeptisch. In der Tat dürfte die zunehmende Einbringung von *versus rapportati* usw. in die Lyrik des *volgare*, insbesondere auch in die petrarkistisch façonnierte Lyrik, eher ein ›Fremdimport‹ aus dem Areal des Epigramms sein, der immerhin an die moderaten Bestände solcher Stileme schon bei Petrarca und den orthodoxeren Petrarkisten der Hochrenaissance anknüpfen kann: So ist auch dies ein Beweis für die Epigrammatisierung der volkssprachlichen Lyrik insgesamt.

in Grotos *Vergilio* dreiteilig. Das ist kein Zufall: Die Korrelation der drei Elemente bezieht sich auf die ›klassische‹ Lehre einer idealen stilistischen Dreiheit Vergils, der (so die programmatische Ausformulierung dieser Dreiheit in der sog. ›Rota Vergilii‹ aus der *Poetria* des Johannes von Garland) im *stilus gravis* die Gegenstände und das Personal (den *miles dominans*) der hohen Lage, im *mediocris stilus* die Gegenstände und das Personal (den *agricola*) der mittleren Lage, schließlich im *humilis stilus* die Gegenstände und das Personal (den *pastor ociosus*) der niederen Lage mustergültig dargestellt habe (die ›Rota Vergilii‹ macht durch Nennung von Personennamen deutlich, dass damit die drei gattungsmäßig differenten Werke *Aeneis, Georgica, Bucolica* gemeint sind, die exemplarisch für die Lehre von den drei Stillagen eintreten).[18]

Die pikante poetologische Valenz von Grotos *Vergilio* liegt angesichts dieser Evokation der Basis jeder rinascimental-klassizistischen Stillagenpoetik darin, dass inmitten der manieristischen Dissolution normativer Dichtungsmuster (wie auch Grotos *Rime* sie betreiben) die Galionsfigur der Regelpoetik als Vertreter einer strikten Trennung von Gattungsformen und Stilebenen aufgerufen wird. Es dürfte auch abgesehen vom Topos der stilistischen Dreiheit Vergils kaum ein Zufall sein, dass Groto ausgerechnet ihn als Repräsentanten der dichterischen Normen ins Spiel bringt: Vergil eignete nicht nur schon seit der Spätantike und dem Mittelalter ein unvergleichlicher, geradezu sakraler Nimbus, er war gerade auch in der zeitgenössischen literaturtheoretischen Diskussion zu einer im Prinzip uneinholbaren Größe stilisiert worden. Dies war, in der Nachfolge eines so einflussreichen Textes wie der *Poetik* von Marco Girolamo Vida,[19] insbesondere das Werk von Julius Caesar Scaligers *Poetices libri septem*,[20] mit deren posthumer Erstveröffentlichung 1561 das vermutlich wirkungsmächtigste poetologische Konvolut der Renaissance auf den Markt gekommen war.

Groto porträtiert mit seinem *Vergilio* also *den* Berufungsautor der rinascimentalen Normenpoetik schlechthin, und er bezieht sich dabei auf das poetologische Basistheorem der drei getrennten Stile nebst ihren Gegenständen und zugehörigen Gattungen, für die Vergil seit Jahrhunderten einstand. Damit porträtiert der Manierist nichts anderes als den stärksten denkbaren Gegenpol

---

18 Vgl. dazu detailliert F. Quadlbauer, *Die antike Theorie der genera dicendi im lateinischen Mittelalter*, Wien, Böhlau, 1962 (Österreichische Akademie der Wissenschaften, Philosophisch-Historische Klasse, Sitzungsberichte, 241.2), 114–115.
19 Vgl. G. Vogt-Spira, *Von Auctoritas zu Methode. Vergil als literarisches Paradigma in der Poetik des M.G. Vida*, in *Saeculum tamquam aureum*, Internationales Symposion zur italienischen Renaissance des 14.–16. Jahrhunderts (Mainz, 17.–18. September 1996), hg. v. U. Ecker und C. Zintzen, Hildesheim, Olms, 1997, 149–163.
20 Vgl. G. Vogt-Spira, *Julius Caesar Scaliger: Über Homer und Vergil. Text und Übersetzung aus der Poetik (Buch V c. 1–2) mit einer Einleitung*, in »Modern Language Notes«, CV, 1990, 409–431.

zu einem nur wenig späteren Phänomen, das man im Anschluss an Ulrich Schulz-Buschhaus als ›barocke Gattungsmischung‹ zu bezeichnen pflegt.[21]

Wie nun stellt sich der Manierist zu dem von ihm umrissenen Fanal des rinascimentalen Klassizismus? Der formale Augenschein könnte zunächst zu der Annahme verführen, Groto wolle seinem erhabenen Vergilsujet durch eine metrische Form von entsprechender Dignität decorumskonform gerecht werden: Denn die monolithisch geschlossen dastehende, blockartige Oktavstrophe mochte ein Hauch von epischer Größe umwehen – immerhin war etwa ein Torquato Tasso schon seit langen Jahren damit beschäftigt, die schließlich 1581 zuerst publizierte *Gerusalemme Liberata* mit hohem epischem Anspruch gerade in Oktavstrophen zu verfassen. So mochte es zunächst scheinen, als huldige Groto dem Vorbildepiker Vergil mit einem wenn auch kurzen, so doch in ›episch‹ verfasster Strophenform daherkommenden Text. Doch nicht nur der Gedanke daran, dass auch der *Orlando furioso* von Ariosto, dessen Dignität im Cinquecento erheblich stärker in Frage stand als die der *Gerusalemme*, in Oktavstrophen verfasst war, sondern schon die gattungshafte Ambiguität der isolierten Oktavstrophe selbst lässt das Bild einer klassizistischen Vergilepideixis durch einen sich selbst vergessenden Manieristen ins Wanken geraten. Denn, wie schon angedeutet, die von Groto in seinen *ritratti*-Epigrammen gebildeten Oktavstrophen sind unterschiedlich interpretierbar: Einerseits könnte man eine Referenz auf die ›Ottava classica‹, auf die Oktavstrophe als Medium narrativer Großtexte erkennen, genauso gut aber sind die metrischen Strukturen der Einzeloktave als Rekurs auf die aus klassizistischer Perspektive ziemlich ›würdelose‹ Form des *strambotto* interpretierbar,[22] und schließlich hat man diese Gedichte Grotos auch schlicht als isometrische Madrigale gedeutet.[23] Damit wären sie, aus metrisch-formaler Warte, ganz wie die anderen, heterometrischen Madrigale des Cieco gerade das manieristische Vehikel einer zunehmenden Erosion von Konzeptionen der klassizistischen Poetik. Die Achtzeiler Grotos, zu denen *Vergilio* gehört, sind mithin hinsichtlich ihrer formalen Gattungszuge-

---

21 Vgl. U. SCHULZ-BUSCHHAUS, *Gattungsmischung – Gattungskombination – Gattungsnivellierung. Überlegungen zum Gebrauch des literarhistorischen Epochenbegriffs ›Barock‹*, in *Epochenschwellen und Epochenstrukturen im Diskurs der Literatur- und Sprachhistorie*, hg. v. H.U. Gumbrecht und U. Link-Heer, Frankfurt a.M., Suhrkamp, 1985, 213–233. Siehe ergänzend U. SCHULZ-BUSCHHAUS, *Barocke Rime sacre und konzeptistische Gattungsnivellierung*, in *Die religiöse Literatur des 17. Jahrhunderts in der Romania*, hg. v. K.H. Körner und H. Mattauch, München, Kraus, 1981 (Wolfenbütteler Forschungen, 13), 179–190.
22 Siehe zu diesem Problem A. MOTT-PETAVRAKIS, *Studien zum lyrischen Werk Luigi Grotos* (Anm. 3), 48 Anm. 16. Vgl. zum *strambotto* des Schemas ABABABCC illustrativ W. TH. ELWERT, *Italienische Metrik*, Wiesbaden, Steiner, 1984², 129–130 (§ 98.2). Vgl. außerdem, zur unscharfen Grenze von Epigramm und Strambotto, J. HUTTON, *The Greek Anthology in Italy* (Anm. 4), 49, 58, 73.
23 So A. DURANTI, *Sulle rime di Luigi Groto* (Anm. 3), 378.

hörigkeit nicht klar zuzuordnen. Somit bedient sich Groto zur Abschilderung des präsumptiven Großmeisters der Stil- und Gattungstrennung einer lyrischen Form, die eine scharfe Trennung der poetischen Ebenen gerade unmöglich macht. Ein ›typisch manieristischer‹ Kunstgriff, wenn man der Auffassung folgt, dass ›Manierismus‹ (im Gegensatz zu ›Barock‹) gerade dann vorliegt, wenn poetische Normen zwar in Auflösung überführt werden, das Normengefüge als konstitutive Hintergrundfolie des literarischen Geschehens aber noch deutlich sichtbaren Bestand hat.[24]

Vergils Evokation liefert somit einen Bezug auf die normativen Gattungsfolien der Poetik des *decorum*, wie er für die Konstitution manieristischen Dichtens grundlegend ist. Denn die Norm ist hier als basale Struktur noch präsent und wird als solche aufgerufen. Doch vor ihrem Schirm kann sich das forciert experimentelle und normambigue Dichten des manieristischen Lyrikers Luigi Groto, wie es die *Rime* allenthalben demonstrieren, überhaupt erst erkennbar profilieren. (Diese Perspektivierung Vergils bildet im übrigen ein Analogon für den schon angedeuteten schwierigen Bezug von Grotos *Rime* zu Petrarca: Die Bembisten verstanden im Rahmen ihrer *imitatio*-Doktrin Petrarca ja gewissermaßen als italienisches Äquivalent Vergils, und auch Petrarca liefert, wie hier Vergil, den *Rime* Grotos in ihren petrarkistischen Sequenzen eine ›normative‹ Basis, vor deren Folie sich die von ihm betriebene manieristische Überspitzung bembistischer Petrarkismen überhaupt erst abhebt und erklären lässt.)

Manierist ist Groto auch darin, dass er Vorbildtexte nicht nur imitiert, sondern die *imitatio* in eine recht forcierte Form der *superatio* überführt, deren Ergebnisse den Imitatcharakter der Dichtung zu überlagern scheinen.[25] Das zeigt sich deutlich an seinem Umgang mit einem zweiten epigrammatischen Hypotext, auf den er plakativ Bezug nimmt. Es handelt sich um das berühmte epitaphische Distichon über Vergils Leben, Sterben und Dichten, das die Fama (in Gestalt der antiken und spätantiken Vergilviten) dem berühmten Autor selbst zugeschrieben hatte:

---

24 Vgl. dazu G. REGN, *Barock und Manierismus. Italianistische Anmerkungen zur Unvermeidbarkeit einer problemlastigen Begriffsdifferenzierung*, in *Europäische Barockrezeption*, II, hg. v. K. Garber, Wiesbaden, Harrassowitz, 1991 (Wolfenbütteler Arbeiten zur Barockforschung, 20.2), 879–897: hier 891–893 sowie ergänzend R. ZYMNER, *Manierismus als Artistik. Systematische Aspekte einer ästhetischen Kategorie*, in *Manier und Manierismus*, hg. v. W. Braungart, Tübingen, Niemeyer, 2000, 1–14: hier 11–12.
25 Vgl. G. REGN, *Barock und Manierismus* (Anm. 24), 889 zur Spezifik der *imitatio*-Poetik im Manierismus: »Der Wille zu immer neuer Überbietung erzeugt eine Eigendynamik, die Konfliktsituationen mit den überkommenen ›decorum‹-Vorstellungen geradezu heraufbeschwört, und die über kurz oder lang dazu führt, daß die Norm des rechten Maßes zu verblassen beginnt und der Verwirklichung des ›superatio‹-Prinzips aufgeopfert wird.«

> Mantua me genuit, Calabri rapuere, tenet nunc
> Parthenope; cecini pascua rura duces.²⁶

Groto ruft hier eines der berühmtesten epigrammatisch-epitaphischen Distichen überhaupt auf, das eine regelrechte ›Schulbildung‹ nach sich gezogen hat.²⁷ Zugleich überführt er die *imitatio* in eine ingeniöse Übersteigerung: Er bezieht aus der dreifachen Ortsnennung (Mantua für Vergils Geburtsort, ›Calabri‹ für seinen Tod in Brindisi, Parthenope für sein Grab in Neapel) die Idee, die Flüsse »Mincio, Tebro, Sebeto« metonymisch für Vergils Geburtsort (Mantua), den Ort seines Wirkens und das ideologische Zentrum seines Werks (Rom) sowie für den Ort seines Grabes (Neapel) stehen zu lassen. Er schließt an die drei gattungsmäßig separierten Gegenstandsbereiche, mit denen Vergil sich dichterisch befasst hat (»pascua, rura, duces«), drei literarhistorisch herausragende Vertreter Griechenlands an, die der Römer Vergil in ihren jeweiligen Paradegattungen übertroffen haben soll: Theokrit für die Bukolik, Hesiod für die Georgik, Homer für das heldische Epos. Die drei Autoren bringt Groto mit Blick auf die lateinischen Vergilkommentare und Vergilviten ins Spiel. Dort treten sie zum Teil im unmittelbaren Umfeld des Zitats von *Mantua me genuit* auf.²⁸ Wo die lateinische Viten- und Kommentartradition die griechischen Vorbilder dem Römer teilweise erheblich überlegen sein lässt, steigert Groto Vergil zum *superator omnium Graecorum* – Scaliger hätte nicht widersprechen wollen. Mit

---

26 Zitiert nach M. Capasso, *Il sepolcro di Virgilio*, Napoli, Giannini, 1983, 123 (gleichlautende Version aus der Donat- und der Probus-Vita).

27 Vgl. zu *Mantua me genuit* den instruktiven Aufsatz von I. Frings, *Mantua me genuit – Vergils Grabepigramm auf Stein und Pergament*, in »Zeitschrift für Papyrologie und Epigraphik«, CXXIII, 1998, 89–100. Eine Gruppe von spätantiken (4./5. Jh.?) epigrammatischen Schülervariationen zu *Mantua me genuit*, die in frühmittelalterlicher Handschrift (9. Jh.) überliefert sind, ist zu lesen bei A. Riese (Hg.), *Anthologia latina* (Anm. 16), 62–64 (Nr. 507–518).

28 Vgl. G. Brugnoli – F. Stok (Hgg.), *Vitae Vergilianae Antiquae*, Roma, Officina Polygraphica, 1997, 188–189. Die Passage stammt aus der sog. zweiten *Vita Philargyriana*. Diese verfährt frappanterweise im Anschluss an das Zitat von *Mantua me genuit* mittels eines manieristisch anmutenden Korrelationsschemas: »Mantua me genuit […] pascua rura duces. Humile, medium, magnum; phisica, ethica, logica; Bucolica, Georgica, Aeneades; naturalis, moralis, rationalis; pastor, operator, bellator. Physica, ethica, logica; propter naturam, propter usum, propter doctrinam. Virgilius in operibus suis diuersos secutus est poetas, Homerum in Aeneidis, quem licet interuallo longo secutus est; Theocritum in Bucolicis, a quo non longe abest; Hesiodum in Georgicis.« Zum Teil rekurriert die *Vita Philargyriana* hier auf den Servius-Kommentar zu Vergil (Praefatio zu den *Georgica*): »Vergilius in operibus suis diversos secutus est poetas: Homerum in Aeneide, quem licet longo intervallo, secutus est tamen; Theocritum in bucolicis, a quo non longe abest; Hesiodum in his libris, quem penitus reliquit« (zitiert nach G. Thilo (Hg.), *Servii Grammatici qui feruntur in Vergilii Bucolica et Georgica commentarii*, Leipzig [Lipsiae], Teubner, 1887, 128). Vergleichbare Nennungen von Theokrit, Hesiod, Homer finden sich auch in anderen antiken Vergilviten: Vgl. bei G. Brugnoli – F. Stok S. 180 (erste *Vita Philargyriana*), 266 (*Vita Vossiana*).

dieser lobpreisenden Ausfaltung von Vergils Wirken in den drei Gattungssparten baut Groto *Mantua me genuit* übertrumpfend zu einer scheinbar ungebrochenen Epideixis aus – wäre da nicht die merkwürdige Ambiguität der metrischen Struktur, die wir schon besprochen haben, und wären da nicht auch weitere Doppeldeutigkeiten.

Das Korrelationsschema von *Vergilio* bezieht Groto sicherlich primär aus *Pastor arator eques*. In seiner strikten, ›geometrischen‹ Durchführung über etliche Verszeilen hinweg ist es nicht dazu angetan, klassizistische Postulate der Ausgewogenheit und Übersichtlichkeit zu erfüllen, sondern entspricht eher der formalen Zuspitzung und Erschwerung, die man dem Manierismus geradezu klischeehaft zuzurechnen gewohnt ist. Die Korrelation erscheint in dieser Forcierung fast wie ein textproduktiver Selbstläufer, der, einmal angestoßen, Verse ohne große Rücksicht auf *perspicuitas* produziert. Obwohl die *versus rapportati* somit keineswegs ein genuin klassizistisches Instrument sind und nicht für das Programm stehen, für das die hochrinascimentale Dichtungstheorie Vergil in Beschlag genommen hatte, wendet Groto sie nun in ingeniöser Serialisierung ausgerechnet zu dem Zweck an, die wichtigsten Parameter klassischer Stillagenpoetik am Beispiel Vergil durchzudeklinieren: Der erste Vers (»Al pastor, al bifolco, al cavaliero«) nennt die Dreilagigkeit des dichterischen Personals. Der zweite bis vierte Vers betont die Funktion des poetischen *docere* (»mostra«) in allen drei *genera*; dabei wird jeweils eine Tätigkeit (V. 2), ein Objektbereich (V. 3) und ein Instrument der Tätigkeit (V. 4) in drei korrelierte Elemente zerlegt. Der fünfte Vers thematisiert die dichterische *superatio*, und zwar an der Textoberfläche natürlich die *superatio* der drei Griechen durch den einen Autor Vergil, der in allen drei literarischen Gattungsbereichen siegreich ist (implizit vollführt Groto, wie gesagt, dabei aber auch seine eigene *superatio* der Vorlagentexte lateinischer Epigrammatiker, die wie er selbst Vergil zum Sujet haben). Der sechste Vers nennt explizit die drei unterschiedlichen Stillagen (*silvestri carmi* versus *temprati carmi* versus *heroici carmi*), wobei stillagentheoretisch der stets schwierige ›mittlere Stil‹ als ein Mischstil der beiden Extremformen thematisiert ist. (Die Stilmischung war in der rinascimentalen Poetologie bekanntermaßen ein schwieriges Thema. Der mittlere Stil[29] wurde aus der Sicherheit normativer Einhegung, die durch die problemlose hohe und niedrige Stillage gegeben war, von Manieristen wie Groto herausgelöst und an den Rand eines normensprengenden Instrumentariums gespielt.[30]) Der vorletzte Vers bringt die aus *Mantua me genuit* bezogene Ortsmetonymie (Flüsse statt Städte/Regionen, wie oben

---

29 Vgl. dazu allg. H. LINDNER, *Mittlerer Stil*, in *Historisches Wörterbuch der Rhetorik*, V, hg. v. G. Ueding, Tübingen, Niemeyer, 2001, 1366–1372.
30 Vgl. dazu meinen Aufsatz *Petrarkismus und Tragödie*, in *Der Petrarkismus als europäischer Gründungsmythos*, hg. v. M. Bernsen und B. Huss, Göttingen, Vandenhoeck & Ruprecht, 2011 (Gründungsmythen Europas in Literatur, Musik und Kunst, 4), 225–258.

bereits angesprochen). An ihr ist interessant, dass Groto das in »Calabri rapuere« liegende Thema des Sterbens aus der dreigliedrigen Reihe der Flussnamen herauslässt: Bei ihm sind nur Geburtsort (Mantua über den Mincio) und Ort des Grabes (Neapel über den Sebethus[31]) genannt, ferner – statt des Sterbensorts – als ideologischer Fixpunkt von Vergils Leben und Texten Rom (»Tebro«). Der letzte Vers vollführt dann eine überraschende Geste, indem er das dreigliedrige Korrelationsschema im Sinn einer metapoetisch deutbaren Antithese abbricht: Während Vergil »zwischen Schwänen« geboren sei (Anspielung einerseits auf den Mincio und Mantua, andererseits auf den Schwan als Dichtersymbol), ruhe er »unter Sirenen«. In den Sirenen scheint auf den ersten Blick Vergils übermenschliche Sangesgabe und Dichtungskraft auf. Doch dürfte der Text neben dieser positiven Allusion zugleich auch auf die moralisch negativierende Tradition einer Allegorese anspielen, die in den Sirenen seit jeher vor allem die den Menschen (Odysseus) gefährdenden *voluptates* gesehen hatte[32] – und ist diese Tradition verhohlen doch alludiert, so hat der Manierist auf der Bühne der Vergilepideixis als allerletztes Element im Text ein Subversivum angebracht, ein Element, das die ›offiziöse‹ Feier des Rom-Dichters Vergil, wie sie nicht nur im vorletzten Vers miniaturhaft in Szene gesetzt wird, in manieristischer Verschlagenheit unterläuft.

Abschließend lässt sich sagen, dass Grotos Vergilporträt, verfasst unter Rückgriff auf die Tradition der antiken und neulateinischen Epigrammatik, ein *ritratto* mit forciert metapoetischen Intentionen ist. Formal und strukturell ist die Möglichkeit offengehalten, sich bei der Rezeption des Textes selbigen als erläuternde Inschrift (Epi-Gramm) oder Schrifttafel zu einem Werk der bildenden Kunst vorzustellen; die präsentischen Tempora befördern einen solchen Eindruck eher noch. Freilich gehört der Text zur schon in der Antike vertretenen Sorte *imaginärer* ›Aufschriften‹, ›Beischriften‹ oder ›Unterschriften‹. Der hier dargestellte Vergil ist keine körperliche Person, sondern steht in diesem *ritratto* als *figura auctoris* für die Konzeption und Abfassung bestimmter literarischer Texte und ihrer Gattungsbedingungen (die Themen dieser Texte werden in Grotos Gedicht ebenso porträtiert wie Vergil als ihr Autor). Diese werden von Groto perspektiviert aus der Warte der klassizistischen Regelpoetik, die Vergil als Berufungsautor für die Prinzipien der Stil- und Gattungstrennung ins Feld zu führen gewohnt war. Groto ruft Vergil in exakt dieser Funktion auf und evoziert somit das gesamte Gefüge der präskriptiven Dichtungslehre seiner Zeit. Durch die ambivalent interpretierbare Form (gattungssystematisch mehrdeutige Ok-

---

31 Übrigens eine sehr gesuchte Anspielung, die vielleicht indirekt erfolgt, nämlich über die Flussnymphe Sebethis, Tochter des Sebethus. Sie kommt in Vergil, *Aeneis* 7.734, vor.
32 Vgl. B. Hinz, Sirenen, in *Der Neue Pauly*, Supplementband 5: *Mythenrezeption*, hg. v. M. Moog-Grünewald, Stuttgart / Weimar, Metzler, 2008, 655–661.

tavstruktur), durch die aus klassizistischer Warte kaum akzeptable Schroffheit und Konstruiertheit seiner korrelativen Komposition und durch versteckte Hinweise, die das in Vergil aufscheinende Ideal moralisierend abgezweckter Dichtungslehre (das dichterische *docere*, das Groto ab Vers 2 explizit macht, hatte in der Literaturtheorie zuallermeist moralisierende Ziele zugewiesen bekommen) potentiell wieder unterlaufen (die Sirenen des letzten Verses, die allegoretisch üble Sinnenlust signalisieren können), vollzieht Groto ein für den Manierismus charakteristisches Manöver: Das Regelsystem der Dichtungsvorschriften wird aufgerufen, und gerade vor seinem Hintergrund vollführt der Cieco d'Adria Bewegungen der Ambiguisierung.

*

Das in *Mantua me genuit* angelegte Thema des Sterbens (»Calabri rapuere«) war bei Groto, wie gesehen, in der vorletzten Zeile zugunsten des Romthemas, also einer mit der Wirkung der Fama korrelierten politisch-ideologischen Dimension der Wertung von Vergils Werk, vernachlässigt worden. Zielsicher hat Marino erkannt, dass Groto (der nur das Grab, aber nicht den Tod Vergils bespricht) durch die Zurückdrängung von Vergils Sterben eine Leerstelle gelassen hat. In seiner *Galeria* publiziert Marino eine barocke Variation zu Grotos manieristischem *ritratto*. Dabei stellt er das von Groto in den Hintergrund gerückte Thema von Vergils Tod zentral. Der Wortlaut von Marinos Gedicht lässt keinen Zweifel daran, dass er sich direkt auf Grotos *Vergilio* als Hypotext bezieht:

Virgilio.
A le selve il Pastore,
a le ville il Cultore, a l'armi il Duce
ammaëstrò; ma finalmente il fine
di tante opre divine
[5] è terra, è polve, è fumo, è ombra, è nulla.
De l'urna, e de la culla,
fanno il Mincio e'l Sebeto eterna fede:
Mantoa diello a la luce,
Parthenope il possiede.
[10] E ben la morte al suo natal conviene:
nasce tra' Cigni, e muor tra le Sirene.[33]

---

33 Zitiert nach: G.B. MARINO, *La Galeria*, a cura di M. Pieri, I, Padova, Liviana Editrice, 1979, 166. Der Text findet sich, mit etwas anderer Schreibung, aber ähnlichem Kommentar, auch in: G.B. MARINO, *La Galeria*, a cura di M. Pieri e A. Ruffino, Trento, La Finestra, 2005, 232.

Dieses Gedicht, ein Madrigal mit dem Reimschema aBCcDdEbeFF, steht in der *Galeria* im Teil *Pitture* unter den sog. *Ritratti*.[34] Dem Text hat man vorderhand eine epideiktisch-enkomiastische Funktion zugeschrieben,[35] was verständlich, aber von uns doch zu relativieren ist (s. u.). Mit der *Galeria* ist *Virgilio* in eine Sammlung aufgenommen, die insgesamt eine im Wortsinn epigrammatische Funktion beansprucht[36] und von daher einen ikonischen Beschreibungs- und Referenzgestus hat, obgleich viele Kunstwerke und bildnerische Porträts, über die die Gedichte Marinos zu sprechen vorgeben, fiktive Referenten sind:

> Die mäandrierende Entstehungsgeschichte der *Galeria* findet ihr Echo in dem immer wieder unternommenen Versuch, die Gedichte den in den Titeln genannten, aber nicht mit Gewissheit nachweisbaren Kunstwerken zuzuordnen. Viele dieser in der *Galeria* aufgeführten Werke der zeitgenössischen Kunst sind nicht etwa untergegangen: es hat sie nie gegeben.[37]

Marino erzielt die ›ikonischen‹ Effekte seiner teils gar nicht ›bildhaften‹ oder jedenfalls nicht direkt bildbezogenen Texte insbesondere in den *Ritratti* weniger durch die (in der *Galeria* insgesamt durchaus gegebene) Einarbeitung von Bezügen auf reale Porträts der bildenden Kunst als vielmehr durch eine Gattungsreferenz auf die prinzipiell immer schon ›ikonische‹ Tradition des Epi-

---

34 Vgl. zur Gesamtstruktur der *Galeria* M. ALBRECHT-BOTT, *Die bildende Kunst in der italienischen Lyrik der Renaissance und des Barock. Studie zur Beschreibung von Portraits und anderen Bildwerken unter besonderer Berücksichtigung von G.B. Marinos Galleria*, Wiesbaden, Steiner, 1976 (Mainzer Romanistische Arbeiten, 11), 9–10: »Die *Galleria* umfaßt die beiden sehr unterschiedlich umfangreichen Teile der ›Pitture‹ und ›Sculture‹, d. h. metonymisch der Gedichtgruppen, welche sich auf die Werke der beiden Kunstgattungen beziehen. Die ›Pitture‹ [...] enthalten ›Favole‹ (über 70 Darstellungen aus der Mythologie und alten Geschichte), ›Historie‹ (über 40 Begebenheiten aus dem Alten und Neuen Testament), über 300 ›Ritratti‹ und 12 ›Capricci‹; die ›Sculture‹ [...] zerfallen in knapp 40 ›Statue‹, über 10 ›Rilievi, Modelli e Medaglie‹ und 11 ›Capricci‹.« Siehe hierzu ferner M. PIERI, *L'intelligenza della Galeria*, in »Paragone«, XXIX/346, 1978, 30–49: hier 39–40; M. PIERI, *Capriccio ma non troppo*, in G.B. MARINO, *La Galeria*, a cura di M. Pieri, I (Anm. 33), XXV-XLV: hier XXIX (tabellarisches Strukturschema).

35 So M. ALBRECHT-BOTT, *Die bildende Kunst* (Anm. 34), 189–190, die Marinos *Virgilio* mit vielen anderen Texten aus seinem Umfeld unter die funktionale Überschrift »Preis der Verdienste und Taten« stellt.

36 Vgl. zur Genus-Charakteristik der Lyrik in der *Galeria* als »madrigal-épigramme-ecphrase« M. FUMAROLI, *La Galeria de Marino et la galerie Farnèse: épigrammes et œuvres d'art profanes vers 1600*, in *Les Carrache et les décors profanes*, Actes du Colloque organisé par l'École Française de Rome (Rome, 2–4 octobre 1986), Roma, École Française de Rome, 1988 (Collection de l'École Française de Rome, 106), 163–182: hier bes. 164–167 und 173–175 (zur zeitgenössischen Mode der Epigrammatik, mit Bezug u.a. auf Groto); die Formel »madrigal-épigramme-ecphrase« findet sich auf S. 165.

37 C. KRUSE – R. STILLERS, *Nachwort*, in G.B. MARINO, *La Galeria. Zweisprachige Auswahl*, it.-dt. Ausg., ausgew. u. übers. v. Christiane Kruse und Rainer Stillers, Mainz, DVB, 2009, 387–419: hier 405.

gramms.³⁸ Auch die lyrische Untergattung des epigrammatischen *ritratto* gibt sich prinzipiell den Anschein, das Ziel des Textes sei jeweils eine porträtartige Veranschaulichung der besprochenen Person, und zwar in der für das Epigramm charakteristischen Funktion des Lob- oder Schmähgedichts. Lediglich der explizite Bezug auf *bildnerische* Porträts und deren künstlerische Leistung spielt hier keine weiter wichtige Rolle.³⁹ Im weiteren Sinn der Gattungstradition des Epigramms sind die *Ritratti* Marinos mithin als ›ikonische‹ Gedichte⁴⁰ anzusprechen.⁴¹ Beim Rückgriff auf diese Gattungstradition spielt nun Luigi Groto für Marino eine ganz zentrale Rolle, weil Marino durch ihn

---

38 Diese Tradition beruht u. a. auf dem sog. 16. Buch der *Anthologia Graeca*, der *Appendix Planudea:* »Sie enthält Epigramme auf Bilder und Statuen von mythologischen Gestalten, dazu von Herrschern, Kriegern, Dichtern, Rednern oder Rosselenkern. Wie in der ›Galeria‹ gibt es Gedichte, in denen sich alles Lob auf den dargestellten Helden [...] konzentriert, und andere, die das Kunstwerk selbst als Gegenstand ihres Rühmens haben – vorzüglich sind das wie in der ›Galeria‹ die Epigramme mythologischer Thematik. Die typologische Zweiteilung der ›Galeria‹ in Künstler- und Heroenlob, in ›Favole‹ und ›Ritratti‹, ist somit nicht [...] eine künstlerische Verlegenheit, sondern ein Kompositionsmodell, das sich in der ›Anthologia Graeca‹ bereits vorgebildet findet«: so U. SCHULZ-BUSCHHAUS, *Das Madrigal* (Anm. 1), 227.
39 Vgl. U. SCHULZ-BUSCHHAUS, *Das Madrigal* (Anm. 1), 227: Die *Ritratti*, so heißt es dort, »werden zwar in Analogie zu den ikonischen Epigrammen als Inschriften für Porträts fingiert, doch spielt das Porträt selbst als künstlerische Leistung in ihnen kaum jemals eine Rolle. Nicht so sehr das ikonische Element verbindet demnach die verschiedenen Stücke der ›Galeria‹; eher handelt es sich um ein Corpus von epigrammatischen Enkomien (und einigen wenigen Vituperien), die in den ›Ritratti‹ antiken und modernen Herrschern, Philosophen oder Dichtern gelten, in den ikonischen ›Favole‹ und ›Historie‹ dagegen namentlich genannten Malern.«
40 Vgl. dazu dezidiert M. ALBRECHT-BOTT, *Die bildende Kunst* (Anm. 34), 12–13: »Zwar stehen die primär ikonischen Gedichte, d. h. jene Verse mit präzisem Bezug auf ein bestimmtes Gemälde (z. B. betont durch Nennung des Künstlers oder Besitzers), zahlenmäßig weit hinter den *Ritratti* ohne derartige exakte Angaben zurück; doch durch rhetorische Mittel (z. B. Ethopoiie, Prosopopoiie [...]) und inhaltliche Anspielungen wird ein Bildbezug deutlich hergestellt: Marino konzipierte also auch die *Ritratti* als ikonische Gedichte im weiteren Sinn, entweder als sog. tituli oder als fiktive Epigramme unter realen Bildnissen oder schließlich als erläuternde Verse zu einem imaginären Portrait.« Siehe dort ferner 10, 26, 124.
41 Natürlich ist damit weder für die *Ritratti* noch für sonst einen Teil der *Galeria* einem naiven Begriff des ›ikonischen Gedichts‹ das Wort geredet, wie er in der Forschung zur *Galeria* nicht selten begegnet. Denn natürlich handelt es sich stets um einen Effekt des Ikonischen, der durch textuell-literarische Mittel erzielt wird. Vgl. in diesem Zusammenhang die mit Recht skeptischen Einlassungen von G. STIMATO, *Teoria dell'ecfrasi e prassi letteraria: riflessioni sul rapporto tra poesia e arti figurative nella Galeria del Marino*, in *Cyberletteratura: Tra mondi testuali e mondi virtuali*, hg. v. A. Di Stefano, Roma, Nuova Cultura, 2006, 163–172: hier 170, 172; siehe ferner M. PIERI, *Capriccio ma non troppo* (Anm. 34), XXV-XXVI, XXX; M. PIERI, *Introduzione*, in G.B. MARINO, *La Galeria*, a cura di M. Pieri e A. Ruffino (Anm. 33), XXIX-XLVII: hier XXXI. Unentschieden und z. T. widersprüchlich äußert sich zum Verhältnis von ›Dichtung‹ und ›Malerei‹ bei Marino V. SURLIUGA, *La Galeria di G.B. Marino tra pittura e poesia*, in »Quaderni d'Italianistica«, XXIII / 1, 2002, 65–84.

nicht nur in der neulateinischen Lyrik, sondern ebenfalls bereits in der volkssprachlichen Dichtung des Cinquecento Vorbilder für seine ›Galeria‹ finden konnte. Als prämaninistische Zentralfigur des 16. Jahrhunderts weist die Epigrammsammlung noch eindeutiger als die ›Lira‹ Luigi Groto, den Cieco d'Adria, aus.[42]

Die Vorbildrolle Grotos gilt für die stärker auf bildende Kunst bezogenen *Favole* ebenso wie für die *Ritratti* von bedeutenden Schriftstellern und dergleichen.[43] So ist die *imitatio* von Grotos *Vergilio* durch Marinos *Virgilio* ein Rekurs auf einen typischen Fall epigrammatischer ›Ikonizität‹, wie sie der Gattungstradition anhaftet, und überdies (man denke an die obigen Bemerkungen zu *imitatio* und *superatio* im Manierismus) auch ein schöner Fall von barocker *imitatio*, die – wir werden es gleich sehen – sich um die normativen Hintergründe des Imitierten gar nicht mehr bekümmert, sondern in einem selbstaffirmierenden Gestus der *superatio* aufgeht.[44]

Marino geht es in keinem Augenblick mehr um den pompösen Anstrich Vergilianischer Dichtung: Vergil als poetischer Programmatiker römischer Herrschaftsideologie ist ihm, anders als Groto, auch nicht einen Seitenblick mehr wert. Der Tiber und Rom spielen von daher keine Rolle mehr, und somit wird gerade Grotos mit Blick auf *Mantua me genuit* vorgenommene charakteristische ›topo-ideologische‹ Neuerung des »Tebro« von Marino wieder gestrichen. Dass Marino selbst dabei *Mantua me genuit* als weiteren Hypotext (seiner selbst und Grotos) im Auge hatte, wird markiert, indem nicht nur Grotos ›manierierte‹ Bezeichnung von Neapel durch den Fluss Sebethus (»Sebeto«) aufgenommen ist (Marino V. 7), sondern Neapel auch »Parthenope« (V. 9) genannt wird – ganz wie in *Mantua me genuit* –, und indem nicht nur, wie bei Groto, der Mincio für Mantua steht (V. 7), sondern die Stadt auch selbst genannt wird (V. 8). So macht Marinos Madrigal klar, dass es sich auf die volkssprachliche Version

---

42 U. SCHULZ-BUSCHHAUS, *Das Madrigal* (Anm. 1), 232.
43 Vgl. zu dieser Traditionslinie bei Groto A. MOTT-PETAVRAKIS, *Studien zum lyrischen Werk Luigi Grotos* (Anm. 3), 302: »Schon Grotos antikisierende Epigramme sind – wie die späteren *Galeria*-Gedichte auch – Enkomien und Vituperien, die sich vornehmlich an mythologische und literarische Gestalten und Begebenheiten, aber auch etwa an antike Dichter wie Homer, Vergil oder Horaz richten. Andere gelten Künstlern und Kunstwerken oder geben sich als Grabinschrift aus. Im Unterschied zu Marinos *Galeria*-Epigrammen – mit Ausnahme der ›Ritratti‹ – jedoch handelt es sich zwar um benannte, aber dennoch nicht individuell identifizierbare Kunstwerke. Während Marino den ikonischen Aspekt etwa durch namentliche Nennung des Künstlers stärker betont, gilt bei Groto ein Gedicht z. B. einer Skulptur der Medusa, einem Bildnis des Adonis, einer Wachsstatue, die Ikaros darstellt, oder einem Gobelin, der den Wettkampf der Arachne mit Pallas Athene zeigt u. a. m., ohne daß erkennbar wäre, um welches konkrete Kunstwerk es sich handelt.«
44 Bei einem Autor wie Marino ist es vielleicht nicht zu spitzfindig anzunehmen, dass zugleich Bezugnahme auf und Überwindung von Grotos Text durch eine minimale Variante in der Schreibung des Titels signalisiert werden: Auch Marino schreibt einen epigrammatischen *ritratto* Vergils, aber er heißt nicht mehr *Vergilio* – sondern *Virgilio*.

Grotos bezieht und zugleich die Folie der lateinischen Epigrammatik reflektiert, hier im konkreten Fall das berühmte Grabepigramm Vergils.

Marino betreibt in seinem Text einen Abbau aller offiziösen Vergilepideixis, wie sie das Gedicht Grotos zumindest vordergründig aufgebaut hatte. Schon die Form des heterometrisch leichtfüßig daherkommenden Madrigals ist ein Dementi von Grotos streng isometrischer Langverskonstruktion mit ihrem monolithischen Charakter. In diesem lockeren Versgewand lässt sich keine erhabene Feier Vergils als Paradeautor des Heldenepos *par excellence* erwarten. Vielmehr präsentiert Marino den großen lateinischen Klassiker im Gewand der Melisierung.[45] Auch löst er Grotos forcierte Konstruktion von *versus rapportati* auf (und entfernt sich damit nicht nur von Groto, sondern auch vom korrelativen Musterbeispiel *Pastor arator eques*). Was bei Marino auf den allerersten Blick an die korrelativen Reihungen des Cieco d'Adria erinnert, entpuppt sich bei näherem Hinsehen sogleich als elegante Struktur von Parallelismen, die sparsam mit Chiasmen versetzt sind. Wo die Hirten, Bauern und Ritter bei Groto in komplexer Korrelation über mehrere Verse hinweg mit ihren Gegenstandsbereichen verlinkt waren, baut Marino in seinen ersten beiden Versen eine ganz übersichtliche Struktur,[46] in der »selve / Pastore«, »ville / Cultore«, »armi / Duce« parallel aufeinanderfolgen und zeugmatisch vom Verbum »ammaëstrò« (V. 3) zusammengehalten werden. Wenn Marino dann mit den Orts- und Flussnamen seiner Textvorlagen spielt (Mincio, Sebeto, Mantoa, Parthenope), setzt er diese Eleganz fort und fügt nach dem chiastischen Effekt eines *hysteron proteron* »urna ... culla« (V. 6) zeitlich ›regelmäßig‹ und daher ganz transparent Geburt (»Mincio« V. 7, der gesamte V. 8) und Grab (»Sebeto« V. 7, der gesamte V. 9) aneinander.[47] Wo Groto in manieristischer Extremhaltung die Kunsthaftigkeit seiner geometrisch abgezirkelten Korrespondenzen geradezu penetrant ausgestellt hatte, wo er die Verlaufsgestalt seines Textes absichtsvoll sperrig und kantig gebildet hatte, da erzeugt Marino einen melischen Fluss, der Vergils Leben und Werk fugenlos und glatt am Auge des Lesers vorbeiziehen lässt. Hatte Groto bei der Evokation von Vergils Leistungen das *celare artem* in sein Gegenteil verkehrt, so geriert sich Marino als ein ›Kunst-Handwerker‹ unauffälliger Stilbrillanz.

Diese Brillanz ist nun aber niemandem als nur dem Autor Marino selbst und seinem Können geschuldet. Marino exaltiert mit seinem Text implizit nur sich

---

45 Der hier angedeutete stilistische Gegensatz zwischen Groto und Marino findet sich, jeweils *mutatis mutandis*, auf verschiedenen Ebenen immer wieder; vgl. U. SCHULZ-BUSCHHAUS, *Das Madrigal* (Anm. 1), 172.
46 Diese Übersichtlichkeit ist deutbar als ein ironischer impliziter Verweis auf das von Groto gerade verlassene Ideal klassizistischer Transparenz – um die es Marino selbst in seinem Dichten insgesamt programmatisch gerade *nicht* geht.
47 Ein abgeblassster Hinweis auf Grotosche Korrelationstechnik findet sich allenfalls insofern, als ›Mantua‹ (V. 8) auf ›Mincio‹ und ›Parthenope‹ (V. 9) auf ›Sebeto‹ zurückverweist.

selbst, weder seinen Vorgänger Groto noch den gemeinsam porträtierten Vergil. Insofern bedingt die melische Eleganz, mit der der letztere hier aufgerufen wird, auch eine Redimensionierung seiner Bedeutung als Berufungsautor der Regelpoetik, als Muster aller drei Stillagen und nicht zuletzt als Paradeepiker von überzeitlicher Größe. Der Nimbus Vergils, den Groto noch als Norm evoziert hatte (um sie mit einem subtilen Fragezeichen zu versehen), dieser Nimbus ist dahin. Nicht nur Vergil selbst ist tot und liegt in Neapel begraben, sondern auch seine Werke sind tot – sie haben keinen normativen Charakter mehr, sondern sind allenfalls noch Museumsstücke für Marinos Galerie. Das sagt Marinos so kantabel daherkommendes Epigramm ganz ungeschminkt: »ma finalmente il fine / di tante opre divine / è terra, è polve, è fumo, è ombra, è nulla« (V. 3–5). An dieser einen rhetorisch wirklich auffälligen Stelle des Textes, mit anaphorisch summierender, asyndetisch häufender Reihung und Klimax mündet Vergils Leistung ins Nichts, »nulla«. Ist dieses »nulla« in Vers 5 einmal ausgesprochen und sind damit die »opre divine« (deren Beiwort einen schalen bis sarkastischen Beigeschmack annimmt) zu Kadavern erklärt, so ist die ganze zweite Hälfte des Textes (V. 6–11) im Grunde nur noch eine souverän zur Schau gestellte Schleppe. In ihr ist ironisch ein Hinweis auf das überlebte *decorum* verwoben, für das man Vergil stets als Berufungsinstanz gebraucht hatte: »E ben la morte al suo natal conviene« (V. 10). Die Konvenienz – so wichtig für klassizistische Ansätze in der Dichtungslehre – besteht jetzt nurmehr zwischen Vergils Anfang unter »Cigni« und seinem Ende unter »Sirene« (V. 11), womit zur Stilfrage allein noch erhoben ist, dass man Geburt und Tod der Galionsfigur des *decorum* rhetorisch passend zueinander stellen kann.

›Vergil ist tot‹: Daher gebraucht Marino im Gegensatz zu Grotos rein präsentisch gehaltenem Text in V. 3 und V. 8 auch *passati remoti* (»ammaèstro«, »diello«), die angesichts der kontrastiven Präsentia (fünfmal »è« in V. 5, »possiede« in V. 9) nur umso nachhaltiger auf die Vergangenheit verweisen. Und wo Groto – ausnahmsweise einmal zurückhaltend – euphemistisch vom begrabenen Vergil gesagt hatte »giace« (Groto V. 8), da beschert Marinos überzeitliches »muor« (V. 11) dem Römer einen ewigen Tod – einen Tod, der überdies tückischerweise in diesem letzten Vers in einen flüssigen Parallelismus (»nasce tra' Cigni, e muor tra le Sirene«) eingelassen ist, welcher Grotos aufdringliche, Bedeutung massierende Kreuzstellung (»Nasce tra Cigni, tra Sirene giace«, V. 8) mit dem Schulterzucken einer der eigenen Kunstfertigkeit gewissen *sprezzatura* quittiert.

Die scheinbare Epideixis im Sinne der *laudatio Vergilii*, wie die gängige Forschungsmeinung zu den *Ritratti* sie hätte erwarten wollen, kehrt sich über das forcierte *vanitas*-Motiv (bes. V. 5) funktional nahezu in ihr Gegenteil um, wird zumindest zur Feststellung, dass die Texte des Römers keine generative Nachwirkung mehr haben können. Totgesagt ist damit in Vergil als *pars pro toto* auch die sich auf ihn berufende klassizistisch-rinascimentale Gattungspoetik schlechthin. Was bei Groto noch einmal anhand Vergils als großes Normengefüge skizziert worden war, wird bei Marino beerdigt. Um es in einer Katachrese zu sagen: Der Barockdichter hat abgeschüttelt, was der Manierist in seinem Werk noch gegen den Strich zu bürsten versucht hat. Deutlicher als an diesem einen Porträtsujet könnte der stilistische, gattungshafte und poetologisch-ideologische Unterschied zwischen manieristischer und barocker Lyrik kaum hervortreten. Und dies umso eher, als der Blick auf diesen Unterschied in den beiden Vergilbildern weder semantisch getrübt wird noch ästhetisch abgelenkt ist, weil Marino – Meister der *superatio* auch in der effektsicheren Zurücknahme der eigenen Mittel – sich hier jedes gleißende konzeptistische Metaphernfeuerwerk erspart hat.

Michael Bernsen (Bonn)

Das Porträt des Königs. Zwei Körper, zwei Diskurse

Eines der bekanntesten Herrscherporträts ist Hyacinthe Rigauds Gemälde von Ludwig dem XIV. aus dem Jahr 1701. Dieses für Ludwigs Enkel, den Herzog von Anjou und soeben inthronisierten spanischen König Philipp V. angefertigte ›portrait d'apparat‹ des katalanischen Malers schätzte der Sonnenkönig derart, dass er eine Kopie bestellte und das Original in Versailles behielt, wo er es im Thronsaal ausstellen ließ. Die allgemeine Begeisterung des Hofes für das Bild vermerkt bereits der *Mercure galant* zu Beginn des Jahres 1702: »Jamais portrait n'a été mieux peint et plus ressemblant; toute la cour l'a vu et tout le monde l'a admiré.«[1] Das Bild ist durch die Jahrhunderte immer wieder als Prototyp des Herrscherporträts angesehen und als Schulbeispiel vorgeführt worden.[2] Es verkörpert nach Meinung der meisten Kommentatoren in idealtypischer Manier das Herrschaftsverständnis des Absolutismus im Zeitalter der französischen Klassik und gilt zudem als ein herausragendes Zeugnis jener ›exception culturelle‹ Frankreichs, die ganz Europa über mehrere Jahrhunderte geprägt hat. Gleichwohl gibt es auch Analysen des Porträts, die in ihm Widersprüche der Darstellung des Königs oder gar Kritik an der absolutistischen Herrschaft dingfest machen. In diesen Untersuchungen sind allerdings ganz zentrale Aspekte des Bildes nicht zur Sprache gekommen. Insbesondere sind die Refle-

---

1 *Le Mercure galant, dedié à monseigneur le Dauphin*, Paris, Michel Brunet, 1702, 302 f.
2 Vgl. dazu die Beschreibung des Bildes und seines Entstehungskontextes bei L. BRASSART, *Le Portrait du roi Louis XIV en costume du sacre par Hyacinthe Rigaut (1701)*, in Pascal Dupuy (éd.), *Histoire, Images et Imaginaire*, Pise, Edizioni Plus, 2002, 31–38; auch unter der Internetadresse: http://www.stm.unipi.it/Clioh/tabs/libri/5/03-Brassart_31–38.pdf. Vgl. auch die detaillierte Arbeit von W. W. EKKEHARD MAI, ›*Le Portrait du Roi*‹: *Staatsporträt und Kunsttheorie in der Epoche Ludwigs XIV. Zur Gestaltikonographie des spätbarocken Herrscherporträts in Frankreich*, Bonn, Diss., 1975, sowie K. AHRENS, *Hyacinthe Rigauds Staatsporträt Ludwigs XIV. Typologische und ikonologische Untersuchung zur politischen Aussage des Bildnisses von 1701*, Worms, Wernersche Verlagsgesellschaft, 1990 (Manuskripte zur Kunstwissenschaft in der Wernerschen Verlagsgesellschaft, 29). Vgl. auch zur Aufwertung der Malerei in der französischen Klassik den Artikel von J. JURT, *Die Nobilitierung der Malerei durch den Akademie-Diskurs im Frankreich des 17. Jahrhunderts*, in »Comparatio«, III, 2011, 1–18.

xionen über die zum modernen Geschichtsdenken führende Debatte der Zeit, die ›Querelle des anciens et des modernes‹, zu denen das Bild den Betrachter anspornt, bislang stark unterbelichtet worden.

Rigauds Herrscherporträt stellt den König in übernatürlicher Größe dar:

Hyacinthe Rigaud, *Louis XIV en costume de sacre*, 1701, Öl auf Leinwand, 2,76 x 1,94 m, Versailles, Musée National du Château et des Trianons

Das 2,76 Meter hohe Bild zelebriert durch seinen Pomp die Erhabenheit, ja Göttlichkeit des absolutistischen Herrschers. Der König wird im Alter von 63 Jahren nach der vorläufigen Beilegung seines Streits mit den Habsburgern um die spanische Thronfolge auf dem Höhepunkt seiner Macht abgebildet. Er steht in aufrechter Position und trägt den Krönungsmantel, den er zuletzt am 7. Juni 1654 in der Kathedrale von Reims getragen hat. Mit ins Bild gesetzt sind die anlässlich der Krönung durch den Erzbischof von Reims verliehenen *regalia:* Zur Rechten Ludwigs befinden sich das Zepter, auf das der König seine rechte Hand stützt, sowie auf einem Hocker die Krone und die elfenbeinerne ›main de justice‹. Auf der linken Seite erkennt man das Schwert ›joyeuse‹, gleichen Namens wie das Karls des Großen. Um den Hals trägt der König als erster Ritter im Staat die Kette des ›Ordre du Saint-Esprit‹, des von Henri III gegründeten französischen Ritterordens, dessen weiß emailliertes Kreuz eine Taube als

Symbol des Heiligen Geistes erkennen lässt. Der König steht erhöht auf einem Podest vor dem Thron. Den oberen Bildteil umrahmt ein Baldachin, der das Himmelsgewölbe symbolisiert. Die Ausrichtung des Bildes ist somit vor allem vertikal: Die monumentale griechisch-römische Säule im Hintergrund bestärkt diesen Eindruck. Sie zeugt zudem von der Stabilität des Staatsgebäudes unter Ludwig, die auf dem Gesetz beruht, sichtbar durch die Abbildung der griechischen Göttin Themis, der Göttin der Gerechtigkeit und Ordnung, am unteren Ende der Säule. Die ebenfalls wie Säulen wirkenden Beine des Monarchen untermauern den Eindruck der Stabilität bei gleichzeitiger Dynamik durch ihre Jugendlichkeit. Durch die Stellung der Beine sowie den von unten nach oben sich verengenden Krönungsmantel und in der Verlängerung die nach oben weisende Allongeperücke hat die Darstellung des Monarchen im Zentrum des Bildes die geometrische Form einer Pyramide, welche ihrerseits nicht nur auf das älteste Fundament der europäischen Kultur, die für ihre Weisheit bekannte Kultur Ägyptens, verweist, sondern zugleich durch ihre Spitze auf die Sonne zeigt, die das Symbol der Herrschaft Ludwigs darstellt. Die Symbolik der herrscherlichen Macht des Sonnenkönigs wird zudem durch das goldfarbene Licht bestärkt, welches die ansonsten in den Farben blau, weiß und rot gehaltene Szenerie ausleuchtet. Die Abbildung der Beine des Monarchen als jugendlicher, höchst beweglicher Tänzer, sowie die des Kopfes als eines gereiften, streng dreinschauenden, mittlerweile eher devoten Prinzen, zeigen, dass der Künstler eine Gesamtschau der Herrschaft Ludwigs von ihrem Beginn bis zur Gegenwart im Jahre 1701 darstellen will. Er setzt das Reich des Sonnenkönigs als ein *regnum* ins Bild, das auf der einen Seite auf dem ›divertissement‹, hier dem Tanz, beruht, zugleich jedoch auch von der Weisheit des Alters und der religiösen Strenge geprägt ist. Die Darstellung des Monarchen friert den Absolutismus samt seiner Symbole gleichsam ein. Es ist ein Bild der Superlative mit deren Statik und Unveränderlichkeit bei gleichzeitiger Dynamik in absoluter Größe. Das Bild scheint darüber hinaus einen zentralen Streit in der Malerei der Epoche aufheben zu wollen und auch ihn gleichermaßen einzufrieren: den zwischen den ›rubénistes‹ und den ›poussinistes‹: Die Akzentuierung der klaren Konturen, des durch Linien markierten ›disegno‹ der Bilder eines Nicolas Poussin, kommt ebenso zum Tragen wie die Betonung der Farbgebung, die Roger de Piles in seinem *Dialogue sur le coloris* (1671) in Verteidigung der Gemälde eines Peter Paul Rubens aufgrund ihrer Schattierungen und flüchtigen Nuancen als Zeichen moderner Malerei angesehen hatte. Rigauds Gemälde ist somit auf den ersten Blick ein Musterbeispiel des klassischen Ideals der ›concordia discors‹, der ›harmonie des contraires‹.

Angesichts der auffälligen Dichotomien innerhalb des Bildes haben die zahlreichen Interpreten die These aufgestellt, Rigaud setze die alte Anschauung von den ›zwei Körpern des Königs‹ in Szene. Ernst Kantorowicz hatte 1957 anhand einer Rechtsauffassung der elisabethanischen Kronjuristen gezeigt, dass den Vorstellungen der Zeit zufolge der König zwei Körper hat: einen natürlichen, alternden und sterblichen Körper (›body natural‹) sowie einen übernatürlichen, unsterblichen Körper (›body politic‹). Diese politisch-theologische Auffassung von der Doppelnatur des Königs dient der Sicherung des Königtums, da sie im Kern besagt, dass der natürliche Körper des Königs mit seinen Defekten sowie seinem Verfall keine grundlegenden Auswirkungen auf den politischen Körper des Königs hat, der der »Unvollkommenheit der gebrechlichen menschlichen Natur«[3] enthoben ist. Während der englischen und französischen Herrscherbegräbnisse vom 14. bis zum 17. Jahrhundert, in Frankreich bis zum Begräbnis von Heinrich IV. im Jahre 1610, wurden lebensgroße Holz-, Wachs- oder Gipspuppen des Königs angefertigt,[4] mit entsprechenden Kleidern ausgestattet und wie der lebendige Leib des Königs gefüttert,[5] um als Doubles symbolisch die Abwesenheit des natürlichen Körpers des Herrschers während des Interregnums zu überbrücken. Hyacinthe Rigauds Gemälde von Ludwig scheint denn auch gleich auf mehrfache Weise diesen Aspekt des Königtums zu betonen:[6] Zum einen verweist der Krönungsmantel auf den offiziellen politischen-sakralen Körper des Königs, während die realistische Darstellung des gealterten Kopfes mit seinem melancholischen, ja bitteren Gesichtsausdruck und den herunterhängenden Wangen den Alterungsprozess des Herrschers nicht verschweigt, nach der Auffassung von den zwei Körpern des Königs auch gar nicht verschweigen muss. Auch die Opposition aus altem Kopf und jungen Tanzbeinen scheint auf die Vorstellung vom doppelten Körper anzuspielen, war doch der Tanz das Symbol der Ordnung schlechthin, verkörpert durch einen jungen König, der zuletzt 1670 in seiner Paraderolle als tanzender Apollo aufgetreten war. Dieses Selbstverständnis des Versailler Hofs vom Tanz als perfekter Verkörperung der staatlichen Ordnung des Absolutismus wird in einem Gedicht von Charles Robinet aus dem Jahr 1666 deutlich:

> Louis, Grand en toutes façons,
> Menant Madame de Soissons,
> Fut du Bal le premier Mobile,
> Et s'y fit voir non moins habile

---

3 E. Kantorowicz, *The King's Two Bodies. A Study in Mediaeval Political Theology*, Princeton, Princeton University Press, 1952; deutsch: *Die zwei Körper des Königs. Eine Studie zur politischen Theologie des Mittelalters*, München, DTV, 1990 (dtv Wissenschaft), 33 und 37.
4 Vgl. dazu detailliert K. Marek, *Die Körper des Königs. Effigies, Bildpolitik und Heiligkeit*, München, Fink, 2009, bes. 29–65. Marek geht in Auseinandersetzung mit Kantorowicz von drei Körpern des Königs aus, dem natürlichen, dem politischen sowie dem heiligen Körper.
5 Vgl. L. Brassart, *Le Portrait du roi* (Anm. 2), 36. Vgl. auch R. E. Giesey, *The Royal Funerary Ceremony in Renaissance France*, Geneva, Droz, 1960, bes. 5.
6 Brassart spricht von der »Insistence du peintre de la double nature de la monarchie française« (ebd.).

Qu'à tenir, en grand Potentat,
Les nobles Resnes de l'Estat.
Tout le reste, entrant en Cadence,
Marcha sur ses pas dans la danse
[...]
Par son impression si forte,
Règle les Mouvements divers
Des Estats de tout l'Univers.[7]

Der Kopf des Gemäldes von Rigaud stünde dieser Auffassung zufolge somit für den ›body natural‹ des Königs, die jugendlichen Tanzbeine für den ›body politic‹. Zudem verweist die Einteilung des Bildes in zwei Dreiecke[8] auf die beiden Körper des Königs: Das rechte obere Dreieck markiert gleichsam einen Raum des Privaten, der Alkove, und damit des natürlichen Körpers, aus dem sich der gichtkranke König im Jahre 1701 kaum mehr herausbewegen konnte. Das linke Dreieck markiert demgegenüber einen Raum der Öffentlichkeit, bestimmt vom Tanz, dem Symbol von Ordnung und Gerechtigkeit, sichtbar an der Darstellung der Göttin Themis in der Mitte des Dreiecks.

Nach Meinung der Kritiker hat denn auch der englische Autor William Makepeace Thackeray Sinn und Zweck der Anschauung von den zwei Körpern des Königs verfehlt, wenn er sich in seinem *Paris Sketch Book* von 1840 einer Karikatur des Bildes von Rigaud annimmt.

Thackerays Dekonstruktion des Herrscherbildes zerlegt den bei Rigaud abgebildeten König Ludwig in sein Ornat und einen kleinen, alten und gebrechlichen Mann mit einer Krücke, aus deren Summe ›Ludovicus Rex‹ à la Rigaud entsteht. Ihm entgeht damit die Bedeutung jenes unsichtbaren ›body politic‹, dessen mystische Dimension mehr als nur die Summe aus natürlichem Körper und Insignien darstellt und an den man glaubt wie an die Realpräsenz der Transsubstantiation.[9]

Die Karikatur des englischen Autors, dies haben die Arbeiten von Louis Marin gezeigt, dekonstruiert die auratische Präsenz des Bildes von Rigaud durch

---

7 CH. ROBINET, *Lettres à Madame*, in *Les Continuateurs de Loret. Lettres en vers de La Gravette de Mayolais, Robinet, Boursault, Perdou de Subligny, Laurent et autres (1665–1689)*, éd. par James de Rothschild, 2 vols., Paris, D. Morgand et C. Fatout, 1881–1883, t. 2, 449 f., V. 66–74 und V. 78–80. Vgl. dazu R. BRAUN – D. GUGERLI, *Macht des Tanzes – Tanz der Mächtigen. Hofgeste und Herrschaftszeremoniell 1550–1914*, München, Beck, 1993, 101 f.

8 Das Schwert zerteilt das Bild in ein unteres Dreieck links der Diagonale sowie ein oberes rechtes Dreieck. Zu dieser Einteilung vgl. M. TSIKOUNAS, *De la gloire à l'émotion. Louis XIV en costume de sacre par Hyacinthe Rigaud*, in »Sociétés & Représentations«, Bd. 26/2008, H. 2, 57–70, bes. 64 f.

9 Vgl. dazu E. HORN, *Vom Porträt des Königs zum Antlitz des Führers. Zur Struktur des modernen Herrscherbildes*, in A. Honold – R. Simon (Hgg.), *Das erzählende und das erzählte Bild* (eikones), München, Fink, 2010, 128–159, bes. 136. Dort auch ein Hinweis auf Kantorowicz, der sich implizit ähnlich über Thackeray äußert (*Die zwei Körper*, Anm. 3, 418).

Karikatur von William M. Thackeray (um 1840)

seine Entfaltung in einen Diskurs bzw. ein Narrativ, das zugleich die Entstehung des Bildes erzählt. Das Porträt des absolutistischen Herrschers – mustergültig abzulesen am Gemälde Rigauds – ist für Marin die in einer solchen auratischen Präsenz verdichtete Historiographie, wogegen die Geschichtsschreibung selbst eine narrative Ausbreitung des Bildes vom Herrscher in eine temporale Abfolge unterschiedlicher Ereignisse darstellt.[10]

Man kann sich nun allerdings mit Fug und Recht fragen, ob wirklich erst durch Thackerays ›striptease‹ des Herrschers und zugleich des Bildes von Rigaud eine solche Dekonstruktion der Präsenz vorliegt oder ob diese nicht bereits in das Bild Rigauds selbst eingeschrieben ist. Rigauds höchst verdichtetes Herrscherporträt würde damit einen doppelten Diskurs praktizieren: Es wäre Verdichtung und historische Dekonstruktion der Verdichtung ineins, Erzeugung auratischer Präsenz im Bild bei gleichzeitiger Entlarvung dieser Repräsentation der Macht durch die Erzeugung von Temporalität und die Erzählung

---

10 L. MARIN, *Le Portrait du Roi*, Paris, Minuit, 1981 (Collection »Le sens commun«); deutsch: *Das Porträt des Königs*, Berlin, Diaphanes, 2008 (Kultur 2000), 15, 69 und 338 f. Marin zitiert den Entwurf einer Geschichte Ludwigs XIV. von Paul Pellisson-Fontanier, in dem dieser erklärt, die ideale Geschichtsschreibung sei darauf aus, den Effekt des simultanen Eindrucks eines Gemäldes zu erzielen und ihre Diskursivität damit gleichsam zum verschwinden zu bringen: »Si l'on sçait fondre & allier tout cela ensemble en un corps solide, plein de varieté, de force & d'éclat, *peindre plûtot que raconter*, faire voir à l'imagination tout ce qu'on met sur le papier [...] *ce n'est plus Histoire* [...]« (P. PELLISSON-FONTANIER, *Projet de l'Histoire de Louis XIV. à M. Colbert*, in *Œuvres diverses de Monsieur Pellisson de l'Academie françoise*, 3 vols., Paris 1735, t. 2, 323–328, hier: 328; Hervorhebungen von mir). Vgl. dazu auch E. HORN, *Vom Porträt des Königs* (Anm. 9), 131 und 136 f.

von Verfall. Diese These lässt sich erheblich plausibilisieren, wenn man sich vor Augen führt, dass ein solcher doppelter Diskurs in der Literatur des ›siècle classique‹ theoretisch reflektiert und an vielen Stellen auf unterschiedlich raffinierte Weise praktiziert wird. Zur Plausibilisierung der These lassen sich die beiden Debatten der Zeit heranziehen, die der Entstehung des Bildes unmittelbar vorauf gehen: zum einen jener Feldzug gegen die Idolatrie, der insbesondere von jansenistischen Kreisen geführt wird; zum andern die Auseinandersetzung über die Frage des geschichtlichen Fortschritts zwischen den ›anciens‹ und den ›modernes‹, in der die Partei der ›modernes‹ das Problem hatte, dem König zu erklären, inwiefern seine Zeit und nicht die der Antike den kulturellen Höhepunkt der Geschichte darstellt, die Geschichte jedoch gleichwohl über die Zeit Ludwigs hinweg schreiten und zu weiteren Höhepunkten eilen wird und demnach auch die Epoche der Herrschaft Ludwigs dem Verfall preisgegeben sein wird.

Die jansenistisch geprägte Debatte über die Idolatrie steht ganz im Zeichen einer Reflexion zum Porträt, die La Bruyère im Abschnitt *De la mode* seiner *Caractères* besonders prägnant zum Ausdruck bringt: »Les couleurs sont préparées, et la toile est toute prête; mais comment le fixer, cet homme inquiet, léger, inconstant, qui change de mille et mille figures? Je le peins dévot, et je crois l'avoir attrapé; mais il m'échappe, et déjà il est libertin.«[11] Im Artikel seines *Dictionnaire chrétien* von 1691 erklärt Nicolas Fontaine, Historiograph von Port-Royal, nicht nur, dass die Zeit durch die so zahlreichen Porträts geprägt ist: »Tout est plein de portraits.« Er bringt auch die religiösen Bedenken zum Ausdruck, die den christlichen Betrachter dieser Porträts bedrängen:

> Comment donc oserai-je me faire peindre pour vous, puisque toute ma vie est une preuve continuelle que je ne fais que gaster en moy l'image de l'homme celeste par ma vie terrestre [...] Je rougis de me faire peindre tel que je suis, & je n'ose pas me faire peindre tel que je ne suis pas.[12]

Und Pierre Nicole spricht in seinem Essai *De la connoissance de soi-même* (1675) sowie in seinem Brief *Sur les portraits, & si l'on doit se laisser peindre* (1701) vom

---

11 J. DE LA BRUYÈRE, *Les Caractères de Théophraste traduits du grec avec les Caractères ou les mœurs de ce siècle*, éd. par Robert Pignarre, Paris, Garnier-Flammarion, 1965 (Garnier-Flammarion, 72), 343, Nr. 19. Zur Kritik an der Idolatrie der Zeit bei La Bruyère vgl. auch N. FERRIER-CAVERIVIÈRE, *L'Image de Louis XIV dans la littérature française de 1660 à 1715*, Paris, Presses universitaires de France, 1981, 246–249, sowie die grundlegende Darstellung zum Porträt in der Literatur der Klassik von J. PLANTIÉ, *La Mode du portrait littéraire en France 1641–1681*, Paris, Champion, 1994 (Lumières classiques, 2), bes. 505 f.

12 »Portrait«, in *Dictionnaire chrétien, où les prédicateurs trouveront la matière de tous les sermons de l'année, et les fidèles tous les sujets de méditation sur les véritez de la religion*, Paris, Cavelier, 1715, 511. Vgl. dazu É. POMMIER, *Théories du portrait. De la Renaissance aux Lumières*, Paris, NRF/Gallimard, 1998 (Bibliothèque illustrée des Histoires), 271.

vergeblichen Blick des Betrachters seines Bildes, der aus seinem Stolz heraus nur die Vorstellung sieht, die er sich von sich selbst gemacht hat, und gleichzeitig angstvoll ahnt, dass er doch nur ein »vain fantosme« anschaut. So sieht der Herrscher in seinem Porträt letztlich nur »un homme richement vêtu qu'on regarde avec respect et qui se fait obéir par quantité de gens«.[13]

Die Urszene der Idolatrie, wie sie nach jansenistischer Kritik im Porträt-Kult der Zeit zum Ausdruck kommt, ist der Tanz um das Goldene Kalb in *2 Mose 32,* 1–4. In einem Gemälde von 1633–1634 zeigt Nicolas Poussin, wie die Israeliten, jung wie alt, rauschhaft um das Bildzeichen des Kalbs tanzen. Selbst der weißgewandete Priester Aron ist vom Fetisch verzückt, der an die in Ägypten, dem zweihundertjährigen Aufenthaltsort der Israeliten, verehrte Kuh Hathor erinnert. Die Farbgebung des Kalbs, die an die Machtsymbolik des späteren Sonnenkönigs denken lässt, entstammt nicht der Beleuchtung durch die Sonne, da der Himmel mit Wolken verhangen ist.

Im Grunde ist das Bild eine Parodie der absolutistischen Herrschaft. Die Israeliten vertrauen nicht dem unsichtbaren Gott des Gesetzes, das die Basis des absolutistischen Staates darstellt, sondern dem heidnisch-polytheistischen Bildzeichen. Der Gott des Gesetzes, symbolisiert durch den vom Berg herabsteigenden Moses, ist in den linken Hintergrund verbannt und sticht farblich aus der Landschaft kaum hervor. Die Verehrung des Goldenen Kalbs zeigt, dass die Idolatrie menschlichen Ursprungs ist und der schlichten Beruhigung der Gemüter des Volkes dient. Das Bild bringt durch die Gruppe im rechten Vordergrund ein Moment des Historischen, des Menschheitsgeschichtlichen ein: Der Blick des Betrachters führt vom Kind über die Frauen hin zum Alten Mann, wobei die Erwachsenen allesamt verzückt zum Fetisch aufschauen. Der Mythos der vom Sonnenlicht beschienenen Macht des Göttlichen Gesetzes, im Absolutismus repräsentiert durch den Herrscher, wird hier durch einen anderen durch und durch weltlichen Mythos ersetzt, der nach Auffasung des Malers so alt wie die Menschheitsgeschichte ist: den der Verzückung angesichts des leuchtenden Bildzeichens, wie man sie in der ägyptischen, griechischen und römischen Antike bei den Isis-Prozessionen oder bacchantisch-dionysischen Festen findet.

Diese Urszene der Idolatrie steht auch im Mittelpunkt einer Fabel La Fontaines: *L'Homme et l'idole de bois.*[14] In der auf die Sammlung von Äsop zurückgehenden Fabel geht es um einen Mann, der einem Holzgötzen einen großen

---

13 P. Nicole, *De la connoissance de soi-même,* in Pierre Nicole, *Essais de morale,* Paris, G. Desprez & J. Desessartz, 1715, chap. 3, 7 f. Vgl. auch ders., *Lettre 113. Sur les portraits, & si l'on doit se laisser peindre,* in Pierre Nicole, *Essais de morale,* Paris, G. Desprez & J. Desessartz, 1723, t. 8, 196–213. Vgl. dazu L. Desjardins, *Le ›vain fantosme‹ de soi-même ou Le portrait à l'épreuve de la morale,* in »Tangence« H.66 (2001), 84–100, bes. 92 f., sowie É. Pommier, *Théories du portrait* (Anm. 12), 272.

14 Fabel 8 des vierten Buches der Sammlung von 1668.

Nicolas Poussin, *Adoration du veau d'or*, 1633 – 1634, Öl auf Leinwand, London, National Gallery

Teil seiner Habe opfert, ohne je eine Gegenleistung zu erhalten. Es ergreift ihn schließlich der Zorn. Er zerschlägt die Statue und findet darin einen Goldschatz. Der Sinn dieser Erzählung hat sich der Kritik stets weitgehend entzogen. So erklärt Chamfort in seinem Kommentar der großen Fabelschriftsteller von 1796: »Qu'y a-t-il d'étonnant qu'un idole de bois ne réponde pas à nos vœux, et que renfermant de l'or, l'or paraisse quand vous brisez la statue?«[15] Die Fabel trifft jedoch mit ihrer Erzählung von der Idolatrie des Opfernden genau den Nerv der jansenistischen Debatte um die Verherrlichung der herrscherlichen Macht. Es geht um die Verehrung eines Abbildes, welches magisch aufgeladen und voller Seinsfülle zu sein scheint. Von ihm erwartet der Protagonist aufgrund seiner Opfergaben Reichtümer. Es erweist sich jedoch als falsch, seine Habe diesem Magus zu opfern. Richtig ist es, ihn zu zerschlagen. Erst durch die Entdeckung des Inneren wird der Mann reich.

La Fontaines Fabel zielt auch auf die zeitgenössische Porträtkunst. Über die Anspielung auf *Psalm* 115, 4 – 6 im zweiten Vers sowie über einen metaphorischen Verweis in V. 6 liefert er einen Kommentar, der das Geschehen an die biblische Urszene der Idolatrie zurückbindet. Gemeint ist die Idolatrie der

---

15 *Les trois fabulistes, Esope, Phèdre et La Fontaine*, éd. par S.R.N. CHAMFORT – J.G. GAIL, XX vols., Paris, Delance, 1796, t. 3, 237. Vgl. dazu und zu weiteren Reaktionen den Kommentar der *Œuvres complètes*, t. 1, 1116.

Ägypter, von denen der Psalm sagt, ihre Götzen seien aus Silber und Gold und könnten trotz ihrer Augen nicht sehen und trotz ihrer Ohren nicht hören.[16] Die scheinbar beiläufig eingestreute Bemerkung der »sacrifices de bœufs«[17] im sechsten Vers lokalisiert die Szene genauer. La Fontaine verweist auf die Anbetung des Goldenen Kalbs durch die Israeliten, während Moses die Gesetze Gottes geoffenbart werden.[18] Die Szene zeigt einen Rückfall der Auserwählten in die Idolatrie der Ägypter. Sie zeitigt das biblische Verbot, sich bedeutungsvolle Zeichen Gottes zu machen. Dass es La Fontaine speziell um das Bild des Herrschers geht, wird aus der Tatsache ersichtlich, dass der Mann seinen Holzgötzen füttert, wie es anlässlich der Funeralzeremonien der französischen Herrscher mit dessen ›effigie‹ geschah. In Vers 10 wird über eine weitere Äußerung deutlich, dass dem Erzähler der höfische Kontext vor Augen schwebt. Dem Opfernden werde keinerlei Gnadenerweis in Gestalt einer Erbfolge, eines Schatzes oder eines Spielgewinns zuteil (»Succession, trésor, gain au jeu, nulle grâce.«), heißt es dort. Genannt werden spezifische Möglichkeiten, wie die Höflinge zu Reichtum gelangen können. Es sind diese Höflinge, die ihre materielle Habe sowie ihre Ehrerbietung in der Hoffnung auf Reichtum und Macht rückhaltlos dem Souverän zuteil werden lassen. Den staatlichen Förderer dieser Idolatrie, den Finanzminister Colbert, bezeichnet La Fontaine anderweit als »idole de fange«.[19] Die Unterwerfung der holländischen Dichterelite unter Louis XIV aufgrund der Ausschreibung von Pensionen hatte den Fabeldichter überdies zu einer weiteren Stellungnahme veranlasst:

> Vos poètes le déifient. Vos écrivains le flattent [...] et comme fit autrefois le peuple d'Israël, par un fatal aveuglement vous contribuez tout ce que vous avez de plus précieux pour former *l'idole* qui vous doit traîner en captivité [...][20]

La Fontaines Fabel vom *Mann und dem Holzgötzen* entpuppt sich somit als eine Auseinandersetzung mit der Idolatrie der Zeit, wie sie für die Porträtmalerei charakteristisch ist. Im schriftstellerischen Umgang mit dieser Idolatrie hatte der Fabelautor eine spezifische Diskursstrategie entwickelt, die die Literatur zu

---

16 »[...] idola gentium argentum et aurum / opus manuum hominum / os habent et non loquentur [...]« Nach der Zählung der *Vulgata* Psalm 113, 12 f. (*Biblia sacra iuxta vulgatam versionem*, hrsg. von B. Fischer, J. Gribomont, H. F. D. Sparks und W. Thiele, Stuttgart, Deutsche Bibelgesellschaft, 1983³ (1969¹), 917).
17 Zitierte Ausgabe: J. DE LA FONTAINE, *Œuvres complètes*, 2 vols., éd. par J.-P. Collinet – P. Clarac, Paris, Gallimard, 1991 (Bibliothèque de la Pléiade), t. 1, 383, V. 6.
18 Vgl. 2 *Mose* 32, 1–6.
19 So in der *Très humble remontrance au Roi* (zitiert bei R. JASINSKI, *La Fontaine et le premier recueil des Fables*, 2 vols., Paris, Nizet, 1966, t. 2, 122.).
20 *Réponse des fidèles sujets de Sa Majesté catholique, aux Pays-Bas, au »Charitable avis de La France gémissante«* (20. Mai 1667), zitiert bei R. JASINSKI, *La Fontaine* (Anm. 19), t. 1, 133; Hervorhebung von mir.

La Fontaine bislang stets phänomenologisch unter dem Stichwort der ›diversité‹ abgehandelt hat.[21] In Wirklichkeit praktiziert der Autor aber einen doppelten Diskurs:[22] Auf der einen Seite handelt es sich um eine Rede, die den Anforderungen der Zeit entspricht. Sie folgt den Regeln der Repräsentation und der Ordnung. Häufig handelt es sich um eine Repräsentation in Gestalt der Panegyrik, wie sie die Idolatrie der Epoche verlangt. Auch der Fabeldichter praktiziert die Panegyrik, ein leicht anzufertigender Diskurs, wie es im ersten Vers seines *Discours à Madame de La Sablière* heißt. Sie entspricht dem Wunsch der Großen und damit der Stimmung der Zeit, die der Autor akzeptiert: »Ne pas louer son siècle est parler à des sourds« – sagt La Fontaine in der *Épître à Huet* von 1683.[23]

In diesen Diskurs ist ein zweiter Diskurs eingewebt, der in den meisten Fällen ein Diskurs ohne feste Regeln ist, wie man ihn aus dem Kommentar der Renaissance kennt. Es ist ein Diskurs im ursprünglichen Sinne des Begriffs, des ›discurrere‹, des ziellosen Hin- und Herlaufens. Ein solcher Diskurs operiert mit Analogien. Er setzt Bilder frei, die simultane Reaktionen hervorrufen, also jenen Eindruck der Gleichzeitigkeit, wie ihn typischerweise ein Gemälde beim Betrachter verursacht. In den Fabeln wird damit die logische Ordnung des Erzählten durch hieroglyphische, mit vielfältigen Sinnverweisungen aufgeladene Zeichen durchbrochen. La Fontaine hat dies detailliert in seinem *Discours à Madame de La Sablière* zur Sprache gebracht. Dort erweist er sich als Anhänger des zeitgenössischen Epikureismus. Unter dem Einfluss von Gassendi und den Verbreitern von dessen Lehre spricht sich der Fabeldichter gegen die kartesianische Theorie vom Tier als Maschine aus und hält ein Plädoyer für den tierischen Instinkt. Der Mensch hat dieser Lehre zufolge mit den Tieren gemein, dass sein Bewusstsein aus logischen Gedanken *und* aus Empfindungen besteht. Gegen Descartes, der das menschliche Subjekt der Klassik vom Standpunkt des ›cogito‹ definiert, ist das Ich für La Fontaine ein atomisch organisierter, individuell stets unterschiedlich ausgeprägter Organismus. Im *Discours à Madame de La Sablière* präsentiert La Fontaine die Auswirkungen dieser Position auf die dichterische Rede. Dort stellt er der geordneten Erzählung, in der Epoche oftmals in Form der Panegyrik, die Konturen eines nicht-systematischen Sprechens gegenüber:

---

21 Vgl. stellvertretend J. Grimm, *Le Pouvoir des Fables. Études lafontainiennes I*, Paris/Tübingen, Papers on French Seventeenth Century Literature, 1994 (Biblio 17), 92–108.
22 Karlheinz Stierle spricht von einer »Verbildlichung zweiten Grades« (*Poesie des Unpoetischen. Über La Fontaines Umgang mit der Fabel*, in »Poetica«, Bd. 1/1967, 508–533, hier: 521).
23 J. de La Fontaine, *A Monseigneur l'évêque de Soissons* (1683), in *Œuvres complètes*, 2 vols., Paris, Gallimard, 1991 (Bibliothèque de la Pléiade, 10. 62), t. 2, *Œuvres diverses*, 648, V. 40.

(1) Iris, je vous louerais, il n'est que trop aisé;
Mais vous avez cent fois notre encens refusé,
[...]
(12) D'autres propos chez vous récompensent ce point,
Propos, agréables commerces,
Où le hasard fournit cent matières diverses,
Jusque-là qu'en votre entretien
La bagatelle a part: le monde n'en croit rien.
Laissons le monde et sa croyance:
La bagatelle, la science,
Les chimères, le rien, tout est bon: Je soutiens
Qu'il faut de tout aux entretiens: [...][24]

Die ›écriture‹ La Fontaines ist eine Mischung aus beiden Schreibweisen. In den logischen Diskurs der Erzählung webt der Autor die Bagatelle, die Chimäre, die Rede des vermeintlichen Nichts (V. 16). Passend zur Vorstellung, die menschliche Seele sei eine zufällige Ansammlung subtiler und energiegeladener Atome, produziert ein solcher Diskurs häufig Zufälliges. Solche Äußerungen verstoßen gegen die binäre Struktur des Zeichens, wie sie die zeitgenössische Episteme der Transparenz fordert. Sie gehen bewusst das Risiko semiotischer Unordnung ein. Schreiben heißt für La Fontaine, beide Redeweisen zu vermischen, V. 19–20: »Je soutiens / Qu'il faut de tout aux entretiens [...]«.

Rigauds Gemälde von Louis XIV lässt sich nun ebenfalls als Mischung aus zwei Diskursen lesen. Zum einen zeigt das Bild – typisch für die Simultaneität des Eindrucks der Gemälde der Malerei – eine weitreichende ›harmonie des contraires‹, ganz im Einklang mit dem ästhetischen und philosophischen Selbstverständnis der Epoche. Zum andern praktiziert der Maler jedoch einen erzählenden Diskurs, der das Geschaute in eine temporale Abfolge bringt und somit die auratische Präsenz des Herrschers im Bild durch ein historisches Narrativ dekonstruiert. Und diese historische Erzählung ist die Geschichte eines Verfalls.[25] Zu auffällig ist die Fülle der Anzeichen dieses historischen Verfalls in Rigauds Gemälde, um sie problemlos unter das Prinzip der ›harmonies des contraires‹ verrechnen zu können. Zu viele Zeichen des Alterns dominieren das Bild: Nicht allein, dass der Blick des Betrachters von den jugendlichen, säulenartigen Beinen des Herrschers nach oben hin zum gealterten Kopf führt. Auch zahlreiche weitere Elemente des Gemäldes offenbaren Verfall: So ist die Krone auf dem Hocker nicht die, die Ludwig bei der Krönungszeremonie getragen hat, sondern die der französischen Herrscher anlässlich der Grable-

---

24 In J. DE LA FONTAINE, Œuvres complètes (Anm. 23), t. 1, 383, V. 1–20.
25 Zur Darstellung des alternden Königs in den Abbildungen der Zeit vgl. grundsätzlich ST. PEREZ, *Les Rides d'Apollon: l'évolution des portraits de Louis XIV*, in »Revue d'histoire moderne et contemporaine«, Bd. 3/2003, 62–95.

gung.²⁶ Dass sich der an Gicht erkrankte Monarch, der 1701 weitgehend nur noch im Rollstuhl gefahren wird, auf das Zepter wie auf eine Krücke stützt, hatte schon Thackeray herausgearbeitet. Dabei handelt es sich bereits um ein Bild der Epoche, erinnert es doch unwillkürlich an jene Karikatur der Porträtmode von Charles Sorel aus dem Jahre 1659, der einen Reisenden die »isle de la Portraiture« entdecken lässt: »[...] J'en remarquai un qui avoit de beaux bas de soie, & de beaux canons à ses jambes, lequel, à ce qu'on disoit, n'avait dedans que des jambes de bois, & se soutenoit sur une bequille.«²⁷ In einem starken Kontrast stehen überdies die nach oben aufgerichteten Perückenspitzen zu den altersbedingt herabfallenden Wangen Ludwigs sowie den heruntergezogenen Mundwinkeln.²⁸

Markant ist, dass der Maler diese historischen Dimensionen eines nicht zu verschleiernden Verfalls dazu nutzt, den zentralen Mythos der Herrschaft Ludwigs vom Sonnenkönig zu entzaubern: An die Stelle der Sonnenkrone des jugendlichen Tänzers ›Apollo‹ des Jahres 1653 ist bei Rigaud ein gealterter Kopf mit einer dunklen Perücke getreten.

Ludwig im Kostüm des tanzenden Apoll

---

26 Vgl. dazu H. PINOTEAU, *Insignes et vêtements royaux*, in »Bulletin du Centre de recherche du château de Versailles«, Dez. 2005 (http://crcv.revues. Document99.html, 8).
27 CH. SOREL, *Description de l'isle de portraiture et de la ville des portraits*, in *Voyages imaginaires, songes, visions et romans cabalistiques. Ornés de figures*, Amsterdam, 1738, t. 27, 337–398, hier: 348.
28 Vgl. dazu M. TSIKOUNAS, *De la gloire à l'émotion* (Anm. 8), 65.

Von der Spitze der Pyramide, also vom Kopf dieses Herrschers, geht bei Rigaud keine Strahlkraft mehr aus. Das Bild führt den Betrachter von der mythenbeladenen Sicht der Königsherrschaft hin zur realistischen Betrachtung: von den Beinen des jugendlichen Tänzers zum Kopf eines gealterten, kranken Monarchen. Ohnehin sind die Zeichen des Mythos verblasst: Das Bild der Göttin Themis im Hintergrund am Fuß der Säule ist für den Betrachter kaum erkennbar, da kein Licht auf es fällt.[29] Rigauds Bild ist bei aller Auratisierung der Macht des Sonnenkönigs zugleich deren Dekonstruktion. Es ist eine systematische Entzauberung der vertikalen Stilisierung dieser Macht.

Diese Entzauberung wird auf der horizontalen Ebene des Bildes untermauert. Der Herrscher bei Rigaud schaut nicht in die Zukunft – wie im Gemälde *Portrait de Louis XIV en armure* von Louis Ferdinand Elle aus dem Jahr 1665 –, wo er der Logik des Zeitstrahls zufolge nach rechts gewandt abgebildet ist, sondern er geht nach links, gleichsam in die Vergangenheit zurück. Besonders auffällig ist jedoch die Asymmetrie des Gesichts, insbesondere der Augen und der Mundpartie, also der beiden Gesichtshälften. Ist die Doppelgesichtigkeit vor allem ein Stilmittel der Porträtkunst der Moderne, um die Ambivalenz der porträtierten Person ins Bild zu setzen, so ist sie gleichwohl bereits in den Abbildungen der Renaissance angelegt.[30]

---

29 Vgl. dazu *ibidem*, 63.
30 Vgl. dazu die in Kürze fertiggestellte Dissertation von D. Rakovsky, *La Double-face, un archétype moderne? Symétrie et asymétrie du visage dans la peinture de la Renaissance européenne*, am Trinationalen Graduiertenkolleg *Gründungsmythen Europas in Literatur, Kunst und Musik* der Universitäten Bonn, Paris IV – Sorbonne und Florenz.

Zeugt das linke Auge des Herrschers im Gemälde Rigauds noch von Wachsamkeit und Tatkraft, so zeigt das rechte, stärker geschlossene Auge eine gewisse Ermüdung. Zusammen mit der Mundpartie vermittelt die linke Gesichtshälfte die eines entschlossenen, jedoch durchaus gutmütigen Herrschers, während die rechte Hälfte nachlassende Tatkraft sowie Züge einer Verbitterung erkennen lässt.[31] Geht man davon aus, dass der Blick des Betrachters auch hier dem Licht folgt, so ist die vom Betrachter aus gesehen linke Gesichtshälfte des Königs, die seine Vergangenheit spiegelt, im Dunkeln. Der Diskurs der Historie als Erzählung eines Verfalls durchzieht somit das gesamte Porträt in seinen vertikalen und horizontalen Dimensionen. Er unterlegt dem Gemälde von ›Louis, par la grâce de Dieu, Roy de France et de Navarre‹, ein klar zu erkennendes Schema:

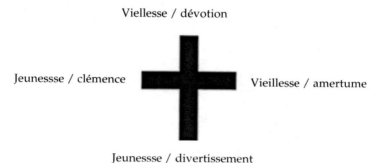

Viellesse / dévotion

Jeunessse / clémence   Vieilesse / amertume

Jeunessse / divertissement

Rigauds Gemälde ist durch seinen doppelten Diskurs ein Bild der Ambivalenz. Mit seinen Mitteln nimmt der Autor damit Stellung zur zeitgenössischen *Querelle des anciens et des modernes*. Dieser drei Jahre andauernde Streit wurde 1687 durch das von Charles Perrault der Akademie vorgestellte Gedicht *Le Siècle de Louis le Grand* ausgelöst, welches die kulturelle Gleichrangigkeit wenn nicht Überlegenheit der zeitgenössischen Epoche gegenüber der Antike behauptet:

> Je voy les Anciens sans ployer les genoux,
> Ils sont grands, il est vray, mais hommes comme nous;
> & l'on peut comparer sans craindre d'estre injuste,
> Le Siecle de LOUIS au beau Siecle d'Auguste.[32]

Nach Boileaus heftiger Reaktion in seinen Epigrammen kristallisiert sich die Gegenposition der ›anciens‹ heraus, dass die kulturelle Entwicklung seit der Antike keine nennenswerte Weiterentwicklung mehr erfahren hat. Sie wird be-

---

31 Vgl. M. Tsikounas, *De la gloire à l'émotion* (Anm. 8), 69.
32 Ch. Perrault, *Le Siècle de Louis le Grand. Poème*, Paris, Coignard, 1687, 3, V. 3–6.

sonders markant von La Bruyère in der ersten Reflexion seiner *Caractères* auf den Punkt gebracht:

> Tout est dit, et l'on vient trop tard depuis plus de sept mille ans qu'il y a des hommes et qui pensent. Sur ce qui concerne les mœurs, le plus beau et meilleur est enlevé; l'on ne fait que glaner après les anciens et les habiles d'entre les modernes.[33]

Die *Querelle* rankt sich denn auch in erster Linie um die Frage, was die Genialität eines Autors ausmacht: Ist es die Imitation der Antike und das Resultat eines intensiven Studiums der Vorbilder, auf deren Maßgeblichkeit die ›anciens‹ bestehen, oder handelt es sich, wie Perrault als Vertreter der ›modernes‹ in provozierender Form in seiner *Epistre a Monsieur de Fontenelle* mit dem Obertitel *Le Génie* erklärt, um eine Naturgabe unabhängig von der Epoche, die jenseits aller Bildung dem befähigten Künstler von den Göttern zwecks Einsicht in die vorgegebenen Ideen des Kosmos verliehen wird und damit in ihm selbst liegt:

> Que celui qui possede un don si precieux,
> D'un encens éternel en rende grace aux Cieux;
> Eclairé par luy-même & sans estude, habile.
> Il trouve à tous les Arts une route facile;
> Le sçavoir le previent & semble luy venir
> Bien moins de son travail que de son souvenir.
> Sans peine il se fait jour dans cette nuit obscure
> Où se cache à nos yeux la secrette Nature,
> Il voit tous les ressorts qui meuvent l'Univers [...][34]

Rigauds Gemälde von Louis XIV ist ein schlagendes Gegenbeispiel gegen diese Auffassung Perraults, insbesondere gegen dessen Unterstellung, die Werke der Imitation seien unoriginell und langweilig: »On baille, on s'assoupit, & tout cet appareil / Après un long ennuy cause enfin le sommeil.«[35] Das Bild ist eine einzigartige Nachahmung vorgefundener Gemälde sowie eine Montage eigener Werke. Aus Krankheitsgründen konnte der Monarch für das Bild nicht Modell stehen, so dass Rigaud das Gemälde mit seinem Stab an Künstlern in seiner Werkstatt anfertigen musste. Für die Gestaltung der Beine hat sich der Maler bei seinen Kollegen Henry de Gissey und Henri Testelin bedient, während er den Kopf des Herrschers gleich zwei von ihm selbst zuvor angefertigten Bildern, *Louis en armure* von 1694 sowie *Le Roi chez lui. Portrait de Louis XIV* von 1700, entnimmt.[36] Dieser Imitation in Form eines regelrechten ›Recycling‹ zum Trotz

---

33 J. DE LA BRUYÈRE, *Les Caractères* (Anm. 11), 82.
34 In CH. PERRAULT, *Parallele des anciens et des modernes; en ce qui regarde les arts et les sciences. Dialogues. Avec le poëme du Siecle de Louis le Grand; et une Epistre en Vers sur le Genie*, Paris, Coignard, 1688, 29.
35 CH. PERRAULT, *Le Génie. Epistre a M. de Fontenelle* (Anm. 34), 28.
36 Vgl. M. TSIKOUNAS, *De la gloire à l'émotion* (Anm. 8), 61–64. Zu den wesentlichen Dar-

entsteht ein höchst originelles Gemälde, das die Auffassung Perraults vom Künstler als einem bildungslosen Naturgenie (»Eclairé par luy-même & sans estude, habile.«)[37] Lügen straft. Nachahmung ist für Rigaud wie für den ›ancien‹ La Fontaine keineswegs eine unoriginelle Tätigkeit eines ›poeta doctus‹. »Mon imitation n'est point un esclavage:/ Je ne prends que l'idée, et les tours et les lois,/ Que nos maîtres suivaient eux-mêmes autrefois.«[38] hatte der Fabeldichter in seiner *Epître à Huet* dazu erklärt. Durch seinen doppelten Diskurs aus einer Auratisierung der Macht des Sonnenkönigs durch die simultane Darstellung heterogener Attribute als ›concordia discors‹ bei gleichzeitiger Auflösung dieser Aura durch die Erzählung des Verfalls folgt Rigaud auch in einem anderen Punkt nicht den Vertretern der ›modernes‹: der bedingungslosen Glorifizierung des Herrschers.

stellungen Ludwigs in der Ikongraphie der Zeit vgl. G. SABATIER, *La Gloire du roi. Iconographie de Louis XIV de 1661 à 1672*, in »Histoire, économie et société«, année 2000, vol. 19, núm. 4, 527–560.
37 CH. PERRAULT, *Le Génie. Epistre a M. de Fontenelle* (Anm. 34), 29.
38 J. DE LA FONTAINE, *A Monseigneur l'évêque de Soissons* (Anm. 23), 648, V. 26–28.

Klaus-Dieter Ertler (Graz)

Das Charakterbild in den Moralischen Wochenschriften – Justus Van Effens *Le Misanthrope*

Die Moralischen Wochenschriften gelten gemeinhin als ›Versuchslabor‹ für die Entwicklung der modernen Erzählliteratur. Sie hatten mit dem *Tatler*[1] und *Spectator*[2] von Richard Steele und Joseph Addison in England ihren Ausgang genommen und sich im Zuge der generellen Französisierung Europas über Holland und Frankreich – insbesondere durch *Le Misanthrope*[3] von Justus Van

---

[1] *The Tatler. By Isaac Bickerstaff, Esq.* Ed. R. STEELE. London: John Murphey (12.4.1709 – 2.1.1711), 271 Nummern. Richard Steele publizierte am 12. April 1709 die erste Nummer des *Tatler*. Die Innovation lag in der Einführung einer anonymen fiktiven Autor- und Herausgeberinstanz, die sich für die Kritik der Sitten besonders eignete, weil sie einen hohen Grad an Objektivität bei der Beobachtung, Beschreibung und Bewertung der zeitgenössischen Gesellschaft und ihrer Laster bot und diese Kritik in ein unterhaltsames Ambiente goss. Steele griff bei dieser ersten Nummer auf die bereits aus Jonathan Swifts Werken gut bekannte Figur Isaac Bickerstaff zurück, wodurch es sich um eine in der zeitgenössischen Gesellschaft Englands, insbesondere Londons, vertrauenswürdige Figur handelte. Hinter dem Pseudonym Bickerstaff baute Steele eine Rahmenfiktion auf und beobachtete aus dieser Position die Londoner Gesellschaft, die im merkantilen Bereich eine besondere Aktivität aufwies. Viele Zeitgenossen dürften Steele bereits frühzeitig hinter der Maske vermutet haben, jedoch gibt sich der wirkliche Autor erst in der letzten Nummer der Zeitschrift zu erkennen.

[2] *The Spectator. To be continued every Day.* (1. Serie). (1. März 1711 bis 6. Dezember 1712). Ed. R. STEELE-J. ADDISON. S. Buckley-J. Tonson. London. Der naive Bickerstaff wird hier durch eine gewiefte Klubgesellschaft, deren Debatten und Raisonnements zum Maß aller Dinge werden. Der *Spectator* operiert mit einer anonymen Figur, die allenthalben vertreten ist und die Zustände im Lande genau unter die Lupe nimmt. Mit gewitzter Sprache, eleganter Argumentation und feinem Humor übertraf das neue Blatt in seiner neuen Aufmachung alle Erwartungen. Die Einbindung von Leserbriefen gehörte zur Grundausstattung der Zeitschrift. Durch die Distanz und die Besonnenheit der Reflektorfiguren sowie durch den höheren Abstraktionsgrad sollte der *Spectator* mit seinen 555 Nummern zu dem Prototypen für die Gattung der Moralischen Wochenschriften werden. Vgl. dazu auch W. CONNERY, *Sir Richard Steele*, London, s.e., 1934.

[3] Die französischsprachige Wochenschrift *Le Misantrope* [sic] ist in zwei Bänden (Bd. I: 1711 und Band II: 1712) in Den Haag im Verlag T. Johnson erschienen. Einige Jahre später folgten zwei überarbeitete und erweiterte Auflagen: *Le Misantrope* [sic] [...], par V. E. [Van Effen]. Nouvelle édition, revue et augmentée de plusieurs discours importans. La Haye: chez J. Neaulme 1726, 2 Bde. – *Le Misanthrope* [sic], *contenant différens discours sur les mœurs du siècle.* Nouvelle édition, augmentée de plusieurs discours sur le caractère des esprits forts et

Effen – auf die übrigen Länder verbreitet. Schon in England war der enge Zusammenhang mit der Erzählliteratur dadurch gegeben, dass sich die Wochenschriftenautoren zum Teil nicht nur als Journalisten, sondern auch als Literaten verstanden und ihre spezifischen Schreiberfahrungen von einer Gattung auf die andere übertrugen. Daniel Defoe oder Jonathan Swift können dafür als berühmte Beispiele angeführt werden. Gerade auf der Ebene der narrativen Formen lassen sich diese Verbindungen deutlich beobachten: Mechanismen der Fiktionalisierung, Porträtgestaltungen, narrative Darstellungsformen und Strategien der Verschleierung und der Enthüllung wurden dominant gesetzt und flossen in zahlreiche Texte ein.

Als eines der konstituierenden Elemente der Moralischen Wochenschriften soll das Charakterbild genannt sein. Der fiktionalen Darstellung von Personen, die in die Erzählung involviert sind, d. h. allen Selbst- und Fremddarstellungen, gilt die Aufmerksamkeit auf Produktions- wie Rezeptionsseite. Für die Moralischen Wochenschriften ist gerade das Porträt ein zentrales Element, weil dabei die Beobachtung der Zeitgenossen im öffentlichen Leben in den Mittelpunkt rückt. Der Aufbau von neutralen Beobachtungsinstanzen in einer sich wandelnden Welt sowie die Emergenz von neuen Formen der Kommunikation in einem zunehmend bürgerlichen Ambiente sorgen für das ausgeprägte Interesse an der Darstellung der eigenen Person wie auch der Charakterisierung von Zeitgenossen.

Über das Charakterbild kann die Verbindung zwischen den Moralischen Wochenschriften als Ressourcenspender für das Romansystem deutlich nachgewiesen werden. Dieser Transposition soll in unserer weiteren Darstellung am Beispiel von Justus Van Effens *Le Misanthrope* nachgegangen werden, der ersten freien Nachahmung des *Spectator* in französischer Sprache. Der Rückgriff auf *Le Misanthrope* ist deshalb relevant, weil Van Effens Blatt nicht nur in der Folge des englischen Prototypen steht, sondern sich wiederholt auf La Bruyères *Caractères* bezieht und vorrangig darin seine Quelle sieht.[4] Damit ergibt sich eine Traditionslinie der Charakterzeichnung, die bislang nicht erschöpfend verfolgt wurde und auch in Zukunft noch einer weitreichenden Aufbereitung bedarf. In dieser Traditionslinie üben die Moralischen Wochenschriften eine zentrale Katalysatorfunktion aus, die sich in der Folge im modernen Roman à la Diderot niederschlagen wird.

Was den Einfluss der Wochenschriften auf den modernen Roman im Allgemeinen betrifft, so kann festgestellt werden, dass die Hauptagenden im fiktio-

---

des incrédules, avec une Relation curieuse d'un voyage en Suède. La Haye: chez J. Neaulme 1742, 2 Bde. Die kritische Ausgabe von J. L. Schorr trägt den Titel *Le Misanthrope*. (Oxford, The Voltaire Foundation, Paris, [J. Touzot] 1986).

4 J. DE LA BRUYÈRE, *Les caractères*, Paris, Imprimerie Nationale, 1998 [1688].

nalisierenden Anspruch der englischen Prototypen und deren komplexer Kommunikationsstruktur liegen. Beide Agenden konnten dem erneuerungsbedürftigen Romansystem einen entscheidenden Anstoß verleihen. Damit hängt schließlich jene Ausdifferenzierung der persönlichen Erzählerinstanz im modernen Roman zusammen, die Wolfgang Martens mit Blick auf den englischen *Spectator* in seiner richtungsweisenden Studie der Poetik der Wochenschriften prominent hervorhob:

> Nur unter erdichtetem Namen könne ein Autor allenfalls einmal von sich selbst reden, bemerkt der ›Spectator‹ (562.) einmal mit deutlicher Wendung gegen Montaigne (der in seinen Essays sein persönliches Ich präsentiert hatte). Es ist im Prinzip die gleiche Freiheit, die der epische Dichter mit der Einführung eines Erzählers, eines erzählenden ›Ich‹, gewinnt, das mit der Person des Dichters nicht identisch ist, und in der Tat dürfte das moderne subjektiv gefärbte Sprechen, der persönliche Erzählton gewisser Erzählfiguren im Roman der zweiten Hälfte des 18. Jahrhunderts von der Manier der Wochenschriften vorbereitet sein.[5]

Das Verhältnis zwischen den Moralischen Wochenschriften und dem Roman war jedoch anfangs nicht unproblematisch. Wenngleich man die Gattung des Theaters grundsätzlich respektierte, weil sich die Bühne für moralische Zwecke nutzen ließ und damit breite Bevölkerungsschichten auf angenehme Weise belehrt werden konnten, setzte beim Roman im Gegensatz dazu die Wertschätzung erst um die vierziger Jahre des 18. Jahrhunderts ein, als Richardsons Werke in Umlauf kamen und das Vorurteil zur Gattung nach kurzer Zeit aufgehoben wurde. Die Gattung des Romans war zumeist negativ konnotiert, weil meist Liebesgeschichten thematisiert wurden und die Wollust in den Blick rückte. Diese Ablehnung rührte aus der Annahme, dass der Roman die verderbten Sitten des Galantentums förderte und den Müßiggang hervorkehrte, der dem aristokratischen, französierenden Lebensstil innewohnte. So betrachteten die Moralischen Wochenschriften den Roman vorerst als üble Konkurrenz, dessen Einfluss es zu mindern galt.[6]

Mit der Aufhebung des Gegensatzes zwischen beiden Gattungen musste die moralische Presse im ausgehenden Jahrhundert dem Vordringen der epischen Gattung weichen. Wolfgang Martens hob an Hand von mehreren Beispielen hervor, inwiefern ein gattungsspezifischer Einfluss von der Presse auf den Roman vorliegt:

> Die Fäden, die von der Schilderungsweise, von Stoffen und Motiven, Figuren und Exempeln der Moralischen Wochenschriften zur Stoff- und Formwelt des Romans in

---

5 W. MARTENS, *Die Botschaft der Tugend*, Stuttgart, Metzler, 1968, 31. Vgl. dazu auch W. GRAEBER, *Moralistik und Zeitschriftenliteratur im frühen 18. Jahrhundert*, Frankfurt am Main, Peter Lang, 1986.
6 K.-D. ERTLER, *Moralische Wochenschriften in Spanien*, Tübingen, Gunter Narr, 2003, 31 f.

der zweiten Hälfte des 18. Jahrhunderts gehen, sind ungezählt. [...] so ließe sich vermutlich in der Schilderung von Charaktertypen oder in der Milieuzeichnung, wie die Wochenschriften sie pflegten, Beziehungen zum Roman herstellen.[7]

Insofern fungieren die *Spectators* als Katalysator für die aufsteigende Gattung des Romans, wobei der Charakterschilderung eine besondere Aufmerksamkeit zukommt.

Mit der Entwicklung der persönlichen, fiktionalisierten Erzählinstanz im Getriebe des urbanen Diskurses und den damit verbundenen Kommunikationsstrukturen erhielt der Rückgriff auf das Charakterbild bei Steele und Addison eine deutliche Ausprägung. Es ging vorerst um die literarische und journalistische Abbildung des gesellschaftlichen Wandels und den Aufbau einer Gesellschaft mit protestantisch-bürgerlichem Anspruch. Die Emergenz einer funktional operierenden Öffentlichkeit benötigte spezifische Parameter der Orientierung, die eng mit den Charakteren der Menschen verknüpft werden konnten, um über deren Charakterbilder neue Welthorizonte zu erschließen. Auf diese Weise wurden die Porträts zu den Gradmessern der neuen Gesellschaft.

Dazu kam, dass das Interesse an den Zeitgenossen wie auch an der Konstruktion von vorrangig bürgerlichen Idealtypen im Rahmen der moralistischen Dimension einen starken Aufwind erlebte. Durch den Umbau der gesellschaftlichen Kommunikation hin zu einer funktionalistischen Differenzierung kam dem neutralen Beobachter eine immer stärker hervortretende Funktion zu. Die Selbst- und Fremdbeobachtung wurde auf ›permanent‹ geschaltet und avancierte zu einem zentralen Element in der gesellschaftlichen Kommunikation. Die Beobachtung zweiter Ordnung, die für die Beschreibung der modernen Sozietät konstitutiv wurde, war mit der Entwicklung der modernen Charakterschilderung eng verknüpft. Louis Van Delft beschrieb diese Schlüsselfunktion in seiner Studie zur Umstellung des Paradigmas und bezog sie nicht nur auf die klassischen Moralisten, sondern ganz prominent auf die Gattung des *Spectator*. In dieser historischen Vermittlung der Beobachtungsmechanismen durch die »spectateurs de la vie« vermochte Van Delft ebenso den Beitrag der Moralischen Wochenschriften bei der Herausbildung einer modernen Charakterschilderung zu erkennen. Seine Beschreibung erfolgt gleichermaßen vor dem Hintergrund des Konstruktivismus, wodurch auch die Kommunikationsverhältnisse stärker in die Argumentation eingebunden werden. Es sei das regelmäßige Erscheinen des *Spectator* mit all seinen vielfältigen Verweisen auf die literarische Tradition gewesen, was die Herausbildung eines Prototyps erlaubt hätte. Das englische Journal sei zum einen in den moralistischen Kanon eingebunden gewesen und hätte zugleich etwas Neues geschaffen. Ausschlaggebend sei unter anderem die

---

7 W. MARTENS, *Die Botschaft der Tugend* (Anm. 5), 519.

periodische Anlage der Gattung gewesen, dass aus der Person des *Spectator* allmählich ein Charakter entstand:

> Addison et Steele, parfaitement accordés aux fluctuations du goût et à l'évolution des mentalités, avaient fait preuve du même flair en subodorant qu'il serait bon de rendre leur titre plus porteur encore grâce à l'étoffe d'un personnage se constituant, au fil des livraisons, en ›caractère‹. [...] L'heure du Spectateur en tant que ›caractère‹ avait sonné.[8]

So wird deutlich, dass das Charakterporträt als gattungskonstitutives Merkmal der Moralischen Wochenschriften gesehen wird und maßgeblich zu seiner Entwicklung wie auch zu seiner Transposition auf die Erzählliteratur beigetragen hat.[9] In den frankophonen Nachahmungen à la *Misanthrope* wird die Verbindung noch deutlicher erkennbar. Der folgende Exkurs über die erste frankophone Nachahmung soll Aufschluss über deren Entstehungsbedingungen liefern.

Justus Van Effen: *Le Misanthrope*

Wie bereits erwähnt, sollte es nach der Publikation des *Spectator* nicht lange dauern, bis die Moralische Wochenschrift auf dem europäischen Festland Einzug hielt.[10] Die wichtigste Funktionsstelle beim Export der Gattung waren die protestantischen Niederlande, insbesondere Amsterdam und Den Haag. Dort hatte sich eine bedeutende Kolonie von Migranten niedergelassen, die nach der Aufhebung des Edikts von Nantes (1685) in den Norden gezogen waren und entscheidend zur Buchproduktion in französischer Sprache beitrugen. Die englische Sprache war in dieser Gesellschaft stärker verbreitet als auf dem üb-

---

8 L. VAN DELFT, *Les Spectateurs de la vie. Généalogie du regard moraliste*, Québec, Presses de l'Université Laval, 2005.
9 W. Martens schätzt die Bedeutung der Charakterschilderung für die Gattung ähnlich ein. Zum Formenfundus der Wochenschriften gehören demnach: »Briefe, Träume, die Schilderung kurioser kleiner Gesellschaften, das Porträt eines moralischen Charakters in der Art La Bruyères, allegorische Geschichten, morgenländische Märchen und Satiren treten als Darbietungsformen neben die lehrhafte Abhandlung, neben die ernsthafte Betrachtung. Die Verwendung all dieser Formen geschieht zwar nicht gleichmäßig [...], aber zumindest ohne Briefe und ›moralische Charaktere‹ ist keine Moralische Wochenschrift ausgekommen.« (W. MARTENS, *Die Botschaft der Tugend* (Anm. 5), 22) Die neuere französische Forschung reduziert die Wochenschriften auf fünf Funktionen, die zum Großteil auf das Charakterbild anwendbar sind: réflexion, regard, bavardage, folie, collecte. Vgl. A. LÉVRIER, *Les journaux de Marivaux et le monde des spectateurs*, Paris, Presses de l'Université Paris-Sorbonne, 2007, 164.
10 Vgl. vor allem die ausgezeichnete Darstellung der Problematik der frühen englischen Wochenschriften von F. RAU, *Zur Verbreitung und Nachahmung des* Tatler *und* Spectator, Heidelberg, Carl Winter, 1980, 13 ff.

rigen Festland, insbesondere im Bereich der romanischen Kulturen, d. h. in Italien oder Spanien. Die Romania war darüber hinaus auch meist eng mit dem Katholizismus verbunden, so dass die Übertragung aus den genannten Gründen doppelt so schwierig war.

Die ersten Nachbildungen und Übersetzungen in französischer Sprache waren deshalb für das noch überaus frankophile Europa ganz entscheidend. Zwei Texte trugen maßgeblich zur Verbreitung der Gattung bei. Zum einen war es Justus Van Effens Wochenschrift *Le Misanthrope*, die ab Mai 1711 erschien und als Nachbildung des *Tatler* bzw. des *Spectator* gesehen werden kann und die – wie an anderer Stelle gezeigt wurde[11] – auch für weitere europäische Wochenschriften die Vorlage bilden sollte. Zum anderen wurde die Übersetzung des *Spectator* zum Modell für die künftigen Wochenschriftenautoren auf dem europäischen Festland. In der ersten übersetzten Version des englischen Blattes, die zwischen 1714 und 1726 in Amsterdam erschien, zeigte sich die aufklärerische Absicht der Schrift in deren erweitertem Titel: *Le Spectateur, ou le Socrate moderne, Où l'on voit un Portrait naïf des Mœurs de ce Siècle. Traduit de l'anglois.*[12] Wer letztendlich hinter der Übersetzung stand, kann nicht mit Sicherheit gesagt werden. Es ist leicht nachvollziehbar, dass eine vernunftorientierte Dekonstruktion der traditionellen Metaphysik in den katholischen Ländern vorerst noch nicht gutgeheißen werden konnte und ihren ersten Durchbruch dort erst viel später erreichen sollte.

Wie aus den *Spectator*-Nachahmungen anderer kultureller Kontexte bekannt, waren auch die französischsprachigen Wochenschriften nicht von der eigenen literarischen und kulturellen Tradition abgelöst. Dies zeigt unter anderem bereits der vielsagende Titel von *Le Misanthrope*. Der Bezug zu Molières Theaterstück ist nicht nur evident, sondern wird in den einzelnen Beiträgen auch ständig thematisiert. Allerdings wird der Menschenfeind umgedeutet, zumal sich Van Effen dezidiert gegen das negative Menschenbild der französischen Klassik wendet und einer an Shaftesbury ausgerichteten pragmatisch orientierten Moralistik folgt. So richtet er sich als Moralist zum Teil auch gegen die Tradition von La Rochefoucauld und La Bruyère, deren Maximen und Aphorismen er zu Gunsten einer tendenziell positiven Einschätzung des Menschen umschreibt.[13] Wenn *Le Spectateur français* von Marivaux einige Jahre später ebenfalls auf die Figur des Misanthrope zurückkommt, stellt sich die Frage, wie weit hier Molière bzw. wie weit – wenngleich kaum sichtbar – Van Effen die

---

11 K.-D. ERTLER – J. KÖHLDORFER, *Die ›Spectators‹ in Spanien. ›El Duende Especulativo sobre la vida civil‹ von Juan Antonio Mercadàl*, Frankfurt am Main, Peter Lang, 2010.

12 Der Verleger der ersten drei Bände dürfte ein französischstämmiger Buchhändler aus Amsterdam namens David Mortier gewesen sein. Ende 1719 gingen die Verlagsrechte an die Amsterdamer Buchhändler Rudolf und Gerhard Wetstein über.

13 Vgl. W. GRAEBER, *Moralistik und Zeitschriftenliteratur im frühen 18. Jahrhundert* (Anm. 5).

Vorlage abgibt. Es ist dies eines der zahlreichen Beispiele des überaus komplexen Hybridisierungsprozesses, der mit dem Export des englischen Prototypen einsetzte und in den Kulturen Europas unterschiedliche Bilder und Konzepte generierte, deren Filiationen in Zukunft genauer zu prüfen sind. Am Beispiel der Umformung der Charakterbilder ließe sich eine solche Verkettung gut nachvollziehen.

Justus Van Effen gründete nach seinen ersten Schritten als Wochenschriftenautor in Den Haag eine literarische Zeitschrift mit dem Titel *Journal Littéraire*.[14] Darin sollten Textkritiken von mehreren Autoren ohne Ausnahme anonym erscheinen, um dadurch einen möglichst hohen Grad an Objektivität zu erzielen. Diese anonyme Polyphonie schuf die Basis für eine Soziabilität, die sich auf die journalistischen Gattungen, insbesondere auf die künftigen Wochenschriften, fruchtbar auswirken sollte. Gerade die Vielstimmigkeit gehört zu den Grundeigenschaften der *Spectators*.

In der Zeit vom 12. März 1713 bis zum 1. Oktober desselben Jahres lieferte der holländische Autor eine nicht auf Vollständigkeit beharrende Übersetzung der Wochenschrift *The Guardian*, die von Richard Steele herausgegeben wurde und für die dreizehn prominente Zeitgenossen aus England verantwortlich zeichneten.[15] Van Effen nannte das neue Blatt *Le Mentor Moderne*.[16] Von den 175 Diskursen der englischen Ausgabe blieben 29 Diskurse unübersetzt, weil sie von lokalen politischen Fragen und Diskussionen wie auch von englischen Parteien handelten, die für das europäische Festland wenig Interesse hatten.

Eine weitere Wochenschrift entstand zwischen 5. Mai 1718 und 13. April 1719 unter dem aussagekräftigen Titel *La Bagatelle, ou Discours Ironiques, où l'on prête des sophismes ingénieux au Vice & à l'Extravagance, pour en faire mieux sentir le ridicule*.[17] Im Jahre 1725 gab der eifrige Wochenschriftenautor den *Nouveau Spectateur François* heraus, den er von seinem Pariser Pendant, Marivaux' *Spectateur Français*, unterschieden wissen wollte.[18]

Seine zweifellos größte Leistung stellte die auf Holländisch verfasste Wochenschrift *De Hollandsche Spectator* dar, die vier Jahre lang, zwischen 20. August 1731 und 8. August 1735, allwöchentlich erschien. Das Blatt war so erfolgreich, dass die geplante Montagausgabe mit der Zeit durch eine zusätzliche

---

14 *Journal Littéraire*, A la Haye, chez T. Johnson 1713–1718.
15 *The Guardian. To be Continued every Day*, hg. v. R. STEELE, London, J. Tonson (12.3.1713–1.10.1713), Nr. 1–175.
16 *Le Mentor Moderne*. Traduit de l'Anglois, La Haye, chez Vaillant fréres & N. Prévôt 1723, 3 Bde. – Idem. A Amsterdam, chez P. Humbert, s.a., 4 Bde.
17 *La Bagatelle, ou Discours Ironiques, où l'on prête des sophismes ingénieux au Vice & à l'Extravagance, pour en faire mieux sentir le ridicule*, A Amsterdam, chez Henri Du Sauzet, 1718 & 1719, 3 Bde.
18 *Nouveau Spectateur François*, A la Haye, chez Jean Neaulme 1725 & 1726, 2 Bde.

Freitagausgabe ergänzt werden musste. Die Zuschriften an den Autor bzw. Herausgeber des Blattes waren immer zahlreicher geworden, und Van Effen musste sich schließlich für eine Verdoppelung des wöchentlich geplanten Rhythmus entschließen. Es erschienen zwölf Bände.[19] Auch diese Blätter stellten ein aussagekräftiges Modell für die Gattung der Wochenschriften dar, wie dies ein Zeitgenosse im Vorwort der dritten Auflage des *Misanthrope* formulierte: »Les mœurs, les usages, & les abus de la Nation y sont peints avec beaucoup de naturel, & d'un pinceau délicat & savant.«[20]

Am Sprachniveau des holländischen Spectators ließ sich nicht feststellen, ob der Autor eher französisch- oder niederländischsprachig war. Van Effen beherrschte beide Sprachen auf beachtliche Weise, insbesondere, wenn man bedenkt, dass er das Französische in seiner Jugend erlernte und einige Jahre später bereits aktiv am Kommunikationssystem der République des Lettres teilnahm. Der Autor hatte bis zu seinem Tod im Jahre 1735 eine Reihe von beruflichen Erfahrungen gemacht, die ihn als europäischen Zeitgenossen par excellence auszeichnen: Eine Reise durch Schweden in Begleitung des Prince de Hesse-Philipsdhal, der Dienst als Sekretär der niederländischen Botschaft in London, die Mitgliedschaft bei der Royal Society sowie das Amt eines Inspecteur des Magazins de l'État, das er zuletzt im niederländischen Bois-le-Duc bzw. 's-Hertogenbosch (Brabant) ausübte, zeugen von jener Vielfältigkeit, die für die Beschäftigung mit den Wochenschriften notwendig war.

Die Beispiele belegen, dass Van Effen bei der Herausbildung der Wochenschriften als europäische Gattung als prominenter Vertreter mitwirkte. Durch die Transplantation der Texte von England nach Holland und zum Teil nach Frankreich, bzw. über die frankophonen Verbindungen nach ganz Europa gilt er als exemplarischer Vertreter seiner Zeit und als unumgängliches Bindeglied der sich über die Wochenschriften ausdifferenzierenden Kommunikationskette. Dies zeigt sich auch darin, dass er – wie viele europäische Autoren in den späteren Jahren, insbesondere jene aus der katholischen Romania – einerseits einen Code zur Nachbildung des englischen Prototyps geschaffen hatte, indem er die Übersetzung der Basistexte förderte – wie er dies etwa am Beispiel des *Guardian* praktizierte –, andererseits aber von vornherein die freie Nachbildung förderte und damit eine Anbindung des Kanons wie auch die relevanten moralischen Fragestellungen an die jeweiligen nationalen bzw. regionalen Beson-

---

19 *De Hollandsche Spectator*, A Amsterdam, chez Herman Uytwerf 1731–1735, 12 Bde. Das Werk wurde in extenso von S. GABRIËLS bei Astraea in vier Bänden 1998/99 herausgegeben. (Vgl. auch die elektronische Version von 2004 in www.dbnl.org)

20 *Éloge historique de M. Juste van Effen*, in *Le Misantrope*, La Haye, chez J. Neaulme 1742, 3. Aufl., Bd. I, s.l. Nach den Angaben des Buchhändlers in dem *Avertissement du Libraire sur cette Nouvelle Édition* stammt der einleitende Text aus der Bibliothèque Françoise, Bd. XXV, S. 138 ff.

derheiten ermöglichte. Zentral gesetzt waren bei ihm die Vielsprachigkeit, die Förderung von kultureller Transposition und seine plurifokalen Innensichten in die unterschiedlichen Prozesse nationaler Emergenz, wodurch er gerade nationale Engführungen des Prototypus – zum Beispiel am holländischen Spectator – wesentlich bereicherte. Seine rationalistische Argumentation zu Gunsten einer Verbesserung der Unsitten und Sitten einer Nation wurden für viele Zeitgenossen erneut zu einem Modell.

Wesentlich für Van Effens Tätigkeit war die Anonymisierung der Texte. Zeit seines Lebens war er um eine verdeckte Position hinter seinen Wochenschriften bemüht und schien – wenn man seinen Zeitgenossen Glauben schenken möchte – die Verwechslung seiner Feder mit jener prominenter zeitgenössischer Autoren aus Frankreich zu genießen.[21] Darin lag auch der Reiz der Gattung, der sich Van Effen mit Engagement annahm.

Schließlich zelebriert er den wöchentlichen Erscheinungsrhythmus auf besondere Weise, so dass man nicht nur von der Gattung der Spectators, sondern tatsächlich auch von jener der Moralischen Wochenschriften sprechen kann. Es nimmt daher nicht wunder, dass sich die erste spanische Version der Gattung, *El Duende especulativo*, nicht auf Steeles oder Addisons *Tatler* oder *Spectator* beruft, sondern auf Van Effens *Misanthrope*.[22]

Die Charakterschilderung im *Misanthrope*

Von Anbeginn an sucht sich Van Effen mit seinen Blättern in das französische Literatursystem einzuschreiben. Das zeigt nicht nur die Wahl des expliziten Titels, sondern demonstrieren auch die zahlreichen Verweise auf La Bruyère und dessen Charakterbilder. Einen Hinweis auf die englischen Quellen *The Tatler* oder *The Spectator* sucht der zeitgenössische Leser in den Blättern des *Misanthrope* vergeblich. Erst in der späteren gebundenen Ausgabe des Titels verweist der Verleger in seinem *Avertissement* auf die englischen Einflüsse von Steele.[23] Dass Van Effen selbst keinen Hinweis auf den Prototyp liefert, hängt offensichtlich damit zusammen, dass er ein eigenständiges französisches Pendant schaffen wollte, das auch in der Charakterschilderung neue Wege einschlagen sollte. Als das Geheimnis in späteren Jahren gelüftet war, scheute er sich nicht, in seinen weiteren Schriften auf die englischen Quellen zu verweisen. An diese Besonderheit erinnert auch Alexis Lévrier, der sich in den letzten Jahren der

---

21 Vgl. *Éloge historique de M. Juste van Effen* im Vorspann zur Ausgabe des *Misantrope* 1742, Bd. I., s.l.
22 Vgl. K.-D. ERTLER – J. KÖHLDORFER, *Die ›Spectators‹ in Spanien* (Anm. 11), 27 ff.
23 Vgl. *Le Misanthrope* 1986, 396.

Erforschung der ersten französischen Wochenschriften angenommen hat: »Conscient de l'importance et de l'originalité de sa découverte, le premier imitateur du périodique anglais a certainement voulu la dissimuler.«[24]

Die Verbindung zu La Bruyères *Caractères* und seinem literarischen Modell bleibt allerdings explizit in den Schriften verankert. Van Effen selbst sieht sich, wie die zahlreichen Hinweise auf La Bruyère unterstreichen, trotz einiger Kautelen in der Tradition des französischen Klassikers, da mit der Wochenschrift nicht zuletzt ein Beitrag zur Verbesserung der Sitten geleistet werden sollte. Der antike Schriftsteller Theophrast, dessen Charakterbilder La Bruyère beeinflussten, wird ebenso als Orientierung herangezogen.

In späteren Auflagen fasst Van Effen einige ausgewählte Charakterbilder seines *Misanthrope* unter den Titeln *Caractères et réflections*, *Réflections et caractères* wie auch *Suite des caractères* zusammen.[25] Die Mehrzahl dieser Auswahl entspricht der Poetik La Bruyères. So tragen die darin vorkommenden Figuren hellenistisch klingende Namen und werden meist auf einen stark hervortretenden Charakterzug reduziert. Darüber hinaus lassen doppelt angelegte Konstruktionen – oder Diptychen – deutliche Anleihen erkennen. Lévrier nennt bei La Bruyère die Konstrastfiguren Giton und Phéton aus dem Ende von »Des biens de la fortune« und bei Van Effen die Charaktertypen Périandre und Acaste in der 40. Nummer[26] bzw. Lylis und Argyrophile aus dem 69. Diskurs:[27]

> Il est compréhensible, par conséquent, que Le Misanthrope soit parfois considéré comme une œuvre dérivée des Caractères. [...] Van Effen hésite de toute évidence dans son premier journal entre le modèle du Spectateur et celui des Caractères. Mais ce flottement ne l'a pas empêché d'imiter en profondeur, dès son numéro inaugural, le périodique fondé quelques semaines plus tôt par Joseph Addison et Richard Steele.[28]

Wie im *Spectator* geht es in der ersten Nummer des *Misanthrope* um die Selbstcharakterisierung der Autorfigur, wobei ludisch formulierte Überlegungen zu deren Aussehen sowie zu deren charakterlicher wie lebensanschaulicher Disposition vorkommen. Als Vorlage fungiert das in kommunikationstheoretischer Hinsicht aufschlussreiche Dispositiv der Autor- und Erzählerfigur aus dem *Spectator*, das auch in den meisten Nachahmungen in der einen oder anderen Konfiguration übernommen wurde.

---

24 A. Lévrier, *Les journaux de Marivaux et le monde des spectateurs* (Anm. 9), 199.
25 Vgl. *Le Misanthrope* 1986, 202, 281 und 285 sowie die Hinweise in A. Lévrier, *Les journaux de Marivaux et le monde des spectateurs* (Anm. 9), 201.
26 Vgl. *Le Misanthrope* 1986, 207 f. sowie A. Lévrier, *Les journaux de Marivaux et le monde des spectateurs* (Anm. 9), 201.
27 Vgl. *Le Misanthrope* 1986, 284 f. sowie A. Lévrier, *Les journaux de Marivaux et le monde des spectateurs* (Anm. 9), 201.
28 A. Lévrier, *Les journaux de Marivaux et le monde des spectateurs* (Anm. 9), 201.

> I have observed, that a Reader seldom peruses a Book with Pleasure ›till he knows whether the Writer of it be a black or a fair Man, of a mild or cholerick Disposition, Married or a Batchelor, with other Particulars of the like nature, that conduce very much to the right Understanding of an Author. To gratify this curiosity, which is so natural to a Reader, I design this Paper, and my next, as Prefatory Discourses to my following Writings [...].²⁹

Die Darlegung der Kommunikationsbedingungen und das Spiel mit dem Interesse des Rezipienten sowie die darauf folgende Beschreibung eines fiktionalen Charakters der Autor- und Erzählerfigur gehören zur poetischen Grundausstattung der Wochenschriften. Einer der Schwerpunkte liegt bei dieser Fiktionalisierung nicht zuletzt auch auf der Entwicklung eines Charakterbildes, das für die Leserschaft als Fluchtpunkt der Interpretation des Textes gilt. Dieses Charakterbild scheint die Lektüre ästhetisch zu lenken, meint der *Spectator* in seinen einleitenden Worten, und es sei eben ein Unterschied, wie der Autor äußerlich wie innerlich charakterisiert werde. Daraus ergibt sich ein Maskenspiel, das für die Gattung konstitutiv wird und weitreichende Auswirkungen auf die Charaktergestaltung mit sich bringt.

Im Incipit des *Misanthrope* wird das poetische Dispositiv nicht wortwörtlich übernommen, sondern in modifizierter Form in den Diskurs eingebracht. Der geschickt inszenierte Einstieg verrät in komprimierter Form, worauf sich die folgenden Diskurse konzentrieren werden: »Peste soit du Titre & de l'Auteur !, s'écriera à coup sûr un Petit-Maître, accoutumé à se dédommager de la foiblesse de son raisonnement par la témérité de ses décisions.« (LM I, 1) In diesem Einstieg wird dem Modell der moralistischen Presse durch die Auslagerung einer Aussage bzw. eines Urteils auf eine rezipierende Person entsprochen. Mit der Reaktion des Zeitgenossen tritt eine Gesprächsdynamik in Funktion, die für die Konstituierung der fiktionalen Öffentlichkeit in den moralischen Zeitschriften idealtypisch ist. Es wird klar, dass der hinter dem *Misanthropen* stehende Herausgeber bzw. Autor auf fiktiver Ebene die Gruppe der Kleinmeister bzw. Stutzer aufs Korn nimmt und ihre gesellschaftliche Position wie Funktion in fiktionalisierter Form vorwegnimmt. Bereits in dieser ersten negativen Reaktion des Stutzers kommt der gegensätzliche Persönlichkeits- und Charaktertypus ins Spiel, den der Herausgeber mit dem *Misanthropen* bewusst provokant gewählt hat.

Aber auch der literarisch orientierte Schöngeist wird gleich zu Beginn als kritische Deutungsfigur herangezogen, indem der Autor dessen mangelnde Kritikfähigkeit voraussahnt. In der französischen Wochenschrift werden Stutzer

---

29 *The Spectator.* Ed. by J. ADDISON and R. STEELE. Vol. 1, Part 1. Boston (Mass.), Indypublish 2004, 5.

und Bel-Esprit gerne auf eine Stufe gesetzt, was an den einleitenden Passagen ersichtlich ist:

> Un Bel-Esprit ne me traitera pas avec moins de rigueur: servilement assujetti à la réputation établie des Auteurs, il s'épargnera la peine d'examiner mon Ouvrage, il me jettera-là d'un air dédaigneux, tout prêt à jurer qu'il m'a trouvé merveilleux ou détestable, selon que le Corps des Beaux-Esprits en aura décidé. (LM I, 1)

Die Literaturkritik der Schöngeister fällt hier in den Bereich der Mode, da sich die Mitglieder der Zunft bei der Einschätzung von literarischen Werken ohne eigene Prüfung auf die vorherrschende Meinung stützen. Gerade das Prinzip der ständigen Prüfung von Urteilen soll grundsätzlich nach den Kriterien der Vernunft erfolgen, meint der Verfasser mit Nachdruck und lenkt den Blick auf die Vorzüge einer aufklärerischen Gesellschaft.

Dem Prinzip des *Spectator* folgend, geht der *Misanthrope* im ersten Diskurs auch auf seine eigene Person ein und liefert ein fiktionalisiertes Charakterbild, das die Argumentation der Zeitschrift stützen wird. Im Anschluss an die französische Klassik beruft er sich auf Alceste in Molières *Misanthrope*, um gegen das Schnöseltum anzukämpfen, distanziert sich von dieser Figur, da sie selbst noch stark preziöse Verhaltensformen aufweise, die er als bürgerliche Person eben nicht mehr habe. So erfährt der Leser im Weiteren von den Zielvorstellungen der Wochenschriftenfigur: Aufrichtigkeit steht in axiologischer Hinsicht an erster Stelle, es folgt das Prinzip der Wahrheit. Die Wahrheit soll jeder externen Beeinflussung entbehren, d.h. weder durch die im Volk verbreitete Meinung noch durch den Adel zustande kommen. Wichtig seien weiterhin die Kriterien der Vorurteilskritik sowie – im Anschluss an Steele und Addison – die Kritik an Laster und Einfalt.[30]

Im Zentrum des einleitenden Diskurses steht sein eigenes Charakterbild, das mit dem Typus des Alceste von Molière konform geht und sich zugleich davon absetzt:

> Votre *Alceste, Moliére*, ne laisse pas de m'arracher quelqu'estime, malgré ses maximes outrées: son intégrité brutale & sa farouche sincérité me paroissent infiniment préférables à l'infâme politesse de ses Courtisans, chez qui les paroles n'ont plus de sens fixe, & n'expriment qu'une raison peu sure & un cœur bas & intéressé. Mais je trouve dans le caractére de ce *Misantrope* trop d'humeur & trop peu de raison [...].[31]

Der Autor des *Misanthrope* nimmt seinen Ausgang von Molières Prototypen und sucht sich eine neue Identität. Grundlegend positiv gezeichnet, fehlt dem Vorbild allerdings jenes Prädikat, das den aufklärerischen Menschen auszeichnen sollte, d.h. die Vernunft. Molières Alceste erhält im Kontext der als verlogen bezeich-

---

30 *Le Misanthrope*. Amsterdam: Herman Uytwerf 1742, I, 3.
31 *Le Misanthrope* 1742, 2.

neten aristokratischen Umwelt eine besondere Würdigung. Im Anschluss an
dessen Darstellung charakterisiert sich der Autor selbst:

> Un *Misantrope*, tel que je voudrois être, est un homme qui dès son enfance s'est fait une habitude de raisonner juste, & un devoir de suivre dans sa conduite l'austére exactitude de ses raisonnemens. Libre des erreurs du Peuple, dégagé de l'opinion, débarrassé du joug de l'autorité, il proportionne l'estime qu'il accorde aux choses à leur juste valeur, il n'attache la honte qu'au crime, & ne rougit jamais d'être plus raisonnable que les autres [...]. Vous voyez, Lecteur, quelle est la nature de la *Misantropie* dont je me suis toujours proposé de faire mon caractère. La sincérité avec laquelle mon naturel est allé au devant de ma raison, une longue suite de réflexions que j'ai faites sur les choses du Monde, mes efforts continuels à préserver ma raison de l'esclavage du préjugé, tout cela me persuade que je dois avoir fait quelques progrès dans cette Philosophie dont je viens de donner une légère ébauche. L'âge où je me trouve ne me permet pas de laisser encore ma misantropie infructueuse au Genre-humain.[32]

So sehr sich Van Effen formal an den Vorbildern der französischen Klassik orientiert, so sehr ist er andererseits dem aufklärerischen Diskurs verpflichtet. Sein Eigenbild geht in ständiger Rekurrenz auf die Werte der Aufklärung wie Vernunft und Zivilcourage ein und hebt sich von den Charakterbildern eines La Bruyère ab. Die Misanthropie besteht darin, dass er seinen Zeitgenossen jene Meinung unterbreitet, die ungefiltert entsteht und weder durch Vorurteil noch durch öffentliche Zwänge verzerrt ist. Eine so verstandene Misanthropie unterscheidet sich auch vom Charakter der Petits-Maîtres, die ihre Meinung zwar auch offen äußern, jedoch in ihren Diskursen – wie auch in ihrer Kleidung und ihrem Verhalten – den gängigen Moden unterworfen sind.

Neben der fiktionalen Selbstcharakterisierung geht der Autor auf Charakterbilder seiner Zeit ein. Schon im zweiten Diskurs des *Misanthrope* kommt es zu klar formulierten Fremdcharakterisierungen, wie sie der Poetik der Gattung entsprechen. Ein Beispiel soll hier genannt werden. Erzählt wird von einem dem Autor gut bekannten Offizier, der sich für das Vermögen einer jungen Witwe interessiert, bei ihr allerdings kein Gehör findet. Sie zeigt sich hingegen für die Naturwissenschaften empfänglich, so dass er seine eigene Unkenntnis in dieser wissenschaftlichen Disziplin bedauert. Der *Misanthrope* rät ihm daraufhin, sich mit willkürlich ausgewählten Fachtermini hervorzutun. Es sei dies eine Form der Täuschung, die kaum jemand durchschaue und mit der er nicht zuletzt auch die Aufmerksamkeit der jungen Dame auf sich ziehen würde. Selbst Physikprofessoren würden sich von seinem willkürlich zusammengestellten Diskurs beeindrucken lassen.

> Un jeune Officier, dont autrefois j'avois fort connu le pére, me rendit visite l'autre jour. C'étoit un de ces jolis hommes du tems, qui possédent l'art d'arrondir leurs périodes par

---

32 *Le Misanthrope* 1742, 2–4.

des maniéres de jurer toutes nouvelles, qu'ils en ont soin d'aprendre de leurs compagnons, s'ils ne sont pas assez habiles pour en composer eux-mêmes. Celui-ci me parut bien intrigué. Il faisait l'amour au coffre-fort d'une jeune Veuve, & ne prétendoit se marier à l'une que pour posséder l'autre: mais quoiqu'il fût le prémier homme du monde, pour brusquer la tendresse, & pour emporter un cœur comme Cœhorn emportait les villes, il ne livroit que de vains assauts au cœur de cette Belle. (M I, 8)

Beschrieben wird ein Zeitgenosse, der vom *Misanthrope* wegen seiner Oberflächlichkeit, seines Müßiggangs und seiner Ignoranz angeprangert wird. Dieser typische Petit-Maître oder Bel Esprit liefert ihm das Thema für die Zeitschrift. Es fehlt dem Zeitgenossen an eigener Rhetorik wie auch an Phantasie, um sich nach den Regeln der Vernunft im Leben zu behaupten. Sein Begehren nach dem Vermögen der jungen Witwe wird kurz und bündig beschrieben und mit der Belagerung einer Stadt durch Baron von Cœhorn, dem holländischen Erfinder des Mörsers, verglichen. Es handelt sich um eine Van Effen in kultureller Hinsicht überaus nahestehende Referenz, die die enge Verbindung zwischen der holländischen und der englischen Gesellschaft unterstreicht.

Die Erzählung des *Misanthrope*, die dem Leser als in sich geschlossener Text geboten wird, thematisiert einerseits die steigende Bedeutung der Naturwissenschaften in der sich modernisierenden Welt, zeigt aber auch die Gesellschaft von Petits-Maîtres und Falschmünzern, deren trügerische Strategien oft – wenngleich kurzsichtig gedacht – von Erfolg gekrönt wurden. Der Rat, die Witwe mit unlauteren Mitteln zu beeindrucken, deutet die Effizienz dieser Mittel in der zeitgenössischen Gesellschaft zwar an, verdeutlicht aber auch die Irrationalität dieser Menschen. Für Van Effen war gerade das vernunftorientierte Verhalten ein Maßstab für die aufgeklärte Gesellschaft. Als Misanthrope kam es ihm allerdings zu, deren Verfehlungen unmissverständlich zum Ausdruck zu bringen und gegen die Einfalt des Menschen wie auch gegen die Betrüger anzukämpfen.

Bei Van Effen geht mit der Anpassung der Figur an das zeitgenössische Holland bzw. Frankreich eine Umwertung des »Menschenfeindes« einher, da er sich von der negativen Weltanschauung zu distanzieren sucht. Im 14. Diskurs erklärt er, dass der Begriff »Misanthrope« eine Bedeutungsverschiebung erfahren habe. Ein Misanthrope sei nun ein ehrenwerter Mann, der seinen Zeitgenossen durch seine geistige Freiheit, Offenheit und Vernunft wie auch durch seine unumstößliche Tugend auffallen würde. Die Schönheit sei von der Vernunft abhängig. »J'ai dit dans ma prémiére feuille volante, que celui que j'appelle *Misantrope* [...], ne découvre que par un principe d'amour par les hommes, & toute la noirceur de leurs crimes, & toute l'extravagance de leur ridicule.«[33]

Zusammenfassend kann festgehalten werden, dass die Wochenschrift von Van Effen im System der zeitgenössischen »République des lettres« eine wichtige

---

33 *Le Misanthrope* 1742, 115.

Übermittlerfunktion einnimmt. Diese wird an den spezifischen Charakterbildern manifest, die nach dem Modell der englischen *Spectators* verarbeitet werden und zugleich aus dem Fundus der französischen Klassik schöpfen. So entsteht ein typologisiertes Menschenbild, das der bürgerlichen Gesellschaftsform entspricht und bei dem Logik und Vernunft zu zentralen Kriterien in der axiologischen Kategorisierung werden. Die aus La Bruyères *Caractères* geschöpften Porträts erfahren hier eine positive Wendung und werden im Hinblick auf die funktional differenzierte Gesellschaft als modellhafte Charaktere dargestellt.

So gelingt es dem holländischen Autor schließlich, in Anlehnung an den englischen Prototypen für Frankreich wie auch für Europa, eine literarisch-journalistische Plattform vorzubereiten, die sich nicht nur auf die zahlreichen Epigonen ausbreiten wird, sondern auch auf das moderne Romansystem mit seinen neuen Formen der epischen Porträtierung. Neben der Moralisierung nehmen die Fiktionalisierung, der persönliche Plauderton, die komplexe Kommunikationsstruktur, das unerschöpfliche Maskenspiel wie auch die Periodizität der zugleich ephemeren wie auch nachhaltigen Blätter eine bedeutende Rolle bei der Herausbildung des *Spectateur français* an. Daraus resultiert jenes paradoxe Porträt des Wochenschriftenautors, das Misanthropie und Geselligkeit geschickt miteinander zu verbinden weiß und maßgeblich auf den modernen Roman im Sinne von Diderots *Jacques le fataliste* einwirken wird.

Angela Fabris (Klagenfurt)

Il ritratto veneziano del medio Settecento: Gasparo Gozzi

Nei primi anni Sessanta del Settecento, nell'allestire i fogli bisettimanali della »Gazzetta Veneta« e di seguito quelli dell'»Osservatore Veneto«, si nota come il conte Gasparo Gozzi provveda, nel corso delle stagioni, a una diversa ripartizione della materia narrativa e descrittiva accolta al loro interno. In particolare, nel passaggio al secondo giornale – contraddistinto, in una sua prima fase, da uscite bisettimanali dal 4 febbraio 1761 al 30 gennaio 1762 per un totale di 104 numeri –, si registra un aumento dello spazio concesso ad alcune tipologie, tra cui vi sono le pitture di carattere, affidate a rapidi e incisivi tratti dotati di una loro significatività anche in termini sociologici e di costume, e che sono riflesso della sottile attitudine di moralista del conte gazzettiere. Si tratta di brevi inserti che appartengono all'ambito del verosimile e che, al pari della cronaca, evidenziano la preferenza di Gozzi per specifiche formule di sintesi.

In proposito, analizzando i tracciati cronachistici gozziani, Franco Fido osserva che in essi »della novella classica manca una componente essenziale, la trama o *plot*«,[1] nel senso che

> si tratta di novelle *sui generis*, che hanno per così dire perduto il loro vecchio stato di genere letterario, e devono adattarsi a prosperare in formato ridotto sul terreno di quella produzione culturale vincente che è ormai il giornale d'informazione.[2]

Anche per Ugo M. Olivieri »i brevi pezzi narrativi« che Gozzi inserisce nella »Gazzetta« e, in quantità minore, nell'»Osservatore« vengono a mettere in secondo piano l'elemento centrale della forma breve, la trama, e sono addirittura segnali di una »decisa fuoriuscita dalle forme della tradizione«,[3] sintomo di un'»infrazione rispetto allo statuto classico del genere [...] sbilanciati come sono

---

1 F. Fido, La novella del Settecento, in *La novella italiana*. Atti del Convegno (Caprarola 19 – 24 settembre 1988), I, Roma, Salerno Editrice, 1989, 519–520.
2 Ivi, 520.
3 U. M. Olivieri, La *novella nel sistema dei generi della modernità (1750–1850)*, in Id., *L'idillio interrotto. Forma-romanzo e ›generi intercalari‹ in Ippolito Nievo*, Milano, Francoangeli, 2002, 39–49: 40.

verso l'osservazione di costume, il fatto curioso di cronaca e il rapido ritratto dal vero, tematiche tipiche della nascente prosa giornalistica«.[4]

In alternativa al rarefarsi della trama in tali cronache di formato ridotto, si nota invece un suo riaffiorare, sia pure con tratti minimi, entro una formula tipicamente descrittiva quale quella del ritratto.[5] Nelle pagine dell'»Osservatore«, infatti, si posizionano una serie di pitture di carattere volte a stigmatizzare – senza alcun retrogusto pedantesco o convenzionale – singoli vizi o difetti, tratteggiati con tocco leggero, secondo poche linee essenziali; capaci di illuminare specifici atteggiamenti di alcune figure tipiche, *in primis*, nella società veneziana del medio Settecento e, in secondo luogo, ascrivibili in alcuni casi a una dimensione più ampia.

Nei *Ritratti* gozziani – ossia in una delle sezioni che ottennero maggiore gradimento sia nell'immediatezza delle uscite bisettimanali che nella successiva edizione in volume di cui fu fatto oggetto l'»Osservatore Veneto« – si scopre così una vivace vena descrittiva, a cui si accompagna il tratto della brevità, nel loro essere retti da frasi giustapposte e sintetiche. Sono in tutto diciannove, distribuiti nelle prime tre parti del giornale, e si alternano a interventi di natura metatestuale che riguardano la materia pittorica, la tipologia del ritratto e il ruolo del pittore.

Il primo riferimento si posiziona già nell'inserto introduttivo, nel quale, illustrando il programma che intende svolgere, l'estensore nomina esplicitamente i »ritratti della vita umana«,[6] soffermandosi poi, nel quinto numero, a descrivere metodologicamente il compito che si è prefisso:

> Facciano conto questi tali [intende coloro che lo criticano] ch'io sia un notomista il quale voglia notomizzare le magagne degli uomini, acciocché le sieno conosciute, e s'arrechi ad esse quel rimedio che fosse valevole a risanarle.[7]

---

4 *Ibidem.*
5 Per un *escursus* sul genere del ritratto, si veda l'essenziale contributo di É. Pommier, *Il ritratto. Storia e teoria dal Rinascimento all'Età dei Lumi*, Torino, Einaudi, 2003, e S. Ferrari, *La psicologia del ritratto nell'arte e nella letteratura*, Bari, Laterza, 1998. Sulle dinamiche tra conversazione e ritratto si rinvia a B. Craveri, *La civiltà della conversazione*, Milano, Adelphi, 2000, 222–250. In relazione alle figure e al trattamento di cui sono oggetto sul piano narrativo in una determinata stagione si veda H. Meter, *Figur und Erzählauffassung im veristichen Roman. Studien zu Verga, De Roberto und Capuana vor dem Hintergrund der französischen Realisten und Naturalisten*, Frankfurt am Main, Klostermann, 1986.
6 G. Gozzi, *L'Osservatore Veneto*, a cura di N. Raffaelli, Milano, Rizzoli, 1965, [OV] vol. I, 4 febbraio 1761, 26–27. A partire da questo momento si citerà il testo riportando, oltre al titolo abbreviato e all'indicazione del volume di appartenenza nell'edizione a cura di Raffaelli, il numero, la data e la pagina. A proposito dell'»Osservatore« della traiettoria pubblicistica di Gasparo Gozzi cfr. la tesi di libera docenza (Habilitationsschrift) di chi scrive: A. Fabris, *Tra dialogo e consenso. I fogli veneziani di Gasparo Gozzi tra il 1760 e il 1762*, Klagenfurt, 2012.
7 OV I, V, 18 febbraio 1761, 50.

Così, nell'osservare i »principi di boria, d'invidia, di gelosia e d'altro«,[8] egli intende applicarsi nel disegno di alcune figure, tenendo conto che, più che i singoli soggetti, ad acquisire importanza sono le parti di quel cuore umano che »è quel medesimo in tutti«.[9]

Il rimando essenziale e implicito è ai *Caratteri* di Teofrasto e La Bruyère, una delle linee portanti nella tradizione del ritratto letterario,[10] nel suo rappresentare un aspetto secondo modalità raffigurative affini a quelle di un quadro; in sostanza, un'immagine relativa a un singolo personaggio che deve essere capace di fissarsi con lucidità e chiarezza nell'occhio del lettore. Tuttavia, rispetto ai trenta profili disegnati da Teofrasto,[11] la serie di ritratti redatti da Gozzi si presenta quale repertorio retorico di specifici vizi nell'intento di stigmatizzare aspetti di carattere sociale e modelli di comportamento nell'ambiente veneziano di riferimento, quali il regime dell'apparenza e della sostanza, l'assenza o l'avidità di denari, la pigrizia, il ruolo della mantenuta e la vuota eloquenza raffigurata sotto le spoglie di una cortigiana stesa a letto, la vaghezza di spirito che si nutre delle chiacchiere altrui o ancora, in tono di superiorità e distacco, la psicologia elementare della villanella innamorata.

Anche nei confronti di La Bruyère si notano alcuni elementi di connessione; in particolare una certa attitudine ad accogliere la massima di ordine morale in posizione finale e il ritratto inteso quale formula breve volta alla denuncia di specifici comportamenti. Si può dire altrettanto dello stile, rapido, mobile e capace di incidere grazie a una serie di strumenti o formule espressive tra i quali l'andamento paratattico e i quesiti retorici che, avendo in sé già preordinata la risposta, si possono qualificare come asserzioni indirette. Senza contare che, al pari di un quadro posizionato all'interno di una galleria, il ritratto gozziano si presenta quale genere letterario dai tratti affini al suo parallelo pittorico, nel suo centrarsi essenzialmente su un soggetto, magari colto in azione o gratificato dal rilievo concesso a coordinate o elementi specifici del contesto. Accade così che, in uno dei primi inserti in cui si cede la parola a considerazioni sull'arte pittorica,

---

8 *Ibidem*.
9 *Ibidem*.
10 Stefano Ferrari, nell'analizzare l'etimologia del termine, scrive: »Esso deriva senz'altro dal latino *traho*, ›tirar linee‹, nella sua doppia occorrenza *retraho*, che ha dato appunto l'italiano ›ritratto‹ e lo spagnolo ›retrato‹, e *protraho*, che ha dato l'inglese ›portrait‹, il francese ›portrait‹, il tedesco ›Porträt‹, il russo ›portret‹ […] i due termini sono comunque l'espressione di una bipolarità e segnalano una opposizione, o meglio una duplicità […]« (cfr. S. FERRARI, *La psicologia del ritratto nell'arte e nella letteratura* (nota 5), 25 e T. DE MAURO – L. GRASSI – E. BATTISTI, Voce Ritratto in *Enciclopedia Universale dell'Arte*, Roma, Sadea, 1972). La polarità risiederebbe nella ripetizione del soggetto ritratto, inclusa in *re-traho*, e in un principio sostitutivo nel caso di *pro-traho*, da intendersi ›al posto di‹.
11 Gozzi lo cita esplicitamente riguardo alla »mala gramigna, o vogliam dire genia degli adulatori« da lui dipinti e rispetto ai quali »non v'ha più pennello che possa eguagliare il suo« (OV I, VI, 21 febbraio 1761, 58).

sia posto in luce, non a caso, un riferimento a Pietro Longhi, vedutista veneziano del Settecento, abile nel ritrarre la contemporaneità:

> Il buon sapore della pittura s'è così ampiamente allargato, che ogni casa è provveduta di qualche opera mirabile di questo genere. Sopra tutte però veggo che s'ammirano le imitazioni inventate dal signor Pietro Longhi, perch'egli, lasciate indietro ne' trovati suoi le figure vestite all'antica e gl'immaginati caratteri, ritragge nelle sue tele quel che vede con gli occhi suoi proprii, e studia una situazione da aggrupparvi dentro certi sentimenti che pizzichino del gioviale. Principalmente veggo che la sua buona riuscita deriva dallo esprimere felicemente i costumi, i quali in ogni attitudine delle sue figure si veggono.[12]

Sulla scia di questo esempio (che denuncia una forma di ossequio all'universo delle arti figurative), l'autore dei ritratti decide di cimentarsi nella pittura senza pennello, nell'allestire »piccioli quadri, certe figure non di visi o di corpi, ma d'animi e di costumi«,[13] al fine di adornare uno stanzino nel quale – una volta appese queste cartapecore incorniciate, »pendenti dalla muraglia col mezzo d'un nastro di seta e con un cristallo davanti«[14] – desidera invitare l'»osservatore«. Si tratta di una chiara ripresa dell'immagine della galleria formulata da La Bruyère, per quanto sottoposta a un processo di riduzione nel suo essere sostituita da uno spazio circoscritto, e da una dichiarazione di intenti volta a privilegiare aspetti sociali e comportamentali a scapito del ritratto fisico e del puro dato fisiognomico, riservato principalmente a figure dai tratti autobiografici, ossia agli *alter ego* pubblicistici del conte gazzettiere. È quanto avviene nel segmento intitolato *Notizie per servire alla storia della vita dell'Osservatore*:

> Nell'anno 1713, adì 4 di dicembre, nacque. Vinegia fu sua patria. Dirò prima del corpo suo, poi d'altro. Statura alta, magro, faccia intagliata, malinconica, grandi occhi traenti al cilestro, al muoversi tardi; e più tardi piedi.[15]

Gozzi, dunque, concede solamente a sé il privilegio di un ritratto fisico oltreché morale, e lo organizza tramite una serie di elementi che fluiscono dal generale al particolare e dall'alto al basso, secondo le linee consuete della ritrattistica tradizionale. In più forgia il suo profilo – tramite il ricorso alla terza persona – secondo le mode itineranti dell'epoca:

> [...] s'invogliò di vedere quali effetti facciano in diversi animi stimoli a' suoi somiglianti. Perciò si diede al viaggiare e sconosciuto vide varie generazioni di genti e Pellegrino divenne. Nelle città da lui trascorse non misurò campanili, non disegnò architetture di ricchi palagi, non piazze, non vie; sempre ebbe gli occhi attenti agli

---

12 OV I, IV, 14 febbraio 1761, 45.
13 Ivi, 46.
14 *Ibidem*. Si nota in questo caso il principio di circoscrivere la reale essenza fisica del quadro, quale spazio chiuso e delimitato.
15 OV I, VIII, 28 febbraio 1761, 74.

abitatori. Stanco d'aggirarsi, si diede a scrivere quello che vide, arrestandosi nella sua patria.[16]

In alternativa a questi autoritratti, modulati sul sottile confine tra dato reale e simulazione, sono differenti le coordinate a cui Gozzi si affida nei profili dedicati a terzi. Per esempio, nel *Ritratto Ottavo*, il percorso si apre a rilievi spaziali, ossia alla rappresentazione di un interno: l'inserto, infatti, inizia con la descrizione di un'alcova, ricca di specchi e fregi, fino alla messa a fuoco delle sedie destinate ad accogliere coloro che si occupano di »intrattenere con grato conversare una giovane che quivi in un letto si giace«.[17] Segue, in un abile intarsio linguistico esposto sotto forma di elenco, una descrizione piuttosto astratta della donna: »Occhi soavi, risolino celeste, guance incarnatine, bionde chiome, braccia e mani d'avorio«.[18] A questo punto, il tessuto ritrattistico vira repentinamente nel mostrare che l'obiettivo polemico contro il quale è diretto è la sterile e dannosa eloquenza di certi predicatori, una delle categorie stigmatizzate da Gozzi nel sermone *Sulla eloquenza sacra*.[19] Si tratta di una formula descrittiva in cui si chiariscono – nella loro logica dissacrante – i diminutivi impiegati nella descrizione della giovane, allusivi di una serie di giochi di finzione e di pose tendenti all'inganno.

Nel richiamo a Longhi[20] – quale esempio da imitare sia pure nella pittura senza pennello – si evidenzia anche quel sapore di verità deposto nel riprodurre ciò che si vede, nel porre in luce il valore effettivo di quanto ritratto, piuttosto che la scoperta dimensione morale, critica o censoria, oppure un'astratta tessitura apologetica. A questa coordinata si associa un certo dinamismo narrativo, sotteso al dettaglio caratteriale o comportamentale, stigmatizzato tramite il soccorso di una rapida serie di azioni, una microstoria scorciata ai massimi livelli. Pochi fatti, descritti con tono asciutto secondo un procedimento fondato sull'asindeto, sono così sufficienti a delineare con efficacia il ritratto del simulatore Lisandro nel suo mostrarsi cordiale fino al periodo finale che – in termini sintetici – ne sigla il reale profilo: »Prendesi per sostanza l'apparenza«.[21] Infatti, il soggetto ritratto, avvisato dell'ospite in visita,

---

16 *Ibidem*. Si veda, in proposito, B. ANGLANI, *Gasparo ›par lui-même‹. Gasparo Gozzi e l'ossessione dell'autoritratto*, in »Lavoro critico«, X, 1988, 86–113.
17 OV I, IX, 4 marzo 1761, 82.
18 *Ibidem*.
19 Cfr. G. GOZZI, *Sermoni*, IX, »Al molto Rev. Padre Filippo da Firenze«, in *Scritti scelti*, a cura di N. Mangini, Torino, UTET, 1976, 632–634.
20 Sui paralleli tra l'arte pittorica di Longhi e l'arte descrittiva e ritrattistica di Gozzi Davide de Camilli ha costruito un saggio intitolato ›*Ritratti della vita umana*‹ *nella Venezia del '700: Gasparo Gozzi tra Carlo Goldoni e Pietro Longhi*, in »Critica letteraria«, LIII, 1986, 665–676.
21 OV I, IV, 14 febbraio 1761, 46.

stringe i denti, gli diruggina, i piedi in terra batte, smania, borbotta. L'amico entra. Lisandro s'acconcia il viso, lieto e piacevole lo rende: con affabilità accoglie, abbraccia, fa convenevoli: di non averlo veduto da lungo tempo si lagna [...] L'amico sta per licenziarsi, non vuol che vada sì tosto.[22]

Eppure al congedo segue il rimprovero immediato al servo: »Dirai da qui in poi, ch'io son fuori. Costui nol voglio«.[23] Non a caso De Camilli la definisce »una sequenza serrata del teatro dal vero«,[24] con una scena che riproduce il dinamismo delle commedie del tempo.

Il secondo ritratto propone Cornelio, figura antitetica ed esemplare di »burbero«, del quale si descrivono gli atteggiamenti di scarsa cordialità; a essi si contrappone il rapido soccorso da lui fornito in caso di bisogno, premessa essenziale alla conclusione, illuminante e rivelatrice:

> Cornelio è giudicato dall'universale uomo di duro cuore. Il mondo vuol maschere ed estrinseche superstizioni.[25]

Ancora una volta il principio posto in rilievo è la necessità dell'apparenza rispetto alla sostanza. In linea con esso l'*explicit* è strutturato in due tempi: dapprima il giudizio esterno, poi la conclusione vera e scorciata, in cui si situa il sottile commento autoriale; in sostanza, due ritratti – questo e quello dedicato al simulatore – che si fondano sulla simmetria dell'antitesi.

La terza pittura di carattere, una volta descritte la simulata cordialità e l'onestà burbera falsamente interpretate, affronta il caso dell'uomo di bell'apparenza sfortunato con le donne, nel quale trova spazio un quesito: »Perché poco gli durano le innamorate?«.[26] La replica, nei confronti delle interlocutrici, consiste nel sottolineare come – data la sua natura flemmatica – egli non sappia »dare pastura a tempo da prolungare la stizza. Le tedia, le perde«.[27]

Risulta evidente come il riferimento comune sotteso a questi ritratti, fondati sulla logica delle visite e delle pratiche mondane, sulla conversazione e sul corteggiare, sia indubbiamente legato alla società di stanza a Venezia nel medio Settecento, nella quale si stigmatizza chi risulta incapace di aderire alle tacite regole imposte a livello sociale e condivise dalla comunità cittadina. Il baricentro veneziano si rivela così essenziale anche nella riproposizione di una tipica scena d'insieme – »in una bottega da caffè« – nel *Ritratto nono*, nel quale dapprima si

---

22 *Ibidem.*
23 *Ibidem.*
24 D. DE CAMILLI, ›*Ritratti della vita umana*‹ *nella Venezia del '700: Gasparo Gozzi tra Carlo Goldoni e Pietro Longhi* (nota 20), 670.
25 OV I, IV, 14 febbraio 1761, 47.
26 OV I, VI, 21 febbraio 1761, 60.
27 *Ibidem.*

critica il desiderare la roba altrui e poi, con un rovesciamento istantaneo, si condanna chi – nel commettere un furto – ha la stoltezza di farsi scoprire.

Lo stile asciutto e il ritmo elencativo delle azioni descritte o la dinamica rapida degli scambi dialogici assieme al sottofondo veneziano si attenuano invece, in parte, nel *Ritratto quarto*, in cui si descrive il cervello di Quintilio nel suo nutrirsi »di giorno in giorno, come il ventre«;[28] dove il meccanismo comparativo appare in azione nell'intero inserto, per esempio quando specifica: »Fa la vita sua a guisa di spugna; qua empiuta, colà premuta«.[29] Infatti, dopo aver descritto la sua avida curiosità verso chi legge una lettera o parla piano all'orecchio di un altro, fino al tentativo di interpretare cenni e occhiate sparse, il »pittore« non rinuncia – nel sigillo conclusivo – a un'ulteriore similitudine: »Quintilio, come una ventosa, sarebbe vacuo, se dell'altrui non s'impregnasse«.[30]

In queste brevi formule ritrattistiche dell'»Osservatore«, non si tratta, dunque, di un carattere colto nella sua complessità o nelle sue molteplici sfaccettature, secondo quanto si deduce dai ritratti di Isabella Teotochi Albrizzi (che si riferiscono a un'epoca leggermente più tarda, a partire dal 1782, data in cui inizia l'attività del suo salotto fino al 1807, anno in cui esce la prima edizione),[31] quanto di un aspetto o elemento specifico del singolo, una peculiarità che diviene il cardine dell'inserto sul piano semantico. Il meccanismo comunicativo si centra, così, sul dettaglio più che sulla linea di contorno. È il caso, per esempio, di Giulio nel *Ritratto Sesto*, il quale, pur esprimendo un'affettuosa partecipazione alle disgrazie altrui, si preoccupa in verità solo delle proprie: »Quanto dico a Giulio, gli solletica l'amore di se medesimo«.[32]

Sono pitture di carattere rette da una serie di quesiti retorici, da formule epigrammatiche o, come nell'ultimo caso, da interventi diretti – tramite la prima persona singolare – dello scrivente. Il meccanismo identificativo nei riguardi dell'istanza narrativa diviene più esplicito nel ritratto di Sergio, accusato di essere amico solo per convenienza, al punto di non riconoscere nemmeno chi è stato ospite a casa sua, dato che egli »ha corta veduta e memoria debole. Se nulla gli occorrerà dell'opera tua un giorno, avrà occhi di lince, memoria di tutto«;[33] dove si coglie il rapido alternarsi del regime pronominale in un dinamismo che viene a coinvolgere anche il lettore nella denuncia di chi agisce solo per proprio tornaconto.

In altri casi, invece, il principio posto in luce riguarda le reazioni del mondo di

---

28 *Ibidem*.
29 *Ivi*, 61.
30 *Ibidem*.
31 Si veda, in proposito, I. Teotochi Albrizzi, *Ritratti*, a cura di G. Tellini, con 25 illustrazioni, Palermo, Sellerio, 1992.
32 OV I, VII, 25 febbraio 1761, 68.
33 OV I, VI, 21 febbraio 1761, 61.

fronte a un solo individuo, dove il baricentro veneziano sembrerebbe assumere contorni più sfuggenti. Per esempio, nel settimo ritratto dedicato a Silvio, evitato da tutti, continuamente interrotto e a cui nessuno presta attenzione a causa del suo non possedere denari; proprio come nel caso di *Phédon*[34] descritto da La Bruyère con un ordine irregolare per quanto dettagliato nei fatti esposti, e con quel medesimo motivo dello starnuto ignorato ripreso da Gozzi.

Se, dunque, il conte gazzettiere accoglie con fedeltà il suggerimento dell'illustre predecessore francese nel ritrarre colui che non ha denari, tuttavia lo sottopone a un meccanismo di riduzione, isolandolo in un ambito a se stante. Resta, invece, fedele all'esempio nell'assegnare un ruolo di primo piano non alla sostanza o alla condizione del soggetto in sé, quanto all'effetto prodotto, nel riconoscere gli esiti che i rapporti economici determinano sul carattere e sulla rilevanza sociale del singolo; proprio quella stretta connessione tra dato morale ed economico che aveva permesso a La Bruyère di infrangere le regole del genere letterario del ritratto secondo le formulazioni di Teofrasto.

La dimensione sociale, sostenuta da una leggera tessitura satirica, si profila nel *Ritratto Decimo*, la cui protagonista, la bella e sedicenne Cassandra allevata nella virtù, si ritrova all'improvviso con genitori malati e poveri. Spariti amici e parenti, ecco comparire un corteggiatore di fronte al quale la giovane non si dimostra lieta, come si evince dalla lapidaria formula finale: »La virtuosa fanciulla sa in sua coscienza che Curio non è veramente liberale. Curio investe«;[35] dove si nota – ancora una volta – come l'insieme dei rapporti sociali dipenda sostanzialmente dal fattore economico.

Il *Ritratto Undecimo* assume caratteri più generici nell'introdurre un »buon vecchiotto«, *alias* Basilio il grande, uno dei padri greci della chiesa con »incavati occhi, pallido colore, aggrinzita pelle«,[36] colto nella lettura della Bibbia e del Vangelo, strumenti della sua eloquenza che lo accompagnano quando »s'immerge a considerare nel ceto umano vizi e virtudi«.[37] Il suo ritratto, che – come visto – concede spazio a qualche spiraglio fisiognomico allusivo degli sforzi cognitivi ed esegetici compiuti, si contrappone – sempre secondo la logica dell'antitesi a cui deve la propria presenza – al *Ritratto Duodecimo*, dedicato all'oratore che si descrive nel suo trasvolare da un libro all'altro »qual ape da fiore

---

34 J. DE LA BRUYÈRE, *Les Caractères ou les mœurs de ce siècle* précédés du *Discours sur Théophraste* suivis du *Discours à l'Académie Française*, publiés avec une notice biographique, une notice littéraire, un index analytique et des notes par G. Servois et A. Rebélliau, Paris, Hachette, 1946, 179–180. In merito al profilo di Phédon si rinvia al saggio di U. SCHULZ-BUSCHHAUS, *Konversation als Machtkampf. Beispiele zu einem moralistischen Thema zwischen Giovanni Della Casa und La Bruyère* in *Konfigurationen der Macht in der Frühen Neuzeit*, a cura di R. Galle e R. Behrens, Heidelberg, Winter, 2000, 329–347.
35 OV I, XIII, 18 marzo 1761, 102.
36 *Ibidem*.
37 *Ibidem*.

a fiore«,³⁸ e dove l'effetto prodotto dall'esercizio del falso predicare risiede nella vuota attribuzione di formule (»Io ho però saputo far cambiare in nomi più nobili al ragionare pubblicamente quel meschinetto titolo d'Omelia«).³⁹ Eppure, anche in questo caso, nella nota finale che sigilla il ritratto condotto in prima persona, si posiziona una sentenza quale verità scorciata: »Bene sta: ma il frutto solo fa la grandezza di quest'arte«.⁴⁰

L'ambito di riferimento, in termini generali, è dato infatti da una serie di considerazioni sui soggetti da ritrarre e sul metodo da impiegare di cui si fa portavoce il pittore dei ritratti immerso nell'ozio della campagna:

> Ritrovo qualche carattere d'uomo in un sasso, in un albero, in un bue, in un'oca, in somma *in tutto quello che veggo*. [...] Ho immaginato un certo lavoro d'arazzi istoriati, che non vi sarà discaro. Que' visi lunghi lunghi, quelle braccia infinite, e quelle gambe sproporzionate, che più volte ho veduto in certi arazzi antichi, m'ha fatto nascere questo pensiero. [...] Vi confesso che rido da me medesimo a vedere i visacci che m'escono dal pennello, e le capricciose grottesche, nelle quali vo esprimendo quanto posso l'animo e il costume delle genti.⁴¹

Aggiunge – a titolo illustrativo – alcuni esempi:

> Stamattina ho dipinto un villano e una villana che fanno all'amore con una certa goffaggine la quale non tende ad altre gentilezze, fuorché a quella dell'avere figliuoli.⁴²

A questa dimensione »villereccia« si collega il ritratto della Geva, nel quale si coglie la grammatica di gesti e atti elementari che tradiscono – in forme ingenue, come i sospiri che ella giustifica con una serie di »fallaci scuse«,⁴³– il suo amore per Cecco.

Le dinamiche sociali – con la pratica delle visite agli infermi – si riappropriano dell'orizzonte ritrattistico nell'esemplare seguente, nel quale i due protagonisti sono colti, in un primo momento, secondo un'ottica esterna, e solo successivamente appaiono sottoposti a una prospettiva interna:

> [...] inarcano le sopracciglia e si attristano. L'uno e l'altra siedono in faccia ad uno specchio. Quintilia di tempo in tempo chiede che dicano i medici, quali medicine si usino; sospira, torce il collo, nelle spalle si stringe, ma gli occhi non leva mai dallo specchio, e quasi a caso alza la mano ad un fiore che le adorna il petto, e meglio l'adatta.

---

38 OV I, XIII, 18 marzo 1761, 103.
39 *Ibidem*.
40 *Ibidem*.
41 OV I, XVIII, 4 aprile 1761, 135–136. Il corsivo è mio e si richiama al metodo utilizzato dal vedutista Longhi, secondo quanto esposto nel quinto numero dell'»Osservatore«.
42 Ivi, 136.
43 OV I, XX, 11 aprile 1761, 148.

Riccardo compiange parenti, protesta di essere amico, fa una vocina flebile, ma nello specchio le sue attitudini acconcia quasi spensierato.[44]

Segue l'obbligatoria attesa durante la visita del medico, a cui si accompagna il timore di doversi trattenere a lungo: »Quanto mai si arresterà il medico nella stanza? Cominciano a temere d'indugi.«[45] L'inserto concede così spazio a formule che consentono il passaggio continuo dall'interno all'esterno dei due protagonisti, in termini funzionali alla tessitura di una sottile plurivocità dei punti di vista.

Non manca neppure – nel *Ritratto Decimoquarto* – la raffigurazione di colui che viene definito »uomo di bambagia«[46] e »uomo di rugiada«[47] (e si noti l'attitudine a creare formule efficaci, ironiche e suggestive al tempo stesso), al quale – questa la conclusione – »tutto il tempo gli sfugge, non sa mai quello che n'abbia fatto; lascialo scorrere, come acqua sotto il ponte«;[48] dove si evidenzia il forte tenore coesivo, un elemento stilistico che si ripresenta con frequenza nella serie dei caratteri gozziani.

Vi succedono due ritratti di tenore diverso, ma caratterizzati da un unico intento: il primo riguarda Cecilio, »avviluppato nella rete di un litigio«,[49] che, rivoltosi a un avvocato in cerca di consigli, trascura di pagare la consulenza; sicché, a partire da quel momento, l'uomo di legge o non avrà tempo o gli fornirà suggerimenti modesti. L'avarizia, in effetti, è uno dei bersagli prediletti dell'arte ritrattistica, e, anche in questo caso, a parte il sottile spessore narrativo, sembra l'esito di un esercizio letterario più che una pittura dal vero. In realtà quella delle liti e degli avvocati è una dimensione collegata all'aspetto economico; sintomo, dunque, – a livello storico – di una determinata epoca, in cui ogni cosa ha il suo prezzo, anche il consiglio di un uomo di legge in una società retta da un'ottica mercantile. Le coordinate sociali, non a caso, sono le stesse che intervengono nell'ultimo ritratto, a proposito di un altro aspetto tipico del repertorio descrittivo, ossia il cambio repentino nel giudizio formulato da un amico rispetto all'altro; dove la ragione risiede nell'avere il secondo prestato denari al primo.

Il ritratto *Decimosesto* si distingue per un'estensione leggermente più ampia (De Camilli parla di una »novelletta-ritratto«)[50] e anche per la protagonista e le formule scelte in sede di commento. L'inserto, infatti, elegge l'immagine d'avvio

---

44 OV I, XXIII, 22 aprile 1761, 165.
45 *Ibidem*.
46 OV I, XXIX, 13 maggio 1761, 201.
47 *Ibidem*.
48 *Ibidem*.
49 *Ibidem*.
50 D. DE CAMILLI, ›*Ritratti della vita umana*‹ *nella Venezia del '700: Gasparo Gozzi tra Carlo Goldoni e Pietro Longhi* (nota 20), 675.

di una bertuccia che »allo specchio si mira«.⁵¹ Il motivo di sottofondo è il suo iniziale senso di superiorità rispetto all'uomo, al quale è indotta da »mani, piedi, gagliardia, mille astuzie«,⁵² fino a quando scopre, proprio tramite lo specchio, l'inganno. La sequenza la vede allora, sospinta dall'ira, frantumarlo in una miriade di schegge, con il solo effetto di accrescere il suo male nello scoprirsi ritratta in un centinaio di specchi, dove prima si vedeva riprodotta in uno solo.

L'inserto, al pari del precedente ritratto dell'avaro, denota, nel breve sviluppo, una scarsa dose di originalità. La differenza, tuttavia, risiede nel finale in cui si assiste all'inserzione di un'ultima sintetica propaggine, che vi innesta una dose di inatteso raziocinio e una porzione di quella che si potrebbe definire una logica del discontinuo:

> Questo è un ritratto che ha dell'indovinello. Quanto è a me, per al presente non gli fo altra spiegazione. Ci sono alcune cose allegoriche alle quali si può levare il velo col tempo. Chi si darà della scure sul piede, suo danno. Ma io ho preso una usanza di dipingere e di favellare, che ha in sé dell'oscurità; sicché per ora il meglio sarà che tralasci di dipingere e di ragionare più oltre.⁵³

Il regime semantico, allestito intorno a termini quali indovinello, oscurità, velo e ragionare, si provvede di un certo margine di irrisolto. Il fatto, oltretutto, di non fornire la morale conclusiva o di apporre un sigillo al ritratto secondo un preciso fotogramma di ordine istruttivo, denuncia una perdita di fiducia nelle potenzialità proprie della dimensione descrittiva e allude a un rapporto di scambio tra ritratto e morale sottilmente incrinato.

Che la dimensione ritrattistica rinunci a esercitare la sua funzione istruttiva è già il primo segnale di un tessuto incerto nella direzione da assumere; ancor più se si pensa alla serie di componenti accolte in questa digressione che, nel loro mancato fondersi, finiscono per annullare ogni margine coesivo, quali tessere slegate che vedono alternarsi interventi in prima persona e considerazioni generali, e dove il punto tipografico azzera una serie di passaggi impossibili da ricostruire, anche per il lettore idealmente supposto. Il risultato è che la voluta frammentarietà della postilla non concede un margine interpretativo univoco ed è piuttosto il regno dell'asintattico in termini semantici, data la mancata coesione che si propone quale principio guida, in ambito registico, del segmento, nel quale trova spazio anche una forma – sottilmente accennata – di colloquio con se stessi.

Che sia in atto una sorta di spostamento nella direzione che intende assumere il pittore dei ritratti lo si desume con chiarezza qualche mese più tardi. Nel numero LIX, infatti, si posiziona l'annuncio della prossima redazione di un'opera che sarà »somigliante alla tavola di Cebete Tebano con le sue spiega-

---

51 OV I, XXXVI, 6 giugno 1761, 238.
52 *Ibidem*.
53 Ivi, 239.

zioni«,[54] nel medesimo territorio dei vizi e delle virtù esposti sotto forma di quadro, e che tratterà di cose moderne e non antiche, di agevole ricezione (»potranno essere intese facilmente da ogni uomo«),[55] orientata verso la »morale de' villani, di che gli è venuta voglia leggendo le cose pastorali di Longo«.[56] È un segnale evidente del tentativo di giungere a un maggior grado di astrazione rispetto alla realtà socio-politica a cui appartengono le figure ritratte. Se esse, infatti, sono parte della società veneziana dell'epoca, è pur vero che il fatto di privilegiare specifici connotati o atteggiamenti, a scapito di una visione d'insieme, sottolinea il dettaglio, ma sfuma il fondale e allenta i legami con il dato storico contingente.

L'indirizzo incerto del percorso ritrattistico – nello spostare il baricentro cittadino a favore delle genti di campagna, quasi un tentativo di fuga o di alterità rispetto a un quadro storico e sociale che preme sullo sfondo, – si acuisce ulteriormente nel foglio seguente, in un inserto nel quale il pittore dei ritratti si indirizza all'»osservatore« mescolandovi – secondo quell'ottica eterogenea già riscontrata nel ritratto della bertuccia – considerazioni, riflessioni e commenti di tono vario, soprattutto nel suo intento selettivo riguardo ai soggetti da dipingere. Sottolinea così l'inutilità di una pittura che non può ricevere alcun onore se destinata a raffigurare lineamenti comuni o fattezze che »non hanno altro di viso che il nome«.[57]

Al contrario di quelle immagini »fra il sì e il no«,[58] il suo intento è infatti quello di »trovare una figura maschia e poderosa che metta entusiasmo nell'animo del pittore e l'invogli a dipingere di vena«.[59] Cosa egli intenda lo chiarisce bene attraverso una serie di indicazioni di ordine fisiognomico, che orientano il tessuto scritturale verso una sorta di decalogo in materia di arte ritrattistica:

> Due grandi occhi, un nasaccio massiccio, certe gote rilevate, mascelloni sperticati, carnagione viva e gagliarda, sono fattezze che meritano di venire imitate col pennello, e danno vita a chi dipinge. [...] La fronte, che non ha lo spazio di un dito da' capelli al principio dell'arco interno delle ciglia, le ciglia formate da quindici o sedici peluzzi che a pena si veggono, un naso pentitosi di esser naso in sul nascere, e che a pena si lascia vedere fra due guance, le quali paiono coperte di quella teletta che fa il pangrattato posto a bollire, un bocchino con due labbra sottili, orlate di un colore pallido, un mento che comincia e poi s'incammina subito al collo, non sono cose da ritratti, perché non si vede né l'originale né il quadro.[60]

---

54 OV II, LIX, 26 agosto 1761, 46.
55 *Ibidem*.
56 *Ibidem*.
57 OV II, LX, 29 agosto 1761, 47.
58 *Ibidem*.
59 *Ibidem*.
60 *Ibidem*.

Chiariti i criteri a cui intende affidarsi – per il futuro – in questo »›de pictura‹ in formato ridotto«,[61] segue il penultimo ritratto dedicato alla »figura senza intelletto«[62] di Salvestro, incapace di tener desta l'attenzione dei circostanti, inclusa quella femminile, nonostante egli sia un bell'uomo; spinto dalla vanità non si rende conto dell'intesa della moglie con l'amico Roberto, di cui è egli stesso responsabile con la sua stoltezza. L'ottica, in questo caso, è calibrata sullo scambio fra la terza e la prima persona singolare e sulla focalizzazione esterna, da un lato, e gli interventi di Salvestro, dall'altro:

> Non si spicca mai la moglie di Salvestro dall'amicissimo Roberto, né questi da lei. Oh fortunato me! esclama spesso Salvestro. Chi sta meglio di me in moglie e in amico?[63]

Il principio è che, nei ritratti gozziani, si ripropongono alcune caratteristiche tipiche della sua narrativa breve, incluso il ricorso a specifici *topoi*, quali l'amicizia rovinata dal denaro, l'avarizia, la figura del marito beffato e contento, e l'apparenza a svantaggio della sostanza. È anche vero, però, che tali tipologie si definiscono attraverso una serie di interventi di ordine metatestuale che, sotto il velo della metafora o dell'immagine esemplare tratta dall'orizzonte pittorico, illuminano sulla scelta dei soggetti o sui metodi e le pratiche del processo di raffigurazione. In aggiunta vi sono da considerare anche i legami con la tradizione novellistica italiana, come si evince da un inserto della »Gazzetta« in cui il conte pubblicista pone in luce la maestria di Franco Sacchetti quale pittore dell'anima.[64] In questi termini si pronuncia anche nel *Mondo morale*, specificando che il suo *Novelliere* »è una miniera di sali e di urbanità per chi vuol narrare con garbo, e toccare, per così dire, i più occulti tasti de' costumi, e caratterizzare persone difettose e dipingerle in iscrittura.«[65]

È un'attitudine, quella del Gozzi ritrattista sulla scia di Sacchetti, che si proietta anche in alcuni inserti descrittivi che, pur non appartenendo all'insieme dei ritratti, acquistano accenti interessanti nel descrivere, con poche pennellate, specifiche figure e i supposti piaceri da esse affannosamente perseguiti. È il caso di Filodemia che soffre una serie di »incomodi« allo scopo di essere apprezzata a una festa da ballo, di Eudosso inchiodato al tavolo da gioco che lo vede sconfitto e sofferente e, infine, di Fileroto pervaso dalla malinconia per amore di una civetta.[66] In sostanza un riflesso, questi ultimi assieme agli altri ritratti segnalati in

---

61 D. DE CAMILLI, ›*Ritratti della vita umana*‹ *nella Venezia del '700: Gasparo Gozzi tra Carlo Goldoni e Pietro Longhi* (nota 20), 674.
62 OV II, LX, 29 agosto 1761, 48.
63 *Ibidem*.
64 G. GOZZI, *La Gazzetta Veneta*, con proemio e note di Antonio Zardo, Firenze, Sansoni, 1915; nuova presentazione di F. Forti, Firenze, Sansoni, 1957, XXIV, 26 aprile 1760, 114.
65 Cfr. G. GOZZI, *Mondo morale*, in ID., *Opere, del conte Gasparo Gozzi viniziano*. Edizione Seconda, VII, Venezia, Giuseppe Molinari, 1812, 106.
66 OV I, XI, 11 marzo 1761, 92.

quanto tali dal titolo, di una sensibilità a cogliere l'elemento tipico capace di rappresentare di scorcio singoli soggetti o di raffigurare lineamenti caratteriali che acquistano un certo spessore anche sul piano diacronico, per esempio in quella loro preistoria settecentesca rispetto agli sviluppi a tutto tondo di cui usufruirà il personaggio ottocentesco. E se pure, nelle pagine del Gozzi pubblicista, ci si trova in una fase preliminare, in cui si cede spazio a una tecnica descrittiva che lavora per sottrazione, ancora intenta a isolare il singolo connotato a scapito del ritratto d'insieme, si deve comunque evidenziare come le figure che si delineano nelle pagine dell'»Osservatore« sembrino usufruire di una maggiore caratterizzazione, nel loro essere soggetti in movimento, colti nell'agire sociale o mondano.

In tal senso, non si può non sottolineare, in accordo con Pietro Spezzani, l'»ampiezza« e la »varietà di aspetti di ritrattistica esibita dall'autore«;[67] quella stessa varietà presente – in forme meno sintetiche – in alcuni inserti accolti nel più tardo »Sognatore italiano« (che esce sotto la direzione di Gozzi dal 21 maggio al 17 settembre del 1768 per un totale di diciotto numeri),[68] e le cui caratteristiche di fondo non mutano, con il ritratto della donna ormai sessantenne che non vuole accettare l'idea della vecchiaia,[69] il drammatico profilo dell'avaro in un inserto intitolato significativamente *Verità*,[70] e soprattutto la presenza di un frammento che l'estensore finge di aver tradotto dall'ungherese e nel quale dichiara:

> Immaginatevi ch'io preferisca lo studio dell'uomo ad ogni altro studio, e presto vi persuaderete. Il mio metodo per conoscerlo non sono i bei libri di morale, le massime, le sentenze, l'esteriore bontà della razza umana, gli ammirabili ragionamenti de' nostri satrapi. No, caro, io sono del parer d'un Inglese, studio l'uomo stesso tra' i suoi confidenti, nella sua casa, nella sua camera e sto attento a' suoi desiderî, alle sue passioni, a' suoi fini e quindi concludo, e pell'ordinario m'inganno meno degli altri.[71]

Sono dunque ritratti che, nell'attivare il contatto con specifici soggetti della Venezia dell'epoca, oltre ad alcune fisionomie di carattere generale, si distinguono – in un regime in cui la conoscenza non può essere assoluta – per il loro fruire di una parte narrativa e di una serie di elementi descrittivi sul piano sociale e in termini di costume, rispetto ai quali non è estranea una certa elasticità nelle

---

67 P. Spezzani, *Lingua quotidiana e prosa d'arte nel dialetto della ›Gazzetta Veneta‹*, in *Studi di filologia romanza e italiana offerti a Gianfranco Folena dagli allievi padovani*, Modena, Mucchi, 1980, 406.
68 G. Gozzi, *Il Sognatore italiano*, a cura e con introduzione di Michele Cataudella, Bologna, Commissione per i testi di lingua, 1975. Si veda A. Bruni, *Sulla paternità del ›Sognatore italiano‹*, in »Studi e problemi di critica testuale«, XI, 1975, 105–130, e *La polemica antilluministica del ›Sognatore italiano‹*, in »Studi e problemi di critica testuale«, XIV, 1977, 61–110.
69 Cfr. G. Gozzi, *Il Sognatore italiano* (nota 68), 197–198.
70 Ivi, 284–287.
71 Ivi, 19.

considerazioni esposte, e al cui interno si possono cogliere sia elementi di permanenza (sulla scia di Teofrasto e La Bruyère), sia margini di novità come la rappresentazione scorciata delle azioni e soprattutto il sottile alternarsi dei punti di vista dei soggetti coinvolti. Quello che Gozzi assume – tuttavia – non è un ruolo centrale nella poetica del figurativo, intesa a proposito di un ritratto dotato di spessore plastico, quanto piuttosto il fatto di attribuire importanza alle formule enunciative del soggetto che divengono un elemento qualificante del profilo letterario. Manca inoltre, quasi totalmente, il tema dello sguardo, a differenza di quanto accade nei *Ritratti* di Isabella Teotochi Albrizzi, in cui – afferma Gino Tellini – gli occhi »dicono il romanzo di una vita«.[72]

Anche il corredo iconografico chiamato in causa dal conte gazzettiere è ridotto al minimo, a parte il caso specifico dell'»osservatore«, quale proiezione fittizia del medesimo Gozzi. Solo in lui, infatti, si incrociano con continuità il ritratto interno e quello esterno a cui si accompagna la percezione visiva e sonora. In questo ambito, però, siamo già nel caleidoscopio dell'autoritratto, ossia di una delle categorie privilegiate – le scritture dell'io – nel panorama ritrattistico settecentesco.

Invece, nel caso di un ritratto destinato a raffigurare un soggetto distinto rispetto a colui che lo forgia, la pittura gozziana lavora in termini di semplificazione, isolando un unico dettaglio all'interno di uno specifico contesto, il cui comune denominatore è dato dagli spazi tipologici e dalle convenzioni sociali e mondane proprie degli scenari veneziani. Al suo interno si collocano individui comuni, rappresentati nell'arco di poche sequenze, senza alcun retrogusto elogiativo, in cui la nota polemica si definisce in una dimensione ridotta grazie a un strutturazione paratattica agile nell'andamento discorsivo; e dove la pittura di carattere viene spesso a tessere un sottile dialogo con il lettore, con risvolti allusivi e segnali di intesa, o magari sottintesi celati al di sotto di una frase epigrammatica. Quello che Gozzi si attende è, dunque, un lettore capace di comprendere i suoi schemi di rappresentazione che, se da un lato, trascurano i dati fisici, dall'altro, si preoccupano di cogliere abitudini e pratiche galanti e mondane legate a uno specifico orizzonte storico-culturale, che però, nella sua sostanza – in un ambito di voluta reticenza ad affondare lo sguardo –, rimane in penombra sullo sfondo.

---

72 Cfr. G. TELLINI (in *La parte nascosta del volto*, in I. TEOTOCHI ALBRIZZI, *Ritratti* (nota 31), 44–45) che elenca »gli ›occhi immobili‹ di Cesarotti, l'›occhio dolce e scintillante‹ di Mustoxidi; gli ›avidi sguardi, e sto per dire voraci‹ di D'Hancarville, ›indizio della interna smania di veder tutto‹; gli occhi di Byron che hanno il ›colore azzurro del cielo‹; gli ›occhi picciolissimi‹ di Antonio Teotochi; gli ›occhi vivacissimi‹ del generale Cervoni; gli occhi di Alfieri, ora rivolti ›con lunghi sguardi al cielo‹, ora ›immobilmente confitti al suolo.‹«

Arnaldo Bruni (Firenze)

Da Voltaire a Monti: perdita d'aureola del personaggio nella *Pulcella d'Orléans* italiana*

1

La *Pulcella d'Orléans* di Vincenzo Monti consente la facile applicazione al caso di un noto paradosso di Pascal.[1] Se l'opera fosse apparsa a stampa all'inizio del 1800, quando l'autore aveva appena conclusa la prima redazione (1799), pare lecito indurre che le misure correnti della letteratura italiana ne sarebbero riuscite profondamente condizionate. È un fatto che il poema, pubblicato per la prima volta nel 1878,[2] mancò all'attenzione di quella generazione successiva che riconobbe in Monti un punto di riferimento obbligato, pur nel dissenso aperto. Perciò è capitato, se non proprio a Foscolo, almeno a Manzoni e a Leopardi di doversi confrontare autonomamente con quel nodo problematico riconducibile al razionalismo francese, di cui la *Pulcella* è emanazione, che affiora fra le pieghe satiriche delle loro suppellettili eccentriche. I *Sermoni* di Manzoni e *I paralipomeni della Batracomiomachia* di Leopardi occupano porzioni marginali rispetto all'impegno speso in servizio della ricerca principale. Eppure si può ragionare di una potenzialità che sarebbe risultata certo più incisiva, se ambedue si fossero potuti chinare sul sorprendente *exploit* del maestro avverso di ambedue, per l'appunto Vincenzo Monti.

L'avviso è sufficiente per inquadrare il tema prescelto nel segno di una rivisitazione necessaria, dovendo rendere conto grossamente della genesi e delle peculiarità del lavoro di Monti con gli addentellati di servizio. Una premessa è d'obbligo. La *Pucelle* di Voltaire è accompagnata da un inevitabile odore di zolfo. Lo scandalo provocato dalla mordace satira è comprovato dalla serie delle edi-

---

* Lo scritto rielabora un precedente contributo, *L'origine de ›La Pulcella d'Orléans‹ de Vincenzo Monti: idéologie et style*, in »Revue Voltaire«, n. 9 (*La ›Pucelle‹ revisitée*), 2009, 97–107.
1 B. Pascal, *Pensées*, in *Œuvres complètes*. Édition présentée, établie et annotée par M. Le Guern, Paris, Gallimard, 2000 (Bibliothèque de la Pléiade), II, 675: »Le nez de Cléopâtre, s'il eût été plus court, toute la face de la terre aurait changé«.
2 *La Pulcella d'Orléans del Signor di Voltaire tradotta da V. Monti e per la prima volta pubblicata per cura di E. Toci*, In Livorno, Coi Tipi di Franc. Vigo Editore via della Pace n. 31, 1878.

zioni pirata, a partire dalla prima del 1755, che testimoniano di una curiosità così capillare e dilagante quale forse nessuna opera del tempo può vantare.³ Il riconoscimento della paternità del poema, che avviene con l'edizione ginevrina del 1762 (Cramer), segnala uno stato di necessità, tradendo anche il compiacimento di Voltaire che *après coup* ammette fra le righe il buon esito della frecciata andata a bersaglio. Del resto a confermare il dato, si può invocare un espediente pragmatico. Se apriamo una delle stampe più preziose dell'opera, ad esempio quella londinese del 1770, in ventiquattresimo rilegata in pelle con fregi dorati, si rimane colpiti dall'audacia delle incisioni che corrispondono agli *incipit* dei diciotto canti.⁴ Si tratta di disegni che si possono senz'altro definire licenziosi, almeno a norma del costume settecentesco, visto che essi presentano riproduzioni esplicite di organi sessuali femminili e maschili, liberamente esibiti in accoppiamenti inequivocabili.

S'intende quindi che il proposito di versione di un testo audacemente libertino, che consentiva tali estrapolazioni, non potesse certo essere dichiarato con tranquilla disinvoltura dal titolare dell'impresa, cioè da Voltaire medesimo. La singolarità spiega la cautela del silenzio intorno al lavoro intrapreso anche da parte di Monti che ne risulta a tal punto geloso da lasciar correre pochi cenni

---

3 Di questo poema si contano sei edizioni nel 1755. Per un quadro completo, è necessario rifarsi all'*Introduction* del testo critico (*The Complete Works of Voltaire. 7. La Pucelle d'Orléans*, édition critique par J. Vercruysse, Genève, Institut et Musée Voltaire Les Délices, 1970, 13–257). Questa edizione chiarisce in modo esauriente tutti gli aspetti della questione. Cfr. anche Voltaire. *Bibliographie de ses œuvres par G. Bengesco*, I, Paris, éd. Rouveyre & G. Blond, 1882, 123–140, 258, 485–486; ivi, II, Perrin & Cie Libraires-Éditeurs, 1885–1890, IV-VI, X. È necessario tener conto della serie di ristampe della *Pucelle* di Voltaire, successive alla prima edizione di 1762 (s.l. et s.t., ma verosimilmente: Genève, Cramer), apparsa in veste definitiva nel 1775 (s.l. e s.t.). Si può leggere il testo francese del poema anche nell'unica edizione italiana bilingue: VOLTAIRE, *La Pulcella d'Orléans. Traduzione in ottava rima di V. Monti con ventidue incisioni*, a cura di G. Barbarisi e M. Mari, Milano, Feltrinelli, 1982. Le citazioni italiane sono tratte di seguito da questa edizione oppure, avvisando, dall'edizione in corso di stampa a cura di chi scrive.

4 Cfr. *La Pucelle d'Orléans, poëme héroïcomique, en dix-huit chants. Desinit in piscem mulier formosa superne.* HORAT., Londres, s.d.: questo esemplare, di dubbia identificazione in rapporto a quelli censiti nella lista di Bengesco e di Vercruysse, reca la data del 1770 nel catalogo della Bibliothèque Municipale de Lyon presso la quale noi l'abbiamo consultata (Rés. 810267). L'epigrafe di Orazio è tratta dall'*Ars Poet.*, 4; *Desinit* sta per *Desinat*. Sulle caratteristiche di questa edizione, cfr. l'*Avis du Libraire* (ivi, p. 244): »Au lieu de mettre à la suite de ce Poëme, comme dans les éditions précédentes, la Lettre à l'Académie, la Réponse à l'Académie, l'Épître du P. Grisbourdon &c. &c., tous morceaux fort insipides aujourd'hui, nous avons préféré d'y joindre la pièce suivante. Elle est du même Auteur; d'ailleurs elle ne déparera pas l'Ouvrage, puisqu'en quelque sorte le complément de la vision de Bonifoux, chant XIII«. Si allude qui all'*Apothéose du Roi Pétaud conte*, ivi, pp. 245–248; a questo proposito, cfr. *Voltaire. Bibliographie de ses œuvres par Georges Bengesco* (nota 3), I, 205; IV, 288, numero 2317.

generici nella sua corrispondenza, di solito generosa nella confidente comunicazione dei progetti della sua officina poetica.⁵

2

La fortuna della *Pulcella* è strettamente collegata all'ideologia e allo stile dell'opera. Allo scopo conviene risalire alla *Pucelle* di Voltaire che può dare suggerimenti utili e indirizzare opportunamente l'indagine. Il primo passo da compiere è quello di risalire alle edizioni antiche, avendo la possibilità di attingere a un fondo dotato come la *réserve* della Bibliothèque Municipale di Lione che consente di consultare le stampe settecentesche del poema, istruttive soprattutto per l'abbondanza di paratesti funzionali. Risulta preziosa in particolare l'edizione del 1765 che ospita alcuni documenti ai nostri fini indispensabili.⁶ A parte la lettera di Voltaire che nega la responsabilità delle edizioni pirata, indirizzata all'*Académie des Belles Lettres*, e la replica comprensiva degli accademici, attirano l'attenzione nella serie a) la *Préface de Don Apuleius Risorius Bénédictin*, che è il nome di penna dello stesso Voltaire; b) un'*Epitre* in versi di »Pere Grisbourdon«, alias Jean-Baptiste de Junquières (1713–1786), autore del *Télemaque travesti en vers* (1759); c) un epigramma contro la »sale Pucelle«. Cominciando dai testi altrui, è agevole riscontrare la coincidenza di tono fra l'*Epitre* e l'epigramma, a tal punto che si può ragionare di corrispondenza concertata. L'*Epitre* difatti illustra in termini di invenzione fantastica e ultraterrena lo scandalo esplicitato dall'epigramma. Il quale designa la *Pucelle* come autoritratto veridico del blasfemo Voltaire, mentre l'*Epitre* ne propone la storia tenebrosa, anzi diabolica. La ricostruzione fantastica presenta lo scenario dantesco di un sinedrio infernale che segue disciplinatamente e con attenzione crescente la lettura della *Pucelle*, conclusa da un applauso di consenso dei demoni. Lucifero in

---

5 Per le vicende relative alla storia testuale della *Pulcella*, si rinvia a A. BRUNI, *Un nuovo autografo della ›Pulcella d'Orléans‹ di Vincenzo Monti*, in »Studi di filologia italiana«, XLII, 1984, 165–179.

6 *La Pucelle d'Orléans, poëme divisé en vingt chants, avec des notes*. Nouvelle édition corrigée, augmentée & collationnée sur le Manuscript de l'Auteur, À Conculix, s.a., 2 voll., in 24° (Bibliothèque Municipale de Lyon: B402/9). Il catalogo assegna a questa edizione la data del 1765: il confronto con i repertori di Bengesco et Vercruysse è, come al solito, difficile. Per l'indice dell'opera menzionato di seguito, cfr., rispettivamente: *Lettre de M. de Voltaire à l'Académie françoise pour les premieres Editions de ce Poëme* e *Réponse de l'Académie*, ivi, 257–258; *Préface de Don Apuleius Risorius Bénédictin*, ivi, VII–XV. I testi si leggono anche in *La Pucelle d'Orléans*, édition critique par J. Vercruysse (nota 3), 253–257: la *Préface* anche in VOLTAIRE, *La Pulcella d'Orléans. Traduzione in ottava rima di V. Monti con ventidue incisioni*, a cura di G. Barbarisi e M. Mari (nota 3), 3–5; *Epitre du Pere Grisbourdon à Mr. De Voltaire*, ivi, 259–264; l'identificazione dell'autore è ugualmente possibile nella copia citata, in base a una nota anonima interfoliata: *Epigramme sur le Poëme de la Pucelle*, ivi, 266.

persona, a questo punto, riconosce nell'opera i segni manifesti dei misteri infernali propalati per tal mezzo al mondo intero. E l'autore della satira viene indicato in un diavolo, »Asmodée«, gratificato dell'epiteto di »Maître«, che a sua volta attribuisce la responsabilità della scrittura a Pietro Aretino, veridico ispiratore di Voltaire.[7] Non c'è dubbio che la caricatura riesca a cogliere a suo modo il tratto blasfemo della *Pucelle* che intende non solo mettere alla berlina i duri alessandrini di Jean Chapelain, autore di un poema intitolato alla stessa eroina, apparso nel 1656, in cui a detta di Vercruysse, »poésie et theologie affichaient une union mal assortie«.[8] In questione in realtà non è soltanto un riuscito esperimento di parodia letteraria: piuttosto Voltaire si ripromette, come è noto, un affondo razionalistico contro la superstizione credula e, più in generale, contro la morale cattolica, nel segno di una tastiera articolata che configura una sorta di *conte philosophique* in versi.[9] Affiorano così gli acidi corrosivi deversati a carico dei feticismi tipici della religione cristiana, denunciati come massivi nell'età post-tridentina che ha assistito all'accentuazione dei mitologemi in parola: dalla polemica contro l'Inquisizione e contro la consuetudine dei pellegrinaggi, alla critica del culto delle reliquie o alle ironie sulla credenza nel maligno. Dovendo limitarsi a isolare qualche aspetto, è necessario dire che Voltaire veniva a colpire il cuore delle pretese egemoniche di una teologia intrisa di fariseismo, in particolare tramite la certificazione del primato della sessualità su una carne debole e impenitente. Di qui lo scandalo duraturo e progrediente della satira, caricatasi *in itinere* di significati aggiuntivi, man mano che il romanticismo francese, da Jules Michelet ad Anatole France, trasformerà la protagonista in un'eroina divinamente ispirata. Perciò l'effetto traumatico della *Pucelle* è destinato a durare almeno fino al Novecento incluso. Non è esagerato ravvisare nel libro di un antivolterriano come Egide Jeanné,[10] una sorta di intento catartico che mira a cancellare una colpa insostenibile. Jeanné pretende insomma di emendare la cultura francese, carte alla mano, da un peccato originale ascritto a Voltaire e rimasto comunque isolato. Non per caso egli sottolinea le incongruenze dello stesso Voltaire che nell'*Essai sur les mœurs* e nel *Dictionnaire*

---

7 Ivi, 262–263.
8 Cfr. la scheda esplicativa della *Pucelle* di Voltaire, nel *Catalogue* rédigé par J. Vercruysse avec le concours de Michèle Mart-Hasquin et d'Anne Rouzet (exposition organisée à l'occasion du bicentenaire de la mort de Voltaire: 17 juin-19 août 1978), Bruxelles, Bibliothèque Royale Albert 1er, 1978, 127. Vedi ancora *La Pucelle, ou la France délivrée, poëme héroïque, par M. Chapelain*, Paris, A. Courbé, 1656.
9 Cfr. almeno il paragrafo *L'œuvre proprement dite*, in *La Pucelle d'Orléans*, édition critique par J. Vercruysse (nota 3), 132–151; e ancora J. Vercruysse, *Jeanne d'Arc au siècle des Lumières*, in »Studies on Voltaire and the Eighteenth Century«, XC, 1972, 1659–1729.
10 Cfr. *L'image de la Pucelle d'Orléans dans la littérature historique française depuis Voltaire*. Thèse présentée à la Faculté des Lettres de l'Université de Paris par E. Jeanné, Liège, H. Vaillant-Carmanne, 1935.

philosophique professa altra e contraddittoria dottrina nei confronti di Giovanna d'Arco.[11]

Se per l'ideologia il sommario resoconto può risultare acquisito, la *Préface de Don Apuleius Risorius Bénédictin*, cioè di Voltaire, consente di illuminare le ragioni dello stile. Appare evidente il rilievo apologetico dello scritto preoccupato di esibire una documentazione adeguata, capace di dimostrare l'eccesso di una casistica che si distingue, per la sua oltranza, nel versante italiano e francese. Pulci, Boiardo e Ariosto da una parte, il romanzo di *Lancelot du Lac*, Rabelais e La Fontaine dall'altra, sono convocati a giudizio di fronte a un tribunale ideale incaricato di misurare l'infrazione alla norma procurata dalla casistica prodotta.[12] Le risposte di Margutte, improntate a un franco materialismo nel XVIII canto del *Morgante* (ottava 115), l'eterodossia di san Giovanni nel XXXV canto del *Furioso* (ottave 28 ss.), gli amori di Lancillotto e Ginevra, i comportamenti impropri di Gargantua nel romanzo di Rabelais e le favole di La Fontaine sono invocati come casistica di copertura, in quanto distinti da una temerarietà espressiva che non ha riscontro, secondo Voltaire, nella *Jeanne*. Di qui deriva una sorta di schermo protettivo, capace di opacizzare le audacie della *Pucelle*, supposte minori e di secondo grado: tali comunque da prefigurare un'assoluzione preventiva.

3

Si è ragionato finora di Voltaire ma è chiaro che quanto si è detto vale di riflesso per Monti, sia pure con inevitabili precisazioni aggiuntive. Tradurre un'opera così eterodossa equivaleva ad assumere, nella corrispondenza italiana, modalità e forme dell'originale, tuttavia con integrazioni e modifiche imposte dall'audace trapianto. Tanto per cominciare, nel contesto nostrano erano destinate a cadere l'aura di scandalo implicata dal travolgimento della sacertà della Pulcella come pure le conseguenze della critica feroce esercitata nei confronti dello stato francese.[13] Un re come Carlo VII, sempre dedito agli amori nel bel mezzo di una guerra distruttiva, non poteva ormai scandalizzare, dopo che la Rivoluzione francese si era incaricata di evertire addirittura l'istituzione monarchica in quanto tale. Sotto il rispetto ideologico quindi la restituzione italiana doveva

---

11 Ivi, 9-17.
12 Cfr. *Préface de Don Apuleius Risorius Bénédictin*, in *La Pucelle d'Orléans*, édition critique par J. Vercruysse (nota 3), 253-257, dove i rinvii sono identificati.
13 Cfr., anche per quanto segue, G. BÁRBERI SQUAROTTI, *Le due Pulzelle: Voltaire e Monti*, in *Traduzioni letterarie e rinnovamento del gusto. Dal Neoclassicismo al Romanticismo*, I, a cura di G. Coluccia e B. Stasi. Presentazione di G. A. Camerino. Atti del Convegno Internazionale (Lecce-Castro, 15-18 giugno 2005), Galatina, Congedo, 2006, 229-246.

corredare i pretesti dell'originale, ridotti a tralicci superati, di nuovi pimenti rivitalizzanti. Non meno ingenti apparivano le ricadute sotto il rispetto letterario. Il carattere ariostesco del poema di Voltaire era demandato al registro ironico della lettera e alla varia tematica, culminando nell'evocazione aperta dell'ipotesto (»Oh, qu'Arioste étala de prudence / Quand il cita l'archevêque Turpin!«, XV 32 – 33), sia pure travestito dal ricorso alla scansione monotona degli alessandrini. Per Monti s'impone il recupero del metro originale, dunque il ripristino dell'ottava che comporta un campo di sperimentazioni inedite, aperto a un genere come l'eroicomico, segnato da un'esemplarità indiscutibile ma ormai in netta decadenza. L'antica spinta propulsiva originata dal Rinascimento aveva prodotto, per naturale esaurimento dell'epos, l'addizione parodica della reinvenzione di Tassoni e compagni, da Dottori a Lippi, da Forteguerri a Batacchi o Pananti.[14] Ma l'eroicomico, scendendo per li rami, si era ormai ridotto nel perimetro di un'autonomia sterile e priva di avvenire proprio perché la singolarità risultava inesorabilmente agganciata alla base epica che costituiva insieme »il bersaglio e il supporto«[15] dell'innovazione. Da ultimo,

> la dinamica necessariamente intertestuale dell'eroicomico si frantuma in una varietà di imitazioni e deformazioni disparate; o si sostanzia di riflessioni teoriche e allusioni all'attualità, in un equilibrio però sempre precario. Equilibrio precario, perché la manipolazione parodica, cui l'articolazione narrativa è nell'eroicomico inestricabilmente connessa, fatica nella riproposizione di Voltaire e Casti a rinnovare accorgimenti ormai prevedibili.

Monti, che si accinge all'impresa, si trova dunque a operare con uno strumento espressivo usurato dal lungo impiego e apparentemente inefficace nelle mutate condizioni storiche. Acquisita la griglia della parodia, che distanzia subito la *Pulcella* dai poemi senza eroe e applicati antifrasticamente a vicende banali o insignificanti tipici del genere eroicomico, rimane tuttavia aperto il problema di rendere operativo un soggetto alieno, ma potenzialmente funzionale nei paraggi della rottura rivoluzionaria e giacobina di fine secolo. La temeraria scelta implicava perciò la necessità di mettere a fuoco una griglia adeguata, capace di consentire la riformulazione in termini distinti di quelle matrici satiriche che alimentavano il sottofondo filosofico dell'originale. Di qui l'opportunità di conservare il tono beffardo e determinato di una satira antireligiosa in quei termini inaudita in Italia, pimentata tuttavia di altre armoniche, destinate ad

---

14 Sull'evoluzione del genere, cfr. *Teoria e storia dei generi letterari. Il poema eroicomico*. Saggi di: M. Sarnelli – M. Boaglio – G.P. Maragoni – R. Rinaldi – L. Montella – G. Barberi Squarotti – S. Verdino, Torino, Tirrenia Stampatori, 2001. Utili spunti anche in G. BUCCHI, *La ›Guerra de‹ topi e de' ranocchi' attribuita ad Andrea del Sarto: un falso di Francesco Redi?*, in »Filologia italiana«, 4, 2007, 127 – 172.
15 C. BERTONI, *Percorsi europei dell'eroicomico*, Pisa, Nistri-Lischi, 1997, 10: qui anche la citazione che segue.

alimentare l'alto voltaggio di una temperatura costantemente sopra le righe. Non basta. Ad assicurare l'intensità e la riuscita del risultato contribuisce in modo determinante la rotazione prospettica del baricentro, ora disposto nel segno di una comicità travolgente e continuata. È per l'appunto l'impiego sistematico del pedale caricaturale che attiva questa dimensione inedita, riconosciuta a ragione come tratto specifico della nuova opera per il suo traumatico fattore d'impatto. Tornano utili per comprendere questo aspetto le sollecitazioni linguistiche, intese a rompere costantemente la forma del classicismo espressivo dell'originale, reinserito nel circuito mutageno della tradizione italiana, da Boccaccio all'Aretino, dal Pulci al Tassoni, senza trascurare »gli scrittori settecenteschi dell'osceno, del galante, del parodico: il Forteguerri, il Casti, il Batacchi«.[16] Perseguendo l'intento, Monti è sostenuto dall'apertura di credito al gusto del linguaggio sapido e colorito, tipico della competenza di un autore che sembra condurre già a buon esito quelle formule sperimentali che lo condurranno, più avanti, a incrociare il ferro della polemica con gli Infarinati cruscanti.

4

Chiariti grossamente la genesi e il motivo conduttore del poema, nella sottile declinazione dello stile e dell'ideologia, pare opportuno a questo punto circoscrivere il discorso alle modalità relative al trattamento del personaggio nel cono d'ombra segnato dallo spicco della Pulcella. È vero infatti, come si è detto, che il poema di Voltaire si distingue nitidamente dagli archetipi dell'eroicomico (*La secchia rapita, Le Lutrin, The Rape of the Lock*) per la scelta di assumere a soggetto un'eroina di assoluto rilievo e di fama transnazionale.[17] Proprio l'alto profilo dell'opzione dichiara a tutte lettere l'intento dissacratore di Voltaire che mira a un bersaglio grosso per rendere esplosiva la vicenda della protagonista, impetuosamente precipitata dal suo piedistallo e trascinata nella forma alternativa della caricatura, con gli annessi e i connessi del caso. Orbene, stante l'eccentricità dell'assunto, quale spazio è concesso all'autore italiano per ridisegnare il profilo di personaggi di minore caratura o magari addirittura estranei all'impianto dell'originale?

Cade in taglio allo scopo l'opportunità di offrire all'amico Helmut Meter l'omaggio della primizia, indugiando su qualche passo inedito, dedotto dall'abbozzo autografo già citato, compreso in un'edizione ora in cantiere. Pare utile in questa sede documentare due filoni convergenti, abilmente intrecciati dal traduttore: da una parte l'impegno satirico diretto nei confronti dei padri nobili

---

16 G. Bárberi Squarotti, *Le due Pulzelle: Voltaire e Monti* (nota 13), 233.
17 In proposito, cfr. C. Bertoni, *Percorsi europei dell'eroicomico* (nota 15), 13–85.

della letteratura francese conseguito per effetto di trascinamento dell'ipotesto (Chapelain e Houdart de la Motte); dall'altra, la polemica diretta e violenta contro un nemico personale come il »gobbo« improvvisatore romano Francesco Gianni (I 4 e 5), dunque tramite l'intrusione inattesa della contemporaneità rappresentata anche da Parini e Mascheroni:[18]

IV
O Chapelain, o tu di cui l'oscuro
E dissonante gotico violino
Raschiò sì bella istoria in tuon sì duro
Sotto un archetto in ira ad Apollino,
Non guastarmi il cervel, te ne scongiuro,
Coll'estro tuo pesante ed assassino.
Se speri per onor del tuo mestiero
Prestarmelo, ti sbagli: io non lo chero.

V
Dallo a La Motte Houdart quando gli eroi
Travestisce d'Omero in paladini,
Dallo, o buon vecchio, a qualchedun de' suoi
Accademici tanto poverini.
Dallo a quel gobbo, se al più degno il vuoi,
Che ragliò Bonaparte ai Cisalpini,[19]
Onde co' suoi severi paroloni
Rider faccia Parini e Mascheroni.

Non deve sfuggire l'ardita commistione dei modelli. La distanza fra i letterati comunque di alto profilo del Parnaso francese e l'improvvisatore romano trova una ragionevole plausibilità e un punto di congiunzione in virtù del richiamo implicito con l'archetipo più famoso della classicità, l'*Iliade*: perché la deformità fisica di Gianni riconduce dirittamente alla figura di Tersite nel secondo libro del poema.[20] La valenza alleggerisce l'abbassamento onomastico e proietta la polemica diretta nella sfera di una scrittura dalla circonferenza larga ma non scandalosa. Il fatto personale viene disposto perciò in un orizzonte che assegna

---

18 Qui e di seguito cito dall'autografo della *Pulcella d'Orléans* (ms. 510 del Fondo Patetta della Biblioteca Vaticana: canti XII – XXI), ove possibile, secondo l'edizione attualmente in bozze: al riguardo si rinvia alla bibliografia già ricordata. Dalla diversità della fonte, parte apografa (VOLTAIRE, *La Pulcella d'Orléans*. Traduzione in ottava rima di V. Monti con ventidue incisioni, a cura di G. Barbarisi e M. Mari, nota 3), parte autografa (le sezioni inedite tratte dall'autografo, canti XII – XXI) derivano le diversità formali delle citazioni relative alle iniziali di verso, agli scempiamenti linguistici o al numero dei versi riferiti appunto all'abbozzo. Sull'improvvisatore, cfr. ora F. GIANNI, *Poesie*, a cura di A. Scardicchio, Manziana, Vecchiarelli, 2010, 9 – 118.
19 Allude al poema in terzine *Bonaparte in Italia* (Milano, Carlo Civati, 1798): cfr. F. GIANNI, *Poesie* (nota 18), 289 – 333.
20 Il personaggio è ricordato esplicitamente ad altro proposito in XVII 19, 6.

implicitamente al poeta nella circostanza quel ruolo di fustigatore che in Omero è riservato a Ulisse. Fra i colori della letteratura e le suggestioni del mito si attenua in qualche modo il segno di quel risentimento privato che deborda contro il malcapitato avversario, per l'occasione identificato con la cifra animalesca inscritta nel cognome, a norma di una tecnica di ascendenza comico-popolareggiante: »Dopo il pranzo si bada a digerire, / a ridere, a dir fole, a tagliar panni / alle spalle del prossimo, a sentire / gl'improvvisi di mastro Barbagianni« (I 24, 1 – 4). Ancora, l'ira funesta del poeta ritorna più avanti a battere sulla deformazione fisica dell'avversario (»Or serve nell'Italia il gobbo Gianni«, XVII 7, 6) fino a prefigurare una persistenza ossessiva nel ricamo conclusivo (XXI 32, 1 – 4): »Qual fibra nel suo seno ha ricevuta / La fantasia d'Omero e di Marone / E in qual germe venefico tessuta / Fu poi quella di Gianni e di Frerone?«. Le coppie dei nomi in antitesi dichiarano la distanza incolmabile segnalata dal veleno di un acredine insopprimibile: allo scopo torna opportuna perfino la cornice singolare dell'erto giogo di Pindo, abitato secondo l'obliqua allusione da personaggi eterocliti.

La vena satirica si appunta ancora, salendo di grado e di temperatura polemica, sui bersagli religiosi di spicco. In tale ottica, sintomatica risulta la chiamata in causa del paradiso cristiano, popolato almeno in questo passo di santi neghittosi e maldicenti (XVI 4, 1 – 4): »Questi santi rivali ad ispiarsi / Scambievolmente i fatti lor si stavano. / Tutto vedean, ma non potean mischiarsi / Nelle pugne terrestri e cabalavano«. Salta all'occhio la difformità rispetto al modello dell'*Iliade* o della *Liberata* che presuppongono l'intervento diretto e continuo delle forze superiori, pagane o cristiane, nell'azione dei due poemi. D'altra parte l'assalto alla teologia cristiana diviene diretto e inequivocabile con la chiamata in causa del »gran portinajo e pescatore / Di cui vicario è il Papa« (ivi, 5, 1 – 2). La situazione appare esplicitamente blasfema in virtù delle parole medesime di san Pietro che non esita a polemizzare indirettamente con Gesù Cristo in persona, infrangendo perfino la sacertà della lettera evangelica (ivi 6, 1 – 6): »V'è noto, amici cari, il grave torto / Che ricevetti dal maestro quando / Mi fece a Malco rappiccar nell'orto / La tolta orecchia:[21] ho in mente il suo comando. / Rimetter mi fe' l'armi e corto corto / Del dritto mi privò di portar brando«. Non c'è dubbio che la satira azzardata tocchi qui un vertice entro le misure dello sforamento ideologico propugnato, sottolineando le armoniche più esposte del poema.

Si sarà capito che l'autore si muove nell'orizzonte di un'ottica letteraria persistente, del resto nel segno della tradizione eroicomica di Tassoni che qui, per quanto autonomamente declinata, è inscritta costantemente nella filigrana sti-

---

21 L'episodio figura nei vangeli sinottici (MATTH., 26,51; MARC., 14, 47): solo LUCA (23, 51) però aggiunge il particolare dell'orecchio riattaccato.

listica del testo, per esempio nell'impiego dei riusi citazionistici.²² Risulta perciò non privo di interesse segnalare da ultimo il dialogo intrattenuto con i modelli di riferimento più alti. Allo scopo s'impone il rapporto con l'autore fondamentale e anzi eponimo, designato con una perifrasi inequivocabile in XIII 3, 8 – 11: »Tu proteggesti il grande e peregrino / Cantor che un dì la corte ferrarese / Rallegrò colle tante (ah fosser mie!) / Graziosissime sue coglionerie«. All'ammirazione dichiarata segue l'apprezzamento per le modalità della scrittura prescelta dal predecessore (XV 5, 1 – 4): »Ma fu dell'Ariosto alta prudenza / Il citar l'arcivescovo Turpino! / Testimonio siffatto ogni credenza / Acquista al suo gentil libro divino«.

Non sorprende perciò che l'esplicito omaggio si trasformi, strada facendo, in vera e propria mimesi. Di tal segno infatti risulta un luogo del canto XV (ottave 33 – 40) in cui la Musa del poeta procede leggera ed estrosa a delineare un episodio di ascendenza inconfondibile: quasi una gara aperta con il principale ispiratore, vero e proprio nume tutelare della *Pucelle* di Voltaire e più ancora della *Pulcella* di Monti. In questo caso l'*inventio* si affranca nel tono dalla traccia dell'originale, assume una curvatura autonoma e sognante, non senza rinunciare peraltro a qualche frecciata satirica appuntata sulla contemporaneità, anche se almeno nel primo caso il bersaglio rimane coperto dalla vaghezza dell'allusione (ivi, 37, 2 – 5; 39, 9 – 10). L'aerea dissolvenza, quasi un paradigma del procedimento poetico nel suo interno sviluppo, riconduce amabilmente gli eroi al mondo della fantasia che li ha generati e sembra confermare in modo esemplare un'osservazione di Carducci: »Il Monti aveva imparato a trattar l'ottava dall'Ariosto e teneva del sal samosatense dalla natura; in opera poi di traduzione anche da lingue moderne ha ben pochi simili, o nessuno, fra noi [...]«:²³

XXXIII
Questi certo son mezzi indubitati
Di dar spasso al lettor, ma non vogl'io
Parlar tanto di guerra e d'ammazzati
Che Agnese di Sorel resti in obblio.
Deggio in versi lugubri ed inornati
Contarvi un caso doloroso e rio

---

22 Cfr. in particolare oltre alla bibliografia già ricordata, C. BERTONI, ›La secchia rapita‹ di Alessandro Tassoni, in *Percorsi europei dell'eroicomico* (nota 15), 13 – 50; M.C. CABANI, *La pianella di Scarpinello. Tassoni e la nascita dell'ericomico*, Lucca, Pacini Fazi, 1999; M. BOAGLIO, *Le burlesche metamorfosi di Elena. Proemio e parodia nei poemi eroicomici del Seicento*, in *Teoria e storia dei generi letterari. Il poema eroicomico* (nota 14), 37 – 58: 41 – 46.
23 *Versioni poetiche di V. Monti con giunta di cose rare o inedite*, a cura di G. Carducci, Firenze, Barbèra, 1869, XIV. Il passo prodotto a testo si legge in XV, 36 – 40 e deriva dall'ed. della *Pucelle* del 1756: cfr. *La Pucelle d'Orléans*, édition critique par J. Vercruysse (nota 3), 616 – 618. Per un commento più ampio a questo brano e per le implicazioni intertestuali si rinvia alla bibliografia precedente.

Che le prepara il suo destin crudele
Mentre vola alla gloria il suo fedele.

XXXIV
Lunghesso il fiume ne venia la bella
Chiaccherando col padre confessore
Che con dolce gentil saggia favella
La noja inganna del cammino e l'ore,
Una qualche piacevole storiella
Contando del maligno tentatore,
Senza pedanterìa sotto il diletto
L'util celando d'ogni suo bel detto.

XXXV
Trimuille a due passi e Dorotea
Seguian parlando dei lor dolci amori
E del ritrarsi nella lor contea,
Sol per amarsi lungi dai romori.
Sotto i lor piè la via tutta ridea
D'un bel tap[p]eto di verzure e fiori
Simile al prato in cui solea più lenti
Atalanta lasciar nel corso i venti.

XXXVI
Su queste molli erbette camminavano
Dunque i due amanti e Agnese e il reverendo
E degl'Inglesi e del demonio andavano
E di santi e di guerre discorrendo,
Sopratutto d'amor: mentre parlavano
Tutti quattro sparir, caso stupendo!
Che dolce dolce il mobile terreno
Cavallo e cavalier si chiuse in seno.

XXXVII
Prima i piè, poi la pancia e poi la testa
Tutto disparve: a modo appunto eguale
Che intervenir si vede a quella festa
Che in sua casa un autore cardinale
Tre volte almen la settimana appresta
O all'opera che spesso va sì male,
Ove gli eroi ci scappano dagli occhi
E scendono all'inferno pei trabocchi.

XXXVIII
Il bel Monroso che dall'altra riva
Vista ha d'Agnese la serena fronte
Tosto vuol presentarsi alla sua diva
Umilissimamente e passa il ponte.

Qual restasse in veder che gli spariva
Nel vederla non serve ch'io vel conte.
Freddo qual marmo, bianco come gesso
Camminar vuole, ma svanisce anch'esso.

XXXIX
Tirconel che l'ha visto da lontano
Per ajutarlo sprona il suo stornello
E in arrivando sul funesto piano
Come gli altri s'eclissa Tirconello.
Cadon tutti in un grande sotter[r]ano
Che dritto mena ad un giardin sì bello
Che par non l'ebbe il gran Luigi ancora,
Zio d'un re[24] che si sprezza e che s'adora.

XL
Questo giardin che passa umano ingegno
Ad un vero castel ne ducea
Di tal giardino veramente degno.
Quest'era... io manco a sì tremenda idea
Del crudo Conculix[25] quest'era il regno.
Oh Bonifazio! oh Agnese! oh Dorotea!
Che fia di voi? io non ho fibra indosso
Che non mi tremi e proseguir non posso.

L'inserto interrompe il racconto con una pausa inattesa, a scongiurare con la variazione narrativa estravagante ogni rischio di monotematicità. La finestra narrativa dichiara la propensione polifonica che sostiene l'impianto nel segno del metamorfismo, tipico del »poema eroicomico, in cui coesistono e vengono a confliggere l'eroico e il burlesco, il lirico e il comico, il cavalleresco e la sguaiatezza del ribobolo«.[26] Non per caso il passo esige l'intervento in prima persona dell'autore, mescolato e confuso tra i suoi personaggi perché impossibilitato a proseguire per il timore del pericolo incombente. L'occorrenza rende conto dell'impegno di Monti, applicato a celebrare i suoi eroi maggiori o minori, privati tuttavia dell'aureola che li incorona dalla dinamica cogente della meccanica narrativa. Si può dunque concludere con un *calembour* istruttivo: il rischio dell'entropia che accompagna costantemente l'opera da farsi risulta infine democratico perché livella inaspettatamente il destino del poeta e la sorte delle sue creature di carta.

---

24 Luigi XV, pronipote di Luigi XIV.
25 Genio ermafrodito.
26 M. BOAGLIO, *Le burlesche metamorfosi di Elena* (nota 22), 41.

Franziska Meier (Göttingen)

»Il faut être né physionomiste«. Louis Sébastien Mercier und die Kunst des Porträtierens nach der Französischen Revolution

Schon 1814, als Mercier im Alter von 74 Jahren starb, war der lange Zeit so erfolgreiche Journalist und Autor kaum noch bekannt. Die wenigen damals publizierten Nachrufe bescheinigten ihm, sich überlebt zu haben oder zur komischen Figur abgesunken zu sein. Selbst der Einspruch seines Freundes Senancour, der mit einem freundlicher abwägenden Porträt gegen die abfälligen Nekrologe anschrieb, verhinderte nicht, dass Mercier als kurios-bizarre, etwas schäbige Figur ins literarhistorische Gedächtnis des 19. Jahrhunderts Einzug hielt. Ein Übriges trug dazu der romantische Dichter Charles Nodier bei, der in mehrere seiner Schriften Porträts seines einstigen Tischgenossen im Café Putode einflocht. Unter diesen hat am stärksten das in »Le Colonel Oudet« aus *Souvenirs et portraits* nachgewirkt:

> Qui n'a pas vu Mercier, avec son grand chapeau d'un noir équivoque et fatigué, son habit gris de perle un peu étriqué, sa longue veste antique, chamarrée d'une broderie aux paillettes ternies, relevées de quelques petits grains de verroterie de couleur, son jabot d'une semaine, largement saupoudré de tabac d'Espagne, et son lorgnon en sautoir.[1]

Gleichsam als eines Überlebenden des 18. Jahrhunderts gedenkt Nodier seiner. Schon an seinem Äußeren wird das Verstreichen der Zeit und mehr noch das Aus-der-Zeit-Fallen sichtbar. Zu den charakteristischen Verhaltensweisen zählt die Versessenheit, »de juger de la destinée des hommes d'après les règles de la physiognomonie«. Eine Manie, die zur Marotte ausgeartet ist, denn niemand habe sich dem bescheidenen Sanktuarium, in dem Mercier seine Orakel offenbarte, nähern können, ohne ihm »le ›criterium‹ de quelques aphorismes de la science« zu liefern. Kurz: Zum grotesken Aussehen gesellt sich ein verbissener Glaube an die Physiognomik und deren rigide Regeln, wie sie schon dem Romantiker Nodier fremd geworden zu sein scheinen, auch wenn er selbst eine Vorliebe für die Form des Porträts hatte.[2]

---

1 Ch. Nodier, *Œuvres de Charles Nodier*, Paris, Éverat, t. 8, 1833, 334 f.
2 Vgl. zur Mercier-Rezeption Nodiers im Allgemeinen die Ausführungen von R. Braun-

Nicht nur diese langjährige posthume Rezeption, sondern auch die zahlreichen Karikaturen, die ihn schon zu Lebzeiten aufs Korn nahmen, zeugen davon, dass Louis Sébastien Mercier seiner eigenen Kunst: dem Porträtieren, früh zum Opfer fiel. Seine Berufung zum »descripteur«, wie im letzten Band des *Tableau de Paris* zu lesen ist, ging auf die frühe Begegnung mit einem Tanzmeister zurück. Bei dem sechzigjährigen, untersetzten Monsieur Cupis lernte der Junge zwar nicht das Tanzen, aber das Lachen. Das seltsame Aussehen und die burlesken Anweisungen zum Spiel auf der Taschenvioline weckten in ihm die Lust, Menschen zu beobachten. Um seine Freunde daran teilhaben zu lassen, aber wohl auch weil er nicht anders konnte, vergnügte er sich abends damit, Monsieur Cupis père von Kopf bis Fuß zu beschreiben. Dankbar schließt er die humorvolle Szene mit dem Bekenntnis: »sans lui je n'aurais pas été descripteur [...] Il me fallut peindre sa physionomie grotesque, ses bras courts, sa tête pointue; et depuis ce temps-là je me suis amusé à décrire.«[3] Eine groteske Gestalt – wie er selbst sie später für Nodier abgeben sollte – gab den Anstoß und stellte zugleich das erste Exerzierfeld für den Betrachter von Paris »au moral«, dem Schilderer der vielen Facetten menschlichen Lebens in der französischen Metropole.

Heute rangiert Mercier interessanterweise nicht mehr unter den großen Porträtisten oder Physiognomikern des 18. Jahrhunderts. Da die Begriffe des Porträts und der Physiognomik inzwischen wieder Menschen oder Tieren vorbehalten sind, zählt der Verfasser des zwölfbändigen Stadtbildes *Le Tableau de Paris* nicht darunter. Er wird vielmehr als Initiator des Genres der Stadtbeschreibungen, und darin als ein Neuerer geschätzt. Aus seiner Selbstdarstellung geht indes eindeutig hervor, dass er sich selbst als Porträtisten auffasste. In seinem Sprachumgang erweisen sich die Substantive »tableau«, »description« und »portrait« als austauschbar. Ob er sich einen einzelnen Menschen, einen Straßenzug oder Markt oder eben die Stadt selbst zum Gegenstand nimmt, das Vorgehen ist dasselbe. Jeweils werden charakteristische äußere Zeichen ausgemacht oder auch vom Ausdruck eines Gesichts, von der Mimik auf den Charakter eines Menschen oder Tiers geschlossen. Originell ist daran allenfalls, dass Mercier die Prinzipien und Verfahren der antiken Kunst der Physiognomie im großen Stile auf seine Erkundung der Stadt Paris anwendet und folglich ausdehnt. Allerdings steht er in solcher Ausweitung nicht allein. In den 1770er Jahren bürgerte es sich im Französischen ein, auch im Zusammenhang von

---

SCHWEIG, *Deux amis et disciples: Senancour et Nodier*, in H. Hofer (Hg.), *Louis-Sébastien Mercier précurseur et sa fortune*, München, Fink, 1977, 155–196.
3 In *Le Tableau de Paris. Édition établie sous la direction de Jean-Claude Bonnet*, Paris, Mercure de France, t. II, 1994, 1479, im Folgenden abgekürzt TP, zur Erleichterung des Fußnotenapparats werden die Seitenzahlen in den Text eingefügt.

Dingen, Phänomenen oder sogar Systemen von Physiognomie zu sprechen.[4] Im Einklang damit hat *Le Tableau de Paris* den Ehrgeiz, die Physiognomie einer ganzen Stadt zu zeichnen. Es setzt sich aus einer langen Reihe von Porträts zusammen, die sich dem wachsamen Auge des Spaziergängers über die Jahre hin darbieten und die sich dieser mal aus einem weiteren, dabei oft typisierenden Blickwinkel, mal aus der Nähe – das singuläre Detail im Visier – anschaut.

Mercier hat die jahrelang geübte Kunst des Beschreibens leider nicht zu einer Poetik des Porträts ausformuliert. Hielt er eine solche Systematisierung für überflüssig, da ihm der Modus des Beschreibens zu geläufig, zu selbstverständlich vorkam? Oder widerstrebte ihr die seinem Denken und Schreiben eigene Spontaneität an der Grenze zum Disparaten, seinem Wunsch, originell zu sein? Nicht ganz zu Unrecht lästert Nodier in seinen »Notes du Parnasse du Jour« später darüber, dass man Mercier mit allem versöhnen könne, was er lautstark verwerfe (selbst mit den bildenden Künsten, wenn man ihm eine Statue errichte), aber nie »avec le bon sens«,[5] geschweige denn mit dem ihm so verhassten *esprit de système*. Mercier beließ es jedenfalls bei Bemerkungen oder Gedankensplittern, die er in seine Stadtbilder einstreute. Aufs Ganze gesehen fällt auf, dass die Einsprengsel zwischen 1797 und 1799 merklich zunehmen. In einigen Zeitungsartikeln und vor allem in *Le Nouveau Paris* lassen sich sogar Ansätze zu einer engagierten Reflexion ausmachen. Stellten sich ihm also die Fragen zur Porträtkunst nach der Revolution dringlicher? Büßte das Beschreiben an Selbstverständlichkeit ein? Konfrontierten ihn die Revolutionsjahre, das heißt die umwälzenden Änderungen, die über Paris »au moral« hereinbrachen, womöglich mit neuen Schwierigkeiten?

Gegenüber den Überlegungen zum Porträt, die Mercier nach der Revolution anstellt, sind die in *Le Tableau de Paris* nicht nur rar gesät, sondern auch relativ unspezifisch. Allenfalls im zwölften Band verdichten sie sich ein wenig, ohne freilich über das Anekdotische hinauszugehen. Neben der schon erwähnten Erinnerung an den Tanzmeister Cupis ist ein Kapitel zu dem Pariser Usus eingefügt, sich malen zu lassen und dafür viele Stunden Modell zu sitzen. Als Titel wählt Mercier das Verb »portraire«, das schon im 18. Jahrhundert aus dem Gebrauch gefallen war, auch wenn immerhin ein Voltaire – wie Mercier in *Néologie* festhält – für dessen Erhalt plädierte.[6] Das Wort »portraire«, in dem noch die Vorstellung eines intensiveren Nachzeichnens mitschwingt, bezieht

---

4 Vgl. dazu das Lexem »physionomie« in dem von A. REY herausgegebenen *Dictionnaire historique de la langue française*, Paris, Le Robert, 2010.
5 Zit. nach R. BRAUNSCHWEIG, *Deux amis et disciples: Senancour et Nodier* (Anm. 2), 177.
6 Vgl. dazu *Néologie*, hg. von J.-C. BONNET, Paris, Belin, 2009, 362. Mercier beruft sich dort auf Voltaire, um zwei veralteten Worten mehr Gewicht zu geben. Er hält es für wichtig, zwischen »portrait« und »portraiture« zu unterscheiden: »Portrait« bezeichne »l'art et la chose«, während »portraiture« »l'art de faire ressembler« bedeute.

sich hier auf die Pariser Porträtproduktion, der Mercier die chinesischen Zeichner in Kanton entgegenhält. Sie bräuchten die ankommenden Reisenden nur kurz und scharf anzusehen (TP II 1462), um sich das Gesicht in »tous les traits« einzuprägen und zu Papier zu bringen. Der präzise Blick, die rasche Ausführung gingen bei ihnen nicht mit einem intensiven Nachzeichnen oder sogar Überzeichnen einher. Im Gegenteil, Mercier rühmt sie für die erstaunlich große Ähnlichkeit, die zwischen Abbild und Modell herrscht. In Paris hingegen ähnelten die Porträts keineswegs dem Modell; es handele sich vielmehr um Überzeichnungen, genauer: um Selbstinszenierungen der Auftraggeber, die der Maler ausführen müsse. Ein Advokat wolle sich in der Gestalt Ciceros sehen, ein Schriftsteller verlange nach den Attributen Apolls, während sich Herrscher nicht nur als prächtig, sondern als über die Menschen erhaben dargestellt wissen möchten. Auch wenn sich solche Wünsche natürlich – verfälschend – auf das Porträtieren in der bildenden Kunst auswirken, will Mercier unter dem Titel »portraire« vornehmlich eine gesellschaftliche Sitte aufspießen, die fragwürdige Neigung nämlich, dem natürlichen Sein den sozialen Schein vorzuziehen (TP II 1463).

Mit einem Kapitel namens »Portrait« lässt Mercier 1788 *Le Tableau de Paris* enden. Allerdings findet sich auch hier kein Ansatz zu einem Nachdenken über die eigene Praxis. In der Tradition der Moralistik macht sich Mercier vielmehr daran, hinter der körperlichen Schönheit der »Uranie, ou la comtesse de ***« die inneren Handlungsantriebe und Hoffnungen aufzuspüren. Merciers Interesse gilt freilich nicht der konkreten Person, sondern einem weiblichen Typus, der mit Hilfe der eigenen Reize in die ersten Reihen der Gesellschaft aufzusteigen und Macht auszuüben strebt. Gleichgültig, ob sich die Hoffnungen erfüllen oder zerschlagen, sieht Mercier die Frauen unweigerlich in die Fänge des »ennui« gleiten, der sich ihrer leeren Seele bemächtige. Wie vor ihm La Bruyère gibt er die Schuld daran dem Müßiggang, zu dem die Frauen der höheren Schichten verurteilt seien. Das Kapitel schließt überraschend damit, dass sich der bürgerliche Aufklärer Mercier glücklich schätzt, den Krallen des »ennui« entkommen zu sein. Sein lusterfülltes Tun, sein Schreiben, das er erst allgemein als »composer des livres« und kurz darauf als gedankliche Leistung, als »pensée«, erläutert, schützten ihn davor (TP II 1579). Es ist die tägliche und amüsante Praxis des Beobachtens und Schilderns, also eines der Wahrheit verpflichteten Porträtierens, die ihn vor der grassierenden Langeweile bewahrt und in deren Lustprinzip er eigenwillig den wesentlichen Antrieb zum umfangreichen Unterfangen seines *Tableau de Paris* ausmacht. Von einem Ansatz zu einer ernsthaften Reflexion über das Porträt ist also in den achtziger Jahren nichts zu spüren.

In *Le Nouveau Paris* von 1798 und in Zeitungsartikeln geht Mercier hingegen auf die Möglichkeiten und Grenzen des Porträts sowie auf die Rolle der Physiognomik genauer ein. Den Anlass dazu liefern die Museen, die in Paris unter dem Directoire erstmals ihre Tore öffneten und viele *citoyens* anzogen. Es konnte nicht ausbleiben, dass sich auch der Stadtschilderer Mercier zur Gemäldegalerie des Louvre und zu Alexandre Lenoirs »Musée des Monuments français« aufmachte. Seine Artikel sind freilich mehr als bloße Deskriptionen oder Reportagen, die einer damaligen Mode geschuldet wären. Sie dienen vielmehr dazu, seine schon in *Le Tableau de Paris* anklingende Ablehnung der bildenden Kunst zu präzisieren und zu einer regelrechten Polemik auszubauen, die er zum Teil in brieflichen Entgegnungen an die Autoren einer Zeitschrift oder auch in Dialogform spritzig formuliert. Da er von Anfang an das eigene Schreiben überwiegend – wie im 17. und 18. Jahrhundert allgemein verbreitet – mit Ausdrücken aus der bildenden Kunst bestimmt, wundert es nicht, wenn er in seiner Kritik stets das eigene Tun bedenkt. Während er in *Le Tableau de Paris* seine kategorische Verwerfung von Malerei und Skulptur noch in aufklärerischer Manier damit begründete, dass sie für das Wohlergehen und Glück der Menschheit wertlos seien, wenn nicht sogar kontraproduktiv,[7] bereichert er sie nach der Revolution um grundsätzlichere Fragen nach den Möglichkeiten, Menschen zu erkennen und mit Pinsel oder Feder zu ›malen‹.

Im Zusammenhang von Porträt und Physiognomik ist das Kapitel »Dessins de Lebrun« aus *Le Nouveau Paris* der wohl wichtigste und zugleich komplexeste Text, an dem sich, wie ich meine, Merciers neue Fragestellungen und Bedürfnisse gut abtasten lassen. Den Aufhänger bilden die Zeichnungen des Hofmalers Charles Lebrun, der vor Johann Caspar Lavaters illustrierten *Physiognomischen Fragmenten zur Beförderung der Menschenkenntnis und Menschenliebe* von 1775–78 schematische Zeichnungen ausarbeitete, auf denen dem Kopf eines Tieres jeweils der eines Menschen gegenübergestellt ist. Indem Lebrun die menschlichen Gesichter entsprechend löwen- oder wolfshafte Züge annehmen lässt, verbildlicht er das physiognomische Verfahren, von solchen Ähnlichkeiten auf entsprechende Charaktereigenschaften zurückzuschließen, wie sie aus den Tierfabeln bekannt waren. Amüsiert schildert Mercier denn auch, wie die Besucher neugierig Lebruns Bilder auf die Köpfe ihrer eigenen Bekannten oder auch – in der Spiegelgalerie – auf den eigenen anwenden, um den jeweiligen Charakter zu erraten.[8]

Mercier beschränkt sich jedoch nicht darauf, eine verbreitete vereinfachte Form von Physiognomie zu bespötteln. Seine Zweifel an Lebruns Schemata setzen tiefer an. Überraschend hält er, der renommierte Porträtist der Pariser Bevölkerung, 1798 es für unmöglich, das Lesen von Gesichtern und Charakteren

---

7 Pauschal kanzelt er die Maler ab als »[les] hommes les plus inutiles au monde, et qui font payer chèrement un art qui n'intéresse en rien le bonheur, le repos, ni même les jouissances de la société civile; art froid, menteur, dont tout vrai philosophe sentira l'inanité.« (TP II 1521)
8 *Le Nouveau Paris. Édition établie sous la direction de Jean-Claude Bonnet*, Paris, Mercure de France, 1994, 788, im Folgenden NP abgekürzt.

auf eine Reihe von Regeln oder auch auf Vergleiche zu gründen. Die Typisierungen und Raster, zu denen er noch in *Le Tableau de Paris* seine physiognomischen Studien immer wieder zuspitzte, scheinen auf einmal fragwürdig geworden zu sein. In einer Fußnote räumt er zwar ein, den frühen Mirabeau mit einem Löwen verglichen zu haben, »qui aurait eu la petite vérole« (NP 790), doch habe er mit dieser Ähnlichkeit nichts über den Charakter sagen wollen. Die äußeren Zeichen führen somit nicht mehr unmittelbar ins Innere. In seinen Formulierungen gerät darüber sogar der Status der Physiognomik ins Wanken. Erst grenzt er sie gegen andere Wissenschaften ab: Anders als diese sei die Wissenschaft der Physiognomie nicht über Regeln und Vergleiche zu lernen. Danach heißt es apodiktisch: »l'étude des physionomies n'est point une science, c'est un instinct. Il faut sentir et deviner, il faut être né physionomiste« (NP 789). Falls er an dieser Stelle nicht nur daran gedacht hat, sein eigenes Talent als unerreichbar anzupreisen, liegt der Verdacht nahe, dass Mercier der mit Unbehagen wahrgenommenen Abtrennung der physiognomischen Zeichen vom bezeichneten Charakter zu begegnen sucht, indem er den vormalig eindeutigen Bezug zwischen Zeichen und Bezeichnetem, zwischen Physiognomie und Charakter, kappt und dessen Auslotung einem ›Instinkt‹, also einem vorreflexiven Trieb oder Talent, anvertraut, ja vorbehält.

Was Mercier nun unter Charakter und der Rolle der Physiognomik im Porträtieren versteht, ist nicht exakt zu sagen. Seine Argumentation oszilliert eigenartig zwischen den Extremen. Zunächst verherrlicht er das Auge als einziges Instrument zur Menschenerkundung. Seltsam erweist es sich als auf sich allein gestellt, es verfügt über keine Vergleichsmaßstäbe mehr. In den Beispielen, an denen Mercier das Vorgehen illustriert, zeichnet sich allerdings das übliche Denken in Typen oder Einsetzen von Faustregeln ab. Abrupt eröffnet Mercier dann den folgenden Absatz mit der Aufforderung, sämtliche gemalte Porträts zu beseitigen: »Écartez les portraits« (NP 789). Sie seien »faux ou factices«. Während er in »factice« nochmals die Unsitte einer idealisierenden Porträtpraxis in Paris bloßstellen könnte, klingt in »faux« ein prinzipielles Dilemma der bildenden Kunst an: »tous les portraits ne montrent de nous qu'un instant de notre visage, et encore altéré« (NP 789). Für Mercier mussten die Maler am Porträt scheitern, weil sie einen Moment aus dem natürlichen Fluss der Zeit und des Lebens künstlich isolieren. Er streitet ihnen ab, einen im höchsten Maße charakteristischen oder enthüllenden Augenblick auffinden und ins Zeitlose öffnen zu können. Das ihrer Kunst spezifische Erstarren und obendrein Verharren im Körperlichen, da das Augenmerk dem Anatomischen gilt, dissoziiert das gemalte – tote – Abbild von seinem – lebendigen – Vorbild.[9] In Merciers Polemik

---

9 Mercier verkehrt den auf Plinius zurückgehenden Topos von der Malerei als Kunst, das Abwesende gegenwärtig zu halten. Mit den ersten von Menschen gemachten Abbildungen,

gegen die bildende Kunst kommt eine neue Wertschätzung der Zeitlichkeit bei der Betrachtung eines Menschen ins Spiel und zugleich eine stärkere Abwertung des Körperlich-Anatomischen und damit visueller Zeichen.

Prägnanter bekundet sich das noch in Merciers Spott über die damals beliebten Voltaire-Porträts und -Statuen. Diese seien sich untereinander zwar sehr ähnlich, ihrem Vorbild Voltaire glichen sie dagegen nicht. Sie seien außerstande, das schillernde und relativierende Ineinanderspiel der äußeren und inneren Facetten wiederzugeben. Indem sie einen Moment isolierten, stelle sich unweigerlich ein Ungleichgewicht ein. Im Falle Voltaires führe das dazu, dass das Affenartige an seiner Gestalt in den Vordergrund trete, während von seinem »œil étincelant, qui ôtait la laideur au reste du visage« (NP 789) nichts übrig bleibe. Nachdem Mercier im Auge des Betrachters den alleinigen Schlüssel ins Innere eines anderen Menschen ausmachte, lässt er sein geschriebenes Porträt Voltaires in dessen blitzendem Auge gipfeln, aus dem der Witz, der *esprit* des Aufklärers, sprühe. Wenig später – im Zusammenhang eines zweiten »Écartez les portraits«-Einschubs – fordert Mercier bezeichnenderweise, dass das Auge des Betrachters im Akt des Erkennens oder Porträtierens dem des Betrachteten begegne. Anstelle des klar hierarchisierten, früheren Verhältnisses zwischen dem Betrachter-Subjekt, das im Namen aller sprechen konnte, und seinem Gegenstand wird ein aktiver Blickwechsel verlangt, da dieser allein den Betrachter ins Innere des Anderen dringen lasse: »on ne peut apprécier que la vie, et tout portrait est mort« (NP 792). Abgesehen davon, dass das gemalte Porträt einmal mehr als erstarrt und tot verworfen wird, lässt die Formulierung zudem vermuten, dass das Innere nun nicht mehr nur für den Charakter im Sinne der Moralistik steht, sondern für eine unfassliche Größe: »la vie«. Die Revolution treibt den Porträtisten Mercier dazu an, diese Größe des Lebens im Menschen aufzuspüren und daran – in Reaktion auf die Maler – den Wert eines Porträts zu bemessen.

In »Dessins de Lebrun« bleibt es indes in der Schwebe, ob Mercier die traditionellen Konzepte des Charakters und der Physiognomik hinter sich lässt. Hinter den trügerischen, stets wechselnden Zeichen von »air, figure, mine, traits« nimmt er durchaus die Existenz einer Physiognomie an, die er sogar für »indélébile« hält. Erkennbar sei sie sowohl unter den Falten des Alters als auch hinter den Farben der Jugend (NP 789). Worin sie genau besteht, verrät er allerdings nicht. An die Form des Schädels, den Lavater als verlässlichen Zugang ins Innere eines Menschen privilegierte, denkt Mercier nicht, denn diese Art der Physiognomie sei vom Pinsel nicht zu malen, ja nicht einmal in Worten zu sagen

---

sagt er, werde etwa die vorherige Gegenwart des Göttlichen beseitigt und an dessen Stelle die Götzenanbetung errichtet. Die Schuld daran trägt die den bildnerischen Mitteln eigene Materialität, durch die noch das Unfasslichste auf das Körperliche reduziert werde. Für den Betrachter bedeutet das: »elle nous cloue aux perceptions physiques« (NP 953).

(NP 790). Vielmehr drücke sich darin »ce souffle divin« aus, der in jedem Menschen verborgen sei. Wieder gleitet die Physiognomie aus dem Bereich des klar und äußerlich Zugänglichen heraus, um diesmal ins Zeichen des »caché« zu treten. Eine immaterielle Dimension wird in ihr fasslich, die auf den ersten Blick auf ein von Gott gegebenes anthropologisches Spezifikum verweist. Dazu passt auch Merciers Behauptung, dass der Mensch nur dem Menschen gleiche und in der Schöpfung einzigartig sei (NP 792). Vergleiche mit Tieren erklärt er für unzulässig.

Aus den Wahrnehmungsweisen, die Mercier der Porträtkunst zugrunde legt, lässt sich entnehmen, dass »ce souffle divin« durchaus auch individualisierend aufgefasst werden könnte:

> ce souffle divin [...] ne peut être saisi que par l'acte le plus pur de notre intelligence, par le rapport qui s'établit entre deux âmes qui se cherchent, ou qui se parlent pour se connaître à fond. (NP 790)

Angeregt war die Vorstellung reiner Erkenntnis sicherlich von der um 1795 in Frankreich einsetzenden Kant-Rezeption, an der Mercier nicht nur teilhatte, sondern für die er sich, besonders am Institut de France, um 1800 stark engagierte. Soweit seine für das Institut verfassten »mémoires« erhalten sind,[10] lässt sich daran eine eigenwillige Anverwandlung der Transzendentalphilosophie erkennen, die der des Kreises um Maine de Biran verwandt ist.[11] In heftiger Diskussion mit den tonangebenden *idéologues* baut Mercier um 1800 das kantische Apriori allen Erkennens zur Konstitution eines souveränen »moi« aus, das allem Materiellen vorausliege, die ganze Welt in sich trage und von dem – und demnach nicht von den Sinnesempfindungen – alles seinen Ausgang nehme.[12] Wenn Mercier also dem Porträtisten in »Dessins de Lebrun« ein reines Erkennen abverlangt, könnte das bedeuten, dass er sich von der traditionellen Annahme eines Charakters zu lösen beginnt, um an dessen Stelle ein nicht genauer definiertes, im Gegensatz zu Kant vergleichsweise konkret gemeintes »moi« zu setzen.

Die zweite, für das Porträt erforderliche Wahrnehmungsweise verweist auf jene von der Empfindsamkeit vorbereitete und in der Romantik gepflegte gegenseitige Erschließung zweier Individuen, die sich bei der innigen Vertrautheit im Zeichen von Liebe oder Freundschaft einstellt. Nach dem Blickwechsel

---

10 Vgl. dazu die Ausführungen und Textauszüge in F. AZOUVI – D. BOUREL, *De Königsberg à Paris. La réception de Kant en France (1788–1804)*, Paris, J. Vrin, 1991, 177–183.

11 Vgl. dazu die Ausführungen von Goldstein zu den von Kant angeregten Spekulationen über »le moi« im Kreis um Maine de Biran und später Victor Cousin, in J. GOLDSTEIN, *The Post-Revolutionary Self. Politics and Psyche in France, 1750–1850*, Cambridge, Mass., Harvard University Press, 2005.

12 Vgl. F. AZOUVI – D. BOUREL, *De Königsberg à Paris* (Anm. 10), 181–183.

zwischen Betrachter und Betrachtetem postuliert Mercier eine Art intersubjektiven Austausch, der über das Visuelle hinausgeht und in sich geschlossen scheint. Offenkundig geht es auch hier nicht mehr darum, einen Charakter oder – in der Nachfolge der Moralisten – verborgene Handlungsantriebe zu ergründen, sondern sich der schwer zu greifenden Einzigartigkeit und Individualität eines Menschen zu nähern.

All das bleibt in »Dessins de Lebrun« in Andeutungen stecken. Noch dazu fällt Mercier kurz danach auf Fragen der Physiognomik und der Porträtkunst zurück, mit dem Unterschied, dass er auf neue verlässliche Zeichen erpicht ist. Da sich die üblichen physiognomischen Indikatoren – Gesicht und Mimik – vom Menschen manipulieren lassen, erweitert er sie um Gestik und Gehweise. Vor allem aber meint Mercier nun, aus dem Schlaf eines Menschen, also aus einem vegetativen, unbewussten Zustand, sicheren Aufschluss gewinnen zu können, wenngleich nicht über dessen Charakter, sondern über Schuld oder Unschuld. Den Anblick des schlafenden Menschen preist er als Lackmustest über die Ehrlichkeit von Politikern (NP 791). Insofern rührt Merciers Unbehagen an der traditionellen physiognomischen Beobachtung und Beschreibung von seinem Erleben der Revolution und ihrer Akteure her. Die aufkommende Erfahrung einer nicht zu lenkenden Eigendynamik der Geschichte hat sich bei ihm auf das Herzstück seiner Kunst: die Menschenerkundung, ausgewirkt. Auch wenn sich Mercier für die Revolution als ein ideales Experimentierfeld begeistern kann, weil sie in kurzer Zeit noch die verborgensten Anlagen eines Menschen zutage fördert (NP 34), muss sie ihm eben dadurch auch verstörend vorgekommen sein. Handlungen, Menschen waren nicht mehr voraussagbar. Diesen Schluss legen jedenfalls die in »Dessins de Lebrun« skizzierten neuen Wege und Weisen des Porträtierens nahe.

Das Kapitel schließt mit dem Loblied auf eine neue Form von Physiognomik, die auf die Aussagekraft von Hand und Fuß vertraut. Sie allein hält Mercier 1798 für »inaltérable« und über jede Manipulation erhaben, denn das materielle Körperzeichen geht im Verweis auf das Bezeichnete auf.[13] Dass Hand und Fuß nur einen winzigen Teil des Menschen bilden, stört ihn nicht. Zur Illustration seines neuen Verfahrens wählt er ein drastisches Beispiel aus der Französischen Revolution: den Fuß eines Opfers der Septembermassaker, der auf einem Karren aus dem Haufen von Leichen herausragt und sich ihm ins Gedächtnis einbrennt. Ebenso wie bei der vorher genannten Giftmischerin Brinvilliers verschafft ihm der Fuß keinen Zugang zum Charakter, er ist vielmehr ein distinguierendes Merkmal. Im Falle des Toten soll er dem bestialisch gemordeten und in der Masse toter Körper untergehenden Opfer Kontur verleihen. Inmitten der Greuel

---

13 Vgl. dazu auch Merciers frühe Begeisterung für die Sprache des Balletts, in der die Körperhaltungen für die menschlichen Leidenschaften transparent werden, u. a. TP II 446.

der Revolution will der Zeitzeuge Mercier dem namenlosen Toten über ein markantes Körperglied die Einzigartigkeit und damit in gewisser Weise die Menschenwürde zurückgeben.[14] In der neuen Form der Physiognomik steigert sich das visuelle Zeichen zum Erkennungsmal, das dem von der grausam mitreißenden Dynamik der Revolution bedrohten Individuum seine Singularität bewahrt.

Die postrevolutionäre Verunsicherung ist auch Merciers Porträtpraxis anzumerken. Sowohl in *Le Tableau de Paris* als auch in *Le Nouveau Paris* hat er sich mit dem Henker beschäftigt. Das frühere Kapitel »Le bourreau« ist eingebettet in eine Reihe von Artikeln zum Gefängnis- und Justizwesen des *Ancien Régime*, dessen Unrecht Mercier immer wieder anklagt (TP I 712 ff). Wie schon der Titel sagt, steht der Beruf, der Typus, im Mittelpunkt. Es geht um ein Handwerk, das den Ausübenden – bis in die Heiratspolitik und Fortpflanzung hinein – zwar definitiv aus der Gemeinschaft ausschließt, aber zugleich seltsamerweise wie jedes andere Gewerbe aufgebaut ist, zum Beispiel über eine Reihe von Handlangern verfügt. Am meisten hadert Mercier damit, dass die Henker in Kleidung und Frisur nicht deutlicher von den Pariser Bürgern geschieden sind, besonders wenn sie ihren Dienst versehen: »ce qui me paraît révoltant, puisqu'il devrait porter, en ces moments terribles, l'empreinte d'une loi de mort« (TP I 713). Merciers Auseinandersetzung mit dem Henker in *Le Tableau de Paris* zielt darauf, das Vollstrecken des Todesurteils aus dem gewöhnlichen Leben herauszuheben und den Ausführenden in der Repräsentation des Todesprinzips verschwinden zu lassen. Weniger der Henker oder sein Beruf beschäftigen ihn, als der gerichtlich verfügte grausame Tod, den er im Sinne der Aufklärung und des im 18. Jahrhundert sich wandelnden Umgangs mit dem Tod[15] mittels eindeutiger Symbole aus der gesellschaftlichen Wirklichkeit herauszuheben trachtet.

In *Le Nouveau Paris* (NP 441) befasst sich Mercier mit einem bestimmten Henker, nämlich dem, der in den Jahren der *terreur* den offiziellen Titel »Sanson« trug – so heißt auch der Titel des Kapitels. Nun bedrängt ihn die Frage, was in Sanson vorging, als er an der Guillotine stand und vor ihm Menschen aus allen sozialen Schichten aufs Schafott steigen und mit ihm Worte wechseln sah. An-

---

14 Mercier will den Fuß des Toten sogar am Tag des Jüngsten Gerichts wiedererkennen. Abgesehen davon, dass sich ihm das dramatische Bild durch die überwiegend aus den Reihen der Priesterschaft stammenden Toten aufdrängte, könnte Mercier darin auch auf Rousseaus »Avant-propos« zu den *Confessions* angespielt haben. Im Gegensatz zu Rousseau, der in solcher Berufung die eigene Aufrichtigkeit und Transparenz seiner Selbsterforschung bekunden will, schreibt er sich darin eine seltsame, weil eigentlich überflüssige, Rolle als Zeuge der Greueltaten der Französischen Revolution vor dem göttlichen Gericht zu, wie er sie auch in Frankreich 1798 ausüben wollte.

15 Vgl. zum Umgang mit dem Tod im 18. Jahrhundert exemplarisch M. VOVELLE, *La mort et l'Occident*, Paris, Gallimard, 1983, 368 ff.

stelle eines physiognomischen Porträts lässt sich Mercier auf eine Meditation ein, in der er sich mit den Mitteln des Träumens oder auch der Imagination in Sanson hineinversetzen will. Er verschwendet keinen Gedanken mehr an eine Transzendierung der Person zum Repräsentanten eines höheren Gesetzes, sondern denkt über ein Individuum nach, das während der *terreur* in die Rolle des großen Gleichmachers schlüpfte. So sehr ihn auch die Neugier anstachelt, über eine träumerische Versenkung in Sanson »quelques idées qui nous sont inconnues« (442) ans Licht zu fördern, er schreckt davor zurück. Ins Innenleben des Henkers vermag oder will er nicht eindringen.

Beinahe einem Skandal kommt es gleich, wenn sich Mercier von Sansons gewöhnlicher Lebensweise überzeugen muss: »son existence n'est pas un problème«. In ganz knappen Sätzen hält er fest: »il va, vient comme un autre, il assiste quelquefois au théâtre du Vaudeville« (NP 443), um übergangslos anzufügen:

> il rit, il me regarde; ma tête lui est échappée, il n'en sait rien; et comme cela lui est fort indifférent, je ne me lasse pas de contempler en lui cette indifférence avec laquelle il a envoyé dans l'autre monde cette foule d'hommes. (NP 444)

In eben dem Augenblick, in dem sich Mercier darüber entsetzt, Sanson in der Menge seiner möglichen Opfer untertauchen zu sehen, kommt es zu einem unerwarteten Blickwechsel zwischen Betrachter und Betrachtetem – also der Voraussetzung jeden Porträts nach den »Dessins de Lebrun«. Während sich der Blick Sansons aber unmerklich in die Abfolge seines Tuns und Amüsierens einreiht, verschlägt er dem betrachteten Betrachter den Atem. Er, der Betrachter, sieht sich nicht nur vom undurchdringlichen Gegenstand seines Schauens durchdrungen, sondern obendrein an das eigene, nicht vollstreckte Todesurteil erinnert. In anderen Worten: Das Objekt wirft nicht nur einen Blick zurück und behauptet sich während des Porträtierens als Subjekt, überdies wird Mercier die unerhörte Macht bewusst, die Sanson über ihn ausüben könnte. Anstelle des blitzenden Blickwechsels zweier Menschen inszeniert Mercier einen bedrohlichen, zumal durch die Anonymität und Indifferenz verstörenden Blickkontakt, der ihn sowohl in seiner Souveränität als Betrachter als auch in seinem Selbstvertrauen in Frage stellt. Das ehemals im Kollektiv verankerte Subjekt fühlt sich für den Moment dem ›Blick des Anderen‹ ausgesetzt.

Die Infragestellung des Betrachters hat Mercier in dem Kapitel »Tout est optique« deutlicher noch mit der Französischen Revolution in Zusammenhang gebracht (NP 878). Auch wenn er den programmatischen Titel gleich im ersten Satz in ein »ou jeu d'optique« zurücknimmt, entfaltet die Deskription die grundsätzliche Schwierigkeit, die Revolution zu verstehen, das heißt: die widerstreitenden Bilder, die über sie im Umlauf sind, in Einklang zu bringen. Was aus der Ferne die Züge eines kannibalistischen Schauspiels annehmen musste, habe sehr viel unauffälliger und auch natürlicher auf den gewirkt, der es hautnah erlebte. Am Ende von *Le Nouveau Paris,* in dem die Revolutionsjahre authentisch festgehalten und vor dem Vergessen bewahrt werden sollen, steht Mercier einer Vielfalt von Perspektiven gegenüber, von denen keine für sich Gültigkeit beanspruchen kann, auch nicht die eigene. Allenfalls von einem künftigen Historiker erhofft er sich eine Klärung der gegensätzlichen Eindrücke, während Mercier selbst und seine Zeitgenossen dazu verurteilt sind, sich während der unsteten Jahre des Direktoriums ohnmächtig von den konkurrierenden Sichtweisen hin- und herreißen zu lassen. Und selbst bei dem späteren Historiker ist sich Mercier nicht sicher:

> Comment évitera-t-il l'empire de sa propre opinion, lorsque les hommes les mieux exercés à voir ont eu peine à saisir un point de vue, et à fixer un objet dans cette extrême et continuelle mobilité d'optique. (NP 882)

Im Zuge der Revolution nistet sich offensichtlich eine ungemeine Beweglichkeit ein, die sowohl das Geschehen, das Objekt, als auch den Einzelnen, das Subjekt, erfasst. Mochte der Betrachter auch wie bisher verfahren, sein Objekt zwingt ihn in immer wieder andere Bahnen, konfrontiert ihn mit anderen Sichtweisen, so dass die eigene nicht mehr in die des Kollektivs – wie es für *Le Tableau de Paris* noch selbstverständlich war – einzubetten ist.

Es ist also kein Wunder, dass Mercier, nachdem die Revolution seine Umwelt mit einer beunruhigenden »mobilité« versehen hatte, an der hergebrachten, schematischen Physiognomik irre wurde und sich seine Aversion gegen eine bildende Kunst noch steigerte, die den Lebensfluss schon immer im Augenblick erstarren ließ und ein Stück Wirklichkeit mutwillig aus dem weitgefächerten Gesamtzusammenhang herausriss.[16] Es verdankt sich zumal auch der Revolution, wenn Mercier die Vorzüge des Schreibens, des geschriebenen Porträts neu zu schätzen lernt. Denn aufgrund ihrer Linearität und Offenheit eignet sich die Sprache besser dazu, dem fortwährenden Oszillieren der Facetten, der eingetretenen Dynamisierung oder auch dem herausfordernden Wechselspiel von Subjekt und Objekt gerecht zu werden, es wiederzugeben. Selbst die Sprunghaftigkeit, zu der Merciers Stil von jeher neigt, wird aufgewertet, da sie sich den Gegensätzen und Widersprüchen, dem Wechsel der Perspektiven, anschmiegt. Das Schreiben allein ist noch imstande, mit der entfesselten Bewegung, den

---

16 In seinem »Dialogue sur la peinture« (NP 960 ff.) moniert Mercier, dass in den Gemälden die abgebildeten Dinge aus dem umgreifenden Zusammenhang der Natur herausgerissen werden (NP 957) und darüber das Ganze, also sowohl die Einbettung des Menschen in der Welt als auch die Einheit in der Vielfalt, in Vergessenheit gerät. Vgl. zu der Polemik gegen die bildende Kunst im einzelnen PH. ROGER, *Tableau contre tableaux: La Querelle des images selon Louis Sébastien Mercier,* in »Cahiers de l'Association internationale des études françaises«, XLVI, Mai 2006, 121–139.

neuen Dimensionen revolutionärer Wirklichkeit, mitzuhalten, wenn nicht sogar sie zugleich festzuhalten. Nur es kann dem der Dynamik eingeschriebenen Vergessen entgegenwirken, ohne darum das Prinzip der Bewegung zu verraten.

Merciers Vorstöße ins Neuland, das sich ihm während der Revolution auftat, bleiben vereinzelt. Sie blitzen hier und da auf, eröffnen neue Einsichten, die sich gegen die traditionellen Muster des Wahrnehmens und des Beschreibens nicht durchsetzen können. Auch wenn sich im Zusammenhang von Porträt und Physiognomie an mancher Stelle eine geradezu revolutionäre Bereitschaft, das Herkömmliche zu problematisieren, oder auch große Experimentierfreudigkeit anzukündigen scheint, war Mercier nicht in der Lage, die neuen Wege dauerhaft zu beschreiten. Die Emanzipation des literarischen Porträts aus der Vorherrschaft der bildenden Künste bleibt kurzlebig, eine Art Denkspiel, zu dem ihn das Erleben der Revolution stimulierte. Davon zeugt nicht nur, dass seine gewagten Überlegungen später keine Fortsetzung fanden, sondern auch Nodiers eingangs zitiertes Porträt zu Mercier. Bei aller Überzeichnung spricht manches dafür, dass die erregte Aufgeschlossenheit Merciers zur gleichen Zeit erloschen sein muss, in der das Direktorium endete, das die Ideale der Freiheit und Republik verfochten hatte und unter dem sich in abgeschwächter Form die Phasen der Revolution wiederholten. Unter dem verhassten Empire fiel Mercier dagegen hinter die eigenen Einsichten zurück, um wieder physiognomische Studien nach dem Vorbild Lavaters zu betreiben.

**Techniken des Porträtierens im 19. Jahrhundert:
die Register von Individualisierung, Typisierung und
variabler Selbstdarstellung**

Elvio Guagnini (Trieste)

Automitografia, ritratti e autoritratti poetici del giovane Foscolo

Nell'epoca della sua formazione poetica, Foscolo si misura, a un crocicchio, con vie ed esperienze del passato, sottoponendole a revisione e a uno sguardo critico. La tradizione arcadica e tardoarcadica viene ripresa, rivisitata, superata, mentre si vanno rivelando tratti nuovi, più originali.

Una testimonianza di ciò si trova nel cosiddetto *Quaderno Naranzi*. Il manoscritto è andato perduto e, tuttavia, disponiamo della copia di una stampa fatta a Lugano nel 1831. In esso si trovano una quarantina di componimenti di vario genere (inni, elegie, anacreontiche, canzonette) e una serie di traduzioni poetiche da vari scrittori quali Anacreonte, Saffo, Salomon Gessner, Gioviano Pontano. Nel *Quaderno* – detto Naranzi perché Foscolo sedicenne l'aveva regalato a un amico e parente greco di nome Costantino Naranzi – troviamo già spunti, immagini e figure che si ritroveranno più tardi nella maturità foscoliana con una resa più originale, sicura e profonda. E pertanto, anche in questi versi del 1794, quindi di un Foscolo sedicenne, è interessante cogliere linee e direzioni, presenti in lui sin dagli inizi, utili al confronto con gli esiti successivi. Per esempio, l'emergere – pur in una lirica dove si affermano l'emulazione e la sperimentazione di moduli della lirica settecentesca e tardoarcadica – di accenti passionali; o la presenza di quella tendenza all'autorappresentazione che ricomparirà come elemento essenziale in opere successive.

Tra i preannunci particolarmente interessanti vi è anche quella predilezione per l'autoritratto che, qualche anno dopo, avrebbe generato il famoso sonetto »Solcata ho fronte, occhi incavati e intenti«. È questa una tendenza che ha un suo corrispettivo nel *penchant* del poeta a farsi ritrarre, una vera fissazione, come ricorda – sulle orme di Giovanni Mestica – l'importante contributo di Adriano A. Michieli, *Per l'iconografia foscoliana*, apparso – con 32 illustrazioni – sulla rivista d'arte *Emporium* nel febbraio 1908.[1] È un gusto, quello per il ritratto, che, secondo il Michieli, non solo si traduceva in »una grande simpatia per rappresentare agli amici suoi in versi e in prosa il proprio aspetto fisico e quello morale«,

---

1 A.A. MICHIELI, *Per l'iconografia foscoliana*, in »Emporium«, XXVII, 158, 1908, 101–121.

ma riguardava pure i numerosi ritratti eseguiti per suo conto o posti dagli editori in apertura di sue opere.

Si tratta di una ›fissazione‹ – segno di marcato narcisismo del poeta – che è tra i temi polemici della »conversazione a tre voci« di Carlo Emilio Gadda, *Il guerriero, l'amazzone, lo spirito della poesia nel verso immortale del Foscolo.*[2] Qui, il petulante avvocato Damaso de' Linguagi duella – alla presenza della candida e pressapochista, ma affascinata dal mito del Foscolo, donna Clorinda Frinelli – con il professor Manfredo Bodoni Tacchi, chiamato dal polemico interlocutore »professor Manfrè Taccabodoni«, che avrebbe dovuto tenere a breve una conferenza sul tema »L'immagine della eterna bellezza nella poesia di Ugo Foscolo«. Sulla bellezza del Foscolo, anzi, si intreccia uno scontro tra Donna Clorinda, da un lato, e il De' Linguagi, dall'altro, che sottolinea senza posa la bruttezza del poeta, detto anche »Niccolo Basetta«.

Il primo ›ritratto‹, o meglio autoritratto poetico del Foscolo, si diceva, compare nel *Quaderno Naranzi:* una canzonetta di quartine di settenari intitolata »Il ritratto«, la quarta della serie contenuta nel *Quaderno.*[3] In essa, come accadrà anche in versi successivi, Foscolo mescola tratti fisici e morali, e definizioni di facoltà poetiche. A una »fanciulla amabile« il poeta, »lontano amico«, invia dei versi definiti »ingenui« e veritieri (»Ché sempre il ver io dico«) per presentare il proprio ritratto. In realtà, di »ritratto« o autoritratto – in senso materiale – c'è poco. Solo una sorta di protesta di non essere bello (»A me gentile, amabile / Volto non diè natura / ...«), ma per poter affermare – passando dal ritratto materiale a quello interiore e psicologico – una ricchezza di sentire: un'»anima / tenera, fida e pura«, un cuore »fervido« incline ai più »soavi moti« di »amore e d'amicizia«, un »estro rapido« che gli ispira una poesia di qualità (»non è tra l'ultime / quest'amorosa lira«). Ma tutto ciò, aggiunge, non è sufficiente: »Non basta ai guardi cupidi / L'animator pensiero«. Per cui si farà fare il ritratto da un pittore, anche se non è sicuro che questi riuscirà a cogliere i moti interiori d'amore riflessi negli occhi, nell'ingenuo rossore delle sue »guance giovani, / Da pelo ancor non tinte«, espressi da pensieri amorosi che il ritratto materiale difficilmente può riuscire a rappresentare (»Saprà ritrar l'effigie / Viva del volto mio / Allor che il seno m'agita / Per te di Pafo il dio?«). La poesia, certo, sembra superare (ora si riferisce al ritratto poetico dell'amica) la pittura (»la rodia / Arte a' miei carmi cede«) per capacità rappresentative e per vivezza di linguaggio: »Te pinsi; e i labbri, e i lucidi / Lumi, e le treccie bionde; / Lor parlo; e tosto il turgido / Bel labbro tuo risponde«. A conclusione, cita Anacreonte ricordando che

---

2 C.E. GADDA, *Il guerriero, l'amazzone, lo spirito della poesia nel verso immortale del Foscolo. Conversazione a tre voci*, Milano, Garzanti, 1967.
3 Lo si legge in U. FOSCOLO, *Tragedie e poesie minori*, a cura di Guido Bézzola, Firenze, Le Monnier, 1961 (Edizione Nazionale delle Opere di Ugo Foscolo, vol. II), 246–247.

questi aveva affidato a »industre artefice« il compito di ritrarre la »bella amica«, con il risultato che, sì, il ritratto presentava la sua figura ben riconoscibile, senza però renderne la vitalità che si esprime nelle parole (»Ma udir non fu possibile/Dai finti labbri un detto«). È un tema presente nel testo della »traduzione« dell'»Ode XXVIII« di Anacreonte, una di quelle traduzioni contenute nel *Quaderno Naranzi*. A proposito di queste ultime, Guido Bézzola ha ricordato che, »più che di versioni, si tratta di parafrasi anacreontee di gusto settecentesco dove il legame con l'originale è molto tenue, tanto più che abbiamo parecchi dubbi sul fatto che il Foscolo traducesse direttamente dal greco in quegli anni lontani«.[4] Al »pittore egregio«, Anacreonte chiede di ritrarre la sua »lontana amante« elencando i tratti da sottolineare; e – in tal modo – gareggiando, da poeta, con la pittura (all'epoca era citatissimo il motto oraziano »ut pictura poësis«) nel tracciare un ritratto per offrire una guida al pittore che, certo, seguendo le istruzioni del poeta, avrebbe potuto raggiungere risultati eccellenti salvo l'assenza della parola: »Basta: la veggo, o ingannomi?/Ah, no! La veggo, è quella;/Forse all'immagin cerea/Non manca la favella?«

Spesso ricordata e molto nota è la lettera giovanile, del marzo 1795, a Gaetano Fornasini,[5] dove lo scrittore – che allora aveva 17 anni – così si rappresenta in una »testimonianza del consueto scambio vita-poesia«, come l'ha definita Saverio Orlando:

> Di volto non bello ma stravagante, e d'un'aria libera, di crini non biondi ma rossi, di naso aquilino e grosso ma non picciolo e non grande; d'occhi mediocri ma vivi, di fronte ampia, di ciglia bionde e grosse e di mento ritondo. La mia statura non è alta, ma mi si dice che deggio crescere; tutte le mie membra sono ben formate dalla natura, e tutte hanno del ritondo e del grosso. Il portamento non scuopre nobiltà né letteratura, ma è agitato trascuratamente. Eccovi il mio ritratto.[6]

L'autoritratto più noto è certo quello che è contenuto nel sonetto »Solcata ho fronte, occhi incavati intenti«. Secondo quanto ricordato da Franco Gavazzeni nella nota[7] al testo foscoliano, esso venne pubblicato una prima volta nel 1802 nel *Nuovo Giornale dei Letterati* di Pisa al termine della serie dei sonetti. Risulta evidente il richiamo al noto sonetto alfieriano »Sublime specchio di veraci detti« (apparso in volume nel 1801) sulla stessa linea dell'autoritratto letterario.[8] A

---

4 U. Foscolo, *Poesie*, introduzione e note di Guido Bézzola, Milano, Rizzoli, 1976 (BUR), 238.
5 U. Foscolo, *Epistolario 1: ottobre 1794-giugno 1804*, a cura di Plinio Carli, Firenze, Le Monnier, 1970² (Edizione Nazionale delle Opere di Ugo Foscolo, vol. XIV), 12.
6 U. Foscolo, *Dall'Ortis alle Grazie: testo delle Grazie riveduto sugli autografi*, a cura di Saverio Orlando, Torino, Loescher, 1974, 64.
7 Cfr. U. Foscolo, *Opere*, tomo I, a cura di Franco Gavazzeni, Milano/Napoli, Ricciardi, 1974, 225–229.
8 Per un discorso più ampio si rinvia a G. Gorni, *Il poeta e la sua immagine. Sugli autoritratti*

questa linea, del resto, si rifacevano anche i versi, poi rifiutati, del Manzoni di
»Capel bruno: alta fronte:/occhio loquace:/...« dello stesso anno. Il sonetto
foscoliano venne ristampato nel 1803 (due edizioni) e poi nel 1808. Dello stesso
sonetto si hanno anche testimonianze successive, con varianti apportate
dall'autore, collegate a ritratti di Foscolo ripresi dalle sue edizioni o in accompagnamento a ritratti dello stesso eseguiti da artisti in epoche diverse. Molte
notizie sull'itinerario testuale di questo sonetto si trovano nella nota citata di
Gavazzeni e, prima, nell'ampia *Introduzione* di Francesco Pagliai e Gianfranco
Folena al volume *Tragedie e poesie minori*,[9] ricca di indicazioni su varianti e
trascrizioni.

Si potrebbe dire che, come l'*Ortis* – testimonianza della giovinezza di Foscolo,
delle sofferenze della sua generazione, delle sue scelte letterarie in un momento
cruciale della sua esistenza – divenne l'opera di una vita che accompagnò lo
scrittore per un lungo periodo e lo impegnò in successive messe a punto del testo,
così anche gli interventi sul sonetto »Solcata ho fronte, occhi incavati intenti« (e la
›fissazione‹ dei ritratti materiali) sono testimonianza dell'elaborazione di
un'automitografia foscoliana alla quale l'autore dedicò cure e attenzioni.

Il confronto tra due versioni dello stesso sonetto – una tra le prime (il sonetto
fu pubblicato in due edizioni pisane, nel 1802 e nel 1803, e in due edizioni
milanesi del 1803) e l'ultima conosciuta, del 9 maggio 1827, trascritta a pochi
mesi dalla morte – può indicarci alcuni punti di riflessione e nodi cruciali della
rielaborazione. Si riporta qui il testo delle edizioni 1802–1803 che leggiamo in
Ugo Foscolo, *Poesie e carmi*, edizione critica a cura di Francesco Pagliai, Gianfranco Folena e Mario Scotti:[10]

> Solcata ho fronte, occhi incavati intenti,
> Crin fulvo, emunte guance, ardito aspetto,
> Labbro tumido acceso, e tersi denti,
> Capo chino, bel collo, e largo petto;
>
> Giuste membra, vestir semplice eletto;
> Ratti i passi, i pensier, gli atti, gli accenti;
> Sobrio, umano, leal, prodigo, schietto;
> Avverso al mondo, avversi a me gli eventi:
>
> Talor di lingua, e spesso di man prode;
> Mesto i più giorni e solo, ognor pensoso,
> Pronto, iracondo, inquïeto, tenace:

---

dell'*Alfieri e del Foscolo*, in »Giornale Storico della Letteratura Italiana«, CLX, a.C, 509, 1°
trim. 1983, 93–113.

9 U. FOSCOLO, *Tragedie e poesie minori*, a cura di Guido Bézzola, Firenze, Le Monnier, 1985
(Edizione Nazionale delle Opere di Ugo Foscolo, vol. I).

10 U. FOSCOLO, *Poesie e carmi*, edizione critica a cura di F. Pagliai – G. Folena – M. Scotti,
Firenze, Le Monnier, 1985 (Edizione Nazionale delle opere di Ugo Foscolo, vol. I), 93.

> Di vizj ricco e di virtù, do lode
> Alla ragion, ma corro ove al cor piace:
> Morte sol mi darà fama e riposo.

Si avverte che, in ogni caso, anche tra le edizioni citate del 1802 e del 1803 vi sono delle differenze. In quelle pisane, sostanzialmente identiche, il testo è preceduto da un'epigrafe petrarchesca (»Ch'altri non ho che me di cui mi lagne«), di quel Petrarca alfierizzato di cui si trovano vistose tracce nel testo. Nella prima edizione milanese del 1803 si parla di »vestir semplice eletto« (nelle edizioni pisane: »vestir mondo e negletto«). Il »Mesto sovente e solo« di Pisa diventa nella prima milanese: »Mesto i più giorni e solo«. L'ultima terzina, nelle edizioni pisane, era diversamente formulata: »Errar, pentirmi, e alla ragion dar lode, / Ma retta al cor; cercare or gloria or pace, / E da morte aspettar fama, e riposo«. Tralascio altre varianti di calibro minore che – in ogni caso – si riferiscono al ritratto ›morale‹.

Se prendiamo, all'altro capo della serie delle correzioni, la versione del 9 maggio 1827, troviamo varianti di non poco peso anche nel ritratto ›fisico‹. Gli »occhi incavati intenti« diventano »occhi aggrottati intenti«; il »Labbro tumido acceso, e tersi denti« del v. 3 diventa »Labbri tumidi arguti al riso lenti«; il »largo petto« del v. 4 diventa »irsuto petto«; »Membra esatte« del v. 5 diventa »Giuste membra«; la serie di aggettivi del v. 7 – »Sobrio, umano, leal, prodigo, schietto« si modifica in »Prodigo, sobrio, umano, ispido, schietto« con la caduta del »leal« e l'avvento dell'»ispido« e con il cambiamento dell'ordine degli aggettivi stessi. Più profonda la trasformazione delle terzine che così si leggono nella versione del 1827:

> Solo i più giorni e mesto e ognor pensoso,
> Alle speranze incredulo e al timore,
> Il timor mi fa vile e prode l'ira:
>
> Mi parla astuta la ragion; ma il core
> Ricco di vizj e di virtù delira,
> E sol da morte aspetterò riposo.

Volendo ulteriormente approfondire il discorso delle varianti, si dovrebbero considerare altri testi prodotti nell'edizione critica del citato volume di *Poesie e carmi* dell'edizione nazionale delle opere del Foscolo dove vengono allineate le diverse redazioni successive del sonetto.[11] Sottolineerei almeno la variante al v. 3 – un »Tumidi labbri ed al sorriso lenti«[12] – che sostituiva la lezione del testo 1802– 1803: »Labbro tumido acceso, e tersi denti«.

---

11 *Ibidem*, 101–105.
12 *Ibidem*, 101, 108.

La quasi coincidenza cronologica di questo autoritratto poetico[13] con la pubblicazione delle edizioni autorizzate dal Foscolo delle *Ultime lettere di Jacopo Ortis* (1801, incompleta, a Milano dallo stampatore Mainardi; 1802, completa, a Milano dalla stamperia del Genio Tipografico con l'indicazione »Italia MDCCCII«) non può non farci considerare la presenza, in queste due edizioni, di un ritratto realizzato da Giovanni Boggi (fig. 1). Anche nelle quattro edizioni stampate dal Marsigli, ripudiate dal Foscolo c'era un ritratto – di profilo – al quale accenna Foscolo stesso nella lettera di ripudio delle stampe Marsigli (»[...] oltre il nome dell'Ortis vi si è posto in fronte il mio ritratto [...]«). È un ritratto che ha suscitato alcuni problemi di autenticità (potrebbe essere quello del fratello Giovanni) ricordati nel citato saggio di Adriano A. Michieli.[14] La presenza di un nuovo e diverso ritratto (lo stesso, con indicazione dell'autore dell'incisione) nelle citate edizioni 1801 e 1802, autorizzate e volute dal Foscolo per cancellare le stampe precedenti ripudiate (frutto delle manipolazioni dell'editore Marsigli e del lavoro di Angelo Sassoli), rende plausibile l'idea che Foscolo si riconoscesse in quella rappresentazione, che, del resto, per qualche aspetto, sembra corrispondere ad alcuni tratti dell'autorappresentazione poetica del sonetto elaborato in quello stesso periodo: gli »occhi incavati intenti«, le »emunte guance«, il »labbro tumido, acceso«, il »largo petto«, forse anche il »vestir« che viene definito nel sonetto ora »mondo e negletto« poi »semplice eletto« (la trascuratezza non contraddice l'eleganza del vestire scelto). Lo stesso ritratto, inserito nella edizione 1801 e nella prima del 1802, controllate seguìte e autorizzate direttamente da Foscolo, non sembra distante da certi tratti dell'autorappresentazione foscoliana anche per la vivezza e nitidezza dell'incisione.

Diverse ristampe successive delle *Ultime lettere di Jacopo Ortis*, uscite anch'esse con l'indicazione »Italia MDCCCII«,[15] erano accompagnate da ritratti che erano dei rifacimenti scadenti dell'incisione di Boggi. Se ne veda un esempio (fig. 2) corrispondente a una delle riproduzioni-contraffazioni pubblicate con la data 1802.[16] Molti esemplari di queste edizioni contraffatte, scrive Gambarin, contenevano un'»incisione, senza il nome dell'incisore« che era »una brutta riproduzione della milanese« e non era »la stessa in ogni esemplare«. Nelle contraffazioni editoriali successive con la stessa data, le incisioni sarebbero state eseguite grossolanamente.[17]

---

13 Soprattutto con la prima edizione pisana in »Nuovo giornale dei Letterati«, tomo IV, Pisa, Dalla Tipografia della Società letteraria, 1802 (fascicolo di ottobre).
14 A.A. MICHIELI, *Per l'iconografia foscoliana* (nota 1), 102.
15 Si vedano, in merito, le precise indicazioni di Giovanni Gambarin (»Introduzione« a U. FOSCOLO, *Ultime lettere di Jacopo Ortis*, edizione critica a cura di G. Gambarin, Firenze, Le Monnier, 1970 (Edizione Nazionale delle opere di Ugo Foscolo, vol. IV), XLII sgg.).
16 *Ibidem*, XLIII–XLIV.
17 Cfr. *Ibidem*, XLVII sgg.

In ogni caso, va sottolineato l'interesse di un ritratto d'autore posto a salvaguardia dell'autenticità dell'edizione (»il rame del frontespizio attesterà l'autenticità di questa edizione«, recita la premessa foscoliana dell'»ottobre 1802«), dopo le edizioni ›mercantili‹ del Marsigli ripudiate dal Foscolo. È un ritratto, in sostanza, che valeva anche a stabilire il collegamento autobiografico tra Foscolo e il suo personaggio, quel collegamento che era stato mirabilmente sottolineato nella lettera dedicatoria di un esemplare dell'edizione 1801 *Al signor Goethe illustre scrittore tedesco* del 1802, dove Foscolo ricordava: »Ho dipinto me stesso, le mie passioni, e i miei tempi sotto il nome di un mio amico ammazzatosi a Padova«.[18]

Tornando al sonetto foscoliano »Solcata ho fronte, occhi incavati intenti«, andrebbe ancora ricordato sia il suo carattere corrispondente al »violento autobiografismo che permea di sé le opere foscoliane di quel periodo« come ha scritto Guido Bézzola[19] e »anche alla moda di un tempo in cui la riproduzione meccanica di cose della vita era ancora di là da venire«, sia la rete di richiami intertestuali a Petrarca Alfieri Tasso e Parini sottolineati da vari commentatori. E in aggiunta ci sarebbe anche da sottolineare il carattere ›eroico‹ della rappresentazione di una sorta di vocazione e predestinazione all'avversità del mondo e alla sventura, sia ancora il »rifiuto della fredda ragione eletta a regola di vita: una personalità impulsiva, schietta, selvaggia, in rotta perenne con la viltà degli uomini e dei tempi«.[20] Andrebbe pure ricordato che esso rivela il gioco dei contrasti, di derivazione alfieriana e con riflessi petrarcheschi, sotteso a versi che sono »documento di un individualismo romantico che, mentre si compiace d'ogni segno di distinzione, include via via il culto della pensosa malinconia e della solitudine […], il conflitto titanico con il ›mondo‹ e con il destino […], la non meno fiera attesa della morte«. Certo, in sintonia con il »*maximum* d'autobiografismo consegnato frattanto all'*Ortis* del 1802«.[21] È un testo, dunque, dove il crescendo della descrizione fisica e dell'autorappresentazione psicologica e morale valeva anche a introdurre il contrasto tra ragione e cuore; un conflitto – che si alimentava della polemica antirazionalistica – che era alla base di tante importanti pagine dell'*Ortis*, e che derivava da (e sviluppava) un motivo già presente (»la mente e il cor meco in perpetua lite«) nel sonetto alfieriano che aveva suggerito e stimolato questi versi del Foscolo.

---

18 U. Foscolo, *Ultime lettere di Jacopo Ortis* (nota 15), 542.
19 U. Foscolo, *Poesie* (nota 4), 70.
20 M. Martelli, *Ugo Foscolo*, Firenze, Le Monnier, 1969, 78.
21 A. Balduino, *Ugo Foscolo*, in *Storia letteraria d'Italia*. Nuova ediz., a cura di A. Balduino, vol. X/1: *L'Ottocento*, Padova/Milano, Piccin–Vallardi, 1989, 366.

Ugo Foscolo (Ritratto di Giovanni Boggi)

Ugo Foscolo (Riproduzione-contraffazione del ritratto foscoliano di Giovanni Boggi)

Marie-Catherine Huet-Brichard (Toulouse)

Chateaubriand et le portrait de Napoléon: Peut-on tuer les légendes?

> »Quiconque est voué à l'avenir a au fond de sa vie un roman, pour donner naissance à la légende, mirage de l'histoire.«
>
> François-René de Chateaubriand, *Vie de Rancé*

Chateaubriand consacre les livres XIX à XXIV de ses mémoires à Napoléon. Dans le premier chapitre »De Bonaparte«, il s'adresse à son lecteur et compare sa propre jeunesse à celle d'Alcibiade: »Vous avez vu ma jeunesse quitter le rivage; elle n'avait pas la beauté du pupille de Périclès élevé sur les genoux d'Aspasie; mais elle en avait les heures matineuses; et des désirs et des songes.«[1] La vie du héros grec, résumée dans ses principales étapes (la gloire, la déchéance, l'exil), se donne comme modèle explicatif de la destinée humaine et, comme l'a montré Bruno Chaouat, permet d'associer des destins aussi différents que ceux de Chateaubriand et de Napoléon.[2] Maints critiques se sont intéressés à l'ambivalence des liens qui unissent l'homme de plume et l'homme politique, »l'individu lyrique et l'individu État«, selon la formule de Marc Fumaroli,[3] et ont analysé le »duel entre contemplation et action, génie orphique et génie militaire, magie du verbe et charisme du chef«.[4]

Si tout, ou presque, a déjà été dit sur ce curieux face-à-face, le paradoxe de cette relation peut aussi être abordé du point de vue de la construction légendaire. Chateaubriand se veut historien, il entend parler au nom de la vérité et, autant que faire se peut, il prétend à l'objectivité. Son but conscient est de défaire la légende qui s'est attachée à Napoléon. Ce faisant, il met au jour, dans un dispositif de mise en abyme, les processus de création des mythes. Mais ce travail de démystification ou de démythification n'a pas le résultat attendu et le mémorialiste finit par se rendre compte qu'il contribue, lui aussi, à sa façon et malgré lui, à cette légende napo-

---

1 F.-R. DE CHATEAUBRIAND, *Vie de Napoléon*, précédé de: *Le poète et l'empereur*, par Marc Fumaroli, Paris, Librairie générale française, 1999 (Le livre de poche. Classiques de poche), 57 (les chiffres entre parenthèses renvoient à cette édition).
2 B. CHAOUAT, *Je meurs par morceaux. Chateaubriand*, Villeneuve d'Asq, Presses universitaires du Septentrion, 1999 (Coll. »Objets«).
3 M. FUMAROLI, »Préface« à CHATEAUBRIAND, *Vie de Napoléon* (note 1), 32.
4 *Ibidem*, 6. Voir en particulier F. BERCEGOL, *La Poétique de Chateaubriand: le portrait dans les ›Mémoires d'outre-tombe‹*, Paris, Champion, 1997.

léonienne qu'il prétendait mettre à mal. Il pensait peindre Napoléon selon des canons dont il se croyait maître, il voit son portrait vivre de lui-même et lui échapper.

*

Chateaubriand a pour dessein d'écrire l'Histoire dans sa vérité ou de rétablir la vérité de l'Histoire. Il n'est pas une victime de la fascination exercée par Napoléon, il ne fait pas partie des »panégyristes« (p. 460) ou des »puérils apologistes« (*ibid.*), il sait qu'il pense et écrit à contre-courant, contre »le train du jour« (p. 304) ou »la mode« (p. 473) d'aujourd'hui. Il veut dessiner un portrait exact, qui ne soit pas déformé par le regard, les désirs, les craintes, les fantasmes, que les hommes du présent portent sur le passé. Et le présent, c'est la monarchie de Juillet, une époque sans gloire qui éprouve donc le besoin de redorer l'épopée napoléonienne: »La jeunesse adore aujourd'hui le souvenir de Bonaparte, parce qu'elle est humiliée du rôle que le gouvernement actuel fait jouer à la France« (p. 368). L'entreprise du mémorialiste est donc de lutter contre les forces du présent occupées à remodeler le passé et à le reconstruire en légende: combat semblable à celui de Sisyphe.

Car c'est un travail contre le temps que le mémorialiste entreprend, un temps qui suscite l'oubli, déforme les perspectives, suscite l'illusion:

> La postérité n'est pas aussi équitable dans ses arrêts qu'on le dit: il y a des passions, des engouements, des erreurs de distance comme il y a des passions, des erreurs de proximité. (p. 304)

Le temps élague, efface ce qui relève des circonstances pour ne conserver que ce qui demeure essentiel, »impérissable« (*ibidem*).

Ce travail de simplification et de gauchissement de la réalité a été, de plus, favorisé par Napoléon lui-même qui, en dictant ses confidences, a voulu donner rétrospectivement aux événements de sa vie un sens et une signification qu'ils ne possédaient pas au moment où ils ont été vécus. Napoléon s'amuse, explique le mémorialiste, à »bâtir avec un passé réel l'avenir fabuleux qu'il voulait que l'on crût« (p. 130):

> Quant aux nombreux volumes publiés sous le titre de: *Mémoires de Sainte-Hélène, Napoléon dans l'exil*, etc., ces documents recueillis de la bouche de Bonaparte, ou dictés par lui à différentes personnes, ont quelques beaux passages sur des actions de guerre, quelques appréciations remarquables de certains hommes; mais en définitive Napoléon n'est occupé qu'à faire son apologie, qu'à justifier son passé, qu'à bâtir sur des idées nées, des événements accomplis, des choses auxquelles il n'avait jamais songé pendant le cours des événements. (p. 463–464)

L'ambition du mémorialiste est donc de débarrasser l'empereur de ses oripeaux pour le montrer à nu, dans sa vérité, dégagé de la gangue du temps, ce qui revient à lui ôter son aura légendaire.

*

Dans cette entreprise, Chateaubriand, se révélant un parfait mythographe, met au jour les grands processus de construction des mythes. L'axe qui fonde son récit est qu'une légende se fabrique: si elle a pu être montée, il est possible de la défaire. À l'origine des livres consacrés à la vie de Napoléon, il y a cette certitude qu'il suffit de montrer comment une légende se crée pour pouvoir la détruire.

Dans ce souci pédagogique, le mémorialiste met d'abord en évidence l'importance du contexte historique et culturel dans la naissance des mythes. Il est intéressant de rapprocher son analyse de celle d'un spécialiste contemporain des mythes. Nicole Ferrier-Caverivière, dans son article »Figures historiques et figures mythiques«,[5] analyse les différents processus qui métamorphosent un personnage historique en figure légendaire. Ce personnage, par sa vie devenue destin, se différencie des autres hommes, et incarne, pour une génération ou (et) une collectivité, un ensemble de désirs, de rêves, de fantasmes plus ou moins conscients. Certaines conditions historiques et culturelles peuvent favoriser ce travail de construction légendaire:

> Le mythe politico-héroïque est en effet l'expression d'une pulsion venue des profondeurs du psychisme collectif: avant que le personnage parvienne au premier plan de l'histoire, il est en quelque sorte déjà attendu. Il y a, dans les mentalités, dans le psychisme collectif, un ensemble de vieux rêves, d'espoirs ou de haines qui n'attendent qu'une occasion pour s'accrocher à une réalité; et quand surgit un personnage investi d'un certain pouvoir ou d'une certaine fonction, il cristallise immédiatement tous ces espoirs, toutes ces haines, tous ces rêves.[6]

Ainsi, la France humiliée de la fin du Moyen Âge attend, espère, crée sa Jeanne d'Arc. À la fin du chapitre consacré à la jeunesse de Bonaparte, Chateaubriand fait le même type d'analyse:

> Ainsi donc il y a une avant-scène à la vie de l'Empereur; un Bonaparte inconnu précède l'immense Napoléon; la pensée de Bonaparte était dans le monde avant qu'il y fût de sa personne: elle agitait secrètement la terre; on sentait en 1789, au moment où Bonaparte apparaissait, quelque chose de formidable, une inquiétude dont on ne pouvait se rendre compte. Quand le globe est menacé d'une catastrophe, on en est averti par des com-

---

5 N. Ferrier-Caverivière, »Figures historiques et figures mythiques«, dans *Dictionnaire des mythes littéraires*, sous la direction de Pierre Brunel, Monaco, Éd. du Rocher, 1988, 604.
6 *Ibidem*, 605. Voir aussi J. Tulard, *Le Mythe de Napoléon*, Paris, Armand Colin, 1971 (U2).

motions latentes; on a peur; on écoute pendant la nuit; on reste les yeux attachés sur le ciel sans savoir ce que l'on a et ce qui va arriver. (p. 79)

Certes, dans ce passage, Chateaubriand entend faire de Bonaparte l'incarnation du malheur de la France et dramatiser l'entrée dans l'ère du désastre, mais, ce faisant, il constate que Napoléon a cristallisé l'inquiétude latente née de la rupture créée par la Révolution. Dans cette mesure, il dédouane son accusé. Ce n'est pas Bonaparte qui, en tant qu'individu et par ses qualités singulières, est responsable de son destin, ce sont la France et les Français qui ont, en quelque sorte, parce qu'un Bonaparte leur était nécessaire, suscité ou fabriqué Napoléon.

À partir de ce constat, le mémorialiste entend expliquer comment la voix collective a fait de Napoléon un héros, ou, autrement dit, comment les Français ont reconstruit la réalité historique. Sur ce point encore, il est intéressant de rapprocher son travail des analyses d'un mythographe contemporain.

Philippe Sellier a dégagé le modèle, ou le patron, sur lequel se construisent les grands héros épiques, modèle universel et opératoire quel que soit l'espace culturel où le récit a pris naissance.[7] Il repère ainsi les constantes qui structurent, dans ces diverses mythologies, la vie ou le destin de ces personnages. On peut en résumer ainsi les étapes clés: la naissance du héros est marquée par des signes singuliers, précédée d'oracles ou de songes, ou accompagnée de présages; par une série de travaux éclatants, le héros se révèle à la collectivité dans laquelle il s'impose comme un sauveur ou un chef (c'est »l'épiphanie héroïque« selon l'expression de Philippe Sellier); le héros fait alors l'expérience de la démesure, de l'*hybris*, il se sent l'égal d'un dieu; cette démesure peut être sanctionnée par l'échec; la mort, due à un traître puisque le héros se sent invulnérable, se métamorphose en »transfiguration« ou »apothéose héroïque«.

Tout se passe dans les *Mémoires* comme si Chateaubriand, ayant dans l'esprit semblable grille de lecture, s'attachait à montrer son impeccable fonctionnement pour mieux dévoiler, au sens littéral, la figure légendaire et la ramener ou la réduire à sa dimension historique et, selon lui, réelle. Il dégage ainsi les moments clés d'une vie lesquels correspondent aux grandes séquences de son récit et, aussi, aux étapes fondamentales qui nourrissent l'imaginaire collectif dans ce travail de métamorphose d'un simple mortel en demi-dieu. Il poursuit ainsi et constamment une double visée: mettre en lumière les processus qui ont conduit à faire de Napoléon une figure légendaire pour mieux désacraliser celui qui est vécu par la collectivité comme un héros.

Ainsi, au début de sa biographie, Chateaubriand ne manque pas de souligner la nécessité pour ceux qui voulaient glorifier Bonaparte de conférer à ce dernier une naissance merveilleuse:

---

[7] P. Sellier, »Héroïque (le modèle – de l'imagination)«, dans *Dictionnaire des mythes littéraires* (note 5), 762–770.

> Comme il aurait été assez difficile de faire de Napoléon le fils de Jupiter Ammon par le serpent aimé d'Olympia, ou le petit-fils de Vénus par Anchise, de savants affranchis[8] trouvèrent une autre merveille à leur usage: ils démontrèrent à l'Empereur qu'il descendait en ligne directe du Masque de fer. (p. 62)

Le mémorialiste déconstruit ce moment de la légende en insistant sur le travail de reconstruction qui a été fait après coup: »Quand un homme est devenu fameux, on lui compose des antécédents« (p. 72), explique-t-il. Il montre alors ce qu'ont été l'enfance et la jeunesse de Bonaparte: ordinaires, si ce n'est même médiocres. Les citations d'écrits de Bonaparte sont suivies de commentaires dévalorisants: »Ce sont là les rêveries de tous les romans.« (p. 77); »Le style du jeune Napoléon est déclamatoire« (p. 78). Une phrase résumerait son point de vue: »Bonaparte n'avait pas au début de sa vie le moindre pressentiment de son avenir; [...].« (p. 75).

Les campagnes glorieuses, qui constituent l'épiphanie héroïque de Bonaparte, sont plus difficiles à dévaloriser. Le mémorialiste ne peut, d'ailleurs, en contester l'éclat: »L'aigle ne marche pas, il vole, chargé des banderoles de victoires suspendues à son cou et à ses ailes.« (p. 102). Comment lutter contre tant de gloire? Chateaubriand, de façon systématique et répétitive, rappelle les massacres et les morts: le succès s'est construit dans le sang et les larmes. Dans le récit ou dans le rappel des hauts faits guerriers, la dimension négative est toujours montrée, comme si toute évocation devait se construire en diptyque: la victoire de Toulon participe de la Terreur; la campagne d'Italie constitue une »seconde hécatombe« (p. 87); les massacres de Jaffa ponctuent la campagne d'Égypte.

Le mémorialiste, de plus, détruit, de façon tout aussi systématique, toute contribution suspecte à la glorification de Bonaparte. Un exemple en est donné avec le tableau de Gros qui représente Bonaparte touchant les pestiférés de Jaffa. L'épisode est purement inventé, montre Chateaubriand preuves à l'appui, et il conclut en rapprochant Napoléon de Saint Louis lequel, »moins favorisé par la peinture, fut plus héroïque dans l'action« (p. 127). Par ce parallèle, il met en évidence, sans l'expliciter, la fonction symbolique du tableau: représenter Bonaparte dans la situation d'un Saint Louis ensevelissant les morts de la peste, c'est conférer à un général l'aura qui lui manquait, celle de la royauté et de la sainteté: »Que devient le beau tableau de Gros? Il reste un chef-d'œuvre de l'art.« (p. 127).

Dans cette chasse à tout titre de gloire suspect et dans la même logique de démystification, Chateaubriand est sensible au processus qui veut que toute figure historique se construise comme légendaire en faisant écho à des figures mythiques déjà existantes. Ainsi Napoléon a-t-il souvent été associé aux conquérants exemplaires que sont Alexandre ou César. D'après le mémorialiste, l'assimilation a même été consciente et volontaire de la part de Bonaparte lors de la conquête d'Égypte:

---

8 Chateaubriand précise en note: »Las Cases«.

> D'après les proclamations, les ordres du jour, les discours de Bonaparte, il est évident qu'il visait à se faire passer pour l'envoyé du ciel, à l'instar d'Alexandre. (p. 116)

Pour contester cette assimilation, le mémorialiste, dans ce cas précis, commence par remettre en question la pseudo-divinité d'Alexandre, créée de toutes pièces par Callisthène, explique-t-il, un historien qui fut acheté pour cette tâche et en fut mal remercié (il fut mis à mort). L'ouvrage de Pasquier, *Le Pourparler d'Alexandre*, est ensuite convoqué pour ridiculiser, à travers un dialogue entre »le grand conquérant Alexandre et Rabelais le grand moqueur« (p. 116), une grandeur que la mort rend dérisoire. Mais cette divinité, toute relative et contestable soit-elle, est encore inaccessible à un Bonaparte, conclut le mémorialiste: »aujourd'hui, on ne peut se faire passer pour un dieu.« (p. 117).

Mais il est une autre façon, plus systématique et tout aussi efficace, de dévaloriser l'association entre les grands conquérants et Napoléon, c'est de comparer ce dernier à des guerriers, certes légendaires, mais dont la représentation, dans l'imaginaire collectif, est négative:

> Napoléon foudroya les sections et dit: »J'ai mis mon cachet sur la France.« Attila avait dit: »Je suis le marteau de l'univers, *ego malleus orbis.*« (p. 98)

Mais c'est évidemment la démesure, inhérente à la figure héroïque, que Chateaubriand souligne, en insistant sur les massacres qui ponctuent déjà les premières conquêtes:

> Qui poussait donc Bonaparte? la partie mauvaise de son génie, son impossibilité de rester en repos: joueur éternel, quand il ne mettait pas des empires sur une carte, il y mettait une fantaisie. (p. 172)

L'excès ou l'*hybris* se manifeste aussi dans les fautes qui conduisent Napoléon à sa perte; tout se passe, dans le regard de Chateaubriand, comme si l'empereur avait accusé ou exacerbé les défauts du jeune général. Les fautes impardonnables, et qui ne peuvent s'expliquer de façon rationnelle, sont l'assassinat du duc d'Enghien, la guerre d'Espagne, l'enlèvement de Pie VII, la campagne de Russie:

> Si l'inique invasion de l'Espagne souleva contre Bonaparte le monde politique, l'ingrate occupation de Rome lui rendit contraire le monde moral: sans la moindre utilité, il s'aliéna comme à plaisir les peuples et les autels, l'homme et Dieu. Entre les deux précipices qu'il avait creusés aux deux bords de sa vie, il alla, par une étroite chaussée, chercher sa destruction au fond de l'Europe, comme sur ce pont que la Mort, aidée du Mal, avait jeté à travers le chaos. (p. 184)

*

Tout semblerait être dit. Montrer égale prouver et convaincre. L'accumulation de tant de preuves devrait suffire pour démonter la légende. Mais le mémorialiste, tout en s'acharnant à son travail de démolition, ne peut s'empêcher de constater, malgré qu'il en ait, la dimension héroïque ou épique de son personnage. Ainsi, il ne peut manquer de citer le commentaire attribué à Bonaparte sur le passage du pont d'Arcole: »C'était un chant de l'*Iliade!*« (*ibid.*). Et c'est à l'épopée biblique que lui-même fait référence: »Cette aventure d'Égypte change à la fois la fortune et le génie de Napoléon, en surdorant ce génie, déjà trop éclatant, d'un rayon du soleil qui frappa la colonne de nuée et de feu.« (p. 110).

Et là est le paradoxe. Le mémorialiste constate les fautes, il les énumère, les souligne, les condamne, les explique par des raisons ponctuelles ou conjoncturelles, mais il est impuissant à en comprendre le sens. Elles ne semblent pas relever de la responsabilité de celui qui les commet, mais induites par une force supra-humaine. Comment Napoléon, ce génie, a-t-il pu programmer consciemment sa propre destruction? Comment comprendre ce processus, sinon en faisant appel à *l'hybris*, mais n'est-ce pas alors constater que le sujet dépossédé de lui-même est habité d'une force qui lui est étrangère? Et invoquer l'intervention de forces supranaturelles, n'est-ce pas reconnaître que Napoléon est un homme à part?

Chateaubriand est conscient de cette contradiction: il juge avec sévérité tout en faisant de Napoléon un personnage tragique, poursuivi par un destin fatal qui se manifeste dans toute sa puissance lors de la campagne de Russie. Il cite par exemple, avec un scrupule qui ne peut manquer de frapper, les paroles de l'Empereur interprétant certains incidents comme l'annonce de sa fin. Lorsque son cheval s'abat sous lui: »C'est un mauvais présage; un Romain reculerait.« (p. 207). Lors de l'incendie de Moscou: »Mon mauvais génie m'apparut et m'annonça ma fin, que j'ai trouvée à l'île d'Elbe.« (p. 229). Lorsque les Français détachent la croix de la tour d'Ivan le terrible, des »corneilles vagissantes« les entourent: »Que me veulent ces oiseaux? disait Bonaparte.« (p. 235). Il ajoute même un autre présage interprété par les Moscovites:

> Un présage avait un moment ranimé les esprits: un vautour s'était embarrassé dans les chaînes qui soutenaient la croix de la principale église: Rome eût, comme Moscou, vu dans ce présage la captivité de Napoléon. (p. 224)

Penser l'événement comme présage peut relever de la superstition, mais suppose la croyance en des signes qui manifestent la présence et l'action de forces surnaturelles. Chateaubriand ne prend pas à son compte cette lecture des événements, mais le fait de la noter est déjà significatif. Plus significatif encore, le fait de citer le texte du lieutenant-colonel de Baudus racontant comment les deux armées s'adressent à Dieu avant la bataille:

> »Ah! sans doute, parmi ces chrétiens égarés, il s'en trouva un grand nombre dont la bonne foi sanctifia les prières; car si les Russes furent vaincus à la Moskowa, notre entier anéantissement, dont ils ne peuvent se glorifier en aucune façon, puisqu'il fut l'œuvre manifeste de la Providence, vint prouver quelques mois plus tard que leur demande n'avait été que trop favorablement entendue.« (p. 214–215)

Il n'est plus question de présage, mais de Providence. Certes, dans ce cas précis, le mémorialiste cite, il ne parle pas en son nom propre. Mais, ailleurs, il fait, lui aussi, intervenir la main de Dieu pour marquer le renversement brutal et inattendu du cours des événements:

> La surveille, le pape avait été rendu à l'indépendance; la main qui allait à son tour porter des chaînes fut contrainte de briser les fers qu'elle avait donnés: la Providence avait changé les fortunes, et le vent qui soufflait au visage de Napoléon poussait les alliés à Paris. (p. 282)

»Dieu, en sa patiente éternité, amène tôt ou tard la justice«, dit-il un peu plus loin (p. 311). Chateaubriand exprime ici une conception providentialiste de l'Histoire, mais, ce faisant, il laisse sous-entendre que Napoléon n'a pas été seulement vaincu par des forces humaines. Il a beau insister sur les petitesses et les mesquineries d'un homme aux abois (le départ de Paris pour l'île d'Elbe est traité sur le mode grotesque), le recours à la Providence pour expliquer le changement de son destin revient à accepter sa dimension extraordinaire et à contribuer à son aura légendaire.

Et, lorsque le mémorialiste parvient au récit de la fin, il ne peut qu'accréditer le modèle héroïque dans lequel son personnage se moule. La chute est due à l'orgueil, autre forme de la démesure, mais aussi à l'action de traîtres: les amis abandonnent Napoléon dans l'épreuve pour jurer fidélité à Louis XVIII, reviennent à lui pendant l'épisode des cent jours, pour le trahir une nouvelle fois après Waterloo. Mais c'est Sainte-Hélène qui consacre la grandeur de Napoléon et le mémorialiste analyse avec insistance le processus de glorification:

> Aucun homme de bruit universel n'a eu une fin pareille à celle de Napoléon. On ne le proclama point, comme à sa première chute, autocrate de quelques carrières de fer et de marbre, les unes pour lui fournir une épée, les autres une statue; aigle, on lui donna un rocher à la pointe duquel il est demeuré au soleil jusqu'à sa mort, et d'où il était vu de toute la terre. (p. 459)

Le royaume de Napoléon n'est plus de ce monde: l'île, le rocher, l'espace infime, deviennent le centre de l'univers. L'image de l'aigle et du rocher a aussi son importance: elle consacre Napoléon comme nouveau Prométhée: »Qui dira les pensées de ce Prométhée déchiré vivant par la mort, lorsque, la main appuyée sur sa poitrine douloureuse, il promenait ses regards sur les flots.« (p. 487). Et, alors que le mémorialiste a refusé, tout au long de son récit, d'assimiler Napoléon aux grands héros légendaires, il le rapproche, à travers l'évocation de l'exil et de la mort, du conquérant exemplaire, le fameux Alexandre:

> La solitude de l'exil et de la tombe de Napoléon a répandu sur une mémoire éclatante une autre sorte de prestige. Alexandre ne mourut point sous les yeux de la Grèce; il disparut dans les lointains superbes de Babylone. Bonaparte n'est point mort sous les yeux de la France; il s'est perdu dans les fastueux horizons des zones torrides. (p. 494)

Chateaubriand consacre l'apothéose héroïque, le moment qui permet d'assimiler un homme à un demi-dieu. Ce qui explique sa position, qui peut sembler paradoxale, de refuser le retour des cendres à Paris, non pour des motifs politiques, mais pour préserver cette grandeur héroïque qu'il s'est acharné à détruire. Les cendres peuvent reposer à Paris, »on verra toujours au milieu des mers le vrai sépulcre du triomphateur: à nous le corps, à Sainte-Hélène la vie immortelle« (p. 502).

*

Chateaubriand, dans son travail de biographe, se trouve donc dans une situation paradoxale. Quand il juge Napoléon en tant qu'individu responsable de ses actes, il le condamne au nom de ses principes politiques, mais aussi au nom d'une morale universelle, fondée sur le principe de séparation entre le bien et le mal: Napoléon est un nouvel Attila, le fléau de Dieu. Mais, quand il pense Napoléon comme émanation du corps collectif, il succombe à la fascination exercée par un homme que ses contemporains ont contraint à se hausser au-dessus de lui-même: »Il ne fallait rien moins que les maux dont la France était écrasée, pour se maintenir dans l'éloignement que Napoléon inspirait et pour se défendre en même temps de l'admiration qu'il faisait renaître dès qu'il agissait; [...]« (p. 285).

Arrivé à la fin de son récit, le mémorialiste fait en quelque sorte un constat d'échec. Il a voulu replacer le personnage de Napoléon dans sa vérité et il prend conscience de son impuissance à lutter contre la puissance du mythe. La voix d'un individu ne peut lutter contre la voix collective, explique-t-il dans un chapitre au titre éloquent, »Inutilité des vérités ci-dessus exposées«:

> Bonaparte n'est plus le vrai Bonaparte, c'est une figure légendaire composée des lubies du poète, des devis du soldat et des contes du peuple; c'est le Charlemagne et l'Alexandre des épopées du Moyen Âge que nous voyons aujourd'hui. Ce héros fantastique restera le personnage réel; les autres portraits disparaîtront. Bonaparte appartenait si fort à la domination absolue, qu'après avoir subi le despotisme de sa personne, il nous faut subir le despotisme de sa mémoire. (p. 474)

»Or donc que, détaché de son temps, son histoire est finie et que son épopée commence« (p. 476) conclut-il. Mais à cette épopée, lui-même, à sa façon, a participé.

*

Entre l'Histoire et la légende, le combat était perdu d'avance. Sans aucun doute, Chateaubriand le savait-il et sans nul doute aussi a-t-il tenté son entreprise pour mieux la voir échouer. Les livres des *Mémoires* consacrés à Napoléon épousent la même ligne de force: s'acharner à faire surgir la vérité de l'Histoire pour mieux constater que la déformation de l'Histoire, fondée sur le mensonge ou la contrevérité, conduit à une autre vérité, celle que délivre la légende et contre laquelle même un Chateaubriand ne peut rien. »Heureusement pour lui, il n'a point écrit sa vie; il l'eût rapetissée: les hommes de cette nature doivent laisser leurs mémoires à raconter par cette voix inconnue qui n'appartient à personne et qui sort des peuples et des siècles« (p. 483) conclut-il, forcé de constater que, tout en s'opposant aux »cris du vulgaire«, il participe de cette voix inconnue. À une différence près, cependant, et il faut revenir à l'ouverture et à Alcibiade: le destin du héros grec réunit la vie de Napoléon et celle de Chateaubriand, les deux hommes se retrouvent face à face et à égalité, tous deux héroïques, chacun à sa manière.

Fabienne Bercegol (Toulouse)

George Sand portraitiste dans *Le Meunier d'Angibault* (1845)

Alors que l'intrigue est déjà bien avancée, puisque nous sommes au milieu du roman, George Sand choisit d'ouvrir la »troisième journée« du *Meunier d'Angibault* par un chapitre intitulé »Portrait«, dans lequel elle interrompt le fil de la narration pour »réparer« un oubli en insérant la description physique et morale, qu'elle dit avoir omise, de son héroïne principale, Marcelle de Blanchemont. Utile pour les renseignements qu'il donne sur le personnage, le chapitre retient l'attention pour la réflexion qu'y conduit l'auteur, non sans ironie, sur la légitimité du genre du portrait, remise en question par l'abus qu'en font »les conteurs« de son temps, sur sa technique descriptive et sur sa fonction dans le roman sentimental, plus exactement sur son rôle dans la réception des histoires d'amour. Feignant de douter de la conformité du portrait »aux règles de l'art«, George Sand justifie prudemment celui qu'elle s'apprête à donner en s'appuyant sur l'ancienneté de la tradition descriptive dans le roman et sur son refus de déroger à cette coutume. Le fait qu'elle se sente obligée de s'expliquer, et presque de s'excuser, témoigne de la vigueur de la polémique suscitée par l'essor du genre, sous la forme de longues et minutieuses descriptions des personnages, dans le roman de la première moitié du XIXe siècle, et tout particulièrement chez Balzac.[1] Est en cause »l'art de décrire minutieusement les traits et le costume des gens«,[2] soit le recours dans le portrait à une écriture du détail accusée d'interrompre inutilement le récit au profit de notations superflues. Or, sous sa fausse ingénuité et sous sa prétendue modestie, George Sand défend une pratique descriptive à laquelle elle se reconnaît le droit de se livrer en toutes circonstances, fût-ce en différant la poursuite de sa narration. Car loin de s'expliquer par sa seule négligence, l'insertion du portrait de l'héroïne principale au centre du récit est un moyen de le mettre en valeur, d'afficher sa liberté par rapport aux poétiques

---

[1] Sur Balzac portraitiste, voir le livre de R. BORDERIE, *Balzac peintre de corps. La Comédie Humaine ou le sens du détail*, Paris, Sedes, 2002.
[2] G. SAND, *Le Meunier d'Angibault*, Paris, Classiques de Poche, 1985, 243. Toutes nos références renverront désormais à cette édition (abréviation: *MA*).

normatives du roman qui prétendent y réguler l'usage du portrait et de renouveler l'attention du lecteur pour ce personnage qu'il est alors obligé de redécouvrir.

Car c'est en se plaçant du côté du lecteur et de la relation qu'il noue avec les protagonistes de l'histoire d'amour que George Sand entend prouver la légitimité du portrait. Déplaçant la discussion à laquelle donne lieu traditionnellement le portrait dans la critique littéraire, elle analyse son rôle dans l'intérêt que prend le lecteur pour le personnage féminin. Elle suppose chez lui un désir de portrait, un besoin impérieux d'avoir des précisions sur la beauté de l'héroïne pour pouvoir se la figurer et rendre compte de l'effet qu'elle a produit sur lui. Le portrait devient nécessaire au plaisir de la lecture pensée comme rencontre amoureuse entre le lecteur et une femme qu'il veut »voir«, comme si elle passait dans la rue, et dont il veut éprouver le charme sur lui, pour »l'aimer« ou pour »l'absoudre d'avoir attiré sur elle l'attention publique«.[3] Envisagé du côté de la réception du roman, il relève d'une stratégie de captation du lecteur fondée sur le brouillage des frontières de l'imaginaire et du réel et sur son adhésion sensible, voire sensuelle, à l'histoire qui lui est racontée. Fidèle à la poétique du roman sentimental qui cherche à persuader par l'émotion, George Sand reconnaît au portrait le pouvoir de susciter cette communion affective entre ses lecteurs et ses personnages dont dépendent le jugement qu'ils porteront sur son livre et, surtout, le retentissement que l'histoire rapportée aura dans leur vie. Car les portraits qu'elle compose ne servent pas seulement à assurer la séduction de l'histoire d'amour : ils illustrent la façon dont elle renouvelle le genre du roman sentimental, en l'ouvrant sur la société de son temps et en lui conférant une dimension idéologique, au service d'une pensée politique dont elle espère des retombées pratiques.

Certes, les enjeux esthétiques du portrait littéraire restent présents sous sa plume : parce que la description physique reste le plus souvent associée dans son roman à l'intrigue amoureuse, Sand doit affronter la difficulté à décrire la beauté des corps désirés, avec le souci de la particulariser et d'en rendre le charme. Mais *Le Meunier d'Angibault* montre également qu'elle sait exploiter les ressources esthétiques du laid ou du bizarre promues par le romantisme et qu'elle a perçu les mérites dramatiques des corps minés par la marginalité ou par la folie. Reflets de sa poétique romanesque soucieuse d'ancrer l'héritage sentimental dans un contexte social jusque-là négligé et d'en rendre compte le plus fidèlement possible, les portraits insérés dans ce récit rustique témoignent par ailleurs de sa volonté d'élargir le spectre social du roman en y intégrant un tableau diversifié du monde paysan. D'où la présence dans *Le Meunier d'Angibault* d'une galerie de personnages typiques représentant diverses professions ou conditions sociales, qu'il lui faut conjointement différencier, pour créer des personnalités tranchées.

---

3 *MA*, 244.

Oscillant entre les contraintes contradictoires du type et de la singularité individuelle, ces portraits se retrouvent au cœur du conflit de représentations dont hérite George Sand, dans la mesure où il lui faut échapper au double écueil de la tradition idyllique idéalisante et de la veine satirique péjorative pour donner une image de la société rurale la plus authentique possible. Ils illustrent ainsi la réflexion qu'elle mène dans les années 1840 sur »la mission de l'art«, qui la conduit à refuser »l'étude de la réalité positive«, du moins lorsqu'elle conduit à ne montrer que »la douleur«, que »l'abjection de la misère«, et à prôner »la recherche de la vérité idéale«, afin de »faire aimer les objets de sa sollicitude«, au besoin en les embellissant un peu.[4] Fortement dramatisés et contextualisés, les portraits du *Meunier d'Angibault* mettent en corps les violences et les injustices de l'Histoire contemporaine, mais ils incarnent aussi cette quête d'une »vérité idéale« qui pousse George Sand à réformer le genre de l'idylle champêtre, en l'annexant à un projet utopique de refondation de la société. Cela se fait notamment par un travail sur les stéréotypes que la portraitiste se plaît à mettre au jour pour mieux les dénoncer.

Contrairement à ce que pourrait faire croire l'insertion, au milieu du roman, du portrait oublié de Marcelle, George Sand ne manque pas de présenter tous les personnages, principaux et secondaires, du *Meunier d'Angibault*, en général dès leur première apparition dans l'histoire. Elle a recours pour cela à des portraits synthétiques, longs, fouillés, qui campent une silhouette et qui retracent la genèse d'une personnalité, ou à des portraits à relief plus brefs qui font ressortir une caractéristique physique ou morale,[5] ou encore à des portraits instantanés dont le but n'est plus de cerner des traits intemporels mais de montrer le personnage tel qu'il est dans une situation donnée. Le portrait du »patachon« qui conduit Marcelle à Blanchemont illustre d'emblée son habileté dans l'art du croquis concis et incisif: quelques notations physiques et morales lui suffisent pour rendre efficacement l'apparence disgracieuse de ce »gars de quinze ans, roux, camard«, caractérisé par son insolence et par sa grossièreté.[6] Mise ici au service d'une caricature qui renoue avec la tradition de représentation satirique du monde rural, cette écriture de la brièveté expressive lui permet ailleurs de présenter en quelques traits des corps travaillés par l'émotion. C'est le cas notamment lors de scènes dialoguées, ponctuées de détails sur le comportement des personnages, qui font songer par leur formulation précise et sommaire à des didascalies. Ainsi en va-t-il lors du rendez-vous amoureux de Marcelle et de

---

4 George Sand s'explique ainsi dans le premier chapitre de *La Mare au diable* (1846), qui tient lieu de préface au roman. Voir: J. NOIRAY, *Préfaces des romans français du XIXe siècle*, Paris, Classiques de Poche, 2007, 262.
5 C'est le cas du portrait du notaire, M. Tailland, qui s'organise autour de son goût du confort matériel. Voir: *MA*, 346
6 *MA*, 60.

Lémor qui ouvre le roman: rapportant leur maintien, leur gestuelle ou les changements de leur physionomie, Sand traque les moindres manifestations physiques des violentes émotions qui les assaillent. Ce faisant, elle reste fidèle à la représentation pathétique du corps amoureux que privilégie le roman sentimental, au moins depuis le XVIIIe siècle, et que favorise la conception vitaliste du corps dominé par la sensibilité. Souvent dédaignées par la critique pour leur caractère encore très conventionnel, ces manifestations de l'émotion n'en contribuent pas moins à donner de la visibilité aux corps et à incarner les sentiments dans le cadre d'un genre dont les personnages sont perçus comme manquant d'épaisseur charnelle et où l'amour paraît ne concerner que les âmes.

Répondant au souhait de George Sand de confier le récit à un narrateur omniscient capable de guider le lecteur, ces portraits sont néanmoins toujours motivés par la présence d'un personnage observateur, qui a intérêt à scruter le physique de son interlocuteur et qui est doté de compétences herméneutiques lui permettant de le déchiffrer.[7] La situation affective est souvent prétexte à des pauses contemplatives dans le roman sentimental: aussi le premier portrait de Marcelle est-il justifié par le bonheur qu'a Lémor de »pouvoir la regarder«[8] lors de leur rendez-vous nocturne. Ailleurs, c'est la curiosité naturelle de deux personnages se rencontrant pour la première fois qui impose le portrait: c'est le cas de celui du meunier attentivement observé par Marcelle, lors de leur première entrevue à l'auberge.[9] Il en ira de même des autres personnages de ce monde rural que Marcelle examine avec d'autant plus de soin qu'elle est bien décidée à se faire une idée juste de la vie rustique, en se gardant de trop l'embellir comme de trop la noircir. Quant à son portrait placé au centre du roman, loin d'être arbitraire, il est motivé par le regard jaloux de Rose, qui se demande si Marcelle peut être pour elle une rivale lors de la fête du village.[10] Sand se sert également d'un autre procédé, celui des portraits croisés, insérés dans les dialogues, pour présenter un même personnage sous différents points de vue. L'avantage de cette technique est de mieux lier le portrait à la progression de l'action, mais aussi de ménager le suspense autour d'une personnalité diversement appréciée ou de faire ressortir les sentiments, amitiés ou haines, qui lient les différents protagonistes. Ainsi les avis divergents du patachon et du meunier sur Cadoche contribuent à le rendre tout de suite mystérieux, tandis que la présentation contradictoire de Grand-Louis par les différents membres de la famille Bricolin met au jour leurs sentiments contrastés à son égard et révèle le drame sentimental qui se joue autour de ses amours avec Rose.[11] Souvent insérés par paires, ces portraits sont utilisés

---

7 La »rare perspicacité« dont est d'emblée crédité le farinier en est un exemple. Voir: MA, 56.
8 MA, 32.
9 MA, 54.
10 MA, 244.
11 MA, 66, 74 et 108–110.

pour construire les personnages à partir de relations d'affinités ou d'oppositions: conformément au code du roman sentimental, le double portrait initial de Marcelle et de Lémor fixe l'image du couple complémentaire, voué à devenir inséparable, tandis que le portrait contrasté de Marcelle et de Rose diversifie le personnel féminin du roman en jouant sur les différences dues à leur âge et à leur condition.[12] Avec beaucoup d'habileté, Sand se sert de la galerie de portraits des dames Bricolin pour brosser un tableau générationnel qui mesure les progrès de l'alphabétisation dans les campagnes et qui donne de ce fait valeur documentaire à la fiction,[13] tandis qu'elle a soin d'établir un rapport d'antithèse entre les portraits de Grand-Louis et du père Bricolin, qui incarnent deux visages différents de la population rurale.

Tributaires de la poétique romanesque de Sand, tous ces portraits assumés par un narrateur omniscient ont pour mission d'informer clairement le lecteur sur la situation et sur la personnalité des différents personnages. On sait combien Sand, plus tard, reprochera à Flaubert d'avoir eu l'imprudence de »cacher sa propre opinion sur les personnages« qu'il met en scène et d'avoir pris ainsi le risque de rester incompris.[14] Désireuse au contraire de dévoiler pleinement le caractère de ses héros et de les juger, elle opte pour des portraits qui parient sur la lisibilité des corps, fondée sur la dépendance du physique et du moral. À l'exception de Lapierre, le domestique de Marcelle qui, à l'en croire, est »bon« sans être »beau«,[15] tous les personnages du roman sont gratifiés d'une apparence qui ne ment pas et qui peut donc se prêter à un déchiffrement fiable: c'est ce que prouvent le recours incessant à des verbes tels que »annoncer«, »révéler«, »prouver«, ainsi que la présentation récurrente des détails du visage comme autant d'»indices« trahissant l'intériorité. Du reste, la plupart des portraits sont suivis d'un récit biographique qui vient valider après coup ce qu'avait laissé deviner la description sur la vie et sur le tempérament du personnage. George Sand n'exploite donc pas la mésalliance du physique et du moral, parce que cela lui permet de mettre en scène des personnages transparents que ses lecteurs pourront aisément cerner. Mais ce choix ne s'explique pas seulement par un souci d'efficacité didactique. S'il est incontestablement la conséquence de sa volonté impérieuse d'être facilement comprise de tous et de délivrer un récit exemplaire, sans ambiguïté, il renvoie aussi à une conception confiante de la nature humaine qui, dans le sillage du platonisme et du christianisme, parie sur l'unité du bien, du beau et du vrai.

La description physique doit son importance dans ce roman à cette com-

---

12 *MA*, 32–33, 243–247.
13 *MA*, 105–106.
14 Voir sa lettre à Flaubert du 12 janvier 1876.
15 *MA*, 155.

préhension unifiée de la nature humaine qui voit le corps, et surtout le visage, comme le miroir de l'âme. Jamais omise, elle continue de s'inscrire dans la tradition rhétorique de l'épidictique, dans la mesure où le contexte sentimental conduit à faire l'éloge de beautés dont il s'agit d'exprimer l'attrait. Certes, George Sand ne néglige pas de donner des détails sur le physique agréable de ses héroïnes : elle le fait par exemple pour Marcelle, dont elle tâche de rendre avec le plus de précision possible la nuance de blond.[16] Mais elle n'évite pas les clichés que la critique a tant reprochés aux romancières sentimentales, lorsqu'elle loue »la délicatesse de ses mains d'albâtre et de son pied chaussé de satin«.[17] Il est clair qu'elle se heurte alors à la difficulté de mettre en mots la beauté qui a conduit depuis l'Antiquité les rhétoriciens à conseiller de s'occuper plutôt d'exprimer l'effet qu'elle produit.[18] Se rangeant à cet avis, Sand choisit de dire celle de Marcelle par le type d'admiration qu'elle produit. Au portrait en pied qui aurait passé en revue les parties de son corps, elle substitue une description suggestive qui fait l'historique, depuis son enfance, de la séduction qu'elle a exercée sur tous ceux qui l'ont approchée et qui se sont souvent épris d'elle. Ce faisant, elle utilise également avec adresse les attentes du roman sentimental, centré sur la genèse de l'amour, donc sur les conditions de la séduction, pour sortir de l'impasse descriptive en détaillant, pour le coup à la nuance près, le charme irrésistible de Marcelle qui la fait aimer, sans même qu'elle le veuille :

> Elle plaisait au premier coup d'œil sans éblouir, elle éblouissait ensuite de plus en plus sans cesser de plaire, et tel qui ne l'avait pas crue jolie au premier abord, n'en pouvait bientôt détacher ses yeux ni sa pensée.

L'analyse minutieuse sert dans ce cas à singulariser moins un physique que son attrait, dû en grande partie à l'expressivité du visage. Car le portrait de Marcelle confirme que l'essentiel est dans la beauté intérieure dont ce dernier se fait le miroir. De fait, Sand se soucie surtout de repérer dans les traits du visage les traces de l'»âme ardente« qui vit »par le cœur plus que par l'esprit, et par l'esprit plus que par le sens« : les qualités morales l'emportent dans le travail de décryptage qui s'intéresse aux particularités physiques, comme le teint ou le regard, pour autant qu'elles se laissent appréhender comme »les indices certains d'une volonté énergique, d'un caractère dévoué, désintéressé, courageux«. Pour rendre compte de la suprématie de l'intériorité dans le charme féminin, George Sand se sert du point de vue inexpérimenté de Rose sur Marcelle. De fait, Rose s'étonne du succès dont jouit Marcelle en dépit de la sobriété de sa toilette, et même des

---

16 MA, 244.
17 MA, 33.
18 Homère est souvent loué pour ne pas avoir cherché à décrire la beauté d'Hélène, mais pour avoir préféré la suggérer en mentionnant l'admiration qu'elle suscite chez ceux qui la contemplent.

imperfections de son physique de femme d'âge mûr : elle »ne comprenait pas bien comment, avec une mise si simple et des manières si naturelles, cette blonde fatiguée pouvait s'être fait une telle réputation«. Et la narratrice d'expliquer :

> Rose ne savait pas que, dans les sociétés très civilisées, et par conséquent très blasées, l'animation intérieure répand un prestige sur l'extérieur de la femme, qui efface toujours la majesté classique de la froide beauté.[19]

L'ignorance de Rose permet à Sand d'enrichir le portrait d'une réflexion esthétique qui reprend l'opposition topique de la beauté gracieuse, qui séduit malgré ses défauts par la puissance mystérieuse de son attrait, et de la beauté régulière, que sa perfection même fait admirer sans pouvoir la faire aimer. Elle lui sert enfin à illustrer le pouvoir de l'amour, car le portrait de Marcelle retrouve également le *topos* de la jeune fille métamorphosée, au physique comme au moral, par l'éveil en elle du sentiment amoureux. Non sans adresse, Sand passe par le portrait pour raconter l'histoire du cœur de Marcelle, inscrite dans son apparence et dans son maintien. Elle rejoint ainsi pleinement les conventions du roman sentimental, qui construit le personnage féminin en vue de la destinée amoureuse qu'il doit accomplir et qui lui assure pour cela le don de la séduction.

Cette préférence accordée à un physique charmant, mais imparfait, jointe au souci de distinguer la beauté féminine selon l'âge et selon l'origine sociale, attestent les efforts consentis par George Sand pour diversifier les types de beautés dans son roman. Sand sait qu'il lui faut rompre avec la logique uniformisante à laquelle conduit la tradition rhétorique de l'éloge féminin : les quelques défauts prêtés à Marcelle sont un moyen de singulariser sa figure en introduisant de la variété, de la surprise, dans un physique dont le charme devient ainsi unique. Reprenant à son compte une stratégie descriptive bien établie, elle reconnaît au détail, surtout lorsqu'il signale une irrégularité, le pouvoir d'individualiser un visage et de le rendre plus vraisemblable. Les portraits des personnages masculins contribuent à leur tour à cette diversification de la beauté, en jouant sur les différences physiques produites par le milieu social et géographique. C'est le cas des portraits de Lémor et de Grand-Louis qui réactualisent la bipartition habituelle de l'espace idyllique, en opposant à l'influence débilitante de la grande ville, qui produit des corps affaiblis, l'effet revigorant de la campagne qui assure santé et vigueur physique. Ainsi Lémor doit à l'antithèse entre la force de sa volonté et la délicatesse de son organisation d'être présenté comme »un enfant de Paris«,[20] tandis que Grand-Louis, qui joint »une structure athlétique« à une »figure décidée«, est perçu comme l'incarnation de la jeunesse rurale, saine d'esprit et de corps : il est du reste introduit par la périphrase

---

19 *MA*, 245–246.
20 *MA*, 33.

»l'échantillon du terroir«, qui donne valeur typique à son physique imposant, tout comme ensuite aux vêtements qu'il porte et au »lourd bâton de cormier« qu'il manie. Cette note de couleur locale illustre le projet de George Sand de marier fiction et document ethnographique, en insérant dans le roman rustique des descriptions fidèles du physique et des mœurs du peuple paysan. Elle vaut aussi comme une profession de foi esthétique, en affirmant la pluralité de la beauté, selon ses déclinaisons locales, sociales et temporelles, si l'on n'oublie pas le facteur de l'âge. On remarque que bien des portraits sont construits sur le principe de la convenance de la partie et du tout, qui permet d'illustrer le relativisme du beau et de briser l'uniformité de l'éloge. La description physique de Grand-Louis joue de cette cohérence interne qui trouve la beauté plus dans l'harmonie de l'ensemble que dans la perfection des détails:

> Ses traits étaient réguliers, largement taillés comme ses membres, ses yeux noirs et bien fendus, ses dents éblouissantes, et ses longs cheveux châtains ondulés et crépus comme ceux d'un homme très fort, encadraient carrément un front large et bien rempli, qui annonçait plus de finesse et de bon sens que d'idéal poétique.[21]

Tout ce qui pourrait paraître ailleurs trop appuyé est ici racheté par l'unité d'un corps bien bâti, dont la beauté est fonction de la puissance. Comme Baudelaire au même moment dans ses *Salons*, Sand découvre que »telle main veut tel pied«[22] et que la beauté est d'abord affaire de concordance interne. Son observation de la spécificité du physique paysan la conduit par ce biais à l'affirmation toute moderne de la relativité du beau, comme le prouve encore sa remarque sur leur »teint basané«, qui »a sa beauté«.[23]

S'ils font une large place à la peinture de la beauté, les portraits du *Meunier d'Angibault* montrent aussi que George Sand n'est pas restée insensible à la revalorisation du bizarre et du laid initiée par les romantiques, tout particulièrement par Victor Hugo. Les deux portraits de Cadoche[24] témoignent de la curiosité suscitée par l'»original«[25] qui intrigue par la disparate de sa mise. Certes, le caractère malicieux de son accoutrement insolite est tout de suite révélé, mais le mystère demeure sur l'identité véritable de cet homme et sur les causes de sa misère. Sans aller jusqu'à enfreindre la règle de la lisibilité des corps et jusqu'à risquer de dérouter son lecteur, George Sand ménage du suspense autour de ce mendiant dont les traits se distinguent mal et qui peut encore paraître menaçant. Dans ce cas, le portrait, qui garde ses lacunes et son ambivalence, a moins pour fonction d'informer que de faire comprendre que l'homme

---

21 *MA*, 54–55.
22 Ch. Baudelaire, *Salon de 1846, Curiosités esthétiques*, Paris, Garnier, 1962, 148.
23 *MA*, 115.
24 *MA*, 65, 292–293.
25 C'est ainsi que le présente Grand-Louis. Voir: *MA*, 74.

a un secret, dont la divulgation importera dans le dénouement de l'intrigue. Les portraits répétés de Cadoche n'ont toutefois pas la force évocatrice des portraits de la folle, dont la création est incontestablement l'une des grandes réussites de ce roman. Dans la »notice« qui précède le récit, George Sand elle-même attire l'attention sur l'importance de ce personnage dans la genèse de son roman, puisqu'elle rappelle sa rencontre avec »une folle par amour« et souligne la »pénible impression« que cette malheureuse fit sur elle et sur ses compagnons de promenade.[26] Les portraits de la Bricoline restituent cet effroi ressenti face au spectacle de la démence et introduisent dans le roman rustique une nouvelle esthétique du choc et de la violence, empruntée pour l'essentiel au mélodrame et au roman noir,[27] qui associe au sublime lumineux des scènes idylliques le sublime ténébreux des mises en scène de la folie. Ils trahissent la fascination de George Sand et de ses contemporains pour de tels états de délire qui rendent le corps spectaculaire par ses déviances et par ce qu'elles expriment des forces obscures qui le travaillent. De fait, c'est un corps libéré de la tutelle de la raison et de toutes les règles de la bienséance, livré à l'instinct, aux pulsions animales, que dessinent ces portraits où se lisent la stupeur et l'effroi de l'observateur face à un tel retour à la nature sauvage. Sand y exploite les motifs du meurtre et de la dévoration, par lesquels les romantiques ont l'habitude d'illustrer les désordres d'une nature humaine rendue à sa violence primitive:[28] ainsi précise-t-elle que la Bricoline a pour habitude de tuer, de »déchire[r] avec ses doigts« une volaille et de »la dévore[r] toute sanglante«,[29] et, quoique jugée longtemps inoffensive, on la voit finalement agresser sa mère et retourner contre elle cette violence larvée. Longuement décrite, son apparence pitoyable à la fois par son désordre, par sa saleté et par les déformations de sa silhouette est chargée d'inscrire dans son corps les ravages d'une folie qui la marginalise en lui ôtant toute trace d'humanité et qui la détruit implacablement. George Sand mobilise les ressources esthétiques du grotesque de l'informe pour évoquer cette »femme«, ou plutôt cet »être sans nom« à qui la maladie mentale a retiré son identité en la privant de la raison, et elle emprunte largement au registre du fantastique macabre pour peindre un corps spectral, dont tous les traits, la maigreur excessive, la »bouche livide à demi entrouverte« ou la fixité du regard, annoncent la mort prochaine.[30]

---

26 MA, 26–27.
27 Deux genres dans lesquels le personnage de la folle par amour est très présent. Voir: S. BERNARD-GRIFFITHS – J. SGARD (éd.), *Mélodrames et romans noirs 1750–1890*, Toulouse, PUM, 2000.
28 Sur la fascination romantique pour le corps sauvage et pour le corps en délire, voir: F. KERLOUEGAN, *Ce fatal excès du désir. Poétique du corps romantique*, Paris, Champion, 2006, 183–221.
29 MA, 160.
30 MA, 156–157.

Tributaire du savoir médical de son époque, c'est sous la forme d'un trouble nerveux conduisant tantôt à la prostration, au silence, tantôt à l'excitation, voire à la convulsion qu'elle rend l'évolution de la folie. Mais loin d'en rester à la dimension sensationnelle de la crise, Sand l'utilise pour faire affleurer la vérité du personnage. Elle a très bien compris que le corps en délire interpelle parce que, délivré de tout impératif de décence, il met au jour les pulsions, les frustrations, les fantasmes qu'ont produits les souffrances qu'il a subies et que la société bienpensante préférerait ne pas voir. Avec le personnage de la Bricoline apparaît dans le roman une illustration tragique de l'unité de la personne humaine basée sur l'interaction du physique et de l'intériorité, puisque le portrait a pour mission de mettre en corps la folie, d'en décrire les signes cliniques, tandis que la biographie donnée de la folle nous renseigne sur le traumatisme affectif qui est à l'origine de cet état de démence. L'intérêt de ce portrait est donc d'inscrire dans le corps l'histoire du cœur et d'utiliser la description pour répercuter les violences familiales qui ont ravagé la santé mentale de la Bricoline. Revenant à son combat contre la pratique des mariages arrangés ou refusés pour des questions d'argent, Sand utilise ce portrait fortement dramatisé à des fins polémiques. À travers le spectacle choquant de ce corps aliéné, rendu à sa fureur primitive, à ses désirs non assouvis, elle oblige son lecteur à contempler la brutalité d'un ordre social qui fait fi de la liberté des femmes, de leur droit au bonheur, et elle ne manque pas de poser la question du sort réservé aux fous, notamment celle de la pertinence de leur internement.

Quoique moins développé, le portrait du grand-père Bricolin,[31] rendu idiot par l'agression dont il a été victime lors de l'épisode des »chauffeurs«, reprend le procédé de la transcription dans le corps des violences subies, en accentuant la portée historique, et donc politique, du drame familial, qui réactive en l'occurrence la mémoire des horreurs de la Révolution. Variant ses effets, George Sand continue, dans le cas du père Bricolin, de décrire un corps qui raconte une histoire, non plus passée, mais en devenir, puisqu'il s'agit de rendre par l'évolution de son physique le processus de décomposition morale et sociale auquel conduit le triomphe de l'argent. Particulièrement fouillé, ce portrait en pied emprunte à la tradition de représentation satirique du paysan pour peindre un homme laid, rude, cupide, sans scrupules et sans culture.[32] Recourant cette fois-ci au grotesque du difforme, George Sand livre une caricature qui suscite le rire, notamment par le biais de comparaisons dégradantes, comme celle qui assimile M. Bricolin à »une barrique cerclée«,[33] mais le ridicule se révèle vite plus in-

---

31 *MA*, 150.
32 *MA*, 114–117.
33 *MA*, 117. Sa femme n'est pas mieux traitée, puisqu'une comparaison zoologique la présente »comme une chèvre qui se met sur la défensive à la vue d'un chien étranger au troupeau« (*MA*, 107).

quiétant que comique, car il est le produit d'une déchéance présentée comme fatale, qui s'étend à toute une catégorie d'hommes menacés par le mal de l'enrichissement. De fait, comme l'indiquent d'emblée le titre, »le paysan parvenu«, puis le recours à des sujets collectifs et au présent à valeur générale, George Sand donne à travers l'exemple de M. Bricolin le portrait d'un type, dont la littérature, en l'occurrence le roman de Marivaux, lui fournit le modèle et qu'elle retrouve dans les mutations de la société paysanne. Car ce qu'elle décrit est moins une essence intemporelle qu'une métamorphose fatale du physique sous l'effet du changement de condition sociale, et donc de mode de vie. La réussite de ce long portrait tient en effet au dynamisme temporel que George Sand donne à la description en montrant le passage du corps sain du paysan au corps défait par l'excès de bonne chère et par l'alcool du »bourgeois de campagne«. Or, si l'effroi finit par l'emporter sur l'amusement suscité par la vision de ces corps en expansion au fur et à mesure que croissent les richesses, c'est que ce portrait en devenir relève d'un impitoyable déterminisme social qui ne laisse à ceux qui sont engagés dans ce processus aucune chance d'échapper à leur perte. George Sand décrit une altération physique et mentale qui s'apparente à la folie, dans la mesure où elle nous montre des hommes devenus monomaniaques, victimes d'une idée fixe, la passion de l'argent, qui finit par les détruire: un trait d'une ironie féroce les montre contraints de »s'engraiss[er] pour arriver à l'apoplexie ou à l'imbécillité«. Le portrait du père Bricolin a pour fonction de valider la démonstration, puisque George Sand s'y emploie à faire apparaître sur son visage et sur sa silhouette les indices de sa prochaine déchéance. L'exercice de déchiffrement du corps aboutit à la programmation d'un destin pitoyable, qui met à nu les petitesses de la nature humaine et le pouvoir corrupteur de l'argent. Un tel portrait a valeur d'avertissement: il sert le projet autant éthique que politique de dénonciation de l'évolution du monde paysan, de sa rapacité, de son inégalité, et donc de sa misère renforcée par l'accaparement des biens par un petit nombre. Sa force tient dans l'illustration clinique qu'il propose de ce mal social: George Sand y réussit fort bien à frapper l'imagination, en représentant un corps malade, dans lequel l'argent, qui »passe dans le sang«, agit comme un poison. Saisissant, ce portrait charge fournit un bel exemple de traitement politique d'un corps devenu figure des dérèglements qui minent la société.

Utilisés pour donner plus d'impact à la critique sociale, les portraits insérés dans Le Meunier d'Angibault rendent compte du désir de George Sand de ne plus se contenter d'écrire pour protester, mais d'œuvrer par ses fictions à la réforme de l'ordre social, en y proposant d'autres modes d'organisation et d'autres valeurs. La critique a souvent présenté son parcours romanesque comme celui d'un écrivain qui serait passé de la déploration et de la contestation face aux injustices sociales, et notamment face aux malheurs de la condition féminine, à une littérature de »consolation« davantage tournée vers l'avenir, empruntant à la pensée utopique les moyens de préparer l'avènement d'une nouvelle société.[34] *Le Meunier d'Angibault* illustre cette évolution, dans la mesure où il montre comment George Sand réoriente l'héritage idyllique en faisant en sorte qu'il ne s'apparente plus à la rêverie nostalgique sur un bonheur donné comme révolu, mais qu'il fournisse les structures narratives et conceptuelles pour élaborer un modèle idéal de société, que l'on puisse transposer dans le présent. Les portraits montrent cette inflexion utopique de l'idylle, que George Sand n'invente pas, mais qu'elle accentue,[35] en plaidant la cause de l'amour et de sa capacité à résoudre la question sociale. Ils témoignent en cela de son projet d'insérer »le roman social dans le roman d'amour«,[36] puisque c'est en pariant sur le pouvoir qu'a ce sentiment de lever toutes les barrières sociales et de rapprocher les classes que George Sand, dont les idées sont relayées par Marcelle, entend instaurer un monde meilleur. C'est pourquoi, dès l'incipit du roman, elle joue du pouvoir cataphorique du double portrait de Marcelle et de Lémor pour établir le couple, prouver qu'ils sont faits l'un pour l'autre, en dépit de leur différence de fortune et des préjugés qu'elle alimente. En effet, ces deux portraits ont pour fonction de révéler leur rang à partir de leur physique et de leur toilette, donc de faire surgir tout de suite l'obstacle qui peut les séparer, mais en fait pour mieux le prévenir et pour inscrire dans le présent l'avenir souhaité de leur relation. Le portrait de Marcelle se construit immédiatement en antithèse avec ses ancêtres, les »marquise[s] du temps passé«, dont elle rejette les mœurs voluptueuses: l'accent est mis sur ce qui différencie cette »veuve pudique« d'une classe avec laquelle elle veut rompre.[37] Le portrait, ainsi historicisé, suggère les mutations sociales en cours et ouvre de possibles narratifs que le roman réalise par l'exil de Marcelle loin des siens et par son union avec Lémor.

George Sand cherche surtout à dénoncer les idées reçues qui pourraient conduire à l'échec de leur histoire d'amour: elle le fait très habilement en faisant intervenir, à la fin de ces deux portraits, un observateur, anonyme ou identifié, qui se fait le porte-parole de l'opinion qui pourrait mal juger les amants ou conclure à leur inévitable séparation. Dans le premier cas, elle concède que l'»on eût pu d'ailleurs la [Marcelle] prendre pour la compagne naturelle de l'homme qui était à genoux auprès d'elle, pour une grisette de Paris«, mais c'est pour

---

34 Voir sur cette évolution le chapitre VII du livre de I. Hoog Naginski, *George Sand, l'écriture ou la vie*, Paris, Champion, 1999.
35 Voir sur ce point les analyses de J.-L. Haquette dans son livre: *Échos d'Arcadie. Les transformations de la tradition littéraire pastorale des Lumières au romantisme*, Paris, Classiques Garnier, 2009.
36 C. Mariette-Clot, »L'histoire du cœur« dans les romans des années 1840: réalisme ou utopie?, in *George Sand. Pratiques et imaginaires de l'écriture*, Caen, Presses Universitaires de Caen, 2006, 282.
37 *MA*, 33.

ajouter aussitôt ce commentaire: »car il est des grisettes qui ont au front une dignité de reine et une candeur de sainte«.[38] L'observateur anonyme lui sert à proposer un jugement erroné, puisque Marcelle n'est pas une grisette, mais la vraisemblance de l'hypothèse lui permet de dénoncer un préjugé en affirmant la dignité de ce type de femmes. Comme le fera ensuite Marcelle en réhabilitant le personnage de la prostituée et en attaquant l'institution du mariage,[39] la narratrice s'en prend aux faux-semblants d'une société dont les personnages vertueux ne sont pas toujours ceux que l'on croit. Reprenant le thème romantique de la valorisation morale du peuple, elle profite du portrait pour réaliser par le style, en l'occurrence par l'alliance des figures de la grisette, de la reine et de la sainte, le brassage des conditions par l'amour dont elle rêve. À elle seule, cette remarque finale qui vaut comme une digression idéologique affiche l'humanitarisme de George Sand, bien décidée à illustrer l'égale dignité des personnes et des classes. Le même procédé revient à la fin du portrait de Lémor. Cette fois-ci, George Sand imagine le jugement que porteraient les domestiques de Marcelle, s'ils avaient à commenter la mise de Lémor:

> Ses gants bruns suffisaient à prouver que ce n'était pas là, comme se seraient exprimés les laquais de l'hôtel de Blanchemont, un homme fait pour être le mari ou l'amant de madame.[40]

Le détour par ces observateurs hypothétiques lui permet d'énoncer le préjugé de la fatalité de la mésalliance et de le combattre immédiatement, en suggérant par les deux portraits combien ces deux-là se ressemblent et partagent les mêmes valeurs, en dépit de leur différence de statut social. Par ce biais, le portrait devient un moyen de cibler les stéréotypes qui bloquent l'évolution de la société et de leur opposer un autre ordre social, que l'intrigue va développer. Ancrés dans la réalité de l'antagonisme des classes, ils font advenir une autre réalité dans laquelle les mésalliances n'ont plus cours et traduisent ainsi le vœu de George Sand de »mêler le réel et le poétique« dans sa fiction, d'y peindre également l'homme »tel [qu'elle] souhaite qu'il soit, tel qu'[elle] croit qu'il doit être«.[41]

Le portrait du meunier répond encore à ce projet en brossant le type idéal de l'homme du peuple grandi par l'éducation qu'il a reçue. Alliant la bonté native de sa condition aux mérites d'un savoir assimilé sans prétention, Grand-Louis permet à George Sand de militer en faveur de la diffusion de l'instruction et de concilier dans son roman la peinture fidèle de la réalité paysanne et la projection d'une humanité nouvelle, reflet de ses plus chères espérances. Certes, l'idéal ainsi

---

38 *Ibidem.*
39 *MA*, 48–49.
40 *MA*, 33.
41 Cité par C. MARIETTE-CLOT, »*L'histoire du cœur*« dans les romans des années 1840 (note 35), 282, 283.

formulé a pu paraître chimérique aux critiques de George Sand toujours prompts à l'accuser de naïveté et de légèreté, d'autant que le roman se clôt avec l'entrée en utopie et se contente donc de jeter les fondements d'une communauté idyllique que l'on ne verra jamais à l'œuvre. Mais l'intérêt du *Meunier d'Angibault* est aussi de faire place à une pensée critique de l'utopie que la narration, loin de toute adhésion crédule, questionne au moins autant qu'elle l'expose. Il revient au portrait de la folle, dont on mesure de nouveau l'importance, d'instruire ce procès en jetant le soupçon sur la fiabilité des propos tenus par ceux qui se font les porte-parole du rêve. Ainsi Rose se demande-t-elle si Marcelle n'a pas la tête aussi »*dérangée*« que sa sœur,[42] lorsqu'elle lui expose les idées généreuses d'égalité et de justice qu'elle voudrait voir triompher dans la société. Quant à la Bricoline, elle finit par être comparée à »un vieux alchimiste perdu dans la recherche de l'absolu«,[43] ce qui l'érige en symbole de tous ceux qui partent en quête d'un idéal et qui sont donc menacés de perdre comme elle la raison, s'ils s'abreuvent d'illusions. Utilisé pour répercuter dans le roman d'amour les drames familiaux, son portrait sert à George Sand à interroger les idées utopiques dont se nourrit le roman, à mi-chemin entre la folie dont elles restent proches pour beaucoup, et l'espérance dont elle s'efforce coûte que coûte de les investir.

---

42 *MA*, 167.
43 *MA*, 196.

Laurence Claude-Phalippou (Toulouse)

D'un portrait l'autre: du personnage au conteur dans »Le Dessous de cartes d'une partie de whist« de Barbey d'Aurevilly

»Or, ce Marmor de Karkoël, Mesdames, était, pour la tournure, un homme de vingt-huit ans à peu près; mais un soleil brûlant, des fatigues ignorées ou des passions peut-être, avaient attaché sur sa face le masque d'un homme de trente-cinq. Il n'était pas beau, mais il était expressif. Ses cheveux étaient noirs, très durs, droits, un peu courts, et sa main les écartait souvent de ses tempes et les rejetait en arrière. Il y avait dans ce mouvement une véritable, mais sinistre éloquence de geste. Il semblait écarter un remords. Cela frappait d'abord, et, comme les choses profondes, cela frappait toujours. J'ai connu pendant plusieurs années ce Karkoël, et je puis assurer que ce sombre geste, répété dix fois dans une heure, produisait toujours son effet et faisait venir dans l'esprit de cent personnes la même pensée. Son front régulier, mais bas, avait de l'audace. Sa lèvre rasée (on ne portait alors pas de moustaches comme aujourd'hui) était d'une immobilité à désespérer Lavater et tous ceux qui croient que le secret de la nature d'un homme est mieux écrit dans les lignes mobiles de sa bouche que dans l'expression de ses yeux. Quand il souriait, son regard ne souriait pas, et il montrait des dents d'un émail de perles, comme ces Anglais, fils de la mer, en ont parfois pour les perdre ou les noircir, à la manière chinoise, dans les flots de leur affreux thé. Son visage était long, creusé aux joues, d'une certaine couleur olive qui lui était naturelle, mais chaudement hâlé, par-dessus, des rayons d'un soleil qui, pour l'avoir si bien mordu, n'avait pas dû être le soleil émoussé de la vaporeuse Angleterre. Un nez long et droit, mais qui dépassait la courbe du front, partageait ses deux yeux noirs à la Macbeth, encore plus sombres que noirs et très rapprochés, ce qui est, dit-on, la marque d'un caractère extravagant ou de quelque insanité intellectuelle. Sa mise avait de la recherche. Assis nonchalamment comme il était là, à cette table de whist, il paraissait plus grand qu'il n'était réellement, par un léger manque de proportion dans son buste, car il était petit; mais, au défaut près que je viens de signaler, très bien fait et d'une vigueur de souplesse endormie, comme celle du tigre dans sa peau de velours. Parlait-il bien le français? La voix, ce ciseau d'or avec lequel nous sculptons nos pensées dans l'âme de ceux qui nous écoutent et y gravons la séduction, l'avait-il *harmonique* à ce geste que je ne puis me rappeler aujourd'hui sans en rêver? Ce qu'il y a de certain, c'est que, ce soir-là, elle ne fit tressaillir personne. Elle ne prononça, dans un diapason fort ordinaire, que les mots sacramentels de *tricks* et d'*honneurs*, les seules expressions qui, au whist, coupent à d'égaux intervalles l'auguste silence au fond duquel on joue enveloppé.«[1]

*

A quoi tient l'intérêt d'un portrait? Ni sa fonction référentielle, ni son rôle narratif, ni même sa dimension esthétique ne sauraient subsumer la question en général, et encore moins dans les textes de Barbey d'Aurevilly. Celui-ci, en effet, modifie la perspective de ses descriptions en les associant toujours peu ou prou à leur réception: la valeur du portrait tient moins à son contenu qu'à son effet; c'est donc surtout à ce dernier qu'il s'agit de faire place. On reconnaît là l'un des principes majeurs de la création aurevillienne, à savoir que l'essentiel du récit est formé de la représentation et de l'implication du destinataire en son sein. Lire Barbey, c'est, pour l'essentiel, prendre conscience que rien n'advient qui ne soit corollairement perçu; aussi, dans le champ spécifique du portrait, ne s'agit-il jamais de donner à voir le personnage en tant que tel, mais toujours en tant que résultat d'une perception.

Il en va ainsi du portrait de Marmor de Karkoël, personnage aussi énigmatique que central dans la première des *Diaboliques* à avoir été rédigée par Barbey, »Le dessous de cartes d'une partie de whist«.[2] Cette nouvelle contient ce qui est caractéristique des trois derniers textes du recueil: la place de la narration, c'est-à-dire de la médiation pour accéder à l'histoire, voit son importance accrue non seulement en terme de volume mais aussi symboliquement et qualitativement.[3] En effet, si, à première vue, la nouvelle rend compte de l'ascendant que Marmor va exercer sur une petite ville et certains de ses habitants, l'on n'aurait en fait rien dit si l'on ne précisait d'une part qu'en son centre est un conteur, d'autre part que celui-ci ne dispose pour faire son récit que d'une subtile, mais lacunaire, combinaison de ce qu'il a observé et de ce qu'il a pressenti, et qu'en outre sa narration est présentée comme l'*exemplum* de la déclaration liminaire du texte: »je me figure que l'enfer, vu par un soupirail, devrait être plus effrayant que si, d'un seul et planant regard, on pouvait l'embrasser tout entier«.[4] A quoi, dès lors, va tenir l'intérêt de la présentation initiale qui nous est faite du personnage clé de cette

---

1 J.-A. BARBEY D'AUREVILLY, »Le Dessous de cartes d'une partie de whist«, in *Œuvres romanesques complètes*, t. II, éd. établie par J. Petit, Paris, Gallimard, 2003 (Bibliothèque de la Pléiade, 184), 129–171: 140–141. Cette nouvelle fait partie du recueil »Les Diaboliques«, *ibidem*, 9–264.
2 Elle a fait l'objet d'une première publication dans le journal légitimiste »La Mode« en 1850.
3 Dans »À un dîner d'athées« le récit-cadre prend le dessus sur le récit fait par Mesnilgrand; quant à »La Vengeance d'une femme«, tout l'intérêt du récit de la duchesse tient à l'impact qu'il a sur Tressignies qui en est le destinataire.
4 J.-A. BARBEY D'AUREVILLY, »Le Dessous de cartes d'une partie de whist« (note 1), 133.

nouvelle? Précisément à la place très spécifique que Barbey y ménage à ce conteur.

D'abord, la situation narrative qui prévaut dans ce texte est typiquement aurevillienne: un narrateur hétérodiégétique a assisté, lors d'une soirée mondaine, au récit qu'un causeur particulièrement brillant y a fait; c'est donc à celui-ci, qui se trouve en position homodiégétique, que revient la responsabilité énonciative du portrait. Ensuite, l'histoire narrée relève elle aussi d'une structure récurrente dans l'imaginaire aurevillien: il s'agit de l'arrivée d'un personnage, Marmor de Karkoël, dans une société (celle de Valognes, dans le Cotentin) dont l'élite se trouve privée, du fait de la Révolution française, de ses fonctions historiques; dès lors, on s'y ennuie et on y trouve des passions mineures, ici, celle d'un jeu de cartes, le whist. L'arrivée d'un personnage extérieur à ce microcosme (il est écossais et de passage) vient bouleverser l'équilibre initial (il arrive significativement »comme une bombe«) et générer un drame (la nouvelle se clôt sur trois morts: une mère, sa fille, le cadavre d'un nourrisson enterré dans un pot de résédas); mais celui-ci ne se déroule absolument pas sur la scène publique, non seulement parce qu'il se joue en privé, entre la Comtesse de Stasseville et sa fille Herminie, mais aussi parce que de cette histoire le public ne saura presque rien: tout se déroule dans »le dessous«, dans le secret d'une série de dissimulations réussies. Dès lors, la première description du personnage masculin permet de poser ce qui fonde sa place dans la nouvelle, sa personnalité mystérieuse.

L'écriture de Barbey d'Aurevilly s'applique en effet à rendre perceptible tout ce qu'ont d'énigmatique et d'insondable les sentiments, les motivations, les actions humaines. Or, s'il s'attache à rendre manifestes leur existence et leurs ramifications, il ne cherche jamais à les expliquer en tant que telles. Dans ce récit en particulier, son écriture s'efforce de faire percevoir la présence d'un mystère tout en maintenant son opacité.[5] C'est pourquoi on se propose de faire une »microlecture« du premier portrait de Marmor de Karkoël: cet exercice permet en effet de mettre en évidence comment Barbey fait en sorte que la présence du conteur, en apparence discrètement placé à l'arrière-plan de la description, forme en fait son point nodal. Se dévoile, en conséquence, toute la stratégie aurevillienne; susciter le mystère, dans cette esthétique, c'est, plus que développer pour eux-mêmes les sèmes mystérieux, les référer à une démarche énonciative.

---

5 Voir sur ce sujet, A. MEYER, *Le Spectacle du secret: Marivaux, Gautier, Barbey d'Aurevilly, Stendhal & Zola*, Genève, Droz, 2003.

Le personnage comme un spectacle

D'emblée, la monstration domine le portrait. Il y a, de bout en bout, spectacle, et celui-ci commence avec le déterminant »ce« qui a bien moins une valeur anaphorique que démonstrative: le conteur exhibe l'objet de son discours. La situation d'énonciation, alors, prévaut: la conjonction »or«, qui assure la progression du discours en procédant à une extraction de son point de focalisation, participe ici d'une stratégie concertée pour attirer l'attention d'un destinataire qui se trouve, aussitôt après, explicitement mentionné dans le cadre d'une apostrophe »Mesdames«, qui assure plus qu'une traditionnelle fonction phatique; le conteur oblige par cette association son public à porter de l'intérêt à son propos – et cette contrainte rejaillit sur la lecture puisqu'elle la renvoie à une implication très intense de la réception.

Le portrait proprement dit semble ensuite se conformer aux usages du genre: Marmor fait l'objet d'une caractérisation en apparence traditionnelle. En réalité, se déploie une complexification progressive du propos. Du fait des éléments mis en relief (»soleil«, »fatigues«, »passions«, »cheveux [...] noirs«), le héros participe d'abord du topos du voyageur romantique. Ensuite, ces caractérisations compliquent le portrait en accumulant les oppositions (on lit, par exemple, qu'»il n'était pas beau, mais il était expressif«) tant et si bien que l'adverbe »mais« en vient à dominer à tel point ce passage que l'opposition est ce que l'on retient; le personnage est duel, tout en lui se contredit, ou, plus exactement se superpose, on suit toujours deux directions le concernant. Cette dualité trouve alors son apogée dans l'évocation d'un masque: ainsi, le principe du mystère de Marmor est-il mis en place, puisque l'aspect qu'il offre sera toujours autre par rapport à ce qu'il est profondément. Enfin, et surtout, à cet aspect inquiétant, viennent s'ajouter les mentions de l'indétermination de la connaissance du personnage par celui qui assume sa présentation, le conteur. Barbey fait en sorte que rien ne soit affirmé qui ne soit peu ou prou modalisé: les »à peu près«, »ignorées«, »peut-être...« se multiplient. Ainsi se dévoile la nature réelle du mystère de Marmor: il a échappé à la connaissance de celui qui en parle. C'est en fait cette conscience-là qui est représentée, que le texte place au centre du spectacle.

Le portrait se poursuit avec la description d'un geste de Marmor qui consiste à ›écarter ses cheveux de ses tempes et à les rejeter en arrière‹. Or, là encore, il s'agit d'insister sur le spectacle que donne le personnage: en lui-même, le geste est brièvement décrit car ce qui fait alors l'objet de l'écriture, c'est la perception du mouvement, c'est l'effet qu'il produit. Ainsi, dans le commentaire qui suit (»il semblait écarter un remords«), outre le glissement sémantique permis par la dérivation syllleptique de »écarter« qui s'applique d'abord à »cheveux« et ensuite à »remords«, l'emploi de ›sembler‹ est à entendre au sens fort: celui de ›paraître, avoir l'air‹; il n'intervient aucunement pour modaliser le propos, mais bien pour insister sur la pensée à laquelle conduit le mouvement du personnage. Le prolongement de ce commentaire confirme l'intention: »cela frappait d'abord, et, comme les choses profondes, cela frappait toujours«. Le parallélisme reçoit, en incise, une comparaison ambivalente: est-ce en effet le geste qui est profond au sens où il serait la manifestation extérieure de l'intériorité du personnage? Ou cette profondeur concerne-t-elle ceux qui en sont spectateurs, auquel cas ›profond‹ serait à comprendre comme ce qu'il est difficile d'atteindre? L'indétermination est ici significative: pour Barbey, la profondeur est tout, elle est cachée, elle est désirable; mais on ne l'atteint pas en dépit des apparences: elle est contenue dans ce que l'être exprime. Reste à pouvoir y prétendre, ce qui consiste non pas à l'élucider, mais à en prendre conscience. Le registre tragique auquel le conteur associe ce geste opère donc comme une synecdoque.

Le mystère comme résultat de l'énonciation

Or, aussitôt que l'aspect aussi évocateur qu'énigmatique de ce geste est mentionné, un retour à la ligne crée une première rupture dans ce portrait de Marmor. Cet alinéa, si l'on ne prenait en compte que la progression thématique de la description, serait tenu pour incohérent, puisqu'il impose une rupture alors même que le texte continue à traiter du geste répétitif du personnage. Il faut en fait y voir un moyen de replacer le conteur au premier plan. Barbey met en relief le foyer de la perception; il réaffirme aussitôt la force de cette présence par une double assertion (»j'ai connu«/»je puis assurer«). Significativement, le propos est redondant en terme d'information pure; ce dont il s'agit, c'est uniquement de procéder par accumulations temporelles (»plusieurs années«/»dix fois«/»toujours«) et quantitatives (»cent personnes«) pour rendre compte de l'effet obtenu par le geste de cet homme sur ceux qui en ont été témoins. Le conteur, en élargissant ainsi chronologiquement et quantitativement la réception, mais encore en usant du lexique du théâtre (»geste«/»répété«/»son effet«), met en place un jeu de miroir: le spectacle qu'il est en train de monter par ses paroles pour ses auditeurs est doublement validé en tant que tel, d'une part dans la société de Valogne, mais également, en dehors de toute spécification, de façon générale. Là encore, spectacle et résultat obtenu sur le public deviennent l'essentiel de ce qu'il faut restituer par le conteur.

Une nouvelle série de caractérisations vient poursuivre le travail spécifique de la description, conformément à la fois aux codes du genre et à l'ambition aurevillienne qui fait en sorte que toute mention de ce que l'on voit conduise, par évocation, à ce que l'on pressent. Ainsi, l'opposition esthétique entre les adjectifs qui caractérisent le front du personnage font bien plus que décrire son apparence, puisque les termes employés (»régulier« et »bas«) coïncident avec les connotations morales qui leur sont associées (droiture/bassesse) et qui sont, elles, incompatibles: la combinaison, acceptable sur le plan esthétique, ne l'est plus sur le plan éthique. On a ici à faire au soubassement de l'écriture de Barbey qui utilise le rapprochement forcé des contraires[6] pour rendre sensible l'énigmatique, et créer de l'inquiétude.

Le portrait se prolonge avec une nouvelle opposition et un nouveau dédoublement (la bouche sourit, les yeux non). La dissociation de ces deux éléments accroît la dimension inquiétante de Marmor, le sourire n'étant plus manifestation empathique mais expression d'une distorsion intérieure d'autant plus menaçante pour celui à qui il s'adresse potentiellement que la suite (›montrer des dents‹) introduit une connotation qui entraîne le personnage du côté de l'agressivité animale. Quant à la comparaison qui suit avec les dents des Anglais, d'un »émail de perles«, mais qu'ils n'ont que pour »les perdre ou les noircir«, elle aussi corrobore la tension sous-jacente à tout le portrait: le négatif (perdre, noircir) prévaut sur la beauté (émail de perles) et cette évolution complexifie encore la représentation. La perversion du code suscite alors une incertitude profonde sur la nature du personnage. Mais, peut-être plus encore, l'accumulation d'informations contradictoires, et partant déroutantes, conduit à s'interroger sur la visée poursuivie par le conteur à travers ce portrait.

Cette interrogation trouve sa réponse quand, aussitôt après, à une nouvelle dissociation physique, qui porte cette fois sur le teint de Marmor (»couleur olive qui lui était naturelle, mais chaudement hâlé, par dessus, des rayons d'un soleil«), s'adjoint une modélisation (»[ce soleil] n'avait pas dû être le soleil émoussé de la vaporeuse Angleterre«) qui induit, du fait de cette formulation négative, une nouvelle suspicion; celle-ci s'avère d'autant plus délibérément imposée à l'imagination que, par la suite, ces éléments seront naturellement éclaircis, puisque la couleur du visage résulte de l'effet du soleil d'une région de l'Inde. Ainsi, le portrait campe-t-il un personnage qui, plus encore que de se révéler bifrons, s'avère pris en charge d'une façon ambiguë par celui qui le décrit. Le responsable énonciatif, à l'évidence, ne veut pas résoudre l'énigme. La description, on le voit, est manifestement structurée en fonction de sa réception. Si le personnage est caractérisé par sa dualité constante, la source de son mystère réside dorénavant dans la manière même dont il est présenté par le conteur qui, seul, le place résolument du côté du diabolique.

Il convient, à propos de la caractérisation qui suit, celle du nez du personnage, de noter surtout sa redondance: le portrait est circulaire. Cette récurrence des traits (»long«, »droit«) a pour vocation de déplacer l'intérêt car, en rendant à

---

[6] Sur ce sujet, voir M. CROUZET, *Barbey d'Aurevilly et l'oxymore: ou la rhétorique du diable*, in *Barbey d'Aurevilly, L'Ensorcelée et les Diaboliques, La Chose sans nom*, Actes du colloque de la Société des études romantiques du 16 janvier 1988, Paris, Sedes, 1988, 83–98.

présent l'apparence homogène, la narration induit que la division, la dimension inquiétante du héros sont à chercher ailleurs. C'est la référence à Macbeth qui s'impose en tissant un lien avec le geste initial de remords et l'omniprésence de l'évocation de l'Angleterre; elle vaut alors moins comme caractéristique physique que comme opérateur de fiction, puisqu'elle est, là encore, promesse de tragédie. Toutefois – et on est bien au cœur du processus d'écriture qui fonde ce portrait –, cette référence se trouve elle-même concurrencée par une caractérisation qui déçoit cette promesse. En effet, le registre tragique est détourné par le biais d'un commentaire (cette analogie avec les yeux de Macbeth se voyant référée à un ›caractère extravagant ou quelque insanité intellectuelle‹) dont l'explication est parfaitement dépréciative (on remarque que extravagance comme insanité, qui signifie ›caractère de ce qui est déraisonnable‹, reprennent le terme d'»audace«, mais sur un mode dégradé).[7] Une fois de plus, le portrait est déroutant car il semble suivre concurremment plusieurs directions adverses. S'ajoute en outre une incise, »dit-on«, qui modalise la valeur axiomatique de l'assertion et trouble l'axiologie du portrait: le narrateur prend-il de la distance avec ce constat moral ou y adhère-t-il? La seule certitude, c'est que cette adjonction se combine aux autres éléments pour renforcer l'indécision quant au personnage. Barbey, de la sorte, prive le lecteur de ses repères en obviant à l'élection d'une interprétation qui rendrait enfin homogène la teneur du portrait; l'intertexte évoque un contexte et suscite une impression, mais il est privé de valeur explicative. La logique se trouve comme confondue, la réception du texte est déroutée, une forme spécifiquement aurevillienne de mystère s'instaure.

Ce mystère s'épaissit par la série d'oppositions qui suivent: elles se font termes à termes, d'une part, puisque Marmor a l'air »grand« alors qu'il est »petit«, ce qui reprend et renouvelle la division déjà notée entre son apparence et sa réalité; elles sont structurelles, d'autre part, puisque d'être bien fait s'oppose globalement à l'absence de beauté de son visage, mais aussi à un »manque de proportion«. L'être qui se dessine accumule à tel point les éléments hétérogènes qu'il en devient hybride,[8] et c'est là que se trouve sa réelle (et inquiétante) difformité: moins dans le détail des traits énoncés que dans leur accumulation par un énonciateur qui se fait fort de mettre au premier plan que leur dénominateur commun, leur principe unificateur n'est autre, précisément, que cette division. Mais la mention de la disproportion qui frappe le physique de Marmor, qu'un défaut de son »buste« rend »petit«, sert peut-être plus encore de prétexte

---

7 Sur la présence du grotesque dans l'œuvre, voir P. Glaudes, *Esthétique de Barbey d'Aurevilly*, Paris, Classiques Garnier, 2009 (Études romantiques et dix-neuviémistes).
8 Sur la monstruosité des personnages aurevilliens, voir P. Auraix-Jonchière, *L'Unité impossible, Essai sur la mythologie de Barbey d'Aurevilly*, Saint-Genouph, Nizet, 1997.

au retour de l'énonciateur: le déictique »là« (»assis nonchalamment comme il était là«), qui est redondant vis-à-vis de la mention spatiale, permet surtout de ramener au cœur du portrait à la fois celui qui le fait et son aspect spectaculaire: il s'agit de mettre au premier plan de la phrase la monstration de la situation. Rien d'étonnant, dès lors, à ce qu'arrive aussitôt la marque d'une forte présence énonciative. Lorsqu'on lit »au défaut près que je viens de signaler«, c'est bien la première personne du conteur qui, soudain, revendique ce qui était jusqu'alors resté latent: le portrait tient à ce »je«, et à lui seul. La progression référentielle s'opère non par caractérisation extrinsèque mais par autoréférence: la réalité du personnage, c'est d'être l'objet du discours.

Le conteur comme clé du portrait

S'ensuit alors la troisième étape d'un portrait, qui progresse, selon la tradition, du général au particulier – à un détail près: le général et le particulier dont il est question ne sont pas ceux du personnage, mais ceux de sa réception. Cette nouvelle phase consiste en effet à réduire le champ dans le cadre d'une révélation d'importance, le conteur livrant enfin la clé de sa description: le portrait permet de donner corps à la fascination qu'il éprouve pour Marmor. Ainsi, aux effets d'indétermination liés à la combinaison d'éléments contraires succèdent deux interrogations qui vont les prolonger et les clore par l'adjonction à l'indéterminable de l'indécidable. Que la première question (»parlait-il bien le français?«) reste sans réponse est d'autant plus significatif que le conteur a insisté sur sa connaissance du personnage: il sait donc nécessairement ce qu'il en est de sa maîtrise du français. Il en va de même de la phrase qui suit, mais la modalité interrogative permet alors en outre d'insérer, comme en passant, deux assertions. La première est une métaphore apposée (»ce ciseau d'or« sert de comparant à »la voix« du personnage) qui combine exemplairement les divers éléments en présence. S'il s'agit à un premier niveau d'une référence à Marmor et au présage implicite d'une possible action sur ses interlocuteurs, laquelle consisterait en une prise de possession incarnée par l'emploi des verbes »gravons« et »sculptons«, la dimension artistique de cette métaphore filée, ainsi que son aspect quelque peu superfétatoire dans le contexte descriptif, obligent surtout à entendre une référence à la situation d'énonciation: le conteur est en train de parler de lui et de ceux qui l'écoutent; la séduction dont il est question, de ce fait, c'est la sienne propre, dont le portrait est le support et qu'il exerce (peut-être comme il l'a subie)[9] sur ceux qui l'entourent. La seconde interrogation (»la voix

---

9 Voir, à ce propos, P. TRANOUEZ, *Fascination et narration dans l'œuvre romanesque de Barbey d'Aurevilly: La scène capitale*, Caen, Minard, 1987 (Bibliothèque des Lettres modernes).

[...] l'avait-il harmonique à ce geste que je ne puis me rappeler aujourd'hui sans en rêver?«) renforce encore la place de l'énonciation: cette adéquation entre la voix et le geste de Marmor ne constitue pas en l'occurrence le fond du problème – ce serait d'ailleurs bien la première fois que deux éléments du personnage iraient de pair –, elle n'est interrogée que parce qu'il s'agit d'affirmer et de caractériser la prégnance du geste dans la mémoire du conteur.

Cette interrogation forme donc l'acmé du portrait, et l'arrivée comme inopinée de »ce qu'il y a de certain, c'est que, ce soir-là, elle ne fit tressaillir personne« ne contraste avec elle que pour la confirmer puisque, d'une part, l'assertion ramène au monde prosaïque des vérités établies, et que, d'autre part, la dichotomie qui s'opère n'est pas uniquement temporelle (»aujourd'hui«/»ce soir-là«): n'établit-elle pas surtout une distinction entre ceux qui perçoivent le mystère et sa séduction et ceux qui l'ignorent? Il n'est pas donné à tous d'être conteurs.

Mais la duplicité de Marmor – une nouvelle fois signifiée par ce »diapason fort ordinaire« que les auditeurs et lecteurs sont à tel point préparés par tout le portrait à ne recevoir que comme un indice supplémentaire de tromperie qu'il n'est même plus nécessaire que cela soit dit pour que l'impression soit présente –, cette duplicité, donc, se trouve à présent non plus du côté du personnage, mais bien du seul énoncé où elle est perceptible. Ce serait alors un contresens de prendre à la lettre la mise au second plan du personnage à la fin de son portrait, de croire que Marmor ne serait décrit dans sa singularité menaçante que pour la voir *in fine* atténuer. Le procédé est concerté et la suspicion porte donc à présent sur celui qui en est l'instigateur. D'abord, en effet, l'impact de Marmor sur ceux qui l'entourent se trouve étrangement masqué à la fin du texte: on apprend pourtant peu après qu'à la même table et le même soir se trouve la comtesse du Tremblay de Stasseville dont on dira pourtant plus loin qu'elle fut sa maîtresse. Ensuite, l'insistance sur l'aspect rituel de la situation et même l'estompement des acteurs (du fait de l'emploi du pronom indéfini »on«) opèrent, une nouvelle fois, comme une dissimulation volontairement menée par le conteur. Tout l'arsenal rhétorique a conditionné la réception en sorte que si le texte affaiblit momentanément le mystère, il semble que ce ne soit que pour mieux le relancer. Bien au-delà de ces apparences que le lecteur pressent trompeuses, quelque chose va se passer. Enfin, cet ultime et poétique »silence« sur lequel se clôt ce premier portrait revêt une dimension presque magique; si les mots sont »sacramentels«, c'est bien que Marmor est en train d'officier, mais à sa manière: sans que cela ne se voie, ni ne se sache. Ce silence représente la réussite du conteur qui n'a plus besoin de rien préciser pour faire pressentir à ses auditeurs le mystère qui va de pair avec son personnage.[10] La description peut prendre fin

---

10 Sur la formation et la valeur du mystère dans l'œuvre aurevillienne, voir PH. BERTHIER,

puisque le conteur a atteint son objectif. Il a rassemblé tous les éléments qui permettent de transmettre sa fascination à son auditoire, ou plus exactement de la propager: la fascination doit être contagieuse.

*

Dans ce passage du »Dessous de cartes d'une partie de whist«, on le voit, s'il s'agissait bien évidemment d'incarner le personnage dans le cadre d'une description, l'ambition était finalement ailleurs; elle consistait non seulement à transcender le portrait par un point de vue, mais aussi à manifester la puissance de la charge imaginaire de ce dernier. Dans l'esthétique aurevillienne, la présentation du personnage n'eût revêtu aucune valeur si elle n'avait pas étroitement dépendu de celui qui la faisait. Le vrai enjeu, dès lors, était de donner au conteur, corollairement, la densité d'un personnage. Marmor se trouve au centre de la narration avant tout parce qu'il occupe le souvenir, la pensée, le désir de celui qui la fait; aussi est-ce à eux que l'écriture fait place. L'intérêt de ce portrait tient donc moins à ce qu'il contient qu'à l'exhibition de sa perception. On pense d'abord que la fascination qui en émane est liée à l'impossible résolution de l'hétérogénéité oxymorique de ses composantes; or, si l'aspect mystérieux du personnage trouve bien sa consistance, sa plausibilité narrative, dans cette indécidabilité, cette irrésolution intrinsèque, c'est parce que le travail énonciatif les met au premier plan. Le conteur, qui impose ces énigmes et invite à se laisser guider par elles, détermine la réception de ce portrait comme de la nouvelle: à partir des éléments qui se combinent, il s'agit moins de comprendre que de pressentir, d'entrer ainsi dans la seule dimension du réel qui vaille, celle de la profondeur du mystère, et de la seule manière qui soit, celle d'une mise en contact qui ne peut passer que par une interrogation fascinée. Le portrait n'a de sens que s'il objective, en même temps que le personnage, les données en fonction desquelles celui-ci est présenté; on va donc, nécessairement, d'un portrait l'autre.

Et ce déplacement exprime très précisément ce qui est au cœur de l'écriture aurevillienne: la figure du témoin, dont on a surtout privilégié la fonction de médiateur entre le texte et le lecteur, exprime, plus encore, une perception du monde dans laquelle ce qui est crucial, c'est qu'une conscience le régisse. Les récits de Barbey portent moins sur le réel que sur la manière dont il parvient jusqu'à nous et n'ont d'autres véritables héros que ces existences qui, dans tous ses textes, se trouvent chargées de concevoir le monde.

Barbey d'Aurevilly et l'Imagination, Genève, Droz, 1978.

Mario Richter (Padova)

Locuteurs et voyageurs dans *Le Voyage* de Baudelaire

Le locuteur principal des *Fleurs du Mal* est le narrateur qui, dès le premier poème du livre (»Bénédiction«), nous présente le »Poète« (»Lorsque, par un décret des puissances suprêmes, / Le Poète apparaît...«), et qui ne tarde pas à s'identifier avec celui-ci en s'exprimant à la première personne.

Il y a cependant le poème liminaire »Au Lecteur« qui met en scène un *nous*, c'est-à-dire un *je* se sentant autorisé à parler au nom d'autres personnes ou, plus précisément, de ses »frères« catholiques (vu qu'on y parle des péchés, de la confession, de Satan, de l'Enfer...), un *nous* qui pour autant révèle sa nature véritable en devenant, au dernier vers, un *je* (»Hypocrite lecteur – *mon* semblable, – *mon* frère«).[1] Ce même *nous* revient ensuite, mais de façon occasionnelle, dans la dernière strophe de »Les Phares«.

À partir de là, *Les Fleurs du Mal* ne nous rendent compte que de l'expérience du seul locuteur, qui parfois joue également le rôle du narrateur ou du »poète« en tant que personnage. Ce n'est que lorsqu'on en arrive à lire le dernier poème du recueil (dans l'édition de 1861), »Le Voyage«, qu'on revient au *nous*, qui a tout l'air de reprendre celui de la pièce liminaire. Il ne s'agit évidemment pas du même genre de *nous* par lequel, dans les trois premiers sonnets de cette section (»La Mort«), on a fait parler à la première personne, successivement, les amants, les pauvres et les artistes.

Dans son analyse du »Voyage«, Patrick Labarthe s'est bien posé la question de savoir qui parle dans cette ultime pièce. Voici l'explication qu'il a cru pouvoir donner: »Cette voix n'est autre que celle, adulte, du ›sceptique voyageur‹ ou du sage attristé, qui s'est comme dépris des mirages, et qui contemple, dans une

---

1 C'est moi qui souligne. Quant au »frère«, il s'agit d'un terme chargé de sens. Car, vu sa position particulièrement stratégique et les éléments proprement chrétiens et catholiques qui innervent ce poème liminaire, ce »semblable« en hypocrisie du Poète ne semble être que son »frère« chrétien.

sorte de distance apparemment maîtrisée, les spectacles du monde. Tel est le motif du voyageur qui retourne la tête«.²

Considérant cette explication comme étant trop générale ou trop simple par rapport à la réalité, bien plus complexe, du texte, je vais essayer de donner ici une réponse à cette même question de façon plus détaillée.

»Un matin nous partons...«. S'exprimant à la première personne du pluriel, il semble que le locuteur parle, certes, pour lui-même, mais aussi au nom des autres, c'est-à-dire de tous les hommes de la ›tribu‹ qui, déçus par la réalité de leur »monde ennuyé«,³ ont pu se servir des instruments du progrès (bateaux et trains) pour réaliser concrètement, avec le voyage, leurs grands rêves enfantins caressés »à la clarté des lampes« (je me réfère à la première strophe).

Les raisons qui poussent tant d'hommes de la ›tribu‹ à partir en mer sont l'un ou l'autre des grands maux du »monde ennuyé«, des »nations corrompues«:⁴ pour certains, c'est la »patrie infâme«; pour d'autres, l'horreur du milieu familial (le »berceau« qui les ›berce‹ mal); pour d'autres encore, c'est l'esclavage séducteur d'une femme tyrannique et maléfique, une magicienne, la célèbre Circé de l'*Odyssée,* capable d'attirer avec des parfums dangereux et artificiels, bien différents des parfums naturels de la femme exotique (voir »La Chevelure«):

> Les uns, joyeux de fuir une patrie infâme;
> D'autres, l'horreur de leurs berceaux, et quelques-uns,
> Astrologues noyés dans les yeux d'une femme,
> La Circé tyrannique aux dangereux parfums.

Les raisons du départ sont donc – pour ces hommes de la ›tribu‹ qui, pendant leur enfance, ont rêvé sur des cartes et des estampes – la patrie, la famille et la femme.

Toutefois, il faut dire que, évoquant la magicienne Circé dans le dernier vers du quatrain, Baudelaire nous ramène à un des textes littéraires qui constituent les fondements de la culture du »monde ennuyé«. Il nous ramène précisément à l'aventure d'un grand *voyage*, le voyage célèbre qui conduisit Ulysse et ses compagnons, à travers mille mésaventures, loin de leur patrie. Maintenant, grâce aux moyens de transport dont ils disposent, ces nouveaux voyageurs – ces »astrologues« qui semblent avoir perdu l'objet originel de leurs observations, le ciel – sont heureux de fuir un danger qu'ils ne courent pas, comme cela arriva aux compagnons d'Ulysse, pendant un voyage, mais *dans leur propre patrie*. Cela signifie que le voyage qui est raconté dans le poème grec est devenu, aux yeux de

---

2 P. LABARTHE, *Baudelaire et la tradition de l'allégorie*, Genève, Droz, 1999, 608–609. Dans le présent article, je reprends en partie le commentaire que j'ai fait du »Voyage« dans mon ouvrage *Baudelaire. »Les Fleurs du Mal«. Lecture intégrale*, t. II, Genève, Slatkine, 2001, 1583–1658.
3 Voir le deuxième vers de »Bénédiction«.
4 Voyez le cinquième poème du recueil, »J'aime le souvenir de ces époques nues«, v. 29.

celui qui parle, une représentation de la réalité existante, de la ›patrie‹, c'est-à-dire du »monde ennuyé« d'où nos voyageurs veulent fuir, exactement comme les voyageurs homériques fuirent de l'île de Circé.[5]

Cette remarque va sans doute trouver confirmation dans la quatrième strophe qui suit:

> Pour n'être pas changés en bêtes, ils s'enivrent
> D'espace et de lumière et de cieux embrasés;
> La glace qui les mord, les soleils qui les cuivrent,
> Effacent lentement la marque des baisers.

La proposition finale qui commence la strophe (»Pour n'être pas changés en bêtes«) semble nous inviter à penser que le sujet »ils« (»ils s'enivrent«) se réfère seulement au troisième et dernier groupe de voyageurs énumérés dans le quatrain précédent. En effet, nous savons tous que ceux qui ont été transformés en cochons oublieux de la patrie furent les compagnons imprudents d'Ulysse qui, dans l'île d'Ééa, se laissèrent tromper par les arts magiques de la séduisante Circé. Cependant, le changement de strophe et la norme grammaticale nous permettent d'élargir la référence à *tous* les voyageurs nommés dans la strophe précédente, ceux qui se sont embarqués pour trois raisons différentes (patrie, famille, femme).

Il n'en reste pas moins que ces voyageurs bien motivés (à fuir la »patrie infâme«, etc.) n'ont aucune alternative *harmonieuse:* s'ils ne veulent pas devenir des bêtes (en restant où ils sont), ils doivent *s'enivrer.* À propos de l'importance qui est donnée à cette alternative (ou bêtes, ou ivrognes), on observera combien Baudelaire a eu soin d'isoler dans un fort rejet le syntagme »en bêtes« et, par conséquent, de renforcer le syntagme suivant »ils s'enivrent«, qui est placé à la rime, prenant ainsi une valeur absolue, indépendante des compléments suivants (espace, lumière et cieux).

Ces voyageurs ›ivres‹, pour ne pas devenir des bêtes, vont au-devant d'une vie qui n'a rien d'agréable: ils sont *mordus* par le froid des terres polaires (»La glace qui les mord«) ou bien ils sont *cuivrés* par la chaleur excessive (»…les soleils qui les cuivrent«).[6]

On comprend alors que ces voyageurs motivés (parmi lesquels il y a sans doute aussi celui ou ceux qui parlent) sont poussés à exagérer. Ce n'est que de cette façon exaspérée, nous dit le locuteur-narrateur, qu'ils réussissent en effet à effacer, mais seulement avec lenteur, la marque qu'ont laissée les »baisers« maléfiques et tyranniques du »monde ennuyé« qu'ils ont fui.

Cependant, celui ou ceux qui disent »nous« savent qu'il existe une autre

---

5 Ce célèbre épisode est raconté au chant X de l'*Odyssée.*
6 Il est peut-être utile de rappeler que Bescherelle (1852) donne au verbe *cuivrer* un sens exclusivement technique: »Revêtir de cuivre en feuilles«.

catégorie de voyageurs, les vrais voyageurs, ceux qui n'ont pas un motif précis pour partir, des gens pour qui le voyage n'est pas un moyen, mais une fin, une valeur en soi, *la* valeur. Ce sont en effet des voyageurs qui »partent pour partir«:

> Mais les vrais voyageurs sont ceux-là seuls qui partent
> Pour partir...

Pour appartenir à cette catégorie de voyageurs authentiques, désintéressés, il faut avoir – nous dit-on – un cœur différent de celui des voyageurs précédents: un cœur libre de lourdes entraves affectives, dépourvu de rancœurs, etc., et donc plus léger que le contexte où il se trouve. Ainsi – comme cela se passait avec les vieilles montgolfières (qui fonctionnaient à l'air chaud) ou avec les ballons aérostatiques plus récents (qui fonctionnaient au gaz), qui, à cette époque-là, montaient dans le ciel en obéissant, pour ainsi dire, à leur nature intime, c'est-à-dire à la seule force qui les portait vers les hauteurs sans aucune possibilité de contrôler la direction –,[7] ces voyageurs au cœur léger sont toujours prêts à abandonner la terre et à entreprendre un voyage incontrôlable et plein de risques:

> ...cœurs légers, semblables aux ballons,
> De leur fatalité jamais ils ne s'écartent,
> Et, sans savoir pourquoi, disent toujours: Allons![8]

Si la vie du »monde ennuyé« est caractérisée par la sédentarité, nous serions amenés à penser que ces vrais voyageurs ont des cœurs de nomades, un cœur naturellement toujours prêt à partir. Nous pourrions donc les rapprocher des »bohémiens en voyage«, eux aussi – bien que les hommes aient les yeux alourdis »Par le morne regret des chimères absentes« – toujours prêts à partir pour partir, pour se déplacer, pour changer de lieu vers »L'empire familier des ténèbres futures« (XIII. »Bohémiens en voyage«).

Quoi qu'il en soit, désintéressés ou pas, nous sommes tous des voyageurs, étant donné que notre âme est elle-même un navire, un »trois-mâts«:

> Notre âme est un trois-mâts cherchant son Icarie.

---

7 »On ne connaît pas encore le moyen de diriger les ballons dans les airs (B. Jull.)« (Bescherelle, 1852).

8 Voilà comment Maxime Du Camp, le dédicataire du poème qui nous occupe ici, célébrait le »ballon«:
Quant au ballon, guidé par quelque audacieux,
Vole au milieu des vents sans aile et sans amarre,
Il ne choit pas vaincu, dépouillé comme Icare:
Il brave le soleil et plane dans les cieux!
(»Aux Poètes«, M. Du Camp, *Les Chants modernes*, Paris, Librairie Nouvelle, 1860, 59).

À l'intérieur de ce trois-mâts,⁹ il y a des personnes, dont on entend les voix exaltées, des voix de fous visionnaires qui rêvent les yeux ouverts et – guidés par de grands idéaux vagues et abstraits comme l'Amour, la gloire et le bonheur – ont la présomption de faire ouvrir les yeux à d'autres voyageurs :

> Une voix retentit sur le pont : »Ouvre l'œil !«
> Une voix de la hune, ardente et folle, crie :
> »Amour...gloire... bonheur...!«...

Mais sur le »trois-mâts« de *notre* »âme« (c'est-à-dire celle qui est bien à nous, curieux de la ›tribu‹, toujours animés par l'espérance) et dans l'espace lyrique unitaire de la même strophe, éclate *in extremis* – dirait-on – et en rejet, la voix du locuteur-narrateur (puisqu'il s'agit aussi de son âme : les autres voix font écho *également* dans son âme) qui crie le danger avec une espèce d'imprécation, un bisyllabe. De quel danger s'agit-il ? De l'Enfer, c'est-à-dire de la peine éternelle que la religion chrétienne promet aux *âmes* qui se trouvent en état de péché mortel. L'écueil constitue une cause de naufrage pour le *trois-mâts* (voici l'Icarie dans son sens premier, Icare y ayant trouvé la mort), mais puisque c'est l'âme – l'âme chrétienne immortelle élaborée par la culture de la ›tribu‹ –, la perspective, pour elle, est précisément l'Enfer :

> ...Enfer ! c'est un écueil !

L'âme-*trois-mâts* des hommes curieux de la ›tribu‹ est préparée à transformer la réalité, à reconnaître dans n'importe quel îlot aperçu par l'homme de vigie pendant son voyage vers Icarie un lieu de richesse et de bonheur, très exactement un Eldorado. Et pas seulement, puisque l'âme en question est aussi prédisposée à considérer que l'îlot entrevu par l'homme de vigie est une promesse réconfortante du Destin (que l'on doit entendre dans un sens laïque ou religieux) :

> Chaque îlot signalé par l'homme de vigie
> Est un Eldorado promis par le Destin.

Embarquée sur le trois-mâts de l'âme, il y a aussi une autre abstraction, l'imposante »Imagination« qui, avec la masse de ses six syllabes (*L'I-ma-gi-na-ti-on*), occupe tout le premier hémistiche. À l'annonce de l'homme de vigie, l'Imagination organise sur le navire de l'âme une grande fête désordonnée de constructions fantastiques, de prévisions et de projets, de systèmes parfaits – précisément une orgie. Mais, aux premières clartés du matin, l'orgie nocturne de merveilles construite sur le trois-mâts de l'âme autour de l'Eldorado qui a été signalé se réduit à la constatation amère que l'île heureuse n'est, en réalité, qu'un écueil, un »récif«, un lieu où les navires font souvent naufrage :¹⁰

---

9 Bescherelle (1852) semble considérer cette embarcation comme »un navire commercial«.
10 Les étymologies du mot examinées par Bescherelle (1852) – le lat. *rescindere* et *rescire* ou

> L'Imagination qui dresse son orgie
> Ne trouve qu'un récif aux clartés du matin.

Maintenant (strophe 10), celui ou ceux qui parlent – eux aussi voyageurs du trois-mâts de l'âme, qui participent sûrement eux aussi à l'orgie organisée par l'Imagination – manifestent leur déception par l'exclamation suivante (qui me semble exprimer un sentiment à la fois de commisération et de blâme):

> Ô le pauvre amoureux des pays chimériques!

À qui s'adressent-ils? S'ils participent eux aussi à l'orgie organisée sur le trois-mâts de l'âme, on peut penser qu'eux aussi sont concernés par l'exclamation, exactement comme ils ont certainement été eux aussi des enfants »amoureux de cartes et d'estampes« (l'adjectif commun »amoureux« contribue certainement à renforcer le rapport). Il faut toujours tenir compte du fait que »notre âme« d'hommes de la ›tribu‹ est le moyen (il s'agit peut-être d'une embarcation commerciale) qui nous fait accomplir le voyage vers Icarie, un ›pays chimérique‹. Quiconque se trouve sur ce navire éminemment dualiste[11] ne peut pas s'empêcher d'être un »amoureux des pays chimériques«. Je dirais donc que l'exclamation s'adresse à *tous* les navigateurs qui voyagent sur cette âme-*trois-mâts*.

Devant cette déception atroce, celui ou ceux qui parlent expriment également leur désir de mettre aux fers ou de jeter à la mer et donc de chasser hors de l'âme (hors du trois-mâts) le marin responsable des constructions fantastiques, un ivrogne, inventeur de nouvelles terres inexistantes, celui qui, en construisant le mirage d'une vie différente de la réalité, rend le naufrage plus amer, le »gouffre amer«,[12] c'est-à-dire – vu aussi le titre de la section – la mort:

> Faut-il le mettre aux fers, le jeter à la mer,
> Ce matelot ivrogne, inventeur d'Amériques
> Dont le mirage rend le gouffre plus amer?

Si la mort (le »récif«, considéré d'habitude, on l'a dit, comme la cause du naufrage) constitue une déception terrible, insupportable, cela dépend du fait que la ›tribu‹ s'est inventé une âme à laquelle le Destin aurait promis un Eldorado, etc. C'est précisément le drame d'Icare, sa grande chute. Donc, le »pauvre amoureux

---

l'espagnol *arrecife* – sont toutes en rapport avec le danger que l'écueil désigné (souvent peu visible) représente pour les navires.

11 Qu'on entende par ce terme une manière essentielle, structurale, de voir et de penser le monde: celle-ci divise le réel en deux parties s'opposant irréductiblement. C'est la philosophie grecque, en particulier celle de Platon, qui a élaboré une fois pour toutes un système symbolique et conceptuel fondé sur le dualisme de valeurs opposées: *monde sensible / monde suprasensible, connaissance mythique / connaissance scientifique*, et, par la suite, dans le contexte d'un christianisme hellénisé, *mal / bien, enfer / ciel*, etc.

12 On se rappellera le vers 4 de »L'Albatros« (II): »Le navire glissant sur les gouffres amers«.

des pays chimériques« est, en dernière analyse, l'Homme de la ›tribu‹, un ensemble de tant d'Icares ridicules.

Si nous avons d'abord pu relier le »pauvre amoureux des pays chimériques« à l'*enfant* du début, »amoureux de cartes et d'estampes«, maintenant (strophe 11), ce personnage qui ne vit qu'à l'intérieur d'une métaphore, celle de l'âme comme un trois-mâts, est comparé à un *vieillard*, un »vieux vagabond« qui est tout ce que l'on peut imaginer de plus éloigné de la réalité: c'est en effet un personnage rendu autonome par la strophe, mais né uniquement au service d'une représentation précédente (le »pauvre amoureux des pays chimériques«) qui, à son tour, vit d'une façon fort imaginaire à l'intérieur d'une métaphore singulière (l'âme assimilée à un trois-mâts). Ce »vieux vagabond« imagine de façon dualiste, en distrait et peut-être même en visionnaire hautain qu'il est (»le nez en l'air«; »son œil ensorcelé«), des réalités opposées à la condition où il se trouve. Il laisse celle-ci comme elle est. Il ne se préoccupe pas de la modifier. Il reste les pieds dans la boue. De cette façon, il oublie la réalité (ou l'*action*) et il s'abandonne au *rêve*, en imaginant des paradis. »Partout où la chandelle illumine un taudis«, il découvre une splendide demeure qui permet les délices dont jouit autrefois, dans la plaisante Capoue, le grand Hannibal:

> Tel le vieux vagabond, piétinant dans la boue,
> Rêve, le nez en l'air, de brillants paradis;
> Son œil ensorcelé découvre une Capoue
> Partout où la chandelle illumine un taudis.

Faut-il alors que les voyageurs (et, avec eux, le locuteur ou les locuteurs) embarqués sur le trois-mâts de l'âme condamnent aux travaux forcés de la galère ou jettent à la mer le ›compagnon‹ de voyage exalté et ivrogne qui – »pauvre amoureux des pays chimériques« semblable à l'enfant du début, et certainement semblable au locuteur lui-même... – ressemble à ce »vieux vagabond« qui change la réalité où il vit avec ses rêves et ses visions, séduisants mais absurdes?

Je crois que cette espèce de mutinerie sur le navire métaphorique de l'âme, guidé trompeusement par des ivrognes exaltés et par de fous rêveurs, concerne également celui ou ceux qui disent »nous« (y compris le locuteur), eux aussi des voyageurs de cette âme-*trois-mâts*, follement idéaliste.

Maintenant, celui ou ceux qui jusqu'ici ont dit »nous« et qui sont partis eux aussi en mer à cause d'une déception éprouvée dans leur patrie, ceux-là s'adressent avec admiration (semble-t-il) aux voyageurs définis »étonnants«. Mais il faut dire que la distinction entre ces deux types de voyageurs est loin d'être claire.

Qui sont ces »voyageurs«? Ce sont, très vraisemblablement, ces hommes exceptionnels (»étonnants«) de la ›tribu‹ (de »nous«) qui sont revenus dans leur patrie après avoir eu l'expérience considérable de longs voyages réels, et cela grâce aux moyens du progrès, c'est-à-dire avec des trains et des navires (comme on l'apprend en effet au début de la strophe suivante): des gens qui, ayant vu beaucoup de choses, peuvent maintenant raconter de »nobles histoires« à ceux qui naviguent – du reste, comme ils doivent faire eux-mêmes – sur une »âme« en voyage vers Icarie et qui, sur cette »âme«, sont disposés à s'abandonner à l'orgie de l'Imagination (»Quelles nobles histoires / Nous lisons dans vos yeux profonds comme les mers!«). Ce sont des gens qui, pour ceux qui voyagent sur une »âme« bien disposée (ou prédisposée) aux chimères, peuvent révéler de nombreuses merveilles, avec la langue dont dispose la ›tribu‹, parce qu'au cours de tant de voyages, ils ont certainement accumulé dans leur esprit les trésors imaginaires les plus somptueux et les plus stupéfiants, constitués – disent nos interlocuteurs curieux – de visions »d'astres et d'éthers« (»Montrez-nous les écrins de vos riches mémoires, / Ces bijoux merveilleux, faits d'astres et d'éthers«).

Il ne semble pas difficile de saisir ici une certaine veine ironique: je me réfère en particulier à l'emphase du premier vers, tout spécialement à ces adjectifs »étonnants« et »nobles«, et surtout à ces yeux »profonds comme les mers«.

Celui ou ceux qui, à présent, disent »nous« (strophe XIII) sont des idéalistes, des spiritualistes, et expriment un désir, ou plutôt une volonté. Car avec leur »âme«, prédisposée à l'illusion des »pays chimériques«, ils *veulent* accomplir, de façon dualiste, un voyage qui ne soit que *mental, imaginaire*, précisément sans les moyens matériels représentés par la modernité des trains (à vapeur) et des navires (à voile et à vapeur):[13]

Nous voulons voyager sans vapeur et sans voile!

La strophe 14 de cette troisième partie du poème commence donc par une question de celui qui dit »nous«, posée aux »Étonnants voyageurs«:

Dites, qu'avez-vous vu?

Mais ici, la strophe est interrompue dans son premier alexandrin par une césure, renforcée par le passage de la troisième partie à la quatrième, qui brise ainsi l'unité lyrique d'un vers.

Même si l'on veut distinguer et séparer les mots que prononcent les »nous«, curieux (»nous« qui nous attendons, pour nos »esprits, tendus comme une toile«, c'est-à-dire *de façon imaginaire*, à des nouveautés extraordinaires), de ceux des »Étonnants voyageurs« (qui racontent les souvenirs de leurs expériences *réelles*), ce sont en réalité des mots intimement unis les uns aux autres, qui font partie de la même unité lyrique, c'est-à-dire du même vers, qui est une valeur unitaire, indivisible. C'est dans l'unité du vers que se réalise la fusion (séparée ›artifi-

---

13 Maxime Du Camp, le dédicataire de ce texte, avait célébré la vapeur dans un poème de ses *Chants modernes* (édit. de 1855, 247–272).

ciellement‹ ou, pour ainsi dire, profanée par l'indication d'une partie qui obéit à une valeur non lyrique comme l'est la division des discours du »nous« et du »vous«) du *rêve* et de la *réalité*, de ceux qui sont restés et qui rêvent, d'une part, et de ceux qui ont voyagé et qui ont vu, de l'autre. Les uns et les autres font en réalité partie de la même ›condition humaine‹, c'est-à-dire de la même condition culturelle. Quoi qu'ils fassent, ils voyagent tous sur le »trois-mâts« (vraisemblablement un navire commercial) de leur »âme«. Et l'âme – qui a une structure dualiste et idéaliste – est la plus grande invention de la ›tribu‹ et c'est à elle que la poésie, telle que la ›tribu‹ elle-même l'a conçue – muse malade, avec ses vers, »noirs compagnons sans oreille et sans yeux« (LXXII. »Le Mort joyeux«, v. 9), et avec ses »vieilles rubriques« démoniaques (CXV. »La Béatrice«, v. 21) –, doit son existence.

Or les »Étonnants voyageurs« répondent d'une façon très décevante à la question posée par celui ou ceux qui disent »nous« (»Dites, qu'avez-vous vu?«): leur compte rendu est celui de gens qui n'ont ramené de leurs grands voyages que des désillusions.

Ce qu'il est important de souligner, c'est que les deux groupes d'interlocuteurs – les curieux qui sont restés dans leur patrie et ceux qui ont voyagé (les »Étonnants voyageurs«) – partagent en fait la même réalité, je veux dire la même substance lyrique. Ils parlent la même langue. Les mots de l'un sont nécessaires à ceux de l'autre pour que le vers réalise son unité (»Dites, qu'avez-vous vu?/IV/›Nous avons vu des astres […]‹/V/Et puis, et puis encore?/VI/›Ô cerveaux enfantins !«). Aucun artifice extérieur ou graphique (division en parties, espaces blancs) ne peut vraiment les séparer. Ce qui les unit, c'est le rythme, la ›musique‹. Ils font partie – pour évoquer une image tout particulièrement significative de »L'Héautontimorouménos« (LXXXIII, v. 14) – de la même »divine symphonie«. Nous pourrions aussi dire – en pensant à »La Muse malade« (VII) – que c'est leur »sang chrétien« qui les unit, qui les rend précisément des »frères«. Ce sont les deux faces de la même médaille dualiste: d'une part, la curiosité la plus inépuisable; de l'autre, la déception la plus désespérée. L'une étant directement proportionnelle à l'autre: plus la curiosité est forte, plus est forte la déception. C'est ce qui arrive, comme on l'a vu, à l'intérieur de l'âme-*trois-mâts* qui est à la recherche de son Icarie.

Les voyageurs disent ce qu'ils considèrent comme le plus important, c'est-à-dire que, sans s'être donné la peine de les chercher, ils ont vu partout dans le monde et à chaque degré de l'échelle sociale, qu'ils jugent inévitable (»l'échelle fatale«), des moyens d'agir qu'ils définissent avec le mot »péché«:

> Pour ne pas oublier la chose capitale,
> Nous avons vu partout, et sans l'avoir cherché,
> Du haut en bas de l'échelle fatale,
> Le spectacle ennuyeux de l'immortel péché;

En d'autres termes, les voyageurs disent avoir retrouvé partout le »monde ennuyé«. Tous les peuples du globe leur ont donné l'impression d'être des »nations corrompues«. Ils ont lu toute la réalité observée durant leurs grands voyages par le train et par le bateau non pas en termes d'énergie et de désir, mais bien uniquement du point de vue du *péché*, c'est-à-dire de transgression volontaire de la loi divine.

Ces voyageurs experts de la ›tribu‹, interrogés par leurs »frères« ingénus qui sont restés dans leur patrie, confirment de cette façon la conviction orgueilleuse de la ›tribu‹ selon laquelle la »risible Humanité« de »Danse macabre« (XCVII, v. 58) – l'Humanité qui se tord dans la grande salle de bal, de Paris aux Indes –,[14] l'»Humanité frivole« de »Le Vin des chiffonniers« (CV, v. 25) et l'»Humanité« de »L'Amour et le crâne« (CXVII, v. 1–2) – celle qui, avec son crâne, sert de trône au roi Amour, cruel et moqueur – ne sont pas seulement l'image d'*une partie* de l'Humanité, mais bien, de façon uniforme et ennuyeuse, de *toute* l'Humanité qui – corrompue par l'»immortel péché« et dominée par un Dieu que, en le maudissant, elle appelle son semblable et son maître, ou bien endormie par l'opium – vit dans chaque partie du globe terrestre.

Et pourtant le Poète, au cours des *Fleurs du Mal*, a admis l'existence, sur le globe, d'autres peuples, d'autres terres, d'autres conditions de vie, différentes et surtout non assimilables à la corruption du »monde ennuyé« (qui, au contraire, selon le récit de nos voyageurs, serait irrémédiablement planétaire).

Il a également permis d'instaurer un rapport entre les hommes et les femmes des »époques nues« de l'Antiquité – ceux qui vivaient »sans mensonge et sans anxiété«, en harmonie avec la »louve« Cybèle, leur mère universelle et bienveillante (V. »J'aime le souvenir…«) – et les peuples actuels du »paradis parfumé«. Même la »tribu prophétique« des »Bohémiens en voyage« (XIII) semble être un témoignage concret et vivant de ces hommes et de ces femmes de l'Antiquité, respectueux de la grande Nature (»Cybèle, qui les aime…«).

Il est donc difficile d'avancer que le Poète ou le locuteur puisse être tranquillement assimilé aux »Étonnants voyageurs« pessimistes, qui sont ici interpellés. Mais, bien sûr, personne ne peut affirmer non plus que ces appréciations pleines d'amertume lui soient tout à fait étrangères.

---

14 À ce sujet, qu'il me soit permis de renvoyer à mon article *Le ›soleil‹ de la ›risible Humanité‹: Autour d'une variante de »Danse macabre«*, dans *Les Fleurs du mal, Actes du colloque de la Sorbonne des 10 et 11 janvier 2003*, édités par André Guyaux et Bertrand Marchal, Paris, Presses de l'Université de Paris-Sorbonne, 2003, 201–216.

Parmi ces »Étonnants voyageurs«, on peut certainement compter aussi le dédicataire de »Le Voyage«, Maxime Du Camp. Dans le poème de ses *Convictions* qui est intitulé »Debout«, on pouvait par exemple lire ces vers:

> Si tu veux voyager, ils sont grands les domaines
> Où germent dans les pleurs les misères humaines.[15]

En résumé, dans la complexe partition dramatisée qui caractérise ce texte, le personnage qui a nom »Poète« et qui est ici le locuteur (ou le narrateur) donne l'impression d'adhérer – tout en n'existant plus en tant que *je* – en partie aux voyageurs et en partie à ceux qui, dans le même poème, ont dit *nous*, c'est-à-dire les »frères« ingénus mais curieux, qui ne sont pas allés de par le monde en train et en navire et qui veulent accomplir des voyages mentaux grâce aux récits de ceux qui ont réellement voyagé.

Maintenant qu'ont été fermés les guillemets qui comprennent les paroles prononcées par les voyageurs, il faut tout d'abord se demander qui recommence à parler. Il s'agit bien sûr toujours d'une ›voix‹ qu'on pourrait dire ›chorale‹ ou qui, de toute façon, s'exprime aussi au nom des autres. En effet, on continue à dire *nous* (»*notre* image...«, v. 111; »*Nous* pourrons...«, v. 122, etc.). Mais cela ne me semble pas être exactement la même ›voix‹ que celle des curieux qui ont auparavant interpellé les »Étonnants voyageurs«. Le ton reprend plutôt celui des deux premières parties du poème, où l'on entendait bien sûr la ›voix‹ du locuteur ou du Poète.

Celui ou ceux qui parlent maintenant reconnaissent que, effectivement – ce qui confirme le compte rendu amer des voyageurs –, le monde a toujours été et sera toujours non seulement *monotone*, mais également *petit* (les deux adjectifs sont soulignés respectivement par la césure et par le rejet). Mais il ajoute aussitôt que cette réalité décevante, décrite par les voyageurs, est le miroir de nous-mêmes (»nous fait voir notre image«), c'est-à-dire celui des hommes de la ›tribu‹, de ceux qui, où qu'ils aillent, sont inévitablement des passagers du »trois-mâts« (sans doute un bateau commercial) de leur »âme«:

> Le monde, monotone et petit, aujourd'hui,
> Hier, demain, toujours, nous fait voir notre image,

c'est-à-dire notre image à »nous«, qui croyons être, dans le monde, une »oasis« de civilisation, de progrès, d'avenir magnifique, alors qu'en réalité, nous sommes – avec notre culture dualiste prétentieuse – une »oasis d'horreur dans un désert d'ennui!«. C'est le »monde ennuyé« que tout le monde connaît bien.

---

15 Je cite d'après l'article de Y. ABÉ, *Baudelaire et Maxime Du Camp*, dans »Revue d'Histoire Littéraire de la France«, LXVII (1967), 279.

Cette »oasis d'horreur« prend en effet la forme d'une arène, où un gladiateur (un »rétiaire«) représente le Temps.

Pour faire face à ce gladiateur, dans le »monde ennuyé« – qui n'a rien du globe tout entier, mais qui se présente comme une antique arène romaine, destinée aux amusements –, il y a des gens qui continuent à s'échapper (comme le font le Juif errant et les apôtres), et d'autres qui restent immobiles en sachant »le tuer«, c'est-à-dire – puisqu'il s'agit du Temps – en s'occupant de choses insignifiantes (on connaît la locution courante *tuer le temps*). Nous voilà devant une sorte de comédie, une comédie à l'air tragique et solennel.

Nous apprenons à présent que celui ou ceux qui parlent à la première personne du pluriel ont réellement eu l'expérience concrète d'un voyage:

> Lorsque enfin il mettra le pied sur notre échine,
> Nous pourrons espérer et crier: En avant!
> De même qu'autrefois nous partions pour la Chine,
> Les yeux fixés au large et les cheveux au vent,
>
> Nous nous embarquerons sur la mer des Ténèbres
> Avec le cœur joyeux d'un jeune passager.

Cette information semble exclure les »curieux«, j'entends dire les locuteurs du poème n'ayant pas quitté leur patrie. Ceux qui autrefois partaient pour la Chine ne pourraient être que les »étonnants voyageurs«. À moins qu'il ne s'agisse aussi d'un voyage conçu uniquement par l'esprit... Il n'est d'ailleurs pas exclu que ces locuteurs puissent être également les voyageurs qui ›partent pour partir‹, les vrais voyageurs qui en effet, comme nous l'avons appris dans la première partie du poème, »De leur fatalité jamais ils ne s'écartent, / Et, sans savoir pourquoi, disent toujours: Allons«. En tout état de cause, il ne fait pas de doute que, dans ce poème, le sujet de l'énonciation, le *nous*, révèle une nature mouvante et incertaine. La différence des divers locuteurs ne semble être qu'apparente et illusoire, puisqu'en fait ils sont tous, voyageurs ou pas, embarqués sur le trois-mâts de leur âme et ils sont tous à la recherche de leur Icarie.

Mais de quel nouveau voyage s'agit-il maintenant? Il s'agit d'un voyage d'outre-tombe, après que le rétiaire Temps a tué, dans l'arène, celui ou ceux qui disent *nous*.[16] On reconnaît aussitôt un jeu littéraire d'inspiration homérique et tragique qui ne va pas ›en avant‹, mais revient, encore une fois, à l'antiquité classique, à une mythologie archiconnue, familière et trompeuse (les sirènes, les Lotophages, Pilade, Électre).

---

16 On remarquera comme le complément »le pied« est mis tout particulièrement en évidence, se trouvant séparé de son verbe à cause de la césure (»...il mettra//le pied...«). Cela sert surtout à garder bien vivante l'image du Temps comparé à un »rétiaire«, le seul qui puisse avoir un pied, et donc à ne pas s'éloigner du monde antique où nous avons été introduits par ce terme si technique et si rare.

Nous sommes ainsi ramenés aux origines de la culture occidentale, autrement dit du »monde ennuyé«, précisément le pays qui nous ennuie (»ce pays nous ennuie«). Nous voilà de nouveau en face de la »ménagerie infâme de nos vices« dominée par le plus »laid«, le plus »méchant« et le plus »immonde«, c'est-à-dire l'Ennui sur lequel s'achève le poème liminaire »Au Lecteur«.

Comment faire pour sortir de cette impasse? Ce sont les deux dernières strophes (huitième partie) du poème qui nous l'apprennent.

Nos voyageurs viennent donc de dire qu'ils ont entendu le chant séduisant et littéraire, mais trompeur, d'antiques voix funèbres qui les ont invités à manger le fruit du Lotus parfumé et, comme cela s'est déjà passé avec les compagnons imprudents d'Ulysse, à oublier le retour dans leur patrie.

Ils ne cèdent toutefois pas aux séductions de ces voix homériques qui chantent, et ne s'abandonnent pas à la »douceur étrange« de cette »après-midi qui n'a jamais de fin«.

Voici en effet qu'éclate maintenant un cri, une invocation qui forme un contraste avec l'atmosphère musicale de l'outre-tombe classique et littéraire que nous venons de quitter.

A présent, les locuteurs-voyageurs qui, presque à leur insu, se sont retrouvés dans le monde de l'Antiquité grecque expriment avec vigueur la volonté de poursuivre leur voyage vers la patrie, la *vraie* patrie. Ils veulent aller vraiment »en avant«. Le rythme du vers devient agité, à cause des rejets et des contre-rejets:

O Mort, vieux capitaine, il est temps! levons l'ancre!
Ce pays nous ennuie, ô Mort! Appareillons!

Sur quel navire les voyageurs se sont-ils embarqués? Je crois qu'il serait raisonnable de penser qu'ils ne se sont pas embarqués sur n'importe quel bateau, mais inévitablement sur le »trois-mâts« de leur »âme«, celle qui va à la recherche de son Icarie (»Notre âme est un trois-mâts cherchant son Icarie«, v. 33).

Quelle est donc la vraie patrie des voyageurs de la ›tribu‹, qui dès leur enfance, mangeurs de Lotus, ont pu nourrir leur imagination sur le papier imprimé (sur des cartes et des estampes) et sont ensuite allés de par le monde en se servant des moyens de transport ›rapides‹, inventés et construits en hommage au »dieu de l'Utile«, revenant enfin horriblement déçus, affligés par un »amer savoir«, déprimant et résigné? Pour ces mangeurs du Lotus qui fait oublier, la vraie patrie est l'»Inconnu«, celui qui est authentique, ce que, vraiment, *on ne connaît pas*, c'est-à-dire ce qui, pour être connu, comporte un risque absolu, sans aucune possibilité de retour. L'»Inconnu« est le lieu qui se dissimule entre les termes des couples de contraires imposés par la culture existante. C'est un lieu qu'il ne sera possible de connaître qu'en annulant entièrement la culture existante, celle qui nous permet pourtant de vivre. De quelle façon sera-t-il possible de connaître ce lieu (un lieu supposé, bien entendu, étant inconnu par définition)? En accomplissant un plongeon désespéré et fou hors de l'»âme«, c'est-à-dire en mourant, ou, mieux, en étant pleinement disposés, comme les bohémiens en voyage, à affronter la mort. C'est le seul acte réaliste qui puisse réunir le »rêve« et l'»action« (je me réfère naturellement aux paroles du poète à la fin de CXVIII. »Le Reniement de Saint Pierre«: »– certes, je sortirai, quant à moi, satisfait / D'un monde où l'action n'est pas la sœur du rêve«, v. 29 – 30): il faut entendre ici le »rêve« d'une patrie qui s'appelle »Inconnu« et l'»action« qui consiste en l'accomplissement d'un plongeon hors du navire-âme gouverné par la »Mort«. Si nous observons bien, nous pouvons remarquer qu'avec le v. 142 (»Nous voulons...«) on assiste à un très net détachement des navigateurs de leur capitaine »Mort«, – qui est d'abord invité à appareiller avec eux, puis qui est invoqué comme un personnage (féminin ou masculin?) susceptible de verser un »poison« curatif aux passagers –, capitaine qui toutefois, si je comprends bien, est maintenant en quelque sorte abandonné sur son bateau par les voyageurs, qui expriment la volonté de réaliser un plongeon désespéré au fond du »gouffre« et de l'»Inconnu« (ciel ou mer, Ciel ou Enfer),[17] dans l'intention de *trouver* quelque chose qui, en fait, finisse par nier la mort, c'est-à-dire une réalité *neuve*, arrachée au connu de l'»âme« et, plus précisément, de son vieux capitaine:

Au fond de l'Inconnu pour trouver du *nouveau!*

---

17 C'est le trois-mâts (c'est-à-dire leur âme chrétienne) qui, devant le »gouffre«, fait encore dire à ces derniers locuteurs »Enfer ou Ciel«. C'est la ferme volonté désespérée du plongeon hors de l'âme (le trois-mâts) qui leur fait dire, aussitôt après, »qu'importe?«.

Michela Landi (Firenze)

Sul »portrait fatal«: il *Victor Hugo* di Baudelaire

All'avvento della critica letteraria, com'è noto, »on s'entreglose«:[1] proliferano i ritratti dei contemporanei, dai *Portraits contemporains* di Sainte-Beuve ai medaglioni di Barbey d'Aurevilly. Si rafforza così il senso di appartenenza ad una comunità di artisti; ma al contempo si diffonde, in seno alla medesima, un reciproco sospetto: siamo oramai, e se ne avvide Stendhal nei *Souvenirs d'égotisme*, nell'»ère du soupçon«.

Se la tradizione dell'encomio paradossale ha remote radici nella cultura occidentale come genere parassitario della letteratura seria, il suo periodico riacutizzarsi in forme patologiche appare legato a momenti storici segnati da una decadenza, o »crisi di passaggio«, in cui è messo in discussione un sistema di valori stabile e condiviso. Ora, il pensiero ottocentesco (per il quale è apparsa quanto mai pertinente la definizione di »movimento«) presenta i tratti del paradosso sospeso. L'ironia, da antilogica parassitaria, recessiva del discorso sociale, diviene tratto dominante e costante, imponendo una metamorfosi continua del pensiero. All'affermarsi, nel teatro letterario, di quella che Schlegel aveva definito »parabasi permanente«, le coordinate del ritratto si confondono: a fronte di autori la cui vocazione resta l'illustrazione dell'uomo sociale (Hugo, Sainte-Beuve, per i quali l'ironia è una strategia ideologica, o di attacco) ve ne sono altri che lavorano alacremente, attraverso il medesimo procedimento, alla schermatura del proprio io biografico: Baudelaire, Delacroix.[2] Per codesti l'ironia è un meccanismo di difesa a salvaguardia di un principio: l'arte è dolorosa opera di trasfigurazione della miseria umana calata in un destino storico e sociale.

---

1 Ci richiamiamo, con Dandrey, all'asserto di Montaigne: »nous ne faisons que nous entregloser«, *Essais*, III, 13. Cfr. P. DANDREY, *L'éloge paradoxal*, Paris, PUF, 1997, 156, 169.
2 Nel *Salon de 1846* Baudelaire confuta l'opinione corrente che associa il maggior poeta e il maggior pittore romantico, Hugo e Delacroix. CH. BAUDELAIRE, *Salon de 1846*, in *Œuvres complètes*, vol. II, Paris, Gallimard, 1975 (Bibliothèque de la Pléiade) [OC II], 430–432. Cfr. R. FORYCKI, *De l'autoportrait romantique: Stendhal et Delacroix*, in *Le portrait littéraire*, sous la dir. de K. KUPISZ et a., Lyon, Presses Universitaires de Lyon, 1988, 199–208.

Nell'*Etica* di Aristotele, ricorda N. Frye, l'*eiron*, artista predestinato, è l'uomo che disprezza se stesso in contrapposizione all'*alazon*, o impostore. Contro l'impostore, l'*eiron* rende se stesso invulnerabile apparendo meno di quanto è.³ Esiste, *mutatis mutandis*, una stretta relazione tra la »toilette« del dandy – il quale Ph. Hamon riconosce come la »figure emblématique de l'ironiste moderne«⁴ – e l'ironia paradossale. Entrambe si fanno espressione (materiale da un lato, intellettuale dall'altro), di una eccentricità del senso: un'»orgie« del pensiero cui si aggiunge – secondo le parole di Baudelaire – »le condiment de l'ironie«.⁵ Tale eccentricità è da considerarsi ora come principio destabilizzante di un pensiero debole che andava acquisendo credibilità sociale: relegando gli »esprits forts« ad una posizione marginale, l'esempio liberale della natura veniva accolto ad esempio autorevole della verità. Scrive Valéry a proposito del dominio di Hugo nel panorama letterario contemporaneo:

> Pour le *mesurer*, il suffit de rechercher ce que les poètes, qui sont nés autour de lui, ont été *obligés* d'inventer pour exister auprès de lui. [...] Comment faire autre chose que Hugo? Comment être visible malgré Hugo? Comment se percher sur les cimes de Hugo?⁶

Un giovane che arriva »en 1840 à l'âge d'écrire« si nutre – osserva lo stesso Valéry in *Situation de Baudelaire* – «de ceux que son instinct lui commande impérieusement d'abolir«:

> Son existence littéraire qu'ils ont provoquée et alimentée, que leur gloire a excitée [...] est nécessairement suspendue à la négation, au renversement, au remplacement de ces hommes qui lui semblent remplir tout l'espace de la renommée. [...] Dans les domaines de la création, qui sont aussi les domaines de l'orgueil, la nécessité de se distinguer est indivisible de l'existence même.⁷

Les »impuretés, les imprudences, les points vulnérables« che l'opera di Hugo »laissait cueillir« costituiscono, per il cinico osservatore, non tanto delle »chances de gloire« quanto delle »possibilités de vie«.⁸ Ove (scrive Baudelaire in uno dei progetti di prefazione alle *Fleurs du mal*) »des poètes illustres s'étaient partagé depuis longtemps les provinces les plus fleuries du domaine poétique«, ai reietti non restano che le terre incolte e desolate: quei »terrains cendreux, calcinés, sans verdure« già condannati da Dio come appannaggio del pigro, e come

---

3 N. Frye, *Anatomia della critica*, Torino, Einaudi, 1969, 55–56.
4 Ph. Hamon, *L'ironie littéraire*, Paris, Hachette, 1996, 4.
5 Ch. Baudelaire, *Listes de titres et canevas de romans et nouvelles*, in *Œuvres complètes*, vol. I, Paris, Gallimard, 1974 (Bibliothèque de la Pléiade) [OC I], 598. Cfr. *L'heautontimorouménos* e *Le cygne*, *Les fleurs du mal*, OC I, 78, 85.
6 P. Valéry, lettera a P. Souday dell'ottobre 1823, *Œuvres*, vol. I, Paris, Gallimard, 1957 (Bibliothèque de la Pléiade) [OC I], 1747.
7 Id., *Situation de Baudelaire*, OC I (nota 6), 599–600.
8 *Ibidem*, 602.

tali evocati in *La Béatrice*.⁹ La sola possibilità che a costoro si concede è quella di estrarre, con dolore, »la *beauté* du Mal. Ce livre – continua Baudelaire in quello scritto – essentiellement inutile et absolument innocent, n'a pas été fait dans un autre but que de me divertir et d'exercer mon goût passionné de l'obstacle«.¹⁰ Mentre Hugo, forte del rincaro di credibilità conferitogli dal suo esilio, abbraccia, dagli »environs boisés et fleuris de la grande ville«,¹¹ l'intera vita, ovvero il bene capitale, Baudelaire appare relegato, nella Parigi-mondo, a quel »regno psichico della fantasia« che Freud associa, lo ricorda Orlando, »ai parchi per la protezione della natura«: »Nel parco istituzionale dell'arte si conserva spazio, secondo questo paragone, sia per la regressione ludica che per le tendenze proibite: ›Tutto vi può crescere e proliferare [...], anche l'inutile, perfino il nocivo‹«.¹² Il regno dell'*Unheimliche* cui è confinato (»Deux qualités littéraires – scrive nelle *Fusées* – fondamentales: surnaturalisme et ironie«)¹³ è quello stesso che caratterizza, in una, il mondo ironico e fantastico; esso si giova dell'intrusione del sé come elemento estraneo in un mondo familiare. Fingendo, con cinica sofisticazione del corpo e dello spirito, l'ingenuità ludica dell'*infans*, il *dandy* incarna il paradosso per antonomasia: la sua presenza perturba quella teleologia progressiva iscritta nella natura delle cose, la quale si esprime primariamente nella discendenza come filiazione. Alea elevata a principio, l'ironia procede infatti, attraverso la denegazione, ad una costruzione latente del sé come antagonista di debole credibilità alla tradizione di famiglia rappresentata, ora, da quella *doxa* letteraria che gode del più ampio consenso; essa intende urtare – *genus turpe* – il sentimento collettivo fondato sul valore morale dell'impegno sociale del poeta: »Opérer une création par la pure logique du contraire. Le sentier est tout tracé, à rebours«, annota Baudelaire nei suoi progetti.¹⁴ Ponendosi, in rapporto alla divina e benevola paternità di Hugo, come »l'enfant déshérité«,¹⁵ egli significa, per opposizione alla figura parentale sublimata nel Padre delle Lettere, una identità in formazione: un progetto mai realizzato è il »Père qui attend toujours«.¹⁶ Non mancano, certo, nel romanticismo letterario, degli »autoportraits travestis«, o »simulacres d'identification« (ne testimonia lo stesso Hugo);¹⁷ ma

---

9 Ch. Baudelaire, *La Béatrice*, *Les fleurs du mal* (nota 5), 116.
10 Id., *Projets de préfaces aux ›Fleurs du mal‹*, OC I (nota 5), 181.
11 Id., *Réflexions sur quelques-uns de mes contemporains, I, Victor Hugo*, OC II (nota 2), 129–141.
12 F. Orlando, *Per una teoria freudiana della letteratura*, Torino, Einaudi, 1987, 215.
13 Ch. Baudelaire, *Fusées*, OC I (nota 5), 658.
14 Id., *Liste de titres...* (nota 5), 591.
15 Id., *Bénédiction*, *Les fleurs du mal* (nota 5), 7.
16 Id., *Liste de titres...* (nota 5), 589.
17 Cfr. R. Forycki, *De l'autoportrait romantique* (nota 2), 200–201.

questo singolare antagonismo, che tradisce una specularità, tratteggia un »portrait impossible (par suite d'antipathie)« o, altrimenti, un »portrait fatal«.[18]

Se l'elogio paradossale del sé esibito, al primo grado, dalla »toilette« – *larvatus prodeo* o permanente parabasi – trova un complemento nella celebrazione paradossale del Padre (che incarna, come tale, un *factum rationis*: naturalezza e verità), non è forse perché questa istanza di giudizio, pressoché assente nella vita di Baudelaire (il padre naturale, sacerdote »défroqué« e artista, muore, com'è noto, quando il figlio ha sei anni), è ben presto sostituita (*a fortiori*) da un padre putativo e punitivo: il colonnello Aupick? Ecco delinearsi, per metonimia (questa figura di relazione appare quanto mai drammatica nell'immaginario baudelairiano), la »Peinture d'une famille marquée de tristesse fatale«.[19] L'esatto contrario celebra insomma Baudelaire, »poète sinistre, ennemi des familles«,[20] di quel che glorifica Hugo, il quale (malgrado la fama di »père dénaturé«),[21] »a exprimé magnifiquement [...] les beautés et les enchantements de la vie de famille«.[22] Nella pressione esercitata dal soggetto »per esprimere se stesso«[23] è dunque riconoscibile quel »ritorno del rimosso« (biografico) e »del represso« (sociale) che determina l'onnipresenza in filigrana di un'autoreferenzialità (ironia è autoriflessività) nel ritratto encomiastico del repubblicano Hugo. A quella *doxa* progressista e rivoluzionaria che si era prefissa, come bene ha visto F. Orlando in *Illuminismo, barocco e retorica freudiana*,[24] di »uccidere i padri« per ricostruire, edipicamente, una identità nazionale si opporrebbe la ricerca del Padre; di qui la nota avversione baudelairiana per il progresso. Mentre, scrive Baudelaire nell'*Anniversaire de Shakespeare*, »une espèce de critique paradoxale a déjà essayé de travestir le monarchiste Balzac [...] en homme de subversion et de démolition« (l'anniversario stesso di Shakespeare mirava, a suo dire, all'appropriazione del genio shakespeariano da parte della »famille Hugo«, la quale tirannicamente, privava gli esclusi del »droit naturel de *choisir ses frères*«),[25]

---

18 Tra i progetti di Baudelaire compare, a più riprese, »Le Portrait fatal«. CH. BAUDELAIRE, *Liste de titres...* (nota 5), 588–589.
19 *Ibidem*, 591–592.
20 ID., *Les deux bonnes sœurs*, *Les fleurs du mal* (nota 5), 114.
21 Nella citata lettera a P. Souday, P. Valéry racconta l'episodio »qui donna naissance à ce raccourci«: »Le jour où mourut son fils, comme on frappait à sa porte et qu'on lui disait de descendre, il refusa assez violemment de quitter son ouvrage. La tâche finie, [Hugo] se rendit auprès de son fils, mais son fils était mort«. P. VALÉRY, lettera a P. Souday (nota 6), 1746–1747.
22 CH. BAUDELAIRE, *Marceline Desbordes-Valmore*, OC II (nota 2), 147.
23 F. ORLANDO, *Per una teoria freudiana* (nota 12), 217–218.
24 ID., *Illuminismo, barocco e retorica freudiana*, Torino, Einaudi, 1997.
25 CH. BAUDELAIRE, *Anniversaire de la naissance de Shakespeare*, OC II (nota 2), 228–229. La nascita di Shakespeare servirà da pretesto a »préparer et chauffer le succès du livre de V. Hugo sur Shakespeare«. Cfr. V. HUGO, *William Shakespeare*, in *Œuvres complètes* V, *Critique*, Paris, Laffont, 1985, 245–454.

esiste una »classe d'hommes dont le gosier est obstrué de toasts, de discours et de cris non utilisés, dont, très naturellement, ils cherchent le placement«.²⁶

Ricorda Ph. Hamon con il Mauron che »le père ridiculisé et le barbon berné sont les pivots du genre comique«.²⁷ Ora, il »Padre« – o l'»Autore« – si incarnano in quel »Monsieur Prudhomme«, buon borghese e padre di famiglia, i cui tratti somatici e psicologici appaiono, nel secolo della fisiognomica, piuttosto ben definiti: ad una corporatura imponente e robusta; ad una barba che simula, per consolidata tradizione iconografica, l'autorità del »discours sérieux«, si associa certa bonarietà fondata sulla concessione. Ed è proprio la concessione l'arma che Baudelaire volge contro il suo oggetto, patteggiando coi suoi paralogismi. Come non appare più possibile avversare un »movimento« eretto a paradossale consistenza, altrettanto impervia è infatti la via verso la denegazione della paternità proteiforme di Hugo, spesso camuffata sotto le mentite spoglie di un amabile, empatico fratello che tutto e tutti accoglie nella sua benevolente »grandeur«. Mentre le sue credenziali »écrasaient toute poésie rivale«,²⁸ all'eroe segnato da impedimento e frustrazione non resta, insomma, che la simulazione istrionica – e la decostruzione ironica – del ritratto encomiastico, il quale ha luogo in forza di quelle antilogie che Matte Blanco ebbe a riconoscere come marche di un'»antilogica dell'inconscio«:²⁹ il soggetto, al contempo, afferma e nega di essere se stesso, il proprio padre, e il proprio fratello: un »sage paradoxal masqué en sophiste frivole«, secondo una felice formula di Dandrey.³⁰ Si delineano, così, i presupposti di quella che è stata definita, recentemente, la »morte dell'autore«; »pour rendre à l'écriture son avenir – nota Barthes – il faut en renverser le mythe: la naissance du lecteur doit se payer de la mort de l'auteur«.³¹

Ove il ritratto come mimesi si fonda sull'identificazione tra soggetto enunciante, oggetto descritto, discorso veritiero, e sua autorevolezza, nel ritratto encomiastico l'iscrizione di una soggettività enunciante con intenti celebrativi suscita sempre, nel lettore attento, quel sospetto che lo dispone alla connivenza, o alla diffidenza. Ma, dopo la buffoneria trascendentale di Schlegel non appare più possibile sceverare il tratto encomiastico dal tratto paradossale. E l'*attenuatio suspicionis* del »portraitiste« non fa che incrementare la diffidenza. Sul patto cinico con l'ipocrita lettore – »mon semblable, mon frère« – che apre programmaticamente Les fleurs du mal (Au lecteur),³² sembra fondarsi il tenden-

---

26 CH. BAUDELAIRE, *Anniversaire de Shakespeare* (nota 25), 229.
27 CH. MAURON, *Psychocritique du genre comique*, Paris, Corti, 1964. Cfr. PH. HAMON, *L'ironie littéraire* (nota 4), 62–63.
28 P. VALÉRY, *Situation de Baudelaire* (nota 7), 602.
29 F. ORLANDO, *Per una teoria freudiana* (nota 12), 164.
30 P. DANDREY, *L'éloge paradoxal* (nota 1), 142.
31 R. BARTHES, *Essais critiques, IV, Le bruissement de la langue*, Paris, Seuil, 1984, 69.
32 CH. BAUDELAIRE, *Au lecteur, Les fleurs du mal* (nota 5), 6.

zioso medaglione dedicato a Victor Hugo,³³ che riconosciamo dunque come un moderno esempio di »éloge paradoxal«. Genere parassitario se mai ve ne furono, nota Dandrey – e per questo negletto dalla storia della cultura –, esso si nutre »de cette éloquence et de ce savoir mêmes dont il corrompt les moyens et les fins en les parodiant«.³⁴ Lo confessa lo stesso Baudelaire in una lettera a Nadar, dove il nome di Hugo sembra avere il vantaggio di richiamare, al contempo, lode e biasimo, ovvero »d'offrir une signification romantique en parfait accord avec mes goûts et répondant par une certaine forfanterie à l'ingratitude et à la négligence de ce siècle«.³⁵ D'altronde egli stesso si riconosce, nel terzo dei progetti di prefazione alle *Fleurs*, come l'incarnazione di questo paradosso:

> moi-même, malgré les plus louables efforts, je n'ai su résister au désir de plaire à mes contemporains, comme l'attestent en quelques endroits, apposées comme un fard, certaines basses flatteries adressées à la démocratie, et même quelques ordures destinées à me faire pardonner la tristesse de mon sujet.

E nel successivo »projet« confessa quel »goût diaboliquemet passionné de la bêtise« che, trovando »des plaisirs particuliers dans les travestissements de la calomnie«,³⁶ sembra motivare cinicamente l'elezione del Maestro a suo oggetto d'amore e d'odio; se Hugo è, a più riprese nella corrispondenza, apostrofato come »bête«,³⁷ è nota la propensione di Baudelaire all'idolatria.

La circostanza del *Victor Hugo* è, come molte altre, pretestuosa, e rende conto della sfasatura tra testo, pretesto, e contesto. Colui che, affascinato dai culti corporativi segretamente progettava la stesura di un »*Dandysme littéraire* ou *La Famille des dandies*« (costruendosi, così, un'autentica discendenza) è infatti chiamato dal repubblicano E. Crépet a comporre una serie di »notices« per un'antologia dal titolo *Les poètes français*³⁸ (con prefazione di Sainte-Beuve) il cui intento è quello di educare il popolo³⁹ illustrando il valore della nazione attraverso i suoi maggiori poeti. Il destinatario dell'opera è, tuttavia, non un pubblico ingenuo di scolari o di operai, secondo il progetto di educazione popolare caro ad

---

33 Sul rapporto tra Baudelaire e Hugo, cfr. L. CELLIER, *Baudelaire et Hugo*, Paris, Corti, 1970.
34 P. DANDREY, *L'éloge paradoxal* (nota 1), 170.
35 CH. BAUDELAIRE, lettera a Nadar del 16 maggio 1959, in *Correspondance*, Paris, Gallimard, 2000 [CORR], 166.
36 ID., *Projets de Préfaces aux ›Fleurs du mal‹* (nota 10), 184–185.
37 Cfr. le lettere rispettive a Soulary, Mme Sabatier, Ancelle in ID., CORR (nota 35), 200, 203, 323.
38 Come ricorda C. Pichois, curatore delle OC (note al testo, OC II (nota 2), 1071–1078 e 1138–1143), queste »notices« saranno pubblicate nella »Revue fantaisiste« di C. Mendès nel 1861. Con lo stesso titolo saranno raccolte da Baudelaire nel 1869: *L'Art romantique: Réflexions sur quelques-uns de mes contemporains*. Baudelaire ne scrive sette, di cui cinque sui suoi contemporanei.
39 Hugo avrebbe introdotto »de force et brutalement dans sa poésie ce qu'Edgar Poe considérait comme l'hérésie moderne capitale – *l'enseignement*«. CH. BAUDELAIRE, *Études sur Poe*, OC II (nota 2), 337.

Hugo, bensì un pubblico – secondo la formula usata da Crépet nel suo »avant-propos« – di »esprits formés par l'étude et par le goût«.[40] Baudelaire sembra, dunque, avere dalla sua un pubblico, già selezionato dalle intenzioni del curatore, di »hypocrites lecteurs«. Anche l'intenzione dell'opera appare assai ambigua: la stragrande maggioranza dei poeti ivi rappresentati sono poeti contemporanei. Il Baudelaire sofista, che irride gli ingenui adulatori della verità del suo tempo, è insomma invitato, in qualità di »éminent écrivain« e di *arbiter elegantiae*, ad un gioco di ruoli nel teatro letterario, con una libertà condizionata: »liberté compatible avec les principes fondamentaux qui régissent l'anthologie«,[41] certo: ma, di fatto, compatibile con l'istanza di giudizio del pubblico che egli, contestualmente, provoca e teme. L'ambiguità si rivela anche nel carattere della »notice« dedicata a Hugo: si tratta di un encomio (secondo la tradizione epidittica) o di un esercizio critico (secondo la tradizione giudiziale)? È proprio sul filo di questa ambiguità che si costruisce il testo, il quale chiama ad una lettura a due livelli: il ritratto encomiastico reca in sé, come istanza parassitaria, insieme vendicativa e »flatteuse«,[42] il giudizio medesimo.

La temporanea »disparition« di Hugo dalla scena letteraria parigina a seguito dell'esilio consente – apparentemente – a Baudelaire l'esercizio della libertà critica: quella che ogni scrittore scomparso concede ai suoi posteri; ma, di fatto, la »morte metaforica« del Padre, ancor più delle indicazioni di Crépet, impone una libertà vigilata, che solo il ritratto paradossale consente: attraverso l'*alter ego* mimetico del padre, ›son semblable, son frère‹, Baudelaire disegna il proprio autoritratto destinato al connivente o diffidente lettore. Prova ne è la diatriba con Crépet in merito ad una censura, apparentemente anodina. Nella »notice« su Le Vavasseur egli scrive: »Je me souviens que plus d'une fois, en pénétrant chez lui, le matin, je le surpris presque nu, se tenant dangereusement en équilibre sur un échafaudage de chaises«.[43] Di fronte alla richiesta di soppressione del sintagma: »presque nu«, Baudelaire supplica il curatore: »ne me parlez plus de votre *presque nu*. J'ai consenti à supprimer dans toutes les notices tout ce qui était trop âpre et pouvait blesser les gens«.[44] Il lettore sospettoso, o ipocrita che dir si voglia, non potrà non cogliere, in questa preghiera e nel suo contenuto – il corsivo ha, come Baudelaire ben sa, una valenza di straniamento[45] –, un richiamo all'au-

---

40 C. Pichois, note al testo (nota 38), 1072.
41 *Ibidem*, 1073–1074. Baudelaire avrà ampio spazio decisionale: su 157 medaglioni, 130 sono scritti dal suo *entourage*.
42 Nell'ultima nota redatta da Baudelaire prima della morte, su *Les travailleurs de la mer* di Hugo, leggiamo, tra parentesi: »critique flatteuse«. Ch. Baudelaire, Note sur Les travailleurs de la mer, OC II (nota 2), 244.
43 Id., *Sur mes contemporains X, Gustave le Vavasseur*, OC II (nota 2), 179–180.
44 C. Pichois, note al testo (nota 38), 1076.
45 »L'italique peut venir introduire son ›biais‹ sec et tenu, comme un ›clin d'œil oblique‹ [...] adressé au lecteur«. Ph. Hamon, *L'ironie littéraire* (nota 4), 85.

toritratto paradossale, dove, come si rammenta altrove,[46] il »presque« è tutto: è la distanza, la schermatura, la dissimulazione, la »toilette«. Le »conditions terribles«[47] cui Crépet, a suo dire, lo sottopone, costituiscono i limiti necessari all'esibizione atroce della nudità come verità di natura. E in merito al *Victor Hugo*, la »ragionevolezza« imposta dai limiti formali – »je tâcherai de dire en dix pages au maximum ce que je pense de raisonnable sur Hugo« – dissimula, come nelle *Fleurs*, una »terrible moralité«. La fittizia, polemica abnegazione dell'*eiron* nei confronti dell'*alazon* si rivela nella stessa lettera indirizzata a Crépet, dove il fanciullo folle e puro appare, nei confronti del saggio portatore della verità, come libero da condizionamenti dettati dalla ragione: »Je vais écrire à Hugo pour le prévenir que moi, petit et infirme, je prends vis-à-vis de lui tous les droits de la liberté«. Ma se subito dopo s'impone all'»adulto« (al »perseguibile« e perseguitato), la censura (ulteriore marca metagrafica di ironia è, lo ricorda Ph. Hamon,[48] il »tiret«) –

> J'esquiverai la question politique; d'ailleurs je ne crois pas possible de parler des satires politiques, *même pour les blâmer* [...] – Mais je toucherai un peu à la question sociale, à l'utopie, à la peine de mort, aux religions modernes, etc.[49]

– lo spostamento dalla questione politica verso la questione sociale (il quale si giova di una figura della *detractio* appartenente alla topica ironica: la preterizione) – appare vanificato dal rapporto di inclusione, che rende i due soggetti reciprocabili. Egualmente reciprocabili appaiono i termini di un'ironia che potremmo definire a triplo registro (autoironia autoriale; ironia verso il destinatario; ironia verso il complice, o ipocrita lettore, secondo il »triangolo drammatico«: Baudelaire-Crépet-Hugo).[50] Ciò si rinviene, ad esempio, nel rapporto di (dubbia) complicità tra Baudelaire e due ipocriti lettori e eminenti scrittori del suo tempo: Sainte-Beuve e Gautier, in rapporto ad Hugo. In questo

---

46 CH. BAUDELAIRE, *Le Poème du hachisch, Les paradis artificiels*, OC I (nota 5), 431.
47 »Vous avez donc oublié que je ne demandais pas mieux que de trouver plus d'espace, et que c'est vous qui m'avez imposé des conditions si terribles«. ID., lettera a E. Crépet dell'11 maggio 1860, CORR (nota 35), 213.
48 PH. HAMON, *L'ironie littéraire* (nota 4), 85. Baudelaire vede nel »tiret« »une forme d'isolement, de distraction«, CORR (nota 35), 385
49 CH. BAUDELAIRE, lettera a E. Crépet dell'11 maggio 1860, CORR (nota 35), 214. Ponendosi, con J. De Maistre, in difesa della pena di morte, Baudelaire allude, nella *Liste de titres...*, a *Le dernier jour d'un condamné* di Hugo (nota 5, 598). Così in *Pauvre Belgique:* »Abolition de la peine de mort, Victor Hugo domine. L'amour excessif pour la vie est une descente vers l'animalité«, OC II (nota 2), 899.
50 Di »triangolo drammatico« parla M. YAARI, *Ironie paradoxale et ironie poétique*, Birmingham (Alabama), Summa Publications, 1988, 20. Altri parlano di »trio actanciel«. ID., *Ironie paradoxale*, 31. Ciò trova riscontro nella teoria poi formulata da Freud nel *Motto di spirito* (*Der Witz*), in cui un »tiers« è indispensabile »pour clore le cycle qui réalise le plaisir«. ID., *Ironie paradoxale*, 120.

caso, come in altri,⁵¹ si invertono i ruoli di vittima e di complice dell'ironia. La rassicurante connivenza dei due ›parnassiani‹, Gautier-Baudelaire, siglata dal loro reciproco ritrarsi su *Les poètes français*, sfuma, ad esempio, nella lettera di Baudelaire a Hugo del 23 settembre 1859,⁵² dove quest'ultimo diviene il complice, e Gautier la vittima. Qui Baudelaire, tormentato dall'»isolement« e dalla »fatalité«, chiede, contrito, alla »voix dictatoriale« di Hugo⁵³ la bontà paterna di una protezione; nella fattispecie, una prefazione al suo *Théophile Gautier* per la medesima antologia. Allo scopo di schivare la reprensione di Hugo (ma, in realtà, di suscitare un »plaisir clandestin«:⁵⁴ il biasimo, quale segno d'attenzione, è paragonato ad una paterna »caresse«)⁵⁵ ne considera pretestuosa e tendenziosa la stesura:

> Relativement à l'écrivain qui fait le sujet de cet article, et dont le nom a servi de prétexte à mes considérations critiques, je puis vous avouer *confidentiellement* que je connais les lacunes de son étonnant esprit. Bien des fois, pensant à lui, j'ai été affligé de voir que Dieu ne voulait pas être absolument généreux.

Di seguito, mentre viene ribadita l'inutilità della menzogna a proposito del ritratto di Hugo, questa è sostituita, con una falsa avversativa, da due correzioni, di fatto, sinonimiche: »Je n'ai pas menti, j'ai esquivé, j'ai dissimulé. [...] vis-à-vis de vous, il me semble absolument inutile de mentir«. Si tratta della stessa lettera che accompagna *Les sept vieillards* e *Les petites vieilles*, che costituiscono, con *Le cygne*, la trilogia delle »singeries« (»en vue de vous imiter«) delle *Fleurs* dedicate a Hugo.⁵⁶ Il parodo intende così usurpare, e parassitare la parola di Hugo, in cui la »charité si magnifique se mêle à une familiarité si touchante«.

Un così esteso paratesto è apparso necessario solo a situare il *Victor Hugo*. Nell'auspicio di poter procedere, in altra sede, ad uno studio analitico dei procedimenti retorici atti a decostruire questo »mythe étrange et fatal«, basti per ora

---

51 Tra gli altri casi menzioneremo quello di A. Houssaye, destinatario dello *Spleen de Paris*. In una lettera a lui indirizzata (14 maggio 1862), Baudelaire accusa Crépet della sua esclusione dall'antologia, allorché fu lui stesso ad escluderlo dalla rosa dei »poètes français«. Cfr. C. PICHOIS, note al testo (nota 38), 1073. Nel *Théophile Gautier* Baudelaire elogia, con gli stessi termini generici, Hugo e Balzac. Il primo è »grand, terrible, immense«; il secondo »grand, terrible, complexe aussi«. CH. BAUDELAIRE, *Théophile Gautier* I, OC I (nota 5), 117.
52 ID., CORR (nota 35), 173–175.
53 ID., *Victor Hugo* (nota 11), 129. L'idea della dittatura hugoliana ritorna nel testo con diverse espressioni: »vraie dictature«, »axiomes irréfutables«, »mot d'ordre«, »impuissance de la rébellion«, »règne de l'épée«, etc.
54 »Nous volons au passage un plaisir clandestin [...] / C'est que notre âme, hélas! N'est pas assez hardie«. ID., *Au lecteur* (nota 32), 5–6.
55 Si vedano i versi di *Bénédiction*: »Et, quand je m'ennuierai de ces farces impies / Je poserai sur lui ma frêle et forte main; / Et mes ongles, pareils aux ongles des harpies / Sauront jusqu'à son cœur se frayer un chemin«. ID., *Bénédiction* (nota 15), 8.
56 ID., *Les fleurs du mal* (nota 5), 85–91.

– tenendo conto che l'»alto tasso di figuralità«[57] è da considerarsi di per sé una marca ironica – la formula con cui Dandrey qualifica un noto antecedente sofistico, la *Satire Menippée:*

> Ce beau défilé de sottises élogieuses et d'infamies ridicules, solidement architecturées, est tissé de fleurs d'éloquence heureusement pastichées, hyperboles, apostrophes, citations et paraphrases de diverses autorités, oxymores, hyperbates, allégories, hypotyposes, prétéritions, exhortations, épiphonèmes, énumérations – et bien d'autres.[58]

Ci soffermeremo, invece, su quello che abbiamo ritenuto il leitmotiv del Victor Hugo: il ritratto paradossale del padre come fratello e larvato antagonista.

Sin dall'*incipit*, appare rivelatrice la presenza straniante di un *topos* epidittico: il lamento per la scomparsa del grande uomo. Tono e forma della commemorazione, in accordo con la tradizione del »portrait funéraire«, sono calcate sulle orazioni funebri del progenitore, e parassitato, Bossuet:[59] »Depuis bien des années déjà Victor Hugo n'est plus parmi nous«.[60]

L'»oraison funèbre« paradossale (che ha precedenti nella storia letteraria)[61] si avvale qui di una circostanza biografica, che fornisce la lettera del senso: l'esilio è figura della morte. Vi sono almeno due letture di questo esordio: una sociale, connessa con il represso del soggetto, ed una personale, connessa con il suo rimosso. Nel primo caso, Crépet aveva voluto riabilitare, inserendolo nell'antologia, Népomucène Lemercier, successore di Hugo all'Académie Française, vittima di un ironico »discours de réception« declamato dal suo stesso predecessore. Nel già citato »avant-propos«, Crépet ricorda che Lemercier è stato vittima di una »dédaigneuse oraison funèbre où les louanges oubliées sont largement compensées par de sévères réserves«.[62] Ecco, dunque, che Hugo è, da parte del Baudelaire, rifiutato all'Académie, »payé de la même monnaie«: l'ingiustizia è sanata, e l'equilibrio ristabilito. Riguardo al secondo caso, merita ricordare che l'esilio a seguito del colpo di stato di Napoleone III è solo la conseguenza della svolta liberale e repubblicana di Hugo, che ha luogo nel 1848:[63]

---

57 Sul »tasso di figuralità«, cfr. F. ORLANDO, *Per una teoria freudiana* (nota 12), 59–60.
58 P. DANDREY, *L'éloge paradoxal* (nota 1), 132–133.
59 Baudelaire cita, di Bossuet, L'*oraison funèbre d'Henriette de France*, che si richiama, a sua volta, ad un versetto dei Salmi: »*et nunc erudimini, vos qui judicatis!*«. CH. BAUDELAIRE, lettera a Th. Thoré, CORR (nota 35), 304. A Bossuet Baudelaire si richiama, via De Maistre, in *De l'essence du rire*: »Le sage ne rit qu'en tremblant«, cui segue il commento: »De quelles lèvres pleines d'autorité, de quelle plume parfaitement orthodoxe est tombée cette étrange et saisissante maxime?«. ID., *De l'essence du rire*, OC II (nota 2), 527.
60 CH. BAUDELAIRE, *Victor Hugo* (nota 11), 129.
61 P. DANDREY, *L'éloge paradoxal* (nota 1), 188.
62 C. PICHOIS, note al testo (nota 38), 1075.
63 »En 1848 il se fit une alliance adultère entre l'école littéraire de 1830 et la démocratie [...]. Olympio renia la fameuse doctrine de l'art pour l'art, et, depuis lors, lui, sa famille et ses

è appunto a questa data che deve situarsi la »morte simbolica« del Padre, che il giovane Baudelaire reputava »bon et généreux«, capace di insegnare al suo discepolo »une foule de choses bonnes et grandes«, e al quale votava, di rimando, un »amour sincère et vrai«, »comme on aime un héros, un livre«.[64] Hugo, che aveva dapprima »ressuscité la poésie«,[65] ha ora tradito, insieme a »sa famille et ses disciples«,[66] il devoto ammiratore, facendosi il sacerdote della scuola del »Bon Sens«[67] i cui intenti filantropici celavano egoismo: »Hugo-Sacerdoce; front penché sur son nombril«, Baudelaire scrive nelle *Fusées*.[68] Ed è proprio intorno al tema dell'esilio – tema euforico e disforico insieme per rappresentare, da un lato la perdita, dall'altro, la libertà conquistata – che ruota, come si annunciava, la paradossale »notice«. Così Baudelaire scriveva a Hugo, nella lettera del 23 settembre 1859, alludendo al suo possibile ritorno in patria e in famiglia, a seguito dell'amnistia del 15 agosto dello stesso anno:

> Il y a quelque temps, l'amnistie mit votre nom sur toutes les lèvres. Me pardonnerez-vous d'avoir été inquiet pendant un *quart de seconde*? J'entendais dire autour de moi: Enfin, Victor Hugo va revenir! – [...] Votre note est venue qui nous a soulagés. Je savais bien que les poètes valaient les Napoléon[69]

Ora, la certezza del non-ritorno del Padre dà libero corso alle fantasticherie del figlio, desideroso di regredire al verde paradiso degli amori infantili: »J'ai voulu surtout ramener la pensée du lecteur vers cette merveilleuse époque littéraire dont vous fûtes le véritable roi et qui vit dans mon esprit comme un délicieux souvenir d'enfance«.[70] La data di composizione di *Le cygne*, inviata a Hugo con la lettera del 7 dicembre 1859, avvalora questa ipotesi: il componimento, che Baudelaire chiede di giudicare non con occhi »trop sévères«, bensì con occhi paterni – la distanza reverenziale è sempre espressa dall'allocutivo: »Monsieur« – sembra infatti trarre ispirazione dalla stessa occasionalità: dietro il pretesto offerto dal mondo libresco, il componimento è tutto incentrato sul »mythe étrange et fatal« dell'esilio del Padre, che, come la Morte imminente di un Dio ozioso e traditore, ha luogo sotto un »ciel ironique«. Nella stessa missiva, la sofferenza letterale dell'esiliato evocata in *Le cygne* è trasposta, per reciprocità,

---

disciples, n'ont cessé de prêcher le peuple...«. CH. BAUDELAIRE, *Anniversaire de Shakespeare* (nota 25), 228.
64 ID., lettera a V. Hugo del 25 febbraio 1840, CORR (nota 35), 46–47. L' »écolier« che commette, scrivendo questa lettera, »une impertinence« spera di ottenere, dal padre, indulgenza.
65 ID., *Théophile Gautier*, I (nota 51), 110.
66 ID., *Anniversaire de Shakespeare* (nota 25), 228.
67 ID., *Pierre Dupont* I, OC II (nota 2), 41; *Le hibou philosophe*, OC II (nota 2), 51; *La double vie par Asselineau*, OC II (nota 2), 98.
68 ID., *Fusées* (nota 13), 664–665.
69 ID., CORR (nota 35), 176.
70 *Ibidem*, 174.

alla sofferenza – »douleur de veuve« – dell'abbandonato: »la vue d'un animal souffrant pousse l'esprit vers tous les êtres que nous aimons, qui sont absents et qui souffrent, vers tous ceux qui sont privés de quelque chose d'irretrouvable«;[71] ovvero, come recita il componimento, »à quiconque a perdu ce qui ne se retrouve«, »aux maigres orphelins séchant comme des fleurs«:

> Je pense à mon grand cygne, avec ses gestes fous,
> comme les exilés, ridicule et sublime,
> Et rongé d'un désir sans trêve!

Alla »disparition« retorica del suo oggetto d'amore e di critica segue, nel *Victor Hugo*, la celebrazione come *planctus*. Il regime di semi-libertà concesso dalla morte metaforica di Hugo ben rende conto della »formazione di compromesso« che caratterizza questo ritratto pseudo-encomiastico: il *portraitiste* trae, dalla capacità d'irradiazione di quel nome dovuto all'assenza reale del personaggio dalla Parigi-mondo, un personale vanto. È così rappresentato lo statuto parassitario della retorica celebrativa, quale viene definito, con M. Serres, da P. Dandrey:

> Le parasite, greffon qui ne demande qu'à se développer sur le système premier dont il vit, animal hébergé aux moindres frais possible par un grand dont il est un surpoids subtil, ne veut surtout pas condamner l'hôte qu'il hante; il peut même, comme dans l'organisme humain, en venir à jouer un rôle périphérique dans les processus vitaux, en produisant de »petites subtilités ambitieuses« qui augmentent le prix, l'effet ou l'efficacité du système.[72]

Il compromesso si manifesta, tanto sul piano tematico, quanto sul piano metatestuale, attraverso uno studiato disordine – *ordo neglectus* – che mima, con una impertinenza situazionale e ideologica più o meno latente, il vitalismo eidetico hugoliano. Questo, quale espressione della debole autorevolezza logica (e morale) della Natura, assurge a modello parassitario della verità in cui, scrive Dandrey, »l'addition incidente remplace l'enchaînement contigu«.[73] Attraverso il pretesto giubilatorio dell'accumulazione caotica, *congeries verborum* atta a mimare lo »style allusionnel« di Hugo, si figura la inesausta deambulazione del saggio tra la »foule« delle sue idee. Ciò comporta, a un tempo, la irreperibilità del senso per deriva ermeneutica – *spiritus flat ubi vult...* – e la paradossale »ubiquità« – altra prerogativa divina – del Maestro, grazie al salubre regime che Baudelaire per sé auspicava, e a una sana e robusta costituzione: »Le génie servi par la santé! Que vous êtes heureux, Monsieur!«, gli scrive in una lettera del

---

71 Ch. Baudelaire, CORR (nota 35), 178.
72 M. Serres, *Le Parasite*, Paris, Grasset, 1980. Cfr. P. Dandrey, L\9*éloge paradoxal* (nota 1), 151.

1863.⁷⁴ Esito di quella che Valéry ha poi definito la »longévité *multipliée* par capacité de travail«,⁷⁵ l'ubiquità sociale che conferisce a Hugo, poeta »affairé«,⁷⁶ la sua stessa autorità (egli è la »statue de la Méditation qui marche«)⁷⁷ sembra rappresentare sulla terra il mistero dell'emanazione divina. Esso è figurato attraverso un'accumulazione asindetica di interrogative retoriche che, ricalcando il »dédale enivrant des conjectures« di Hugo,⁷⁸ sospendono il giudizio di fronte al mistero divino, incarnato dal poeta uno e molteplice:

> Comment le père un a-t-il pu engendrer la dualité et s'est-il enfin métamorphosé en une population innombrable de nombres? Mystère! La totalité infinie des nombres doit-elle ou peut-elle se concentrer de nouveau dans l'unité originelle? Mystère! [...] La matière et le mouvement ne seraient-ils que la respiration et l'aspiration d'un Dieu qui, tour à tour, profère des mondes à la vie et les rappelle dans son sein? Tout ce qui est multiple deviendra-t-il un, [...].⁷⁹

La metafora escatologica della filiazione come moltiplicazione dell'Uno nelle sue emanazioni (che costituisce anche il soggetto dei due *pastiches* hugoliani delle *Fleurs*, *Les sept vieillards* e *Les petites vieilles*) è evocata nel Victor Hugo attraverso, ci sembra, un *pastiche* della filosofia plotiniana: la necessaria reversibilità del processo evocato da Plotino (l'emanazione e la riconversione del molteplice nell'Uno), nell'essere ironicamente trasposta a quella teleologia progressiva di cui Hugo è il più celebre partigiano, tradisce, al di là dell'odio per il progresso riconoscibile come represso sociale, la presenza di un rimosso individuale; ossia, il desiderio di tornare nell'alveo dossale della »mère-patrie«. Appare quanto mai pertinente, allora, l'adozione di quella retorica sofistica la quale, come ricorda Dandrey, »procédait effectivement de cette obsession du dénombrement, de cette foi dans l'accumulation des faits et des commentaires, qui [...] constituait le principe même de l'activité de connaissance«: l'ipocrisia infatti costituisce, di per sé, »le plus efficace multiplicateur: elle transforme l'addition en progression arithmétique par l'effet d'une conjonction de forces et d'une diversité de formes«. Parassitando il debole pensiero hugoliano, l'adulatore si insinua insomma tra le sue pieghe concedendosi un segreto, voyeuristico, piacere: quello stesso che il destino ha concesso al padre-Hugo, ovvero, »la toute-

---

73 *Ibidem*.
74 Ch. Baudelaire, lettera a Hugo del 17 dicembre 1763, CORR (nota 35), 295.
75 P. Valéry, *Situation de Baudelaire* (nota 7), 603.
76 In una lettera a Manet del 28 ottobre 1865 Baudelaire scrive: »Je ne publie rien et je laisse s'écouler des années entre une édition et l'autre. Comme les hommes faits pour les affaires doivent me mépriser! Et Victor Hugo!«, Id., CORR (nota 35), 350.
77 Ch. Baudelaire, *Victor Hugo* (nota 11), 130.
78 *Ibidem*, 138. Cfr. M. Landi, *Il governo dei poeti: ecologia e fisiocrazia in Victor Hugo*, »Griseldaonline« 10, 2011, n.p.

puissance par l'éblouissement de tous les esprits«.⁸⁰ Ove, scrive Dandrey, »épuiser l'alphabet du grand livre du monde«⁸¹ è il desiderio di ogni uomo, depositario di un frammento della verità babelica, il Padre dei poeti che ha, come il profeta Ezechiele, »mangé le dictionnaire« (secondo quanto Baudelaire scrive nel *Victor Hugo*),⁸² ha costretto i suoi »greffons« a cibarsi, come vili parodi, della sua stessa verità.

Se l'Uno ha come »unique bonheur« e »unique fonction« (principio divino d'amore e giustizia) quella di »produire sans cesse«,⁸³ Hugo, »très doux, très puissant«⁸⁴ è un padre insieme »affairé« e distratto, pacificatore non per giustizia ma per bonaria concessione. Sull'esempio della Natura, il Padre fisiocrate si fa portavoce di una parassitaria »égalisation« degli opposti: »un caractère très manifeste d'amour égal pour ce qui est très fort comme pour ce qui est très faible«.⁸⁵ Così egli ha – secondo il passo del *Victor Hugo* che Baudelaire riprende testualmente in *Les misérables*⁸⁶ – un'»attraction fraternelle« per i forti e un'»attraction paternelle« per tutto ciò che è »faible, solitaire, contristé« e »orphelin«. Infatti, il forte, »qui devine un frère dans tout ce qui est fort, voit ses enfants dans tout ce qui a besoin d'être protégé et consolé«: il suo amore universale nega quel principio che fonda il dandysmo letterario così come il valore stesso dell'arte: la »distinction«.⁸⁷ Il padre legittimo (il padre biologico) che è, come il padre artista e »défroqué«, un fratello, ha elevato a principio quella stessa »formazione di compromesso« che ha privato il figlio meritevole – il quale dichiara di avere »encore plus d'orgueil que Victor Hugo«⁸⁸ – del debito riconoscimento, unica risorsa di riabilitazione morale. Per essere »légitimement dû à la France« (e conosciamo il legittimismo di Baudelaire) egli ha privato la sua Nazione del diritto di conquistarsi col sacrificio la propria posizione di emi-

---

79 CH. BAUDELAIRE, *Victor Hugo* (nota 11), 137–138.
80 *Ibidem*.
81 P. DANDREY, *L'éloge paradoxal* (nota 1), 170.
82 »J'ignore dans quel monde Victor Hugo a mangé préalablement le dictionnaire de la langue qu'il était appelé à parler; mais je vois que le lexique français, en sortant de sa bouche, est devenu un monde«. CH. BAUDELAIRE, *Victor Hugo* (nota 11), 133.
83 *Ibidem*, 137.
84 *Ibidem*, 129.
85 *Ibidem*, 136.
86 CH. BAUDELAIRE, ›*Les misérables*‹ *par Victor Hugo*, OC II (nota 2), 217. Meriterebbe uno studio a parte la funzione ironica della citazione o dell'autocitazione in Baudelaire. Se »le texte ironique doit passer par la référence explicite à un contexte de substitution«, i testi citati o menzionati, ricorda Ph. Hamon, »formeront ce contexte de substitution, l'acte de citer servant donc de signal d'alerte pour le lecteur«. PH. HAMON, *L'ironie littéraire* (nota 4), 25. Attraverso l'autocitazione l'autore si propone, secondo Ducrot-Schaeffer, di »appliquer au monde réel ce qui est dit dans la parole«. O. DUCROT – J.-M. SCHAEFFER, *Dictionnaire encyclopédique des sciences du langage*, Paris, Seuil, 1995, 370. La ripresa in *italique* del passo ha valore di rincaro dell'ironia.
87 CH. BAUDELAIRE, *Le dandy*, in *Le peintre de la vie moderne*, OC II (nota 2), 710.

nenza: se »jamais royauté ne fut plus légitime, plus naturelle, plus acclamée par la reconnaissance, plus confirmée par l'impuissance de la rébellion«,[89] ciascuno »à son tour est appelé à conquérir le monde«.[90] Baudelaire sembra infine rappresentare, attraverso la figura di un Hugo-messia calcata sul notorio messianismo[91] del poeta, quella che Paul Ricœur chiama »théonomie«, ovvero l'»appel à une obéissance aimante« da parte del divino, la quale scatena, per reazione, »l'autonomie, entendue comme appel à la responsabilité«. Quest'ultima, nota il biblista, »n'a pas d'autre espace d'exercice que la communication, la quête de reconnaissance et, à la limite, le vœu de consensus«.[92] »L'appel répété de l'Ancien Testament«, diceva sopra Ricœur, »à inclure ›la veuve, l'orphelin et l'étranger qui est dans tes portes‹ - autrement dit: l'autre, bénéficiaire de l'hospitalité - illustre [...] de façon exemplaire la pression exercée par l'amour sur la justice, pour que celle-ci attaque de front des pratiques d'exclusion«.[93] È proprio questa evangelica, ecumenica »suspension de l'éthique« in nome del »droit légitime du premier venu, conséquemment le poète«[94] che Hugo viene a rappresentare; l'amore universale del »génie sans frontières«,[95] che iscrive nelle »limites légitimes de la conjecture poétique« le leggi »non enregistrées, imitant tous les caprices providentiels«,[96] denega, con una »loi suprême et omnicompréhensive«,[97] i diritti di affermazione di altri individui. Baudelaire gli oppone la atroce necessità di una giustizia distributiva: »Il ne coûtera à personne d'avouer tout cela, excepté à ceux pour qui la justice n'est pas une volupté«.[98] Così Baudelaire vorrà »rendre justice« a Hugo con l'elogio (ben più audace) dei *Misérables:* un libro scritto »pour exciter, pour provoquer l'esprit de charité«, in cui »l'idée de justice s'est trahie [...] par le goût de la réhabilitation«.[99]

Col suo »bain de nature«,[100] atto ad accogliere nel suo alveo »ce qu'il y a

---

88 ID., lettera a N. Ancelle del 12 febbraio 1865, CORR (nota 35), 324.
89 ID., *Victor Hugo* (nota 11), 131.
90 *Ibidem*, 133.
91 Numerose sono le espressioni che alludono a Hugo come Messia: »venue«, »rajeunissment«, »salut«, »conjonction sidérale«, etc. CH. BAUDELAIRE, *Victor Hugo* (nota 11), *passim.*
92 P. RICŒUR, *Une obéissance aimante*, in A. LA COQUE-P. RICŒUR, *Penser la Bible*, Paris, Seuil, 1998, 190.
93 *Ibidem*, 184.
94 CH. BAUDELAIRE, *Victor Hugo* (nota 11), 139. »Il fait sa cour à tout le monde et traite de poète le dernier ou premier venu«, scrive a Manet a proposito di Hugo. ID., lettera del 28 ottobre 1865, CORR (nota 35), 350.
95 ID., *Victor Hugo* (nota 11), 135.
96 *Ibidem*, 138.
97 *Ibidem*.
98 *Ibidem*, 131.
99 CH. BAUDELAIRE, ›*Les misérables*‹ *par Victor Hugo* (nota 86), 219-220.

d'humain dans n'importe quoi«,¹⁰¹ Hugo esiliato è nondimeno, di fronte all'oceano di Guernesey, l'emblema di ogni lotta ermeneutica – lotta tra l'uomo e il mare – che è all'origine della conquista di sé: »sa voix s'est approfondie en rivalisant avec celle de l'Océan«.¹⁰² Di qui, si presume, l'*Obsession* baudelairiana:

> Je te hais, Océan ! tes bonds et tes tumultes,
> Mon esprit les retrouve en lui; ce rire amer
> De l'homme vaincu, plein de sanglots et d'insultes,
> Je l'entends dans le rire énorme de la mer.¹⁰³

»L'art de mentir« ch'egli confessa di possedere, rivolgendosi alla madre,¹⁰⁴ nei confronti del Padre-Hugo si fa sola garante della sopravvivenza ermeneutica dell'»esprit fort«, ferito dall'indifferenza bonaria del »grand homme«¹⁰⁵ e »puissant seigneur«.¹⁰⁶ In questa stessa lettera, lo spostamento dell'interesse di Baudelaire su un oggetto sostitutivo d'amore appare significativo: poiché »on ne me rend pas absolument justice« – scrive a proposito delle *Réflexions sur mes contemporains* – »j'avais décidé, pour attirer *violemment* les yeux sur ces ouvrages, de faire à Bruxelles des lectures publiques«.¹⁰⁷ Egli cerca uno sguardo allotrio, straniante, nella »bêtise« belga. E la parola-chiave è, senz'altro, quell'avverbio in corsivo che sembra confermare, con la sua »atrocité«, la tesi freudiana di un primato della pulsione esibizionistica nell'ironia.

Se Hugo ha, secondo il suo cinico interlocutore, tutti gli »inconvénients de la souveraineté« – »chacun a quelque chose à vous demander«¹⁰⁸ – l'Io parassita e il Dio ozioso sono, oramai, mutui traditori: attraverso la rappresentazione istrionica dell'*auctoritas* hugoliana e quella, opposta e speculare, dell'»enfant déshérité« che – secondo le parole di *Bénédiction* – »usurpe en riant les hommages divins«¹⁰⁹ sembra riproporsi, nel Baudelaire punitore di se stesso,¹¹⁰ la patetica relazione tra Rameau e il geniale e subornato Nipote:

---

100 ID., *Victor Hugo* (nota 11), 132.
101 *Ibidem*.
102 CH. BAUDELAIRE, *Victor Hugo* (nota 11), 130. Baudelaire scrive ad Ancelle il 12 febbraio 1865 a proposito dell'esilio di Hugo a Guernesey: »Il paraît que lui [Hugo] et l'Océan se sont brouillés. Ou il n'a pas eu la force de supporter l'Océan, ou l'Océan *lui-même* s'est ennuyé de lui [...] On est bien partout (pourvu qu'on se porte bien, et qu'on ait des livres et des gravures), *même en face de l'Océan«.* ID., CORR (nota 35), 324.
103 ID., *Obsession*, *Les fleurs du mal* (nota 5), 75.
104 ID., lettera a Mme Aupick del 10 agosto 1862, CORR (nota 35), 279. Su questo aspetto si vedano anche le lettere a J. Soulary (23 febbraio 1860) e a N. Ancelle (12 febbraio 1865), CORR (nota 35), 200, 323.
105 *Ibidem*.
106 ID., lettera a V. Hugo del 17 dicembre 1863, CORR (nota 35), 295.
107 *Ibidem*, 294.
108 *Ibidem*, 295–296.
109 CH. BAUDELAIRE, *Bénédiction* (nota 15), 7–8.

> Le pis, c'est la posture contrainte où nous tient le besoin. L'homme necessiteux ne marche pas comme un autre: il saute, il rampe, il se tortille, il se traîne; il passe sa vie à prendre et à exécuter des positions.[111]

Diderot (ai cui »paradoxes« si ispira notoriamente lo Schlegel nel formulare la sua idea di buffoneria trascendentale), aveva ben visto che l'ironia non è più, oramai, un fatto di »opposition«, bensì, di »positions«. Se mai il riso deriva, secondo il Baudelaire dell'*Essence du rire*, da una posizione di superiorità, esso è anche l'esito »d'une chute ancienne, d'une dégradation physique et morale« che deforma i tratti del postulante, rendendolo grottesco e caricaturale. Infatti, »pour l'homme qui peut tout, le comique n'est pas«:[112]

> Dans le paradis terrestre (qu'on le suppose passé ou à venir, souvenir ou prophétie, comme les théologiens ou comme les socialistes) [...] c'est-à-dire dans le milieu où il semblait à l'homme que toutes les choses créées étaient bonnes, la joie n'était pas dans le rire. Aucune peine ne l'affligeait, son visage était simple et uni.

Il riso, istanza diabolica (ovvero separatrice: essa svezza e scevera al contempo), è la sola riscossa accordata al figlio negletto e impotente di fronte al Padre universale. Ed è ad un testo dei *Chants du crépuscule*, già selezionato per *Les poètes français: Oh, n'insultez jamais une femme qui tombe!* (cui Baudelaire allude nel *Victor Hugo*: »Ainsi se produisent sans cesse, dans les poèmes de Victor Hugo, ces accents d'amour pour les femmes tombées«),[113] ch'egli si richiama in *De l'essence du rire*:

> Pour prendre un des exemples les plus vulgaires de la vie, qu'y a-t-il de si réjouissant dans le spectacle d'un homme qui tombe [...] pour que la face de son frère en Jésus-Christ se contracte d'une façon désordonnée [...]? [...] Il est certain que si l'on veut creuser cette situation, on trouvera au fond de la pensée du rieur un certain orgueil inconscient. [...] *moi*, je ne tombe pas; *moi*, je marche droit; *moi*, mon pied est ferme et assuré.[114]

Se il riso e le lacrime sono, parimenti, »les enfants de la peine, et ils sont venus parce que le corps de l'homme énervé manquait de force pour les contraindre«,[115] il »rire atroce« è, come Baudelaire ravvisa precorrendo le teorie freudiane, insieme un piacere liberatorio ed una strategia di sopravvivenza del saprofita inesorabilmente »greffé« all'organismo di cui si nutre. Organismo parassitario, a sua volta, della moltitudine umana: egli si arroga, con la *Légende des siècles*, la

---

110 ID., *L'heautontirouménos* (nota 5), 78.
111 D. DIDEROT, *Le Neveu de Rameau*, Paris, LGF, 1984, 105.
112 CH. BAUDELAIRE, *De l'essence du rire* (nota 59), 528–530.
113 ID., *Victor Hugo* (nota 11), 136. Il testo è invece citato nello scritto sui *Misérables*. ID., ›*Les Misérables*‹... (nota 86), 219.
114 ID., *De l'essence du rire* (nota 59), 530–531.

prerogativa divina di una »terrible familiarité«[116] con tutti i tempi della storia. Il mito di cui l'opera si sostenta è succhiato dai »réservoirs profonds où dorment le sang et les larmes des peuples«,[117] cosicché il suo autore, »salutaire instrument, / buveur du sang du monde«,[118] è

> un de ces mortels si rares, plus rares encore dans l'ordre littéraire que dans tout autre, qui tirent une nouvelle force des années et qui vont, par un miracle incessamment répété, se rajeunissant et se renforçant jusqu'au tombeau.[119]

Hugo è il portatore sano di un rovesciamento imminente di quella logica progressiva su cui fonda intanto la sua credibilità sociale. La sua »forte constitution spirituelle«[120] appare minata dai tratti vulnerabili di un pensiero che il cinico ammiratore scova, insinuandosi tra le sue pieghe. Parodiando il suo idolo (la *bêtise* essendo l'altro volto dell'idolatria) il parassita annuncia l'avvento di una nuova razza: »une génération nouvelle [...] pleine de santé, parce qu'elle est jeune, et qui pousse déjà à la queue, coudoie et fait ses trous, – sérieuse, railleuse et menaçante«:[121] la »famille-Baudelaire« rivendica ora i suoi diritti.

Mentre Hugo, in esilio, guarda »vers le Ciel, où son œil voit un trône splendide«, e »serein lève ses bras pieux«, i »vastes éclairs de son esprit lucide« gli celano »l'aspect des peuples furieux«:[122] rode la base del suo monumento quel »troupeau de démons vicieux« che, simile »à des nains cruels et curieux« postula ai piedi del Poeta *pantocrator*; lo blandisce *de visu* e lo irride a distanza, protetto dalla cornice rassicurante dell'arte e del travestimento:

> – »Contemplons à loisir cette caricature
> [...]
> N'est-ce pas grand-pitié de voir ce bon vivant,
> Ce gueux, cet histrion en vacances, ce drôle,
> Parce qu'il sait jouer artistement son rôle...«[123]

Quell'Io moltiplicato nelle sue molteplici maschere, »*nous* silenzioso e invisibile«[124] che non sa guardare il suo »Idole« »qu'avec un œil tremblant«, dissimula la verità sotto quel »couvercle« che facilmente può riconoscersi come figura del

---

115 *Ibidem*, 528.
116 Ch. Baudelaire, *Victor Hugo* (nota 11), 141.
117 *Ibidem*, 140.
118 Ch. Baudelaire, *Tu mettrais l'univers...Les fleurs du mal* (nota 5), 28.
119 Id., *Victor Hugo* (nota 11), 141.
120 *Ibidem*, 129.
121 Ch. Baudelaire, *Horace Vernet, Salon de 1846* (nota 2), 471.
122 Id., *Bénédiction* (nota 15), 7
123 Id., *La Béatrice* (nota 9), 117.
124 Nel medaglione dedicato a Horace Vernet Baudelaire scrive: »Il n'est pas imprudent d'être brutal et d'aller droit au fait, quand à chaque phrase le *je* couvre un *nous* immense, *nous*

represso: la »Terreur du libertin« e l'»espoir du fol ermite« restano, insieme, sepolti in quel soffocante »caveau«, dove il poeta-istrione calpesta »un sol ensanglanté«:[125] »– Généralement les amis d'Hugo sont aussi bêtes que ses ennemis; il en résulte que la vérité ne sera pas dite«.[126]

Mentre – scrive Baudelaire ne *Le veuves* – »le pauvre lésine sur sa douleur«, »le riche porte la sienne au grand complet«.[127] Tutta la miseria e tutta la salvezza sono, come sembra, in quella »lésine« propria del borghese prudente così come del parassita idolatra (la cui anima »n'est pas assez hardie«)[128] già evocata nell'esordio delle *Fleurs* (*Au lecteur*) come uno dei peccati capitali.[129] Mentre, come scrive M. Yaari con S. Langer, il tragico è l'autoconsunzione dell'individuo in un supremo sforzo di realizzazione, e »finir en poussière« è l'ironia tragica per eccellenza,[130] il comico, con la posizione di superiorità che gli è concessa, equivale, per l'»acrobate accompli«,[131] ad autopreservazione. Il tegumento paradossale dell'arte è il diaframma che assicura, con la rimozione, l'eternità.

Se »sous l'amant on sent un père et un protecteur«[132] è Abele che si scalda intanto il ventre al »foyer patriarcal« della »famille-Hugo«, allorché i visceri della razza di Caino »hurlent la faim«.[133] »Monsieur Hugo« che, forte del dogma dell'infallibilità poetica (il »droit du génie« essendo »presque illimité«),[134] »se meut dans l'immense sans vertige«,[135] siede, sempre benevolo con l'occasionale postulante, sulla sua »demeure haute«.[136] »On me dit – questi gli si rivolge – que vous habitez une demeure haute, poétique, et qui ressemble à votre esprit«.[137] Dalla dimora celeste che mai volle visitare[138] sembra congedarsi, »du fond de son

---

silencieux et invisible, – *nous*, toute une génération nouvelle [...]«. ID., *Horace Vernet* (nota 121), 471.
125 ID., *Le couvercle*, *Les fleurs du mal* (nota 5), 141.
126 ID., lettera a A. Fraisse del 18 febbraio 1860, CORR (nota 35), 195.
127 ID., *Les veuves*, *Le spleen de Paris*, OC I (nota 5), 292.
128 ID., *Bénédiction* (nota 15), 6.
129 ID., *Au lecteur* (nota 32), 5.
130 M. YAARI, *Ironie paradoxale* (nota 50), 53.
131 *Ibidem*, 54.
132 CH. BAUDELAIRE, *Victor Hugo* (nota 11), 137.
133 ID., *Abel et Caïn*, *Les fleurs du mal* (nota 5), 122.
134 ID., *Victor Hugo* (nota 11), 141.
135 *Ibidem*, 136.
136 Si veda la lettera a Villemessant del 9 giugno 1858: »Victor Hugo est si haut placé qu'il n'a aucun besoin de l'admiration d'un tel ou d'un tel; mais un propos qui, dans la bouche du premier venu, serait une preuve de stupidité, devient une monstruosité impossible dans la mienne«. CH. BAUDELAIRE, CORR (nota 35), 144–145.
137 ID., lettera a V. Hugo del 23 settembre 1859, CORR (nota 35), 176.
138 »Victor Hugo [...] qui veut que j'aille passer quelque temps dans son île, m'a bien ennuyé, bien fatigué. Je n'accepterais ni sa gloire ni sa fortune, s'il me fallait en même temps *posséder*

exil«,[139] il »maigre orphelin« con un ultimo *De profundis*. La sua breve vita che – lo ricorda Valéry – »excède à peine la moitié de celle d'Hugo«[140] si conclude, com'è noto, con una caduta e un'afasia:

> Adieu, Monsieur, si quelquefois mon nom était prononcé d'une manière bienveillante dans votre heureuse famille, j'en ressentirais un grand bonheur.[141]

Ricorda Orlando[142] una frase del legittimista Balzac, membro notorio della »famille-Baudelaire«: »Quand un fait est si vrai, il ne doit pas être dit«. Ed è, ci sembra, il caso di una paradossale *Confession:*

> Une note plaintive, une note bizarre
> S'échappa, tout en chancelant,
> comme une enfant chétive, horrible, sombre, immonde,
> Dont sa famille rougirait,
> Et qu'elle aurait longtemps, pour la cacher au monde,
> Dans un caveau mise au secret.[143]

---

ses énormes ridicules«. ID., lettera a Mme Aupick del 3 novembre 1865, CORR (nota 35), 352–353.

139 »Du fond de son exil, vers lequel nos regards et nos oreilles sont tendus, le poète chéri et vénéré nous annonce de nouveaux poèmes«. ID., *Victor Hugo* (nota 11), 141.

140 »Baudelaire, dont la durée de vie excède à peine la moitié de celle de Hugo, se développe d'une tout autre manière. On dirait que ce peu du temps qu'il a à vivre, il en doit compenser la brièveté probable et l'insuffisance pressentie par l'emploi de [son] intelligence critique«. P. VALÉRY, *Situation de Baudelaire* (nota 7), 602.

141 CH. BAUDELAIRE, lettera a V. Hugo del 23 settembre 1859, CORR (nota 35), 176.

Yves Reboul (Toulouse)

Portrait et autofiction dans *Un cœur sous une soutane* de Rimbaud

On sera peut-être surpris de lire une contribution sur Rimbaud dans un volume dédié pour l'essentiel à la question du portrait en littérature. Son œuvre est en effet presque uniquement poétique et lui-même a mythiquement incarné la *figure* du Poète, telle que tout un versant du XIXe siècle a voulu la penser, alors que l'idée de portrait renvoie presque naturellement à l'espace romanesque – même si ce n'est pas tout à fait fondé historiquement. Mais justement, Rimbaud apparaît au moment où se produit dans la littérature de langue française un véritable basculement historique, à travers lequel la poésie va perdre son statut séculaire de genre supérieur au bénéfice précisément du roman. Qui a lu, par exemple, la correspondance de Baudelaire n'ignore pas les données de ce changement: une sorte de culpabilité à se livrer au jeu formaliste de la forme fixe, le sentiment diffus que le roman seul est désormais à la mesure d'une société entièrement renouvelée. Rimbaud, pas plus que Verlaine ou Lautréamont, n'a échappé à cette contrainte historique dans laquelle la question du portrait s'inscrit tout naturellement.

La nouvelle intitulée *Un cœur sous une soutane* pourrait bien tirer ses origines de cette situation. Le manuscrit, en effet, nous apprend que Rimbaud avait songé à qualifier son récit de *roman*, avant de barrer cette mention sur la page de garde pour écrire à sa place le mot *nouvelle*, sans doute pour de simples raisons de brièveté. Aucune ambiguïté, donc: à la différence d'autres œuvres en prose de lui – *Les Déserts de l'amour*, par exemple – *Un cœur sous une soutane* ne penche à aucun degré du côté de la poésie, mais s'inscrit délibérément du côté des genres romanesques dont l'auteur était sans doute tenté de penser (dût l'hypothèse surprendre) qu'ils représentaient la modernité en littérature. Et de fait il y adopte, non sans quelque maladresse parfois, plusieurs des formules que le roman avait récemment exploitées: récit à la première personne, l'œuvre se présente sous la forme d'un journal – démarches l'une et l'autre bien attestées dans le cours du XIXe siècle. On sait que Rimbaud avait rêvé un temps à la réussite sociale dans la défroque d'un poète parnassien (n'écrivait-il pas à Banville, en mai 1870, en lui envoyant des vers: »Vous me rendriez fou de joie et d'espérance, si vous vouliez, cher Maître, faire faire à la pièce *Credo in unam* une petite place entre les Parnassiens«?). Sans doute a-t-il aussi songé un bref moment à une carrière de romancier, c'est-à-dire d'écrivain *moderne*. Ambition évidemment avortée, mais dont *Un cœur sous une soutane* nous assure au moins qu'elle a existé.

Rappelons donc à grands traits de quoi il s'agit dans cette *nouvelle*. Le lecteur, quelque peu éclairé déjà par le sous-titre ›pétard‹[1] »Intimités d'un séminariste«, apprend l'essentiel dès l'incipit:

> Ô Timothina Labinette! Aujourd'hui que j'ai revêtu la robe sacrée, je puis rappeler la passion, maintenant refroidie et dormant sous la soutane, qui, l'an passé, fit battre mon cœur de jeune homme sous ma capote de séminariste!...

On a donc affaire à un récit de passion amoureuse chez un très jeune homme mais, s'agissant d'un séminariste, ce thème au demeurant largement éculé a, si l'on peut dire, quelque chose d'oxymorique: d'où le ton ironique très clairement perceptible dès ces premières lignes. Qui plus est, cette brève et dérisoire crise passionnelle, que Rimbaud renvoie d'ailleurs sardoniquement à la montée de la sève printanière,[2] a été précédée chez ce Rolla[3] de séminaire par une phase d'inspiration poétique où la sublimation la plus mièvre le dispute à un mysticisme ridicule:

> Ne devinez-vous pas pourquoi je meurs d'amour?
> La fleur me dit: salut; l'oiseau me dit: bonjour.
> Salut: c'est le printemps! c'est l'ange de tendresse?
> Ne devinez-vous pas pourquoi je bous d'ivresse?
> Ange de ma grand-mère, ange de mon berceau,
> Ne devinez-vous pas que je deviens oiseau,
> Que ma lyre frissonne et que je bats de l'aile,
> Comme hirondelle?...

Le séminariste Léonard s'est donc découvert poète, ce qui lui vaut d'ailleurs les foudres de son Supérieur. Survient alors la péripétie, foudroyante et prévisible: parti visiter, à la demande de sa mère, M. Césarin Labinette, un »habitué à [s]on feu père«, il s'y éprend au premier regard de la fille de son hôte, Timothina,[4] dont le récit dresse un portrait grotesque, alors même que Léonard conçoit pour elle une passion fondée tout entière sur des stéréotypes romantiques. Dès cette

---

1 L'expression est, comme on sait, de Baudelaire.
2 Le récit commence le »1ᵉʳ Mai 18***...«; et Rimbaud d'ajouter: »Voici le printemps«. Suit toute une série de notations burlesques qui renvoient toutes à la montée universelle du désir.
3 Cette référence au *Rolla* de Musset se justifie bien entendu par les remarques sarcastiques de Rimbaud dans sa lettre à Demeny du 15 mai 1871: »Tout garçon épicier est en mesure de débobiner une apostrophe Rollaque; *tout* séminariste en porte les cinq cents rimes dans le secret d'un carnet«.
4 Dont le nom varie dans le manuscrit de façon assez surprenante. On trouve le plus souvent »Timothina«, mais aussi »Thimothina«, »Timothine« et même »Thimothine«.

première rencontre (à la cuisine!), Timothina lui offre le gage dérisoire d'une paire de chaussettes,[5] mais lorsqu'il entreprend lors d'une seconde visite de lui lire ses vers, elle pouffe de rire. Léonard s'enfuit mais, »martyr d'amour à dix-huit ans«, il fait le serment de garder aux pieds jusqu'à la mort ces chaussettes qu'il tient d'elle.

Il n'y a pas besoin d'être grand clerc pour comprendre qu'une telle construction diégétique doit son existence même à ce qu'elle parodie toute une topique d'époque. Les souffrances du jeune héros, souverain dans le domaine de l'esprit mais incompris d'un entourage de philistins, la rencontre foudroyante de l'amour qui, de pair avec la poésie, romantise le monde, l'échec de cet amour dans la vie réelle et sa transposition mystique, autant de lieux communs dans la littérature du siècle. Il y a longtemps qu'à cet égard, on a repéré dans *Un cœur sous une soutane* une transposition parodique du *Jocelyn* de Lamartine:[6] le récit lamartinien, comme celui de Rimbaud, s'ouvre un 1ᵉʳ mai, il est ponctué de points de suspension, il narre l'histoire d'un séminariste contraint de renoncer à celle dont il était tombé amoureux, mais qui a ensuite la joie, des années après, de la retrouver en confession – ce que rêve précisément Léonard dans les dernières lignes du récit rimbaldien:

> Quant à cette passion cruellement chérie que je porte au fond de mon cœur, je saurai la supporter avec constance: sans la raviver précisément, je pourrai m'en rappeler quelquefois le souvenir: ces choses-là sont bien douces! – Moi, du reste, j'étais né pour l'amour et pour la foi! – Peut-être un jour, revenu dans cette ville, aurai-je le bonheur de confesser ma chère Thimothina?

Mais au-delà de cette référence précise (il faut rappeler au passage que *Jocelyn*, récit en vers, appartient de plein droit à l'espace romanesque), c'est bien toute une topique dix-neuviémiste qui est en cause. Et qui dépasse même les frontières du récit amoureux: le pâle jeune homme de *Volupté* ou tant d'autres »martyr[s] d'amour« – qui se devinent derrière la figure grotesque de Léonard – ont aussi, après tout, quelque chose de Louis Lambert. En réalité, cette histoire de séminariste martyrisé par la passion renvoie, dans une perspective clairement parodique, à un véritable système du récit, lequel combine l'usage de types littéraires (ici le jeune homme, à la fois poète maudit et victime de l'amour), celui du détail concret, destiné à créer l'effet de réel et une structure diégétique relativement simple, aux articulations en tout cas nettement perceptibles. Dans ce

---

5 On comprend aisément pourquoi elle lui offre ces chaussettes. La saleté et les mauvaises odeurs des séminaires appartenaient alors à la topique du discours anticlérical.
6 Voir M. Ascione, ›Un cœur sous une soutane‹: naissance d'une vocation, in *Arthur Rimbaud. Poesia e avventura*, Atti del Colloquio Internazionale (Grosseto, 11–14 settembre 1985), ed. Mario Matucci, Pisa, Pacini, 1987, 209–222; et l'édition de l'œuvre par Steve Murphy (A. Rimbaud, *Un cœur sous une soutane*, Charleville-Mézières, Musée-Bibliothèque Arthur Rimbaud, 1991), 106.

genre de poétique, le portrait assume tout naturellement une fonction stratégique et c'est bien ce qui se passe avec *Un cœur sous une soutane*.

Des portraits, le récit rimbaldien, en dépit de sa brièveté, nous en offre en effet trois. Le premier, relativement dispersé, n'en exhibe pas vraiment les caractères rhétoriques, mais en assume bel et bien les fonctions: c'est celui du Sup*** (autrement dit le supérieur du séminaire) dans les premières pages de la narration – celles qui précèdent la rencontre de Timothina et sont dominées par la ridicule inspiration lyrique de Léonard. Le deuxième avorte littéralement (on verra pourquoi): c'est celui du père de Timothina, Césarin Labinette. Le troisième et dernier portrait, à la différence des deux autres, s'affiche en tant que tel et même de façon ostentatoire: c'est celui de Timothina qui, bien entendu, se situe dans l'épisode décisif du récit, celui de la rencontre.

Les éléments d'un portrait du Sup*** apparaissent au début de la nouvelle et dans ce qui est, à bien des égards, une scène clé du récit. A ce stade, le lecteur a eu le temps de faire connaissance avec Léonard et d'apprécier sa poésie:

> Approchez-vous,
> Grande Marie!
> Mère chérie
> Du doux Jhésus!
> Sanctus Christus!
> O vierge enceinte
> O mère sainte
> Exaucez-nous!

Mouchardé par ses camarades (selon un *topos* assez banal à l'époque, s'agissant de la vie dans les séminaires), ces vers lui valent une convocation chez le Supérieur et une algarade de la part de celui-ci. C'est à cette occasion qu'apparaissent ce qu'on ne peut appeler autrement que les éléments d'un portrait:

> Hier, le sup*** me mande: j'entre dans son appartement, je suis debout devant lui, fort de mon intérieur: sur son front chauve frissonnait comme un éclair furtif son dernier cheveu roux; ses yeux émergeaient de sa graisse, mais calmes, paisibles; son nez, semblable à une batte, était mû par son branle habituel;[7] il chuchotait un *oremus* [...]

Qu'à ce stade du récit, Rimbaud n'aille pas plus loin se comprend aisément pour des raisons de poétique narrative: placé ici, un portrait en bonne et due forme déséquilibrerait le texte. Ce n'en serait pas moins une erreur que de croire au peu d'importance de ces quelques lignes, notamment au motif (pour user de concepts

---

7 Il y a là, de toute évidence, une équivoque obscène. Marc Ascione et, après lui, Steve Murphy ont d'ailleurs mis en lumière, au-delà de la parodie, les nombreuses obscénités cryptées que recèle *Un cœur sous une soutane*. C'est là, indéniablement, un aspect fondamental du texte, mais il n'entre pas dans mon propos.

rhétoriques certainement connus de Rimbaud) que la prosopographie[8] y est tout à fait lacunaire et l'éthopée[9] carrément absente. D'abord parce qu'il faudrait s'interroger sur le type de focalisation en vigueur à cet instant: or, à cette question, le texte répond fort bien (»Je suis debout devant lui [...]«), ce qui explique que le front, les yeux et le nez résument à ce stade le portrait physique d'un Sup*** évidemment assis.[10] Ensuite parce que ces éléments de portrait, largement conventionnels, renvoient à un fonctionnement socialisé de la lecture auquel on sait que Rimbaud a largement sacrifié: ils sont de véritables indicateurs, qui impliquent notamment une connaissance des codes de la caricature contemporaine, commune à l'auteur et au lecteur et sans laquelle une grande partie du sens échappe. L'intertexte commun, c'est ici la satire contemporaine du clergé, développée notamment par les caricaturistes républicains, laquelle reposait sur des traits physiques récurrents, à leur tour significatifs de tares morales qu'*Un cœur sous une soutane* ne manque pas d'évoquer.[11] De là naît donc, tout implicite qu'elle soit, une véritable éthopée: burlesques en apparence, les quelques traits physiques qui esquissent ici un portrait du Sup*** connotent en fait des valeurs morales négatives, liées à l'image du clergé en cette deuxième moitié du siècle.

Un second portrait avorte littéralement, au moins dans un premier temps, et c'est celui de Césarin Labinette: lorsque le lecteur découvre le père de Timothina, il n'apprend rien de son physique (»...Je me présentai à monsieur Labinette, qui m'obligea beaucoup en me reléguant, sans mot dire, dans sa cuisine [...]«). On comprend vite pourquoi: Léonard ajoute aussitôt que »sa fille, Timothine rest[e] seule« avec lui et un portrait développé de M. Labinette aurait donc été une faute majeure de poétique, à cet instant où la passion va s'emparer du séminariste poète et où ses manifestations vont occuper la totalité de l'espace textuel. Un embryon de portrait n'en existe pas moins pour ce personnage et, si ténus qu'en soient les détails, ils n'en sont pas moins d'un réel intérêt, notamment celui-ci que le lecteur découvre à la deuxième visite de Léonard chez M. Labinette:

---

8 On rappellera ici la définition que donne Fontanier de la prosopographie (P. FONTANIER, *Les Figures du discours*, Paris, Flammarion, 1968, 425): »La prosopographie est une description qui a pour objet la figure, le corps, les traits, les qualités physiques, ou seulement l'extérieur, le maintien, le mouvement d'un être animé, réel ou fictif [...]«.

9 D'après le même Fontanier l'éthopée a pour objet »les mœurs, le caractère, les vices, les vertus, les talents, les défauts, enfin les bonnes ou les mauvaises qualités morales d'un personnage réel ou fictif«.

10 Quelques lignes plus loin, le lecteur verra, selon la même perspective, l'abdomen du personnage »frissonner du haut en bas«.

11 Le Sup*** a visiblement des mœurs tout à fait équivoques: »Approchez-vous à genoux, tout près de moi; je veux vous interroger avec douceur; répondez: vous écartez beaucoup vos jambes, à l'étude? Puis il me mettait la main sur l'épaule, autour du cou, et ses yeux devenaient clairs [...]«.

> Il me jeta un bonjour sec [...] et s'en alla devant moi, les mains dans ses deux poches ramenant en devant sa robe de chambre, comme fait l'abbé *** avec sa soutane [...]

La robe de chambre est un trait typique de la caricature du bourgeois, mais le rapprochement avec le Sup*** va loin, redoublé qu'il est par la mention de la calotte que porte M. Labinette (»la calotte un peu crânement sur l'oreille«). Car cette dernière caractérise bien le bourgeois rassis, par opposition notamment au bohème ou à l'artiste (on pense notamment à la fameuse calotte de Sainte-Beuve – type même de l'artiste embourgeoisé), mais elle est aussi au XIXe siècle une désignation métonymique du clergé. De sorte que dans le système de représentations sous-jacent au récit (et dont les portraits sont une des manifestations), il n'est sans doute pas faux d'avancer que le Sup*** et Césarin Labinette[12] sont une sorte de figure double de la négativité, traitée certes selon la logique de la caricature, mais incarnation néanmoins des valeurs répulsives du cléricalisme et de la réaction, que Léonard va dérisoirement opposer à celles de la poésie telle qu'il la conçoit.

Ces valeurs, c'est bien entendu avec l'apparition de Timothina qu'elles vont achever de s'emparer de l'apprenti poète. Rien de surprenant dès lors à ce qu'à la différence de ce qui se passe pour l'abbé*** ou pour Césarin Labinette, le portrait de la jeune fille soit largement développé et clairement identifiable comme tel. Il vaut la peine de le citer dans sa quasi totalité:

> Les bandeaux plats et clairs de tes cheveux se collaient pudiquement sur ton front jaune comme le soleil; de tes yeux courait un sillon bleuâtre jusqu'au milieu de ta joue, comme à Santa Teresa! ton nez, plein de l'odeur des haricots, soulevait ses narines délicates; un duvet léger, serpentant sur tes lèvres, ne contribuait pas peu à donner une belle énergie à ton visage; et, à ton menton, brillait un beau signe brun où frissonnaient de beaux poils follets: tes cheveux étaient sagement retenus à ton occiput par des épingles; mais une courte mèche s'en échappait... Je cherchai vainement tes seins; tu n'en as pas: tu dédaignes ces ornements mondains; [...] je vis tes omoplates saillant et soulevant ta robe, et je fus percé d'amour, devant le tortillement gracieux des deux arcs prononcés de tes reins!... Dès ce moment, je t'adorai: j'adorais, non pas tes cheveux, non pas tes omoplates, non pas ton tortillement inférieurement postérieur: ce que j'aime en une femme, en une vierge, c'est la modestie sainte; ce qui me fait bondir d'amour, c'est la pudeur et la piété; c'est ce que j'adorai en toi, jeune bergère!

On observera que, dans son développement burlesque, ce portrait observe les bonnes règles de la rhétorique: d'abord une prosopographie parcourant le corps dans ses parties successives, ensuite une éthopée qui s'en déduit logiquement, les

---

12 Ce n'est pas ici le sujet, mais il faut ajouter que l'onomastique compte en l'occurrence. En nommant son personnage »Labinette«, Rimbaud attire évidemment l'attention sur sa propre logique caricaturiste; mais en le prénommant »Césarin«, nul doute qu'il entende marquer burlesquement son bonapartisme.

traits somatiques étant censés être révélateurs de l'âme. On peut croire sans grand risque d'erreur que cette orthodoxie rhétorique n'est pas dénuée d'ironie, d'autant plus que ce qui est constitutif de ce portrait et en assure l'efficacité burlesque, c'est l'entrelacement ridicule de plusieurs types de discours, tous socialement ou littérairement repérables. Certains détails sont, fugitivement, grotesques, voire secrètement obscènes, selon une logique qu'on peut croire rabelaisienne: c'est le cas notamment avec ces omoplates saillants et ce *tortillement* des reins. Mais le portrait est aussi parcouru de notations qui nous rappellent que Rimbaud avait été tenté de baptiser son récit *roman* – certaines franchement réalistes, comme la mention de ces *poils follets*, d'autres relevant d'une topique romanesque antérieure, comme les *bandeaux plats et clairs* ou encore les *narines délicates*. Cette logique se révèle à plein avec la mention du *sillon bleuâtre*, détail a priori grotesque dan la mesure où, avec d'autres, il est censé justifier le coup de foudre de Léonard pour un laideron. Mais qu'on relise par exemple les lignes qui évoquent Laurence de Cinq-Cygne dans *Une ténébreuse affaire:*

> Digne de ces belles héroïnes, Laurence possédait une blancheur qui semblait être une gageure du hasard. Les moindres linéaments de ses veines bleues se voyaient sous la trame fine et serrée de son épiderme.[13]

Chez Balzac, ces veines bleues, associées à la *blancheur*, connotaient évidemment la finesse d'une beauté aristocratique; Rimbaud joue *aussi* avec cette topique, superpose donc les sens avec virtuosité, marque du même coup l'intériorisation par Léonard de lieux communs littéraires qui viennent tout naturellement sous sa plume. Et par là, le portrait ridicule de Timothina prend une dimension nouvelle: ce que le texte révèle, au-delà de sa fidélité scolaire à une démarche rhétorique, au-delà même de la parodie d'une situation romanesque convenue, c'est l'aliénation de Léonard à plusieurs types de discours qui, tous, relèvent de l'Histoire.

De ces discours, deux sont particulièrement voyants: celui de l'amour romantique et celui d'un idéalisme amoureux marqué de spiritualité chrétienne. Le premier se manifeste d'abord dans la rencontre elle-même et dans les stéréotypes qu'elle met en œuvre:

> Je relevai le front en rougissant, et, devant la beauté de mon interlocutrice, je ne pus que balbutier un faible: Mademoiselle?... Timothine! Tu étais belle! Si j'étais peintre, je reproduirais sur la toile tes traits sacrés sous ce titre: La Vierge au bol![14]

---

13 H. DE BALZAC, *Une ténébreuse affaire*, dans *La Comédie humaine*, t. VII, éd. Marcel Bouteron, Paris, Gallimard, 1955 (Bibliothèque de la Pléiade), 480.
14 Au moment de la rencontre (à la cuisine, rappelons-le), Timothina, restée seule avec Léonard, essuie »un gros bol ventru en l'appuyant contre son cœur«.

Beauté de l'aimée, timidité balbutiante de l'amant alors même que sa vie bascule, c'est bien le lieu commun de la rencontre pétrarquiste,[15] renouvelé de l'amour courtois mais largement réactivé par le romantisme, que Rimbaud tourne ici en dérision. Ce qui, en revanche, était propre au romantisme (et singulièrement à Musset), c'était la médiation du sentiment amoureux par la référence à une peinture où la figure féminine était l'objet d'une véritable idéalisation – peinture qui se résumait, à tort ou à raison, dans le nom de Raphaël: or c'est bien lui qu'évoque irrésistiblement, à travers le geste parodique, un titre tel que »La Vierge au bol«. De sorte que l'idéalisation chrétienne de Timothina en figure virginale, particulièrement voyante et, il est vrai, prévisible sous la plume d'un séminariste, finit par se distinguer assez mal de son idéalisation romantique.[16]

Le texte d'*Un cœur sous une soutane* est ainsi rythmé par trois portraits, esquissés pour les deux premiers, pleinement achevé pour celui de Timothina. À eux trois, ils définissent clairement – et sans doute mieux que la diégèse elle-même – la dimension idéologique du récit: figure répulsive et stéréotypée du Prêtre avec le Sup***, figure non moins répulsive du Bourgeois avec Césarin Labinette, figure de l'Amour ridiculement idéalisé avec Timothina. Manque alors un dernier portrait, qu'on aurait pu attendre: celui de Léonard lui-même. On objectera que la formule du récit à la première personne tendait à en exclure la possibilité, mais c'est loin d'être absolument vrai, une démarche spéculaire n'ayant rien d'aberrant dans cette logique narrative. Il est de fait cependant qu'il n'y a pas de portrait du séminariste poète dans *Un cœur sous une soutane*, mais c'est peut-être qu'il n'était pas nécessaire d'en faire un et sans doute convient-il de se retourner pour le comprendre vers la façon dont fonctionnent dans la nouvelle les deux portraits qui ne sont qu'esquissés (certes inégalement). Qu'il s'agisse de celui du Sup***, en effet, ou de celui de Césarin Labinette, on a vu que l'un et l'autre impliquent une sorte de renvoi implicite à ce qu'on pourrait nommer intertexte social, lequel rend inutile l'achèvement rhétorique du portrait dans la mesure où le lecteur est tout à fait en mesure d'y suppléer: à cet intertexte participent notamment le discours contemporain de l'anticléricalisme et l'immense patrimoine de la caricature antibourgeoise. Or on a quelque chose d'analogue avec Léonard: bien que les seules notations physiques (d'ailleurs en nombre infime) que nous offre le texte à son endroit concernent ses vêtements de séminariste – avec notamment les »basques de [s]on habit noir« volant derrière lui tels des »oiseaux sinistres« – il est clair que son personnage répond à un

---

15 A quoi renvoie certainement l'énoncé qui, dans le portrait de Timothina, figure en clausule: *jeune bergère!*
16 Un énoncé comme *tes traits sacrés* est typique de cette ambiguïté. Un ou deux énoncés seulement sont spécifiquement cléricaux, comme la comparaison de Timothina avec Sainte Thérèse, ou une phrase comme »tu dédaignes ces ornements mondains«, qui sent déjà le directeur de conscience que Léonard deviendra.

stéréotype dix-neuviémiste qui, jusqu'à un certain point, avait valeur de portrait. Ce n'est pas tant le fait qu'il soit séminariste qui importe en l'occurrence: *Le Rouge et le Noir* nous a suffisamment appris qu'un séminaire du XIXe siècle est surtout peuplé de robustes paysans et la maladresse, l'inhabileté physique de Léonard le rangeraient difficilement parmi eux. Mais ces robustes paysans, précisément, nous les retrouvons dans ces condisciples »effroyablement méchants et effroyablement lascifs« qui sont pour lui autant de persécuteurs, nous assurant ainsi qu'effectivement, il n'est pas l'un d'eux. Seulement – et le point est essentiel – Léonard n'est pas non plus un Julien Sorel, dévoré par la haine sociale et qui n'aurait en rien prêté à la parodie: il est en fait *un enfant sans père*, visiblement livré à une influence maternelle qui explique sans doute sa timidité maladive aussi bien que sa sensiblerie religieuse. Le lecteur prend connaissance de ce fait capital au début du récit, au détour d'une phrase écrite par la mère, laquelle qualifie comme on a vu Césarin Labinette d'»habitué de ton feu père«. Discrétion sans doute significative (on verra pourquoi) mais, quelques pages plus loin, la figure maternelle est évoquée, tout à fait clairement cette fois, par l'épouse d'un sacristain venu en visite chez Césarin Labinette. Celle-ci, après que la conversation a roulé sur la mort récente de Lamartine, révèle en effet à l'assemblée que Léonard est lui aussi poète:

– Le cygne des vers est défunt! dit la sacristaine!
– Oui, mais il a chanté son chant funèbre [...]
– Mais s'écria la sacristaine, monsieur Léonard est poète aussi. Sa mère m'a montré l'an passé des essais de sa muse.

»Sa mère m'a montré [...]...«! S'impose immédiatement à l'imagination du lecteur, ou plutôt à sa mémoire, un type littéraire bien connu au XIXe siècle, auquel il devient dès lors presque évident que Léonard se rattache parodiquement. Et du coup, c'est un véritable portrait qui s'esquisse – portrait moral bien entendu, mais dont il serait à peine paradoxal de dire qu'il se complète d'un portrait physique. La référence, fondée sur toute une littérature, est visiblement à ces jeunes gens pâles et solitaires, marqués du sceau du génie et que leur entourage, ignoblement, persécute et tourne en dérision. De sorte que la parodie, à travers la figure de Léonard, finit par porter sur l'abondante lignée des enfants du siècle, si souvent orphelins – sur ces adolescents sans père dont Musset a fourni le modèle et à qui la poésie servait de refuge en même temps que d'expression.

Cela mérite qu'on s'y arrête. Car en Léonard poète, plusieurs figures se mêlent inextricablement, ce qui apparaît clairement pour peu qu'on prenne garde à l'ordre dans lequel le lecteur découvre ses poèmes. Les premiers de ses vers dont il prenne connaissance, en effet, ne sont pas seulement des vers de mirliton; leur mièvrerie ridicule tient aussi et surtout à ce qu'ils reflètent la naïveté dévote de leur auteur:

> Approchez-vous
> Grande Marie
> Mère chérie!
> Du doux Jhésus!

Effet qui se trouve aussitôt redoublé par la revendication du Psalmiste comme modèle poétique[17] et par l'évocation de la *voix innocente et pure* de ce nouveau poète. Or, en ouvrant sur de tels vers l'évocation de la carrière poétique de Léonard, Rimbaud se montre en réalité brillant rhéteur (ce qui ne saurait surprendre), car il s'agit là d'un fait de pure *disposition:* en faisant découvrir cette poésie sous les espèces de vers dignes d'une première communiante,[18] il marque du même ridicule – et d'un ridicule ineffaçable – la totalité des vers que nous offrira par la suite la nouvelle. Or à y regarder de près, on s'aperçoit que ceux-ci ne sont pas tous absolument niais, du moins selon les critères du temps; si on fait abstraction du contexte d'*Un cœur sous une soutane*, on s'apercevra même qu'il en est qui sont simplement représentatifs de ce qu'on pourrait nommer une vulgate romantique:

> Ne devinez-vous pas pourquoi je meurs d'amour?
> La fleur me dit: salut; l'oiseau me dit bonjour.
> Salut: c'est le printemps! c'est l'ange de tendresse!
> Ne devinez-vous pas pourquoi je bous d'ivresse?

On conviendra que de tels vers ne sont pas sans évoquer un certain Musset.[19] Mais surtout, la posture du poète que saluent la fleur et l'oiseau est bien connue et elle renvoie presque certainement à Hugo, les références hugoliennes en la matière étant même si abondantes qu'il y faudrait une véritable anthologie, laquelle irait chercher son bien, notamment, dans les deux premiers livres des *Contemplations:*

> En le voyant venir, les fleurs, toutes les fleurs [...]
> Prennent pour l'accueillir, agitant leurs bouquets,
> De petits airs penchés ou de grands airs coquets.[20]

---

17 »O! si vous saviez les effluves mystérieuses qui secouaient mon âme pendant que j'effeuillais cette rose poétique! je pris ma cithare et, comme le Psalmiste, j'élevai ma voix [...]«
18 On se réfère là, naturellement, au poème de Rimbaud bien connu intitulé *Les Premières Communions*. Il y est fait référence aux »mystiques élans« de la communiante.
19 Mais on connaît la condamnation que porte la fameuse lettre de Rimbaud à Paul Demeny du 15 mai 1871 (celle-là même qui est connue sous le titre apocryphe de *Lettre du Voyant*): »Musset est quatorze fois exécrable pour nous, générations douloureuses éprises de visions, – que sa paresse d'ange a insultées!« Un rapprochement avec *l'ange de tendresse* des vers de Léonard pourrait bien être fondé.
20 *Contemplations*, I, 2, (»*Le poète s'en va...*«), v. 3–8. Plus parlant encore est peut-être l'exemple suivant: »[...] J'ai souvent / En mai, quand de parfums les branches sont gonflées, / Des conversations avec des giroflées« (*Contemplations*, I, 27, »*Oui, je suis le rêveur...*«, v. 4–6).

Du coup, quand on voit Léonard écrire: »Ne devinez-vous pas que je deviens oiseau, / Que ma lyre frissonne et que je bats de l'aile / Comme hirondelle«, l'idée, non d'une réminiscence, mais bien d'un jeu intertextuel s'impose aussitôt, lequel renverrait une fois de plus le lecteur à des vers hugoliens:

> Mes vers fuiraient, doux et frêles,
> Vers votre jardin si beau,
> Si mes vers avaient des ailes,
> Des ailes comme l'oiseau.[21]

Quant à la lyre, cette désignation métonymique surabonde elle aussi chez Hugo. De sorte qu'on en vient à soupçonner que la date »1er Mai« portée à l'incipit d'*Un cœur sous une soutane* renvoie, tout autant qu'à *Jocelyn*, au poème initial du second livre des *Contemplations*, intitulé justement[22] *Premier Mai*. Cela d'autant plus que le poème en question déploie au long d'une trentaine de vers l'essentiel de ce naturalisme mystique qui était à la fois chez Hugo la justification d'Éros et sa sublimation dans une religiosité par quoi il rejoignait un christianisme qu'il prétendait pourtant dépasser. On admettra que c'est là très exactement la situation de Léonard.

Et cela pourrait avoir plus de sens qu'on ne croit. Encore une fois, reportons-nous à la fameuse lettre de Rimbaud à Demeny du 15 mai 1871, celle que la tradition éditoriale a pris l'habitude de nommer *Lettre du Voyant*. On y trouve trois poèmes intercalés dont deux sont désignés comme *psaumes:* »Je commence de suite par un psaume d'actualité«, écrit Rimbaud en guise d'introduction au *Chant de guerre parisien*; et plus loin, pour introduire *Mes petites amoureuses:* »Ici j'intercale un second psaume *hors du texte*; veuillez tendre une oreille complaisante [...]«. Bien entendu, cet usage du mot *psaume* relève ici d'une ironie sanglante, particulièrement marquée lorsque Rimbaud invite son lecteur à tendre l'oreille pour se faire en somme l'auditeur de la cithare du Psalmiste. Mais on ne peut oublier que ce même Psalmiste est, dans *Un cœur sous une soutane*, le modèle et le garant de la poésie de Léonard, de sorte que cette référence revient *aussi* à renvoyer les poèmes les plus révolutionnaires de Rimbaud et son projet de Voyant lui-même à une source inconsciente où se mêleraient imprégnation religieuse et posture romantique (comme l'exemple de Hugo le montrait assez). On retrouve là, peut-être à son origine,[23] cette ambivalence constante qui marquera toute l'entreprise rimbaldienne: d'un côté l'ambition du Voyant, sa volonté de

---

21 *Contemplations*, II, 2, v. 1–4.
22 On y trouve les vers suivants: »Tous ces bouquets, azurs, carmins, pourpres, safrans, / Dont l'haleine s'envole en murmurant: je t'aime [...]« (v. 16–17): la »douce haleine« qu'on trouve chez le séminariste poète de Rimbaud pourrait bien y renvoyer.
23 La date d'*Un cœur sous une soutane* n'est pas vraiment assurée: été 1870 (au début de la brève carrière de Rimbaud)? Plus tard dans la même année? Ou même premiers mois de 1871?

rupture ; de l'autre l'interrogation lancinante touchant à la validité de cette même entreprise, tantôt soupçonnée de n'être que résurgence du messianisme chrétien, tantôt de n'être que sublimation de la pulsion sexuelle. Ce débat fait au fond le sujet des *Proses Évangéliques*, ces textes inachevés où Rimbaud se met assez clairement en scène sous les traits de Jésus ; il se pourrait qu'il ait déjà habité sa conscience au moment où il écrivait *Un cœur sous une soutane*.

C'est là, en tout cas, une lecture possible du personnage de Léonard, ce qui ferait de la nouvelle, à y bien réfléchir, un véritable récit d'autofiction avant la lettre : Rimbaud, après tout, fut comme son personnage de séminariste un poète adolescent et un enfant sans père, dominé sans nul doute par la figure maternelle ; croyant, il le fut certainement comme lui – pour le temps de l'enfance du moins ; et il se trouva lui aussi héritier de Hugo ou, plus généralement, de la poésie romantique. Quant au refus de toute dévotion amoureuse envers cette idole stéréotypée qu'est la femme – refus qui informe entièrement le personnage burlesque de Timothina –, il suffit de relire les poèmes de l'année 1871 (et en particulier *Mes petites amoureuses*, ce »psaume« !) pour comprendre qu'il a été au cœur du destin, social et poétique, que Rimbaud s'était choisi.

Il serait donc à peine paradoxal de tenir *Un cœur sous une soutane* pour une véritable autofiction, ou du moins d'admettre que c'est là un des sens possibles de cette nouvelle. On connaît le principe du genre : dans l'autofiction, le scripteur se raconte, se met en scène, s'imagine, dans un récit qui présente formellement les caractères de la fiction, à travers un personnage qui est lui et ne l'est pas : or de toute évidence, *Un cœur sous une soutane* répond pour une grande part à cette définition. Les portraits y matérialisent ce que Rimbaud tient pour négativité pure (la société cléricale, la bourgeoisie philistine) ; cependant qu'au-delà d'une dimension burlesque ostentatoire, la figure de Léonard dessine – secrètement sans doute, paradoxalement si l'on veut – un visage de l'aventure poétique qu'il était impossible à l'auteur de méconnaître et, plus encore, de tenir pour entièrement étranger à sa propre entreprise. Peut-être tient-on là l'aspect le plus fascinant de cette étrange nouvelle que la plus grande partie de la critique rimbaldienne,[24] d'une façon parfaitement moutonnière, n'a cessé de tenir pour négligeable et qu'il serait temps, sans aucun doute, de relire d'un œil neuf.

---

24 On en exceptera, naturellement, l'édition procurée par Steve Murphy.

Marina Paladini Musitelli (Trieste)

Il ritratto femminile nella narrativa verghiana d'ambientazione mondana

Già nell'ormai lontano 1979 C.A. Madrignani, uno dei più attenti e lucidi interpreti della letteratura del secondo Ottocento, ripubblicando per l'editore Sellerio la prima edizione della raccolta verghiana di novelle intitolata *Drammi intimi*, del 1884, aveva richiamato la critica ad un ascolto più attento della produzione dell'»altro Verga«, di quel filone di narrativa »psicologica o intimistica«, cioè, che Verga, lungi dal sacrificare all'opzione verista, continuò a coltivare fino ai primi anni del Novecento considerandolo, con buona probabilità, uno strumento irrinunciabile per lo sviluppo di quella »scienza del cuore umano« che ai suoi occhi costituiva uno degli obiettivi fondamentali della »nuova arte«. Ben lontano dal condannare quella produzione come un peccato di gioventù o una passiva riproposizione di vieti *clichés*, Madrignani suggeriva di rileggere quei testi come significative realizzazioni di quella »letteratura psicologico-scientifica d'impianto positivista che se pure [aveva] prodotto opere pregevoli senza raggiungere il capolavoro, [aveva] caratterizzato un'epoca letteraria e fornito le premesse ad una tradizione (e a una scrittura)«.[1]

Verga stesso si chiedeva, d'altronde, nella dedica della novella *L'amante di Gramigna* all'amico scrittore Salvatore Farina – uno dei manifesti della nuova poetica – se si sarebbe mai raggiunto un »tal perfezionamento nello studio delle passioni« da rendere »inutile il proseguire nello studio« dell'»uomo interiore«.[2]

Confessava in questo modo di credere che molti fossero ancora i segreti del cuore umano che spettava all'intuizione psicologica dell'artista sondare e rivelare con le sue rappresentazioni, soprattutto quando questi riguardavano la sfera delle passioni intime, una sfera che l'educazione e le regole sociali spingevano a celare e a dissimulare.

E se nel caso di personaggi elementari era sufficiente cogliere e raffigurare lo spontaneo e diretto affiorare di sentimenti e passioni nei loro comportamenti

---

1 G. VERGA, *Drammi intimi*. Introduzione di C.A. Madrignani, Palermo, Sellerio, 1979, X.
2 ID., *L'amante di Gramigna*, in *Tutte le novelle*, volume primo. Introduzione di C. Riccardi, Milano, Mondadori, 1983, 192.

esteriori, questo obiettivo richiedeva nei confronti dei personaggi delle classi più elevate, dalla borghesia all'aristocrazia, una capacità di scavo interiore in grado di far intuire sotto la maschera omologante delle convenzioni sociali i percorsi tortuosi e segreti della loro psiche e le motivazioni più profonde del loro agire. Trattare di queste passioni, seguirne i percorsi misteriosi, saggiarne gli esiti nelle diverse realtà della società contemporanea, significava inoltre, per Verga, come annota intelligentemente Madrignani, affrontare il tema del mutamento del rapporto tra i sessi, e, di conseguenza, »prendere atto della diversità della donna«, riconoscere cioè che »il femminile ha una sua dimensione di provocatoria autonomia«.[3]

È sulla base di queste suggestioni e considerazioni che cercherò di delineare il ritratto[4] femminile che questo filone di letteratura ci propone, con l'ambizione di capire quale immagine di donna e quale riflessione sulla sua natura e sul suo ruolo nella società esso trasmetta.

*

Troviamo il primo abbozzo di questo ›ritratto‹ nel romanzo *Una peccatrice*, pubblicato a Firenze nel 1866. Esso si impone all'attenzione del lettore, nelle prime pagine del romanzo, grazie alla descrizione fisica e al profilo psicologico di Narcisa Valderi, contessa di Prato, che il protagonista maschile Pietro Brusio tratteggia per l'amico Raimondo.

> È adorabile, se non è bella! Essa non ha la bellezza regolare, compassata, che direi statuaria e che non invidio ai modelli dei pittori; ma ha occhio che affascina, e sorriso che seduce carezzando [...]. Questa donna alta e sottile, di cui le forme voluttuosamente eleganti sembrano ondeggiare lente e indecise sotto la scelta toletta che le riproduce con tutta l'attrattiva vaporosa delle mezze tinte, ha tutte le perfezioni per poter coprire ed anche far ammirare come pregi altre imperfezioni.[5]

Com'è evidente si tratta di una immagine di donna che non deriva il suo fascino dalla somma delle doti fisiche, ma dalla miscela armoniosa e conturbante di elementi tra loro dissonanti. Una donna che con »la delicatezza e la bellezza« »del suo collo di inglese« compensa, infatti, sia la dimensione troppo piccola della testa – »da bambina« – sia »l'estrema sottigliezza del suo corpo«; che con »l'abbagliante bianchezza dei denti« e la dolcezza del suo sorriso fa dimenticare »la bocca alquanto grande«; che con la lucentezza »dei suoi magnifici capelli

---

3 Id., *Drammi intimi* (nota 1), XVII.
4 Uso il termine ›ritratto‹ in senso lato a definire più che il ritratto fisico la natura psicologica e caratteriale delle protagoniste.
5 G. Verga, *Una peccatrice*. Terza ed. riveduta, Milano, Mondadori, 1965 (Biblioteca Moderna Mondadori), 22.

neri« distoglie lo sguardo dalla fronte anch'essa troppo »larga ed alta«.[6] Una bellezza che non ha nulla per essere tale – aggiunge Pietro – ma »in cui tutto sembra formare un assieme di grazia e d'incanto«. Una grazia al cui potere seduttivo concorre, in misura non secondaria, l'abbigliamento o meglio alcuni maliziosi accessori che ne esaltano la carica erotica, come i capellini adorni di piume o di nastri sbarazzini, i corsetti che stringono il punto vita esaltando da un lato il busto naturale, facendo fiorire dall'altro a modo di corolla l'ampiezza della gonna, gli stivaletti di seta nera che occhieggiano sotto le ampie gonne, le morbide mantelle che accarezzano le scollature.

Un ritratto che testimonia come la bellezza femminile fosse in quella fase della nostra civiltà inseparabile dai sapienti apporti della moda e dall'attenta cura del proprio aspetto: quello di Narcisa, mediato dal turbamento di Pietro, evoca, infatti, una figura di donna frutto di inscindibile intreccio tra doti naturali e vezzi artificiali, una donna »che ha bisogno di tutte le risorse della toletta, di tutte le seduzioni dei modi e dell'accento, di tutto l'incanto dello sguardo e del sorriso, per circondarsi di questo vapore trasparente... [...] che la fa bella«; »che si mette allo specchio donna [conclude il giovane innamorato] per sortirne silfide... maga... sirena...«.[7]

A determinare il fascino di questa figura femminile è anche la tecnica con cui Verga ne delinea il ritratto. Il lettore si trova infatti dinnanzi ad un'immagine, evocata più che descritta, che prende forma da un lato grazie a vere e proprie pennellate che, filtrate dall'emozione del protagonista, illuminano alcuni sommari tratti fisici della protagonista, dall'altro al contorno morbido e sfumato che i volumi e le fogge della moda del tempo disegnano intorno al suo corpo. Una tecnica di raffigurazione che potremmo definire ›impressionistica‹ e che potrebbe far pensare ad una qualche influenza esercitata sul giovane scrittore dal gruppo dei macchiaioli toscani che si riunivano al Caffè Michelangelo di Firenze.

Se da un lato il ritratto di Narcisa può esser letto come un apprezzamento delle cure che la donna moderna dedicava alla sua immagine, delle pratiche raffinate con cui sapeva valorizzarla, e nello stesso tempo come un tributo al suo spirito e alle squisitezze della sua educazione, sulla base anche delle suggestioni del teatro francese del tempo dove Augier e Dumas fils mettevano in scena figure di donne libere e padrone di sé in forme che sono state definite di ›protofemminismo‹; dall'altro esso contiene, sulla base di suggestioni ancora tardo-romantiche, una conferma del potere distruttivo di quel fascino. Narcisa, infatti, ha fama di donna vana, egoista, incapace d'amare, interessata esclusivamente alla propria bellezza, amante del lusso e del denaro,[8] secondo un clichè peraltro già ampiamente

---

6 *Ibidem.*
7 *Ibidem*, 23.
8 *Ibidem*, 30.

sfruttato. Sicché non stupisce che Pietro, che dichiara di cercare e di amare nella donna »tutto ciò che brilla ed affascina, tutto ciò che seduce e addormenta... tutto ciò che può far[gli] credere, per mezzo dei sensi, che questo fiore delicato [...] non nasconde un verme«,[9] sia destinato a divenirne la vittima sacrificale.

Più che un giudizio fondato, quello sulla vanità e vacuità di Narcisa si rivela però nel corso del romanzo un pregiudizio: Narcisa infatti, innamoratasi di Pietro Brusio, si dimostra capace di un amore che arriva fino al sacrificio della propria vita, mentre è proprio Pietro ad assistere impotente all'affievolirsi e allo spegnersi in lui giorno dopo giorno di ogni ardore romantico.

Una parabola che Verga ripropone con maggiore consapevolezza e capacità letteraria in *Eva*, ma che comporta lungo l'intera stagione milanese una oscillazione irrisolta tra la figura dell'eroina capace di sacrificare tutto all'amore, vittima dunque della sua stessa passione, e quella della donna fatale capace di amare solo se stessa, e il cui fascino è inseparabile dal suo potere distruttivo.

In questo contraddittorio atteggiamento nei confronti della donna, di cui Verga è pronto a riconoscere tutta la superiorità quando essa si dimostra capace di sentimenti autentici e disinteressati, è possibile misurare, pur sulla base di una evidente attrazione per la modernità e per il nuovo ruolo conquistato dalla donna in società,[10] la persistente dipendenza del giovane Verga dal mito dell'amore passione di ascendenza romantica che si accompagna alla denuncia dei falsi valori che permeano e corrompono la società contemporanea e all'aspirazione a sostituirvi i valori di una sana etica borghese.

*

Sotto questo profilo il filone di narrativa d'ambientazione mondana, che Verga continua ad alternare, dopo il 1880, a quella d'ambientazione popolare, coerentemente alla sua volontà di rappresentare tutti gli strati della scala sociale, ci offre un'immagine della figura femminile più moderna e sfaccettata, che ben rappresenta l'evoluzione delle dinamiche della società italiana postunitaria. A segnare la distanza tra i romanzi degli anni 70 e le opere di argomento borghese-aristocratico della stagione verista vi è l'esperienza, più o meno diretta, dell'inconsistenza di ogni passione d'amore e la presa d'atto dell'inevitabile

---

9 *Ibidem*, 24.
10 Non è difficile scorgere in questo intrico di sentimenti l'eco delle emozioni prodotte su di lui dall'incontro con le protagoniste della moderna vita mondana, figure di dame aristocratiche d'ambiente cittadino, regine dei salotti e dei teatri, da cui Verga stesso, giovane artista provinciale, appena giunto a Firenze, allora capitale d'Italia, doveva essere stato profondamente colpito e affascinato.

riduzione di quel sentimento a fatua ed effimera accensione dei sensi o, ancor di più, a fugace soddisfazione della propria vanità.

Ne è una significativa testimonianza la novella *Fantasticheria* composta nel periodo compreso tra l'agosto 1878 e l'estate 1879 e pubblicata nella raccolta *Vita dei campi*. Dedicata alla contessa Paolina Greppi in ricordo dei tre giorni trascorsi insieme ad Aci Trezza e di un loro fugace rapporto affettivo (»Noi siamo stati amicissimi, ve ne rammentate?«),[11] la novella oltre ad essere un pegno pagato all'ennesimo capriccio della contessa che, »sazia di tutto, perfino dell'adulazione« dei »giornali di moda« che la citavano »spesso in capo alla cronaca elegante«, voleva »vedere il suo nome sulle pagine di un libro«,[12] vuol essere una testimonianza della labilità del sentimento d'amore che nasce e si sviluppa nella vita tumultuosa degli ambienti aristocratici e alto-borghesi delle grandi città, nazionali e internazionali.

Tutta giocata emotivamente sulla contrapposizione tra i sentimenti miti e semplici di quel mondo lillipuziano e i turbamenti alimentati dalle »veglie ardenti« di quell'eterno »carnevale«, la novella ci offre un ritratto della contessa – vero e proprio quadro d'autore – il cui fascino è tutt'uno con le linee eleganti e artificiali della sua *silhouette*:

> [Sullo sfondo di] un'alba modesta e pallida, che ho ancora dinanzi agli occhi, striata di larghi riflessi violetti, sul mare di un verde cupo [...] e in cima allo scoglio, sul cielo trasparente e profondo, si stampava la vostra figurina, colle linee sapienti che ci metteva la vostra sarta, e il profilo fine ed elegante che ci mettevate voi. – Avevate un vestitino grigio che sembrava fatto apposta per intonare coi colori dell'alba. – Un bel quadretto davvero! E si indovinava che lo sapevate anche voi dal modo col quale vi modellavate nel vostro scialletto, e sorridevate coi grandi occhioni sbarrati e stanchi a quello strano spettacolo, e a quell'altra stranezza di trovarvici anche voi presente.[13]

Tra *Eva* e *Il marito di Elena* in Verga matura, inoltre, la progressiva rinuncia a qualunque scatto di indignazione morale: non solo la rinuncia tecnica a mettere in campo il proprio giudizio in accordo alla teoria dell'impersonalità appena elaborata, ma la rinuncia, più profonda e con buona probabilità sofferta, ad ogni forma di identificazione con la figura femminile che ne implicava e presupponeva una certa dose di idealizzazione.

Tra la stagione milanese – da alcuni definita ›scapigliata‹ – dei romanzi sentimentali, ancora ispirati ad una concezione romantica dell'amore, e *Il marito di Elena*, composto a ridosso della pubblicazione dei *Malavoglia*, c'è – potremmo aggiungere – il medesimo approdo a quell'amara e disincantata scienza della vita che sorregge e giustifica l'impianto dell'intero ciclo dei *Vinti*. C'è cioè la con-

---

11 G. Verga, *Fantasticheria*, in *Tutte le novelle* (nota 2), 122.
12 *Ibidem*, 124.
13 *Ibidem*.

sapevolezza che la sete di piaceri che caratterizzava la vita delle grandi città fosse la logica e inevitabile conseguenza del processo di modernizzazione della società postunitaria, l'espressione cioè di una società che ad ogni altro valore anteponeva ormai il mito del denaro e il culto del piacere che esso poteva procurare. Una consapevolezza che si accompagna, inoltre, alla progressiva constatazione della frattura irrisarcibile venutasi a creare tra la società preunitaria ancora fondamentalmente contadina e la società urbana postunitaria dove anche le classi medie, affascinate dagli stili di vita dell'aristocrazia, avevano finito col modellare su quell'esempio i loro comportamenti e le loro aspirazioni rinnegando gli antichi valori.

A partire dal *Marito di Elena* il ritratto femminile fa, dunque, i conti con i mutamenti intervenuti nella società e nei rapporti tra i sessi dentro e fuori l'istituto matrimoniale dando luogo ad una immagine della donna più sfuggente e contraddittoria. Da un lato, infatti, lo scrittore è spinto ad analizzare ed illustrare l'influenza corruttrice che la vita mondana delle società aristocratiche – sia sul piano dell'addestramento alla vita, sia su quello della maturazione di una psicologia forgiata dai nuovi riti sociali – esercita sulle classi sociali meno abbienti dove alimenta, soprattutto nella donna, un progressivo desiderio di autonomia;[14] dall'altro, sotto l'influenza del materialismo di matrice darwiniana, egli matura una considerazione della donna come vittima, oltre che dell'egoismo maschile, della propria innata civetteria. A segnare un'ulteriore distanza tra il ritratto femminile della narrativa degli anni Settanta e quello ricavabile dalle pagine del *Marito di Elena* è l'uso di una tecnica di costruzione e rappresentazione del personaggio femminile, che, rinunciando sia alla mediazione autoriale sia a quella, cara al realismo primo-ottocentesco, del personaggio testimone, ne costruisce l'immagine attraverso molteplici punti di vista. La caratteristica della figura femminile nei testi veristi d'ambientazione mondana è infatti la sua inafferrabilità, dovuta sia alla difficoltà per il lettore di cogliere, dietro la con-

---

14 Avanzo qui un'interpretazione complessiva del romanzo in chiave sociologica di cui alcuni spunti si possono rintracciare sia in V. Spinazzola, *Il ruolo dei sessi nel ›Marito di Elena‹*, in Id., *Verismo e positivismo*, Milano, Garzanti, 1977, sia in F. Portinari, *Le parabole del reale*, Torino, Einaudi, 1975. Mi è grato, però, ricordare, in relazione a questo romanzo, almeno altri due saggi che offrono interessanti contributi alla comprensione di un testo che continua ad essere poco studiato ed analizzato: in primo luogo proprio il saggio di H. Meter, *›Il marito di Elena‹ di G. Verga e il problema della ›trivialità‹ fittizia*, nel volume *Triviallitteratur? Letterature di massa e di consumo*, a cura di U. Schulz-Buschhaus e G. Petronio, Trieste, LINT, 1979; in secondo luogo quello di M. Dillon Wanke, *›Il marito di Elena‹ ovvero dell'ambiguità*, in »Sigma«, X, 1977, 113–136, poi in M. Dillon Wanke, *›Baci dietro la veletta‹*, in Id., *Le ragioni di Corinna. Teoria e sviluppo della narrativa italiana dell'Ottocento*, Modena, Mucchi, 2000, 327–356; saggi che hanno il merito di cogliere i tanti riferimenti alla coeva letteratura di consumo che il testo sottintende e di rivelare in questo modo la tecnica obliqua con cui Verga esprime su quel mondo fatuo e corrotto la sua condanna implicita.

venzionalità di gesti e comportamenti, la verità dei sentimenti, sia alla continua oscillazione tra punti di vista e percezioni della realtà anche molto diversi tra loro. Nel delineare il ritratto di Elena Verga si serve, infatti, ora del punto di vista interiore della protagonista, ora dello sguardo indulgente – e poi via via sempre più turbato – del marito innamorato, ora di quello malevolo della società pettegola, ora infine di quello, spesso dissacrante, del narratore interno, un egli impersonale che di quel mondo condivide abitudini e mentalità e che col suo atteggiamento ironico e a volte complice ha il compito di mettere a nudo le motivazioni nascoste dell'agire umano proprio là dove l'etichetta e i riti mondani le rendono meno esplicite.

Se volessimo fissare l'immagine fisica di Elena ricavabile dai primi capitoli del romanzo dovremmo riconoscere che essa prende forma attraverso una serie di fotogrammi diversi, che, per di più, ne fanno percepire il fascino più che la fisionomia: che descrivono cioè e fissano la grazia con cui indossa le sue *toilettes*, pur modeste, la civetteria sdegnosa con cui, al momento di sollevare la gonna, fa intravedere i suoi stivalini lucidi, il delicato pudore con cui chinando il capo e la massa ondulata dei capelli neri mette in mostra la nuca bianca e la lanuggine alla sua radice (un particolare quest'ultimo che, per l'insistenza con cui ritorna, doveva avere agli occhi dello scrittore una indubbia carica erotica), l'impertinenza con cui fa giocare i nastri dei suoi cappellini, lo scintillio ardito degli occhi quasi neri (ma è interessante che a don Peppino i suoi occhi appaiano grigi, a conferma che più che in un ritratto definito il lettore si imbatte in una serie di immagini che, proprio perché filtrate dall'emotività dei soggetti che le percepiscono, colgono ed esibiscono particolari di volta in volta diversi).

In Elena, inoltre, il fascino è tutt'uno con la grazia e la disinvoltura di modi che le fanciulle acquisivano con l'educazione alla vita di società, un'educazione che insegnava loro a suonare il pianoforte, a leggere e parlare il francese, a danzare con eleganza, a sostenere con vivacità ed intelligenza una conversazione salottiera e che ogni famiglia borghese, anche se di modeste possibilità economiche come quella di Elena, cercava di offrire alle proprie figlie anche a costo di grossi sacrifici.

Un'educazione che doveva garantir loro un ruolo in società e che alimentava sogni e ambizioni segrete. Verga da questa disamina sociologica ricava un profilo psicologico degno – potremmo dire – di miglior causa. Sin dalle prime scene Elena rivela, infatti, un carattere risoluto – sua è la decisione di fuggire con Cesare, così com'è sua la prima tacita dichiarazione d'amore (»Allora per la prima volta la giovinetta gli prese la mano di nascosto, timidamente, e gliela strinse forte, senza guardarlo«)[15] e l'iniziativa del primo bacio (»Il primo bacio

---

15 G. Verga, *Il marito di Elena*. Introduzione di M. Vitta; cronologia e bibliografia di C. Riccardi, Milano, Mondadori, 1980 (Oscar classici), 41.

doveva darglielo lei per la prima, sulla porta dello zio Luigi, dicendogli che ormai era sua«)[16] – ma è solo da sposata (condizione che garantiva anche alle semplici borghesi quel margine di libertà indispensabile ad espandere la propria personalità), preso possesso del podere di campagna del marito, che Elena dà libero sfogo alla sua »natura esuberante, avida di sensazioni piacevoli«,[17] al suo carattere »impressionabile e appassionato«.[18] »Sedotta dallo spettacolo nuovo della campagna, accarezzata dalla adorazione concentrata e quasi timida del marito, lusingata dal rispetto semibarbaro con cui i contadini [accolgono] la nuova padrona, da quell'ammirazione attonita che [legge] sui loro volti«[19] ella con i suoi ombrellini vistosi, con le sue *toilettes* all'ultima moda, che la fanno sentire una gran dama in rapporto a quella realtà contadina, si concede i capricci più audaci:

> Spesso, quando organizzavano coi vicini una qualche scarrozzata nei dintorni, ella aveva il capriccio di guidare i cavalli accanto a don Peppino, ritta sul seggio, coi piedini posati arditamente sulla panchetta, tenendo una sigaretta fra le labbra, raggiante, e si voltava di tanto in tanto verso il marito e la compagnia esclamando ›Va bene? va bene?‹ con una voce vibrante senza saperlo di voluttà, di una gioia fanciullesca.[20]

Appare convinta che »il suo solo e grande affare fosse quello di godersi quella vita facile e allegra, senza badare alle pene segrete che arrecava a Cesare«.[21]

Ma è nella rappresentazione dei sentimenti sfuggenti e contraddittori che caratterizzano il comportamento di Elena che Verga mostra di capire tutte le conseguenze che la libertà conquistata con il matrimonio produce sulla sua personalità. Se per il marito e per il suo cuore amante Elena sente, infatti, una tenerezza capricciosa e dispotica, senza sapere ella stessa il sentimento che le ispira, e se nei confronti della famiglia del marito e della società provinciale che la giudica e la isola, esibisce tutta l'orgogliosa superiorità della cittadina, ella reagisce alle tacite *avances* del barone con un misto di turbamento e di fierezza, che se la tiene lontana dal tradimento, instilla in lei la consapevolezza del suo fascino.

L'educazione sentimentale di Elena può così affrontare la sua seconda tappa: il ritorno in città e l'entrata in società (»In meno di un mese aveva il suo giorno di ricevimento, il suo taccuino pel giro delle visite, qualche amica che veniva a prenderla in carrozza, gli assidui che aspettavano il suo turno al San Carlo per farsi vedere nel palchetto di lei«).[22] Una pratica di vita destinata inevitabilmente a minare l'intimità e la complicità della coppia dato che costringeva i mariti,

---

16 *Ibidem*, 30.
17 *Ibidem*, 54.
18 *Ibidem*, 55.
19 *Ibidem*, 54.
20 *Ibidem*, 71.
21 *Ibidem*, 59.
22 *Ibidem*, 83.

troppo seri per entrare nel novero degli eletti destinati ad animare le serate mondane, ad attendere la moglie nell'anticamera per poter prendere il suo braccio solo »dopo che il corteggiatore della serata l'aveva aiutata a indossare la mantellina, sfiorandole coi guanti le spalle nude«.[23]

Come una droga sottile e devastante quel lusso e quelle lusinghe divengono indispensabili ad Elena che se ne inebria senza sospettare il male dato che quei trionfi di vanità sembrano rendere più appassionati gli stessi slanci d'affetto coniugale. Ma in quei crocchi di privilegiati da cui i mariti erano esclusi, il pericolo era sempre in agguato sotto forma di qualche bel giovanotto »che spendeva pazzamente il denaro che non aveva, [...] bel giocatore, carico di debiti, audace cogli uomini, e cortesemente impertinente colle signore«,[24] tanto più attraente agli occhi di Elena quanto meno il marito, nonostante gli sforzi, era in grado di garantirle il tenore di vita necessario a quelle frequentazioni, e quanto più la vita piccolo-borghese cui la condannava la posizione del marito le appariva, di conseguenza, ogni giorno più squallida. Assediata dai creditori e dal dileggio impertinente della serva, Elena, fiaccata dalle meschine difficoltà della sua quotidianità, finisce col rinunciare a tutte le sue ambizioni. Neppure nella gravidanza ella riesce a trovare conforto e si lascia vincere a poco a poco con »dei rancori sordi contro tutto ciò che contribuisse alla sua sorte, come della frenesia, un bisogno di rappresaglia, cedendo grado a grado a delle aspirazioni insensate di cercarsi da sé quello che la sorte le negava«. Fu allora – commenta lapidario il narratore – che »la tentazione che stava in agguato, che le ronzava d'attorno, nel cervello, nel sangue, dinanzi agli occhi, la colse, se non pel cuore, per la mente guasta e fuorviata, nello spirito inquieto e bramoso«.[25]

Per molto tempo la figura di Elena è sembrata riproporre fedelmente i tratti di Emma Bovary, ma carattere e aspirazioni sono piuttosto quelli di una borghese ambiziosa, pronta a sfidare le convenzioni sociali e a ribellarsi ai pregiudizi dell'arcaica società contadina, ma anche a rivendicare un proprio ruolo decisionale in famiglia (»Se fossi in te« – ripeteva al marito stanco e disarmato – »mi par che troverei...«.[26] O ancora: »Mi pare che se fossi un uomo saprei trovare!«).[27]

Capace di slanci sinceri, ma nello stesso tempo troppo egocentrica per apprezzare i sacrifici silenziosi del marito e per accontentarsi della vita modesta di un semplice impiegato, Elena appare creta modellabile dalle lusinghe del bel mondo, dai suoi ossequi vani e corruttori. È la parabola che il romanzo disegna. E se nei romanzi degli anni Settanta Verga poteva ancora credere che si potesse erigere un argine al dilagare di quella corruzione facendo leva sui valori di una

---

23 Ibidem, 85.
24 Ibidem, 86.
25 Ibidem, 101.
26 Ibidem, 94.
27 Ibidem, 95.

borghesia onesta e produttiva, nel *Marito di Elena* dimostra di aver capito che quella sete di piaceri raffinati, quell'inquietudine che soggioga anche gli animi più forti, quella ricerca di sempre nuove emozioni costituisce il carattere distintivo della società a lui contemporanea a cui nessuna classe può più sfuggire. Da questo punto di vista è particolarmente significativo che la vicenda sia ambientata a Napoli, in una realtà cioè in cui l'assenza di una borghesia produttiva costituiva la situazione ideale perché regole e comportamenti della vecchia società aristocratica si imponessero all'intera società cittadina.

Si tratta di un adeguamento progressivo ai disvalori del mondo aristocratico che nel romanzo prende forma attraverso alcune tappe significative della vita di Elena: la segreta sofferenza per la partenza dell'amante che la rende »irriconoscibile, colle guance scarne, gli occhi stanchi e profondamente solcati, qualcosa di cascante in tutta la sua persona«[28] e »un rancore indistinto« per tutti i sogni svaniti, »per la sua giovinezza miseramente sfiorata«, »per la maternità che l'aspettava come un sacrificio«;[29] il rientro in società dopo alcuni mesi dal parto, grazie al benessere che con umilianti compromessi Cesare è finalmente riuscito a procurare alla famiglia; l'attrazione per il poeta che con i suoi versi ne lusinga pubblicamente la vanità prospettandole un nuovo sogno d'amore e la delusione prodotta dal contrasto tra quelle melodrammatiche promesse e lo squallore del primo appuntamento galante; ed infine

> la tresca col duca [...] profumata, elegante, in un ambiente che raffina la colpa, l'accarezza e l'addormenta con tutte le mollezze, nel velluto, tra i fiori, coi piaceri artificiosi, coi riguardi scambievoli, coll'etichetta inflessibile, con tutte le buone maniere inventate dalla raffinata corruzione per far cadere mollemente l'onore di una donna.[30]

È significativo che questa parabola, anziché essere vissuta con sensi di colpa, infonda ad Elena una consapevolezza del proprio fascino che rafforza la sua autonomia e il bisogno di mettere alla prova il proprio potere. Se da un lato, infatti, la morte della suocera la riavvicina intimamente e sinceramente al marito, rivedere il barone, che le esprime »la sua ammirazione bramosa con una riserbatezza esitante che [ha] l'attrattiva del pudore«,[31] ne eccita la fantasia. Ella prova, infatti,

> un piacere mascolino nell'indovinare tutte codeste impressioni, [...] come un seduttore raffinato gode nell'assaporare il turbamento che mette nell'anima d'una giovinetta, [...] pel gusto di destare l'incendio senza lasciarsi scottare, di sfiorare il male senza cascarci.[32]

---

28 *Ibidem*, 109.
29 *Ibidem*, 111.
30 *Ibidem*, 141.
31 *Ibidem*, 150.
32 *Ibidem*.

Sicché – conclude il narratore – mentre »tutta Altavilla avrebbe potuto credere« che fosse il suo »amante«, Elena »non gli aveva dato la punta di un dito«.[33]

Il finale, drammatico e paradossale, mette a confronto due verità che contrappongono l'apparenza alla realtà: da un lato la presunta colpevolezza di lei che alla meschinità della delazione, con il suo mutismo, oppone orgogliosamente il diritto di non doversi discolpare di una colpa che in quel caso non ha commesso; dall'altro la dolorosa umiliazione di lui che in quell'ultimo supposto tradimento rivive il dramma degli altri tradimenti subiti o solo immaginati e sfoga frustrazione e dolore in un atto di improvvisa follia omicida.

Una lettura, quella ricavabile dal *Marito di Elena*, dei processi che interessavano la società della nuova Italia e la trasformazione dell'istituto matrimoniale che è anche la rinuncia ad ogni progetto di moralizzazione della società, ad ogni rivendicazione della superiorità dei valori piccolo-borghesi della fedeltà, della famiglia, del lavoro. Istruttivo potrebbe essere da questo punto di vista il confronto con la novella *Il come, il quando, il perché* – scritta presumibilmente nel 1877 – dove la protagonista, giunta passo dopo passo sull'orlo del precipizio, spinta da un turbamento dei sensi che si fa ogni giorno più forte, trova la forza di respingere l'innamorato e di riconoscere, rifiutando le false attrattive dell'adulterio, la superiorità dell'amore coniugale che, se non può offrire i piaceri della vita mondana, può vantare ben più commoventi capacità di sacrificio insite nel compito stesso del mantenimento economico della famiglia.

*

Ci si potrebbe chiedere allora perché dopo *Il marito di Elena*, nel riproporre ambienti e tematiche mondane e nell'approfondire, potremmo dire, l'analisi della psiche femminile, Verga si confronti con figure di donne che appartengono all'aristocrazia. Non si tratta più, potremmo dire, di indagare gli effetti del processo di corruzione che quella moderna rincorsa al piacere produce sui ceti sociali inferiori e di capire come esso alimenti l'aspirazione ad una sempre maggiore autonomia della donna, né di contrapporgli la superiorità di quella borghesia fedele all'etica del lavoro e della famiglia. Ad interessare ora Verga sembrano essere le conseguenze e le contraddizioni che la fedeltà alle convenzioni e ai piaceri della vita mondana può scatenare proprio in chi di quelle regole è attore e regista.

È il caso della novella *Drammi ignoti* inclusa nella raccolta *Drammi intimi* pubblicata nel 1884, in cui l'amore tra la contessa Anna, vedova, e il marchese Roberto – un amore nato e cresciuto all'ombra delle convenzioni mondane, che

---

33 *Ibidem*.

di queste ha tutte le caratteristiche (»Un affetto profondo ed occulto, inquieto, geloso, che si mischiava a tutte le [...] gioie mondane, e sembrava fatto di quelle, e le raffinava, le rendeva più sottili, più penetranti«) –[34] si scontra non più con un ostacolo esterno, un divieto sociale o morale, ma con un potentissimo ostacolo interno al cuore stesso della donna: l'amore materno, quando essa intuisce che la figliola gravemente ammalata è segretamente innamorata del proprio amante. Un evento non previsto né prevedibile che mette in crisi la logica stessa di quella libera filosofia della vita.

> Entrambi erano due cuori onesti e leali, nel significato mondano della parola, nel senso di poter sempre affrontare a fronte aperta qualsiasi conseguenza di ogni loro azione. Perché la fatalità facesse loro abbassare quelle teste alte e fiere, bisognava che le avesse messe per la prima volta di fronte a un fatto che rovesciava bruscamente tutta la loro logica e ne mostrava la falsità.[35]

Si tratta di un conflitto interiore, tenuto gelosamente segreto, che Verga, coerentemente al dettato della poetica verista, cerca di cogliere attraverso le emergenze involontarie dell'angoscia della sua protagonista: la »contrazione nervosa, con le dita increspate sul bracciolo della poltrona«[36] al momento di rivelare all'amante che la figlia l'ama nonostante sappia o sospetti di loro; il tremito dell'ultimo abbraccio a Roberto, ormai materno; il sorriso stanco con cui si rivolge agli sposi e la dolce risolutezza con cui ne prende commiato; il disagio della prima visita alla figlia prossima a diventare madre, quando il rivedere Roberto suscita in lei doloroso imbarazzo (»La prima persona che vide sul marciapiede della stazione, in mezzo alla folla, fu Roberto, che l'aspettava, solo. Ella si strinse con forza il manicotto sul cuore, quasi le mancasse il respiro«);[37] l'improvviso istintivo emergere di un moto di gelosia al cogliere l'affettuosa complicità tra gli sposi, il richiamo, quasi a erigere una barriera invalicabile tra sé e il passato, ai suoi capelli bianchi, ma, nello stesso tempo, la consapevolezza che il ricordo del passato pesava ancora e allungava ombre anche sul rapporto con la figlia defraudandola del suo amore e della stessa possibilità di rivolgersi a Dio. Un tormento interiore che si riflette nel suo progressivo declino fisico, nella malattia che ne mina la salute e la porta alla morte, drammatica testimonianza dell'impossibilità di vivere e risolvere quel tragico conflitto. Ci potremmo chiedere a questo punto se oggetto della riflessione verghiana fosse la labilità e l'inautenticità di quei rapporti e quei sentimenti che nascono all'ombra delle convenzioni mondane o piuttosto l'impossibilità di viverne altri in una realtà urbana do-

---

34 G. VERGA, *I drammi ignoti* (nota 1), 4.
35 *Ibidem*, 12–13.
36 *Ibidem*, 13.
37 *Ibidem*, 17.

minata dalla fantasmagoria della vita moderna e dallo sfrenarsi di aspirazioni ed inquietudini sempre più raffinate.

Un interrogativo ancora aperto nel 1889 quando Verga pubblica sul »Fanfulla della domenica« e sulla »Gazzetta letteraria«, tra il giugno 1889 e il febbraio 1890, sei novelle di argomento mondano, che riprendono appunto il tema della natura effimera dell'amore. Con l'aggiunta di una settima novella (*Prima o poi*) e l'appendice di altre tre di tematica analoga, pubblicate nel corso del 1883 e fatte poi confluire, nel 1884, nella raccolta *Drammi intimi*, esse costituiranno una nuova raccolta, *I ricordi del capitano D'Arce*, pubblicata nel 1891. Si tratta delle novelle che Paolo Mario Sipala, in un saggio del 1983, volle intitolare *Il romanzo di Ginevra* sulla base della convinzione che esse costituissero un nucleo organico che si configura »come un romanzo breve, distribuito in capitoli (equivalenti alle singole novelle) [tali] da rendere lo svolgimento tematico e cronologico di una vicenda unitaria«.[38] È in questo romanzo che Verga definisce e sfaccetta ulteriormente il ritratto femminile della protagonista di questa società inquieta e votata al piacere, dandone un'immagine che è il simbolo stesso del suo fascino erotico, ma anche del suo destino di vinta, vittima della propria civetteria e della propria sete di lusinghe, sempre pronta a rincorrere un miraggio d'amore destinato a rivelarsi illusorio.

Anche in questo caso il ritratto fisico è sbozzato sulla base di pochi tratti distintivi, tra cui non mancano i riferimenti ad elementi dell'abbigliamento: i nastri rossi di un cappellino parlante che si scorgono anche da lontano; la fossetta sulla guancia; il sorriso che illumina un bel viso delicato: il fruscìo delle vesti che ne accompagna i passi; i begli occhi grigi sempre alla ricerca di uno sguardo da incontrare; »la bianchezza immacolata della nuca«;[39] le »terribili« »calze di seta nera«,[40] che spuntano sotto il vestito bianco. Un insieme di doti naturali e ornamenti voluttuari reso ancor più irresistibile dalla grazia e naturalezza con cui la giovane aristocratica, moglie del comandante della flotta di stanza a Napoli, esibisce la propria civetteria dinnanzi ai cadetti che bramano un suo sguardo e manifesta la propria voglia di vivere, »col nasino palpitante e la febbre negli occhi, e una voglia di divertirsi fino nelle scarpette che si sarebbero messe a ballare da sole«.[41] »Proprio una bambina« – commenta il narratore che in questo caso è anche uno degli attori della vicenda che egli rievoca a posteriori – »civetta, innocente nella sua civetteria come l'aveva fatta sua madre, e con una paura del

---

38 P.M. SIPALA, *Il romanzo di Ginevra ne ›I ricordi del capitano D'Arce‹*, in *Il romanzo di ›Ntoni e altri saggi‹*, Bologna, Patron, 1983, 45.
39 G. VERGA, *Giuramenti di marinaio*, in *Tutte le novelle*. Introduzione di C. Riccardi. Vol. II, Milano, Mondadori, 1986 (Oscar classici), 160.
40 G. VERGA, *I ricordi del capitano D'Arce*, in *Tutte le novelle* (nota 39), 156.
41 *Ibidem*, 153.

marito[...]«.⁴² »Bastava un'occhiata di lui« – aggiunge il narratore – »per farle gelare il sorriso con cui vi si abbandonava nelle braccia, anelante, facendosi vento presto presto, smarrita da un capogiro delizioso«⁴³ per non parlare delle »piccole astuzie, le bugiette dietro il ventaglio, i complotti con le amiche per strappare al marito il permesso di un'ultima polca«.⁴⁴ Una bambina vezzeggiata dalle adulazioni appassionate dei giovani cadetti, gelosa delle sue stesse amiche, sempre pronta ad innamorarsi in un *fiat* e a scambiare promesse d'amore eterno.

All'ingenua civetteria di Ginevra Verga contrappone la sapiente disinvoltura della signora Maio, che, ammaestrata dalla vita, sa vivere e lasciar vivere, che sa cogliere le occasioni che il destino le offre senza credere ai giuramenti da marinaio che le accompagnano: allegra, graziosa, traboccante di spirito e senza malinconia. »Una di quelle donne« – commenta il narratore – »che non passano la pelle, ma che sanno accarezzarla«.⁴⁵

In quel tipo di schermaglie amorose, tra le lusinghe che solleticano la civetteria della donna e l'impazienza dell'amante non c'è spazio per i sentimenti profondi. Non è un caso che, paradossalmente, Ginevra ed Alvise vengano sorpresi dal marito, al loro primo appuntamento, quando il cuore di Ginevra è stato ormai distratto dal galante capitano D'Arce in partenza.

Messo a tacere lo scandalo, »libera e sola«, Ginevra può riaprire il suo appartamento »più bella ed elegante che mai« e vivere, con lo schermo del rispetto delle convenzioni mondane, il suo rapporto con Alvise »liberi, soli e senza alcun sospetto«.⁴⁶

In questa nuova condizione di donna libera e autonoma (oltre alla libertà procuratale dal trasferimento del marito essa può contare, infatti, su di una cospicua rendita che le permette, a differenza di Elena, di scegliere la vita che desidera) Ginevra, con il soprannome simbolico di Carmen, incarna l'irresistibile potere che la donna moderna, elegante, raffinata e libera delle proprie azioni, incarna senza quasi avvedersene: l'attrazione fatale cioè che essa esercita sugli uomini, anche e proprio per la fama procuratale dalle proprie esperienze, per le tracce lasciate sulla sua pelle dai baci altrui. In questa figura, che può anche atterrire, Verga sembra voler indagare il mistero di quella febbre di piaceri che la contraddistingue e la consuma, frutto di una inquietudine destinata a non venir mai appagata, perché espressione dell'impossibilità di amare e di essere amata, dell'impossibilità cioè di vivere sentimenti autentici in un mondo dominato dalla ricerca egoistica del piacere.

Ne è una dimostrazione sia il ritratto fisico di Carmen che, rispetto a quello

---

42 *Ibidem*, 156.
43 *Ibidem*, 153.
44 *Ibidem*, 154.
45 G. VERGA, *Giuramenti di marinaio* (nota 39), 169.
46 G. VERGA, *Né mai, né sempre!*, in *Tutte le novelle* (nota 39), 189.

della prima Ginevra, insiste sul nesso che lega i tratti della sua fisionomia alla disillusione vissuta (»Un viso delicato e pallido, come appesantito precocemente, come velato da un'ombra, dei grandi occhi parlanti, in cui era della febbre, dei capelli morbidi e folti, posati mollemente in un grosso nodo sulla nuca, e il bel fiore carnoso della bocca, – la bocca terribile –«),[47] sia il suo profilo psicologico diviso tra l'istintiva e ingenua bontà del suo temperamento nativo e l'incosciente crudeltà con cui fa del male. In questo »vi metteva una sincerità, quasi una lealtà che le faceva perdonare i suoi errori, come il gran nome che portava le faceva aprire tutte le porte«. Il risultato di questa stridente mescolanza è

> una squisita eleganza, una grazia innata fin nelle bizzarrie, un'ingenuità provocante fin nella stessa civetteria, l'aria di gran dama anche in un veglione, avida di piaceri e di feste, quasi divorata da una febbre continua di emozioni e di sensazioni diverse, una febbre che la consumava senza ravvivare il suo bel pallore diafano [...].[48]

Possiamo dire che le diverse successive immagini che le novelle che compongono il romanzo di Ginevra offrono al lettore contribuiscono a definire il profilo di una donna assetata di vita ma irrequieta e volubile, progressivamente ferita dai disinganni della vita e alla ricerca di un appagamento impossibile per la quale far cadere gli uomini nella sua rete e prenderli a suo capriccio altro non è che »il grido di rivolta del suo cuore ulcerato«:

> l'amarezza che l'aveva colta allo svegliarsi dai sogni d'oro – quando aveva visto il pentimento mal dissimulato dell'uomo a cui aveva tutto sacrificato; [...] quando l'era mancata sin l'alterezza e l'illusione del sentimento puro, della fede giurata, pel tradimento altrui ed anche del proprio.[49]

Una donna che gioca cinicamente con il sentimento d'adorazione che il giovane cadetto appena giunto da Zanzibar, con la mente e il cuore pieni della sua fama, timidamente le dimostra, ma che da quel gioco erotico, dal piacere sottile che le procura sentirlo in suo potere finirà col venir a sua volta conquistata e vinta. Turbata dalla passione del suo giovane spasimante Ginevra non vorrà essere, infatti, né ipocrita né egoista (»Aveva sempre pagato del suo la festa, in monete di lagrime e di onte segrete; e non doveva nulla a nessuno, neppure al Casalengo, cui aveva dato il diritto di mostrarsi geloso sacrificandogli tutto quando non l'amava più«)[50] e abbandonerà ogni cosa per seguirlo nel suo trasferimento. Cosciente che tutto prima o poi finisce e libera di conseguenza di non dover mentire, Ginevra affronta il rischio di una ennesima disillusione. Vittima di conseguenza, non tanto e non solo della malafede altrui, ma della stessa caducità dei sentimenti,

---

47 G. VERGA, *Carmen*, in *Tutte le novelle* (nota 39), 192.
48 *Ibidem*, 193.
49 *Ibidem*, 195.
50 *Ibidem*, 196.

Ginevra dalla fine di quell'illusione ricaverà la consapevolezza dell'inconsistenza di ogni amore. Ma se il bel sogno d'amore non regge alla prova della realtà, ciò non significa che Ginevra rinneghi le proprie scelte. Nella lettera d'addio, che ella invia a Riccardo prima di tornare a Napoli, egli non troverà, infatti, né lacrime, né piagnistei, ma l'ammissione che, per quanto profondo possa essere il dolore che provoca la fine di un amore, esso »›è pena così dolce‹, che [scrive Ginevra] tornerei a chiudere gli occhi, e a buttarmi a capofitto nelle spine«.[51]

L'immagine successiva della bella Ginevra ripresa dai riti della vita mondana è quella di una donna ormai minata dalla tubercolosi e convinta dall'amara scienza del cuore appresa a proprie spese che a rivendicare il merito della fedeltà possa essere solo l'amicizia, ma che non rinuncia però al piacere e all'allegria delle feste nei giorni di ricevimento, né al briciolo di corte che ognuno dei suoi invitati sente il dovere di tributarle, né alla carezza dei binocoli puntati a teatro sul suo petto anelante (un'immagine, quest'ultima, che rimanda alla notissima prefazione ad *Eva* ma questa volta con l'intento di sottolineare la naturale, inevitabile complicità della donna in questo gioco di ambigua fascinazione erotica che al fondo ha solo egocentrismo e vanità). È la stessa Ginevra, d'altronde, ad interrogarsi con l'amico narratore sulle vere motivazioni degli amori che nascono all'ombra della vita mondana, a chiedersi se si possa davvero parlare in quei casi d'amore.

> – Amore....chi lo sa? Anch'io avevo amato Casalengo... o m'era parso, prima di lasciarlo per quell'altro... – Per una parola che ci suoni meglio all'orecchio, per un'occhiata che lusinghi il nostro vestito nuovo, per una frase musicale che ci faccia sognare ad occhi aperti... Ecco perché ci perdiamo, e ciò che forma quest'amore.[52]

È con questa dissacrante consapevolezza messa in bocca alla sua protagonista che Verga chiude i propri conti di scrittore, ma soprattutto di uomo, con quell'intrigante figura femminile che aveva occupato i suoi sogni di giovane artista di provincia e li chiude rinunciando ad ogni tentativo di condannarne o giustificarne l'atteggiamento. La reazione al disagio provocato in lui nei primi anni Settanta dall'indifferenza con cui Flaubert aveva trattato i casi della sua protagonista, ha fatto i conti da un lato con la realtà di un mondo in continua trasformazione dove ruolo e aspirazioni della donna andavano cambiando rapidamente;[53] dall'altro con la successiva graduale rinuncia ad ogni forma esplicita di giudizio morale e di denuncia sociale. Ne emerge un ritratto femminile estremamente moderno in grado di delineare l'intrico contraddittorio di desi-

---

51 G. VERGA, *Prima o poi*, in *Tutte le novelle* (nota 39), 205.
52 G. VERGA, *Ciò che è in fondo al bicchiere*, in *Tutte le novelle* (nota 39), 212.
53 Può essere utile ricordare, per valutare la qualità di questa libertà, che nel 1877 fu in discussione una proposta di divorzio. Se pensiamo che sarebbero passati cent'anni prima che in Italia il divorzio divenisse legge dello Stato possiamo intuire lo strappo che queste rivendicazioni, anche se minoritarie, dovevano provocare nella società del tempo.

deri e sentimenti che dovevano convivere nell'animo delle donne di quella fase della storia italiana, donne destinate a divenire anno dopo anno sempre più libere ed autonome, ma anche a pagare a volte, e per molti anni ancora, a caro prezzo quella loro libertà.

Rudolf Behrens (Bochum)

Die Szene der Hysterikerin. Medizinisches Porträt und soziale Wahrnehmung eines Krankheitsbildes im naturalistischen Roman

I.

In Zolas Roman *Pot-Bouille* (1882) ranken sich verschiedene Handlungsstränge um den jungen Lebemann und aufstiegswilligen Octave Mouret. Er ist aus Plassans angereist und startet seine Karriere in Paris von einer Bleibe aus, die ihm in Form einer Dienstbotenwohnung von dem ebenfalls aus Plassans stammenden M. Campardon in diesem Hause angeboten wurde. Mit Octaves Einzug erfährt der Leser schrittweise viel über die Lebensumstände der bürgerlichen Familien, die in dem Haus zusammenleben. Man wird informiert über die sozialen Hierarchien und die Differenzen des jeweiligen Lebensstils, über das ruchlose Treiben des Dienstpersonals in den Dachgeschosszimmern und dem rückseitigen Treppenhaus, vor allem aber über das Ineinandergreifen von ostentativ ›sauberer‹ bürgerlicher Lebensweise und einer dazu querliegenden, körperlich generierten Triebökonomie.[1] Im Zentrum des Geschehens stehen deshalb Beziehungs-Potpourris im breiten Spektrum zwischen Liebelei, Eheschließung, Ehebruch, Konkubinat und Liaison. Bei dem ersten Höhepunkt der Handlung – im Kapitel VIII, das eines der markanten orgiastischen Feste Zolas beschreibt – kommt es anlässlich der Verheiratung von Berthe Josserand, deren Eltern aufgrund prekärer finanzieller Verhältnisse diese Eheschließung mit dem Sohn des reichen Hausbesitzers unter großen Anstrengungen betrieben haben, zu einem dramatischen Ereignis. Eine der für Octave in erotischer Hinsicht interessanten Frauenfiguren,[2] die schüchterne, durch eine kleinbürgerlich-repressive Erziehung scheu auftretende und dennoch für Octave verführerisch wirkende Valérie, die in ihrer kinderlosen Ehe offenbar auf diffuse Weise an dem

---

1 Vgl. dazu den fulminanten und noch immer lesenswerten Beitrag von J. BORIE, *Les fatalités du corps dans les Rougon-Macquart*, in »Les temps modernes«, CCLXXIII, 1969, 1567–1591.
2 Die Rolle der (stark sexualisierten) Frauenfiguren als phantasmatische Objekte männlicher Manipulationsstrategien in Zolas Romanen ist von feministischer Sicht verschiedentlich in der Forschung hervorgehoben worden. Vgl. D. DERAKHSHESH, *Et Zola créa la femme*, Langres, Guéniot, 2005; M. VAN DER BEKEN, *Zola, le dessous des femmes*, Bruxelles, Le Cri, 2000.

Mangel an libidinöser Energiezufuhr leidet, wird durch eine »crise de nerfs« geschüttelt. Das Gerücht verbreitet sich, Valérie wälze sich in einem Nebenzimmer, in das man sie geschafft habe, auf dem Boden, während eine Musikkapelle ausgelassen eine »quadrille« anstimmt und die zahlreichen Gäste sich im Tanz durch Salon und sich anschließende Räume bewegen. Die Stimmung wird als »gaîté de bon aloi« bejubelt. Octaves Vermieter, der in einer bischöflichen Behörde angestellte Architekt Campardon, der sein geheimes Konkubinat mit einer Cousine unter Hinweis auf chronische Vaginalkrämpfe seiner Gattin und der daraus resultierenden konjugalen Kontinenz legitimiert, verfolgt seinerseits höchst interessiert das Geschehen um Valérie:

> Mais l'architecte, par effusion galante, s'inquiétait de l'état de Valérie, tout en ne manquant pas une danse. Il eut l'idée d'envoyer sa fille Angèle prendre des nouvelles en son nom. La petite, dont les quatorze ans, depuis le matin, brûlaient de curiosité autour de la dame qui faisait tant causer, fut ravie de pouvoir pénétrer dans le salon voisin. Et elle ne revint pas, l'architecte dut se permettre d'entr'ouvrir la porte et de passer la tête. Il aperçut sa fille debout devant le canapé, profondément absorbée par la vue de Valérie, dont la gorge tendue, secouée de spasmes, avait jailli hors du corsage dégrafé. Des protestations s'élevèrent, on lui criait de ne pas entrer; et il se retira, il jura qu'il désirait seulement savoir comment ça tournait.
> – Ça ne va pas, ça ne va pas, dit-il mélancoliquement aux personnes qui se trouvaient près de la porte. Elles sont quatre à tenir... Faut-il qu'une femme soit bâtie, pour sauter ainsi, sans se rien démancher!
> Il s'était formé là un groupe. On y commentait à demi-voix les moindres phases de la crise. Des dames, averties, arrivaient d'un air d'apitoiement entre deux quadrilles, pénétraient dans le petit salon, puis rapportaient des détails aux hommes et retournaient danser. C'était tout un coin de mystère, des mots dits à l'oreille, des regards échangés, au milieu du brouhaha grandissant. [...]
> Mais le docteur Juillerat traversa vivement la salle de bal accompagné d'Hortense qui lui donnait des explications. Mme Duveyrier les suivait. Quelques personnes s'étonnèrent, des bruits se répandirent. A peine le médecin avait-il disparu, que Mme Josserand sortit de la pièce avec Mme Dambreville. Sa colère montait; elle venait de vider deux carafes d'eau sur la tête de Valérie; jamais elle n'avait vu une femme nerveuse à ce point. Alors, elle s'était décidée à faire [...] le tour du bal, pour arrêter les indiscrétions par sa présence. Seulement, elle marchait d'un pas si terrible, elle distribuait des sourires si amers, que tout le monde, derrière elle, entrait dans la confidence.[3]

Nervenkrisen, insbesondere wenn sie in der fiktional beglaubigten Ätiologie auf einer hereditären Disposition aufruhen, sind bei Zola bekanntlich nichts Außergewöhnliches. Von dem protonaturalistischen Roman *Thérèse Raquin* (1867) bis zum post-rougon-marquartschen *Lourdes* (1899) ziehen sich Nervenleiden in unterschiedlicher Intensität wie ein pathographischer roter Faden. Die be-

---

3 É. ZOLA, *Les Rougon-Macquart*, hg. v. A. Lanoux u. H. Mitterand, III, Paris, Gallimard, 1964 (Bibliothèque de la Pléiade), 155 f.

schriebene Symptomatik geht in manchen Fällen in regelrechte, nosographisch ›korrekt‹ wiedergegebene Hysterien über, so z. B. im Falle der Hélène Mouret in *Une page d'amour* (1878), oder deutlicher noch bei Marthe Mouret in *La conquête de Plassans* (1874). Die ›Grande Hystérie‹, die von Charcot seit Mitte der siebziger Jahre in Vorträgen und Schriften, später durch die berühmten Experimente und photographischen Inszenierungen bildlich konstruierte Krankheit, wie sie seit Didi-Hubermans epochaler Arbeit die heutige Forschung in Anspruch nimmt,[4] konnte allerdings Zolas Neugier und Interesse nur bedingt auf sich ziehen. Nach allem, was man weiß, hat Zola sich erst spät und zwar nach der Fertigstellung des Zyklus der Rougon-Macquart und im Zuge der Vorbereitungen seines Lourdes-Romans für dieses große Sujet der Pariser Öffentlichkeit interessiert.[5] Gleichwohl sind seine Passagen mit kleineren hysterischen Anfällen und Krisen keineswegs zeithistorisch ungenau. Im Gegenteil, man wird seine Kenntnis der Nosographie der Hysterie durch die Studien von Pierre Briquet[6] und Jean-Louis Brachet[7] voraussetzen dürfen. Aber die direkte und klinisch explikative Benennung der Krankheit ist eher selten. Zola zieht vor allem in *Pot-Bouille* eine pointiert personale Erzählweise vor, die das Krankheitsbild nicht, wie in anderen pathologischen Fällen, aus auktorialer Sicht ätiologisch erläutert und durch das deterministisch-hereditäre Erklärungsschema feststellt, sondern an die subjektive Figurenwahrnehmung und ein soziales situatives *Setting* der Beobachtung rückbindet.

Es fragt sich, welche Gründe für dieses Verfahren sprechen. Man mag es zunächst einmal aus dem Umstand heraus erklären, dass die Hysterie in sich schon, und zwar unabhängig von ihrer im 19. Jahrhundert kontrovers diskutierten Ableitung aus einer Irritation der Geschlechtsorgane bzw. der Matrix oder aus einer nervlichen Läsion, als eine proteische, ein Scheinbares bloß vorzeigende Krankheit gilt, die insofern in hohem Maße immer auch ein Gesehenwerden, also die phänomenhafte Erscheinung gegenüber einer wahrneh-

---

4 G. Didi-Huberman, *L'invention de l'hystérie. Charcot et l'iconographie photographique de la Salpêtrière*, Paris, Macula, 1982. Von nachfolgenden zahlreichen Forschungen, die diese Rekonstruktion der Konstruktion einer Krankheit im diskursiven Bereich weitergetrieben haben, seien hier nur folgende besonders hervorgehoben: N. Edelmann, *Les métamorphoses de l'hystérie. Du début du XIXe siècle à la Grande Guerre*, Paris, La Découverte, 2003; J. Beizer, *Ventriloquized Bodies. Narratives of Hysteria in Nineteenth-Century France*, Ithaka/London, Cornell University Press, 1994.
5 J.-L. Cabanès, *Zola réécrit les traits médicaux: pathos et invention romanesque*, in »Eidôlon«, Cahiers du L.A.P.R.I.L., L, Université de Bordeaux III, 1997, 161–174. Vgl. ebenso die Argumentation bei T. Gelfand, *The »Secret« of Medical Miracles: Zola's* Lourdes *and Charcot's* La Foi qui guérit, in »Excavatio« XIX, 2004, 251–271.
6 *Traité clinique et thérapeutique de l'Hystérie*, Paris, J.B. Baillière et fils, 1859.
7 *Traité de l'Hystérie*, Paris, J.B. Baillière, 1847.

menden Instanz mit sich bringt.⁸ Das heißt verkürzt: Die ›Sache‹ stellt sich ausschließlich in der Produktion einer bildhaften Zurschaustellung dar. Zum anderen ist es so, dass *Pot-Bouille* als Kollektivroman mit entsprechend vielfältiger Binnenfokussierung aufgebaut ist. Die ineinander verschlungenen und durch das gemeinsame Leben der Protagonisten in dem Miethaus verknüpften Handlungsstränge werden häufig aus jeweils unterschiedlicher personaler Sicht erzählt. Das soziale Tohuwabohu auf der ›histoire‹-Ebene, das sich aus den ineinandergreifenden Begierden und Strategien gewundener Lustbefriedigung ergibt, erhält so auf der Ebene des ›discours‹ eine Entsprechung in den unscharfen, wechselnden und durch jeweilige intradiegetische Beobachter des Geschehens fokussierten Wahrnehmungen. Die Besonderheiten der eben angeführten Passage zu einem hysterischen Anfall liegen entsprechend weniger in der mehr oder weniger exakten Relation zu einschlägigen, autoritativ validierten medizinischen ›observations cliniques‹, also medizinischen Fallberichten – darauf werde ich gleich noch zu sprechen kommen. Sie betreffen vielmehr die pointiert soziale Perzeption (und Konstruktion) der Krankheit. Mit anderen Worten: Die schon auf der Ebene einer klinischen Analyse nicht unproblematische Fest-Stellung der Hysterie als einer klar umrissenen pathologischen Entität erscheint bei Zola ausschließlich im Modus lebensweltlicher Interaktionen der beteiligten Romanfiguren. In ihnen tritt an die Stelle des Ergebnisses ärztlicher Beobachtung, dem seit Hippokrates unstrittigen und auch noch in der Medizin des 19. Jahrhunderts komplementär zum Experiment und der Sektion eingeschlagenen Königsweg der Diagnose,⁹ eine sozial disseminierte und offensichtlich immer subjektiv ›interessierte‹ Evidenz. Und die ist wiederum verschränkt mit einer relativen Opazität, die die Sache selbst hinter einem Schleier von Vermutungen, Neugierden, Vertuschungen und Verlockungen der von außen Wahrnehmenden undeutlich (nicht-distinkt), aber energetisch eindrucksvoll Gestalt gewinnen lässt.

Nicht zufällig spielt auch der in der Passage hinzu gerufene Arzt praktisch keine Rolle. Von ihm wird nur gesagt, dass er kommt und geht. Was er in dem abgeschirmten Zimmer tut, zu welchen diagnostischen Ergebnissen und Therapien er gelangt, wird nicht formuliert. So bleibt das Geschehen vollständig in der Hand des sozialen Milieus, in dem Valéries Krankheit – so legen es einige Hinweise auf das repressive Milieu von Valéries Familie an anderer Stelle nahe –

---

8 Die Simulationsleistung der Hysterie, also ihre mimetische Fähigkeit, ist in den medizinischen Darstellungen seit der neuzeitlichen Autorität Thomas Sydenham (1624–1689) ein Topos der entsprechenden Nosographie. Vgl. É. TRILLAT, *Histoire de l'hystérie*, Paris, Seghers, 1986, 66 f.

9 Auf Hinweise zur Forschung zu dieser Textsorte und ihrer Geschichte muss aus Platzgründen verzichtet werden. Zu relevanter Literatur sei auf unseren in Anm. 24 zitierten Aufsatz verwiesen.

entstanden ist und das so, auch das ist eine Konsequenz dieses Darstellungsmodus, an der Konstruktion (des Bildes) dieser Krankheit mitwirkt.

Sieht man sich die Passage näher an, zerfällt sie narratologisch in zwei Teile. Der erste ist dominiert durch die Perspektive Campardons, aus dessen Sicht heraus das Geschehen fokussiert ist. Aus Gründen einer »effusion galante« heraus »sorgt« er sich um Valérie, ohne doch deswegen seine Tänze unterbrechen zu wollen. Er schickt seine pubertierende Tochter, die selbst wiederum schon seit den ersten Gerüchten, die durch die Hochzeitsgesellschaft geistern, darauf »brennt«, in das Zimmer »einzudringen« (»pénétrer« – das Wort wird zweimal verwendet), in dem das Objekt des Gerüchts vor den Blicken der Gesellschaft abgeschirmt wird und offenbar gerade deshalb, also aufgrund des von den umsorgenden Geschlechtsgenossinnen geschaffenen Raums des Geheimnisses, eine besondere soziale Attraktivität erhält. Unruhig geworden über das lange Ausbleiben der Tochter steckt Campardon schließlich selbst den Kopf durch die Tür und sieht etwas. Aber was er sieht, ist voyeuristisch gedoppelt: Er sieht, wie seine Tochter gebannt ist durch den Anblick der durch zuckende Krampfbewegungen sich halb entblößenden Brust Valéries. Das durch die Spasmen Valéries verursachte Zeigen der Brust, die aus dem Mieder hervortritt (»jaillit«), ist also nicht zu trennen von der brennenden Neugier des pubertierenden Mädchens und der »galant« verbrämten Sorge Campardons.

Der zweite und deutlich längere Teil der Passage ist zunächst aus auktorialer Sicht wiedergegeben und hat weniger die Sicht des hysterischen Anfalls an sich zum Gegenstand (der als solcher bezeichnenderweise gar nicht benannt wird), wohl aber den Diskurs, der sich um ihn herum organisiert, der ihn begrenzt, ihm kommunikative Gestalt verleiht und der schließlich durch die Autorität der Gastgeberin und Mutter der frisch vermählten Braut – und hier vollzieht sich wieder ein Wechsel in eine personale Erzählsituation – eingedämmt werden muss. Die »ins Ohr geflüsterten Worte«, die sich auf den »coin de mystère«, also den abgeschirmten kleinen Salon, beziehen, werden zum Schweigen gebracht. Die nicht dargestellte und insofern auch gänzlich opake Therapie des Arztes wird ergänzt (oder ersetzt) durch das kalte Wasser zweier Karaffen, die über die Zuckende ausgegossen werden, und die auch ansonsten in der Romanhandlung rabiat sich aufführende Mme Josserand erzwingt durch ihre strengen Blicke schließlich das (Ver-)Schweigen der Hochzeitsgesellschaft und deren solidarische »confidence«.

Gewiss, man wird in dieser Passage Zolas scharfe und zuweilen ironisch eingefärbte[10] Analyse bürgerlicher Doppelzüngigkeit und heuchlerischen Umgangs mit der Sexualität und deren pathologischen Derivaten hervorheben

---

10 Dazu vor allem M.A. VOISIN-FOUGÈRE, *L'ironie naturaliste. Zola et les paradoxes du sérieux*, Paris, Champion, 2001.

wollen. Aber die Darstellung von Valéries hysterischem Anfall geht in einer satirisch zugespitzten Sozialanalyse nicht auf, auch wenn sie nur durch das soziale Beziehungsfeld hindurch zustande kommt. Entscheidend ist, dass es sich in dieser Passage um eine regelrechte ›Szene‹ handelt, die diskursiv generiert ist. Sie suspendiert durch die Fokussierung des visuellen Feldes in der Beschreibung die narrative und explikative Logik, aus der sie paradoxerweise doch entsteht und die sie dennoch für einen Moment lang zusammenbrechen lässt. Durch ihren Rekurs auf die statuarisch arretierende Ästhetik des bürgerlichen Dramas erzeugt die Szene derart als »dispositif oculaire«[11] ein Pathos, mit dem sie die Logik der naturalistischen wissenschaftlichen Begründung des dargestellten Sachverhalts tendenziell unterläuft und mit ihrer visuellen Wucht auf die Wahrnehmung des Lesers selbst durchschlägt.[12]

Die Szene ist hier zudem eine dreifach gestaffelte: Ihr eigentlicher Gegenstand, Valéries Krise, ist ihrerseits, wie angedeutet, schon nach den medizinischen Vorstellungen der Zeit eine Szene. Die Hysterikerin trägt etwas vor. Bewegt durch nervliche Läsionen oder die durch libidinöse Irritationen verursachten berühmten Wanderungen des Uterus im Körper zeigt ›sich‹ etwas, aber vor allem produziert der Körper in der kulturell kodierten Sicht auf ihn ein Faszinosum, das in einer metonymischen Relation zu den Kontorsionen des Geschlechtsakts steht: die durch Spasmen, Zuckungen und Selbstentblößungen sich freilegende und in dieser Freilegung doch zum Objekt machende (oder zum Objekt der Schau gemachte) Weiblichkeit.[13] Diese bietet sich auf einer zweiten Ebene dem Blick des pubertierenden Mädchens dar. Sie ist gefangen in dieser Vision und kann den Vater, »in dessen Namen« sie sehen soll, darüber nicht, wie vorgesehen, informieren. Dieser wiederum, und dies ist die dritte und übergreifende Ebene, tritt in seiner ungebändigten galanten Neugier doch hinzu, dringt in den verbotenen Raum ein und wird zum bereitwilligen, wenn auch ungebetenen Zeugen des Geschehens. In seiner Sicht vollendet sich die Szene. Der paternale männliche Blick übertritt die Grenze des weiblichen Raums und

---

11 So einleuchtend J.-L. CABANÈS, Scène et Pathos dans l'écriture naturaliste, in La scène. Littérature et arts visuels, textes réunis par M.Th. Mathet, Paris, L'Harmattan, 2001, 133–148: hier 135.
12 Vgl. dazu die Einführung und beispielhaften Textanalysen bei S. LOJKINE, La scène de roman. Méthode d'analyse, Paris, Colin, 2002.
13 Die Modellierung ›des‹ nervösen Weiblichen als eines aus einer kulturellen Krise weiblicher Identifikations- und Zuschreibungsmuster resultierenden Phantasmas mit erheblicher Auswirkung auf ein hystero-affines Literaturkonzept ist für das 19. Jahrhundert gut herausgearbeitet bei K. WESTERWELLE, Ästhetisches Interesse und nervöse Krankheit. Balzac, Baudelaire, Flaubert, Stuttgart/Weimar, Metzler, 1993, vor allem 59 ff.; zur systematischen Rekonstruktion dieser Zusammenhänge E. BRONFEN, Das verknotete Subjekt. Hysterie in der Moderne, Berlin, Volk & Welt, 1998.

transformiert das Gesehene in ein Skandalon, das sich dann im Gerede der Festgesellschaft als das Unerhörte/Ungesehene fortpflanzt.

II.

Um Zolas Szene in ihrer besonderen Funktion der figurenbezogenen (und sozial indizierten) Konditionierung des Krankheitsbildes besser profilieren zu können, bietet sich der Vergleich mit einer ähnlichen, aber doch anders strukturierten Passage in *Germinie Lacerteux* (1864) der Brüder Goncourt an. Immerhin hatte die prägnante Gestaltung der Attacke durch die Goncourt bei Zola einen deutlichen Eindruck hinterlassen,[14] einen Eindruck allerdings auch, der zu einer gewissen Zurückhaltung bei der Verwendung des nosographischen Bildes führte:[15]

> Mademoiselle avait commencé à se déshabiller, quand Germinie entra dans sa chambre, fit quelques pas, se laissa tomber sur une chaise, et presque aussitôt, après deux ou trois soupirs, longs, profonds, arrachés et douloureux, mademoiselle la vit, se renversant et se tordant, rouler à bas de la chaise et tomber à terre. Elle voulut la relever ; mais Germinie était agitée de mouvements convulsifs si violents que la vieille femme fut obligée de laisser retomber sur le parquet ce corps furieux dont tous les membres contractés et ramassés un moment sur eux-mêmes se lançaient à droite, à gauche, au hasard, partaient avec le bruit sec de la détente d'un ressort, jetaient à bas tout ce qu'ils cognaient. Aux cris de mademoiselle sur le carré, une bonne courut chez un médecin d'à côté qu'elle ne trouva pas ; quatre autres femmes de la maison aidèrent mademoiselle à enlever Germinie et à la porter sur le lit de sa chambre, où l'on l'étendit, après lui avoir coupé les lacets de son corset.
> Les terribles secousses, les détentes nerveuses des membres, les craquements de tendons avaient cessé ; mais sur le cou, sur la poitrine que découvrait la robe dégrafée, passaient des mouvements ondulatoires pareils à des vagues levées sous la peau et que l'on voyait courir jusqu'aux pieds, dans un frémissement de jupe. La tête renversée, la figure rouge, les yeux pleins d'une tendresse triste, de cette angoisse douce qu'ont les yeux des blessés, de grosses veines se dessinant sous le menton, haletante et ne ré-

---

14 So der Kommentar durch H. MITTERAND, in É. ZOLA, *Les Rougon-Macquart*, hg. v. A. Lanoux u. H. Mitterand, II, Paris, Gallimard, 1964 (Bibliothèque de la Pléiade), 1647.
15 Darauf wird hingewiesen bei A. BELGRAND, *Zola ›élève‹ des Goncourt: Le thème de l'hystérie*, in »Quaderni di francofonia«, XI, 20, 1991, 115–131. Die Autorin weist darauf hin, dass die Lobeshymnen Zolas in dem berühmten Brief an die Goncourt über den neuartigen analytischen Roman *Germinie Lacerteux* (der ihn dann zu *Thérèse Raquin* inspirierte) zu einer verdeckten Übernahme dieser Thematik in seinen eigenen Romanen führte, nicht zuletzt vielleicht, weil das Feld durch die Goncourt – man denke auch an *Madame Gervaisais* – besetzt schien, Zola wiederum weniger auf spektakuläre pathologische Auftritte, wohl aber auf eine solide hereditäre Fundierung einiger seiner Protagonisten setzte und die entsprechenden Krankheitserscheinungen genealogisch von der durch nervliche Läsionen geschädigten Tante Dide ableitete.

pondant pas aux questions, Germinie portait les deux mains à sa gorge, à son cou, et les égratignait; elle semblait vouloir arracher de là la sensation de quelque chose montant et descendant au-dedans d'elle. Vainement on lui faisait respirer de l'éther, boire de l'eau de fleur d'oranger : les ondes de douleur qui passaient dans son corps continuaient à le parcourir ; et dans son visage persistait cette même expression de douceur mélancolique et d'anxiété sentimentale qui semblait mettre une souffrance d'âme sur la souffrance de chair de tous les traits. Longtemps, tout parut blesser ses sens et les affecter douloureusement, l'éclat de la lumière, le bruit des voix, le parfum des choses. Enfin, au bout d'une heure, tout à coup des pleurs, un déluge s'échappant de ses yeux, emportait la terrible crise. Ce ne fut plus qu'un tressaillement de loin en loin, dans ce corps accablé, bientôt apaisé par la lassitude, par un brisement général. Il fallut porter Germinie dans sa chambre.
La lettre que lui avait remise Adèle, était la nouvelle de la mort de sa fille.[16]

Auch hier muss das Geschehen gesehen werden. Ohne Augenzeugen kein hysterischer Anfall! Ausdrücklich wird ja schon im ersten Satz erwähnt, dass die verarmte adlige Herrin, der die sozial und moralisch depravierte Germinie häusliche Dienste leistet und sich damit eine affektive Beziehung sichert, der Krise unmittelbar gewahr wird. Das schreibt auch dieser Passage den Charakter einer Szene ein. Die nachfolgenden Details, Ablauf und Ausprägung der Attacke also, folgen allerdings nicht mehr, wie später bei Zola, dem Blick der Zeugin. An die Stelle der sozialen Interaktion im Wahrnehmungsvorgang schiebt sich unmittelbar ein auktorialer Erzähler, der mit klinischer Genauigkeit und rhetorischer Verve den Verlauf der Symptome bzw. der Ausformungen des Anfalls verfolgt.[17] Wenn auch die Goncourt ihren Krankheitsbeschreibungen[18] grundsätzlich keine ätiologisch valente Logik unterlegen und deshalb die hysterische Attacke trotz deutlicher Anlehnung an Brachets nosographische Krankheitsbeschreibungen[19] nicht wirklich in eine pathologische Entwicklung der Protagonistin einbetten,[20] so frappiert doch gerade in diesem – dem kürzesten –

---

16 E. et J. GONCOURT, *Germinie Lacerteux*, Paris, Flammarion, 1990, 146 f.
17 Zur objektivierenden Funktion der auktorialen Erzählpassagen in dem Roman vgl. D. NELTING, *Positivismus und Poetik. Überlegungen zur doppelten Wirklichkeitsmodellierung in ›Germinie Lacerteux‹ und ›Giacinta‹*, in »Romanistisches Jahrbuch«, LIX, 2008, 238–261: hier bes. 246 ff.
18 Zur grundsätzlichen Bedeutung des hysterischen Moments in den Goncourt'schen Frauenfiguren vgl. B. GIRAUD, *L'héroïne goncourtienne. Entre hystérie et dissidence*, Oxford / Bern u. a., Lang, 2009.
19 Nelting weist bei Formulierungen deutlich auf entsprechende Beschreibungen in Brachets Lehrbuch zur Hysterie hin.
20 Vgl. E. et J. GONCOURT, *Germinie Lacerteux* (Anm. 16), 30 f. (hier N. SATIAT, *Introduction*, 9–53). Dagegen hat R. Ricatte nachweisen können, dass die Autoren sich bei der nicht leicht zu fassenden krankhaften Entwicklung Germinies, deren hysterische Disposition am Ende von einer Schwindsucht verkompliziert wird, auf die theoretischen Werke Briquets und Brachets stützen und von einigen Fallgeschichten des letztgenannten profitieren konnten.

Kapitel des Romans eine erstaunliche semantische Intensität. Woher aber stammt diese? Wodurch erhält das Kapitel hier seine besondere Prägnanz?

Auf den ersten Blick scheint zumindest der zweite Teil eine Art Komprimierung jener Textsorte zu sein, mit der der ärztliche Beobachter einen pathologischen Zustand knapp und präzise in ein Notat überführt, in die ›observation clinique‹ eben. Der auktoriale Erzähler bedient sich also einer wissenschaftlich validen Beschreibungsform. Die Symptome sind allerdings weniger schulmäßig dekliniert als durch eine Klimax der Beschreibung dramatisch gesteigert. Die »chute«, die ersten Schreie, Konvulsionen der Glieder, das erhitzte Gesicht, die durch den Körper wandernden Wellen, schließlich der Griff an die Gurgel, um einen im Inneren sich bewegenden Gegenstand – die ominöse, hier aber nicht ausgesprochene ›boule‹ in der Aufwärtsbewegung vom Bauchbereich bis zum Mund – zu greifen, schließlich die Auflösung der spastisch sich äußernden Krise durch den Übergang in einen befreienden Tränensturz, dies alles fügt sich zu einer anschwellenden und dann jäh abschwellenden Dynamik der Körperbeschreibung, die ihre persuasiven Komponenten durchaus im Sinne einer klassischen Fallbeschreibung nicht verkennen kann.[21] Durch den ausgiebigen Gebrauch der Figur der ›enumeratio‹, in dem die Symptome erscheinen, durch affektive Beiwörter wie »terrible«, »douloureusement« und »accablé«, mehr aber noch durch die Makrostruktur der ›suspensio‹ der ganzen Passage erhält die Darstellung eine beachtliche Spannung. Der letzte Satz nämlich, die lakonisch nachgeschoben wirkende, tatsächlich aber die Szene wie ein sich jäh enthüllendes Telos schlagartig erklärende Bemerkung, der im Kapitel zuvor angedeutete Brief habe die Nachricht enthalten, dass Germinies uneheliche Tochter, die sie heimlich zu einer Amme aufs Land gebracht hatte, verstorben sei, wirkt

---

Vgl. R. Ricatte, Les romans des Goncourts et la médecine, in »Revue des Sciences Humaines«, XX, 1953, 27–43.

21 Neben der von Nelting angeführten Beschreibung einer Hysterie-Attacke durch Brachet – der spezifische Charakter der ›observation‹ spielt bei Nelting allerdings keine Rolle – könnte man auch andere modellhafte ›observations‹ anführen, so z. B. diejenige zu einem Anfall (J.L. Brachet, Traité de l'Hystérie [Anm. 7], 171 f.), der bezeichnenderweise, so der Arzt, während des Sexualakts begonnen hatte, und deren Zeuge dieser in einer späteren Phase wurde: »[...] je fus appelé chez Mme B... jeune femme très-sensible et très-vive, qui était en proie à une crise hystérique des plus intenses. La crise durait encore lorsque j'arrivai. La malade se tordait avec violence. Elle se contractait en se roulant et souvent par secousses, qui, en la pliant brusquement dans un sens, la jetaient de côté comme aurait fait un ressort qu'on aurait détendu. Il n'y avait pas perte complète de connaissance [...]. Elle ne pouvait pas avaler, tant le spasme de strangulation était grand [...]«. Ein anderes Beispiel, bei dem die Zeugenposition wieder sehr deutlich wird (ders., 168): »Je regardai cette crise comme une évacuation sanguine, et je me retirai. Une heure après, eut lieu une nouvelle crise semblable à la précédente; une troisième se renouvela une heure après. Après chaque crise, la malade se plaignait davantage de son col. On était venu me chercher pendant la 4e, et j'arrivai assez tôt pour en être témoin. Elle présentait tous les phénomènes de la crise hystérique; la face était rouge et le col énormément tuméfié [...].«

wie ein Paukenschlag. Mit ihm erhält die Passage rückwirkend eine erzählerische Wucht, die für den Leser zwar erahnbar war, durch den Modus der Darstellung des Anfalls aber per Suspension unterdrückt wurde. Nun wird erkennbar, dass die Beschreibung nur bedingt, wie es zunächst scheinen wollte, dem Muster eines ärztlichen Fallberichts folgte. Die straffe und lakonische Symptomdarstellung sowie die Beschränkung der Beschreibung auf das unmittelbar Sichtbare ließen das in sich geschlossene Kapitel zunächst einmal wie das Analogon des deskriptiven Teils einer klassischen ›observatio clinica‹ erscheinen. Aber der letzte Satz transformiert die Darstellung *post festum* in eine pathetische Rede, die in scharfen Konturen die monumentale Gestalt eines Krankheitsbildes hervortreibt. Das szenische Moment geht also in eine ganz andere Richtung als im Falle Zolas. Hier spricht eine autoritative Instanz und verleiht der Szene die Theatralität eines ›punctum‹.[22] Sie prägt der Beschreibung die Charakteristika einer Porträtierung ein, die den Augenblick der Krise, den Moment des Akuten also, auf den Punkt bringen will. Ist dies aber eine Kehrtwendung, die aus der übernommenen Poetologie der wissenschaftlichen ›observation‹ wirklich wieder herausführt? Im Gegenteil, die damit zur Anwendung kommende Rhetorizität der Darstellung widerspricht letztlich nicht dem Selbstverständnis der ›observation clinique‹, sie treibt dieses nur weiter und fügt es damit nahtlos in die literarischen Strategien auktorialer Pathetisierung ein, derer sich Zola, wie wir gesehen hatten, aus guten Gründen einer sozialen Fokussierung des Krankheitsbildes enthält.

III.

Wie verhält es sich denn im medizinischen Diskurs der Zeit bei dem Verhältnis der akuten klinischen Fallbeschreibung zu den in ihr dennoch versteckten oder offensichtlichen rhetorischen Momenten? Die ›observation clinique‹ des 19. Jahrhunderts entwickelt sich nach Philippe Pinels Bemühungen um die Konstruktion eines unendlichen Archivs des nosographischen Wissens durch die massenhafte Zusammenführung von einzelnen Fallberichten zum standardisierten Basisintrument jeglicher Diagnostik, auch wenn der Sitz der Krankheit durch Bichat, Bayle und Broussais von der Oberfläche der Erscheinungen in die Tiefe des (unsichtbaren) Gewebes und seiner versteckten Läsionen verlegt wird. Diese, von Foucault und anderen rekonstruierte epistemische Verschiebung[23] der Krankheit von der sichtbaren Oberfläche in einen Raum des (nicht unmittelbar einsehbaren) Innen des Körpers hat nun zur Folge, dass die ›observation

---

22 Vgl. R. BARTHES, *La chambre claire*, Paris, Gallimard, 1980.
23 Vgl. dazu M. FOUCAULT, *Naissance de la clinique*, Paris, PUF, 1993³, 107 ff.

clinique‹ sich stärker zu legitimieren und in ihrer Fähigkeit zur Herstellung von Evidenz auszuweisen hat.[24] Eine der dabei zum Tragen kommenden Strategien besteht darin, dass sie als Verschriftung des Beobachtungsvorgangs paradoxerweise gegenläufig zu der in ihr idealiter zum Tragen kommenden Objektivität ein starkes energetisches Moment anzustreben hat: Sie soll zu einem eindrücklichen ›Porträt‹ der Krankheit werden.

Bei Pinel bleibt diese Analogie von ›observation clinique‹ und Gemälde bzw. Porträt noch abgrenzend markiert. In der Einleitung der *Nosographie philosophique* vergleicht er den begierig irrenden Blick des Kunstliebhabers auf seine »galerie de tableaux«, in denen sich »le dessin, le coloris et les beautés de détail«[25] in Fülle darbieten, mit dem fokussierenden und selbstbeschränkenden Blick des Mediziners, der auf der Zeitachse seines persönlichen Lernfortschritts ein kleines Feld von Krankheiten fixiert, sich mit seinen Beobachtungen darauf konzentriert und schließlich eine eigene, in den Einzelbeobachtungen aufeinander aufbauende Sammlung anlegt. Das Bildliche als rhetorisches Analogon zur ›observation‹ bleibt hier also noch tentativ, erscheint im Modus des Vergleichs und richtet sich interessanterweise noch nicht auf die persuasive Wirkung der ›observation‹ (als Text), sondern auf die bilderzeugende Tätigkeit des Beobachters. Dennoch ist in Ansätzen schon erkennbar, worin die besondere Eignung des Bildlichen und Gemäldehaften als Vergleichsmoment für den besonderen Texttyp der ›observation‹ als Fallgeschichte und ›historia morbis‹ liegt: Bildmetaphoriken sind ja immer an das Sehen gebunden und damit auf Konzepte von Visualität ausgerichtet. Und diese fundieren ganz unmetaphorisch den performativen Anteil von ›observations‹, werden aber, wenn es um die Persuasionswirkung der ›observation‹ als Text geht, gleichsam in umgekehrte Richtung gestülpt: Der scharf fokussierende Blick des Arztes verwandelt sich in den erlesenen, (scheinbar) visuellen und unabweisbaren Eindruck, den der Leser bei der Lektüre des Textes haben soll.

Der klinische ›observateur‹ kann deshalb immer wieder als »peintre« metaphorisiert werden. Diese Bezeichnung mag hier und dort über den kurrenten Topos der Repräsentation als ›peinture de la nature‹ verlaufen. Gelegentlich wird aber die ›peinture‹ der ›observation‹ ausdrücklich als eine porträtierende aus-

---

24 Vgl. dazu unseren Aufsatz *L'éloquence de la nature. Zur rhetorischen Darstellung der ›observation clinique‹ im frühen 19. Jahrhundert*, in *Der ärztliche Fallbericht. Epistemische Grundlagen und textuelle Strukturen dargestellter Beobachtung*, hg. v. R. Behrens und C. Zelle, Wiesbaden, Harrassowitz, 2012, 81–106.
25 P. PINEL, *Nosographie philosophique ou la méthode de l'analyse appliquée à la médicine*, I, Paris, Brosson, 1818[6], xcj. Der Zusammenhang lautet: »Quel souvenir conserve l'homme qui, dénué de principes, laisse errer sa vue au hasard sur une vaste galerie de tableaux? Combien, au contraire, est profonde l'impression que fait sur un artiste exercé un tableau d'un grand maître, dont il parcourt, avec des yeux avides et une sorte d'enthousiasme, le dessin, le coloris et les beautés de détail!.. Il en est de même de la médecine […].«

gewiesen. So etwa bei Bouillaud, der 1836 in seiner *Clinique médicale* schreibt: »Pour qu'une observation particulière soit bien faite, il faut qu'elle soit une exacte et fidèle représentation, une sorte de portrait de l'état du sujet aux différentes périodes de la maladie [...]«.[26] Damit spielt ein Aspekt in die Problematik hinein, der mit dem ontologisch diskutablen Status des Personenporträts zu tun hat, wie es im 18. Jahrhundert diskutiert wurde. Seine Bestimmung schwankt zwischen Idealisierung und maximaler Ähnlichkeit zur dargestellten Person; es soll aber schließlich, wie Diderot es zur Norm erhoben hatte, das Wesen der porträtierten Person in Abzug insignifikanter Details durch die Herausarbeitung der inneren Gestalt auf den Punkt bringen.[27]

Der Mediziner Gautier vergleicht wiederum den ›observateur‹ mit einem Bildbetrachter, der ein Gemälde – hier also den Kranken – zunächst in die richtige Stellung zum Betrachtenden zu bringen hat:

> La place que le médecin choisit auprès de son malade n'est pas indifférente; il faut que ses regards embrassent l'ensemble de son économie. Le malade est un tableau qui doit être mis dans son jour. Dès qu'il aura trouvé ce point de vue, qui est le plus favorable, le médecin observera le décubitus du malade, les attitudes dans lesquelles il s'arrête, le plus ou moins de facilité de ses mouvements, l'état dans lequel sont les couvertures qui l'enveloppent: rien n'est minutieux; la dignité du but ennoblit tous les moyens; tout dans le malade et autour de lui peut se convertir en signe et devenir par-là source d'indications. Que les sens du médecin, scrutateurs infatigables, se promènent sans cesse sur l'objet qu'il analyse.[28]

In diesem Sinne zitiert auch Bouillaud in seiner *Clinique médicale* die Autorität Broussais' mit einem Appell, der die Herausarbeitung von Charakteristika ausdrücklich an die Darstellungsleistung eines gezielt formierten und deshalb ›lebhaften‹ Gemäldes bindet:

> Les traits caractéristiques des maladies [...] doivent être puisés dans la physiologie: formez un tableau aussi vrai qu'animé du malheureux livré aux angoisses de la douleur; débrouillez-moi, par une savante analyse, les cris souvent confus des organes souffrants; faites-moi connaître leurs influences réciproques; dirigez habilement mon attention vers le douloureux mobile du désordre universel qui frappe mes sens, afin que j'aille y porter avec sécurité le baume consolateur qui doit terminer cette scène déchirante, alors j'avouerai que vous êtes un homme de génie [...].[29]

---

26 J.B. BOUILLAUD, *Essai sur la philosophie médicale et sur les généralités de la clinique médicale, précédé d'un résumé philosophique des principaux progrès de la médecine*, Paris, J.B. Baillière, 1836, 143.
27 Vgl. dazu R. GALLE, *Vom Lesen der Gesichter. Anmerkungen zu Romanporträts von Fielding, Diderot und Goethe*, in Werk und Diskurs. Festschrift für Karlheinz Stierle, hg. v. D. Ingenschay und H. Pfeiffer, München, Fink, 1999, 151–178.
28 L. GAUTIER, *De l'art d'interroger et d'examiner les malades* [...], Montpellier, chez Jean Martel aîné, 1831, 14.
29 Ders., 148.

Oder bei Martinet:

> Si le langage ne peut pas rendre un fait avec toute l'exactitude nécessaire pour sa complète intelligence, et si ce fait peut être représenté au moyen du dessin ou de la peinture [...] ayez recours au crayon ou au pinceau de l'artiste, et mieux, soyez artiste.[30]

Diese Verpflichtung des beobachtenden Arztes zum ›Porträtieren‹ gilt generell, in besonderem Maße aber, wie zuletzt Juan Rigoli gezeigt hat,[31] für die Dokumentation von Geisteskrankheiten. Hier entsteht seit den bahnbrechenden Arbeiten von Esquirol im Laufe des 19. Jahrhunderts ein regelrechter Sog des physiognomischen Bebilderns der ›aliénés‹, der sich in Zeichnungen, Drucken, porträtierenden verbalen Beschreibungen und schließlich – bei Charcot – photographischen Inszenierungen manifestiert. In den fünfziger Jahren sind es dabei besonders die bekannten *Études cliniques* aus der Feder von Bénédict-Augustin Morel (1852/53), in denen die zahlreichen ›observations‹ ein regelrechtes Theater von auf- und abtretenden Figuren mit eindrücklich gezeichneten physiognomischen und gestischen Eigenheiten realisieren.

IV.

So sehr die Goncourt offenbar die Szene der Hysterikerin im Sinne eines solchen, wenn auch rhetorisch gesteigerten klinischen Porträts modellieren, das die pathologische Erscheinung in ihrer akuten Schärfe hervortreten lässt, so sehr verschiebt Zola diesen klinischen Blick, indem er ihn mit der sozialen Wahrnehmung des Krankheitsbildes *in actu* überblendet. Unser letztes Beispiel möge das noch einmal erläutern. In *La conquête de Plassans* (1874), einem Roman über das Provinzleben, in dem die politischen Manipulationen des bonapartistischen Abbé Faujas in der monarchistisch eingestellten Stadt sowie dessen Instrumentalisierung durch den weiblichen Teil der Honoratioren anlässlich der anstehenden ›élections générales‹ thematisch dominieren,[32] wird das Thema der ›folie‹ als hereditäre Folge des Familienursprungs der Rougon-Macquart wie ein zweites großes Sujet mitgeführt. Das am Stadtrand gelegene Irrenhaus »Les Tulettes« und die in ihm durch Disziplinierungen verstärkten mentalen Devianzen sowie der in unmittelbarer Nachbarschaft lebende und dem Alkohol verfallene Onkel Macquart bilden ein pathogenes Gravitationszentrum, das dem primären Ort des Geschehens, dem Stadthaus des Rentiers François Mouret und

---

30 L. Martinet, *Manuel de clinique médicale*, Paris, Gabon, 1830, 23 f.
31 J. Rigoli, *Lire le délire. Aliénisme, rhétorique et littérature en France au XIXe siècle*, Paris, Fayard, 2001, 272 ff. (»Portraits de fous«) sowie 295 ff. (»Scènes cliniques«).
32 Vgl. dazu die Darstellung bei H. Mitterand, *Zola II. L'Homme de ›Germinal‹ (1871–1893)*, Paris, Fayard, 2001, 179 ff.

seiner Frau Marthe sowie dem gesellschaftlichen Raum der städtischen Bourgeoisie mit Mme Rougon als einer der Drahtzieherinnen der Faujas'schen Intrigen, zunächst gegenüber gestellt ist, dann aber im Verlaufe der Handlung geradezu infektiös auf den scheinbar ›gesunden‹ bürgerlichen Lebensraum übergreift.[33]

Das Thema der ›folie‹ verteilt sich dabei auf zwei Romanfiguren. Einerseits steht unter diesem Vorzeichen Marthe Mouret, die biologisch schwächlich ausgestattete Tochter von Mme Rougon, im Mittelpunkt. Sie ist aufgrund ihrer erblichen Disposition mit einer fortschreitenden Schwindsucht und der besonderen Komplikation einer ›hystérie phtisique‹ belastet.[34] Wenn es für diese Komplikation[35] hier besondere Gründe gibt, dann ist es der auf Marthe psychopathisch wirkende Einfluss des in ihrem Hause zur Miete wohnenden und sich geradezu einnistenden Abbé Faujas. Sein viriles Auftreten treibt die zunächst religiös indifferente Marthe in eine mit frömmelnder Haltung bemäntelte und mit erotischen Wünschen aufgeladene Beziehung zu ihm, die er zwar abwehrt, schließlich aber doch in seine politische Strategie der untergründigen ›Bonapartisierung‹ der Stadt integriert. Zola kann dabei antiklerikale Topoi zum diabolischen und hysteriegenerierenden Priester aufgreifen, wie sie mit Michelets *Les Sorcières*, bzw. der dort verarbeiteten ›cause célèbre‹ des frühen 18. Jahrhunderts zu der missbrauchten und als satanische Hexe stilisierten ›La Cadière‹ in Umlauf gekommen sind. Aber er dürfte die Konstellation auch aus dem Roman *Madame Gervaisais* (1869) der Brüder Goncourt gekannt haben, deren Protagonistin – eine männlich und intellektuell erzogene und in ihrer Ehe unglücklich darbende Person – von ihrem Pariser Arzt nach Rom zur Heilung ihrer Schwindsucht geschickt wird, dort aber unter dem Einfluss religiöser Rituale und eines fordernd-strafenden Priesters zu einer mystisch ins Religiöse als dem Ersatz für erotische Erfüllungen eintauchenden Hysterikerin wird.

Andererseits ist es gerade diese Hysterie mit ihren Folgen von Anfällen und Selbstverletzungen, die von den umgebenden Personen der städtischen Gesellschaft dazu benutzt wird, dem in sich gekehrten, schweigsamen und duldsamen

---

33 Vgl. zu dieser Thematik A. Seitz, ›*Le Milieu empesté*‹: *Die Vorstadt als infektiöser Raum am Beispiel von Émile Zolas* ›*L'Assommoir*‹, in *Milieu und urbaner Raum – Die Stadt als Raum von Regierung und Erkenntnis im Frankreich der Moderne*, hg. v. J.H. Witthaus und A. Oster [erscheint vorauss. 2012].

34 Zola nennt auch hier den für den zeitgenössischen und medizinisch informierten Leser offensichtlichen Befund nicht beim Namen und belässt es, wie im Falle von *Pot-Bouille*, mit einer alltagsweltlichen Phänomenologie der Dinge, die sich wiederum aus dem speist, die soziale Konstruktion der Krankheit für sich sprechen zu lassen.

35 Zur Kombination von ›phtisie‹ und ›hystérie‹ siehe E. Siebenborn, *Darstellungsprobleme im medizinischen Fallbericht am Beispiel einer* ›*Hystérie pulmonaire*‹ *(1888)*, in *Der ärztliche Fallbericht. Epistemische Grundlagen und textuelle Strukturen dargestellter Beobachtung*, hg. v. R. Behrens und C. Zelle, Wiesbaden, Harrassowitz, 2012, 107–134.

Ehemann Mouret einen diffusen pathologischen Geisteszustand anzudichten, der sich darin äußere, dass er seine Gattin körperlich misshandele. Die soziale Genese dieser scheinbaren ›aliénation‹, die dann in Mourets erzwungenem Aufenthalt in der Irrenanstalt und – nach seiner intriganten Befreiung durch den bestochenen Macquart – im Anzünden des eigenen Hauses aus Gründen der Eifersucht gegenüber Faujas gipfelt, den er gutwillig und nichtsahnend als Mieter aufgenommen hatte, soll hier nicht weiter verfolgt werden. Wir wollen uns wiederum auf die Darstellung der hysterischen Symptomatik konzentrieren.

Eines Nachts werden die Mitbewohner – Faujas, seine intrigante Mutter sowie deren Untermieter und die Haushälterin – durch Schreie im Schlafzimmer der Mouret geweckt: »Ce furent d'abord des plaintes sourdes, qui devinrent bientôt de véritables hurlements, des appels étranglés et rauques de victime qu'on égorge«.[36] Man eilt vor die verschlossene Tür und versucht zunächst vergeblich, sie zu öffnen. Die Ursache der Schreie, im personalen Erzählstil aus der Sicht der ›Zeugen‹ als Hilferufe wahrgenommen, erhalten eine freilich ambivalente Evidenz, wenn die Tür durch den Abbé Faujas aufgebrochen wird:

> Les femmes se précipitèrent dans la chambre, où le plus étrange des spectacles s'offrit à leurs yeux. Au milieu de la pièce, sur le carreau, Marthe gisait, haletante, la chemise déchirée, la peau saignante d'écorchures, bleuie de coups. Ses cheveux dénoués s'étaient enroulés au pied d'une chaise; ses mains avaient dû se cramponner à la commode avec une telle force, que le meuble se trouvait en travers de la porte. Dans un coin, Mouret debout, tenant le bougeoir, la regardait se tordre à terre, d'un air hébété.[37]

Auch hier handelt es sich um eine gedoppelte Szene. Ausdrücklich wird das Gesehene von den Zeugen als ein ihnen sich darbietendes »spectacle« wahrgenommen. Wenn auch die dann beschriebene Symptomatik des Anfalls eher gedrängt ausfällt, so steckt in ihr doch eine besondere ironische Pointe: In der Szene gibt es einen stummen Beobachter. Aber anders als im Falle der Krise in *Pot-Bouille*, die ebenfalls auf einer verdoppelten Beobachtung fußt und gleichfalls in der sozialen Alltagswahrnehmung, also jenseits des klinisch-autoritativen Blicks, ihren Sitz hat, wird der innere Zeuge – Mouret – hier zum Verursacher des Gesehenen gemacht. Für die Eindringenden handelt es sich eben nicht um einen hysterischen Anfall, der er in der fiktionalen Logik der Erzählung durchaus ist, sondern um die Folgen einer Misshandlung, deren Urheber – der eigentliche Adressat der inneren ›Szene‹ – auf frischer Tat ertappt wird. Für den Leser ist diese Doppelbödigkeit lesbar. Ihm stellt sich die Szene wie eine Kippfigur dar, die zum einen in elementarer Verkürzung das Porträt eines hysterischen Anfalls erzeugt, zum anderen aber – fälschlich – als Szene eines Delikts wahrgenommen werden kann. Die Krämpfe, die zerrissene Bluse, die blutenden

---

36 É. Zola, *Les Rougon-Macquart*, I, Paris, Gallimard, 1961, 1108.
37 Ders., 1108 f.

Kratzer, die um ein Stuhlbein gewickelten Haare und schließlich die gewaltsam verrückten Möbel stellen sich nicht als Folgen einer hysterischen Selbstverletzung, sondern als Spuren einer äußeren Gewalteinwirkung dar.

Die Folgen der innerfiktionalen ›Lektüre‹ dieser Szene brauchen uns hier nicht weiter zu interessieren. Die Hysterie Marthes – so könnte man verkürzt deuten – wird, obwohl sie durchaus von einigen Beobachtern als solche wahrgenommen wird, im Räderwerk der städtischen und familiären Intrigen zu einer sozialen Stigmatisierung Mourets als dem eigentlich Verrückten verschoben. Dies gilt unabhängig davon, dass auf einer klinischen Ebene, die im Erzählverlauf in der Figur des behandelnden Arztes Docteur Porquier diskret mitgeführt bleibt, die gewissermaßen objektive Schwindsucht stärker fokussiert wird, Marthe schließlich auch am Ende zeitgleich mit dem Brand ihres Hauses in einer Art Inversion des vitalistisch konnotierten Flammenmeers den Tod der Auszehrung stirbt.[38] Entscheidend für unsere Argumentation bleibt, dass die Szene der Hysterikerin, wie Zola sie modelliert, die im klinischen Zugang als ›Porträt‹ ausgewiesene Beobachtung ersetzt durch eine innerfiktionale Perspektivierung, die das Krankheitsbild des hysterischen Anfalls als manipuliert und manipulierbar, als Produkt einer Konstruktion durch soziale Kräfte also, ausweist. Insofern erfährt die grundsätzlich auktoriale Perspektive, mit welcher der naturalistische Diskurs pathologische Degenerationen in der Regel in Konvergenz mit der determinierten Entwicklung auf der Ebene der ›histoire‹ zur Anschauung bringt, im Falle der hysterischen Szene eine entscheidende Modifikation. Anstatt energetisch ›porträtiert‹ zu werden, bildet sich die Krankheit im sozialen *Setting* der Szene überhaupt erst aus. Sie gewinnt ihre Evidenz gerade nicht im wissenschaftlichen Zugriff, wohl eher in der interpersonellen Interaktion und wird dadurch in ihrem diagnostischen Zustandekommen zur Disposition gestellt.

---

38 Die Anregung, Mouret und sein Handeln als eine nach vitalistisch-energetischen Parametern konturierte Figur zu deuten, die sich epistemisch von der eher physiologisch konstituierten Marthe absetzt, verdanke ich Jutta Weiser. Zu den vitalistischen Grundzügen, die quer zur mechanistisch-deterministischen Epistemologie Zolas stehen und diese (produktiv) unterwandern, vgl. T. STÖBER, *Vitalistische Energetik und literarische Transgression im französischen Realismus-Naturalismus. Stendhal, Balzac, Flaubert, Zola*, Tübingen, Narr, 2006, sowie K. BENOUDIS BASILIO, *Le mécanique et le vivant. La métonymie chez Zola*, Paris, Droz, 1993.

Um die Wende vom 19. zum 20. Jahrhundert: das Porträt als Mittel der Kritik an Individuum, Gesellschaft und Kultur

Edgar Sallager (Klagenfurt)

Von den Tücken der ›Wahrheit des Augenblicks‹: Émile Zola im *Journal* der Goncourt

Das Tagebuch der Brüder Edmond (1822–1896) und Jules (1830–1870) de Goncourt gilt zu Recht als eines der bemerkenswertesten literarischen Denkmäler der zweiten Hälfte des 19. Jahrhunderts.[1] Gattungstypologisch ist dieses *Journal* ein *literarisches* Tagebuch *par excellence:* seine Autoren sind Literaten, die darin ihre Erfahrungen auf dem literarischen Markt Paris literarisch reflektiert und stilisiert festgehalten sowie von Anfang an zur Veröffentlichung bestimmt haben.[2] Während Titel und Untertitel – *Journal. Mémoires de la vie littéraire* – über Genese bzw. Intention dieses monumentalen Zeitdokuments informieren und somit auf ein eher historisch-soziologisch interessantes Zeugnis hindeuten, enthält das bereits im Jahr 1872 verfasste Vorwort Ansagen, die speziell im Zusammenhang mit dem literarischen Portrait von Interesse sind.[3] Sie betreffen nämlich die literaturpsychologisch so aufschlussreiche

---

1 Noch zu Edmonds Lebzeiten erschien bei Charpentier eine 9-bändige Erstausgabe (1887–1896). Eine undatierte, von der Académie Goncourt (jedenfalls nach 1925) besorgte »édition définitive« in gleichfalls 9 Bänden wurde von Fasquelle-Flammarion herausgebracht. Für den vorliegenden Beitrag wird aus der von R. Ricatte herausgegebenen dreibändigen TB-Ausgabe (E. et J. de Goncourt, *Journal. Mémoires de la vie littéraire*, Paris, Laffont, 1989 (Bouquins), préface et chronologie de R. Kopp) zitiert, die mit seiner höchst verdienstvollen, reich dokumentierten und kommentierten Fasquelle-Flammarion-Ausgabe aus dem Jahr 1956 übereinstimmt.
2 Zu diesen Kriterien vgl. P. Boerner, *Tagebuch*, Stuttgart, Metzler, 1969 (M 85), 26–28.
3 In ihrem eigenen Verständnis ist für die Goncourt auch ein Teil ihres historisch-sozialgeschichtlichen Werkes »Portrait«, wie namentlich *Portraits intimes du XVIIIe siècle* (1857/58) oder z. B. *Histoire de Marie-Antoinette* (1858). Auch ihre sämtlichen, (sozial)psychologisch fundierten Frauenromane (und die eigene Idealisierung in *Les frères Zemganno*, 1879) haben soziale und psychische *Typen* als Protagonisten, die dort auch in diesem weit gefassten Begriff portraitiert sind. Dass speziell in dem Malerroman *Manette Salomon* (1867) u. a. alle Register bildhafter Personendarstellung gezogen werden, liegt in der Natur der Sache. Verbunden mit einem sozialgeschichtlich-biographischen Vorspann gibt es Charakterportraits der Protagonisten, auch zu verschiedenen Zeitpunkten, Gruppenportraits etwa der Ausstellungsbesucher sowie Portrait-Skizzen u. a. der Maler-Schüler, der Akt-Modelle und der Künstler-Maitressen.

Dialektik Portraitist-Portraitierte(r) ebenso wie die damit zusammenhängende literarästhetische Wechselseitigkeit von Eindruck und Ausdruck.[4]

So ist es in psychologischer Hinsicht nicht unbedeutend, dass Edmond das gemeinsame »journal« einleitend als »confession de chaque soir« und als »autobiographie, au jour le jour« bezeichnet und damit sowohl den *intimen* Charakter als auch die zur posthumen Selbstdarstellung bestimmte Funktion des lebenslangen Schreibpensums andeutet. Deutlicher wird die tiefinnere Verflechtung von persönlichem und literarischem Interesse in einer Kautele, in welcher der Diarist zwar einräumt, dass Ressentiments und Idiosynkrasien den Blick der Brüder auf ihre Zeitgenossen gelegentlich verzerrt oder getrübt haben (»l'injustice de la prévention ou l'aveuglement de l'antipathie irraisonnée«), zugleich jedoch, eingedenk dieser ihrer Voreingenommenheit, jegliche vorsätzliche Unwahrheit in Abrede stellt: »nous n'avons jamais menti sciemment sur le compte de ceux dont nous parlons.« Gegenüber einem solchen, in der Ich- und Bekenntnisliteratur nicht unüblichen Topos der Selbstkritik ist die Originalität der im engeren Sinn auch portraittechnischen Absichtserklärung umso auffälliger:

> Dans cette autobiographie, au jour le jour, entrent en scène les gens que les hasards de la vie ont jetés sur le chemin de notre existence. Nous les avons *portraiturés*, ces hommes, ces femmes, dans leurs ressemblances du jour et de l'heure, les reprenant au cours de notre journal, les remontrant plus tard sous des aspects différents et selon qu'ils changeaient et se modifiaient, désirant ne point imiter les faiseurs de mémoires qui présentent leurs figures historiques peintes en bloc et d'une seule pièce ou peintes avec des couleurs refroidies par l'éloignement de l'enfoncement de la rencontre – ambitieux, en un mot, de représenter l'ondoyante humanité dans sa *vérité momentanée*. (*Journal* I, 19. Herv. orig.).

Die *Modernität* dieses Manifests hat wesentlich mit der Erfahrung von Zeit und dem Leben in der Metropole zu tun. Geschildert werden sollen nicht – und zumal nicht aus der fernen Erinnerung – zeitlos illustre Persönlichkeiten, sondern Männer und Frauen der Gegenwart, wie sie einem im Lauf der Zeit zufällig begegnen.[5] Darum werde man auch keine Charakterportraits wie aus einem Guss vorfinden, sondern Darstellungen des jeweils momentanen, fallweise aber auch des späteren, mit der Zeit veränderten Aussehens dieser Leute.[6] Wobei die

---

4 Vgl. *Préface de Edmond de Goncourt*, in *Jornal* I, 19–20.
5 *portraiturer* (*portraiture*) ist ebenso wie *académiser* (dt. sinngemäß etwa ›verhochdeutschen‹, ›verwissenschaftlichen‹; vgl. das Ende der Ausführungen zur *Préface*) eine von rund 1200 Wortneuschöpfungen der Goncourt. Zu diesem intermedial bedeutsamen Aspekt ihrer der impressionistischen Malerei nacheifernden *écriture artiste* vgl. M. FUCHS, *Lexique du ›Journal des Goncourt‹. Contribution à l'histoire de la langue française pendant la seconde moitié du XIXe siècle*, Paris 1912 (Genève, Slatkine Reprints, 1972).
6 Man denke u. a. an Monet, der die Kathedrale von Rouen in echt impressionistischer Manier

Abweichungen auf Seiten der Objekte – Edmond will das in der Folge nicht ausschließen – durchaus von Veränderungen in der Person des beobachtenden Subjekts herrühren könnten. Mit der Abgrenzung gegenüber der Portraitkunst früherer Zeiten, etwa eines – freilich nicht namentlich erwähnten – Duc de Saint-Simon oder Cardinal de Retz (»faiseurs de mémoires«)[7] wird das ehrgeizige Projekt klar umrissen: beabsichtigt ist, die *so* nur *hier und jetzt wahre* und – wie es sinngemäß weiter heißt – gesprächsweise oder in irgendeiner unscheinbaren Gefühlsregung sich offenbarende Persönlichkeit, im fiebrig berauschenden Gesellschaftsleben von Paris, festzuhalten (»noter«). Die Fähigkeit, solche lebensvoll vergänglichen Einzelheiten augenblicklich zu erfassen, verdanken die Goncourt ihrem frühen Interesse und ihrer Begabung für die bildenden Künste, speziell für die Malerei und hier besonders für das Aquarell.[8] Soll nun die schriftliche Fixierung ihrerseits (»ce travail jeté à la hâte sur le papier«) der Flüchtigkeit des frischen Eindrucks entsprechen (»*faire vivant* [orig.] d'après un ressouvenir encore chaud«), dann erfordert eine solcherart *realistische* Auf-

---

zu verschiedenen Tages- und Nachtzeiten bzw. bei unterschiedlichen Lichtverhältnissen dargestellt hat.

7 Vgl. *Mémoires de Monsieur le Cardinal de Retz* (1717) von Jean-François-Paul de Gondi, Kardinal von Retz (1613–1679). Dessen psychologische Portraits bilden ein Pauschalurteil über einen Charakter und ein Leben, bei dem nur das moralische Wesen eines Menschen analysiert wird, während körperliche Merkmale und andere Äußerlichkeiten außer Betracht bleiben. Vgl. H. BOUILLIER, *Portraits et miroirs*, Paris, C.D.U. et SEDES réunis, 1979, 39–45. Der Herzog von Saint-Simon (1675–1755) hält seine Beobachtungen am Hof Ludwigs XIV. ab 1694 schriftlich fest, und zwar ähnlich tagebuchartig und ähnlich missgünstig gesinnt wie die (Edmond) Goncourt. Zwischen den einstigen (bis 1723), inzwischen größtenteils verstorbenen Vorbildern und ihren mustergültigen Portraits in den ab 1739 begonnenen *Mémoires* liegen also viele Jahre, die auf die Einbildungskraft befruchtend, und auf die *Wahrheit* zersetzend gewirkt haben dürften. Im Gegensatz zur rein moralistischen Konzeption des Portraits beim Kardinal von Retz, spiegelt sich für Saint-Simon das Moralische im Körperlichen. Ähnlich wie im Tagebuch der Goncourt, sind die Portraits des verbitterten Höflings nicht nur eine literarische Kunstübung, sondern zugleich eine Art (später) Abrechnung (»son tribunal suprême«) mit dem schönen Schein einer (zwiespältig) verhassten Gesellschaft und deren typischen Repräsentanten. Vgl. Ders., 47–58: hier 47, 49, 54 und 58.

8 Edmond und Jules waren sozusagen Augen-Schriftsteller, Doppelbegabungen wie u.a. ihr befreundeter Kollege Théophile Gautier. Künstlerisch und menschlich wurden die Brüder zutiefst von Paul Gavarini (Hippolyte Sulpice Guillaume Chevalier, 1804–1866) geprägt. Diesem Zeichner, Maler, Lithographen, Radierer, Maler, Illustrator und Schriftsteller galt schon die Bewunderung der Brüder, als sie noch Kinder waren und sich im Nachzeichnen seiner Lithographien versuchten. (vgl. *Journal* I, 35, Anm.1). Als frühestes Dokument von zugleich schriftlichen und bildlichen Notizen gilt das Reisetagebuch der Brüder aus dem Jahr 1849. Vgl. *Journal* I, LXVIII. Die leidenschaftlich ausgeübte Vorliebe für das Aquarell begann im Jahr 1859. Vgl. *Journal* I, LXXVIII. Zur eigenen künstlerischen Praxis der Goncourt sowie auf ihren (Edmonds) beachtlichen Wirkungsbereich als Kunstsammler und Kunstkritiker vgl. die wertvolle, biographisch detaillierte, synoptische Zeittafel von R. Kopp in *Journal* I, XLVIII–CXV sowie das vollständige Werkverzeichnis mit allen Ausgaben in J.-L. CABANÈS (Hg.), *Les frères Goncourt: art et écriture*, Bordeaux, Presses Universitaires de Bordeaux, 1997, 459–463.

zeichnung auch eine im mehrfachen Wortsinn zeitgemäße Form und einen ebenso lebensnahen sprachlichen Ausdruck (»faire revivre par la sténographie ardente [...]«). Gleichzeitig aber ermöglichen diese eilschriftlichen Notizen, dass Jules und Edmond ihren Menschenbildern ihre eigenen – wie man weiß – gesellschaftlich elitären Überzeugungen und ihr eigenes, auch und vor allem künstlerisch extravagantes Sensorium einschreiben können: »nous avons toujours préféré la phrase et l'expression qui émoussaient et *académisaient* [orig.] le moins *le vif de nos sensations, la fierté de nos idées.*« (Herv. E.S.).

Es ist hier nicht der Ort, um auf übergeordnete Zusammenhänge oder auf Differenzierungen und Widersprüche, soweit sie sich aus den bisherigen Ausführungen ergeben, in gebührender Art und Weise einzugehen.[9] *Ein* mögliches Missverständnis soll jedoch an dieser Stelle zumindest partiell geklärt werden. Es betrifft die Symbiose der im *Vorwort* dargelegten, insgesamt *modernen* künstlerischen Intention – die eigentlich nur dank dem Neologismus *portraiturer* an ein konventionelles Portrait denken lässt – mit der fraglos traditionsverpflichteten Portraitkunst der Goncourt, welche zur Praxis der unzähligen, anscheinend nur eilig hingeworfenen Skizzen und Karikaturen offenbar im Widerspruch steht. An zwei, unmittelbar aufeinander folgenden Portraits ein und desselben Tages lässt sich jedoch zeigen, dass die gutnachbarschaftliche Kooperation zwischen dem sinnenfreudigen Blick des – an sich misogynen[10] – Portraitkünstlers und dem beobachtenden[11] Auge des Moralisten im Pariser Alltag bestens funktioniert:

J'étais aujourd'hui, dans l'omnibus de Passy, en face d'une femme qui n'était plus jeune et qui avait un type de truie, mais ce type de truie que j'ai signalé dans un dessin de

---

9 Vgl. hierzu die einzelnen Beiträge in J.-L. CABANÈS (Hg.), *Les frères Goncourt*, Anm.8.
10 Abgesehen von idealisierten, großteils aristokratisch eleganten Geschöpfen v. a. des 18. Jahrhunderts, waren Frauen für die Goncourt nur als Sexualobjekt interessant. Die Belege für ihre berüchtigte Frauenverachtung im *Journal* sind Legion. In den Romanen sind Frauen, kurz gesagt, Gegenstand psychologisch ergiebiger Fallstudien.
11 *observer* (*observation*) gehört zum poetologischen Grundwortschatz der Goncourt. Diese bedeutende Fähigkeit des *modernen* Literaten kommt lt. Edmond vermutlich daher, dass er, im Gegensatz zum *homme de lettres* des 18. Jahrhunderts, der in seine Gesellschaft vollkommen integriert war und darum – quasi betriebsblind – nichts ›sah‹, heutzutage wie ausgegrenzt lebt und dem daher das gesellschaftliche Geschehen, in das er gelegentlich Einblick bekommt, förmlich in die Augen springt. Vgl. diese Reflexion in *Journal* I, 637. Die in der medizinischen Ausbildung und als diagnostische Methode praktizierte *clinique* beruht auf der *vision directe* (etwa: ›unmittelbare Anschauung‹). Diese ist gleichfalls eine poetologische Voraussetzung für eine *neue*, nicht von einem literarischen Klischee geprägte Art der Betrachtung des realen, lebendigen Objekts im *modernen* Roman. In dem Vorwort zu *Germinie Lacerteux* (1864) wird diese Studie (*étude*) über ein Dienstmädchen, das ein Doppelleben führt, bekanntlich als »clinique de l'Amour« bezeichnet. Vgl. E. et J. DE GONCOURT, *Préfaces et manifestes littéraires*, prés. par H. Juin, Genève, Slatkine Reprints (*ressources*), 1980, 18–19 und 26.

Watteau. Cette femme, une espèce de couturière, tout habillée de noir et flottante dans ce noir, avait la chair blanche, blanche, avec des mains étreignant un grand paquet noir, des mains délicieuses et dont la blancheur remontait le long de ses bras nus, sous des manches sans linge. Cette femme qui se débattait contre le sommeil et qui avait des yeux gris clairs sur lesquels battaient des cils couleur de guêpe, avec sa blancheur sensuelle et cochonne, sa chair aphrodisiaquement lymphatique était cent fois plus tentante qu'une jeune et jolie Anglaise assise à côté d'elle.

Un joli type, pour le roman moderne, que le fils du restaurant de ces dernières années, de ce fils reçu bachelier, docteur en droit, etc; un monsieur qui a une serviette sous le bras et, dans une redingote faite par le premier tailleur, cause beaux-arts, littérature, philosophie, une main familièrement appuyée sur le dos de la chaise du dîneur, et galamment contourné... pendant que la cocotte que le client a amenée lui *fait l'œil*, ainsi qu'à un capitaliste plus *calé* que son payeur de dîner. (2.9. 1882. I, 953. Herv. orig.).

Die Aufzeichnung dieser beiden so unterschiedlichen Wahrnehmungen illustriert sehr eingängig, mit welcher Intensität im Portrait des Objekts selbstverständlich auch das betrachtende Subjekt jeweils zum Ausdruck kommen kann.[12] Die morbiden Sexualphantasien, die durch die penetrante Musterung der unbekannten, hellhäutigen und sichtlich bettreifen, schon etwas ältlichen und – wie man als Kenner des *Journal* annehmen darf: vollschlanken – Blondine aus dem Volk provoziert wurden (»un type de truie«,[13] »flottante«, »mains délicieuses«, »remontait [...] sous«, »sensuelle et cochonne«, »chair aphrodisiaquement lymphatique«), lösen nämlich in der Tat sehr *eindrucks*voll den poetologischen Anspruch eines »vif de nos sensations« (s. o.) ein. Wobei das einem erotischen Abenteuer nicht gerade abholde Interieur eines öffentlichen Verkehrsmittels und die sich bis zu dem psycho-logischen Überbietungsvergleich der Schlusspointe steigernde Begehrlichkeit des Mannes an Italo Calvinos spannungsgeladene Erzählung *L'avventura di un soldato* erinnert.[14] Doch, wie so oft in der Natur, aber auch im Verkehr mit den Menschen, wird auch diese dem rein optischen Eindruck (*impression*) korrespondierende Sinneswahrnehmung (*sensation*) standes- und bildungsgemäß förmlich geadelt, und zwar indem das reizauslösende reale Objekt reflexartig eine kulturelle Rückbindung erfährt. Diese evoziert hier, in einer Art sich selbst bespiegelnder *mise en abîme* (»que j'ai signalé«), mit Watteau eine der Kunstikonen des 18. Jahrhunderts.[15]

---

12 Vgl. H. BOUILLIER, *Portraits et miroirs*, Anm 4. Gemeint ist dort das Portrait *als* Spiegel des Portraitisten.
13 Edmond meint hier zweifelsfrei den Anglizismus ›truisme‹ (heute: ›Binsenwahrheit‹, ›Trivialität‹). Er hat diese spleenige Stimmung angesichts einer spätherbstlichen Parklandschaft in Asnières-sur-Oise beschrieben, die ihn an die allgegenwärtige Melancholie bei Watteau erinnere. Alles kündige Verwesung und Tod an: »C'est la maturité accomplie et passée, déjà le déclin.« Vgl. *Journal* I, 875–876 (29.10 1875). Vgl. Anm. 20.
14 I. CALVINO, *Romanzi e racconti*, a cura di M. Barenghi e B. Falcetti, vol. primo, Milano, Mondadori, 1991 (I Meridiani), 319–328.
15 »Une chose bien caractéristique de notre nature, c'est de ne rien voir dans la nature qui ne

Das Aufreizende an dieser übermüdeten, im Übrigen fast merkmallosen Frau ist das in die Augen springende Weiß ihrer üppigen, lymphatisch trägen Körperlichkeit (»chair«), die, zur Gänze eingerahmt vom kontrastreichen Schwarz ihrer Kleidung, von der Pferdebahn offenbar sanft hin und her geschaukelt wird (»flottante«). Dass in diesem auch persönlich gewissermaßen dekadenten Kontext[16] – Edmond ist 60, das Lust-Objekt ebenso »nicht mehr jung« – die Farben des Todes nicht nur als symbolträchtige Attribute (»blanc«, »noir«) in Erinnerung gerufen, sondern plastisch suggestiv auch in ihrer substantiellen Daseinsform greifbar werden, (»*sa* blancheur«, »*ce* noir«), gehört zum stilistischen Arsenal jener *écriture artiste*, deren Urheberschaft die Goncourt exklusiv für sich beanspruchen.[17] Mit dem Seitenhieb auf die »junge und hübsche« Engländerin macht sich zu guter Letzt zumindest der berüchtigte Chauvinismus[18] des alten Edmond, wenn auch nur auf dem Nebenschauplatz, kräftig (»cent fois plus«) Luft.

Sehen wir uns nun die gedrängte Schilderung jenes Hobby-Obers in einem Restaurant an, der einen richtig tollen (»joli«) Typ in einem zeitgenössischen Roman abgeben würde. Ganz anders als die auf »Vergänglichkeit« vorausweisende und daher *psycho*logisch vielsagende Einleitung des Frauenportraits, suggeriert hier der erste Satz eine dem Anschein nach objektiv *sozio*logische Betrachtungsweise (»moderne«, »de ces dernières années«). Aber Sachlichkeit ist Edmonds Sache nicht. In diesem einen weltstädtischen Genre-Bild enthüllt er nämlich mit dem ihm eigenen verächtlichen Scharfblick, der »fierté de nos idées« (s. o.), die *vérité momentanée* aller drei *typischen* Akteure im ruhelosen Auf-und-Ab der ganzen, nur von Geld- und Liebeshändeln besessenen Gesellschaft (»l'ondoyante humanité«) des so verhassten Second Empire. Protagonist ist der heutzutage ja studierte Sohn der Restaurateure, die es, vermutlich dank unzähliger Geschäftsessen finanzieller und erotischer Natur, zu einem gewissen

---

soit un rappel et un souvenir de l'art.« *Journal* I, 569 (2.6. 1860). Dieser auf Prousts universelle Ästhetisierung vorausweisende kulturelle Reflex, meist zu Beginn einer Schilderung, betrifft sehr oft die bildende, seltener auch die dramatische und die erzählende Kunst: »Un joli portrait«, »Un croquis«, »Un joli tableautin«; »un joli type de comédie«; »c'est un curieux roman«, »Un curieux, un original cadre de nouvelles«, »un chapitre à Balzac« u. ä.m.

16 »déjà le déclin«, vgl. Anm. 13.
17 Erlaubt sind hier Assoziationen mit dem berühmten Gedicht *Symphonie en blanc majeur* von T. Gautier. Darin werden synästhetisch nicht nur alle denkbaren Facetten von Weiß, mit denen das männliche Auge traditionell den weiblichen Körper materialreich anhimmelt, taktil verlockend ins lyrische Spiel gebracht: auch die im Grunde von der »vue enivrée« der »implacable blancheur« geweckten Instinkte für »débauches de blancheur« und »combats insolents« werden – unverblümt – genannt. Vgl. *Théophile Gautier*, par P. DELAVILLE, Paris, Éditions Seghers (*Écrivains d'hier et d'aujourdhui*, 29), 1968, 137–139.
18 Für die Goncourt gibt es nur *ein* Land, Frankreich, und *ein* Jahrhundert, das XVIII. Ihr leidenschaftlicher Rassismus richtet sich in erster Linie gegen Juden, Italiener und Südfranzosen. Vgl. den Abschnitt über Émile Zola.

Wohlstand gebracht haben. Im erstklassigen Gehrock sieht der neureiche junge Mann aus wie ein richtiger ›Herr‹, für den allerdings die Serviette unterm Arm anscheinend nicht im Widerspruch zu seinem weltläufigen Smalltalk steht, wie sie auch seine dienstbeflissene Nonchalance (»familièrement«) nicht zu beeinträchtigen scheint. Metonymisch-allegorisch (»Un joli type«) zeigen also die Exklusivität des Gehrocks und die oxymorisch zünftige Serviette in dieser gastronomischen *Moment*aufnahme die beachtlichen sozialen Aufstiegsmöglichkeiten dieser verkommenen Epoche, des *Goldenen Zeitalters des Kapitalismus*, an.[19] Das repräsentative Gästepaar verbleibt in seiner halbweltlichen Anonymität und wird, wesenloser noch als der hofierend gesprächige Ober (»cause«, »galamment contourné«) und gesichtslos wie auch er, hämisch gar nur an Hand seiner sozialen Gattungsnamen registriert (»*du* dîneur«, »*le* client« [im doppelten Sinn], »*la* cocotte«). Dabei wird zum bösen Ende der spendable Kavalier mit aller Geringschätzung auf seinen bloßen Tauschwert als »payeur de dîner« heruntergemacht, während sein ebenso austauschbares, sehr gewöhnliches Dessert von der Gelegenheit profitiert (»lui *fait l'œil*«), um sich gleich einem anderen, besser »gestellten« Geldmenschen (»capitaliste plus *calé*«) anzubiedern und somit ihrerseits eine Stufe höher zu steigen.[20]

In einer nicht nur von Todesgedanken getrübten Selbstreflexion blickt Edmond, der seit nunmehr 20 Jahren allein hinterbliebene Portraitist in Sachen Moral, prophetisch zurück:

> Dans ce siècle, j'aurai peut-être été le seul, et sans ressentiment aucun contre les personnes et par le seul amour de la vérité, le seul à *remettre à leur point* les faux grands hommes: Renan, Sainte-Beuve, etc., etc. (I, 412, 8.4. 1890. Herv. orig.)[21]

In der beeindruckenden Menge der hier unter »etc., etc.« dezent resümierten großen Namen des kulturellen Lebens, die in aller – literarischer – Form, nämlich in Berichten und Kommentaren, in Gesprächsprotokollen, Selbstaussagen, Anekdoten, Apropos, Ondits, Aphorismen, Reflexionen, Porträts, Skizzen, Metaphern, Vergleichen und bloßen Attributen auf ihre nach Edmonds Ansicht *wahre* Größe herabgewürdigt wurden, überragt Émile Zola (1840 – 1902) alle anderen. Er ist der Intimfeind, an dem sich Edmond mit wahrer Inbrunst die

---

19 Vgl. Anm. 20.
20 In der Welt der Reichen war die Frau »femme-objet« d. h. »esclave et courtisane à la fois.« Vgl. P. GUIRAL, *La vie quotidienne en France à l'âge d'or du capitalisme. 1852–1879*, Paris, Hachette, 1976 (VQ), 61.
21 In der *positiven* Ahnengalerie finden wir La Bruyère und Balzac als die alle anderen überragenden Namen, Rabelais, Saint-Simon, Diderot, Chamfort, Flaubert, V. Hugo und Th. Gautier. Vgl. U. SCHULZ-BUSCHHAUS, *Modernität und Opposition. Aspekte eines avantgardistischen Literaturkanons im ›Journal der Goncourt‹*, in »Germanisch-Romanische Monatsschrift«, 24,1 (1977), 56–70.

Seele aus dem Leib schreibt.[22] Sein allererster Auftritt im *Journal* ist zugleich das erste einer Handvoll ihm gewidmeter Portraits. Es hält den Eindruck fest, den der junge Zola, der ja einer der ersten publizistischen Befürworter ihrer Romane[23] war, bei den beiden Brüdern hinterlassen hat:

> Nous avons vu à déjeuner notre admirateur et notre élève Zola.
> C'était la première fois que nous le voyions [sic]. Notre première impression fut de voir en lui un normalien crevé, à la fois râblé et chétif, à encolure de Sarcey et à teint exsangue et cireux, un fort jeune homme avec des délicatesses et du modelage d'une fine porcelaine dans les traits de la figure, le dessin des paupières, les furieux méplats du nez, les mains. Un peu taillé dans toute sa personne comme ses personnages, qu'il fait de deux types contraires, ces figures où il mêle le mâle et le féminin; et au moral même, laissant échapper une ressemblance avec ses créations d'âmes aux contrastes ambigus.
> Le côté qui domine, le côté maladif, souffrant, ultra-nerveux, approchant de vous par moments la sensation pénétrante de la victime tendre d'une maladie de cœur. Être insaisissable, profond, mêlé, après tout; douloureux, anxieux, trouble, douteux.
> Il nous parle de la difficulté de sa vie, [...].
> Et de temps en temps, dans une récrimination amère où il nous répète et se répète qu'il n'a que vingt-huit ans, éclate, vibrante, une note de volonté âcre et d'énergie rageuse: »Et puis, j'ai beaucoup à chercher...[...]. Vous! Vos ennemis eux-mêmes reconnaissent que vous avez inventé votre art; ils croient que ce n'est rien: c'est tout!« (14.12.1868. II, 186).

Eingeleitet und ergänzt von berichtenden bzw. kommentierenden Abschnitten sowie mit seiner eigenen aufgeregten Rede zwischendurch und als antithetisch-pathetische Schlusspointe, dient das Portrait des Novizen in Sachen Literatur eigentlich dem Rahmen, den seine verehrten Meister (1. Satz), deren innovative Kunst für ihn ein Absolutes ist (letzter Satz), für sich selbst beanspruchen. Bereits in dieser portraittechnischen *mise en abîme* deutet sich metonymisch unscheinbar ein mit den Jahren quasi auskomponiertes und ausartendes Leitmotiv an: »ohne uns wärst Du nichts!« In seiner eigenartig zwiespältigen Erscheinung, die auf den ersten Blick an einen völlig überarbeiteten, kränklich-blässlichen *Normalien* erinnert, lässt noch nichts den kommenden Literaturkrösus ahnen. Von dem gedrungenen, jedoch schmächtigen Körper heben sich wie bei einer filigranen Porzellanfigur das Zarte in der Ausformung der Gesichtszüge, der Augenbrauen, der heftigen Vertiefungen der Nase sowie seiner Hände ab... insgesamt eine irgendwie zwittrig gebaute, aber auch wie seine Romanfiguren stimmungsmäßig widersprüchliche Person. Aus diesem körperlichen Augenschein (Abs.2) des vermutlich *geborenen* Schwächlings (»vic-

---

22 Vgl. Anm. 25.
23 *Germinie Lacerteux* und *Madame Gervaisais*. Vgl. *Journal* II, 186, Anm. 2. Die Goncourt ihrerseits hatten wohl *La confession de Claude* (1865) und *Thérèse Raquin* (1867), sicher aber *Madeleine Férat* (1868) gelesen, die hier das Gesprächsthema ist.

time tendre«) wird sodann der Schluss gezogen, dass dieses alles in allem uneinheitliche, leidende, hypernervöse, furchtsame, dunkle und zweifelhafte Wesen sich jeder eindeutigen Typisierung entzieht. (Abs.3). Die bislang scharfsichtigen Diaristen notieren aber auch ganz hellhörig, wie bei der Schilderung seiner gegenwärtig schändlichen materiellen und ideellen Notlage sowie seiner literarischen Zukunftspläne [...] – einer Familiengeschichte in zehn Bänden – aus Zolas bebender Stimme zuweilen etwas hervorbricht, was nach einem vor wildentschlossener Tatkraft brennenden Willen klingt. (Abs. 5).

In den sechzehn Jahren zwischen dem ersten und dem zweiten Portrait von Zola hat sich der italienischstämmige Außenseiter aus dem Süden Frankreichs mit seinen überaus populären Romanen tatsächlich zu einem vermögenden Erfolgsschriftsteller emporgearbeitet und er hat sich zudem als Theoretiker des Naturalismus international einen Namen gemacht. Edmond, dessen Urgroßvater mit dem Kauf von herrschaftlichen Ländereien im Elsass auch das Adelsprädikat erworben hatte, war dagegen nur höchst selten erfolgeich, wie z. B. mit seinem Prostituierten-Roman *La fille Elisa* (1877).[24] Wohlbehütet und relativ wohlhabend aufgewachsen, stand er – mit seinem völlig verschiedenen kulturellen Rüstzeug und der sich darauf berufenden Arroganz, mit seiner elitären Vorliebe für das XVIII. Jahrhundert sowie nicht zuletzt mit seiner eigentümlichen Romanprosa, deren extremer Anspruch auf wissenschaftliche Objektivität und ästhetisches Raffinement sich oft allzu tiefschürfend bzw. hochgestochen dem massenhaften Konsum gezielt verweigert – in seiner Zeit sozusagen erhobenen Hauptes auf verlorenem Posten. Dass es im Wettstreit um die aktuellen Themen einer in Bewegung geratenen Gesellschaft und ihre entsprechend neuartige, das heißt realistische bzw. naturalistische Darstellung im modernen Roman zu Überschneidungen, und zwar sowohl inhaltlicher als auch sprachlich-stilistischer Art, kommen kann, will Edmond erst gar nicht in den Sinn. So hält er sich wohl mit gutem Recht für einen maßgeblichen Vordenker der jüngeren Schriftstellergeneration, für den argwöhnisch und neidisch registrierten Durchbruch des einstigen, notleidenden Sympathisanten hat er jedoch nur *eine* Erklärung parat: Dieser – ich fasse hiermit seine wesentlichen Abqualifizierungen *grosso modo* zusammen – in jeder Hinsicht unkultivierte, konformistische, egoistische, unmoralische, geldgierige und verschwenderische Parvenu, mit seiner südfranzösisch-italienischen Falschheit und Gefräßigkeit, ist in Sachen Literatur ein gewissenloser Plagiator und Schmarotzer.[25] Im Lauf der Zeit

---

24 Vgl. die synoptische Dokumentation von R. Kopp in *Journal* I (vgl. Anm. 1).
25 Mein Verzeichnis aller rund 150 negativen Äußerungen, die wirklich keinen einzigen Persönlichkeitsbereich des zunehmend verhassten »chançard« (II, 923) – und auch nicht seine Frau – verschonen, wäre ein ergiebiges Corpus für einschlägige charakterologische, aber auch anatomisch-physiologische Wortfeld-Studien bzw. einen eigenen Aufsatz. Ein Beispiel für viele: In einer Art moralistischer Karikatur dämonisiert Edmond u. a. die *charakteristische*

stellt sich allerdings auch bei einigen jüngeren Kollegen eine gewisse Ernüchterung gegenüber dem Bannerträger des Naturalismus ein, wie Edmond im Vorspann zu dem folgenden Charakterportrait hervorhebt:

> Zola et Daudet arrivent ensemble. Zola est insupportable au commencement d'une visite. Il semble qu'en lui, l'homme sociable n'est pas encoree éveillé. Il débute par être un contradicteur à propos de tout, un contradicteur agaçant et qui, lorsqu'on le pousse un peu de syllogismes, de raisonnements, disparaît, s'évapore. Il a encore quelque chose de nerveux au possible, c'est qu'à tout ce qui vous indigne, vous encolère, il répond: »Qu'est-ce que ça fait? Ça n'a pas d'importance.« Et c'est d'autant plus odieux chez lui que le superbe contempteur qu'il joue en société, attache la plus immense importance au plus petit détail qui le concerne. Heureusement, qu'au bout de quelque temps, cette contradiction s'adoucit et qu'un peu de son humanité vraie se mêle à la conversation. Il se lamente sur [...]. (26.3. 1984. *Journal* II, 1056–1057).

Angeprangert wird hier das in Gesellschaft zunächst immer unzivilisierte Gesprächsverhalten von Zola, wobei seine Verfehlungen dreifachen Tadel provozieren: Als erstes, spürbares Ärgernis ist da sein prinzipieller Widerspruchsgeist. Kommt man ihm allerdings mit ein wenig logischem Denken, ›dampft‹ er einfach ›ab‹. Das Dritte, was einem bei Zola neben seiner Streitlust und seinem ungeschliffenen Intellekt ganz besonders auf die Nerven geht, ist sein Mangel an moralischen Qualitäten. Nicht nur, dass er stereotyp alles bagatellisiert, was andere empört und wütend macht, ist in Edmonds Urteil dieses nicht-ernst-Nehmen umso widerwärtiger, als der vor Publikum so blendende Abwiegler der geringsten privaten Kleinigkeit hingegen sehr wohl die allergrößte Bedeutung beimisst. Das nach einer solchen moralinsauren ›Richtigstellung‹ (»remettre à leur point«, s. o.) wieder versöhnlich stimmende ›echt Menschliche‹ an diesem ungeschickten Falschspieler ist freilich – wie immer – nur das Jammern über eigene Probleme, hier mit seinem Bergarbeiter-Roman. Am Ende dieser mit viel Emotion[26] durchgeführten Maßregelung hat der noble Portraitist immerhin so etwas wie ein halbherzig-kollegiales Verständnis für den arrivierten Bestsellerautor übrig.

Die folgende physiognomische Skizze hält Zola mit einem bis zur Unkenntlichkeit veränderten Aussehen fest, welches jedoch anschließend anekdotisch harmlos damit aufgeklärt wird, dass er, um abzumagern, drei Monate hindurch beim Essen aufs Trinken verzichtet hatte:

> Chez Charpentier, ce soir, un monsieur vient à moi, que je ne reconnais pas tout d'abord. C'est Zola, mais si changé que vraiment, dans la rue, je serais passé à côté de lui sans lui

---

Nase von Zola in einer eigenen Großaufnahme: »Le nez de Zola est un nez très particulier: [...], un nez dans lequel réside toute la physionomie de son maître; un vrai nez de chien de chasse, [...]./ Aujourd'hui, il ne frétille pas,/ [...].« *Journal* II/999–1000: hier 999.

26 Vgl. »insupportable«, »contradicteur« als Anapher, »agaçant«, fam. »s'évapore«, »indigne«, »encolère«, »qu'il joue«, »Heureusement«, »s'adoucit«, »se lamente«; absolute Qualifikativa: »au possible«, »tout«; superlativische Antithese in der moralistischen (»odieux«) Sentenz.

donner la main. Ce n'est plus sa tête du portrait de Manet,[27] qu'il avait un moment retrouvée: c'est, avec ses trous sous les pommettes, son grand front sous ses cheveux rebroussés, la squalidité jaune de son teint, la contraction nerveuse de sa bouche, une certaine fixité du regard, c'est la tête d'un être larveux avec une méchanceté maladive répandue sur toute la figure.
[…]. (4.11. 1888. *Journal* III, 173–174).

Nicht eigentlich fair, setzt Edmond hier, wenn auch nur vor seinem geistigen Auge, Zolas aktuelles Aussehen mit dessen berühmtem Portrait in Kontrast, das Manet, wie man weiß, aus Dank für publizistischen Beistand zwanzig Jahre zuvor gemalt hatte. Natürlich ist nichts ist mehr so, wie es damals und auch danach vorübergehend war. Mit genüsslichem Schauder fügt allerdings Edmond *sein* Bild zusammen, indem er lapidar alle abschreckenden Einzelheiten der Reihe nach aufzählt: die eingefallenen Wangen, die hohe Stirn, ›das gelb Runzelige‹[28] des Teints, den Tick des Mundes, ›eine gewisse Starre‹[29] des Blicks… in Summe der Kopf eines larvenartigen, madigen Lebewesens, dessen krankhafte Schlechtigkeit im ganzen Gesicht zum Ausdruck kommt. Angesichts dieser Symptome könnte man eigentlich irgendeinen rein medizinischen Verdacht äußern, etwa ›une maladie méchante‹, doch die Zola-Imago ist derart gefestigt, dass Edmond sich selbst vom völlig unbekannten Anblick des akzidentiell Krankhaften nicht über das essentiell Bösartige täuschen lässt. Wobei die in den desavouierenden seiner Menschenbilder übliche Tiermetaphorik[30] hier mit der Larve/Made durchaus einen Todeswunsch assoziieren könnte…

In seinem letzten großen Portrait, das quasi auf Raten wie in eine Romanhandlung eingebettet ist, wird Zola wiederum ganz anders wahrgenommen: die bei seinem ersten Auftreten (s. o.) nur erahnten Qualitäten haben sich, wie es jetzt aussieht, voll bestätigt. Edmond mutmaßt politische Ambitionen hinter dem forschen Auftreten Zolas anlässlich eines großen Diners:

Entre Zola. Ce n'est plus le dolent, le geignard d'autrefois. Aujourd'hui, il apporte dans sa marche, dans son verbe, quelque chose d'*énergique*, d'*âcre*, presque de batailleur. […]. (15.6. 1891. *Journal* III, 608–610, hier: 608. Herv. E.S.).

Doch kaum plaudert man über die Verrisse seitens der jüngeren Literaturkritiker, wiegelt Zola wieder ab, und als der Lügner, der er ist (s. o.), sympathisiert er

---

27 Das Portrait (1868) zeigt Zola zur Gänze aus rechter Seitenansicht, mit übergeschlagenem rechten Bein am Tisch sitzend und mit einem großen aufgeschlagenen Buch auf dem linken Unterarm.
28 *›der runzelige, gelbe Teint‹ wäre im Sinn der *écriture artiste* nicht malerisch-plastisch, kunstvoll genug.
29 Vgl. Anm. 28: *›ein starrer Blick‹ wäre allzu gewöhnlich. In diesem Blick ist das Starre zum Wesentlichen geworden. Die Hypallage ist eine der häufigsten rhetorischen Figuren der malenden Schreibweise (*écriture artiste*) der Goncourt/Edmonds.
30 Vgl. hier Anm. 25.

gar noch mit den Miesmachern. Nach einem z. T. original zitierten musikästhetischen Geplänkel sowie dem Bericht über Zolas profitorientierte Publikationsstrategie mit *La Débâcle* (1892) werden wieder seine altbekannten Unarten genannt: er ist schroff, schneidend, autoritär, geht nicht auf Argumente ein, widerspricht sich, rüpelt herum, ist, kurz gesagt, denkbar schlecht erzogen, ja, noch nie war der Umgang mit ihm derart unangenehm. Zu guter Letzt macht er sich noch lächerlich im Zusammenhang mit seiner gescheiterten Werbetour um Unterstützungszusagen für seine Kandidatur in die Académie française, deren apriorische Vetos Edmond mit schadenfroher Detailtreue wiedergibt.

Nach der Veröffentlichung des VIII. Bandes des *Journal* (8.5. 1895) kommt es noch zu einem kurzen Briefwechsel zwischen Edmond und Zola, welcher auf Grund gewisser ihn betreffender Kommentare von Edmond Bedenken geäußert hatte. Als dieser ihm daraufhin den IX. und letzten Band zur Vorlektüre anbietet, um allfällige Missverständnisse zu vermeiden, lehnt Zola, im Vertrauen auf Edmonds Aufrichtigkeit, höflich dankend ab: »Vous êtes le juge absolu de ce que vous écrivez, et rien de ce que [vous] écrivez ne me blessera.«[31]

Am 20. Juli 1896 hält Émile Zola auf dem Cimetière Montparnasse anstelle des erkrankten Alphonse Daudet[32] die einzige Grabrede für Edmond de Goncourt, den »maître« und »grand frère«. Von dem einstigen »groupe fraternel« bleiben jetzt nur noch Daudet und er selber, der inzwischen vom »élève« zum »émule« geworden ist. Alles Trennende und Kränkende beiseite lassend, erinnert sich Zola an sein unermüdliches Engagement für die Goncourt seit 30 Jahren, »[sa] longue fidélité«, und hebt die Würde, die Kultur, den Geistesadel und die Modernität des Verstorbenen hervor. Als Erneuerer des Romans[33] sowie mit ihrer beispielhaften »indépendance farouche« werden die Goncourt ihren Platz in der Geschichte der Literatur haben. Im *Figaro* kann man nachlesen, dass der »maître de Médan« nach seiner Rede zitterte und, den Tränen nahe, viele Hände schütteln musste.[34]

---

31 Vgl. *Émile Zola. Correspondance VIII. 1893–1897*, dir. B.H. BAKKER, Montréal, Les Presses Universitaires de Montréal, 1991, 224–225, hier: 225 (4.6.1895). Stichprobenartige Vergleiche mit der in Anm. 1 zitierten undatierten Ausgabe zeigen gewisse Kürzungen gegenüber der wissenschaftlichen Edition von R. Ricatte, der seinerseits wiederum bezüglich der Erstausgabe (1887–1896) zahlreiche (»force«) Kürzungen und Abschwächungen festgestellt hat. Vgl. Journal I, 12.
32 Die Daudets waren seit vielen Jahren sozusagen die Ersatzfamilie für den alten Junggesellen.
33 »[ils] ont donné au roman un sens nouveau, une langue, un frisson d'art et d'humanité, une âme que personne encore n'y avait mis«. H. MITTERAND, *Zola, tome III. L'honneur (1893–1902)*, Paris, Fayard, 2002, 220–222, hier: 221.
34 Vgl. H. MITTERAND, *Zola* (Anm. 33), 221.

Roberta Capelli (Trento)

Remy de Gourmont e le ›maschere‹ del Simbolismo

> Que m'importe aujourd'hui le passé?
> Je vois bien qu'il n'y a qu'un présent,
> car le présent efface toutes les autres minutes.
>
> (*Lettres d'un satyre*, 1913)

Le Livre des Masques di Remy de Gourmont è – come recita il sottotitolo – una galleria di ›ritratti simbolisti‹: il simbolismo è nei soggetti rappresentati, tutti autori legati all'omonima corrente artistico-letteraria, e nel modo in cui essi vengono presentati, non secondo princìpi di realismo fotografico, ma cogliendo l'essenza di un dettaglio, di una caratteristica individuale significativa. La ›maschera‹ dell'uomo è il volto del personaggio ch'esso incarna (o ha incarnato) sulla scena intellettuale *fin de siècle*:

> Quant aux portraits mêmes, si quelques-uns les jugent incomplets et trop brefs, nous répondrons les avoir voulus ainsi, n'ayant la prétention que de donner des indications, que de montrer, d'un geste du bras, la route. (*LdM*, »Préface«, 1896, 14)

Direttamente impegnato nel dibattito letterario dell'epoca, come critico militante dalle colonne del *Mercure de France* e come scrittore prolifico, Remy de Gourmont è quella che si potrebbe considerare la coscienza sistemica del Simbolismo, il teorico di un movimento geneticamente frammentato perché legato al culto dell'›idea‹, istantanea e transitoria nell'ispirazione, indefinita e generalizzante nell'uso del simbolo:

> Que veut dire Symbolisme? Si l'on s'en tient au sens étroit et étymologique, presque rien; si l'on passe outre, cela peut vouloir dire: individualisme en littérature, liberté de l'art, abandon des formules enseignées, tendances vers ce qui est nouveau, étrange et même bizarre. [...] Un tel art est l'art tout entier, l'art primordial et éternel, et une littérature délivrée de ce souci serait inqualifiable. (*LdM*, »Préface«, 1896, 10)

Definire cosa sia il Simbolismo significa dunque conoscerlo e classificarlo come qualcosa di diverso dal passato in cui si genera – il Parnassianesimo e il Decadentismo – ma dal quale fatica a guadagnare una propria e ben riconoscibile autonomia (anche per l'adesione di personalità già etichettate altrimenti, Paul Verlaine su tutti), e diverso anche dalle istanze deterministiche del Naturalismo imperante.

L'utilità gnoseologica della pratica definitoria è uno dei cardini dell'erudizione eclettica di Remy de Gourmont e uno strumento di analisi privilegiato: ad esempio, il romanzo idealista *Sixtine* (1890) definisce i canoni del genere letterario cui appartiene; *Le latin mystique* (1892) e l'*Esthétique de la langue française* (1899) definiscono tradizione della letteratura e formazione della lingua francesi; *La physique de l'amour* (1903) definisce la natura dell'istinto sessuale; e così via. *Le Livre des Masques* definisce le peculiarità di un'esperienza letteraria collettiva:

> Admettons donc que le symbolisme, c'est [...] l'expression de l'individualisme dans l'art. Cette définition, trop simple, mais claire, nous suffira provisoirement. [...] On ne peut comparer un artiste qu'à lui-même, mais il y a profit et justice à noter des dissemblances: nous tâcherons de marquer, non en quoi les »nouveaux venus« se rassemblent, mais en quoi ils diffèrent, car être existant, c'est être différent. (*LdM*, »Préface«, 1896, 13)

Il principio contrastivo basato sulla differenza tipizzante, qui adottato da Gourmont, si rifà esplicitamente all'estetica schopenhaueriana del ›mondo come rappresentazione‹ di sé:[1] la pluralità degli elementi distintivi è il gradiente di innovazione del singolo e della Scuola. Questo criterio teorico applicato alla struttura dell'antologia ne determina l'impostazione generale che è quella di raccolta di brevi medaglioni descrittivi – più psicologici e stilistici che biografici – non gerarchizzata e non cronologicamente articolata:

> Maintenant, il faut prévenir que l'ordre de ces portraits, sans être tout à fait arbitraire, n'implique aucune classification de palmarès; il y a même, hors de la galerie, des absents notoires, qu'une occasion nous ramènera; il y a des cadres vides et aussi des places nues. [...] Enfin, pour rejoindre aujourd'hui à hier, nous avons intercalé, parmi les figures nouvelles, des faces connues: et alors, au lieu de récrire une physionomie familière à

---

1 Il riferimento all'opera di Arthur Schopenhauer compare nella »Préface« del *Livre des masques*, p. 12: »C'est ce que Schopenhauer a vulgarisé sous cette formule si simple et si claire: le monde est ma représentation. Je ne vois pas ce qui est; ce qui est, c'est que je vois. Autant d'hommes pensants, autant de mondes divers et peut-être différents. Cette doctrine [...] n'a pas révolutionné que l'esthétique, mais ici il n'est question que d'esthétique«. Sulle letture schopenhaueriane di Remy de Gourmont e sull'incidenza dell'idealismo pessimistico nel suo pensiero e nella sua produzione, si veda lo studio di T. GORUPPI, *Remy de Gourmont: l'idea dell'intellettuale e la crisi del romanzo*, Pisa, Pacini, 1989; inoltre: S. SCHIANO-BENNIS, *Remy de Gourmont et Jules de Gaultier. Une esthétique de l'intelligence*, in *L'Herne*, 47 – 57: 48. Alla luce di questa filiazione filosofica gourmontiana, il procedere critico discriminante (nel senso etimologico di ›operante per diversificazione‹) anziché omologante risulta non solo perfettamente coerente con la sua cultura personale, ma si rivela anche il più adatto alla definizione di un movimento eterogeneo quale fu il Simbolismo, così vago e così poco normativo persino nelle dichiarazioni d'intenti del suo Manifesto programmatico. Mi sembra pertanto improprio ricondurre il metodo critico gourmontiano alla dinamica oppositiva – peraltro eticamente connotata – di »permission« e »prescription«, come fa P. MAC GUINNESS, *Gourmont et le »laboratoire des idées«*, in *L'Herne*, 42 – 46: 43.

beaucoup, on a cherché à mettre en lumière, plutôt que l'ensemble, tel point obscur. (*LdM*, »Préface«, 1896, 13-14)

Aggiungerei: un'opera costruita sulla metafora. Il titolo allude al travestimento della maschera; la prefazione parla di ›fioritura‹ simbolista (»Il est difficile de caractériser une évolution littéraire à l'heure où les fruits sont encore incertains, quand la floraison même n'est pas achevée dans tout le verger« [*LdM*, »Préface«, 1896, 9]); il linguaggio di tutte le schede è altamente metaforico perché questa è anche la cifra stilistica di Remy de Gourmont, che alla metafora dedica un lungo capitolo dell'*Esthétique de la langue française:*

> Dans l'état actuel des langues européennes, presque tous les mots sont des métaphores. Beaucoup demeurent invisibles, même aux yeux pénétrants; d'autres se laissent découvrir, offrant volontiers leur image à qui la veut contempler. Des actes, des bêtes, des plantes portant des noms dont la signification radicale ne leur fut pas destinée primitivement; et cependant ces noms métaphoriques ont été choisis, assez souvent sur toute la surface de l'Europe, comme d'un commun accord. Il y a là une sorte de nécessité psychologique parfois inexplicable ou même que l'on voudrait ne pas expliquer pour lui laisser son caractère même de nécessité, c'est-à-dire de mystère. (*ELF*, 169)

Se la metafora è mistero, e il *Livre des Masques* si denomina e si annuncia come un libro metaforico, mi sembra necessario partire dal significato del titolo per cercare di ›smascherare‹ le intenzioni dell'autore. Il sostantivo ›maschera‹ è polisemico: a livello letterale, esso definisce l'oggetto che si pone sul viso per coprirne e riprodurne la parte o la totalità, e che - in determinate popolazioni ed epoche - può avere un valore simbolico e sacro, quando utilizzato in particolari cerimonie; in senso figurato, esso indica un'apparenza ingannevole; inoltre, per metonimia, il termine può indicare la morfologia espressiva del volto, l'insieme dei tratti fisiognomici che rivelano la psicologia del soggetto; traslato nel linguaggio tecnico dell'arte, esso individua un personaggio fisso del teatro o del Carnevale.[2] Nella galleria gourmontiana tutti questi significati sono messi in gioco. Sono espressamente chiamate ›maschere‹ le figurine dei volti realizzate da Félix Vallotton a corredo di ciascun profilo simbolista: »ce tome de littérature [...] se glorifie d'abord des insignes masques de M. F. Vallotton« (*LdM*, »Préface«, 1896, 14); la definizione è quanto mai appropriata, dal momento che il tratto netto dell'incisione su legno, in bianco e nero, delinea delle *silhouettes* di somiglianza più allusiva che realistica, il cui scopo non è riprodurre in dettaglio la fisionomia del personaggio, ma evidenziarne i tratti espressivi più marcati e tipizzanti, quelli che rendono immediatamente riconoscibile (e unica) la ›ma-

---

2 Per le definizioni qui riportate di »masque« ho consultato il *Trésor de la Langue Française informatisé* (*TLFi*), confrontandolo con la relativa voce nel *Dictionnaire de l'Académie française*, sixième édition, 1832-1835 (anche on line, all'indirizzo: http://dictionnaires.atilf.fr/dictionnaires/index.htm).

schera‹, appunto, del poeta o dello scrittore. Non all'uomo ma all'artista va l'interesse di Remy de Gourmont, perché l'artista non è mai sé, ma la parte originale di sé. E il grafismo dei disegni di Vallotton ricerca, al pari della scrittura critica di Remy de Gourmont, la vividezza (*Lebendigkeit*) di un ritratto inteso quale »interpretazione – o rivelazione – del carattere individuale con mezzi visivi«.[3]

Se la rassegna gourmontiana non si trasforma in una *mascarade* celebrativa è merito dell'ironia dell'autore che, pur ammettendo il proprio personale coinvolgimento emotivo, non rinuncia all'obiettività e alla severità del giudizio:

> La critique négative est nécessaire; il n'y a pas dans la mémoire des hommes assez de socle pour toutes les effigies: il faut donc parfois briser et jeter quelques bronzes injustes et trop insolents. Mais c'est là une besogne crépusculaire; on ne doit pas convier la foule aux exécutions [...] Il n'y a plus besoin de bûchers pour les mauvais livres; les flammes de la cheminée suffisent. Les pages qui suivent ne sont pas de critique, mais d'analyse psychologique ou littéraire. Nous n'avons plus de principes et il n'y a plus de modèles; un écrivain crée son esthétique en créant son œuvre: nous en sommes réduits à faire appel à la sensation bien plus qu'au jugement. (*LdM*, »Préface«, 1898, 145–146)

La dichiarata assenza di princìpi e di modelli è, in realtà, una presa di posizione polemica contro i princìpi e i modelli del passato; quali essi siano, si ricava da indicatori (inter)testuali piuttosto evidenti. Il *Livre des Masques* appartiene alla tradizione delle biografie e dei ritratti letterari, un genere di matrice classica (famose le presentazioni oratorie di Cicerone) e sviluppo medievale (nelle *artes poetriae* e nell'*exemplum* agiografico), la cui reinvenzione e successo ottocenteschi spettano a Charles-Augustin Sainte-Beuve.[4]

Contro Sainte-Beuve e contro i suoi *Portraits littéraires*, ossia in chiave di negazione e di superamento dell'»*histoire naturelle littéraire*«[5] in essi teorizzata,

---

3 È la teoria del ritratto formulata da Hegel nel corso delle lezioni sull'*Estetica e la filosofia nell'arte* tenute a Heidelberg nel 1818 e a Berlino tra il 1820/1821 e il 1826, poi pubblicate dall'editore Heinrich Gustav Hotho avvalendosi delle note hegeliane e degli appunti dai corsi. L'edizione di riferimento è quella curata da Bernadette Collenberg-Plotnikov: H. G. HOTHO, *Vorlesungen über Ästhetik oder Philosophie des Schönen und der Kunst* (1833), nachgeschrieben von Immanuel Hegel, hg. von Bernadette Collenberg-Plotnikov, Stuttgart/Bad Cannstatt, Frommann/Holzboog, 2004. La scissione operata da Remy de Gourmont tra profilo biografico e profilo artistico, a favore di quest'ultimo, anticipa la distinzione tra individualità empirica e individualità estetica proposta da Benedetto Croce e discussa in B. CROCE, *Problemi di estetica e contributi alla storia dell'estetica italiana*, Bari, Laterza, 1923, 18 sgg. [si vedano anche i due volumi curati per l'Edizione Nazionale delle *Opere* di Benedetto Croce da Massimiliano Mancini, Napoli, Bibliopolis, 2003].

4 L.-D. VÉRON, *Mémoires d'un bourgeois de Paris*, comprenant *La fin de l'Empire – La Restauration – La Monarchie de Juillet – La République jusqu'au rétablissement de l'Empire*, Paris, De Gonet, 1854, to. III, 112: »Dès le premier numéro, la *Revue de Paris* invente sous la plume pleine de savoir et d'élégance de M. Sainte-Beuve, le portrait littéraire«.

5 L'espressione è usata da Sainte-Beuve nelle *Pensées* posti in appendice ai *Derniers portraits*

è da porsi il *Livre des Masques*.⁶ Si parta proprio dalla parola-chiave ›maschera‹, che in Sainte-Beuve compare nella *Fontaine de Boileau*, un *pastiche* in forma di lettera in versi alla contessa Molé, composto nel 1843 in aggiunta al ritratto del ›legislatore del Parnaso‹, il primo medaglione pubblicato sul primo numero della *Revue de Paris* (aprile 1829):

105. Comment tout démêler, tout dénoncer, tout suivre,
106. Aller droit à l'auteur sous le masque du livre,
107. Dire la clef secrète, et, sans rien diffamer,
108. Piquer pourtant le vice et bien haut le nommer?⁷

La ritrattistica sainte-beuviana stigmatizza l'immagine idealizzata creata dalla finzione artistica, recuperando invece il vissuto personale e svelando quella dimensione privata che, attraverso l'occhio giudicante del critico, palesa al pubblico la vera – e molto spesso poco esemplare – identità dell'individuo. Il presupposto teorico è che l'opera rispecchi la biografia del suo autore, o viceversa che la biografia dell'autore influenzi e serva a spiegare la sua opera; il metodo di analisi vuole essere scientifico; il fine è moralistico.⁸ L'attenzione di Sainte-Beuve si concentra sul passato: »Les portraits des morts seuls ont trouvé place dans ces volumes; ça a été un moyen de rendre la ressemblance de plus en plus fidèle« (*Portraits littéraires*, »Avertissement«, 3); il suo atteggiamento è da arbitro onnisciente: »En critique, j'ai assez fait l'avocat, faisons maintenant le juge« (*Derniers portraits littéraires*, »Pensée XXXI«, 1077), la cui bravura risiede nella capacità di uniformare e normalizzare il molteplice: »Le critique supérieur se fait sentir dans ce simple tracé où les détails ne masquent rien« (*Portraits littéraires*, »Charles Labitte«, 958).

Siamo, come ben si vede, all'opposto di Remy de Gourmont. Il rovesciamento grammaticale della *iunctura* sainte-beuviana: »le masque du livre« (*La fontaine de Boileau*, v. 116), nel gourmontiano *Livre des Masques* comporta un rove-

---

littéraires (1852), qui in Ch.-A. Sainte-Beuve, *Portraits littéraires*, éd. établie par G. Antoine, Paris, Robert Laffont, 1993, 1075: »Je n'ai plus qu'un plaisir, j'analyse, j'herborise, je suis un naturaliste des esprits. Ce que je voudrais constituer, c'est *l'histoire naturelle littéraire*« [»Pensée XX«].

6 Sull'ingombrante magistero di Sainte-Beuve si veda M. Penaud, *Remy de Gourmont et l'individualisme en France de 1890 à 1914*, thèse de doctorat d'État (dattiloscritto), Paris IV, 1976, in particolare la seconda parte, dedicata alle influenze letterarie, citata e ripresa da A. Boyer, *Remy de Gourmont. L'écriture et ses masques*, Paris, Champion, 2002, parte I, cap. I. B: *Maîtres et modèles: Sainte-Beuve, Taine, Renan et les autres*, 29–41: 32–33.

7 In Ch.-A. Sainte-Beuve, *Portraits littéraires* (nota 5), 18–22: 21; e relative note a p. 1084.

8 Ch.-A. Sainte-Beuve, *Chateaubriand et son groupe littéraire sous l'Empire*, Paris, Garnier frères, 1861, t. II, 116–117: »L'autorité du vrai critique se compose de bien des éléments complexes, comme pour le grand médecin. [...] Le plus beau rôle pour le critique, c'est quand il ne se tient pas uniquement sur la défensive, et que, dénonçant les faux succès, il ne sait pas moins discerner et promouvoir les légitimes«.

sciamento dei valori estetici e ideologici implicati: Gourmont sostiene, infatti, la centralità dell'idea artistica slegata dai condizionamenti del quotidiano umano; l'utilità di una critica organica, rivolta a personaggi viventi, operanti, e tra loro effettivamente dialoganti; la necessità di privilegiare la sensazione possibilistica rispetto alla sentenza definitiva; il rifiuto della morale cristiana a favore dell'individualismo etico e l'elogio della differenza.

Nel filone fortunato dei ritratti letterari, che annovera – nel solo arco di tempo compreso tra i *Portraits* di Sainte-Beuve e i *Masques* di Gourmont – una lunga lista di cultori del genere,[9] la raccolta gourmontiana introduce diversi elementi di novità: la *brevitas* emblematica, il rapporto esplicito tra ›testo‹ e ›immagine‹ (la compresenza di icona letteraria e icona grafica), il gioco tra ›figura‹ e ›figurato‹ (la parola descrittiva e il ritratto, e la parola evocativa e la maschera), la fusione tra il ruolo dell'›artista / intellettuale‹ e del ›critico‹ (l'artista è l'intellettuale interessato alla dimensione creatrice, il critico è l'intellettuale interessato alla dimensione cerebrale, quindi critico e artista coincidono).[10] Per altri aspetti, invece, i *Masques* dichiarano il loro debito nei confronti di alcuni modelli del recente passato o del presente: si trova traccia dell'ammirazione gourmontiana per l'acutezza logica di Jules Barbey d'Aurevilly;[11] per la precisione dell'impressione critica di Jules Lemaître;[12] per il rifiuto di un disegno moraleggiante e moralistico di Théophile Gautier.[13]

---

9 Si ricordino almeno: Léon Feugère, *Caractères et portraits littéraires du XVIe siècle*, 1859; Jules-Amédée Barbey d'Aurevilly, *Les œuvres et les hommes*, 1860–1909, 20 voll.; Théophile Gautier, *Portraits contemporains*, 1874 e *Portraits et souvenirs littéraires*, 1875; Jules Lemaître, *Les contemporains. Études et portraits littéraires*, 1886–1899; Edmond Biré, *Portraits littéraires*, 1888, *Portraits historiques et littéraires*, 1892 e *Études et portraits*, 1894; Léon Gautier, *Portraits du XIXe siècle*, 1894–1895, 3 voll.; Michel Salomon, *Études et portraits littéraires*, 1896.

10 È il caso di Remy de Gourmont, critico del Simbolismo e autore simbolista; si veda T. GORUPPI, *Remy de Gourmont: l'idea dell'intellettuale* (nota 1), 25–42.

11 Così ne scrive Remy de Gourmont: »Barbey d'Aurevilly, lui, pouvait juger, s'étant offert, lui-même, et avec une certaine témérité, aux critères des hommes. Injustes souvent, mais toujours logiques et en concordance avec ses principes, ses jugements sont légitimés par le talent et par le courage. Au lieu, comme Sainte-Beuve, de louvoyer pleutrement, entre non pas même les extrêmes, entre les moyennes, il dit crûment sa pensée, — et voilà pourquoi ces vingt volumes intitulés *Les Œuvres et les Hommes* resteront comme un précieux répertoire«. (*PL*, VII, 1892, 85)

12 Lemaître ricorre al termine ›impressioni‹ nell'»Avant-propos« a *Les contemporains. Études et portraits littéraires*, première série, Paris, Lecène et Oudin, 1886, 5: »Voici quelques-uns des articles que j'ai fait paraître dans la *Revue bleue*. Je ne pense pas qu'il s'en dégage encore ni une doctrine littéraire, ni une philosophie, ni une vue d'ensemble sur la littérature contemporaine. Ce ne sont que des impressions sincères notées avec soin«.

13 In un brevissimo intervento intitolato *À propos de Théophile Gautier*, apparso sul »Mercure de France« il 1° ottobre 1911 e poi inserito negli *Épilogues (1905–1912)*, Remy de Gourmont difende il ›primitivismo esotico‹ di Gautier: »Il est vrai qu'il n'avait nul christianisme. C'est sans doute ce qu'on reproche à cet homme ingénu et amant de la beauté plastique. Il suivait sa

La ›deformazione‹ gourmontiana dei canoni del ritratto letterario è il naturale aggiornamento di quest'ultimo alle tendenze culturali e intellettuali contemporanee.[14] Il senso del *Livre des Masques* è quello di stabilire un canone del Simbolismo, un canone che è assoluto, perché definisce un movimento all'interno del panorama artistico, e relativo, perché valorizza le singole individualità artistiche, ciascuna assolutamente valida in quanto individualmente originale:

> À cette heure il y a deux classes d'écrivains, ceux qui ont du talent, – les Symbolistes; ceux qui n'en ont pas, – les Autres. [...] L'Art est libre, de toute la liberté de la conscience; il est son propre juge et son propre esthète; il est personnel et individuel, comme l'âme, comme l'esprit; et, l'âme libérée de toute obligation qui n'est pas morale, l'esprit libéré de toute obligation qui n'est pas intellectuelle, l'Art est libéré de toute obligation qui n'est pas esthétique. (*L'art libre*, 33; 37)

Libertà non è anarchia: se il contenuto di un'opera d'arte è la manifestazione di un'idea, deformata dalla capacità creatrice dell'individuo (»génie«), la sua espressione necessita di precisione formale, e la ricerca stilistica dovrà pertanto tendere all'esattezza:

> Les mots, hors du raisonnement abstrait, qui est un peu démodé, n'ont de valeur que par ce qu'ils contiennent de réalité, et plus ils sont précis, plus ils serrent un fragment de réalité, plus ils ont de valeur. (*ÉP*, 57–58)[15]

Lo stile delle ›maschere‹ gourmontiane non è meno importante del loro soggetto; anzi, la rappresentatività delle parole, attentamente selezionate per la loro valenza metaforica e per la loro portata simbolica, è il marchio estetico di un discorso critico che si modella di volta in volta sul personaggio descritto.

Non amante della descrizione, che mira ad essere oggettiva, Remy de Gourmont difende e pratica l'immaginazione, nel senso poi formalizzato da Théodule-

---

nature, qui était celle d'un sculpteur bien plus encore que celle d'un poète, et jamais il ne lui vint à l'esprit qu'une chose belle par ses formes pût être laide par ses intentions. Il ne concevait pas non plus qu'on pût s'occuper de métaphysique, et là encore ses idées, très élémentaires, sont très saines«.

14 Al fenomeno della ›deformazione‹ grammaticale, Remy de Gourmont dedica un capitolo dell'*Esthétique de la langue française*, 109–166, in partic. 115: »L'histoire d'une langue n'est que l'histoire de déformations successives« e 116: »Nous ne connaissons que des déformations; nous ne connaissons que la forme particulière de nos esprits particuliers«. In senso lato, il concetto si applica alle ›maschere‹ gourmontiane, nelle quali – come osserva T. GORUPPI, *Remy de Gourmont: l'idea dell'intellettuale* (nota 1), 236 – il linguaggio critico »mette in moto un processo di occultamento (la deformazione, sostanzialmente una ›dissociazione‹, si definisce sulla base del suo distacco dalla norma e della iniziale oscurità) e di disoccultamento (la rivelazione di una rappresentazione soggettiva della realtà)«.

15 Il protagonista del romanzo *Sixtine*, Hubert d'Entragues, *alter ego* di Remy de Gourmont, rivendica l'importanza della proprietà lessicale, definendosi un »prosateur strict et toujours à la quête du mot juste, jeune ou vieux, rare ou commun, mais de signifiance exacte« (p. 10).

Armand Ribot di »imagination créatrice«,[16] ossia la capacità di interpretare e rappresentare i moti dell'animo:

> Selon ce qu'il symbolise, le mot sera donc plastique ou émotif [...]. À l'état de notion pure, le mot représenterait une idée. [...] Une idée n'est pas une chose immatérielle, il n'y a pas de choses immatérielles; c'est une image, mais usée et dès lors sans force; elle n'est utilisable qu'associée à un sentiment, que »devenue sentiment«. (*PS*, 45)

La rappresentazione del sentimento non può certo essere letterale, perché non cataloga, ma evoca; e siccome la poesia è lo spazio deputato all'espressione dei sentimenti, il linguaggio poetico è un linguaggio figurato, metaforico:[17]

> Le charme des belles métaphores, c'est qu'on en jouit comme d'un mensonge. Chaque métaphore est un conte. (*PS*, 92)

Definito come una »spécialisation de la sensibilité« (*PS*, 41), lo stile è quindi unico e personale, è l'essenza estetica del singolo e del movimento isolata all'interno di una multiforme fenomenologia editoriale:

> Au lieu de récrire une physionomie familière à beaucoup, on a cherché à mettre en lumière, plutôt que l'ensemble, tel point obscur. (*LdM*, »Préface«, 1896, 14)

La singolarità del genio comporta una diversificazione dell'approccio critico. La struttura dei ritratti gourmontiani è difatti assai variabile e anomala rispetto alla

---

16 TH.-A. RIBOT, *Essai sur l'imagination créatrice*, Paris, Alcan, 1900, in particolare p. 6 per la definizione: »L'imagination est dans l'ordre intellectuel l'équivalent de la volonté dans l'ordre des mouvements«. L'influenza di Ribot è ben nota e peraltro ammessa da Remy de Gourmont, nel quarto volume delle *Promenades littéraires. Souvenirs du Symbolisme et autres études*, Paris, Mercure de France, 1913, dove Ribot viene menzionato sia per le teorie estetiche formulate nel saggio sopraccitato (p. 49), sia per aver contribuito alla diffusione del pensiero di Arthur Schopenhauer in Francia (p. 72), attraverso il suo studio su *La philosophie de Schopenhauer*, Paris, Germer Baillière, 1874. L'argomento è approfondito da T. GORUPPI, *Remy de Gourmont. L'idea dell'intellettuale* (nota 1).

17 Il *Livre des Masques* abbonda di metafore ed è esso stesso concepito su una grande idea metaforica in base alla quale le manifestazioni dell'arte vengono paragonate ai prodotti di un rigoglioso giardino delle delizie, che il critico distingue, seleziona e presenta al pubblico: »Le verger est très divers, très riche, trop riche; – la densité des feuilles engendre de l'ombre et l'ombre décolore les fleurs et pâlit les fruits. C'est parmi ce verger opulent et ténébreux qu'on se promèna, s'asseyant un instant au pied des arbres les plus forts, les plus beaux ou les plus agréables« (*LdM*, »Préface«, 1896, 9). L'immagine dell'*hortus deliciarum*, misterioso luogo dell'eterna primavera, dove il realismo dello scenario naturale è solo l'apparenza fenomenica di un universo allegorico, mostra come il reimpiego gourmontiano di un'immagine canonica della tradizione occidentale, caricata sin dal Medioevo di un valore edificante, avvenga nel segno della sua laicizzazione intellettualistica. Riguardo alle vaste conoscenze di Remy de Gourmont sulla letteratura medievale, si veda il saggio di P. Tucci, *Remy de Gourmont médiéviste*, in ID., *Stromates. Du XVIe siècle au Symbolisme*, Padova, Unipress, 2004, 177–217.

matrice sainte-beuviana, altamente codificata e ripetibile:[18] una forma a cornice che si apre e si chiude di norma con considerazioni di carattere generale sulla funzione del critico e sul suo lavoro, o sulla figura dell'artista, o sul ruolo dello storico; segue la biografia del personaggio trattato, nella quale a una parte più obiettiva e documentaria succede una parte più criticamente soggettiva (interessata in particolare alle origini, alla formazione e alle frequentazioni del soggetto); l'opera dell'autore viene presentata con abbondanza di citazioni testuali, analizzate dal punto di vista linguistico e stilistico, e sottoposte a riflessioni di natura psicologica. Nel globale rispetto di questo impianto, i ritratti di Lemaître sono, ad esempio, più vicini al modello di quanto non lo siano quelli di Barbey d'Aurevilly, marcati dalla teatralizzazione di un discorso critico ostentamente provocatorio, ma anche di quelli di Théophile Gautier, nei quali la descrizione diventa narrazione e il profilo si fa rievocazione romanzata del personaggio.

I ritratti di Gourmont sono anzitutto talmente concisi – tutti di lunghezza compresa tra le tre e le sei pagine – da imporre *a priori* una ferrea cernita delle informazioni: sono del tutto escluse o ridotte a qualche rapido accenno cronologico e geografico le informazioni biografiche, a vantaggio delle informazioni di carattere letterario. Fanno eccezione le schede di due illustri defunti, Rimbaud e Lautréamont, entrambe influenzate dallo stile dei necrologi. Il ›ricordo‹ di Rimbaud comincia con una secca ricostruzione biografica al passato remoto: »Jean-Nicolas-Arthur Rimbaud naquit à Charleville le 20 octobre 1854...« (*LdM*, 93); l'irregolarità di questo ritratto corrisponde del resto all'irregolarità del suo soggetto, definito un »poète, singulier entre tous« (*LdM*, 94), non particolarmente apprezzato da Gourmont se non per la sua innegabile intelligenza e precoce versatilità: »Il est souvent obscur, bizarre et absurde. De sincérité nulle, caractère de femme, de fille, nativement méchant et même féroce, Rimbaud a cette sorte de talent qui intéresse sans plaire. [...] Mais l'intelligence, consciente ou inconsciente, si elle n'a pas tous les droits, a droit à toutes les absolutions« (*LdM*, 94; 95). Il profilo di Lautréamont è, invece, affine per stile (con analoghe notizie anagrafiche), ma diverso per valutazione critica, giacché l'irregolarità del personaggio non è vista come una posa, ma come espressione geniale della sua follia: »C'était un jeune homme d'une originalité furieuse et inattendue, un génie malade et même franchement un génie fou. [...] Telle fut l'aventure du prodigieux inconnu Isidore Ducasse, orné par lui-même de ce romantique pseudonyme: Comte de Lautréamont. Il naquit à Montevideo, en avril 1846, et mourut âgé de vingt-huit ans, ayant publiés les *Chants de Maldoror* et des *Poésies*« (*LdM*, 83–84).

---

18 Si veda l'»Introduction« di Gérald Antoine a CH.-A. SAINTE-BEUVE, *Portraits littéraires* (nota 5), LXVII.

È chiaro però che il taglio antistoricistico dei medaglioni gourmontiani non dipende da limiti editoriali, ma è funzionale al disegno estetico dell'autore, mirante a mettere in risalto l'artista e non la persona, ciò che scrive e non ciò che è, la sua poetica e non la sua vita.

> Il semble de justice élémentaire d'évaluer séparément la valeur ou la beauté de l'arbre et de ses fruits, de l'homme et de ses œuvres. Si l'on veut, joyau ou caillou, le livre sera jugé en soi, sans souci de la mine, de la carrière ou du torrent dont il sort. [...] La vie sociale d'un poète importe aussi peu au critique qu'à Polymnie elle-même, qui accueille en son cercle, indifféremment, le paysan Burns et le patricien Byron, Villon, le coupeur de bourses et Frédéric II, le roi. (*LdM*, 133-134)

L'astrazione idealizzante gourmontiana informa anche le incisioni di Vallotton, che abbozzano le fisionomie nei loro tratti essenziali, con punte di semplificazione ritrattistica che rasentano l'esito fumettistico. Ne è esempio paradigmatico la ›maschera‹ di Jules Renard [App. fig. 1], presentata di tre quarti, ma disegnata solo nella metà inferiore del volto (orecchio sinistro, barba e bocca) e lasciata pressoché incompiuta nella metà superiore, dove gli occhi si riducono a due circoletti vuoti e i capelli sono punteggiati nella zona dell'attaccatura frontale; questa scelta visiva rende in immagine il lato *naïf* del creatore di Pel-di-Carota: »M. Jules Renard s'est donné lui-même ce nom: le chasseur d'images« (*LdM*, 67).

Immortalati di fronte, di tre quarti o di profilo, i volti di Vallotton interpretano e visualizzano la radiografia critica gourmontiana con un senso stilizzato dei contorni e della profondità che richiama i mosaici classici e bizantini e la loro capacità di conferire ieratica compostezza e autorità ai soggetti raffigurati: è, ad esempio, rappresentato frontale Stéphane Mallarmé [App. fig. 2], con una parte del viso in ombra e una parte quasi annullata nella luce chiarissima, perché i suoi versi sono »obscurs« ma le sue parole sono bianche »comme de la neige« (*LdM*, 38 e 39); è rappresentato frontale anche Joris-Karl Huysmans [App. fig. 3], con lo sguardo accigliato e penetrante, perché è lo scrittore che tutto guarda senza ipocrisie, sondando i recessi dell'anima: »Il verra comme personne n'a vu, car nul n'a jamais été doué d'un regard aussi aigu, aussi brillant, aussi net, aussi adroit à s'insinuer jusque dans les replis des visages, des rosaces et des masques« (*LdM*, 116); frontale è anche Marcel Schwob [App. fig. 4], la cui staticità mimica riflette la giusta perentorietà delle sue valutazioni: »...il y a un art de l'homme. M. Schwob a dit là-dessus des choses que je veux déclarer définitives. [...] Le génie de M. Schwob est une sorte de simplicité effroyablement complexe« [*LdM*, 230-231]. Se la frontalità del ritratto sembra corrispondere ad una personalità artistica netta, ben definita nella sua individualità e nel giudizio del critico, il profilo sembra rispecchiare un dimezzamento metaforico, una mancanza, un'incompiutezza: è difatti rappresentato di profilo Jean Moréas [App. fig. 5], del cui ruolo di autore del *Manifeste du Symbolisme* (1886) non viene fatta menzione, mentre tutta la scheda ruota – non senza sarcasmo – attorno alla fondazione e alle pretese neo-classicistiche della successiva *École romane:* »Il y a de belles choses dans ce *Pèlerin*, il y en a de belles dans les *Syrtes*, il y en a d'admirables ou de délicieuses et que (pour ma part) je relirai toujours avec joie, dans les *Cantilènes*, mais puisque M. Moréas, ayant changé de manière, répudie ces primitives œuvres, je n'insisterai pas« (*LdM*, 123). È rappresentato di profilo Paul Verlaine [App. fig. 6], senile nell'aspetto (con capelli radi e lunga barba bianca) e spento nell'espressione (a capo chino e occhi chiusi), ultimo ritratto della prima serie dei *Masques*, concepito come una sorta di testamento di un'epoca e di una poetica trapassate insieme a colui che le ha più intensamente vissute: »Sans talent et sans conscience, nul ne représenta sans doute aussi divinement que Verlaine le génie pur et simple de l'animal humain. [...] Dans sa barbe de marbre, Verlaine souriait à l'infini, l'air d'un Faune qui écoute sonner les cloches« (*LdM*, 142). Di profilo ma, caso eccezionale, di spalle, appare Robert de Montesquiou [App. fig. 7], perché la sua ostentata originalità spinta al limite della maniera, nella vita e nell'arte, traveste e deforma la sua ispirazione: »Son originalité est tatouée excessivement. [...] Il réussit l'arabesque mieux que la figure et la sensation mieux que la pensée« (*LdM*, 134). Tra l'assertività positiva della raffigurazione frontale e la parziale negazione rappresentata dal profilo, la raffigurazione di tre quarti esprime una via di mezzo, una promozione da parte del critico trattenuta non per mancanza di merito dell'artista, ma per mancata piena espressione dello stesso: questo vale, ad esempio, per Pierre Louÿs [App. fig. 8], sapiente più che sciocante innovatore della tradizione: »C'est la fin d'*Atala* (Chateaubriand plane invisible sur toute notre littérature), mais refaite et renouvelée avec grâce, avec art, avec tendresse« (*LdM*, 107); vale per il talentuoso ma poco prolifico Félix Fénéon [App. fig. 9]: »Je crois qu'il y a des esprits satisfaits dès qu'ils savent leur valeur [...]. M. Fénéon avait toutes les qualités d'un critique d'art: l'œil, l'esprit analytique, le style qui fait valoir ce que l'œil a vu et comprendre ce que l'esprit a compris. Que n'a-t-il pas persévéré!« (*LdM*, 166; 167); vale anche per Léon Bloy [App. fig. 10], più provocatorio che profetico: »Le prophète fait saigner les cœurs; le pamphlétaire écorche les peaux; M. Bloy est un écorcheur« (*LdM*, 169).

La singolarità e, dunque, varietà dei soggetti ritratti determina la struttura asistematica della scheda gourmontiana, nella quale l'unica vera costante è – a conferma dell'esclusivo interesse letterario del critico – la citazione diretta dal *corpus* dei rispettivi autori. L'ipertrofia della porzione argomentativa centrale produce una sorta di compressione sull'esordio e sul finale, sicché l'uno si configura spesso come un attacco *in medias res* (paradigmatico il caso di Paul Fort: »Celui-ci fait des ballades« [*LdM*, 155]), mentre l'altro si riduce ad un breve paragrafo riassuntivo o ad una sola frase sentenziosa (esemplare il caso di Hugues Rebell: »Il est aristocrate et païen« [*LdM*, 164]).

La successione dei ritratti gourmontiani è regolata da un meccanismo di concatenazione a base stilistica, secondo il quale ciascun autore è in rapporto col precedente e col successivo per condivisione di ideali poetici (quelli simbolisti), ma per opposizione di stile (valido il principio gourmontiano dell'unicità del talento individuale). Il paragone può essere implicito, ricavabile cioè dal discorso gourmontiano; oppure può essere esplicito, cioè espressamente segnalato dal critico. Il primo tipo di interconnessioni tematico-formali può essere esemplificato dai quattro medaglioni iniziali della prima serie dei *Masques*; il quarto ritratto, dedicato a Francis Vielé-Griffin, si collega ai tre che lo precedono per via di riprese lessicali emblematiche, utilizzando cioè dei termini-chiave già impiegati per definire le tre personalità artistiche precedenti:

> Je ne veux pas dire que M. Vielé-Griffin soit un poète joyeux; pourtant, il est le poète de la joie. [...] Il n'est ni violent, ni somptueux, ni doux: il est calme. (*LdM*, 33)

Vielé-Griffin non è né aspro come Émile Verhaeren (»Il est rude, violent, maladroit« [*LdM*, 23]), né prezioso come Henri de Régnier (»M. de Régnier est un poète mélancolique et somptueux« [*LdM*, 29]), né soave come Maurice Maeterlinck (»Il sait être monocorde: mais cette seule corde, il en a semé, roui, teillé le chanvre, et elle chante douce, triste et unique sous ses languissantes mains» [*LdM*, 15]).

L'interconnessione esplicita tra due o più autori può coincidere con una esperienza di vita artistica condivisa, oppure evidenzia una giustapposizione di stili: così, ad esempio, Édouard Dujardin è collegato a Mallarmé, Huysmans e Laforgue in quanto *chroniqueurs* della *Revue Indépendante*, da lui rilevata nel 1886 (*LdM*, 179), mentre Camille Mauclair è collegato a Maeterlinck da discepolo a Maestro: »On voit la différence des deux esprits: l'un médite et l'autre conclut; M. Maeterlinck creuse davantage le puits, M. Mauclair le comble« (*LdM*, 197).

L'architettura del *Livre des Masques* si regge insomma su un sapiente gioco di controspinte: Remy de Gourmont ricerca il contrasto che denoti una invariante eidetica dell'autore entro il canone simbolista; Félix Vallotton gli fa corrispondere il chiaroscuro del ritratto, che non rende la mimica ma ne sublima i risvolti psicologici. Nelle *Promenades Philosophiques*, Remy de Gourmont riflette sull'importanza dei colori:

> Non seulement les femmes, les hommes ont une couleur. Nous avons l'air de la choisir. C'est la nature qui nous l'impose, c'est elle qui nous voue à la nuance qui sera notre atmosphère. (*PPh*, III, 234–235)

La scelta del bianco e nero per le ›maschere‹ del Simbolismo rimanda all'atmosfera *bohémienne* di Montmartre, alle serate al cabaret dello *Chat noir:* è un omaggio ai protagonisti del teatro *d'ombre* parigino fine-ottocentesco, illuminati dallo sguardo critico del loro più acuto recensore.

Abbreviazioni bibliografiche

ELF	Remy de Gourmont, *Esthétique de la langue française. La déformation – La métaphore – Le cliché – Le vers libre – Le vers populaire*, Paris, Mercure de France, 1899.
ÉP	Remy de Gourmont, *Épilogues. Réflexions sur la vie (1905–1912)*, volume complémentaire, Paris, Mercure de France, 1913.
LdM	Remy de Gourmont, *Le Livre des Masques*. LIII masques dessinés par F. Vallotton, Paris, Mercure de France, 1963 [questa edizione riunisce in un unico volume la prima e la seconda serie dei *Masques*, pubblicati rispettivamente nel 1896 e nel 1898].
L'art libre	Remy de Gourmont, *L'art libre et l'esthétique individuelle*, in Id., *L'Idéalisme*, Paris, Mercure de France, 1893, 29–37.
L'Herne	*Remy de Gourmont*, sous la direction de Thierry Gillybœuf et Bernard Bois, Paris, Éditions de l'Herne, 2003.
PL	Remy de Gourmont, *Promenades littéraires*, septième série, Paris, Mercure de France, 1927.
Portraits littéraires	[Charles-Augustin] Sainte-Beuve, *Portraits littéraires*, édition établie par Gérald Antoine, Paris, Robert Laffont, 1993.
PPh	Remy de Gourmont, *Promenades Philosophiques*, troisième série, Paris, Mercure de France, 1908.
PS	Remy de Gourmont, *Le problème du style: questions d'art, de littérature et de grammaire*, Paris, Mercure de France, 1902.
Sixtine	Remy de Gourmont, *Sixtine. Roman de la vie cérébrale*, Paris, Albert Savine, 1890.
TLFi	*Trésor de la langue française informatisé*, consultabile on line al seguente indirizzo: http://atilf.atilf.fr/tlfi.htm

Appendice: I ritratti del *Livre des Masques* di Félix Vallotton

Fig. 1
Jules Renard

Fig. 2
Stéphane Mallarmé

Fig. 3
Joris-Karl Huysmans

Fig. 4
Marcel Schwob

Fig. 5
Jean Moréas

Fig. 6
Paul Verlaine

Fig. 7
Robert de Montesquiou

Fig. 8
Pierre Louÿs

Fig. 9
Félix Fénéon

Fig. 10
Léon Bloy

Pierre Glaudes (Paris)

La vision »démonique« des personnages dans *Le Journal d'une femme de chambre* d'Octave Mirbeau

Lorsqu'il est entrepris par Mirbeau au printemps 1891, *Le Journal d'une femme de chambre* est à la fois une étude sociale sur la condition domestique et un tableau satirique des mœurs bourgeoises, dans un style véhément et outré. Sa composition est concomitante de la manifestation ouvrière de Fourmies et des attentats anarchistes de Ravachol[1] férocement réprimés par la république des scandales financiers et de l'opportunisme parlementaire. Ce climat de guerre sociale pose alors à un écrivain aux sympathies libertaires la question des limites de son art et il inspire à Mirbeau, en guise de réponse, un roman qui, dans l'ordre symbolique, est destiné à produire l'effet d'une bombe.[2]

Le texte qui paraît chez Fasquelle neuf ans plus tard, après avoir été publié en préoriginale dans *La Revue blanche* des frères Natanson, est traversé par une fureur nouvelle: alors que l'Affaire Dreyfus divise la société française, Mirbeau, livré à son indignation, entend désormais en découdre avec la France anti-dreyfusarde. Il intègre donc à son récit maintes allusions désobligeantes à ceux qui »partout, dans les églises, les casernes, les temples de justice s'acharnent à l'œuvre de mort«,[3] par leurs appels à la haine et leur iniquité. La littérature, plus que jamais, aux yeux de l'écrivain, est un engagement qui dérange, car le scandale, dans son énormité même, est le seul moyen de forcer les consciences à s'éveiller. Son éditeur assiste alors »à l'enfantement de véritables monstres de son imagination«.[4]

---

[1] La fusillade de Fourmies au cours de laquelle la troupe tire sur les manifestants grévistes a lieu le 1er mai 1891; Ravachol est arrêté une première fois le 27 juin de cette même année; il réussit à s'enfuir mais il est repris le 30 mars 1892. Condamné à mort, il est exécuté le 11 juillet.
[2] »Ah! que tout saute! que tout croule! L'heure où nous vivons est trop hideuse«, écrit-il à Remy de Gourmont le 1er avril 1892 (O. Mirbeau, *Correspondance générale [1889–1894]*, t. II, éd. établie, présent. et annot. par Pierre Michel, Lausanne, L'Âge d'Homme, 2005, 573). Et à Gustave Geoffroy, le 11 mai 1891: »Il faut agir! Il faut dire la vérité aux coquins!« (*ibid.*, 402).
[3] O. Mirbeau, *Le Jardin des supplices*, éd. Michel Delon, Paris, Gallimard, 1988 (Folio, 1899), 249.
[4] E. Fasquelle, *Lettre à Émile Zola de janvier 1899*, citée par P. Michel – J.-F. Nivet, *Octave Mirbeau, l'imprécateur au cœur fidèle*, Paris, Librairie Séguier, 1990, 697.

Cette esthétique du monstrueux, dont *Le Jardin des supplices* a offert un exemple saisissant lorsqu'il est paru en juin 1899, s'épanouit dans *Le Journal d'une femme de chambre*. Dans un contexte intensément polémique, Mirbeau – qui admirait naguère ce goût de l'excès chez un Léon Daudet – plie son imagination créatrice à »une sorte de logique violente et passionnée qui l'entraîne à mener jusqu'au bout, même à travers les dangers les plus certains, ses idées, et ses images«.[5] Comme *Les Morticoles* du jeune Daudet, le nouveau roman de Mirbeau est »dans son accent de formidable exagération, de la plus belle, de la plus haute satire«.[6]

Sous l'apparence du diariste, Célestine, l'héroïne du roman, est en réalité une implacable chroniqueuse de la vie domestique. Son curieux journal est un *patchwork* d'anecdotes féroces et de souvenirs accusateurs, jetés pêle-mêle sur le papier: on y voit prévaloir sans cesse une préoccupation satirique, qui inscrit *Le Journal d'une femme de chambre* dans l'héritage de la ménippée. Mirbeau assurément ne ressuscite pas ce genre littéraire imité des écrits du philosophe cynique grec Ménippe. Si son roman en reprend les principales caractéristiques – le mélange de comique et de sérieux, la combinaison de formes disparates, l'imitation parodique d'autres genres littéraires, l'observation à partir d'un point de vue inhabituel, la construction souple et ouverte par épisodes –,[7] il s'approprie surtout le mode de représentation de ce genre de satire, c'est-à-dire un ensemble de propriétés discursives, non codifiées, qui impliquent une énergie dans la réprobation et une imagination débridée.

Cette entreprise de démolition cependant a ses degrés: dans son atrocité, la peinture des mœurs bourgeoises, que Célestine en tant que domestique a tout loisir d'observer de l'intérieur, n'est que le stade préliminaire d'un projet satirique qui s'accomplit lorsque la ménippée, en se généralisant, touche la société tout entière. Un tel élargissement, qui permet à Mirbeau de mettre en accusation la France de l'Affaire, s'accompagne d'une terrible intensification de la vision. On découvre, à travers les yeux de Célestine, dans une indistinction fétide, cette France haineuse, intolérante et criminelle, qui vocifère d'une seule voix pour condamner, à travers Alfred Dreyfus, les juifs, les intellectuels, les étrangers cosmopolites, les défenseurs de la liberté et de la justice.

La satire atteint ainsi une sorte de point limite où elle devient un carnaval triste, qui n'a rien de régénérateur. Le mal, quelles qu'en soient les formes – la bêtise, la forfaiture, la haine – semble s'être propagé à tous, irréparablement. En l'absence de tout espoir, la satire, à son stade ultime, est assombrie par une

---

5 »M. Léon Daudet«, *Le Journal*, 6 décembre 1896, in Pierre Michel – Jean-François Nivet (éds.), *Combats littéraires*, Lausanne, L'Âge d'Homme, 2006, 442.
6 *Ibid.*
7 Voir S. DUVAL – M. MARTINEZ, *La Satire*, Paris, Armand Colin, 2000, 174–177.

inspiration »démonique«.⁸ C'est cette inspiration que l'on se propose d'étudier ici, en prêtant attention aux procédés auxquels elle recourt dans le traitement des personnages : la diatribe, l'allusion ou l'anecdote tendancieuse, le portrait allégorique.

*

La veine démonique de la satire apparaît d'abord dans les observations faussement naïves de Célestine qui permettent de brocarder ceux qui, dans l'armée, la justice, les milieux littéraires, sont hostiles à la révision du procès d'Alfred Dreyfus. Ces attaques *ad hominem* contre des personnages réels, en se multipliant dans la fiction, tirent la satire du côté de la diatribe, de l'interpellation caustique des adversaires politiques. La lettre que l'héroïne reçoit de Monsieur Jean, son ancien amant rencontré un an auparavant chez la comtesse Fardin, soumet les personnalités les plus en vue de l'antidreyfusisme à un persiflage ironique visant tout à la fois le cynisme de leurs calomnies, la menace rétrograde de leurs complots, la frénésie stupide de leur antisémitisme.

Le premier valet de chambre de la comtesse, en effet, est au mieux avec ces éminents personnages : »Il manifeste avec Coppée, Lemaître, Quesnay de Beaurepaire ; il conspire avec le général Mercier, tout cela, pour renverser la République« (p. 199).⁹ Il reçoit surtout quantité »d'accolades illustres« depuis qu'il a été arrêté pour avoir crié dans une réunion des partisans de Dreyfus : »Mort aux juifs !… Vive le Roy !… Vive l'armée !« (p. 200). Arthur Meyer a fait son éloge dans les colonnes du *Gaulois*, ce journal »si encourageant pour tous les genres de domesticité« (p. 201). Jules Guérin, dans *L'Anti-juif*, a consacré à ce »vaillant camarade« un article intitulé »Encore une victime des Youpins !«. Dans un portrait allégorique, Forain l'a identifié à »l'âme de la patrie«, car Monsieur Jean, selon son élégante formule, »a ›la gueule de ça !‹« (*ibid.*). Tout porte enfin à croire que le domestique sera cité par le général Mercier, dans »le futur procès« de Zola, »pour un faux témoignage« (*ibid.*) que l'état-major s'apprête à mettre au point.

Célestine elle-même, du temps où elle servait la comtesse Fardin, a eu l'occasion de découvrir les milieux antidreyfusards. Cette heureuse circonstance permet à Mirbeau de jeter le discrédit sur les »maîtres« de la pensée réactionnaire, en les ramenant, sur un ton de blague graveleuse, à des préoccupations plus triviales. Jules Lemaitre, bien qu'il soit »tombé« depuis »dans les curés«, était

---

8 Sur le sens de cette notion, voir N. FRYE, *Anatomie de la critique* [1957], trad. fr. Guy Durand, Paris, Gallimard, 1969 (Bibliothèque des sciences humaines), 180.
9 Les références données entre parenthèses dans le texte renvoient à l'édition du *Journal d'une femme de chambre* préfacée par Noël Arnaud [Paris, Gallimard, 1984 (Folio, 1536)].

alors »bon enfant« avec les soubrettes, »avec sa figure de petit faune bossu et farceur« (p. 134). Paul Bourget, le psychologue des âmes délicates qui »n'aime pas les pauvres« (*ibid.*), était la gloire de ce salon où il brillait par ses livres »faux et en toc« (p. 164). Lui aussi s'est engagé sur la voie de la conversion, mais son catholicisme, selon l'aumônier consulté par Célestine, est encore trop »mêlé« pour être sincère: »Ça me fait l'effet, votre Paul Bourget, – dit le prêtre – d'une cuvette… oui, là… d'une cuvette où l'on s'est lavé n'importe quoi… et où nagent, parmi du poil et de la mousse de savon… les olives du Calvaire…« (p. 310).

À ces morceaux de diatribe s'ajoutent des épisodes mettant en scène des personnages fictifs de second plan, qui permettent de déployer les batteries de l'esprit tendancieux. La principale cible de ces attaques est le clergé catholique. Aux réceptions de M. de Tarves, parmi les nombreux représentants de l'Église, apparaît un vieil assomptionniste,[10] »bonhomme papelard et venimeux« qui dit sans cesse »des méchancetés, avec des airs contrits et dévots« (p. 288). Joseph, qui distribue au Mesnil-Roy, »pour la propagande«, des brochures antisémites avec l'aide du sacristain, s'est arrangé, comme il le raconte, avec »messieurs prêtres« (p. 227), qui paient grassement cette besogne. Est-ce un hasard? Le nouveau vicaire de cette paroisse nous est décrit, par ailleurs, comme un »grand gaillard«, aux »lèvres goulues« et aux »petits yeux obscènes« dont la »physionomie vulgaire« (p. 91) trahit l'avidité pour les nourritures terrestres.

Hypocrites, corrompus, englués dans le mensonge, les représentants du clergé défendent l'ordre établi[11] avec un aveuglement qui n'a d'égal que leur ignorantisme. C'est ce que suggère l'anecdote fictive du doyen de Port-Lançon, où le renversement carnavalesque de la dignité ecclésiastique permet de ridiculiser, par un jeu sur des motifs obscènes, un prêtre fanatique, une religieuse hantée par la chair et une paroissienne confite en dévotion. Cette »histoire drôle« est assortie de maints détails annexes, d'une tonalité plus sérieuse, qui visent l'attitude du

---

10 On sait le rôle joué par la congrégation de ce religieux dans la Bonne Presse et l'engagement de *La Croix* et *Le Pèlerin* dans la campagne antidreyfusarde.
11 D'une manière générale, le clergé est à l'image des honnêtes gens qui forment son troupeau. Les sœurs de Neuilly n'ont rien à envier à Mme Paulhat-Durand: leur refuge n'est guère différent des bureaux de placement organisés pour le trafic de »viande humaine« (p. 371). Ces religieuses qui accueillent les domestiques dans la détresse couvrent du nom de charité l'exploitation de la misère. Entassées dans des dortoirs louches, »maigrement nourries de viande de rebut« et »de légumes gâtés«, leurs pensionnaires, qui paient sur leurs gages à venir »vingt-cinq sous par jour à l'Institution«, travaillent, »depuis six heures du matin jusqu'à neuf heures du soir, comme les détenues des maisons centrales« (p. 308). Célestine y rencontre un aumônier, sentant »le vieux mouton«, qui lui déclare qu'une domestique pèche moins gravement quand elle fait »des folies de [son] corps« avec ses maîtres, surtout si ce sont des »personnes pieuses« qui ont »beaucoup de dispenses« (pp. 310–311). Les maîtres, ajoute-t-il, ont toujours raison quand ce sont »des personnes riches et respectables«, »des personnes extrêmement religieuses«: les domestiques scélérats qui le contestent s'insurgent »contre la morale et contre la société« (p. 311).

clergé au temps de l'Affaire. On apprend ainsi que le doyen de Port-Lançon ne cesse de se mêler de la vie de sa commune et que cette intervention »brouillonne et bruyante« (p. 267) est néfaste au bien public. Hostile, cela va sans dire, à l'école laïque, il mène un combat sans relâche contre l'instituteur dont il rectifie l'enseignement »sur des questions capitales« (*ibid.*). Prudent, car il tient au traitement que lui octroie le gouvernement républicain, il pourfend en privé les responsables du »fâcheux état d'ignorance« (*ibid.*) dans lequel la jeunesse a été plongée par les héritiers des Lumières et de la Révolution française, parmi lesquels se trouvent naturellement les partisans de Dreyfus.

Mais le bon prêtre veille: il apprend aux enfants qu'il catéchise que le Paradis terrestre se trouvait jadis en Extrême-Orient, avant que cette terre de délices, par suite du péché, ne tombe entre les mains »des païens jaunes« qui vont »en enfer« parce qu'ils »tuent les saints missionnaires« (p. 269). Ou encore que la pluie, contrairement à ce qu'affirment des savants hérétiques, n'est pas »une condensation de vapeur«, mais la manifestation de »la colère de Dieu« (p. 271). C'est ce même doyen qui affirme avec gravité à ces enfants que la foi consiste à »croire tout« ce que leur dit leur bon curé et à »ne pas croire un mot« (p. 269) de ce que leur apprend leur instituteur. C'est un procédé éprouvé de la satire de faire instruire par ses adversaires leur propre procès à charge, par une imitation parodique de leurs discours. Mirbeau peut ainsi dénoncer les méfaits du fanatisme religieux et les mensonges de l'obscurantisme. Dans l'esprit du romancier, les propos stupides et rétrogrades du doyen de Port-Lançon trahissent la véritable nature de l'institution qu'il sert: à l'époque de l'Affaire, cette leçon a la valeur d'un engagement aux côtés de ceux qui se réclament de la tolérance et de la raison pour écraser »l'infâme«, dans la postérité de Voltaire.

D'autres développements fictionnels, ajoutés à la trame élastique des aventures de Célestine, n'ont d'autre nécessité que d'étendre encore la satire, en visant le dévoiement de l'esprit et l'infidélité au magistère de la conscience dans certains milieux intellectuels. C'est dans cette perspective qu'il faut lire en particulier le chapitre X, rajouté *in extremis* lors de la publication du roman chez Fasquelle. On en réduit la portée quand on le considère comme un simple »hors-d'œuvre sans rapport, ni avec la narratrice, ni avec la domesticité«, qui brise à dessein »l'unité du livre«[12] pour tourner en ridicule le snobisme du monde prétendument élégant et les afféteries de certains artistes. En réalité, ce chapitre, intégré dans l'économie globale de la satire antidreyfusarde, peut se lire comme une fable sur l'improbité intellectuelle.

Victor Charrigaud, ne l'oublions pas, est »un écrivain d'infiniment de talent«

---

12 P. MICHEL, »*Le Journal d'une femme de chambre* ou voyage au bout de la nausée«, introduction du *Journal d'une femme de chambre* dans l'*Œuvre romanesque* de Mirbeau, édition électronique mise en ligne par les Éditions du Boucher et la Société Octave Mirbeau, 2003, 6.

dont les débuts ont donné »les plus grandes espérances« (pp. 235-236). Le don d'observation, le mordant de l'ironie, la justesse dans la dénonciation des ridicules: telles étaient les qualités littéraires de cet esprit indépendant, »pour qui les conventions mondaines n'étaient que mensonge et servilité« (p. 236). Malheureusement, la fortune venant trop vite avec le succès à cette »âme généreuse et clairvoyante« (*ibid.*), Victor Charrigaud, au lieu de continuer à regarder bravement vers »un idéal social, élevé et pur« (*ibid.*), a jugé préférable de sacrifier aux préjugés. L'ironiste dont la conversation montrait, avec une »âpre précision dans le pittoresque«, l'état de »lâcheté morale« et de »dessèchement intellectuel« (*ibid.*) qui affecte les élites, s'est converti au langage, aux goûts et aux habitudes de vie dont il dénonçait naguère la vacuité.

Après avoir rompu avec ses amis devenus compromettants, pour ne garder que les relations utiles à sa renommée, il a renoncé à la littérature et aux fatigues que la création impose. Il a commencé à vivre exclusivement, à la manière des snobs, pour des futilités. Ce cynique, conscient de »la sottise énorme« (p. 247) de ses nouvelles fréquentations s'y est résigné au nom de ce qu'il appelle lui-même »la diplomatie mondaine« (p. 259): le dîner huppé qu'il organise avec sa femme peut bien offrir une parodie grotesque du *symposium* platonicien,[13] peu lui importe. Son seul but est d'obtenir de la réclame pour ses livres et des échos à la rubrique mondaine des journaux.

En brossant ce portrait au vitriol, Mirbeau décrit ce que Benda appellera la »trahison des clercs«: l'oubli des valeurs – le beau, le vrai, le juste – que les intellectuels ont le devoir de défendre, mission dont ils tirent leur légitimité au sein de la société. À une époque où l'Affaire a été un puissant révélateur en déterminant maints penseurs et écrivains »dans [leur] vraie voie«,[14] que ce soit celle de la déloyauté et du parjure ou celle de l'honneur, la navrante défaite de l'esprit que relate l'histoire de Victor Charrigaud – cet écrivain dont le prénom est une antiphrase – ne manque pas de résonances symboliques.

D'une manière générale, bien des personnages et des situations, dans *Le Journal d'une femme de chambre*, sont tirés du côté de l'allégorie.[15] On pourrait même dire que la satire, en ne laissant personne hors d'atteinte, métamorphose le monde de la fiction en une féroce représentation allégorique de la France anti-

---

13 Le banquet parodique est encore un schème narratif de la ménippée. Voir S. DUVAL – M. MARTINEZ, *La Satire* (note 7), 174-177.
14 Mirbeau utilise cette formule à propos de Barrès: »[…] l'Affaire l'a révélé à lui-même, mais elle ne l'a pas orienté vers des chemins nouveaux: son nationalisme […] était latent, couvait en lui. L'Affaire ne l'a pas dévoyé, mais déterminé dans sa vraie voie«. Voir L. VAUXCELLES, *Au pays des lettres. Chez Octave Mirbeau*, »Le Matin«, 8 août 1804 [interview de l'écrivain]. Voir P. MICHEL – J.-F. NIVET (éds), *Combats littéraires* (note 5), 568.
15 Sur cette question, voir É. REVERZY, *Du bon usage de l'allégorie: du Jardin des supplices à Dingo*, in Laure Himy – Gérard Poulouin (éds.), *Mirbeau, passions et anathèmes*, Caen, Presses universitaires de Caen, 2007, 249-257.

dreyfusarde. L'un des aspects les plus frappants du roman de Mirbeau est en effet l'extension de la charge satirique aux domestiques eux-mêmes. Dans son réquisitoire contre l'exploitation des plus démunis, le récit, qui dénonce la domesticité comme un usage d'un autre âge portant atteinte à la dignité humaine, n'établit pourtant pas d'opposition autre que matérielle entre les maîtres et les serviteurs. Tout aussi abjects et débauchés que ceux qu'ils servent, les domestiques adhèrent à leurs idées et prêtent la main à leurs œuvres de basse politique. Des raisons sociologiques expliquent cette étrange solidarité entre deux groupes sociaux que tout devrait opposer:

> Un domestique, ce n'est pas un être normal [...] C'est quelqu'un de disparate, fabriqué de pièces et de morceaux qui ne peuvent s'ajuster l'un dans l'autre, se juxtaposer l'un à l'autre... C'est quelque chose de pire: un monstrueux hybride humain... Il n'est plus du peuple, d'où il sort; il n'est pas, non plus, de la bourgeoisie où il vit et où il tend... Du peuple qu'il a renié, il a perdu le sang généreux et la force naïve... De la bourgeoisie, il a gagné les vices honteux, sans avoir pu acquérir les moyens de les satisfaire... et les sentiments vils, les lâches peurs, les criminels appétits, sans le décor, et, par conséquent, sans l'excuse de la richesse... (p. 203)

Monsieur Jean ajoute ainsi à son service de valet de chambre chez la comtesse Fardin »le rôle de manifestant politique et de conspirateur royaliste« (p. 199). Pour n'être que verbal, l'engagement antidreyfusard de William n'est pas moindre. Lors des dîners hebdomadaires auxquels il convie ses amis cochers, gens de course et valets de chambre, on parle naturellement de politique quand l'alcool a échauffé les esprits. William, dont le grand homme est Cassagnac, y fait preuve »d'une terrible violence réactionnaire« (p. 400). Au Prieuré, Joseph qui diffuse la propagande antisémite pour le compte du clergé n'apprécie pas qu'on raille les prêtres. Désapprouvant plus largement qu'on se dresse contre l'autorité, il fait la leçon à Célestine: »Il faut aimer ses maîtres... les maîtres sont les maîtres...« (p. 445). Marianne, »grasse, molle, flasque« (p. 56), approuve stupidement les discours du jardinier-cocher: »Elle aussi est pour le sabre, pour les curés et contre les juifs... dont elle ne sait rien d'ailleurs, sinon qu'il leur manque quelque chose, quelque part« (p. 157). Célestine elle-même, qui avoue ne pas savoir pourquoi elle est antisémite, fait chorus avec ses camarades pour ne pas se singulariser: »du plus petit au plus grand« – constate-t-elle – tous les gens de maison sont »patriotes«[16] et professent »ces chouettes doctrines« (*ibid.*).

En englobant ainsi les domestiques dans la décomposition sociale qu'elle dénonce, la satire des mœurs bourgeoises change profondément de nature. Ceux-ci, en effet, ne représentent pas seulement leur monde: métonymiquement, ils incarnent l'Opinion publique. Ils sont la France profonde, cette France lugubre,

---

16 »La Patrie Française... une ligue épatante... Tous les domestiques des grandes maisons en sont...« (p. 200), dit-elle ailleurs.

immobilisée dans son ennui, ses médisances, ses rancœurs, son atmosphère ignoble. Nul doute que pour Mirbeau, à l'aube du XXe siècle, l'abjection ne soit française. Rose est l'un des visages de cette France-là: »courte, grosse, rougeaude«, elle porte »péniblement un immense ventre sur des jambes écartées en tréteau« et arbore »un sourire épais, visqueux, sur des lèvres de vieille licheuse« (p. 85). Cette »outre ambulante« (*ibid.*) allie le grotesque à la méchanceté: le »stock d'infamies« (p. 97) qu'elle se plaît à colporter semble inépuisable. Noires et désespérantes, ces histoires constituent une »chronique du pays« (*ibid.*) toujours plus épouvantable. Rose, dont »les ressources dans la calomnie sont infinies« (*ibid.*), n'a pas son pareil pour porter atteinte à la réputation de ses connaissances ou de ses voisins: elle a la passion du déshonneur.

Elle ne diffère guère en cela des bonnes qui se tassent, »comme des paquets de linge sale« (p. 94), autour de Mme Gouin, l'épicière avorteuse du village. On y remarque notamment »une petite noiraude, maigre, avec un museau de rat, un front fleuri de boutons et des yeux qui suintent« (p. 93). Toutes se livrent avec délectation aux joies ignobles du commérage et s'acharnent à raconter, chacune à son tour, »une vilenie, un scandale, un crime« (p. 94): »C'est un flot ininterrompu d'ordures vomies par ces tristes bouches, comme d'un égout…« (p. 93).

Un tel déchaînement des médisances a lieu, comme il se doit, le dimanche, juste après la messe dominicale. Il est vrai qu'à l'église Célestine n'a vu que »des faces abruties par l'ignorance, des bouches fielleuses crispées par la haine« et »de pauvres êtres qui viennent demander à Dieu quelque chose contre quelqu'un« (p. 90). Dans ce milieu de »mornes fantoches« (p. 393), la narratrice éprouve un dégoût insurmontable: »Une nausée me retourne le cœur, me monte à la gorge impérieusement, m'affadit la bouche, me serre les tempes… Je voudrais m'en aller…« (p. 94). Le journal de l'héroïne se fait ici l'expression d'une conscience qu'un sursaut de probité empêche de se fondre anonymement dans cet être collectif qui communie dans l'assomption des bas instincts et l'avilissement des consciences. La dégradation du peuple en populace, mais aussi l'individu solitaire qui se révolte intérieurement contre le diktat de la foule devenue troupeau infâme ou collection de masques grimaçants, tels sont les deux aspects de l'allégorie de la France au temps de l'Affaire que dessine le récit.

Cet allégorisme s'accomplit dans deux figures capitales, le capitaine Mauger et Joseph, qui portent la satire au paroxysme. Le premier, qui se présente comme un »vaillant soldat«, un »officier intrépide« ayant gagné ses galons »sur les champs de bataille« (p. 263), personnifie en réalité l'armée française sous les traits d'un »grotesque et sinistre fantoche« (p. 327). Physiquement disgracié, ce vieillard libidineux a persuadé par roublardise sa servante de devenir sa maîtresse, en faisant en sa faveur un testament qu'il n'a pas tardé à modifier en secret. C'est donc une canaille, dont la parole n'a aucune valeur. Ce détail n'est assurément pas insignifiant dans le contexte de l'Affaire.

Du reste, le capitaine – qui hait sauvagement M. Lanlaire, après avoir été son ami inséparable – tente de persuader Célestine de déposer contre son maître une plainte pour attentat à la pudeur, en l'assurant qu'il confirmera ses dires en justice: »La parole d'un soldat – ajoute-t-il – en ce moment surtout, c'est quelque chose, tonnerre de Dieu!« (p. 264). En outre, lui qui passe le plus clair de son temps à jeter des pierres dans le jardin de son voisin, nie »avec force serments« (p. 262) avoir lancé quoi que ce soit sur les cloches et les châssis protégeant les plantations de M. Lanlaire, lorsqu'il comparaît enfin devant le juge de paix pour régler ces querelles.

Parjure et malfaisant, le capitaine Mauger a par ailleurs gardé des gaîtés légendaires de l'escadron un goût pour la loufoquerie qui prend chez lui une allure sinistre et inquiétante. Les blagues qu'il se plaît à faire à Lanlaire sont pour lui à se tordre, même lorsqu'elles consistent à prendre au collet les chats de son voisin. Il en a ainsi tué une dizaine, explique-t-il à Célestine avec »une joie féroce« (p. 196). »Et si je pouvais aussi prendre au collet votre Lanlaire et sa femelle?... – ajoute-t-il – Ah! les cochons!...« (*ibid.*).

Ce petit homme »très sec« et »très nerveux« qui »ne tient pas en place« s'active constamment dans son jardin, suivi de son furet, »en chantant des airs militaires« ou »en imitant la trompette du régiment« (p. 120). Car il s'enorgueillit d'avoir apprivoisé cette bête nommée Kléber, qu'il aime, dit-il, »autant qu'une personne« (p. 124), ce qui ne l'empêche pas de lui briser les reins, après avoir été mis par Célestine au défi de s'en faire une gibelotte. Le capitaine Mauger est en effet l'homme dont la »grande vanité« (p. 122) est de manger de tout: des fleurs, des insectes, des oiseaux, des vers de terre, des rats, des grillons, des chenilles... Est-ce par facétie qu'il en avise les nouveaux venus, en se tapant sur le ventre? L'»étrange profession de foi« qu'il accompagne de ces »sursauts de joie« (*ibid.*) semble surtout éveiller en lui un appétit bestial.

Une inquiétante étrangeté se mêle ici au grotesque. »Un homme d'un ridicule aussi incomparable que le capitaine« (p. 328) n'est pas seulement un original qui prête à rire; c'est aussi une sorte de phénomène dont la monstruosité a quelque chose d'effrayant. Le personnage allégorique du vieux militaire manifeste conjointement une violence obscure et une inanité abyssale, ce qui fait de lui, si l'on peut dire, une nullité active et malfaisante, qui porte en elle une négativité incontrôlable. Telle est sans doute l'armée française aux yeux de Mirbeau. On comprend que Célestine se dérobe quand le capitaine, à peine sa »servante maîtresse« enterrée, lui propose de prendre sa place auprès de lui, comme Bourbaki, son nouveau furet, a remplacé le malheureux Kléber: »Rose croyait fermement sa domination assurée sur cet homme, et cet homme la roulait!... On ne domine pas le néant, on n'a pas d'action sur le vide...« (p. 327).

Cependant, le personnage emblématique de la France antidreyfusarde, celui qui en exprime la nature profonde, aux yeux du romancier, est incontestablement

Joseph. D'une laideur extrême, cet homme frappe d'abord par son physique de »bête cruelle« (p. 209). Du taureau, il a la forte carrure et la large encolure brunie »par le hâle comme un vieux cuir« (p. 215). Mais il fait aussi songer à un reptile par »l'élasticité de ses mouvements« (p. 58) et son »adresse souple« (p. 217). On dirait enfin un loup ou quelque autre carnassier à sa »poitrine velue« (p. 218), »ses yeux obliques«, »ses pommettes proéminentes«, »sa large et forte mâchoire« (p. 58) et sa nuque aux muscles »exagérément bombés«, comme en ont »les bêtes sauvages qui doivent porter, dans leurs gueules, des proies pesantes« (p. 215).

Cet assemblage de traits hétéroclites, empruntés à des animaux qui symbolisent la force, le mal et la férocité, évoque quelque monstre mythologique. Il donne au personnage de Joseph »un caractère étrange« (p. 58), auquel est attachée une obscure menace. Cependant, la bête cruelle est aussi une bête sensuelle. Il se dégage de lui »une sorte d'atmosphère sexuelle, âcre, terrible ou grisante, dont certaines femmes subissent, même malgré elles, la forte hantise« (p. 217). Il attire Célestine, qui détaille, d'un œil à la fois craintif et rêveur, »la musculature de ses bras nus«, la »puissante souplesse de ses biceps« (p. 209), »le levier formidable de ses reins« (p. 217), la vigueur de son cou »raidi de tendons qui se bandent comme des grelins« (p. 215).

Au moral, Joseph, sous ses dehors de »paysan grossier, stupide et pataud« (p. 216), est un être qui paraît »pire que retors« (p. 217) si on l'observe attentivement. »Extrêmement méfiant«, il cache ses sentiments sous un »masque sévère« (p. 225) et ne dit jamais rien de ses véritables pensées. Impeccable dans son service, il passe pour la perle des domestiques: respectueux de ses maîtres, il leur montre un parfait dévouement, ne rechignant jamais à la tâche, même »la plus rebutante« et veillant jalousement sur leur bien avec la férocité d'»un dogue« (p. 216). Sa chambre, tenue avec ordre et propreté, fait songer, par son austérité, à une »cellule de moine« (p. 343): »C'est la chambre nue d'un homme qui n'a pas de secrets, dont la vie est pure, exempte de complications et d'événements« (*ibid.*). Ses seuls ornements sont des images et des objets de piété – un grand crucifix, des Vierges, une vue du Paradis... – et des portraits de Déroulède et du général Mercier.

Car, politiquement, le jardinier-cocher des Lanlaire est un activiste antidreyfusard. Membre de plusieurs associations patriotiques, il adule Drumont, dont il a affiché dans sa sellerie le portrait orné d'»une couronne de laurier-sauce« (p. 208), et fait la collection de »toutes les chansons antijuives« (p. 156). Il professe des opinions carrées – il est »las de la république«, il attend »un sabre« (p. 155) qui restaure la religion et l'ordre en France –, lambeaux d'idées politiques, où l'on retrouve tous les slogans de l'antidreyfusisme. Cette exaltation fanatique surprend cependant chez un homme d'habitude si réservé. Il déteste »l'ignoble Dreyfus«, »l'immonde Zola« (p. 156), et rêve tout haut d'une société où l'on obligerait, comme autrefois, »tout le monde à aller à la messe et à confesse«

(p. 155), d'une France délivrée des juifs. Non content d'être »violemment antisémite«, il voue la même haine aux protestants, aux francs-maçons, aux libres-penseurs et à »tous les brigands qui ne mettent jamais le pied à l'église, et qui ne sont, d'ailleurs, que des juifs déguisés« (p. 156).

Plus inquiétant encore, cet extrémisme réactionnaire, dans lequel Joseph a trouvé des avantages financiers, s'accompagne d'une »grande violence« qui dénote chez lui un étrange »goût du sang« (p. 215). Quand il parle des juifs ou des partisans de Dreyfus, Joseph, qui ne sort jamais en ville sans sa matraque, devient menaçant: ce ne sont, dans sa bouche, que prophéties de supplices et de massacres, sanglants tableaux »de crânes fracassés et de tripes à l'air« (p. 158). Cette férocité sanguinaire n'est pas simplement verbale: la fin du récit montre l'ancien domestique devenu cabaretier se précipitant, lors d'une réunion publique, sur un inconnu auquel il casse cinq dents d'un coup de poing.

Or, tout indique – d'après les observations de Célestine – que la ferveur patriotique de Joseph, qui est d'abord pour lui un moyen de s'enrichir, canalise aussi son »tempérament criminel« et »sa férocité active« (p. 223). La chambrière se souvient l'avoir vu »tuer des canards, selon une antique méthode normande, en leur enfonçant une épingle dans la tête« (*ibid.*). Au lieu de »les tuer, d'un coup, sans les faire souffrir«, il se plaît à »prolonger leur supplice par de savants raffinements de torture« (*ibid.*). Cela l'»amuse«, avoue-t-il: »leur souffrance, leurs frissons d'agonie, leur mort« lui procurent »une joie sauvage« (p. 224).

On comprend que Célestine puisse soupçonner que cet homme dont les yeux ont des lueurs rapides de couteau soit »le diable« (p. 218) ou, tout au moins, »une immense canaille« (p. 224). Tout indique que le collectionneur d'images pieuses a violé, mutilé atrocement et tué la petite Claire et que la perle des domestiques, considéré par certains comme »le type du serviteur de l'ancien temps« (p. 216), chaparde méthodiquement tout ce qu'il peut dans la maison et qu'il écoule ses larcins quotidiens avec la complicité de son ami le sacristain. Célestine est persuadée qu'il a pu, de cette façon, tripler ou quadrupler ses gages. Nul doute enfin qu'il ne soit l'auteur de l'audacieux cambriolage du Prieuré.

Ce que le journal de Célestine laisse deviner de la personnalité de Joseph est d'un cynisme effroyable. En effet, l'assassin, qui a baisé »les plaies sanglantes de la petite Claire« (p. 232), propose à la chambrière de l'épouser, parce qu'elle est, à ses yeux, »une femme d'ordre«, »une femme gentille« (p. 228): il la voudrait habillée en Alsacienne, se tenant au comptoir de leur petit café et poussant les clients à boire, sans crainte de la gaudriole.[17] C'est ce même homme qui, une fois son rêve réalisé, entretiendra une »atmosphère de tuerie«, dans son mastroquet devenu »le rendez-vous officiel des antisémites«, au motif que ce climat de

---

17 Ce que Célestine, avec son franc-parler, reformule en termes: »Vous voulez que je fasse la putain pour vous gagner de l'argent?« (p. 231).

violence est excellent »pour les affaires« (pp. 449-450). Ce qui étonne le plus chez ce monstre froid, c'est »sa tranquillité morale« (p. 447). On ne voit jamais passer un remords ou »une inquiétude dans son regard« (p. 448). Triomphant à la fin du récit, il est »plus violemment que jamais [...] pour la famille, pour la propriété, pour la religion, pour la marine, pour l'armée, pour la patrie« (*ibid.*), – à la surprise admirative de Célestine.

Joseph personnifie donc la France antidreyfusarde: il donne un visage au mal, celui d'une brute sournoise, qui traite les autres comme les instruments de ses desseins ténébreux. Manipulateur, ne croyant à rien d'autre qu'à son intérêt propre qu'il poursuit avidement, il a érigé en règle l'amour de soi. Affichant des opinions patriotiques et se montrant un serviteur modèle, il offre de lui une image édifiante toute de façade, dont il tire des bénéfices matériels et qui lui permet, de surcroît, d'assouvir ses instincts primaires. Sans doute a-t-il quelque chose de diabolique, qui lui fait »voir le monde par les yeux du serpent«.[18] Mais la forme de mal qu'il incarne, sur fond de nivellement des valeurs et de nihilisme, l'éloigne radicalement du Satan romantique.

Célestine touche à l'essentiel, lorsqu'elle se demande s'il ne faut pas mettre sur le compte de son imagination trop vive d'avoir fait du jardinier-cocher »quelqu'un de supérieur au rustre stupide, au lourd paysan qu'il est réellement« (p. 58). Joseph est un homme habile et déterminé sans doute, mais il est sans génie, sans croyance ni idée forte, et sans grande ambition. Aux yeux de Mirbeau, il ressemble, à bien des égards, à tout le monde, ou presque. Sa haine des juifs, conformiste et dictée par l'intérêt financier, fait triompher la bêtise ordinaire. Même quand il bafoue les lois, il retombe encore dans le plus grand conformisme social. Le mal descend avec lui dans l'abîme du banal, cet abîme où s'engloutira bientôt, selon Hannah Arendt,[19] la possibilité de la morale, de la rationalité et même peut-être de »tout jugement«.[20]

*

Dans sa peinture de la France antidreyfusarde, Mirbeau atteint, comme on vient de le voir, cette »*visio malefica*«[21] qui est le stade le plus morbide, le plus noir, le plus exacerbé de la satire. Le romancier nous offre, »avec un relief intolérable, une image cauchemardesque de l'existence humaine enchaînée dans un monde in-

---

18 E. CIORAN, *Le Livre des leurres* [1936], Paris, Gallimard, 1992 (Arcades), 116.
19 Voir H. ARENDT, *Eichmann à Jérusalem* [1963], trad. fr. Anne Guérin, Paris, Gallimard, 1991 (Folio histoire), rééd. 2002.
20 D. RABATÉ, *L'abîme du banal. Réflexions sur le mal au XXe siècle*, in Pierre Glaudes – Dominique Rabaté (éds.), *Puissances du mal*, »Modernités« n° 29, 2008, 280.
21 N. FRYE, *Anatomie de la critique* (note 8), 289.

fernal où règne la tyrannie sociale«.²² Dans son absurdité, ce monde sans espoir ni pitié, où tous les éléments dans leur nullité se valent, semble frappé d'une malédiction irréparable. Le nivellement par le bas y a atteint son suprême degré: il n'y a plus d'ordre qui vaille, plus de sens transcendant, mais une confusion, une violence qui ne laissent de place que pour la folie, la souffrance ou la mort. La satire se fait alors »vision crépusculaire«: »l'entropie du mal«²³ mine la représentation du réel.

Cette entropie semble d'autant plus ravageuse que la narratrice ne correspond nullement à la figure du satiriste classique, qui juge les ridicules des hommes en moraliste parlant au nom de la raison. Aliénée par sa libido, confuse au plan idéologique, Célestine est incapable d'assumer un point de vue éthique. Son assujettissement à la vie des sens, en particulier, est maximal quand l'amour la submerge. Sans »la moindre défense contre les hommes« (p. 43), elle est alors capable de se soumettre corps et âme à une autre volonté:

> Lorsqu'un homme me tient, aussitôt la peau me brûle et la tête me tourne... me tourne... Je deviens ivre... je deviens folle... Je deviens sauvage... Je n'ai plus d'autre volonté que celle de mon désir... Je ne vois plus que lui... je ne pense plus qu'à lui... et je me laisse mener par lui, docile et terrible... jusqu'au crime! (p. 182)

Le journal intime, parce qu'il favorise l'introspection, permet à l'héroïne de mesurer les faiblesses de sa nature et de prendre conscience de ses contradictions. Mais Célestine ne pousse jamais son récit dans le sens de l'examen de conscience, elle n'a pas le souci de se réformer que supposerait une confession. L'étalage de ses inconséquences ne la conduit pas à chercher une issue morale, qui lui permettrait de s'améliorer. Jouet de forces irrationnelles, la jeune femme, s'échappant à elle-même, finit par tomber à son tour sous le coup de la satire dont elle a lancé les traits, tout au long de son récit, sur les coquins et les infâmes. Elle voit se retourner contre elle ses propres accusations.

Après avoir dénoncé comme »un sentiment bas« la révérence de la richesse, après avoir même concédé qu'elle n'échappait point, malgré ses »allures en dehors«, à la sainte »adoration du million« (p. 70), Célestine ne puise pas dans la lucidité de ces analyses la force de combattre ses préjugés dans l'espoir de s'en libérer. Cette femme de chambre a beau savoir que la toute-puissance de l'argent est la cause de ses humiliations les plus amères, elle ne peut s'empêcher, en présence d'un riche, de le regarder comme »une espèce de divinité merveilleuse« (*ibid.*) qu'elle encense de son admiration. Ainsi, est-elle conduite, de façon beaucoup plus triviale, à reproduire la norme sociale, qu'elle a pourtant sévèrement critiquée, mais en la détournant à son profit. Elle n'a pas d'autre ambition,

---
22 *Ibid.*, 290.
23 M. ANGENOT, *La Parole pamphlétaire*, Paris, Payot, 1982, 99.

au fond, que de ressembler à ses maîtres et de les imiter, en se donnant la possibilité d'avoir à son tour des domestiques, qu'elle traitera, du reste, quand son rêve sera accompli, avec une extrême dureté:

> Nous avons trois garçons pour servir les clients, une bonne à tout faire pour la cuisine et pour le ménage, et cela marche à la baguette... Il est vrai qu'en trois mois nous avons changé quatre fois de bonne... Ce qu'elles sont exigeantes, les bonnes, à Cherbourg, et chapardeuses, et dévergondées!... Non, c'est incroyable, et c'est dégoûtant... (p. 448).

Célestine, en accédant à la propriété, finit donc par reproduire l'ordre social dont elle a tant souffert par le passé. La leçon est amère. Elle l'est encore davantage, si l'on considère que la chambrière, qui se sent empoignée par le crime comme par »un beau mâle« (p. 435), acquiesce au mal en conscience, au lieu de le combattre. Se souvenant d'avoir été violée dans son adolescence par Cléophas Biscouille, elle voue à »ce dégoûtant personnage«, pourtant si laid et si brutal, une étrange reconnaissance, à laquelle se mêle »une grande tendresse« (p. 132–133). De même, revenant sur sa liaison avec Monsieur Georges, la jeune femme associe une fois encore le bonheur au mal en peignant la volupté des baisers follement criminels qu'elle a donnés au jeune homme, tout en sachant que la jouissance qu'ils procuraient à celui-ci le tuait. Enfin, la passion qu'elle conçoit pour Joseph se développe en dépit, ou peut-être même à cause du viol et du meurtre de la petite Claire. Persuadée que le jardinier-cocher des Lanlaire est l'auteur de cet abominable forfait, Célestine n'en est pas moins attirée par cet homme[24] qui la possède »comme un démon« (p. 452). Après l'avoir épousé, sans jamais avoir songé à le dénoncer, elle s'avoue »sans force« contre sa volonté et »heureuse d'être à lui«, dût-elle le suivre »jusqu'au crime« (*ibid.*).

Le Journal d'une femme de chambre a donc ceci de particulier qu'il disqualifie au plan moral le personnage du satiriste. L'autoportrait que Célestine nous propose à travers sa narration reste entaché d'une ambiguïté fondamentale, dont on peut se demander jusqu'à quel point elle ne touche pas Mirbeau lui-même sous le masque de la chambrière. L'exaspération dans la vitupération, l'obsession maladive du vice, la fascination horrifiée pour l'abîme des perversions et des cruautés humaines, l'aversion pour les pulsions antisémites de la France antidreyfusarde sont trop violentes pour ne pas indiquer une faille intime que les justifications rationnelles – amour de la justice ou de la vérité, pessimisme philosophique – ne comblent pas tout à fait.

---

24 »Je le regarde, et je voudrais le détester... je voudrais que sa laideur m'apparût telle, qu'un immense dégoût me séparât de lui à jamais... Eh bien, non... Ah! comme c'est drôle!... Cet homme me donne des frissons... et je n'ai pas de dégoût... Et c'est une chose effrayante que je n'aie pas de dégoût, puisque c'est lui qui a tué, qui a violé la petite Claire dans le bois!...« (p. 233).

Bernard Gallina (Udine)

Anatole France. Les variations sur le portrait d'un jeune homme entraîné dans la Révolution

Nous analysons la pratique du portrait chez Anatole France, et nous choisissons sa manière de représenter un jeune homme mêlé aux événements révolutionnaires. On sait qu'il a l'occasion de rencontrer dès son plus jeune âge des survivants de cette tourmente; qu'il se plonge avec une grande passion dans la lecture des manuscrits, des journaux, des livres, des gravures de cette époque-là; qu'il ne cesse durant toute sa vie de s'interroger sur cette phase cruciale de l'histoire. Marie-Claire Bancquart affirme à ce sujet:

> On peut dire que deux grands projets traversèrent sa vie, qui sont des projets d'écrivain-historien: l'un sur la Révolution française, parcours jalonné par »Les Autels de la Peur«, les contes placés à la fin de *L'Étui de Nacre*, et aboutissant aux *Dieux ont soif*; l'autre sur Jeanne d'Arc qui, avant le gros livre de 1908, se manifeste depuis 1876 par une série très considérable d'articles.[1]

Anatole France laisse entrevoir en filigrane son intérêt pour les grandes figures et les grands événements du passé, qu'ils appartiennent à une époque pour lui récente comme ceux qui font leur apparition à partir de 1789, ou à une époque plus lointaine, comme le premier tiers du XVe siècle; et en même temps, son intérêt pour la politique et pour la religion. Nous concentrerons notre attention sur le portrait de trois personnages: Marcel Germain dans *Les Autels de la Peur*;[2] Pierre Aubier dans une nouvelle de *L'Étui de Nacre*, *Mémoires d'un volontaire*;[3] Évariste Gamelin dans *Les Dieux ont soif*.[4]

---

[1] M.-C. BANCQUART, *Introduction*, dans A. FRANCE, *Œuvres* I, édition établie, présentée et annotée par Marie-Claire Bancquart, Paris, Gallimard, 1984 (Bibliothèque de la Pléiade), ix – xcvi: xcii.

[2] *Les Autels de la Peur* est publié en feuilleton dans le »Journal des débats« du 2 au 16 mars 1884. L'édition de référence est la suivante: *Les Autels de la Peur*, dans A. FRANCE, *Œuvres* I (note 1), 1025–1061.

[3] Cette nouvelle est publiée sous le titre *À la frontière* dans la »Revue Famille« du 15 mai au 15 juin 1885 avant de prendre son titre définitif dans le recueil *L'Étui de Nacre* qui sort chez Calmann-Lévy en septembre 1992. L'édition de référence est la suivante: *Mémoires d'un volontaire*, dans A. FRANCE, *Œuvres* I (note 1), 956–988.

[4] *Les dieux ont soif* paraît chez Calmann-Lévy le 12 juin 1912. L'édition de référence est la

1. Le portrait de Marcel Germain

Le narrateur dans un incipit à la manière balzacienne esquisse une description du milieu où va apparaître le personnage, établit une série de correspondances entre l'atmosphère qui y règne et l'état d'âme de ce dernier, caractérisé par la solitude, le calme, la tendance au songe; et en même temps, il laisse entrevoir que cet univers commence à être bouleversé par les événements qui éclatent à Paris le 14 juillet 1789. Arraché à sa lecture par l'écho de l'insurrection, Marcel Germain interrompt sa promenade, quitte sa lecture et prête l'oreille au murmure qui provient de la capitale, ce qui le trouble et lui fait entrevoir de profonds dérèglements et de graves menaces à l'horizon:

> 1. 14 juillet 1789
> Le Cours-la-Reine était désert. Le grand silence des jours d'été régnait sur les vertes berges de la Seine, sur les vieux hêtres taillés dont les ombres commençaient à s'allonger vers l'orient et dans l'azur tranquille d'un ciel sans nuages, sans brises, sans menaces et sans sourires. Un promeneur, venu des Tuileries, s'acheminait lentement vers les collines de Chaillot. Il avait la maigreur agréable de la première jeunesse et portait l'habit, la culotte, les bas noirs de bourgeois, dont le règne était enfin venu. Cependant son visage exprimait plus de rêverie que d'enthousiasme. Il tenait un livre à la main; son doigt, glissé entre deux feuilles, marquait l'endroit de sa lecture, mais il ne lisait plus. Par moments, il s'arrêtait et tendait l'oreille pour entendre le murmure léger et pourtant terrible qui s'élevait de Paris, et dans ce bruit plus faible qu'un soupir il devinait des cris de mort, de haine, de joie, d'amour, des appels de tambours, des coups de feu, enfin tout ce que, du pavé des rues, les révolutions font monter vers le chaud soleil de férocité stupide et d'enthousiasme sublime. Parfois, il tournait la tête et frissonnait.[5]

Le narrateur prépare dans ses grandes lignes le portrait de ce personnage. Ce dernier vient d'entrer dans sa jeunesse, dont il présente la maigreur agréable. Son habillement dénote son appartenance à la classe qui détient le pouvoir: bas, culotte, habit; et plus loin, veste et cravate.[6] Bien que profondément frappé dans sa sensibilité par les crimes que commet ce jour-là la foule déchaînée, comme l'assassinat du prévôt des marchands tué d'un coup de pistolet ou bien celui du gouverneur massacré sur le perron de l'Hôtel de Ville,[7] il demeure indifférent, abandonne le théâtre de l'insurrection, préférant la solitude et la compagnie d'un livre à celle des humains:

---

suivante: *Les dieux ont soif*, dans A. FRANCE, *Œuvres* IV, édition établie, présentée et annotée par Marie-Claire Bancquart, Paris, Gallimard, 1994 (Bibliothèque de la Pléiade), 431–624.
5 A. FRANCE, *Les Autels de la Peur* (note 2), 1025.
6 Cf. *ibidem*, 1040.
7 Cf. *ibidem*, 1025.

Les scènes violentes se sont réfléchies dans son imagination jeune et rêveuse avec les teintes de la mélancolie. Il a pris son livre préféré, un livre anglais plein de méditations sur les tombeaux, et il s'en est allé le long de la Seine, sous les arbres du Cours-la-Reine, vers la maison blanche, où nuit et jour va sa pensée.[8]

Il y a six mois qu'il a quitté Angers pour gagner la capitale. Et ce jour-là, il décide de rendre visite à la personne qu'il aime, Fanny, dont la mère était dans la capitale angevine l'amie de sa mère. Il la considère comme l'ange de son rêve.[9] Celle-ci est profondément marquée par la pensée de Rousseau, au point d'appeler son fils Émile, et plus en général par les idées nouvelles ; et elle est convaincue qu'il faut combattre pour la justice et pour la vérité.[10] Leur rencontre constitue un tournant décisif dans l'existence de Marcel Germain qui va adopter les idéaux de la femme qu'il aime. Après une période d'atermoiement, il répond favorablement à l'appel de la jeune femme :

»[Fanny] – Attachez-vous à la justice et à la vérité. Vivez, mourez pour elles. Vous êtes instruit ; vous vous sentirez peut-être quelque talent d'écrire quand vous aurez autre chose à exprimer que des craintes égoïstes. Écrivez, parlez : la parole est l'arme de la liberté. La Révolution n'est pas finie, quoi qu'en dise notre vieil ami. Jetez-vous dans la lutte. Soyez courageux : si vous l'êtes, vous aurez bien des chances de distinguer ce qu'il faut combattre et ce qu'il faut défendre. Le devoir est toujours facile à reconnaître pour des yeux que la crainte ne trouble pas.«
Elle montra du doigt le Champ-de-Mars :
»Vous voyez cet autel de la Patrie, le tertre immense que grossit d'heure en heure l'enthousiasme d'un grand peuple. Il s'écroulera et j'entrevois un jour où sur toutes les places publiques de la France d'autres autels s'élèveront en silence : les autels de la Peur. Germain, au nom de celle que vous aimez, je vous adjure de n'y sacrifier jamais.«
Marcel se dressa tout debout, lui prit la main et s'écria avec l'accent d'un enthousiasme profond :
»Fanny, je jure de rendre digne de vous l'âme que je vous ai donnée.«[11]

À partir de ce jour-là, Marcel Germain, tout en demeurant fidèle à la femme qu'il aime, abandonne son indifférence en matière de politique, son égoïsme, pour se mettre au service d'autrui, s'engager dans la mêlée politique et sociale afin de

---

8 *Ibidem*, 1026. On peut supposer que le volume auquel fait allusion l'auteur est *The Complaint, or Night-Thoughts on Life, Death and Immortality* d'Edward Young (1683–1765), publié en 1742–1745 à Londres. Ou bien la célèbre *Elegy Written in a Country Churchyard*, publiée en 1750, de Thomas Gray (1716–1771) qui contient le vers célèbre : »And Melancholy marked him for her own« (*The Epitaph*, St. 1). Ces deux œuvres obtinrent, toutes les deux, un grand succès à la fin du XVIIIe siècle. Dans une étude intitulée *Le Tombeau de Virginie* qu'il insère dans son édition de *Paul et Virginie* publiée chez Lemerre en 1877, Anatole France évoque »le goût Louis XVI pour les tombeaux dans les parcs«. Cf. M.-C. BANCQUART, *L'Étui de Nacre. Notes et variantes*, dans A. FRANCE, *Œuvres* I (note 1), 1438.
9 Cf. *ibidem*, 1027.
10 Cf. *ibidem*, 1028.
11 *Ibidem*, 1034. Le vieil ami dont parle Fanny est Franchot, un écrivain.

défendre la cause de la liberté et de la justice. Un jour, il remet à Fanny une brochure ayant pour titre *Les Autels de la Peur* et il lui dit:

> »Fanny, s'écria le jeune homme; Fanny, depuis que votre main, que je n'ai pas assez couverte de larmes et de baisers, m'a montré la voie, je l'ai suivie hardiment. Je vous ai obéi: j'ai écrit, j'ai parlé; j'ai défendu dans les journaux, au club, dans ma section et jusque sur les bornes des carrefours le roi et la Constitution. C'est pourquoi je suis devenu en horreur à la cour et aux patriotes [...] Dans une feuille rédigée par moi seul et répandue par milliers dans les sections, j'ai flétri les émigrés qui méditent un retour parricide sur la terre qui les a nourris, les législateurs qui ne savent faire que des lois obéissantes et le peuple insensé, qui, le 20 juin et le 10 août, prépara l'anarchie et la dictature.«[12]

Marcel Germain s'est métamorphosé en un autre homme: il ne semble plus prêter attention à son habillement comme naguère, et surtout il présente une physionomie nouvelle:

> Son visage avait bien changé depuis quinze mois. On n'y voyait plus, comme jadis, la mollesse d'une tardive adolescence. Ses traits, autrefois noyés de langueur, étaient maintenant serrés et tendus par l'effort visible d'une mâle pensée. Une flamme sombre animait son regard; sa bouche avait pris comme le pli de l'éloquence, et son visage semblait sculpté par une main céleste.[13]

Un autre jour, il prête son concours à Fanny qui essaie de sauver un vieil ami, Duvernay, de la peine capitale:

> Un homme vêtu d'une carmagnole, sans cravate, en guenilles, s'approcha d'elle et retira son bonnet; ses cheveux étaient coupés à la Titus:
> »C'est bien, dit-elle, vous êtes tout à fait comme il faut, Marcel.«
> C'était Marcel, en effet, rendu méconnaissable moins par son déguisement que par les fatigues d'une année de misère, de douleurs et de rage.[14]

Il demeure fidèle à Fanny au point d'aller la rejoindre en prison, dans l'antichambre de l'échafaud, lui vouant un amour platonique »chaste et sévère«, pour reprendre l'expression de Jean Levaillant,[15] qui lui fait oublier sa mort prochaine:

> »Marcel, l'ombre même d'un mensonge me fait horreur. Écoutez-moi. Je suis contente de mourir avec vous. Je vous aime mieux que personne au monde. Mais je n'eus jamais d'amour pour personne, et je n'en ai pas pour vous. Oh! malgré le vent de l'Océan qui souffle dans les feuilles, s'il n'y allait que du salut de mon âme. Marcel, je vous jure que je me donnerais à vous au prix de ma félicité céleste. Mais je ne peux pas me donner sans amour.«

---

12 *Ibidem*, 1036.
13 *Ibidem*, 1035.
14 *Ibidem*, 1041.
15 Jean Levaillant qualifie cet amour de »chaste et sévère«. Cf. J. LEVAILLANT, *Les aventures du scepticisme. Essai sur l'évolution intellectuelle d'Anatole France*, Paris, Armand Colin, 1965, 235.

Marcel resta longtemps sans répondre. Enfin:
»Qu'importe votre amour! dit-il; le mien est sans bornes et mon bonheur est infini comme mon amour.«[16]

Le personnage de Marcel Germain évoque l'univers de la fin du XVIIIe siècle. La rêverie dans laquelle il est plongé dans sa promenade solitaire, la tendance à l'aveu, l'amour platonique pour une femme qu'il considère comme son ange et sa muse, l'alliance du sentiment et de la vertu, tout cela ressuscite le souvenir du rousseauisme. Le conflit entre l'exubérance sentimentale du moi et l'existence de la collectivité, où vient d'éclater la Révolution, fait penser au Goethe des *Leiden des jungen Werthers*; et Marie-Claire Bancquart nous apprend que France aimait l'auteur allemand.[17] Le prénom de Fanny, le titre *Les Autels de la Peur*, l'opposition aux nouveaux maîtres et au nouveau cours de la Révolution, l'épisode où Marcel chante des vers qu'il a composés sous le regard de la femme qu'il aime, alors qu'ils sont en prison, renvoient à André Chénier à Saint-Lazare. Fanny, en qui certains voient Mme Laurent Lecoulteux, qu'André Chénier rencontre à Versailles alors qu'il doit s'éloigner de la capitale, figure dans quatre poèmes des *Odes* amoureuses du poète, par exemple: »À Fanny. Non, de tous les amants les regards, les soupirs« et »Fanny, l'heureux mortel qui près de toi respire«. Le titre de ce roman renvoie à celui d'un article qu'André Chénier écrit du 25 au 30 avril 1791, où il lance une attaque contre Marat et les sans-culottes. L'épisode de la prison où Marcel Germain ira rejoindre Fanny pour partager ses derniers instants avec elle rappelle le souvenir de la rencontre du poète avec Aimée Franquetot de Coigny dont la beauté lui inspire le poème *La jeune captive*. Marie-Claire Bancquart relève qu'Anatole France idéalise l'image d'André Chénier dont il a toujours admiré la poésie, allant jusqu'à le pasticher.[18]

2. Le portrait de Pierre Aubier

Comme l'indique le titre, *Mémoires d'un volontaire*, ce texte constitue les souvenirs que laisse de lui-même un soldat. Un soldat des armées de la Révolution, comme l'indique l'explicit: »(Écrit au bivouac, sur la Sambre, du septidi 27 frimaire, au sextidi 6 nivôse an II de la République française, par Pierre Aubier, réquisitionnaire)«.[19] Soit du 17 au 26 décembre 1793. L'auteur de ces *Mémoires* naît en 1770 dans une famille modeste de la région de Langres. Son père est à demi

---

16 A. FRANCE, *Les Autels de la peur* (note 2), 1058.
17 Cf. M.-C. BANCQUART, *Introduction* (note 1), lxiv.
18 Cf. M.-C. BANCQUART, *Les Dieux ont soif. Notice*, dans A. FRANCE, Œuvres IV (note 4), 1344–1457: 1348. Anatole France pastiche le poète en 1864 dans *Proserpine incertaine...*. À ce sujet, voir l'ouvrage de M. LE GOFF, *Anatole France à la Béchellerie*, Paris, Delteil, 1924, 230.
19 A. FRANCE, *Mémoires d'un volontaire* (note 3), 988.

paysan et à demi citadin, à la fois fruiticulteur et coutelier. Être profondément sensible, il connaît une enfance heureuse où il est entouré de l'affection des siens; des religieuses qui pourvoient à sa première éducation et d'un abbé qui lui fait découvrir les *Géorgiques* de Virgile; d'une jeune fille, Mlle Rose. Ce bonheur agreste prend fin lorsqu'il quitte sa maison paternelle pour poursuivre ses études au *Collegium* de Langres. Il y apprend à respecter les autres, mais aussi à se faire respecter lorsque ses camarades raillent ses habits mal faits et son allure rustique. Il y fait également la connaissance du régent de l'Oratoire, le père Féval, qu'il érige au rang de maître spirituel: »M. Féval n'était pas un prêtre philosophe, il professait les vertus et non la foi du vicaire savoyard. Il croyait tout ce qu'un prêtre doit croire«.[20]

C'est au moment où il est sur le point de terminer son cursus ecclésiastique sous des maîtres excellents que lui parvient une série de nouvelles, l'écho d'une volonté de renouvellement dans tout le pays:

> Tandis que j'achevais ma philosophie sous ces maîtres éminents, une grande rumeur parvenait jusque dans notre province et traversait les murs épais du collège. On parlait d'assembler les États, on demandait des réformes; et l'on attendait de grands changements. Des livres nouveaux, que nos maîtres nous laissaient lire, annonçaient le retour prochain de l'âge d'or.
> Quand vint le moment de quitter le collège, j'embrassai le père Féval en pleurant.
> Il me retint dans ses bras avec une profonde sensibilité. Puis il m'entraîna sous cette charmille où six ans auparavant j'avais eu avec lui mon premier entretien.
> Là, me prenant par la main, il se pencha sur moi, me regarda dans les yeux et me dit: »Souvenez-vous, mon enfant, que, sans le caractère, l'esprit n'est rien. Vous vivrez assez longtemps, peut-être, pour voir naître dans le pays un esprit nouveau. Ces grands changements ne s'accompliront pas sans troubles. Qu'il vous souvienne alors de ce que je vous ai dit aujourd'hui: dans les conjonctures difficiles, l'esprit est une faible ressource; seule, la vertu sauve ce qui doit être sauvé.«[21]

À la fin de ses études au séminaire, Pierre Aubier renonce à l'état ecclésiastique. Jugeant qu'il ne peut satisfaire ses ambitions dans sa terre natale, il décide de tenter sa chance dans la capitale:

> Ma mère s'imaginait que mon mérite ne pourrait se développer tout entier que dans une ville comme Paris. J'en arrivai sans peine à penser de même. Je me fis faire un habit par le meilleur tailleur de Langres. Cet habit avec une épée à poignée d'acier, qui en soulevait les basques, me donna si bon air, que je ne doutai plus de ma fortune. Le père Féval me fit une lettre pour le duc de Puybonne, et le 12 juillet de l'an 1789, je montai dans le coche, en pleurant, chargé de livres latins, de galettes, de lard et de baisers. J'entrai dans Paris par le faubourg Saint-Antoine, que je trouvai plus hideux que les misérables hameaux de ma province. Je plaignais de tout mon cœur et les malheureux qui habitaient là et moi

---

20 *Ibidem*, 959.
21 *Ibidem*, 962.

qui avais quitté la maison et le verger de mon père pour chercher fortune au milieu de tant d'infortunés. Un négociant en vins, qui avait pris le coche avec moi, m'expliqua pourtant que tout ce peuple était dans l'allégresse parce qu'on avait détruit une vieille prison, nommée la Bastille-Saint-Antoine.[22]

Il entre au service de M. de Puybonne, un gentilhomme épris de progrès, admirateur de l'*Encyclopédie*;[23] passionné d'agriculture, d'industrie, de banque, de commerce, d'arts mécaniques; en correspondance avec les hommes éclairés de l'Angleterre, de la Suisse, de l'Amérique; partisan de l'application de la Constitution anglaise à la France. Devenu député de la noblesse à l'Assemblée nationale, cet aristocrate essaie d'y faire triompher son idéal de liberté anglaise qui inspire sa vision de la Révolution. Pierre Aubier est dans un premier temps employé à la copie et au classement des lettres. Il est entouré de la bienveillance de son maître. Il s'entend bien avec un collègue poète à ses heures qui lui fait découvrir les charmes de la capitale, et en premier lieu les théâtres et les guinguettes. Baguenaudant dans la capitale, il s'enthousiasme pour les monuments marqués par l'influence du classicisme, et il considère que la colonnade du Louvre est »un chef-d'œuvre digne de la France et de ses rois. Quelle ville que Paris!«[24]

En même temps, il éprouve un coup de foudre pour une jeune demoiselle, prénommée Amélie, »coiffée à la grecque, dont les cheveux blonds et les yeux bleus me parurent les plus beaux du monde. Je rougis en la saluant. Mais elle ne parut point s'apercevoir de mon trouble.«[25]

Cette période heureuse est de courte durée, car après le 14 juillet 1790 Pierre Aubier constate que les nuages montent à l'horizon, et que son amour est sans espoir:

> Au lendemain de la Fédération, la nation se trouva cruellement divisée. Le roi, faible et borné, répondait mal aux espérances infinies que le peuple avait mises en lui.
> L'émigration criminelle des princes et des nobles appauvrissait le pays, irritait le peuple et menait à la guerre. Les haines populaires devenaient de plus en plus menaçantes. Si la nation était dans le trouble, la paix ne régnait pas dans mon cœur. J'avais revue Amélie. J'étais devenu l'hôte assidu de sa famille et il n'y avait pas de semaine que je n'allasse deux ou trois fois dans la maison qu'ils habitaient dans la rue Neuve-Saint-Eustache. Leur fortune, autrefois brillante, avait beaucoup souffert sous la Révolution, et je puis dire que le malheur mûrit notre amitié. Amélie, devenue pauvre, m'en parut plus touchante et je l'aimai. Je l'aimai sans espoir. Qu'étais-je, pauvre petit paysan, pour plaire à une si gracieuse citadine?[26]

---

22 *Ibidem*, 963.
23 Pierre Aubier lit après dîner quelques pages de cette œuvre à son seigneur. Cf. *ibidem*, 967.
24 *Ibidem*, 967.
25 *Ibidem*, 970.
26 *Ibidem*, 971.

Ayant gagné la confiance de M. de Puybonne, il est chargé de la correspondance sur les affaires publiques et reçoit les confidences de son maître, qui demeure fidèle à la royauté mourante jusqu'au 10 août 1792, le jour de la constitution de la Commune insurrectionnelle de Paris et de la prise des Tuileries. Il est chargé des intérêts de son maître lorsque ce dernier s'apprête à fuir en Angleterre pour échapper aux sans-culottes. Il est horrifié par les massacres de Septembre:

> J'étais constamment sur mes gardes: un serviteur fidèle devait m'avertir au premier coup de marteau. Je me jetais habillé dans mon lit ou dans un fauteuil. J'avais sur moi la clef de la petite porte du jardin. Mais pendant les exécrables journées de Septembre, quand j'appris que des centaines de prisonniers avaient été massacrés au milieu de l'indifférence publique, sous le regard approbateur des magistrats, l'horreur l'emporta en moi sur la crainte et je rougis de prendre tant soin de ma sûreté et de défendre si prudemment une existence que devaient désoler les crimes de la patrie.
> Je ne craignais plus de me montrer dans les rues ni de croiser des patrouilles.[27]

Il est ensuite troublé par le procès du roi.[28] Il court alors de graves dangers dans une ville en proie aux expéditions des sans-culottes, à la fièvre de délation, aux poursuites des tribunaux révolutionnaires. Loin de céder à la peur, il fait preuve d'un grand courage, allant jusqu'à témoigner en faveur d'un oncle d'Amélie pour obtenir sa libération.[29] Profondément déçu par le cours des événements, il perd également tout espoir de se faire aimer de cette jeune fille, qui lui préfère une célébrité littéraire et qui fait preuve d'ingratitude à son égard. Paris n'est plus qu'une source de mélancolie pour ce promeneur solitaire:

> La solitude m'était affreuse et la compagnie importune. Dans ces dispositions j'errais au hasard par les rues et les quais de la capitale, contemplant tristement les armoiries mutilées au fronton des hôtels, et les saints décapités au portail des églises.[30]

Il trouve cependant une lueur d'espoir, une raison pour continuer à vivre dans l'amour de la Patrie:

> Comme je traversais le Pont-Neuf pour rentrer dans mon vieux faubourg désert, je vis sur le terre-plein, au pied du socle sur lequel s'élevait naguère la statue de Henri IV, un chanteur de l'Académie qui disait l'hymne des Marseillais d'une voix pathétique. La foule assemblée, tête nue, reprenait le refrain en chœur: Aux armes, citoyens! mais quand le chanteur entonna le dernier couplet: Amour sacré de la Patrie, d'une voix lente et profonde, tout le peuple frémit dans une sainte ivresse. À ce vers:
> Liberté, liberté chérie...

---

27 *Ibidem*, 973.
28 Cf. *ibidem*, 981.
29 Cf. *ibidem*, 981–985.
30 *Ibidem*, 974.

je tombais à genoux sur le pavé, et je vis que tout le monde s'était prosterné avec moi. Ô Patrie! Patrie! qu'y-a-t-il en toi pour que tes enfants t'adorent ainsi? Ô Patrie! heureux ceux qui meurent pour toi.[31]

Il est de nouveau déçu par la flambée de l'extrémisme qui le 31 mai 1793 met fin au modérantisme. Poursuivi pour conspiration à cause de sa correspondance avec M. de Puybonne, privé de sa carte de civisme qui constitue alors le sauf-conduit indispensable dans une ville où règne la terreur qu'imposent les jacobins, animé par l'amour de la patrie, il décide de se mettre au service de la République, lui qui avait été initié par son maître à la monarchie constitutionnelle à l'anglaise par M. de Puybonne. Il se fait inscrire dans les rangs des réquisitionnaires et il quitte Paris le 7 brumaire de l'an II:

> Le bonnet de police sur la tête, sac au dos, vêtu d'une carmagnole, je me trouvais un air assez martial. De temps en temps je me retournais vers la grand-ville où j'avais tant souffert et tant aimé. Puis je reprenais mon chemin en essuyant une larme.[32]

Sur la route de Nancy où stationne le régiment qu'il doit rejoindre, il couche tour à tour dans une étable sur la paille; dans des draps blancs; dans un grenier, à la pluie et au vent. Il découvre ainsi la différence entre la guerre telle que la peint Tite-Live et la guerre telle que la vit un soldat:

> C'est d'après Tite-Live que je m'étais fait une idée de la guerre, or, je vous atteste, bois, prés, collines, rives de la Sambre et de la Meuse, cette image était fausse. La guerre, telle que je la fis, consiste à traverser des villages incendiés, à coucher dans la boue, à entendre siffler les balles pendant de longues et mélancoliques factions de nuit; mais de combats singuliers et de batailles rangées, je n'en vis point.[33]

Arrivé à Nancy, il a le plaisir de faire la connaissance d'un officier qui subsume la plupart de ses idées sur l'existence: l'attachement à la terre natale et à ses origines, le culte des valeurs fondamentales, la magnanimité:

> Mon colonel était un ci-devant noble de chez moi. Il me traita avec bonté. Vieux royaliste, soldat et non courtisan, il avait tardé à changer l'habit blanc des troupes de Sa Majesté contre l'habit bleu des soldats de l'an II. Il détestait la République et donnait tous les jours sa vie pour elle.
> Je bénis la Providence de m'avoir conduit à la frontière, puisque j'y ai trouvé la vertu.[34]

L'histoire de Pierre Aubier ressuscite le souvenir d'un illustre enfant de Langres, Denis Diderot. Comme ce dernier, c'est le fils d'un coutelier et il fait ses études dans un collège de la ville, avant de se rendre dans la capitale. Le rôle que jouent

---

31 *Ibidem*, 980.
32 *Ibidem*, 986.
33 *Ibidem*, 987.
34 *Ibidem*, 988.

dans son éducation son père, M. Féval, et M. de Puybonne;[35] le passage de l'adolescence à l'âge mûr à la fin de ses études au collège, »c'est ainsi qu'en un moment, d'enfant je devins homme«;[36] les changements dans les habitudes vestimentaires dûs à l'attention au milieu où il évolue; la capacité d'affronter diverses épreuves en province, à Paris, puis de nouveau en province et d'en tirer une leçon; la découverte des valeurs fondamentales de l'être; le sentiment de rester constamment un apprenti – tout cela renvoie au *Bildungsroman*, et à son modèle par excellence, le *Wilhelm Meisters Lehrjahre*. Les origines provinciales, l'influence des lectures, le rôle capital que revêt dans son éducation un ecclésiastique, l'ambition de réussir, la montée à Paris, la mission importante que lui confie le maître de maison rappellent Julien Sorel. Pierre Aubier ne voit rien de la guerre, la frôle sans y participer, comme Fabrice del Dongo à Waterloo. Enfin les aventures de ce soldat de l'an II, fier d'appartenir à un régiment qui s'est couvert de gloire à Wattignies,[37] fait penser à un vers des *Ô soldats de l'an deux!* dans *Les Châtiments* »Ils allaient, fiers, joyeux et soufflant dans les cuivres.« De la même manière, le grenier exposé à la pluie et la neige où il passe une nuit lorsqu'il va rejoindre son régiment[38] semble un écho de deux vers de ce même poème: »Dans la pluie et la neige et de l'eau jusqu'au ventre / On allait! En avant!«. Marie-Claire Bancquart affirme que le jeune Anatole France subit l'influence de Hugo dans les dernières années du Second Empire, »une influence presque obligée à l'époque«.[39]

3. Le portrait d'Évariste Gamelin

Évariste Gamelin naît à Paris le jour de l'exécution de Lally-Tolendal, le 7 mai 1766; il connaîtra lui aussi le même sort, puisqu'il sera guillotiné quelques jours après le IX thermidor (fin juillet / début août 1794). C'est le fils d'un coutelier de la rue de Grenelle-Saint-Germain et il habite au quatrième étage d'une maison sur le côté du quai de l'Horloge. Sa mère évoque dans un long *flash-back* son enfance ainsi que son adolescence:

»Je t'élevai de mon mieux, ne ménageant ni les soins ni la dépense. Il est juste de dire, mon Évariste, que tu m'en témoignas de la reconnaissance et que, dès l'enfance, tu cherchas à m'en récompenser selon les moyens. Tu étais d'un naturel affectueux et doux«.[40]

---

35 Cf. *ibidem*, 959, 961, 962, 964, 967.
36 *Ibidem*, 962.
37 *Ibidem*, 987.
38 *Ibidem*, 987.
39 M.-C. BANCQUART, *Anatole France polémiste*, Paris, Nizet, 1992, 21.
40 A. FRANCE, *Les dieux ont soif* (note 4), 444.

Et, plus loin, elle ajoute:

> »Jusque sur mon lit de mort je te rendrai ce témoignage. Après la mort de ton père, tu m'as prise courageusement à ta charge; bien que ton état ne te rapporte guère, tu ne m'as jamais laissée manquer de rien, et si nous sommes aujourd'hui tous deux dépourvus et misérables, je ne puis te le reprocher; la faute en est la Révolution.«[41]

Au moment où elle manifeste sa reconnaissance, Évariste Gamelin a atteint l'âge de vingt-sept ans.[42] C'est un artiste qui a commencé par peindre des sujets galants, selon le goût de l'époque; mais les considérant comme les effets de la dépravation monarchique, il s'est tourné vers la peinture révolutionnaire, patriotique:

> Maintenant, citoyen d'un peuple libre, il charbonnait d'un trait vigoureux des Libertés, des Droits de l'homme, des Constitutions françaises, des Vertus républicaines, des Hercules populaires ramassant l'hydre de la Tyrannie, et mettait dans ces compositions toute l'ardeur de son patriotisme.[43]

La fusion de l'idéologie révolutionnaire et du retour au classicisme trouve alors son expression la plus haute chez David, le maître d'Évariste Gamelin; parlant de ce célèbre peintre, il déclare:

> »David a ouvert la voie: il se rapproche de l'antique; mais il n'est pas encore assez simple, assez grand, assez nu. Nos artistes ont encore bien des secrets à apprendre des frises d'Herculanum, des bas-reliefs romains, des vases étrusques.«[44]

C'est sous l'inspiration de ce dernier qu'il peint une vaste toile ayant pour titre *Tyran poursuivi aux Enfers par les Furies* et une autre intitulée *Oreste veillé par Électre sa sœur*, dont le sujet est tiré de l'*Oreste* d'Euripide:

> »J'avais lu, dans une traduction déjà ancienne de cette tragédie, une scène qui m'avait frappé d'admiration: celle où la jeune Électre, soulevant son frère sur son lit de douleur, essuie l'écume qui lui souille la bouche, écarte de ses yeux les cheveux qui l'aveuglent et prie ce frère chéri d'écouter ce qu'elle va lui dire dans le silence des Furies...«.[45]

Apparaît une ressemblance entre le portrait d'Oreste et son auteur: »La tête d'Oreste était tragique et belle et l'on y reconnaissait une ressemblance avec le visage du peintre.«[46] En peignant Oreste, c'est lui-même que peint le jeune peintre: le portrait se transforme en un autoportrait;[47] et le récit d'Oreste s'en-

---

41 *Ibidem.*
42 Cf. *ibidem*, 433.
43 *Ibidem*, 440.
44 *Ibidem*, 453.
45 *Ibidem*, 483.
46 *Ibidem*, 441. Cette ressemblance est aussi notée par Mme de Rochemaure (484), par sa sœur Julie (572), par son ami Desmahis (619).
47 Marie-Claire Bancquart affirme que dans le portrait d'Oreste le peintre a représenté son

châsse dans le récit d'Évariste Gamelin, en constitue un raccourci.[48] Parlant du personnage mythologique, le peintre affirme:

> »C'est par pitié filiale, par obéissance à des ordres sacrés qu'il a commis ce crime dont les dieux doivent l'absoudre, mais que les hommes ne pardonneront jamais. Pour venger la justice outragée, il a renié la nature, il s'est fait inhumain, il s'est arraché les entrailles. Il reste fier sous le poids de son horrible et vertueux forfait…«.[49]

Ce dérèglement trouve son origine dans l'emballement pour la raison elle-même, car, déclare Brotteaux des Îlettes: »La raison nous guide et nous éclaire; quand vous en avez fait une divinité, elle vous aveuglera et vous persuadera de crimes.«[50] La raison est alors traversée, ébranlée par le divin, par le mysticisme; la mesure par l'incommensurable. La réalité devient de plus en plus floue, et sa saisie de plus en plus intermittente. Nommé juré du tribunal révolutionnaire, Évariste Gamelin éprouve de grosses difficultés à trancher entre l'acquittement et la condamnation d'un accusé et finit par se féliciter d'avoir reconnu son innocence.[51] Il reçoit la leçon de Robespierre comme une révélation:

> Évariste entendit et comprit […]. Les choses sont par elles-mêmes mélangées et pleines de confusion; la complexité des faits est telle qu'on s'y perd. Robespierre les lui simplifiait, lui présentait le bien et le mal en des formules simples et claires. Fédéralisme, indivisibilité: dans l'unité et l'indivisibilité était le salut; dans le fédéralisme la damnation. Gamelin goûtait la joie profonde d'un croyant qui sait le mot qui sauve et le mot qui perd. Désormais le Tribunal révolutionnaire, comme autrefois les tribunaux ecclésiastiques, connaîtrait du crime absolu, du crime verbal. Et, parce qu'il avait l'esprit religieux, Évariste recevait ces révélations avec un sombre enthousiasme; son cœur s'exaltait et se réjouissait à l'idée que désormais, pour discerner le crime de l'innocence, il possédait un symbole.[52]

De fait, Évariste Gamelin ne parvient plus à ajuster ses idées dans son analyse des chefs d'accusation, se laisse entraîner par ses inclinations, à l'instar de ses collègues du Tribunal révolutionnaire:

> Bienveillants ou cruels par sensibilité, secoués soudain par un brusque mouvement de pitié, ils acquittaient avec des larmes un accusé qu'ils eussent, une heure auparavant,

---

double. Cf. *Préface*, dans A. FRANCE, *Les Dieux ont soif*, édition présentée, établie et annotée par Marie-Claire Bancquart, Paris, Gallimard, 1989, 7 – 37: 21.
48 Pierre Citti soutient que le sort d'Oreste préfigure celui d'Évariste Gamelin seulement dans la mesure où le juge impitoyable, le Vengeur, est lui-même une victime des dieux. Cf. P. CITTI, *Préface*, dans A. FRANCE, *Les dieux ont soif*, préface, note et annexes de Pierre Citti, Paris, Librairie générale française, 1989 (Le livre de poche: classique), 5 – 25: 22.
49 A. FRANCE, *Les dieux ont soif* (note 4), 483.
50 *Ibidem*, 579.
51 Cf. *ibidem*, 528.
52 *Ibidem*, 538.

condamné avec des sarcasmes. À mesure qu'ils avançaient dans leur tâche, ils suivaient plus impétueusement les impulsions de leur cœur.[53]

Lorsque la Convention promulgue la loi de Prairial, abolissant toute possibilité de défendre l'innocence soupçonnée, alors chez les jurés du Tribunal révolutionnaire triomphe la voix du cœur, car à leurs yeux les mouvements d'un cœur droit sauvent tout, conduisent l'homme vers le divin: »Ils voyaient Dieu, ces jurés du Tribunal révolutionnaire. L'Être suprême, reconnu par Maximilien, les inondait de ses flammes. Ils aimaient, ils croyaient.«[54]

Devenu membre du conseil général de la Commune, Évariste Gamelin participe à l'insurrection fomentée par Robespierre à l'Hôtel de Ville et meurt à son tour sur l'échafaud quelques jours après le IX Thermidor. Il laisse de lui une image négative. Sa mère finit par le considérer comme un monstre.[55] Sa sœur Julie voit en lui une réincarnation de Caïn,[56] et Chassagne le juge »un beau scélérat«.[57] Il est couvert de mépris par Jacques Maubel.[58] Brotteaux des Îlettes ne voit pas en lui un homme, mais le rabaisse au rang d'une chose.[59] Face à Desmahis qui essaie de le défendre, le père d'Élodie le qualifie de »belle canaille« et finit par obtenir l'assentiment de son interlocuteur.[60] Dans ce brouhaha où tous crient haro sur sa conduite, condamnent son action, une seule voix s'élève en sa faveur, celle de son amante Élodie Blaise. Les deux jeunes gens s'aiment passionnément, se jurent un amour éternel.[61] Chez Évariste Gamelin, l'amour coexiste avec la jalousie et le fanatisme politique: il envoie à la mort injustement Jacques Maubel, un jeune aristocrate, en qui il croit reconnaître le séducteur de la jeune femme et un conspirateur contre-révolutionnaire, suscitant la réaction indignée de celle-ci:

»Misérable! C'est toi qui l'as tué, et ce n'était pas mon amant. Je ne le connaissais pas... je ne l'ai jamais vu... Quel homme était-ce? Il était jeune, aimable... innocent. Et tu l'as tué, misérable! misérable!«.
Elle tomba évanouie. Mais, dans les ombres de cette mort légère, elle se sentait inondée en même temps d'horreur et de volupté. Elle se ranima à demi; ses lourdes paupières découvraient le blanc de ses yeux, sa gorge se gonflait, ses mains battantes cherchaient son amant. Elle le pressa dans ses bras à l'étouffer, lui enfonça les ongles dans la chair et lui donna, de ses lèvres déchirées, le plus muet, le plus sourd, le plus long, le plus douloureux et le plus délicieux des baisers.

---

53 *Ibidem*, 553.
54 *Ibidem*, 593.
55 Cf. *ibidem*, 576.
56 Cf. *ibidem*, 595.
57 Cf. *ibidem*, 594.
58 Cf. *ibidem*, 562.
59 Cf. *ibidem*, 585.
60 Cf. *ibidem*, 619.
61 Cf. *ibidem*, 470.

> Elle l'aimait encore de toute sa chair, et, plus il lui apparaissait terrible, cruel, atroce, plus elle le voyait couvert du sang de ses victimes, plus elle avait faim et soif de lui.[62]

Elle fait passer au second plan l'horreur qu'elle éprouve face au crime de son amant pour ne penser qu'à laisser déborder sa sensualité; qui plus est, le crime avive son érotisme. Un lien indissoluble s'établit entre cet amant sanguinaire et cette jeune fille voluptueuse. Évariste Gamelin, quant à lui, demeure insensible aux charmes d'un joli visage, d'un corps qui excite les sens et ne s'en laisse pas influencer au moment d'émettre son jugement, son arrêt de mort.[63] Un jour il se réveille brusquement en proie à des cauchemars où il vient de voir les Euménides, et il aperçoit auprès de lui Élodie qui écarte les mèches farouches de ses cheveux avec la tendresse d'une sœur, ce qui lui rappelle la belle scène de l'*Oreste* d'Euripide qu'il a entreprise dans l'un de ses tableaux:

> Et il croyait entendre aussi Élodie dire d'une voix douce: »Écoute-moi, mon frère chéri, pendant que les Furies te laissent maître de ta raison… «. Et il songeait: »Et pourtant, je ne suis point parricide. Au contraire, c'est par piété filiale que j'ai versé le sang impur des ennemis de ma patrie.«[64]

C'est encore elle qui vole à son secours lorsqu'éclate la réaction thermidorienne:

> »Évariste, écoute ton Élodie; écoute ta sœur; viens t'asseoir près d'elle, pour qu'elle apaise ton âme irritée.«
> Il la regarda. Jamais elle ne lui avait paru si désirable; jamais cette voix n'avait sonné à ses oreilles si voluptueuse et si persuasive.[65]

Refusant son appui, lui demandant de lui pardonner pour l'avoir mêlée à son terrible destin, il décide d'obéir à l'appel que Robespierre lance contre ceux qui l'ont renversé, et le suit à l'échafaud.

Après sa mort, Élodie ne l'oublie pas; et c'est avec une profonde mélancolie qu'elle se défait de la bague de fiançailles qu'il lui avait donnée: »Elle la regarda jusqu'à ce que les flammes eussent brouillé sa vue, l'ôta doucement et la jeta dans les flammes«.[66]

Le poids de la sensibilité, l'idylle entre Élodie et Évariste, la découverte de la nature font penser une fois encore à *La Nouvelle Héloïse*, et plus en général à Rousseau. L'habit bleu d'Évariste, et surtout la force de la sensibilité, pour ne pas parler de sa mort tragique, ressuscitent le souvenir de *Werther*, que cite d'ailleurs ce personnage.[67] Jean Levaillant affirme qu'Évariste Gamelin agence des traits

---

62 *Ibidem*, 563.
63 Cf. *ibidem*, 541.
64 *Ibidem*, 596.
65 *Ibidem*, 611.
66 *Ibidem*, 624.
67 Cf. *ibidem*, 514.

appartenant à plusieurs personnages révolutionnaires et à France lui-même, qu'il laisse entrevoir des affinités avec Saint-Just, Robespierre, Fouquier-Tinville, Danton, Marat; à l'écrivain qui accueille avec sympathie les révolutionnaires violents du début du XXᵉ siècle et qui prend conscience du rôle qu'ils vont jouer sur la scène politique et sociale. Et ce critique ajoute que l'auteur des *Dieux ont soif* décèle dans le drame personnel du jeune Jacobin le problème que pose »la participation de l'homme à l'action toujours violente de l'histoire«.[68]

Pour conclure: Anatole France semble se désintéresser de l'aspect vestimentaire: on ne trouve que quelques détails chez Marcel Germain, qui abandonne l'habit, la culotte des bas noirs pour la carmagnole; chez Pierre Aubier qui passe d'un habit mal fait, lorsqu'il entre au *Collegium* de Langres, à un habit confectionné par un tailleur avant d'endosser lui aussi la carmagnole; chez Évariste Gamelin qui revêt parfois un habit bleu et une cravate. Il n'accorde qu'un intérêt limité à l'aspect physique, exception faite pour le jeune Jacobin, dont il mentionne le visage grave et charmant, les grands yeux, les longs cheveux; il lui arrive parfois d'examiner les rapports entre la personnalité physique et la personnalité morale, comme c'est le cas pour Évariste Gamelin qui ne connaît le désir que dans l'amour profond.[69] C'est surtout sur la personnalité psychologique et morale qu'il concentre son attention: Marcel Germain et Pierre Aubier dénotent une authentique grandeur d'âme, alors qu'Évariste Gamelin est condamné pour sa conduite. Par là il révèle son classicisme. Il cite Ovide et Horace dans *Les Autels de la peur*, Ennius, Virgile et Tite-Live dans *Les mémoires d'un volontaire*, Euripide, Lucrèce et Racine dans *Les Dieux ont soif*. Il compare la stratégie amoureuse d'Élodie face à Évariste à celle d'Aricie face à Hippolyte, stratégie basée dans les deux cas sur une profonde connaissance de la psychologie humaine.[70] Parlant de l'esprit classique d'Anatole France, Pierre Citti affirme que la perfection littéraire est inséparable de l'expression de la vérité.[71] Cette science de l'âme apparaît chez Brotteaux des Îlettes lorsqu'il prévoit l'évolution d'Évariste Gamelin, après sa nomination au Tribunal révolutionnaire: »Il est vertueux; il sera terrible«.[72] Brotteaux des Îlettes, un double d'Anatole France.

---

68 Cf. J. Levaillant (note 15), 768.
69 Cf. *ibidem*, 541.
70 Cf. *ibidem*, 451.
71 P. Citti, Préface, dans A. France, *Les dieux ont soif* (note 48), 12.
72 *Ibidem*, 522.

Francesco Zambon (Trento)

La figura di Circe nell'opera di Giovanni Pascoli

I testi in versi e in prosa di Giovanni Pascoli in cui compare il personaggio di Circe non sono molto numerosi: oltre alle traduzioni di alcuni passi dell'*Odissea*, in parte raccolte nell'antologia scolastica *Sul limitare* (1900), e al commento a un passo dell'*Eneide* (*Il canto di Circe*), incluso in *Epos* (1897), si tratta del carme latino *Circe* contenuto nel *Catullocalvos* (1897), della *Introduzione* allo stesso *Sul limitare* e soprattutto dei canti XV-XVII de *L'ultimo viaggio* (*La procella, L'isola Eea, L'amore*) nei *Poemi conviviali* (1904); cui vanno aggiunti i versi a lei dedicati in quella versione melodrammatica dell'*Odissea* che è *Il ritorno* (*Odi e inni*). Eppure la figura di Circe attraversa alcuni nodi cruciali della riflessione teorica e del mito personale di Pascoli, fornendo una chiave preziosa per penetrare nelle stanze segrete della sua poesia. Nella seconda metà dell'Ottocento Circe era un personaggio di gran moda, specie nella pittura e nella poesia simbolista francese.[1] La dea dai molti *phármaka* di Omero, che aveva trasformato i compagni di Odisseo in maiali e si era poi innamorata perdutamente di lui trattenendolo per un anno nell'isola Aiaie (Eea), la figlia del Sole delle *Argonautiche* di Apollonio Rodio, che sul promontorio tirrenico del Circeo faceva fiorire dal fango mostri semiferini e la cui origine si riconosceva immediatamente dal lampo degli occhi, la *dea saeva* di Virgilio, che teneva prigionieri i leoni ruggenti e i lupi ululanti nei quali aveva trasformato con le sue »potenti erbe« i malcapitati giunti nel suo palazzo; quella Circe che a partire dall'epoca ellenistica era considerata come una maga *par excellence*, una maga esperta soprattutto in incantesimi erotici,[2] diventa nella letteratura *fin de siècle* una delle incarnazioni ideali della *femme fatale*, della irresistibile e spietata seduttrice che con il suo fascino incanta e

---

[1] Cfr. in proposito É. STEAD, *La Figure de Circé dans la poésie fin-de-siècle*, in J. RIEU (publié par), *Antiquité et nouveaux mondes*, Nice, Publications de la Faculté des Lettres, Arts et Sciences Humaines de Nice, 1996, I, 159-183; EAD., *La Figure de Circé et la Décadence: réversibilité et scission du mythe*, in A. MONTANDON (sous la dir. de), *Mythes de la Décadence*, Clermont-Ferrand, Presses Universitaires Blaise Pascal, 2001, 107-128.

[2] Sul mito di Circe nell'antichità, si veda il recente e ottimo M. BETTINI - C. FRANCO, *Il mito di Circe. Immagini e racconti dalla Grecia a oggi*, Torino, Einaudi 2010.

distrugge i suoi amanti: è la potente Circe »sans pitié, sans égard« che Albert Glatigny implora di prolungare senza fine il suo martirio; la »Volupté sinistre, aux philtres tout-puissants« di Louis Ménard, che strega tutti gli esseri »par son regard de vierge et sa bouche qui ment«, creatura maledetta che cambia gli uomini in bestie e alla quale perciò il poeta chiede di assopire »la honte et le remords« nei cuori che traboccano di lei; la »Circé moderne«, »ensorceleuse au froid sourire«, »mauvais ange«, vampiro dai »grands yeux caves et funèbres« che Maurice Rollinat supplica di esaudire i suoi desideri anche se ciò dovesse portarlo alla morte, »empoisonné« dalla sua carezza. Diventa insomma quella Circe che appartiene a »toutes les décadences«[3] del primo e fortunatissimo romanzo di Péladan, *Le Vice suprême*: »passive, absolue, injuste«, questa Circe »aime les chastes pour les corrompre; les forts pour les asservir; les indépendants pour les avilir. Idole come Shîva, son culte c'est l'hécatombe«.[4] Alle rappresentazioni letterarie si affiancano nello stesso periodo quelle pittoriche, dalla *Circe* di Louis Chalon (1888), seduta nuda sul suo trono con la bacchetta in mano e avvolta da uno splendido nimbo solare, a quella di John William Waterhouse (1888) che offre sensualmente la coppa a un Odisseo sospettoso e appena visibile nel grande specchio rotondo alla sue spalle, fino alla *Tilla Durieux als Circe* (1912 – 13 circa) di Franz von Stuck, che porge con sguardo invitante e lascivo la sua bevanda a un destinatario posto fuori del quadro.

Pur associando anch'egli il personaggio al tema amoroso, Pascoli è naturalmente del tutto estraneo a questa morbosa e sensuale atmosfera di seduzione che lo circonda nella letteratura e nella pittura coeva e che è piuttosto presente in alcune evocazioni dannunziane di Circe, come quella del *Ditirambo I* di *Alcyone* dove la figlia del Sole, »tra sue stellate pantere / e sue tazze attoscate di suchi«, lascia gemere »i suoi drudi / bestiame del suo piacere« (vv. 221 – 224). Fra le riscritture o le interpretazioni pascoliane del mito, come si è detto, la più significativa è quella contenuta nel poema *L'ultimo viaggio*. In quella sorta di itinerario a ritroso nel tempo e nella memoria – e insieme di riflessione metaletteraria sull'*Odissea* – che è il nuovo viaggio compiuto da un eroe ormai invecchiato, la prima tappa è proprio l'isola Eea, sulla quale egli approda una sera accompagnato dall'aedo Femio. Appena sceso sulla spiaggia Odisseo è subito certo »d'essere giunto all'isola di Circe« (XV, v. 38) e »come in un sogno« rivede, allo stesso modo di un tempo, la casa della dea (vv. 39 – 44):[5]

---

3 J. PÉLADAN, *Le Vice suprême* [1884], Paris, Les Éditions du Monde Moderne, 1926, 87.
4 Ivi, 122.
5 Tutte le poesie pascoliane sono citate, salvo diversa indicazione, da G. PASCOLI, *Poesie*, con un avvertimento di A. Baldini, Milano, Mondadori, 1948.

> vedea la casa di pulite pietre,
> come in un sogno, e sorgere leoni
> lenti, e le rosse bocche allo sbadiglio
> aprire, e un poco già scodinzolare;
> e risonava il grande atrio del canto
> di tessitrice.

E alla visione si associa immediatamente il ricordo dell'amore, come egli dichiara a Femio (vv. 45–48):

> »Terpiade Femio, dormi? Odimi: il sogno
> dolce e dimenticato ecco io risogno!
> Era l'amore; ch'ora mi sommuove,
> come procella ormai finita, il cuore«.

Ma quando poi si inoltra tra i monti e le selve dell'isola e riconosce il luogo in cui sorgeva la casa, non vede e non ode nulla, né »lunghi sbadigli« dei leoni, né »l'immortal canzone / di tessitrice« (XVI, vv. 32–33) di Circe. Solo dopo che è scesa la notte, sente ruggire i leoni e ode »anche la voce arguta, / in lontananza, della dea, che, sola, / non prendea sonno e ancor tessea notturna« (vv. 52–54). Al mattino però il ruggito cessa, i leoni dormono e la dea »dormiva anch'ella, allo smorir dell'alba, / pallida e scinta sopra il noto letto« (XVII, vv. 5–6). Odisseo, una volta separato da Femio, si mette nuovamente alla ricerca della casa di Circe, ma invano (vv. 19–25):

> nulla
> udì l'Eroe, se non ruggir le querce
> a qualche raffica, e cantare
> lontan lontano eternamente il mare.
> E non vide la casa, né i leoni
> dormir col muso su le lunghe zampe,
> né la sua dea.

Il ruggito era solo quello delle querce, il canto quello del mare. Mentre di nuovo declina il sole, Odisseo va alla ricerca dell'aedo e sente la sua cetra »cantar l'amore che dormia nel cuore, / e che destato solo allor ti muore« (vv. 33–34). Ma non la vede; vede invece Femio morto »nel folto mucchio delle foglie secche« (v. 36). La cetra è sospesa ai rami di una quercia, dove l'aedo morente l'aveva lasciata perché chiamasse l'eroe »brillando al sole o tintinnando al vento« (v. 46); così Odisseo lo abbandona e ritorna, quando ormai è caduta la notte, alla sua nave.

Il tema è quello del disinganno amoroso, dello svanire del sogno giovanile rappresentato dalla passione per Circe.[6] Si tratta della caduta della prima delle tre

---

6 Per una interpretazione complessiva del poema, cfr. G. NAVA, *Il mito vuoto: »L'ultimo viaggio«*, in »Studi pascoliani«, IX, 1997, 101–113; si vedano anche i recenti commenti dello stesso Nava e di Maria Belponer: G. PASCOLI, *Poemi conviviali*, a cura di G. Nava, Torino, Einaudi,

grandi illusioni umane, espresse dai titoli dei canti XVII (*L'amore*), XX (*La gloria*) e XIII (*Il vero*) e rappresentate rispettivamente dalle figure omeriche di Circe, del Ciclope e delle Sirene: riprendendo e adattando ai suoi fini lo schema dei *Trionfi* petrarcheschi – seguito anche nel poemetto *L'immortalità*, che illustra il trionfo del tempo sulla gloria poetica – Pascoli sviluppa qui alcuni temi ampiamente trattati nei suoi saggi leopardiani. La successione de *L'ultimo viaggio* rispecchia in particolare quella dei §§ II-IV della conferenza su *La Ginestra* (1898), dedicati alle illusioni suscitate nel poeta recanatese dalla gloria, dall'amore e dalla bellezza della natura e conclusi dalla triplice e amara constatazione: »La gloria è vanità« (§ II); »Anche l'amore, vanità!« (§ III); »Vanità anche quest'infinite bellezze« (§ IV).[7] La colorazione amorosa di tutto l'episodio di Circe è evidente fin dall'arrivo all'isola Eea, la cui spiaggia è descritta come »un *seno* tranquillo come un *letto*« (XV, v. 33), che annuncia il »noto letto« sopra il quale Odisseo immagina la sua antica amante »pallida e scinta« (XVII, v. 6). Ancor prima, secondo la lettura di Maurizio Perugi, l'»aspra procella« (XV, v. 23) che spinge la sua nave verso l'isola riecheggerebbe la bufera infernale del V canto dell'*Inferno* che trascina con sé i lussuriosi e connoterebbe perciò »come inganno e falsa immagine di bene« l'esperienza erotica.[8] Ai turbamenti più segreti e inconfessabili della sessualità pascoliana – desiderio rimosso la cui soddisfazione è immaginata solo nella morte – rinvia in ogni caso »l'olezzo / di grandi aperti calici di fiori / non mai veduti« (vv. 52–54) che si effonde nella notte dall'isola ed evoca direttamente i »calici aperti« dai quali »si esala / l'odore di fragole rosse« del *Gelsomino notturno* e il *fior di morte* da cui emana »come un miele / che inebria l'aria« di *Digitale purpurea*: non a caso quest'ultimo suscita in Rachele, come in Odisseo, »il languido fermento / d'un sogno che notturno arse e che s'era / all'alba, nell'ignara anima spento« (vv. 63–65). È appunto quell'»amore che dormia nel cuore, / e che destato solo allor ti muore« (XVII, vv. 33–34), definizione in cui è riassunto il significato allegorico dell'episodio di Circe ne *L'ultimo viaggio*.[9] Tale significato è ben chiarito nel carme XIII: *Amor* del *Catullocalvos*, dove è presente anche la similitudine con l'olezzo dei fiori; nella prima parte Calvo canta:[10]

2008, 97–177; ID., *Poemi conviviali*, prefazione di P. Gibellini, a cura di M. Belponer, Milano, Rizzoli, 2010, 103–181.

7 Cfr. G. PASCOLI, *Saggi e lezioni leopardiane*, edizione critica a cura di M. Castoldi, La Spezia, Agorà Edizioni, 1999, 64–72; il rapporto fra i due testi è già stato indicato da E. PIRAS-RÜEGG, *Giovanni Pascoli. L'ultimo viaggio. Introduzione, Testo e Commento*, Genève, Droz, 1974, 19.

8 Cfr. G. PASCOLI, *Opere*, a cura di M. Perugi, 2 voll., Milano / Napoli, Ricciardi, 1980, I, 883.

9 Cfr. ivi, 883.

10 G. PASCOLI, *Carmina / Poesie latine*, a cura di M. Valgimigli, Milano, Mondadori, 1954, 24–25: »Così anche l'amore: finché è sul nascere e lontano, è tutto ardore e profumo; ma se tu

Sic et amor: dum primus abest, dum fervet oletque:
si propius tandem, victus dulcedine, tangis,
iam nec olet nec fervet amor nec denique quicquam est.

E Catullo:[11]

Sic amor: ut luci despectent, ut male volgo
audiat; ut tranquilla quies advenit et umbra
ille animum quodam secretum ture vaporat.

Le tracce preparatorie del carme sono il migliore commento ai versi de *L'ultimo viaggio*:[12]

Come il fiore che sbocciava
olezza nella giovinezza della sua corolla,
poiché adornò la testa del convitante,
alla mattina è spazzato via;
così l'amore.
Come il fiore, che a giorno
sta [chiuso in boccio, e] solo
alla sera [s'apre e] odora,
così l'amore, quando è giorno,
è indifferente,
a sera, quando tutto finisce,
t'empie di soavità la
memore anima.

Siamo qui in prossimità di quel torbido luogo dell'immaginazione pascoliana – tra rapimento visionario e *voyeurismo* – in cui la fanciulla Deliàs rivela »la bianca *sua* beltà« agli occhi della »memore mano« del cieco di Chio, cioè si offre nuda al tatto del vecchio poeta che non può vederla, o in cui la bionda Rosa dei *Filugelli* (*Nuovi poemetti*) è spiata dal poeta mentre si sgancia »il candido corsetto« e svela al suo sguardo rapito i »due bocci ch'hanno il rosso in cima« dei capezzoli. Si può parlare di una vera e propria scopofilia che appare già, in forma particolarmente inquietante, nella descrizione della »bambina« dalla »testa bionda« della giovanile *Trema al vento la cortina* che »sta nuda a contemplare« dietro una cortina.[13] La figura di Circe rimanda insomma a quella »reginella« che compare come oggetto di desiderio erotico fin dalla giovanile *Epistola* (»una gaia giovi-

---

finalmente, vinto da quella dolcezza, ti avvicini, amore non ha più ardore né profumo, non è più nulla«.
11 Ivi, 26–27: »Così amore: di giorno lo disprezzano e tutti gli fanno ingiuria; come poi giunge la quiete e l'ombra, esso avvolge l'anima, nel suo segreto, quasi un incenso«.
12 G. Pascoli, *Saturae*, a cura di A. Traina, Firenze, La Nuova Italia 1968, p. 124; cfr. E. Piras-Rüegg, *Giovanni Pascoli. L'ultimo viaggio* (nota 7), 109.
13 G. Pascoli, *Poesie e prose scelte*, progetto editoriale, introduzione e commento di C. Garboli, 2 voll., Milano, Mondadori, 2002, I, 329.

netta / che meco dorma sotto d'un lenzuolo«) e che nella prosa *Nelle nozze di Ida* sarà esplicitamente identificata da Pascoli con la sorella.[14] In origine la »reginella« è un appellativo della omerica Nausicaa, personaggio che presto cade sotto la mannaia della rimozione sparendo completamente dall'opera pascoliana a causa della sua pericolosa affinità con Ida.[15] Esso sarà sostituito, quale oggetto di passione amorosa, da altri personaggi classici come Elena[16] e – appunto – Circe; ma è chiaro che la Circe de *L'ultimo viaggio* consente a Pascoli di mettersi per così dire »a distanza di sicurezza« dagli strati più incandescenti e minacciosi delle sue pulsioni erotiche e, anche in virtù di una secolare esegesi che ne aveva fatto una delle incarnazioni *par excellence* della donna seduttrice o innamorata,[17] gli offre in qualche modo una figura allegorica già ben collaudata.

Già nella *Circe* del *Catullocalvos*, composto nel 1897 e premiato l'anno seguente ad Amsterdam, Pascoli aveva fatto di Circe una sorta di icona dell'amore, in questo caso degli effetti imbestialenti che produce la passione erotica.[18] Con un rovesciamento del mito omerico, infatti, qui Ulisse (per usare il nome latino con cui è designato l'eroe nel carme) tiene soggiogata in forma di cerva la figlia del Sole che aveva trasformato in porci i suoi compagni ma che poi, presa da una passione delirante per lui, gli aveva chiesto il suo amore:[19]

Ut Sole nata Circe semel adtigit oculis
heroa, subitus aegros amor inpulit animos;
itaque ad pedes viri amens provolvitur; ab eo,
prensis genubus, amorem petit anxia misere.

---

14 Sulla figura della »reginella« e sul suo rapporto con Ida, si veda F. Curi, *Pascoli e l'inconscio*, in A. Battistini – G.M. Gori – C. Mazzotta (a cura di), *Pascoli e la cultura del Novecento*, Venezia, Marsilio, 2007, 43–84.
15 Cfr. ivi, 56–58.
16 Sul personaggio di Elena in Pascoli, cfr. l'esauriente studio di M. Perugi, *Elena e il suo doppio (per un Pascoli europeo)*, in *Pascoli e la cultura del Novecento* (nota 14), 285–332.
17 Cfr. M. Bettini – C. Franco, *Il mito di Circe* (nota 2), 87–205.
18 Forse non è un caso che nello stesso 1897 il suo carissimo amico Severino Ferrari abbia curato, per la »Biblioteca Scolastica di Classici Italiani« diretta da Giosuè Carducci, una edizione della *Circe* di Giambattista Gelli: G. Gelli, *La Circe e i Capricci del bottaio*, con commento di S. Ferrari, Firenze, Sansoni, 1897. Anche se il tema dell'opera di Gelli, ispirata a *Le virtù degli animali* o *Grillo* di Plutarco, è molto diverso da quello del carme pascoliano – Ulisse cerca inutilmente di convincere gli uomini trasformati da Circe in animali a riprendere lo stato umano – Ferrari non manca di ricordare nella sua *Prefazione* (p. III) la »concezione allegorica per la quale Circe è figura della sensualità che con lusinghe e incanti spoglia gli uomini del libero arbitrio e li guida come a lei piace«.
19 G. Pascoli, *Carmina* (nota 10), 16–17: »Quando la figlia del Sole, Circe, sfiorò con uno sguardo l'eroe, un subitaneo amore scosse il suo animo delirante; gli si getta ai piedi e, abbracciandogli le ginocchia, chiede appassionatamente amore«.

Dopo la metamorfosi, l'eroe attraversa le foreste spingendo la cerva con la stessa verghetta con la quale essa aveva operato la trasformazione dei compagni, mentre i leoni e i lupi che la dea aveva addomesticato le si rivoltano contro:[20]

> Comes est itineris illi vaga cerva pede levi.
> Hanc virgula cohercens, quocumque cupit, agit,
> quae virgula sociorum male terga tetigerat.
> Cicuresque iam leones domitique modo lupi
> surgunt eramque longis ululatibus agitant.

Non è stato Pascoli a inventare questo singolare contrappasso per il quale la seduttrice è vittima della seduzione, la strega è stregata da Ulisse. La storia si legge infatti nell'*Orlando innamorato* di Boiardo, dove è raffigurata in una meravigliosa pittura che orna le facciate di una loggia davanti alla quale il protagonista giunge dopo aver bevuto un sorso d'acqua che causa l'oblio (I VII, 50-52):

> Era una giovanetta in ripa al mare,
> sì vivamente in viso colorita,
> che, chi la vede, par che oda parlare.
> Questa ciascuno alla sua ripa invita;
> poi li fa tutti in bestie trasmutare.
> La forma umana si vedia rapita;
> chi lupo, chi leone e chi cingiale,
> chi diventa orso, e chi griffon con l'ale.
>
> Vedevasi arivar quivi una nave,
> e un cavalliero uscir di quella fuore,
> che con bel viso e con parlar suave
> quella donzella accende del suo amore.
> Essa pareva donarli la chiave,
> sotto la qual si guarda quel liquore,
> col qual più fiate quella dama altera
> tanti baron avea mutati in fiera.
>
> Poi si vedea lei tanto accecata
> del grande amor che portava al barone,
> che dalla sua stessa arte era ingannata,
> bevendo al napo della incantasone;
> et era in bianca cerva tramutata,
> e da poi presa in una cacciasone

---

20 Ivi, 16-17: »Gli è compagna nel cammino un'errante cerva dal piede leggero. Egli la spinge, dovunque gli talenta, con una verghetta: la stessa che, ahimè, aveva toccato le spalle dei compagni. Leoni mansueti e lupi domestici si levano, e inseguono con lunghi ululati la padrona«.

(Circella era chiamata quella dama):
dolesi quel baron che lei tanto ama.

Boiardo, che non sembra avere precedenti in questa invenzione,[21] rilegge evidentemente il mito classico in una chiave che si potrebbe dire »cortese«: alla narrativa cortese del medioevo rinviano infatti la donna o la fata che si trasforma in cerva (si pensi al *lai* di *Guigemar* di Maria di Francia) e il filtro amoroso bevuto per errore (che evoca naturalmente la storia di Tristano e Isotta). È probabile che l'associazione fra Circe e la cerva sia stata anche suggerita dalla presenza, nell'episodio dell'*Odissea*, di un cervo in cui l'eroe si imbatte prima di avviarsi alla casa della dea e che uccide trafiggendolo con la sua lancia. Si ha qui senza dubbio una traccia del mitologema dell'animale-guida, messaggero dell'altro mondo o del mondo dei morti e spesso incarnazione di una donna soprannaturale, dea o fata:[22] trasformando Circe in una cerva, dunque, Boiardo e dopo di lui Pascoli riporterebbero alla luce un dato arcaico che in Omero era già in parte offuscato. Non va infine dimenticato che nella *Circe* di Giambattista Gelli uno degli animali che Ulisse cerca di convincere a riprendere la natura umana è una cerva, nella quale la maga aveva tramutato in questo caso non un uomo ma una donna (*Dialogo quinto*). Ma importa di più stabilire, in questa sede, il significato che assume nella *Circe* pascoliana la rielaborazione del mito antico. La dea omerica e virgiliana incarna qui il *côté* inquietante, peccaminoso o addirittura sinistro che presenta la figura della donna in Pascoli: quello della *strega*, che egli trovava descritto nella *Sorcière* di Jules Michelet.[23] È proprio Michelet ad associarla a Circe: »Meglio che Circe, meglio che Medea, ha in mano la verga del miracolo naturale, e per aiutante e per sorella la natura«.[24] La donna-strega è colei che mantiene il contatto – impedito dalla Chiesa ufficiale – con il mondo naturale, con gli animali e soprattutto con il passato e con i morti; in una parola il contatto con gli dèi, ormai degradati a spiriti: »Dove sono? – si chiede Michelet – Nel deserto, sulla landa, nella foresta? Sì, ma soprattutto nelle case. Vivono nei penetrali della vita domestica. La donna li serba e li nasconde in casa e nello stesso letto. Hanno quivi il meglio del mondo (meglio che il tempio), il focolare«.[25] Sono temi che conducono nel cuore stesso della poesia pascoliana, riportando fino al

---

21 Cfr. M.M. BOIARDO, *Opere*, I: *L'inamoramento de Orlando*, parte I, ed. critica a cura di A. Tissoni Benvenuti e C. Montagnani, Milano/Napoli, Ricciardi, 1999, 218 note: »Di tutta questa storia di Circe che beve per sbaglio il suo stesso filtro (*napo*: calice) e viene mutata in cerva, fino ad esser presa in una caccia, non si è trovata notizia altrove«.
22 Si veda in proposito il documentatissimo saggio di C. DONÀ, *La cerva divina, Guigemar e il viaggio iniziatico*, in »Medioevo romanzo«, XX, 1996, 321–377 e XXI, 1997, 3–68, in particolare per quanto riguarda Circe, 373–374.
23 Cfr. M.A. BAZZOCCHI, *Circe e il fanciullino. Interpretazioni pascoliane*, Firenze, La Nuova Italia, 1993, 19–24.
24 Cfr. ivi, 24.
25 Cfr. *ibidem*.

personaggio giovanile della morta Iole di *Rimembranze* (vv. 9-16) che, lugubre ombra del passato, riappare nel bosco come la Circe del *Catullocalvos*:[26]

> Sei tu che passi, o Iole mia, nel bosco
> nel sacro bosco dei ricordi miei?
> O cipresseto o cipresseto fosco,
> seco io ben tra quell'ombre esser vorrei...
>
> Tra quell'ombre che giacciono ozïose
> sottesso la tranquilla onda lunar,
> sognare, o Iole, le passate cose,
> i dolci sogni d'un tempo sognar.

Ma nel carme latino questa figura seducente e ambigua che mette in contatto con i morti sogni del passato appare esorcizzata, ridotta al rango di animale e sospinta nel bosco da quella stessa bacchetta che le dava tanto potere. Del resto, la *Circe* è messa in bocca a Calvo che con questa sorta di parabola esemplare intende liberare il suo interlocutore Catullo dai perversi effetti della sua passione per Lesbia. Perciò essa va posta accanto a *L'ultimo viaggio*: espressione di un momento di disillusione, di negazione degli impulsi erotici e dei sogni amorosi più profondi o, secondo l'esegesi di Maurizio Perugi, di una vittoria sulla »concupiscenza« che però è anche asservimento di quella »parvoletta«, di quella »anima fanciulla« che nel poema *Rossini* rappresenta l'ispirazione artistica, la musica, per lungo tempo negletta e rinchiusa come una bestia che »scalpita selvaggia / tutta la notte« nella stalla: il »fanciullino« o la »fanciulla« del celebre saggio di poetica.[27]

Dietro questa Circe seduttrice e innamorata sembra affiorare un'altra e più segreta immagine: il fantasma della madre. Se avviciniamo ai canti XV-XVII de *L'ultimo viaggio* altri due testi pascoliani che narrano un ritorno ai luoghi del passato, l'altro poema conviviale *Il sonno di Odisseo* e *Casa mia* nel *Ritorno a San Mauro* dei *Canti di Castelvecchio*, scopriamo una costellazione tematica ricorrente, quasi ossessiva, che può far pensare alle »metafore ossessive« di Charles Mauron. In tutti e tre i testi si possono distinguere chiaramente tre fasi o tre tempi che delineano una struttura simmetrica, sostenuta anche da precisi elementi formali. Il primo momento è costituito dall'avvicinamento al luogo cercato: ne *Il sonno di Odisseo* si tratta dell'isola di Itaca, alla quale l'eroe si accosta con la sua nave; ne *L'ultimo viaggio* dell'isola Eea; in *Casa mia* del nido famigliare del poeta a San Mauro. Il secondo momento è quello dell'arrivo alla meta: la casa di Odisseo, quella di Circe e quella natale dello stesso Pascoli. Nel terzo momento questi luoghi si allontanano o in qualche modo si dissolvono davanti ai tre

---

26 G. Pascoli, *Poesie e prose scelte* (nota 13), I, 278.
27 Cfr. G. Pascoli, *Opere* (nota 8), II, 1232-1233.

protagonisti. Come si è detto, precise simmetrie formali scandiscono queste tre fasi. *Il sonno di Odisseo* è diviso in sette sezioni numerate, secondo lo schema: 3 – 1 – 3; tutte le sezioni terminano con la parola »sonno«, ma variando il verso che la include. Le prime tre esprimono il progressivo sprofondare nel sonno di Odisseo che si accosta a Itaca: »s'immerse il cuore d'Odisseo nel sonno« (I); »notando il cuore d'Odisseo nel sonno« (II); »tuffato il cuore d'Odisseo nel sonno« (III). Quella centrale segna il momento di massima vicinanza alla meta e nello stesso tempo di più profondo sonno: »perduto il cuore d'Odisseo nel sonno« (IV). Le ultime tre infine, invertendo l'ordine dei primi tre verbi e sostituendo con il suo contrario il primo, descrivono il lento risveglio dell'eroe mentre la nave si allontana dall'isola: »tuffato il cuore d'Odisseo nel sonno« (V); »notando il cuore d'Odisseo nel sonno« (VI); »emerso il cuore d'Odisseo dal sonno« (VII). Ne *L'ultimo viaggio*, all'episodio di Circe sono dedicati tre canti, nei quali sono narrati rispettivamente l'approdo all'isola Eea, la riapparizione della donna amata e lo svanire del sogno amoroso. Quanto a *Casa mia*, la sua struttura – anche qui ternaria – ricorda molto da vicino quella de *Il sonno di Odisseo*. Nella prima parte, infatti, sono inserite a intervalli regolari – cioè con l'inserzione di un'altra strofa – tre strofe (II-IV-VI) che si leggono in ordine inverso e con gli stessi intervalli nella parte finale del componimento (XVI-XVIII-XX); analogamente, nella sezione centrale (strofe VII-XV) è descritto l'immaginato incontro e colloquio con l'ombra della madre. In tutti e tre i casi, la fase di avvicinamento al luogo della visione è caratterizzata da un oscuramento e da un cader della notte: la forma nera (»non sapea che nero / nuvola o terra?«) che appare a Odisseo quando sta per accostarsi a Itaca, anche se il sonno lo coglie all'alba; il crepuscolo (»sul far di sera«) durante il quale lo stesso eroe approda sull'isola Eea; il »vespro puro«, la »lieve ombra d'ale« e la »notte« che fanno da sfondo al ritorno del poeta a San Mauro. La stessa oscurità avvolge la fase dell'allontanamento, in tutti e tre i casi con un marcato effetto di simmetria: è lo stesso »non sapea che nero« dell'inizio ne *Il sonno di Odisseo*; il tramonto durante il quale l'eroe ritrova Femio morto (»declinava il sole / e tutte già si ombravano le strade«) e poi riparte dall'isola (»s'avviò notturno / alla sua nave«); il »vespro puro« sul quale si chiude, come si era aperta, *Casa mia*.

Le scene verso le quali convergono specularmente i due pannelli esterni dei tre trittici – il centro della visione – presentano una impressionante somiglianza. Ne *Il sonno di Odisseo* vengono messi progressivamente a fuoco, con una tecnica quasi cinematografica, il porto di Forkyne, la strada che porta verso la città, la fontana e l'ara che si distinguono in mezzo agli ontani e infine »una eccelsa casa«, quella dell'eroe, al cui interno Penelope tesse la sua tela (vv. 68 – 71):

> l'eccelsa casa d'Odisseo: già forse
> stridea la spola fra la trama, e sotto
> le stanche dita ricrescea la tela,
> ampia, immortale ...

Ne *L'ultimo viaggio* Odisseo, appena giunto all'isola di Circe, immagina subito ciò che si aspetta di trovarvi (xv, vv. 39–44):

> vedea la casa di pulite pietre,
> come in un sogno, e sorgere leoni
> lenti, e le rosse bocche allo sbadiglio
> aprire, e un poco già scodinzolare;
> e risonava il grande atrio del canto
> di tessitrice.

Poi continua a cercare »la casa alta di Circe«, »l'eccelsa casa« (xvi, vv. 17, 25, 51), e tende l'orecchio per udire »l'immortal canzone / di tessitrice, della dea vocale« (vv. 32–33); pur non vedendo nulla, durante la notte che segue crede di sentire »la voce arguta, / in lontananza, della dea, che, sola, / non prendea sonno e ancor tessea notturna« (vv. 52–54), finché canto e tessitura di Circe cessano »allo smorir dell'alba« (xvii, v. 5). In *Casa mia*, infine, il nucleo della visione – descritta nelle due strofe identiche che aprono e chiudono la serie delle tre strofe speculari – è costituito dalla casa natale di San Mauro (vv. 5–8 e 77–80):

> M'era la casa avanti
> tacita al vespro puro,
> tutta fiorita al muro
> di rose rampicanti.

Sulla soglia della casa appare l'ombra della madre (v. 1: »Mia madre era al cancello«) con la quale il poeta poi dialoga nella parte centrale della poesia. Non sono qui presenti i temi del canto e della tessitura, ma la loro associazione profonda con il fantasma materno – e con le figure delle sorelle Ida e Maria – è ben attestata nell'opera pascoliana, a partire almeno dalla saffica *Ida e Maria* (1889) di *Myricae*, dove Giovanni fantastica che il »funebre panno« che le due sorelle stanno tessendo per lui – quasi un oggetto magico per unire i vivi ai morti – provenga dai »forzieri« che la »pia madre« ha lasciato alle figlie pieni di »sinceri / teli« (vv. 21–28):

> teli, a cui molte calcole sonare
> udì San Mauro e molte alate spole:
> un canto a tratti n'emergea di chiare,
> lente parole.

Del resto, ne *Il ritorno a San Mauro* la lirica *Casa mia* è immediatamente preceduta da *La tessitrice*, dedicata a una misteriosa fanciulla morta che inizia il poeta all'incontro con la madre e quasi la prefigura. In tutti e tre i casi, dunque, il centro della visione alla quale il protagonista si avvicina e dalla quale poi si allontana, o che svanisce al suo sguardo, è costituito da una casa sulla cui soglia appare la figura di una donna che tesse e canta e che rinvia in ultima analisi al fantasma della madre. Si tratta sempre di una scena irreale, sognata o immaginata, di una visione inafferrabile che, al suo stesso apparire, si dilegua, svanisce nel nulla, si rivela assolutamente illusoria. Ne *Il sonno di Odisseo*, l'eroe che passa davanti alla sua casa e a Penelope che tesse è immerso nel sonno più profondo e non può vedere né udire nulla di ciò che è descritto: »Oh! Non udì né vide/perduto il cuore d'Odisseo nel sonno« (vv. 71–72). Nell'altro poema conviviale, l'episodio dell'isola di Circe è scandito proprio dalla constatazione del non vedere e non udire di Odisseo. Prima, al suo arrivo: »Ma non vide la casa alta di Circe« (XVI, v. 17); »E non vide la casa alta di Circe« (v. 25); »E nulla udì nell'isola deserta,/e nulla vide« (vv. 34–35). Poi, alla sua partenza, dopo la visione notturna: »e nulla/udì l'Eroe [...]./E non vide la casa, né i leoni/dormir col muso su le lunghe zampe,/né la sua dea« (XVII, vv. 20–25). Così, in *Casa mia* le parole della madre morta sono appena udibili (vv. 19–20: »Era il suo dire fioco/fioco, con qualche affanno«), confuse con il pianto, e »le sue guance smorte« sono quelle di uno spettro; volto e parole della madre sono quasi inghiottiti nel silenzio spettrale di quella casa che sorge nel crepuscolo: »M'era la casa avanti,/*tacita* al vespro puro«. La figura femminile che appare in questa sorta di »scena primaria« è quella della donna come mediatrice con una dimensione *altra*, con il mondo degli dèi e con il mondo dei morti: la *soglia*, il *cancello*, il *limitare* sul quale essa si affaccia è la barriera che separa il presente e il passato, il visibile e l'invisibile, la vita e la morte.[28] Nell'*Odissea*, del resto, Circe è colei che dà all'eroe le istruzioni per accedere all'Ade. La grande, eccelsa facciata di questa casa dalla quale proviene il suono e il canto della Tessitrice è un luogo tremendo, un limite invalicabile verso cui si tende con tutte le proprie forze ma davanti al quale bisogna fermarsi, luogo abbagliante della visione e pietra tombale dietro la quale si nasconde il fantasma della madre e quindi tutto il passato morto che in esso è condensato.

La figura della tessitrice ritorna quasi ossessivamente nell'opera di Giovanni Pascoli, fin dalle sue poesie giovanili; e all'atto della tessitura si associa per lo più, come nel caso di Circe, il canto. Quando Pascoli si riferisce alla madre e alle sorelle o ad altri personaggi ispirati alla sua esperienza biografica, si tratta naturalmente di un dato realistico: a proposito della cruciale lirica *La tessitrice* la sorella Maria afferma che la protagonista »era come una fusione nel suo pensiero di tutte quelle tessitrici che, quando era ragazzo e andava a vederle tessere, gli

---

28 Cfr. M.A. BAZZOCCHI, *Il volto femminile del mito*, in M. PAZZAGLIA (a cura di), *I poemi conviviali di Giovanni Pascoli*, Firenze, La Nuova Italia, 1997, 53–70.

facevano con simpatia posto sulla panchetta«.²⁹ Era anche un motivo d'epoca molto diffuso nella letteratura ottocentesca. Decisivi sono però i grandi modelli poetici, a cominciare dai luoghi dell'*Odissea* e dell'*Eneide* relativi alla tessitura e al canto di Circe e che lo stesso poeta tradusse. Il primo (*Od.* X, vv. 220–223) è incluso nell'antologia *Sul limitare*:³⁰

> Stettero sul limitare della diva dai riccioli belli:
> Circe s'udiva cantare di dentro con voce soave,
> mentre tesseva una grande sua tela immortale: una tela
> lucida, morbida, bella, di quelle che tessono in cielo.

Il secondo (*Aen.* VII, vv. 11–14), di cui in *Epos* è riportato e commentato il testo latino originale, fu pubblicato da Maria nel volume postumo *Traduzioni e riduzioni*:

> Or de la terra di Circe le navi radevano il lido,
> dove la figlia del Sole, che ricca è d'oro, risuona
> con il perpetuo canto gl'inaccessibili boschi;
> mentre di notte ne li alti atrii arde l'odore del cedro,
> chiaro su lei, che percorre col pettine arguto la tela.

Il terzo, fondamentale modello poetico è ovviamente la canzone *A Silvia* di Leopardi (vv. 7–12 e soprattutto 19–22):

> D'in sui veroni del paterno ostello
> porgea gli orecchi al suon della tua voce,
> ed alla man veloce
> che percorrea la faticosa tela.

Questi versi furono commentati da Pascoli in una delle *Lezioni* ai maestri bolognesi, dove egli stesso li accosta – sia pure con qualche riserva – al passo virgiliano su Circe.³¹ A partire da questa costellazione di riferimenti letterari e realistici prende forma il mito pascoliano della tessitrice. Essa ha prima di tutto uno stretto rapporto con il »nido« famigliare di San Mauro e con la memoria dei propri cari, come nella già citata *Ida e Maria*. Più in generale essa rinvia

---

29 M. Pascoli, *Lungo la vita di Giovanni Pascoli*, memorie integrate da A. Vicinelli, Milano, Mondadori, 1961, 538.
30 *Sul limitare*, poesie e prose per la scuola italiana scelte da G. Pascoli, 2ª ed. accresciuta, Milano/Palermo/Napoli, Remo Sàndron, 1902, 224.
31 G. Pascoli, *Saggi e lezioni leopardiane* (nota 7), 120: »*Che percorrea la faticosa tela*, che realmente avesse in memoria la rappresentazione classica di Virgilio [*Nel dt. segue:* (Arguto tenues percurrens (percorrente) pectine telas – Eneide, VII, v. 13)]? Opportunamente però il Leopardi avrebbe variato l'epiteto *tenues* in *faticosa*. Ma le cose si ripetono, dai poeti, anche colle medesime parole, senza che il poeta abbia copiato«. Sui rapporti fra *A Silvia* e *La tessitrice* di Pascoli, a partire da questo commento, si vedano le pertinenti osservazioni di M. Castoldi, ivi, cxcv – cxcviii.

all'ambito tradizionale delle faccende domestiche e della vita contadina: basti pensare alla Rosa de *L'accestire: Il bucato* e de *La mietitura: Il corredo* (qui in diretto rapporto con il tema delle nozze: »Frullare il fuso e correre la spola/facesti assai! La tela che tessesti!/Quante coperte e paia di lenzuola!/Tutte son tue«). Tutto ciò vale naturalmente a proiettare la tessitura in un tempo trascorso, quasi incantato e fiabesco, come nel caso di *Italy*, dove le radici ormai dimenticate della piccola emigrante di ritorno dall'America sono rappresentate dalla nonna che tesse e fila: »Mamma, a che filate?/Nessuna fila in Mèrica. Son usi/d'una volta, del tempo delle fate« (I VII, vv. 7-8), la rimprovera affettuosamente la madre di Molly. Nel mondo moderno è un'opera ormai inutile, sostituita dai ben più efficaci procedimenti industriali: »Madre, a che tessete?/[...]/C'è dei telari in Mèrica, in cui vanno/ogni minuto centomila spole« (I VIII, vv. 7-12). Ma continuando a tessere accanto al focolare, la nonna »vedea le fate, le vedea scoccare/fusi a migliaia [...]/Vedea le mille fate nelle grotte/illuminate« (I VII, vv. 19-23);[32] e sarà assistendola nel suo lavoro fino al giorno della morte che Molly guarirà dalla sua malattia e potrà ripartire per l'America. Dalle grotte delle fate il passo è breve verso il mondo eroico o divino cui appartengono le tessitrici mitologiche dei *Poemi conviviali*: oltre a Circe, la Penelope e la Calypso de *L'ultimo viaggio*, la dea canora (forse Artemide) con la quale osa gareggiare il protagonista de *Il cieco di Chio*, la moglie lontana che Antíclo crede di udire »nelle stanze alte il telaio/spinger da sé« (*Antíclo*, vv. 34-35), la madre e le sorelle che a tarda notte »torcono il fuso con le ceree dita« attendendo nella loro casa l'eroe in *Alèxandros*. Nido famigliare, passato, dimensione fiabesca o soprannaturale: tutto ciò pone evidentemente la figura della tessitrice in stretto rapporto con il mondo dei morti, cui già apparteneva la Silvia leopardiana. È quanto avviene soprattutto nella grande sintesi lirica de *La tessitrice*, dove la misteriosa fanciulla che si siede come una volta sulla panchetta accanto al poeta rivela infine, nel suo pianto che diventa parola, di essere morta e di tessere ormai soltanto per colui che la ricorda – silenziosamente, misteriosamente – una tela funebre che avvolgerà entrambi:

> Morta! Sì, morta! Se tesso, tesso
> per te soltanto; come non so:
> in questa tela, sotto il cipresso,
> accanto alfine ti dormirò –

---

32 Per questa visione fiabesca della filatura e della tessitura si può risalire fino a quella sorta di fantasticheria cavalleresca che è *Notte* (in *Myricae*): »Siedon fanciulle ad arcolai ronzanti/e la lucerna i biondi capi indora [...]«.

In tal modo la figura della tessitrice si associa a tutte quelle delle numerose fanciulle morte della poesia pascoliana, a cominciare dalla Iole del ciclo giovanile, con la quale si è voluto identificarla anche dal punto di vista biografico.[33]

Proprio attraverso la tessitura e il canto si svela un nuovo versante simbolico di Circe nell'opera di Giovanni Pascoli. È egli stesso a illustrarlo in maniera esplicita nell'*Introduzione* all'antologia scolastica *Sul limitare*. Dopo aver riportato, nella sua traduzione, i versi dell'*Odissea* in cui è descritta la dea che tesse e canta *sul limitare* del suo grande palazzo e invita a entrare i compagni di Odisseo, Pascoli scrive rivolgendosi agli studenti cui era destinata l'antologia:[34]

> È la storia di Circe maliarda, codesta; di Circe dalle molte erbe, che mutava gli uomini in bestie: voi dite. La storia di Circe voi la conoscete, e sapete che cosa significa. Ma che volete? Le favole, o almeno certe favole, sono di così mirabile natura, che prendono il significato dalla nostra anima [...]. Ora questa Circe che significa per me?

E prosegue:[35]

> Ascoltate: Circe non è più, per me, la maga che imbestia gli uomini, ma la dea che ammansa le fiere. Questa faccia sola io vedo, ora, di lei. Essa è la figlia del Sole: la luce, dunque. Tesse una gran tela [...]. E questa tela che sarà? Quella del pensiero umano: la tela in cui l'ordito è il *noto* e il ripieno è il *nuovo*; la tela che non si sa quando ella fu piegata sul subbio, ma si sa bene che non ne sarà spianata mai.

Egli sviluppa quindi la sua interpretazione allegorica di tutto l'episodio omerico, riferendolo allo studio nelle scuole: i compagni di Odisseo che non sono riusciti ad approdare sull'isola e continuano a vagare fra le onde sono coloro che, lavorando per vivere, non hanno avuto la fortuna di approdare sulla terra dove sono la scuola e la scienza; quelli che sono rimasti vicino alla nave o si sono inoltrati per l'isola, ma senza entrare nel palazzo di Circe, sono gli uomini che non hanno approfittato della fortuna toccata loro e si sono fermati sulla soglia, *sul limitare*, della scienza; infine, i pochi che vi sono penetrati sono quelli che sono entrati nella scuola, nel tempio della scienza, per apprendere e *sapere*. E dopo aver dato la sua definizione della poesia (sintetizzata nella formula: »il bello del bene, il bene del bello, il bello e il bene del vero«) Pascoli spiega così, contro coloro che hanno denigrato Circe, che cosa significa per lui il suo canto:[36]

> Ebbene quel canto, con cui la dea tessitrice accompagna il pettine e la spola, quel canto è questa *poesia*. Senz'essa voi non udreste che un monotono *tricche tracche, tricche tracche*. Mancherebbe il dolce invito a fermarvi e a entrare. Ora quelli che non entrano, non hanno udito quella voce [...]. Non c'è poesia, non c'è attrattiva in quella entratura, o

---

33 Si vedano in proposito le osservazioni di Cesare Garboli in G. Pascoli, *Poesie e prose scelte* (nota 13), I, 1257–1258.
34 G. Pascoli, *Prose disperse*, a cura di G. Capecchi, Lanciano, Carabba, 2004, 199.
35 Ivi, 199–200.
36 Ivi, 202–203.

per colpa vostra o per colpa di *lei*; o per il vostro debole udito o per quel monotono *tricche tracche*, che solo veniva alle vostre orecchie nel grande e freddo vestibolo. Voi intendete: da parte vostra ci ha a essere l'attenzione e la docilità: da parte di *lei*, da parte della scuola e della scienza, dico, ci deve essere quel canto.

E poco oltre conclude:[37]

> Entrate dunque. Non rimanete SUL LIMITARE, ritornandone poi tra vergognosi e indispettiti, e dicendo male della tessitrice, e della sua tela, e del suo canto. Entrate, ed ella v'insegnerà persino come vedere il mondo dei morti e rivedere quelli che amaste, e sentire tuttora grandi e sapienti parole da bocche suggellate per sempre.

Evidentemente non si tratta solo di un programma didattico, ma anche di una dichiarazione di poetica. La concezione della poesia qui evocata, benché fedele a note idee espresse nel *Fanciullino*, corrisponde più precisamente alla poetica elaborata da Pascoli nel contemporaneo saggio *La nuova èra* (1900), che pur senza sconfessare quella del precedente scritto teorico, ne costituisce uno sviluppo in parte nuovo e originale. Il suo ragionamento parte dalla constatazione che la scienza del suo tempo, pur avendo raggiunto risultati eccezionali, ha fallito nel suo compito principale: quello di dare la felicità agli uomini. In realtà, egli aggiunge, non poteva darla, non era questo il suo compito: se la scienza non ha fatto del bene al genere umano e anzi ha offuscato le consolazioni – religiose o altro – che possedeva prima, la colpa non è sua ma della poesia. Per Pascoli, infatti, »la poesia è ciò che DELLA SCIENZA FA COSCIENZA«;[38] o questo, almeno, dovrebbe essere il suo compito attuale. La poesia dell'Ottocento invece, anche la poesia più grande, appartiene ancora alla »vecchia èra« ormai finita:[39]

> La poesia del nostro secolo è l'ultima emanazione [...] del concepimento primitivo della vita interna ed esterna; concepimento fondato sull'illusione e sull'apparenza. È cominciato il secondo concepimento: quello fondato sulla realtà e sulla scienza.

In quella che Pascoli chiama l'»èra, per dir così, illusiva«, il poeta creava simboli e miti a partire dall'osservazione dei fenomeni: osservando il cielo stellato, per esempio, vi proiettava le immagini di animali, uomini o cose. Ora invece i poeti dovranno farsi »sacerdoti della scienza«: »Essi devono far penetrare nelle nostre coscienze il mondo qual è veramente, quale la scienza l'ha scoperto«.[40] E qual è la sua scoperta fondamentale, ciò che la scienza moderna ci ha rivelato di veramente essenziale? Secondo Pascoli è il destino mortale dell'uomo e di tutte le cose, la loro *nullità*. La coscienza della morte è ciò che ci distingue dai bruti:[41]

---

37 Ivi, 203.
38 G. PASCOLI, *Prose*, con una premessa di A. Vicinelli, I: *Pensieri di varia umanità*, Milano, Mondadori, 1956, 111.
39 Ivi, 115.
40 Ivi, 118.
41 Ivi, 120.

> La scienza ha ricondotto le nostre menti alla tristezza del momento tragico dell'uomo; del momento in cui, acquistando la coscienza d'essere mortale, differì istantaneamente dalla sua muta greggia che non sapeva di dover morire e restò più felice di lui. Il bruto diventò uomo, quel giorno. E l'uomo differì dal bruto per l'ineffabile tristezza della sua scoperta.

Ma il ripiombare nelle illusioni, a giudizio di Pascoli, fa sì che l'uomo torni ad assomigliare alle bestie e a commettere il male; mentre la consapevolezza della morte lo rende *buono*. Questa consapevolezza è come una »luce«, la luce di una nuova religione che in realtà è anche la più antica: »La religione prima e ultima, cioè il riconoscimento e la venerazione del nostro destino«.[42] Nel già citato saggio sulla *Ginestra*, i cui temi interferiscono in diversi punti con *L'èra nuova*, Pascoli aveva paradossalmente evocato il prologo di Giovanni per definire questa luce antireligiosa: »La vita umana è un deserto su cui domina la minaccia eterna dello sterminio. Questo è *tò phôs*«, scriveva a proposito del bagliore della lava »che di lontan per l'ombre/rosseggia e i lochi intorno intorno tinge« della canzone leopardiana.[43] Il compito più arduo del poeta della nuova èra sarà allora quello di esprimere la sensazione del nulla, una sensazione che lo stesso Pascoli dichiara di aver provato in qualche raro momento ma che confessa di essere ancora incapace di descrivere:[44]

> Se io sapessi descrivervi la sensazione del nulla, io sarei un poeta di quelli non ancora nati o non ancora parlanti. Non so, non so descriverla; perché neanche la mia coscienza (confesso) si è arresa alla scienza. Anche nel mio pensiero la morte è violata. Ma ricordo qualche oscuro e fuggevole momento, nelle tenebre della notte: il vertiginoso sprofondamento in un gorgo infinito, senza più peso, senza più alito, senza più essere ...

E conclude il suo discorso con una definizione del poeta che si rifà esplicitamente alla poetica del *Fanciullino*, ma con una decisiva correzione: »Il poeta, cioè il *fanciullo* che d'or innanzi *veda*, con la sua profonda *stupefazione*, non più la *parvenza*, ma l'*essenza*«.[45]

Questa visione della poesia è la stessa dell'allegoria di Circe. Non a caso ne *L'èra nuova* Pascoli apre il suo discorso con un riferimento a Orfeo che, come la Circe-poesia di *Sul limitare*, ammansisce le bestie feroci e le trasforma in esseri umani; così il poeta – scrive – deve spogliare gli uomini della loro ferinità: »Devi tu, Orfeo, ammansarle, condurle dietro te, queste fiere, e renderle uomini con la virtù persuasiva del tuo canto«.[46] Ovviamente, rivolgendosi a dei giovani studenti, nell'antologia scolastica egli non giunge fino a illustrare quello che è per lui

---

42 Ivi, 123.
43 G. Pascoli, *Saggi e lezioni leopardiane* (nota 7), 83.
44 G. Pascoli, *Prose* (nota 38), 121.
45 Ivi, 122. I corsivi sono miei.
46 Ivi, 110.

l'approdo ultimo del sapere umano, la coscienza della morte e della nullità di tutte le cose; ma identica è la concezione di una poesia che deve servire a far accedere allo studio della scienza, ad ascoltare e assimilare quello che senza il dolce canto di Circe resterebbe solo un »monotono *tricche tracche*«, un rumore estraneo e fastidioso: »La scienza e la verità faccia sentire la sua voce dilettosa«.[47] Questa esegesi dei temi della tessitura e del canto ci consente di cogliere anche gli aspetti metapoetici della figura di Circe ne *L'ultimo viaggio*. In effetti essa è posta esplicitamente in rapporto con l'aedo Femio, al quale spetta il compito di cantare le meravigliose ma illusorie avventure di Odisseo e in particolare i suoi amori. Appena sceso sull'isola di Circe, l'eroe gli dice infatti (XVI, vv. 4–6):

> Terpiade Femio, vieni a me compagno
> con la tua cetra, ch'ella oda il tuo canto
> mortale, e tu l'eterno inno ne apprenda.

A Circe viene quindi attribuito un ruolo di maestra o di archetipo della poesia analogo a quello della dea con la quale gareggia il cieco di Chio cercando di imitare con la sua »cetra arguta« il fonte che sgorga nel sacro bosco in cui era penetrato; e l'aggettivo virgiliano »arguta«, si noti, è quello che qualifica anche la voce di Circe e la cetra di Femio. Prima di accecarlo per il suo temerario tentativo e di concedergli in compenso il bene della visione poetica, »delle cose l'ombra lunga, immensa« (*Il cieco di Chio*, v. 125), essa gli appare con la sua arpa le cui corde somigliano a una immensa tela celeste: »con fila / sottili e lunghe come strie di pioggia / tessuta in cielo; iridescenti al sole« (vv. 111–113). È una tela che evoca chiaramente quella di Circe commentata in *Sul limitare*: la »grande sua tela immortale: una tela / lucida, morbida, bella, di quelle che tessono in cielo«; e il suo risplendere come iride al sole richiama la nascita di colei che è la »figlia del Sole«. Anche nella Circe de *L'ultimo viaggio* si può dunque vedere, in qualche modo, una immagine della poesia: ma sarà ancora di quella poesia che incanta, illude, consola; di quella poesia che esprime un sogno d'amore e di bellezza destinato a dissolversi alla luce dell'alba, alla luce del *vero*. Vedere e udire: questo è secondo *Il fanciullino*, semplicemente, il compito del poeta; qui Odisseo non vede e non ode nulla (»e nulla udì nell'isola deserta / e nulla vide«). Per questo Femio muore e il canto della sua cetra inteso da Odisseo è prodotto solo dal vento che la percuote (XVII, vv. 43–48):

> Ma era in alto, a un ramo della quercia,
> la cetra arguta, ove l'avea sospesa
> Femio, morendo, a che l'Eroe chiamasse
> brillando al sole o tintinnando al vento:

---

47 G. Pascoli, *Prose disperse* (nota 34), 203.

al vento che scotea gli alberi, al vento
che portava il singulto ermo del mare.

L'ultima poetica pascoliana, quella de *L'èra nuova*, è invece incarnata nel poema conviviale dalle figure con le quali si conclude il viaggio di Odisseo: le Sirene e Calipso. Il canto delle due Sirene sorge nel momento in cui l'eroe prende coscienza della natura illusoria del suo sogno d'amore e di gloria: »Il mio sogno non era altro che sogno;/e vento e fumo. Ma sol buono è il vero« (XXI, vv. 15-16). Ora Odisseo ritiene che Circe, mettendolo in guardia dal canto delle Sirene, »gl'invidïasse ciò che solo è bello:/saper le cose« (vv. 29-30). Pascoli riprende qui l'interpretazione del canto delle Sirene che Cicerone espone nel *De finibus* (V 49): esso rappresenta il desiderio di conoscere tutte le cose, della *scientia* appunto, che agli uomini amanti della sapienza è più cara della patria. Odisseo decide dunque di fermarsi ad ascoltare questo canto – cioè vuole »tutto quanto nella terra avviene/saper dal labbro della due Sirene« (vv. 46-47) – senza legarsi con le funi dell'ignavia, del dantesco »viver come bruti«, anche a costo della morte (vv. 36-38):

Passare ei non doveva oltre, se anco
gli si vietava riveder la moglie
e il caro figlio e la sua patria terra.

È lo stesso destino che la dea minaccia al cieco di Chio. La poesia più alta e più vera è quella che non teme di fissare lo sguardo sulla morte, su questa luce che »abbarbaglia«, secondo le parole de *L'èra nuova*. Del resto nella *Introduzione* a *Sul limitare* Pascoli aveva concluso la sua allegoria di Circe invitando gli scolari a oltrepassare una soglia che è anche quella fra i vivi e i morti: »Entrate, ed ella v'insegnerà persino come vedere il mondo dei morti e rivedere quelli che amaste, e sentire tuttora grandi e sapienti parole da bocche suggellate per sempre«.[48] Certo, qui si tratta di riascoltare le voci dei grandi poeti del passato; ma questa discesa nella terra dei morti è anche una vera esperienza della morte, un ascolto della voce inudibile che proviene da »bocche suggellate da sempre«.[49] Quando infine, ne *L'ultimo viaggio*, Odisseo giunge davanti alle Sirene le implora di rivelargli *chi è* veramente; egli è pienamente consapevole di trovarsi ormai davanti alla morte, *sul limitare*, ma chiede di sapere la verità: »Ma dite un vero, un solo a me, tra il tutto,/prima ch'io muoia, a ciò ch'io sia vissuto!« (XXIII, vv. 47-48). La nave si infrange sui due scogli che sono in realtà le Sirene; fuor di allegoria ciò significa che la domanda di verità, suscitata dalla nostra irresistibile sete di

---

48 G. Pascoli, *Prose disperse* (nota 34), 203.
49 Su questa voce che proviene dal mondo dei morti, *altra* lingua, »parola che si porta dentro l'impronta di una distanza profonda« – e che è anche la voce del Fanciullino che parla dentro di noi – ha scritto pagine molto acute M.A. Bazzocchi, *Circe e il fanciullino* (nota 23), soprattutto 47-63.

conoscenza, si infrange contro la morte, contro il *nulla:* la verità suprema, »la religione prima e ultima, cioè il riconoscimento e la venerazione del nostro destino«. Tale destino è descritto nel canto finale del poema, quello dedicato a Calypso, di cui Pascoli fa la »Nasconditrice solitaria« come Circe era la »Maliarda«: l'essenza, il vero, il nulla. Calypso non è che l'altra faccia di Circe, quella della tessitrice che con il suo canto conduce al *vero:* l'incarnazione, questa volta, di una poesia che descrive la nullità di tutte le cose. È anche lei tessitrice (»tessea dentro cantando«), ma il suo canto è ormai il nudo e cupo *tricche tracche* della morte che risuona »nell'ombelico dell'eterno mare« (v. 44). La sentenza che Pascoli le mette in bocca e con la quale si chiude il poema (vv. 52–53) è il grido estremo di questa poesia, il canto di questa Circe che ci ha infine guidati *oltre il limitare:*

– Non esser mai! non esser mai! più nulla,
ma meno morte, che non esser più! –

La figura di Circe occupa dunque una posizione cruciale nell'opera di Giovanni Pascoli, nel punto di intersezione fra i temi della morte, dell'amore, del mito, della poesia. Come ha spiegato egli stesso, essa presenta per lui due »facce« opposte: da una parte è la »maliarda«, la »maga che imbestia gli uomini«, come nella Circe del *Catullocalvos* e – sia pure sublimata in allegoria dell'amore e a un primo livello di interpretazione – ne *L'ultimo viaggio;* dall'altra è il simbolo di una poesia capace di guidare con la sua dolcezza verso la scienza e la verità accumulate nei secoli, e particolarmente nell'ultimo, dal genere umano. Da entrambi i punti di vista, comunque, è figura della soglia, del limitare: come gli altri personaggi femminili pascoliani, in qualche modo, è mediatrice fra il mondo naturale e quello soprannaturale, fra il presente e il passato, fra i vivi e i morti: è strega e musa, incantatrice e dea. Tutta una serie di fili invisibili la ricollegano alla figura della madre, come risulta particolarmente evidente confrontando *L'ultimo viaggio* con *Il sonno di Odisseo* e *Casa mia.* In questo senso essa rinvia tanto all'Origine quanto alla Fine: Circe è la seconda delle tre tessitrici che scandiscono l'ultimo viaggio di Odisseo, collocata fra la prima – Penelope, incarnazione del focolare domestico – e la terza, Calypso, emblema della morte e della dissoluzione finale nel gorgo del nulla. Ed è proprio il tema della tessitura – unito a quello del canto – a fare di lei una abitatrice del confine, del non luogo che sta fra la vita e la morte: esso evoca in Pascoli i più remoti e profondi ricordi personali e i miti più sublimi dell'antichità e della letteratura. Sono i temi della tessitura e del canto, soprattutto, a veicolare i significati poetologici del personaggio, come è indicato esplicitamente nell'antologia *Sul limitare.* Ma alla luce dello scritto scolastico, questi significati si possono osservare anche nella Circe de *L'ultimo viaggio,* nel cui racconto anzi Pascoli cifra l'evoluzione stessa della sua poetica dal *Fanciullino* a *La nuova èra.* Soltanto, la Circe-poesia qui si sdoppia nella maga innamorata dell'isola Eea e nella coppia silenziosa di Sirene sulla quale si spezza la nave di Odisseo. La prima incarna, insieme al sogno amoroso, una concezione della poesia come creazione di meravigliose parvenze e illusioni, di quei miti con cui i popoli primitivi descrivevano il mondo. Le Sirene rappresentano invece la più tarda e disincantata poetica pascoliana; il loro canto non seduce né illude, ma attira irresistibilmente verso la conoscenza, la conoscenza essenziale: quella della morte. Questo canto si confonde perciò con quello dell'ultima tessitrice, Calypso, la Nasconditrice solitaria che proclama il nulla assoluto: non dissimile dalla fanciulla morta che seduta accanto al poeta sulla panchetta tesse la tela funebre che li avvolgerà sotto un cipresso.

Das 20. Jahrhundert: Beispiele für das ambige, das verrätselte und das fragmentierte Porträt

Gino Tellini (Firenze)

Remo nelle *Sorelle Materassi:* un ritratto ambiguo

Il personaggio che qui interessa è Remo, l'ambiguo adolescente delle *Sorelle Materassi* di Aldo Palazzeschi. Non dovrebbero esserci dubbi sul fatto che la figura-chiave del romanzo sia lui, il nipote bellissimo e spietato che irrompe d'improvviso, come una meteora, nella grigia e parca, quieta e sonnolenta esistenza delle anziane zitelle di Santa Maria a Coverciano, rinomatissime e impareggiabili cucitrici di bianco.

> È per me – sostiene l'autore in un'intervista del 1972 – il vero protagonista del romanzo. La sua figura non è nata da un capriccio, essa ha un suo significato e una sua funzione. È una figura emblematica di rottura tra due secoli. L'Ottocento era avviato verso il tramonto dei suoi ideali e stagnava nel conformismo di un modo di vivere e di concepire la vita che le nuove generazioni rifiutavano. Si annunciava un clima nuovo. Agli albori del Novecento due mondi distinti si contrapponevano e il loro distacco si faceva via via maggiore.[1]

Le avvizzite zie, Teresa e Carolina, restano incantate, stordite, travolte dall'avvenenza anche fisica del nipote, che in loro ridesta insospettabili e sopite pulsioni erotiche. Alla seduzione del ragazzo – figlio di Augusta, la terza delle sorelle, morta a Ancona – resta però insensibile Giselda, la più giovane delle Materassi, malmaritata e dopo cinque anni di pena abbandonata dal consorte, quindi edotta per esperienza sui funesti effetti di avventati ghiribizzi d'amore che si pagano cari.

La linea interpretativa più accreditata e prevalente[2] assegna a Remo un ruolo

---

1 B. CALORO, *Le Sorelle Materassi sono io*, in »Video«, VII, 6, giugno 1972, 18–21.
2 Per la bibliografia specifica sulle *Sorelle Materassi*, rinvio alla mia edizione di A. PALAZZESCHI, *Tutti i romanzi*, I, Milano, Mondadori, 2004, 1736–1739. Mi limito a segnalare, tra le voci più recenti e significative, M. MARCHI, *Palazzeschi, Teresa e Carolina. Lettura di »Sorelle Materassi«*, in *Palazzeschi e altri sondaggi*, Firenze, Le Lettere, 1996, 57–97; G. NICOLETTI, *Sorelle Materassi*, nell'opera collettiva *Letteratura italiana*, diretta da Alberto Asor Rosa, *Le Opere*, IV/2, *Il Novecento. La ricerca letteraria*, Torino, Einaudi, 1996, 59–81; M. BIONDI, *Frammenti di un discorso amoroso in »Sorelle Materassi«*, nell'opera collettiva *La »difficile musa« di Aldo Palazzeschi. Indagini, accertamenti testuali, carte inedite*, a cura di Gino Tellini, in »Studi italiani«, XI, 1–2, 1999, 151–174, poi in *Firenze Novecento. Intellettuali mistici poeti*, supplemento a »Il Cristallo«, 1, 2002, 15–39; F. SERRA, *Introduzione*, in A. PALAZZESCHI, *Sorelle*

senz'altro positivo, in quanto campione di una giovinezza solare e disinvolta, sciolta da inibizioni e da vincoli moralistici; eroe di una spavalda spensieratezza, di una gioiosa voglia di vivere, di divertirsi, di godere e di non lavorare; esponente della modernità disinibita, di contro a un passato morigerato e castigato, taccagno e sparagnino, inibitorio e soffocante. È la linea inaugurata da Pancrazi, appena uscito il romanzo:

> Direi che l'invenzione di Remo ha avuto un effetto vivificante, oltre che sulle Materassi, anche su Palazzeschi che non aveva mai acceso tanti e così scoppiettanti razzi alla sua girandola, come adesso per lui. Si sa che Palazzeschi ha il gusto artistico e un tantino anche morale, della »sconvenienza«; è il suo sale crepitante; e bisogna vedere questa volta quel ragazzaccio di Remo, nella stanza di lavoro delle zie, tra i corredi delle spose... Ma nell'invenzione di Remo forse c'è qualcosa di più. Dire umorismo, non basta: quando Palazzeschi parla di Remo, a volte sorprendi in lui un altro sentimento: quel bel ragazzo, quel suo piacere sano e animale di vivere, quella gioia e quel riso che da lui si propagano, non solo gli piacciono, ma anche un po' lo commuovono; e quanti ritratti di Remo. [...] Remo è quello che è: creatura còlta, ora affettuosamente, ora umoristicamente, nel più degradato costume della vita d'oggi: ma quel crepitante piacere di vivere di Remo, e che da lui si comunica a tutti intorno, è pure a suo modo un dono di umanità.[3]

Appunto, e detto anche molto bene: un ragazzaccio simpatico, vivificante per le zie e per l'autore; un ragazzaccio all'insegna della »sconvenienza«, ma crepitante e commovente. E poi bello, magnetico, affascinante, proprio un gran »bel ragazzo«, con tutto ciò che la bellezza, anzi la »fatalità della bellezza«,[4] comporta. Credo però che non basti, per ricorrere a un'espressione dello stesso Pancrazi. Il ruolo di Remo non è solo questo, positivo. Un altro ce n'è, negativo. Occorre infatti meglio indagare in quel »ragazzaccio«, spogliando il termine del suo alone affettuosamente complice, e occorre meglio indagare in quel »degradato costume della vita di oggi«.

È quanto ha fatto, nello stesso giro di mesi, un altro lettore della prima ora, Giovanni Ansaldo, che in questi termini si è rivolto a Palazzeschi, da Genova, il 18

Materassi, Milano, Mondadori, 2001, poi, con il titolo *Lo straniero*, in *Galleria Palazzeschi*, Firenze, Cadmo, 2005, 79-98; W. Hirdt, *Superbia punita. Su »Sorelle Materassi«*, nel volume collettivo *L'opera di Aldo Palazzeschi*, Atti del Convegno Internazionale (Firenze, 22-24 febbraio 2001), a cura di Gino Tellini, Firenze, Olschki, 2002, 341-355; D. Trento, *Il romanzo del protagonista celato: »Sorelle Materassi«*, nell'opera collettiva *Palazzeschi e i territori del comico*, Atti del Convegno di Studi (Bergamo, 9-11 dicembre 2004), a cura di Matilde Dillon Wanke e Gino Tellini, Firenze, Società Editrice Fiorentina, 2006, 149-169.

3 P. Pancrazi, *Un romanzo di Palazzeschi*, in »Corriere della Sera«, 27 dicembre 1934, poi, con il titolo *Umorismo e umanità di Palazzeschi* I, in *Ragguagli di Parnaso. Dal Carducci agli scrittori d'oggi*, a cura di Cesare Galimberti, Milano/Napoli, Ricciardi, 1967, 3 voll., III, 29-30.

4 »Remo, il giovane nepote in mutandine di sportivo, finisce per impersonare la ›fatalità della bellezza‹« (E. V. [E. Vittorini], *Il romanzo di Palazzeschi*, in »Il Bargello«, VII, 11, 17 marzo 1935, 2, poi in *Letteratura arte società. Articoli e interventi 1926-1937*, a cura di Raffaella Rodondi, Torino, Einaudi, 1997, 849).

novembre 1934, dopo avere letto il romanzo sulla »Nuova Antologia« (dove è uscito in cinque puntate, tra il 1° agosto e il 1° ottobre 1934, mentre il volume appare, presso Vallecchi, a metà dicembre):

> Sì, il Suo è un gran romanzo. E mi preme ripeterglielo qui, in privato, dopo averlo detto in pubblico,[5] nel modo che ho potuto migliore. Però, qui, in privato, Le debbo dire qualcosa che in pubblico ho lasciato più che altro per ragioni di spazio; ma forse un po' anche per altre ragioni.
> Il Suo non è, soltanto, il romanzo delle donne senza amore. Questa definizione è molto comoda per i recensenti, e forse per la diffusione tra il pubblico; ma non rende bene la portata del romanzo. Perché in questo, oltre alle Sorelle Materassi, c'è Remo; e a un certo punto la narrazione si sposta e si impernia, quasi, su di lui; è lui che ha l'iniziativa dell'azione. E Remo è splendido, per l'analisi sottile con cui Lei lo ha reso, Lei ha dato un tipo di quella gioventù meccanico-sportiva del dopoguerra, che non se ne va più via dalla memoria. Lei ha veduti certi tratti *amorali*, rigorosamente *amorali*, della gioventù di oggi, e li ha resi in modo potente. [...] Nel libro non si fanno accenni e riferimenti a movimenti politici di sorta; ma il lettore vigile ed esperto fa subito, fulmineamente, i collegamenti e i raffronti. Io non so se Lei abbia pensato a questo; ma comunque, il suo romanzo è andato molto lontano. Ed è molto, molto di più che la semplice storia di due donne senza amore! Non Le dico poi, come e quanto sono innamorato di Niobe. [...] Lei fa dire a Niobe cose argutissime. Le cito soltanto l'ultime battute, della penultima pagina, quando Niobe parla dei giovanotti moderni, che ora son tutti tirati su in mutandine, come Remo, e così si abituano franchi, e senza rigiri, e *più di buon cuore*; quel ›*di buon cuore*‹, attribuito a un bel pendaglio da forca come Remo, è una frecciata contro tutta l'educazione moderna ginnico-sportiva, che di più acuta io non saprei trovarne.[6]

---

5 Si riferisce alla sua notevolissima recensione, pubblicata anonima, con il titolo *Un grande romanzo*, su »Il Lavoro« di Genova, l'8 novembre 1934. Dopo un dettagliato resoconto della vicenda e dei protagonisti, il recensore conclude: »Il ricordo di queste creature ci ha portato per le lunghe; e adesso lo spazio ci manca per lodare, come si converrebbe, e spiegare la sapienza dell'artista nel raccontare, nello ›sfumare‹. Ma certo, una testimonianza vogliamo rendere, ed è questa: l'uomo che ha scritto certe pagine di questo libro è un uomo che ha guardato bene in fondo alla vita, e dinanzi al quale non conviene raccontar bubbole. Egli è al di là di ogni scuola e di ogni tendenza; egli se ne infischia di ogni derivazione e di ogni moda letteraria. Egli è un potentissimo confessore dell'anima umana; è uno di quei confessori di grande razza, che indovinano il genere di peccati dei penitenti e delle penitenti, dal modo stesso con cui questi piegano il ginocchio sui gradini del confessionale. Ed egli non ha confessato soltanto le povere Materassi; ma un po' tutte le donne nella cui giovinezza non è passato l'amore... | Lo abbiamo detto in principio, lo ripetiamo in fine: grande romanzo. E che sia tale, si rivela anche da questo: che posto tra mani a un lettore candido, nulla gli aggiungerà di malizia, perché scritto in forma castigatissima; ma letto da lettore esperto delle cose del mondo, gli offrirà infinite aperture, e acutissime vedute di scorcio, nelle pieghe più recondite della natura umana, e nella infinita e insospettabile astuzia dei sensi. Nel che è la vera audacia, fatta non di parole spampanate, ma di analisi sicura, e accennata appena; l'audacia degli scrittori che hanno tutta l'arte, e degli uomini che conoscono tutta la vita« (p. 3).

6 Cfr. G. TELLINI, *Notizie sui testi*, in A. PALAZZESCHI, *Tutti i romanzi*, I, cit., 1591–1592.

Le »altre ragioni« – di cui parla Ansaldo – riguardano naturalmente la censura e Remo, lo »splendido« Remo, la figura che nel romanzo »ha l'iniziativa dell'azione«, si delinea, questa volta, soprattutto come »un bel pendaglio da forca«, un prototipo dei »tratti *amorali*, rigorosamente *amorali*, della gioventù di oggi«, cioè della gioventù messa in vetrina dall'Italia fascista.

Questa linea interpretativa, che scava sul versante negativo di Remo, non ha avuto fortuna, ma qua e là talvolta affiora, come in *Palazzeschi l'olimpico* di Leonida Rèpaci (articolo-intervista, frutto di una conversazione con lo scrittore, in occasione del premio Antonio Feltrinelli assegnatogli, il 7 giugno 1957, dall'Accademia dei Lincei)[7] o, in anni più prossimi a noi, in *Dedicato a »Sorelle Materassi«* di Enzo Siciliano (nel fascicolo monografico di »Galleria« nel 1974)[8] e in *La storia di un folletto* di Alberto Arbasino (a vent'anni dalla morte di Aldo).[9]

Non ha avuto fortuna, eppure l'ha sostenuta anche Vitaliano Brancati, in un saggio letto a Napoli nel 1951, sul comico nei regimi totalitari, poi edito postumo nel 1954, in due puntate:[10]

---

7 »Ma le *Sorelle Materassi*? Naturalmente Palazzeschi ama questo celeberrimo libro, anche se non riesce a spiegarsi com'è che il fascismo abbia potuto accettarlo, senza vederci un'allusione tra quel Remo – bell'animale, maschione quartato, tipaccio a tutto fare, circoscritto a una pura vita vegetativa – e il tipico virgulto del fascismo, il giovane italiano, che il regime era venuto formando. Né ci vide un'allusione simbolica tra le vecchie Materassi e le vecchie classi dirigenti che avevano accettato il giovine mostro con una voglia d'impazzimento e di perdizione molto simile a quella che muove le indimenticabili ›cucitrici di bianco‹ verso il robusto e impetuoso nipote« (L. Rèpaci, *Palazzeschi l'olimpico*, in »Tempo«, Milano, 27 giugno 1957, 38 – 42: 40, poi, con il titolo *Aldo Palazzeschi*, in *Compagni di strada*, Roma, Canesi, 1960, 15 – 28).

8 »Perché non leggere, suggerisco, *Sorelle Materassi* come una parabola sull'Italietta del primo decennio mussoliniano? Teresa e Carolina, l'arcigna Giselda, rappresentano la vecchia Italia, quella che credeva, sapendo di mentire a se stessa, ai ›buoni sentimenti‹, ai valori consacrati dalla tradizione; Remo rappresenta l'Italia uscita dalla guerra, con la sua sete di vano benessere, la menzogna, l'egoismo, e con il fascino che sull'Italia di prima seppe malauguratamente, irreparabilmente esercitare... Questa è appena un'ipotesi, su cui si potrebbe riflettere – per carità! senza sforzarsi di far coincidere il quadrato con il cerchio« (E. Siciliano, *Dedicato a »Sorelle Materassi«*, in »Galleria«, XXIV, 2 – 4, 1974, 100).

9 »Che Firenze, la sua. Né Rinascimento, né palazzi, né arazzi, né Maggio Musicale, né antiquariato né moda né turismo né Berenson né Acton né Sitwell né vigneti di marchesi col gallo e col putto, ma vicoli senza sole e beghine nere, interni miseri, inverni desolati, un disperato decoro ›a quattro spilli‹ tenuto su coi rammendi, cartocci, castagnacci... E quei lugubri caffè degli ermetici, dove perfino Gadda e Montale e Landolfi tampinavano la Fama Letteraria proprio nella capitale dello squadrismo più vociante e protervo... E però il sospetto che l'infatuazione delle Sorelle Materassi per il nipote bello e scapestrato fosse un'allegoria del fascismo come *Mario e il Mago* di Thomas Mann al Forte dei Marmi...« (A. Arbasino, *La storia di un folletto*, in »la Repubblica«, 5 settembre 1995, 31).

10 V. Brancati, *L'uomo a molla (Il comico e la dittatura)*, in »Il Mondo«, 12 ottobre 1954 e *Il bacio del gregario (Il comico nei regimi totalitari)*, ivi, 19 ottobre 1954. Brancati è deceduto in una clinica di Torino, il 25 settembre 1954.

In un bellissimo romanzo uscito nell'epoca della dittatura, si racconta la storia di alcune sorelle ricamatrici, che hanno vissuto di lavoro ed onestamente, ma che, in un punto della loro vita, s'innamorano, d'un amore confuso, fra materno e di zitella, del loro nipote, un molto virile, rozzo e spregiudicato ragazzo. In questo romanzo, uscito durante la guerra di Abissinia[11], parve di vedere la storia dell'Italia, della onesta, laboriosa, povera Italia che d'un tratto s'innamorava di un avventuriero. Guardato così, il romanzo è anche profetico. Perché le sorelle rimangono alla fine sì, senza un soldo, ma con molte fotografie del loro nipote, colto sempre in costume da bagno succinto col petto nudo in fuori e i muscoli tesi. [...]
Le sorelle confortano la loro squallida miseria con la contemplazione di questi ritratti d'uomo nudo, simbolo d'un vitalismo che ha fatto perdere loro la testa e le ha rovinate. Sicché quando la quarta sorella, questa qui ragionevole, venuta per aiutarle, le sorprende in quell'atteggiamento, non riesce a contenersi. »Dopo quanto era successo, dopo la catastrofe irrimediabile... le tre scimunite si estasiavano a guardare le fotografie di quel furfante che con tanta disinvoltura le aveva ridotte in simile arnese«.[12]

Il passo di Brancati colpì un lettore raffinato come il celebre parodista Paolo Vita-Finzi,[13] abituato a vedere in Remo, sulla scorta di Pancrazi e secondo l'interpretazione corrente, »un simpatico mariuolo; mariuolo sì, ma simpatico«.[14] »Debbo dire – ricorda – che questo inatteso commento di quella che credevo un'allegra e libera fantasia di Palazzeschi mi sorprese grandemente«:[15] fantasia »allegra« e »libera«, come pure – secondo Vita-Finzi – innocua e del tutto innocente. Pensò quindi di consultarsi con Pietro Paolo Trompeo, non solo »critico finissimo ma anche amico di Palazzeschi«,[16] per riceverne lumi e chiarire la questione. Questi gli rispose, da Roma, il 22 gennaio 1955:

---

11 In effetti, le *Sorelle Materassi* escono nel dicembre 1934, mentre la guerra di Abissinia è iniziata il 3 ottobre 1935.
12 V. Brancati, *Il bacio del gregario (Il comico nei regimi totalitari)*, cit., 13. La princeps Vallecchi del 1934 reca non »scimunite« ma »mentecatte« (A. Palazzeschi, *Tutti i romanzi*, I, cit., 812); la citazione, delle parole pronunciate da Giselda, è tratta dalla »Settima edizione« del maggio 1942, sempre per i tipi di Vallecchi (439–440), per cui cfr. G. Tellini, *Notizie sui testi*, cit., 1623–1633.
13 Per la sua attività di parodista, rinvio al mio libro *Rifare il verso. La parodia nella letteratura italiana*, Milano, Mondadori, 2008, 151–172.
14 P. Vita-Finzi, *Un'allegoria di Palazzeschi*, in »Nuova Antologia«, ottobre 1972, 226–229. L'articolo, che rievoca circostanze legate alla lettura del saggio di Brancati nell'ottobre 1954, prende spunto dal rinnovato interesse per le *Sorelle Materassi* dovuto alla riduzione televisiva del settembre 1972 (sceneggiatura di Luciano Codignola e Franco Monicelli, con la collaborazione di Fabio Storelli, regia di Mario Ferrero).
15 Ivi, 228.
16 *Ibidem*.

> [...] Anche a me l'interpretazione data da Brancati delle *Sorelle Materassi* sembra stranissima e cervellotica. Si direbbe d'esser tornati all'allegorismo dei trecentisti. Ma con Palazzeschi non si sa mai. Comunque gli scrivo con questo stesso corriere. Dico »gli scrivo« perché Palazzeschi non ha telefono e trovarlo a casa non è facile. Appena avrò la risposta, glie la comunicherò [...].[17]

Poi, sempre da Roma, il 7 febbraio 1955: »[...] Palazzeschi non si è fatto vivo. Non so proprio spiegarmi questo silenzio. L'altro giorno parlai con Marino Moretti – che era a Roma di passaggio – dell'interpretazione allegorica delle Sorelle Materassi: anche a lui parve cervellotica [...].«[18]

Si noti che l'»allegorismo dei trecentisti« è interferenza di Trompeo (suggerita per certo da Vita-Finzi), perché Brancati non propone un'»interpretazione allegorica« (sempre Trompeo), ma semplicemente suggerisce una lettura di Remo che muove da un'angolatura diversa da quella vulgata e ne trae le debite conseguenze. Sia come sia,[19] è interessante integrare la documentazione allegata da Vita-Finzi con la corrispondenza finora inedita intercorsa tra Palazzeschi e Trompeo. Il quale è stato di parola, come ha promesso a Vita-Finzi il 22 gennaio, e in quello stesso »corriere« si è fatto vivo con Aldo:

Roma, 22 gennaio 1955[20]

Caro Aldo

Hai visto nel »Mondo« del 19 ottobre l'articolo postumo del povero Brancati in cui si parla delle *Sorelle Materassi*? Un amico, Paolo Vita-Finzi, mi prega di chiederti se l'interpretazione allegorica che ivi se ne dà risponde alle tue intenzioni e chiede anche il mio parere. Io per conto mio ho risposto che a quell'interpretazione son caduto dalle nuvole. Comunque, posso sperare in un tuo rigo di risposta? Ecco, se non l'hai vista, la parte essenziale dell'articolo di Brancati: »In questo romanzo uscito durante la guerra d'Abissinia parve di vedere la storia dell'Italia, dell'onesta, povera, laboriosa Italia che d'un tratto s'innamorava d'un avventuriero... Il romanzo è anche profetico... Le sorelle rimangono senza un soldo, ma con molte fotografie del loro nipote... col petto nudo in fuori e i muscoli tesi... simbolo di un vitalismo che ha fatto perdere loro la testa e le ha rovinate... Le scimunite si estasiavano a guardare le fotografie di quel furfante, che con tanta disinvoltura le aveva ridotte in simile arnese...«.

Affettuosi saluti dal tuo

Pietro Paolo Trompeo

---

17 Ivi, 228–229.
18 Ivi, 229.
19 Il termine »allegoria« è riproposto (cfr. qui nota 9) da Arbasino nel 1995.
20 L'originale si conserva nel Fondo Palazzeschi, presso il Centro di Studi »Aldo Palazzeschi« dell'Università di Firenze.

L'opinione del diretto responsabile si lascia un po' attendere e arriva dopo oltre un mese:

> Roma, 2 marzo 1955[21]
>
> Mio caro Paolo,
>
> Grazie, sta benissimo. Sarò da voi[22] sabato sera 5 alle $9\frac{1}{2}$ presso a poco. Perdonami se non ti ho mai scritto, ma sono stato in questi ultimi tempi fuori della grazia di Dio, una quantità di cose straordinarie e di poca utilità mi hanno sviato dal lavoro che mi ero proposto durante l'inverno oramai a fine, e nel quale non sono riuscito a realizzare la metà di quanto dovevo, e si avvicina il giorno di andare a Parigi[23] con questo rammarico. Dunque il mio libro S. M. aveva realmente intenzioni frondiste ben precise e se non sono in tutto come dice il povero Brancati, a quello molto si avvicinano. [...].
> A sabato, ti abbraccio tuo
>
> Aldo

Trompeo, a giro di posta, informa Vita-Finzi, da Roma, il 3 marzo 1955:

> [...] Con molte scuse per la tarda risposta, Palazzeschi mi scrive in data 2 marzo: »Dunque il mio libro Sorelle Materassi aveva realmente intenzioni frondiste ben precise e se non sono in tutto come dice il povero Brancati, a quelle molto s'avvicinano«.[24] La dichiarazione è preziosa: la critica intelligente, senza costruirci castelli in aria, può trarne il suo utile. E io (il romanzo però resta quel che è indipendentemente dalle intenzioni dell'autore) riconosco d'essere stato troppo tassativo nel dichiarare cervellotica quell'interpretazione.[25]

Trompeo si dimostra non solo prudente, ma anche molto equilibrato. Già nella lettera del 22 gennaio a Vita-Finzi – pur rifiutando allora risolutamente l'indicazione di Brancati – ha messo le mani avanti: »Ma con Palazzeschi non si sa mai«. Ora, infatti, si ricrede. Avverte tra parentesi – con una precisazione metodologicamente ineccepibile – che »il romanzo però resta quel che è, indipendentemente dalle intenzioni dell'autore«, tuttavia ammette di essere stato troppo »tassativo« nel respingere l'»interpretazione« (non più definita »allegorica«) di Brancati, dapprima valutata »stranissima«, »cervellotica«, tale da farlo cadere »dalle nuvole«, e riconosce anzi »preziosa« l'indicazione di Aldo, sì che

---

21 L'originale si conserva nel Fondo Trompeo, presso la Fondazione Primoli di Roma.
22 Accetta evidentemente un invito a cena, in casa di Trompeo e delle sue sorelle Vittoria e Maria.
23 Palazzeschi parte il 18 aprile per Parigi, dove soggiorna fino a giugno. Negli ultimi mesi del 1954 si è dedicato alla riduzione teatrale di *Roma* (andata in scena il 5 gennaio 1955 al Teatro Comunale di Bologna) e all'allestimento della raccolta di poesie *Viaggio sentimentale*, pubblicata nel febbraio 1955 da Scheiwiller.
24 L'autografo palazzeschiano ha non »quelle« ma »quello«, non »s'avvicinano« ma »si avvicinano«.
25 La lettera si legge in P. VITA-FINZI, *Un'allegoria di Palazzeschi*, cit., 229.

una »critica intelligente« può »trarne il suo utile«, beninteso »senza costruirci castelli in aria«.

Rigido, invece, nel rifiuto resta Vita-Finzi, che sospetta addirittura un lazzo di Palazzeschi: »A prima vista vien quasi voglia di supporre che approvando l'interpretazione di Brancati il ›carissimo Aldo‹ abbia voluto scherzare: e a qualcuno verrà alle labbra la famosa ›canzonetta‹ che fa da intermezzo alle sue poesie«.[26] Il fatto è che Vita-Finzi considera, a torto, inconciliabili le due prospettive:

> Dobbiamo quindi rinunziare a vedere nel libro, oltre a una storia comica e commovente insieme, anche una gioiosa esaltazione della vita spontanea, al di là del bene e del male? Il bel Remo non deve più essere considerato come un personaggio che l'autore vagheggia, dopo che gli è uscito di mano così vivo e parlante, bensì come il simbolo di qualcosa che egli odia e depreca?[27]

Messo di fronte a quella ch'egli considera un'alternativa secca, tra la »chiara lettera« e la »nascosta allegoria«, confessa, ovviamente, di preferire la prima: »E non offenderemo un così caro scrittore se continueremo a preferire la chiara lettera alla nascosta allegoria«.[28]

Ma non si tratta né di »chiara lettera« né di »nascosta allegoria«, bensì di due antitetici aspetti di Remo, che convivono in lui, rendendolo ambiguamente bifronte, capace di comunicare un »inesprimibile potere«, un »fascino arcano«,[29] malefico. Ha ragione Pancrazi, ma questo non significa che abbia torto Ansaldo. Ha ragione anche Ansaldo, e con lui Brancati. Nell'intervista palazzeschiana del 1972, sopra ricordata, importa leggere il periodo subito successivo a quello ultimo citato: »Agli albori del Novecento due mondi distinti si contrapponevano e il loro distacco si faceva via via maggiore. Io non potevo non trovarmi con i giovani. Sono sempre stato anticonformista e avvertivo nell'aria i nuovi fermenti«. E ha ragione anche Palazzeschi, ha ragione due volte, sia quando, come qui, avvalora la linea Pancrazi, sia quando, come nella risposta a Trompeo del 2

---

26 *Ibidem.*
27 *Ibidem.*
28 *Ibidem.*
29 »Palazzeschi aiuta l'opera di tutt'e tre insieme [di Teresa, Carolina, Niobe, intente a assecondare e viziare Remo]. Con un diabolico estro egli le caccia avanti, le aizza; e lui dietro le quinte a guardarle con animo tra partecipante e allegro; poi con una smorfia, così avanti spinte, lasciarle confuse di sé. | Di qui il tono particolare del romanzo, [...] quell'aspetto di compassionevole satira, alleggerita però e trasfigurata dal riso. Remo in mezzo, freddamente anzi indeterminatamente felice, conferma in sé, coltiva il suo piacere di vivere alla ventura, ricavando un gusto nuovo giorno per giorno dai casi nuovi, e sperimentando il fascino arcano della sua presenza. Consumatissimo commediante, non per questo lo dà a divedere, sfuggente, assente, ma di sé sicuro. Palazzeschi l'ha gratificato d'un inesprimibile potere, a posta perché lo esercitasse per castigo sulle vecchie zie« (G. DE ROBERTIS, *Sorelle Materassi*, in »Pan«, III, 2, 1° febbraio 1935, poi in *Scrittori del Novecento*, Firenze, Le Monnier, 1940, 1958[4], 172–173).

marzo 1955, avvalora la linea Brancati. Da rifiutare è invece una lettura unidimensionale del personaggio, che finisce con l'appiattirne il profilo e lo spessore. Di lui e dell'intero libro.

E ha ragione anche Trompeo, nel sostenere che »il romanzo però resta quel che è, indipendentemente dalle intenzioni dell'autore«. Ma le intenzioni dell'autore, s'è appena visto, sono duplici e il testo – che resta infine e comunque e sempre il referente decisivo – comprova tale duplicità. Indiscutibile è infatti il rapporto di esplicita simpatia del narratore per Remo, principalmente per la sua bellezza, per l'attrattiva della sua eleganza naturale, per lo splendido sorriso della sua bocca »modellata e colorita perfettamente«,[30] per la sua »grazia virile«[31] che si associa alla »rigogliosa freschezza della gioventù«,[32] per la praticità dell'agire, per la leggerezza e il gaudio festoso con cui va incontro alla vita. Si veda il ritratto del ragazzo, non più adolescente, ma giovane ormai adulto:

[Remo] lo abbiamo visto impiantato bene per divenire un giovane bello, agile e forte, e non facile a lasciarsi sopraffare. Nessuno però avrebbe saputo indovinare fino a qual punto potesse giungere la straordinaria bellezza e la istintiva eleganza di questo giovane.
Quei lineamenti che già gli conosciamo si erano maturati producendo un'armonia di colori e proporzioni che raro si riscontrano in un essere vivente.
Alto senza lasciare impressione di lunghezza, le sue membra si snodavano in movimenti di una grazia virile che non dava mai nel raffinato o nel grossolano; tutti i muscoli del corpo erano bene nutriti senza mettere in rilievo il loro travaglio.
Ma quello che più lasciava perplesso l'osservatore, era la classica bellezza del viso sotto la testa bruna, ondulata e lucente; viso di un ovale marcato e aristocratico, spirituale, in cui si attardava all'infinito l'impronta dell'adolescente; e nella cui pelle era la rigogliosa freschezza della gioventù senza lasciar trasparire la vigoria del sangue; di sanguigno non aveva che la bocca, vermiglia, le cui labbra, per la perfetta modellatura, il labbro superiore arricciandosi sporgeva sull'inferiore sensibilmente, per quanto carnose e carnali non apparivano di carne.
Soltanto nella scultura greca e in quella del Rinascimento possiamo riscontrare campioni di questa bellezza: Leonardo, Michelangiolo, Donatello, il Verrocchio, ne sarebbero stati colpiti. Quindi non ci darà stupore il fatto che due povere donnette si indugiassero a guardare.
Gli occhi di Remo, sormontati da sopracciglia marcate e lucide, erano grandi, puri, coi bianchi netti; e solo la bellezza li faceva apparire dolci non potendo assumere, in grazia di essa, un'espressione di indifferenza; sentivi, osservandoli, che non rispondevano calorosamente al tuo sguardo, ma accettavano il calore della simpatia senza ricambiarla, senza pronunziarsi, anzi, interrogativamente; avresti detto che per non alterare l'armonia della persona non assumesse mai un eccesso di esteriore vitalità; gli occhi non

---

30 A. PALAZZESCHI, *Sorelle Materassi*, in *Tutti i romanzi*, I, cit., 648.
31 Ivi, 651.
32 Ivi, 652.

guardavano mai avidamente pure fissandoti, e tanto più mantenevano la loro luce quanto più avidamente venivano fissati.[33]

Bellezza »straordinaria«, eleganza »istintiva«, rara »armonia«, grazia virile, eppure... eppure l'osservatore resta »perplesso«. Forse, Remo, è troppo bello. C'è qualcosa che non convince, in questo attardarsi di un'adolescenza che non cede agli anni, come fosse stregata; in questa freschezza senza vigoria; in questa carnalità senza sangue. Gli occhi, soprattutto, non dicono il vero: »grandi« e »puri«, ma ti fissano senza guardarti; mandano tanta più luce, quanto più avidamente sono fissati. Assorbono calore, non lo emanano. Succhiano la vita, non la trasmettono. Occhi pericolosi.

Ma la tessitura pluriprospettica dell'opera è molto più variegata e il suo significato va ben oltre questo culto estetico per l'eclatante fisicità, per la gioiosa spensieratezza dei sensi, per il loro seducente sortilegio. C'è il punto di vista della collettività paesana, che giudica Remo con risentita asprezza (»Remo, nel circondario, non era amato da nessuno«),[34] per la sua violenza di scazzottatore, per la sua orgogliosa alterigia, per la sua arroganza, per la sua impassibilità altezzosa, propria di chi si sente un capo, un padrone, un sovrano, un dominatore (istruttivo il suo rapporto con il gregario Palle): »Povere Materassi!« è, non per nulla, l'esclamazione di corale compatimento che risuona martellante nella comunità di Santa Maria a Coverciano. C'è anche, e rilevante, il punto di vista di Giselda, acre, astioso, amareggiato, ma di un'amarezza che la rende capace di non chiudere gli occhi dinanzi alla calcolata impudenza del nipote e alla rovina che incombe sulla casa.

E ci sono i comportamenti di Remo, come la sua cinica indifferenza verso Laurina, la fanciulla nullatenente che lui ha messo incinta. Con le zie si dichiara pronto a sposarla, soltanto perché sa benissimo che loro provvederanno altrimenti. Si ricordi la terribile laconicità del suo colloquio con la ragazza: »pochi giorni prima era rimasta di ghiaccio la povera Laurina, la quale, avendogli detto fra i singhiozzi: ›sono incinta‹, lui aveva risposto: ›e io no‹, senza aggiungere una sillaba. Le lacrime le si erano fermate sulle ciglia.«[35]

Con l'amico Palle, il »signorino«[36] fa il navigato ed esclama, ammiccando alle proprie prodezze galanti: »– Eh! caro Palle, non ci sono solamente delle vecchie a questo mondo, che diamine!«. Ci sono anche le Laurine. Poi incalza, alludendo alla soluzione matrimoniale escogitata dalle zie: »– Però... però... – aggiunse Remo come a sé stesso, aumentando la corsa dell'automobile: – anche le vecchie

---

33 Ivi, 651–652.
34 Ivi, 707.
35 Ivi, 713.
36 Ivi, 629.

fanno benino la loro parte«.[37] La fanno davvero benino la loro parte, le vecchie, e infatti il marito di comodo trovato per Laurina, onde togliere dagli impicci lo scapestrato nipote, l'hanno pagato con un'ipoteca di cinquantamila lire.

Remo parla poco e a monosillabi, laconico e impenetrabile. Lascia parlare il suo corpo, ma quando parla distilla istinto opportunistico, calcolo, malizia. Né va dimenticato l'episodio della cambiale, che a qualcuno è sembrato comico e spassoso, invece è tragicamente grottesco. Dopo lo »scangèo«[38] della firma estorta (che vale la bella somma di centomila lire), la risoluzione delle due »sciagurate«[39] sorelle, pronte a imbellettarsi e a infarinarsi per andare a spasso giulive con il loro aguzzino che se ne sta spesso e volentieri »con le mani in tasca e le gambe divaricate«,[40] proietta sulla scena una dose frizzante di aspra comicità, che smorza palazzeschianamente la tragedia in farsa, ma non cancella la ferocia di Remo: »Lo sentivi deciso, prima ancora che aprisse la bocca, a sostenere la propria volontà con violenza, con durezza, con crudeltà«.[41] Ecco cosa nasconde il sorriso di quella bocca »modellata e colorita perfettamente«.

L'evanescente e mite Carolina si avvinghia a lui, »stringendolo con tutte le forze e scoppiando in lacrime«,[42] in preda allo smarrimento, che è smarrimento anche sensuale, proprio in siffatta circostanza; l'energica Teresa è assalita da »un furore femmineo incomposto«[43] e vorrebbe avventarsi sul nipote per »colpirlo«;[44] Niobe si barcamena, piuttosto male, tra le due vecchie e l'uomo giovane che le sottomette e impone loro, con la forza, la propria legge che non si discute. È la reazione convulsa, disperata, struggente, avvilita di tre disgraziate innamorate dell'incantevole bellimbusto che le perseguita. Spetta a Niobe, passata la bufera, il parere distaccato sull'accaduto: »si trattava di una estorsione in piena regola, con vero e proprio sequestro delle persone, una cosa gravissima«, da essere denunciata »alla giustizia«.[45] Un'estorsione patita da vittime infine sconsideratamente consenzienti e felici.

Consapevole del potere che il suo fascino può esercitare, Remo asseconda, pieno di brio, il proprio fiuto sagace di animale da preda, intento a trarre dagli altri il massimo profitto: con le zie, con Niobe, con Laurina, con Palle, con Peggy. I suoi potenziali sudditi e vassalli, li riconosce all'odore. Quando s'avvede che la strada è impervia, arretra sorridendo, come con la contessa russa. Appartiene

---

37 Ivi, 721.
38 Ivi, 736.
39 Ivi, 747.
40 Ivi, 736.
41 Ivi, 729.
42 Ivi, 733.
43 *Ibidem*.
44 Ivi, 734.
45 Ivi, 749–750.

alla razza dei vincitori, che hanno trovato il modo di rendersi bella e »facile«[46] la vita. Quando sa di tenere in pugno i suoi ostaggi, ne stuzzica gli appetiti e amministra se stesso con avvedutezza: a Teresa e Carolina invia foto che lo ritraggono perfettamente vestito, a Niobe invia foto dov'è ritratto quasi perfettamente nudo.

La simpatia della voce narrante per Remo è palese (con venature di sospetto...), non meno di quanto sia palese l'attrazione delle zie per il ragazzo. Ma va messa in conto l'ironia costante, ora commossa e pietosa ora aggressiva, ridicolizzante, caricaturale, con cui il narratore accompagna la vicenda e la capitolazione delle due sorelle. Se è vero che nel romanzo può scorgersi anche un'»autobiographie courageusement transposée«[47] – cinquantenni Teresa e Carolina, come all'incirca lo scrittore al momento della stampa –, allora l'ironia ha il sapore di suprema autoironia. Ma certo è che chi racconta non s'identifica con le ›buffe‹ e derelitte ricamatrici. L'ironia (o autoironia) pone in controluce la figura di Remo e s'incarica di stabilire uno scarto fondamentale tra il punto di vista delle zitelle e il punto di vista del narratore. Il quale manifesta complicità con il giovane bello, aitante, disinvolto, leggero, sportivo, atletico, ma al tempo stesso ne prende le distanze e canzona le vittime rimaste impigliate nella rete: organizza una struttura narrativa che concede spazio a giudizi dissidenti (dalla coralità paesana a Gesilda) e lascia libero il »signorino« di esibire il proprio fulgore e insieme anche di mostrare con il suo modo di agire quale sia il suo effettivo modo di essere.

Determinante, nel bilancio del romanzo, è questo bifrontismo che rende poliedrica e complessa la figura di Remo, ammaliatore imperturbabile, angelo benefico e despota nefasto.[48] Conflittualità e dissidio non sono in lui, esente da incrinature e invulnerabile nell'indifferenza del suo sorriso, ma nella voce narrante che lo ritrae e nelle due zie che ne restano catturate, consapevoli e sgomente, rifiorite e travolte, sbattute tra l'euforia e le lacrime. Quanto alla linea suggerita da Ansaldo e da Brancati, si può notare che le candide sorelle fanno pensare anche, a modo loro, alla morigerata Italia del Ventennio, vinta da un'oscura voglia di perdizione dinanzi all'incantamento dell'energia vitalistica, della giovinezza, della gagliardia, della maschilità. Sul tema privato dell'eros, che

---

46 Ivi, 660.
47 G. Contini, *Introduction à l'étude de la littérature italienne contemporaine* (1944), in *Altri esercizî (1942–1971)*, Torino, Einaudi, 1972, 260. Il motivo è poi sviluppato da Luigi Baldacci, Aldo Palazzeschi, nell'opera collettiva *Un'idea del '900. Dieci poeti e dieci narratori italiani del Novecento*, a cura di Paolo Orvieto, presentazione di Mario Martelli, Roma, Salerno Editrice, 1984, 275, quindi da M. Marchi, *Palazzeschi, Teresa e Carolina. Lettura di »Sorelle Materassi«*, cit., 73 sgg.
48 Rinvio, per questa parte, alla mia *Introduzione*, in A. Palazzeschi, *Tutti i romanzi*, I, cit., CXXIII sgg.

si espande per l'intero romanzo dall'angolatura insospettabile e rassicurante di un'arte del ricamo applicata su esilissimi e trasparenti »paramenti«[49] di fragili corpi femminili, s'innesta il tema pubblico e civile dell'etica, della ragione, della rispettabilità sottomesse a irrefrenabili impulsi irrazionali che privano della padronanza di sé, fino alla dissennatezza. Quel »furfante«[50] di Remo concia per le feste le esiliate volontarie dalla vita e anche Niobe, poi s'invola con la milionaria Peggy (e con Palle) a farsi mantenere da lei in una favolosa America. Si lascia alle spalle il deserto: »cenere, cenere, cenere…«.[51] Il contatto con la naturalità allo stato puro è come un liquore forte, un »narcotico«[52] che inebria e può stordire, un fuoco che brucia. Quanto alla linea suggerita da Pancrazi, va notato che con Remo, nonostante tutto, il principio di piacere, l'idea della bellezza e dell'amore, l'incanto della leggerezza hanno fatto irruzione nella triste casa di Santa Maria a Coverciano e l'hanno cambiata per sempre. L'hanno ricreata: è bastata non altro che l'illusione di un'esistenza diversa, come spiraglio aperto sull'edonismo, sull'autogratificazione, sulla gioia di essere al mondo. La favola si chiude con un riso dolceamaro. Svanito Remo, ne resta vivissimo il ricordo, e proprio quale a lui si addice, e alle smarrite vestali che lo venerano: seminudo, in mutandine succinte, sulla spiaggia di Viareggio, in un ingrandimento fotografico alto un metro e venticinque. Teresa, Carolina e Niobe, »tre mezzi limoni spremuti e gettati nel cantuccio delle immondizie«,[53] »tre mentecatte« (a detta di Giselda),[54] adorano estasiate il ritratto – »appeso alla parete centrale della stanza da lavoro sotto vetro e in una bella cornice«[55] –, come l'immagine beatifica di un Nume. Le iridescenze di una felicità sognata colorano e rallegrano la loro solitudine. L'enigma e i paradossi che movimentano il palcoscenico della vita sono incontrollabili e non c'è ideologia o fede che li possa imbrigliare. Nella sequenza della cambiale, da ultimo, Niobe si domanda: »era la vita, quella, o si recitava una commedia?«. »L'una cosa nell'altra, tutte e due le cose insieme«,[56] postilla il narratore. Ambiguo Remo, come ambigui i sentimenti, gli affetti, le inclinazioni, i desideri, i sogni che s'intrecciano nello spettacolo dell'esistenza: un connubio di verità e finzione, di realtà e teatro che può riservare sempre imprevedibili sorprese. Questo spettacolo Palazzeschi ci invita a osservarlo con divertita e pensosa ironia.

---

49 A. PALAZZESCHI, *Sorelle Materassi*, in *Tutti i romanzi*, I, cit., 527.
50 Tale qualifica di Remo torna due volte nel romanzo, la prima per iniziativa di Niobe (ivi, 743), l'altra di Giselda (ivi, 812).
51 Ivi, 800.
52 Ivi, 819.
53 Ivi, 800.
54 Ivi, 812.
55 Ivi, 826–827.
56 Ivi, 752.

Patrizia Farinelli (Ljubljana)

›Mettere in musica‹ il personaggio: il ritratto letterario nella narrativa di Savinio

1. Narrare vite come?

Con un'asserzione invitante a riflessioni poetologiche e genealogiche,[1] Savinio pretende, nella nota prefatoria a *Narrate, uomini, la vostra storia*, che la fatica maggiore del suo lavoro fu mettere in musica vite altrui. Dire ›mettere in musica‹ è evidenziare l'azione di trasposizione di un testo in un diverso linguaggio artistico. L'immagine prescelta non solo richiama alla mente il movimento, ma, in quanto concernente il fare artistico, implica l'assunzione della biografia o piuttosto del ritratto letterario[2] come di una scrittura che non ha principalmente finalità eteronome di tipo informativo, documentario o celebrativo. Aggiungere (con un *understatement* in verità atteso in parole proemiali) che da quell'intervento »musicale« su vite altrui sarebbero nate »opere« e »operette«, ovvero testi letterari considerati di genere minore, che fanno leva normalmente sugli affetti, è segnalare subito, oltre alla varietà dei soggetti, anche la prospettiva

---

1 »*Le vite di Michele di Nostradamo, Eleuterio Venizelos, Felice Cavallotti, Paracelso, Arnodo Böcklin, Jules Verne, Vincenzo Gemito, Collodi, Antonio Stradivari, Guglielmo Apollinaire, Giuseppe Verdi, Lorenzo Mabili, Caytano Bienvenida* el torero *e Isadora Duncan. Tredici uomini e una donna, calati quale più profondamente e quale meno nella gelatina della storia. I quali personaggi noi li abbiamo trattati come libretti d'opera, e la nostra fatica è consistita più che altro a metterli in musica. Onde sono nate secondo i casi delle opere e ora delle operette.«* A. Savinio, *Narrate, uomini, la vostra storia* [1942], Milano, Adelphi, 1984, 12 (corsivo nel testo).

2 Utilizzato per il termine ›ritratto‹, l'aggettivo ›letterario‹ indicherebbe il modo della sua realizzazione, così che si possa distinguere il ritratto letterario da quello pittorico e fotografico (se ne riscontra l'uso nel manuale di J.-Ph. Miraux, *Le portrait littéraire*, Paris, Hachette, 2003), mentre nel caso della biografia la specificazione ›letteraria‹ tende a differenziare il genere dalla biografia ›storica‹. Bramanti intende appunto per biografie letterarie quelle stese da scrittori, cfr. V. Bramanti, *Sulla biografia letteraria novecentesca*, in Id. e M.G. Pensa (a cura di), *Scrivere le vite. Aspetti della biografia letteraria*, Atti del convegno (Padova aprile 1992), Padova, Guerini e Associati, 1996, 109–122: 110. Nell'articolo ripercorre gli sviluppi del genere dagli interventi innovativi di Strachey e Maurois fino alle acute riflessioni della Woolf per arrivare agli studi degli anni Ottanta del Novecento e segnalare, fra altri, il lavoro della Nadel in cui si accentua il ruolo della scrittura nella costruzione di una vita.

prescelta nella loro resa, una prospettiva escludente i criteri della verità e dell'oggettività. Su queste figure e sul loro mondo cala, infatti, da un angolo visuale estremamente soggettivo, lo sguardo ironico e allo stesso tempo non privo di simpatia o di stima dell'autore. Che la riuscita di un ritratto sia vincolata alla soggettività del ritrattista, il quale dovrà allora metterci l'anima, emerge del resto chiaramente da un passo dell'*Alcesti di Samuele:*

> [...] perché tanti temono di farsi fare il ritratto? L'io passa nel ritratto e il modello ne rimane privo. A condizione, inutile dirlo, che il ritratto sia dipinto da uno che nelle barbe del pennello mette la propria anima.[3]

Sebbene in quel contesto l'osservazione concerna il ritratto pittorico, essa può estendersi anche alla concezione che Savinio aveva del ritratto letterario: lo avalla tanto la scrittura di *Narrate, uomini, la vostra storia* quanto quella che improntata altri suoi interventi dedicati alle vite di figure note e meno note,[4] una scrittura tutt'altro che distanziata e mirante appunto, pur senza il ricorso all'introspezione psicologica, a rilevare la nota interiore costitutiva dei personaggi considerati.

Il termine »operette«, utilizzato nella prefazione in questione, allude poi a storie dalla trama semplice e dal contenuto frivolo e sta quasi ad anticipare che la narrazione tenderà alla demitizzazione del personaggio. I soggetti considerati sono ritratti, in effetti, su uno sfondo quotidiano per farne emergere prima di tutto la pasta umana e l'ordinario delle loro esistenze che appaiono puntellate al più da qualche mania o atto eccentrico. È noto che in termini analoghi, sottolineandone anche la fallibilità,[5] Savinio non solo parla degli autori classici ma rappresenta pure eroi e personaggi mitologici – si pensi solo alla figura di Ulisse nel dramma giovanile dedicato a questa figura.[6]

Nello stilare il profilo e i modi di essere dei 14 personaggi prescelti, tutti legati all'arte o presi da una grande passione coltivata come arte (dalla politica alla medicina e alchimia fino alla corrida) sceglie immagini irriverenti, come quella del color cotechino di Cavallotti neonato, o prive di decoro come quella di un Apollinaire ritratto a lavorare d'estate, nello studiolo del sottotetto parigino, *en déshabillé*. L'uso di aggettivi sminuenti e di frequenti diminutivi collabora alla stessa funzione. È il caso di Verdi adulto, definito ora il »paesanotto«, ora »il buon rurale«, mentre da bambino appare come »il piccolo Peppino«, o ancora quello del poeta Felice Cavallotti, colto a segnare con pedanteria le spese della giornata e

---

3 A. Savinio, *Alcesti di Samuele e Atti unici*, Milano, Adelphi, 2007², 153.
4 Si pensi ad esempio a ritratti pubblicati su riviste, come quello di Bontempelli su *La vraie Italie*, di Dinah Sorah su *L'illustrazione italiana* (figura ora nell'appendice dello studio di P. Italia, *Il pellegrino appassionato. Savinio scrittore 1915–1925*, Palermo, Sellerio, 2004), di Apollinaire e di alcuni personaggi storici sul *Corriere italiano* o ancora alla *Vita di Enrico Ibsen* (apparsa dapprima, nel 1943, su rivista, e poi raccolta in volume da Adelphi nel 1979).
5 Cfr. A. Savinio, *Nuova Enciclopedia*, Milano, Adelphi, 1991⁴, 95 (voce »Classici«).
6 A. Savinio, *Capitano Ulisse*, Milano, Adelphi, 1989.

a vivere in una cameretta modesta» provvista di »lettuccio di ferro«, »sedioline«, »scrittoietto«.⁷ A rimarcare l'azione demitizzante operata sui personaggi sono i rilievi sulle loro contraddizioni, sui loro piccoli segreti, oltre che sulle loro debolezze che possono concernere ora il rapporto con il denaro e l'alcool, ora le relazioni amorose, ora, infine, il bisogno di lusinghe. Ecco allora un Jules Verne »grullarsi« fin in punto di morte per gesti di pubblico riconoscimento.

Nella pretesa di Savinio di aver musicato un testo dato, o meglio i diversi testi di queste vite, viene espressa implicitamente anche una rinuncia a esaltare la centralità dell'autore su quella dell'opera. Tale posizione è implicita nello stesso titolo del volume, dove l'invito agli uomini a narrare da sé la loro storia farebbe scivolare il biografo dietro le quinte, ma resta disattesa nella prassi di scrittura mantenendo l'autore un ruolo del tutto centrale nella costruzione del personaggio di turno, non escluso il proprio. Tra coloro cui viene fatto appello nel titolo col termine collettivo di »uomini« trova, infatti, spazio lo stesso Savinio, sebbene la propria autostilizzazione si insinui fra le pagine dedicate agli altri personaggi senza presentarsi in un capitolo a sé stante. Lo scrittore vi ripercorre momenti di vita, luoghi del suo vissuto, incontri con una svariata umanità e soprattutto esprime giudizi di valore sulla Storia, gli uomini e l'arte non diversamente da quanto persegue nelle altre opere. Non racconta però di sé solo attraverso ricordi personali, espliciti giudizi e delucidazioni sulle proprie posizioni rispetto alle questioni che via via emergono, ma anche per via indiretta, ad esempio facendo intuire, nel narrare di vite altrui, di condividere talvolta il modo, sempre controcorrente, di vedere il mondo e l'arte da parte del personaggio ritratto: si tratti della facoltà di Vincenzo Gemito di »trasfigurare« l'oggetto preso a referente per la sua arte o del singolare modo di Apollinaire di guardare le cose col telescopio e col microscopio o ancora della capacità del poeta Lorenzo Mabili di difendere una lingua capace di accettare lo spurio e giocare con l'ambiguità. Son tutti passi, quelli evidenziati, che si lasciano leggere anche in chiave autoriflessiva, perché ciò che Savinio rileva, ad esempio, sulla variante della lingua greca moderna amata da un non purista come Mabili, restituisce anche la sua concezione linguistica e letteraria e potrebbe comparire senza difficoltà in un suo saggio di poetica: »*La Maliarà* insomma è una lingua duttile e giocosa [...]. Strumento mirabile per una letteratura che non respinge le sottigliezze, le sfumature, le varietà e le molteplicità dei significati, che non ha paura di questo gioco divino: il bisenso.«⁸

---

7 A. SAVINIO, *Narrate, uomini, la vostra storia* [1942], Milano, Adelphi, 1984, 27.
8 Ivi, 139. In uno scritto del secondo dopoguerra Savinio indicava proprio il »gioco del bisenso« e più in generale la capacità di giocare come netto segno di civiltà. Cfr. A. SAVINIO, *Fine dei modelli* [1947], in ID., *Opere e scritti dispersi 1943–1952*, Milano, Adelphi, 2004, 543–576: 545.

Antonia Arslan ha osservato come il discorso autobiografico presente in *Narrate, uomini, la vostra storia* (dove Savinio continua a privilegiare i ricordi d'infanzia analogamente a quanto accade in due sue opere pubblicate solo pochi anni prima, *Tragedia dell'infanzia* e *Infanzia di Nivasio Dolcemare*) finisca per assorbire quello biografico generando un'opera che non è né solamente la somma di ritratti altrui, né semplicemente un autoritratto.[9]

Nell'ambito del tardo moderno e della contemporaneità, dopo il radicale relativizzarsi dei canoni letterari e la conseguente tendenza alla polverizzazione dei generi, in un contesto poi di sempre maggiore scetticismo verso la categoria di genere letterario, qualsiasi discorso mirante a definizioni di tipo genealogico appare minato in partenza. Ciononostante la ricerca orientata a circoscrivere peculiarità e tipologie della scrittura dell'altro e della scrittura del sé è stata nel XX secolo, e in particolare negli ultimi decenni, assai fervida. Essa appare contrassegnata, tra l'altro, dalla tendenza a considerare con attenzione il nesso che collega biografia e autobiografia.[10]

Nel caso di Savinio è l'approccio stesso dell'autore alla scrittura, ostentatamente orientato a rovesciare codici letterari noti, a esigere una lettura cauta rispetto ad operazioni classificatorie. Il che non esime però dal compito di comprendere cosa succeda nella sua opera con i codici che egli ha in qualche modo attivato. La posizione della Arslan, che lascia aperto un margine di incertezza nel circoscrivere il genere di *Narrate, uomini, la vostra storia*, ci pare condivisibile. Cercare di fissare in una precisa relazione architestuale un'opera simile, costruita su più piani e registri (dell'altro e del sé, della Storia e delle *fiction*, del serio e del ludico) e tale da presentarsi in ogni microtesto digressiva e discontinua come un saggio e provvista contemporaneamente di trama come un romanzo,[11] ma soprattutto caricata di una finalità eversiva verso possibili modelli, sarebbe forzarne l'identità.

Non avrà allora molto senso nemmeno pretendere di stabilire con certezza se la scrittura dell'altro, affrontata da Savinio in quel contesto, cada sotto l'arte del ritratto piuttosto che sotto quella della biografia (e rispettivamente, per quanto

---

9 »La cifra obliquamente ironica e pervasiva dello stile, per mezzo del quale Savinio possiede l'altro da sé e trova se stesso, coagula poi, a lettura finita, tutti questi ritratti in un solo poliedrico autoritratto, che assorbe la forza delle singole personalità e le accomuna in un'unica (auto)biografia immaginaria che costituisce quasi un romanzo [...].« A. ARSLAN, *Alberto Savinio: il sogno di un biografo*, in *Scrivere le vite* (nota 2), 71–81: 78.

10 Guglielminetti segnala quel nesso richiamandosi anche al modo in cui lo colse e lo espresse Bachtin nel suo studio giovanile *L'autore e l'eroe nell'attività estetica*. Cfr. M. GUGLIELMINETTI, *Le modalità biografiche dell'autobiografismo*, ivi, 123–133.

11 A collegare le sequenze nel racconto di ogni singola vita, è sempre un *leitmotiv* che, oltre a svolgere una funzione narrativa, finisce per imporsi come attributo basilare e nota specifica del personaggio in questione: si tratti della natura aerea della Duncan, di quella fisica e legata alla terra di Verdi o dell'alitare dello spirito greco nelle attitudini di Vincenzo Gemito.

appena segnalato, dell'autoritratto piuttosto che dell'autobiografia). Ci si potrebbe limitare a osservare che ha aspetti di entrambe.

La differenza fra biografia e ritratto verterebbe sulla qualità del tempo scelto per presentare la persona: diacronica quella della biografia, sintetica quella del ritratto. La dimensione diacronica del tempo in cui sono calati i personaggi di *Narrate, uomini, la vostra storia* porterebbe, per un verso, a situare l'opera più vicino al genere delle biografie, ma di biografie stese allora nel rispetto della letterarietà, tali da lasciare spazio a un dire che sfugge l'univocità e che non seleziona i fatti relativi alle vite prescelte secondo i criteri attesi dal genere, ovvero secondo l'importanza che le figure considerate ebbero nell'acquisto di fama e secondo il peso che la loro vita assume per la comprensione della Storia. Nel presentare questi individui Savinio non rinuncia del tutto a seguire un criterio cronologico: ne narra per lo più nel divenire e pone inoltre un accento sulla modalità della loro morte, forse a ricordare, come si legge in quel dramma così ricco di osservazioni esistenziali e poetologiche qual è *Alcesti di Samuele*, che è la morte, a differenza della nascita, a fissare gli uomini nella Storia. Se si tiene tuttavia conto con Beaujour[12] (il quale si riferisce però all'autoritratto rilevandovi una scrittura tendenzialmente divagante) che la biografia mostrerebbe cosa ha compiuto il soggetto in vita e il ritratto invece chi è, allora i racconti saviniani di *Narrate, uomini, la vostra storia* avrebbero piuttosto la natura di ritratti letterari. Non mirano al ›cosa‹ di una vita, ma al ›come‹ del personaggio. La decentralizzata prospettiva prescelta dallo scrittore – sempre a seguire Beaujour – porterebbe alle stesse conclusioni.

Da parte sua Savinio, nel circoscrivere l'essenza del ritratto in termini pittorici, gli assegna come peculiare il carattere della rivelazione e individua in quest'ultimo un criterio per giudicare la riuscita dell'opera:

> Dei ritratti da me dipinti, Libero de Libero ha detto che sono altrettanti giudizi. Non mi si poteva fare lode maggiore. Il ritratto è una ›rivelazione‹. È la rivelazione del personaggio. È ›lui‹ in condizione di iperlucidità. È ›lui‹ come egli non riuscirà mai a vedersi nello specchio [...]. Né bastano al pittore i due occhi – tra i quali lo sguardo si alterna. Occorre al pittore un terzo occhio: l'occhio dell'intelligenza.[13]

Non sarà una forzatura estendere tale posizione anche al suo modo d'intendere il ritratto steso a parole: lo autorizza il fatto che nella sua opera riflette spesso sull'arte *in toto*. Inoltre proprio nel contesto di *Narrate, uomini, la vostra storia* egli menziona, oltre ad alcune biografie dei soggetti di cui va scrivendo (e nel caso della Duncan l'autobiografia della danzatrice), anche alcuni loro ritratti sia

---

12 M. BEAUJOUR, *Miroirs d'encre*, Paris, Seuil, 1980.
13 A. SAVINIO, *Nuova Enciclopedia*, voce »Ritratto« (nota 5), 322. Nella stessa opera, sotto la voce »Antenati« l'autore spiega che i propri ritratti pittorici con teste d'animale sarebbero ricerche del carattere, non caricature.

pittorici che verbali, distanziando nettamente e con buona dose d'ironia il suo approccio al personaggio da quello della biografia e della ritrattistica ufficiale. Con qualche eccezione, magari, che lo porta ad esempio a lodare, per la marcata sottolineatura della corporeità del personaggio, il ritratto di Verdi scritto da Jules Claretie, ma non a trattenere un pesante giudizio negativo sul biografo (»finissimo imbecille«).

L'idea di Savinio del ritratto quale momento di disvelamento, come trova espressione nella *Nuova enciclopedia*, si collega in ogni caso a uno dei nuclei centrali della sua riflessione poetologica, così come le posizioni che emergono dai racconti di *Narrate, uomini, la vostra storia* rimandano e portano contemporaneamente conferme alle concezioni del vero e del tempo improntanti la sua restante opera e da lui esplicitate, come si osserverà qui nel seguito, anche in testi di carattere teorico e saggistico.

2. Mezza verità e verità deformata

Per quanto affrontate apparentemente col senso del gioco, al centro di questa raccolta saviniana di vite stanno la questione del rapporto tra verità e finzione e l'apologia di un vero che non si imponga mai come assoluto, bensì sia riconosciuto e accolto come un ›mezzo vero‹. Vi emergono con particolare insistenza nelle pagine dedicate a Verne: »Anche su Jules Verne viaggiatore la leggenda ha tessuto le sue ragnatele. Una lo rappresenta come ›viaggiatore in poltrona‹, l'altra in ispecie di ittiocentauro. Sorella di Banalità, Verità al solito sta nel mezzo.«[14] Pure in altri contesti, in cui Savinio si esprime su questioni di maggiore gravità e con attitudine meno ludica, come nella *Nuova Enciclopedia* dove sotto la voce »verità« tocca la questione della stampa fascista, egli difende la stessa posizione:

> Il difetto maggiore e la profonda immoralità dei regimi assolutisti come di ogni condizione assolutista, è il principio della ›verità unica‹. Mentre si sa che la verità umana, la verità nostra, la verità ›vera‹ è fatta di vero e falso: più di falso che di vero.[15]

E ancora nella *Nuova Enciclopedia* sotto la voce »giostra« ribadisce:

> La verità assoluta, l'indirizzo unico, il significato solitario sono i nemici dell'uomo [...]. L'ambiguità è invece dolce e confortevole. L'ambiguità ha le stesse proprietà dei cuscini e delle imbottiture, e fa sì che comunque si cada non ci si fa mai male. L'ambiguità è il modo dell'equilibrio e il principio dell'armonia.[16]

---

14 A. SAVINIO, *Narrate, uomini, la vostra storia*, Milano, Adelphi, 1984, 128.
15 A. SAVINIO, *Nuova Enciclopedia* (nota 5), 387 (voce »Verità«).
16 Ivi, 200.

Presente in tutto il suo *opus* come generale orientamento di pensiero, il rifiuto di poter affermare la verità in termini assoluti e di porre credi, valori e risultati sotto una cupola tolemaica è da Savinio tanto più strenuamente perseguito nell'ambito artistico. L'arte, così come egli la teorizzò nel primo dopoguerra, soprattutto negli scritti apparsi su *Valori plastici*, è guidata ai suoi occhi da un doppio movimento che prevede, da una parte, la ricerca dell'essenza dei fenomeni, di ciò che sta al di là del contingente e, dall'altra, la deformazione della verità così messa a nudo, deformazione che si attuerebbe in modo privilegiato tramite l'ironia. Un movimento doppio, dunque, quello richiesto all'artista, di scoprimento e di pudica copertura del disvelato. Pure in questo caso non sarebbe una forzatura pensare che quanto Savinio affermava sull'ironia in pittura valesse per lui in termini analoghi per l'ambito letterario:

> Nella pittura, l'ironia tiene una parte importante allorché la coscienza dell'artista raggiunge un punto massimo di chiarezza; che percepisce nettamente allora la precisione originale della Natura, la quale precisione, riflessa nell'uomo e, per tramite di questo destinata ad esternarsi in una ulteriore rappresentazione, produce una reazione sottilissima, ma elementare e umana che, ripeto, si può chiamare pudore. È questa ragione che induce l'artista, sé malgrado, a deformare in qualche modo, nel riprodurli, gli aspetti terribilmente chiari che percepisce.[17]

Ostile a ogni velleità mimetica nell'arte,[18] anche nel genere del ritratto letterario questo lucido interprete della tarda modernità resta ben lontano dalla ricerca di una rappresentazione naturalistica dell'oggetto considerato.[19] L'ironia, la potente ironia che attraversa ogni pagina di *Narrate, uomini, la vostra storia*, troverebbe allora nella deformazione che produce, oltre a una funzione critica e dissacrante, anche una funzione protettiva, quasi a evitare all'oggetto rappresentato un'esposizione in piena luce e di conseguenza una sua visione chiara, ma aperta al rischio di piattezza e univocità.

---

17 A. SAVINIO, *Anadioménon. Principi di valutazione dell'arte contemporanea*, in ID., *La nascita di Venere. Scritti sull'arte*, Milano, Adelphi, 2007, 45–63, 62–63. Molti degli assunti espressi negli articoli sull'arte pubblicati su *Valori plastici* restano dei punti fermi nella sua futura opera. Con ciò non si vuole negare che le modalità del discorso saviniano mutino nel tempo. Cade soprattutto il tono regolativo e leggermente declamatorio degli scritti del primo dopoguerra in cui echeggia ancora il linguaggio dei manifesti e di cui è un esempio l'articolo *Arte = Idee moderne*, pubblicato nel 1918, ma risalente nelle sue linee fondamentali a un paio d'anni prima, ora raccolto nello stesso volume.

18 Savinio ribadisce la sua posizione sull'arte »non come specchio diretto della realtà, ma come riflesso lontano e mnemonico di quella« anche quando parla del cinema. La citazione è tratta da un articolo apparso su *Galleria* nel 1924 che Paola Italia riporta nel suo studio *Il pellegrino appassionato. Savinio scrittore 1915–1925* (nota 4), 359.

19 Sull'ostilità di Savinio a un'arte naturalista e in particolare a un teatro che persegua naturalezza e verosomiglianza sono illuminanti le osservazioni espresse sotto la voce »Travestimento« nella *Nuova enciclopedia*. »C'è ancora chi non sa che l'arte è mascherata (*mascarade*)«, A. SAVINIO, *Nuova Enciclopedia* (nota 5), 379 (voce »Travestimento«).

Puntate tra l'ironico e il bonario si indirizzano a tutti i personaggi ritratti nella raccolta e più di frequente ancora alla cultura dell'Ottocento, cui essi nella maggior parte appartennero. Quella cultura fu una spina nell'occhio per Savinio e la sua generazione – si pensi solo alle posizioni bontempelliane espresse in materia sui *Cahiers du '900*. Ma Savinio, a differenza di Bontempelli, stempera la sua antipatia per le mode culturali ottocentesche ricordando (in un passo della *Nuova Enciclopedia*[20]) il sussistere di una tendenza istintuale a ridicolizzare »il passato prossimo«. Ridicolizzati sono qui soprattutto il mondo artistico e le concezioni dell'arte che attraversarono quel secolo, non da ultimo un modo diffuso d'intendere i generi della biografia e del ritratto. Nel primo dei testi raccoltivi, con un paragone inconsueto, Savinio sorride sul pathos che nel XX secolo accompagnava l'attività artistica: »L'arte a quei tempi era battaglia. In quella per la ›musica dell'avvenire‹, i sentimenti più puri fondevano come lo stracchino, gli amici diventavano nemici.«[21] Mentre nelle pagine dedicate alla figura di Böcklin ironizza su diffuse mode tardoromantiche: »Il fraterno raggruppamento di questi tre oggetti [una riproduzione della *Toteninsel* quale modello della pittura romantica, un pianoforte nero e una maschera camusa di Beethoven appesa alla parete] costituiva una iniziazione sicura nel mondo delle arti, un passaporto per il mondo della poesia.«[22]

Non mancano battute pungenti contro i biografi di indirizzo positivista, difensori della fedeltà al vero. Sempre nella vita dedicata a *Böcklin* scrive:

> Un membro dell'Accademia delle Scienze di Berlino, ugonotto di origine, il professore Du Bois-Reymond, ha segnalato in un saggio erudito le inverosimiglianze anatomiche delle creature immaginate da Böcklin, ha dimostrato che i suoi centauri sono forniti di doppia cassa toracica, quattro membra anteriori, quattro polmoni e due cuori. A ragion veduta abbiamo indicato la qualità di ugonotto del professore Du Bois-Reymond: valga per lui ciò che abbiamo detto di Louis Gillet. E noi che abbiamo sempre sognato delle membra di ricambio![23]

Un'altra tirata sui biografi emerge nelle pagine dedicate allo scultore napoletano Vincenzo Gemito:

> Faccio notare a questo proposito che tutte le biografie di Gemito da me consultate presentano un Gemito come ›artista bizzarro e alla ricerca del proprio ideale‹, ma omettono rigorosamente quei fatti ora tragici e ora buffi, ma tutti in egual modo necessari allo storico quanto alla conoscenza della struttura anatomica al medico, i quali fanno della vita di Gemito la naturale continuazione della sua arte.[24]

---

20 Cfr. ivi, la voce »Amazzone«.
21 A. SAVINIO, *Narrate, uomini, la vostra storia* (nota 1), 20.
22 Ivi, 34.
23 Ivi, 37–38.
24 Ivi, 78.

Non appare privo di intento parodico sul genere nemmeno il lapidario ritratto del poeta Lorenzo Mabili, dove la menzione della sua abilità come giocatore di biliardo, caratteristica che lo rese celebre in un locale pubblico tedesco (!) mette sottosopra le attese sulla figura di un poeta e intacca anche quell'esemplarità pretesa nell'encomio immediatamente successivo, che appare una smaccata imitazione di formule rinvenibili in biografie ed epigrafi ottocentesche: »Fu insigne carambolista. Il suo nome è scritto nel libro d'oro della sala dei biliardi del Caffè Luittpold a Monaco di Baviera. Fu uomo puro, cittadino esemplare, idealista perfetto.«[25] Un tentativo di fare il verso a scrittori di vite, anche di un periodo più remoto, si coglie poi in Savinio nel suo assegnare valore profetico agli eventi legati alla nascita di alcuni dei soggetti considerati: vengono in mente al proposito le autobiografie di Cellini e di Vico e il peso in esse assegnato appunto ai fatti singolari della nascita e della prima infanzia.

Ciò che soprattutto colpisce in queste vite è che, alla conoscenza degli aspetti più celebri del dato personaggio, l'autore contrapponga, parodiando il *ductus* discorsivo del biografismo encomiastico, un sapere altrettanto provato perché diretto, ma di fatterelli marginali oppure, all'opposto, una confessione d'ignoranza che concerne tuttavia sempre ancora aspetti irrilevanti, sui quali certo non si costruì la fama dei soggetti considerati. A proposito di Verdi scrive: »In quale momento della sua vita si spense nel cuore di Verdi l'amore per la fisarmonica? Non sappiamo, ma in ogni modo nel 1857 questo amore gli durava ancora [...].«[26] Nel capitolo su Böcklin si chiede: »Capì Angela Pascucci l'opera di suo marito? Non sappiamo. Non vogliamo sapere. D'altra parte, formulare simili domande è indelicato. È certo però che Angela ›sentì‹ che Arnoldo aveva delle cose importanti da fare quaggiù, e vegliò fedelmente sulla salute di lui e sulla sua tranquillità.«[27]

La pretesa dell'autore di conoscere aspetti di quelle vite per esperienza diretta disorienta sulle prime il lettore perché tale sapere concerne il personaggio di turno quasi sempre in maniera assai vaga e balorda. È un procedimento che trova analogie con quello attuato da Landolfi ne *La moglie di Gogol*, il quale pure puntella la storia del suo personaggio con affermazioni osteggianti la conoscenza diretta, da parte del narratore e preteso biografo, di fatti ignoti ad altri e tale da autorizzarlo appunto a scriverne. A segnalare la funzione non del tutto seria[28] dei ricordi autobiografici in *Narrate, uomini, la vostra storia* sta appunto il fatto che

---

25 Ivi, 146.
26 Ivi, 153.
27 Ivi, 39.
28 Lo stesso Savinio ricorda che i suoi lettori »[...] hanno tutti superato il pregiudizio della serietà, che tanto buio spande sulle cose della coltura e comunque della vita, e sanno ormai che la serietà è un ostacolo e una limitatezza, e dunque una forma di inintelligenza«, A. SAVINIO, *Nuova Enciclopedia* (nota 5), 102 (voce »Comunismo sessuale«).

questi risultano collegati ai personaggi in questione per lo più in maniera indiretta e intenzionalmente sconclusionata. La strategia è chiara: qui il ricordo personale non solo unisce il passato più lontano del personaggio e quello più recente di chi scrive, non solo storce la prospettiva sulle vite altrui per mettere a fuoco quella dell'autore, ma anche rompe – appunto perché bizzarramente connesso all'oggetto in questione e perché privo di ogni funzione probante – ogni attesa sul genere facendo scivolare la scrittura fuori dalle maglie del biografismo tramandato, soprattutto quello con funzione documentaria e/o encomiastica.

Più di tutto occorrerebbe sottolineare, però, che il ricordo personale, al pari dell'osservazione estemporanea, magari linguistica, dell'aneddoto, dell'analisi del dettaglio (tutti elementi che tendono a uscire dal contesto del discorso e a imporsi al centro della narrazione spingendo ai margini quello che era stato annunciato come il suo oggetto) vanno a difesa delle ragioni di un pensiero che guarda con scetticismo e senso del pericolo troppa coerenza e sistematicità. Savinio cerca di restituire il flusso mobile della realtà in una scrittura divagante, come se il discorso sull'oggetto di cui scrive prendesse forma per casualità, da coincidenze, analogie e libere associazioni invece che da un argomentare collegato attraverso stretti nessi logici.[29] Solo un paio di esempi. Nel racconto »Seconda vita di Vincenzo Gemito« si legge: »Uno dei ricordi più tristi della mia infanzia ha per oggetto un portavivande.«[30] Tale ricordo non ha proprio nulla a che fare col personaggio in questione, ma Savinio ve lo collega per un gioco di associazioni d'immagini: l'ascensore per i cibi, ricordo della sua infanzia, gli ricorderebbe una porta a ruota. A una simile porta, quella di un ospizio napoletano per trovatelli, fu abbandonato lo scultore Vincenzo Gemito. Una pura immagine fa scattare dunque il collegamento tra lo scrittore e il soggetto della sua scrittura facendoci credere che abbia anche avuto la funzione di generatore del racconto. Analogamente un'esperienza quanto mai indiretta avvalora il sapere dell'autore circa la figura di Verdi. Qui il ritrattista Savinio pretende di conoscere a sufficienza il soggetto per aver visto pezzi d'uomini originari della stessa zona del compositore viaggiare sull'accelerato tra Parma e Borgo San Donnino e averne provato la stazza di quercia quando qualcuno gli pestò il piede.[31] Ma anche il capitolo *Due momenti venizeliani* (il secondo dei due racconti dedicati alla figura del politico cretese) è un buon esempio per cogliere le specificità dello stile saviniano e osservare in particolare come lo scrittore operi a cogliere di sorpresa il lettore. La prima parte del racconto presenta alcuni ricordi personali

---

29 L'analogia viene rilevata da Giovanna Caltagirone come una delle figure dominanti del pensiero di Savinio. Cfr. in particolare il primo saggio del suo studio dedicato a Savinio G. CALTAGIRONE, *L'universale analogia*, in ID., *Io fondo me stesso. Io fondo l'universo. Studio sulla scrittura di Alberto Savinio*, Pisa, ETS, 2007, 9–47.
30 A. SAVINIO, *Narrate, uomini, la vostra storia* (nota 1), 71.
31 Cfr. ivi, 152.

dell'adolescenza dell'autore e in particolare l'amicizia con un ragazzo di qualche anno più vecchio, Anghelo, che gli fu da iniziatore alla vita adulta. In quelle pagine il personaggio politico di Venizelao, su cui ci si attende verta il discorso, viene nominato solo alla fine, il che crea l'effetto di una *pointe*. Durante un comizio elettorale Anghelo rispose a un tale che gli aveva svelato l'identità dell'oratore: »Mai sentito nominare«[32].

3. Tempo e memoria

Ben lungi dall'avere funzione probante e assegnare autorevolezza alla parola di chi scrive, l'apporto della memoria autoriale in *Narrate, uomini, la vostra storia* assume dunque in buona parte (là dove non diventa generatore del racconto), una funzione critica, che si attualizza soprattutto in forma di una parodia delle biografie di marca positivista. Per un'altra parte tale strategia realizza invece quella posizione ideologica centrale in Savinio, orientata a collegare ciò che è stato e ciò che è in un rapporto di continuità. Rappresentino i personaggi considerati un passato lontano o recente, i loro ritratti letterari trovano un collante col presente della scrittura nel ricordo di esperienze vissute dall'autore, proprio nel senso di quel fluido scorrere dell'ieri nell'oggi e nel domani che è uno dei principi guida del suo pensiero.

Senza il soccorso della memoria, senza il richiamo alla Storia, agli occhi di questo intellettuale l'arte resta infatti ignobile, »vana come i sogni«.[33] Il che spiegherebbe, almeno parzialmente, perché egli recuperi tanto spesso nella sua opera date storiche ed eventi vissuti.[34] Una tale posizione solleva innanzitutto un problema sul modo in cui debba realizzarsi l'attività di memoria nella *poiesis* artistica, senza che l'arte, tendente alla stabilità[35] perché indirizzata a dare forma al proprio oggetto, faccia torto alla natura transitoria del reale empirico. Da qui la

---

32 Ivi, 63.
33 A. SAVINIO, *Primi saggi di Filosofia dell'arte*, in ID., *La nascita di Venere. Scritti sull'arte* (nota 17), 77–107: 103. E ancora: »Nel sogno, noi non pensiamo: *ieri* e *domani*. Nel sogno, nessuno ci dice: *ieri* e *domani*. La nostra vita poggia invece tutta intera sull'*ieri* e sul *domani*, come un ponte su due rive. Perché solo l'*ieri* e il *domani* dànno valore al *presente*: perché senza il ricordo dell'*ieri* e senza la speranza del *domani*, il *presente* crolla e svanisce, come crollano e svaniscono i sogni, nei quali il presente scorre senza *ieri* né *domani*.« Ivi, 105.
34 Nella pagina saviniana, ci ricorda G. Caltagirone, »[...] una qualunque contingenza solleva la coltre della storia dei secoli facendo riaffiorare personaggi e situazioni del passato che entrano in comunicazione scambievole col presente.« Cfr. G. CALTAGIRONE, *Mito e storie*, in ID., *Io fondo me stesso. Io fondo l'universo. Studio sulla scrittura di Alberto Savinio* (nota 30), 183–259: 225.
35 Ricordando l'etimologia di ›Bibbia‹ Savinio osserva: »[...] perché tutto ciò che ambisce a durare nel tempo deve diventare libro«. Cfr. A. SAVINIO, *Nuova Enciclopedia* (nota 5), 249 (voce »Maometto«).

ricerca di un fare artistico capace di restituire la natura mobile della realtà. »L'arte che si illude di riprodurre e di fermare questa realtà attiva, è un'arte condannata: nasce cadavere.«[36] L'arte risulterebbe in definitiva per lui il *medium* garante di una comunicazione tra passato e presente, sempre ammesso che sia in grado di non pietrificare il suo oggetto. Mentre la Storia governata da Clio, figura spesso evocata da Savinio, chiude le azioni del passato per lasciare spazio al nuovo, la letteratura e più in generale l'arte (»figlia della memoria«)[37] nel serbare il ricordo di ciò che è stato, non lo archivierebbe definitivamente per farlo invece interagire col presente rinnovandone la lettura. Volere far memoria del dato storico solleva però ancor prima che una questione sulle forme della sua realizzazione nei modi dell'arte, una domanda sulla natura della Storia. Quanto Savinio si facesse precorritore dei tempi nel rifiutare una nozione di Storia come »mediazione dell'univoca realtà extraletteraria«[38] lo rileva acutamente Snježana Husić:

> Radicalizzando e mettendo a nudo le strutture tropologiche della storia, preferendo a volte la metafora e la fantastica trasgressione delle norme del discorso biografico alla tradizionale produzione biografica dell'effetto ›realtà‹, Savinio mette in discussione la vecchia gerarchia dei mondi sovrastata da una presunta realtà esistente al di fuori del soggetto e indipendentemente da esso.[39]

Se c'è un oggetto preferenziale nel suo *opus* letterario che sia spesso caricato della funzione di soglia tra passato e presente, tra la vita e la morte, questo è proprio il ritratto pittorico, un oggetto che si anima fino a divenire luogo di passaggio per i *revenants*, come accade in *Antigone di Samuele*.[40] Il ritratto, dunque, appare per eccellenza nei testi letterari di Savinio quale opera d'arte in funzione di collegamento tra quei due spazi che non figurano mai per lui in un rapporto di separazione e antitesi. Non a caso un racconto sul motivo di un ritratto che si anima si trova collocato proprio alla fine di *Narrate, uomini, la vostra storia*, in uno dei luoghi più esposti della raccolta. L'immaginaria vicenda di Paracelso narrata in quel testo,[41] per il quale vengono recuperate alcune strategie del

---

36 Cfr. A. Savinio, *[L'arte è un dono]*, in P. Italia, *Il pellegrino appassionato. Savinio scrittore 1915–1925* (nota 4), Appendice, 448–449: 448.
37 Ivi, 449.
38 S. Husić, *Alberto Savinio e la storia metafisica di un mondo ordinario*, in P. Farinelli (a cura di), *Cose dell'altro mondo. Metamorfosi del fantastico nella letteratura italiana del XX secolo*, Atti della Giornata di studi (Lubiana 29/10/2009), Pisa, ETS, in corso di stampa. La Husić osserva nello specifico che Savinio anticipa le posizioni sostenute da Hayden White in *Tropics of Discourse* in merito al discorso storiografico.
39 *Ibidem*.
40 Ma si pensi anche al racconto *Paterni mobili* in A. Savinio, *Tutta la vita*, Milano, Adelphi, 2011, 173–186.
41 Nella vicenda, il ritratto pittorico di Paracelso prende vita e il personaggio può saltare nel presente della situazione narrata per giacere fra le braccia di un'ospite dell'albergo in cui si

racconto fantastico (ma per stravolgere il genere, considerato l'effetto comico che vi si produce), diventa allora emblema della volontà di far vivere il passato nel presente e allo stesso tempo di infrangere nel modo più ostentato possibile quella frontiera fra Storia e letteratura che oggi anche gli storici sono pronti a considerare come incerta.[42]

4. Decentralizzazione

La trasgressione dei principi temporali attuata da Savinio col rappresentare come permeabili passato e presente, e che trova esemplare realizzazione nel racconto su Paracelso, sottolinea – altrettanto bene quanto la strategia, perseguita nell'intera raccolta, d'intersecare dato storico e leggenda – la sua voluta e completa estraneità ai principi della canonica scrittura biografica basata sul dato provato e inconfutabile. Egli conclude ad esempio il capitolo dedicato alla vita di Vincenzo Gemito con un episodio che fissa il personaggio nella leggenda e va a rimarcare, con bonaria ironia e un'attitudine di simpatia, quanto il personaggio fosse animato da uno spirito greco, quello spirito greco consistente (sempre nei termini di un rovesciamento delle *idées reçues*) non nello spiritualismo, ma in una »finezza animale« e in un amore solo per ciò che è presente e tangibile.[43] Raccontandone il funerale, scrive: »Arrivati davanti alla marina, i becchini d'un tratto si sentirono la bara più leggera sulla spalla. Corse un po' di scompiglio tra i personaggi ufficiali. Un signore in tuba levò la mano a indicare il golfo: scortato da due delfini, Gemito navigava verso i mari della Grecia.«[44]

La peculiarità di questa scrittura di vite non sta tanto, però, nel sovvertimento del rapporto tra verità e finzione, reale e sovrareale (un rapporto pensato da

---

trova il dipinto per vivere un'esperienza contemporaneamente erotica e di ritorno all'origine.
42 Sugli sviluppi della biografia storica cfr. C. CASSINA – F. TRANIELLO (a cura di), *La biografia: un genere storiografico in trasformazione*, in *Contemporanea: rivista di storia dell'800 e del '900*, 2, 1999, 287–305. Coloro che vi intervengono rilevano nel complesso come si sia attenuata la pretesa di oggettività e, pur distinguendo i modi e fini di una biografia storica da una biografia letteraria, tendono a considerarne in termini nuovi il rapporto. I risultati emersi fra gli studiosi dedicatisi alle microstorie e la riflessione postmodernista su storiografia e letteratura avrebbero inciso molto sul cambiamento. Cfr. in particolare la posizione di G. PIGNATELLI, *Biografia e contesto*, ivi, 299–302: 299: »E talvolta la letteratura, grazie ai minori vincoli di documentazione, e quindi alla maggiore libertà di cui gode, riesce a chiarire alcuni aspetti del passato e soprattutto le motivazioni delle azioni umane meglio della storiografia e soprattutto a cogliere l'atemporalità dei comportamenti insieme alla loro manifestazione storica.«
43 Cfr. A. SAVINIO, *Narrate, uomini, la vostra storia* (nota 1), 285.
44 Ivi, 91.

Savinio sempre in termini di collegamento e non di alterità),[45] ma piuttosto in una logica decentralizzante che vediamo realizzarsi attraverso precise strategie narrative. I fatti su cui verte il discorso sono presi o alla larga o, al contrario, da vicino e in modo dettagliato, sempre con una resistenza dello scrittore a cogliere l'oggetto da una prospettiva centrale.[46] È il dettaglio del resto a togliere la persona dall'astratto, come rilevava André Maurois nel suo innovativo lavoro sulla biografia (*Aspects de la biographie*, 1928) invitando a tenerne conto.[47] Savinio tende però a forzare questa tecnica e a rovesciare l'effetto di realtà che essa voleva raggiungere. La marginalità dei particolari prevale allora sui fatti che resero famose le vite considerate, denunciando quanto d'immaginativo invece vi rientri. Su una simile strategia verrebbe da ricordare il passo di un racconto di Tabucchi: »[...] i dettagli sono molto importanti per aggiungere veridicità alle storie, specie alle storie ipotetiche, non so se mi faccio capire.«[48]

Con la sua lente Savinio sfuoca quello che tradizionalmente è il centro dell'oggetto di una biografia. Presenta il personaggio di striscio o si prende addirittura la libertà di non presentarlo affatto, come nel caso delle pagine dedicate a Collodi, dove al posto di un ritratto dello scrittore toscano è narrato l'incontro con alcuni suoi paesani (il custode della casa, un vecchio amico sordo), dal racconto dei quali non riesce a prendere corpo nemmeno una slabbrata leggenda del padre di Pinocchio, mentre si delinea appunto il ritratto di costoro. Il suo telescopio non tende solo a sfuocare l'immagine, è anche mobile, tende a spostarsi continuamente dall'oggetto su cui è posizionato. Fuori metafora, il discorso saviniano si sviluppa cioè fondamentalmente attraverso digressioni che sembrerebbero non necessitate, ad esempio dalla volontà di chiarire l'etimologia di un nome[49] o di restituire i particolari di un viaggio intrapreso alla conoscenza di dati sul personaggio di turno o, ancora, di riportare un aneddoto ed è, prima di tutto, contrassegnato dall'innesto di racconti nel racconto solo debolmente collegati a quello principale.

Questo procedere per *digressio* non ha la mera funzione di disorientare il

---

45 Quel rapporto di continuità emerge anche nella definizione saviniana di metafisico: »[...] *metafisico* or non accenna più a un ipotetico dopo-naturale; significa bensì, in maniera imprecisabile – perché non è mai chiusa, ed imprecisa dunque, è la nostra conoscenza – tutto ciò che dalla realtà continua l'essere, oltre gli aspetti grossolanamente patenti della realtà medesima«. Cfr. A. Savinio, *Anadioménon. Principi di valutazione dell'arte contemporanea*, in Id., *La nascita di Venere. Scritti sull'arte* (nota 17), 45 – 63: 48.
46 Su questi aspetti del pensiero e dello stile di Savinio insiste V. Trione, *L'ellisse e il cerchio*, in A. Savinio, *La Nascita di Venere. Scritti sull'arte* (nota 17), 127 – 156.
47 Cfr. A. Maurois, *Die Biographie als Kunstwerk*, in B. Fetz e W. Hemecker (a cura di), *Theorie der Biographie. Grundlagentexte und Kommentar*, Berlin, De Gruyter, 2011, 83 – 97: 92. (L'antologia raccoglie scritti teorici di epoca moderna sulla biografia).
48 A. Tabucchi, *Il batter d'ali di una farfalla a New York può provocare un tifone a Pechino?*, in Id., *L'angelo nero* [1991], Milano, Feltrinelli, 1993 (Universale Economica), 85.
49 Cfr. A. Savinio, *Narrate, uomini, la vostra storia* (nota 1), 62.

lettore e rompere le sue attese di lettura; si basa invece su una precisa attitudine verso la conoscenza della realtà. Ciò che Secchieri constatava per la *Nuova Enciclopedia* vale in grande misura anche per la scrittura di *Narrate, uomini, la vostra storia*. Il lettore non vi troverà solo molti oggetti:

> [...] ma molti oggetti nello stesso oggetto nonché oggetti diversi da quelli annunciati dal lemma: diversi, se non addirittura incompatibili, non già per mero gusto dello spiazzamento paradossale, ma per una totale e reiteratamente dichiarata dedizione al discontinuo e alla variazione prospettica, alla percezione del molteplice quale aspetto naturale, e di consueto negletto, della realtà.[50]

Caratterizzato da una struttura tutt'altro che lineare e sistematica, e trapuntato di immagini a sorpresa basate su accostamenti inusitati,[51] il discorso saviniano dà l'impressione di scorrere in modo imprevedibile, analogamente all'attività di gioco della prima infanzia, che inizia in un modo e prosegue subito dopo in un altro: deviando, riannodandosi, perdendo di nuovo la traccia principale. Ovviamente il procedimento è controllato (nulla di più estraneo a questo scrittore di una scrittura istintuale e automatica) e ha delle costanti nella sua asistematicità. Una di queste è proprio la già evidenziata digressione, un'altra la tecnica di rottura del resoconto del racconto biografico con commenti della voce narrante, una tecnica ben visibile, ad esempio, nelle pagine dedicate alla vita di Isadora Duncan, dove a guardare i fatti è in parte un Savinio bambino (sotto il nome di Nivasio Dolcemare) che recepisce per vie indirette e non senza stupore la presenza ad Atene dell'innovatrice danzatrice, in parte un Savinio adulto, teorico dell'estetica, che nel commentare i fatti prende le distanze, anche qui con ironia, dal credo artistico dell'americana e da alcune manifestazioni in cui costei pretese di realizzare quel credo nella vita. Un'altra costante, ancora, del suo discorso è rappresentata dalla resa nel presente di episodi di vita sia del personaggio ritratto sia del biografo che su di lui indaga, come se certi momenti della storia avessero luogo sotto i nostri occhi, con una tecnica che prevede la restituzione della scena anche attraverso i suoni e/o colori che si immagina l'accompagnassero: esemplari al proposito sia un brano della vita di Vincenzo Gemito (»[u]na mano ha bussato; e mentre il tappe tappe di due pianelle frettolose si allontana nella notte, la ruota cigola e al termine della sua rotazione rivela una creatura mi-

---

50 F. Secchieri, *Dove incomincia la realtà e dove finisce. Studi su Alberto Savinio*, Firenze, Le Lettere, 1998, 152.

51 Solo qualche esempio. Nel narrare della gita sui luoghi di Collodi, Savinio ricorda di aver incontrato per strada un giovane in bianco indaffarato col motore dell'automobile: »ne frugava l'intestino con mano di chirurgo«. Cfr. A. Savinio, *Narrate, uomini, la vostra storia* (nota 1) 167; il dessert servitogli in una cena parigina (si tratta del racconto su Verne) »era un budino in forma di copertone d'automobile« (ivi, 117), mentre nel racconto dedicato alla Duncan le immaginate vocette dei fratelli di Isadora circondavano la voce della loro madre »come le patatine circondano l'arrosto« (ivi, 246).

nuscola e gemente [...]«), sia un passo col ricordo personale dell'autore di una visita al genero di Böcklin (»[l]'umida notte d'inverno scende sulla via Nomentana. L'ombra degli alberi accresce l'ombra del cielo. Stento a trovare la casa«[52]). Non va escluso che per una simile strategia d'ambientazione e così pure per il montaggio di episodi slegati fra loro Savinio guardasse anche alla cinematografia.[53]

5. Vigilanza

Una scrittura divagante, fatta anche dell'apporto di ricordi autobiografici e in doppia funzione seria e parodica, capace di attivare ora il comico (attraverso la segnalazione di aspetti insospettati nel personaggio considerato),[54] ora l'ironico (attraverso un'attitudine demitizzante), realizza un progetto di letteratura attento a mantenere mobile, aperto, plurale l'oggetto del discorso. Anche in quest'opera, in definitiva, Savinio lavora per costruzione e contemporaneo scotimento del costruito, nei modi che Marcello Carlino ha individuato come caratteristici di questo intellettuale osservando che non solo nei testi giovanili, ma in tutto il suo *opus* letterario la scrittura risulta funzionale alla distruzione di una cultura tendente alla chiusura, alla conservazione e alla logica dell'unità.

Savinio, amante e custode dei miti antichi, difensore di un'arte che si richiami alla Storia, è colui che opera affinché l'arte e la cultura non si appaghino di autoillusioni e non mitizzino, pietrificandoli, i propri risultati: emblematici al proposito i suoi rilievi sulla lingua e sui classici. Più che assegnare all'arte quella funzione di conoscenza che viene spesso ribadendo nei suoi scritti, egli sembra lavorare allora per una funzione di vigilanza (se vogliamo davvero cercarvi una funzione eteronoma), in modo che il dire, e qui nello specifico il dire su vite altrui, non si faccia assertivo e monoprospettico, ma giochi su un plurimo registro serio-ludico, di adesione e contemporanea distanza dall'oggetto in questione, rendendo tale oggetto visibile per vie trasversali e inattese. Inevitabile allora che, nel ruolo di biografo-narratore, egli non dinamizzi assieme al personaggio anche e soprattutto il lettore.

---

52 A. SAVINIO, *Narrate, uomini, la vostra storia* (nota 1), 72 e 40.
53 Savinio, che fu, come noto, anche critico cinematografico, aveva adottato per la sua narrativa tecniche da film già dal romanzo *Angelica o la notte di Maggio,* del 1927.
54 »Perché il comico più profondo opera per effetto di contrasto: per l'improvvisa, inaspettata manifestazione (apparizione) di aspetti, caratteri, segni che non sospettavamo nel personaggio che dà rappresentazione di sé, e in contrasto con il suo aspetto solito, il suo carattere noto, i suoi segni conosciuti. Il comico insomma è una forma di stupore; non tragico, ma eccitante.« Cfr. A. SAVINIO, *Nuova Enciclopedia* (nota 5), 97–98 (voce »Comico«).

Winfried Wehle (Eichstätt)

Identität *in absentia*. Über die Lyrik Salvatore Quasimodos
– Essay –

1

Welch ein Wort: den Menschen wieder zu erschaffen (»rifare l'uomo«);[1] und selbst wenn es nur hieße, ihn zu entschädigen, ihn in Ordnung zu bringen. Und doch hat es seit Humanismus und Renaissance keinen Kulturschub gegeben, der sich nicht offen oder verdeckt dazu bekannt hätte. Unerhört wirkt es nicht schon dadurch, dass Sprache dieses Schöpfungswerk an ihm vollbringen soll. Schließlich hat auch die Genesis die Welt so entstehen lassen. Selbst dass Poesie – »die Muttersprache des menschlichen Geschlechts« (Hamann)[2] – dazu berufen sei, hat in der Neuzeit stets Anwälte von Rang und Namen gefunden. Aber ›moderne‹ Lyrik? Die sich vorsätzlich ›hermetisch‹ verschließt, um gerade dadurch einen neuen Menschen in uns zu öffnen? Die Paradoxie hat jedoch Methode. Einer, der ihr mit seinem ganzen Œuvre auf den Grund gegangen ist und dafür mit dem Nobelpreis belohnt wurde, war Salvatore Quasimodo (1901 – 1968).

Wie andere seiner poetischen Sprachbrüder, Leopardi, Ungaretti, Montale insbesondere, ist er ein Moderner in dem Sinne, dass er seine Worte vor falschen Vereinnahmungen mit Schwerverständlichkeit schützt. Doch in diesem Ärgernis liegt gleichwohl das eigentliche Kapital moderner Lyrik. Es ist ihre unzeitgemäße Art, Zeit zu gewinnen: sie hält die Lektüre auf, damit sie sich in den poetischen Querwegen verläuft. Wer langsam geht, sieht mehr. Dadurch würde sich ihr semantischer Mehrwert einstellen. Er vertraut auf diese besondere Grundrechenart abstrakter Kunst: drei minus zwei ergibt fünf; der Entzug von Eindeutigkeit soll mit Vieldeutigkeit entschädigen. Darin ist bereits das ganze Dilemma enthalten, an dem sich – auch – Quasimodos Kunst abarbeitet: dass

---

1 Vgl. S. Quasimodo, *Poesie e discorsi sulla poesia*, a cura di G. Finzi, Milano, Mondadori, 1998 (I Meridiani). – Zitate nach dieser Ausgabe (Seitenzahlen in Klammern).
2 J.G. Hamann, *Aesthetica in nuce – Eine Rhapsodie in kabbalistischer Prosa*, in ders., *Schriften*, hg. v. K. Widmaier, Frankfurt a.M., Insel, 1980, 180 ff.

seine Lebenswelt – industrielle Zivilisation, Faschismus, Zweiter Weltkrieg, Nachkriegszeit – bedrängend determiniert war. Dies begründet sein tiefes »Unbehagen in der Kultur« (Freud). Sie leugnet alle lebensvollen Ansprüche: »ich bin ein Mensch, allein / eine einzige Hölle«,[3] betont er mit einigem Pathos, dem er auch sonst nicht immer entgeht. Das Prestige D'Annunzios war wohl zu mächtig. Was tun? Was Gedichte tun können: diese existenzielle Enteignung kunstvoll auf der Sprache abzubilden, damit sie als kommunikative Befremdung auffällig wird.

Quasimodo geht dabei nach einem ehernen Gesetz modernistischer Kunst vor: der anknüpfenden Abwendung von der Tradition. Keine literarische Redeweise korrespondiert so intensiv wie Lyrik mit ihrer Herkunftsgeschichte – einerseits. Sie muss andererseits aber gerade deshalb ihre ›flüchtigen Resonanzen‹ (89) jeweils erkennbar anders vertonen, um die Veränderung im Zeichen zu Wort kommen zu lassen. Quasimodo war höchst gebildet, belesen und begabt mit einem geradezu philologischen Gedächtnis, geschult in der Übersetzung alter und fremdsprachlicher Dichtung.[4] Die Moderne erlitt er als Vertreibung aus dem gelobten Land der Antike: ›Stillgestellt ist die Stimme der Antike‹, heißt es in einem Gedicht über Odysseus (*Antico Inverno*; 20). Selbst die gebrochene Stimme Leopardis, sein vielleicht intimster poetischer Gesprächspartner, blieb ihm verwehrt, wie auch die von Baudelaire, Verlaine, Mallarmé, Pascoli oder D'Annunzio. Wohl hatte er sie in sich aufgenommen, aber bereits wie eine Fremdsprache. Nach der Revolution der historischen Avantgarden war zwischen ihm und ihnen die epochale Kluft unüberbrückbar geworden. Niemals zuvor hat eine kulturelle Bewegung die Brücken zu ihrer Herkunft so radikal abgebrochen wie sie. Alles Überkommene sollte in den Abstellkammern des Passatismus verschwinden.[5] Ihre Gesten der Empörung richteten sich auf das Kulturmodell der *traditio* insgesamt, das eines aus dem anderen hervorgehen lassen wollte. Statt Wandel in Kontinuität sollte sich kultureller Fortschritt nun im jähen Rhythmus von Brüchen und Kontiguitäten ereignen. Neu ist, was mit dem Bestehenden bricht und dem Zeitgeist von Kontingenz und Emergenz gehorcht.[6]

Zwar haben die ›Blätter‹ (10), um mit einem hochbeladenen Bild Quasimodos zu sprechen, die der Sturm der Avantgarden vom Baum dieser Erkenntnis gerissen hat, seiner Generation der Zwischenkriegszeit eine unbegrenzte Freiheit

---

3 *Al tuo lume naufrago*, in S. Quasimodo, *Poesie e discorsi sulla poesia* (Anm. 1), 86.
4 Dazu gehört altgriechische Poesie; die *Antologia Palatina*, die *Georgica*, Auszüge aus der *Odyssee* und der *Ilias*; Catull, Ovid, Neruda, Cummings u. a.; insgesamt über 500 Seiten in der zit. Ausgabe.
5 Dazu namhaft H. Meter, *Apollinaire und der Futurismus*, Rheinfelden, Schäuble, 1977.
6 Von der Seite der Erzählliteratur umfassend gewürdigt von M. Schwarze, *Literatur der Absenz. Italien 1919–1943*, erscheint: Frankfurt, Klostermann, 2012.

des Ausdrucks errungen. Alles war möglich, bis hin zu Anti-Kunst und Nonsens-Dichtung. Welches aber wäre ihr Sinn-Projekt, das der poetische Zauberlehrling sich damit hätte erschreiben können? Ihr *anything goes* kam nirgendwo an, ihre unbegrenzten Möglichkeiten erschienen ihm als beklemmender Unort. Bilder von ›Abgrund‹ (22), ›verödetem Paradies‹ (22); von ›erloschener Wüste‹ (74) und ›giftigen Sümpfen‹ (84 f.) begleiten sein lyrisches Itinerarium wie ein *basso continuo:* ›in mir singt ein Begrabener‹ (48).

Das Problem: es gibt keinen Ausgang aus dieser Ortlosigkeit. Von daher die nie zur Ruhe kommende Frage: wie sich darin anberaumen? Wie sinnbringend ins Leere reden? Auf der Suche nach einem Gegenhalt entrichtet Quasimodo der Moderne, was der Moderne ist. Er findet sich auf sich selbst verwiesen. Denn alles, was das Gedächtnis über ihn weiß, was ihm noch so hohe Gedanken anvertraut haben, ist, wie es im Gedicht *Alla Notte* (56) heißt, im ›Schweigen begrabener Himmel‹ untergegangen. Wissen ist Ohnmacht. Einzig verbliebene Gewissheit verschafft noch das ›Leiden‹ daran, dass es keine Gewissheit mehr gibt. ›Gib' mir das täglich Brot‹, betet er es deshalb an – eine Verneigung vor Leopardi (*Avidamente allargo la mia mano*; 30). Dessen Lebensgrund aber ist der Tod. Er wird zum Sprachanlass *par excellence*. Er sei, betont Quasimodo gerade in der Stockholmer Preisrede 1959, ein ständiger und willkommener Besucher der Dichter. Erst im ›gelassenen Dialog‹ mit ihm ließe sich ein wahres Bild des Lebens konfigurieren (309). Mit anderen Worten: nur negative Ästhetik könnte ihm noch Authentizität gewähren.

Wie hat es soweit kommen können? Quasimodo fasst es in ein aufs Äußerste verknapptes Diktum; es begleitet alle seine Sammlungen wie ›Urworte orphisch‹. Ungaretti hatte das Sprachbeispiel gegeben mit seinen Minimalversen, die wie Granatsplitter des Ersten Weltkriegs wirken. Bei Goethe lautete ihr Imperativ: »So mußt du sein/dir kannst du nicht entfliehen«.[7] Quasimodos Dichtung könnte dies uneingeschränkt unterschreiben; nur dass sein lyrisches Ich sich unter umstürzend anderen Verhältnissen wiederfindet. ›Jeder steht allein auf dem Herzen der Erde‹ (»ognuno sta solo sul cuor della terra«), dekretiert die Sentenz des ersten Verses (*Ed è subito sera*; 7) mit hoher Suggestionskraft – und einem Echo auf Rilkes *Ausgesetzt auf dem Berge des Herzens? Conditio humana* heißt jetzt: Vereinzelung, Einsamkeit aller; zurückgeworfen auf den irdischen Standpunkt des Herzens. Die Ursache? ›Ein Strahl der Sonne hatte es‹ – mit der verletzenden Geste Amors – ›durchbohrt‹ (»trafitto da un raggio di sole«). Quasimodo rechnet mit dem symbolischen Gewicht, das dem Licht kulturgeschichtlich beigemessen wurde – um es auf den Kopf zu stellen: das Geistprinzip, Inbegriff der *dignitas hominis*, hat den Einzelnen vereinzelt und

---

7 *Dämon*, in J.W. v. GOETHE, *Berliner Ausgabe: Kunsttheoretische Schriften und Übersetzungen*, XVII, Berlin, Aufbau-Verlag, 1960 ff., 568.

verdunkelt; eine Schlüsselszene aller Gedichtsammlungen. Der Einbruch des – reflektierenden – Bewusstseins in das naive Einvernehmen hat, wie bei Narziss, alle natürliche Anmut und Grazie zerstört. Sein Licht, erklärt das Gedicht *Spazio* (19) programmatisch, ›bricht mich‹ und ›schließt mich‹ in die ›Dunkelheit‹ in seiner ›Mitte‹ ein. Seitdem ist das (lyrische) Ich gezwungen, ein Leben in der Alterität zu führen. Verloren ging dabei jeder klassische Sinn für ›Schönheit, Liebe und Form‹ (35). Seine Gegenwart kennt sie nur noch als desillusionierte ›Simulakren‹ (*Ride la gazza...*; 101), ein Kernbegriff postmoderner Kulturskepsis. Quasimodo hat Rationalismuskritik im Sinn.

Mit dem abrupten Ende (»subito«, 7) des Lebensfrühlings der Menschheit und der Adoleszenz tritt unumkehrbar ein anthropologischer Umsturz ein. Das dritte Element des Leitmotivs setzt es bildgemäß in Szene: ›und plötzlich ist es Abend‹ (»ed è subito sera«, 7), Vorspiel der Nacht. Fortan gilt es, sich in ihren Schatten zu bewegen und sich im Dunkeln in Worte zu kleiden. Aus dieser grundstürzenden In-vers-ion seiner Verse lebt die Dichtung Quasimodos. Er versagt es sich jedoch, nach surrealistischem Vorbild in den Dunkelkammern des Unbewussten einen letzten, ›archimedischen Punkt‹ (Breton) zu verlegen. So gesehen ist er realistischer als seine surrealistischen Zeitgenossen. Im Gedicht *Alla Notte* (56) hat er klargestellt: deren dunkles Licht steht mit keinem tiefen kulturellen Gedächtnis in Verbindung. Ihre Geister (›Engel‹) sind Boten ohne Botschaft (›stumm‹); ihre Stimmen versteinert. Wo aber keine Erkenntnis mehr aufsteigt, bleibt nur das Schweigen ›erstorbener Himmel‹. Weder im Lichte des Denkens noch im Dunkel des Begehrens ist Identifikation verheißen. ›Jeder steht inmitten (›Herz‹) seiner Welt‹ – beziehungslos – ›allein‹. Dieses ›Exil‹ vermisst Quasimodos Lyrik, ein ihr mögliches Zeugnis für die aufziehenden Diktaturen von Faschismus und Kommunismus.

Vielleicht ist es das Zutreffendste, was man über sie sagen kann: ihr Autor hat ein Dichterleben lang darum gerungen, seine Zeitdiagnose, ein gebrochenes Bewusstsein, adäquat in eine gebrochene Sprache zu übersetzen. Dass sie, um sich auszuweisen, dafür in Kauf nimmt, zerklüftet, fragmentiert, isolationistisch zu erscheinen, Bindungen zu verlieren, Kontexte aufzugeben, die Syntax zu minimieren, um so einen konstruktiven Unzusammenhang zu erzeugen: das macht jetzt ihre Glaubwürdigkeit, ihr lyrisches Ethos – und ihr Risiko aus. Viele Annäherungen brechen an den hermetisch verschlossenen Türen der Verse ab. Andererseits hat Quasimodo die Kunst besessen, aus seiner Urszene, dem rationalistischen Sündenfall des Bewusstseins, eine Außenwelt der Innenwelt zu entfalten, die bildlich zusammenhält, was gedanklich auseinanderfällt. Nicht als ob die Poesie noch einmal retten wollte, was Nietzsche an den Horizont der (zweiten) Moderne geschrieben hatte: dass wir in einer Kultur leben, die an den

Errungenschaften dieser Kultur zugrunde zu gehen droht.[8] Quasimodo wusste seinen poetischen Bildraum immerhin so einzurichten, dass jeder, der ihn aufsucht, sich an seinen Unwegsamkeiten stoßen musste und ihm so am eigenen sprachlichen Leib das dumpfe Lebensgefühl objektiv wurde – Poesie als lyrische Logotherapie. Denn hinter ihren dissidenten Sprachanwendungen steht das Credo all dieser Modernismen: wer durch ihre Schule geht, lernt sich neu zu denken.

2

Von den ersten Worten des Mottos ausgehend verlaufen lange Bildlinien durch alle Sammlungen hindurch. Sie schließen sich zu einer poetischen Elementarlandschaft zusammen. ›Sonne‹, Licht, Tag bezeichnen ein Oben; Abend/Nacht, Nebel ein korrespondierendes Unten. Zusammen eröffnen sie einen weiten, vertikalen Raum, der auf alle erdenklichen abendländischen Symbolwerte anspielt: auf platonische, aufklärerische, idealistische Himmelsausflüge des Denkens, wo die ›Ewigen‹ (98), die antiken Gottheiten (118), aber auch Gestirne (96), Engel (12), Giganten (102) behaust sind; wo aber auch, anthropologisch gesehen, der Kopf seinen Sitz hat. Ihre Strahlkraft steht für die abendländische Vernunftgläubigkeit, die das unstete Leben auf einen objektiven Kern verpflichtet wissen will. Die Folgen waren bereits im Leitsatz Quasimodos benannt. Sein Bildland bringt zwar seine symbolische Währung ins Spiel, aber nur, um ihren Wert unnachsichtig zu verspielen. Für die Gegenwart ist ihre Vergangenheit allenfalls noch ›verlorene Heimat‹ (88); Erinnerung ein *memento mori* (196).

Gleiches gilt für die Sphäre von Abend/Nacht. Ihrem Reich der Dunkelheit stand, romantisch, eine alternative Vernunft zu; und Novalis war, auch in Italien, ihr Botschafter. Nebel, Schatten minderten die Ansichten des Tages; Mond und Gestirne brachten – innere – Erleuchtung. Erfüllung verschafften Einsichten, die aus der Tiefe des nächtlichen Gemüts aufsteigen sollten: Träume, Erinnerungen, Phantasien der Kindheit und der Liebe. Abermals wird auch diese traditionsreiche Gegenwelt nur evoziert, um sie zu verwerfen. Nacht? Sie weiß nur von ›begrabenen Himmeln‹ (*Alla Notte*; 56). Der Schleier des Geheimnisses, den das Mondlicht über die Welt breitet, ist zerrissen (*Vicino a una torre saracena*; 173); die Sterne sind schmutzig; ihre Tierzeichen (171) schrecklicher Trug (66), der, wie bei Petrus, dazu verleitet, alles Heilvolle zu verraten (*Dalla natura deforme*; 198). Nichts ist, was es sein will. Wie die Sonne, so auch die Bilder der Nacht: sie bieten der poetischen Sprache auf der Suche nach menschlicher Identität keinen

---

8 F. NIETZSCHE, *Menschliches, Allzumenschliches*, Stuttgart, Kröner, 1958 u.ö., 318.

›archimedischen Punkt‹ (Breton), wie die Surrealisten glaubten. Was einem Oben zugeschrieben wird, ist in Wahrheit entgöttert; ein Unten nichts als animalisch; Einbildungen uns zum Schaden (*Vicino a una torre saracena*; 173). Geistige Heimat vertikal suchen, in der Spur großer abendländischer Sinnrichtungen, kann allenfalls das ›schmerzliche‹ Gefühl von Absenz gewähren.

Wo sich also noch gedanklich anberaumen? Quasimodo: man muss auch bildlich bei sich selbst bleiben. Das heißt, sich in der Horizontalen der ›Erde‹ einzurichten. Sie lebt ihrerseits von einer archaischen Bildspannung. Erde, das ist auf der einen Seite das Wasser; auf der anderen das Land. Für welche poetischen Panoramen, welche Symbolik waren sie nicht schon aufgeboten worden. Nahezu alle Spielarten des Wassers kehren leitmotivisch wieder: Meer, See, Fluss, Quelle, Sumpf, Regen, Überschwemmung, Muscheln, Ufer, Schiff und Fischer. Doch abermals derselbe poetische Desillusionsakt: ihre Anspielungen werden zitiert – und negiert. Das Meer ist dunkel wie die Nacht; tief, aber ohne tiefere Bedeutung. Es gibt vielmehr nur die ›angsterfüllte Form der Seele‹ wieder, ›die in sich erstirbt‹ (*Vita nascosta*; 65). Wasser, gequält, desolat, tödlich, ist wesentlich deshalb nur trübe Spiegelfläche für das lyrische Ich, das sich darin nicht einmal mehr als unglücklichen Narziss zu erkennen vermag, sondern als ›lebendes Fossil‹ (*Dammi il mio giorno*; 62). Seine Bewegungen zerfließen wie die Gegenwart im Vergessen (26). Als Fluss kennt es nur das Fließen, keine Mündung mehr – wie die menschliche Existenz selbst (72). Und was ist von seinem einstigen Lebenselixier – Anadyomene, Aphrodite, Venus – geblieben? Nur, wie Montales ›Sepiaknochen‹ (1925), maritimes Strandgut: die ›Muschel‹. Unverkennbar spielt sie auf Botticellis *Geburt der Venus* an – um ihr ebenfalls ihre Symbolik auszutreiben. Die Muschel wird gleichsam ohne Venus an Land gespült; mit ihr bleibt auch jedes antike Schönheitsideal, dem ›Schoß‹ der Natur entsprungen, auf der Strecke (siehe Abbildung). Deren Sinnlichkeit ergibt keinen Sinn mehr. Das Wasser – des Lebens – hat, wo es noch vitalistisch bewegt ist, keinen sinnhaften Beweggrund mehr.

›Venus quasimodal‹, durch den Autor bearbeitete Version von Sandro Botticellis ›Nascita di Venere‹, ca. 1485/86, Galleria degli Uffizi, Firenze

An Land sieht es nicht viel anders aus. Es ist – ›jeder steht allein auf dem Herzen der Erde‹ – zwar Fundament einer in die Moderne ausgewiesenen Existenz. Dem Ich bietet es allerdings einen Lebensgrund, ›in dem es jeden Tag versinkt‹, wie es bereits im ersten Gedicht *Vento a Tindari* (10) heißt. Wer hier Halt sucht, hat auf ›Sand‹ gebaut. Gewiss, am Rande tauchen Ebenen, Gärten, Wiesen, Blumen auf. Doch der idyllische Anflug täuscht. Eine Rückkehr auf den lieblichen Hügel (wie in Leopardis *Infinito*) endet in ›nackter, schmerzvoller Pein‹. ›Trockene Muttererde‹ (55) dominiert; ›Steinbrüche‹, ›Gräber‹ haben ihr Gesicht aufgerissen (93). Sie steht, von Anfang an, im Zeichen eines ›verwüsteten Paradieses‹ (*Spazio*; 19). Etwas Letztbegründendes, es ist auch ihr nicht eigen. Doch immerhin gibt sie ein Abbild von dem, was sich in der ›verzweifelten Brust‹ verfestigt hat (*Elegos*; 115).

Was aber hat sie so bodenlos gemacht? Zwei Leitmotive vor allem decken ihren Bedeutungsverlust auf. Das eine ist der Baum, der in dieser menschlichen Wüste wächst. Durch seine ganzen Texte hindurch legt Quasimodo den Bezug auf den – mythischen – Baum der Erkenntnis nahe. Seine nachparadiesische Erscheinung sagt alles: er kehrt als verkrümmte Kiefer wieder, die zwar ›in gequälten Formen‹ nach oben strebt, aber dem Abgrund lauscht (*Rifugio d'uccelli notturni*; 33); mal als ›getötet‹, in dem die ›Höllen heulen‹ (*Del mio odore di uomo*; 126). Die Vernunft des Tages (»inutile giorno«) hat auch daran ihr Werk der Enteignung vollzogen: ›mir selbst fremd erwache ich – durch sie – zu irdischem Leben‹ (*D'Alberi sofferte forme*; 74). Mehr als sich in deren ›verlorenen Dingen‹ (60) zu verstecken, bleibt dem Ich nicht. Mit aufgerufen ist zugleich der Lorbeerbaum der Daphne. Aber er hat sich in einen ›fehlgeborenen Baum‹ verwandelt (*A me discesa...*; 59), dessen poetische Blätter nicht ergrünen, sondern vergilbt abfallen.

Das ergänzende Leitmotiv – Wind, Luft und ihre Verlebendigungen, Engel und Vögel – weiß nichts anderes mitzuteilen. Das Eröffnungsgedicht (seit der Sammlung von 1938) *Vento a Tindari* beschwört, programmatisch, den Geist, der die Luft bewegt. Von Tindari, einem Ort auf Sizilien, geht der Blick hinüber auf die äolischen Inseln; der griechische Windgott Äolus kommt dem lyrischen Ich in den Sinn und mit ihm die Äolsharfe, deren Klänge und Liebreiz alle Erdenschwere vergessen macht. Doch zwischen dort, den glücklichen Inseln, und hier haben sich ›luftige Abgründe‹ aufgetan, und die Suche nach der (ästhetischen) Harmonie von damals gewährt nur noch ›todeinflößende‹ ›Ängste vor Schatten und Schweigen‹ des Exils. Dem antiken Schönheitsideal noch folgen zu wollen hieße daher, einen ›stummen Schritt ins Dunkel‹ zu tun. Dessen Gottheiten, die Dichtern Inspiration einzuhauchen pflegten, haben abgedankt. Weder der ›Sturm‹ der Leidenschaften noch das pfingstliche ›Brausen‹ von oben oder das – vergebliche – ›Flüstern‹ des Windes bei Leopardi haben noch etwas Substantielles zu überbringen. Statt Aufflug des Geistes – in den Bildern von

Engeln, Flügeln oder Vögeln – sieht sich das Ich in sich selbst eingesperrt: ›in mir leidet ein toter Reiher‹ (*Airone morto*; 84).

3

All diese Abdankungen haben jedoch mehr im Sinn als nur Negation. In zweiter Hinsicht führen sie eine weit gespannte Untersuchung zur archaischen Symbolsprache der Lyrik unter den Bedingungen einer zweiten Moderne. Quasimodo bestätigt zunächst die unumkehrbare diskursive Revolution der historischen Avantgarden. Wohin er in dieser metaphorischen Elementarlandschaft auch schaut: die Sinnbilder, in denen sie sich spiegelt, sind zu bloßen Bildern zurückgenommen. Gewiss, sie weisen über sich hinaus; aber nur noch auf ihre Vergangenheit; eine Weisung enthalten sie nicht mehr. Nicht einmal die unhintergehbare Subjektivität kann das Ich darin noch objektivieren. Rabiat hatten schon die Avantgarden mit jedem objektiven Ich-Format aufgeräumt.[9] Samuel Beckett, Hans Arp, Carl Einstein und andere manifestierten 1932 deshalb konsequent für »the hegemony of the inner life over the outer life«.[10] Dessen fließende Bedingungen aber lassen sich zu keinem geschlossenen Subjekt mehr verfestigen. Ich ist ein Pluraletantum geworden. Seinem nicht zur Ruhe kommenden ›Bewusstseinsstrom‹ kann angemessen nurmehr ein poetischer Bilderfluss gerecht werden.

Selbst in einem seiner letzten Gedichte heißt es unverändert: ›ich habe das Leben noch immer zu erfinden‹ (*Nell' isola*; 252 f.). Ihm auf der Spur zu bleiben vermag allein der, der das ›Werk der Träume‹ verrichtet: der Dichter (*Epitaffio*; 149). Doch wie etwas fixieren, das nicht zu fassen ist? Es bleibt nur negative Ästhetik. An ihr liegt es, ob sie aus moderner Enteignung noch einen Funken poetischer Zugehörigkeit zu schlagen weiß. In der Sprache Quasimodos: dem Ich mit dem verdunkelten ›Herzen der Erde‹ (Motto) einen Schauraum zu bereiten, indem es seinen ›bewegten Schmerz‹ (277) in sprachliche Bewegung überführen kann. Wie alles Wesentliche, hat Quasimodo auch das einem Bild anvertraut. Dies ist die Insel. In ihr kreuzen sich alle Magistralen seines Werkes. Insel, das ist zunächst Sizilien. Quasimodo wurde dort 1901 in Modica geboren. Durch die Verfilmungen von Andrea Camilleris Kriminalromanen hat der Ort zusätzliche Berühmtheit erlangt. Doch wie Pirandello, Leonardo Sciascia oder auch Camilleri selbst hatte er die biografische Gegebenheit zu einer mythischerdverbundenen Denkfigur erhoben: »La parola isola, o la Sicilia, s'identificano

---

9 Vgl. »Distruggere nella letteratura l'io«; »combattere l'ossessione dell'io«, in *Marinetti e il Futurismo*, a cura di L. de Maria, Milano, Mondadori, 1973 u. ö., 81, 106.
10 *Poetry is vertical*, in »Transition«, XXI, 1932, 148 ff.

nell'estremo tentativo di accordi col mondo esterno e con la probabile sintassi lirica« (279). Sizilien, das ist Inselbewusstsein schlechthin, das ›Herz der Erde‹. Quasimodo beutet alles aus, was ihm im Namen von »isola« entgegenkam, vor allem als ›isolierter Ort‹. Als solcher kann er Grunderfahrungen von Getrenntsein, Ein- und Ausgeschlossenheit, Abgeschiedenheit, Ferne aufnehmen. Biografische Voraussetzungen mögen dabei eine Rolle gespielt haben: Quasimodo musste Sizilien (mit achtzehn) erst verlassen, die Insel als Verlust erleiden, um jenes insulare Bewusstsein der Differenz ausbilden zu können, das seine Lyrik grundiert. Von der Insel aus gesehen erscheint das Festland als ein Gegenüber, als das Andere, befremdliche Alterität. Vom Festland aus, der Großstadtzivilisation Roms als das Enteignete, ein Jenseits des Verabschiedeten und der schmerzlichen Erinnerung. Beide Sphären verbinden wie trennen sich gleichermaßen durch das Meer. In dieser Konstellation steht die Insel bildlich im Zentrum, ohne ideell eine Mitte anzugeben. Ihre sinnbildliche Funktion hat sich – epochal – verschoben. Die Frage, *was* macht meine Identität aus, geht inzwischen ins Leere. Ihre Stelle nimmt jetzt das Problem ein, *wie* ein Ich *in absentia* zu vergegenwärtigen wäre: »il problema del ›perché‹ della vita s'era trasformato nel ›come‹ si vive« (279) – eine erkenntnistheoretische Herausforderung schlechthin. Ohne verbürgten Sinn des Lebens bestünde sie darin, aus diesem Verlust zumindest noch ein Sinnbildungsverfahren zu retten. In ihrem ›Herzen‹ plädiert ›Insel‹ in dieser Hinsicht für eine Dramaturgie von Blick und Gegenblick – wie Systole und Diastole. Selbst wenn der eine dadurch zum Dementi des anderen wird – zusammen verhindert ihre auf Dauer gestellte Dialektik, dass *eine* Sichtweise sich absolut zu setzen und einen Beherrschungszwang auszuüben vermag. Das Wahre, in dessen Sinne, wollte Adorno als das Unwahre bloßgestellt wissen.

Geradezu eine Einführung dazu bietet das frühe Gedicht *Vento a Tindari* (ca. 1928). Es eröffnet seit 1938 die Sammlung *Acqua e Terra*. Das biografische Ich, zur Zeit der Abfassung im bitteren ›Exil‹ in Rom, evoziert im lyrischen Ich einen grundsätzlichen Blick zurück auf das, was Tìndari für es bedeutet: es ist wiederum ein Blick – von Sizilien hinaus übers Meer auf die ›glücklichen Inseln‹, auf eine Zeit, in der die Jugend ihm ›äolische‹ Klänge der Liebe und Harmonie aus der verlorenen poetischen Kindheit der Sprache verhieß. Geblieben ist ihm allein das Negativ, der Blick zur verdunkelten Erde, zu Schatten, Schweigen und Tod. An ihm kann das düstere Ich jetzt allenfalls den Verlust des Schönen in der Welt ablesen, sofern sich in einem ›unglücklichen Bewusstsein‹ überhaupt noch ein ›Wind aus der Tiefe‹ regt. Die Insel, ›Geliebte‹ des Dichters (*Isola di Ulisse*; 89), ist zum verlorenen Paradies zwischen den Elementen verallgemeinert. Der Spiegel, den es ihm vorhält, besagt: Identität, von welchem Punkt aus gesehen auch immer, liegt mir, als Abwesendes, stets gegenüber. Das Einzige, was Ich tun kann, ist, sich beständig auf das zu beziehen, was sich ihm entzogen hat.

Doch was wäre der Gewinn einer solchen Anspannung? Quasimodo hat auch dies dem Zentralbild der Insel anvertraut. Sie ist nicht nur räumlich, sondern auch anthropologisch Mitte; steht für ›Herz‹, dem analog Herzlichkeit fehlt. Es ist seinerseits insular geworden. Weder der Verstand sagt ihm etwas, noch die Libido des (surrealistischen) *amour fou*. Deren Besetzungen haben es ›ausgehöhlt‹; es wurde zwar zu einem Raum der Erwartung, in dem aber nichts eintritt, was seiner Natur ursprünglich wäre (*Terra*; 17); es schlägt für nichts Bestimmtes. Es bleibt ›einziges Zentrum‹, gewiss; doch seine Bewegungen führen, wie Ringe im Wasser, von ihm weg und ›ersterben‹ uferlos (*Acquamorta*; 16). Von der einstigen Himmelsmacht bleibt lediglich blinde, vegetative Macht. Krieg und Nachkriegszeit haben seine ideelle Entleerung nur noch gesteigert. Das Gedicht *Lettera* (126) vom September 1945 schafft, mit politischen Untertönen wie in Éluards oder Aragons Résistancelyrik, eine von ›Maschinengewehren‹ bereinigte *tabula rasa*. Das voller ›Schrecken heftig schlagende Herz‹ weiß nicht mehr wofür. Sein Sinn für ›Pietas‹ ist gänzlich ›abgestorben‹ (103). Selbst der Tod wurde ihm belanglos. Was sich in ihm regt, gleicht einem baren ›Spiel des Blutes‹, ist mithin nichts als biologische Motorik.

4

Wie aber ließe sich dem noch etwas Lebenswertes abgewinnen? Die Verneinungen können doch nicht alles gewesen sein. Wenn es überhaupt noch eine Spur gibt, die darüber hinaus führt, dann zweifellos nicht mehr unmittelbar, auf einem natürlich gegebenen Wege; er ist verschüttet. Im Grunde bleibt es einer kulturellen Anstrengung vorbehalten, die sich gegen den Überhang der Kultur wendet. Dies wäre die letzte Maßnahme, um ihr zumindest noch ein *memento vitae* zu gestatten. Der Ort aber, wo dies stattfinden kann, ist die Poesie. Sie macht Quasimodo zur ›Insel‹ zwischen dem trüben Wasser (45) einer abtötenden Zivilisation und dem ›steinigen‹ Festland seiner lebensfeindlichen Begriffe. Ihr immerhin ist die Sprache noch Herzens-Sache; hier darf sie sich frei bewegen und damit die Ästhetisierung als letzte Ausflucht vor der Alleinherrschaft der Verhältnisse in Anspruch nehmen. Dass dies überwiegend die Gedichte selbst reflektieren, entspricht modernistischem Standard. Für die Dichtung Quasimodos spricht allerdings, dass es ihm gelingt, sogar seine Poetik in den Bildraum der Insel aufzunehmen. Es ist dies die intimste innere Verknüpfung seines Werkes. Die Grundformel dafür könnte lauten: das Gedicht ist das ›Herz‹ der Diskurslandschaft.

Auch diese poetische Selbstfindung geht von einer anknüpfenden Abwendung aus. Das verstümmelte Sonett *Sovente una riviera* (88) fasst es zusammen. Noch klingt frühere Dichtung vielstimmig nach. Mit ihr war das Ich, nach Art des (humanistischen) Bienengleichnisses groß geworden; sie stellt sein Bildungsfundament dar. Doch nun ist klassizistische Dichtung, getragen von Verstand (›Sonne‹) und Begriff (›Erde‹), ›graue Sandwüste‹; lehrt allenfalls noch totes Wissen. Und romantische Kunst, die aus ›nächtlichem‹ Tiefenbewusstsein (›Wasser‹) aufsteigt, verläuft sich im ›Sand‹ – ›verlorene Heimat‹ beide, literarische Antiquitäten.

Wie also dichten in dürftiger Zeit, die, nach Ansicht der Künstler, an nichts Wahrhaftiges mehr zu rühren vermag? Quasimodo zieht eine Konsequenz, die sich einer großen ästhetischen Signatur der zweiten Moderne anschließt: es bedarf einer Sprache im Zeichen des Schweigens, die zum Äußersten bereit ist (»verrà il tempo del silenzio«; 278). Es ist diese Paradoxie, die nicht nur Quasimodos Lyrik in Bewegung hält. Er ist sich der Risiken wohl bewusst. Wo seine Verse zum Schutz vor Missbrauch bis an die Grenze des Verstummens gehen, laufen sie Gefahr, gänzlich ›überflüssig‹ (*Salina d'inverno*; 90) und ›steril‹ zu werden (*L'Anapo*; 82). Auf dem Spiel steht zuletzt, was einen Dichter am Leben erhält: dass er im kulturellen Gedächtnis einst ›stimm- und gestaltlos‹ – ohne Nachruhm sein würde (*Airone morto*; 84). Noch kurz vor seinem Tod bestimmt dieser Zwiespalt sein Vermächtnis. Die ›Blätter‹, die von seinem Baum der poetischen Erkenntnis gefallen sind, erscheinen ›quasi weiß‹; beschrieben zwar, ohne Gewähr jedoch, etwas zu sagen zu haben (*Ho fiori e di notte*; 257).

Andererseits: erst Schwerverständlichkeit und Abstraktion verschaffen der Sprache die notwendige Dekontamination von allen Vereinnahmungen des Tages. Poetisches Schweigen in diesem Sinne würde damit Platz schaffen für eine Gedenkstätte der »voce primitiva« (30), der untergegangenen mythisch-lyrischen Ursprache im Kindesalter der Menschheit. Poesie könnte so die Absenz wahrnehmbar werden lassen, die das ›Schweigen begrabener Himmel‹ (*Alla notte*; 56) erzwungen hat. Quasimodo hat diese letzte, minimale Offenbarung des poetischen Wortes in einem Bild eingefangen, das alle Gedichtsammlungen inspiriert: die Meeresmuschel. Als Fundstück auf der vielsagenden Grenze zwischen Wasser und Land korrespondiert sie abermals mit Montales ›Sepiaknochen‹. Doch anders als diese stellt sie die Frage nach der kommunikativen Funktion von Dichtung. Von Botticellis Gemälde her gesehen bedeutet sie das, was ihr bleibt, wenn ihr der Eros Ficinos entzogen wird: Hohlraum des vegetativen Umtriebs in menschlicher Natur. Poetisch übertragen: sie versinnbildlicht eine Liebesdichtung, die sich in eine Dichtung ohne Liebe verwandelt hat. Der Dichter selbst ist zum ›Liebenden‹ geworden, der ›nicht wieder geliebt wird‹ (»amante disamato«; 285), auch nicht von der Tradition. In ihrem Zeichen war Venus einst gekommen; jetzt ist sie allenfalls noch Bildungsreliquie.

Doch im Rücken dieser Abgrenzung kann sich die Muschel des Gedichts als Echoraum zur Geltung bringen, wo, dem Rauschen des Meeres gleich, undeutlich, verworren, gebrochen, eben dadurch lebensecht etwas verlautet, das an die

Stimme der verlorenen Eigentlichkeit erinnert. Dann ließe sich ihm noch einmal ein diskreter Liebesdienst zuschreiben: Poesie schüfe subtile Worträume, um sich, im doppelten Sinne des Wortes, zu verhören. Wohl beklagt sich das lyrische Ich: ›Nichts, nichts (Substantielles) gibst du mir‹ (*Dare e Avere*; 235). Immerhin aber ›hört sie ihm zu‹. Seinem nach oben hin gelebten Ich würde dadurch wenigstens eine ästhetische Selbstbegegnungsstätte bereitet. Was es dabei erfährt, tritt hinter das zurück, dass es überhaupt noch soweit kommt.

5

Doch wie müssten die ›knappen, verschlungenen Worte‹ (13) der Lyrik gesetzt sein, um mich von mir abzubringen? Nichts Geringeres ist dafür nötig als ein geradezu mythischer Gewaltakt, wie ihn bereits die Avantgarden verübt haben. Quasimodo dazu: wie Aphrodite, wie Venus aus ›der Tiefe des Blutes‹ erstanden sind, muss auch ein poetischer Neuerer geboren werden. Nur ein ›Akt, der die bestehende Ordnung‹ einschneidend verletzt, versetzt sie in die Lage, ›Widerstand zu leisten gegen das Urteil der Zeit‹ (266 f.). Erst dadurch gewinnt sie die notwendige ›Distanz‹ zu Gewohntem und Gewöhnlichem, auch politisch. Ja erst das ›Leiden‹ an den Verhältnissen gibt ihr ethisch das Recht, mit extremer ›Gewalt‹ sprachliche Ketten zu sprengen (*L'Uomo e la poesia*; 277) und die verbalen Kartenhäuser der Vorurteile und Ideologien zu erschüttern. Und dann die vielleicht grundlegendste Volte seiner poetischen Erkenntnistheorie: nicht Folgerichtigkeit, Schlüssigkeit des Denkens – nur der modernistische Bruch mit deren Syntax schafft noch ›wahre‹ Freiräume, in denen man nicht etwas Bestimmtes sein muss. Zur Unterstützung beruft er sich auf Hegel (*Discorso sulla poesia*; 288 ff.). Dass die »Poesie des Herzens« – bei Hegel sollte sie der Roman wahrnehmen – dem »ursprünglich poetischen Weltzustand sein verlorenes Recht wieder erringen« könnte – diese romantische Illusion hat die zweite Moderne Quasimodos definitiv verabschiedet. Poesie vertritt kein »echtes und substantielles« Außerhalb mehr, das in der »Totalität einer Welt- und Lebensanschauung« aufginge. Ihre Worte müssen sich deshalb ganz auf sich selbst berufen. Einer unwiderruflich »zur Prosa geordneten Wirklichkeit« (Hegel)[11] kann sie mithin nur beikommen, wenn sie darin von innen her kunstvoll Unordnung stiftet. Der Poet, sagt Quasimodo, soll daher seine ästhetische Befreiungsbewegung vorsätzlich als ›Irregulärer‹ gegenüber der Kultur seiner Zeit bestreiten (286).

Wie aber ließe sich sein Status stimmiger, effektvoller auf Lyrik übertragen,

---

11 G.W.F. HEGEL, *Ästhetik*, II, hg. v. G. Bassenge, Frankfurt a.M., Europ. Verlagsanstalt, o.J., 452 f.

als wenn er ihre Sprache ›irregularisiert‹? Dies ist die letzte modernistische Konsequenz, die er sich und seinen Gedichten abverlangt. Als Dichter einer klassischen Kunst, der er nicht mehr sein kann, bezieht er sich abermals anknüpfend-abwendend auf ein Konzept, das sich ein anderer Moderner wider Willen abgerungen hatte: auf die »poesia non poesia« Leopardis.[12] Im Gedicht *A se stesso* (›An sich selbst‹) war er an den Rand dessen getreten, was er für den Abgrund einer kommenden Poesie hielt. Quasimodo nimmt seine Begründung auf. In der Gefangenschaft von Philosophie würde sie zum ›Skelett‹ abmagern (270). Doch was Leopardi eher prophetisch befürchtete, war für Quasimodo inzwischen literarischer Alltag geworden. Seine Frage stellte sich mithin ungleich existentieller. Wie lässt sich, ›gefangen‹ in der ›Schweigen gebietenden‹ »non-poesia« der Lebenswelt (172), noch ein Ausdruck von »poesia« erfinden? Es scheint, als habe er auch dies seinem Elementarbild der Insel entnommen. Mallarmé, dessen Lyrik er kannte, hatte in seinem kühnsten Experiment, dem ›Würfelwurf‹ (*Un coup de dés jamais n'abolira le hasard*) eine Poetik entworfen, die die Avantgarden dann umfassend in Kraft setzen werden: das »isolement de la parole«, das geradezu schon kubistisch aufzulösen ist als ›Verinselung der Rede‹.[13] Ungaretti und die ›ermetici‹ hatten es in ihrer ›Poetik des Wortes‹ adaptiert.[14] Beides richtet sich gegen das Jahrhunderte lang gültige Urbild, das Lyrik im ›Gesang‹ (»le chant«) fand. Doch mit der ›opaken Fluktuation der Meridiane‹ (276) war solcher Einklang unvereinbar. Lyrik hat darüber jeden formalen Anspruch auf eine schöne Stimme eingebüßt. Der anmutige Hirtengesang der Oboe ist ›erkaltet‹ (*Oboe sommerso*; 39); die Zithern baumeln trostlos im Wind (*Alle fronde dei salici*; 125). Was sie äußern, gleicht einer ›Grabesstimme‹ (*Un sepolto in me canta*; 48).

Und damit sollen ihre Verse unsere sprachlichen Versteinerungen wie Wurzeln aufsprengen? Voraussetzung ist, dass sie wie ein Fremder über ihre Lebenswelt sprechen. Das bedeutet, gut modernistisch: keine Satzzeichen; keinen bindenden Reim; vor allem aber minimierte Syntax. Kraft dieser Tendenz zur Vereinzelung stoßen ihre Glieder und Worte hart aneinander. Durch gezielte Entvereindeutigung werden sie andererseits jedoch mehrfach anschlussfähig. Das ist die Stunde des Lesers, indem er aus ihrer Not eine kreative Tugend machen kann; indem er unter Anleitung der Lyrik lernt, mit den Zeichen der Zeit, die sie in sich aufgenommen hat, anders umzugehen. Im Motto hatte es bereits geheißen: »Ognuno sta solo sul cuor della terra / trafitto da un raggio di

---

12 G. LEOPARDI, *Zibaldone dei pensieri*, III, ed. crit. e annot., a cura di G. Pacella, Milano, Garzanti, 1991; cifrazione di Leopardi: 4497.
13 ST. MALLARMÉ, *Avant-dire au ›Traité du verbe‹ de René Ghil*, in *Œuvres complètes*, éd. H. Mondor – G. Jean-Aubry, Paris, Gallimard, 1945 u. ö. (Bibliothèque de la Pléiade), 857 f.
14 Vgl. F. FLORA, *La poesia ermetica*, Bari, Laterza, 1936 u. ö. – Quasimodo hat diesen Bezug selbst diskutiert; S. QUASIMODO, *Poesie e discorsi sulla poesia* (Anm. 1), 280 f.

sole.« ›Durchbohrt‹ gehört ins Amorfach, wo die Liebespfeile ins Herz dringen. Grammatisch aber bezieht es sich auf das Subjekt »Ognuno«. Knapper als jede andere Sprache kann Lyrik damit sagen, dass ›Jeder‹ subjektivistisch vereinsamt und auf sich selbst zurückgeworfen wird, wenn ihn Amor verletzt – nur dass es jetzt das verletzende Licht des Zweckrationalismus ist, das ihn verdunkelt: »ed è subito sera«. Die Nacht ist über der *natura naturans* hereingebrochen. Gleichzeitig kann darin jedoch auch das ›Erlittene‹ dieser Verblendung anklingen – als Perfekt von ›subire‹. Werkweit durchzieht diese Animation das Spiegelkabinett dieser Lyrik.

Die insulare Poetik Quasimodos bedient sich ihrerseits einer Reihe von explikativen Bildern. Bestimmend ist dabei die Gleichsetzung von Dichten mit ›Syllabieren‹ (bereits in *Vento a Tindari*) – dem gestauten, stockenden, abgehackten Sprechen in Silben, so als sollte bereits der lyrische Sprachfluss die latenten Herzrhythmusstörungen des zeitgenössischen Denkens nachahmen. Denn die ›Worte des Lebens‹ (242), behauptet noch das letzte Gedicht, die wir in einer ›Zeit ohne Freude‹ hören, hat das lyrische Ich nie verstanden; ihre ›trägen Silben‹ können uns allenfalls lähmen. In ihrer Perspektive rückt die Tagwelt ins Bild eines verbalen ›Steinbruchs‹, dem sie als ›Trümmer‹ entnommen sind (39). Ein haltbares Sinngebäude lässt sich auf dieser erschütterten ›Erde‹ nicht errichten. Es wäre, nach einem anderen tragenden Bild, auf (ungarettistischen) ›Sand‹ gebaut. In der Berührung durch die Lektüre würden sie aber – sollen sie gerade – zerfallen und ihre Worte wie Sand durch die Verse rinnen lassen. Immerhin: ihre Bedeutung gerät dadurch in Bewegung. Dann gleichen sie Steinen, die ins trübe Wasser der Realität geworfen werden (130). Eine weitere Bildverknüpfung assoziiert ›Sand‹ mit ›Blut‹ (*Al di là delle onde*; 172). Quasimodo findet damit schließlich zu einer der ehernsten Funktionserwartungen moderner Lyrik: dass ihre intermittierende Gangart dem Blutkreislauf des Intellekts zu neuem Leben zu verhelfen vermag.

Ein anderer ›Zweig‹ seines dichterischen Blattwerks weist zurück auf beste petrarkistische Tradition. Er erwächst der mythischen Liebesgeschichte von Apoll und Daphne. Bereits in ihr vermag Quasimodo den ›aktiven Schmerz‹ zu erkennen, den er seiner eigenen poetischen Biografie zu Grunde legt. Denn anders als Apoll (und Petrarca) scheint ihm deren Lohn, der dichterische Nachruhm, versagt. Die ›Blätter‹, die seine Verlusterfahrung hervorbringt, fügen sich zu keinem Lorbeerbaum mehr. Seine Verse haben jeden orphischen Zauber verloren; ihnen bleibt allenfalls schmerzliche In/vers/ion: wie Herbstblätter (53) fallen sie, ›rußigen Vögeln‹ gleich (166), lautlos zu Boden und bilden ›schwarze Haufen‹ (96). Auf einen poetischen Baum des Lebens lassen sie nicht mehr schließen, der einen ›Canzoniere‹ hätte begründen können. Allein dem ›Windstoß‹ einer kreativen Lektüre ist es vorbehalten, ihrer losen Textur noch einen soliden Kontext zuzuspielen. Denn eines bleibt ihnen unbenommen: so sehr eine modernistische Diktion das Gedicht am Grenzwert eines ›leeren Blattes‹, einer ›weißen Seite‹ misst – sie beschwört andererseits gerade damit jenen weißen Fleck, der alles Umgebende in ein neues Verhältnis rücken kann. Selbst das letzte Gedicht bekennt sich noch dazu (257). Das Weiß der lyrischen Blätter tritt dadurch in Opposition zu jener anderen, abtötenden Erhellung, die vom Licht des Verstandes ausgeht und all die früheren ›Himmelsaussichten‹ (»vista d'alti cieli«; 66) nicht aufzuklären wusste, wie Quasimodo im Gedicht *Compagno* (49) besprochen hat. Denken und Dichten agieren demnach gegenläufig wie Tag und Nacht, hell und dunkel. Nur wer ihre Illusionen, wie das Ich, in seinem Herzen begraben hat, der reinigt sich – negative Erkenntnis – für einen tieferen Aufschluss, wie er im Ritual des ›Opferlammes‹ (»bianco«) sich einstellt.

Also kommt es darauf an, Klarheit und Eindeutigkeit der lyrischen Sprache zu opfern und das Gedicht als eine Topographie von Lücken, Spalten und Leerstellen aufzufassen – allemal Spielräume der Vorstellungskraft, die zu ›etwas‹ anregen, ohne es zu benennen. Dies ist der emphatische Grund, der moderne Kunst bis an den Rand der Unverständlichkeit treibt. Äußert sich in ihm nicht ein letzter Reflex jener unbefleckten Empfängnis der Sprache, als deren Botin Lyrik sich insgeheim immer verstand? Poesie, betont Quasimodo in diesem Sinne, ›sagt‹ nicht eigentlich etwas ›aus‹ (»non dice«). Sie lässt vielmehr etwas ›hervortreten‹ (»fa ›esistere‹«). Mit Heidegger, dem Zeitgenossen zu sprechen: sie ließe sich als ein Ort verstehen, um etwas »sein zu lassen«.[15] Dazu aber muss man sich auf ›Holzwege‹ begeben, die zwar in die Irre gehen, sich aber nicht verirren.[16] Lyrisch gesehen verlangt dies, die verstörte Gebrauchssprache – beredt – zum ›Schweigen‹ zu bringen. So könnte durch die Eingaben des Lesers im Geflecht ihrer Zeichen ›etwas‹ Abwesendes zumindest noch als abwesend zu Bewusstsein kommen. Gewährt werden kann freilich nichts mehr. Die letzte Gedichtsammlung *Dare e Avere* von 1966 lässt keinen Zweifel. Die weiße Seite, die lyrisch bereinigte Sprache – ›nichts gibt‹ sie dem lyrischen Ich, ›nichts‹ (235). Mit ›Gewalt‹ und unter ›Schmerzen‹ vermag sie jedoch einen ästhetischen Raum freizusperren, der demnach ›nichts‹ erwarten lässt, aber wenigstens die Erwartung als solche lebendig erhält. Die Worte, die hier fallen, gleichen daher Tränen ›für alle, die […] warten und nicht wissen auf was‹ (*Lettera alla Madre*; 157). Dies ist das bewegende Moment einer Sprachkunst, die nur noch als Nicht-Poesie – Poesie sein kann. Samuel Beckett wird es im *Warten auf Godot* zu einer Parabel der zweiten Moderne erheben.

Und damit sollte sich der Mensch neu erschaffen lassen? Ist das nicht hoffnungslos idealistisch, unwirksam weil unpopulär? Daran ändert wenig, dass Quasimodo auf Krieg und Kriegsfolgen verbal reagiert und sich angepasst hat.

---

15 M. HEIDEGGER, *Was ist Metaphysik?* (1929), Frankfurt a.M., Klostermann, 1955[7].
16 M. HEIDEGGER, *Holzwege*, Frankfurt a.M., Klostermann, 1957[3], 310 f.

Wie er selbst erklärt, folgt auch seine Lyrik seit den vierziger Jahren gleichwohl der elementaren ›Wendung‹ (»rotazione«; »spirale«; 279; XXVII) seiner Poesie insgesamt. Doch weder er noch andere, die der Lyrik des 20. Jahrhunderts etwas bedeuten, haben sich durch diese vordergründige Aussichtslosigkeit abhalten lassen. Ihre Einsamkeit – ›der Dichter ist allein‹ (305; 316) – gibt ihnen die ethische Rechtfertigung für ihre dissidente Haltung. Nur hinter ihren ›Mauern‹ können sie dem Elementarbedürfnis von Lyrik nachkommen: anders reden zu können. Bei aller Anstrengung, ohne die ihre moderne Lesart nicht zu haben ist, spricht sie auf ihre verschlossene Art eine intime Einladung zu freier Liebe mit der Sprache aus. Natürlich drohen solche lyrischen Gratwanderungen zwischen belasteter und befreiter Rede abzustürzen; auf der einen Seite ins Fahrwasser von Résistance und (linker) Ideologie, auf der anderen in leeres, manieristisches Geraune. Davor war auch Quasimodo nicht gefeit. Der Pomp und das Prestige D'Annunzios ließen sich nicht so leicht abschütteln. Wie überhaupt Quasimodo ein sehr italienischer Dichter ist. Mehr als andere Modernisten außerhalb Italiens leidet seine Sprache an der Größe – und dem Verlust der überragenden kulturellen Formate, die Antike, Humanismus und Renaissance auf dem Boden Italiens hervorgebracht hatten. Deshalb auch der klassizistische Unterton seiner Modernität, Reminiszenz eines unverfügbar gewordenen Erbes.

6

Eine Gefahr für die öffentliche Ordnung soll sie gleichwohl sein (311/12). Vielleicht hat Quasimodo in einem höheren Sinne nicht unrecht. Ist es nicht so, dass die leise, dunkle Stimme der Poesie vor allem am Echo derer wächst, die sie vernommen haben? Es sind nicht zuletzt kritisch-kreative Leser, die das lyrische ›Syllabieren‹ in Worte bringen und es vermitteln; die Dichtern einen Namen, Werken einen Rang verleihen. Auf welch verschlungenen Wegen der Rezeption auch immer haben sich einige unter ihnen gerade von avanciertester Lyrik zu neuem Denken inspirieren lassen. Vertritt die ›Differänz‹ Derridas nicht eine Poetik des Aufschubs, die sich vornimmt, etwas so zu sagen, dass es gleichwohl nicht gesagt wird, um jeder ›Eschatologie der Eigentlichkeit‹ zu entgehen – eine Lektion seines (lyrischen) Sprachbruders Edmond Jabès?[17] Oder Foucaults Feldzug gegen den ›transzendentalen Narzissmus‹ und dessen verhängnisvollen Glauben, ein Subjekt könne sich autonom, vernünftig selbst setzen. Mit Verweis auf Borges und Mallarmé forderte er: ›Heutzutage kann man nur noch in der Leere des verschwundenen Menschen denken‹. Deshalb müssen sich die ›Wörter

---

[17] J. DERRIDA, *Edmond Jabès et la question du livre*, in ders., *L'écriture et la différence*, Paris, Seuil, 1967, 99–116.

im Werden der Sprache‹ ansiedeln.[18] Selbst einer, der erkennbar nicht an modernistischer Lyrik Maß nimmt, kommt zu denselben Schlüssen. Wittgenstein weist entschieden die Forderung zurück, von Sprache eine »Kristallreinheit der Logik« zu verlangen. Sie »droht« darüber »zu etwas Leerem zu werden«.[19] Seine Philosophie des Sprachspiels will deshalb den »Kampf gegen die Verhexung unseres Verstandes durch die Mittel unserer Sprache« von innerhalb des Denkens aufnehmen – ganz so wie Quasimodos Lyrik von unterhalb.

---

18 M. FOUCAULT, *Les mots et les choses*, Paris, Gallimard, 1966 u.ö., 353, 414.
19 L. WITTGENSTEIN, *Philosophische Untersuchungen*, Frankfurt a.M., Suhrkamp, 1971 u.ö. (Suhrkamp-Taschenbuch 14), 77 ff.

Marzio Porro (Milano)

Una figura sacrificale tra Ungaretti e Montale

Legami misteriosi si possono rintracciare tra Ungaretti e Montale. La cosa potrebbe sorprendere se si tenesse troppo in conto la loro diversità in termini letterari e soprattutto le tracce evidenti della rivalità che, fatalmente si direbbe, li ha opposti, disegnando anche i confini di due opposte partigianerie al seguito, con inevitabili riflessi scolastici, dove al fascista e poi ›di sinistra‹ Ungaretti si contrapponeva il sempre antifascista e liberale Montale, così come al ›petrarchista‹ Ungaretti si contrapponeva il ›dantista‹ Montale e via sfogliando i molti composti del suffisso -*ista* reperibili sul mercato... Ma forse più significativa risulterebbe la differenza, diciamo così, antropologica. Da un lato Ungaretti ›figlio del popolo‹ emigrato, nato e cresciuto nell'Alessandria d'Egitto più cosmopolita e letteraria, passato poi nella ancor più cosmopolita Parigi di inizio secolo in mezzo alle avanguardie ed approdato infine in Italia, giusto alla vigilia della guerra, alla ricerca di una identità in qualche modo più ristretta ed angusta, una ›nominazione‹ più decisa e sicura fino appunto alla ›ingenuità‹ di aderire al fascismo: dunque un movimento avvolgente e centripeto il suo fino a certe assolute densità della sua prima lirica. Dall'altro Montale, borghese genovese di quella forte italianità ligure che aveva fatto da sola mezza ›gesta‹ risorgimentale, cresciuto in un ambiente di affari e di preti, e presto insofferente di entrambi e soprattutto dell'avvilente chiusura fascista e, su questa linea, sempre più affascinato dalla ›antitalianità‹ di ebraismo e protestantesimo, tutti e due in accezione femminile e mitica: dunque un movimento dispersivo, all'apparenza, e soprattutto centrifugo, prima in direzione transatlantica, americana e puritana, e poi (o insieme) mitteleuropea, fino a certe mirabili derive sermocinanti e secche della sua poesia di mezzo ed ultima.

Ne risulta un chiasmo forte, ma nell'ecumene della letteratura si danno sempre sorprese. Credo di aver scorto nelle penombre della intertestualità un personaggio, una figura sfuggente, appunto, tra il bordo di un testo e l'altro, tra l'opera dell'uno e dell'altro poeta, evocata con gesti improvvisi e liquidata con punte d'inquietudine e poi rievocata ancora come in un rapporto impossibile ma che non si può cancellare; personaggio ›inapparente‹ si potrebbe dire con Montale, eppure tenacemente concreto ai due poeti: più che speculare infelicemente gemellare come si vedrà.

Ricostruirne i dati anagrafici non è un problema perché i due poeti ne riferiscono il nome, anzi i nomi: la poesia lirica si posa sulla terra ed indica persone concrete, vite vissute all'insegna di percorsi precisi, dati di biografia inoppugnabili. Si parla di un solo personaggio, ma le vite e i nomi sono nella storia due: un egiziano, Moammed Sceab per Ungaretti, e un italiano, Silvio Tanzi, fratello di Drusilla Tanzi, la ›Mosca‹ della poesia e della vita di Montale. Le persone sono due e ovviamente diverse l'una dall'altra, ma il personaggio, per alcuni tratti fondamentali e soprattutto *funzionali* dentro all'opera dei poeti è appunto unico: si tratta di figure isolate, dedite alla cultura e all'arte, legate agli autori da vincoli amicali o famigliari, scomparse in giovane età.[1] Ma è il caso di sorprenderne la presenza e le caratteristiche dentro ai testi.

Comincio (e in questo caso il verbo si carica di tutta la sua pregnanza) proprio dall'inizio in qualche modo assoluto, almeno in quanto libro, della poesia di Ungaretti, cioè dalla dedica della prima edizione de *Il Porto Sepolto* uscita ad Udine per i tipi dello Stabilimento tipografico friulano nel 1916.[2] Proprio poesia interamente di dedica – e non primo testo della raccoltina – che riporto nella versione del '16.

> In memoria
> di
> Moammed Sceab
>
> discendente
> di emiri nomadi
> suicida
> perché non aveva più
> patria
>
> Amò la Francia
> e mutò nome in
>
> Marcel
>
> ma non era francese
> e non sapeva più
> vivere
> nella tenda dei suoi
> dove si ascolta la cantilena
> del Corano
>
> gustando un caffè

---

[1] Per il concetto di ›personaggio‹ faccio riferimento a M. CORTI, *Per una enciclopedia della comunicazione letteraria*, Milano, Bompiani, 1997, (Studi Bompiani), 87–101.

[2] Ripubblica l'esordio con commento Carlo Ossola: G. UNGARETTI, *Il Porto Sepolto*, a cura di C. Ossola, Milano, Il Saggiatore, 1981, 3–5, da cui riporto il testo. Anche altrove mi attengo, ovviamente, alla grafia ungarettiana di nome e cognome egiziani.

E non sapeva
sciogliere
il canto
del suo abbandono

L'ho accompagnato
insieme alla padrona dell'albergo
dove abitavamo
a Parigi
al N. 5 della rue des Carmes
appassito vicolo in discesa

Riposa
nel camposanto d'Ivry
sobborgo che pare
continuamente
in una giornata

di una decomposta fiera

E forse io solo
so ancora
che visse

Saprò
fino al mio turno
di morire

Locvizza il 30 Settembre 1916

Come si sa nella complicata storia delle prime raccolte di Ungaretti il testo, con il titolo di *In memoria*, sarà solo il primo della sezione de *Il Porto Sepolto*, infine inclusa ne *L'Allegria*, perdendo la funzione di dedica totale e soprattutto di chiave di tutto il libro, idealmente e simbolicamente di tutto il ›cominciamento‹ dell'attività poetica dell'autore, che è ancora qui testimoniata.[3] Proprio qualche considerazione su questa dedica a (e apparizione di) una figura sacrificale può gettare luce, spero, anche su questo aspetto. Dunque: credo di non dover aggiungere altre notizie su Moammed proprio per rispetto all'impegno di Ungaretti a incidere una lapide sublime e definitiva – tra cronaca precisa, ricordo fissato una volta per tutte, e analisi antropologica, tra topografia parigina e qualche squarcio esotico, tutt'altro che compiaciuto – che dia conto della tragedia consumata e dei perché e del come; aggiungo soltanto che in luoghi diversi Ungaretti ribadisce l'importanza dell'amico egiziano nella propria formazione

---

3 Cfr. ancora G. UNGARETTI, *Il Porto Sepolto* (nota 2), e soprattutto ID., *L'Allegria*. Edizione critica, a cura di C. Maggi Romano, Milano, Fondazione Arnoldo e Alberto Mondadori, 1981 (Testi, 6), 96–99.

umana e culturale.⁴ Chiarissima la causa del suicidio: Moammed ha rifiutato la propria identità primaria per acquisirne una seconda, elettiva; l'operazione non è riuscita e il giovane si è ritrovato nei difficili interstizi tra le culture, isolato e senza prospettive. La parte centrale del testo presenta il povero funerale: solo la padrona dell'albergo e il poeta sono presenti e la desolazione di quel momento si riflette sulla desolazione del luogo del ›riposo‹, coeva e in qualche modo futura. La presenza di Ungaretti alle esequie non è ovviamente solo un atto di pietà; i due giovani stanno, stavano, percorrendo un cammino comune, difficile allora (e forse ancora di più oggi, nell'infame idolatria delle identità), da oriente al cuore dell'Europa, un cammino emblematico anche per l'emigrato lucchese che si approssima a una patria originaria, ma ancora tutta da conoscere nella realtà e da conquistare, e che soggiorna in quell'accogliente contenitore – quasi una camera di compensazione – di identità cosmopolite che Parigi, così come Vienna, riusciva ad essere tra Otto e Novecento.⁵ L'uno non ce l'ha fatta, l'altro cerca ancora la sua strada e forse l'ha trovata.

Il dettato del testo, così sospeso, appunto, tra il genere non lirico della dedica e la lirica che poi diventerà nell'*Allegria*, è semplice, ›informativo‹, trasparente, tranne forse la strofa »E non sapeva/sciogliere/il canto del suo abbandono«. Questa diventa però chiarissima intendendone il significato in parte letterale e in parte metapoetico che, una volta colto, si estende naturalmente alle altre parti. Qui e anche nel testo che segue lungo tutta la storia della raccolta, *Il Porto Sepolto*, la parola chiave è ›canto‹, nella sua assolutezza leopardiana. O anche nel significato di lirica pura, così come inteso dalla grande stagione simbolista, soprattutto da Mallarmé: la poesia giusto al centro dell'esperienza del mondo eppure lontana, nascosta, anche oscura, siderale.⁶ Potrebbe anche esserci qualche riferimento a eventuali canti della tradizione nomade propria di Sceab. La poesia che sola dà, può dare il senso della vita (e della morte) negandola, può appiccare il fuoco della tragedia o spegnerlo. La poesia soprattutto che può testimoniare e dare senso allo sradicamento, al vuoto di chi abbandona, o è abbandonato, o l'una cosa e l'altra. Ecco, Moammed si è sradicato, ma non ha saputo poi entrare nel mondo del ›canto‹, in quell'universo della poesia dove gli ›esuli per insofferenza del limite‹ trovano la loro vera patria abbandonandosi a tutte le libertà, anche a

---

4 Cfr. da ultimo G. Ungaretti, *Vita d'un uomo. Tutte le poesie*, a cura e con un saggio introduttivo di C. Ossola, Milano, Mondadori, 2009 (I Meridiani), 838, 840, 843–847 e passim.
5 Mi sembra giusto ricordare l'atmosfera parigina di quegli anni proprio con versi di Ungaretti che fanno parte della storia variantistica di *Ricordo d'Affrica* assenti nella redazione definitiva »Città costruita di volubilità/dove nessuno è venuto per rimanerci molto/né il beduino dalla tenda/né l'italiano muratore/né il tedesco cotoniere« in cui i due amici sono quanto meno allusi. Cfr. G. Ungaretti, *Vita d' un uomo. Tutte le poesie* (nota 4), 593–594.
6 Vedi su tutta la questione, ancora, le bellissime pagine di S. Agosti, *Il Cigno di Mallarmé*, Milano, Silva, 1969.

quella della sofferenza. Per tradurre in termini un po' volgari, lui non avrebbe avuto il coraggio, o la capacità, di credere e di affidarsi all'azione terapeutica della scrittura poetica.

Chi invece proprio con la dedica all'amico suicida esordisce con il primo libretto, il primo germoglio di un frutto destinato a maturare negli anni e soprattutto ad imporre quasi da subito all'autore la chiara e precoce identità di poeta lirico, di ›canti‹, è Ungaretti. Tra le molte ragioni che hanno fatto di lui un poeta non ultima risulta quella che nella dedica si chiarisce: la doppia intuizione, da un lato della tragica precarietà di chi sperimenta la crisi e la dissoluzione dello statuto identitario, dall'altro della potenza salvica della parola della poesia, della sua necessità proprio sull'orlo della morte, quando tutto il resto si è dissolto. La morte dell'amico è la lezione ultima, l'*exemplum* risolutore, quasi atteso da chi deve e può sopravvivere per l'ultimo possibile scatto verso la salvezza. In termini antropologici è il sacrificio dell'innocente che propizia la vita della comunità e dei suoi membri: la coppia, la cellula, partita da Alessandria è stata colpita dalla tragedia e la risoluzione deve salvare nella memoria – e nel libro – Sceab nel momento stesso in cui il sangue versato riempie di forza e di ›canti‹ il sopravvissuto. Si crea dunque al fianco del protagonista una figura fantasmatica, un doppio dichiarato con forza e determinazione che è all'origine della vocazione poetica e misteriosamente la alimenta. Nella dedica del '16 il peso della funzione antropologica è ancora pesante e determina le notazioni lenticolari, la liturgia meramente memoriale (»E forse io solo / so ancora / che visse // Saprò / fino al mio turno / di morire«) al limite della scrupolosa ridondanza. Poi dopo l'*Allegria* del '19 l'ultima strofa scompare, il testo si prosciuga e cambia di collocazione. La ›salvezza‹ di Moammed non è più legata solo alla sopravvivenza materiale di chi è rimasto in vita: ormai il canto si è sciolto e la salvezza è nella poesia stessa che è di per sé redentiva e patente a tutte le possibili salvezze.

Cinquant'anni separano *Il Porto Sepolto* del '16 dalla prima apparizione nel '66 degli *Xenia* di Montale, cioè delle discrete ›apparizioni‹ della Mosca nel doppio canzoniere in morte che il poeta dedica alla moglie: l'ultima grande epifania de ›l'altra metà del mondo‹ nella sua poesia.[7] Anche qui, come si sa, il tema, montaliano per eccellenza, è la presenza salvifica della figura femminile, ma rispetto alle *Occasioni* e alla *Bufera*, la salvezza di cui la Mosca si è fatta e si fa portatrice è al grado zero, di mera soppportazione della vita, di minima resistenza rispetto al magma insopportabile e pestilenziale della Storia. Naturalmente, quasi senza parere, il piccolo canzoniere è nutrito di affetti tanto profondi quanto contegnosi e un po' irsuti, di memorie minime e privatissime che, al semplice

---

7 D'ora in avanti tutti i testi di Montale sono citati da E. MONTALE, *L'opera in versi*. Edizione critica a cura di Gianfranco Contini e Rosanna Bettarini, Torino, Einaudi, 1980 (I Millenni).

apparire, subito si universalizzano, giusto per prendere sul serio le precisazioni ironiche e ›cubiste‹ del testo che apre gli *Xenia, I critici ripetono*.

Ma a ben vedere forse c'è qualcosa di più rispetto al grado zero garantito dalla protezione che la Mosca, in vita e in morte, ha elargito. La tredicesima offerta funebre, il penultimo di *Xenia I*, datato il 10 – 12 – '65,[8] contiene qualche elemento positivo:

> Tuo fratello morì giovane; tu eri
> la bimba scarruffata che mi guarda
> ›in posa‹ nell'ovale di un ritratto.
> Scrisse musiche inedite, inaudite,
> oggi sepolte in un baule o andate
> al macero. Forse le inventa
> qualcuno inconsapevole, se ciò che è scritto è scritto.
> L'amavo senza averlo conosciuto.
> Fuori di te nessuno lo ricordava.
> Non ho fatto ricerche: ora è inutile.
> Dopo di te sono rimasto il solo
> per cui egli è esistito. Ma è possibile,
> lo sai, amare un'ombra, ombre noi stessi.

Anche di Silvio Tanzi, ovviamente fratello di Drusilla, la Mosca della vita e della poesia di Montale, basti quanto detto da lui (»Non ho fatto ricerche: ora è inutile«)... In singolare evidenza qui si manifestano tre elementi che cooperano a drenare lo scivolamento ineluttabile di uomini, cose, eventi verso l'insensatezza e il niente: 1) l'attività della memoria intesa in senso bio-antropologico, senza forzature letterarie o ideologiche; 2) l'amore come profondo legame affettivo. Ricordo che le occorrenze del sostantivo ›amore‹ e del verbo ›amare‹ in questa accezione primaria sono in Montale rarissime. Solo queste due in *Satura* e non molte di più nelle cose successive. Quanto all'appena più frequente ›amore‹ tra *Occasioni* e *Bufera*, di ovvio riferimento stilnovistico, si tratta di tutt'altra cosa. Negli *Xenia* comunque ›amare‹ è indirizzato esplicitamente a Silvio e non alla sorella che vi è inclusa in modo tanto intenso e totale quanto indiretto: ne sortisce un bellissimo rapporto amoroso a tre, fra ombre quasi;[9] 3) la poesia: il livello metapoetico del testo va colto, credo, in quella cautissima professione di fede (una dubitativa seguita da un periodo ipotetico) nella persistenza transindividuale della scrittura in cui il tono biblico si innesta in una sentenza, diciamo così, borgesiana: »[...]. Forse le inventa / qualcuno inconsapevole, se ciò che è scritto è scritto«.

Che quella appena citata non sia soltanto una sentenza generale e ›sapienziale‹

---

8 Cfr. E. MONTALE, *L'opera in versi* (nota 7), 982.
9 Cfr. G. SAVOCA, *Vocabolario della poesia italiana del Novecento*, Bologna, Zanichelli, 1995, s. v.

e che qui Montale parli anche di sé e della propria poesia nel senso della sua possibile durata nel tempo mi sembra opinione avvalorata dal testo che segue e che conclude *Xenia I* con un famoso *incipit*, »Dicono che la mia / sia una poesia d'inappartenenza / Ma s'era tua era di qualcuno [...]«, in cui il poeta vuole: 1) ribadire il consueto legame tra poesia ed epifania femminile; 2) dedicare la poesia a qualcuno, farne un gesto all'interno di un rapporto di affetto e di amore; 3) introdurre il tema finale della *communio* biblica »Eppure non mi dà riposo / sapere che in uno o in due noi siamo una sola cosa« che, dopo il testo precedente, è inclusiva anche di Silvio.

Mi sembra assolutamente evidente il forte rapporto di intertestualità che avvince la dedica a Moammed e il ricordo di Silvio. Da sottolineare, in primo luogo, la similarità tematica (anche se di per sé non è in grado di dimostrare il ›lavoro‹ del testo di Ungaretti nella memoria di Montale): simile o similare infatti il personaggio, dotato in potenza o in atto di virtù intellettuali e creative, che muore ancora in giovane età in circostanze tali da non garantirne il ricordo, epperò, a contrasto, l'impegno del poeta a perpetuarne la memoria soprattutto attraverso la poesia. Ben altrimenti probatorie, per stabilire la partenza dei versi a Silvio da quelli a Moammed, le coincidenze semantiche e lessicali di »E forse io solo / so ancora / che visse« con »Dopo di te sono rimasto il solo / per cui egli è esistito [...]«.[10]

La differenza più significativa tra le due ›biografie‹ del personaggio consiste nella permanenza dopo la morte delle musiche di Silvio che riuscì forse, diremmo in termini ungarettiani, a ›sciogliere il canto‹, laddove di Moammed si dice che avesse bruciato prima del suicidio tutte le sue carte (perché in esse non riusciva a riconoscersi?).[11] È questa, se possibile, connotazione ancora più tragica per il silenzio che avvolgerà l'opera comunque compiuta, per l'assoluta casualità della permanenza del ricordo, legata a un semplice rapporto parentale. Ma, al di là di questo ed altri particolari, identica, mi sembra, è la funzione sacrificale che a livello antropologico la figura, una e bina, riveste: la presenza della loro ombra nel testo è presenza di un possibile destino negativo, di silenzio e di morte, una proiezione di sconfitta, che Ungaretti e Montale hanno evitato in virtù della potenza redentiva della poesia, salvando così sé stessi e anche la memoria dei sacrificati.

---

10 Sul valore probatorio degli elementi formali nei problemi di intertestualità cfr. M. CORTI, *Il binomio intertestualità e fonti: funzioni della storia nel sistema letterario*, in *La scrittura e la storia. Problemi di storiografia letteraria*, a cura di A. Asor Rosa, Firenze, La Nuova Italia, 1995, 115–130; EAD., *Per una enciclopedia della comunicazione letteraria* (nota 1), 15–32.
11 Delle carte di Sceab scritte »nel più puro francese« ci dice Ungaretti in una lettera a Papini del '17; sempre lui afferma in una lettera a Prezzolini del '14 che l'egiziano prima di morire »aveva distrutto tutte le sue carte«. Cfr. da ultimo per entrambe le testimonianze G. UNGARETTI, *Vita d'un uomo. Tutte le poesie* (nota 4), LIX.

Ma non è solo questo, forse, il punto in cui *Il Porto Sepolto* e *Xenia* si incontrano. A poco meno di un anno di distanza da quel 10-12 - '65 che data il manoscritto che testimonia sia *Tuo fratello morì giovane; tu eri...* che *Dicono che la mia...* l'alluvione dell'Arno a Firenze sommerge la cantina della casa dove Montale e la Mosca avevano vissuto prima del trasferimento a Milano. A quell'evento Montale dedica un testo famoso *L'alluvione ha sommerso il pack dei mobili* (il ms. reca la data del 27-11 - '66) che emblematicamente è posto a conclusione epigrafica e terribile degli *Xenia*:[12] potremmo dire a conclusione della Storia vera, quella del poeta e della moglie (e di Silvio), e sulla soglia di quella falsa, grande tema di *Satura*.

> L'alluvione ha sommerso il pack dei mobili,
> delle carte dei quadri che stipavano
> un sotterraneo chiuso a doppio lucchetto.
> Forse hanno ciecamente lottato i marocchini
> rossi, le sterminate dediche di Du Bos,
> il timbro a ceralacca con la barba di Ezra,
> il Valéry di Alain, l'originale
> dei Canti Orfici - e poi qualche pennello
> da barba, mille cianfrusaglie e tutte
> le musiche di tuo fratello Silvio.
> Dieci, dodici giorni sotto un'atroce morsura
> di nafta e sterco. Certo hanno sofferto
> tanto prima di perdere la loro identità.
> Anch'io sono incrostato fino al collo se il mio
> stato civile fu dubbio fin dall'inizio.
> Non torba m'ha assediato, ma gli eventi
> di una realtà incredibile e mai creduta.
> Di fronte ad essi il mio coraggio fu il primo
> dei tuoi prestiti e forse non l'hai saputo.

La presenza, ancora, di Silvio e delle sue musiche mi stimola ad accennare a una ipotesi, suffragata da solidi indizi, che anche questo testo testimoni un rapporto di parentela con gli esordi ungarettiani. Dunque l'episodio traumatico è punto di partenza per una grande metafora acquorea - con un esplicito riferimento marino (»il pack dei mobili«), il cui senso non risulta immediatamente evidente - sull'alluvione che sommerge i ricordi di una vita, anzi di tre vite e di un'intera epoca, chiusi nel sotterraneo che diventa una sorta di scrigno »chiuso a doppio lucchetto«. La cantina contiene il *bric-à-brac*, tipico del secondo Montale, che da un lato costituisce il supporto al colloquio memoriale con la moglie e dall'altro introduce alla metafisica trita di *Satura*. Ma nel deposito ci sono anche le musiche »inedite« e »inaudite« che non sono andate al macero, come forse, per *ampli*-

---

12 Cfr. E. MONTALE, *L'opera in versi* (nota 7), 990-991.

ficatio e per la bellissima paraetimologia così tipica del secondo Montale, ancora si leggeva nel testo del '65, e soprattutto ci sono ›canti‹, l'originale degli *Orfici* di Campana e, mi si consenta, per sineddoche, anche i più famosi *Cantos* del secolo, quelli di Ezra Pound. Immediato almeno per me il collegamento con il testo eponimo de *Il Porto Sepolto* che in tutte le edizioni dell'opera, sino alla definitiva, segue immediatamente la dedica a Moammed e dunque *In memoria:*

> Vi arriva il poeta
> e poi torna alla luce con i suoi canti
> e li disperde
>
> Di questa poesia
> mi resta
> quel nulla
> d'inesauribile segreto.

Alessandria d'Egitto come Firenze? Il mitico porto sommerso, la biblioteca antica e quella moderna dei fratelli Thuile, secondo i ricordi che s'intricano nella memoria e nelle affermazioni dello stesso Ungaretti a costituire l'avantesto de *Il Porto Sepolto*, come i Lungarni, i palazzi antichi, i sotterranei pieni di cianfrusaglie, di mobili, di libri in *Xenia*?[13] Io ne sono convinto anche se, riconosco, siamo di fronte a forti indizi più che allo statuto di una prova. L'elemento più significativo è il tesoro di ›canti‹ cui i due testi si riferiscono (ma anche la singolare dimensione marina, altrimenti inspiegabile, che il termine ›pack‹ introduce). Per il primo il ›porto‹ è il deposito di memorie (fra le prime quella del ›discendente di nomadi‹) e di letterature universali cui il giovane poeta deve attingere per trovare ›il canto del suo abbandono‹, è il luogo dove, dopo il sacrificio dell'amico, ricomincia la vita e la poesia. Per il secondo il discorso è rovesciato: l'alluvione ha ricoperto di melma, in cantina, tutto ciò che ancora legava alle memorie della Mosca e di Silvio e, ancora di più, ha sommerso sotto acque impure il deposito di mille vicende culturali e poetiche. Ma l'alluvione è emblema di una catastrofe anche maggiore: »[...] gli eventi/di una realtà incredibile e non creduta« contro la quale si può opporre solo resistenza. La positività – se così si può dire – di *Tuo fratello morì giovane* in cui Montale almeno si era lasciato andare a parole per lui inconsuete, ad ammissioni generose, arretra di fronte alla ›atroce morsura‹. È possibile ormai solo chiudersi in una difesa minimale e finale: l'offerta ai morti si conclude nel disastro ›ghiacciato‹ di un intero mondo, con la vittoria finale di sopraffazione e menzogna.

Mi consento a questo punto qualche osservazione ulteriore sui rapporti tra i

---

13 Per *Il Porto Sepolto* si ricorda la celebre nota del poeta stesso – G. UNGARETTI, *Vita d'un uomo. Tutte le poesie*, a cura di L. Piccioni, Milano, Mondadori, 1969 (I Meridiani), 519 – che volentieri citiamo nella bellissima prima edizione dei Meridiani.

due poeti così come potrebbero risultare dagli elementi intertestuali indicati. Dunque, è luogo comune della critica montaliana sottolineare lo stacco di *Satura* dalle opere precedenti. Si tratta di differenze soprattutto di ordine formale per cui allo stile alto fino alla sublimità di *Ossi*, *Occasioni* e anche *Bufera* subentra uno stile medio-basso, a tratti colloquiale fino alla regressività. La trasformazione investe direttamente il livello linguistico più che altri livelli formali come quello metrico-ritmico che resta sempre teso e sostenuto.[14] In primo luogo, specie rispetto a *Occasioni* e *Bufera*, si impone una quasi assoluta chiarezza e trasparenza della lettera: tutto in *Satura* è comprensibile, fin troppo...

Insomma si potrebbe quasi dire che proprio con *Xenia* e *Satura* principia per Montale quella rivoluzione modernista, quel bisogno di far *tabula rasa* della tradizione che gli erano stati, come dire, un po' estranei da giovane. Non dovrebbe stupirci, allora, in quel momento di sperimentazione e condensazione del secondo Montale, la presenza di memorie del primo Ungaretti, tra ricordi avanguardistici e ricominciamento di un'esperienza lirica. Direi che Montale tra i Cinquanta e i Sessanta in qualche modo ›attraversa‹ Ungaretti e lo attraversa lungo una direttrice importante: quella in cui Ungaretti incontra i propri morti (Moammed, la madre, il fratello, il figlio) e colloquia con loro: sulla strada che porta dalla deflagrazione giovanile a *Il Dolore*.[15] Certo è che anche in Ungaretti il regno dei morti è il regno della chiarezza grammaticale e della trasparenza dei significati dove ci si attiene rigorosamente al *sermo humilis*...

Dovrei ora almeno accennare a *Chiaroscuro*, altro testo importante per Moammed, che dovrebbe precedere per composizione il testo del '16 se è datato »Milano settembre dicembre 1914«. Non rilevante per ciò che riguarda i casi di intertestualità tra i due poeti, è un testo bellissimo, dove si fissa la memoria della tragedia e delle ›riapparizioni‹ dell'amico con immagini e parole che poi tornano in *Memoria*.

[...]
Mi è venuto a ritrovare il mio compagno arabo
che si è suicidato
che quando mi incontrava negli occhi
parlandomi con quelle sue frasi pure e frastagliate
era un cupo navigare nel mansueto blu

---

14 Basti qui ricordare la bellissima recensione a caldo di P. V. MENGALDO, *Primi appunti su* ›Satura‹, ora in ID., *La tradizione del Novecento. Prima serie*, Torino, Bollati Boringhieri, 1996, 357–381.

15 Molto significativo che Montale nel '58 su »Letteratura«, in una breve nota, si riferisca proprio al *Porto sepolto* del '16 e che riprendendo la nota poco più di un decennio dopo insista proprio sulla natura, come dire, cangiante de *L'Allegria* e sull'estremo dinamismo variantistico che caratterizza la nascita della lirica ungarettiana, tanto che risulta più affascinante la fase delle metamorfosi che il testo *ne varietur*, cfr. E. MONTALE, *Sulla poesia*, a cura di G. Zampa, Milano, Mondadori, 1976, 306–307.

> E' stato sotterrato a Ivry
> con gli splendidi suoi sogni
>
> e ne porto l'ombra
> [...]

Dunque già nel '14, a un anno dal suicidio, Moammed ›riappare‹: la sua è una presenza intermittente, ma costante a segnare il ricominciamento della vita di Ungaretti. Anche qui è presente in ›navigare‹ e in ›blu‹ l'immagine marina, anzi del movimento sulle e nelle acque del mare. Gli ›splendidi‹ sogni sono legati in rapporto metonimico ai ›canti‹ e tutto giace in una profondità nascosta, qui il cimitero di Ivry, da cui come dal ›porto sepolto‹ qualcuno, o la memoria, li può salvare: o dove possono essere chiusi, sequestrati per sempre, da alluvioni ed eventi terribili come nella ripresa montaliana.[16]

Naturalmente, siccome niente più della lirica di Ungaretti ci dà il senso dell'acquoreo, mercuriale scorrere delle immagini primordiali, del dinamismo inafferrabile della poesia, quando voglia essere davvero redentiva, ne *L'Allegria*, diciamo così, vulgata, questi versi, dopo varie trasformazioni, appariranno cosa ben diversa: »Mi è venuto a ritrovare / il mio compagno arabo / che s'è ucciso l'altra sera«. Tutto qui: quella morte è ormai fuori dalla Storia e da ogni dramma, prosciugata e levigata a puro emblema: essa si dà, accade sempre, sera dopo sera, e sera dopo sera si rivive...

Qualcosa di simile a quest'ultima metamorfosi accade – e si direbbe fatalmente – anche in Montale, ovviamente secondo una fenomenologia affatto diversa e in assenza di qualsiasi legame intertestuale (perché il legame, fortissimo, è tutto di ordine antropologico!). Dunque l'ultima, esplicita, ›ufficiale‹ comparsa di Silvio è in un testo datato 7 - 4 - '71,[17] *I nascondigli*, che entra in *Diario del '71 e del '72*.

> Quando non sono certo di essere vivo
> la certezza è a due passi ma costa pena
> ritrovarli gli oggetti, una pipa, il cagnuccio
> di legno di mia moglie, un necrologio
> del fratello di lei, tre o quattro occhiali
> di lei ancora!, un tappo di bottiglia
> che colpì la sua fronte in un lontano
> cotillon di capodanno a Sils Maria
> e altre carabattole. Mutano alloggio, entrano
> nei buchi più nascosti, ad ogni ora
> hanno rischiato il secchio della spazzatura.

---

16 Il testo uscito su »Lacerba« del 17 aprile 1915 è conforme a G. UNGARETTI, *L'Allegria. Edizione critica* (nota 3), 213–215.
17 Cfr. E. MONTALE, *L'opera in versi* (nota 7), 1057–1058.

> Complottando tra loro si sono organizzati
> per sostenermi, sanno più di me
> il filo che li lega a chi vorrebbe
> e non osa disfarsene. [...]

Sono passati ormai cinque anni dall'ultimo degli *Xenia*, ma alcuni elementi della ›forma del contenuto‹, diremmo con Maria Corti, permangono.[18] Già il titolo si ricollega al ›baule sepolto‹ e al ›sotterraneo chiuso a doppio lucchetto‹ di *Xenia* e, se è accettabile l'ipotesi che ho sostenuto, al *Porto sepolto*. Gli oggetti – come gli spiritelli di Cavalcanti crudelmente danzano (e per non trascurare riferimenti stilnovistici anche dove non ci si aspetterebbe) – qui »Mutano alloggio, entrano / nei buchi più nascosti« dove Montale deve ritrovarli così come Ungaretti ritrovava i suoi ›canti‹. Non è più tempo, naturalmente, né di epifanie, né di catastrofi: il ritrovarsi nella memoria della Mosca (e di Silvio) è ormai e sempre più rito minimale e quotidiano, ironicamente e letterariamente rallegrato dal gioco a nascondino degli oggetti. A questo proposito, confesso, mi piace pensare che Montale avesse in mente i versi, proprio agli antipodi, da *Folli i miei passi* ne *Il Dolore*,

> [...]
> Quantunque ne sia tenera la voce
> Non uno dei presenti sparsi oggetti,
> Invecchiato con me,
> O a residui d'immagini legato
> Di una qualche vicenda che mi occorse,
> Può inatteso tornare a circondarmi
> Sciogliendomi dal cuore le parole.
> [...]

La situazione è così parallela e però rovesciata da conferire alla ›trita metafisica‹ montaliana degli oggetti persino un vago tono reattivo e dunque polemico. Aggiungo che il giovanile impulso alla lirica come redenzione, allo »sciogliere / il canto / del suo abbandono« di Ungaretti, poche volte ha trovato una glossa così precisa ed efficace come nella ›prosa‹ di »Sciogliendomi dal cuore le parole«.

Per tornare all'argomento principale, dicevo che le persone sono due, anagraficamente molto precise, ma il personaggio, per l'identica *funzione* che esercita nell'opera dei due autori, è unico, tragicamente speculare. Prova ne sia in Montale *Le revenant* che fin dal titolo richiama le intermittenze fantasmatiche,

---

18 Per forma del contenuto si intende qui »il rapporto dinamico che si instaura fra gli elementi contenutistici, la loro organizzazione unica, sovradeterminata simbolicamente e ideologicamente«, cfr. M. Corti, *Principi della comunicazione letteraria*, Milano, Bompiani, 1976 (Studi Bompiani), 138–142, 139.

ma determinatissime, del personaggio.[19] Testo dell'autunno del '68, è ancora una ›offerta‹ alla Mosca inserita in *Satira II:*[20] qui il ricordo è di un pittore »stroncato in boccio / ai primi del 900« che ha fatto la corte alla moglie a suo tempo tanto da aver suscitato qualche postuma curiosità e domanda (forse un po' gelosa) nel poeta. Poi un giorno Montale, ormai dimentico, scopre un suo quadro »orrendo« in una »rivista clandestina« (i dati del *feuilleton* ci sono tutti) e conclude

> [...]
> Sei stata forse la sua Clizia senza
> saperlo. La notizia non mi rallegra.
> Mi chiedo perché i fili di due rocchetti
> si sono tanto imbrogliati; e se non sia quel fantasma
> l'autentico smarrito e il suo facsimile io.

Dove la coscienza (e la vertigine conseguente) della specularità gemellare tra vincitore e vinto è ormai assoluta e assurge al respiro metafisico del Montale maggiore laddove si sfiorino i temi del rapporto simbiotico (e straniante) tra vita e memoria, della prigione dell'identità e della storia contrapposta alle aspirazioni icastiche, nette, a tutti gli universalismi possibili. Come che sia addirittura una terza biografia, sempre di artista o artistoide, sempre morto giovane, e sempre legato alla Mosca, dunque al mondo degli affetti personali, rientra perfettamente nella tipologia del personaggio sacrificale incrementadone la portata antropologica. Che è comunque quella di allegare al proprio superamento dei limiti e delle avversità la coscienza parallela di una possibile disfatta, di indicare al proprio fianco un sé alternativo e nello stesso tempo complementare, votato alla morte.

Anche la parabola evolutiva che la vicenda segue nei due poeti è similare, giusto a ribadire la saldezza della sua significazione antropologica, la ›portanza‹ di questo episodio nel romanzo di formazione dei giovani artisti. Tesa e drammatica nelle prime ›epifanie‹, diretta in Ungaretti, indiretta in Montale (dove in effetti segue la morte della Mosca), a cadavere, diciamo così, ancor caldo – con la coscienza immediata e dolorosa di essere in qualche modo i beneficiari, volenti o nolenti, di quelle morti – col passare degli anni, ad esperienza assimilata, a corpo ormai ›mangiato‹ in questa sorta di eucaristia poetica, la riapparizione delle figure si ritualizza nella quotidianità, nei contesti di una ›poesia

---

19 È merito di Mengaldo l'aver per primo rilevato tali presenze fantasmatiche in Montale proprio collegandole a un tema fondamentale di *Satura*. »A queste dichiarazioni d'inesistenza fanno riscontro le invenzioni di improbabili personaggi-ombra la cui tenue traccia di passaggio per la vita è ormai solo affidata alla labile memoria dei pochi che li ricordino, e con essi si cancellerà definitivamente: il fratello Silvio di *Xenia* I, 13, il pittore del citato *Le revenant*«. Cfr. P.V. MENGALDO, *La tradizione del Novecento* (nota 13), 359–360.
20 Cfr. E. MONTALE, *L'opera in versi* (nota 7), 1003.

degli interni‹ sommessa e rassegnata, ma non per questo, specie in Montale, meno drammaticamente lucida.

E resterebbero da seguirne ancora, in filigrana, le tracce più nascoste e soprattutto la consistenza anche superiore in termini antropologici che la figura sacrificale assume quando si tratti del fratello di sangue (morto in guerra!) come accade, a non dire di altri, in due autori sommi del nostro Novecento: Carlo Emilio Gadda e Pier Paolo Pasolini. Ma è questa una storia fondamentale per la comprensione dei due autori e per l'antropologia letteraria che, stranamente, è ancora tutta da scrivere.

Patrick Marot (Toulouse)

Le sexe de l'écriture: les portraits féminins de Monsieur Gracq

1. Poétique du portrait gracquien

Les surréalistes ont volontiers sacrifié au portrait – littéraire et pictural: il y avait là un genre topique dont ils pouvaient subvertir ou surexposer à loisir les codes. Bien qu'il se réclame explicitement, dans l'»Avis au lecteur« de son premier roman (*Au château d'Argol*), du surréalisme et qu'il revendique les »puissantes merveilles« (CA, I, 5)[1] des romans »gothiques« justement réhabilités par les surréalistes, c'est sous les auspices de Balzac – première référence intertextuelle à être mentionnée (et cela dès les premières lignes) dans l'œuvre fictionnelle de l'écrivain – que Julien Gracq engage le récit. Le portrait d'Albert, long morceau de bravoure posté à l'entrée même du roman, est en effet clairement un pastiche du modèle, déjà depuis longtemps décrié par la littérature naturaliste, du portrait balzacien, auquel ne manquent ni l'ordre consacré d'une présentation déclinant successivement les qualités physiques, morales et spirituelles, ni les références à

---

[1] Afin d'alléger les notes au maximum, les références sont signalées dans le corps du texte à la suite des citations, et renvoient à l'édition en deux volumes procurée par Bernhild Boie [J. GRACQ, *Œuvres complètes*, I, éd. établie par Bernhild Boie, Paris, Gallimard, 1989 (Bibliothèque de la Pléiade, 354); J. GRACQ, *Œuvres complètes*, II, éd. établie par Bernhild Boie avec la collaboration de Claude Dourguin, Paris, Gallimard, 1995 (Bibliothèque de la Pléiade, 421)]. Figurent successivement entre parenthèses l'abréviation du titre de l'œuvre d'où est extraite la citation, le volume correspondant de »La Pléiade« (I ou II), et la page.
Sont utilisées les abréviations suivantes:
BF: *Un Balcon en forêt* (1958), récit
BT: *Un Beau ténébreux* (1945), roman
CA: *Au château d'Argol* (1938), roman
En: *En lisant en écrivant* (1981), fragments critiques
L1 et L2: *Lettrines 1 et Lettrines 2* (1967 et 1974), notes de voyages, réflexions et fragments critiques
PÎ: *La Presqu'île* (1970), comprenant les nouvelles: »La Route«, »La Presqu'île« et »Le Roi Cophetua«
RP: *Le Roi pêcheur* (1948), théâtre
RS: *Le Rivage des Syrtes* (1951), roman

une physionomie dont le paradigme avait en 1938 perdu depuis longtemps toute autorité scientifique et qui fonctionne donc comme marqueur poétique et référentiel. Les deux autres protagonistes d'*Au château d'Argol* (Herminien et Heide) ont droit de même à de longs portraits que leur caractère de plus en plus fantastique et allégorique déplace du côté de Barbey d'Aurevilly (dont Balzac était au demeurant le modèle proclamé). On retrouve dans les deux romans suivants de tels portraits en pied: en particulier ceux d'Allan et de Christel (*Un Beau ténébreux*) parmi une foule d'autres de moindre importance, ceux de Vanessa, de Piero Aldobrandi, de Danielo (*Le Rivage des Syrtes*), qui tous s'imposent – à l'instar de ceux du premier roman – par le fait qu'ils constituent de longs morceaux autonomes et topiques, interrompant le fil de la narration. Cet élément fortement identifiable disparaît comme tel après *Le Rivage des Syrtes*, laissant la place à des portraits moins nettement délimités, plus évasifs et sans doute aussi davantage marqués par l'équivoque: ainsi en va-t-il de ceux de Mona (*Un Balcon en forêt*), ou de la »servante-maîtresse« du »Roi Cophetua«, le portrait collectif des femmes du fragment »La Route« constituant le dernier »morceau de bravoure« (*topos* que Gracq a à l'évidence identifié au versant proprement »romanesque« de son œuvre – on rappelle que pour lui *Un balcon en forêt* n'est pas un roman mais un »récit«):[2] un »romanesque« dont les références explicites sont Balzac, Barbey, Stendhal ou Tolstoï.[3]

Si les portraits gracquiens sont volontiers autonomes et (d'un point de vue narratif) statiques, c'est aussi – au-delà de l'allégeance à certains modèles romanesques – parce qu'ils peuvent ainsi »faire tableau«. De fait, les récits proposent plusieurs portraits peints dont le mode descriptif est rigoureusement analogue à celui des autres portraits: ainsi les portraits des personnages de la gravure au chevet d'Herminien blessé, celui de Piero Aldobrandi dans la chambre de Vanessa, les tableaux à valeur de portrait symbolique dans la nouvelle »Le Roi Cophetua«. Mais la dimension picturale s'étend au-delà de ces portraits peints: ainsi le capitaine Marino »revoi[t] toujours en souvenir [une tête familière] collée sur le même fond de ciel ou [il] l'a aperçue la première fois« (*RS*, I, 589); ainsi l'envoyé farghien laisse »s'attarder exprès contre la lumière son profil« (*RS*, I, 752); ainsi encore le long portrait du vieux Danielo est-il redoublé par cette sorte de signature plastique qui permet de l'identifier comme »un roi en promenade au profil gravé sur les pièces de monnaie« (*RS*, I, 822). Le »profil perdu« est un angle privilégié chez Gracq, et il vaut autant comme référence picturale que comme code énigmatique de lecture des portraits. Ainsi cette expression, qui caractérise

---

2 Voir J. GRACQ, entretien avec J.-R. Huguenin, »Arts«, 17–23 septembre 1958, cité dans II, 1280.
3 Sur la caractérisation gracquienne du roman, voir en particulier *Lettrines 1 et 2*; *En lisant en écrivant*.

à plusieurs reprises le visage noyé d'ombre de la »servante-maîtresse« du »Roi Cophetua«, vaut-elle comme interprétant énigmatique et paradoxal des tableaux paradoxaux et énigmatiques (de Burne-Jones, de Goya) où se trouve métaphoriquement figuré le personnage.

Tout portrait, chez Gracq, est en effet à la fois une ostension et une occultation. Ostension en raison même de l'ampleur qu'il peut prendre: ainsi le portrait d'Albert laisse lire chaque trait comme un symptôme, le physique révélant le moral, l'extérieur étant la signature de l'intérieur; mais cette lisibilité même se défait dans le jeu d'analogies et d'approximations qui est supposé la manifester, orientant la caractérisation vers une sorte de virage au sublime qui l'opacifie. On peut par exemple lire à propos d'Albert: »[...] la beauté de son visage toujours plus constamment pâle avait pris un caractère presque fatal.«; ou quelques lignes plus loin: »Les yeux fascinaient par un piège insidieux de la nature qui avait voulu que leurs axes ne fussent pas rigoureusement parallèles et, semblant toujours regarder derrière celui qu'ils examinaient, lui communiquaient comme physiquement le poids d'une immense rêverie intérieure – dans les regards lancés de côté, le blanc pur qui se découvrait alors déconcertait comme le signal inhumain et brusque d'une demi-divinité.« (*CA*, I,8). Le portrait de Piero Aldobrandi qui trône dans la chambre de Vanessa, attribué au peintre imaginaire Longhone, fait de même l'objet d'une *ekphrasis* remarquablement détaillée: la scène représente l'incendie de Rhages détruite par la flotte d'Orsenna que commandait l'ancêtre de Vanessa; mais cette allégorie se donne comme équivoque, puisque celui même qui a détruit l'ennemi d'Orsenna écrase dans son gantelet de fer »la rose rouge emblématique d'Orsenna« (*RS*, I, 647); plus clairement encore, le jaillissement de la tête du vainqueur portée à un degré extrême de l'ostension se dérobe dans une lumière qui vaut obscurité, reprenant un *oxymoron* romantique exemplaire du sublime burkien: »Mes yeux se rivaient à ce visage, jailli du collet tranchant de la cuirasse dans une phosphorescence d'hydre neuve et de tête coupée, pareille à l'ostension aveuglante d'un soleil noir.« (*ibidem*).

Le portrait de Longhone exemplarise en fait une donnée majeure des portraits gracquiens dans les trois premiers romans: qu'ils sont des énigmes dans la mesure où ils figurent proleptiquement la trajectoire diégétique déployée dans le récit, et où corollairement ils indéterminent la signification d'une telle projection programmatique; qu'ils prescrivent une nécessité tout en ouvrant les possibles de l'interprétation. Le portrait de Longhone exhibe dans le geste allégorique de l'ancêtre la geste virtuelle d'un renversement concomitant de l'Histoire et de l'histoire (celle que racontent au rebours l'une de l'autre le roman et le tableau); mais au-delà, il donne à voir l'obscurité d'un sens qui peut être lu aussi bien comme la victoire ou la défaite d'Orsenna, et au-delà encore de l'issue des batailles comme son salut ou sa perte. Le portrait peint fait alors écho au portrait de la descendante de Piero Aldobrandi, Vanessa, au troisième chapitre du *Rivage des Syrtes:* portrait de trois-quarts, en »profil perdu«, d'une jeune fille figée dans sa position, mais dont la présence concentre en un instantané toute la dramatisation narrative à venir: »comme la trame de l'orchestre quand l'entrée pressentie d'un thème majeur y projette son ombre de haute nuée« (*RS*, I, 595).

Il y a donc une temporalité du portrait gracquien: non pas statique comme pourrait le faire penser la coupure qu'il fait volontiers dans le déroulement de la diégèse (encore convient-il de ne pas systématiser: le portrait de Mona, sur lequel je reviendrai, est en mouvement); non pas dynamique puisque le geste y est suspendu comme dans un tableau; mais plutôt tendu entre le présent absolu de l'immobilisation et l'imminence de la catastrophe. C'est là la temporalité que Gracq prête aux tableaux de Chirico qui le fascinaient autant qu'ils fascinaient Breton: »Chirico place l'*instantané* de ses tableaux entre la seconde où le signe magique vient d'être fait, le mot fatal proféré, et celle où les murailles de Jéricho s'écroulent, où se flétrit le jardin des filles-fleurs.« (*L1*, II, 221). Cet instant avant le drame, ici référentiellement donné selon les effets de lecture différents de l'épopée (la *Bible*) et du drame mystique (*Parsifal*), est le temps paradoxal où tiennent tous les récits de Gracq, et qui permet à bien des égards de définir – au-delà des différences de manière, voire de logiques poétiques – leur sujet commun (la catastrophe est imminente – tout est encore possible). C'est ce temps que concentre l'instantané révélateur du portrait, et qui fait une bonne part de ce qui émeut l'écrivain en peinture.

2. Le lieu du féminin

Si les portraits gracquiens manifestent des orientations significatives, ils sont toutefois traversés par des lignes de clivage qui les polarisent. Ainsi peut-on opposer globalement les portraits en pied (si l'on peut dire) des trois premiers romans et les portraits plus dynamiques et plus dilués des œuvres suivantes. Il en va de même de la sexuation des portraits, très présente du premier au dernier récit, et recoupant donc les différentes manières qui viennent d'être mentionnées. Il est douteux qu'on puisse synthétiser de manière unifiante la diversité des figures féminines chez Gracq: elles sont trop disparates – reines ou servantes, femmes fatales ou »transparents«, filles-fleurs ou filles du feu – pour qu'on se risque à évoquer »la« femme gracquienne. Il est flagrant, toutefois, que les portraits de femmes et d'hommes ne sont pas homogènes, c'est-à-dire que le rapport des personnages féminins aux jeux de déterminisme et de liberté disposés par les narrations, leurs caractérisations symboliques respectives, liées à leur position au sein des dispositifs d'énonciation, ne sont pas de même ordre – à tel point que de nombreuses lectrices sont gênées par ce qui leur apparaît parfois comme une misogynie de l'écrivain.[4] Plutôt que de tenter de dégager une idéologie plus ou moins sous-jacente de l'auteur – ce qui revient à une sorte de procès axiologique, je préfère essayer de pointer brièvement quelques-uns des enjeux poétiques qui se dessinent au travers de cette différenciation des portraits selon le genre (*gender*), en mettant l'accent sur quelques portraits de figures féminines.

Il est important dans ces conditions de rappeler les focalisations proposées par les récits de Gracq. *Au château d'Argol* constitue à cet égard un *hapax*, dans la mesure où le point de vue y est omniscient sans que soit pour autant respectée une quelconque neutralité du narrateur: celui-ci, clairement, se situe à cet égard davantage du côté de Balzac ou de Stendhal que de Flaubert – si l'on se réfère à un trio longuement étudié par l'écrivain dans la première section d'*En lisant en écrivant*. Cette omniscience, qui permet au lecteur d'investir les consciences troubles des deux protagonistes masculins, s'arrête cependant au seuil du personnage féminin (Heide) dont les états émotionnels et physiques violents sont presque toujours évoqués depuis un regard extérieur dont l'extranéité est redoublée en ce qu'il est un regard fasciné: cette extériorité de l'unique femme du roman est justement ce qui en fait un objet énigmatique pour Albert et Herminien, un secret qu'il s'agira pour eux de forcer par tous les moyens, et qui constitue – en analogie ou en alternative avec le Graal représenté sur la gravure au chevet d'Herminien blessé – l'enjeu cognitif ou symbolique décisif de l'œuvre: celui même que désigne l'»Avis au lecteur« sous les espèces eschatologiques (plus équivoques qu'éclairantes) du salut et de la damnation (cf. *CA*, I, 3). À la figure de Kundry appelée par celle du roi pêcheur sur la gravure se superposent en Heide celle de Marguerite/Gretchen, évoquée à travers l'identification des protagonistes masculins au couple Faust-Méphistophélès; et l'une comme l'autre, on le sait, sont porteuses d'une damnation dont elles sont – à l'instar du roi pêcheur blessé par le Graal et réduisant celui-ci à l'occultation – autant l'instrument que la victime. Que le personnage de Kundry, dans l'unique pièce de théâtre de Gracq (*Le Roi pêcheur*, justement), soit celle qui »porte [l]es couleurs« de Gracq (»Avant-propos«, *RP*, I, 333), signale que ce point de vue de l'extériorité fascinante/fascinée (Kundry, torturée par le remords, déchirée par un double désir de la chair et de la pureté, est agressivement incomprise par les autres personnages, tous masculins, de la pièce) est justement celui où se situe l'écrivain: position marginale, en retrait d'un déploiement de sens (le dévoilement du Graal, son »service«) qui est l'affaire des protagonistes masculins – non celui où peut se tenir l'écriture. La femme désigne en l'occurrence un dehors inaccessible du texte

---

4 Voir par exemple sur ce point: É. CARDONNE-ARLYCK, *Lectrice de Gracq*, dans *Julien Gracq 2. Un écrivain moderne*, dir. M. Murat, Paris, Lettres modernes-Minard, 1994 (coll. »Revue des Lettres modernes«, série »Julien Gracq«, dir. P. Marot), 45–62.

dont elle est paradoxalement à la fois la figure et le tiers exclu. Il y a toutefois entre Heide et Kundry une différence majeure: au statut de paria, voué au mépris et à la boue, qui est celui d'une figure arthurienne en quelque sorte conçue comme le revers du Graal, s'oppose l'éclat cosmique ou divin de l'héroïne d'*Au château d'Argol*, dont les »passages sur la planète« coïncident avec »de puissantes explosions révolutionnaires qui s'étaient faites ces dernières années anormalement nombreuses« (*CA*, I, 24), et dont »la combinaison magnifique des plans [du visage] semblait réalisée d'une façon telle que l'on eût dit un prisme où tout rayon de lumière qu'il atteignait dût rester enfermé et rayonnait sous la peau d'une clarté douce, une cristallisation animée du jour« (*CA*, I, 29). Ce portrait métaphysique, »fait pour rendre éclatante aux yeux les moins prévenus la distinction essentielle de la *qualité* et du *degré*« (*ibidem*), situe Heide dans le champ d'une révélation promise dont elle est à la fois l'objet et le passage: révélation d'une plénitude dont les portraits successifs de la jeune femme disent tous l'accomplissement hyperbolique, et que les protagonistes masculins – assimilés à ces héros diaboliques du savoir que sont chez Goethe Faust et Mephistophélès – tenteront de posséder par le viol. Possession impossible, comme le signale la mort de Heide et l'enchaînement meurtrier qui en procède, qui retranche les personnages masculins de ce dont la femme est l'emblème ou le substitut (le Graal), posant simultanément la visée de l'écriture et son lieu énonciatif dans un rapport de disjonction radicale qui est précisément ce par quoi le roman entend faire sens.

Le second roman, *Un beau ténébreux* (1945), maintient ces dispositifs de disjonction entre le lieu et la visée de l'écriture, mais déplace significativement la partition sexuelle qui y était attachée dans le premier récit et dans la pièce de théâtre qui l'encadrent chronologiquement. C'est au personnage d'Allan qu'il revient incarner la quête de cet objet de la visée que figuraient analogiquement ou alternativement le Graal et la femme – en quoi le beau ténébreux s'inscrit dans la continuité des personnages faustiens et transgresseurs qu'étaient Albert et Herminien dans *Au château d'Argol*. Que cette visée, et la promesse de révélation qui lui était attachée, soit là encore hors d'atteinte, c'est ce que marquent les équivoques qui piègent le cheminement exemplaire et supposément transfigurateur du héros vers le suicide. Mais les personnages féminins sont passés du côté où la voix narrative (dans le journal de Gérard, puis avec la première personne indéterminée qui en prend à distance le relais après le départ terrifié du diariste) définit le lieu de l'écriture: dans le désir et la fascination, mais aussi dans ce retranchement du sens où se tient Kundry dans la pièce. Le portrait de Christel doit se lire dans la perspective d'un tel déplacement: la jeune femme retrouve, sur un mode moins hyperbolique, les indications de perfection et de plénitude physique et intellectuelle qui caractérisaient Heide:

> Christel domine ce petit monde d'une paupière lourde qui voluptueusement enclot l'œil
> – au point qu'on ne puisse s'imaginer repos, bain de jouvence plus parfait que dans cet
> écrin à son exacte mesure – d'une mâchoire parfaitement dessinée (la mâchoire où se
> traduit si bien l'excédent ou le manque des êtres, cette mâchoire souvent si maladroite),
> parfaitement juste. Lorsqu'elle referme la bouche, il est inutile de se demander si on
> devait entendre un mot de plus. Une extraordinaire suggestion de mesure et de contrôle.
> Une tranquillité essentielle, reposante. (*BT*, I, 105)

Mais ce personnage princier reste, tout comme Gérard, au seuil de ce qui se joue dans le geste d'Allan – et qui là encore est de l'ordre du salut et de la damnation. La scène finale d'*Un beau ténébreux* reprend la gestuelle sacerdotale du Graal (»Maintenant vous voyez ce que vous n'avez jamais cessé de regarder« – *BT*, I, 263), service auquel – à l'instar de Perceval – elle est seule conviée, l'amour la conduisant plus loin que ne pouvait le faire pour le diariste la simple compréhension intellectuelle. Mais il ne lui appartient ni de voler sa mort à Allan, comme elle en a la tentation, ni de l'accompagner (c'est certes ce que fait Dolorès, double féminin du ténébreux; mais la relative inconsistance dans le roman de ce personnage ne saurait faire le poids face à Christel).

On retrouve dans *Le Rivage des Syrtes* le même type de partition des sexes que dans *Un Beau ténébreux*. Les rares personnages féminins (Vanessa Aldobrandi, la fillette fouettée) sont clairement les plus ouverts à une altérité incarnée historiquement et géographiquement par le Farghestan. Ainsi la princesse Aldobrandi laisse-t-elle les portes de son palais largement battantes sur la nuit, prend-elle symboliquement le large en trouvant dans l'air oppressant de Maremma »une respiration plus ample«, entrant dans une contrée où le héros-narrateur lui-même n'entre pas: »[…] fermée, plombée, aveugle sous mes paumes, elle était cette nuit où je n'entrais pas, un ensevelissement vivace, une ténèbre ardente et plus lointaine, et tout étoilée de sa chevelure, une grande rose noire dénouée et offerte, et pourtant durement serrée sur son cœur lourd.« (*RS*, I, 698). Ce portrait fait écho à celui, déjà mentionné, qui met pour la première fois en place le personnage dans le roman, et qui fait de Vanessa à la fois une incarnation de l'altérité au sein de l'opulence rassise d'Orsenna (»Au cœur de cette ville si complaisamment assise dans sa richesse, elle était par excellence l'Étrangère […].« – *RS*, I, 597), et une figure de pleine coïncidence à soi et, dans tous les sens du terme, d'appropriation qui soudain plonge le narrateur dans un »sentiment de dépossession exaltée« (»[…] ma conviction se renforçait que la *reine du jardin* venait de prendre possession de son domaine solitaire.« – *RS*, I, 593). À l'instar de son ancêtre dont, sur le portrait de Longhone déjà évoqué, le visage jaillissait »du collet tranchant de la cuirasse […], pareil à l'ostension aveuglante d'un soleil noir« – (*RS*, I, 647), Vanessa a une beauté de »reine au pied de l'échafaud« ou d'Ange exterminateur (*RS*, I, 700): elle est de part et d'autre du geste sacrificateur qui désigne la visée de l'œuvre – et en cela même elle devance le héros et le point focal de l'énonciation, opérant en quelque sorte la médiation entre le lieu et la visée de l'écriture. Les »poètes de l'événement« (*RS*, I, 775), comme les appelle la princesse, sont toutefois les hommes, à qui reviennent les privilèges de la décision et de la transgression (remis à la paire que constituent de ce point de vue Aldo et le vieux Danielo). C'est là aussi, chez Gracq, la part de l'écriture: celle d'Albert gravant le nom de Heide sur une pierre dans le cimetière d'Argol; celle d'Allan ou de Gérard (ce dernier est le seul scripteur, hormis l'anonyme chroniqueur à distance de la fin du roman), le lieu de l'écrire pouvant être désigné par l'écart qui les sépare et les rejoint; celle d'Aldo qui est supposé faire le récit rétrospectif de ce qui a mené Orsenna au désastre (ou au salut). Si, dans les récits ultérieurs, disparaît la figure de l'écrivain, l'énonciation reste identifiée à un point de vue spécifiquement masculin; mais elle n'est plus associée aux gestes transgresseurs qui opéraient *in fine* le partage des sexes dans les trois premiers récits comme dans la pièce de théâtre. C'est, me semble-t-il, que ce partage – toujours opérant chez Gracq – s'effectue plutôt, désormais, selon une autre ligne: non plus celle de la réalisation transgressive et de l'ouverture des possibles, mais celle qui oppose coïncidence et non-coïncidence à soi, plénitude et insatisfaction, identification ou non de l'être et de l'avoir.

Ce dernier motif apparaît brutalement dans le fragment »La Route«, reste redécoupé d'un roman abandonné dont l'écriture occupa Gracq au milieu des années 50, entre la publication du *Rivage des Syrtes* et la rédaction d'*Un Balcon en forêt*. Ce court texte s'achève sur l'évocation des rencontres que les hommes – groupes de guerriers à demi désœuvrés cheminant au long d'une route immémoriale et auquel appartient le »nous« narrateur – font de bandes de femmes errantes, coupées de la paysannerie sédentaire qu'elles méprisent, mais retranchées également de ce dont les hommes seuls ont le privilège, et dont elles quêtent avec humilité »un reflet sur eux passionnément recueilli de choses plus lointaines« (*PÎ*, II, 415). Si les femmes de »La Route« conservent cette sensibilité alertée à l'altérité que les personnages féminins portaient haut dans les trois premiers récits, elles sont aussi condamnées à une réclusion identitaire qui est celle d'une fatalité de la chair: »La femme tressaille plus vite que l'homme à ce qu'il passe d'important dans certains souffles qui se lèvent sur la terre, mais la ténèbre chaude de son corps lui pèse, et il arrive que par impatience de ce qu'il empêche en elle de tout à fait lucide, elle le donne comme on coupe par le chemin le plus court.« (*ibidem*). Le portrait collectif de femmes proposé par le fragment les exile à la fois loin de l'altérité qu'elles désignaient ou figuraient antérieurement, et loin du lieu de l'écriture puisqu'elles ne peuvent désormais même plus parler le langage d'un sens expérientiel qui leur échappe et qui devient l'apanage des hommes:

»Sans doute errent-elles encore auprès de la route coupée où il ne passe plus personne, ces bacchantes inapaisées dont le désir essayait de balbutier une autre langue – moitié courtisanes, moitié Sibylles [...].« (*PÎ*, II, 416).

Cette disqualification des femmes, qui à l'instar d'Irène que cette formule résume dans *Un Beau ténébreux*, sont en partie »*dépersonnalisées par leur sexe*« (*BT*, I, 116), est peut-être liée à ce que le motif, dans ce bref fragment, n'a qu'une seule occurrence (dont on peut se demander pourquoi elle a été maintenue par l'écrivain). On lui opposera à bon droit le personnage de Mona, aux yeux de beaucoup la plus attachante et la plus différenciée des figures féminines gracquiennes, et celle qui fait l'objet du plus long portrait – un portrait en mouvement en l'occurrence, contrairement à ceux de Heide, de Christel, de Vanessa ou des femmes de »La Route«. Ce passage au portrait en mouvement relève moins d'une conversion de Gracq à une poétique réaliste que d'un changement de logique narrative qui entraîne à son tour un déplacement dans le traitement des personnages. La critique a souvent souligné combien les évocations de Mona rendaient celle-ci insaisissable, voire inqualifiable, la métaphorisant tour à tour en toutes sortes de jeunes animaux, en »écolière«, en »fadette«, en »petite sorcière de la forêt« (*BF*, II, 27), en chaperon rouge (qui éveille en Grange, et avec lui en le lecteur, un prédateur possible). La jeune femme, qui est veuve et dont on ignore à peu près l'histoire (en cela le récit inverse malicieusement le paradigme de la mémoire aristocratique incarné par Vanessa et Aldo), rompt avec toute attache sociale au passé pour mieux instaurer d'autres continuités – avec la nature dont elle est partie prenante, avec la mémoire longue d'un temps immémorial ou arrêté, attesté par l'archaïsme de son lexique et de ses lectures (la *Légende dorée*): un temps qui rejoint l'origine et qui est aussi celui de cette forêt d'Ardennes dont Mona devient l'emblème de passage. Pour autant, ces caractérisations échappent à toute fixation identitaire, à cette pente allégorisante qui faisait des portraits fixes des récits précédents autant de symboles énigmatiques: c'est, avec Mona, à un insaisissable de la vie qu'est confronté Grange – et à travers lui le narrateur: »à chaque réplique, l'idée qu'il se faisait d'elle sautait incroyablement«. Le caractère météorologique du personnage, associé à son »atopie« (pour reprendre cette notion des *Fragments d'un discours amoureux* de Barthes),[5] ou plus justement à sa »polytopie« (en effet, les images qui tentent de la cerner constituent un ensemble de *topoi* hétérogènes), signale ici encore l'altérité du personnage féminin au regard du lieu de l'écriture comme du point de vue narratif qui l'inscrit. Or cette altérité est, exemplairement avec Mona, celle d'une identité à soi qui polarise et redéfinit la relation de Grange à la nature – sans que pour autant cette médiation soit complète ou vraiment satisfaisante. Grange en effet se débarrasse

---

5 R. BARTHES, *Fragments d'un discours amoureux*, Paris, Seuil, 1977, passim.

de Mona lorsque survient la guerre: cette décision diégétiquement raisonnable est en fait, pour le personnage focal, l'occasion d'une expérience intime de la solitude et du vide (les hommes, de même, sont morts ou congédiés à leur tour) – expérience d'une plongée vertigineuse dont la jeune femme, dans l'étrange rêve érotique qui l'associe, est la médiatrice.[6] Le même schéma se retrouve dans »La Presqu'île«, où Irmgard est également le lieu de passage d'une expérience à laquelle elle ne saurait prendre part, et où le personnage masculin, titulaire du point de vue énonciatif, a seul accès: expérience d'un entre-deux de la présence et de l'absence, de l'onirique et du réel: »[...] les seuls moments de sa vie qui lui avaient paru valoir la peine de les vivre avaient ressemblé à cette vrille qui s'enfonçait toujours plus bas à travers les arbres. Il soupçonna qu'Irmgard n'était peut-être que le nom de passage qu'il donnait ce soir à cette glissade panique.« (PÎ, II, 471). Les personnages féminins (Vanessa, Mona, Irmgard) sont en l'occurrence moins délaissés que livrés à une transparence qui les rend à la fois présents et absents – ou dotés d'une absence qui est leur manière d'être idéalement présents. Le trajet de Simon à travers la presqu'île, parcourue en attendant le train qui doit amener Irmgard, décline à tout moment cette oscillation que menace la brutalité prévue du tête à tête, de la présence effective et irrécusable (la »peur de *rejoindre*« – PÎ, II, 482). Il y a là, me semble-t-il, un mode de négociation de la distance au féminin pour les personnages masculins – négociation réussie pour Grange qui dans les dernières pages du roman rejoint Mona par l'imaginaire et par le souvenir, seul et blessé dans la maison de celle-ci; plus difficile pour Simon confronté à l'arrivée d'Irmgard et qui se demande – tels sont les derniers mots de la nouvelle – »comment la rejoindre?« (PÎ, II, 488). La distance, la rêverie, apparaissent en somme dans les dernières fictions comme l'espace où convoquer la femme et où rendre appropriable cette altérité inquiétante et puissamment sexuée (ou sexuelle) qu'elle représente.

3. Sexualité, transparence et opacité

Si la sexualité est infligée à Heide sous la forme d'un double viol qui la tue, si Christel y semble largement étrangère – à l'inverse d'Irène que le récit construit en opposition diamétrale avec elle, Kundry, avec *Le Roi pêcheur*, inaugure dans l'œuvre une identification forte des femmes au désir sexuel – identification ambivalente au demeurant puisque la séductrice et servante d'Amfortas hait autant sa sensualité (la chair, à travers Kundry, est chez Gracq comme chez

---

[6] Je me permets de renvoyer sur ce point à mon étude *Tension narrative et réversibilité*, dans *Les Dernières fictions: Un Balcon en forêt, La Presqu'île*, Paris, Lettres modernes-Minard, 2007 (coll. »Revue des Lettres modernes«, série J. Gracq, 5), 25–54.

Wagner et Wolfram von Eschenbach la cause de l'occultation du Graal) qu'elle en est l'esclave. Mais le déchirement de Kundry, dont on a rappelé qu'il était pour Gracq le lieu même où situer l'écriture (c'est elle qui »porte [s]es couleurs«), est absent des grandes figures féminines qui ont succédé à Vanessa. Mona, Irmgard, la servante-maîtresse du »Roi Cophetua« font diversement de la sexualité le lieu d'une expérience de la clôture et de la satisfaction, de la coïncidence identitaire avec soi-même, dont la force d'attraction entre en conflit avec la satisfaction, la non-coïncidence à soi, qui caractérisent au rebours les personnages masculins (et à travers eux les instances de l'énonciation) – qu'il s'agisse, pour Grange, d'accomplir l'expérience existentielle (la référence contrastive à Sartre se dénonce en plusieurs occurrences dans le quatrième roman) d'une porosité au »milieu« et d'un allégement de soi jusqu'au vertige, pour Simon d'une oscillation entre les divers pôles de son espace intérieur (qu'objective bien entendu la presqu'île), pour le narrateur du »Roi Cophetua« d'une disponibilité de soi, du refus d'une aliénation dont toute la nouvelle a ourdi le piège jusqu'à la fuite finale. Ainsi Mona s'approprie-t-elle Grange après l'amour dans un langage qui sature explicitement son objet: »›Comme tu es bon!‹, lui disait-elle parfois dans cette langue sans mensonge qu'il commençait à épeler, et où ›bon‹ avait cessé de se souvenir de tout autre sens que ›bon à avoir‹« (*BF*, II, 35). De même Irmgard ne quitte-t-elle son mutisme que pour affirmer sur le mode d'une territorialité féminine la plénitude suffisante de la satisfaction sexuelle:

> »Les gens ne savent pas«, disait-elle dans ses brefs moments d'épanchement [...] – mais il ne pouvait s'empêcher de penser avec un peu de malaise qu'elle eût peut-être souhaité obscurément qu'on la vît ainsi, nue et investie, les seins gonflés, non point dans l'insouciance étalée de l'assouvissement, mais plutôt affermis et témoignant comme une petite Victoire. (*PÎ*, II, 462)

Que cette sexualité triomphante des femmes mette mal à l'aise, chez Gracq, la plupart des personnages masculins, qu'elle soit probablement à lier aux fantasmes de contrainte ou de viol – métaphorique ou non – qui apparaissent de manière récurrente dans l'œuvre et pourraient figurer autant de réappropriations d'une maîtrise menacée ou perdue, ce n'est pas ce qui m'intéresse prioritairement ici. De telles données, en effet, concernent plutôt la *psyché* de l'écrivain et les préoccupations de la critique d'inspiration psychanalytique, mais elles masquent la réorientation poétique qui s'y manifeste – réorientation qui touche le lieu assigné à l'écriture, et conjointement le lieu assigné au féminin.

Si le désir qu'inspire Vanessa à Aldo se situe dans le champ d'une polarisation qui la traverse mais qu'elle ne définit pas (celle d'une altérité dont le Farghestan est prioritairement la figure pour elle comme pour lui), il en va en effet autrement pour le trio féminin du dernier récit et des nouvelles de *La Presqu'île*: elles peuvent être le point de passage désirable d'un être-au-monde qui est défini du côté de la transparence, mais elles peuvent aussi figurer un aboutissement ou une saturation qui les caractérise, loin des portraits symboliques des premières fictions, du côté d'une opacité qui est celle même de la matérialité charnelle.

Mona, Irmgard, la servante-maîtresse du »Roi Cophetua« sont en effet des »transparents« – au sens que Gracq donne à ce terme, en référence à Breton, dans *Lettrines 2:* »[...] les figures humaines qui se déplacent dans mes romans sont devenues graduellement des *transparents*, à l'indice de réfraction minime, dont l'œil enregistre le mouvement, mais à travers lesquels il ne cesse d'apercevoir le fond de feuillage, de verdure ou de mer contre lequel ils bougent sans vraiment se détacher.« (*L2*, II, 293). On a vu que les portraits successifs, partiels et en mouvement, de Mona l'assimilaient à toute une variété ondoyante de jeunes bêtes, d'eaux, de climats qui la rendent perméable à la nature qui la métaphorise et dont elle semble une personnification diffractée ou une émanation. Irmgard pousse quant à elle à l'extrême la transparence en ce qu'elle apparaît et disparaît dans l'esprit de Simon selon les caprices du lieu et de l'instant, selon les court-circuits du désir et de la mémoire. Quant à la servante-maîtresse, elle est reprise dans le jeu d'ombre et de lumière du flambeau qu'elle tient, dans les reflets des surfaces réfléchissantes multipliées par »La Fougeraie« ou dans les contrastes luministes des œuvres plastiques qui la redoublent.

Ces transparences diversement déclinées font glisser les figures féminines sur la pente où vont tous les personnages gracquiens après *Le Rivage des Syrtes*, rejoignant par exemple Grange, Simon ou le »nous« de »La Route«. Elles s'en distinguent toutefois en ce que cette transparence est, chez elles, indissociable d'une opacité qui les soustrait au regard ou les plonge pour partie dans une épaisseur énigmatique dont la sexualité est le signe, qui est – au-delà – celle de la matière même, de ce que Merleau-Ponty appelait la »chair du monde«,[7] qui devient de plus en plus, en particulier à partir d'*Un Balcon en forêt*, l'objet privilégié de l'écriture gracquienne. Mona elle-même, lisse »comme un galet«, semble prête à retourner dans un monde où elle échapperait à Grange (comme elle lui échappe dans le brusque sommeil enfantin qui la terrasse périodiquement): »[...] il y avait un signe sur elle: la mer l'avait flottée jusqu'à lui sur une auge de pierre; il sentait combien précairement elle était prêtée; la vague qui l'avait apportée la reprendrait.« (*BF*, II, 62). L'image renverse ici le motif wagnérien de *Lohengrin:* Mona relève sous ce jour d'un autre monde, dans lequel il n'est pas question de pénétrer. Irmgard échappe encore, on l'a vu, par ce repli territorial qu'est l'affirmation sexuelle. Elle ne se laisse saisir, significativement, que lorsque Simon ne voit pas son visage (cf. *PÎ*, II, 461) – comme si l'appréhension de l'autre ne pouvait se faire que dans la dérobade de celui-ci, ou comme

---

[7] Cette notion centrale de la philosophie de Maurice Merleau-Ponty apparaît dans son ouvrage *Phénoménologie de la perception*, Paris, Gallimard, 1942–1960.

si la rencontre de la sexualité ne pouvait être qu'un non-lieu laissant chaque sexe à sa solitude: on retrouve là une variante du motif nietzschéen, fréquemment attesté dans l'œuvre de Gracq, de la guerre des sexes. Quant à la servante-maîtresse, elle est absorbée dans l'irradiation de son bras ou de ses pieds nus, figure de rayonnement et d'occultation qui ne livre de son visage que son »profil perdu« (l'expression, topique du portrait gracquien, revient dans ce récit avec une insistance singulière) ou la masse sombre des cheveux. La servante-maîtresse rejoint en l'occurrence la figure oxymorique du »soleil noir« qui emblématisait surtout les portraits de la première manière (jusqu'au *Rivage des Syrtes* inclus, où l'expression qualifie – on l'a vu – le visage de Piero Aldobrandi dans le tableau de Longhone), comme si se récapitulaient en elle – pour l'ultime fiction de Gracq – les différents aspects du portrait gracquien et les différentes facettes du féminin.

Grange abandonne Mona pour mieux la retrouver *in absentia* dans la rêverie à demi hallucinée des dernières pages du récit; Simon retrouve Irmgard sur le mode de la séparation – tant dans sa flânerie sur les routes de la presqu'île qu'au moment où le train la lui apporte; le narrateur du »Roi Cophetua« fuit »sans se retourner« l'Orphée féminin qui l'attirait dans son »sombre royaume« (*PÎ*, II, 521 – 522): dans la répétition indéfinie du même rituel (»le lit, la table«) et du même théâtre d'ombres. Dans les premiers récits – sur un mode plus violent – Heide était assassinée; Christel (à moindres frais) brutalement privée du rôle rédempteur que lui assignaient son nom et sa conduite; Vanessa, belle »comme une reine au pied de l'échafaud«. Toutes ces exécutions symboliques signalent pour l'écrivain un danger fascinant du féminin, ou à tout le moins une altérité qui voue l'écriture à se tenir dans le retrait – dans cet émerveillement de la distance qui est son espace privilégié. On trouve cependant des évocations de proximité sereine où le féminin devient exemplairement habitable, dit en quelque sorte le lieu où se tenir. C'est métonymiquement le cas avec la maison de Mona telle que Grange, rendu à une solitude essentielle, l'investit comme un refuge utérin qui fait des dernières pages d'*Un Balcon en forêt* le moment possible d'une pure réversibilité entre la fin et l'origine. C'est encore ce que suscite, dans le même récit, la rêverie de Grange sur les maisons de pierre du pays de Chinon, cloîtrées derrière leurs grilles mais poreuses au regard. Se dit là la promesse d'une conversion de l'écriture, moins fascinée peut-être, désormais, par l'altérité (cette altérité que l'écrivain congédiait en même temps que la servante-maîtresse du »Roi Cophetua«), plus attirée par la sensualité de la matière et les »subtiles impressions de l'air«:

> Ce qui lui plaisait aussi dans ce pays, c'était la pierre, cette craie tuffeau blanche et poreuse, tantôt desséchée et craquante au soleil, tantôt attendrie, exfoliée, desquamante dans l'humidité des miroirs d'eau troués de roselières, marbrée de gris fumés très

délicats, d'imprégnations grumeleuses de buvard, mordue dans ses anfractuosités des très fines moisissures indurées du roquefort. C'était comme un matériau féminin, pulpeux, au derme profond et sensible, tout duveté des subtiles impressions de l'air. Quand il revenait de Chinon, s'attardant au long de la Vienne du côté bâti, mis en belle humeur par ses petits déjeuners capiteux de vin et de rillettes, il regardait les secrètes maisons de campagne à l'aise derrière leurs grilles fermées et leurs parterres vieillots piqués des quenouilles défleuries des passe-roses – maisons mariées plus que d'autres à l'heure qu'il est, épanouies calmement dans la douce lumière mousseuse, pareilles à une femme au jardin. (*BF*, II, 77–78)

»Femme au jardin« plutôt que »reine du jardin«, en somme. Métonymie plutôt que symbole. Aux portraits de femmes s'oppose en l'occurrence la présence-absence du féminin, désirable et délectable dans la mesure où le regard et le point de vue énonciatif le tiennent dans cet entre-deux, mais toujours susceptible d'en sortir, de polariser à nouveau la figure de l'autre – comme le disent aussi bien les évocations dysphoriques de la présence objective d'Irmgard que la figure de la servante-maîtresse. C'est en définitive du lieu même de l'écriture qu'il s'agit toujours – ce lieu que les maisons de femmes, si fermées et si accueillantes à la fois, pourraient bien désigner de manière privilégiée.

Dagmar Reichardt (Groningen)

Versionen und Visionen. Translatorische und figurenkonzeptuelle Textveränderungsprozesse aufgezeigt an zwei Theaterentwürfen von Paul Willems' *Off et la lune*

Zur Übersetzungs- und Translationsforschung existiert zum gegenwärtigen Diskussionsstand eine Fülle von wissenschaftlicher Literatur,[1] die auf eine lange, seit den 1970er Jahren kulminierende Geschichte theoretischer Beschäftigung mit der Thematik zurückblickt. »Übersetzen – was heißt das eigentlich?«, fragt Katharina Reiß in ihren *Wiener Vorlesungen* dennoch zu Beginn des neuen Jahrtausends zu Recht,[2] ist doch der häufig verwendete Terminus der ›Übersetzung‹ (der nicht nur einen Prozess des Verstehens und Gestaltens, sondern auch dessen Ergebnis bezeichnet) oder der ›Translation‹ alles andere als eindeutiger Natur.

Abgesehen von den vielen unterschiedlichen Übersetzungsvorstellungen, die noch heute miteinander konkurrieren,[3] zählen zu den Grundproblemen des

---

[1] Zeugnis davon geben z. B. die umfangreichen Bibliographien in J. ALBRECHT, *Literarische Übersetzung. Geschichte, Theorie, kulturelle Wirkung*, Darmstadt, Wissenschaftliche Buchgesellschaft, 1998 (aus romanistisch-europäischer Perspektive), R. STOLZE, *Übersetzungstheorien. Eine Einführung*, Tübingen, Narr, 1997 sowie W. KOLLER, *Einführung in die Übersetzungswissenschaft*, Wiesbaden, Quelle & Meyer, 1997^5 (UTB für Wissenschaft, 819) (Stolze und Koller ohne Bevorzugung eines bestimmten Sprachraums) oder A. P. FRANK – H. KITTEL – N. GREINER (Hgg.), *Übersetzung. Translation. Traduction. Ein internationales Handbuch zur Übersetzungsforschung*, Berlin, de Gruyter, 2004 (komparatistisch-interdisziplinäres Handbuch). Zu Übersetzungsfragen speziell im Theaterbereich liegen u. a. A. P. FRANK – H. TURK (Hgg.), *Die literarische Übersetzung in Deutschland. Studien zu ihrer Kulturgeschichte in der Neuzeit*, Berlin, Erich Schmidt, 2004 (Göttinger Beiträge zur Internationalen Übersetzungsforschung, 18), 193–252 (Kapitel 3.2 zum Thema »Drama und Theater« mit Beiträgen von Brigitte Schultze und Bärbel Fritz) sowie S. COELSCH-FOISNER – H. KLEIN (Hgg.), *Drama Translation and Theatre Practice*, Frankfurt a.M. – Berlin u.a., Peter Lang, 2004 (Salzburg Studies in English Literature and Culture, 1) vor.

[2] K. REIß, *Grundfragen der Übersetzungswissenschaft. Wiener Vorlesungen*, hg. von Mary Snell-Hornby und Mira Kadric, Wien, WUV-Universitätsverlag, 2000^2. An Reiß' Frage, die die Übersetzungswissenschaftlerin bereits 1994 stellte, knüpft vier Jahre später die Überschrift des Kapitels B (»Translationswissenschaftliche Grundlagen: *Was heißt eigentlich ›Übersetzen?‹*«) in M. SNELL-HORNBY – H. G. HÖNIG – P. KUßMAUL – P. A. SCHMITT (Hgg.), *Handbuch Translation*, Tübingen, Narr, 1999^2 an.

[3] Dazu sind etwa die hermeneutisch orientierten Ansätze Gadamers, Paepckes oder Stolzes

interlingualen Übersetzens (im folgenden Fall: aus dem Französischen ins Deutsche) die Kontroverse darüber, ob eine Übersetzung ›frei‹ oder ›wörtlich‹ (auch: ›treu‹, ›dem Ausgangstext verpflichtet‹) zu geschehen habe (mit Schleiermacher: ›einbürgernd‹ oder ›verfremdend‹),[4] und – damit verbunden – die Frage, wie ›frei‹, ergo kreativ ein Übersetzer tätig werden darf.[5] Verschiedene Ansätze der letzten Jahrzehnte betrachten die literarische Übersetzung nicht mehr präskriptiv (das heißt im Sinn der möglichst originalgetreuen Bedeutungsvermittlung eines wertvollen Kunstwerks), sondern deskriptiv. Wichtige Strömungen sind zum einen die Translation Studies,[6] zum anderen die 1983 angelaufene, später kulturgeschichtlich ausgeweitete, 1992 abgeschlossene und seit 1994[7] publizierte Arbeit des Sonderforschungsbereichs »Die literarische Übersetzung« an der Universität Göttingen, dessen Projekt darauf abzielte, eine transferorientierte »Kulturgeschichte der Übersetzung«[8] vorzulegen, und eine Tendenzwende (von einem tendenziell präskriptiven Übersetzungsverständnis hin zum deskriptiven) eingeläutet hat.[9]

Solche translatorischen Überlegungen gelten grundsätzlich für jeden litera-

---

(vgl. R. STOLZE, *Übersetzungstheorien* (Anm. 1), 233–251) ebenso wie explizit literarische (vgl. ebda., 149–161) oder auch der dekonstruktivistische Ansatz zu rechnen, der davon ausgeht, dass schon der Sinn der Ausgangstexte nie eindeutig ist (vgl. ebda., 36–40), siehe des Weiteren A. HIRSCH (Hg.), *Übersetzung und Dekonstruktion*, Frankfurt a.M., Suhrkamp, 1997 (Edition Suhrkamp, 1897; Neue Folge, 897).

4 Schleiermacher propagierte die verfremdende, d.h. wörtliche Methode (vgl. F. APEL, *Literarische Übersetzung*, Stuttgart (u.a.), Metzler, 1983 (Sammlung Metzler, 206), 19).

5 Aktuelle Plädoyers für die ›freie‹ Übersetzung stellen etwa die funktional orientierte Skopostheorie Hans Vermeers in H. J. VERMEER, *Die Welt, in der wir übersetzen. Drei translatologische Überlegungen zu Realität, Vergleich und Prozeß*, Heidelberg, Textcontext, 1996 (Wissenschaft, 2), sowie das Modell interkultureller Kommunikation von Vermeer und Reiß dar (vgl. R. STOLZE, *Übersetzungstheorien* (Anm. 1), 191–200).

6 Vgl. R. STOLZE, *Übersetzungstheorien* (Anm. 1), 149–151.

7 E. HULPKE – F. PAUL (Hgg.), *Übersetzer im Spannungsfeld verschiedener Sprachen und Literaturen: Der Fall Adolf Strodtmann (1829–1879)*, Berlin, Erich Schmidt, 1994 (Göttinger Beiträge zur Internationalen Übersetzungsforschung, 7).

8 R. STOLZE, *Übersetzungstheorien* (Anm. 1), 158.

9 Zur Diskussion, ob Fragen der kulturgeschichtlichen Auswirkung von Übersetzungen auf Nationalliteraturen im Rahmen der Übersetzungs- oder der Rezeptionsforschung anzugehen seien, vgl. die (zur Rezeptionsforschung neigende) Darstellung von E. AREND, *Übersetzungsforschung als Rezeptionsforschung. Fragen der Theorie und der Praxis am Beispiel der übersetzerischen Rezeption italienischer Literatur im deutschen Sprachraum von 1750–1850*, in *Italien in Germanien. Deutsche Italienrezeption von 1750–1850. Akten des Symposiums der Stiftung Weimarer Klassik, Herzogin-Anna-Amalia-Bibliothek, Schiller-Museum, 24.–26. März 1994*, hg. von F.-R. Hausmann, in Zus.arbeit mit M. Knoche und H. Stammerjohann, Tübingen, Narr, 1996, insb. 188–196. Die Bedeutung des rezeptionsästhetischen Aspekts hat Hans Vermeer u.a. unter Berücksichtigung eines mir sehr aufschlussreich erscheinenden transkulturellen Ansatzes theoretisch kontextualisiert und dessen Offenheit mit Hilfe der Kurzformel »Der Rezipient (z.B. ein Translator) ›ist‹ ein Prozeß« betont (H. J. VERMEER, *Die Welt, in der wir übersetzen* (Anm. 5), 233).

rischen Text, d. h. auch für die Gattung des Dramas, mit dem sich der vorliegende Beitrag beschäftigt. Bereits 1982 legt Manfred Pfister hinsichtlich der literaturwissenschaftlichen Analyse von Theaterstücken erstmals eine übergeordnete, ebenfalls explizit nicht normativ-präskriptiv ausgerichtete Theorie und Systematik vor, die dem Dramenexegeten eine applikable Strukturbeschreibung an die Hand gibt, um die verschiedenen Textschichten eines Dramas modellhaft zu zerlegen. Pfisters bis heute methodologisch richtungsweisendes Standardwerk über *Das Drama. Theorie und Analyse* (1982) liefert klargeschnittene Definitionen insbesondere in Bezug auf die Figurenkonzeption:[10] Die dramatischen Figuren sind Pfister zufolge als in ihren Attributen und charakterlichen Eigenarten gänzlich konstruierte, d. h. ›ideale‹ Artefakte anzusehen, die sich bezüglich der abgeschlossenen Menge an Informationen, die sie transportieren, ihrer Offen- oder Geschlossenheit, ihrer Funktionalitäten oder Konfigurationen, oder ihrer Ein- bzw. Vieldimensionalität gerade in Bühnenstücken paradigmatisch voneinander absetzen. Pfisters *Drama* gebührt das Verdienst, der Literaturwissenschaft sowohl die literarischen Charakterisierungstechniken des Theatralen erschlossen als auch die herausragende Bedeutung der Figurengestaltung im Drama vor Augen geführt zu haben.

Im Folgenden soll mit Fokus auf die Figurendarstellung am Fallbeispiel des französischsprachigen Theaterstücks *Off et la lune* (Uraufführung 1955) nach einer synoptischen Präsentation des diegetischen Grundmusters und einer ersten Grobklassifizierung des Werks der Frage nachgegangen werden, mit welchem methodischen Selbstverständnis der belgische Schriftsteller Paul Willems (1912–1997) fremdsprachige sowie intermediale Einflüsse aufgenommen bzw. programmatisch ›übertragen‹ hat und welchen – im oben dargelegten Sinn – ›kulturgeschichtlichen‹ Beitrag, gerade auch mit Wirkung auf die Figurenrezeption, seine Übersetzerin ins Deutsche, Maria Sommer, geleistet hat.

Zum Handlungsablauf sei kurz gesagt, dass das Stück in einer nicht weiter definierten belgischen Kleinstadt der Nachkriegszeit, d. h. in der zweiten Hälfte des 20. Jahrhunderts spielt. Das erste Bühnenbild zeigt ein Interieur, das zweite eine Straßenecke oder einen kleinen Platz. Zu den Hauptpersonen zählen Pierre und Louisa, deren junge Ehe in eine Krise gerät, als Louisa den Junggesellen Éric kennen lernt und ihre Unzufriedenheit in der Partnerschaft erkennt; des Weiteren: Louisas jüngere Freundin Simone, sowie Louisas Mutter Milie und deren Jugendfreund und Bewunderer Raymond, der einen siebzehnjährigen Sohn namens Tony hat. Zudem tritt ein obdachloser Hund mit Menschensprache auf, der sich »als menschlichstes Geschöpf dieser Welt«[11] erweist, während die au-

---

10 Vgl. M. PFISTER, *Das Drama. Theorie und Analyse*, München, Fink, 1988⁶ (UTB, 580), insb. 220–264.
11 S. KIENZLE, »Of und der Mond« (Stichwort), in *Lexikon der Weltliteratur*, Bd. 4, hg. von G. v.

ßereheliche Romanze der bald (von Pierre) schwangeren Louisa mit Éric am Ende zerbricht.

Siegfried Kienzle zufolge intendiert Willems' Dreiakter lediglich eine Gesellschaftskritik angesichts der »Bedrohung der Menschlichkeit in einer technisierten [...] Welt«;[12] aus meiner Sicht hinterfragt Willems' »Alltagsmärchen«[13] jedoch an erster Stelle die gesellschaftlichen Konventionen und Geschlechterverhältnisse seiner Zeit in ihrer zwischenmenschlichen Hypokrisie, spezifisch komischen, zugleich emotional dramatischen Not und in ihrer teilweise inadäquaten, sinnentleerten Konstruiertheit. Auf dieser Basis gründet Willems' gesamtwerkimmanente, auch figurale Metaphorik ebenso wie die Ästhetisierung psychologischer Introspektion in seinen späteren Stücken. *Off et la lune* entstand in der ersten Hälfte der 1950er Jahre, die (mit den 1960er Jahren) als quantitativ fruchtbarste Schaffensperiode des frankophonen Autors flämischer Herkunft anzusehen sind. Durch seine 1947 angetretene Stelle als Generalsekretär (und ab 1967 als Generaldirektor) am Palais des Beaux-Arts de Bruxelles findet er in dieser Zeit endgültig zum Theater, bereist die ganze Welt und erlebt Höhepunkte seiner kulturellen und künstlerischen Aktivität.

Von dem Bühnenwerk liegen zwei Versionen (eine in deutscher und eine in französischer Sprache) vor, die Willems jeweils zu Beginn und am Ende seiner Karriere als Dramatiker publiziert hat. Kurioserweise wurde dieses Stück tatsächlich zunächst auf Deutsch uraufgeführt und gedruckt[14] und, wie zu sehen sein wird, erst vierzig Jahre später in französischer Sprache, in der es originär verfasst worden war, veröffentlicht.[15] Die zwei zeitlich und sprachlich in einem Überkreuzverhältnis zueinander stehenden Texte[16] unterscheiden sich vor allem in ihrer appellativen und expressiven Anlage und Wirkung. Sie sollen hier einem parallel geschalteten, sowohl sprachlichen (Original versus Übersetzung) als

---

Wilpert, unter Mitarbeit zahlreicher Fachgelehrter, München, DTV, 1997³ (Hauptwerke der Weltliteratur in Charakteristiken und Kurzinterpretationen), 986–987: hier 987.

12 Ebda., 986.
13 Ebda., 987.
14 P. WILLEMS, *Of und der Mond (Of et la lune). Ein Stück in drei Akten*, übers. von M. Sommer, Berlin, Gustav Kiepenheuer Bühnenvertriebs-GmbH, 1955.
15 P. WILLEMS, *Off et la lune ou Prisonnier de son ombre. Pièce en trois actes*, in ders., *Théâtre (1954–1962). Off et la lune. La Plage aux anguilles. Marceline*, mit einer Einleitung von M. Quaghebeur, Bruxelles, Labor, 1995 (Collection Archives du futur).
16 Die erste Fassung des Stücks von 1955 ist nur in der deutschen Übersetzung, die von 1995 hingegen in der Originalsprache Französisch erschienen, wobei diese letzte Version von Paul Willems überarbeitet worden ist und somit vom 1955 der deutschen Übersetzung zugrunde gelegten Ausgangstext differiert. Wie zu zeigen sein wird, eröffnet diese Publikationslage über den Umweg der Übersetzung ins Deutsche vielversprechende Möglichkeiten, Folgerungen aus den philosophischen und künstlerischen Textveränderungsprozessen mit Blick auf die sich im Laufe von vier Jahrzehnten entwickelnde Figurenkonzeption und Autorenpersönlichkeit von Paul Willems abzuleiten.

auch strukturellen (die veränderte Autorenintention und jeweilige Zuschauer- bzw. Leserreaktion analysierenden) Vergleich, mit besonderem Blick auf die Figurencharakterisierung, unterzogen werden.

I. Rezeption

Tatsächlich mag dem Autor selbst am 12. November 1955, als *Off et la lune* in der deutschen Übersetzung von Maria Sommer als *Of und der Mond* in Köln erstaufgeführt wurde, dies mit Goethe »wundersam« vorgekommen sein, maß Willems doch der deutschen Romantik seit einem erfahrungsintensiven Deutschlandaufenthalt eine herausragende Bedeutung bei:[17] Der große deutsche Dichter vergleicht den Übersetzungsvorgang mit dem Pflücken eines Wiesenstraußes, dessen abgebrochene Blütenstiele sich in der warmen Menschenhand welkend neigen, zu Hause, in frisches Wasser gestellt aber – »welch ein Wunder war mir das!« – ihre Köpfe wieder heben und in neuer Pracht erblühen.[18] Unter der Wirkung dieses Wunders stand Willems bereits seit dem ungeahnten Erfolg des Dreiakters *Bärenhäuter* (*Peau d'Ours*, 1951 in Brüssel uraufgeführt) 1953 in Braunschweig, der den belgischen Autor, wie seine Korrespondenz mit dem deutschen Kiepenheuer Verlag belegt, schlichtweg überwältigte.[19] *Of und der*

---

[17] 1936/1937 verbrachte Willems mehrere Monate zu Gast beim deutschen Schriftsteller und späteren ersten deutschen Botschafter der Nachkriegszeit in Paris (unter Adenauer) Wilhelm Hausenstein; in dieser Zeit beschäftigte sich Willems ausgiebig mit der Literatur und Malerei der deutschen Romantik sowie mit der Barockarchitektur Bayerns. Die besondere Nähe, die er zur deutschen Romantik verspürte, ist ein Indiz für seinen allgemeinen Umgang auch mit der eigenen Literatur, die immer wieder als ›poetisch‹ beschrieben worden ist. Sie trug seiner Theaterproduktion u. a. das Epitheton eines »théâtre poétique« ein (vgl. z. B. CH. BERG – J-M. D'HEUR – F. HALLYN u. a. (éds.), *Lettres françaises de Belgique. Dictionnaire des Œuvres*, Bd. IV (1981–1990), Louvain-la-Neuve, Duculot, 1994, 354; Stichwort: »La Vita Breve«). Außerdem verweist sie auf intertextuelle Bezüge (nach Willems' eigener Aussage insbesondere zu Adalbert Stifter; vgl. P. EMOND – H. RONSE – F. VAN DE KERCKHOVE (éds.), *Le monde de Paul Willems. Textes, entretiens, études*, Bruxelles, Labor, 1984, 98), die seine Textproduktion bestimmt haben und die die oben angerissene Translationsproblematik (bei der es im Allgemeinen vorrangig um das Verhältnis Original-Übersetzung geht) um eine weitere produktionsästhetische Bedeutungsebene bereichern.

[18] J.W. VON GOETHE, »Ein Gleichniß«, in *Aus dem Nachlaß. Parabolisch und Epigrammatisch* (J.W. VON GOETHE, *Gedichte. Vierter Theil*, in ders., *Goethes Werke*, hg. im Auftrage der Großherzogin Sophie von Sachsen, 4. Bd., Weimar, Hermann Böhlau, 1891, 151). Goethe schließt sein Gedicht nach einer Zäsur mit den zwei Versen: »So war mir's, als ich wundersam / Mein Lied in fremder Sprache vernahm«.

[19] »Ihr Brief bringt mir Nachrichten, die alles übersteigen, was ich je zu träumen gewagt habe. Es ist wundervoll […]« (N.N., »Paul Willems aus Briefen an seinen deutschen Verlag«, in *Programmheft des Thalia-Theaters Hamburg*, hg. vom Intendanten Willy Maertens, 114. Spielzeit, Heft 11, 1957/58, 130–132: hier 130), oder: »Nie hätte ich geglaubt, Tantiemen in dieser Höhe zu bekommen […]« (ebda., 132).

Mond erfreute sich ebensolcher Beliebtheit; unmittelbar nach Köln kam es zu Aufführungen in Stuttgart, Kassel, Kiel, Osnabrück, Schleswig, Aachen, Castrop-Rauxel und Bonn.[20] Bis Ende der 1960er Jahre reihte sich auf deutschen Bühnen eine Neuinszenierung an die andere.

Das spontane Interesse des deutschen Publikums gründet sicherlich auf den künstlerischen Qualitäten, die das 1956 mit dem Prix Vaxelaire ausgezeichnete Werk prägen, und auf der eindringlich-unterhaltenden Darstellbarkeit des Originals. Ganz bestimmt aber ist der Erfolg von *Off et la lune* in Deutschland auch Verdienst einer gelungenen literarischen Übersetzung, deren komplexe Bedeutung in ihrer gesamtkulturellen Wirkung noch heute gerade im Bewusstsein des breiten Massenpublikums (sofern es sich überhaupt mit Literatur oder Theater beschäftigt), aber auch seitens der produktionskonstitutiven Marktwirtschaft noch oft – vollkommen zu Unrecht – unterschätzt wird.[21]

De facto ist die Popularität von Paul Willems in der deutschsprachigen Theaterwelt der 1950er und 1960er Jahre mit dem unermüdlichen Einsatz von Maria Sommer, die fast alle seine Dramen ins Deutsche übertragen und die Verbreitung seiner Werke entscheidend gefördert hat, aufs Engste verbunden. Welche Wichtigkeit einer Übersetzung für die Wirkung eines Werkes zukommen kann, lässt sich anhand der ungewöhnlichen Veröffentlichungsgeschichte von *Off et la lune* eindrucksvoll ablesen: Nachdem Willems *Off et la lune* 1954 verfasst hatte,[22] erprobte das Théâtre National de Belgique das französische Stück zunächst während der Theatersaison 1954/55 in der belgischen Provinz. Parallel zu diesen ersten Aufführungen in Belgien entstand Sommers Übersetzung ins Deutsche. Sie erschien 1955 als ein von der Gustav-Kiepenheuer-Bühnenvertriebs-GmbH vervielfältigtes Manuskript und war die Initialzündung für die Aufführung in Köln. Erst danach, am 30. Januar 1956, fand dann die eigentliche

---

20 Ebda., 130–132: hier 124.
21 Umso mehr gilt es, im vorliegenden Beitrag die Bedeutung einer guten Übersetzung herauszustellen. Peter A. Schmitt erklärt die selbst für technische Übersetzer nicht unproblematische Marktsituation mit »mangelndem translatorischen Bewußtsein« (in M. SNELL-HORNBY u. a., *Handbuch Translation* (Anm. 2), 9); Hönig beklagt eine »Frustration im Umgang mit Übersetzungen und Übersetzern« (H.G. HÖNIG, *Konstruktives Übersetzen*, Tübingen, Stauffenburg, 1995, 17). – Bereits Goethe insistierte offenbar aus gegebenem Anlass auf einer angemessenen Anerkennung der Übersetzungsleistung sowie des Berufsstandes der Übersetzer überhaupt (vgl. R.M. GSCHWEND (Hg.), *Der schiefe Turm von Babel. Geschichten vom Übersetzen, Dolmetschen und Verstehen. Ein Lesebuch*, Straelen/Niederrhein, Straelener Manuskripte, 2000, 9) und widmete sich wie Schleiermacher dem Problem der Übersetzung auch auf theoretischer Ebene: Goethe erkennt die glättenden Effekte einer jeden Übersetzung und rühmt etwa an Luthers Bibelübersetzung, dass sie »wie aus einem Gusse« (zit. nach F.A. KITTLER, *Aufschreibesysteme 1800/1900*, München, Fink, 1987^2, 77) sei, d. h. einen »[r]einen [sic!] und kohärenten Stil« aufweise (ebda.).
22 »›Of und der Mond‹ wurde 1954 geschrieben« (N.N., »Paul Willems« (Anm. 19), 130–132, hier: 124).

Premiere in Brüssel statt: Die Inszenierung stammte von Jacques Huisman und Roger Broe, das Bühnenbild von Denis Martin.[23] Doch der gedruckte Text blieb auf Französisch unveröffentlicht, und zwar weitere neununddreißig lange Jahre lang. Das Buch *Off et la lune* erblickte das Licht der Leserwelt nicht vor 1995, als eines von drei frühen, unter dem Titel *Théâtre (1954 – 1962)* zusammengefassten und mit einer Einleitung von Marc Quaghebeur versehenen Willems-Werken.[24] Die schriftlich fixierte Übersetzung ins Deutsche, die im deutschen Sprachraum schon seit 1955 kursiert, erfüllte also jahrzehntelang die Aufgabe, die Existenz von Willems' Werk jenseits der Aufführungspraxis überhaupt anzuzeigen.

Maria Sommer begegnet Willems im Mai 1952 zum ersten Mal und hält ihre Erinnerung an den Beginn einer Lebensfreundschaft, die sich fortan zwischen ihr und dem frankophonen Flamen entwickeln und bis zu dessen Tod 1997 anhalten sollte, in dem stimmungsvollen Artikel »Marias Abenteuer (›L'avventura di Maria‹). Sonntags bei Willems« fest.[25] Zwei Jahre später schreibt Willems *Off et la lune*, nach der Abfassung von *Le Bon Vin de Monsieur Nuche* (1949 in Brüssel uraufgeführt) und dem Siegeszug von *Peau d'Ours* in Deutschland. Diese beiden anderen Werke hatte der Dramaturg Carl Werkshagen ins Deutsche übersetzt, bevor ihn Maria Sommer in jener Funktion ablöste: *Of und der Mond* war somit sowohl Maria Sommers erste Übersetzung eines Willems-Stücks als auch das literarische Produkt einer vierjährigen Schaffenspause, die der Autor nach der Niederschrift von *Peau d'Ours* 1950 eingelegt hatte. Zeigte sich Willems anlässlich des Erfolgs vom *Bärenhäuter* noch zeitweilig besorgt um etwaige Falschetikettierungen der deutschen Bühnenrealisierung im Stile eines »›Biedermeier‹«, die durch ihren unheilvollen »Kitsch« seinen *Peau d'Ours* zu einem »Rosenwasser-Stück« verkommen lassen könnten,[26] so beginnt sich mit den Aufführungen von *Of und der Mond* gerade auch durch die begleitenden, öffentlichen, einfühlsam-kritischen Kommentare von Maria Sommer die Ansicht durchzusetzen, dass sich hinter Willems' vermeintlich »rosigen Stücken« und komischen Untertönen, hinter der Naturseligkeit und zarten Erotik seines Œuvres »die Melancholie der Erkenntnis menschlicher Unvollkommenheit, ewiger Begrenzung und [...] des Unvermögens, sich selbst oder die Welt zu ändern« verbirgt.[27] Diese »Absurdität des Lebens«[28] nimmt in *Off et la lune* Gestalt an: Sie wird zum Schatten, der sich über das »théâtre de verdure«[29] und

---

23 Vgl. P. WILLEMS, *Off et la lune* (Anm. 15), 10.
24 P. WILLEMS, *Off et la lune* (Anm. 15).
25 M. SOMMER, »Marias Abenteuer (›L'avventura di Maria‹). Sonntag bei Willems«, in Programmheft »*Of und der Mond*«, Aachen, 1957, 11 – 13.
26 N.N., »Paul Willems« (Anm. 19), 130 – 132, hier: 132.
27 M. SOMMER, »Paul Willems«, in Programmheft »*Of und der Mond*«, Augsburg, 1960, 35.
28 Ebda.
29 Marc Quaghebeur erinnert in Zusammenhang mit *Off et la lune* an die unbefangenen An-

jene »Mondscheinromantik« legt, auf die so manche deutsche Kritik aus jenen Jahren unbeirrt zu insistieren aus war.[30]

II. Translation

Die Relevanz des Schattenmotivs hebt die 1995er französische Ausgabe durch eine hinzukommende Titelerweiterung unmissverständlich hervor: *Off et la lune ou Prisonnier de son ombre. Pièce en trois actes.* Diese späte, leicht überarbeitete Veröffentlichung des Originaltextes differiert an gewissen Stellen von der Version, die Maria Sommer in den 1950er Jahren als Daktyloskript vorgelegen haben muss. Eine genauere Betrachtung, wie sich die deutsche Übersetzung zum französischen Ausgangstext und wie sich die Fassung von 1955 zu der von 1995 verhält, erlaubt reichhaltige Rückschlüsse sowohl auf die »Textreverbalisierung«[31] seitens der Übersetzerin als auch auf den Bewusstseinswandel des Autors von den Anfängen seiner Schriftstellerkarriere bis kurz vor seinem Tod.

Der auf den ersten Blick augenfälligste Unterschied ist zunächst der Titelzusatz »ou Prisonnier de son ombre« – ›oder Gefangener des eigenen Schattens‹.[32] Dieser ›Schatten‹ verweist auf die das helle Nachtlicht kontrastierende Dunkelheit, auf die Kehrseite der in den Augen der jungen Simone so harmonischen und erstrebenswerten Familienidylle von Louisa und Pierre, auf die vom

---

fänge der Theaterproben im Garten von Missembourg (vgl. M. QUAGHEBEUR, »Préface«, in P. WILLEMS, *Off et la lune* (Anm. 15), 5–7, hier: 6–7), während Alberte Spinette in diesem Stück bereits ein Herannahen der »période pessimiste« von Willems sieht (A. SPINETTE, »Lecture«, in P. WILLEMS, *Blessures*, mit einer Einleitung von Jean Louvet und einem Nachwort (»Lecture«) von Alberte Spinette, Bruxelles, Labor / RTBF, 1994, 177–192, hier: 192).

30 So nachzulesen etwa in einem offenen Brief der »Lüneburger ›Of‹-Freunde« an Paul Willems von 1958, den mir der Kiepenheuer Verlag ohne Angabe des Autors und der Quelle überlassen hat.

31 Als solche versteht Wilss in seiner kommunikationsorientierten Definition den Prozess der Übersetzung (vgl. W. WILSS, *Übersetzungswissenschaft. Probleme und Methoden*, Stuttgart, Klett, 1977, 72).

32 Mit den Übersetzungsproblemen, die hier auftreten, musste sich Maria Sommer nicht auseinandersetzen; gleichwohl sei auf sie kurz hingewiesen, da die Titelübersetzung einen Sonderfall im Kontext der Übersetzungswissenschaft darstellt, besondere Beachtung verdient und grundsätzlich »als exemplarischer Translationsvorgang« (M. SNELL-HORNBY u. a., *Handbuch Translation* (Anm. 2), 1999, 294) betrachtet werden kann: Die Hauptschwierigkeit besteht darin, dass der Titelzusatz ›ou Prisonnier de son ombre‹ expressive Funktion hat, d. h. eine Bewertung oder Gefühlsäußerung impliziert, und sowohl ohne den Kotext leicht rezipierbar als auch in den Kontext des ganzen Stückes funktional integrierbar sein muss. Dies wirft hier Probleme einer angemessenen Interpretationssteuerung auf, da die französische Titellexik, wie zu sehen sein wird, sich durch eine uneindeutige Symbolik oder Metaphorik auszeichnet. Dies fällt umso stärker ins Gewicht, als Titel und Überschriften prinzipiell »als kommunikative Einheiten« zu verstehen sind (ebda. 292).

kalten Mondlicht ausgelösten menschlichen Ängste und Gefühle der Leere und Einsamkeit. So bedeutend der Hinweis auf die Schattenhaftigkeit des Daseins in dieser Titelversion von 1995 für das Verständnis von Willems' Gesamtwerk ist, so verwirrend ist die darin enthaltene amplifikatorische Wendung »Prisonnier de son ombre« in ihrer ambivalenten Referenzialisierbarkeit. Denn nicht die Titelgestalt, d. h. der Hund Off, ist – so signalisieren doch Offs Schlusssätze – ein Gefangener seines Schattens. Nein, er versteht sich hier – zusammen mit seinem betagten Herrn, nämlich Raymond – als Vertreter des ›wahren Lebens‹, als ein freies Wesen, das durch Wälder und Felder streift oder auf die Weiten des Meeres schaut, während die anderen, nicht er, allesamt als »prisonniers« angesehen werden:

> OFF (s'arrêtant). – Les voilà tous prisonniers. Mais nous, mon vieux… on va vivre la vraie vie, un homme et son chien dans les bois et les champs, et peut-être, un jour, nous irons à la mer.[33]

Aber der Titelzusatz bedient sich nicht des Plurals, sondern des maskulinen Singulars, sodass er auch kaum als eine auf Louisa bezogene Antonomasie begriffen werden dürfte, obwohl der Titel auf ihre voller Bitterkeit im 2. Akt an Simone gerichtete rhetorische Frage anspielt: »Sais-tu ce que c'est […] d'être prisonnière de ta propre vie?« (F 76). Ist er also doch mit der Titelfigur Off in Verbindung zu bringen? In diesem Fall würde die Trope »prisonnier de son ombre« die Figur im Vorwege auf eine fast erstickende Weise pessimistisch konnotieren, was weder zu der singulär-komischen Charakterisierung des Hundes noch zum Stück in seiner verspielten Offenheit passen will. Off als einen Gefangenen seines Schattens per Titelverdikt zu präjudizieren, widerspräche ja außerdem der präsumtiv hoffnungsfrohen Aussicht, die Off am Ende des Bühnenwerks in Worte kleidet: Die Gefangenen des eigenen Schicksals, das sind die anderen, nicht er und Raymond. Ihn als Leser trotzdem dazuzurechnen (etwa auf Grund einer dem Hund nicht bewussten Selbsttäuschung), wirkt nicht zuletzt in Anbetracht der frühen Werkphase von Willems, in der wir uns 1954 – noch vor *Il pleut dans ma maison* – befinden und in der Willems der französischsprachigen Kritik der 1980er Jahre zufolge vornehmlich heitere »pièces roses«[34] produzierte, wenig überzeugend. Man merkt dem verlängerten Titel an, dass er erst sehr viel später eingefügt worden ist, und er macht nur Sinn, wenn man den Menschen schlechthin, weder die konkrete Figur Louisas noch die des Off, als ›prisonnier‹ begreifen will (darin eine Selbstbezeichnung des Autors zu

---

33 P. WILLEMS, *Off et la lune* (Anm. 15), 103; Zitate aus dieser französischen Ausgabe sind im folgenden Fußnotenteil sowie im Fließtext mit dem Kürzel »F« versehen, an das sich die schlichte Nennung der Seitenzahl anschließt (ab hier also etwa nur noch: ›F 103‹).
34 J. DE DECKER, *Paul Willems ou les ambiguïtés. Esquisse d'une poétique*, in P. Emond et al., *Le monde de Paul Willems* (Anm. 17), 291–293: hier 293.

sehen, der sich im Publikationsjahr 1995, zwei Jahre vor seinem Tod möglicherweise als Gefangener des eigenen Schattens empfunden haben könnte, wäre gewagt und bezöge sich auf einen primär quasi-autobiographischen Kontext, der dem Werk keine neue künstlerische Aussage hinzufügen würde). Eine solche Auffassung – dass der Mensch generaliter, im weitesten Sinn, Gefangener seines Schicksals ist, der Zusatz, in anderen Worten, als Periphrase der *Condition humaine* zu begreifen ist – wäre auch kompatibel mit Willems' Lebensanschauung. Allerdings ändert dies nichts daran, dass die Titelformulierung in Bezug auf die Figurencharakterisierung problematisch bleibt und sich auch, was die Perspektivengestaltung betrifft (Wer bewertet hier wen als worin be- oder gefangen?), konzeptuell so unglücklich auswirkt, dass es am Ende fast fraglich erscheint, ob diese Titelversion originär aus der Feder von Willems stammt, wovon jedoch in Ermangelung eines Gegenbeweises ausgegangen werden muss.

Diese Einschränkungen vorausgeschickt, liefert der in der deutschen Fassung noch fehlende, erst in der französischen Ausgabe von 1995 erscheinende Titelzusatz jedoch wertvolle Anhaltspunkte für die Struktur von *Off et la lune*. Er deutet die Doppelbödigkeit des Mondmotivs an, das einerseits Elemente des Romantisch-Sehnsuchtsvollen, andererseits Hinweise auf existenzielle Bedrohlichkeiten in sich birgt. Diese Dualkonstruktion ist typisch für Paul Willems, dessen literarische Produktion sich durch den Entwurf eines »monde des doubles«,[35] durch das Spiel mit zwei Wirklichkeiten oder Erscheinungsebenen auszeichnet. Sie entspricht seiner sprachlichen Orientierung, die sich in das Französische einerseits und das Flämische andererseits, in das belgische Französisch hier und das Französisch in Frankreich dort spaltet. Die Ambiguität von Willems' linguistisch-kultureller Befindlichkeit »entre deux langues«[36] drückt sich in der hybriden Wertigkeit des mit amourösen Empfindungen, aber auch mit Verfinsterung einhergehenden Mondlichtes aus, das den bühnenbildnerischen Schauplatz von *Off et la lune* in ein sowohl träumerisch verklärtes als auch phantastisch überhöhtes Licht taucht. Während die junge Simone noch vom Leben zu zweit und ihrer jungen Liebe zu Tony schwärmt, fühlt sich die abgeklärtere, verheiratete Louisa »wie ein zappelndes Tier«,[37] wie eine »Gefangene« (D 107 u. 108), seit Éric »mit einem Zug« (D 109) ihr Glück sinnbildlich ›getrunken‹ habe. Das schockierende Geständnis »Ich liebe Pierre nicht« (D 108) deutet auf eine existenzielle Krise hin, die sich in Louisas Imagination wie eine

---

35 A. Spinette, ›Pseudo‹ ou ›Rien n'est réel ici‹, in P. Emond et al., *Le monde de Paul Willems* (Anm. 17), 274–281: hier 274.
36 P. Willems, J'ai toujours vécu entre deux langues, in P. Emond et al., *Le monde de Paul Willems* (Anm. 17), 13–14: hier 13.
37 P. Willems, *Of und der Mond* (Anm. 14), 107; Zitate aus dieser deutschen Fassung sind im folgenden Fußnotenteil und Fließtext mit dem Kürzel »D« versehen, an das sich die schlichte Nennung der Seitenzahl anschließt (ab hier also etwa nur noch: ›D 107‹).

Gewitterwolke zusammenbraut. Dass sie ihr Ehemann in ihrem Glück behindert, wird ihr erst bewusst, nachdem Éric sie mit seinem Schatten berührt hat.[38] Diese schattenhafte Berührung wird Louisa zum Verhängnis, denn ihr heimliches Treffen mit Éric mündet nicht in Ausbruch, Flucht und Freiheit, sondern in einer Unfreiheit, die sie lebenslang an Pierre kettet, in einem aussichtslosen Begehren und der Erkenntnis ihrer daseinsbedingten Verzweiflung, die einer frohen Liebesgeschichte – ob nun mit Éric oder Pierre – grundsätzlich entgegenwirkt.

Louisas böse Ahnungen komprimieren sich im weiteren Verlauf in der drückenden Stimmung, die der sensible Hund Off verbreitet, als er abends mit Éric auf der Straße darauf wartet, Louisa zu treffen: Während ihre Schatten »im genauen Umriss« (D 137) über das Haus des Altwarenhändlers Balu gleiten, befällt Off eine surreale, von fast biblischem Pathos getragene Angst:[39] »J'ai peur de ce trou glacé dans le ciel...« (F 92). In der französischen Fassung von 1995 erfährt der Angst-Schatten-Bezug eine Zuspitzung, die in Maria Sommers Übertragung fehlt: Éric erklärt hier, dass sein Schatten (»mon ombre«; F 95) ihn zu Louisa geführt habe. In letzter Konsequenz, so geht aus dieser im Deutschen noch anders gewichteten Passage hervor,[40] ist der Schatten – als Symbol für Érics Unbewusstes bzw. seine (Lebens-) Angst – das Motiv von Érics Leidenschaft. Ihn treibt also letztlich die Not in Louisas Arme, ebenso wie diese Angst vor Éric, und Off Angst vor dem Mond verspürt. Bevor Louisa Simone das »Entsetzen«, das sie gegenüber Pierre empfindet, und ihr Schmachten nach Éric beichtet (D 109), streut die kindliche, vom Kern der Verwicklungen ausgenommene, antipodische Figur der Simone proleptische Andeutungen in das Gespräch ein, die sich als Prophezeiungen einer nahen, sich im letzten Akt dramatisch steigernden Krise lesen lassen: Simone spricht von einer »douceur«, die sie im Umfeld der Freundin vermisse, von »des choses qui ne font pas mal« (F 74), mit denen sich die schwangere Louisa umgeben solle. Sommers Übersetzung der letzten Wendung – »Dinge, die kein Unheil bringen« (D 104) – ist deshalb so treffend, weil

---

38 »[...] Da nähert er [...] den Schatten seiner Hand Louisas Arm und streichelt ihn [...] dann [...] ihre Schultern, schließlich ihre Haare [...]« (D 29); »[...] il approche l'ombre de sa main du bras de Louisa, la caresse [...] et caresse son épaule ou ses cheveux« (F 30). Louisa wird diese Geste später beantworten, indem sie mit ihrer Hand den Schatten von Éric streichelt (vgl. D 55; F 45).
39 In der deutschen Fassung heißt es etwa: »Eric: Fürchte dich nicht, Of. – Of: Laß mich nicht allein! – Eric: Ich bin bei dir« (D 136). Im Französischen verkehrt sich dieser Wortwechsel schließlich in eine Antwort von Off, die in der deutschen Version nicht enthalten ist: »Off: N'aie pas peur, mon maître, je suis près de toi...« (F 93).
40 Im Deutschen thematisiert lediglich Louisa (und nicht Éric!) ihre Angst, während er ihr (dem traditionellen Geschlechterrollenverständnis gemäß) Mut zuspricht und eine idyllische Zukunft ausmalt (vgl. D 141 f.). Im Französischen findet später hingegen ein Rollenwechsel statt: Louisa richtet den furchterfüllten Éric durch Liebesschwüre auf: »je garderai ton empreinte sur moi toute ma vie« (F 95).

das Textwort ›Unheil‹ das in Simones Aussage angelegte dramatische Potenzial poetisch schlüssig verdeutlicht.

Während der 3. Akt die meisten Differenzen zwischen der deutschen Fassung von 1955 und dem vierzig Jahre später erschienenen französischen Stück aufweist, ist die zentrale Schattenszene im »Deuxième tableau« des 1. Akts (2. Szene) weitgehend identisch. Den Regieanweisungen in dieser Szene ist ein hoher Stellenwert einzuräumen, da sie von sinnstiftender Tragweite für das gesamte Stück sind. Sommers Übersetzung folgt hier dem Wortlaut von 1995 auf das Genaueste. Sie setzt in der zweiten, längeren Anweisung dieser 2. Szene allenfalls einmal das Adverb »unwillkürlich« (D 29) ein, wo es laut französischem Text wertfreier »Éric bouge un peu« (F 29), ›bewegt sich ein bisschen‹, nicht ›Eric bewegt sich unwillkürlich‹ heißt. Stilistisch glatter klingt die knappere, französische Bühnenanleitung gegen Ende dieser Szene: »Éric est sur le point de couvrir Louisa de son ombre« (F 30); in der '55er Version strapazierte noch die Erklärung »– so wie der Erdschatten, wenn er den Mond verdunkelt« (D 31) das symbolische Geschehen in den Augen des Lesers etwas über. Das Zauberhafte, Märchenhafte[41] an dieser »première rencontre« (F 44) kommt in der 9. Szene des 1. Akts deutlich zum Ausdruck, als Éric das Lächeln seiner kranken Mutter beschreibt, das er auf Louisas Gesicht wiedergefunden zu haben meint: »Louisa souriait comme ma mère« (F 43). Das Oxymoron »pâle d'amour« (F 42) lässt den bevorstehenden Tod der Mutter sowie insbesondere die drohende Desillusionierung am Ende des Stücks bereits ahnen.

Märchenhafte Elemente durchziehen das ganze Stück; allein das Vorkommen eines sprechenden Tieres wie Off erinnert – ähnlich wie in *Peau d'Ours* oder *Air barbare et tendre* (1952 uraufgeführt) – an eine Fabel oder ein Märchen. Louisa wünscht sich eine märchenhafte Zukunft mit Éric und genießt ihren »wunderbaren Wahnsinn« (D 111) – doch er wird nicht Wirklichkeit. Auch Éric täuscht sich am Schluss der deutschen Version, wenn er Louisa in seinen Armen hält und meint: »Mein Traum wird wahr« (D 141). Die Realitäten überlagern sich effektiv nur für einen kurzen, märchenhaften Moment in Érics Leben. Dramaturgisch logischer (aber auch Optimismus mindernd) verfährt die französische Ausgabe, die die Anbindung an die Sphäre des Märchenhaften an eben dieser Stelle tilgt, wo wir fast am Ende des Stücks angelangt sind und sich – wie so oft bei Willems – anfängliche Hoffnungen als trügerische Fallen herausstellen: In der neueren französischen Fassung beschreibt Éric hier stattdessen seinen Lebensweg als die Befolgung dessen, was ihm sein Schatten geraten hat. Dieser Weg führt von dem zwölfjährigen Jungen, der seine Mutter verloren hat und sich nur noch an ihr

---

41 Éric sagt, er habe sein Glück zuvor bei »sechs oder sieben Frauen« (D 50) gesucht, woraufhin Off die in Märchen oft vorkommende Zahl Sieben bedächtig wiederholt: »Sieben? Wie die Tage der Woche? […]«.

Lächeln erinnert, über die kalten, verwirrenden, beängstigenden Weiten des Lebens hin zu Louisa, mit der sich Éric ein Leben in Freiheit, Liebe und Zuneigung erträumt.

Jenseits jeglicher ödipalen Dramatik entfaltet sich die atmosphärische Gestimmtheit von *Off et la lune* insgesamt jedoch nicht auf der tragischen, sondern auf jener leicht schwebenden Ebene, die den Bereich des ›merveilleux‹ markiert. Diesen im Französischen immer wieder und von verschiedenen Figuren gleichbleibend gebrauchten Schlüsselbegriff übersetzt Maria Sommer zuweilen mit dem dem Fünfziger-Jahre-Jargon verhafteten Ausdruck »himmlisch«,[42] zuweilen auch mit »herrlich«.[43] Dabei hätte hier das zeitlose, emotionslose Adjektiv ›wunderbar‹ im Deutschen Willems' Stil transparenter gemacht: Der Autor unterstreicht durch seine bewusst intendierte Wortwahl sowohl die schicksalhafte Verbundenheit seiner Figuren, die eine Abstraktion und Übertragung auf das allgemein Menschliche ermöglicht, als auch den Konnex zwischen dem Hoffen als typisch humanes Handeln zum einen und dem Anklang an eine spezifische ästhetische Dimension, die das Märchenhafte, ›Wunderbare‹ impliziert, zum anderen.

Durch den Übersetzungsvorgang wird die sprachliche Ausgestaltung des Textes in ein paar weiteren Einzelfällen einem transformationellen Fragmentarisierungsprozess unterworfen: »Ist das schön?«, fragt Simone (D 13), während Willems ihr ein »C'est doux?« in den Mund legt (F 20), was mit Simones Ausdrucksweise gegenüber Louisa korreliert, als sie ihr mehr »douceur« (F 74) anempfiehlt. In der Frage »C'est doux?« schwingt bereits der ganze Erwartungshorizont, die natürliche Frische und Leichtigkeit jugendlicher Unerfahrenheit von Simone mit. Ihre unterhaltsamen Dialoge mit Tony – etwa als sie sich gegenseitig zuvor, ohne das Wissen des anderen, an Balu verkaufte Gegenstände zurückschenken[44] – stehen der intensiv vorgetragenen, flehentlichen Bitte

---

42 Simone wiederholt eingangs an verschiedenen Stellen: »Ach, das ist himmlisch« (D 9, 10, 18). Tony übernimmt ihre Redensart an einer späteren Stelle und bestätigt: »Ja. [...] Das ist – himmlisch. [...]. Sie ist himmlisch, diese Aufgabe« (D 49).

43 Éric hält die Begegnung mit Louisa für eine »chose merveilleuse« (F 31), was Sommer mit »etwas Herrliches« übersetzt (D 33). Am Ende des Stücks sagt er: »Nous aurions été merveilleusement heureux...« (F 99), wo es in der deutschen Übersetzung nur noch »Wir hätten so glücklich sein können« (D 148) heißt. Simone meint im 3. Akt: »[...] Und ich weiß jetzt schon, wie herrlich das ist – ein Kind zu erwarten« (D 107); Willems schreibt: »[...] et je sais d'avance comme ce sera merveilleux d'attendre un enfant« (F 75).

44 Dabei handelt es sich um zwei stark klischeehafte Objekte des Interesses: um Tonys Briefmarkensammlung und Simones Ring. Die insgesamt mittels mehrerer Hyperbeln und Wiederholungen überzeichnete Szene, in der die Zwei ihre ›Geschenke‹ begutachten, wirkt auf den Zuschauer, der um den vorangegangenen Tauschhandel mit Balu weiß, auch durch die sprachliche Gestaltung des Wortwechsels zwischen den Liebenden belustigend, mit Blick auf Balu gar possenhaft: Durch die Antithesen »Schwer von Liebe... [...] Aber leicht zu tragen« (D 85; vgl. F 62) sowie »sehr groß, sehr blau, sehr hübsch, aber ohne Wert« (ebda.) –

Louisas entgegen: »Sauve-moi, Pierre, sauve-moi!« (F 65 u. 69). Wo die deutsche Louisa Simone später ihr subjektives »Verlangen« (D 110) zu erklären versucht, schreibt Willems ihr zu Beginn des 3. Akts »l'espoir« (F 77) auf den Leib, also eine Hoffnung, die Louisa mit Éric assoziiert und die sie zu einer Hoffnung auf Freiheit und Befreiung ausweitet, was die tragische Tiefendimension des Figurenentwurfs um einiges verschärft.

Die ansonsten recht problembewusste, elaborierte und von französierenden Wendungen praktisch freie Übersetzung[45] gibt – gemäß der in der Nachkriegszeit philologisch allgemein akzeptierten und noch heute mitunter propagierten Methode des Verfremdens[46] – die Eigennamen der Figuren invariant wieder und vermittelt dadurch den Geist der Sprache des Originals. Kulturabhängige Eigennamen wie den des Schlachters bzw. Feinkosthändlers »Van Durme« (F 84; D 123) übernimmt Sommer wörtlich, andere Realienbezeichnungen wie die Werkstatt »Garage moderne« (F 21) oder die Versicherungsgesellschaft »La Prévoyance« (F 33) passt sie funktional-einbürgernd mit Hilfe der freien Neuschöpfung »Union-Garage« (D 14) oder der schlichten Eindeutschung »Vorsorge« (D 35) an die Zielsprache an.[47] Die Übersetzerin räumt dem poetischen Gehalt durch die präzise Nachdichtung von Willems' Kunstgriffen prinzipiell Priorität ein und ist hinter dem angemessen kreativen interlingualen Transfer als interpretierende Instanz kaum zu spüren.[48] Bildliche Ausdrücke setzt Sommer intuitiv kulturassimilierend um: So findet sie für Raymonds Lebensprinzip »le classement, c'est tout« (F 22) die griffige Formel »Methode ist

---

die anaphorische Klimax hebt den vergnüglichen Tonfall hervor – klingt in den Humoristika leise die höhere (tragische) Bedeutungsebene an. Auch Simones ausgelassene Übertreibung »Ich werde immer daran denken, wie du ihn mir in einer blauen Nacht am Strand von Tahiti unter den tausend Sternen des Südens an den Finger gesteckt hast« (ebda.) bekräftigt den Witz des Dialogs.

45 Zu Beginn des Stücks heißt es höchstens (in einer Regieanweisung) Raymond sei »ein Mann von Sechzig« (D 15), was eine etwas wörtliche Übersetzung von Willems' Angabe: »c'est un homme de soixante ans« (F 21) ist.

46 »On constate actuellement une tendance à la disparition des procédés d'omission, d'effacement de l'allusion culturelle [...]« (C. LÉCRIVAIN, Europe, traduction et spécificités culturelles, in M. Ballard (éd.), Europe et traduction, Arras Cedex, Artois Presses Université, 1998, 345–358: hier 348).

47 Sommers Übersetzungsstrategie erweist sich durch solche Kreationen als progressiv, lassen sich doch für die Tendenz des ›treuen‹ Übersetzens heute kaum noch prägnante Theorien finden (allerdings bedeutet dies keineswegs, dass die zu Beginn dieses Beitrags erwähnten aktuellen Plädoyers für die ›freie‹ Übersetzung nicht auch kritisch gesehen würden).

48 Oder lässt sich der weibliche Blick der Übersetzerin auf den Ausgangstext doch nicht ganz verhehlen, wenn Louisa sich über die »Riesenportionen« (D 10) ereifert, die ihr Mann verschlingt, wo sie im Französischen neutraler über »les repas à préparer...« (F 18) stöhnt? Willems' funktionale Beschreibung: »un homme couché... c'est toute une machine« (F 20) unterzieht Sommer einer leicht textverändernden Reformulierung: »ein schlafender Mann, das ist etwas Gewaltiges...« (D 13).

alles« (D 16). Die lexikalische Einheit »mots d'enfant« (F 23) in Raymonds Zitat aus seinen Aufzeichnungen über die sechsjährige Louisa erfasst Sommer mit Hilfe des poetischen Stichworts »Kindermund« (D 17). Humorvoll wird sich Raymond später rühmen, mehr zu leisten »als jede Rechenmaschine« (D 125), was eine äquivalent-substituierende Übertragung der sehr viel umständlicheren französischen Aussage Raymonds ist: »[...] Je me sens dans une forme comptable épatante« (F 85).

III. Konzeption

In mehreren kleineren, im Gesamtkontext, insbesondere was die Figurengestaltung betrifft, jedoch nicht vollkommen unerheblichen Passagen ist der Text von *Off et la lune* offensichtlich verbessert worden, nachdem Maria Sommer ihre Übersetzung angefertigt hatte. Im Deutschen machen z. B. Érics Worte: »Morgen ist ein langer, blauer Tag« (D 53) seine Gedanken nicht wirklich deutlich. Informativer und aussagekräftiger heißt es 1995: »Demain, c'est dimanche. Pas de travail... une longue journée blanche« (F 43). Eine stilistisch wichtige Korrektur ist in der nächsten Szene die den Mond – »la lune« – betreffende Ergänzung Offs: »Elle vient!...« (F 47). Diese zwei Wörter fehlen im Deutschen (vgl. D 59), bekräftigen aber Offs nur durch seine Natur als Hund erklärliche Furcht vor dem Mond. Sie hat die literarische Funktion, Louisas und Érics Ängsten ein Ventil zu verschaffen, bevor sich ihr Schicksal als ein außerhalb der Gesellschaft stehendes, unmögliches Paar besiegeln wird. Das dramatische Erscheinungsbild des Mondes wird durch den Aufschrei »Elle vient!...« in seiner gewaltigen, an schwarze Romantik gemahnenden Phantastik bestärkt. Offs Eindruck, das große Gestirn käme auf sie zu, um ihnen das Blut aus den Herzen zu saugen (so wie Éric Louisas Glück »getrunken« haben soll!), verdeutlicht, dass Gefahr in Verzug ist.

Vor allem ist an den Regieanweisungen gearbeitet worden. Sie wirken in der 1995er Ausgabe stimmiger, folgerichtiger und pointierter.[49] Deutlich offenbart sich hier die These von der produktiven Arbeit der Übersetzerin und den nachhaltigen Folgen, die die Qualität ihrer Leistung nicht nur auf die Rezeption

---

49 Willems unterstreicht Pierres einfache, schlichte Natur gleich zu Beginn des Stücks, wenn es in der französischen Überarbeitung in der 2. Szene des 1. Akts lautet, er unterbräche Louisa »avec une pointe de brutalité« (F 16), wo er im Deutschen nur »ungeduldig« (D 69) war. Auch dessen Beziehung zu Milie gestaltet Willems später distanzierter, indem er ihn nicht mehr »Mama« und »du« zu ihr sagen lässt (D 122), sondern »mère« und »vous« (F 84). Auch bei der Beschreibung des Antiquars Balu verschieben sich die Nuancen: Hieß es bei Sommer noch: »Trotz seiner kleinen geschäftlichen Tricks ist er kein übler Bursche« (D 22), typisiert ihn die französische Version weniger moralisierend, tendenziell positiver: »C'est un homme d'une soixantaine d'années, du type sec, qui se conserve bien [...]« (F 25).

in Deutschland sowie auf die unmittelbare Kooperation zwischen Sommer und Willems, sondern schließlich auch auf die geistige Entwicklung und ästhetische Entscheidungsfindung des Autors selbst ausgeübt haben muss. Unwichtigere, gar widersinnige Anleitungen entfallen in der späteren Version;[50] an anderen Stellen fügt sie klärende Angaben hinzu.[51] Wie wichtig die Bühnenanleitungen für das Verständnis des gelesenen und / oder aufgeführten Werks sind, geht allein aus Willems' »Bemerkungen über Darstellung und Inszenierung von ›Of und der Mond‹« hervor (D I – VIII), in denen es heißt, die gesprochene Rede sei in ihrer theatralen Interpretation und Auslegung, in der Intonation und gestischen Darstellung vorrangig. Strukturelle Momente wie Körper, Stimme, Schweigen sowie der Ausdruck synchron einsetzender unausgesprochener Gefühle und Überlegungen der einzelnen Figuren, das Verhalten der Sprechenden zueinander seien, so illustriert Willems hier an einem Szenenbeispiel, in *Off et la lune* entscheidend und ließen das Theaterspielen selbst zu einer Methode der ›Übersetzung‹ werden: Das »Unfassbare, Geheimnisvolle, ›Dichterische‹« (das Walter Benjamin »außer der Mitteilung« übrigens nur dann für übersetzbar hält, wenn »der Übersetzer [...] auch dichtet«)[52] wird zu einer tragenden Säule des

---

50 Im Text von 1995 fehlt der Hinweis: »Louisa geht ihr zur Hand« (D 16), der der Figur in der Tat ein widersprüchliches, inkonsequentes Verhalten aufzwingt. In der 3. Szene des Zweiten Bildes im 2. Akt fällt im Französischen der scherzhafte Erzählerkommentar »tatsächlich« in der Regieanweisung weg: »Er geht drohend auf Of zu, der tatsächlich ein schuldbewußtes Gesicht macht, seit von dem Sessel die Rede ist« (D 93); die französische Version wirkt bezüglich Off neutraler: »Il s'avance menaçant vers Off, qui a pris un air coupable depuis qu'on parle du fauteuil« (F 67).
51 Gleich die erste Regieanleitung zu Beginn des 1. Akts fällt im Französischen weit ausführlicher aus. Willems fügt hier eine ganze Reihe von Vorabinformationen ein, beschreibt das kleinbürgerliche Milieu, in dem das Stück spielt, sowie die scheinbar problemlose Lebenssituation von Milie, Louisa und Pierre (vgl. F 13); im Deutschen fehlen diese Angaben vollständig, vielmehr sagt hier Louisa selbst am Ende des Stücks: »Verzeih mir, Eric, [...] ich bin eine Kleinbürgerin« (D 147), was Willems in der 1995er Ausgabe gestrichen hat. Bei der ersten Begegnung zwischen Éric und Off kommt im Französischen eine neue Geste ins Spiel: »Il lui donne une amicale bourrade« (F 37). Am Ende des 2. Akts verdeutlichen sich im Pierre-Louisa-Dialog die antithetischen Charaktere des ordnungsliebenden, angepassten Pierre und der emotional verwirrten, orientierungslosen Louisa. Willems schwächt hier das Pathos seiner Erklärungen ab und wandelt die vergleichsweise episch anmutenden Ausführungen für die deutsche Aufführung (vgl. D 98) um in eine nüchterne Regieanweisung: »Louisa est elle-même surprise par sa question, où s'exprime soudain le souhait qu'elle porte depuis longtemps en elle« (F 70).
52 Die Zitate stammen aus Walter Benjamins Aufsatz *Die Aufgabe des Übersetzers* von 1923, der abgedruckt ist in H.J. STÖRIG (Hg.), *Das Problem des Übersetzens*, Darmstadt, Wissenschaftliche Buchgesellschaft, 1969, 155–169: hier 156. Die Dekonstruktion knüpft an Benjamins letztlich utopischer Vorstellung, dass hinter jeder Lektüre eine Übertragung stehe, an und erweitert sie um die Theorie der unabschließbaren Sinnverschiebung (etwa in Jacques Derridas Buch *La Dissémination* von 1972). Diese gründet auf dem aporetischen Gedanken der Nicht-Festlegbarkeit der Zeichen und hat mit Samuel Weber eine schlichte »Un-Übersetzbarkeit« zur Folge (S. WEBER, *Un-Übersetzbarkeit. Zu Walter Benjamins ›Aufgabe des*

willemsschen Translationskonzepts. So ist der Text laut Willems primär als Material der Aufführung zu verstehen, die nicht nur in Wort und Sprache, sondern auch im Figuralen und Szenischen das Allegorische zu manifestieren habe. Die Poetik des Wortes steht in diesem frühen Stück von Willems noch deutlich hinter der Pragmatik des Inszenierens zurück. Insofern liefern die ›Bemerkungen‹ dem Leser und dem Regisseur entscheidende Anhaltspunkte, und es erscheint sinnvoll, sie insbesondere an den Rezipienten, der nur den Text in den Händen hält und keiner Aufführung beiwohnt, vorab heranzutragen – so wie es Sommers Version tut. Die französische Ausgabe druckt das Geleitwort des Autors mit dem Quellenhinweis auf die 1955er Ausgabe von Maria Sommer erst im Anschluss an das Stück ab (vgl. F 105–109).

Ein weiterer markanter Unterschied im Titel ist noch nicht erwähnt worden: Im Deutschen heißt der Hund noch Of, in der Veröffentlichung von 1995 wird daraus der Name Off. Maria Sommer veröffentlicht auf der Titelseite ihres Buchs folgende Angaben: »Of und der Mond (Of et la lune). Ein Stück in drei Akten von Paul Willems. Deutsch von Maria Sommer«. Offenbar hat ihr eine Fassung vorgelegen, in der Willems selber die Figur noch »Of« nannte; eine mutwillige Namensänderung seitens der Übersetzerin, die ihre Arbeit in enger Zusammenarbeit und Abstimmung mit dem Autor realisierte, ist auszuschließen.

Die Differenz zwischen den Homophonen »Of« und »Off« ist nur für den gelesenen Text von Belang, für die lebendige Aufführung spielt sie so gut wie keine Rolle. Dennoch erscheint mir diese Änderung, die Willems später vorgenommen hat, von zentraler Bedeutung, belegt sie doch die unerschöpfliche Kreativität, zu der er noch und gerade gegen Ende seiner Schaffenszeit fähig war.[53] Im Vordergrund steht bei diesem Phantasienamen (der für einen Hund übrigens sehr selten und damit extrem anthropomorph wirkt) das Spielerische seiner verschiedenen kontextuellen Abhängigkeitsmodalitäten. Der sprechende Hund ist eine originelle, komische Figur; Off erklärt seinen Namen dadurch, dass er etwas Besonderes (nicht etwas Vulgäres wie »Wof«) und ausdrücklich keine »Tonmalerei« (D 43) sei. Er selbst sei »*of course*« (D 43; Hervorh. von M.S.) englischer Herkunft und ein »herrenloser Hund« (D 43) – ›of nobody‹ mag der amüsierte Leser oder Zuhörer mental ergänzen.[54]

Übersetzers‹, in A. Haverkamp (Hg.), *Die Sprache der Anderen. Übersetzungspolitik zwischen den Kulturen*, Frankfurt a.M., Fischer, 1997, 121–145).
53 Tatsächlich betreibt Willems durch die Variation, die er in der 1995er-Version vornimmt, ein signifikantes metatextuelles Wortspiel auf werkübergeordneter Ebene, indem er ›Of‹ zu ›Off‹ umbenennt, denn, wie hier gezeigt werden soll, gehen mit den unterschiedlichen ›Of‹- und ›Off‹-Versionen verschiedene (Lebens- und Welt-) Visionen einher. Gemeinsames Merkmal aller Wortspiele ist translationswissenschaftlich gesehen, dass sie »unterschiedliche Bedeutungen, aber die gleiche oder eine ähnliche Form haben« (M. SNELL-HORNBY u.a., *Handbuch Translation* (Anm. 2), 285).
54 Die Frage, warum Willems hier auf den englischsprachigen Kulturraum rekurriert, führt zur

Diese Wortspiele funktionieren auch, wenn der Zuschauer »Off« statt »Of« hört. Bei dem Namen Off, den Willems für die endgültige Publikation wählt, kommt aber noch eine weitere signifikante Bedeutungsebene hinzu. In der Szene, in der das Tier seinen ersten Auftritt hat, sagt Éric, nachdem Off sich eigenmächtig zu dessen Hund erklärt hat, zu ihm: »Geh weg!« (D 43) – »Va-t'en!« (F 38) – und bekräftigt wiederholend: »Mach, daß du fort kommst!« – »Fous le camp!« (F 38). »Va-t'en!« wird hier zum französischen Synonym des englischen ›off‹ im Sinne von ›(to) be off‹ oder ›Get off!‹, so wie man im Deutschen etwa ›Schluss!‹, ›Aus!‹ oder ›Platz!‹ zu einem Hund sagt. Der theatergerechte Kraftausdruck »Fous le camp!« – »Mach, daß du fort kommst!« – deutet das Lexem ›off‹ als Gegenteil von ›on‹ um und beinhaltet den Gedanken, etwas (oder jemanden) auszustellen bzw. auszuschalten. Im weiteren Verlauf der Szene entfaltet sich die ganze Dimension des Paradoxen, die die Figur von Off kennzeichnet. Sie klang bereits in den ersten Worten Offs an, mit denen er sich nicht als »monsieur«, sondern als »chien« (F 37) zu erkennen gibt und über die Menschen (verständlich sprechend) philosophiert: »Surprenant ce que les hommes sont peu inventifs quand ils parlent *d'un, ou à un chien*« (F 37; Hervorh. von P.W.). Der Kursivdruck verweist wieder auf das Englische: »[...], wie wenig sich die Menschen einfühlen können, wenn sie *von-oder-mit-einem-Hund* sprechen« (D 42; Hervorh. von M.S.) – ›when they talk *of or to a dog*‹. Bizarr hört sich, aus der Perspektive eines Tieres, Offs anschließende Bemerkung an, wie »menschlich« (D 42) Érics Blick sei, er könne nur nicht sprechen (die Hundesprache nämlich). Éric reflektiert das Paradoxon »Off«, wenn er ihn mit einer Stimme, die eher einem ›viens ici‹ angemessen wäre, wegschickt: »Va-t'en!« (F 38). In Érics antinomischem Befehl »Off! Suis-moi.« (F 46) drückt sich der ganze sprech- und spielbare Widersinn des Namens »Off« aus.[55]

Er evoziert viele heitere Situationen, so zu Beginn des 2. Akts, wenn Éric den Hund, eine Antwort erwartend, ruft: »Off! (Silence) Off!« (F 50), das Wort im Englischen jedoch eigentlich ein Wegschicken beinhaltet oder ein Schweigen gebietet. Der Aberwitz löst sich im Gelächter des Zuschauers, wenn er das Tier daraufhin im ersehnten schottischen Paletot die Bühne betreten sieht. Dieser Bezug der Onomastik Offs zum wörtlichen Sinn seines Namens im Englischen ist

---

Erkenntnis, dass das Stück überhaupt unter einem gewissen angelsächsischen bzw. angloamerikanischen Einfluss steht; vgl. dazu etwa den wiederholten Verweis auf den schottischen Paletot von Off, der sich explizit als »Engländer« (D 43) ausgibt, die Anrede »Junior« (D 77 u. 82; F 58 u. 60) oder die Erwähnung eines Kinofilms mit Clark Gable (D 89), die in der überarbeiteten Fassung von 1995 bezeichnenderweise entfällt (vgl. F 65). Diese Details verweisen entstehungsgeschichtlich auf die gesellschaftliche Nachkriegssituation Mitte der 1950er Jahre und die historisch bewahrende Erinnerung an die Besatzungstruppen.

55 Auch hier handelt es sich um eine geglückte Überarbeitung der Maria Sommer vorliegenden Fassung, in der es statt »Suis-moi« noch künstlerisch weniger zufriedenstellend hieß: »[...] Of! Geh weg! [...]« (D 57).

symptomatisch für eine generelle Konzentration auf die Sprache, auf das Wort an sich, den Sprachgebrauch. Das Spiel mit dem Namen von Off spiegelt sich in dessen (phantastischem) Jonglieren mit Wörtern und in seiner poetischen Ausdrucksweise wider.[56] Offs Sprachbegabung äußert sich in dem mit einem Binnenreim beginnenden Gebet am Ende des 1. Akts: »Saint Médor et saint Azor [...]« (F 44), das sich durch die Anaphern »Faites que [...]« und »Afin que [...]« zu einer großen Klangeinheit verbindet und das Vorgetragene insgesamt wie ein sanftes, beschwörendes Schlaflied wirken lässt.[57]

Die Doppeldeutigkeit des Wortspiels, das Willems mit der Figur des Off betreibt, weist den Autor als einen Meister der lustvollen Sprachakrobatik aus: Situationskomisch ist Offs Verschwinden zu Beginn des 2. Akts (Erstes Bild, 3. Szene) z. B. schon allein wegen der Namensbedeutung von »Off« im Zusammenhang mit diversen englischen Wendungen wie ›to get off‹ (›freikommen von‹, ›abreisen‹) oder ›to get rid of‹ (›jemanden/etwas loswerden‹). Burlesk wirkt sich auch der Kurzdialog Pierre-Milie um das Bleiben oder Verschwinden Louisas aus. Wiederholt bittet Milie die Tochter: »Reste ici!«, während Pierre ihr befiehlt: »Sors, Louisa« (F 85). Bravourös bringt Willems das Kommen und Gehen, »les allées et venues« auf die Bühne: Diese Opposition zieht sich wie ein roter Faden durch das ganze Stück und häuft sich sprachlich gegen Ende desselben.[58] Manchmal dringen die subtilen Einflechtungen nicht bis in die deutsche Sprache durch,[59] doch sind sie insgesamt gar nicht zu überhören, etwa wenn Raymond im 3. Akt, Erstes Bild, 8. Szene fragt: »Ist Tony nicht zurückgekommen?« und gleich darauf weiter überlegt: »[...] er ist hier so plötzlich weggegangen...« (D 133), am Ende dann die Sorge formuliert: »[...] Ich habe Angst, daß er fortgelaufen ist! Aber [...] er muß wiederkommen!« (D 134).

Der Begriff des sich dynamisch Wegbewegenden, das in der Präposition ›off‹ enthalten ist, stützt das Werk auch auf szenisch-inhaltlicher Ebene. Voller

---

56 Vgl. z. B. Offs Vergleich des Meeres mit einer Frau (D 70; F 54).
57 Im Deutschen klingt das »Gebet zum heiligen Barry« (S. KIENZLE, »Of und der Mond« (Anm. 11), 987) nicht ganz so poetisch wie im Französischen; warum Sommer die Heiligen »Saint Médor et saint Azor« in »Heiliger Barry, Heilige Senta« (D 54) umbenennt, bleibt unklar. Ausschlaggebend ist jedoch letztlich Offs altruistische Absicht, die er mit seinem allabendlichen Ritual verfolgt: Er »tröstet [...] die Betrübten« (S. KIENZLE, »Of und der Mond« (Anm. 11), 987).
58 Bereits der 2. Akt beginnt mit der expliziten Aufnahme des Wortspiels: »Éric: Pourquoi ne vient-elle pas à mes rendez-vous? [...] Va dire à Louisa: ›Éric viendra cette nuit.‹« (F 51). Zu Deutsch: »Eric: Warum kommt sie dann nicht, wenn ich sie darum bitte? [...] Geh, sag Louisa: Eric wird heute nacht kommen« (D 64/65).
59 So klingen die imaginären Vor- und Zurückbewegungen in dem Wortwechsel »Louisa [...]: Je n'irai pas. Simone [...]: Je te retrouve!« (F 90) im Deutschen nicht mehr durch (vgl. D 133); im Französischen unterstreicht die Wortwahl in Simones Frage »Il est arrivé quelque chose?« (F 91) den Gegensatz zwischen ›arriver‹ und ›partir‹, was aus ihrer deutschen Frage »Ist denn irgend etwas geschehen?« nicht mehr herauszuhören ist (D 134).

Schmerz begehrt Tony gegen die Heiratspläne des Vaters auf: »Si c'est ainsi... je m'en vais [...]! (Il sort)« (F 88). Darauf fordert Raymond Milie auf, zu ihm zu kommen: »[...] Venez chez moi... [...]«, nur um im gleichen Atemzug anzukündigen, dass er gehen muss: »[...] Je vais voir où il est... Tout à l'heure je reviendrai [...]«, woraufhin nun Pierre Milie zum Bleiben auffordert: »[...] vous resterez ici [...]« (F 88). Das Wechselspiel des Bleibens und Verlassens charakterisiert auch die Beziehung zwischen Pierre und Louisa. Ihr Verhältnis ist von einer sich ständig alternierenden Nähe und Distanz bestimmt, zum einen, weil Pierre Lastkraftwagenfahrer ist, zum anderen, weil die beiden sich fremd sind. Bei ihrer letzten Begegnung verabschiedet sich Pierre von seiner Frau mit einem die Entfernung zwischen diesen Figuren bezeichnenden Ausruf, der einem eventuellen Versuch ihrerseits, sich ihm zu nähern, vorgreift: »Louisa, bonsoir, ne m'embrasse pas, je n'ai pas le temps! [...]« (F 89).

Dass diese Basisantinomie in Wahrheit auf einen tiefen Konflikt hindeutet, ist im 3. Akt unverkennbar. Der Widerstreit zwischen ›partir‹ und ›venir‹, dem Aufbrechen und Ankommen erreicht im Dialog zwischen Éric und Louisa seinen dramatischen Höhepunkt. Das Paar erfährt die Unvereinbarkeiten von Ruhe und Unruhe, Sesshaftigkeit und Rastlosigkeit und sieht angesichts von Louisas Schwangerschaft schließlich auch die Unmöglichkeit ihres Zusammenseins oder -bleibens ein. Das Motiv vom Kommen und Gehen verdichtet sich in Érics Replik: »Tu m'as renvoyé et tu me reproches d'être parti! Quand le jour est venu, je me suis arrêté [...]« (F 96).[60] Érics Mund, der Louisa seit ihrer ersten Begegnung die Worte »Suis-moi« zuzuraunen (F 98) schien, ist ihr ein Symbol für Angst und Freiheit zugleich: Er könnte sie erretten, aber auch ihr Verderben bedeuten. So, wie nicht nur Off, sondern auch Éric, Simone oder Louisa sich sehr poetisch auszudrücken wissen, empfindet nicht nur Louisa existenzielle Angst (»J'ai eu peur«; F 98), auch Off verspürt sie angesichts des Mondes (»J'ai peur [...]«; F 92), ja selbst dem alten Raymond wird sie zugeschrieben (»Il a peur d'être seul«; F 100), und er bestätigt sie am Schluss: »[...] J'ai peur d'être seul, plus tard...« (F 103).

Der Gegenentwurf zu Angst und Schatten ist das Gefühl, frei zu sein, ein freies Leben – »une vie libre« (F 99) – zu führen. Davon träumen auch Louisa, die am liebsten »Loin d'ici!« (F 68) wäre, und Off: »[...] allons-nous-en, bien loin, là où on est libre« (F 94). Das Sehnsuchtsmotiv verbindet ihn mit Éric, der sein Lebensgefühl als vollendet leidenschaftlich und morbide zugleich wiedergibt: »Chaque fois que je respire, je reçois un baiser de septembre. Oh! belle saison, tu es l'écho de mon désir...« (F 93). Er wünscht sich, genau wie Off, inbrünstig

---

60 Die deutsche Übersetzung gibt das Wortspiel des ›venir‹ und ›partir‹ in dem Halbsatz »Quand le jour est venu [...]« mit »Als der Morgen graute [...]« (D 144) nicht vollständig wieder.

»weit fort« (D 45 u. 58) – »j'ai envie de partir très loin [...]. Une force douloureuse me pousse toujours ailleurs...« (F 39) – an einen fernen Ort, an dem die Herbstdüfte ihm und Louisa ein verlockendes Nachtlager bereiten, an dem der Wind ›frisch wie ein Laken‹ weht und die Liebe der beiden ewig währt.[61]

Die Oppositionen »ici« versus »loin d'ici« (vgl. F 48 u. 68) und ›partir‹ oder ›s'en aller‹ versus ›venir‹ unterstützen den romantisch-sentimentalen Fernblick der Figuren und bedingen immer auch die Erfahrung des Verlassenwerdens. Auf dem Zettel, den Louisa Éric am Ende des 2. Akts hinterlässt, liest der Liebende die grausame Zeile: »Je m'en vais avec Pierre. Inutile de m'attendre. Laissez-moi en paix.« (F 72). Ebenso überraschend schlägt Milie Balus wiederholten Heiratsantrag plötzlich aus: »Merci, Balu. Je me passerai de votre offre aujourd'hui et demain et après-demain aussi« (F 86), genauso wie in der gleichen Szene auch Raymonds Angebot, Milie in den Hafen der Ehe einlaufen zu lassen, durch die verzweifelte Wiederholung desselben und Tonys damit verbundenem Leid einen tragischen Beigeschmack erhält. Zuvor bereits hatte Milie Raymond durch Gunstbeweise gegenüber dessen Rivalen Balu gequält (vgl. D 86; F 62–63); Raymonds Liebesschmerz stach hier noch von den Liebeswonnen ab, die sein Sohn Tony durchlebte. Pierre wiederum weist Milie aus dem Haus: »[...] hier gehst du 'raus« (D 128) – »[...] vous irez ailleurs« (F 87).

Die Gegenüberstellung von ›dedans‹ (im Haus / Hafen der Ehe) und ›ailleurs‹ (draußen / in der Freiheit) verschmelzen in Off zu einer Einheit: Er gehört zwar niemandem, schließt sich aber permanent einem (wechselnden) Besitzer an. Er wird zwar ständig weggeschickt,[62] schlecht wie ein Hund behandelt,[63] ja gar zum Symbol der Unerträglichkeit des Daseins schlechthin,[64] gleichwohl gibt er nicht

---

[61] Diese Stelle hat Willems erst im 1995er Text eingefügt. Der erweiterte Wortwechsel zwischen Off und Éric insistiert auf den Moment der ersten Begegnung von Louisa und Éric und versetzt Éric in einen schmachtenden Zustand (vgl. F 93).

[62] So fällt der erste Vorhang im 2. Akt, nachdem Éric seiner Enttäuschung über Louisas Zurückhaltung Off gegenüber Luft macht und ihm ärgerlich drei Mal hintereinander »Va-t'en« entgegenhält (F 57). Die deutsche Version bekräftigt den Befehl: »Mach, daß du fortkommst!« (D 75). In Wahrheit ist Off hier nur die Zielscheibe für Érics Frustration, dem er am Ende der Szene sogar zur Lösung seines Problems verhilft.

[63] Symptomatisch dafür ist der ›erste Streit‹ zwischen Louisa und Pierre am Ende des 2. Akts, zu dem es auf Grund des zerrissenen Wohnzimmersessels kommt. Off kann sich in dieser Szene weder durch Worte noch durch Taten gegen die massiven Angriffe von Pierre wehren (vgl. insb. F 67; D 93). Louisa gebietet Pierre daraufhin Einhalt mit Worten, die dem englischen Imperativ ›be off!‹ entsprechen und einen Konnex zur Figur des Hundes herstellen: »Cesse! [...] C'est fini maintenant!« (F 67); deutsch: »Hör auf! [...] Schluß!« (D 94). In der anschließenden Versöhnungsszene zwischen den Eheleuten heißt es über Off dann nur noch, er sei »fort« (D 96): »Il est parti« (F 69).

[64] Am Ende lässt das Ritual des Wegschickens Off stellenweise als eine vom Schicksal gebeutelte Kreatur erscheinen, etwa als sich Érics Liebeskummer in der von einem brutalen Stoß begleiteten, nachdrücklich wiederholten Wendung »Va-t'en!« (F 100) – »Geh weg! [...] Geh!« (D 149) – entlädt, die sich gegen den unschuldigen Off richtet.

auf, sondern erhebt sich über sein Schicksal, verkehrt die Machtverhältnisse in ihr Gegenteil[65] und bewahrt sich als Einziger am Ende des Stücks die Hoffnung und Aussicht auf ein gutes, freies Leben. Wie aus dem ›Off‹ ertönen seine bedeutungsvollen Schlusssätze, die für Freiheit und jenes »wahre Leben« (D 155) plädieren, das sich der Autor Paul Willems zu den 1954 noch nicht ganz fernen Zeiten der Kriegswirren herbeigewünscht haben mag.[66]

Offs auktorial gefärbte Schlussworte haben fast den Anschein, als würde der Hund hier die Rolle des Chors in einer antiken Tragödie übernehmen, ein erzieherisches Fazit aus dem Stück ziehen oder, wie im Märchen, die ›Moral von der Geschichte‹ zusammenfassen. Das Meer, »la mer« (F 103), ist der Inbegriff von Offs Freiheits- und Wahrheitsliebe, zugleich treffen sich in diesem Bild all die enttäuschten Erwartungen der anderen Figuren: Das Meer ist ein Ort, an dem Louisa und Éric »comme des mouettes sur la mer« (F 99), »allein in unserer Arche« (D 148) hätten glücklich werden wollen. Es verhält sich am Ende des Stücks wie eine Projektionsfläche für Raymonds erregende Vision von »Harmonie et […] Verité« (F 41)[67] und wird zum Spiegelbild »einer blauen Nacht am Strand von Tahiti« (D 85), zur metaphorisch-ideellen Raumentfaltung von einem »Traumland« (D 86), in dem Tony und Simone schwelgen. Die quasiautobiographische Konnotation von Offs letzten Worten[68] ist evident: Küste, Strand, Buchten und Ozean spielten für den aus der Hafenstadt Antwerpen stammenden Nordbelgier Paul Willems zeitlebens eine wichtige Rolle; als junger Student verbrachte er als Hilfsmatrose zwei Monate auf hoher See, in denen er seine Beziehung zum Meer vertiefte.[69]

---

65 »Off: Je t'adopte comme maître, tu verras, c'est épatant« (F 103); »Of: Ich adoptiere dich als meinen Herrn! Du wirst sehen – das wird ganz toll!« (D 154).
66 Die Kriegsthematik steht in Opposition zur Liebesthematik; Simone greift sie zu Beginn des 3. Akts im Dialog mit Louisa über das Bild von der Ardennenschlacht auf, deren Anblick sie der schwangeren Louisa ersparen möchte. Die Aufzählung »Schmutz, Ruinen, tote Pferde, verwundete Menschen, blutbefleckte Verbände« (D 105; vgl. F 74) verrät quasi-autobiographische Details, die auf den militärischen Einsatz von Willems in der berittenen Artillerie Belgiens im 2. Weltkrieg verweisen.
67 Die Großschreibung im Französischen betont die Wichtigkeit dieser zwei Werte für Raymond; diese Hervorhebung muss in der deutschen Übersetzung entfallen (vgl. D 50). Das Motiv des Meeres schwingt auch in Raymonds wiederholt zum Ausdruck gebrachter Hoffnung mit, Milie werde mit ihm im ›Hafen‹ der Ehe landen.
68 Gemeint sind hier insbesondere Offs in Form eines bildlichen Wunschtraums vorgetragene Schlussworte: »[…] on va vivre la vraie vie […] et peut-être, un jour, nous irons à la mer« (F 103).
69 »[…] ce fut pour moi un contact essentiel avec la mer« (P. WILLEMS, »En sortant de rhétorique, je me suis engagé comme aide-stewart […]«, in P. Emond et al., *Le monde de Paul Willems* (Anm. 17), 71–72: hier 71).

IV. Vision und Performanz

In der Übersetzung von Maria Sommer aus dem Jahr 1955 sind bereits alle grundlegenden Gestaltungsmerkmale wie das Humoristische und die Bedeutung des Angstgefühls, die Dichotomie des Kommens und Gehens sowie das Sehnsuchtsmotiv enthalten. Auch die Schattenmetaphorik ist in ihrem strukturellen Entwurf schon in dieser Version nachweisbar, wurde aber, ebenso wie der Titel, eine Reihe von Regieanweisungen und insbesondere der Éric-Louisa-Dialog zu Beginn des 3. Akts für die Veröffentlichung des französischen Originals 1995 überarbeitet und leicht abgeändert. Unter dem Aspekt der interlingualen Translation bewahrt die Übersetzung den inneren Wert der Wörter sowie die atmosphärische Verräumlichung durch Sprache zumeist; freilich ist die deutsche Sprache der Eleganz des Französischen nicht immer gewachsen.[70] Auch finden einige Schlüsselbegriffe wie Willems' ›merveilleux‹ oder ›aimer‹[71] in ihrer feinen Polysemie – d.h. gemäß der Saussureschen Relation zwischen ›Bedeutung‹ und ›Wert‹[72] – keine die ursprüngliche Werteskala transportierenden Analogien.

Die Äquivalenz zwischen ausgangssprachlichem (Willems) und zielsprachlichem Text (Sommer), die gemeinhin als Prüfstein für die Qualität einer Übersetzung gilt, ist, von der traditionellen Warte kritischer Texttreue aus gesehen, auf der Mikroebene der untersuchten Texte (soweit auf Grund von Willems' Überarbeitungen bzw. der spezifischen Publikationsgeschichte über-

---

70 Vor kulturspezifische Übertragungsschwierigkeiten sieht sich die deutsche Übersetzung insbesondere angesichts französischer Routineformeln gestellt wie »charmant« (französisch: »j'ai retrouvé à propos de Louisa un trait qui est charmant«, F 22; deutsch: »[...] habe ich übrigens eine ganz entzückende Notiz über Louisa entdeckt«, D 17) oder »ma cherie« (F 83; Pierre redet seine Frau im Deutschen etwas spröde mit »mein Kind« an, D 121).

71 Auch dieses schlichte, doch facettenreiche Verb setzt Willems intentional gleichbleibend ein; im Deutschen muss es meist kontextabhängig-interpretierend angepasst werden, etwa als sich Louisa vor ihrem Mann über Éric äußert: »[...] ich mag ihn nicht« (D 90); Willems schreibt: »[...] je ne l'aime pas« (F 65). Ebenso sagt Pierre auf Deutsch: »Ich kann diesen Hund nicht ausstehen« (D 93) und im Französischen: »Je n'aime pas ce chien« (F 67). Und zu Louisa meint er beschwichtigend: »[...] je t'aime bien, Louisa« (F 69). Die dramatische Zuspitzung des Missverständnisses zwischen den Eheleuten wird in dem »[...] ich habe dich sehr lieb, Louisa« (D 97) kaum deutlich, sie scheint erst in der unmittelbar anschließenden Kontrastierung zwischen »[...] alles ist gut« und »Alles ist schlecht« durch, mittels derer Pierre und Louisa ihre unterschiedlichen Lebensauffassungen verbalisieren. Im Anschluss an Simones entscheidende Differenzierung zwischen ›verliebt sein‹ und ›lieben‹ verleiht Sommer Louisas Antwort entsprechenden Nachdruck: »Du weißt nicht, was das ist. Lieben« (D 107) (»Tu ne sais pas ce que c'est qu'aimer«, F 75).

72 Vgl. hierzu A. HIRSCH, *Übersetzung und Unentscheidbarkeit: Übersetzungstheoretische Anmerkungen zu Saussure, Husserl und Derrida*, in G. Abel (Hg.), *Das Problem der Übersetzung. Le problème de la traduction*, Berlin, Spitz, 1999 (Schriftenreihe des Frankreich-Zentrums der Technischen Universität Berlin Bd. 1), 77–99: hier 86 ff.

prüfbar und relevant) gewährleistet. Dennoch sind in Anbetracht der von diversen Übersetzungstheoretikern seit Eugene Albert Nidas *Toward a Science of Translating* (1964) dargelegten Einsicht, dass keine Übersetzung jemals endgültig ist, sowie der rasanten Veränderungen des Sprachgebrauchs, vierzig Jahre eine lange Zeit. Willems' in den »remarques« (F 105) sich abzeichnende dramentheoretische Überlegung, dass auch jede Theaterinszenierung als Manifestation einer ebenso begrenzten wie unendlichen Übersetzbarkeit aufzufassen ist, und der weiterführende Gedanke, dass man es folglich bei der übersetzten Fassung eines Bühnenwerks mit einer Doppelung des Übertragungsprozesses auf sprachlicher und auf inszenatorischer Ebene zu tun hat, berühren den Themenkomplex einer *ars transferendi*, die (so wie die Theorie der Dramenübersetzung allgemein) erst in Ansätzen begriffen worden ist.[73] Wie Herbert Meier unterstreicht, sind insbesondere Theaterübersetzungen transitorisch, d. h. »vom Zeitklima, in dem sie entstehen, und oft vom herrschenden Sprachgeschmack bestimmt. Daher empfinden wir sie nach Jahren meist als veraltet«.[74] Anders ausgedrückt, ist jedes interkulturelle Translat (ebenso wie jeder Ausgangstext) auch immer in seiner historischen Relativität zu beurteilen. Angesichts der Änderungen, die Paul Willems seinem Originaltext in den 1990er Jahren angedeihen ließ und die hier lediglich in ihrer Gewichtigkeit angedeutet und gar nicht bis ins letzte Detail ausgeleuchtet werden konnten, stellt sich für eine Neuinszenierung auf deutschen Bühnen allerdings verstärkt die Forderung nach einer neuen, der inzwischen publizierten Endversion von Willems entsprechenden, zeitgemäßen Übersetzung.

Um eine solche adäquat wertschätzen zu können, muss man allerdings Abstand nehmen von dem, was noch bis in die späten 1970er Jahre als der prinzipielle ›Makel‹ einer jeden Übersetzung galt. Maria Sommer selber räumt ihn selbstbescheiden gleich zu Beginn ihres Beitrags über Paul Willems in Österreich und Deutschland ein, indem sie eine Anekdote über Jean Anouilh erzählt, der als Regisseur von Vitracs *Victor ou les Enfants au pouvoir* in München zum ersten Mal eine Inszenierung außerhalb von Frankreichs Grenzen wagte und dort mit Schauspielern, die eine fremde Sprache benutzten, zu arbeiten hatte:

---

73 Das kritisiert auch B. SCHULTZE am Anfang ihres Beitrags über *Highways, Byways, and Blind Alleys in Translating Drama: Historical and Systematic Aspects of a Cultural Technique*, in M. Irmscher – K. Mueller-Vollmer (Hgg.), *Translating Literatures – Translating Cultures. New Vistas and Approaches in Literary Studies*, Berlin, Erich Schmidt Verlag, 1998 (Göttinger Beiträge zur Internationalen Übersetzungsforschung Bd. 17), 177–196, hier: 177 ff.

74 H. MEIER, *Theaterübersetzen. Lorca zum Beispiel*, in E. Rudin (Hg.), *Übersetzung und Rezeption García Lorcas im deutschen Sprachraum*, Kassel, Reichenberger, 1997 (Europäische Profile 42), 101–108, hier: 101. Vgl. auch Koller: »Übersetzungen literarischer Texte müssen immer wieder von neuem unternommen werden. Jede Übersetzung gibt eine bestimmte und immer nur partielle Interpretation des Urtextes – deshalb altern […] Übersetzungen […]« (W. KOLLER, *Einführung in die Übersetzungswissenschaft* (Anm. 1), 57).

Ausgerechnet ihm wird abends im Restaurant ein Käse als ›echter Camembert‹ serviert, den der französische Autor jedoch sofort als ›falschen Camembert‹ erkennt. So will ihm anderntags, kurz gesagt, auch das Spiel der deutschen Bühnendarsteller eben nicht als »le vrai camembert«[75] – das heißt nicht als der wahre Vitrac, nicht genuin oder originalgetreu genug – erscheinen. Eben dieses Empfinden hat Sommer bei allen deutschen Willems-Inszenierungen als Zuschauerin erklärtermaßen begleitet.[76]

Dass man angesichts einer Übersetzung, wie Michel Leiris es einmal formuliert hat, beim Aufeinanderprall der eigenen mit der fremden Kultur nur den »Schatten und nicht die Beute«[77] zu fassen bekäme, ist eine in Fachkreisen mittlerweile überholte Ansicht, die der translationswissenschaftlichen Erkenntnis gewichen ist, dass uns ein Autor die Welt und ein Übersetzer die Welt des Autors zu vermitteln versucht.[78] Das Übersetzen literarischer Texte wird heute im zusammengewachsenen Europa[79] gerade auch in Belgien als eine eigene Kunst verstanden,[80] seit der kommunikationstheoretische, sprachkontaktfördernde und kulturvermittelnde bzw. -geschichtliche Aspekt von Übersetzungen zunehmend translatologisch gewürdigt wird und emanzipatorische Schlagworte wie die anfangs erwähnten *Translation Studies* oder interkulturelle Kommunikation[81] in Umlauf gekommen sind.

Schließlich aber wird nur der veränderte Erwartungshorizont seitens jenes kritischen Publikums, das die zwar verhaltenen, doch kontinuierlichen Aufwertungen und Umdeutungen der Übersetzungsleistung in den letzten zwei bis drei Jahrzehnten bewusst verinnerlicht hat,[82] den Weg für ein tieferes Ver-

---

75 M. Sommer, *Paul Willems en Autriche et en Allemagne*, in P. Emond et al., *Le monde de Paul Willems* (Anm. 17), 294–297, hier: 294.
76 »Les Allemands ont d'autres rêves et je n'en ai fait que trop souvent l'expérience en voyant représenter la version allemande d'une pièce de Paul Willems – toujours ›mise au point‹ avec la collaboration de l'auteur –: le texte familier me semblait transporté dans une sphère infiniment éloignée […]« (ebda., 296).
77 Zit. nach H.-J. Heinrichs, »Einleitung«, in M. Leiris, *Das Auge des Ethnographen. Ethnologische Schriften II*, übers. von Rolf Wintermeyer, hg. und mit einer Einleitung von H.-J. Heinrichs, Frankfurt a.M., Syndikat, 1981, 7–25, hier: 7.
78 »[…] the traveller as translator and the translator as traveller have much to teach us about learning to navigate a life on a post-Babelian planet« (M. Cronin, *Across the Lines. Travel, Language, Translation*, Cork/Ireland, Cork University Press, 2000, 157).
79 »Ce sont les traducteurs qui ont fait l'Europe« (F. Wuilmart, *La traduction littéraire: sa spécificité, son actualité, son avenir en Europe*, in M. Ballard (éd.), *Europe et traduction* (Anm. 46), 383–392: hier 392).
80 »[…] la traduction littéraire […] est aussi un art« (ebda., 389); Stolze spricht von einer »übersetzungstheoretischen Schule« in Belgien (R. Stolze, *Übersetzungstheorien* (Anm. 1), 149).
81 Vgl. hierzu Anm. 5 der vorliegenden Studie; weiterhin: K. Henschelmann, *Problem-bewußtes Übersetzen. Französisch – Deutsch. Ein Arbeitsbuch*, Tübingen, Narr, 1999, 138 ff.
82 Hier komme ich auf die Bedeutung der Zuschauerreaktionen und des Publikumsverhaltens

ständnis von Paul Willems' Überzeugung ebnen, dass *Off et la lune* ein Stück sei, in dem das Wort oftmals nur Begleitcharakter habe und die universellen Momente des Schweigens – »des silences« (F 106) – den sehr viel wichtigeren Gedanken und Gefühlen der handelnden Personen Ausdruck verleihen sollten.[83] Das bedeutet nichts anderes, als dass das (real oder fiktiv) gesprochene Wort, sei es nun im deutschen *Of und der Mond* oder im französischen *Off et la lune*, in seiner Bedeutung hinter der performativen Aufführungspraxis zurücktritt[84] zugunsten einer ästhetisch übergeordneten Bedeutungsebene, die Paul Willems »das andere Stück« (D V) – »l'autre pièce« (F 108) – nennt und auf die die psychologischen Traumwelten der Figuren ebenso wie der stille, sinnliche Schatten, den Érics Körper an die Wand von Louisas Haus wirft, so rätselhaft und doch unübersehbar verweisen.

---

zurück, das den eingangs beschriebenen Siegeszug der Stücke von Paul Willems auf deutschen Bühnen ermöglicht hat, und auf die Forderung nach einer korrekten Einschätzung der kulturellen Relevanz von Übersetzungen: »Il s'agit de faire paraître la nécessité d'une pensée de la poétique, d'une pensée du langage pour les traducteurs comme pour tous ceux qui lisent des traductions« (H. Meschonnic, *Poétique du traduire*, Lagrasse, Verdier, 1999, 10).

83 Die deutschsprachige, aus Rumänien stammende Literaturnobelpreisträgerin Herta Müller hat mit ihren Reflexionen über Grenzen, Sprachenwechsel und Freiheit die hier von Willems intendierte Bedeutung des Schweigens als Lebenseinstellung am Beispiel der rumänischen Bauern treffend beschrieben: »Diese Art des Schweigens ist keine Pause zwischen dem Reden, sondern eine Sache für sich [...]« (H. MÜLLER, *Heimat ist das was gesprochen wird. Rede an die Abiturienten des Jahrgangs 2001*, Blieskastel, Gollenstein, 2001, 29 ff.).

84 Hierin ist Willems wiederum Goethe nicht ganz fremd, dessen Faust-Figur der Übersetzbarkeit vom biblischen »Grundtext« nachspürt und zum Schluss kommt, dass »im Anfang« weder »das Wort« noch »der Sinn« noch »die Kraft« war, sondern »die That« (J. W. VON GOETHE, »Studirzimmer«, in ders., *Faust. Eine Tragödie. Erster Theil*, in *Goethes Werke*, hg. im Auftrage der Großherzogin Sophie von Sachsen, 14. Bd., Weimar, Böhlau, 1887, 62–63, V. 1220–1237).

Giampaolo Borghello (Udine)

La tana, il libro, gli altri. Alle origini della narrativa di Carlo Sgorlon

> Ho paura di decidere, di non saper fare la mia parte a questo mondo, di non sapermi adattare, di non saper vivere. Sento sempre una doppia spinta davanti alle cose, una che mi avvicina e una che mi allontana. Le desidero, mi avvicino, faccio per prenderle, e nello stesso tempo sento una forza maledetta che mi allontana, per paura di adattarmi ad esse, di sentirmi limitato, di dover rinunciare a qualcosa, per lo spavento che sia tutto lì.
>
> C. SGORLON, *La poltrona*

> Chi vive veramente nella realtà, trova angoscianti le cose che violano o sembrano violare la legge della realtà; chi vive fuori della realtà, trova angosciante la realtà intera, e la trova tanto più angosciante, quanto più perfettamente essa ubbidisce alla propria legge, quanto più essa è normale.
>
> L. MITTNER, *Kafka senza kafkismi*

> Non devo pensare sempre a quello che farò, devo pensare solo a quello che faccio, devo tenermi legato al presente e non lasciar galoppare l'immaginazione. Devo smettere di avere sempre quella maledetta premura, quella premura malata, odiosa, ossessionante.[1]

Questo teso e lucido spaccato rappresenta un tassello ma anche la radice della nevrosi che impietosamente attanaglia Giacomo Cojaniz, il protagonista del romanzo di Carlo Sgorlon *La poltrona*: una nevrosi reale e al tempo stesso metaforica, che dilata le cose in ogni direzione e, al contempo, blocca i singoli (anche minimi) atti del protagonista. Il rapporto malato con il tempo, lo sguardo che non riesce a fermarsi sulle normali sequenze del presente e l'angoscia del perdere tempo disperdendosi in ogni direzione condizionano le ore del personaggio. Significativamente *La poltrona* inizia così:

> Oggi incomincio, adesso, subito. Non ce la faccio ad aspettare ancora, è anche troppo che aspetto, che sto seduto in anticamera, sono anni e anni, una quantità enorme di tempo. Forse non ho ancora tutto pronto, forse dovrei rimandare di due o tre settimane almeno, ma voglio seguire l'ispirazione del momento e cominciare subito.[2]

---

1 C. SGORLON, *La poltrona*, Milano, Mondadori, 1968, 51.
2 ID., *La poltrona* (nota 1), 7.

E poco dopo il protagonista confessa:

> Io non posso sciupare tempo, ho già più di quarant'anni, quasi quarantadue, e ancora stringi stringi non ho concluso niente. Sono in ritardo di quindici anni almeno; ho messo troppi anni a decidermi, e poi troppi anni a raccogliere materiale, a metter vicino appunti, sono anni e anni che sto seduto in anticamera per fare un libro di mille pagine, una bomba da dieci megatoni, che deve far volare per aria tutti gli stracci, e stamattina faccio una partenza sbagliata.[3]

L'orizzonte necessitante di Giacomo è la stesura della ›grande opera‹ che deve assicurargli l'immortalità, riscattando la ristrettezza e la banalità di un'esistenza grigia e costellata di ansie e timori. L'orizzonte è nevrotico: l'aspirazione non è a un testo di normali dimensioni, in una prospettiva serena, concreta e raggiungibile. Quanto più è cogente la banalità dell'esistenza quotidiana tanto più immenso deve essere il risarcimento. Da questo punto di vista già il titolo è sintomatico: *La torre di Babele*; quasi che nell'impostazione sia evidente la frustrazione di un esplicito esito negativo. Viene fatto di pensare alla posizione analoga di Alfonso Nitti nella sveviana *Una vita*, con l'aspirazione inquieta e velleitaria a scrivere il trattato *L'idea morale nel mondo moderno*.[4]

Giacomo ne *La poltrona* punta a un'opera immane che »dev'essere una colossale tragedia dello spirito, di tutta la civiltà moderna, del *regnum hominis*, dal Ficino all'informale«.[5] Le dimensioni (1000 pagine) confermano l'immagine ciclopica dell'impresa: ed è significativo che i due nomi che vengono richiamati dal personaggio siano quelli di Joyce e di Musil. Giacomo si chiede:

> Ma voglio sul serio scrivere un libro di mille pagine? Non è una fesseria, un'impresa disperata? Come può farcela uno come me? Ma scherziamo, non sono mica Joyce, non ce la farò mai e poi mai. Mi basta il numero a mettermi in uno stato di angoscia, è un numero che mi spaventa, che mi stringe le costole come una morsa, mi gonfia il fegato, mi rallenta il respiro, mi stringe o mi dilata i vasi del cervello, mi fa dolere la testa in modo lazzarone.[6]

E parallelamente, sul versante propriamente musiliano, è sintomatico che il personaggio perda il filo della narrazione, non si ricordi quel che ha letto, si smarrisca nel dedalo de *L'uomo senza qualità:* anche da lettore Giacomo registra la sconfitta.[7]

---

3 ID., *La poltrona* (nota 1), 27–28.
4 Cfr. I. SVEVO, *Una vita*, in ID., *Romanzi*, I, Milano, dall'Oglio, 1969, 199 e ss. Ha scritto Amedeo Giacomini, in una acuta e calibrata recensione: »*La poltrona* fa pensare all'opera di uno Svevo che, invece di tendere a una recitazione alta della propria nevrosi, borghese, coltissima, l'affoghi in una indifferenziata tensione di origine e di stampo populistici« (»Messaggero Veneto«, 12 Maggio 1968).
5 C. SGORLON, *La poltrona* (nota 1), 28.
6 ID., *La poltrona* (nota 1), 25.
7 ID., *La poltrona* (nota 1), 94–95.

Per arrivare alla stesura delle pagine de *La torre di Babele* il protagonista, scontati gli ostacoli perenni del tempo e del rapporto con il proprio corpo, si smarrisce continuamente in un balletto tra gli appunti e le schede. Sono utili o necessari gli appunti o è preferibile puntare sulle schede? Il balletto dilata oltre ogni dire nevroticamente la fase esistenziale della ›preparazione‹. Se da un lato la prospettiva della scrittura de *La torre di Babele* rappresenta l'idea fissa e la spinta totalizzante, il personaggio ciclicamente viene colto da dubbi che minano alla radice il progetto, gettando una luce devastante sui suoi sovrumani sforzi di aspirante scrittore:

> Forse non credo abbastanza neanche alla *Torre di Babele*, forse per questo non riesco a andare avanti sul serio, in una direzione sola. Forse la *Torre di Babele* è solo un'enorme montatura, un pallone gonfio d'aria che un giorno uno spillo basterà ad annientare. Ecco cosa sarà la mia vita, un enorme fallimento, una tortura continua, non arriverò mai a finire quel lavoro perché non ho forze sufficienti, mi manca l'inventiva, l'energia, la chiarezza mentale, lo slancio, la freschezza.[8]

> Forse non ce la farò mai, forse mi sono imbarcato in una faccenda enorme, labirintica, troppo grande per me, e mi ci perderò dentro. Ma perché mi martirizzo così, perché non faccio un enorme sforzo di volontà e non mi strappo questo lavoro dalla testa? Ormai comincio a capire che cos'è, ne ho avuto il sospetto mille volte. È una cosa che mi porterà alla rovina, che mi farà crepare prima del tempo. Forse sto diventando pazzo, più vado avanti e meglio lo capisco. Non arriverò mai alla fine, è una strada troppo lunga e piena di trabocchetti e di sabbie mobili. È un lavoro che continua a crescere su se stesso, di cui non riesco a vedere la fine. È come una vegetazione impazzita, una malapianta, una gramigna che più si taglia e più cresce.[9]

È sintomatico che il groviglio nevrotico che stringe da presso il protagonista si rifletta in modo totalizzante sulla fisionomia dei personaggi che dovrebbero costituire l'ossatura de *La torre di Babele*. Giacomo vorrebbe partire, dal punto di vista metodologico, preparando una galleria di ›caratteri‹; ma subito si rende conto che non possono essere definiti ›caratteri‹ in senso tradizionale, perché questi personaggi non conoscono nemmeno se stessi: »sono coscienze ferite e sofferenti per il fatto stesso di esistere«.[10] Ma anche quando Giacomo vince la terribile inerzia delle pagine bianche e riempie qualche foglio, illudendosi di avviare la sua liberazione, l'atto di semplice verifica della ›rilettura‹ palesa nel modo più diretto e inquietante la realtà di una drammatica sconfitta:

> Provo a rileggere ancora le pagine scritte, ma è peggio di prima. Tutto mi sembra terribilmente banale, vecchio, spremuto in tutte le sue possibilità mille e mille volte. Da

---

8 ID., *La poltrona* (nota 1), 112.
9 ID., *La poltrona* (nota 1), 101–102. Qui la ripetizione dell'avverbio ›forse‹ accentua efficacemente l'ansia, la sofferenza, la nevrosi del personaggio.
10 ID., *La poltrona* (nota 1), 48.

me non può uscire se non ciò che è vecchio, che puzza di rancido, solo ciò che è grinzoso, cadente, mummificato.[11]

La fase che getta una luce inequivocabile e drammatica sulla nevrosi del protagonista è certo quella della ›preparazione‹ concreta, psicologica e morale, alla scrittura della ›grande opera‹. Questa preparazione costituisce anche la prospettiva della dimensione clinica della sofferenza. Si comincia con la ricerca della penna, poi della carta, poi del pennino, poi dell'inchiostro: sembra che gli oggetti sfuggano deliberatamente e provocatoriamente al protagonista. L'azione così si spezzetta, si frange, si moltiplica in varie dimensioni, cumulando angoscia e frustrazione. Giacomo non può più né lavorare né scrivere a letto: se si alza, avverte un intenso freddo, ma non è in grado di accendere la stufa. In questo quadro prende concretezza l'idea di costruirsi una poltrona, condizione spasmodicamente sentita come necessaria per vergare le pagine: da questo punto di vista è felice e illuminante la scelta stessa del titolo del romanzo. Quello che emerge con grande chiarezza nel testo è il nesso, per così dire, esistenziale tra la poltrona e *La torre di Babele*, tra la fase di preparazione e la prospettiva dell'opera (che pur continua ad allontanarsi).

La poltrona già in partenza reca in sé la dimensione della frustrazione, del progetto irrealizzato:

> Già, la poltrona. Mi sento i brividi nella schiena solo a pensare alla poltrona perché questa estate non sono stato capace di finirla. Fin dal primo momento ho avuto paura di non farcela. Ho capito che era stata una sciocchezza cominciarla e che avevo buttato i soldi per comprare le tavole di pioppo e sprecato del tempo per niente. Come potevo fare una poltrona? Non sono un falegname, non ho tutti gli attrezzi che ci vogliono, l'ho capito quasi subito, appena mi son visto portare in casa i pezzi tagliati.[12]

Significativamente, quando Giacomo vuol ricominciare a costruirsi la poltrona, inizia il suo lavoro cercando i singoli pezzi: e questo procedimento spezzetta e dilata l'azione nei più diversi frammenti, nelle più diverse direzioni.[13] Pur dubitando ciclicamente della sua capacità tecnica e, per così dire, ›morale‹ di costruire la poltrona, il protagonista carica la sua decisione di una grande valenza esistenziale: la sua attenzione e la sua volontà si concentrano sull'oggetto.

Al tempo stesso (e non paradossalmente) Giacomo è consapevole che la co-

---

11 ID., *La poltrona* (nota 1), 163.
12 ID., *La poltrona* (nota 1), 50.
13 Si potrebbe attagliare perfettamente al romanzo *La poltrona* questa calibrata definizione preliminare proposta da Ladislao Mittner nel suo saggio *Kafka senza kafkismi*: »un realismo minuzioso e lambiccato, bizzarro insieme e tormentatissimo, mosso da un impegno accanito ed intransigente fino alla disperazione, fino alla nausea – fino alla distruzione di tutta la realtà concreta« (L. MITTNER, *La letteratura tedesca del Novecento*, Torino, Einaudi, 1960, 249).

struzione della poltrona è una macroscopica ›deviazione‹ rispetto al proposito di scrivere la ›grande opera‹, *La torre di Babele:*

> La poltrona va bene, mi occorre e devo finirla, ma è anche una deviazione, non devo dimenticarlo.[14]
>
> Devo fare le cose con calma, senza guardar troppo lontano, e non precorrere tutto, andare subito alla fine delle cose. Nella vita non ci sono veri e propri traguardi, ci sono solo tanti attimi da riempire in modo decente, ma senza questa premura, questa febbre bastarda. Forse è meglio ritornare in camera e riprendere in mano *La torre di Babele*. Perché mi sono infognato con questa bastarda di poltrona, perché mi son lasciato deviare dal programma? Mi vien una bile tremenda se ci penso. È una cosa da pazzi, volevo scrivere e invece mi son messo a fare una poltrona.[15]

L'elemento della ›deviazione‹ finisce, nell'angosciosa atmosfera de *La poltrona*, per rinsaldare quasi paradossalmente il nesso esistenziale tra la poltrona e il libro da scrivere. La costruzione della poltrona investe frontalmente il rapporto del protagonista con il tempo.

È molto significativo che il romanzo di Sgorlon si apra con un'analisi del tempo: da una parte la sensazione del ritardo, di aver troppo atteso e dall'altra l'invitante prospettiva di utilizzare positivamente la pausa delle vacanze natalizie. Il rapporto con il tempo si misura, da un lato, con la premura, con l'ansia che impedisce di fare le cose serenamente; e, dall'altro, con lo scorrere inesorabile delle ore che spinge, a volte, Giacomo a decidere di non guardare più l'orologio e di mettersi il cotone nelle orecchie per non sentire il suono delle campane.[16] L'unica cosa fondamentale è finire la poltrona: »Ti farò vedere io, poltrona maledetta, vedrai chi è il più forte«.[17]

La paura di perdere tempo coinvolge e condiziona anche il rapporto del protagonista con Anna, la ragazza forse desiderata, lontana e mai presente fisicamente sulla scena:

> È una ragazza magnifica nello splendore dei suoi trent'anni. È una ragazza che può non far dormire. Non l'ho dimenticata, magari potessi. Non è solo eccitante, il fatto è che l'amo, non importa se le piace dormire, beata lei che lo può, non è per quello che ho smesso di andare da lei e anche di telefonarle, quella è solo una scusa; la verità è che ho paura di perder tempo, di non riuscire a piantare il palo, e anche altre paure più sottili, più strane, che non ho quasi coraggio di pensare.[18]

---

14 C. Sgorlon, *La poltrona* (nota 1), 57.
15 Id., *La poltrona* (nota 1), 81.
16 Id., *La poltrona* (nota 1), 83. Anche il protagonista del romanzo di Sgorlon *La notte del ragno mannaro* (che segue *La poltrona*) palesa un analogo rapporto con l'implacabile scorrere del tempo, con »l'immenso gatto del tempo« (C. Sgorlon, *La notte del ragno mannaro*, Udine, La Nuova Base, 1970).
17 C. Sgorlon, *La poltrona* (nota 1), 83.
18 Id., *La poltrona* (nota 1), 116.

Qui la deviazione dal bersaglio (lo ›spostamento‹) si coniuga con l'ansia da prestazione. Nell'orizzonte nevrotico del protagonista il rapporto fondamentale è naturalmente quello con se stesso. Da questa angolazione Giacomo alterna diagnosi lucide e pertinenti ad allontanamenti e brusche deviazioni. Il punto di partenza teorico può essere rappresentato da questo passo de *La poltrona:*

> Ho paura di discendere nel fondo di me stesso, di sollevare il coperchio della cisterna. Il conosci te stesso andava bene una volta, ma oggi tutto è spaventosamente complicato, nel fondo dell'uomo non c'è più la verità, ma solo cose che spaventano. Forse c'è solo il caos, l'arbitrio assoluto, un cesto di bisce che si agitano, una manciata di vermi che si aggrovigliano nel fango puzzolente della materia organica, e da questo fango vien su l'io, il fiore della coscienza, che però ha radici laggiù, nel fondo della cisterna.[19]

Partendo da questi novecenteschi presupposti, Giacomo deve ciclicamente constatare con dolore la sua incapacità di controllare e padroneggiare il suo corpo:

> Sono sempre in uno stato di estrema emozione che mi consuma. Sono emozionato ma non so di che cosa, sono emozionato di niente perché non riesco a controllare i miei nervi, perché agiscono per conto loro. Il mio corpo è tutto così, un mucchio di organi anarchici che non legano insieme, che non riesco a tenere in pugno e agiscono contro la mia volontà. Neanche del mio corpo sono padrone. Di lui non so niente di niente, solo che non risponde ai miei comandi; le leve sono arrugginite, le sfere sono impazzite e devo fare uno sforzo continuo per non perdermi nel caos.[20]

E più avanti:

> Lo so da tanto tempo che il mio corpo non risponde ai comandi, che è un meccanismo anarchico, che se ne frega dei miei ordini e delle mie esigenze. So che è qualcosa su cui non posso contare, che mi molla sempre nel momento del bisogno, come una marmaglia di traditori che buttino il fucile e taglino la corda nel momento del pericolo, lasciando il capitano nei guai.[21]

Partendo da questi presupposti e da queste precondizioni è chiaro che ogni azione, anche ristretta, si può frantumare e scomporre in mille direzioni e il nesso tra causa e effetto salta del tutto. Come dirà Giacomo: »C'è qualcosa che mi sfugge, c'è sempre qualcosa che mi sfugge [...]«.[22]

Nella prospettiva di un'impresa gigantesca, ciclopica (e anche la costruzione della poltrona nelle pagine del romanzo lo diventa) ci sarebbe bisogno di un ferreo controllo su tutto. E invece il protagonista si rende lucidamente conto che basta un niente per abbatterlo, che è sufficiente una sensazione, un'ombra che

---

19 ID., *La poltrona* (nota 1), 117.
20 ID., *La poltrona* (nota 1), 60.
21 ID., *La poltrona* (nota 1), 162.
22 ID., *La poltrona* (nota 1), 72.

passa, per bloccare ogni minima iniziativa, perché in lui mancano proprio spina dorsale e resistenza morale.[23]

Giacomo ciclicamente è tentato dal desiderio della libertà assoluta, di una sorta di onnipotenza, ma poi, avvertendo le vertigini, vorrebbe ritrarsi, cambiare. E così tende a riemergere e a riaffermarsi proprio l' *horror vacui*, condizione in qualche modo latente, che spinge nevroticamente a fare sempre qualcosa, a »correre dove la campana [...] chiama«.[24] Tanto è vero che più avanti Giacomo constaterà: »Mi sento il fegato sdrangolato dalla rabbia impotente di fare. Io non posso vivere senza lavorare, possibile che non lo capiscano, che siano tanto ottusi, che non lo vedano da tutto!«.[25]

Se l'orizzonte quotidiano di Giacomo è quello di un drammatico mancato controllo del proprio corpo, l'attenzione non può non concentrarsi nevroticamente sugli organi e sul loro funzionamento (o malfunzionamento). Il quadro generale di partenza è quello di una miriade di mali, del dominare di una dimensione quantitativa:

> Io ne ho tanti di tipi, il malditesta da debolezza, quello da esaurimento, poi c'è il male che dipende dal fegato e quello che dipende dalla vasodilatazione o vasocostrizione. Questi sono i mali stabili, ma poi ci sono quelli vaganti, quelli pendolari, quelli che sento una volta ogni tanto. È una vera babilonia di mali, non so dove cominci uno e dove finisca l'altro perché sono tutti amalgamati in un dannato minestrone.[26]

E più avanti, confrontandosi con le malattie solo immaginarie della famiglia dei suoi vicini, ribadisce: »Quelli là non hanno niente di niente, sono sani come trote, altro che balle. Io sì che son malato, che ne ho cinquantamila da tutte le parti, e ogni giorno ne vien fuori una nuova«.[27] La prima tendenza che emerge da questo angosciante quadro è quella di una grande scomposizione, di un' incessante individuazione dei singoli organi, isolati, auscultati, temuti:

> Non sto mica bene, sto come ieri e forse anche peggio. Ho la bocca amara, la testa pesante, la lingua grossa, un senso di nausea, le braccia mi pesano, le gambe mi pesano, ho male di reni. Questa è una novità perché di solito la schiena è a posto, e oggi anche la schiena, anche lei a remengo. Forse è una infiammazione, perché ieri ho lavorato troppo, ma oggi devo ricominciare, devo finire la poltrona.[28]

> Ahi, che fitta in testa! Anche prima ne ho sentite un paio, ma non forti come questa. Ho segato metà del pezzo sopra dello schienale, ancora dieci minuti e l'ho segato tutto. Sono tutto in acqua come fosse d'estate, sto facendo il bagno turco. Tac un'altra fitta, ancora

---

23 Cfr. ID., *La poltrona* (nota 1), 139.
24 ID., *La poltrona* (nota 1), 102.
25 ID., *La poltrona* (nota 1), 125.
26 ID., *La poltrona* (nota 1), 47.
27 ID., *La poltrona* (nota 1), 111.
28 ID., *La poltrona* (nota 1), 73–74.

più forte di quella di prima. Forse è una cosa reumatica, speriamo che si tratti solo di reumi. C'è qualcuno che ha una fitta così, o forse l'ho letto da qualche parte, in qualche rotocalco o in un romanzo, non me lo ricordo più. Però è una fitta che non mi piace, chissà che segno è, chissà se è una fitta reumatica o una cosa del cervello. Ogni giorno vien fuori una nuova, qualche giorno anche due, come oggi, il mal di reni e la fitta al cervello.[29]

La scomposizione e la parcellizzazione individuano a raffica nuovi sintomi che diventano forieri di aggravamento e di morte. Il protagonista va alla spasmodica ricerca di segnali dal proprio corpo, di cui da tempo immemore ha perso il controllo e la padronanza. Addirittura i sintomi si accavallano e si confondono: potrebbe esserci, ad esempio, un problema di vasodilatazione o di vasocostrizione.[30]

L'immaginazione quasi costruisce i sintomi, imposta lo scenario catastrofico:

> Forse c'è già l'embolo che gira nel mio sangue ammattito, che non sa correre in maniera decente, che spinge nelle vene come un toro infuriato. Forse l'embolo si fa trascinare pigro dalla corrente, si aggira nelle arterie fiutando il punto dove andrà a incastrarsi, aspettando che io non ci pensi per prendermi alle spalle, magari quando starò correndo trionfale verso la fine del mio lavoro, e già pensavo di avercela fatta.[31]

C'è nel romanzo e nell'ossessiva autoanalisi del personaggio un continuo e inquieto spostarsi da una ricognizione di ›funzionamento‹ (sia pur scomposto e frantumato) alla individuazione di una malattia: fisiologia e patologia si intrecciano, si sovrappongono e si confondono. Nell'implacabile scorrere delle ore, nell'oceano di questi sintomi e di questi minacciosi segnali, nell'angosciante cappa che avvolge il protagonista si fanno strada anche piccoli eventi reali, dolorose sensazioni, malattie diagnosticate o incombenti: il prurito insopportabile all'orecchio destro, l'influenza, la tonsillite (che potrebbe tramutarsi in difterite), la scheggia nel calcagno con il connesso terrore del tetano, la febbre. E verso la fine del romanzo, dopo la grande febbrata notturna, Giacomo constata: »Sono sfinito e ho tanto mal di testa, un male che mi fascia la testa e la isola come dal mondo, però non ho il tetano perché posso aprire la bocca e piegare la schiena. Devo avere qualche altra cosa, forse una pleurite o una polmonite«.[32]

Fin dalle prime pagine del romanzo *La poltrona* si palesa il nesso tra il personaggio, l'ideazione de *La torre di Babele*, l'immensa e ossessiva autoanalisi e il ›luogo‹ dell'azione: la narrazione è tutta giocata sugli interni e le stesse rarissime uscite sono sempre rapportate a necessità che partono dalla casa. Così subito il protagonista confessa:

---

29 ID., *La poltrona* (nota 1), 83–84.
30 Cfr. ID., *La poltrona* (nota 1), 25 e 28–29.
31 ID., *La poltrona* (nota 1), 160.
32 ID., *La poltrona* (nota 1), 180.

> Ho troppa paura di perder tempo, per quello non esco più, non cammino più, sto sempre in questa stanza puzzolente, che Dio la maledica, come un ragno nel buco, per paura di non lavorare abbastanza, per paura che venga il momento buono, quando tutto diventa chiaro, quando si alzano tutte le saracinesche, e di non essere al mio posto di combattimento.³³

L'interno di Giacomo è efficacemente rappresentato da quella stanza disordinata, puzzolente, malsana e dalla soffitta. L'atmosfera generale si può senz'altro definire ›kafkiana‹.³⁴ In questo quadro vari interpreti hanno da subito individuato una precisa analogia tra il romanzo di Sgorlon e il racconto di Kafka *La tana*.³⁵ La stanza udinese di Giacomo è sicuramente, da più punti di vista, una ›tana‹. Colpisce il fatto che l'attenta e calibrata analisi che lo stesso Sgorlon fa de *La tana*, nella sua importante monografia kafkiana, si possa trasferire quasi totalmente al suo romanzo.³⁶ A un certo punto il protagonista de *La poltrona* si interroga:

> Mi chiedo ancora come ho potuto venire a finirla in una casa come questa, con tante pensioni che ci sono a Udine. Perché ho detto subito di sì, appena mi hanno fatto vedere le due stanze? Forse perché ho visto quelle due squinzie cogli abiti corti e senza maniche, forse è proprio per via delle braccia di Ada. Ma per la miseria qua dentro non ci resto a lungo, giuro che un altro inverno non lo faccio, a patire il freddo di giorno e di notte, a rovinarmi quel po' di salute che mi resta, a vivere in questa gabbia di matti furiosi.³⁷

E un'aura propriamente kafkiana avvolge anche gli abitanti di quella casa; ed è sintomatico che i personaggi che appaiono fisicamente in scena siano solo i vicini di Giacomo. Anna, forse amata, è solo evocata, è lontana.

Le due ›siore‹, che si battono senza esclusione di colpi per tenere sempre aperto o sempre chiuso il portone d'ingresso, costituiscono quasi il metronomo

---

33 Id., *La poltrona* (nota 1), 10–11.
34 Ha scritto efficacemente il Mittner: »A vent'anni, ancora a trent'anni, solo nella sua stanza, seduto in poltrona con le mani in tasca o sdraiato sul letto con la speranza, sempre delusa di poter raccogliersi o di poter almeno dormire, Kafka ascolta, come il rilkiano Malte, i rumori che sembrano giungere da tutte le parti e tanto più lacerano i suoi nervi, quanto più sono deboli e regolari e quindi prevedibili nel loro ripetersi« (L. Mittner, *La letteratura tedesca del Novecento* (nota 13), 254).
35 F. Kafka, *La tana*, in Id., *Tutti i racconti*, a cura di E. Pocar, Milano, Mondadori, 2009, 460–491. Cfr. R. Damiani, *Carlo Sgorlon narratore*, Roma, Gremese, 1978, 34–41; B. Maier, *Carlo Sgorlon*, Firenze, La Nuova Italia, 1985, 23–28; C. Aliberti, *La narrativa di Carlo Sgorlon*, Foggia, Bastogi, 2003, 32–35.
36 C. Sgorlon, *Kafka narratore*, Venezia, Neri Pozza, 1961, 100–107. La monografia di Sgorlon riprende nelle linee fondamentali la sua tesi di laurea in Letteratura tedesca, discussa a Pisa con il noto germanista Vittorio G. Amoretti. Desidero qui sottolineare anche il valore pioneristico della scelta kafkiana di Sgorlon: a metà degli anni '50 lo scrittore praghese non aveva infatti ancora il posto che oggi ha nel panorama letterario europeo e mondiale; è sintomatico che non esistesse ancora l'aggettivo *kafkiano*, carico di ricche risonanze.
37 C. Sgorlon, *La poltrona* (nota 1), 34–35.

delle giornate del cadente edificio. Una componente sicuramente kafkiana avvolge tutte le donne della famiglia presso cui il protagonista è a pensione: curiose, ficcanaso, inquiete, invadenti, litigiose, spaventate ma oltracotanti, sembrano quasi ritmicamente avvolgere in un balletto il protagonista. Affascinato dalle sottili provocazioni di Ada, Giacomo sarebbe tentato di seguire la maestra via dei sensi: ma Ada con una sonora risata sbarra la strada. L'assonanza fonica esalta l'analogia e il contrasto tra Ada e Anna: la donna vicina e la donna lontana (assente).

Psicoanaliticamente (e kafkianamente) aleggia sempre la figura del padre di Giacomo, »il vecchio«. Modello da imitare e da rifiutare, ammirato e odiato, evocato e rimosso, affiora ciclicamente nella mente del protagonista. Riconoscerà ad un certo punto Giacomo:

> Sono fatto sullo stampo del vecchio, neanche lui era tipo da mollare. Era sempre in officina, da un sole all'altro, in quell'officina nera di fumo, umida, aperta ai quattro venti, piena di muschio e di spurghi di salnitro. Dio come lavorava, non con gioia ma con rabbia [...].[38]

La volontà e l'ostinazione evocano così la ricorrente immagine della ›casacca da soldato‹ e della ›tonaca da frate‹, strumenti per un duro (e in qualche modo incomprensibile) dovere da assecondare e da compiere.

Il vero antagonista di Giacomo è però Sandro, il discolo di casa, il folletto. Se il protagonista non trova qualcosa, il primo pensiero è che sia stato Sandro a trafugarlo, per interesse o per gioco. Le sorprese di Sandro sono infinite: il corno di Robin Hood, il gattone, la pistola dell'Ottocento appesa al muro, l'enorme pietra che rotolando fa pensare a un terremoto. L'invadenza che caratterizza tutti i componenti della famiglia diventa in lui prevaricazione: non ci sono regole in grado di fermarlo o limitarlo. Sembra che Sandro sia il nemico giurato di Giacomo, ma in realtà le cose sono più complesse. Ammette il protagonista:

> [...] devo riconoscere che è bravo, che è bravo sul serio. La sua parodia è perfetta, è un attore nato e ha il genio della parodia. Proprio perché mi diverte mi indigno di più. È un divertimento ambiguo, la tentazione di lasciar perdere e di distogliermi dal mio lavoro.[39]

Dove l'abilità tecnica e l'intelligenza raggiungono l'acme, celebrando un vero trionfo, è nella scena in cui Sandro fa la parodia del protagonista stesso. La scena è centellinata e perfettamente scandita:

---

[38] ID., *La poltrona* (nota 1), 38-39. E più avanti: »Amo quasi la mia sofferenza e provo un gusto feroce di vivere e di lottare, come lui, come il vecchio. Sono un Cojaniz anch'io e se non lavoro non ho requie, esattamente come lui« (p. 96). Sul valore del rapporto con il padre cfr. anche B. MAIER, *Carlo Sgorlon* (nota 35), 27.

[39] ID., *La poltrona* (nota 1), 136-137.

Si è portato un tavolo nell'atrio, lo ha riempito di vecchi libri, si è seduto e sta scarabocchiando dei fogli di quaderno. Scrive velocissimo, in modo febbrile come faccio io, volta il foglio scritto, torna indietro, fa delle cancellature, riscrive, si mette a pensare colla mano sulla fronte. Non c'è dubbio, è me, è me che sta parodiando. Guarda l'orologio, si mette le mani nei capelli, si dispera, torna a scrivere, sempre velocissimo, butta via il quaderno, prende un libro e lo consulta febbrilmente, poi lo butta via, ne prende un altro, butta via anche quello. Lo fa bene, quel lazzarone, lo fa benissimo. È un genio della parodia, lo devo riconoscere anche se mi scotta. Vorrei che fosse un ebete, come sembra qualche volta, ma non lo è. Adesso si finge stanco, stanco da morire, si butta bocconi sul pavimento, colla lingua fuori. Non è uno scemo, no, altro che scemo, è un mostricciattolo diabolico. È egoista fino all'inverosimile, non sa neanche se gli altri esistono, non ascolta mai nessuno, ma le debolezze degli altri, i loro difetti, quelli li vede, per quelli ha un occhio più acuto di un adulto. Altro che bambino, è dieci volte più maligno di un grande. È incredibile come abbia potuto vedermi così a fondo.[40]

Nella prima parte di questo brano c'è un processo di autoanalisi tradotto in un linguaggio quasi cinematografico; il protagonista si osserva dall'esterno, si descrive, quasi si commenta: confronta analiticamente la rappresentazione scenica e il proprio istintivo comportamento. Il giudizio tecnico sull'abilità della *performance* di Sandro conferma la sua attitudine di attore. Nella parodia c'è la capacità di cogliere senza sconti le debolezze, i difetti, le deviazioni, i tic e le manie.

La parodia di Sandro alleggerisce il quadro angosciante della tana e degli eventi precedenti, guardando le cose da un'altra angolazione, in un'altra ottica. Il passo proposto infatti consente a Giacomo di aprire una nuova e inedita partita, di individuare per lampi un nuovo e alternativo possibile percorso. Più avanti nel romanzo il protagonista ammetterà ancora: »Forse il Sandro che fa la parodia delle mie manie mi ha capito meglio di tutti. Lui ha visto profondo dentro di me, colla lente d'ingrandimento«.[41]

Si verifica così la sorprendente scoperta di un volto nuovo di Giacomo, il protagonista. Dentro e oltre il quadro nevrotico di chi aspira ossessivamente a scrivere *La torre di Babele*, si scopre l'immagine clownesca. Anche qui l'ammissione è sostanziale: »C'è molto di claunesco in me, sono un clown senza spettatori, o che ha per spettatori solo le vecchie del cortile, il Sandro, le ragazze e la loro madre«.[42]

L'esistenza angosciosa e angosciante di Giacomo diventa in questo modo scena, spettacolo. È Giacomo stesso il testo, l'opera, non il libro da scrivere. In questo quadro la presenza (e l'assenza) dei lettori/spettatori diventa fondamentale. Due sono chiaramente i possibili scenari evocati: nel primo la totale

---

40 ID., *La poltrona* (nota 1), 140–141.
41 ID., *La poltrona* (nota 1), 158.
42 *Ibidem*.

assenza di spettatori renderebbe ancor più frustrante l'esistenza dell'intellettuale/clown; nel secondo il nucleo ristretto, modesto e dequalificato dei presenti costituirebbe un magro riconoscimento per la vera, grande e autorevole ›vita da clown‹.

Ma la grande intuizione di Giacomo (e di Sgorlon) è l'esistenza di una componente diversa, allotria, sorprendente nella grama e angosciosa vita del protagonista. Viene così a galla, un po' a sorpresa, la componente comica, ludica, parodica, sbeffeggiatrice. C'è qualcosa di diverso nella ragnatela kafkiana dei giorni e delle opere, negli incubi della casa/tana, nelle due malsane pulsioni verso *La torre di Babele* e verso la costruzione della poltrona.

Per Giacomo quasi *in limine* si delinea un percorso alternativo, una nuova prospettiva:

> Forse proprio la parodia è la strada giusta, dovrei fare una satira del *regnum hominis* e di me stesso, dovrei andare avanti allegramente, fregandomene di tutto e anche della paura di sbagliare.
> [...] Mi sento diverso, mi sento allegro o quasi, adesso, l'allegria del disperato, allegria di naufraghi.[43]

Ma naturalmente l'allegria di naufraghi non può essere la soluzione, il punto d'arrivo. Anche in questo risalta la coerenza delle scelte narrative di Sgorlon. Tanto è vero che il protagonista de *La poltrona*, dopo la breve euforia della scoperta della parodia, è costretto ad ammettere:

> Ma già mi è passata la voglia di ridere, la risata mi si è gelata nella gola e non vuol più venir fuori. Non son capace di ridere, né di me né degli altri. Son buono solo di tormentarmi, sono un buffone che non sa ridere, posso solo far ridere senza volerlo e fornire spunti per parodie.[44]

In fondo anche parodia e satira esigono saldezza d'animo, lucidità di visione, linearità di propositi. E quindi ben presto anche Giacomo si troverà reimmerso nella kafkiana sequenza delle ore, nel tanfo, nella sporcizia, nell'inospitalità della casa/tana. Nelle pagine finali de *La poltrona* l'efficacissima e bruegeliana descrizione dell'incubo, in un fastoso e serrato gioco di suoni, corpi e immagini, con una mulinante sensazione di angoscia, sembra innalzare all'acme tutte le componenti della nevrotica esistenza del protagonista.

Dopo l'immane sforzo fisico e psicologico, subentra in Giacomo la dolce tentazione di un lungo sonno dalle potenzialità ristoratrici: il protagonista fa un sofferto esame di coscienza, esamina lucidamente il suo egoismo e la sua egolatria, si individua come »prigioniero di se stesso«. Sembra disposto a riprendere contatto con il pur bizzarro e malsano mondo degli ›altri‹, dei suoi inquieti vicini,

---

[43] ID., *La poltrona* (nota 1), 158–159.
[44] ID., *La poltrona* (nota 1), 159.

sembra spingersi verso la pur sofferta accettazione di quella strana realtà quasi kafkiana. Perciò, proprio dopo le drammatiche sequenze dell'incubo, si fa strada il rapporto emergente e ineludibile con la tana/casa, con ›quella‹ tana/casa:

> Qualcosa di questa casa mi aderisce addosso, tra me e lei c'è un legame più forte di quello che credo, un legame che forse non riuscirò a rompere mai. Stando qui nel freddo, collo stomaco inchiodato dall'indigestione, guarderò ancora per chissà quanto tempo le macchie del camino, le crepe del muro, i visi delle vecchie che si spiano dalle finestre.[45]

Così, con un'efficacissima scelta narrativa, Sgorlon privilegerà la continuità, una quasi paradossale continuità: in mezzo alle paure e all'angoscia della malattia, Giacomo, se scatteranno una serie di circostanze favorevoli, indosserà la simbolica casacca del ›frate/soldato‹ e si rimetterà al lavoro, cercando di scrivere *La torre di Babele*.[46]

---

45 ID., *La poltrona* (nota 1), 183.
46 ID., *La poltrona* (nota 1), 183-184. È molto significativo che anche il finale del romanzo di Sgorlon *La notte del ragno mannaro* concretizzi e sancisca la piena circolarità delle vicende: cfr. C. SGORLON, *La notte del ragno mannaro* (nota 16), 192-193. Su questo aspetto cfr. anche E. GUAGNINI, *Simbolismo, immaginazione e realtà in Carlo Sgorlon narratore*, in »Ce fastu?«, XLVIII - XLIX, 1972-1973, 131.

Michael Schwarze (Konstanz)

»Un vero ritratto«? – Italo Calvinos Portrait des literarischen Portraits in *Se una notte d'inverno un viaggiatore*

In der Literatur der Postmoderne scheint dem geschriebenen Portrait keine prominente Rolle zuzukommen. Dies gilt zumal für den Roman und ist angesichts der im narrativen Genre vorherrschenden Konzentration auf die eigene Verfasstheit kaum überraschend. Denn in dem Maße, in dem Fragen der Autoreflexivität, der Metafiktionalität oder einer ironisch gebrochenen Intertextualität im Mittelpunkt des Interesses stehen, wird die Bedeutung eines mimetischen Verständnisses von Repräsentation geradezu programmatisch dementiert. Auf solch einem realistischen Literaturbegriff aber basieren Praktiken des literarischen Portraits seit jeher.[1] Fragen, die per definitionem an die »ästhetische Nachempfindung eines Menschen« angelegt werden, betreffen daher in der Regel meist die Kategorie der Referentialität. Bestätigt wird diese Konzeptualisierung des Portraits jüngst durch die Studie von E. Zemanek zum Portraitgedicht, deren systematischer Teil zur Analyse des »autonomen literarischen Portraits« Konzepte von Ähnlichkeit, Identität und Individualität, von Faktizität und Fiktionalität einführt.[2]

Im Umkehrschluss heißt dies, dass dort, wo alle dargestellte Welt – und das heißt auch alles Biographische – im Bewusstsein für den Konstruktionscharakter des *effet de réel* erzählt wird und es keine welterklärenden Geschichten mehr gibt, das literarische Portrait sein Daseinsrecht verloren zu haben scheint. Dementsprechend findet die postmoderne Literatur in historischen Darstellungen des literarischen Portraits, die als *terminus ad quem* ihres Gegenstands gemeinhin die erste Hälfte des 20. Jahrhunderts ansetzen, so gut wie keine Berücksichtigung.[3] Eine gewisse Ausnahme stellt in dieser Hinsicht die Arbeit

---

1 Siehe dazu konzise R. Brosch, s. v. »Portrait, literarisches«, in *Metzler Lexikon Gender Studies / Geschlechterforschung. Ansätze – Personen – Grundbegriffe*, hg. von R. Kroll, Stuttgart / Weimar, Metzler, 2002, 312 f.
2 E. Zemanek, *Das Gesicht im Gedicht. Studien zum poetischen Porträt*, Köln, Böhlau, 2010, 61, 28.
3 Dafür stehen stellvertretend die Monographien von G. Köhler, *Das literarische Porträt. Eine Untersuchung zur geschlossenen Personendarstellung in der französischen Erzählliteratur vom*

von Jean-Philippe Miraux dar, der den letzten Abschnitt seines Überblicks über das »portrait dans l'histoire littéraire« mit »L'effacement du portrait« betitelt.[4] Ausgehend von Narrativen der 1950er Jahre Becketts und Blanchots diagnostiziert Miraux darin eine mit dem »Verschwinden des Subjekts« einhergehende »néantisation du portrait«.[5] Dies manifestiere sich bei diesen Autoren in Formen eines »métaportrait«, das sich thematisch wesentlich auf seine eigene sprachliche Konstitution reduziere:

> Le portrait n'est plus que la désignation de sa propre matière, il se montre lui-même dans le substrat matériel du langage, un peu si comme le personnage d'un tableau désignait la toile, la peinture et le cadre qui lui permettent d'être [...] portraiturer ne serait plus alors qu'infiniment tirer les traits des lignes d'écriture, tracer sans fin le dessin d'une improbable figure.[6]

Eine solchermaßen konzeptualisierte »vacuité du portrait« bedeute nicht eine »disparition du portrait« *tout court*, markiere aber gleichwohl einen Extremfall, der die Grenzen des literarischen Portraits austeste, »pour en comprendre la puissance de représentation, même lorsque celle-ci s'épuise à représenter.«[7] Damit ist das jenseits aller Repräsentation liegende Grundmuster der metatextuellen Figurendarstellung, wie sie die *nouveau romanciers* praktizierten und die Gruppe Tel Quel programmatisch radikalisierte, evoziert.[8]

Damit endet Miraux' historischer *survol*, die postmoderne Narrativik bleibt somit auch in seiner Poetik des literarischen Portraits außer Acht. Will man die Semantik des Portraits in Worten jedoch historisch wie systematisch umfassend behandeln, ist diese Ausklammerung grundsätzlich problematisch. Denn die Postmoderne zeichnet sich bekanntermaßen maßgeblich gerade dadurch aus, dass in ihr eine Wiederkehr der *histoire* zu beobachten ist – und zwar eine Wiederkehr des Erzählens von Welt, welche im Zeichen der autoreflexiven Iro-

---

Mittelalter bis zum Ende des 19. Jahrhunderts, Bonn, Romanistischer Verlag, 1991 und E. ZEMANEK, *Das Gesicht im Gedicht* (Anm. 2): Erstere endet mit dem Ende des 19. Jahrhundert, die zweitgenannte behandelt das Portrait im 20. Jahrhundert lediglich kursorisch im Rahmen eines »Ausblicks«. (327 – 344)

4 J.-PH. MIRAUX, *Le portrait littéraire*, Paris, Hachette, 2003, 113 – 188. Die zentralen Referenztexte, auf die sich Miraux in diesem Abschnitt stützt, sind *L'Innommable* (1953) von Samuel Beckett und *Le dernier homme* (1957) von Maurice Blanchot.

5 J.-PH. Miraux, *Le portrait littéraire* (Anm. 4), 113.

6 J.-PH. Miraux, *Le portrait littéraire* (Anm. 4), 115.

7 J.-PH. Miraux, *Le portrait littéraire* (Anm. 4), 114, 118.

8 Siehe zum Nouveau Roman in dieser Hinsicht B. KUHN, *A la recherche du livre perdu. Der Roman auf der Suche nach sich selbst. Am Beispiel von Michel Butor: ›La Modification‹ und Alain Robbe-Grillet: ›La jalousie‹*, Romanistischer Verlag, Bonn, 1994, 63 – 90. Zur Poetik von Tel Quel mit Blick auf den Autor, dessen Portrait-Praxis Gegenstand der folgenden Überlegungen ist: G. REGN, *Il ritorno al romanzesco: Calvino e i rapporti col Gruppo Tel Quel*, in *Tre narratori. Calvino, Primo Levi, Parise*, ed. G. Folena, Padova, Liviana Editrice, 1989, 57 – 71.

nisierung traditioneller Erzählverfahren und -funktionen steht.⁹ Konkret bedeutet dies, dass eine Vielzahl postmoderner Romane ausdrücklich kohärente Geschichten erzählt, deren Ziel es unter anderem ist, den Lesern den eigenen metatextuellen, fiktionalen Status eigens vorzuführen. Ein solchermaßen reflexiv orientierter Renouveau der *histoire* legt jedoch die Vermutung nahe, dass in seinem Zuge auch vermeintlich überkommene Formen des erzählten Lebens, wie sie eben das literarische Portrait darstellt, wiederkehren. Es ist dabei davon auszugehen, dass die Aussagepotentiale der Portraiture im postmodernen Kontext jenseits eines mimetischen Verständnisses von Repräsentation auszumachen sind. Im Hinblick auf eine deskriptiv angelegte, möglichst vollständige Systematik des literarischen Portraits erscheint es daher angezeigt, gerade auch postmoderne Narrative entsprechenden Lektüren zu unterziehen.

I.

Diesen Annahmen geht dieser Beitrag anhand von Italo Calvinos *Se una notte d'inverno un viaggiatore* aus dem Jahre 1979 nach.[10] Der metapoetische Roman kann zweifelsohne als ein Musterbeispiel postmodernen Erzählens bezeichnet werden, was sich nicht zuletzt darin äußert, dass er in komparatistisch angelegten Veröffentlichungen zur literarischen Ästhetik der Postmoderne gewöhnlich einen festen Platz einnimmt.[11] Diese Arbeiten sowie vor allem eine Reihe von italianistischen Studien haben die autoreflexive Dimension dieser großen Erzählung über das Schreiben und Lesen von Erzählungen inzwischen

---

9 Unter der soziologisch begründeten Beschreibungskategorie der »Doppelkodierung« hat dies in einem komparatistischen Ansatz jüngst erneut J. NOVAK hervorgehoben: *Der postmoderne komische Roman*, Marburg, Tectum Verlag, 2009. Zum »prototypischen Merkmal« der Doppelkodierung, 141–145.

10 I. CALVINO, *Se una notte d'inverno un viaggiatore. Presentazione dell'autore*, Milano, Mondadori, 2002² (Oscar opere di Italo Calvino). Im Folgenden wird im Fließtext und in Klammern nach dieser Ausgabe zitiert.

11 Zu diesen Studien zählen unter anderen folgende in chronologischer Reihenfolge aufgelistete Bücher: B. MC HALE, *Postmodernist fiction*, London, Methuen, 1987; H. MAYBACH, *Der erzählte Leser. Studien zur Rolle des Lesers in Italo Calvinos ›Wenn ein Reisender in einer Winternacht‹ und in anderen Werken der Erzählliteratur*, Frankfurt a.M., Materialis Verlag, 1989; H.P. JAUSS, *Italo Calvino: ›Wenn ein Reisender in einer Winternacht‹. Plädoyer für eine postmoderne Ästhetik*, in ders., *Studien zum Epochenwandel der ästhetischen Moderne*, Frankfurt a.M., Suhrkamp, 1989, 267–299; P.V. ZIMA, *Der europäische Künstlerroman. Von der romantischen Utopie zur postmodernen Parodie*, Tübingen, Francke, 2008, darin: *Das Spiel mit dem Leser: Zur Institutionalisierung eines Literaturbegriffs in Calvinos ›Se una notte d'inverno un viaggiatore‹*, 344–358; S. SETZKORN, *Vom Erzählen erzählen. Metafiktion im französischen und italienischen Roman der Gegenwart*, Tübingen, Stauffenburg, 2003; J. NOVAK, *Der postmoderne komische Roman* (Anm. 9), 35–56.

weithin ausgeleuchtet.¹² Besonders G. Regn hat dabei anhand der Figur des fiktiven Lesers gezeigt, wie sich die Wiederkehr der *histoire* in *Se una notte d'inverno un viaggiatore* in Form einer »fiktionsironischen Geste« vollzieht und der Roman derart implizit seine eigenen Konstruktionsprinzipien vorführt.¹³

Wenn Calvinos berühmter Roman an dieser Stelle als Beispiel für eine postmoderne Modellierung des literarischen Portraits herangezogen wird, dann deshalb weil sich in ihm überraschenderweise tatsächlich der »ritratto« einer Figur findet. Es handelt sich, präziser gesagt, um den Versuch eines Portraits der Lettrice namens Ludmilla.¹⁴ Die Passage ist Teil der Rahmenhandlung des siebten Kapitels und umfasst in der vorliegenden Textedition knapp sechs Seiten.¹⁵ Ausgerufen wird das Portrait vom Erzähler in der für den gesamten Roman kennzeichnenden persönlichen Anrede an ein ›Du‹, hier dasjenige der zu Portraitierenden: »Vediamo se di te, Lettrice, il libro riesce a tracciare un vero ritratto, partendo dalla cornice per stringerti da ogni lato e stabilire i contorni della tua figura.« (165) Bevor dieses Projekt eines ›wahren Portraits‹ hinsichtlich seiner Realisierung einem *close reading* unterzogen und auf mögliche Sinnpotentiale hin befragt wird, gilt es zunächst festzuhalten, dass Calvino uns die Darstellung seiner Leserin auf diesen Seiten – formal betrachtet – wie ein klassisches literarisches Portrait ankündigt. Dazu passt, dass der Text die Charakterisierung der fiktiven Gestalt explizit ankündigt, dass sich das Portrait im Kotext des komplexen Romans auf einen abgrenzbaren Textabschnitt iso-

---

12 Grundlegend für die Gesamtsicht des Romans sind nach wie vor C. SEGRE, *Se una notte d'inverno uno scrittore sognasse un aleph di dieci colori*, in »Strumenti critici«, XIII, 1979, 177–214 sowie der im darauffolgenden Jahr veröffentlichte Aufsatz von M. LAVAGETTO, *Per l'identità di uno scrittore di apocrifi*, in *Paragone* 366 (1980); zitiert nach: M. LAVAGETTO, *Dovuto a Calvino*, Torino, Bollati Boringhieri, 2001, 23–34. In der deutschen Calvino-Philologie sind vor allem folgende Studien der 1980er und 1990er Jahre hervorzuheben: W. HELMICH, *Leseabenteuer. Zur Thematisierung der Lektüre in Calvinos Roman Se una notte d'inverno un viaggiatore*, in *Aspekte des Erzählens in der modernen italienischen Literatur*, ed. U. Schulz-Buschhaus – H. Meter, Tübingen, Narr, 1983, 229–247; S. KNALLER, *Theorie und Dichtung im Werk Italo Calvinos*, München, Fink, 1988; U. SCHULZ-BUSCHHAUS, *Aspekte eines Happy-Ending. Über das XII. Kapitel von Calvinos Se una notte d'inverno un viaggiatore*, in »Italienisch«, XVI, 1986, 68–81; U. SCHULZ-BUSCHHAUS, *Zwischen ›resa‹ und ›ostinazione‹. Zu Kanon und Poetik Italo Calvinos*, Tübingen, Gunter Narr, 1988; G. REGN, *Il ritorno al romanzesco* (Anm. 8); A. KABLITZ, *Calvinos ›Se una notte d'inverno un viaggiatore‹ und die Problematisierung des autoreferentiellen Diskurses*, in *Poststrukturalismus. Dekonstruktion. Postmoderne*, ed. K.W. Hempfer, Stuttgart, 1992 sowie jüngst G. BERGER, *Der Roman in der Romania. Neue Tendenzen nach 1945*, Tübingen, Narr, 2005, 154–166.
13 G. REGN, *Il ritorno al romanzesco* (Anm. 8) entwickelt die These der autoreferentiellen Fiktionsironie bei Calvino vornehmlich ausgehend vom Schluss des Romans. Siehe im Anschluss daran auch A. KABLITZ, *Calvinos Se una notte* (Anm. 12).
14 Siehe zu der zentralen Rolle, welche die Lettrice in dem Roman im Rahmen der selbstbezüglichen Thematisierung des Lesens innehat, prägnant S. SETZKORN, *Vom Erzählen erzählen* (Anm. 11), 114–118.
15 Vgl. I. CALVINO, *Se una notte d'inverno un viaggiatore* (Anm. 10), 165–171.

lieren lässt und dass es ein hohes Maß an Kohärenz auszeichnet. In diesem Sinne kennzeichnet G.R. Köhler das Dispositiv in seiner intensiven Bestimmung prägnant als »eine Form der *direkten, umfassenden* und *geschlossenen* Personendarstellung innerhalb eines fiktionalen Erzähltextes«, während E. Zemanek über die Kriterien Geschlossenheit und Isolierbarkeit hinaus zusätzlich dasjenige der Kohärenz stark macht.[16]

Wir haben es also vorderhand mit einem Portrait zu tun, das Calvino explizit als solches markiert. Der Rezipient, der mit den vielschichtigen Strategien der (Ent-)Täuschung in *Se una notte* vertraut ist, wird dieses demonstrative Verfahren indes sofort zurecht als Hinweis auf eine »trappola« begreifen. Die Funktion solcher Fallen, die den Roman von Beginn an maßgeblich strukturieren,[17] besteht im spielerischen Verweis auf hinter der Textoberfläche liegende, die Leseerwartungen enttäuschende autoreferentielle Sinnzusammenhänge, die das jeweils Erzählte gewöhnlich im Modus der *mise en abyme* vermittelt.[18] Wie dies im Falle von Ludmillas »ritratto« geschieht, soll nun analysiert werden. Eine den gesamten Roman betreffende Frage, die dabei von Interesse sein wird, ist, ob sich das Aussagepotential des Romans in seiner metatextuellen Bedeutungsdimension erschöpft, wie es die bisherige Forschung zu *Se una notte* mit ihrer beinahe exklusiven Konzentration auf diesen Punkt nahelegt.

Um den (ent)täuschenden Charakter des Portraits der Lettrice zu erkennen, ist es entgegen seiner vermeintlichen Geschlossenheit notwendig, den unmittelbaren Kotext zu betrachten, in den es situativ und gedanklich eingebettet ist. Das siebte Kapitel des Romans beginnt mit der Inszenierung eines Rendez-vous zwischen Lettore und Lettrice, das in doppelter Hinsicht fehlschlägt. Der Grund ist, dass die »due attese contemporanee« (163), welche die Figur des Lesers[19] in

---

16 Siehe G.R. KÖHLER, *Das literarische Portrait* (Anm. 3), 48 sowie E. ZEMANEK, *Das Gesicht im Gedicht* (Anm. 3), 25–27. Die von beiden Portraitspezialistinnen vertretene Meinung, dass das literarische Portrait den Handlungsverlauf typischerweise in der Art einer deskriptiven Pause unterbricht (E. ZEMANEK, *Das Gesicht im Gedicht* (Anm. 3), 25), bewahrheitet sich im vorliegenden Fall hingegen nicht. Einem im Vergleich zu Köhler und Zemanek extensiven Verständnis des literarischen Portraits folgt J.-PH. MIRAUX, *Le portrait littéraire* (Anm. 4): Ihm folge ich nicht, da es in seiner Allgemeinheit beinahe alle Arten der Figurendarstellung unter der Kategorie des Portraits subsumiert. Es lässt damit die konzeptionelle Trennschärfe vermissen, die z. B. zur Distinktion des Portraits von der expositorischen Einführung einer Figur oder deren indirekter Charakterisierung nötig ist.

17 Siehe zum Motiv der »trappola«, das Calvino bereits im ersten *Incipit* des Romans (12 ff.) geradezu demonstrativ einführt, M. LAVAGETTO, *Dovuto a Calvino* (Anm. 12), 27–29. B. Mc HALE, *Postmodernist fiction* (Anm. 11) hat den Roman als eine »trap-novel« bezeichnet, »in which novels are begun only to break off at the moment of maximum suspense«. (125 f.)

18 Die grundlegende Bedeutung, die der *mise en abyme* in *Se una notte* auf beiden Erzählebenen gleichermaßen zukommt, hat als erster W. HELMICH, *Leseabenteuer* (Anm. 12) hervorgehoben.

19 Als Leser wird im Folgenden verkürzend die Figur des Lettore, also des erzählten Lesers bezeichnet, während die referentiellen Leser als Rezipienten bezeichnet sind.

diesem Moment umtreiben, unerfüllt bleiben: Weder kommt die Lese- und Liebespartnerin in spe in die Bar, noch gelingt es ihm, die verführerische Marjorie seiner gleichzeitigen Lektüre von *In una rete di linee che s'allacciano* mit der wahrhaftigen Frau seines Begehrens verschmelzen zu lassen. Daraufhin verabreden sich beide telefonisch erneut, dieses Mal in der Wohnung der alleinstehenden »ragazza«, welche der Lettore ohne sie betritt und umgehend einer höchst interessierten »inchiesta da detective« (164) unterzieht. Die Figur tut dies wie stets vermittelt über die distanziert-kommentierende Perspektive des Erzählers, der dem Lettore sogleich ein triftiges subjektives Motiv für das »incuriosare intorno« (164) in der *casa* der jungen Frau nahe legt – die eifersüchtige Suche nach Anzeichen einer männlichen Präsenz.[20] Diese Möglichkeit wird in der meandernden Argumentationsführung, die für den Roman typisch ist, unmittelbar durch den Gedanken revoziert, etwas halte das Du vermutlich doch davon ab, ungehemmt in der Wohnung herumzuschnüffeln. Unter den beiden Gründen, die der Erzähler für diese Zurückhaltung sodann optional ins Feld führt, besitzt einer für das wenig später einsetzende Portrait Ludmillas erhebliche Relevanz.[21] Dazu sei vorweggenommen, dass der Gegenstand des »ritratto« nicht erwartungsgemäß die Beschreibung der physiognomischen und charakterlichen Eigenschaften der Figur sein wird, sondern sich in der hier ankündigenden akribischen Inspizierung der Wohnung durch Erzähler und Leser vollzieht. Der Erkenntnisgewinn eines solchen Unterfangens beruht auf der Annahme, an der Wohnung eines Menschen lasse sich etwas über seine Individualität ablesen. Genau diese These jedoch wird durch den zweiten möglichen Grund, den der Erzähler für die zurückgehaltene Neugier des Lettore nennt, gewissermaßen prospektiv dementiert. Calvino legt seinem Personal dazu den zivilisationskritischen Einwand in den Mund, der Ausstattungskonformismus der uniformen Massengesellschaft lasse vielleicht gar keine Rückschlüsse darauf zu, ›wie sie wirklich ist‹. So könne der Leser aus gutem Grund annehmen, er kenne die Einrichtung der Wohnung einer alleinstehenden jungen Frau schon auswendig, noch bevor er sie überhaupt in Augenschein nehme. Im Wortlaut:

> O forse [...] com'è fatto l'appartamentino d'una ragazza sola credi di saperlo già a memoria, di poter già prima di guadarti intorno stabilire l'inventario di quel che contiene. Viviamo in una civiltà uniforme, entro modelli culturali ben definiti: l'arredamento, gli elementi decorativi, le coperte, il giradischi sono scelti tra un certo numero di possibilità date. Cosa potranno rivelarti di come lei è veramente? (164)

---

20 Mit entlarvendem Unterton fragt die Erzählstimme das ›DU‹ des Lettore: »vive sola. È questo che vuoi verificare per prima cosa? Se ci sono segni della presenza d'un uomo?« (164)
21 Der erstgenannte Grund ist »lo scrupolo«, den »gesto di fiducia« der jungen Frau, die ihm angeboten hat, er könne mittels eines unter dem »zerbino« liegenden Schlüssels schon vor ihr in die Wohnung gehen, zu missbrauchen. (164)

Der dem Lettore hier in erlebter Rede suggerierte Zweifel an der individuellen Lesbarkeit der Wohnung lässt sich gedanklich in Zusammenhang damit bringen, dass Calvino sich zur Zeit der Abfassung von *Se una notte d'inverno un viaggiatore* essayistisch kritisch mit dem Konzept individueller Identität auseinandersetzte.[22] Aufschlussreich ist in diesem Zusammenhang ein Aufsatz mit dem Titel *Identità*, den der Autor im September 1977 in der Zeitschrift »Civiltà delle macchine« veröffentlichte.[23] In ihm entwickelt Calvino die in herkömmlicher Sichtweise für eine individuelle Identitätsbildung notwendigen Bedingungen (2823 f.), um dieses Konstrukt im nächsten Schritt als essentialistische Illusion zu widerrufen. Dazu beschreibt er die vermeintlich stabile Identität des Einzelnen als ein Sammelsurium heterogener Merkmale, denen gemeinhin lediglich eine vom einzelnen Menschen vollkommen unabhängige ›Identität‹ zugeschrieben wird. Diese den Einzelnen vermeintlich charakterisierende Konstruktion werde zudem ihrerseits stets durch übergeordnete, immer komplexere Identitätskonfigurationen gesellschaftlicher und kultureller Art aufgehoben:

> Insomma l'identità più affermata e sicura di sé, non è altro che una specie di sacco o di tubo in cui vorticano materiali eterogenei cui si possono attribuire un'identità separata e a loro volta questi frammenti d'identità sono parte d'identità d'ordine superiore via via sempre più vaste.[24]

Die an dieser Stelle nicht weiter zu verfolgende Kritik Calvinos an der »civiltà uniforme« stellt die Validität des folgenden Projekts, das darin bestehen wird, die Lettrice mittels der Deutung ihres vermeintlich persönlichen Lebensraums individuell zu portraitieren, bereits im Vorfeld erheblich in Frage. Zudem wirft sie ein Problem auf, das Calvino in seiner letzten Schaffensphase bekanntlich stark beschäftigte: die erkenntnistheoretische Frage nämlich, wie der Einzelne in einer begrifflich und konzeptionell vollkommen determinierten Lebenswelt noch dazu in der Lage sein soll, Phänomene unmittelbar und unverstellt wahrzunehmen und jenseits vorgefertigter Schablonen zu begreifen.[25] Auf diesen Punkt wird am Schluss dieser Ausführungen zurückzukommen sein.

Die Frage, wie die Lettrice wohl sei (164), bringt den Erzähler im nächsten Gedankenschritt zunächst dazu, über die Notwendigkeit einer weiblichen »Terza

---

22 Siehe zur verwickelten Entstehungsgeschichte des Romans, an dem Calvino von 1975 bis zu seinem Erscheinen im Sommer 1979 mit Unterbrechungen arbeitete: B. FALCETTO, *Nota al testo*, in I. Calvino, *Romanzi e racconti*. Edizione diretta da C. Milanini, a cura di Mario Barenghi e Bruno Falcetto, vol. II, Milano, Arnaldo Mondadori, 1992, 1381–1401.
23 I. CALVINO, *Identità*, in »Civiltà delle macchine. Rivista bimestrale«, XXV, 1977, 43–44; erneut abgedruckt in I. CALVINO, *Saggi 1945–1985*, vol. II, a cura di M. Barenghi, Milano, Mondadori, 1995, 2823–2827.
24 I. CALVINO, *Identità* (Anm. 23), 2825 f.
25 Siehe dazu M. SCHWARZE, *Per una lettura di Italo Calvino nella visuale della Kulturkritik*, in »Strumenti critici«, 2009, 1, 35–54.

Persona« zu räsonnieren, welche das »generico tu maschile« (164) des Lettore – »mantenuto nell'astratta condizione dei pronomi, disponibile per ogni attributo e ogni azione« (165) – komplettiert. Die Optionen, die Calvino in diesem Fall in nur drei Sätzen aufblättert, umschreiben in einer Klimax prägnant den Übergang von einer realistischen zu einer konstruktivistischen Poetik des Romans, der bei aller Zeichenhaftigkeit nicht auf Vorstellung eines / einer individuellen Lesers / Leserin verzichten kann.[26]

An diesem Punkt setzt das Portrait von Ludmilla ein. Der Erzähler tritt dabei als Repräsentant des ›Buches‹ auf und wirft in seinem Namen und jenem des Lettore die, wie gesehen, bereits grundsätzlich problematisierte Frage auf, ob es dem Roman gelingen kann, ›von Dir, Lettrice,‹ ein ›Portrait‹ zu zeichnen. Da im Folgenden wiederholt auf die semantischen Wertigkeiten der Schlüsselbegriffe in Calvinos Formulierung Bezug genommen wird, sei dieser programmatische Satz, der gewissermaßen das *Incipit* des Portraits darstellt, noch einmal zitiert: »Vediamo se di te, Lettrice, il libro riesce a tracciare un vero ritratto, partendo dalla cornice per stringerti da ogni lato e stabilire i contorni della tua figura.« (165) Wenn hier von einem »vero ritratto« die Rede ist, muss zunächst angemerkt werden, dass das Adjektiv »vero« sich sowohl auf das Objekt der Portraiture als auch auf die Art des Portraits beziehen kann. Meint es im ersten Fall soviel wie ein wahrhaftes Portrait, das die charakterisierte Figur adäquat repräsentiert, bezeichnet »vero« im zweiten Fall ein ›echtes Portrait‹, das den Vorstellungen, die sich gemeinhin mit der Gattung Portrait verbinden, gerecht wird. Damit sind zugleich die zwei Bezugsebenen benannt, im Hinblick auf die Calvinos »ritratto« analysiert werden muss.

Das Zitat nun weist explizit in die erstgenannte Richtung, indem seine Gerundivkonstruktion ein Vorgehen ankündigt, das vorgibt, ganz traditionell vom

---

26 Der mimetischen Vorstellung eines Romans, der Figuren einführt, um »seguendo le fasi delle vicende umane« (164 f.) eine Liebesgeschichte zu erzählen (»perché tra quella Seconda Persona maschile e la Terza femminile qualcosa avvenga«, 164) stellt Calvino hier durch ein anaphorisches »ossia« markiert folgenden Gedanken gegenüber: Die Einführung der weiblichen Protagonistin stehe im Zeichen der Darstellung mentaler Muster, mittels derer der Mensch den Ereignissen Bedeutungen zuweise, die es überhaupt erst erlauben würden, diese zu (er)leben: »Ossia: seguendo i modelli mentali attraverso i quali attribuiamo alle vicende umane i significati che permettono di viverle.« (165) Ein bekannter Beleg für das an Jorge Luis Borges und Paul Valéry geschulte konstruktivistische Literaturverständnis des späten Calvino ist der 1984 geschriebene Essay *Jorge Luis Borges* (*Saggi*, vol. II (Anm. 23), 1292–1300). Darin findet sich sein Bekenntnis zu einer »idea di letteratura come mondo costruito e governato dall'intelletto«. (1293)
Die empirische Unabdingbarkeit einer bestimmten, konkreten Rezeptionsinstanz, die auch für eine apokryphe Literatur besteht, thematisiert wenig später das Tagebuch des Schriftstellers Silas Flannery (Kap. VIII, 205). H.R. Jauss, *Italo Calvino* (Anm. 11), 277 f. hat diesen Standpunkt aus hermeneutischer Sicht bestätigt und in ihm eine gezielte Abgrenzung unseres Autors vom dekonstruktivistischen Credo erkannt.

Äußeren zum Inneren voranzuschreiten: Beginnend mit dem ›Rahmen‹ schickt sich das Portrait an, den *personaggio* von allen Seiten zu umfassen (»stringere«), um die Umrisse ›Deiner‹ Gestalt festzuhalten (»stabilire«). Auffällig daran ist allerdings, dass Calvino das Portrait wörtlich beim ›Rahmen‹ (»partendo dalla cornice«) beginnen lässt, also gewissermaßen jenseits des eigentlichen Portraits, dessen beschreibende Darstellung sich auf den zu charakterisierenden Menschen konzentriert. Augenscheinlich ist, dass Calvino das Wort »cornice« hier im metaphorischen Sinn für ein Prozedere verwendet, das, wie bereits erwähnt, glaubt, die Wohnung der Lettrice als einen Lebens- und Leseraum lesen zu können, der eine individuelle Dechiffrierung des Menschen erlaubt. Dazu schreibt die Erzählstimme dem Lettore die landläufige Überzeugung zu, die »casa« stelle einen Raum dar, der ihm und ›uns‹ etwas über die Figur – und hier vor allem über ihr Leseleben – sagen könne:

> La tua casa, essendo il luogo in cui tu leggi, può dirci qual è il posto che i libri hanno nella tua vita. [...] Per capire questo [den Wert der Bücher für Ludmilla, M.S.], il Lettore sa che la prima cosa da fare è visitare la cucina. (165)

Indem das folgende ›Raumportrait‹ angibt, die Bedeutung der Bücher im Leben der abwesenden Lettrice mittels der »ricognizione« (167) ihrer Wohnung zu eruieren, reinszeniert Calvino ein realistisches Verfahren der Personeneinführung, das im literarhistorischen Kontext der Moderne als klassisch gelten kann. Prominent steht dafür der Romananfang von Honoré de Balzacs *Le père Goriot* (1834/35), in dem die Pension der Madame Vauquer im Sinne einer spatialen Physiognomik minutiös beschrieben wird. Die diesem Verfahren des Portraits zugrunde liegende Analogsetzung des Charakters einer Figur mit dem von ihr gestalteten intimen Lebensraum formuliert Balzac eigens prägnant, wenn er resümierend schreibt: »[...] enfin toute sa personne explique la pension, comme la pension implique sa personne.«[27]

Vergleicht man dieses Muster einer vom gelebten Raum ausgehenden, indirekten Darstellungsweise einer Figur mit der Tradition des literarischen Portraits, sticht ins Auge, dass Calvinos »ritratto« auf den Teil der *descriptio personae* verzichtet, der in der rhetorischen Tradition den Auftakt bildete und über die Anschaulichkeit zugleich eine affektive Haltung des Zuhörers zum Portraitierten erzeugen sollte: Gemeint ist die *descriptio superficialis* des Äußeren eines Menschen, näherhin die Beschreibung seiner *corporis forma*.[28] An ihre Stelle tritt im vorliegenden Portrait mit der Beschreibung der Wohnung ostentativ eine

---

[27] H. BALZAC, *Le père Goriot*, Paris, Garnier-Flammarion, 1966, 30. In dieser Hinsicht nach wie vor instruktiv und sehr lesenswert sind E. AUERBACHS prägnante Ausführungen in: *Mimesis. Dargestellte Wirklichkeit in der abendländische Literatur* (1946¹), Tübingen/Basel, Francke, 1994⁹, 437–441.

[28] Siehe E. ZEMANEK, *Das Gesicht im Gedicht* (Anm. 2), 55 f.

alternative Art der *descriptio superficialis*. Indem das Portrait die Physiognomie der Lettrice jedoch mit keinem Wort erwähnt,[29] spart es einen für das Dispositiv eigentlich konstitutiven Teil aus. Der Roman tut so, als besäße die Figur keinerlei persönliche Erscheinung. Für den Rezipienten hat diese Eliminierung der Physis zur Folge, dass er sich keine körperliche Vorstellung von der Portraitierten machen kann. Sie ist demnach eine abstrakte Instanz, die von Beginn an demonstrativ auf ihre Funktionen als Leserin und als erotischer Gegenpart zum Lettore beschränkt bleibt.

Warum aber, so ist zu fragen, inszeniert Calvinos Portrait die Visitation von Ludmillas Wohnung, obwohl er ein solches Verfahren bereits zuvor im Bezug auf seine Erkenntnisfunktion als strukturell untauglich charakterisiert und damit die Möglichkeit einer spatialen Physiognomik in der Nachfolge von Balzac *a priori* verneint hat? Der Grund für die Neumodellierung der als überholt markierten realistischen Technik, so die hier vertretene These, liegt darin, dass dies Calvino ermöglicht, ein Spiel mit den Bedeutungspotentialen dessen in Gang zu setzen, was der Lettore in der Wohnung beobachtet. Der Erzähler, der zu jenem in einem Verhältnis deutlicher Distanz steht[30], wendet dazu eine Doppelstrategie von desillusionierender Enttäuschung und produktiver Täuschung an. Die strukturelle Ambivalenz, die in dieser Strategie liegt, kennzeichnet das Portrait der Lettrice grundlegend: Es besitzt nicht nur destruktiven Charakter, insofern es ein traditionelles Verfahren in seiner mimetischen Unzulänglichkeit ausstellt, sondern ihm kommt bei Calvino zugleich auch eine ausgesprochen produktive Funktion zu, die das literarische Portrait als narrativen Modus wider Erwarten in gewisser Hinsicht nachdrücklich konfirmiert. Die hier postulierte Ambivalenz des »ritratto« gilt es im Folgenden in zwei Schritten nachzuweisen.

---

29 Die Physis der Figur wird bereits bei ihrem *ingresso* lediglich in stark reduzierter Form und mit Blick auf ihre amouröse Funktion eingeführt: Anlässlich der ersten Begegnung beider in der Buchhandlung, wodurch der Lettore in ein erotisches »campo magnetico« von unwiderstehlicher »attrazione« gerät (33), charakterisiert der Text ihr Äußeres lediglich in einem Satz. Er gibt den ersten Eindruck ihrer auf den Lettore in erlebter Rede und in einer verblosen Aufzählung wie folgt wieder: »Occhi vasti veloci, carnagione di buon tono e buon pigmento, capelli d'onda ricca e vaporosa.« (32) Wenige Sätze später erfahren wir, dass die »signorina« beim Lachen Grübchen hat, was das Gefallen des männlichen Protagonisten an ihr noch steigert: »Lei sorride. Ha fossette. Ti piace ancor di più.« (33)

30 Es ist in diesem Punkt von besonderer Bedeutung, dass Calvino mit den deutlich geschiedenen Funktionen von Erzähler und Lettore eine systematische Trennung zwischen der interpretierenden und darstellenden Instanz des Portraits einerseits und der Wahrnehmung durch eine beobachtende Instanz andererseits vollzieht. Im Vergleich zu dem herkömmlichen Typus des Romanportraits, das in der Perspektive einer anderen Figur erfolgt, »erfährt der Leser« hier eben nicht »nur das, was die andere Figur wahrnimmt, und zwar oft in der Reihenfolge ihrer subjektiven Perzeption«. (E. ZEMANEK, *Das Gesicht im Gedicht* (Anm. 2), 27 f.) Die explizit vermittelnde Stimme des Erzählers steht vielmehr grundsätzlich in einem Verhältnis ironischer Distanz zu dem aus seiner Sicht vermeintlich naiven Lettore.

II.

Zunächst zum destruierenden Potential des Metaportraits, das Calvino gewissermaßen an der Textoberfläche praktiziert. Seine Strategie desillusionierender Enttäuschung beruht hier auf der Inszenierung einer fundamentalen hermeneutischen Unsicherheit, welche die Deutung der Beobachtungen betrifft, die der Lettore in der Wohnung der zu Portraitierenden machen kann. Denn das, was das gesamte Portrait vor allem thematisiert, ist die je nach dem Betrachter und seinen spezifischen Interessen unterschiedliche ›Interpretation‹ des jeweils Wahrgenommenen. Damit wird die Deutung der in der Wohnung gesammelten ›Daten‹ als eminent subjektiv und polivalent ausgewiesen; ihre Relevanz für eine vertiefte Kenntnis der Lettrice bleibt gezielt unentscheidbar. Für das Konzept eines die Wirklichkeit repräsentierenden Portraits heißt dies, dass es bei Calvino als ein in erkenntnistheoretischer Hinsicht grundsätzlich unwägbares Projekt dargestellt wird, dem die angestrebte Erkenntnis verwehrt bleiben muss.

Erzeugt wird die desillusionierende Enttäuschung mittelbar durch die im gesamten Roman angewandte personale Erzählsituation. Sie besteht auf den Seiten des »ritratto« in der direkten Anrede der Erzählstimme an das ›Du‹ der Portraitierten.[31] Sie spricht der Erzähler in der Gegenwart in unpersönlichen Aussagesätzen an, welche mittels ihrer grammatischen Struktur Allgemeingültigkeit vermitteln sollen:

> Si vede che il tuo interesse per la casa è intermittente [...] (168)
> Tu hai un'idea d'ordine, certo, [...] (168)
> Insomma, non sembri una Lettrice Che Rilegge. (170)

Auf diese Weise suggeriert der Text die Vorstellung eines im Hier und Jetzt situierten Gesprächs zwischen zwei Menschen. Diese Perspektive jedoch evoziert unweigerlich den Gedanken der Subjektivität aller Betrachtung und Bewertung, da die auf Ludmilla zielenden Aussagen stets eine (Gegen)Sicht der Figur implizieren. Indem der Text die Perspektive der Lettrice hier demonstrativ als Leerstelle gestaltet, inszeniert er konsequent eine Art unilateralen Dialog des Erzählers mit der Leserin. Dieser thematisiert zum einen die bereits im Nouveau Roman intensiv reflektierte Tatsache prägnant, »dass es nicht *die* Bedeutung geben kann, sondern nur *eine*, die immer zugleich Bedeutung *für* ist: für den Betrachter, für die Erzählstimme [...]«.[32] Zum anderen vermittelt gerade diese

---

31 Als ein Intertext diente Calvino hierbei mit großer Wahrscheinlichkeit Michel Butors Reiseroman *La Modification* (1957). Siehe zu der unterschiedlichen Bewertung der Analogien zwischen den Erzählsituationen beider Romane die unterschiedlichen Positionen von W. HELMICH, *Leseabenteuer* (Anm. 12) und H. MAYBACH, *Der erzählte Leser* (Anm. 11), 34–37.
32 So B. KUHN, *A la recherche du livre perdu* (Anm. 8), 76 bezüglich des Verzichts auf die

Form des auf einen Sprecher reduzierten Dialogs die für das literarische Portrait konstitutive Absenz der Portraitierten. Den Versuch, der Abwesenden mit Worten eine konkrete Präsenz zu verschaffen, verneint die von Calvino gewählte Erzählsituation kategorisch, indem sie vorführt, dass die für eine umfassende Darstellung der Figur notwendige komplementäre Stimme ihrer selbst im Portrait strukturell fehlt.

Es tut sich damit in *Se una notte d'inverno un viaggiatore* ein konzeptioneller Hiat auf, der in der Diskrepanz zwischen dem Anspruch des literarischen Portraits auf möglichst große Nähe zur Figur einerseits und andererseits der erkenntnistheoretischen wie semiotisch begründeten, unhintergehbaren Distanz zu ihr besteht. Denn dem Bemühen um Introspektion und Evidenz zur Erkenntnis eines Menschen widerspricht fundamental, dass es ihn als objektiven Betrachtungsgegenstand schlichtweg nicht gibt. Dies hat zur Folge, dass dem Portrait die von ihm programmatisch beanspruchte semantisch stabile Beschreibung der Portraitierten versagt bleiben muss. Angesichts ihrer essentiellen Eigenschaftslosigkeit hat das beobachtende und beschreibende Subjekt keine andere Wahl, als das von ihm Wahrgenommene im Rahmen der eigenen Verstehensbedingungen zu deuten. Dies aber macht alle Rede über die Portraitierte, welche allgemeingültige Aussagen trifft, zu einer Illusion. Diesen Sachverhalt, der den Zweifel an der Möglichkeit eines mimetischen Portraits autoreferentiell weiter erhärtet, hält uns der unilaterale Dialog zwischen dem vermeintlich objektiv beschreibenden Subjekt des Erzählers und der Leerstelle der absenten Lettrice eindrücklich vor Augen.

Inhaltlich bestätigt wird diese Destruktion der Erwartungen, die sich mit dem Portrait gemeinhin verbinden, auf der Ebene der *histoire*. Dazu dient vor allem die Inszenierung einer fundamentalen hermeneutischen Unsicherheit auf Seiten des Erzählers. Sie zeigt sich daran, dass er nicht dazu in der Lage ist, dem in der Wohnung der Lettrice zu Beobachtenden stabile Bedeutungen zuzuschreiben und es in eine kohärente Darstellung zu überführen.

Diese Problematik ist das eigentliche Thema des Portraits und steht im Zentrum seines ersten Teils, in dem der Text den Lettore die Küche inspizieren lässt, um auf diese Weise »una immagine di te« (167) zu gewinnen. Die lange syntaktische Einheit, mit der diese Begehung einsetzt, stellt zunächst die bereits zitierte Behauptung auf, die Küche sei der Teil einer Wohnung, der am meisten über ›Dich‹ sagen könne. Was darauf folgt, sind jedoch keine Beschreibung einer Einrichtung und eine entsprechende charakterologische Auslegung. Diese überspringt der Text gewissermaßen, um in einer Aneinanderreihung von vier komplexen mit »se« eingeleiteten Nebensätzen indirekte Entscheidungsfragen

---

Allwissenheit in den Romanen Robbe-Grillets und Butors. Siehe zum »dialogue intérieur« als Ausdruck der »prise de conscience du roman« M. BUTOR, *La Modification* (Anm. 31), 81 ff.

zu formulieren. Diese betreffen das Verhältnis der Lettrice zum Kochen, zu Haushaltsgeräten und zur Nahrung. Eingefügt in diese Entweder-Oder-Fragen finden in sich in Klammern gesetzt Antworten, welche die Entscheidungsfragen freilich nicht beantworten, sondern sämtlich ambivalent ausfallen. So beantwortet der Text die Frage, ob Ludmilla für sich alleine oder für andere koche, mit einem entschiedenen Sowohl-als-auch, das zudem die Haltung der Figur zum sozialen Aspekt des Essens ambiguisiert:

> La cucina è la parte che può dire più cose di te: se fai da mangiare o no [...], se per te sola o anche per altri (spesso per te sola ma accuratamente come se lo facessi anche per altri; e qualche volta anche per altri, ma con disinvoltura come se lo facessi per te sola). (165 f.)

Der Bezug dieser distanzierten Erörterung zum literarischen Portrait herkömmlicher Machart besteht darin, dass Calvino das enumerative Prinzip des katalogischen Portraits, welches wesentlich in einer Auflistung von Merkmalen besteht, hier zum Zwecke seiner Außerkraftsetzung zitiert.[33] Denn zum einen tritt hier an die Stelle einer begrenzten Anzahl von prägnanten Aussagen, deren Auflistung im Portrait konzise die Individualität einer Person evozieren soll, eine potentiell unendliche Fülle von Deutungsalternativen, die im Hinblick auf die Portraitierte vollkommen offen bleiben. Zum anderen handelt es sich zum Beispiel bei der zitierten Aussage, Ludmilla koche häufig für sich selbst, aber akkurat, als ob sie für andere koche etc., um eine inkohärente Aussage. Denn dieser Sachverhalt lässt sich in keiner Weise aus der Registrierung aller Gegenstände einer Küche ableiten. Es bedarf dazu eines umfangreichen auktorialen Wissens bezüglich der Lebensgewohnheiten der Figur, über welches der Erzähler natürlich verfügen kann, das dem hier gewählten Verfahren der Portraiture jedoch verwehrt bleiben muss. In der Konsequenz heißt dies, dass die »dati preziosi« (166), die das Auge des Lettore begierig sammelt, im Hinblick auf das Portrait der Lettrice tatsächlich keinerlei Aussagewert erlangen.

Auch in den folgenden Abschnitten betreibt Calvinos »ritratto« konsequent die semantische Aushöhlung des literarischen Portraits zugunsten eines verwirrenden Strudels von ambivalenten Aussagen. Auf diese Weise inszeniert Calvino nicht nur die Inspektion der Küche letztlich als ein Erkenntnisdilemma. Es manifestiert sich einerseits im unvermeidlichen Interferieren zwischen der beobachtenden Wahrnehmung, dem kontextuellen Wissen und dem subjektiven Interesse, andererseits in der Unmöglichkeit verlässlich über die Relevanz erhobener Daten für das Portrait zu entscheiden.[34] Treffend konstatiert der Er-

---

33 E. ZEMANEK, *Das Gesicht im Gedicht*, (Anm. 2), 55 f. zufolge stellte das ›katalogische‹ Portrait den »über viele Jahrhunderte hinweg dominanten Portraittypus« dar.
34 Dies gilt insbesondere auch für den hier nicht ausführlich analysierten dritten Teil des Portraits (169–171), in dem der Erzähler vergeblich versucht, der Anordnung der Bücher in

zähler daher an einer Stelle: »Insomma sei ordinata o disordinata? Alle domande perentorie la tua casa non risponde con un sì o con un no.« (168)

Die beschriebenen gedanklichen Inkohärenzen haben argumentative Unstimmigkeiten zur Folge. Sie bestehen vor allem darin, dass Schlussfolgerungen, die der Erzähler aus der Aneinanderreihung von Deutungsalternativen zieht, unbegründet bleiben. So wird uns etwa am Ende des ersten Teils des Portraits ein Zwischenfazit präsentiert, das sich vermeintlich aus den Beobachtungen ergibt: »*Osservando* la tua cucina *dunque* si può ricavare una immagine di te, come donna [...]« (167, Kursivierung M.S.) Entgegen seiner expliziten Markierung jedoch kann das folgende kurze Psychogramm Ludmillas keinerlei Folgerichtigkeit für sich beanspruchen. Das im Fortgang des Satzes gezeichnete ›Bild‹ einer gleichermaßen extrovertierten, sensuellen wie klarsichtig-methodischen Frau, die den Sinn für das Praktische in den Dienst der Phantasie stellt, verhält sich vielmehr vollkommen unvermittelt und unmotiviert zum Vorangehenden. Kohärenz gewinnt es erst in seiner Funktion für die komplementäre Figur des Lettore, der die Wohnung mit einer amourösen Prädisposition und in eigennützigem Interesse betreten hat. Bedenkt man diesen Kotext des »ritratto«, erscheint das, was hier als Fazit der »ricognizione della casa« (167) ausgegeben wird, tatsächlich als männliches Phantasma einer alle Gegensätze in sich vereinigenden Frau.[35] Die im Text vermittelte »immagine« ist demnach nicht das

---

den Regalen eine Bedeutung zu geben, die den »consumo immediato« (170) der Spontanleserin charakterisiert. Über die bereits behandelten Verfahren hinaus ruft dieser Abschnitt die Zeit als eine Dimension auf, die dem literarischen Portrait, das traditionell auf eine arretierende Stasis angelegt ist, eigentlich fremd ist. Mit der Kategorie der Zeit aber gehen in der Darstellung einer Figur Aspekte der Veränderlichkeit, der Entwicklung oder der Kontingenz einher. Sie verschweigt das auf eine allgemeine Charakterisierung angelegte Portrait traditionell. Der grundsätzliche Anspruch des Portraits, den Portraitierten »da ogni lato« (165) zu erfassen, beruht daher auf der Außerachtlassung einer Dimension des Lebens, die für die Konstitution einer komplexen Figur von erheblicher Bedeutung ist. Auf diesen blinden Fleck des Portraits verweist Calvino, indem der das Phänomen der Rhythmisierung des Lebensvollzugs als einen Faktor kennzeichnet, der die Arretierung der Figur in einer stabilen Deutung zusätzlich höchst problematisch erscheinen lässt. Transparent wird dies im Motiv der Unbeständigkeit, das der Erzähler »al tuo ritratto« als letzten »lineamento importante« (171) hinzufügt, ehe er das Portrait mit vier offen bleibenden Fragen beendet. Der Gedanke, die Lettrice trenne vielleicht »tempi diversi in cui fermarsi o scorrere, concentrarsi alternativamente su canali paralleli« (171), bringt hier die Möglichkeit eines intermittierenden Leseverhaltens zum Ausdruck. Die damit einhergehende Unregelmäßigkeit und Wechselhaftigkeit des Handelns aber bedeuten, dass der Zustand der Wohnung, von dem ausgehend das Portrait der Lettrice erfolgt, in einem nicht unerheblichen Maß von kontingenten Umständen abhängig ist. Die Annahme der Kontingenz jedoch macht jeglichen Versuch der Charakterisierung einer Figur im Portrait zunichte.

35 Calvino stellt diesen Nexus eigens her, indem er seine Charakterisierung der Lettrice mit dem Gedanken der Unterordnung des Sinns für das Praktische unter die Phantasie beendet (167). Dieser Gedanke leitet assoziativ zum erotischen Wunschbild des männlichen Protagonisten über: »Osservando la tua cucina dunque si può ricavare una immagine di te, come donna

Ergebnis des annoncierten komplexen Verfahrens einer indirekten Portraiture, sondern erscheint als unmittelbar nicht motivierte Facette der das gesamte Kapitel informierenden Liebesgeschichte.[36]

Auf diese Weise ironisiert/entlarvt Calvino das auf einer spatialen Physiognomie beruhende Portrait erneut als ein illusorisches Unterfangen, bei dem die ›Phantasie‹ des Beobachters zwangsläufig über eine in ihrer Valenz fragwürdige Empirie Oberhand gewinnt. Die Folge ist, dass Calvino in die Leerstelle, welche die Unmöglichkeit einer referentiell verlässlichen Erfassung der zu Portraitierenden hinterlässt, die höchst subjektiven Motivationen einer anderen Figur, hier die des Lettore, einsetzt. Konkret bedeutet dies, dass der Versuch des Portraits gleichsam auf das Subjekt der Betrachtung zurückfällt, welches sich und die Bedingungen der Portraiture damit eher ›portraitiert‹ als das vermeintliche Objekt seiner Beschreibung. Der »ritratto« trägt insofern, wenn überhaupt, zum Portrait des Lettore als von seinem Begehren geleiteten Beobachter bei, nicht zu dem der Lettrice.

Nach dem Gesagten kann als Ergebnis einer ersten Lektüre des Portraits der Lettrice festgehalten werden, dass es sich bei ihm, wie zu erwarten, um das Gegenteil eines »vero ritratto« im Sinne der Repräsentation einer Figur handelt. Die im Rahmen des Romans mögliche »illusorische Referenzialität« bleibt ihm damit versagt.[37] Der Grund ist, dass die Erkundung der Wohnung als dem äußeren »Rahmen« Ludmillas entgegen der eingangs geäußerten Absicht nicht zu Aussagen führt, welche die Figur spezifisch und verlässlich charakterisieren würden. Die vorgebliche Absicht, die Konturen der Figur von allen Seiten zu

---

[…] che mette il senso pratico al servizio della fantasia. Qualcuno si potrebbe innamorare di te solo a vedere la tua cucina? Chissà: forse il Lettore, che già era favorevolmente predisposto.« (167)

36 Es ist daher konsequent, dass das Portrait schließlich zur Perspektive des Lettore zurückkehrt, um dessen ängstlicher Eifersucht nachzugehen. (171) Das Portrait ist damit stillschweigend an sein Ende gekommen, was für das Romanportrait im Übrigen nicht ungewöhnlich ist. Der Fortgang des Kapitels, der die vom Ende des zweiten Kapitels an ersehnte und massiv angebahnte körperliche Vereinigung von Leser und Leserin vollzieht, wirft freilich ein ironisches Licht auf die Absicht des Erzählers, ein »ritratto« zu erstellen, »per stringerti da ogni lato« (165). Angesichts des Fortgangs des Kapitels lässt sich diese Ankündigung kaum mehr im übertragenen Sinne als vollständige Erfassung der Figur lesen, sondern wörtlich als handfeste, erotische Umarmung der Lettrice durch den Lettore, wie sie der Fortgang des Kapitels schildert (cf. 179 ff). Siehe zur fortlaufenden Inszenierung der Überlagerung von Lese- und Liebesabenteuer bzw. der den Roman inhaltlich dominierenden Engführung von gelesenem und gelebtem Roman, der hier am Ende des siebten Kapitels im Motiv des gelesenen Körpers zu seinem vorläufigen Höhepunkt und im Schluss des Romans zu seinem glücklichen Ende gelangt, die Ausführungen von U. SCHULZ-BUSCHHAUS, *Aspekte eines Happy-Ending* (Anm. 12).

37 E. ZEMANEK, *Das Gesicht im Gedicht* (Anm. 2), 26 sieht in realistischen Narrativen typischerweise eine »illusorische Referenzialität« gegeben, die auf die Wahrscheinlichkeit des biographischen Entwurfs abzielt.

umfassen (»stringerti da ogni lato«, 165) und die Umrisse ihrer Figur fest zu umreißen (»stabilire i contorni della tua figura«, 165) erweist sich vielmehr als Anlass zur Dementierung aller Grundannahmen des literarischen Portraits. Dies betrifft vor allem die erkenntnistheoretische Unzuverlässigkeit dieses literarischen Dispositivs, das meint, mittels der Beobachtung von Oberflächenphänomenen auf die Substantia eines Menschen schließen zu können. Für den Aussagewert von Ludmillas Wohnung im Hinblick auf ein mögliches Portrait bedeutet dies, dass er gegen null strebt. Calvino macht aus ihrer »casa« damit gewissermaßen einen hermeneutischen *Non-Lieu* der Portraiture, der dem Beobachter keinerlei Erkenntnis über ihre Bewohnerin ermöglicht und die Lettrice mit keinerlei individueller Identität ausstattet.[38] Die »cornice« (165), die vermeintlich das Datenmaterial für das Portrait bereit stellen sollte, bleibt auf diese Weise gewissermaßen leer.

Für die Figur des im Vergleich zum Erzähler naiven Lettore bedeutet diese Art des Metaportraits unmittelbar eine weitere Enttäuschung seiner »attese«. (163) Ganz ähnlich mag es dem empirischen Leser ergehen, dessen Erwartungen an das Portrait einer Romanfigur durch Calvinos Metaportrait systematisch einer Desillusionierung unterworfen werden. Doch dies ist nur eine Seite der Medaille. Denn so wie der Lettore im siebten Kapitel von *Se una notte d'inverno un viaggiatore* ungeachtet aller Lesefrustrationen den entscheidenden Schritt zu seiner Liaison mit der Lettrice vollzieht, hält das Calvinosche Portrait auch für seinen Rezipienten versteckt eine positive Perspektive bereit. Denn neben der Strategie desillusionierender Ent-Täuschung, die einem Abgesang auf das literarische Portrait gleichkäme, betreibt der »ritratto« zugleich ein Spiel produktiver Täuschung, dessen Enthüllung das Portrait als einen narrativen Modus ausweist, dem Calvino eine eminent wichtige Funktion attestiert.

---

38 Siehe zu dem in der kulturwissenschaftlichen Raumtheorie zuletzt viel diskutierten Gegensatz zwischen anthropologischen Orten und Nicht-Orten M. AUGÉ, *Non-Lieux. Introduction à une anthropologie de la surmodernité*, Paris, Seuil, 1992. Im vorliegenden Fall von einem *non-lieu* im Sinne von Augé zu sprechen, mag gewagt sein, scheint mir aber insofern berechtigt, als die Wohnung, indem sie das Problem einer potentiell unendlichen Vielzahl diskrepanter Deutungen des Beobachteten aufwirft, jegliche Sinn stiftende Funktion im Hinblick auf die Figur dementiert. Eine solche Funktion aber setzt Augé als Bedingung für seine Bestimmung des (anthropologischen) Ortes als dem Gegenteil des Nicht-Orts an: »le lieu, le lieu anthropologique, est simultanément principe de sens pour ceux qui l'habitent et *principe d'intelligibilité pour celui qui l'observe.*« (68, Kursivierung M.S.)

III.

Um die positive Kehrseite von Calvinos desillusionierender Destruktion des Portraits im Portrait aufzuzeigen, bietet es sich an, den zweiten Teil des »ritratto« zu fokussieren.[39] In ihm wendet sich die »ricognizione della casa« (167) einer »quantità di cose« zu, »che accumuli intorno a te: ventagli, cartoline, flaconi, collane appese ai muri«. (167) Hinzu kommen die Möbel, Haushaltsgeräte und Pflanzen in der Wohnung der Lettrice. Von besonderem Interesse ist für uns dabei die Behandlung der persönlichen Erinnerungs-Gegenstände, welche die »casa« schmücken. Ausgehend von ihnen nimmt der Erzähler Zuschreibungen hinsichtlich der psychologischen Dispositionen der Lettrice vor, die erneut als willkürlich erscheinen, weil die Darstellung jegliche Indizien für diese intimen Deutungen schuldig bleibt.

Explizit bestätigt wird die Arbitrarität solcher Attribuierungen prompt durch das Beispiel einer Reihe »gerahmter Photographien«, die in einer Ecke an der Wand hängen. Diese »quantità di fotografie incorniciate, appese fitte fitte« (167) bildet ›Dich in unterschiedlichen Lebensaltern‹ sowie ›viele andere Personen, Männer und Frauen‹ (167) ab und wirkt auf den ersten Blick wie eine persönliche Photogalerie der Lettrice. Ihre Betrachtung jedoch lässt Zweifel aufkommen, ob die Photos überhaupt im Zeichen der Erinnerung an die Abgebildeten und damit eines »montaggio delle stratificazioni dell'esistenza« (168) der Leserin stehen. Dagegen spricht vor allem die auffällige Vielfalt sorgfältig gearbeiteter Rahmen aus zum Teil ausgefallenen Materialien. Die Diversität der »cornici« bringt den Erzähler auf den Gedanken, es handle sich bei den »fotografie incorniciate« tatsächlich vielleicht um eine Sammlung von Rahmen:

> [...] una collezione di cornici e le foto stare solo lì per riempirle, tant'è vero che alcune cornici sono occupate da figure ritagliate da giornali, una inquadra un foglio d'una vecchia lettera illeggibile, un'altra è vuota. (168)

Die Annahme, die Lettrice sammle eigentlich Rahmen, denen die Fotos lediglich als Vorwand dienten, kehrt die gewöhnliche semantische Hierarchie zwischen dem Bild und seiner Rahmung um. Damit stellt der Text mittelbar ein Verhältnis in Frage, das grundsätzlich im Hinblick auf das gemalte, aber auch das literarische Portrait im Kontext eines Romans besteht.[40] Für uns ist die hier ins Spiel

---

39 167–169.
40 Die Fragwürdigkeit der nachgeordneten Bedeutung des Rahmens gegenüber den Photographien verweist zudem metatextuell auf das osmotische Verhältnis der Rahmenerzählungen und Romananfänge in *Se una notte d'inverno un viaggiatore* sowie die damit einhergehende »exploration of how narrative systems (art) and life interact.« Siehe zu der Bildpoetik, die Calvino Mitte der 1970er Jahre entwickelte und die wesentlich auf der Idee eines Transfers von Verfahren der Malerei auf das Schreiben literarischer Fiktionen fußte, F.

gebrachte Option signifikant, weil sie als *mise en abyme* für das gesamte Portrait der Lettrice verstanden werden kann. Es drängt sich Gedanke auf, dass es Calvino bei seinem Metaportrait nicht nur um Probleme der Erkenntnis eines Menschen und seiner sprachlichen Abbildbarkeit geht, sondern ebenso sehr um Fragen der Rahmung. Dies würde bedeuten, dass Calvinos Portrait – in Analogie zu der zitierten *cornice vuota* in der Wohnung Ludmillas (168) – einen Wort-Rahmen ohne Bildnis inszeniert, dessen Aufgabe es ist, auf die Beschaffenheit und mögliche Funktionen seiner selbst zu reflektieren. Ein erstes Indiz dafür liefert die auffällige Tatsache, dass der Erzähler im *Incipit* seines Portraits die Wohnung der Lettrice, von der ausgehend er vorgibt die *figura* der Leserin von allen Seiten zu erfassen wollen, als »cornice« (165) bezeichnet. Dem ›Rahmen‹ wird damit an exponierter Stelle signalhaft eine Bedeutung zugwiesen, die er im literarischen Portrait herkömmlich nicht besitzt.

Um diese Bedeutung zu erhellen, ist es vonnöten noch einmal die semantische Wertigkeit zu beleuchten, mit der Calvino den Begriff der »cornice« an dieser Stelle verwendet. Es scheint zunächst so, als rufe der literarische Text eine ihm vertraute, übertragene Wortbedeutung auf, die metaphorisch für die materiellen Bedingungen des Lebens von Ludmilla steht. Dieser *signifié* setzt den ›Rahmen‹ mit einem Setting von äußerlich ablesbaren Daten gleich, die geschildert werden können und Schlüsse auf das Wesen der Lettrice zulassen. Dass es sich dabei um eine Fährte handelt, die ostentativ ins Leere führt, haben die bisherigen Überlegungen gezeigt. Eine zweite Bedeutungsebene des Rahmens besteht in seiner ornamentalen Funktion. Auch dieser ästhetische Aspekt scheint mir nicht das Zentrum dessen zu bezeichnen, wofür das Rahmenmotiv hier steht. Denn die Formulierung »un vero ritratto, partendo dalla cornice« (165) und der Satz, in dem sie steht, zielen offensichtlich auf die technische Seite eines Portraits ab und nicht auf dessen ästhetische Qualitäten.

Eine plausible Semantik im hiesigen Kontext erschließt sich hingegen, wenn man das Wort »cornice« in seiner materiellen Bedeutung in Anschlag bringt. Der Begriff meint dann eine dem Bild Form gebende Konstruktion, einen »[t]elaio che racchiude quadri, specchi ecc. per migliorarne l'utilizzazione.«[41] Diese primäre Bedeutung des Wortes ›Rahmen‹ betont die handwerkliche Arbeit, die eine notwendige Voraussetzung für die Erstellung eines Bildportraits ist. Nimmt man diese Begriffsbestimmung an, lenkt das Wort »cornice« die Aufmerksamkeit auf das Material, in dem sich das vorliegende Portrait konstituiert. Da dieses Material sprachlicher Natur ist, liegt es nahe, Calvinos ›Rahmen‹ autoreferentiell

---

RICCI, *Painting with Words. Writing with Pictures. Word and Image in the Work of Italo Calvino*, Toronto/Buffalo/London, University of Toronto Press, 2001, hier 185–190, Zitat: 176.

41 F. SABATINI – V. COLETTI, *Dizionario della lingua italiana*, Milano, Rizzoli Larousse, 2005, Lemma »cornice«.

als Sinnbild für das Sprachmaterial zu begreifen, in dessen Gewand das Portrait dem Rezipienten begegnet.

Die spezifische Relevanz, die eine solch selbstbezügliche Semantisierung für Calvino vermutlich hatte, wird erkennbar, wenn man sich die gezielte Fehlorientierung des Rezipienten vor Augen hält, die der Text in diesem Punkt vollzieht: Im Spiel mit der Polysemie des Wortes »cornice« setzt der Text den Schlüsselbegriff an einer Scharnierstelle so ein, dass der in der literarischen Kritik erfahrene empirische Leser ihn zunächst automatisch im Sinne hermeneutischer Gepflogenheiten deutet. Im Verlauf der Lektüre des Portraits tritt jedoch eine Diskrepanz zwischen dem erwarteten, im Vorverständnis verankerten Konzept und dem unerwarteten Sinnpotential zutage, mit dem Calvino ihn offensichtlich autoreflexiv verwendet.

Ein weiteres Beispiel dafür, wie Calvino den Rezipienten produktiv in die Irre führt, liefert der Begriff der Figur, den der »vero ritratto« eingangs wie selbstverständlich aufruft, indem der Erzähler angibt, »i contorni della tua figura« (165) feststellen zu wollen. Das Konzept von ›Figur‹ bezieht sich vermeintlich eindeutig auf die fiktive Gestalt der Lettrice im Roman. Doch auch hierin liegt eine verborgene Doppeldeutigkeit: Bei dem Portrait handelt es sich, wie gesehen, um eines, welches das Dispositiv des literarischen Portraits destruiert, indem es die Unmöglichkeit einer Portraiture der Romanfigur vorführt. Die Erwartung wird insofern enttäuscht, man könnte von einem negativen Portrait sprechen. Versteht man das Wort »figura« hingegen in seiner allegorischen Bedeutung als die Figuration eines abstrakten Sachverhalts, erfüllt Calvinos Portrait die damit verbundenen Vorstellungen durchaus: In diesem Bedeutungshorizont wird die »figura« der Lettrice als Chiffre für einen komplexen Sachverhalt erkennbar, den sie allegorisch repräsentiert. Sie erweist sich damit als eine Figur, deren Daseinsrecht darin besteht, dass sie eine ›operative Funktion‹ innehat.

Calvino hat diese Vorstellung einer abstrakten Figur in dem für das Selbstverständnis von *Se una notte d'inverno un viaggiatore* grundlegenden Aufsatz *I livelli della realtà in letteratura* (1978) dargelegt.[42] Den Ausgangspunkt seiner Überlegungen bildet dort die traditionell angelegte Figur des Homerischen Odysseus, deren »evidenza visiva« sich in die Imagination des Lesers einpräge.[43] Doch müsse eine Hauptfigur nicht notwendigerweise mit einem solchen »spessore« (393) ausgestattet sein. So habe es in der Literatur immer auch ab-

---

42 I. CALVINO, *Saggi*, vol. I (Anm. 23), 381–398.
43 »Col personaggio protagonista entra in gioco una soggettività interna al mondo scritto, una figura dotata d'una sua evidenza – e spesso si tratta di una evidenza visiva, iconica che s'impone all'immaginazione del lettore [...]« (I. Calvino, *I livelli della realtà in letteratura* (Anm. 42), 392).

strakte Figuren gegeben, deren Bedeutung darin bestünde, dass sie eine genau bestimmte ›operative Funktion‹ wahrnähmen:

> La funzione del personaggio può paragonarsi a quella d'un operatore, nel senso che questo termine ha in matematica. Se la sua funzione è ben definita, egli può limitarsi a essere un nome, un profilo, un geroglifico, un segno.[44]

Diese ›operative Funktion‹ eines zeichenhaften *personaggio* bestehe darin, dass er einem weit reichenden Problem paradigmatisch Evidenz verleihe, es in gewisser Weise symbolisiere.[45]

Vor der Folie dieses zeichenhaften Verständnisses des fiktiven *personaggio* erscheint die Lettrice unversehens als eine »figura« par excellence. Und es wird sichtbar, wie Calvinos leeres Metaportrait unterschiedliche Sinnpotentiale von literaturwissenschaftlichen Schlüssel-begriffen wie »cornice« und »figura« gegeneinander ausspielt. Auf diese Weise bringt der Text den Rezipienten dazu, sich die Sinndimensionen einzelner Worte bewusst zu machen und den konventionalisierten Gebrauch, den er von ihnen macht, zu hinterfragen. Damit aber zeigt der »ritratto« eine spezifische Leistung auf, die das Portrait seit jeher für sich in Anspruch nimmt: Er fördert Erkenntnis zutage.[46] Die dem Portrait eigene Erkenntnisfunktion thematisiert es dabei auf die ihm eigene Weise, indem es eine theoretische Einsicht nicht einfach schildert, sondern sie aus der Distanz anschaulich macht und ihren Nachvollzug damit erst ermöglicht. Dadurch dass Calvinos Portrait im Spiel mit der Polysemie der Worte ein Bewusstsein für verschüttete Bedeutungspotentiale erzeugt, erweist es sich in bestimmter Hinsicht doch als ein »vero ritratto« (165) – als ein Portrait, dessen

---

44 I. Calvino, *I livelli della realtà in letteratura* (Anm. 42), 393. Der *Grande Dizionario della lingua italiana* von S. BATTAGLIA (Torino, UTET, 1972) definiert unter dem Lemma »operatore« u. a.: »Matem. Simbolo d'un operazione o di un'applicazione eseguibile sugli elementi di un determinato insieme [...]«.

45 Als Beispiel nennt Calvino die Figur des Lemuel Gulliver in *Gullivers Reisen*, über dessen »lineamenti« der Leser kaum etwas erfahre, der gleichwohl eine »funzione d'operatore [...] ben chiara« besitze: »l'operazione vera che egli mette in *evidenza* [...] è quella dell'opposizione tra il mondo della ragione logico-matematica e il mondo di corpi, della materialità fisiologica con le loro diverse esperienze conoscitive e diverse concezioni etico-teologiche.« (I. CALVINO, *I livelli della realtà in letteratura* (Anm. 42), 393)

46 Siehe zu der Erkenntnisfunktion des Portraits, die in der einschlägigen literaturwissenschaftlichen Forschung meines Wissens keine Berücksichtigung gefunden hat, grundlegend G. BOEHM, *Bildbeschreibung. Über Grenzen von Bild und Sprache*, in ders. – H. Pfotenhauer (Hgg.), *Beschreibungskunst – Kunstbeschreibung. Ekphrasis von der Antike bis zur Gegenwart*, München, Fink, 1995, 23–40. Mit Blick auf die Erkenntnisfunktion, die dem Portrait mittels der ›Zeigefähigkeit‹ der Ekphrasis zukommt, schreibt Böhm prägnant: »Die Erkenntnis öffnende Kraft der Deixis wird am deutlichsten daran, daß der *gezeigte* Gegenstand sich *zeigt*. Er wird ›als solcher‹ (als er selbst) erkennbar. Das Zeigen, so stumm es geschehen mag, baut einen Erkenntnisraum auf, dessen wesentliches Kennzeichen Distanz (Intentionalität) ist.« (39)

grundlegende Funktion es ist, erzählend Erkenntnis zu generieren. Darin liegt der produktive Anteil der Strategie der Täuschung in *Se una notte*. Er bestätigt das literarische Portrait als narrativen Modus entgegen allem Anschein auf funktionaler Ebene nachdrücklich.

Hinsichtlich des Rangs, der dem literarischen Portrait in der Postmoderne zukommt, hat dieses Ergebnis zur Folge, dass die These, es erschöpfe sich seit dem Nouveau Roman in einer proliferierenden Thematisierung seiner Unmöglichkeit und erfolge daher »sans fin«,[47] nicht haltbar ist. Dem widerspricht das keinesfalls ziel- und zwecklose Beispiel des Metaportraits der Lettrice in *Se una notte*. Denn es macht die systematische Entleerung der Semantik des traditionellen Portraits mit dem paradox anmutenden Ziel anschaulich, zugleich eine Rückbesinnung auf die genuine Erkenntnisfähigkeit des literarischen Portraits zu bewirken. Dies bedeutet, dass Calvino die Funktion der Repräsentation, welche das Portrait traditionell besitzt, dementiert, im selben Moment aber seine Aufgabe, mit sprachlichen Mitteln prägnant Erkenntnis zu ermöglichen, metatextuell revalorisiert.[48]

Die produktive Seite dieser ambivalenten Struktur des Calvinoschen Portraits lenkt den Blick abschließend auf eine Dimension des Romans, die in der poststrukturalistisch orientierten Forschung zu *Se una notte* bisher kaum berücksichtigt worden ist. Es handelt sich um die sprachkritische Perspektive, welche bereits am Beginn der Analyse punktuell zutage getreten ist. An Profil gewinnt diese Kritik, wenn man das täuschende Spiel mit Bedeutungsanteilen und -ebenen einzelner Worte als implizite Kritik an vorgefertigten Diskursen liest, die sich weithin habitualisierter Sprach- und Deutungsmuster bedienen.[49] Solch einen verkrusteten sprachlichen Umgang mit der Welt entlarven Calvinos Fallen permanent, indem sie mittels der idiosynkratischen Verwendung alternativer Wortbedeutungen neue poetologische Sinnhorizonte erschließen und dem Rezipienten so kritisch die Konventionalität des eigenen Sprachgebrauchs vor Augen führen.

Diese in dem Metaportrait subtil praktizierte Kritik steht bei Calvino im Kontext einer umfassenden Auseinandersetzung mit dem Verfall sprachlicher Differenzierung in der »civiltà uniforme.« (164) Als deren Besorgnis erre-

---

47 So die oben bereits zitierte Auffassung von J.Ph. Miraux, *Le portrait littéraire* (Anm. 4).
48 Calvinos Portrait bestätigt damit resümierend die den Roman insgesamt kennzeichnende strukturelle Ambivalenz, die vor allem A. Kablitz, *Calvinos Se una notte* (Anm. 12) aufgezeigt hat.
49 In *Se una notte d'inverno un viaggiatore* wird dieser Punkt ausdrücklich in der Frontstellung thematisch, die Calvino die Lustleserin Ludmilla im fünften Kapitel gegen die professionellen Literaturhermeneuten formulieren lässt (cf. 106). Eine streitbare Auseinandersetzung damit, wie diese den Roman insgesamt kennzeichnende Kritik von literaturwissenschaftlicher Seite rezipiert worden ist, findet sich bei P.V. Zima, *Das Spiel mit dem Leser* (Anm. 11).

gendstes Symptom diagnostizierte der Autor in mehreren Essays der 1980er Jahre eine von überkommenen Semantiken kolonisierte ›Diskurskruste‹, die zeige, dass die Kultur das sprachliche Bewusstsein für sich eingebüßt habe. In dem Vortrag *Mondo scritto e mondo non scritto* (1983) heißt es dazu programmatisch:

> Questo mondo che io vedo [...] si presenta ai miei occhi – almeno in gran parte – già conquistato, colonizzato dalle parole, un mondo che porta su di sé una pesante crosta di discorsi. I fatti della nostra vita sono già classificati, giudicati, commentati, prima ancora che accadano. Viviamo in un mondo dove tutto è già letto prima ancora di cominciare a esistere.[50]

Diese allwaltende ›Sprachpest‹ nivelliere die Ausdrucksfähigkeit auf ein automatisiertes Niveau und ziehe damit *last but not least* einen eklatanten Verlust an Erkenntniskraft nach sich. In den *Lezioni americane* schreibt Calvino dazu:

> Alle volte mi sembra che un'epidemia pestilenziale abbia colpito l'umanità nella facoltà che più la caratterizza, cioè l'uso della parola, una peste del linguaggio che si manifesta come perdita di forza conoscitiva e di immediatezza, come automatismo che tende a livellare l'espressione sulle formule più generiche, anonime, astratte, a diluire i significati, a smussare le punte espressive, a spegnere ogni scintilla che sprizzi dallo scontro delle parole con nuove circostanze.[51]

Im Kontext dieser Fundamentalkritik an der sprachlichen Defizienz der Massengesellschaft betrachtet, liest sich die Strategie produktiver Täuschung, die das Portrait der Lettrice in *Se una notte d'inverno* praktiziert, wie eine frühe Aufforderung dazu, mit den Mitteln einer im phänomenologischen Sinn präzisen Sprache ›Antikörper‹[52] gegen die »peste del linguaggio« auszubilden.[53] Calvinos »vero ritratto« erweist sich damit auch als ein Stück erzählter Diskurskritik.

---

50 I. CALVINO, *Saggi*, vol. II (Anm. 23), 1865–1875, Zitat: 1869.
51 I. CALVINO, *Lezioni americane. Sei proposte per il prossimo millennio*, Milano, Garzanti, 1988, 58.
52 *Ibidem*.
53 Siehe zu der Frage nach Formen des Engagements im Werk von Calvino grundlegend U. SCHULZ-BUSCHHAUS: *Zwischen ›resa‹ und ›ostinazione‹* (Anm. 12). Die hier im Hinblick auf den postmodernen Metaroman festgestellte versteckte Gesellschaftskritik relativiert freilich Schulz-Buschhausens Entwicklungsthese, wonach sich die »ostinazione« des Autors im Laufe der Jahre »vom Politischen zum Poetologischen« (21) verschoben habe. Schulz-Buschhaus schreibt: »Man könnte sagen, daß der Bereich, in dem die ›ostinazione‹ sich manifestieren soll, beim späten Calvino lediglich verschoben wird. Von der umfassenden Gestaltung der Gesellschaft und der Geschichte geht das Ideal resistenter Beharrung gleichsam auf den besonderen Fall der Gestaltung von Literatur über [...]«. (20)

Didier Alexandre (Paris)

Des noms, des physionomies singulières, ou une histoire littéraire du jazz en portraits par Jacques Réda

> C'est alors en termes de destin et aussi plus modestement d'histoire qu'il conviendrait d'aborder la poésie. (Jacques Réda, *Poésie parlote*)

> Car Je est un autre. Si le cuivre s'éveille clairon, il n'y a rien de sa faute. (Arthur Rimbaud, *À Paul Demeny*, Charleville, 15 mai 1871)

Avec son influx tonifiant, sa face rayonnante, c'est de cet être en vérité tragique pourtant qu'il est question dans ce livre, à travers quelques-uns de ceux qui – dans le droit fil de son élan, ou par des dérivations susceptibles d'en retarder l'issue – ont donné un ton, un nom, une physionomie singulière aux moments cruciaux de son destin.[1]

C'est ainsi que Jacques Réda présente ce qui est plus qu'une lecture du jazz, ce qui est une histoire du jazz, une histoire écrite en convoquant le plus faible »bagage d'information (biographique, discographique)«, inutile aux »amateurs« et aux »simples curieux«.[2] Cette histoire reprend le schéma classique de toute histoire, puisque le »phénomène« du jazz a une »naissance«, un »épanouissement«, et une »disparition«,[3] que Réda n'hésite pas à penser selon des catégories artistiques, familières à tout historien de la littérature: »dans une époque où le mouvement de nos arts touchait lui-même à une fin, il en a représenté comme à l'accéléré les phases, depuis la spontanéité des primitifs jusqu'aux raffinements les plus négateurs des modernes, en passant par un classicisme de la maturité«.[4] Et elle a un objet bien précis, »essentiel«, le »*swing*«, toujours présent, qui transcende les incarnations particulières que sont les compositeurs et interprètes de jazz.[5] Jacques Réda multiplie donc les portraits de musiciens, Sydney Bechet, King Oliver, Jelly Roll, Fletcher Henderson, Coleman Hawkins, Lionel Hampton,

---

1 J. RÉDA, *L'Improviste, une lecture du jazz*, Paris, Gallimard, 1990 (Folio Essais), *Avant-propos*, 15.
2 *Ibidem*, 16.
3 *Ibidem*.
4 *Ibidem*.
5 *Ibidem*, 15. Sur le swing, voir D. ALEXANDRE, *Le Swing de Jacques Réda*, in »Balises: cahiers de poétique des Archives et Musée de la littérature«, 5–6, *Crise de vers*, 2, Bruxelles, Didier Devillez, 2003, 83–102.

Benny Goodman, Lester Young, Charlie Parker, sans chercher à dater aucun de ces moments du jazz. Son écriture n'est pas celle d'un historiographe qui construit une chronologie dont la référence sera la grande Histoire du XXième siècle. La galerie de portraits s'insère dans la durée interne au jazz, un mouvement qui naît, s'accomplit et s'épuise, et qui prend pour nom le *swing*.

Cette histoire du jazz, comme l'histoire de la poésie moderne construite dans *La sauvette*, est paradoxale. Elle se présente, en apparence, comme une collection de portraits, hétérogènes par la forme, puisque Réda juxtapose les textes en prose et les textes en vers, les études volontiers techniques sur l'instrumentation, sur un enregistrement, les essais sur une notion poétique, le *bleu* (*La seule couleur*), et les poèmes dont le *swing* imite celui du jazz, qui se veulent des dialogues entre musiciens, ou des lettres de musiciens (*Quatre lettres de Coleman Hawkins*). Un texte au titre malicieusement didactique, *Benny Goodman: sa vie, son œuvre et son éloge mis en vers français*, résume bien cette hétérogénéité qui n'est que la traduction textuelle du désir d'atteindre la singularité de chaque moment incarné du jazz. Mais cette hétérogénéité, dont les parties sont autant de »dérivations« et de »moments cruciaux d'un destin«,[6] s'insère bien dans une totalité. Pour Jacques Réda, c'est bien cet ensemble qui a requis ces différents moments. La singularité de chaque compositeur et de chaque créature s'opposerait donc à tout schéma historique continuiste, si elle n'était transcendée par une exigence dont il faudra questionner l'origine, la nature et, évidemment, la signification. Dans le grand récit de l'histoire littéraire du jazz, l'exception est bien la règle: sa place est mesurée et régulée.

Portrait du *jazzman*

Il est très délicat de définir la notion de portrait. Son titre invite à subsumer sous un nom un ensemble de signes physiques et matériels, susceptibles de devenir autant de signes psychologiques, moraux, sociaux. Dans le récit, en particulier, le portrait, comme tout descriptif, constitue, pour le narrateur, une réserve de possibles pour l'action qu'il raconte. Qu'il suppose un modèle, ou référentiel, ou typique, le portrait exige toujours des médiations symboliques qui lui donnent son sens. S'il appelle une écriture descriptive – on sait que le descriptif s'insère parfaitement dans le narratif –, il appelle aussi une lecture interprétative. Et s'il peut reposer sur une énumération de traits, il doit éviter l'écueil de l'accumulation des détails. Sinon centré, le portrait doit être soumis à un principe centripète de convergence des détails vers un ou des foyers parfaitement repérables pour l'observateur ou le lecteur. La phase de configuration, qui suppose des

---

[6] Voir la citation initiale, note 1.

médiations empruntées à une multiplicité de codes, appelle une phase de refiguration opérée par le lecteur.

A la différence du portrait de poète, tel qu'on le découvre dans *La sauvette*, le portrait du *jazzman* réalisé par Réda comporte exceptionnellement des traits physiques. On peut donner une explication toute factuelle à cela: Réda n'a pas rencontré les *jazzmen* comme il a pu croiser le chemin de Frénaud, ou Guillevic, ou Grosjean. Mais elle est insuffisante. Car le portrait peut se fonder sur une médiation, en l'occurrence une photographie. Réda en fait usage dans sa galerie de poètes, par exemple pour le portrait d'André Breton ou de Jules Supervielle. Cet usage de la photographie est bien rare dans *L'improviste*, bien qu'une photographie de Coleman Hawkins par Giuseppe Pino ouvre le recueil, avant qu'elle ne serve de support à la dernière des *Quatre lettres de Coleman Hawkins*: début 1969, à Giuseppe Pino. Le *jazzman* y est représenté assis sur une chaise, accoudé à un bureau, la main droite sur le front, la main gauche sur le genou, accablé. Une note, qui accompagne le poème, précise qu'il mourra le 19 mai 1969. La photographie n'est en fait qu'un prétexte destiné à penser le rapport du musicien Coleman Hawkins au jazz, ou plutôt à la »force« qui s'est emparée de lui. Le poème oppose donc le vieillard, proche de la mort, au corps épuisé, un objet semblable aux meubles qui l'entourent, au musicien hanté par le souvenir des *jazzmen* morts et dont l'âme habite le monde. Dans *La sauvette*, Réda ne cesse de méditer sur la formule de Rimbaud, »je est un autre«.[7] C'est bien cette altérité radicale au monde des corps et des existences quotidiennes que veut montrer Réda dans cette histoire. Il métamorphose la représentation donnée par la photographie en une crise tragique du musicien rendu étranger au monde par sa musique qui le transporte dans l'univers du jazz – une crise d'autant plus tragique qu'en 1969 le jazz connaît ses derniers moments et que les grands musiciens sont morts. On sera attentif à ce que, dans ce poème, Charlie Parker, Lester Young et John Coltrane sont désignés par un surnom, Bird, Prez et Trane. Le portrait physique est donc dévalorisé au profit d'un portrait d'âme qui place le musicien au panthéon du jazz. Le tragique n'est qu'un moment qui précède l'assomption de l'artiste:

> L'affreux bureau, la chaise, et moi comme dans un garde
> -meuble
> après tous ces déménagements, d'un vertige sans sommets
> saisi, rendu, la honte chauve dans la main, quelle lumière
> me
> blesse et qui pour toujours va m'exhiber ainsi? Bien Mais
> j'ai paraît-il gardé ce mouvement convulsif de la tête

---

7 J. RÉDA, *La sauvette*, Lagrasse, Verdier, 1995 (Littérature française): sur Rimbaud, 110, sur Robin, 112–113, sur Supervielle, 130.

> pour lâcher le bec et m'en ressaisir, tel un vieux cheval son mors,
> devant la barre de mesure, et bondir – bon Dieu si je m'arrête
> ce sera pour rejoindre Bird et Prez et Trane qui sont tous morts.
>
> Mais survivre! Autant que de la mesure bien sincèrement je m'en fiche,
> puisque je ne me dresse plus déjà parmi les vivants:
> j'ai l'impression d'être secoué comme un lambeau d'affiche,
> moi qui leur commandais avec amour, par tous les vents.
> En désordre ils viennent m'assaillir du fond sans fond de la scène;
> c'est comme si ma force avait fui méchante à l'extérieur
> et cherchait à se venger maintenant sur ce petit vieux obscène
> qui tangue mais qui rit dans sa barbe au nez pâle des rieurs.
> Car sur la force, au-delà du sombre, au-dessus du souffle, où brame
> ce qui m'a voulu, pris, lâché, seul je plane, rien là-haut qui ne s'
> ouvre à nouveau comme jamais: espace, démarrage et retour, âme,
> âme et corps dans la fureur de tout qui passe et chante.
> Coleman Hawkins.[8]

Ce poème est doublement un pastiche de Coleman. Il est typographiquement disposé en versets rimés, dont la seconde partie, précédée d'un blanc typographique, met en évidence les rimes. Le verset réfère aux textes bibliques dont la culture afro-américaine s'est emparée, comme le note ailleurs Jacques Réda.[9] Et, dans une note, Jacques Réda commente la composition et la versification du poème, qui imitent le rythme de la musique de Coleman Hawkins tout en se référant à la diction, et donc à l'oralité, de la langue française, afin de mieux nouer la langue populaire et la poésie française qui se fonde en elle selon une tradition qui puise chez Claudel, Rimbaud et au-delà, par exemple, Nodier. Ainsi jazz et poésie française font bon ménage, comme si parler de l'un permettait de parler de l'autre. Le portrait devient autoportrait. On imagine Réda à son bureau, le front dans la main, accablé...

---

8 J. RÉDA, *L'Improviste* (note 1), 79–80.
9 J. RÉDA, *L'Improviste* (note 1), »La seule couleur«, 21.

> *Note sur la métrique:* La première partie du poème est composée en vers blancs de 17 syllabes, à coupe 9/8, le premier hémistiche observant le plus souvent la cadence ternaire 3/3/3/. Ce mètre *figure* un caractère du jeu de Coleman Hawkins dans sa première période: déboulés fortement appuyés sur les temps, auxquels succède un phrasé plus fluide. Terminée par trois vers qui augmentent chacun d'un pied (de façon à conclure sur le rythme initial du poème), la quatrième partie, comme la troisième, est écrite en vers de 14 syllabes *mâchés*. Il s'agit de vers où la diction élimine naturellement certains *e* muets, suivant le parler courant en France au-dessus de la Loire, et spécialement dans la région de Paris.[10]

L'usage de la photographie comme celui du détail biographique est donc argumentatif et interprétatif. La finalité n'est nullement documentaire ni descriptive: il s'agit d'intégrer des faits dans un destin imposé par l'Histoire du jazz. La partie ne fait sens qu'en fonction d'une totalité, chaque élément factuel venant prendre son sens en fonction de la musique propre à un musicien, celle-ci s'intégrant au jazz. Ce mouvement ascendant préserve certes la singularité d'un musicien et/ou compositeur, en la dramatisant cependant, puisque tout est soumis à une autorité supérieure. Ainsi la photographie représentant Lester Young »ten[ant] son saxophone« suggère cette conclusion: »on aurait (d'ailleurs on avait) parfaitement compris que, debout sur la scène ou assis derrière un pupitre, il a sans cesse en fait toujours joué couché«.[11] A quoi s'ajoute une longue glose sur le »personnage rêveur, souvent même, comme on dit, ›absent‹«, sur le »fantôme« que fut Young à la fin de sa vie, étayée sur les »apparitions« du musicien, »flottant parfois sans direction très sûre dans des vêtements trop larges«.[12] Il va sans dire que cette passivité, cette nonchalance deviennent les signes d'une absence au monde – très poétique – et d'un abandon à la musique qui traverse le musicien. Quant au détail biographique emprunté à la vie de Fletcher Henderson, les études de chimie qu'il fit, il est détourné des poncifs habituels de la biographie, l'opposition entre »l'aridité de la science« et la »fantaisie de la vie d'artiste«,[13] pour être transposé sur le plan de la musique et du jazz: »avant Ellington même, [Henderson fut] le premier grand chimiste du jazz, celui qui découvrit la formule du grand orchestre et l'essentiel de ses plus classiques applications.«[14] Il ne faut pas voir dans ce déplacement de la référence du champ de la science à celui du jazz la simple source d'une multitude de métaphores: elle fait d'Henderson celui qui a suivi les leçons de la nature et qui a su mixer dans son »laboratoire«, au prix d'»explosion[s]«, les talents des autres

---

10 J. RÉDA, *L'Improviste* (note 1), 80. Sur la question du *e* muet et de l'alexandrin, voir J. RÉDA, »Le Grand muet«, in *Celle qui vient à pas légers*, Montpellier, Fata Morgana, 1999, 63–64.
11 J. RÉDA, *L'Improviste* (note 1), »Le mouvement de Lester Young«, p. 120.
12 J. RÉDA, *L'Improviste* (note 1), 121.
13 J. RÉDA, *L'Improviste* (note 1), »Fletcher Henderson: bonheurs et tracas d'un chimiste«, 38.
14 J. RÉDA, *L'Improviste* (note 1), 38–39.

musiciens pour fixer la formule du *band: Tp³ Tb Cl³*.[15] L'humour de Réda accompagne l'effraction que provoque toute métaphore vive: il élève à la hauteur d'un savoir la pratique d'Henderson qui discipline »le lyrisme individuel et l'enthousiasme« et qui n'est pas moins que l'ordonnateur d'un univers.[16] Là encore, le musicien apparaît bien comme celui qui a trouvé la formule dans le grand livre de l'univers – le parfait alchimiste dont la musique – la poésie – s'empare, non pour la fantaisie, mais pour la malédiction: il fut celui qui commença, trouva la formule qu'exploitèrent les autres musiciens. »Cruel et nouveau paradoxe du chimiste victime du marché, de sa gestion, et vendant pour survivre des brevets à la concurrence.«[17]

On peut tirer deux enseignements de cette démarche, la première sur la personne du portrait, la seconde sur la composition concentrique du portrait.

Le *jazzman* de Réda, c'est donc l'homme fait par le jazz. Ceci se vérifie dans l'usage qu'il fait du terme de »gravures«,[18] qui désigne non pas des images, mais des enregistrements sur la cire de morceaux de jazz. C'est non pas par la vue, mais par l'ouïe, non pas par le témoignage sur la musique, mais par la musique que se fait avant tout le portrait. Le commentaire technique ne s'absente jamais de ces portraits. Par exemple, à propos de la quête de Miles Davies, quête d'une »immobilité« qui dira que la fin du jazz est atteinte, Réda a ce commentaire:

> Cette quête revêtira un double aspect, harmonique et rythmique, le premier par l'emploi du système modal plus ou moins pur, et aussi favorable à un élargissement du champ de l'improvisation que propice à un ressassement fascinateur.[19]

De Harry Edison, Réda retient »des réitérations de notes isolées qui sont comme des épurements de *riffs* et font songer au signal ›occupé‹ du téléphone, certaines (surtout encore dans des contextes de blues) énoncées sur le mode interrogatif d'un chat miaulant pour réclamer l'ouverture d'une porte.«[20] Ou encore, c'est l'»impression de fraîcheur« donnée par les enregistrements du *Creole Jazz band* qui ouvre le portrait de King Oliver. La qualité d'une interprétation permet de saisir les traits constitutifs d'un *ethos*, des qualités qui font le portrait moral du musicien:

---

15 *Ibidem*, 40. Tp pour trompette, Tb pour trombone, Cl pour clarinette, S pour saxophone.
16 *Ibidem*, 43.
17 *Ibidem*, 46.
18 Par exemple: »En témoignent des gravures de 1925«, »de ces quatre gravures«. J. Réda, *L'Improviste* (note 1), 45, 57.
19 J. Réda, *L'Improviste* (note 1), »Deux affrontements de la fin«, 154.
20 J. Réda, *L'Improviste* (note 1), »Harry Edison ou le mot juste«, 117.

> Rien de concédé à la prouesse, aux paroxysmes, à l'ironie. Au contraire une manière de vibrante austérité, qui préside aux candides et majestueuses entrées de trombone; qu'exaltent l'élan éperdument racé de la clarinette et le sobre entrelacement des lignes des deux cornets: ces quatre voix composant – dans toutes les interprétations où ni tuba ni saxophone ne les assistent – un équilibre d'une pureté qu'on dirait volontiers ›classique‹, si le terme n'était plus généralement associé à une période ultérieure du jazz, et si ce style n'était défini sans doute beaucoup n'avait pas défini plus tôt son propre classicisme.[21]

L'exégète, car c'est bien ainsi qu'il faut qualifier Réda en ces pages, consacre, dans son portrait de Louis Armstrong, de longues pages à l'étude d'un seul enregistrement, *Tight like this*: il part de l'écriture et de l'interprétation d'un morceau pour aboutir à la construction du »destin« d'Armstrong et du »destin même du jazz qu'elle contribue à changer en Histoire«.[22]

Cette quête d'un *ethos* singulier se double parfois d'un portrait qui fait le détour du paysage, éminemment poétique. Avec le portrait paysage, la notion de gravure reprend tout son sens, puisque le son donne à voir. Jacques Réda joue de ces deux sens, par exemple à propos d'Ellington.[23] Le musicien devient ainsi l'aboutissement des voix qui traversent une terre ou une ville. Ainsi le sonore conduit au visible, ou plutôt au visionnaire, dans la mesure où le paysage conserve une triple vocation, la représentation hors du temps d'un lieu, l'expression des sentiments qu'il suscite, la réflexivité à lui-même du jazz. Ce sont les deux premières fonctions qui se retrouvent dans ce portrait-paysage de Jelly Roll, dans un texte, il faut le noter, où le musicien est censé, alors qu'il se trouve assis sur un banc dans un parc, se souvenir de son passé:

> J'ai fait s'épanouir hors du temps l'âme polyphonique de ma ville, comme la harpe de harpes d'un banian, les rameaux remplis de rossignols, perroquets, buses, macaques; pleins d'ombre où la lune faufile la nuit comme un couteau, et où le vent qui nous tord dans l'amour et la mélancolie creuse des cheminées à suie d'étoiles vers l'insondable brasier du bleu.[24]

Ainsi le son qui exprime autant l'âme du musicien que d'un peuple vient recouvrir l'espace situé entre le réel et le »brasier du bleu«, l'espace céleste désiré et perdu pour les hommes. Réda touche ainsi à ce qu'il appelle la musique descriptive, présente chez Duke Ellington dans ses évocations d'Harlem, entre

---

21 J. Réda, *L'Improviste* (note 1), »L'espérance de King Oliver«, 28–29.
22 J. Réda, *L'Improviste* (note 1), 51.
23 Ibidem, 57: »Deux de ces quatre gravures ayant été rejetées, nous ignorons toujours comment *Night in Harlem* préfigurait la longue série de croquis, fresques ou pastels qu'Ellington devait consacrer à la cité Noire de New York, et *Who is she?* (sur ce mode interrogatif approprié à une ébauche) ouvrait la galerie non moins vaste où – de *Sophisticated lady* à *Tattooed bride*, et de la *Perfume suite* à *Lady Mac* – il aligna ses portraits féminins.«
24 J. Réda, *L'Improviste* (note 1), »La mémoire de Jelly Roll«, 35.

»fantasmes« et »clichés«, »décor d'opéra« et »réalisme«, dans laquelle néanmoins Réda voit l'aboutissement d'une suite de compositions réalisées »autour du cheminement trébuchant mais obstiné de ›l'homme du blues‹«, commencée avec *East Saint Louis toodle-oo,* »première œuvre de jazz où le jazz devient son propre sujet de description.«[25] Le portrait de Miles Davies fonctionne selon les mêmes modalités; il s'ouvre sur la description d'un paysage crépusculaire ainsi conclu:

> C'est le moment du soir qui paraît durablement se suspendre, ne plus jamais vouloir finir; le passage où, la fin pressentie, Miles Davies a ouvert un espace à la mesure de son ampleur. [...] Cette sonorité s'affirme de façon négative par un refus de l'éclat qui avait distingué longtemps (et d'ailleurs distinguerait encore, notamment avec Clifford Brown), ce qu'on pouvait appeler ›l'âge de cuivre‹. [...] Ni éclatant, sauf par accès comme on le verra, ni voilé au sens ordinaire (l'emploi de la sourdine le révèle plus qu'il ne l'amortit), le son de Miles Davies possède une nitescence jusqu'à lui sans exemple, et qui pointe à son heure dans le déroulement du jazz.[26]

Le nom enfin, censé subsumer un portrait, appelle quelques remarques du même ordre. La réflexion sur la personne du musicien, inspirée de la référence à la coupure ontologique définie par Rimbaud, nous l'avons dit, s'accompagne d'une méditation sur le nom du musicien. Réda n'hésite donc pas à nouer étroitement le refus du nom civil, le nom d'artiste ou le surnom à l'*ethos* du *jazzman,* parfois indissociable de son portrait physique. Il se crée ainsi une continuité du corps au nom, qui peut prendre les allures d'un véritable mimologisme au sens où l'entend Gérard Genette: le nom perd son arbitraire pour être motivé par un art qui accomplit les potentialités d'une chair. Le portrait de Roy Eldridge est représentatif de cette motivation qui transforme une carrière en destin, et donc en vocation:

> Autant que sa taille, ces aptitudes d'enfant prodige et d'homme-orchestre ont peut-être inspiré à Otto Hardwick le surnom de Little Jazz qu'il lui [= Roy Eldridge] donna, comme pour désigner, sous un physique de stature modeste, une envergure musicale d'exception; comme si le jazz et ses vertus s'étaient concentrés en une seule personne, de format légèrement réduit pour accroître sa vivacité. Quant au prénom originel du trompettiste, David, qu'il utilisa comme pseudonyme (devenant alors King David), il évoque moins la couronne à laquelle il a pu prétendre que la ruse et la pugnacité du jeune homme vainqueur de Goliath.[27]

Le mimétisme phonique et graphique apparaît même dans le surnom de Dizzy que John Birks Gillespie se donna, qui, armé de »l'emblème de Zeus«, résume son »parcours de soliste« où il »se prononce en effet tel l'éclair et passe avec la

---

25 J. RÉDA, *L'Improviste* (note 1), »Ellington et sa mise en œuvre«, 65 et 60.
26 J. RÉDA, *L'Improviste* (note 1), »Deux affrontements de la fin, I, Miles Davis ou la lueur du crépuscule«, 152–153.
27 J. RÉDA, *L'Improviste* (note 1), »L'impatience de Roy Eldridge«, 106.

promptitude fantasque de la foudre«. ZZ, c'est le titre du poème que Réda consacre à ce musicien, offrant au lecteur une méditation sur le détour et sur le vertige cosmique que provoque l'écoute de sa musique.[28] Car c'est la signature qui résume au mieux l'appropriation du texte musical au musicien: la texture singulière devient la marque même de l'identité de celui qui l'écrit et l'interprète. Dans cette proximité de l'être et du son se dit parfaitement le désir de Réda d'atteindre l'unique. Ainsi les accords propres à Harry Edison deviennent la »figure invariable du *nom* juste qu'est une signature«, le »paraphe sobre, authentique et inimitable de Harry Edison.«[29] Avec le graphème, c'est le corps et l'âme même du musicien qui s'inscrivent dans le signe.

Il faut donc en venir à l'art du portrait lui-même. En son mouvement ascendant, tout texte se veut quête du mot juste qui résumerait »un être et tout ce qu'il symbolise«.[30] Les titres donnés par Réda à chacun de ces portraits, Le feu de Sidney Bechet, L'espérance de King Oliver, Équilibres de Lionel Hampton, L'impatience de Roy Eldridge, Le mouvement de Lester Young, La coupure de Charlie Parker, résument cette démarche concentrique, qui vise à saisir l'ensemble des traits en une notion nodale, un attribut essentiel. Ce faisant, Réda reprend le schéma qu'il définit dans l'Avant-propos de *La sauvette:* dans chacun des textes, comme dans le recueil qu'ils constituent, s'opposent le pluriel de l'inventaire ou de la collection et la singularité de la note fondamentale, dictée par »la trace la plus nette qu'en [ont] reçue [sa] sensibilité et [sa] mémoire.«[31] C'est donc bien la sensibilité propre à Réda, son affection et ses émotions, qui dictent la définition de cette note fondamentale. »Je ne me propose jamais que de chercher une sorte de note fondamentale, susceptible de consonner avec tous les accords qu'une œuvre met en jeu.«[32] Son histoire du jazz, comme son histoire de la poésie moderne, est profondément subjective. Elle correspond assez bien au projet que forge André Malraux d'un *Tableau de la littérature française:* une écriture qui s'éloigne délibérément de l'écriture savante, et qui exprime un rapport singulier au temps de la littérature. Réda construit une histoire littéraire d'écrivain, c'est-à-dire procède à une mise en récit de la poésie et du jazz où il se réapproprie, sur le mode de la présence ou de la contemporanéité, tout un passé.[33] Il ne s'agit pas de le comprendre d'un point de vue analytique, mais de penser les raisons de le lire et de l'entendre et de l'aimer au présent:

---

28 J. RÉDA, *L'Improviste* (note 1), 128–129.
29 J. RÉDA, *L'Improviste* (note 1), »Harry Edison ou le mot juste«, 117.
30 J. RÉDA, *L'Improviste* (note 1), 119.
31 J. RÉDA, *La sauvette* (note 7), 9.
32 J. RÉDA, *La sauvette* (note 7), »L'ébriété: Jean-Philippe Salabreuil«, 122.
33 J-L. JEANNELLE, *Pré-histoires littéraires. Qu'est-ce que l'histoire littéraire des écrivains?*, in *Les écrivains auteurs de l'histoire littéraire*, Bruno Curatolo éd., Besançon, Presses universitaires de Franche-Comté, 2007, 13–30.

J'avais demandé à tous les collaborateurs, de parler de ce qu'ils aimaient. Par là, le *Tableau* se séparait radicalement de ce qui l'avait précédé. Posant que l'art ignore tout hors du talent et du néant, ce livre ne se souciait que de faire aimer mieux, davantage ou autrement, les écrivains dont il traitait – donc, de les rendre présents. Chaque auteur devenait le metteur en scène de l'écrivain qu'il avait choisi. Cette ›critique‹ ne tentait pas de convaincre par l'argumentation, mais par la contagion.[34]

Une entreprise de ce type repose donc sur l'affectif, le sentimental, l'émotionnel, que le critique insuffle à son essai. L'admiration, la rhétorique du *pathos*, l'emporte sur l'argument factuel, le *logos:* c'est à cette condition que l'histoire littéraire abandonne le terrain du savoir pour pénétrer les territoires du goût et du plaisir des textes. Le questionnement se déplace du *qu'est-ce que tel auteur* au *pourquoi aimer aujourd'hui tel auteur*.

Jacques Réda ne rejette pas le savoir accumulé par les savants sur l'histoire du jazz. Il est banal que tout écrivain qui s'empare de l'histoire littéraire rejette la critique savante des professionnels, en particulier les universitaires. Lorsque dans *La sauvette*, il dresse un tableau alphabétique de la poésie française moderne, Jacques Réda ne manque pas d'épingler les savants, par exemple à propos d'André Du Bouchet ou d'Arthur Rimbaud.[35] Il n'a pas la même attitude ironique dans *L'Improviste:* il esquisse une bibliographie dans les dernières pages de son volume, dans une »note disco-bibliographique« qui renvoie à des dictionnaires, des ouvrages encyclopédiques, une culture d'honnête homme plutôt qu'un savoir de spécialistes. Il renvoie volontiers aux études réalisées, non sans méfiance parfois: »Si l'on se fie aux discographies«, écrit-il, à propos d'Ellington, avant de prendre le contre-pied des conclusions qu'elles imposent. Il note les désaccords des »sommités de la musicologie« »sur certains aspects du jazz«.[36] Mais l'humour se fait ironie lorsqu'il évoque une partie de la critique anglo-saxonne qui enferme le jazz dans une »forme héroïque d'*entertainment*« et refuse »toute surestimation lyrique de cette musique«.[37] Au savant, du reste, Réda oppose l'»amateur«, en se référant au Larbaud du Barnabooth, pour mieux insister sur la nature littéraire du *jazzman* et la spécificité littéraire de son histoire.[38] Dans *La sauvette*, la notice consacrée à Valery Larbaud s'intitule »Je et son autre«: il faut donc voir en tout musicien de jazz l'autre de son critique, la construction en miroir de soi par le détour de l'autre. Le musicien est fait de professionnalisme, de passion et de

---

34 A. MALRAUX, *L'Homme précaire et la littérature*, Paris, Gallimard, 1977, 12.
35 J. RÉDA, *La sauvette* (note 7), »Grand Air, André du Bouchet«, 23, et »En bloc, Arthur Rimbaud«, 110.
36 J. RÉDA, *L'Improviste* (note 1), 63 et 91. Sur l'usage neutre du savoir, voir, par exemple, 56, 130.
37 J. RÉDA, *L'Improviste* (note 1), »Cher Oncle Bud«, 84.
38 *Ibidem*, 81.

destin, parce que le critique »ne prête jamais que ce qu'[il] a«.³⁹ C'est ainsi que le portrait ne nie le portrait référentiel que pour mieux être un *autoportrait*.

Des singularités au grand récit

Jacques Réda construit bien une histoire du jazz. Tout commence avec le blues, *La seule couleur*, et tout finit par une suite d'affrontements incarnés par Miles Davies et Albert Ayler. Cette histoire n'est pas contenue dans des dates: ce sont les musiciens qui la font, tandis qu'elle est soumise à une double dynamique interne. Une première tension la traverse, qui oppose l'orchestral à l'instumental, le *band* au soliste. Une seconde tension est aussi lisible, qui oppose l'équilibre des compositions et interprétations à leur déséquilibre, leur dislocation. La première tension a pour première King Oliver, dont le portrait est fait à travers le *Creole Jazz band*, Jelly Roll et Fletcher Henderson, qui fixe la formule du band. Tous les trois ont accueilli Louis Armstrong dans leur orchestre. Aussi forment-ils une première phase qui est un commencement et une fin: »l'espérance d'Oliver, vaincue en apparence, s'était projetée in extremis dans le victorieux désir d'Armstrong. [...] une fin et un commencement littéralement s'embrassent et (de façon significative, à la façon d'un suspens dans la marche du tempo), accomplissent ensemble une sorte de bond miraculeux hors du temps qui ruine et qui sépare.«⁴⁰ Louis Armstrong assure le passage de l'orchestral à l'instrumental, la »transition définitive vers la formule ›soliste accompagné par un *big band*‹ à laquelle, malgré de notables et rares exceptions, s'arrêtera durant dix-huit ans le trompettiste«.⁴¹ Par rapport à ce centre qu'est Louis Armstrong, les autres musiciens prennent place, incarnant chacun une posture »excentrique«,⁴² entendons une modalité de cette dualité. Ainsi Roy Eldridge exprime l'impatience: il révolutionne le jazz fixé par Armstrong.⁴³ Ainsi, Duke Ellington incarne bien le conflit, où à la dimension orchestrale vouée à la production répondant aux attentes du public et du marché s'oppose la dimension soliste vouée à la création, c'est-à-dire le retour sur le passé et la méditation sur le jazz.⁴⁴ Ou Charlie Parker, par ses solos, marque le moment de la coupure dans l'histoire du jazz et donc le prélude de la fin du jazz.⁴⁵ Miles Davis et Albert Ayler sont les derniers acteurs du drame du jazz qui, après avoir une phase de stabilité, a accompli ses virtualités

---

39 J. RÉDA, *La sauvette* (note 7), 75.
40 J. RÉDA, *L'Improviste* (note 1), »L'espérance de King Oliver«, 31.
41 J. RÉDA, *L'Improviste* (note 1), »Le dernier combat de Louis Armstrong«, 51.
42 J. RÉDA, *L'Improviste* (note 1), 110.
43 *Ibidem*, 105.
44 *Ibidem*, 67.
45 J. RÉDA, *L'Improviste* (note 1), »La coupure de Charlie Parker«, 131.

jusqu'à se détruire. Davis s'enferme dans une contradiction, l'improvisation qui est éparpillement jusqu'à l'épuisement, ou le ressassement.[46] Quant à Ayler, il a »accéléré [la fin] avec une allégresse ingénue«, recherchant dans l'allégresse le sauvetage du jazz agonisant.[47] Il faudrait autour de ces figures qui scandent les temps forts de l'histoire du jazz redistribuer les autres musiciens, souvent évoqués par Réda, qui suivent chacune d'elles. Par exemple, le »primat de la sonorité«, le caractère par excellence de sa musique, permet de situer Miles Davis par rapport à Gillespie, Bobby Hackett, Clarck Terry, Parker, Clifford Brown, Beiderbecke, Joe Smith, Rubby Braff, Buck Clayton, Chet Baker, Lester Young.[48]

Dans ce début, cette stabilité, ses variations, son épuisement, sa destruction et sa fin, on ne retrouve pas que la trame, nourrie de péripéties, d'un récit. La totalité requiert les individualités qui ne sont que des »chaînons«.[49] Jacques Réda, comme il le fait dans son histoire de la poésie, voit donc dans les *jazzmen* les acteurs exigés par l'histoire du jazz: cette élection constamment affirmée dans le recueil explique autant l'héroïsation des musiciens que la dramatisation, voire la tragédie, de la relation qu'ils entretiennent avec leur art. Et le même Réda recourt au récit, épique ou tragique, parce qu'il est la forme la plus apte à rendre compte de la nature du jazz, le mouvement. Ainsi les portraits sont subsumés en un grand récit du jazz lui-même exigé par le mouvement et la relation charnelle et émotionnelle des hommes à ce mouvement. Ce sont ces trois points qu'il nous reste à examiner rapidement.

Selon Jacques Réda, on ne devient pas musicien de jazz. Au contraire, le musicien est voulu ou trouvé. Nous avons dit quelle référence est faite par Réda à Rimbaud: tout musicien se découvre autre et découvre »qu'il est *trouvé*«.[50] Le musicien se situe donc à la collision d'un destin personnel et d'une Histoire. Il est donc fait de fascination pour le jazz, d'orgueil et de fierté, et de désespoir, puisqu'il se sait victime du jazz. Ainsi Réda peut-il écrire d'Ayler:

> Oserait-on dire que la fin le pensait; qu'à son insu elle le hantait assez pour qu'il voulût jusqu'au bout se débattre, en même temps sa victime et son instrument, son allié et son adversaire, son témoin? Une telle supposition engage celui qui la formule.[51]

On ne comprendrait pas sans un tel présupposé la référence à l'épopée, qui soumet les musiciens à la main des dieux,[52] ou à la »fatalité draconienne«,[53] ou qui

---

46 J. RÉDA, *L'Improviste* (note 1), 154.
47 *Ibidem*, 158–160.
48 *Ibidem*, 152–153.
49 *Ibidem*, 110.
50 *Ibidem*, 131.
51 *Ibidem*, 159.
52 *Ibidem*, 42.
53 *Ibidem*, 81.

fait d'Armstrong celui qui lutte contre l'Ange, tel Jacob au gué de Jabok.[54] Les musiciens eux-mêmes deviennent des demi-dieux, prométhéens ou lucifériens, voire des dieux, Vulcain qui boîte, ou Zeus lançant ses foudres.[55] Une autre métaphore, astronomique, traverse ces portraits et ce grand récit. Les musiciens sont des planètes qui explorent l'espace sidéral, tel Marsh, Basie ou Dizzy Gillespie.[56] Ces deux réseaux métaphoriques, olympienne et sidérale, sont indissociables de la lumière et du feu qui sont les matières mêmes du jazz, autant dans le combat mené avec des instruments qui sont des armes à feu que dans la réponse qu'apporte le jazz au »brasier du bleu«.[57] Celui qui incarne avec la plus grande évidence cet héroïsme est Sydney Bechet dont le caractère est le feu et qui »a joué avec le feu. Aussi est-il devenu comme un symbole pour ceux qui, dans le jazz, ont perçu l'effet d'un principe diabolique.«[58] Dans toutes ces références, Réda fait preuve d'humour: mais l'humour recouvre une grande connivence avec ces musiciens qui ont constamment cherché à s'élever par la musique. La référence au sublime n'est jamais absente de ces portraits, comme si le jazz, en un mouvement constant d'»ascension«, voulait transcender l'existence terrestre pour donner à l'homme l'éternité. Ainsi »ce sera le drame de Coltrane [...] que de croire à la possibilité infinie d'une *ascension*, consumant même le feu pour atteindre un surcroît de lumière.«[59] Armstrong offre un autre exemple: en son portrait se croisent l'histoire du jazz, dont il est le centre souverain, et le mouvement ascensionnel vers le sublime:

> Mais les fulgurations qui viendront rompre l'éclatante monotonie de la gloire n'ajouteront plus rien au domaine, et l'accès au zénith met un terme à cette ascension qui, d'étape en étape (Oliver, Henderson, *Hot Five*, *Hot Seven*) semble accumuler les succès d'Italie et d'Égypte, et fait lever le soleil d'Austerlitz dans l'introduction de *West End blues*.[60]

Tout cet imaginaire mythique et élémentaire n'aurait pas lieu d'être si le jazz ne continuait le *blues*. Jacques Réda évidemment n'ignore pas que cette musique est née de »l'exil« des peuples noirs arrachés à leur terre natale et de »l'esclavage«. Mais il soutient que l'approche de l'historien et celle du sociologue ne suffisent

---

54 *Ibidem*, 54–55; 105.
55 *Ibidem*, respectivement 89, 91, 128.
56 *Ibidem*, respectivement 84, 97, 129.
57 *Ibidem*, 35. La comparaison entre les instruments de musique et les armes à feu est faite dans »Équilibres de Lionel Hampton«, 87.
58 *Ibidem*, 25. Aussi son instrument de musique devient-il un »lance-flammes« et le musicien lui-même est-il une »torche« qui a permis aux »plus immatérielles jeunes filles de France [de découvrir] leur capacité de combustible.«
59 *Ibidem*, 27. Pour une autre référence à la lumière, voir »L'espérance de King Oliver«, caractérisé par la »clarté« (28).
60 *Ibidem*, 47–48.

pas à définir cet *ethos* lyrique et donc poétique. Pour le qualifier, il utilise la notion de *fond*, un espace fondamental, originel, commun au monde et aux hommes, d'où surgissent la poésie et le jazz et qui touchent le lecteur ou l'auditeur. »Quelque chose a été saisi qui excède le compas de l'historien et du sociologue, et nous atteint au fond.«[61] Cet excès, il faut bien préciser qu'il est visible, matérialisé chez Réda par le bleu du ciel, et absent, inaccessible, toujours refusé à celui qui se met en mouvement. L'objet qui suscite le désir poétique se tient ainsi à distance, manifesté et refusé à travers le spectacle du monde sensible, visible et sonore. Dans un poème qui célèbre la mémoire de Lee Konitz, où Réda est censé pasticher un *jazzman*, comme dans d'autres poèmes du recueil, le mouvement s'inscrit dans un paysage faussement idyllique sous la forme d'un ruisseau inaccessible, qui s'évapore, fuit, ou ne permet jamais de voir »la profondeur d'un ciel abondant« qu'il reflète pourtant.[62] Matérialisé par un tel ruisseau, le jazz est donc la forme que donne le musicien à ce désir métaphysique insatisfait: elle est déchiffrement et mesure, par les sons, du séjour humain.

> Il est probable que les premiers sons organisés tirés par l'homme de la matière environnante eurent un sens différent. Bien avant de s'adonner à ces salves et mitraillades […], de son pouce opposable aux autres doigts, le primitif bipède dut interroger craintivement la pierre et le bois, pour obtenir de la divinité cachée dans l'apparence quelque réponse, déchiffrer l'énigme du séjour à travers la gamme infinie de ses retentissements. C'est pourquoi de nos jours encore les instruments à percussion conservent une sorte d'aptitude naturelle à l'ontologie dans ce qu'elle a d'élémentaire et d'obsédant, autour de quoi s'enroulent en vain les circonvolutions des mélodiques. Du jazz, musique si souvent prétendue orgiaque et viscérale, il convient donc de dire qu'il a plutôt réintroduit (avec ses tambours et ses cordes auscultant la surface) cette immémoriale, déférente ou grondante sommation à la profondeur.[63]

C'est pourquoi le jazz, le blues, le swing, »ont à jamais concentré [une part] de signification humaine«: ils sont une forme aux multiples variantes de ce que l'homme ressent dans son être au monde et ils »ont«, en conséquence, »modifié notre manière de lire en nous«.[64]

> Ce que nous appelons la grandeur et la beauté n'appartient en propre à personne. Les créateurs sont les passeurs de l'anonyme. Que l'on se représente une structure musicale née obscurément de ce fond, et portée comme d'elle-même à un très sobre, très haut degré d'émotion et de beauté; puis des hommes dont le seul privilège aura été d'accroître, ou de renouveler, la transparence où elles surgissent: tel est le blues et tel, parmi tant d'autres, fut Otis Spann, à la mémoire de qui ces quelques notes sont dédiées.[65]

---

61 *Ibidem*.
62 J. RÉDA, *L'Improviste* (note 1), 136.
63 *Ibidem*, 88.
64 J. RÉDA, *L'Improviste* (note 1), Avant-propos, 15 et 16.
65 J. RÉDA, *L'Improviste* (note 1), 20.

Au-delà d'une histoire de jazz, faite de portraits, *L'improviste* doit être lu comme un hommage. Une telle histoire, où se lit en transparence une histoire de la poésie dont la figure de proue est évidemment Rimbaud, serait impossible sans émotion pour la beauté et sans une profonde affection par et pour le jazz. Rien de grand ne se fait, en histoire littéraire, sans admiration.

Nous nous sommes éloignés, progressivement, de la critique savante et des références à la réalité du jazz, pour pénétrer un récit d'une parfaite cohérence, redevable à une pensée de la poésie et à des traits propres à l'historiographie de la poésie, ne serait-ce que la posture rimbaldienne de l'écrivain voué et maudit. Et pourtant, Réda n'oublie jamais l'histoire des hommes. Il part de ce qu'il entend, de ce qu'il voit, et de ce qu'il constate. Aussi ne faut-il pas penser que le jazz est *comme* la poésie, et que celle-ci aide à comprendre et à réévaluer celui-là. Il faut plutôt voir dans le jazz un »événement« trop ignoré révélateur de ce qu'est le rythme pur du dernier siècle. C'est dans une conférence intitulée avec humour et provocation *Poésie parlote* que Jacques Réda revient sur les rapports du jazz et de la poésie:

> Ce ne sont pas seulement des livres qui ont ranimé notre façon d'entendre la langue depuis un demi-siècle. Mais, après les abus du symbolisme, l'épaisse surdité des avant-gardes littéraires a si bien étouffé l'événement du jazz, par exemple, qu'aujourd'hui encore la représentation abrutie qui en traîne dans le monde des lettres donne envie de pleurer: on ne sait quel trémoussement chaotique, alors que cette musique dans sa stricte verticalité bondissante est exactement le contraire (dionysiaque, savante-populaire, comme seul parmi les écrivains de son temps qu'il écrase l'avait aussitôt comprise Cingria). À ceux qui demanderaient où se situe le rapport – enchantés de pouvoir à bon droit juger stupide l'idée de poètes français concurrençant Lunceford ou Basie – il n'y a même pas lieu de répondre puisqu'ils n'ont pas d'oreille. Montrons-leur peut-être Reverdy enregistrant avec Joseph Reinhardt et Philippe Brun, ou bien Claudel, ambassadeur en Amérique dans le moment où Hawkins allait quitter Fletcher Henderson pour l'Europe. La poésie à l'état pur crépite dans ces échanges inaperçus.[66]

---

66 J. RÉDA, *Celle qui vient à pas légers* (note 19), 58.

Jean-Yves Laurichesse (Toulouse)

Portrait en éclats. Le général L. S. M. dans *Les Géorgiques* de Claude Simon

Le personnage fut, on le sait, une cible privilégiée pour les auteurs du Nouveau Roman. On se souvient de l'ironie mordante de Nathalie Sarraute dans l'article »L'ère du soupçon«, publié dans *Les Temps Modernes* dès 1950:

> Il était très richement pourvu, comblé de biens de toute sorte, entouré de soins minutieux; rien ne lui manquait, depuis les boucles d'argent de sa culotte jusqu'à la loupe veinée au bout de son nez. Il a, peu à peu, tout perdu: ses ancêtres, sa maison soigneusement bâtie, bourrée de la cave au grenier d'objets de toute espèce, jusqu'aux plus menus colifichets, ses propriétés et ses titres de rente, ses vêtements, son corps, son visage, et, surtout, ce bien précieux entre tous, son caractère qui n'appartenait qu'à lui, et souvent jusqu'à son nom.[1]

Quant à Alain Robbe-Grillet, il plaçait le personnage en tête de ces »notions périmées« sur lesquelles se fondait selon lui le roman traditionnel: »C'est une momie à présent, mais qui trône toujours avec la même majesté – quoique postiche – au milieu des valeurs que révère la critique traditionnelle«.[2] La forme du portrait, étroitement associée à cette conception révolue du personnage, ne pouvait donc échapper à une crise amorcée d'ailleurs dès la première moitié du XXe siècle avec les œuvres de Proust, Joyce, Woolf ou Faulkner. Personnage et portrait devaient-ils pour autant disparaître, ou bien étaient-ils si consubstantiels au genre romanesque qu'il ne pouvait s'agir d'un pur et simple effacement, mais bien plutôt d'une transformation?

L'œuvre de Claude Simon, dont le rattachement originel au Nouveau Roman ne peut être mis en doute même s'il sut toujours préserver sa liberté créatrice, atteste à bien des égards la persistance du personnage, et ce d'autant plus que dans des romans que son auteur définissait lui-même volontiers comme »à base de vécu«, le filigrane d'une personne réelle apportait au personnage une consistance supplémentaire. Mais ce n'est pas pour autant qu'il relevait d'un art du portrait hérité du XIXe siècle. Dans *L'Acacia*, publié en 1989, le personnage

---

1 N. Sarraute, *L'Ère du soupçon*, Paris, Gallimard, 1956 (Idées), 71–72.
2 A. Robbe-Grillet, *Pour un nouveau roman*, Paris, Minuit, 1961, 26.

anonyme, *alter ego* de l'auteur, après son évasion d'un camp de prisonnier en Allemagne, lit »patiemment, sans plaisir«[3] tous les volumes d'une édition de *La Comédie humaine* achetés chez un bouquiniste: peu après, »il s'ass[ied] à sa table devant une feuille de papier blanc«,[4] et l'on se doute que ce n'est pas pour y refaire le portrait de Vautrin ou de Grandet. Dans une œuvre aussi indissociablement attachée à l'invention formelle qu'à la quête mémorielle, le portrait ne pouvait que voler en éclats, comme ce miroir évoqué dans *Le Vent. Tentative de restitution d'un retable baroque*, dans lequel on a pu voir une allusion ironique à la célèbre définition stendhalienne du roman comme »miroir qu'on promène le long d'un chemin«:[5]

> [...] et maintenant, maintenant que tout est fini, tenter de rapporter, de reconstituer ce qui s'est passé, c'est un peu comme si on essayait de recoller les débris dispersés, incomplets, d'un miroir, s'efforçant maladroitement de les réajuster, n'obtenant qu'un résultat incohérent, dérisoire, idiot [...].[6]

Ce qui vaut pour les événements passés vaut aussi pour les individus qui en ont été les acteurs: ce n'est qu'avec les débris qu'ils ont laissés que l'ont peut »tenter de restituer« quelque chose comme des figures. À cet égard, l'un des exemples les plus frappants dans l'œuvre de Claude Simon est sans doute celui de son ancêtre le général Lacombe Saint-Michel (1753 – 1812), hobereau du Tarn qui joua un rôle important lors des guerres de la Révolution et de l'Empire. C'est autour de ce personnage d'exception, désigné par les initiales L. S. M., que s'est construit *Les Géorgiques*, l'admirable roman publié en 1981 et qui emporta sans doute la décision des jurés du Prix Nobel de littérature, attribué à Claude Simon quatre ans plus tard.[7] Une cousine de l'écrivain avait découvert dans un mur de l'hôtel familial de Perpignan, à l'occasion de travaux, un placard dissimulé sous la tapisserie et qui contenait les archives de cet ancêtre jugé si peu recommandable par sa descendance catholique et réactionnaire que l'on avait cru nécessaire de dissimuler ces écrits compromettants. Il s'agissait d'une correspondance à la fois militaire et privée, le général gardant copie de tout ce qu'il écrivait. La correspondance privée concernait en particulier les terres sur lesquelles il veillait à distance, tout en parcourant l'Europe, en envoyant à sa gouvernante Batti des

---

3 C. SIMON, *L'Acacia*, Paris, Minuit, 1989, 379.
4 *Ibidem*, 380.
5 STENDHAL, *Le Rouge et le Noir*, I, XIII, *Œuvres romanesques complètes*, tome I, édition établie par Y. Ansel et Ph. Berthier, Paris, Gallimard, 2005 (Bibliothèque de la Pléiade), 417.
6 C. SIMON, *Le Vent. Tentative de restitution d'un retable baroque*, Paris, Minuit, 1957, 10.
7 Sur ce roman, on pourra lire entre autres P. SCHOENTJES, *Claude Simon par correspondance. Les Géorgiques et le regard des livres*, Genève, Droz, 1995; N. PIÉGAY-GROS, *Claude Simon*, Les Géorgiques, Paris, P.U.F., 1996 (Études littéraires); J.-Y. LAURICHESSE (éd.), Les Géorgiques: *une forme, un monde*, Caen, Lettres Modernes Minard, 2008 (La Revue des Lettres Modernes, série ›Claude Simon‹, n° 5).

consignes très précises (plantations, tailles, récoltes), d'où le titre du roman emprunté à Virgile.

L'ampleur du personnage historique aurait pu appeler un portrait en forme du général, suivi d'une narration chronologique de sa vie tumultueuse, telle qu'on la trouve résumée dans le *Dictionnaire historique et biographique de la Révolution et de l'Empire (1789 – 1815)* de Robinet, Robert et Chaplain. Il n'en est rien bien entendu, Claude Simon n'ayant aucunement l'intention d'écrire une biographie ou un roman historique. Le général Lacombe Saint-Michel n'est d'ailleurs pas le seul protagoniste du roman. Simon confronte son histoire à deux autres, celle d'un certain O. qui n'est autre que George Orwell, auteur de *Hommage à la Catalogne*, livre dans lequel l'écrivain anglais relate son engagement dans la Guerre d'Espagne, et celle d'un »cavalier« de 1939 – 1940, auquel Simon prête ses propres souvenirs de la drôle de guerre et de l'attaque allemande, déjà évoquées dans *La Route des Flandres*. Simon fait jouer ainsi, par de savants effets de construction, les analogies et les contrastes entre trois expériences de la guerre, thème central de son œuvre. Sur les cinq parties que comporte le roman, les parties impaires sont centrées sur le personnage de L. S. M.: sa carrière (I), la visite de son château du Tarn, devenu une simple ferme, par son descendant (III), sa vieillesse (V). Mais ces parties impaires sont liées par de multiples interpolations aux deux parties paires, consacrées respectivement à l'histoire du cavalier de 1940 (II) et à celle du combattant de la guerre d'Espagne (IV). C'est donc bien un portrait éclaté du général qui se compose sous nos yeux, dans lequel se mêlent des fragments non chronologiques des trois histoires.

Mais si le livre tout entier peut être considéré comme un portrait de L. S. M. au sens général d'une évocation, quatre passages font plus précisément référence au genre même du portrait, comme »représentation, d'après un modèle réel, d'un être par un artiste qui s'attache à en reproduire ou à en interpréter les traits et expressions caractéristiques«.[8] Ils sont les lieux textuels où se coagule la matière historique et archivistique sur laquelle travaille l'écriture, autour de ce qui serait proprement la *personne* de L. S. M., tout en jouant diversement avec la forme canonique du portrait peint et/ou littéraire. Ce sont ces quatre variations sur le portrait du général que nous allons à présent examiner.

Étude

Le roman s'ouvre sur un prologue qui fait explicitement référence à l'art pictural néo-classique. Il s'agit de la description minutieuse d'un dessin dans le style de David, mais inventé par Simon. Il représente une scène confrontant deux per-

---

8 *Le Trésor de la langue française informatisé.*

sonnages: un homme d'un certain âge, assis derrière un bureau et tenant une lettre à la main, un autre plus jeune, debout devant lui. La scène est exécutée au crayon. Les corps sont nus, excepté les têtes des deux personnages qui sont »non plus simplement dessinées et ombrées mais peintes à l'aide de couleurs broyées à l'huile, exactement comme s'il s'agissait de statues dont un plaisantin aurait entrepris de colorier les visages et les coiffures à l'imitation de la chair véritable et des cheveux«.[9] En ce qui concerne l'homme plus âgé, »le travail de coloriage a été plus poussé«:

> Non content de peindre le visage puissant et sanguin, un peu congestionné, l'épaisse chevelure châtain qui commence à grisonner, l'artiste, poursuivant plus loin, a habillé les épaules d'une tunique bleu roi, au col montant et rouge, sur lequel retombe la forte crinière. La couche de peinture bleue s'arrête net (hormis quelques dérapages du pinceau) au-dessus des mamelons, et la tunique est ornée d'épaulettes aux franges dorées qui pendent sur les bras à la chair grisâtre, nue jusqu'aux mains que le coloriste a pour ainsi dire gantées de peau humaine, légèrement rougeaude aussi, surtout vers l'extrémité des doigts qui se serrent sur la feuille de papier d'un blanc jaunâtre [...]. (p. 15)

La description permettra rétrospectivement au lecteur d'identifier ce personnage anonyme au général L. S. M. La facture est celle des études réalisées par David, dans lesquelles est mise au point l'anatomie des personnages avant que les vêtements ne viennent les recouvrir, et certains visages travaillés à la peinture.[10] Simon détaille d'ailleurs à l'extrême les corps, avec pour le plus jeune un »torse [qui] fait songer à ces plastrons des cuirasses romaines artistiquement modelés, reproduisant dans le bronze les détails d'une académie parfaite« (p. 12), pour le plus âgé »une robuste musculature dont, malgré l'embonpoint, on peut suivre les saillies sous la couche de graisse, les plis du ventre eux-mêmes s'étageant, puissants, comme chez ces vieux lutteurs dont le poids, loin de gêner la force, y ajoute encore« (p. 11).

En plaçant cette ekphrasis à l'ouverture de son roman, Simon met donc l'accent non sur L. S. M. comme personnage historique, mais sur la facture du tableau comme produit d'un geste artistique. De plus, ce geste est explicitement rapporté à des conventions de représentation, d'autant plus visibles ici qu'elles ne sont plus les nôtres. Les corps »sont dessinés avec une froideur délibérée détaillant des anatomies stéréotypées apprises sur l'antique« (p. 12). Le décor est »figur[é] avec cette sécheresse qui préside à l'exécution des projets d'architectes«. Le spectateur se tromperait donc s'il cherchait là une représentation réaliste: »Il est évident que la lecture d'un tel dessin n'est possible qu'en fonction d'un

---

9 C. SIMON, *Les Géorgiques*, Paris, Minuit, 1981, 14 (les références à ce roman seront inscrites désormais entre parenthèses dans le texte).
10 Voir par exemple l'étude pour *Le serment du Jeu de Paume*.

code d'écriture admis d'avance par chacune des deux parties, le dessinateur et le spectateur« (p. 13). On remarquera que l'expression »code d'écriture« permet d'étendre la considération à la littérature, confirmant le caractère métatextuel du prologue. Comme cette étude, le livre que l'on va lire est un produit de l'art, même s'il n'obéira pas au même code de représentation. Mais s'agit-il vraiment d'une étude? Simon contredit cette hypothèse, alors même que le lecteur avait tout lieu d'y adhérer, connaissant la pratique des peintres néo-classiques. Le »fini« (p. 15) de la facture des visages, la lumière non pas »réaliste« mais »artificiellement répartie« comme dans un atelier (p. 16), »l'absence de toute autre couleur«, tout »semble confirmer qu'il ne s'agit pas là d'une toile inachevée, mais d'une œuvre considérée par son auteur comme parfaitement accomplie et où, par la vertu de la couleur, sont volontairement privilégiés et distingués de leur contexte les deux visages, les épaulettes dorées, les mains du personnage assis et la lettre qu'il est en train de lire«.

Une telle affirmation va à l'encontre de la conception classique de l'art, qui à la différence de la modernité ne goûte guère l'inachevé ou le *work in progress*. Elle a donc une autre visée, portant sur le livre que l'on va lire plus que sur le dessin imaginaire décrit. Il s'agit d'abord de signifier qu'un portrait peut être lacunaire et achevé tout à la fois, que la lacune peut faire partie intégrante de l'œuvre. Et en effet, le »portrait« du général L. S. M. tel que le roman va le brosser ne tendra pas à une exhaustivité de toute façon impossible. Comme le peintre, l'écrivain s'attachera à certaines parties, en laissera d'autres dans l'ombre. Mais il n'obéira pas aux mêmes critères de sélection. Certes, il fera une place essentielle aux lettres, qu'emblématise celle que le personnage plus âgé tient dans sa main. Mais il ne négligera pas, bien au contraire, les objets inanimés que le peintre a quant à lui à peine esquissés:

> Il semble que l'artiste, suivant une sélection personnelle des valeurs, ait cherché, dans la scène proposée, à nettement différencier les divers éléments selon leur importance croissante dans son esprit comme en témoignent les factures particulières dans lesquelles il les a traités, soit, premièrement: les objets inanimés [...]; deuxièmement: la chair, les corps [...]; troisièmement enfin: les têtes des deux personnages [...]. (p. 14)

Simon ne saurait souscrire à un tel anthropocentrisme, lui qui admire au contraire chez les peintres de la Renaissance le refus de hiérarchiser la nature, citant approximativement dans *La Bataille de Phrasale* l'*Histoire de l'art* d'Élie Faure:

> *tout pour l'artiste allemand est au même plan dans la nature le détail masque toujours l'ensemble leur univers n'est pas continu mais fait de fragments juxtaposés on les voit dans leurs tableaux donner autant d'importance à une hallebarde qu'à un visage humain à une pierre inerte qu'à un corps en mouvement*[11]

---

11 C. SIMON, *La Bataille de Pharsale*, Paris, Minuit, 1969, 174.

C'est ainsi par exemple que pour évoquer le général dans les derniers mois de sa vie, écrivant sur la terrasse de son château du Tarn, Simon s'attachera à décrire avec un souci infini du détail l'environnement perçu:

> [...] le vieux corps usé percevant maintenant la tiédeur du soleil d'hiver, le parfum d'ozone de l'air glacé, les craquements ténus du gel, l'odorante fraîcheur des nuits de printemps [...]; et pendant les longs après-midi les rayons dorés jouant dans les feuilles, les teintant de citron par transparence, deux moineaux venant s'abattre en piaillant dans l'un des arbres du verger [...]. (p. 378)

La fonction du dessin liminaire est donc complexe. La scène représentée oriente vers une époque, le début du XIXe siècle, et met en scène un personnage supposé »historique«, sans toutefois le nommer. Mais surtout, elle met l'accent sur les modalités de la représentation, ce qui vaut pour tout ce qui va suivre. Le lecteur, passé ce seuil, est convié à entrer dans une œuvre d'art. Encore celle-ci n'obéira-t-elle pas aux mêmes codes que le dessin décrit: c'est aussi contre ce dessin académique que le roman »nouveau« va s'écrire. Le lecteur ne tardera pas à l'apprendre, tant la rupture est violente dès le début de la première partie, qui prend la forme d'un »portrait« d'un genre tout différent.

Kaléidoscope

On assiste en effet, à l'opposée du statisme du dessin liminaire, à une entrée en scène tourbillonnante du général, qui juxtapose sur plusieurs pages des éléments épars de sa vie:

> Il a cinquante ans. Il est général en chef de l'artillerie de l'armée d'Italie. Il réside à Milan. Il porte une tunique au col et au plastron brodés de dorures. Il a soixante ans. Il surveille les travaux d'achèvement de la terrasse de son château. Il est frileusement enveloppé d'une vieille houppelande militaire. Il voit des points noirs. Le soir il sera mort. Il a trente ans. Il est capitaine. Il va à l'opéra. Il porte un tricorne, une tunique bleue pincée à la taille et une épée de salon. Sous le Directoire il est ambassadeur à Naples. Il se marie une première fois en 1781 avec une jeune protestante hollandaise. À trente-huit ans il est élu membre de l'Assemblée nationale à la fois dans les départements du Nord et du Tarn. Pendant l'hiver 1807 il dirige le siège de Stralsund en Poméranie suédoise. Il achète un cheval à Friedland. C'est un colosse. Il écrit plaisamment à un ami qu'il a pris trop d'embonpoint pour sa petite taille de cinq pieds neuf pouces. En 1792 il est élu à la Convention. Il écrit à son intendant Batti de veiller à regarnir les haies d'épine blanche. Expulsé de Naples il doit affréter précipitamment un navire gênois pour s'enfuir. Il s'associe avec un nommé Garrigou pour l'exploitation des mines de fer de la vallée de l'Aveyron. Il vote la mort du roi. Il est représentant du peuple en mission. Il porte un bicorne orné de plumes tricolores, un uniforme à parements rouges, des bottes à revers et une ceinture également tricolore. Le 16 ventôse de l'an III il entre au Comité de salut public. De Milan il règle le cérémonial de la visite de l'Empereur dans le royaume d'Italie.

En pleine Terreur il est élu secrétaire de la Convention et sauve une royaliste qu'il épousera en secondes noces. Un rapport dit de lui qu'il est d'une santé de fer et d'un courage à toute épreuve. Pendant plus d'un an il tient tête en Corse avec moins de douze cents hommes aux insurgés paolistes soutenus par les escadres de Hood et de Nelson. Il est blessé à la jambe à Farinole. Le navire sur lequel il est embarqué à Naples est capturé en mer par un corsaire turc. *Il bat en retraite avec son régiment à travers la Belgique. Pendant quatre jours il est impossible de desseller les chevaux.* En Poméranie il se plaint du froid, de sa santé et de ses blessures. Il est membre du premier Comité militaire de l'Assemblée législative. Il fait voter un décret punissant de mort les commandants des places assiégées qui les livreraient à l'ennemi. *Ils sont harcelés par l'aviation et le régiment subit de lourdes pertes.* Le corsaire turc le livre au bey de Tunis. Il siège au Conseil des Anciens. Il porte une toque bleu ciel, une cape blanche drapée, une ceinture rouge dont les pans retombent sur le côté, des bas et des souliers à boucles. Il prend la défense des Babouvistes. Il s'emploie à faire construire la route de Cahors à Albi. *Le soir du dimanche de la Pentecôte il repasse précipitamment la Meuse avant que les ponts sautent.* L'inspecteur général d'Orbey lui reconnaît de la fermeté, de l'instruction, des mœurs et de la conduite. [etc.] (p. 21 – 22)

Le »portrait« se poursuit ainsi sur plusieurs pages, les interpolations en italiques se multipliant, non seulement pour évoquer en contrepoint la déroute de 1940, mais aussi le souvenir d'un opéra auquel l'enfant a assisté avec sa grand-mère, ou encore la main de l'écrivain manipulant les vieux papiers de son ancêtre sur sa table de travail. On mesure d'emblée tout ce qui sépare ici une poétique moderne du portrait – si tant est que le terme soit encore pertinent ici – d'une conception plus classique.

Tout d'abord, le personnage reste anonyme. Ce n'est qu'à la page 41 qu'apparaîtra le patronyme, mais réduit à ses initiales, et obliquement, par le biais d'une citation de facture: »*Fourni à Monsieur le Général L. S. M. par Richard Joallier Cour de Harlay n° 21: Un collier de 63 chatons de brillants montés à jour pesant 21^{kts} / 4 / 32, avec façon: 4 300^f [...]*« (p. 41). Ces initiales se limiteront ensuite à une dizaine d'occurrences dans un roman de 477 pages, et toujours dans le contexte de l'archive. Dans le récit proprement dit, le général sera toujours désigné par le pronom de la troisième personne. Ce pronom peut-il être considéré comme anaphorique? Le texte ne l'exclut pas, dans la mesure où le prologue s'achève sur ces mots: »[...] l'homme assis ne relève pas la tête, le regard toujours fixé, comme hypnotisé, sur la feuille de papier dépliée« (p. 17). Mais la rupture des pages blanches, et plus encore le caractère non diégétique du prologue, auquel s'oppose le contenu fortement diégétique de l'incipit de première partie, rendent la liaison hasardeuse. Plus probablement, le pronom personnel est appréhendé comme cataphorique, le lecteur attendant de la suite du texte que cette forme vide se remplisse. Et le fait est que le narrateur lui fournit aussitôt, et à un rythme soutenu, de quoi donner corps à ce »il«. De plus, la réitération du pronom en tête de phrase, qui en fait le »thème constant« du texte, lui donne un relief paradoxal, celui en quelque sorte d'un glorieux anonymat. Grandi par la majuscule, »Il« caracole de phrase en phrase, donnant l'image d'une vie trépidante.

Une autre caractéristique du portrait du général, la plus spectaculaire sans doute, est le brouillage chronologique. Il s'affiche d'emblée par le pêle-mêle des âges (»Il a cinquante ans. [...] Il a soixante ans. [...] Il a trente ans.«) et des dates (1781, 1807, 1792). Le curseur ne cesse d'avancer et de reculer sur l'axe du temps historique, dans une sorte d'affolement chronologique. Ce choix n'est pas sans portée quant à une représentation de l'Histoire. Loin d'être un enchaînement nécessaire d'événements soumis à des relations d'ordre à la fois temporel et causal et relevant donc d'une mise en récit linéaire, elle apparaît comme un pur chaos événementiel. À cet égard, l'emploi du présent de l'indicatif, précisément parce qu'il n'est pas le temps de »l'histoire«, a pour effet d'aplatir la perspective historique, les événements se télescopant brutalement. Mais de cette »histoire racontée par un idiot, pleine de bruit et de fureur, et ne signifiant rien«,[12] émerge la figure de L. S. M., d'autant plus impressionnante que ses *gestes*, au sens latin du terme, sont évoqués dans le désordre, comme autant d'actes gratuits, coupés de leur contexte historique, n'ayant d'autre sens que de dire la prodigieuse énergie vitale d'un homme pris dans le tourbillon de l'Histoire.

Enfin, le portrait mélange constamment qualifications et actions, sans que puisse être établi entres les unes et les autres, ici encore, un quelconque lien causal, qui supposerait un ordre allant des qualifications aux actions (conception essentialiste) ou des actions aux qualifications (conception existentialiste). Des éléments de qualification se trouvent dispersés dans le texte, qu'il s'agisse du costume (»Il porte une tunique«, »Il porte un tricorne«, »Il porte un bicorne«, »Il porte une toque«), des titres (»Il est général en chef de l'artillerie de l'armée d'Italie«, »Il est capitaine«, »il est ambassadeur à Naples«, »il est élu membre de l'Assemblée nationale«, »il est élu à la Convention«, »Il est représentant du peuple en mission«, etc.), du corps (»il a pris trop d'embonpoint«, »il est d'une santé de fer«), du caractère (»un courage à toute épreuve«, »de la fermeté, de l'instruction, des mœurs et de la conduite«). On notera toutefois que les qualifications les plus nombreuses sont aussi les plus extérieures (costume, titres), le traditionnel »portrait physique et moral« étant réduit et de plus indirect, passant par le truchement explicite d'une archive (lettre de L. S M., rapports militaires). À ces qualifications se trouvent constamment mêlées des actions significatives, mais relevant d'ordres différents: militaire (»il dirige le siège de Stralsund«, »il règle le cérémonial de la visite de l'Empereur«, »il tient tête en Corse [...] aux insurgés

---

12 On reconnaît la définition de la vie par Macbeth dans la pièce éponyme (V, 5), qui a par ailleurs inspiré le titre du roman *The Sound and the Fury* de Faulkner, romancier qui a exercé sur Claude Simon une profonde influence.

paolistes«), politique (»Il vote la mort du roi«, »Il fait voter un décret punissant de mort les commandants des places assiégées qui les livreraient à l'ennemi«, »Il prend la défense des Babouvistes«), mais aussi privé (»il surveille les travaux d'achèvement de la terrasse de son château«, »il va à l'opéra«, »il se marie une première fois«, »il écrit à son intendante Batti de veiller à regarnir les haies d'épine blanche«, »[il] sauve une royaliste qu'il épousera en secondes noces«). Le refus de hiérarchiser ces actions, également constitutives de la vie d'un homme même si leur importance au regard de l'Histoire est différente, signifie une primauté accordée à l'individu sur l'Histoire: L. S. M. est autant lui-même quand il demande à Batti de planter des aubépines que quand il vote la mort du roi ou est capturé par un corsaire turc, et c'est même la coexistence dans une même vie de ces événements si différents, dans un même homme de ces préoccupations si éloignées en apparence, qui fascine Claude Simon. Les présenter dans un tel tourbillon scriptural revient à donner forme à cette fascination pour la transmettre à son lecteur.

Mais de ce portrait en éclats, à la fois anonyme, non-chronologique et non-hiérarchique, se dégage finalement, par-delà la puissante vitalité du personnage, une sourde mélancolie, qu'introduit dès les premières phrases l'évocation de L. S. M. retiré de l'armée pour raisons de santé, surveillant les travaux de son château en attendant la mort: »Il est frileusement enveloppé d'une vieille houppelande militaire. Il voit des points noirs. Le soir il sera mort«. Même si l'image funèbre est vite remplacée par celle du jeune capitaine allant à l'opéra, elle fait trace dans la mémoire du lecteur et couvre le texte entier d'une ombre qui est celle des vanités, préparant la dernière partie du roman où l'on retrouvera plus longuement le vieux général sur sa terrasse.

Portraits

Reste, après l'ekphrasis d'une étude imaginaire et le portrait en forme de kaléidoscope, une troisième possibilité à explorer, celle de l'ekphrasis de portraits authentiques. Le premier est un dessin dont Simon a publié l'original à l'occasion de la sortie du livre. Sa description intervient brusquement après l'interruption d'une lettre envoyée par L. S. M. à sa gouvernante Batti:

> Le comte Primoli possède un album de dessins faits par Vicar en Italie de 1800 à 1804. Dans cet album figurent le général et Mme L. S. M. alors qu'ils résidaient à Milan en 1803. Le visage du colosse est à cette époque encore étonnamment jeune: un peu gras, engoncé jusqu'aux oreilles dans le col brodé de son uniforme, le cou entouré d'une haute cravate noire, il semble observer l'artiste de son œil vif, vigilant et secret sous le lourd bourrelet de chair qui retombe à demi sur la paupière. Le menton est creusé d'une fossette, la bouche petite et charnue, à la lèvre inférieure proéminente, esquisse comme

une moue, le front très haut est surmonté par une épaisse chevelure dont les mèches ébouriffées encadrent la tête, retombant en désordre sur les oreilles et le col. L'expression est celle de quelqu'un attentif à ne pas se laisser surprendre, à la fois impulsif et réfléchi, capable de passer brusquement de la réflexion à l'action, du silence à l'apostrophe. Avec sa léonine et sauvage crinière de mathématicien, son large front, sa tunique négligemment endossée ouverte sur le plastron, le léger retroussis des lèvres, la lourde mâchoire, son regard en coin, son air à la fois hardi, circonspect, impénétrable et caustique, il fait penser à l'un de ces membres correspondants de quelque société savante qui aurait en même temps en lui du pamphlétaire et du maquignon. (p. 54–55)

Le texte est fortement déterminé par l'objet plastique qui le suscite et le circonscrit. C'est l'ekphrasis qui rend nécessaire le recours au genre du portrait littéraire, pourtant rejeté par la modernité comme *balzacien*. L'emploi du présent de l'indicatif, passé le »à cette époque« qui situe le personnage dans le passé, tend à le couper de son historicité pour l'installer dans l'actualité de l'écriture et de la lecture. Cependant, la matérialité du dessin n'est pas décrite comme dans le prologue, peut-être parce que le portrait est cette fois évidemment achevé et produit un effet de présence, de vie, le sujet l'emportant sur l'objet. Seul le regard du modèle sur »l'artiste« vient rappeler que ce portrait a été un jour exécuté. Le texte progresse logiquement de la description du »visage« à l'analyse de »l'expression«, donc du physique au psychologique, postulant une adéquation entre l'extériorité et l'intériorité, même si le caractère »impénétrable« du regard pose la limite de l'interprétation. Dans la description du visage, la progression est elle-même strictement ordonnée de bas en haut: le menton, la bouche, le front, la chevelure. La puissante corporéité du général, affirmée d'entrée par l'image du »colosse«, est spécifiée et qualifiée à grand renfort d'adjectifs: visage »un peu gras«, »lourd bourrelet de chair« de l'arcade sourcilière, »bouche petite et charnue«, »épaisse chevelure« aux »mèches ébouriffées«. La description de l'expression est amorcée à propos du regard (»vif, vigilant et secret«), puis ce déploie dans une phrase entière qui lui est consacrée, posant l'image d'un homme complexe, alliant les contraires dans une tension qui fait sa force (impulsif / réfléchi, réflexion / action, silence / apostrophe).

Jusqu'ici, Claude Simon est resté très proche du dessin, tout en usant des procédés traditionnels du portrait littéraire, à la limite de l'exercice de style. Mais avec la dernière longue phrase, l'écriture prend son autonomie, dépassant l'ekphrasis pour aller vers une véritable vision. L'expression »il fait penser à« marque le basculement de la description objective dans l'association subjective. La construction de la phrase obéit d'ailleurs à une rhétorique puissante qui n'est plus celle du portrait traditionnel. Une longue protase montant par paliers successifs récapitule en les accentuant tous les traits déjà décrits (»léonine et sauvage crinière«, »large front«, »léger retroussis des lèvres«, »lourde mâchoire«...), avec à l'acmé la série très proustienne des quatre adjectifs dont chacun modifie subtilement l'éclairage (»hardi, circonspect, impénétrable et caustique«), avant que la phrase ne bascule avec l'apodose dans une étonnante interprétation du personnage. Se manifeste alors avec éclat le génie de caricaturiste de Simon, dont on pourrait citer bien d'autres exemples. Il consiste à jouer avec des types humains avérés, à tirer la figure individuelle vers une généralisation qui en révèle l'essence, tout en portant à rire par l'exagération même du trait. Mais ici, précisément parce que le général est un personnage hautement complexe, il ne faut pas moins de trois types différents pour tenter de cerner la personnalité qui se dégage du portrait: »l'un de ces membres correspondants de quelque société savante qui aurait en même temps en lui du pamphlétaire et du maquignon«. L'association à une figure de militaire de ces trois types aussi éloignés d'elle qu'ils le sont les uns des autres relève de la virtuosité. Cette discordance apparente est évidemment l'un des ressorts de l'humour. Mais il n'y a ici nul arbitraire. Au contraire, chaque type convoqué renvoie à certains traits mentionnés dans la protase, sans toutefois qu'une correspondance terme à terme ne vienne figer l'ensemble. Le »correspondant de société savante« est préparé par la »crinière de mathématicien« au »large front«, le »pamphlétaire« par l'air à la fois »hardi« et »caustique«, le maquignon par la »tunique négligemment endossée ouverte sur le plastron«, le »regard en coin«, l'air »circonspect«. Plus largement, ce sont bien différents aspects de la personnalité et de l'action de L. S. M. qui se trouvent convoqués: science du général d'artillerie (le corps le plus instruit de l'armée), rhétorique de l'homme politique, passion des chevaux attestée par ses registres soigneusement tenus. L'art de Simon est de les ramasser en une seule brassée d'analogies à la fois incongrues et évocatrices, dignes de ce personnage hors-norme pour lequel il éprouve une manifeste fascination.

Le second portrait est une peinture.[13] Il est décrit dans une parenthèse qui vient encore interrompre un extrait de lettre, à un général cette fois, comme si la parole de L. S. M. convoquait son image dans l'esprit du narrateur:

(Autre portrait, à l'huile celui-là, exécuté vraisemblablement peu avant (c'est-à-dire à l'époque de son commandement en Italie mais quelques années après le dessin): le côté impétueux et mordant du personnage semble avoir cédé la place à une espèce de pesanteur, de placidité que persiste cependant à démentir la vivacité du regard, toutefois contenue, comme si, de même que le corps enfermé dans la tunique cette fois sévèrement agrafée, rigide à force de broderies et de dorures, semblable à ces carapaces ou ces corselets de coléoptères aux élytres mordorés, il se tenait à l'abri derrière ce masque épais, à la peau tannée par le grand air et la pratique quotidienne du cheval, contrastant par sa coloration avec la crinière toujours léonine mais grisonnante, disciplinée elle aussi, tout au moins pour l'occasion, c'est-à-dire les séances de pose devant le peintre.)
(p. 62 – 63)

---

13 Le tableau se trouve encore dans la famille de Claude Simon.

Cette seconde ekphrasis est explicitement située par rapport à la précédente, à la fois par la technique employée (huile / dessin) et par l'âge du modèle. La couleur va en effet jouer un rôle important (dorures de l'uniforme, peau tannée, chevelure grisonnante), tout comme le thème de l'âge, qui oriente toute la lecture du portrait. Comme précédemment, il est fait référence à la situation dans laquelle le portrait a été exécuté, au caractère artificiel de la »pose«. Mais la forme du texte diffère sensiblement. Simon fait cette fois l'économie d'une description méthodique pour aller directement à ce qui l'intéresse: un homme soumis à l'usure du temps, mais conservant une part au moins de cette énergie qui le caractérise. Ce »côté impétueux et mordant«, il s'efforce d'en situer avec précision, par ajustements successifs, l'état actuel: »semble avoir cédé la place«, »que persiste cependant à démentir«, »toutefois contenue«. Mais c'est par l'analogie, caractéristique de l'écriture simonienne, que le portrait va prendre sa pleine dimension. Comme pour le précédent, bien que de manière différente, il faut décoller de l'objet pour le révéler dans sa profondeur. La comparaison est à double détente (»comme si, de même que«). C'est d'abord l'uniforme du général qui est comparé à une carapace de coléoptère, métaphore fréquente chez Simon pour dire une forme de rigidification de la vie, à la fois protectrice et sournoisement mortifère. Puis, par analogie entre l'uniforme et le visage tanné, celui-ci devient masque, et donc à son tour protection, mais de l'âme cette fois. Ainsi s'explique cette nouvelle »pesanteur« ou »placidité« du personnage, interprétée comme une défense nécessaire apportée par la vie, une forme d'économie de soi qui n'empêche pas l'action, mais est bien cependant le signe du vieillissement, annonçant ici encore la mélancolie de la dernière partie du roman.

Les cinquante premières pages des *Géorgiques* offrent donc plusieurs variations intéressantes sur la forme du portrait. Cela tient à la fois à la nature même de l'objet décrit (un homme à la vie tumultueuse, dans une période particulièrement tourmentée de l'histoire) et à la diversité du matériau sur lequel travaille Simon (lettres, rapports, portraits). Comment faire jaillir d'une telle hétérogénéité une figure unique? Au contraire, c'est la vie multiple de son prodigieux ancêtre, avec ses lumières et ses ombres, que Simon veut évoquer, sans l'enfermer dans un portrait académique dont l'étude liminaire à la manière de David est un exemple. Les ekphrasis de portraits réels ne sont donc que des moments du texte où se cristallise autour de la figure du général la dispersion de ses faits et gestes, des fragments de ses écrits, qui font du roman un vaste collage. Loin de livrer la *vérité* du personnage, ils sont des images construites à un certain moment par un artiste et par le général lui-même posant pour lui, et demandent à être interprétés. Leur pouvoir de suggestion, voire de fascination, reste cependant considérable car ils attestent l'existence de celui qui a posé. Mais tout portrait a vocation à voler en éclats après avoir constitué, dans le courant du texte, une brève pause descriptive. Cet éclatement nécessaire pour qui ne veut pas trahir la vie par une représentation mensongère, c'est bien sûr l'incipit de la première partie qui en est l'image exemplaire, où le portrait prend la forme musicale d'un staccato effréné, réintroduisant brusquement le temps dans l'espace, à l'image de ce que sera le roman tout entier.

Sylvie Vignes (Toulouse)

Le portrait dans *Vie de Joseph Roulin* de Pierre Michon : l'Art et la manière

C'est à Vincent Van Gogh que la quatrième de couverture de *Vie de Joseph Roulin* donne d'emblée la parole : »Je *voudrais* faire des portraits qui un siècle plus tard aux gens d'alors apparussent comme des apparitions«.[1]

Souhait quasi testamentaire dont la force masque presque le flou. Nul doute, en effet, qu'une telle formulation, avec l'apparente redondance »apparaître«/»apparition«,[2] conserve à l'ambition du peintre une partie de son mystère, mais la vigueur du verbe à valeur performative l'emporte, qui fait avant tout jaillir une volonté de créateur.

L'affirmation de cette »*virtù*«,[3] et, qui plus est, par une expression si proche de son sésame personnel,[4] ne pouvait que séduire Pierre Michon dont, par ailleurs, l'intérêt passionné pour le »métier« et les personnages de peintres n'a cessé de se confirmer depuis : superbe triptyque de *Maîtres et serviteurs*[5] mettant successivement en scène Goya, Watteau et le petit disciple de Piero della Francesca (mal) connu sous le nom de Laurentino ; discrète mais décisive inscription du Lorrain dans *Le Roi du bois*;[6] époustouflante imposture des *Onze*,[7] enfin, venue tout récemment ajouter un chef-d'œuvre au Louvre…

On comprend bien, en outre, la tentation de saisir au vol l'occasion d'écrire sur les portraits de Van Gogh… en 1988 ; c'est-à-dire très exactement à l'époque

---

1 P. Michon, *Vie de Joseph Roulin*, Paris, Verdier, 1988. Tout numéro de page dans le corps du texte sans autre indication renverra désormais à cet ouvrage, dans cette édition.
2 Nous y reviendrons en troisième partie.
3 Au sens que Stendhal donne à ce mot dans *Le Rouge et le noir*, entre autres.
4 Cf. récurrence du »je veux« (croire…) dans *Vies minuscules* et, parallèlement, dans *Vie de Joseph Roulin*, »La scansion […] qui soutient ce qu'on écrit, je veux ici qu'elle porte son nom ; je veux qu'elle endosse à l'instant la grande vareuse et la casquette des Postes […].« (14), »Je veux croire qu'une fois encore il s'étonne ; je veux que ce qui l'étonne soit une question peut-être aussi grave, aussi superflue et plus opaque que celle de l'avenir du genre humain […].« (39).
5 P. Michon, *Maîtres et serviteurs*, Paris, Verdier, 1990.
6 P. Michon, *Le Roi du bois*, Paris, Verdier, 1996.
7 P. Michon, *Onze*, Paris, Verdier, 2009.

concernée par le vœu ardent du peintre. Occasion qui, par ricochet, nous en offre une autre: celle d'étudier ce que l'écrivain peint avec et à travers le personnage éponyme de *Vie de Joseph Roulin*. Ce faisant, nous serons amenée à réfléchir à la manière dont Pierre Michon s'inscrit dans la tradition du portrait littéraire ou s'en démarque, et à la manière dont le portrait littéraire se trouve infléchi – entre autres – par deux sujets bien particuliers: un modèle et son peintre ayant tous deux habité et le monde réel et les toiles de Van Gogh. Nul doute en tout cas, à le lire, que Pierre Michon partage l'opinion du peintre au moins sur un point: »il n'y a pas meilleur et plus court chemin pour améliorer le travail que de faire de la figure«.[8]

I. Des »minuscules« en majesté

Le lecteur de Pierre Michon, devenu familier des André Dufourneau et Antoine Peluchet grâce à la parution, quatre ans plus tôt, de *Vies minuscules,* aurait eu quelques excuses, se laissant prendre au »piège« de ce titre, à croire un instant que l'écrivain creusois avait décidé d'offrir un »corps de mots«[9] à un autre inconnu de sa région natale. Pourtant, si Joseph Roulin fait bien partie de ces humbles qui vécurent puis moururent dans l'ombre, il était quant à lui originaire de Lambesc dans les Bouches du Rhône, et il n'est, à proprement parler, ni un inconnu ni un anonyme puisque Vincent Van Gogh le fréquenta alors qu'il était préposé aux postes en Arles et exécuta, en 1888, la demi-douzaine de portraits de lui qui le firent accéder à une notoriété posthume. En somme, le peintre qui, dans sa correspondance, exprime toute son amitié pour le »bonhomme«, sa reconnaissance pour sa »conduite fraternelle« (12) et même de l'admiration pour ses connaissances et sa sagesse, aurait adopté une démarche proche de celle qu'adoptera Pierre Michon en 1984, œuvrant de toute la magie de son art pour tirer quelques êtres de l'obscurité et de l'oubli auxquels ils semblaient irrémédiablement promis. Les derniers mots de la quatrième de couverture de *Vie de Joseph Roulin* vont d'ailleurs encore plus loin, parlant de Van Gogh comme de celui qui »fit exister« l'employé des postes. Il fit aussi, dans la foulée, exister sa famille dont Pierre Michon exagère à plaisir et à dessein la petitesse et les disgrâces: sa femme Augustine »aux trois-quarts effondrée« (12), »massive, mélo, vieille comme les chemins« (34), leur fils aîné, Armand au »menton un peu veule«, qui voulait »de sa vie ne rien foutre« (33), le cadet Camille, »limon mal

---

8 Lettre de Vincent à Théo (T560), dans L. JANSEN – H. LUIJTEN – N. BAKKER (éds.), *Van Gogh. Les Lettres,* volumes édités par Leo Jansen, Hans Luijten, Nienke Bakker du Musée Van Gogh, en association avec l'Institut Huygens, Amsterdam, 2009.
9 P. MICHON, *Le Roi vient quand il veut,* Paris, Albin Michel, 2008, 36. Ce volume d'entretiens sera désormais désigné par l'abréviation RVQV.

pétri« (34), et la petite Marcelle, »le paquet de linge sale né en juillet, né des reins de Roulin« (34).

Or, non seulement toute cette famille de »minuscules« va accéder à la dignité que la grande peinture confère à ses modèles, mais elle va en outre être peinte en majesté. Joseph, »couvert comme un roi«, »assis comme un pape« (11), transformé en »sujet d'icône« (12); Augustine »la tête bien nette et rutilante« devenue, au fil des ébauches et des portraits, »*celle qui berce*« (34), entre toutes les femmes; Armand »qui fut orgueilleux et n'avait pas de raisons de l'être mais que le rouquin fit très digne, orgueilleux à très juste titre«, »chic comme [...] un milord du *Café d'Athènes*, comme un fils d'Espagne«, et le »pauvre Camille« lui-même devenu »infant« »baignant dans la pourpre« (34). Et, avec la famille Roulin, d'autres habitants d'Arles encore, comme la tenancière du *Café de la Gare,* se voient ainsi promus par la plus souveraine des magies:

> [...] [L]a mère Ginoux, la belle taulière [...] peinte avec le petit bonnet de dentelle et le châle noir, la main songeuse et lasse, l'œil impérieux et las, peinte comme peu de reines d'Espagne le furent, comme si sans trembler les grands Espagnols étaient descendus tenir la main du rouquin [...]. (27)

Magie autrement imposante que le tour de passe-passe qui fera d'un coup plus tard monter en bourse le cours des tableaux d'un ex-inconnu:

> Et bien sûr Roulin se demande qui a décidé que c'était un grand peintre, car ça n'avait pas l'air d'être décidé du temps d'Arles, et comment ça s'est fait, cette transformation. (58)[10]

Pierre Michon, élaborant en quelque sorte le portrait littéraire de ces portraits peints, désigne la »manière« de Van Gogh par une triple qualification doublement oxymorique: »boueuse et rutilante, rastaquouère« (34). Oxymorique mais parlante: séparés et reliés en même temps par la victorieuse rutilance, le premier adjectif et le dernier ne peuvent être compris dans leur habituelle et restrictive acception péjorative, et, guidée par cette formulation, l'imagination visuelle saisit à la fois l'audacieuse et succulente brillance et cette force du »terne«, niée par les Impressionnistes mais essentielle à l'art extrême-oriental. Van Gogh est en effet alors en train d'explorer divers chemins postimpressionnistes en s'ouvrant à

---

10 La naïve question de Roulin – qui n'est pas sans rappeler celle de l'enfant devant certain »roi nu« de conte – fait ici écho à une interrogation qui constitue le fil conducteur de l'ouvrage: depuis son exergue empruntée à *L'Échange* de Claudel »*Marthe* – Est-ce que chaque chose vaut exactement son prix?/ *Thomas Pollock Nageoire* – Jamais.« jusqu'au tout dernier mouvement, si poignant, ouvert par la question »Qui dira ce qui est beau et en raison de cela parmi les hommes vaut cher ou ne vaut rien?«, en passant par des allusions récurrentes au pouvoir obscur, tortueux et en grande partie arbitraire de décréter, à Manhattan, le cours des œuvres d'art, et d'attribuer soudain à un tableau, en vertu de »lubies théophaniques« (72), un prix astronomique ou dérisoire.

des influences nouvelles, et en payant d'audace: »ce qu'il faisait, les impressionnistes même l'osaient peu« (37).

Dans *Vie de Joseph Roulin*, de nombreux peintres sont nommés: Monticelli, par exemple, parce que Van Gogh le »plaçait très haut, auprès de Rembrandt, Rubens, Delacroix« (44), et, bien sûr, celui que les Roulin appellent »Monsieur Paul«, venu jusqu'en Arles pour tenter de travailler avec »Monsieur Vincent«, mais bien d'autres encore qui semblent parfois convoqués à la faveur de rapprochements plus insolites et aléatoires, de motifs plus anecdotiques, comme Édouard Manet, nommé à plusieurs reprises à titre de modèle... en matière d'élégance vestimentaire (34, 45, 58). Autre surprise: évoquant les portraits de 1888, Pierre Michon qualifie les fonds de tableaux derrière Augustine et Joseph Roulin de »dahlias Véronèse« (34), expression qui se trouve comme glosée immédiatement par deux autres: »mille-fleurs« et »pacage céleste«. Or, si le style médiéval dit »mille-fleurs«, caractérisé par un fond fait d'une multitude de petites plantes et fleurs, est parfois repris par des peintres italiens du XVIe siècle, les fonds de Véronèse représentent le plus souvent de vastes ciels mouvementés, aux couleurs variées. L'expression »pacage céleste« serait donc là pour faire le lien entre l'esthétique de tapisseries fleuries façon Dame à la licorne, et celle, plus sacrée, de Véronèse – et les convoquer conjointement? Hypothèse qui paraît soudain bien gonflée de ridicule quand, une douzaine de pages plus loin, il est soudain question de la cuisine des Roulin »tendue de papier bon marché Véronèse avec de gros dahlias« (47)... Même si Pierre Michon répète alors l'expression »pacage céleste«, le lecteur comprend que Véronèse n'était sans doute, dès le départ, que l'enseigne présomptueuse d'un fabricant moderne de médiocres revêtements muraux, fabriqués en grand nombre. N'importe, finalement: le nom du grand peintre a joué son rôle de tremplin pour l'imagination visuelle et la rêverie créatrice, et continuera à le faire dans les pages qui suivront.

Pour rendre compte de ces portraits peints, Pierre Michon adopte donc une technique toute personnelle et volontiers déroutante, fuyant les rapprochements que pourrait lui souffler la critique d'art traditionnelle, comme les méthodes de la description réaliste. On ne saurait être plus loin, par exemple, du rituel régulé que Diderot s'était fixé en tant que rapporteur des Salons: »Dans la description d'un tableau, j'indique d'abord le sujet: je passe au principal personnage, de là aux personnages subordonnés dans le même groupe«.[11]

Pierre Michon s'adjuge en outre la liberté de »tirer le portrait« des Roulin sans le truchement de Van Gogh, dans d'autres postures, à des époques plus tardives. Pour ce faire, il a parfois, à la manière du Giono de la maturité – dont il est un grand lecteur et un fervent admirateur – recours au nom d'un écrivain, d'un personnage de roman ou de mythe, pour désigner une atmosphère sans avoir

---

[11] D. DIDEROT, *Œuvres esthétiques*, éd. de Paul Vernière, Paris, Garnier, 1959, 790.

besoin, justement, d'entrer dans les détails. Ainsi convoque-t-il »l'image de Gavroche n'en finissant pas de bondir ou de tomber« (25), l'empreinte de Melville sur l'univers maritime (14, 45), et, même le fantôme du poète maudit auquel il consacrera bientôt une monographie tout aussi originale: »Il mourut peut-être dans l'hôpital et la chambre même où Rimbaud dix ans auparavant était mort« (71).

Il stimule ainsi la mémoire des lecteurs, les obligeant à mobiliser leurs connaissances,[12] mais aussi à collaborer à l'élaboration des portraits avec leur sensibilité et leur imagination. À la manière de Giono également, il inclut enfin volontiers dans ses portraits un attribut fantaisiste, un détail parfois affecté d'un haut coefficient d'arbitraire, et l'impose ensuite comme norme à force de reprises. Tous ces procédés ›gioniens‹ aboutissent à un art du raccourci, du portrait pittoresque avec une extrême économie de moyens.

Nous en voyons une illustration particulièrement remarquable avec les quatre occurrences – rappelant ces *séries* chères aux Impressionnistes mais également à Cézanne et à Van Gogh lui-même – d'un tableau que l'on pourrait baptiser plaisamment »Roulin aux poireaux« (51, 54, 57, 72). Pierre Michon ayant »voulu« qu'un marchand de tableaux rende un jour visite à Joseph Roulin et le découvre avec »quelque chose dans la main, poireaux ou chicorées« (51), il décline ensuite ce motif arbitraire en le rendant de plus en plus visible et nécessaire, au point que l'humble légume devient aussi inséparable du modèle que sa fameuse barbe, si »riche à peindre« (12): »Les voilà tous les trois autour de cette table, où il y a un haut-de-forme rutilant et des poireaux terreux, et dans deux verres sur trois l'espèce jaune de chrome numéro trois, qui délie les langues«. (54)

Notons au passage la subtile habileté de Pierre Michon qui nous livre ce tableau inventé en prenant soin d'y faire figurer les teintes mêmes des portraits des Roulin par Van Gogh dont il a parlé plus haut – le »rutilant« et le »boueux« – y adjoignant, pour peindre cet autre sujet récurrent, ce motif obligé qu'est l'absinthe, la couleur la plus typique de la palette de Van Gogh: le fameux jaune de chrome.

Et, simplement parce que Van Gogh a écrit un jour à son frère Théo que Roulin »avait l'air d'un Russe« (12),[13] le motif du traîneau réunissant moujik et barine, esquissé dès la deuxième page, file lui aussi, avec les poireaux et les »dahlias Véronèse« jusqu'à l'avant-dernière... et bien plus longtemps encore dans l'imaginaire du lecteur, grâce à l'onirisme libéré de la scène, note de pur bonheur entre deux fort sombres passages:

---

12 Ou à les rafraîchir! Cf. Népomucène, Abbacyr, etc.
13 Cf. Vincent Van Gogh écrivant à son frère Théo qu'il a réalisé les »portraits de toute une famille, celle du facteur [...] – l'homme, la femme, le bébé, le jeune garçon et le fils de seize ans, tous des types bien français quoique cela aie (sic) l'air d'être des Russes« (T560), L. JANSEN – H. LUIJTEN – N. BAKKER (éds.), *Van Gogh. Les Lettres* (note 8).

Roulin a des graviers dans la barbe; il essaie d'attraper sa casquette tombée un peu plus loin, il n'y arrive pas; les poireaux non plus il ne peut plus les tenir, il les lâche: et tout à coup il est mort, aussitôt d'ailleurs il conduit son barine dans des champs de dahlias, quand ils passent près de vous on entend tinter les petits grelots. (71-72)

II. Portrait expressionniste de deux »carcasse[s]«[14] emmêlées

Malgré le soin apporté à d'autres figures d'Arles, Van Gogh peignit surtout Joseph Roulin, et Pierre Michon peint surtout Van Gogh et Roulin.

> L'un fut nommé là par la Compagnie des postes, arbitrairement ou selon ses vœux; l'autre y vint parce qu'il avait lu des livres; parce que c'était le Sud où il croyait que l'argent était moins rare, les femmes plus clémentes et les ciels excessifs, japonais. Parce qu'il fuyait. (11)

L'incipit le suggère déjà: Roulin est indissociable de Van Gogh – Michon suggérera d'ailleurs éloquemment plus loin que le lien qui les unit est aussi nécessaire que celui qui unit »Sancho« et »le Chevalier de la Manche« (41) – et si »l'un« a les honneurs du tout premier mot du texte, »l'autre« a droit, d'entrée, à un développement deux fois plus long, et autrement informé. Il est vrai que les motivations de Van Gogh, telles que sa correspondance les reflète, sont bouleversantes de naïveté et d'originalité mêlées:

> Je vais peut-être partir pour le sud de la France, le pays des tons bleus et des couleurs joyeuses.
>
> [...] le pays me paraît aussi beau que le Japon pour la limpidité de l'atmosphère et les effets de couleur gaie.[15]

Sacrifiant la clarté du pantonyme[16] au charme du dévoilement progressif, Pierre Michon nommera seulement le peintre par son prénom à la page suivante, confirmera le nom du modèle à la page d'après, et fera encore attendre son lecteur avant de réunir enfin les deux noms dans une petite phrase qui vient déjà dramatiser leurs histoires croisées: »Joseph Roulin survécut assez longtemps à Van Gogh.«

Il nous semble que ce »suspense« – tout relatif pour qui a lu la quatrième de couverture, ou s'intéresse à la peinture – évoque moins celui des romans policiers que celui que met en scène, en Extrême-Orient, le déroulement, dans une at-

---

14 Cf. P. Michon, *Vie de Joseph Roulin* (note 1), 40.
15 Lettre à Émile Bernard, 1888, dans L. Jansen – H. Luijten – N. Bakker (éds.), *Van Gogh. Les Lettres* (note 8).
16 Cf. Ph. Hamon, »Le terme syncrétique régisseur, le pantonyme [...]«, *Du Descriptif*, Paris, Hachette Supérieur, 1993 (Hachette université, Recherches littéraires), 141.

mosphère de recueillement quasi religieux, des rouleaux de soie qui servent de supports aux œuvres picturales, »cérémonie« qui, à n'en pas douter, pouvait trouver chez Van Gogh – si passionné par le japonisme –, puis chez Pierre Michon – qui ne sacralise vraiment que l'art –, un écho à sa mesure.

L'»apparence« du »facteur Roulin«[17] à quarante-sept ans – âge qu'il avait atteint lorsque Van Gogh, de douze ans son cadet, fit sa connaissance –, est en revanche évoquée bien avant que les noms du peintre et du modèle soient enfin réunis. Nous apprenons qu'elle »plut« (11) au peintre, qui prit plaisir à la peindre à plusieurs reprises, et la matière de ces tableaux est mise au premier plan dès la première page de *Vie de Joseph Roulin*. Bien qu'»indécis«, voire »contradictoires« (12) sur certains points, les portraits du facteur Roulin offrent tous, selon Pierre Michon, la vision de »bras bleus«, d'un »œil noyé« et d'une »sainte casquette« (12). On peut noter d'entrée que les trois adjectifs utilisés ici comme naturellement ne relèvent pas plus de la tradition descriptive réaliste que de la terminologie de géomètre préconisée par Robbe-Grillet dans *Pour un nouveau roman*...

L'expression »sainte casquette« peut sembler empreinte de moquerie bien irrespectueuse; elle entre pourtant en résonance avec des lettres de Vincent à son frère Théo, où le peintre évoque son désir de donner aux modèles de ses portraits quelque chose d'»éternel« comme ce que leur confère le »nimbe« dans la peinture religieuse. Et, à lire Pierre Michon, on se prend à penser que Joseph Roulin ne porte effectivement pas si mal la mandorle: »Ici, on dirait un sujet d'icône, quelque saint au nom compliqué, Népomucène ou Chrysostome, Abbacyr qui mêle sa barbe fleurie aux fleurs des cieux [...]« (12–13).

De manière générale, Pierre Michon choisit d'abord de voir Joseph Roulin à travers l'œil du peintre, acceptant en quelque sorte comme des données intrinsèques couleurs et expressions fixées sur la toile. Certes, l'adjectif »bleus« qualifie-t-il sans doute les bras de Roulin par hypallage, les manches de sa vareuse étant bel et bien bleues, mais c'est aussi, déjà, une allusion à l'usage très novateur de la couleur par Van Gogh, sur lequel Pierre Michon reviendra un peu plus loin, soulignant non sans humour ce que cet usage peut avoir d'arbitraire aux yeux du profane:

> Les voilà le lendemain face à face dans cet atelier de la maison jaune dont personne de vivant ne peut plus nous dire comment c'était fait; et les murs non plus n'en peuvent rien dire: des bombes américaines tombées du pur cobalt les ont rasés, en 1944. Mais nous savons par les tableaux que les murs étaient blancs de chaux, c'est-à-dire que Van Gogh

---

17 C'est ainsi que le désignent les titres des tableaux de Van Gogh, même si sa fonction dans l'administration postale fut en fait celle d'»entreposeur« (P. MICHON, *Vie de Joseph Roulin* (note 1), 21).

les faisait de n'importe quelle couleur, et que les carreaux sous les pieds étaient rouges, car il les faisait rouges. (31)

Mais si le peintre passe sans barguigner la »sainte barbe« du Népomucène arlésien au »bleu de Prusse« (14), ce n'est par pur caprice; encore moins par facétie: ses lettres témoignent de son désir de rendre, par ses portraits, les passions et la misère humaines, et du rôle majeur qu'il attribuait justement à la couleur dans l'expressivité. C'est en Arles en 1888 que son art commence à s'infléchir dans un sens qui annonce l'Expressionnisme, son relief particulier affranchi des diktats de la perspective, ses formes torturées, le cri de ses couleurs. Or, Pierre Michon semble le suivre sur ce terrain, adoptant, dans le domaine littéraire, une technique qui s'apparente à la peinture expressionniste.

On ne peut certes pas aller jusqu'à soutenir que les portraits de Roulin par Van Gogh sont expressionnistes, mais Pierre Michon semble s'appliquer à amplifier tout ce qui annonce cette orientation esthétique. L'œil du peintre a su saisir en Joseph Roulin à la fois le saint et l'ivrogne, la dignité et la roublardise, et sa main les rendre simultanément sur la toile à travers »cet air guilleret et abruti qu'on devine aux petits personnages des romans russes hésitant toujours entre le Père céleste et la bouteille d'ici-bas« (13), ses portraits lui rendent honneur comme à »un roi« ou à »un pape« (11), tout en laissant prévoir la chute qui le terrassera une vingtaine d'années plus tard: »[...] une fois enfin il est au bord du trou où tombent les ivrognes sur les neuf heures du soir« (13).

Michon prend en quelque sorte le relais en s'essayant à des portraits moins »fleuris« (13) de Joseph Roulin, à l'heure de cette déchéance et de cette chute dont Van Gogh, ayant lui-même atteint à Auvers en 1890 le bout de sa course éperdue, ne put être ni le témoin ni le peintre. Il nous incite ainsi à aller »à Marseille, avec la grande vareuse [...] sur un corps qui vieillit« (43) et la fameuse barbe »assyrienne comme avant mais plus blanche, avec un jaune remarquable encore aux moustaches là où le tabac, les gnôles entrent« (56). Et, du jaune des poisons intimes de Joseph, Pierre Michon nous conduit jusqu'au tableau expressionniste final, poignant de minimalisme: »un petit tas de bleu de Prusse tombé sur un chemin« (72) en septembre 1903. Il n'est pas jusqu'au mainate, sorte de prolongement nécessaire de Rolin, comme le chromo de Blanqui de sa cuisine, qui ne prenne avec le temps, dans son sommeil, des allures de tableau expressionniste aux couleurs de Van Gogh: »[O]n voit juste la petite crête violente, jaune, sur cette masse chétive et refermée comme un poing noir« (57 – 58).

Par ailleurs, Pierre Michon se sert aussi de Joseph Roulin comme prétexte pour décrire les paysages peints en 1888 par Vincent. Ces tableaux, en effet, préfigurent vraiment l'Expressionnisme quant à eux, dans la mesure où y affleure la vision intime, torturée du peintre, et où ils ne s'offrent plus à une sage »lecture« mais suscitent chez le spectateur une réaction émotionnelle:

> [...] Roulin regarde maintenant cet homme de médiocre volume, debout et occupé, incompréhensible, qui ne connaît pas les noms de ces endroits et qui à la place de ces lieux cadastraux met sur une toile de dimension médiocre des jaunes épais, des bleus sommaires, un tissu de runes illisibles [...]. (39)

Toute la force douloureuse de cette quête d'une expression artistique nouvelle, comme liée au pressentiment de malheurs nouveaux, se lit dans cette posture du peintre »debout et occupé« face à l'accablante masse des adjectifs péjoratifs et des préfixes privatifs. Et il n'est guère de plus poignant et juste hommage rendu à l'entreprise expressionniste que les quelques lignes qui reflètent

> [...] ces pays informes à force d'être pensés, ces visages méconnaissables tant ils voulaient peut-être ne ressembler qu'à l'homme, et ce monde ruisselant d'apparences trop nombreuses, inhabitables, d'astres trop chauds et d'eaux pour se noyer. (40)

Enfin et peut-être surtout, Pierre Michon »veut croire«[18] qu'à force d'accompagner Van Gogh sur le motif et d'assister à sa transe créatrice, Joseph Roulin a pu se forger une image de »toute cette force [...] dépensée dans les champs d'Arles, jetée au vent, violente« (48), ce qui lui donne une occasion de la peindre, dans une sorte de paroxysme expressionniste qui évoque plus encore Edvard Munch que Vincent Van Gogh: »gesticulation d'un cinglé en pleine insolation« (67), »danse violente« (42), »besogne catastrophique« rejetant »la carcasse du rouquin, affamé, sans honneur, courant au cabanon et le sachant« (40):

> [...] la besogne catastrophique qui ravageait on ne sait quoi dans le bout d'Arles, la besogne jetée au vent, méchante comme la foudre, qui après son passage laissait Vincent hébété devant un tableau où il n'y avait qu'un paysage en hébreu. (59)

Face-à-face mortel entre un peintre à bout de forces et un tableau en forme de creux, en forme de cri.

III. Portrait d'»apparitions« transcendant ces carcasses

> Je ne crois guère aux beautés qui peu à peu se révèlent, pour peu qu'on les invente: seules m'emportent les apparitions.[19]

Cette phrase-là n'est pas de Vincent Van Gogh, mais de Pierre Michon. Elle précède, dans *La Grande Beune*, le tout premier portrait d'Yvonne, et il semble bien que l'écrivain ait eu la même ambition que le peintre: imposer une figure avec autant d'évidence et d'éclat qu'un dieu rendant soudain visible une créature surnaturelle; sidérer, »emporter«.

---

18 Cf. note 2.
19 P. Michon, *La Grande Beune*, Paris, Verdier, 1996, 20.

Rapprocher Joseph Roulin, dont la stature, la figure et les convictions semblent si solides, d'une manifestation céleste peut, a priori, prêter à sourire. Pourtant, les lettres de Vincent à Théo attestent que le peintre était sensible à quelque chose qui transcendait la figure du facteur – et qu'on a envie de rattacher à la catégorie du sublime:

> Je l'ai vu un jour chanter la Marseillaise, et j'ai pensé voir 89, non pas l'année prochaine, mais celle d'il y a quatre-vingt-dix-neuf ans.[20]

> Sa voix avait un timbre étrangement pur et ému où il y avait à la fois pour mon oreille un doux et navré chant de nourrice et comme un lointain résonnement du clairon de la France de la révolution.[21]

Prenant en compte les idéaux politiques de Joseph Roulin, mais plus encore l'émotion qu'ils ont donnée à Van Gogh par la perception sensorielle qu'il en a eue, Pierre Michon va donc se faire un devoir de peindre systématiquement, à côté de Joseph Roulin, son double invisible et radieux, ce »principicule hors-la-loi« (24) auquel, paradoxalement, c'est l'idée de République qui donnait corps:

> Car ce qu'il aimait dans cette idée et qu'il ne pouvait avouer, c'est que nanti d'elle il bondissait hors la loi et, lorsque de son pas lourd il marchait vers le wagon postal, lourdement en ouvrait la porte et la faisait tourner sur ses gonds, docilement courbé recevait sur l'épaule tout le poids des sacs postaux et cheminait là-dessous, il y avait près de lui et le regardant faire un autre Roulin folâtrant, léger, clandestin et oisif, un prince Roulin dont la barbe était parfumée et la jeunesse éternelle [...]. (23–24)

Suivant Roulin par l'imagination à Marseille, Pierre Michon continue à le donner à voir au lecteur en compagnie de ce double aristocratique que personne d'autre ne voit: »[E]t le prince Roulin, galonné comme un officier du Montenegro, mais invisible, s'émeut, toujours jeune dans Roulin qui ne l'est plus« (46).

Et lorsque la mort le rattrape, malgré son écroulement sans gloire, poireaux terreux à la main, c'est encore son double qui lui permet une sortie par le haut du cadre, une immédiate et totale libération: »Hors de toute loi le principicule hors-la loi bondit dans le bleu. Il est beau peut-être, mais on ne le voit pas« (72).

Mais les portraits de *Vie de Joseph Roulin* sont voués à peindre aussi et surtout une autre »apparition«:

> [...] [D]ans ce Hollandais la plupart du temps doux, plein de petites attentions et de gratitude, il y avait aussi un prince féroce que très vite l'espèce de prince qui était en Roulin avait aperçu [...]: c'était seulement un prince plus galonné, plus impérieux et mieux né [...]. (36–37)

---

20 Lettre de Vincent à Théo (T520), dans L. JANSEN – H. LUIJTEN – N. BAKKER (éds.), *Van Gogh. Les Lettres* (note 8).
21 Lettre de Vincent à Théo (T573), *ibidem*.

Et c'est bien cette apparition majeure qui donna à Joseph Roulin, selon Pierre Michon, le plus grand de ses »étonnements«: avoir, en côtoyant Vincent »dans ces petits champs de melons, à la table du dimanche et sur les boulingrins de la place Lamartine« (41), »vu et touché une chose en quelque sorte invisible« (67),

> [u]ne espèce d'abstraction faite chair, l'incarnation de la théorie des beaux-arts telle que les romantiques la concoctèrent, que d'autres écoles affinèrent, qui nous tient, un pur produit des livres et qui pourtant vivait, souffrait; qui avait si dévotement cru à la théorie qu'il était devenu théorie, qu'il en était presque à la hauteur; qu'il en mourait. (41)

> Sur la bière, un drap blanc, des soleils qu'il aimait tant, des dahlias jaunes, des fleurs jaunes partout. C'était sa couleur favorite. S'il vous en souvient, symbole de lumière qu'il rêvait dans les cœurs comme dans les œuvres. Ce fut un honnête homme et un grand peintre. Il n'avait que deux buts: l'humanité et l'art. C'est l'art qu'il cherchait au-dessus de tout qui le fera vivre encore...[22]

Ainsi Émile Bernard raconte-t-il au critique d'art Albert Aurier l'enterrement de son ami à Auvers-sur-Oise.

Si les tableaux de Vincent ont effectivement prolongé son existence jusqu'ici et la prolongeront bien au-delà encore, »l'humanité et l'art« de Pierre Michon y contribuent à leur tour: *Vie de Joseph Roulin* offre un supplément d'existence à la fois au peintre et à son modèle, en vertu du si beau principe que l'on retrouve formulé dans son volume d'entretiens:

> Ceux qui ont vainement demandé au monde leur dû, c'est-à-dire tous ceux qui ont existé, les anciens vivants, aspirent à un corps de mots, plus solide, plus chantant, un peu mieux rétribué, un peu moins mortel que l'autre.[23]

Van Gogh lui-même ne tendait-il pas à »chanter avec ses couleurs une petite berceuse« qui survivrait à »Celle qui berce«?[24]

*

Si l'on en croit la quatrième de couverture, Pierre Michon aurait juste tenté, par le truchement de Joseph Roulin, de ramener »un Hollandais pauvre, peintre accessoirement« à sa taille humaine, et abouti à un échec:

> Et bien sûr je n'y suis pas parvenu. Le mythe est bien plus fort, il absorbe toute tentative de s'en distraire, l'attire dans son orbite et s'en nourrit [...].

---

22 Lettre d'Émile Bernard au critique Albert Aurier le 31 juillet 1890, dans L. JANSEN – H. LUIJTEN – N. BAKKER (éds.), *Van Gogh. Les Lettres* (note 8).
23 RVQV, 36.
24 Cf. Lettre de Vincent à son ami Köning, 17 janvier 1888, dans L. JANSEN – H. LUIJTEN – N. BAKKER (éds.), *Van Gogh. Les Lettres* (note 8).

> Cet échec est peut-être réconfortant: il me permet de penser que le facteur Roulin se tient nécessairement devant qui l'évoque à la façon d'une apparition, comme le voulait celui qui le fit exister.

Mais est-on bien forcé de croire que tel était le but de l'ouvrage, et qu'il a été manqué? La fascination de Pierre Michon pour la légende qui entoure certains grands hommes, déjà si perceptible, se confirmera dans le portrait qu'il donnera de Rimbaud, cinq ans plus tard: tout en brocardant les »pompeuses balivernes« élaborées sur l'art, il ne manque pas de rappeler que »pourtant obscurément« »nous [y] croyons tous« (42), et, en dégraissant savamment la légende de ses erreurs, de ses bégaiements et de ses enflures, ni *Rimbaud père et fils* ni *Vie de Joseph Roulin* ne lui coupent les ailes; ils la relancent au contraire plus haut, la font fuser, rajeunie, plus drue que jamais.

On peut dégonfler des baudruches; non ce qui est suffisamment grand pour transcender largement deux pauvres carcasses emmêlées: et, comme il fallait s'y attendre, ce n'est pas Van Gogh qui est ramené à une stature plus humaine, mais bien plutôt Roulin qui est élevé par leurs portraits croisés. Et élevé d'abord parce que solennellement élu comme vecteur d'une pensée, d'une émotion, comme l'était le jaune de chrome par Vincent:

> Que faire de lui? [...] C'est un personnage de bien peu de profit quand on se mêle d'écrire sur la peinture. Il me convient. Il est exténué et peut-être gai comme la forme. Il est vide comme un rythme. La scansion vaine, despotique et sourde qui soutient ce qu'on écrit, l'alimente et l'épuise, je veux qu'ici elle porte son nom [...]. (12-14)

Si la peinture, sur le mode extrême que pratique Van Gogh, apparaît parfois comme une force dévastatrice qui, tel le Malin, divise irrémédiablement, rejetant »de part et d'autre de son passage entre un homme et le monde« »d'un côté la carcasse du rouquin« »et de l'autre [d]es pays informes« (40), parallèlement, et comme »pieu[sement]« (36), le très complexe et subtil travail de portraitiste effectué dans *Vie de Joseph Roulin* s'attache à relier la forme et le fond, le barine et le moujik, le mythe et ses vecteurs humains, le rêve et les réalités dont il est né, qui l'ont entravé et, l'entravant, l'ont sans doute aussi encouragé, la pauvre chair et l'immortelle Théorie.

Peter V. Zima (Klagenfurt)

Die Atrophie des Helden zwischen Realismus und Postmoderne

Der Titel kündigt eine ›Metaerzählung‹ an, die so manchen zeitgenössischen Lyotard-Leser skeptisch stimmen wird, weil er weiß, dass spätestens seit der junghegelianischen Kritik an Hegels System jede theoretische Erzählung dekonstruiert werden kann. Sowohl im einzelnen literarischen Werk als auch innerhalb der literarischen Evolution finden sich widerspenstige Elemente, die in den Definitionen des Theoretikers nicht aufgehen, sich seinem Zugriff entziehen und seine Erzählung zerfallen lassen. Hat Derrida nicht gezeigt, dass Mallarmés Wort *pli* (Falte) auch das Gegenteil von ›Intimität‹ bedeuten kann, mit der sie der Thematologe Jean-Pierre Richard assoziiert? Hat nicht schon Croce behauptet, dass es nur einmalige Einzelwerke gibt, die in schimärischen Oberbegriffen wie ›Romantik‹ oder ›Realismus‹ nicht aufgehen?

Es geht hier offensichtlich um die von Philosophen seit Jahrhunderten erörterte Beziehung zwischen dem Besonderen und dem Allgemeinen, die immer dann verzerrt wird, wenn der Theoretiker einseitig für einen der beiden Terme plädiert. Es käme eher darauf an, das Allgemeine im Besonderen zu suchen und umgekehrt: zu zeigen, wie bestimmte Epochenmerkmale in einzelnen – oft grundverschiedenen – Texten auftreten und wie diese Texte im Vergleich ein Gesamtbild ergeben, das einer Konstellation im Kaleidoskop gleicht. In ihr kommen sowohl Regelmäßigkeiten als auch Unregelmäßigkeiten vor, die den Gesamteindruck kaum stören. Auch eine literarische Periode wie der Realismus oder die Spätmoderne (als Modernismus) setzt sich aus zahlreichen disparaten Elementen zusammen, die vor allem aus vergleichender, komparatistischer Sicht ein Ganzes ergeben, wenn sie im gesellschaftlichen Kontext aufeinander bezogen werden.

In dieser Perspektive wird im Folgenden gezeigt, dass die Protagonisten des europäischen Realismus von den Autoren und ihren Erzählern eindeutig und konkret im gesellschaftlichen Zusammenhang definiert werden können, weil Erzählung, Handlung und Charakter noch in ein relativ intaktes Wertsystem eingebettet sind, das es gestattet, Zweideutigkeiten aufzulösen und ›gut‹ und ›böse‹, ›wahr‹ und ›falsch‹ zu unterscheiden. Der fortschreitende Zerfall dieses

Wertsystems in der Spätmoderne, von Hermann Broch als »Zerfall der Werte« bezeichnet,[1] schließt diese Unterscheidung und die mit ihr einhergehende eindeutige Bestimmung der Charaktere aus. Der spätmoderne oder modernistische Romanheld ist ambivalent, seinem sozialen Umfeld entfremdet und erscheint oftmals als abstrakte, anonyme und aus dem sozialen Zusammenhang herausgerissene Figur. Diese Entwicklung setzt sich in einer postmodernen Romanliteratur fort, die jenseits aller (diskreditierten) Wertsetzungen die kulturell nur spärlich übertünchte Naturwüchsigkeit des Einzelsubjekts entdeckt und den ›wertfreien‹, wertindifferenten Romanhelden auf seine physischen und sinnlichen Regungen reduziert: auf das Sehen, das Hören oder das Riechen. Sie abstrahiert tendenziell vom sozialen und sogar sprachlichen Kontext und lässt das Subjekt als reine Körperlichkeit erscheinen.

1. Die Einbettung des Charakters in den sozialen Kontext: Realismus zwischen Zweideutigkeit und Eindeutigkeit

Die Dynamik der realistischen Literatur, vor allem des Romans, kommt dadurch zustande, dass die Schriftsteller auf das durch Industrialisierung, Säkularisierung und Individualisierung entstehende Spannungsverhältnis zwischen individuellem Emanzipationsstreben und der Einbettung des Einzelnen in jahrhundertealte Traditionszusammenhänge unterschiedlich reagieren. Die meisten setzen sich jedoch mit diesem Spannungsverhältnis auseinander und stellen den Bildungsweg des Helden im Familienzusammenhang dar. Dieser soziale Zusammenhang ist in der Mitte des 19. Jahrhunderts labil geschichtet, weil Arbeitsteilung, Marktgesetze und Säkularisierung die religiösen und vorindustriellen Grundlagen des Familienverbandes zerrüttet haben.

Was Helmut Meter über die großen Romane des italienischen *Verismo* schreibt, gilt in vielen Fällen auch für den französischen, spanischen, deutschsprachigen und englischen Realismus. Zu Vergas *I Malavoglia* und De Robertos *I Vicerè* bemerkt er:

> In beiden Fällen stehen die Geschicke einer Familie im Zentrum des erzählerischen Interesses, und hier wie dort erhält eine spezifische Figur aus dem Familienkreis eine besondere Bedeutung, da sie in einem gewissen Ausmaß familiäre Traditionen und Lebensmuster aufkündigt.[2]

---

1 Cf. H. BROCH, *Die Schlafwandler. Eine Romantrilogie* (1931–32), Frankfurt, Suhrkamp, 1978, 498.
2 H. METER, *Figur und Erzählauffassung im veristischen Roman. Studien zu Verga, De Roberto und Capuana vor dem Hintergrund der französischen Realisten und Naturalisten*, Frankfurt, Klostermann, 1986, 88.

Hier wird ein Prozess beschrieben, den der britische Soziologe Anthony Giddens als *disembedding* bezeichnet: als Herauslösung der sozialen Beziehung und des Einzelnen aus Traditionszusammenhängen. Giddens selbst definiert seinen Begriff wie folgt:

> [...] the ›lifting out‹ of social relations from local contexts and their rearticulation across indefinite tracts of time-space. This ›lifting out‹ is exactly what I mean by disembedding, which is the key to the tremendous acceleration in time-space distanciation which modernity introduces.³

Dieses *disembedding*, das in Spätmoderne und Postmoderne extreme Formen annimmt, macht sich schon im Realismus des 19. Jahrhunderts bemerkbar, das vom Aufstieg des Liberalismus und des Individualismus geprägt ist. Obwohl das *disembedding* einerseits durchaus als Krisenphänomen und als ›Entwurzelung‹ aufgefasst werden kann, leitet es andererseits auch einen Befreiungs- und Verselbständigungsprozess ein. Denn das Einzelsubjekt kann sich nur in einer Situation entfalten, in der Traditionen so weit gelockert werden, dass es autonom entscheiden und agieren kann, in der zugleich aber allgemein anerkannte Werte und Normen zur Verfügung stehen, die während der primären und sekundären Sozialisation eine Charakterbildung ermöglichen.

In der Periode oder Problematik des Realismus ist das der Fall: Das Spannungsverhältnis zwischen dem in der Familie verankerten Wertsystem und dem Autonomiestreben des Einzelnen ermöglicht sowohl in der Gesellschaft als auch in der Literatur eine Entfaltung des Charakters, den Balzac, Gottfried Keller, Benito Pérez Galdós und Juan Valera beschreiben. Als Sprachrohr des relativ stabilen (aber sich wandelnden) Wertsystems garantiert der wissende oder gar allwissende Erzähler den – stets konstruierten – Sinnzusammenhang. Er kommentiert den Bildungsweg seines Helden und erklärt zugleich die Entstehung eines Charakters.

In Balzacs *Illusions perdues* (1837 – 39) geht der Charakter der Protagonisten aus einem sozialen Umfeld hervor, in dem der Familie eine zentrale Funktion zufällt. Der Held als besonderer Charakter entsteht in diesem vom Erzähler aufgrund eines anerkannten Wertsystems konstruierten Umfeld, gegen dessen Zwänge er gleichwohl aufbegehrt.

Der Roman wird von der Geschichte der Familie Séchard eingeleitet, die eine Druckerei besitzt. Der Sohn David entfaltet seinen Charakter in ständiger Auseinandersetzung mit dem knauserigen Vater:

> Tout en apprenant son métier, David acheva son éducation à Paris. Le prote des Didot devint un savant. Vers la fin de l'année 1819 David Séchard quitta Paris sans y avoir coûté

---

3 A. Giddens, *Modernity and Self-Identity. Self and Society in the Late Modern Age*, Cambridge, Polity Press, 1991, 18.

un rouge liard à son père, qui le rappelait pour mettre entre ses mains le timon des affaires.⁴

Für den Realismus des 19. Jahrhunderts ist diese Passage insofern charakteristisch, als in ihr mit wenigen Worten Werdegang und Charakter eines jungen Mannes nachgezeichnet werden. Dieser Charakter wird recht eindeutig bestimmt. David ist überdurchschnittlich begabt, eifrig und sparsam. Er steht metonymisch für das liberal-individualistische Wertsystem des 19. Jahrhunderts, das Initiative, Eifer und Verantwortungsbewusstsein ermutigt und belohnt.

Im Rahmen dieses Wertsystems beurteilt Balzacs Erzähler die anderen Protagonisten des Romans *Illusions perdues*. In diesem Kontext erscheint Lucien de Rubempré, die Hauptgestalt des Romans, als ein Schwächling. D'Arthez, der dem Erzähler und wohl auch dem Autor nahe steht, spricht in einem Brief an Luciens Schwester die Wahrheit über den Pseudopoeten Lucien aus: »Votre Lucien est un homme de poésie et non un poète, il rêve et ne pense pas, il s'agite et ne crée pas. Enfin c'est, permettez-moi de le dire, une femmelette qui aime à paraître, le vice principal du Français.«⁵

Die zahlreichen Zweideutigkeiten, die in der Marktgesellschaft des 19. Jahrhunderts keine Seltenheit sind und so manchem Protagonisten der *Comédie humaine* als Maske dienen, werden vom allwissenden Erzähler aufgelöst, der – wie D'Arthez – stets die Möglichkeit hat, einen Blick hinter die Kulissen zu werfen. Er spricht in wenigen Worten die Wahrheit über die scheinbar rätselhafte Madame de Bargeton aus:

> A beaucoup de personnes, elle paraissait une folle dont la folie était sans danger; mais, certes, à quelque perspicace observateur, ces choses eussent semblé les débris d'un magnifique amour écroulé aussitôt que bâti, les restes d'une Jérusalem céleste, enfin l'amour sans l'amant. Et c'était vrai.⁶

Der Erzähler als »perspicace observateur« ist die realistische Instanz, die vor den Augen des Lesers den Charakter entstehen lässt und ihn verlässlich erläutert. Der erzählerische *contrat de véridiction*, von dem Greimas spricht⁷, ist im Realismus noch intakt, weil er auf einem intakten Wertsystem gründet. Innerhalb des Vertrags zwischen Autor und Leser können Protagonisten als ›schwach‹, ›stark‹, ›authentisch‹ oder ›heuchlerisch‹ definiert werden.

Dies gilt in besonderem Maße für Juan Valeras realistischen Roman *Pepita Jiménez* (1874), in dem sich ein junger Mann, der Priester werden will, in die

---

4 H. DE BALZAC, *Illusions perdues* (1837–39), Paris, Gallimard, 1962, 16.
5 *Ibidem*, 472.
6 *Ibidem*, 48.
7 Cf. A.J. GREIMAS, »Le Contrat de véridiction«, in ID., *Du Sens II*, Paris, Seuil, 1983, 103–113.

hübsche und tugendhafte Pepita Jiménez verliebt. Es handelt sich um einen Briefroman, der vorwiegend, aber nicht ausschließlich, aus einem Briefwechsel zwischen dem angehenden Priester Don Luis und seinem Onkel, einem Dechant, besteht. Der Onkel versteht es, zwischen den Zeilen der Briefe seines Schützlings zu lesen, und merkt recht bald, dass der junge Mann in Pepita verliebt ist und dass seine Liebe erwidert wird. Lange Zeit weigert sich Don Luis, sich und seinem Onkel die erotische Liebe einzugestehen und spricht von seiner – aus der Sicht des Zölibats völlig unbedenklichen – Zuneigung zu einem ›Geschöpf Gottes‹:

> No lo dude usted: yo veo en Pepita Jiménez una hermosa criatura de Dios, y por Dios la amo como una hermana. Si alguna predilección siento por ella, es por las alabanzas que de ella oigo a mi padre, al señor vicario y a casi todos los de este lugar.[8]

Das Pikante an dieser Passage ist der Umstand, dass auch Don Luis' Vater in Pepita Jiménez verliebt ist und nicht vermuten kann, dass sich sein Sohn als künftiger Priester in einer ebenso heiklen Situation befindet wie er selbst – wenn auch aus anderen Gründen.

Im Verlauf der Handlung lösen sich jedoch alle Zweideutigkeiten und Widersprüche auf, weil die seit langem in Don Luis verliebte Pepita die Initiative ergreift und den jungen Mann so weit bringt, dass er sein religiöses Ideal als eitle Schimäre durchschaut und ihr und sich selbst seine Liebe eingesteht.

Im Epilog kommentiert der allwissende Erzähler das im heutigen Kontext kitschig anmutende *happy end:*

> A nadie debe quedar la menor duda en que don Luis y Pepita, enlazados por un amor irresistible, casi de la misma edad, hermosa ella, él gallardo y agraciado, y discretos y llenos de bondad los dos, vivieron largos años, gozando de cuanta felicidad y paz caben en la Tierra […].[9]

Dieses märchenhafte Ende kommt durch das Zusammenwirken zweier widersprüchlicher gesellschaftlicher Faktoren, die vom Erzähler indirekt kommentiert werden, zustande: durch eine fortschreitende Säkularisierung, die das priesterliche Gelübde relativiert, und ein verhältnismäßig stabiles – durchaus noch christliches – Wertsystem, das eindeutig über Gut und Böse entscheidet und eine entsprechende Definition der Protagonisten zulässt (in diesem Kontext erscheint der Graf von Genazahar als Schelm, der für seine Streiche zu büßen hat). Während der Säkularisierungsprozess den Sieg der wahren erotischen Liebe über eine falsche Religiosität ermöglicht, ermöglicht das noch intakte

---

8 J. VALERA, *Pepita Jiménez* (1874), in ID., *Obras Completas*, t. I, Madrid, Aguilar, 1900–1925, 135.
9 *Ibidem*, 191.

Wertsystem die eindeutige Definition der Charaktere innerhalb von Familie, Dorfgemeinschaft oder Kleinstadt.

Ähnliche Situationen findet der Leser in den Romanen des englischen Realismus vor: etwa in George Eliots (Mary Ann Evans') *Adam Bede* (1859) oder in Dickens' *Great Expectations* (1861), wo der Charakter des Erzählers ebenfalls im Familienzusammenhang bestimmt wird. Davon zeugt – wenn auch andeutungsweise – der erste Satz des Romans: »My father's family name being Pirrip, and my christian name Philip, my infant tongue could make of both names nothing longer or more explicit than Pip. So, I called myself Pip, and came to be called Pip.«[10]

Bekannt ist auch die Bedeutung des sozialen Umfelds und der Familie für die Entstehung des Charakters und die Entwicklung des Helden in Gottfried Kellers Bildungsroman *Der Grüne Heinrich* (1854). In dieser Hinsicht sind die Überschriften der ersten Kapitel symptomatisch für den realistischen Roman: »Lob des Herkommens«, »Vater und Mutter«, »Kindheit – Erste Theologie – Schulbänklein«. Der realistische Schriftsteller holt weit aus, um seine Protagonisten so konkret wie möglich – d.h. im Gesamtzusammenhang – darstellen und bestimmen zu können. Er ist Hegelianer in einem ganz allgemeinen Sinn, denn er könnte mit dem Autor der *Phänomenologie des Geistes* sagen: »Das Wahre ist das Ganze.«[11] Alles andere wäre schlechte Abstraktion und literarästhetisch unbefriedigend.

Rückblickend auf die ältere Literatur stellt Robert Musil – nicht ohne Nostalgie – fest: »Im Epos, auch im wirklich epischen Roman, ergibt sich der Charakter aus der Handlung. D. h. die Charaktere waren viel unverrückbarer in die Handlungen eingebettet, weil auch diese viel eindeutiger waren.«[12] Ihre Eindeutigkeit verdanken sowohl Handlungen als auch Charaktere einem Werte- und Normensystem, an das Realisten des 19. Jahrhunderts wie Balzac, Valera oder Keller trotz aller kritischen Distanz noch glauben konnten.

2. Spätmoderne: Ambivalenz und isolierte Subjektivität

Der von Hermann Broch in der *Schlafwandler*-Trilogie beschriebene »Zerfall der Werte« schreitet in der von Nietzsche mit schrillen Tönen angekündigten Spätmoderne (ca. 1850–1950) fort und bewirkt, dass die von Giddens untersuchten Prozesse des *disembedding* beschleunigt werden. Diese Prozesse sind

---

10 CH. DICKENS, *Great Expectations* (1861), London, The Thames Publishing Company, s.d., 7.
11 G.W.F. HEGEL, *Die Phänomenologie des Geistes*, Werkausgabe, Bd. III, Frankfurt, Suhrkamp, 1970, 24.
12 R. MUSIL, *Gesammelte Werke*, Bd. V, Reinbek, Rowohlt, 1978, 1941.

insofern ambivalent, als sie die Einzelsubjekte einerseits aus ihrer Verstrickung in jahrhundertealte Traditionszusammenhänge und Riten befreien, sie andererseits ihres Rückhalts in Familie oder Dorfgemeinschaft berauben. In diesem sozialen Kontext ist die moderne Soziologie von Tönnies, Durkheim und Simmel entstanden: Diese Soziologen beschreiben die Zersetzung gemeinschaftlicher Beziehungen und Wertsysteme durch zunehmende Marktorientierung, Arbeitsteilung und Urbanisierung.[13]

Parallel und komplementär zu ihnen lassen die Romanciers des späten 19. und des frühen 20. Jahrhunderts den einsamen, von allen Bindungen befreiten Helden auftreten. Ihre Erzähler treten vorsichtig, distanziert, agnostisch auf, weil ihnen inmitten eines zerfallenden Wertsystems das individuelle Subjekt zum Rätsel wird: Es verkörpert nicht länger bestimmte, klar erkennbare Normen und Werte. Es erscheint ihnen als ambivalente Gestalt, die zugleich gut und böse, mutig und feige, treu und untreu wirkt. Ihr ›eigentlicher Charakter‹, ihr ›Wesen‹ ist – anders als im Realismus – nicht mehr bestimmbar. Ein negatives Charakteristikum spätmoderner (modernistischer) Helden ist ihre Anonymität: ihre Herauslösung aus Familie und Gemeinschaft.

Eines der bekanntesten literarischen Modelle, in denen sich diese spätmoderne Problematik niederschlägt, ist das Romanwerk Franz Kafkas. In den Romanen *Der Prozeß* (1925) und *Das Schloß* (1926) treten die Helden Josef K. und K. als anonyme, aus dem Familienverband herausgelöste Gestalten auf, deren abgekürzte Namen – je nach Deutung – auf den Autor verweisen könnten, im übrigen aber ebenso anonym anmuten wie Zeitungsberichte über Straftaten, deren mutmaßliche Urheber nicht namentlich erwähnt werden dürfen.

Zur Person des Josef K. teilt der Erzähler lediglich mit, er sei Prokurist in einer Bank und sei dem Direktor-Stellvertreter untergeordnet, der »den leidenden Zustand des Direktors zur Stärkung der eigenen Macht ausnützte«.[14] Von Herkunft, Charakter und Karriere des Protagonisten Josef. K. wird nichts mitgeteilt. Ein »Lob des Herkommens« im Sinne von Gottfried Keller wäre bei Kafka fast unvorstellbar. Bekanntlich bleibt auch die Tat oder die Unterlassung, wegen der Josef K. eines Tages verhaftet wird, im Dunkeln, denn das Romanfragment beginnt mit dem bekannten Satz: »Jemand mußte Josef K. verleumdet haben, denn ohne daß er etwas Böses getan hätte, wurde er eines Morgens verhaftet.«[15]

Der Leser mag nun rätseln, ob es sich um ein Versehen schlampiger Büro-

---

13 Cf. F. Tönnies, *Gemeinschaft und Gesellschaft. Grundbegriffe der reinen Soziologie* (1887), Darmstadt, Wiss. Buchgesellschaft, 1963, 5; É. Durkheim, *Über soziale Arbeitsteilung: Studie über die Organisation höherer Gesellschaften*, Frankfurt, Suhrkamp, 1988², 182; G. Simmel, »Die Großstädte und das Geistesleben«, in id., *Das Individuum und die Freiheit. Essais*, Berlin, Wagenbach, 193–194.
14 F. Kafka, *Der Prozeß* (1925), Frankfurt, Fischer, 1960, 98.
15 *Ibidem*, 7.

kratien handelt, ob K. zwar noch nichts Böses getan, sehr wohl aber etwas im Schilde führte und eine Missetat vorbereitete, von der die Behörden zufällig erfuhren – oder ob der agnostische Erzähler der Spätmoderne eben nicht alles weiß, nicht alles sagt. Vergeblich wartet er auf Aufklärung im Verlauf eines undurchsichtigen, sich endlos dahinschleppenden Prozesses, dem fast der gesamte Roman gewidmet ist. Bis an das – stets hypothetische, stets konstruierte – Ende des Romanfragments, das Max Brod postum zusammenstellte und herausgab, bleibt Josef K. eine rätselhafte, ambivalente und anonyme Gestalt, die dazu verurteilt ist, mit ebenso ambivalenten Akteuren und Aktanten zu interagieren.

Das Gericht als Ganzes ist ein ambivalenter kollektiver Aktant, dessen negative Einstellung K. gegenüber stellenweise zwar deutlich wird, dessen Urteilsverkündung jedoch nie erfolgt, so dass K.s jäher Tod in der letzten Szene eher als Mord denn als Hinrichtung anmutet. Die Ambivalenz des scheinbar in zwei Hälften geteilten Gerichts gibt K. unzählige unlösbare Rätsel auf, zumal an dem Tag, an dem er vor dem Untersuchungsrichter und einem größeren Publikum, das sich auch aus Geschworenen zusammenzusetzen scheint, eine Verteidigungsrede hält:

> Hatte er die Leute richtig beurteilt? Hatte er seiner Rede zuviel Wirkung zugetraut? Hatte man sich verstellt, solange er gesprochen hatte, und hatte man jetzt, da er zu den Schlußfolgerungen kam, die Verstellung satt? Was für Gesichter rings um ihn! Kleine, schwarze Äuglein huschten hin und her, die Wangen hingen herab, wie bei Versoffenen, die langen Bärte waren steif und schütter, und griff man in sie, so war es, als bilde man bloß Krallen, nicht als griffe man in Bärte. Unter den Bärten aber – und das war die eigentliche Entdeckung, die K. machte – schimmerten an Rockkragen Abzeichen in verschiedener Größe und Farbe. Alle hatten diese Abzeichen, soweit man sehen konnte. Alle gehörten zueinander, die scheinbaren Parteien rechts und links, und als er sich plötzlich umdrehte, sah er die gleichen Abzeichen am Kragen des Untersuchungsrichters, der, die Hände im Schoß, ruhig hinuntersah.[16]

Josef K. und der Leser werden nie erfahren, was diese Abzeichen bedeuten, ob K.s Rede ihre Wirkung verfehlt hat oder nicht und ob die Anwesenden – wie K. annimmt – einer geheimen Organisation angehören. Der agnostische Erzähler äußert sich nicht zu diesen Fragen und erklärt auch nicht die Bedeutung der »verschiedene[n] Größe[n] und Farbe[n]« der Abzeichen. Sind die »scheinbaren Parteien« nicht womöglich doch rivalisierende Gruppen, von denen die eine für K. eintritt, während die andere ihm feindlich gesinnt ist?

Ein realistischer Erzähler würde alle diese Ungewissheiten beseitigen, dem Leser alle Einzelheiten erläutern – mitsamt ihren Hintergründen – und die anfängliche Anonymität der Protagonisten, die im Realismus der Steigerung der

---

16 *Ibidem*, 39.

Spannung dienen kann, aufheben. Nichts dergleichen geschieht im spätmodernen Text, der nicht nur den Hauptaktanten, sondern auch die anderen Akteure im Anonymen belässt.

Ihre Anonymität fällt – wie die des Gerichts – mit ihrer Undefinierbarkeit als Ambivalenz zusammen, die im Gegensatz zu den Zweideutigkeiten des Realismus nicht aufgelöst werden kann, weil sie auf nietzscheanische Art gegensätzliche Werte wie ›richtig‹ und ›falsch‹, ›gut‹ und ›böse‹, ›ehrlich‹ und ›unehrlich‹ zusammenführt, ohne eine Aufhebung im Höheren im Sinne eine hegelianischen Synthese zu ermöglichen.

Als Symbol dieser Ambivalenz, die sich allen Deutungsversuchen in den Weg stellt, tritt die vom Maler Titorelli gemalte Göttin der Gerechtigkeit auf. Sie erscheint als eine metonymische Zusammenfassung nicht nur des Prozesses, sondern des Romantextes in seiner Gesamtheit:

> Um die Figur der Gerechtigkeit aber blieb es bis auf eine unmerkliche Tönung hell, in dieser Helligkeit schien die Figur besonders vorzudringen, sie erinnerte kaum mehr an die Göttin der Gerechtigkeit, aber auch nicht an die des Sieges, sie sah jetzt vielmehr vollkommen wie die Göttin der Jagd aus.[17]

Sicherlich erinnert der Prozess in Kafkas Roman eher an eine Jagd als an ein gerechtes Verfahren, aber diese Jagd wird weder vom Erzähler noch von einem der Protagonisten (man denke an D'Arthez' Funktion bei Balzac) erklärt. Es kommt hinzu, dass nahezu alle wichtigen Akteure des Romans durch ihre Ambivalenz der Anonymität überantwortet werden: nicht nur der Maler und die Frauen, bei denen K. Hilfe sucht, sondern schließlich auch der Priester, der möglicherweise ebenfalls mit dem (wahrscheinlich korrupten) Gericht zusammenarbeitet und keineswegs ein stabiles Wertsystem im Sinne des Realismus vertritt. Nur im Rahmen eines solchen Wertsystems wären eine eindeutige Bestimmung der Akteure und ihre Herausführung aus der Anonymität möglich. Doch ein solches Wertsystem fehlt in der Spätmoderne, die vom »Zerfall der Werte« im Sinne von Broch geprägt ist.

Von der labilen Schichtung dieses Systems zeugt ebenfalls Italo Svevos Roman *La coscienza di Zeno* (1923), der zu den markantesten Werken des Modernismus als Spätmoderne gehört. Aus erzähltheoretischer Sicht ergänzt er die Romane Kafkas, weil er verdeutlicht, dass auch der modernistische Ich-Erzähler, von dem man intuitiv annehmen könnte, dass er zumindest in eigenen Angelegenheiten ›Bescheid weiß‹, von der Allwissenheit realistischer Erzähler weit entfernt ist. Auch er ist Agnostiker der Ambivalenz und lässt seine Leser im Dunkeln tappen, gerade wenn es um seine eigene Identität geht. Nietzscheanisch oszilliert er zwischen Gut und Böse, ohne jemals im realistischen Sinne als ›gut‹ oder ›böse‹

---

17 *Ibidem*, 108.

definiert werden zu können. Die modernistische Problematik kommt in der von ihm selbst gestellten Frage zum Ausdruck: »Ero io buono o malo?«[18] Wie in Kafkas *Der Prozeß* wird diese Frage in Svevos Roman, der die Psychoanalyse zwar parodiert, sich zugleich aber den von Egon Bleuler stammenden analytischen Ambivalenzbegriff aneignet[19], nie beantwortet.

In dieser Hinsicht bleibt auch Svevos Held, von dessen Familien- und Liebesleben einiges bekannt ist, anonym. Er selbst bleibt sich als agnostischer Ich-Erzähler opak und kann sich seine Handlungen und seine Einstellung zu seinem besten Freund und Kollegen Guido kaum erklären. Seine Affekte oszillieren zwischen Gut und Böse wie seine gesamte Identität, um die der Erzählerdiskurs unablässig kreist, ohne sie jemals einfangen zu können: »Ero ben deciso di procurargli quel denaro. Naturalmente non so dire se lo facessi per affetto a lui o ad Ada, o forse per liberarmi da quella piccola parte di responsabilità che poteva toccarmi per aver lavorato nel suo ufficio.«[20]

Sollte er diese Entscheidung getroffen haben, weil er Ada liebt, sie aber an seinen erfolgreichen Rivalen Guido verloren hat, so hätte seine Tat mit wahrer Freundschaft nichts zu tun – im Gegenteil. Nichtig wäre diese Freundschaft auch, wenn Zeno das Geld aufgetrieben hätte, nur um sich seiner Verantwortung für Guidos scheiterndes Unternehmen zu entledigen. Das Wort ›Freundschaft‹ scheint keinen gesellschaftlichen Wert mehr zu bezeichnen: Es verkommt allmählich zu der Worthülse, die später in den Wortspielen der Postmoderne zusammen mit der Worthülse ›Liebe‹ parodiert wird.

In diesem Zusammenhang ist Mario Fusco recht zu geben, wenn er feststellt: »Zeno au contraire essaie d'échapper à cette identité qu'il refuse d'assumer.«[21] Innerhalb der spätmodernen literarischen Problematik kann Zeno – wie Musils Ulrich – keine eindeutige Identität annehmen, weil ihm kein Wertsystem mehr zur Verfügung steht, das es ihm wie den Helden des Realismus gestatten würde, sich für das Gute und gegen das Böse (oder umgekehrt) zu entscheiden. In einer Zeit, in der Freud feststellt, »daß Gott und Teufel ursprünglich identisch waren«[22], fällt der Gegensatz zwischen Gut und Böse der Ambivalenz zum Opfer, und Identitätsbildung im Rahmen stabiler Wertgegensätze wird problematisch. Von diesem sozialen Sachverhalt, für den die Psychoanalyse keineswegs verantwortlich ist, weil sie selbst aus ihm hervorgeht, zeugt die Bemerkung des

---

18 I. Svevo, *La coscienza di Zeno* (1923), Milano, Dall'Oglio, 1938, 369.
19 Cf. S. Freud, »Die Libidotheorie des Narzißmus« (1917), in id., *Studienausgabe*, Bd. I, Frankfurt, Fischer 1982, 412.
20 I. Svevo, *La coscienza di Zeno* (Anm. 18), 414.
21 M. Fusco, *Italo Svevo. Conscience et réalité*, Paris, Gallimard, 1973, 377.
22 S. Freud, »Eine Teufelsneurose im siebzehnten Jahrhundert« (1923), in id., *Studienausgabe*, Bd. VII, Frankfurt, Fischer, 1982, 301.

Vaters über den Sohn in Kafkas Erzählung *Das Urteil:* »Ein unschuldiges Kind warst du eigentlich, aber noch eigentlicher warst du ein teuflischer Mensch!«[23]

Die spätmoderne Atrophie des Helden in einem zerfallenden Wertsystem erreicht im existenzialistischen Roman einen Höhepunkt, weil dieser Roman die Möglichkeit von individueller Identität als solche in Frage stellt. Wie in den Romanen Brochs, Svevos, Kafkas und Musils erscheint diese Identität problematisch, weil die Sprache als eine der Grundlagen des Wertsystems inmitten von Kommerzialisierung, Säkularisierung, sozialer Differenzierung und politischer Entwertung der Wörter durch Ideologien sinnlos wird.

In Jean-Paul Sartres *La Nausée* (1938) wird ein Rückfall des menschlichen Subjekts in bloße Natur, in eine ›Natur ohne Menschen‹, nicht mehr ausgeschlossen. Denn die Wörter als Stützen der Subjektivität zerfallen:

> Les mots s'étaient évanouis et, avec eux, la signification des choses, leurs modes d'emploi, les faibles repères que les hommes ont tracés à leur surface. J'étais assis, un peu voûté, la tête basse, seul en face de cette masse noire et noueuse, entièrement brute et qui me faisait peur.[24]

In diesem sozialen und sprachlichen Kontext droht dem Subjekt ein Sturz in die Natur, den es als Produkt von Sozialisation und Kultur nicht überleben würde: »Je n'ai pas d'amis: est-ce pour cela que ma chair est si nue? On dirait – oui, on dirait la nature sans les hommmes.«[25] Man könnte diese Passage durchaus als Anspielung auf den verlorenen Kontext des Realismus lesen: Sartres Held Roquentin hat nicht nur keine Freunde; auch seine Herkunft und seine Familie bleiben im Dunkeln. Von einem »Lob des Herkommens« im Sinne von Keller kann nicht mehr die Rede sein. Über ihn, der zwischen einer bedrohlichen Natur und einer depravierten Kultur schwankt, erfährt der Leser lediglich, dass er sich nach längeren Weltreisen vorgenommen hat, eine historische Biographie des rätselhaften Marquis de Rollebon zu schreiben, die zu seinem Lebenswerk und zu einer Rechtfertigung seiner ›Existenz‹ (»existence«) werden soll. Doch das Vorhaben scheitert an den Ambivalenzen des Marquis, der bisweilen als gutmütiger Schurke erscheint, und Roquentin sieht sich gezwungen, nach einer anderen Lösung zu suchen.

Diese zeichnet sich am Ende des Romans ab, als der Ich-Erzähler im Anschluss an den amerikanischen Ragtime *Some of these days you'll miss me honey* – wie der von ihm parodierte Marcel in Prousts *Recherche* – die Kunst als Alternative zur Existenz entdeckt: das literarische Schreiben, das ihn über die

---

23 F. KAFKA, *Das Urteil und andere Erzählungen*, Frankfurt, Fischer, 1952, 18.
24 J.-P. SARTRE, *La Nausée* (1938), in ID., *Œuvres romanesques*, Paris, Gallimard, 1981 (Bibliothèque de la Pléiade), 150.
25 *Ibidem*, 59.

»existence« der Bürger von Bouville erheben und vor dem Rückfall in die sinnlose Natur bewahren soll.

Aus dieser Sicht erscheint Albert Camus' *L'Étranger* (1942) als eine Umkehrung der Sartreschen Verhältnisse: Camus' Held Meursault, dessen Vorname nicht erwähnt wird, ebenso wenig wie seine Herkunft und seine Familienverhältnisse (nur vom Tod und vom Begräbnis seiner Mutter wird ausführlich berichtet), kann mit dem zerfallenden christlich-humanistischen Wertsystem nichts mehr anfangen. Wörter wie ›Glaube‹, ›Sünde‹ oder ›Liebe‹ sagen ihm nichts. Die Art, wie der Ich-Erzähler ein Gespräch mit seiner Freundin Marie wiedergibt, zeugt davon: »Un moment après, elle m'a demandé si je l'aimais. Je lui ai répondu que cela ne voulait rien dire, mais qu'il me semblait que non.«[26] Etwas später bestätigt er seine Gleichgültigkeit der Sprache gegenüber: »J'ai répondu, comme je l'avais fait une fois, que cela ne signifiait rien mais que sans doute je ne l'aimais pas.«[27] Im Gegensatz zu Sartres Roquentin bedauert Meursault den Zerfall der Sprache und des ihr entsprechenden Wertsystems nicht, sondern nimmt ihn als *fait accompli* hin. Er stellt auf nahezu positivistische Art die Sinnlosigkeit der Wörter fest.

Folgerichtig hält er auch die christlichen und humanistischen Diskurse für sinnlos, mit denen er nach seinem Mord an einem Araber täglich konfrontiert wird. Entscheidend für sein Verhalten ist seine Körperlichkeit, die Roquentin als ›Natur im Subjekt‹ fürchtet, die Meursault hingegen mit heiterer Gelassenheit hinnimmt, als wäre sie etwas Selbstverständliches. Stets setzt sich seine Körperlichkeit den nur oberflächlich verinnerlichten sozialen Werten und Normen gegenüber durch. Dies geht recht eindeutig aus seinem Gespräch mit seinem Anwalt hervor: »Cependant, je lui ai expliqué que j'avais une nature telle que mes besoins physiques dérangeaient souvent mes sentiments.«[28]

Das Wort ›Natur‹ sollte hier emphatisch aufgefasst werden: Meursault ist – im Gegensatz zu Roquentin und Josef K. – ein Vertreter der wertindifferenten Natur inmitten einer depravierten, unglaubwürdig gewordenen Kultur.

Nicht zufällig behauptet er vor einem staunenden Publikum während des Gerichtsverfahrens, dass letztlich die Sonne, die ihm unerträglich wurde und deren Licht sich in dem von dem Araber gezückten Messer spiegelte, für den Mord verantwortlich war. Meursault erscheint in diesem Zusammenhang als ein Nicht-Subjekt, das vorwiegend seiner eigenen Natur als Körperlichkeit gehorcht und sich stillschweigend über die von Anwälten, Staatsanwälten, Richtern und Priestern verkündeten sozialen Werte hinwegsetzt. Er wird jedoch vom Gericht

---

26 A. CAMUS, *L'Étranger* (1942), in ID., *Théâtre, récits, nouvelles*, Paris: Gallimard, 1962 (Bibliothèque de la Pléiade), 1151.
27 *Ibidem*, 1156.
28 *Ibidem*, 1172.

im Rahmen einer christlich-humanistischen Ideologie als ›Subjekt angerufen‹ (im Sinne von Althusser) und zum Tode verurteilt.[29]

Indem Camus das von Marktmechanismen und ideologischen Kämpfen diskreditierte Wertsystem auf diese Art mit Meursaults spontaner Natürlichkeit konfrontiert, plädiert er – mit Nietzsche – für das Leben[30] als Teil der Natur und gegen alle historischen (christlichen, marxistischen, rationalistischen) Entwürfe oder Metaerzählungen, die den Einzelnen einem *grand design* opfern. Nicht nur in dieser Hinsicht antizipiert er die Postmoderne, sondern auch dadurch, dass er die Austauschbarkeit aller Wertsetzungen als Indifferenz voraussetzt. Denn im Kontext dieser Wertindifferenz erscheint das individuelle Subjekt primär als *Körper* – und nicht als Seele, Gewissen oder Geist.

Im letzten Teil dieser Betrachtung wird gezeigt, dass sich die vom spätmodernen Camus angekündigte Entwicklung bei Vertretern postmoderner Literatur wie Alain Robbe-Grillet, Patrick Süskind und Daniele del Giudice durchsetzt. Das Subjekt wird jenseits von Gut und Böse, jenseits aller sozialen Werte und Normen tendenziell auf das Auge, das Gehör oder den Geruchssinn reduziert.

3. Postmoderne: Subjektivität als Körperlichkeit

Es ist wohl kein Zufall, dass gerade der *nouveau romancier* Alain Robbe-Grillet in seiner programmatischen Schrift *Pour un nouveau roman* auf die beginnende Atrophie des literarischen Subjekts in der Spätmoderne und hier vor allem im existenzialistischen Roman hinweist: »Combien de lecteurs se rappellent le nom du narrateur dans *La Nausée* ou dans *L'Étranger*? Y a-t-il là des types humains? Ne serait-ce pas au contraire la pire absurdité que de considérer ces livres comme des études de caractère?«[31] Später fügt er hinzu: »Le roman de personnages appartient bel et bien au passé, il caractérise une époque: celle qui marque l'apogée de l'individu.«[32]

Angesichts von postmodernen Romanen wie *Il nome della rosa* von Umberto Eco, *The French Lieutenant's Woman* von John Fowles und *Sabbatical* von John Barth drängt sich hier der Einwand auf, dass die gesamte literarische Postmo-

---

29 Zur atrophierten Subjektivität Meursaults cf. P.V. ZIMA, *Der gleichgültige Held. Textsoziologische Untersuchungen zu Sartre, Moravia und Camus* (1983), Trier, Wiss. Verlag Trier, 2004, Kap. IV.
30 Cf. B. ROSENTHAL, *Die Idee des Absurden: Friedrich Nietzsche und Albert Camus*, Bonn, Bouvier, 1974, 16. Zum Verhältnis von Nietzsche und Camus bemerkt die Autorin: »Beider Denken ist auf das Diesseits gerichtet, das Leben selbst ist für sie höchster Wert.«
31 A. ROBBE-GRILLET, *Pour un nouveau roman*, Paris, Gallimard, 1970, 32.
32 *Ibidem*, 33.

derne keineswegs mit der Atrophie des Subjekts identifiziert werden kann. Dieser Einwand ist zweifellos richtig, hat jedoch keine dekonstruierende Wirkung, wenn man auf der Ebene der *literarischen Evolution* bedenkt, dass sich die Autoren dieser Romane explizit auf die Romantradition des 19. Jahrhunderts berufen, die sie vor allem im erzählerischen Bereich für die Postmoderne fruchtbar machen möchten: jedoch »mit Ironie, ohne Unschuld«[33], wie Eco in seiner *Nachschrift zum ›Namen der Rose‹* sagt. Dies bedeutet, dass der Held als Charakter nicht mehr ernst genommen wird, sondern im spielerischen Kontext der Postmoderne wiederbelebt werden soll, um das Interesse einer Leserschaft zu wecken, die den Experimenten der Avantgarde und des Modernismus keinen Reiz mehr abgewinnen kann.

Es gibt daneben jedoch eine andere Postmoderne[34], die von solchen Wiederbelebungsversuchen nichts hält, die Konsequenzen aus dem »Zerfall der Werte« zieht und das Subjekt im Kontext radikaler Säkularisierung und Sprachentwertung primär als Körperlichkeit auffasst: ohne Seele, Gewissen oder Geist. Es ist eine experimentelle Postmoderne, die an die Erfahrungen der europäischen Avantgarden anknüpft und im Frankreich der 1950er Jahre möglicherweise mit Beckett und dem Nouveau Roman beginnt, die beide gegen die anthropomorphen und humanistischen Tendenzen des Existenzialismus aufbegehren.

Im Nouveau Roman wird – wie bei Samuel Beckett – die Subjektivität auf das körperliche Minimum reduziert, und diese Reduktion lässt vermuten, dass der Prozess des *disembedding*, den Giddens beschreibt, hier seinen vorläufigen Höhepunkt erreicht hat. Über Becketts *Fin de partie / Endgame* schreibt Theodor W. Adorno: »Parodiert ist der Existenzialismus selber; von seinen Invarianten nichts übrig als das Existenzminimum.«[35]

Der Existenzialismus, der mit seinen Fragen nach dem Sinn des Daseins, nach individueller Subjektivität und Freiheit eindeutig der spätmodernen Problematik angehört, wird in der wertindifferenten Postmoderne, die die Frage nach Wert- und Sinnsetzung zusammen mit allen religiösen, politischen und ästhetischen Utopien verabschiedet hat, zum Anachronismus.

Dieser Tatbestand kommt auf besonders prägnante Art in Alain Robbe-Grillets frühem Roman *Le Voyeur* (1955) zum Ausdruck. Im Mittelpunkt der Erzählung steht ein Handelsreisender, recht anonym Mathias genannt, der eine nicht näher bezeichnete Insel besucht, um ihren Einwohnern in möglichst kurzer Zeit seine 89 Armbanduhren zu verkaufen. Zugleich stellt er sich vor, dass

---

33 U. Eco, *Nachschrift zum ›Namen der Rose‹*, München, DTV, 1986, 78.
34 Zu den verschiedenen Modellen postmoderner Literatur cf. P.V. Zima, *Moderne/Postmoderne. Gesellschaft, Philosophie, Literatur*, Tübingen, Francke, 2001^2, 270.
35 T.W. Adorno, »Versuch, das Endspiel zu verstehen«, in id., *Noten zur Literatur II*, Frankfurt, Suhrkamp (1961), 1970, 191.

er auf dieser Insel ein Mädchen mit dem bedeutungsschweren Namen Violette vergewaltigen würde (*violer Violette*).

Der *voyeur-voyageur* ist ein Mann des Blickes und der Fantasie. Gleich zu Beginn der Erzählung wird die Aufmerksamkeit des Lesers auf das Auge des Protagonisten gelenkt: »Mathias leva les yeux« – »Mathias tourna son regard [...].«[36] Sein Sehvermögen und seine Fantasie als ›inneres Auge‹ werden ausschließlich von zwei Leidenschaften beherrscht: vom Profitdenken und von der Sexualität.

Als Handelsreisender stellt sich Mathias den idealen Verkauf vor, der nur wenige Minuten in Anspruch nimmt:

> Mathias tenta d'imaginer cette vente idéale qui ne durait que quatre minutes: arrivée, boniment, étalage de la marchandise, choix de l'article, paiement de la valeur inscrite sur l'étiquette, sortie.[37]

Analog dazu wird seine Fantasie von der idealen Vergewaltigung des Mädchens Violette beherrscht:

> Violette avait les jambes ouvertes mais appliquées néanmoins toutes les deux contre le tronc, les talons touchant la souche mais écartés l'un de l'autre de toute la largeur de celle-ci – quarante centimètres environ.[38]

Die postmoderne Indifferenz (als Austauschbarkeit von Werten und Werturteilen, nicht als ›Gleichgültigkeit‹) schlägt sich hier in einer ›wertfreien‹, rein quantitativen, bisweilen geometrisch anmutenden Sprache nieder, die Wertungen grundsätzlich meidet und an deren Prinzipien sich auch der immer agnostischer werdende Erzähler hält: Er verrät dem Leser nicht einmal, ob Mathias Violette tatsächlich vergewaltigt hat – oder ob dieser Gewaltakt nur eine Ausgeburt seiner Fantasie ist. Die Sprache des Erzählers, die nahezu alle Romane und Erzählungen Robbe-Grillets beherrscht und als ›wissenschaftlich‹ in einem sehr allgemeinen Sinne bezeichnet werden könnte, hält ihn auch davon ab, die Gedanken und Taten seiner Protagonisten zu bewerten.[39] Nur diese Art von Sprache scheint die vom Autor angestrebte Vermeidung von Anthropomorphismen, ideologischen Werturteilen und kommerzialisierten Leidenschaften gewährleisten zu können.

Mathias veranschaulicht insofern die postmoderne Reduktion individueller Subjektivität, als er zwei Prinzipien zur Synthese bringt, die in zunehmendem Maße die zeitgenössische Gesellschaft beherrschen: Sexualität und Geld (als

---

36 A. ROBBE-GRILLET, *Le Voyeur*, Paris, Minuit, 1955, 17.
37 *Ibidem*, 35.
38 *Ibidem*, 84.
39 Zur wertfreien Sprache des Erzählers in *Le Voyeur* cf. P.V. ZIMA, *Manuel de sociocritique*, Paris (1985), L'Harmattan, 2000, 167–171.

Tauschwert). Sie bewirken in einer radikal säkularisierten Welt, dass Subjektivität als Pseudosubjektivität im Extremfall jenseits aller kulturellen Werte, jenseits von Religion, Politik und Kunst (als Bildung) entsteht und rein funktional agiert.

Davon zeugt auch die vorwiegend funktionale Architektur, die die Grenzen des nachmodernen Alltags absteckt und – außer aus Wohngebieten – fast zur Gänze aus Supermärkten, Kaufhäusern, Banken, Tankstellen, Spielhallen und Esslokalen besteht. Sie ist eindimensional im Sinne von Marcuse, weil sie ausschließlich der Befriedigung der von Marktgesetzen geregelten materiellen Bedürfnisse dient.

Um diese Bedürfnisse geht es auch in Patrick Süskinds bekanntem Roman *Das Parfum* (1985), dessen Welterfolg nicht aus der banalen Tatsache ableitbar ist, dass es sich um *Die Geschichte eines Mörders* (so der Untertitel) handelt (es gibt Tausende solcher Geschichten), sondern aus der Tatsache, dass der Roman – ähnlich wie *Le Voyeur* – einen wertfrei handelnden Helden auftreten lässt, der sich jenseits aller moralischen Skrupel ausschließlich von seinen materiellen Interessen und Bedürfnissen leiten lässt. Es ist der postmoderne Held oder Antiheld *par excellence*: eindimensional, materialistisch, zweckrational.

Erzählt wird die Geschichte eines von seiner Mutter verstoßenen Jungen, Grenouille (›Frosch‹) genannt, der mit einem fantastischen Riechorgan ausgestattet ist und beschließt, der größte Parfumeur aller Zeiten zu werden. Dieses Ziel erreicht er unter anderem dadurch, dass er junge Mädchen mordet, um sich deren Duft anzueignen und fachmännisch zu verarbeiten. Schließlich wird er als Mörder des begehrenswertesten aller Mädchen (Laure Richis') in der Parfum-Stadt Grasse entlarvt, gefasst und zum Tode verurteilt. Mit Hilfe seines wunderbaren Parfums gelingt es ihm jedoch im letzten Augenblick, sich die auf seine Hinrichtung wartende Menschenmenge restlos gefügig zu machen und nach Paris zu fliehen, wo ihm allerdings sein eigenes Parfum zum Verhängnis wird: Außenseiter der Gesellschaft sind dermaßen von ihm begeistert, dass sie ihn auffressen. Sie haben ihn ›zum Fressen gern‹.

Abgesehen von den grotesken Episoden, die den Roman durchwirken und ein Thema für sich sind, fällt auf, dass der Held – ähnlich wie Mathias in *Le Voyeur* – fast ausschließlich von einem *Sinnesorgan* beherrscht wird und dadurch animalische Züge annimmt. Sein erstes Opfer, ein schönes Mädchen, an das er sich heranpirscht, erschnuppert er wie ein Jagdhund: »Er trat wieder zurück an die Mauer, schloß die Augen und blähte die Nüstern.«[40] An anderer Stelle, als er in die Werkstatt des bekannten Parfumeurs Baldini eintritt, wird er mit einer Zecke verglichen: »Der Zeck hatte Blut gewittert.«[41]

---

40 P. Süskind, *Das Parfum. Geschichte eines Mörders* (1985), Zürich, Diogenes, 1994, 50.
41 *Ibidem*, 90.

Obwohl er immer wieder als Genie der Parfumeurskunst und als Künstler porträtiert wird, wobei eine Parodie der Kunst und des Künstlerromans entsteht,[42] wird ihm eine unterdurchschnittliche Intelligenz bescheinigt: »Auch seine Intelligenz schien alles andere als fürchterlich zu sein. Erst mit drei Jahren begann er auf zwei Beinen zu stehen, sein erstes Wort sprach er mit vier [...].«[43] Auch hier wird mit der Vorstellung eines mit drei Jahren noch krabbelnden Grenouille das Tierische evoziert.

Dieser animalische Einschlag erinnert nicht nur an die ungezügelte Triebhaftigkeit des Voyeurs Mathias, sondern könnte auch als eine Weiterentwicklung von Meursaults ›Natürlichkeit‹ betrachtet werden. Denn auch Grenouille denkt wertfrei oder wertindifferent, weil das Wertsystem, dem sich noch spätmoderne Autoren wie Musil, Kafka, Svevo oder Gide verpflichtet fühlten, restlos zerfallen ist: »Recht, Gewissen, Gott, Freude, Verantwortung, Demut, Dankbarkeit usw. – was damit ausgedrückt sein sollte, war und blieb ihm schleierhaft.«[44] »Cela ne veut rien dire«, könnte er mit Meursault sagen.

Seine Zielstrebigkeit ist rein zweckrational, kennt keine moralischen Hemmungen und lässt den Helden buchstäblich über Leichen gehen. Wie Meursault und der Voyeur gehorcht er ausschließlich seinen körperlichen Regungen: seinem Geruchssinn, der ihn schließlich ins Verderben führt. Seine Subjektivität als reine Körperlichkeit ist für eine wertindifferente Postmoderne kennzeichnend, die das Glück auf Geld und gesunde Körperlichkeit reduziert hat. In diesem Kontext kann das Parfum als eine Metapher für den Tauschwert gedeutet werden, denn es macht seinen Besitzer – wie das Geld – begehrenswert und mächtig.

Vom Geld heißt es in Marx' Frühschriften:

> Es verwandelt die Treue in Untreue, die Liebe in Haß, den Haß in Liebe, die Tugend in Laster, die Laster in Tugend, den Knecht in den Herrn, den Herrn in den Knecht, den Blödsinn in Verstand, den Verstand in Blödsinn.[45]

In Süskinds Roman verwandelt das Parfum vor allem den »Hass in Liebe«, indem es Grenouille begehrenswert macht, aber auch den Knecht (den »Zeck«) ›in den Herrn‹ und den ›Verstand in Blödsinn‹ – wie das Ende des Romans zeigt.

Ein ganz anderer Aspekt dieser nachmodernen Wertindifferenz tritt in Daniele Del Giudices Kurzgeschichte »L'orecchio assoluto« (erschienen in Del Giudices Band *Mania*, 1997) zutage. Sie wird von einem akustischen Determi-

---

42 Zur Parodie des Künstlers und der Kunst in Süskinds *Das Parfum* cf. P.V. ZIMA, *Der europäische Künstlerroman. Von der romantischen Utopie zur postmodernen Parodie*, Tübingen, Francke, 2008, Kap. V. 4.
43 P. SÜSKIND, *Das Parfum* (Anm. 40), 31.
44 Ibidem, 33.
45 K. MARX, *Die Frühschriften. Von 1837 bis zum Manifest der kommunistischen Partei 1848*, hg. v. S. Landshut, Stuttgart, Kröner, 1971, 301.

nismus beherrscht, der an den Voyeurismus Mathias' und an Grenouilles Geruchshörigkeit erinnert. Gleich zu Beginn erklärt der Ich-Erzähler, dass ihm die Musik seine Entscheidungen diktiert: »La musica ha sempre deciso per me, strappandomi le azioni.«[46]

An anderer Stelle wird deutlich, was mit dieser – zunächst etwas rätselhaften – Aussage gemeint ist:

> Fu una musica a farmi sposare mia moglie, un'altra musica parecchi anni dopo mi separò da lei, la mia vita io la divido nel ricordo non per epoche o per città ma per musiche, so qual è la musica per cui lasciai il mio paese, quale la musica per cui mi laureai in scienze politiche con una tesi sulla risoluzione delle controversie internazionali, per quale musica abbandonai quella carriera e cominciai il mestiere che ho fatto poi [...].[47]

Ähnlich wie das Parfum in Süskinds Roman ist diese alles determinierende Musik der Wertindifferenz des Tauschwerts analog, weil sie den Handelnden, der kaum noch als autonomes Subjekt zu betrachten ist, dazu bringt, eine Frau zu heiraten, sich anschließend von ihr zu trennen, die Heimat zu verlassen, sich für einen Beruf zu entscheiden und diesen wieder aufzugeben. Die Musik lässt alles als austauschbar, als indifferent erscheinen, weil sie alle qualitativen Werte, die mit einer Person, einem Beruf oder einem Land verknüpft werden, irrelevant werden lässt. Die Musik ist hier keineswegs ein ästhetischer Wert im Sinne von Novalis, Proust oder Thomas Mann: Sie wird nicht primär als Kunst aufgefasst, sondern eher als Katalysator, der affektive und vor allem physische Prozesse in Gang setzt.

Schließlich negiert sie den Menschen selbst, weil in einem Edinburger Hotelzimmer eine Melodie schicksalhaft in das Ohr des Ich-Erzählers dringt und ihm suggeriert, er müsse jemanden töten. Jäh fühlt er das unwiderstehliche Bedürfnis, jemanden umzubringen: »il bisogno lucidissimo e insopprimibile di uccidere qualcuno«.[48] Nach vollbrachter Tat reagiert er so ähnlich wie Süskinds Grenouille nach einem Mädchenmord: Er kennt weder Skrupel noch Gewissensbisse, sondern empfindet lediglich »ein seltsames Wohlbefinden und eine Art Euphorie«: »uno strano benessere e una certa euforia«.[49]

Im Realismus und noch in der Spätmoderne hätten die Texte Robbe-Grillets, Süskinds und Del Giudices bestenfalls Befremden ausgelöst; im Extremfall wären ihre Autoren als pathologische Fälle verfolgt worden. Nun ist es keineswegs so, dass die Nachkriegsgesellschaft als Nachmoderne diese Texte einhellig begrüßt hat: Bekanntlich stieß Robbe-Grillet bei einigen Literaturkritikern

---

46 D. DEL GIUDICE, »L'orecchio assoluto«, in ID., *Mania*, Turin, Einaudi, 1997, 13.
47 *Ibidem*, 10.
48 *Ibidem*, 13.
49 *Ibidem*, 37.

(etwa Pierre de Boisdeffre) auf heftige Ablehnung, und auch Süskind und Del Giudice sind keineswegs unumstritten. Aber die Tatsache, dass ihre Werke inzwischen allgemein anerkannt werden (der Nouveau Roman gehört zum Kanon der französischen Literatur) und dass Süskinds Roman zum Welterfolg wurde, lässt vermuten, dass sie – bewusst oder unbewusst – als Symptome einer gesellschaftlichen Entwicklung aufgefasst werden, die hier in großen Zügen skizziert wird.

Sie zeugen vom Niedergang der individuellen Subjektivität in einer radikal säkularisierten, eindimensionalen Postmoderne, die kein allgemein konsensfähiges Wertsystem mehr parat hält, in dem sich Subjektivität als Identitätsbildung konstituieren könnte. Subjektivität wird auf intakte Körperlichkeit reduziert, deren einzige gesellschaftliche Grundlage die wirtschaftliche Absicherung ist.

**Ausblick auf das Porträt im frühen 21. Jahrhundert:
die Koexistenz von traditionellen Mustern, ästhetischem
Spiel und Auflösungserscheinungen**

Friedrich Wolfzettel (Frankfurt am Main)

»Rien que du blanc à songer«: die Leerstelle als Emblem des Anderen in den Porträts von Maxence Fermine

> To tell a story is revelation, ist Offenbarung. [...]
> Erzählen heißt Offenbarung, auch für den, der erzählt.[1]

»Rien que du blanc à songer« – das Rimbaudsche Motto verweist zunächst auf die Titelsymbolik des Erstlingsromans *Neige*,[2] mit dem der noch junge Romancier Maxence Fermine seit 1999 gleichsam eine neue Seite in der Geschichte des französischen Romans aufgeschlagen hat. Programmatisch sowohl gegen die Moderne wie auch gegen herkömmlich realistische Muster gerichtet, verfolgt er das Ziel eines verdichtet symbolischen, fast gleichnishaften Stils, dessen Bemühen um eine einheitliche Bildlichkeit ich an anderer Stelle als paradigmatisches Erzählen[3] charakterisiert habe und dessen legendarische Züge[4] zugleich neue Formen der romanhaften Biographie ausprägen. In dem – einem japanischen Haiku nachgebildeten – prosagedichtähnlichen Bildungs- und Entwicklungsroman *Neige* sucht Yuko Ahita, ein junger japanischer Künstler, Ende des 19. Jahrhunderts die Reinheit und Schönheit des Schnees, der den Namen der toten Geliebten des späteren Meisters Soseki, Neige, und den Gegenstand des erotischen Traums des Helden bildet und in dessen späterer Liebe, Flocon du printemps, wieder angedeutet ist. Vor allem aber bezieht sich der Bildbereich von Weiße und Schnee auf das Ideal einer entstofflichten Romanpoetik, die in dem Ringen des Künstlers Soseki um »un tableau entièrement blanc, vierge, épuré« und in dem paradoxen Versuch, die Weiße des Schnees zu malen (»peindre la blancheur«, S. 72), zum Ausdruck kommt. Es geht um »l'art absolu«, »la quintessence de l'art« (S. 75), der sich der alternde Künstler Soseki erst nach seiner Erblindung nähert und die Yuko, »le poète de la neige« (S. 46), seit

---

1 U. GREINER, *Eine herbstliche Reise zu Peter Handke nach Paris*, in »Zeit Literatur«, 48 (Nov. 2010), Spalte 78.
2 M. FERMINE, *Neige*, Paris, Arléa, 1999. Zitate nach der Ausgabe Livre de poche.
3 F. WOLFZETTEL, *Paradigmatisches Erzählen: Zu Maxence Fermine*, in R. Böhm – S. Bung – A. Grewe (Hgg.), *Observatoire de l'extrême contemporain. Studien zur französischsprachigen Gegenwartsliteratur*, Tübingen, Narr, 2009, 395–404.
4 Hierzu F. WOLFZETTEL, ›*Se forger une légende*‹. *Biographisches Erzählen und Mythos bei Maxence Fermine*, in von P. Braun – S. Krepold – Ch. Krepold – B. Stiegler (Hgg.), *Lebensgeschichten erzählen. Zu einer Narratologie des Biographischen in der modernen Literatur*, Berlin / New York, de Gruyter (im Druck).

seinen jungen Jahren angestrebt hat. Denn, wie es schon auf der ersten Seite heißt:

> La neige est un poème. Un poème qui tombe des nuages en flocons blancs et légers.
> Ce poème vient de la bouche du ciel, de la main de Dieu.
> Il porte un nom. Un nom d'une blancheur éclatante.
> Neige (S. 15)

Kunst und Liebe gleichen in dieser Perspektive einem Balanceakt »sur un fil / De neige«, wie der Roman lyrisch endet.

Doch der »blanc à songer« des Mottos scheint auch auf eine bewusste Leerstelle hindeuten zu sollen, das fehlende Porträt des Helden, der sich gleich einem noch unbeschriebenen Blatt entwerfen muss. So lautet der Anfang des Romans:

> Yuko Ahita avait deux passions.
> Le haïku.
> Et la neige.

Yuko Ahita hat also kein Aussehen, aber er hat ein Profil, das Profil eines Wollens, einer Leidenschaft und Sehnsucht, die an die Stelle traditioneller identitärer Züge tritt. Die Weiße des Schnees reflektiert offensichtlich zugleich die Krise des Porträts. Die große Porträtkunst des 17. und 18. Jahrhunderts und vor allem die Physiognomiemode des bürgerlichen Zeitalters bezeugen bekanntlich die zunehmende Bedeutung des deskriptiven Paradigmas, zunächst im Bereich der Moralistik,[5] dann auch auf Umwelt und Milieu bezogen.[6] Nach der Krise des Realismus hatte sich die Moderne immer mehr dem eigenschaftslosen, namen- und gesichtslosen Protagonisten genähert, der im Nouveau Roman nicht selten zum bloßen Personalpronomen geschrumpft war. Der Kampf eines Robbe-Grillet gegen Balzac und die »notion périmée« des »personnage«, mit dessen Hilfe die Fremdheit der Welt überspielt worden sei, ist ja auch ein Kampf gegen das Porträt.[7] Maxence Fermine setzt nun dieser gewollten Offenheit und Leere die leere Potentialität eines Werdens und Suchens entgegen, deren Objekte sich mit wenigen emblematischen Zügen begnügen. Aber auch der Gegenstand dieser Suche wird entwirklicht. Der junge Held, der die schneebedeckten Berge seiner nordjapanischen Heimat als Offenbarung erfährt, hat im Schnee die

---

5 Hierzu jetzt R. GALLE, *Moralistische Porträtierung*, in *Moralistik. Explorationen und Perspektiven*, hg. von R. Behrens – M. Moog-Grünewald, München, Fink, 2010 (Romanistisches Kolloquium, X), 249–307. Vgl. auch J. PLANTIÉ, *La mode du portrait littéraire en France (1641–1681)*, Paris, Champion, 1994.

6 D. KULLMANN, *Description. Theorie und Praxis der Beschreibung im französischen Roman von Chateaubriand bis Zola*, Heidelberg, Winter, 2004 und Th. KOCH, *Literarische Menschendarstellung. Studien zu ihrer Theorie und Praxis (Retz, La Bruyère, Balzac, Flaubert, Proust, Lainé)*, Tübingen, Stauffenburg, 1991.

7 A. ROBBE-GRILLET, *Pour un nouveau roman*, [1963], Paris, Gallimard ,1972 (coll. Idées), bes. 17–53.

Verkörperung eines Ideals, »un poème d'une blancheur éclatante« (S. 19), gefunden. Neige, die geliebte europäische Seiltänzerin, die Meister Soseki zu seiner Frau gemacht und durch einen tragischen Unfall verloren hatte, ist eine solche emblematische Erscheinung, die das gesuchte Andere verkörpert. Der Held hat den Leichnam der bei einem Absturz vom Seil ums Leben gekommenen Neige in einem natürlichen Eissarg der Berge gefunden und wird mit Meister Soseki dahin aufbrechen. Die Frau »sous un mètre de glace«, »fragile comme un songe« (S. 38), »fragile et tendre comme un rêve« (S. 39), erscheint dem Betrachter nicht als Person, sondern als »cette magnifique chose venue elle aussi de l'autre côté du réel, cette chose sublime et belle [...], la plus sublime image qu'il lui avait donné de voir de toute sa vie« (S. 37). »La jeune femme emprisonnée sous la glace« wird zum Inbegriff eines märchenhaften Anderen: »l'éclat de sa chevelure d'or resplendissait comme un flambeau. Ses paupières, bien qu'elles fussent voilées, laissaient transparaître le beau glacier de ses yeux, comme si l'usure de la glace avait rendu diaphane la peau ténue protégeant son regard. Son visage était blanc comme la neige.« (S. 39) Der märchenähnliche Dreiklang: weiße Haut, goldenes Haar, blaue Augen, entwirklicht die Tote, die zum Sinnbild des gesuchten Anderen wird. Dies umso mehr, als die Erscheinung im Eis, die zwischen Leben und Tod vermittelt, auf die große Liebe des Meisters verweist, der sich neben der Toten zum Sterben betten wird. Für den Helden selbst hat sie nur zeichenhaften Charakter. Ihr Anblick hält ihn während der winterlichen Wanderung in den Bergen am Leben; vor allem aber repräsentiert sie die Kunst auf dem Seil, denn: »le plus difficile, pour le poète, c'est de rester continuellement sur ce fil qu'est l'écriture [...] - la corde de son imaginaire« (S. 81). Nicht um die Geschichte eines individuellen Schicksals geht es also, sondern um die Vollendung dieses »imaginaire« mit dem Ziel »de devenir un funambule du verbe« (S. 81).

Der noch im selben Jahr 1999 publizierte Roman *Le Violon noir*[8] erscheint wie eine Variation von *Neige*: der gleiche dreiteilige Aufbau, eine ähnliche interne Liebesgeschichte des Meisters, zu dem der junge Violonist eines Tages kommt, nur dass die Geschichte am Ende des 18. Jahrhunderts nach dem Italienfeldzug Napoleons in Venedig spielt und deutliche Anklänge an die romantische Musikernovelle - *Rat Krespel* von E. T. A. Hoffmann, *Massimilla Doni* von Balzac - erkennen lässt. Der Held, 31 Jahre alt und eben auf dem Schlachtfeld verwundet, wird 31 Jahre später mit Blick auf eine nie geschriebene, imaginäre Oper sterben. Auch er hat einen Namen, ist aber ohne erkennbare Eigenschaften: »Par une curieuse inclination d'esprit qui confinait parfois à la folie, Johannes Karelsky n'eut jamais d'autre but dans l'existence que de changer sa vie en musique. En d'autres termes, son âme était une partition inachevée qu'il déchiffrait chaque jour avec un peu plus de génie.« (S. 9) Wiederum scheint die Grenze zwischen

---

8 M. FERMINE, *Le Violon noir*, Paris, Arléa, 1999. Zitate nach der Ausgabe Livre de poche.

Kunst und Leben durchlässig, und gleich einer unvollendeten Partitur ist der Held erst auf dem Weg zu sich selbst. Noch weniger als Yuko Ahita in *Neige* hat er eine eigene Geschichte; er, der früh die Mutter verloren hat und wie durch ein Wunder die Kriegsverletzung überlebte – eine schöne Reiterin war für ihn auf dem Schlachtfeld vom Pferd gestiegen und hatte ihm einen magischen Genesungskuss geschenkt –, dient vor allem als ›Resonanzboden‹ für die tragische Liebesgeschichte des Lautenbauers Erasmus, der sein Handwerk noch in den Ateliers der Stradivari gelernt hat. Ähnlich wie der Jazzmusiker und Pianist Amazone Steinway in dem späteren Musikroman *Amazone* hat er sich das Spiel größtenteils selbst beigebracht. Wiederum geht es um eine gleichnishafte Geschichte, in der die Erzählung des Lautenbauers die romantische These der problematischen Dialektik von Kunst und Leben zu bezeugen scheint. Denn die Absicht von Erasmus, seine Traumvision einer Violine-Frau (S. 78 f.) – »le violon est une voix« (S. 71) – nach der Begegnung mit Carla, der Tochter des venezianischen Grafen Ferenzi, zu verwirklichen, wird an Carla selbst zunichte werden: Der vollkommene Klang des Instruments raubt der Beschenkten nämlich die einst vollkommene Stimme, die Violine ersetzt die Frau. Erasmus, der »le plus beau violon du monde« (S. 107) mit der Stimme der Frau bauen wollte, deren schwarze Augen und deren schwarzes Haar die Farbe des Instruments bestimmten, erfährt die Vergeblichkeit der Suche nach dem Absoluten, das in gewisser Weise doch verwirklicht werden konnte. Denn nach dem Tod des Lautenbauers spielt die schwarze Violine von selbst, und als der Held sie nach dem Spiel wütend zu Boden schleudert, stößt sie noch einmal »comme un cri de femme« (S. 125) aus. Auch hier war die Begegnung mit der heimlich geliebten Frau die Begegnung mit einem Anderen und letztlich mit dem Tod. Carla ist weniger eine Person als eine Erscheinung. Mit den Worten des Lautenbauers: »Dès qu'elle leva les yeux sur moi, je fus ensorcelé par leur beauté. Ils étaient très noirs, d'une profondeur infinie, et surtout très vifs. Sa chevelure, noire aussi, contrastait avec sa peau blanche.« (S. 92)

Der Traumkontrast schwarz-weiß überstimmt wie der Farbdreiklang weiß-gold-blau in *Neige* die Koordinaten des Lebens. In der Geschichte des *Self-made*-Pianisten Amazone Steinway in dem gleichnamigen Roman[9] von 2004, einer symbolisch aufgeladenen Reiseerzählung »aux frontières de nulle part, du hasard, des regrets, de la chance, de l'errance, de la folie et du rêve« (S. 36), geht es jenseits jeder biographischen Konsistenz um »la musique d'une vie«.[10] Der Leser erfährt nichts anderes, als dass der schwarze Pianist mit schwarzen Haaren und Augen, weißen Zähnen, einem weißen Smoking und Hut und weißen Schuhen

---

9 M. FERMINE, *Amazone*, Paris, Albin Michel, 2004. Zitate nach der Ausgabe Livre de poche.
10 So der Titel der Besprechung des Buches von A.-M. KOENIG, in »Le Magazine littéraire«, 430 (avril 2004), 104.

der »homme au piano blanc« (S. 14) genannt wird; »grand, massif et plutôt sympathique« (S. 28), bildet er von Anfang an das Werkzeug dieser irrealen, parabolischen Geschichte, die mit der Herausbildung einer »légende du piano blanc« (S. 219) enden wird. Denn der eigentliche Protagonist ist ähnlich wie die schwarze Violine »le piano blanc qui rêve« (S. 220). Nach der abenteuerlichen Schifffahrt auf einem Floß in der Amazonasregion wird das Piano am Ende bei dem aberwitzigen Versuch, es an einem Wasserfall hochzuziehen, mit dem Helden in die Tiefe stürzen, wo es einer indianischen Legende zufolge weiter zu spielen scheint; schon zuvor hatte der Pianist ja schon mehrfach den Eindruck, dass sich das Instrument selbständig gemacht hat. Als Instrument einer magischen Reise in das Andere eines transzendenten Raums, der den Dschungel in eine Kathedrale verwandelt und in dem die Musik bis zu Gott dringt (S. 209), steht das Piano für einen Traum jenseits biographischer Bedingtheit und Identität. Die »légende« am Ende nimmt den Anfang des Romans wieder auf, der keine Handlung erzählt, sondern eine lyrische Stasis von rätselhafter Musik und Wasserrauschen entfaltet, wie sie die Zuschauer einer Siedlung am Rio Negro am Anfang des Romans erleben, als sich der Pianist nach dem Schiffbruch mit seinem Instrument auf einem schwimmenden Wrackteil nähert: »la musique d'un piano«, »un musicien sur le radeau, un piano«, »un musicien« (S. 15). Die Schiffbruchgeschichte, die wir im Nachhinein erfahren, kündet insgeheim die Katastrophe am Ende an, nämlich die genannte Reise auf einem für diesen Zweck erbauten Floß. In einer solchen, mit Anspielungen an reale Entdeckungsreisen durchsetzten, symbolischen Reise ins Nirgendwo, einer unmöglichen oder außergewöhnlichen Reise im Sinne Jules Vernes,[11] den der Autor nicht zufällig verehrt, und einer initiatischen Reise in das Geheimnis des menschlichen *Imaginaire* kann es nicht darum gehen, ein konkretes Porträt zu entwerfen. Der Held wird zum Bild, das ein Rätsel aufgibt und in die »légende« mündet. Denn in der »quête à accomplir« (S. 165) ist der Traum die eigentliche Erfüllung für diejenigen, welche »pas des hommes ordinaires« (S. 137) vorstellen.

Im Zusammenhang mit der Polemik Robbe-Grillets gegen traditionelle Romantechniken war bereits von Balzac die Rede. Nun scheint der Verzicht auf jedes individualisierende Porträt bei Maxence Fermine umso auffälliger zu sein, als die Nähe der eindimensionalen Helden Fermines (die wohl nicht zufällig ausschließlich männlich sind) zu den monomanen Protagonisten Balzacs in die Augen springt und der Autor der romantischen Spannung bei Balzac durchaus nahe steht. Merkwürdig ist daher, dass der Autor da, wo er über Vorbilder und

---

11 Jules Verne wird in einem Interview des Autors mit dem programmatischen Titel *Pourquoi s'extraire de la société?*, in »Revue des deux mondes« (mars 2001), 38–41, ausdrücklich als der große Autor genannt, der »voyageait en rêve, d'où la naissance des *Voyages extraordinaires*« (S. 39).

prägende Leseerfahrungen spricht, gerade den Namen Balzacs nicht erwähnt.[12] Tatsächlich sind die Unterschiede zwischen dem Menschenbild der *Comédie humaine* und dem Streben ihrer Helden nach einem Platz in der postrevolutionären Geschichte und dem Menschenbild des auch in privater Hinsicht zurückgezogenen und wenig prominenten postmodernen Autors erheblich. Die Protagonisten Fermines zeichnen sich durch einen spezifisch antimodernistischen Affekt der Suche nach dem Anderen aus, den Ausbruch aus der vorgefertigten Wirklichkeit in der Erfüllung eines geheimnisvollen, vorbestimmten ›Schicksals‹,[13] das sich nur dem Suchenden zu erkennen gibt. Nicht Balzac steht hier Pate, sondern Rimbaud, dessen Spuren eingangs außer in dem genannten Motto immer wieder in den verschiedenen Werken auftauchen, so etwa in *L'Apiculteur*,[14] wo der aus Afrika heimkehrende Held und Honigsucher in Marseille einen todkranken Fremden trifft, dessen Gedichte er begierig liest (S. 133), oder in *Le Papillon de Siam* (2010),[15] dessen junger Held, der spätere Entdecker von Angkor Wat, ausdrücklich mit Rimbaud verglichen wird. »Il prend la route de la Suisse en direction de l'est, et marche douze heures par jour, heureux et libre comme un Rimbaud avant l'heure [...], *descendant des fleuves impassibles, les poings dans les poches crevées, voleur de feu, bohémien, vagabond aux semelles de vent.*« (S. 16) Das Stichwort und Vorbild Rimbaud verweist auf die Poetizität und Bedingungslosigkeit der Suche, die gleich einem Traum aus der jeweiligen Gegenwart herausführt. Die monomanen Helden Fermines können daher keine unverwechselbaren Charaktere auf der Suche nach größtmöglicher Individualität sein; sie sind die Kürzel eines Auftrags und einer Suche, die ihre Individualität ausmacht. Das Außergewöhnliche entzieht sich dem Porträt und reduziert den Helden, wie Amazone Steinway in *Amazone,* auf ein schwarz-weißes Muster, welches zugleich das ›Geheimnis‹ der Person bezeichnet. Schon die Namen der Protagonisten bilden ja nicht selten ironische Anspielungen auf die Bestimmung, in der sich das individuelle Schicksal erschöpft. Der parabolische Charakter der Handlung ergibt sich aus dem funktionalen Charakter der Person. Der Name von Tango Massaï z. B., des zum Massai-Krieger gewordenen englischen Kolonial-Offiziers in dem gleichnamigen Roman, verweist auf einen afrikanischen Tanz und die »ténèbres africaines«.[16] Romantische Unverwechselbarkeit und Schicksalhaftigkeit gelangen so zur Deckung mit dem modernen Postulat der Anonymität.

---

12 Vgl. ebda.
13 Vgl. F. WOLFZETTEL, *Paradigmatisches Erzählen* (Anm. 3).
14 M. FERMINE, *L'Apiculteur*, Paris, Albin Michel, 2000.
15 M. FERMINE, *Le Papillon de Siam*, Paris, Albin Michel, 2010.
16 M. FERMINE, *Tango Massaï*, Paris, Albin Michel, 2005, 140.

In *Le Labyrinthe du temps* (2006)[17] hat der Autor erstmals die vollen Konsequenzen aus dieser modernistischen Wiederentdeckung romantischer Positionen bzw. der romantischen Umwertung der längst müde gewordenen Moderne gezogen und anstelle einer pseudorealistischen, biographischen Handlung eine Parabel mit märchenhaften Zügen im Stil des *conte philosophique* der Aufklärung geschildert. Sie steht im Zeichen der Ununterscheidbarkeit von Leben und Poesie, wie sie in dem Motto von Gabriel García Márquez anklingt, und führt den Helden und den Leser in einer Schiffbruchsgeschichte in die stehen gebliebene Zeit der griechischen Insel Labyrinthe; »dans un enchantement permanent, réservant à chacun la part de merveilleux qui le délivrait de la banalité du quotidien« (S. 62). Die gesuchten »lois relevant du monde des esprits« (S. 61 f.) entfalten sich erst in diesem Versuchsraum »hors du temps et hors du monde« (S. 63), der letztlich unter dem Firnis des Realen und Historischen von Anfang an die irrealen Koordinaten der Fermineschen Romanpoetik bezeichnet hatte. Der gesichtslose Held entspricht dem Postulat der Geschichtslosigkeit und Irrealität, dem noch die scheinbar traditionelle Ich-Perspektive des Résistance-Romans *Le tombeau d'étoiles* (2007) gehorcht. Vielleicht könnte man die Romane des Autors daher mit einem Leitbegriff aus *Le Labyrinthe du temps* auch als stets erneute Ansätze interpretieren, den Leser in der Suche nach dem magischen Raum des Anderen in den »piège du temps« zu locken. Rainer Warning hat ja die Fruchtbarkeit des Foucaultschen Heterotopie-Konzepts gerade für die frühe Moderne zeigen können.[18] Dieser Raum des Anderen ist bei Fermine offensichtlich mit dem Verlorenen Paradies verwandt, in dem erotische Visionen (wie in *l'Apiculteur* oder *Opium*) wahr werden, in dem die traumhafte Erotik aber auch (wie in *Neige*, *Le Violon noir* oder *Le Papillon de Siam*) im Grenzbereich des Todes verglimmt. Die irreale Stadt im Inneren Afrikas bildet in dem (pseudo)historischen Befreiungsroman *Tango Massaï* eine Vorstufe des Todes. Tod und Paradies sind jedoch benachbart. In *L'Apiculteur* heißt es einmal, dass »l'homme s'était éloigné petit à petit un peu plus du paradis« (S. 25). Die Suche nach dem Glück ist hier immer auch die Suche nach der Entgrenzung von Raum und Zeit, die Suche nach dem Leben zugleich die Begegnung mit dem Tod. Als der Archimandrit und zeitweilige Gouverneur der Insel Labyrinthe in einer Sommersonnwendnacht das Glück der Erkenntnis findet, hat er eine todesähnliche Phase des Komas hinter sich. Helden wie Tango Massaï oder Amazone finden ihre Vollendung im Tod, der zugleich die Vollendung ihrer Liebe bedeutet. Für den Helden von *Opium* ist die höchste sexuelle Erfüllung fast identisch mit dem Tod.

---

17 M. FERMINE, *Le Labyrinthe du temps*, Paris, Albin Michel, 2006. Zitate nach der Ausgabe Livre de poche.
18 R. WARNING, *Heterotopien als Räume ästhetischer Erfahrung*, München, Fink, 2009.

Der auch ins Deutsche übersetzte[19] Initiations- und Entwicklungsroman *L'Apiculteur*[20] bringt wohl wie kein anderer Roman die Dialektik von Traum und Realität auf den Punkt, verheißt doch das Motto »cette secrète harmonie qui nous unit passagèrement au grand mystère des autres« ein letztlich mystisches Projekt, das zunächst nicht an die Realität anschließbar ist, doch am Ende in eine moralische, realitätsbezogene Erkenntnis einmündet: »il avait enfin trouvé l'or de sa propre vie« (S. 195). Denn der Versuch des jungen Imkers, die somalische »Bienenstadt« in der provenzalischen Heimat gewinnbringend nachzubauen, schlägt notwendig fehl, weil ihn das Erlebnis im »pays des abeilles« (S. 90) trotz aller scheinbaren Realität an einen »lieu sacré« (S. 91) geführt hatte, an dem sich auch sein Schicksal (»destin«, S. 99) erfüllt, war er doch durch die vorausgehende Krankheit nach den Bienenstichen gleichsam unverwundbar (S. 33) und unsterblich (S. 36) geworden. Der ›mythische‹ Held mit dem sprechenden Namen Aurélien Rochefer, mit dem »grain de folie« (S. 19) und den Sternen in den Augen (S. 20), ist daher ebenfalls nur durch seine Obsession charakterisiert, »faire de sa vie un rêve« (S. 14), sich dem Gold des Lebens (»l'or de la vie«, S. 13) anzunähern, ja letztlich selbst zur Biene zu werden (S. 24). In ihrer schönen Besprechung des Romans hat Nelly Carnet[21] die drei Handlungsetappen des Reiseromans (Vorgeschichte und Ausfahrt, Reise und Initiation, Rückkehr) mit drei Bewusstseinsstufen verglichen und die Personen, die dem Helden auf seiner initiatischen Reise begegnen, als »des doubles de lui-même et avec lesquels il luttera jusqu'à la rupture«[22] bezeichnet. Denn der Held, der sich auf die Suche nach dem Gold des Lebens begibt, ist auch auf der Suche nach sich selbst. Daher ist sein Traum mit äußerer Bereicherung und Berühmtheit nicht vereinbar: Der Ingenieur, den der Held unterwegs getroffen hatte und der mit seinen »gigantesque projets« einer Apipolis »voulait devenir célèbre« (S. 151 und 152), steht für die unmögliche Umsetzung von Traum in die Wirklichkeit. Aurélien, der zugunsten seines Bienentraums und des »parfum de l'ailleurs« (S. 39) auf die allseits erwartete Heirat mit der Jugendfreundin Pauline verzichtet hatte, kennt in Wahrheit nur das Gold des Traumes. »Je suis d'un rêve. Et je viens d'un rêve« (S. 123), wird er nach seiner Rückkehr aus Somalia sagen. Seine Suche nach dem »or de la vie« ist eine »quête de beauté« mit »quelques instants de magie pure« (S. 13) und in der es darum geht, die eigentliche Bestimmung seit der Kindheit zu verwirklichen. Wie in anderen Romanen steht auch der erotische Traum des »Goldsuchers« im Zeichen einer mythischen Allgemeinheit: Die fast nackte Königin der Falaise aux abeilles und eines Eingeborenenstammes, der seine

---

[19] M. FERMINE, *Honig*, übers. von Karin Krieger, München, Claassen, 2001. Ebenfalls in Übersetzung liegen *Die schwarze Violine, Schnee* und *Opium* bisher vor.
[20] M. FERMINE, *L'Apiculteur* (Anm. 14).
[21] In »Revue trimestrielle de littérature et de critique«, 59 (2010), 183–185, hier 184.
[22] Ebda., 185.

Häuser wie Bienenwaben erbaut (S. 95), entspricht der zuvor erträumten Erscheinung: schwarze Haare, goldgelbe Haut (S. 46 und S. 107). Und wie ein Traum wird sich diese Frau ›ohne Eigenschaften‹ dem Helden nach der gewährten Liebesnacht für immer entziehen – nicht ohne ihm eine goldene Biene als Abschiedsgeschenk zu hinterlassen. Nach Krankheit und symbolischem Tod ist Aurélien damit in einem initiatischen Erlebnis zum »bonheur de vivre« (S. 102) und zur »beauté de vivre« (S. 111) erwacht und wird rückblickend die drei Jahre seiner Somalia-Reise als eine Zeit des Traums (S. 125) definieren, auf die nur noch die Umsetzung im Alltag folgen kann. Nach der Begegnung mit der »Bienenkönigin« ist auch der Weg für die Hochzeit mit Pauline frei.

Der erste Satz des Fernost-Romans *Opium*[23] lautet: »La vie de Charles Stowe, aventurier du thé, donne à penser que le hasard est une toile d'araignée dans laquelle le destin vient parfois se prendre.« (S. 13) In dieser Geschichte einer Reise 1838 ins Innere Chinas, mit dem Ziel, den besten Tee der Welt zu finden und das Geheimnis des weißen Tees zu ergründen, geht es wieder um einen »voyage vers l'impossible« (S. 28), die Initiation eines jungen Mannes ohne Eigenschaften, der nach Gesprächen mit dem Vater, einem Londoner Teehändler und -importeur, weiß: »Je serai cet homme« (S. 20), das heißt, der Sohn wird derjenige sein, der die geheimnisvolle Reise für den Vater machen wird. Es ist eine Reise in zwei Stufen. Zunächst gelangt der Held mitten im Opiumkrieg in einen für Ausländer gesperrten Machtbereich des sagenumwobenen Lu-Chen Loang, angeblich »le véritable maître du thé« (S. 61), und erlebt bei dessen Vertreter Wang den Tanz der ehemaligen Frau des Herrn, mit dem tätowierten Opiumblatt, die ihm von Lu-Chens Art der unsichtbaren Liebe wie in *Amor und Psyche* erzählt. Wang kündigt später seine Schutzfunktion, und nach einem erneuten Aufbruch zum Grünen Fluss macht sich der Held 1840 auf die endgültige Reise, »jusqu'au bout du voyage« (S. 126). In einem Pakt mit Lu-Chen erlebt er mit Loan symbolische sieben Tage und sieben Nächte in einem erotischen Paradies, »un lieu mythique« (S. 151), aus dem er nach einem Schlangenbiss fast bewusstlos in einem Boot flüchtet, in dem er wie aus einem Traum erwacht. Mit dem Traum der Jenseitsreise hat sich auch sein Schicksal erfüllt: »sa vie était derrière lui.« (S. 174) Wie der Imker in *L'Apiculteur* sinkt er in die Anonymität zurück, aus der er aufgebrochen war. Der gesuchte weiße Tee hat sich als Traumbild erwiesen, und der irische Geschäftsfreund Pearle klärt den Helden darüber auf, dass die geliebte Loan in Wahrheit selbst jenen sagenhaften Lu-Chen verkörperte, den es nie gegeben hatte, und dass es nicht um Tee, sondern um Opium gegangen war. Jede personale Konsistenz verschwimmt in diesem Spiel der illusionären Identitäten, in dem es nur darum geht, *einmal* das verlorene und verbotene Paradies betreten, paradiesische Nacktheit genossen zu

---

23 M. FERMINE, *Opium*, Paris, Albin Michel, 2002.

haben, bevor der Biss der Schlange der märchenhaften Idylle ein Ende setzt. Daher geht auch eine Kritik fehl, die mangelnde historische Vernetzung der Handlung bemängelt.[24]

Wie bei dem Bienenzüchter Aurélien rückt die erotische Epiphanie an die Stelle eines realen Reichtums, ist die symbolische Jenseitsreise eine Reise um ihrer selbst willen, die nur ein allgemein gültiges Geheimnis offenbart. In der entsprechenden Erkennungsszene heißt es lediglich: »Il découvrit alors cette femme, aussi belle et mystérieuse que la première fois. [...] Elle avait de longs cheveux noirs. D'immenses yeux verts. – Et elle fumait une pipe d'opium«. (S. 77) Die Initiation ist eine Begegnung nicht mit dem Besonderen, sondern mit dem Allgemeinen. Das Opium aber wird zum Kürzel wohltätiger Illusion in der Transzendierung des je Individuellen des Lebens. Von dem einleitenden Baudelaire-Motto bis zum letzten Satz (»la vie est un opium dont on ne se lasse jamais«, S. 175) variiert der Roman (mit den ironischen Zügen der Fernost-Tradition im Stil eines Joseph Conrad) die Goldsuche des *Apiculteur*, dessen lichte Seite er »dans le monde des ténèbres« (S. 157) verschattet.

Die Technik der Irrealisierung lässt sich gerade da beobachten, wo es um Geschichte geht. In seinem bislang letzten, historischen Roman von 2010, *Le Papillon de Siam*,[25] hat Maxence Fermine das Motiv der Suche nach einem traumhaften Anderen offensichtlich bewusst im Sinne einer stärkeren Gewichtung historischer Vorgaben variiert. Der Held, ein französischer Wissenschaftler und Reisender, der von der britischen Regierung den Geheimauftrag erhalten hat, einen überaus seltenen, dreifarbig blaugrundigen Schmetterling im fernen Kambodscha für die königliche Sammlung zu beschaffen, wird eben diesen Auftrag nicht erfüllen, dafür aber die untergegangene und vergessene Stadt Angkor Wat neu entdecken.[26] Doch der geschützte blaugrundige Falter erweist sich als Katalysator auf dem Weg zum Anderen. Ähnlich wie die Falaise aux abeilles in *L'Apiculteur* bezeichnet die aus Schmetterlingen gebildete Felswand, die der Held mit seinem Begleiter eines Tages 1860 in einem abgelegenen Tal entdeckt, den Beginn einer magischen Initiation des Reisenden und seines Begleiters: »ce qu'ils ont pris de prime abord pour de la végétation n'est autre que les ailes de centaines de milliers de papillons agglutinés en grappes sur les parois

---

24 Ein Rezensent, Vincent Landel, kritisiert, dass die Intrige »trop timidement assujettie au cadre historique de la ›guerre de l'opium‹« sei: in »Le Magazine littéraire«, 407 (mars 2002), 75.
25 Vgl. M. FERMINE, *Le Papillon de Siam* (Anm. 15).
26 Neu entdecken, weil der französische Missionar Charles-Émile Bouillevaux (1823–1913) bereits in seinem *Voyage dans l'Indochine 1848–56* (Paris, Victor Palmé, 1858) über die geheimnisvolle Tempelstadt der Khmer berichtet hatte, die gegen Ende des Jahrhunderts zur anerkannten Sehenswürdigkeit (siehe P. LOTI, *L'Inde [sans les Anglais]*, 1899–1900) geworden war.

rocheuses«. (S. 101) Der Dreiklang aus den Farben Gold, Blau und Grün enthält keine erkennbare Symbolik, verweist aber als solcher auf den schicksalhaften Farbendreiklang in fast allen Werken des Autors. Dem verbotenen Schmetterling wird auf der Rückreise die Begegnung mit der »ville interdite« (S. 110) aus dem Totenreich, Angkor Wat, entsprechen, »cette cité plongée dans le sommeil« (S. 111), in der für den Reisenden Erkenntnis und Tod zusammenfallen. In gewisser Weise wird der Held selbst zu jenem sagenhaften Gründer, dem »roi lépreux« Kana, dem einst eine Frau »d'une beauté renversante« (S. 115) erschienen war. Denn eben einen solchen Traum erlebt er selbst dann jede Nacht in seinen Fieberdelirien:

> Apparaît alors une déesse aux longs cheveux noirs. À la main, elle tient une coupe d'or remplie de vin parfumé aux épices. La déesse s'approche du lui et porte la coupe aux lèvres du voyageur, le forçant à boire une gorgée d'améthyste. Ivresse aux senteurs de cardamone, d'anis étoilé et de poivre blanc. Pendant ce court laps de temps où il perd pied avec le réel, les yeux clos et l'âme légère, il semble toucher le paradis, la jouissance, l'extase, comme s'il était en totale harmonie avec le monde. (S. 130)

Stichwort ist »perdre pied avec le réel«: Die Traumszene mit dem Dreiklang der Geschmäcker markiert den Übergang der Geschichte in den Mythos der wissenschaftlichen Entdeckung, in die existentielle Initiation, die die Rückgewinnung des Verlorenen Paradieses verspricht. In einem letzten Traum, der den »dernier voyage vers les frontières de l'invisible« (S. 154) beinhaltet, wird der vom Fieber geschwächte, bereits todkranke Held jene erotische Epiphanie erleben, die in den Romanen des Autors längst zum Kürzel für das Andere geworden ist:

> [...] il devine [...] la présence d'une jeune femme aux longs cheveux noirs et aux yeux sombres. Elle est nue, hormis quelques colliers et bracelets d'ambre, d'or et de jade qui recouvrent ses seins, ses chevilles, ses poignets et son cou. (S. 151)

Die Variante der Bienen-Königin im *L'Apiculteur*, mit dem Dreiklang aus Bernstein, Gold und Jade, bezeichnet die Annäherung an das Absolute, welche das eigentliche Thema aller Romane ist.

Aber eben dies schließt historische Individualität wiederum aus. Kurz vor dem Ende – die Entdeckung interessiert schon niemanden mehr (vgl. S. 138) – begreift der Held, dass er hinter seiner Entdeckung zurücktreten müsse: »Si d'aventure mon récit de voyage devait être publié, ce n'est pas moi qui deviendrais célèbre, mais la cité d'Angkor!« (S. 132)[27] Die reale Geschichte tritt hinter dem Traum zurück. Die ausgegrabene Stadt der Khmer wird zum Kürzel

---

27 Der *Voyage dans le royaume de Siam, de Cambodge et autres parties centrales de l'Indo-Chine* wurde 1873 bei Hachette publiziert. Eine englische Ausgabe ist noch heute greifbar: *Travels in Siam, Cambodia and Laos 1858–1860*, Oxford, Oxford University Press, 1992.

einer utopischen Stadt, in der der Tod auf die Erlösung von der Geschichte verweist.[28]

Tatsächlich hatte der Leser ja am Anfang des Romans nicht mehr erfahren, als dass »Henri Mouhot est un adolescent réservé, plutôt grand, noueux, les cheveux noirs, les yeux sombres, avec un regard avide et franc« (S. 12). Getragen von »une immense curiosité« (S. 12), ist er »un voyageur dans l'âme«, der zu den »voyages intérieurs« (S. 13) neigt, wie in der finalen Traumvision zum Ausdruck kommen wird, »son dernier voyage vers les frontières de l'invisible« (S. 154). Unmerklich verschiebt sich die offizielle »Mission« so in die eigentliche »mission« (S. 130, 153), welche die tiefere Bestimmung des Helden bezeichnet. Charles Stowe, der Held von *Opium*, war mit 33 Jahren in die Anonymität des Alltags zurückgekehrt, ähnlich Aurélien Rochefer in *L'Apiculteur*. Henri Mouhaut hat seine innere Reise mit 35 Jahren vollendet, und alles andere, die Hauslehrertätigkeit in Russland, die Ehe und der Aufenthalt in Schottland, die Reise nach Fernost, bildeten nur die – austauschbare – Vorgeschichte dieser entscheidenden Reise zum eigenen, biographisch nicht fassbaren Ich, das sich durch keine konkreten Eigenschaften und nur durch diese innere Bestimmung auszeichnet, dessen Werkzeug es dann wird. Es ist die Botschaft, welche die traumhafte Erscheinung des – göttlichen? – jungen Mädchens noch einmal bekräftigt und die zugleich die Botschaft dieser Form der symbolischen Biographie ist. Mit Bezug auf die »espèce sacrée« des Schmetterlings, der hier die Rolle der Biene in *L'Apiculteur* spielt:

> Vous êtes l'espèce sacrée que vous cherchez depuis toujours. Vous volez dans les airs sans jamais vous arrêter, vous êtes très difficile à capturer. Vous êtes un spécimen rare, vous avez réussi l'exploit de demeurer un homme libre. (S. 154)

Der Held ist zum gesuchten Schmetterling geworden, so wie Aurélien zur Biene werden wollte. Statt einer biographischen Identität suchen die Helden Fermines die Erlösung von den biographischen Zufälligkeiten einer historischen Existenz. Ihre Geschichte ist gleichsam von jenseits des Todes erzählt, wie in dem Résistance-Roman *Le tombeau d'étoiles*,[29] dessen Held in der Ich-Form auf sein Leben zurückblickt, »les eaux noires du passé« (S. 220), während er zugleich in den eisigen Wassern der Isère »la délivrance« sucht, die mit den Gesetzen realistischen Erzählens nicht vereinbar ist: »Bientôt, je ne serai plus qu'une ombre. Une ombre dans un tombeau d'étoiles.« (S. 220)

Die Geschichte spielt 1944, gegen Ende des Krieges, aber im »tombeau d'étoiles« wird die Geschichte entgrenzt und aufgehoben. So ähnelt ein indivi-

---

28 Vgl. F. WOLFZETTEL, *Traum und Utopie. Zum ›imaginaire urbain‹ bei Maxence Fermine*, in K. Hahn – M. Hausmann (Hgg.), *Visionen des Urbanen: (Anti-)Utopische Stadtentwürfe in der französischen Wort- und Bildkunst*, Heidelberg, Universitätsverlag Winter (im Druck).
29 M. FERMINE, *Le tombeau d'étoiles*, Paris, Albin Michel, 2007.

duelles Schicksal den Sternen, die noch immer leuchten, obwohl sie schon längst verglüht sind: »Dans chaque constellation, il existe des étoiles disparues depuis des siècles et qui pourtant luisent encore.« (S. 20) Und die Aufgabe des Romanciers besteht nur darin, »ces mêmes étoiles composées de réminiscences« (S. 20) zum Leuchten zu bringen. Sie besteht darin, die Essenz hinter der Vergänglichkeit aufleuchten zu lassen, den Übergang des geschichtlichen Ich in die immer allgemeine *légende* – wie programmatisch im Fall des Freiheitshelden Tango Massaï,[30] dem weißen Engländer, der für die Schwarzen kämpft und im Tod in den Mythos einging, »fidèle à la légende qui devait se forger autour de son nom« (S. 205).[31]

---

30 M. FERMINE, *Tango Massaï* (Anm. 16).
31 Vgl. F. WOLFZETTEL, ›*Se forger une légende*‹ (Anm. 4).

Andrea Grewe (Osnabrück)

Eine moderne Heiligenlegende. Das Porträt der Khady Demba in Marie NDiayes *Trois femmes puissantes*

Spätestens seitdem sie 2001 den Prix Fémina für ihren Roman *Rosie Carpe* erhalten hat, ist Marie NDiaye eine feste Größe des französischen Literaturbetriebs. Wirkliche Popularität aber hat sie erst mit ihrem letzten Roman erlangt, *Trois femmes puissantes*, der 2009 bei Gallimard erschienen ist und sich sofort zu einem der medialen Schwerpunkte der *rentrée littéraire* entwickelt hat. Von der französischen Literaturkritik wurde das Werk einhellig als Marie NDiayes bisher bestes Werk, »son roman le plus fort«[1] und »le véritable concentré de toutes les qualités dont elle avait fait preuve jusque-là«,[2] gefeiert und folgerichtig noch im selben Jahr mit dem Prix Goncourt ausgezeichnet. Aber auch in Deutschland hat der Roman beim Erscheinen der deutschen Übersetzung 2010 sofort ein außerordentliches Echo in den Medien gefunden und seiner Autorin bei Literaturkritik und Publikum zum Durchbruch verholfen.[3] Neben den begeisterten Besprechungen in der Presse und den Literatursendungen des Fernsehens zeugt auch die Verleihung des »Internationalen Literaturpreises« des Berliner Hauses der Kulturen der Welt an Marie NDiaye und ihre Übersetzerin Claudia Kalscheuer 2010 von dem starken Eindruck, den der Roman hinterlassen hat.[4] Eine wesentliche Rolle für seine positive Aufnahme sowohl inner- als auch außerhalb Frankreichs spielt sicherlich die besondere Welthaltigkeit dieses Textes, der auf die politischen Realitäten der Gegenwart Bezug nimmt und das hochaktuelle

---

1 N. Kaprièlian, *Marie aux prises avec le monde*, in »Les Inrockuptibles« n° 716, 18 août 2009, 29–33, 29.
2 R. Rérolle, *Marie NDiaye, vibrante solitude*, in »Le Monde des Livres« n° 20090, 28 août 2009, 1 u. 6, 1.
3 Vorbehalte äußert nur F. von Lovenberg, *Die Dämonen, die sie riefen*, in »Frankfurter Allgemeine Zeitung«, 26.6.2010, für die »der gefeierte Roman ›Drei starke Frauen‹ weder ein Roman noch ein Meisterwerk« ist. Anstoß nimmt die Kritikerin vor allem an der angeblichen ›Duldsamkeit‹ der Protagonisten.
4 Der Erfolg ist international: In den Niederlanden wird *Drie sterke vrouwen* mit dem »Europese Literatuurprijs« 2010 ausgezeichnet, in der Schweiz mit dem »Spycher: Literaturpreis Leuk 2011«.

und brisante Thema der Migration zwischen Afrika und Europa aufgreift.[5] Zu den besonderen Vorzügen, die dem Text attestiert werden, gehört »die Intensität des Gefühls beim Leser, bei der Leserin«,[6] die er erzeugt. Seine starke, Mitleid, Rührung, ja Erschütterung auslösende Wirkung ist nicht zuletzt der letzten der drei Erzählungen des Romans geschuldet: der Geschichte der misslingenden Flucht der jungen Khady Demba von Afrika nach Europa, die auch in den Rezensionen als die ›verstörendste‹ (Nelly Kaprièlian), die »brisanteste und härteste« (Iris Radisch) bezeichnet wird.[7] In meinem Beitrag möchte ich versuchen, der Magie dieser Figur auf die Spur zu kommen und die besondere Macht zu erklären, die dieses Schicksal einer Machtlosen auf den Leser ausübt. Nach der Einführung in Inhalt und Aufbau des Romans werde ich mich im Hauptteil auf die Darstellung der Khady Demba und das in ihr manifest werdende Menschenbild konzentrieren, bevor ich abschließend auf die Frage nach der Gattungstradition dieser Erzählung eingehe.

Ein Triptychon

Der Roman *Trois femmes puissantes* besteht aus drei Teilen, in denen jeweils das Schicksal einer Figur an einem Wendepunkt geschildert wird. Wenn die Erzählungen auch zunächst wie drei voneinander unabhängige Texte wirken, so sind sie doch durch ein dichtes Netz von Verweisen eng miteinander verknüpft. Eine erste Klammer stellt der geographische Rahmen dar, der eine Brücke zwischen Europa und Afrika schlägt: Der Senegal und Frankreich sind die beiden Pole, zwischen denen sich das Schicksal der Figuren entfaltet. Identisch ist in den drei Teilen außerdem die Erzählhaltung: Wir haben es mit einer extradiegetischen Erzählinstanz zu tun, wobei durch die interne Fokalisierung auf die jeweilige Hauptfigur deren Erleben in den Mittelpunkt rückt. Lediglich am Ende jeder Erzählung wechselt in einem kurzen, als »contrepoint« bezeichneten Text die interne Fokalisierung auf eine andere Figur, so dass sich ein weiterer Blick auf das Geschehen ergibt.

---

5 N. Kaprièlian, *Marie aux prises avec le monde* (Anm. 1) betont den besonderen Gegenwarts- und Weltbezug: »Les écrivains français ne s'intéresseraient qu'à leur nombril ou à leurs histoires sentimentales sur fond de VIe arrondissement? Marie NDiaye [...] n'a jamais cessé de creuser [...] l'étrangeté qu'un être éprouve quand il est aux prises avec le monde – en passant par ses proches, sa famille, alors microcosmes métaphoriques de l'humanité entière«. (29)
6 I. Hartwig, *Balanceakte der Selbstbehauptung*, in »Süddeutsche Zeitung«, 21.6.2010.
7 N. Kaprièlian, *Marie aux prises avec le monde* (Anm. 1), 29 spricht von »le dernier récit le plus dérangeant«; I. Radisch, *Marie NDiaye. Leichter als Luft. Ein Besuch bei der französischen Goncourt-Preisträgerin Marie NDiaye in Berlin*, in »Die Zeit« Nr. 25, 17.6.2010, Zeit Online Literatur (Zugriff: 21.6.2010).

Die Protagonistin der ersten Erzählung ist Norah, die als Rechtsanwältin mit ihrer Tochter in Paris lebt. Die Erzählung setzt mit ihrer Ankunft in Dakar im Haus ihres Vaters ein, der 30 Jahre zuvor seine französische Frau und die beiden Töchter in Frankreich zurückgelassen und nur das jüngste der Kinder, den Sohn Sony, mit sich genommen hatte. Der Verfall der ehemals glänzenden Existenz des Vaters, vor allem aber die Tatsache, dass Sony angeklagt ist, die junge Frau seines Vaters aus Eifersucht ermordet zu haben, verstören Norah zunächst tief. Angesichts der Hilfsbedürftigkeit ihres Bruders gewinnt sie jedoch ihre eigene Sicherheit zurück und beschließt, in Dakar zu bleiben und seine Verteidigung zu übernehmen.

Die zweite und längste der drei Geschichten spielt in der Nähe von Bordeaux. Ihr Protagonist ist ein Mann: Rudy Descas, der nach seiner unehrenhaften Entlassung aus dem Schuldienst in Dakar mit seiner senegalesischen Frau Fanta und dem Sohn Djibril nach Frankreich zurückgekehrt ist, wo er sich nun als Vertreter für Einbauküchen durchschlägt. Fanta, die zweite der ›drei starken Frauen‹, lernt der Leser daher nur aus der Perspektive ihres Ehemanns kennen. Auch Rudy Descas ist durch eine Familiengeschichte traumatisiert, die durch die Lieblosigkeit der Mutter und die Gewalttätigkeit des Vaters charakterisiert ist, der seinen afrikanischen Geschäftspartner brutal ermordet hatte. Auch Rudy gelingt es, durch die Auseinandersetzung mit der lange verdrängten Vergangenheit, die eigenen Schuld- und Schamgefühle gegenüber Frau und Sohn zu überwinden und die Basis für einen Neuanfang zu legen.

Mit der letzten Erzählung kehrt der Roman nach Dakar zurück. Erzählt wird die Geschichte Khady Dembas, einer jungen Afrikanerin, die nach dem Tod ihres Ehemannes zunächst von ihrer Schwiegerfamilie aufgenommen worden ist, nach einiger Zeit aber von dieser ausgestoßen und gezwungen wird, sich auf den gefährlichen Weg nach Europa zu machen, um sich zu Fanta durchzuschlagen, einer Kusine ihres Mannes, die nun mit ihrer Familie in Frankreich lebt. Nach einem knappen Rückblick auf das bisherige Leben Khadys schildert die Erzählung die verschiedenen Etappen ihrer Flucht, die schließlich mit ihrem gewaltsamen Tod am Grenzzaun endet.

Neben der äußerlichen Verklammerung der drei Schicksale durch die räumliche Situierung zwischen Afrika und Europa weisen die drei Erzählungen zahlreiche strukturelle und motivische Parallelen auf, die dem Text Kohärenz verleihen. Dazu gehört zunächst die Struktur der drei Erzählungen, in denen jeweils ein einschneidendes Ereignis einen Erinnerungs- und Bewusstwerdungsprozess in Gang setzt, der die Protagonisten zu einer Veränderung ihres Verhaltens befähigt; sodann der Handlungsrahmen, der in einer für das Werk Marie NDiayes typischen Weise von der Familie gebildet wird, einer Familie, die dem Individuum jedoch nicht Schutz und Geborgenheit, sondern im Gegenteil Instabilität und Unsicherheit vermittelt.[8] Neben diesen makrostrukturellen Parallelen sind die drei Geschichten durch die Wiederkehr einzelner Motive verbunden: so die Erwähnung des Gefängnisses von Reubeuss, in dem Norah ihrem Bruder wieder begegnet, in dem aber auch Rudys Vater festgehalten worden war; dann das Motiv einer unheilbaren Wunde bzw. chronischen Erkrankung, an der Sony, Rudy und Khady leiden;[9] und schließlich das Motiv des Vogels, dessen Metamorphosen auf eine Entwicklung innerhalb der Erzählungen hindeuten. Darüber hinaus erfolgt eine Verknüpfung auf der Ebene der Personenkonstellation, die verdeutlicht, dass die Gestalten dieser drei Erzählungen nicht in getrennten Welten leben, sondern denselben Erzählkosmos bevölkern: und zwar durch die Figur der Khady Demba, der Norah im Hause ihres Vaters begegnet und die sich ihrerseits dann in der dritten Erzählung auf den Weg zu Fanta und Rudy Descas in Europa macht, den Protagonisten der zweiten Geschichte.[10] Khady Demba kommt damit in der Konstitution des Gesamttextes eine Scharnierfunktion zu, durch die noch einmal ihre besondere Rolle unterstrichen wird.

Das Porträt der Khady Demba

Die Einführung Khady Dembas, die zu Beginn des Romans in der Geschichte Norahs erfolgt, geschieht mit einer solchen Beiläufigkeit, dass zunächst nichts auf ihre spätere Rolle als Hauptfigur hindeutet: »Une mince jeune fille en débardeur et pagne élimé lavait des marmites dans le petit évier de la cuisine« (*TFP*, 22). Die scheinbar nebensächliche Erwähnung einer jungen Frau, die in der engen Küche Geschirr spült und auf die Norahs Blick eher zufällig fällt, führt dazu, dass der Leser die Existenz dieser Nebenfigur zu übersehen droht. Wenige Absätze später aber wird diese Nebenfigur in so nachdrücklicher Weise durch Norah charakterisiert, dass selbst der unaufmerksame Leser diesem Küchenmädchen unwillkürlich mehr Aufmerksamkeit schenkt:

---

8 Vgl. Norah, die durch die Disziplin und Ordnung ihrer Lebensführung danach strebt, »d'en finir avec la confusion dont son père [...] avait été sa vie durant l'angoissante incarnation« (M. NDIAYE, *Trois femmes puissantes*, Paris, Gallimard, 2009, 30). Im Folgenden zitiert als *TFP* mit Angabe der Seitenzahl.
9 Sony leidet an einem stark juckenden Ekzem der Haut (*TFP*, 63 f.), Rudy an Hämorrhoiden (*TFP*, 150 ff.), Khady Demba an einer Verletzung der Wade.
10 *TFP*, 22 f., 27: Begegnung Norahs mit Khady Demba; *TFP*, 91: Norah liest die Zeugenaussage Khady Dembas im Mordprozess gegen Sony; *TFP*, 257, 259: Khady Demba soll sich zu Fanta begeben; *TFP*, 131–133: Rudy Descas erinnert sich daran, wie Fanta ihn ihrem Onkel und ihrer Tante, den Schwiegereltern Khady Dembas, vorgestellt hat.

> Et quand elle [i.e. Norah] lui eut demandé son nom et que la jeune fille, après un temps de silence (comme, songea Norah, pour enchâsser sa réponse dans une monture d'importance), eut déclaré: Khady Demba, la tranquille fierté de sa voix ferme, de son regard direct étonna Norah, l'apaisa, chassa un peu l'irritation de son cœur, la fatigue inquiète et le ressentiment. (*TPF*, 22)

Während »la jeune fille« – die Bezeichnung wird dreimal wiederholt – zunächst ganz in ihrer dienenden Funktion und der damit verbundenen Anonymität verharrt, erhält sie nun plötzlich einen Namen und wird zu einem Individuum, das ungeachtet seiner niedrigen sozialen Position und seiner im konkreten wie übertragenen Sinne beengten Lage Sicherheit, Ruhe, ja Stolz ausstrahlt und damit Norah überrascht und tröstet. Schon dieser erste Auftritt Khady Dembas vermittelt damit zentrale Informationen über sie und betont einen Gegensatz, der ihre Figur kennzeichnet: Trotz ihrer niedrigen sozialen Stellung strahlt sie keinerlei Unterwürfigkeit aus, sondern eine Selbstgewissheit und Ruhe, die Norah fehlen. Zugleich kündigt sich in dieser Einführung Khadys ein wesentlicher Aspekt des erzählerischen Programms der Autorin an: Indem Khady Demba von einer Nebenfigur in der ersten zur Protagonistin der dritten Erzählung wird, wird zum Schluss eine Repräsentantin jener anonymen Masse der Armen und Unterprivilegierten in den Mittelpunkt gerückt, die für gewöhnlich unbeachtet bleiben. Dezidiert wird ihr, ihrer äußeren Lage, vor allem aber ihrem subjektiven Befinden damit jene Aufmerksamkeit geschenkt, die normalerweise dem komplizierten Innenleben (klein-)bürgerlicher Helden wie Norah und Rudy Descas vorbehalten bleibt. Mit der Geschichte Khady Dembas löst Marie NDiaye damit einen Anspruch an Literatur ein, den Dominique Rabaté so formuliert: »Même ceux qui sont les plus démunis de paroles peuvent être dotés d'un discours muet, d'une voix qui résonne en chaque lecteur«.[11]

Als Leitmotiv durchzieht die Geschichte Khady Dembas das Verhältnis zwischen ihrer prekären äußeren Lage und ihrer inneren Befindlichkeit, das bereits in der kurzen Szene mit Norah aufleuchtet. Schon als Kind macht Khady Demba die Erfahrung, nicht erwünscht zu sein: Ihre Eltern, zu denen sie früh jeden Kontakt verliert, können oder wollen sich nicht um ihr Kind kümmern und schieben es zur Großmutter ab. Auch Khady Demba gehört damit zu jenen typischen Protagonisten NDiayes, deren Existenz durch die Erfahrung des Verlassenwerdens, des »abandon«, geprägt ist, das aus ihnen soziale Außenseiter macht.[12] Auch Khadys Geschick ist gekennzeichnet durch »refus« und »marginalisation«, die beiden Formen, die der »abandon« im Werk NDiayes vor-

---

11 D. RABATÉ, *Marie NDiaye*, Paris, Culturesfrance/Textuel, 2008, 56.
12 D. RABATÉ, *Marie NDiaye* (Anm. 11), 26 betont »la constance de cette thématique de l'abandon et de l'exclusion« im Werk NDiayes.

nehmlich annimmt.¹³ Doch im Unterschied zu anderen Figuren resultiert aus dieser »enfance inquiète et délaissée« (*TFP*, 252) keine grundsätzliche innere Beschädigung Khadys. Ungeachtet des Wissens, »[que] nul être sur terre n'avait besoin d'elle ni envie qu'elle fût là«, ist sie dank ihrer Großmutter in der Überzeugung aufgewachsen, »qu'elle était une petite fille particulière nantie de ses propres attributs et non une enfant parmi d'autres. De telle sorte qu'elle avait toujours eu conscience d'être unique en tant que personne et [...] qu'on ne pouvait la remplacer, elle Khady Demba, exactement« (*TFP*, 253 f.). Es ist dieses in ihrem Namen verkörperte Bewusstsein, sie selbst und als solche einzigartig zu sein, die Überzeugung, trotz ihrer Armut als ›Mensch‹ ebenso wertvoll wie die Kinder reicher Leute zu sein, die Khady zufrieden, ja sogar stolz auf sich selbst sein lassen. Auch in der Schule vermag der Druck durch Lehrerin und Mitschüler ihr nichts anzuhaben. Zwar muss sie auf dem Boden sitzen, weil es buchstäblich keinen Platz für sie gibt, doch innerlich lässt sie sich weder vom Unterricht, dem sie nicht zu folgen vermag, noch von den Schlägen und Tritten der anderen Kinder einschüchtern: »Si elle acceptait les humiliations elle n'avait pour autant peur de personne« (*TFP*, 268). Das Bild des Schulmädchens, an das sich die erwachsene Khady Demba erinnert, bekräftigt den Kontrast zwischen ihrer physischen Schwäche gegenüber einer übermächtigen Außenwelt und dem Widerstand, den sie dieser innerlich entgegensetzt: »La fille minuscule et teigneuse, c'était elle« (*TFP*, 268).

Die fortgesetzte soziale Marginalisierung Khady Dembas erfährt eine weitere Zuspitzung in der Familie ihres Mannes, in der sie nach dessen Tod Unterschlupf sucht. Und sie kulminiert in dem brutalen Akt der ›Verstoßung‹ oder ›Vertreibung‹, den auch diese ›zweite‹ Familie an ihr begeht und der sich bereits in den ersten Sätzen des Textes ankündigt:

> Lorsque les parents de son mari et les sœurs de son mari lui dirent ce qu'ils attendaient d'elle, lui dirent ce qu'elle allait être obligée de faire, Khady le savait déjà.
> Elle avait ignoré quelle forme prendrait leur volonté de se débarrasser d'elle mais, que le jour viendrait où on lui ordonnerait de s'en aller, elle l'avait su ou compris ou ressenti [...] dès les premiers mois de son installation dans la famille de son mari, après la mort de celui-ci.

Die Beschreibung von Khadys Leben in der Schwiegerfamilie, die auf dieses *Incipit* folgt, lässt den Ausschließungsprozess erkennen, der sie selbst bereits innerlich auf den ›Befehl‹ wegzugehen vorbereitet hat. Dass sie nicht erwünscht ist, dass es für sie auch hier wieder keinen ›Raum zum Leben‹ gibt, lässt man sie

---

13 Vgl. R. GALLI PELLEGRINI, *Marie NDiaye: De l'abandon à la (ré-)appropriation. Thèmes et techniques romanesques*, in R. GALLI PELLEGRINI (Hg.), *Trois études sur le roman de l'extrême contemporain. Marie NDiaye, Sylvie Germain, Michel Chaillou*, Fasano/Paris, Schena/Presses de l'Université de Paris-Sorbonne, 2004, 11–49, 21–22.

nur allzu deutlich spüren: Ihren Schlafplatz muss sie sich mit den Kindern einer Schwägerin teilen;[14] auf dem Markt, auf dem die Frauen Plastikwannen verkaufen, ist Khadys Platz deutlich entfernt von dem ihrer beiden Schwägerinnen, »qui feignaient, elles, de ne pas s'apercevoir de sa présence« (*TFP*, 253), »[qui] ne lui adressaient pas la parole de tout le temps qu'elles passaient ensemble devant leur étal [...] et [qui] ne cessaient d'asticoter Khady, de la bousculer ou de de la pincer« (*TFP*, 254 f.). Räumliche Distanz, Hiebe und Stöße, vor allem aber der Ausschluss aus der kommunikativen Gemeinschaft sind die Mechanismen, durch die Khady Dembas Zugehörigkeit zur menschlichen Gesellschaft in Zweifel gezogen und ihr das Existenzrecht abgesprochen wird. Für ihre Schwiegereltern besteht kein Unterschied »entre cette forme nommée Khady et celles, innombrables, des bêtes et des choses qui se trouvent aussi habiter le monde« (*TFP*, 256).

Auch in dieser Situation, in der sich das Verlassenwerden durch die Ursprungsfamilie in potenzierter Form durch die Schwiegerfamilie wiederholt und ihre ›Verstoßung‹ aus der menschlichen Gemeinschaft besiegelt, besteht für Khady selbst kein Zweifel an ihrer eigenen Ebenbürtigkeit und Gleichwertigkeit, ihrer »ressemblance avec eux« (*TFP*, 256). Angesichts der Ablehnung, die ihr entgegenschlägt, hört sie jedoch auf, die anderen von ihrer »humanité« überzeugen zu wollen, und akzeptiert, »de devenir une pauvre chose« (*TFP*, 252). Statt sich aufzulehnen, verstummt sie und macht sich selbst ganz klein: »Elle s'accroupissait un peu à l'écart [...] et elle demeurait ainsi des heures durant, répondant par trois ou quatre doigts levés quand on s'enquérait du prix des bassines, immobile« (*TFP*, 253). Diesem Bestreben, sich äußerlich gleichsam in Luft aufzulösen, um keinen Anstoß zu erregen, korrespondiert ein innerer Zustand emotionaler Teilnahmslosigkeit und Gleichgültigkeit sowie geistiger Betäubung,[15] der sie einerseits zwar vor Schmerz schützt, andererseits aber auch ihr ›Ich‹-Gefühl betäubt: »Elle avait l'impression de dormir d'un sommeil blanc, léger, dépourvu de joie comme d'angoisse« (*TFP*, 253). In gewisser Weise gerät Khady selbst damit in jenen Zustand der ›Nichtexistenz‹, des ›Dings‹, den ihre Umwelt ihr zuweist. Ihre Ausgrenzung und die Aussichtslosigkeit ihrer Lage als Witwe und Waise bedrohen sie damit erstmals auch innerlich mit Selbstverlust. Soziale Lage und Selbstgefühl befinden sich in diesem Moment auf einem Tiefpunkt und entsprechen einander.

Aus dieser Krise bietet Khady die physische Verstoßung aus der Schwiegerfamilie paradoxerweise einen Ausweg. Auch wenn die Perspektive, aus dem trotz allem schützenden Haus in eine ihr unbekannte Welt gestoßen zu werden, sie zunächst mit panischem Schrecken erfüllt, bewirkt der körperliche Aufbruch

---

14 *TFP*, 259.
15 *TFP*: »stupeur mentale« (253), »état de langueur« (257).

auch ein Erwachen aus dem geistig-seelischen Dämmerzustand, durch den sie die Herrschaft über ihren Körper und ihren Geist zurückgewinnt. Der Umschwung, der sich in ihr auf dem Weg zum Hafen von Dakar vollzieht, kommt zunächst im Raum zum Ausdruck, der sich zur Großstadt und dann zum offenen Meer hin weitet. Deutlich kontrastiert diese Öffnung mit der räumlichen Beengtheit, der Khady bis dahin ausgesetzt war und auch während ihrer Flucht wieder sein wird. Aus der in sich zusammengekauerten Haltung richtet sie sich beim Gang durch die Stadt auf und beginnt, die Außenwelt wieder wahrzunehmen; in der Gestalt einer anderen Frau wird sie sich ihres eigenen Körpers bewusst:

> En voyant ce corps long et fin, aussi étroit aux hanches qu'aux épaules et la taille à peine marquée mais aussi dense et vigoureux dans sa minceur que le corps d'un serpent, elle reconnut une silhouette du même genre que la sienne et elle prit conscience du travail de ses muscles qui la faisaient aller d'un si bon pas, de leur vigueur, de leur indéfectible présence qu'elle avait oubliée, de tout son jeune corps solide auquel elle ne prêtait plus la moindre attention et dont elle se ressouvenait, qu'elle retrouvait dans l'allure de cette inconnue. (*TFP*, 263)

Der Anblick anderer Frauen, die ihr wie in einem Spiegel ihr eigenes Bild zurückwerfen, ermöglicht es ihr, zu sich selbst, ihrem Menschsein, zurückzufinden, indem er das betont, was den Menschen gemein ist. Die Spiegelung im Anderen wird so zu einem Mechanismus der ›Inklusion‹ in die Gemeinschaft, der jenen der ›Exklusion‹ durch die Familie rückgängig macht. Verstärkt wird diese Selbstversicherung noch durch die Erinnerung an das Kind Khady, das die Großmutter zum Einkaufen geschickt hatte:

> Elle ressentit alors si pleinement le fait indiscutable que la maigre fillette farouche et valeureuse qui discutait âprement le prix du mulet, et la femme qu'elle était maintenant [...] constituaient une seule et même personne au destin cohérent et unique, qu'elle en fut émue, satisfaite, comblée [...].
> Elle sentit sur ses lèvres l'ombre, le souvenir d'un sourire.
> Hello, Khady, se dit-elle. (*TFP*, 264)

Im Zwiegespräch mit sich selbst erobert Khady ihr Menschsein zurück: die Fähigkeit zu sprechen, zu fühlen und diese Gefühle auszudrücken, und bestätigt zugleich ihre Einzigartigkeit als Person.

Am Beginn des zweiten Teils ihrer Lebensgeschichte, ihrer Migration, steht damit erneut der Kontrast zwischen der äußeren Lage Khady Dembas und ihrer subjektiven Befindlichkeit. Im Moment äußerster Bedrohung, in dem sich die Zukunft wie ein Abgrund vor ihr öffnet und sie über keine äußere Stütze mehr verfügt, findet sie wieder Halt in sich selbst, in der unhintergehbaren Evidenz ihres Mensch- und Personseins. Diese positive Entwicklung verstärkt sich noch, als sie beim Besteigen des fauligen Kahns, der die Flüchtlinge über den Atlantik nach Spanien transportieren soll, ihrem Schrecken angesichts des hoffnungslos überfüllten Bootes folgt und von Bord springt:

> Bien que son cœur cognât si fort qu'elle en avait la nausée, la conscience claire, indubitable, qu'elle venait d'accomplir un geste qui n'avait procédé que de sa résolution, que de l'idée qu'elle s'était formée à toute vitesse de l'intérêt vital qu'il y avait pour elle à fuir l'embarcation, la comblait d'une joie ardente, féroce, éperdue, lui révélant dans le même temps qu'il ne lui était encore jamais arrivé de décider aussi pleinement de quoi que ce fût d'important pour elle. (*TFP*, 282 f.)

Endgültig hat Khady Demba in diesem Moment, in dem sie zum ersten Mal das Gefühl hat, »que sa vie lui appartenait [...] que sa vie dépendait des choix qu'elle, Khady Demba, pouvait faire« (*TFP*, 283), jene Betäubung überwunden, in die sie nach dem Tod ihres Mannes im Haus ihrer Schwiegereltern verfallen war. Folgt sie zunächst noch passiv jenem Schleuser zum Hafen, dem ihre Schwiegermutter sie übergeben hatte, so wird sie nun zu einem selbstständig denkenden und handelnden Wesen, wie die Begriffe »conscience«, »résolution«, »idée«, »décision« verdeutlichen. Bewusst trifft sie die Entscheidung, den Weg fortzusetzen, auf den man sie gebracht hat. Wie der Junge namens Lamine, den sie am Strand kennenlernt und mit dem gemeinsam sie die weitere ›Reise‹ in Angriff nimmt, weiß sie, dass eine Rückkehr in die Familie unmöglich ist:

> Lorsque Lamine lui eut fait part de sa propre intention [...] qu'il arriverait un jour en Europe ou mourrait [...], il parut évident à Khady qu'il ne faisait là que rendre explicite son dessein à elle.
> Aussi en décidant de l'accompagner, n'ébranla-t-elle nullement sa propre conviction qu'elle dirigerait maintenant elle-même le précaire, l'instable attelage de son existence. Bien au contraire. (*TFP*, 286)

Auch wenn Khady nicht weiß, »ce que c'était exactement que cela, l'Europe, et où cela se trouvait« (*TFP*, 289), gibt diese Wahl ihrem Leben von nun an eine Richtung und ein Ziel, so dass ihre Geschichte nachgerade zu einem ›Bildungsroman‹ wird.

Doch die Hoffnung auf ein anderes Leben in einer anderen Welt, die in dem magischen Wort ›Europa‹ aufscheint, erweist sich als trügerisch; mit der Flucht wiederholt sich vielmehr in nochmals gesteigerter Form jener Prozess der Ausgrenzung und Entmenschlichung, dem Khady von Anfang an ausgesetzt war. Aus der psychischen Gewalt der sozialen Ausgrenzung wird nun die physische Gewalt der Grenzsoldaten, aus der Ausnutzung ihrer Arbeitskraft wird Ausbeutung durch Prostitution, aus dem symbolischen Tod des Ausschlusses aus der sozialen Gemeinschaft wird der körperliche Tod am Grenzzaun. Khadys Erfahrung, dass es für sie keinen ›Platz zum Leben‹ gibt, findet am Ende des Textes ihren extremsten Ausdruck im Stacheldrahtverhau der Grenze: Er sperrt sie und ihre Schicksalsgenossen wie in einem Gefängnis in jenem Afrika *ein*, aus dem sie fliehen müssen, und zugleich aus jenem ›Europa‹ *aus*, in das sie fliehen wollen.¹⁶ Die primäre Verstoßung durch die Familie steigert sich hier zu einer universellen, globalen Ausgrenzung aus einer Welt, in der die ›Starken‹ und ›Mächtigen‹ den ›Schwachen‹ und ›Machtlosen‹ kein Existenzrecht zubilligen.

Ist im ersten Teil die Körperhaltung Ausdruck für den Druck, der auf Khady lastet, so wird während der Flucht der Zustand ihres Körpers selbst zum Gradmesser der Gewalt, die ihr angetan wird. Von Anfang an symbolisiert die Verletzung an der Wade, die sie sich beim Sprung vom Boot zuzieht und die nicht verheilen wird, ihre existenzielle Bedrohung und das Scheitern der Flucht. Die Prostitution, zu der sie gezwungen ist, um das Geld für die Fortsetzung der Reise zu verdienen, lässt das Körperinnere ebenfalls zur Wunde werden: »Les muscles des cuisses endoloris, la vulve gonflée et douloureuse et le vagin brûlant, irrité« (*TFP*, 296). Von Krankheit, Schmerz und Hunger ist ihr Körper schließlich so entstellt, dass er alles Weibliche verloren hat: Mit ihrer »voix dure et asexuée«, dem »visage hâve, gris, surmonté d'une étoupe de cheveux roussâtres [...] aux lèvres étrécies et à la peau desséchée« und dem »corps squelettique« ähnelt sie eher einem Leichnam als einem lebendigen menschlichen Wesen. Doch ungeachtet dieser äußeren Entstellung bleibt in Khady Demba das Bewusstsein ihrer Einzigartigkeit erhalten und gibt ihr Kraft:

> Bien qu'elle ressemblât maintenant de plus en plus à ces êtres égarés, faméliques, aux gestes lents qui vaguaient dans la ville, qu'elle leur ressemblât au point de songer: Entre eux et moi, quelle différence essentielle? après quoi elle riait intérieurement, ravie de s'être fait à elle-même une bonne plaisanterie, et se disait : C'est que je suis, moi, Khady Demba! (*TFP*, 310)

Je stärker die physische Bedrohung Khadys ist, um so entschiedener behauptet sich ihr ›Ich‹, je geringer ihre äußerliche Ähnlichkeit mit einem menschlichen Wesen ist, um so ausgeprägter ist ihr inneres Wissen um ihre Menschlichkeit und Würde. Ihren Höhepunkt erreicht diese gegenläufige Entwicklung von ›Körper‹ und ›Geist‹, als sie zusammen mit anderen Flüchtlingen versucht, auf selbstgebastelten Leitern die stacheldrahtbewehrte und von bewaffneten Soldaten bewachte Grenzbefestigung zu überwinden und dabei den Tod findet. Zwar stürzt Khady, von einer Kugel getroffen, von der Leiter herab, doch in ihrer Wahrnehmung wird dieser Sturz zu einem Schweben, in dem das körperliche Klettern in einen Aufschwung ihrer Seele in die höchsten Höhen übergeht. Die Vision der sterbenden Khady Demba, »que le propre de Khady Demba, moins qu'un souffle, à peine un mouvement de l'air, était certainement de ne pas toucher terre, de flotter éternelle, inestimable, trop volatile pour s'écraser jamais« (*TFP*, 316), ruft dabei unweigerlich die Vorstellung der unsterblichen Seele

---

16 Vgl. *TFP*, 314–316.

auf, die, endlich befreit aus dem Gefängnis ihres Körpers, zu ihrem Schöpfer aufsteigt. Der letzte Abschnitt des Textes verstärkt diesen Eindruck noch:

> C'est moi, Khady Demba, songeait-elle encore à l'instant où son crâne heurta le sol et où, les yeux grands ouverts, elle voyait planer lentement par-dessus le grillage un oiseau aux longues ailes grises – c'est moi, Khady Demba, songea-t-elle dans l'éblouissement de cette révélation, sachant qu'elle était cet oiseau et que l'oiseau le savait. (*TFP*, 316)

Der Vogel, der in der Geschichte Khadys zuerst in der angsterregenden Gestalt des Schleusers auftritt und Unheil, ja Tod ankündigt,[17] wird in dieser finalen Offenbarung (»révélation«) für Khady zu einem Garanten für die Überwindung des Todes und ein ›neues‹ Leben und damit dem Heiligen Geist in Taubengestalt vergleichbar. Der Leser aber, dem der Tod Khadys unmissverständlich mitgeteilt wird (der Schädel, der auf dem Boden zerschellt), ist mit der bitteren Erkenntnis konfrontiert, dass Khady jene Freiheit und jenen Raum, die ihr im Leben immer verwehrt worden sind, nur im Tod finden kann und ihr ›Glück‹ daher eine Illusion bleibt, der im ›Leben‹ nichts entspricht. Es ist diese Kluft zwischen der ›äußeren‹ und der ›inneren‹ Wahrheit Khady Dembas, der Gegensatz zwischen ihrem unerschütterlichen ›Glauben‹ an ihre Menschlichkeit und Menschenwürde und der Brutalität, mit der ihr diese Würde, dieses Menschsein abgesprochen werden, die den Leser empören und erschüttern.

Eine moderne Heiligenlegende

In einem Interview mit Nelly Kaprièlan hat Marie NDiaye unmittelbar nach dem Erscheinen ihres Romans auf bestimmte Quellen hingewiesen, die der Figur Khady Dembas zugrunde liegen: »J'étais très intéressée et bouleversée par les histoires de réfugiées qui arrivent à Malte ou en Sicile ou ailleurs, d'où la dernière histoire, celle de Khady«.[18] Für die Gestaltung ihrer Geschichte hat sie sich auf Erfahrungsberichte von Flüchtlingen und die große Reportage des italienischen Journalisten Fabrizio Gatti gestützt, der, selbst als Flüchtling getarnt, die Route der Flüchtlinge von Dakar bis nach Lampedusa mitgemacht hat.[19] Als zentralen Unterschied zwischen der journalistischen Reportage und der literarischen Verarbeitung bezeichnet sie die »personnification«, durch die ein Flüchtling aus der anonymen Masse herausgehoben wird, ein individuelles Schicksal erhält und

---

17 Khady fürchtet, dass der fremde Mann, dem sie übergeben worden ist und der den Raben ähnelt, sie in Wirklichkeit an einen »lieu ténébreux et lointain« bringen soll (*TFP*, 271). Auf den antiken Mythos des ›Raubvogels‹, der menschliche Wesen entführt, verweisen auch Norahs Vater und der Bussard, der Rudy verfolgt.
18 N. KAPRIÈLIAN, *Marie aux prises avec le monde* (Anm. 1), 30.
19 F. GATTI, *Bilal. Viaggiare, lavorare, morire da clandestini*, Milano, RCS Libri, 2007.

so zu einem Menschen wird, mit dem der Leser mitfühlen kann. In der Tat folgt Marie NDiaye bei ihrer Darstellung von Khadys Flucht sehr präzise den Fakten. So verweist etwa Khadys Entschluss, sich nicht auf dem überfüllten Kahn einzuschiffen, auf die Tatsache, dass die westafrikanische Route der Migration, die von Westafrika über den Atlantik nach Spanien führt, mittlerweile nur noch selten genutzt wird und durch den Landweg vom Senegal bis nach Nordafrika ersetzt worden ist, von wo die zentrale Mittelmeerroute nach Italien führt. Doch die Erschütterung, die der Leser angesichts von Khadys Schicksal empfindet, ist nicht diesem Realismus geschuldet, auch wenn die Faktentreue zweifellos zur Glaubwürdigkeit beiträgt. Entscheidender für die Wirkung des Textes scheinen mir andere Muster und Modelle, die sich in der Erzählung von Khady Demba ausmachen lassen.

Marie NDiayes Werk ist reich an unterschiedlichen Intertexten, die von der Bibel bis zum Roman des 19. Jahrhunderts reichen.[20] Eine besondere Rolle spielen christliche Motive und Vorstellungen sowie deren Umdeutung. So weist Christine Jérusalem darauf hin, wie nachdrücklich sich Marie NDiaye in verschiedenen Romanen auf den »intertexte biblique« bezieht und dabei christliche Konzepte wie das Paradies, das Abendmahl oder die Unbefleckte Empfängnis einer *réécriture* unterwirft, »qui, sans être parodique[s,] donne[nt] à voir néanmoins le double dégradé, troublé, carnavalisé [...] de certains dogmes religieux«.[21] Auch Dominique Rabaté unterstreicht »la thématique plus largement religieuse« und die besondere Akzentuierung des »thème pascal de l'agneau«,[22] die sich etwa in dem Roman *Rosie Carpe* finden. Mit einem vergleichbaren religiösen Anspielungshorizont und christlichen Intertext haben wir es auch in der Geschichte Khady Dembas zu tun. Deren besondere Macht über den Leser resultiert nicht zuletzt aus ihrer Orientierung an der Gattung der Heiligenlegende, die in besonderer Weise darauf angelegt ist, den Leser emotional zu berühren und Anteilnahme, ja Identifikation mit dem Protagonisten bei ihm zu wecken. Der Bezug auf einen religiösen Intertext ist dabei ein doppelter. So stellt die ›Vita‹ Khady Dembas zum einen eine ›Nachfolge‹, eine

---

20 Vgl. M. SHERINGHAM, *The Law of Sacrifice: Race and the Familiy in Marie NDiaye's ›En famille‹ und ›Papa doit manger‹*, in M.-C. BARNET E. WELCH (éds.), *Affaires de familles. The Familiy in Contemporary French Culture and Theory*, Amsterdam / New York, Rodopi, 2007, 23–37, 29–30, der auf die Bedeutung des englischen Familienromans des 19. Jh.s sowie auf *Madame Bovary* insbesondere für den Roman *En famille* hinweist. – Zur Intertextualität in *Trois femmes puissantes* vgl. M. ZIMMERMANN, *Le jeu des intertextualités dans le roman ›Trois femmes puissantes‹* (2009). Erscheint in den Akten des Colloque international »Une femme puissante – l'œuvre de Marie NDiaye« (Mannheim, du 26 au 28 mai 2011), org. v. C. RUHE – D. BENGSCH.
21 Vgl. C. JÉRUSALEM, *Des larmes de sang au sang épuisé dans le l'œuvre de Marie NDiaye (hoc est enim corpus meum)*, in »Revue des Sciences humaines« n° 293, 2009, 83–91, 86.
22 D. RABATÉ, *Marie NDiaye* (Anm. 11), 58.

›Imitatio‹ der Leidensgeschichte Christi dar; zum anderen imitiert sie aber auch eine andere ›moderne‹ Heiligenlegende, nämlich Gustave Flauberts Erzählung *Un cœur simple* aus den *Trois contes*.[23] Insbesondere die Schlusssequenz mit Khady Dembas Tod, ihrer ›Verklärung‹ im kalten Licht der Scheinwerfer und ihrer ›Auffahrt gen Himmel‹ lassen an den Kreuzestod und die Auferstehung Christi denken. Doch auch andere Elemente erlauben, in Khady Dembas Flüchtlingsschicksal einen modernen ›Kreuzweg‹ zu sehen: So erinnert der Treuebruch Lamines, der ihr das Geld stiehlt, das sie als Prostituierte für die gemeinsame Fortsetzung ihrer Flucht verdient hat, an den Verrat Jesu durch Judas für 30 Silberlinge; in ihrer Misshandlung durch einen der Grenzsoldaten, die das Flüchtlingscamp gewaltsam auflösen, wiederholt sich die Geißelung Christi durch die Soldaten des Pilatus; der Stacheldraht, der ihr die Haut von Händen und Füßen reißt und das Blut über Arme und Schultern fließen lässt, evoziert die Wunden Christi durch die Dornenkrone. Darüber hinaus ist es aber vor allem die prinzipielle ›Unschuld‹ Khadys, die sie zu einer christusgleichen Gestalt werden lässt. So erträgt sie alle psychischen wie physischen Verletzungen, ohne selbst Hass oder Scham ob ihrer Unterlegenheit ihren Peinigern gegenüber zu empfinden, und bewahrt so ihre Würde.

Neben dem unmittelbaren Bezug auf die Leidensgeschichte Jesu, die Khady Demba als eine Postfiguration des Gekreuzigten erscheinen lässt, ist Marie NDiayes Erzählung aber zweifellos auch von Flauberts Version eines modernen weiblichen Heiligenlebens inspiriert. Einen Hinweis darauf liefert die Darstellung des Todes der beiden Protagonistinnen: Khady Dembas Vision eines in der Höhe über ihr schwebenden Vogels, mit dem sie verschmilzt, nimmt die berühmte mystische Todesverzückung von Flauberts Félicité auf, die »quand elle exhala son dernier souffle, [...] crut voir, dans les cieux entrouverts, un perroquet gigantesque, planant au-dessus de sa tête«.[24] Doch die Parallelen gehen noch weiter: Entsprechend den Gattungsmerkmalen der Legende, die das Leben exemplarischer Gestalten schildert und dieses auf Typologisches reduziert, gehören Félicité und Khady ungeachtet aller Unterschiede in der Art ihrer ›Heiligkeit‹ demselben ›Typus‹ an.[25] Was sie verbindet, ist die Niedrigkeit ihrer Geburt und ihrer Stellung in der Welt, ist ein völliger Mangel an Bildung und Wissen, ist ihr Rückzug in das Schweigen sowie schließlich auch ihre Kinderlosigkeit und ihr früher körperlicher Verfall. Vor allem aber teilen sie eine geradezu kindliche Einfalt und Demut, die sie unempfindlich für jede Form der Erniedrigung durch die Umwelt und allem Bösen gegenüber unempfänglich

---

23 Eine Untersuchung der Einheit von *Trois femmes puissantes* in Analogie zur vieldiskutierten Einheit der Flaubert'schen *Trois contes* kann hier leider nicht geleistet werden.
24 G. FLAUBERT, *Trois contes*, Paris, Gallimard, 1966, 61.
25 Vgl. Art. »Legende«, in D. BURDORF – C. FASBENDER – B. MOENNIGHOFF (Hgg.), *Metzler Literatur Lexikon*, Stuttgart / Weimar ³2007, 424–426.

machen. Das, was beide zu Heiligen macht und ihre Christus- bzw. Gottesebenbildlichkeit begründet, ist letztlich ihre ›Niedrigkeit‹, ihre Existenz als ›geschundene Kreatur‹, durch die sie eben jenem niedrigsten aller Menschen gleich sind, in den sich Gott entäußert hat.[26] Als ›Dienstmädchen‹ haben sie den Status der ›Magd Gottes‹, wie Maria ihn verkörpert.[27] Doch im Unterschied zur erbaulichen Literatur des 19. Jahrhunderts, die die soziale Ordnung als gottgewollt und gottgefällig rechtfertigen soll, erzählen weder Flaubert noch Marie NDiaye eine Heiligenlegende im traditionellen Sinne, in der die irdische Erniedrigung mit himmlischer Erhöhung belohnt wird. Die Radikalität, mit der der Tod Khadys durch die Erzählinstanz beschrieben wird, lässt keinen Zweifel daran, dass die Autorin ihre Heldin und den Leser nicht mit der Aussicht auf ein ewiges Leben zu trösten versucht. Metaphysischen ›Trost‹ bietet Marie NDiayes Erzählung ungeachtet ihrer christlichen Anspielungen nicht. Was Khady Dembas Leben beweist, ist nicht die Macht und das Wirken Gottes in der Welt. In ihrem unerschütterlichen Glauben an ihr eigenes Menschsein und ihre Menschenwürde wird Khady Demba vielmehr zu einem Exempel für die Unzerstörbarkeit dessen, was allen Menschen jenseits äußerlicher Unterschiede gemein ist, jener ›Menschennatur‹, die auch durch die schwersten Erniedrigungen nicht auszulöschen ist und sich gerade in den niedrigsten Geschöpfen zeigt. Wie Flaubert der Gesellschaft seiner Zeit hält auch Marie NDiaye der heutigen westlichen Welt ihre Gottesferne vor, jenem christlichen Abendland, das, statt in den Geringsten seiner Brüder und Schwestern ein Ebenbild Christi und damit seines Gottes zu sehen, diese Ärmsten der Armen gewaltsam aus der Welt ausschließt und zum Tode verurteilt.

---

[26] Zum religiösen Gehalt des ›Dienstmädchens‹, als das auch Khady Demba zunächst eingeführt wird, vgl. B. VINKEN, *Flaubert. Durchkreuzte Moderne*, Frankfurt/M., Fischer, 2009, 384:»›Félicité stellt in der Gestalt der Dienerin die Figur des Menschen in seiner demütigsten Form dar. [...] Verhöhnt, verspottet, beleidigt, verlassen, verraten, geschlagen bestätigt sie in kontrafaktischer Glückseligkeit die *forma servi*«, also jene ›Knechtsgestalt‹, die Gott in seinem Sohn annimmt.

[27] Zum ›Dienstmädchen‹ als ›Magd des Herrn‹ und Postfiguration Marias vgl. E. ESSLINGER, *Dienstmädchen*, in B. VINKEN – C. WILD (Hgg.), *Arsen bis Zucker. Flaubert-Wörterbuch*, Berlin, Merve, 2010, 61–66.

Andreas Gipper (Mainz)

Die Kunst des Porträts und das Porträt des Künstlers in Michel Houellebecqs Roman *La carte et le territoire*

Seit jeher unterhält die Kunst des literarischen Porträts enge Verbindungen zur Kunst der Porträtmalerei. Die Beispiele dafür von Oscar Wilde und Henry James bis Proust und Nathalie Sarraute sind Legion. Dabei steht die Kunst des Porträts im 20. Jahrhunderts bekanntlich unter dem besonderen medialen Druck, der von der Fotografie herrührt. Das besondere Spannungsverhältnis von Ähnlichkeit und Ideal, in dem bereits Lessing die Porträtkunst in seinem »Laokoon« verortet, erfährt unter dem Druck der scheinbar objektive Ähnlichkeit verbürgenden Fotografie eine nachhaltige Verschiebung.[1] Während es im späten 19. Jahrhundert zunächst zu einer Art Arbeitsteilung der Künste zu kommen scheint, welche der Fotografie die Ähnlichkeit und der Malerei das Ideal zuordnet, eine Arbeitsteilung, die die Fotografie den niederen Künsten und dem Handwerk zuweist, verschieben sich spätestens mit der Entstehung der fotografischen Kunstporträts in den Zwanziger Jahren des letzten Jahrhunderts die Pole aufs Neue.[2] Je mehr die Malerei sich in der 2. Hälfte des 20. Jahrhundert hin zur Abstraktion bewegt, desto mehr wird das traditionelle malerische Porträt zu einer Nischenkunst, das sich scheinbar den Autonomieansprüchen der fortgeschrittensten Kunst verweigert und sich feldtheoretisch gesprochen vor allem durch eine starke Affinität zum Pol der politischen Macht auszeichnet, ein Verhältnis zur Macht, das im Übrigen in den profiliertesten Zeugnissen *postmoderner* Porträtkunst, etwa bei Francis Bacons Bearbeitungen klassischer Papstporträts, selbst zum zentralen Gegenstand der künstlerischen Reflexion wird.

Diese extrem holzschnittartige Skizze der Entwicklung des Porträts im 20. Jahrhundert liefert auch den Hintergrund, vor dem sich die künstlerische Reflexion über das Porträt, die Kunst und die Literatur in Michel Houellebecqs Roman *La carte et le territoire* vollzieht.

---

1 Vgl. hierzu unter anderem den Aufsatz von R. GALLE, *Jenseits von Ideal und Ähnlichkeit. Das Porträt im Schnittpunkt der Moderne*, in »Essener Unikate«, 14, Essen, 2000, 46–56, hier: 46.
2 Vgl. dazu G. FREUND, *Photographie und Gesellschaft*, Hamburg, Rowohlt, 1979.

Im Mittelpunkt des Romans steht der Künstler Jed Martin, der in seinem Werk am Beginn des 21. Jahrhunderts eine große Wende von der Fotografie zur Porträtmalerei vollzieht und damit ein Genre rehabilitiert, das seit der zweiten Hälfte des 20. Jahrhunderts zu den am stärksten delegitimierten malerischen Genres überhaupt zählt. Den Höhepunkt seines Werkes und den sozusagen geometrischen Mittelpunkt des Romans bildet ein Porträt des Autors Michel Houellebecq, ein Porträt, das am Ende auf rätselhafte Weise mit dessen spektakulärer Ermordung im Roman verbunden ist.

Das Porträt spielt, soviel ist klar, also eine zentrale Rolle im Roman und dies gilt umso mehr, als die Verfertigung des Autorporträts durch den Maler Jed Martin nicht nur dem Autor die Gelegenheit zu einem komplexen und durchaus selbstironischen Selbstporträt gibt, sondern dem Autor als Protagonisten auch die Gelegenheit zu durchaus bemerkenswerten Beispielen einer literarischen Kunst der Ekphrasis. Literarisches und malerisches Porträt stehen also im Roman in einem subtilen Wechselverhältnis. Dieses wird unterstrichen durch den Umstand, dass der Autor im Roman am Ende auf eine Weise massakriert wird, die zwischen ihm und seinen sterblichen Überresten jegliches Ähnlichkeitsverhältnis radikal zerstört und seinen Körper stattdessen gewissermaßen in ein abstraktes Kunstwerk transformiert.

Dabei ist die Reflexion über das Porträt und die Porträtkunst freilich eingebettet in eine umfassende Reflexion über die Darstellungsfunktion der Kunst, die sich bereits im Titel *La carte et le territoire* andeutet. Dieser Reflexion kommt im Zusammenhang des Houellebecqschen Gesamtwerks zweifellos schon deshalb eine besondere Bedeutung zu, als seine Erzählkunst zu Recht oder zu Unrecht immer wieder als eine Art kunstlose Kunst charakterisiert worden ist. Offensichtlich ist, dass sich der Autor den großen Trends der erzählenden Literatur in Frankreich in der zweiten Hälfte des 20. Jahrhunderts und insbesondere der Tradition des *Nouveau roman* stets radikal verweigert hat. Freilich vermag auch der Versuch, das Phänomen Houellebecq als eine Art Rückkehr zum naturalistischen Erzählen zu deuten, die Originalität dieses Werkes nicht restlos zu erfassen.[3] Dennoch sind sich große Teile der Kritik – wenn auch unter jeweils wechselnden Vorzeichen – darin einig, in Houellebecq einen Autor zu

---

3 So insbesondere R. SCHOBER, *Auf dem Prüfstand. Zola – Houellebecq – Klemperer*, Berlin, Walter Frey, 2003. Zwar spielt die Wissenschaft in fast allen Romanen Houellebecqs eine wichtige Rolle und zwar kann insbesondere der Roman *Les particules élémentaires* als Versuch gedeutet werden, eine literarische Entfaltung von Individualschicksalen mit einer soziologischen Metanarration zu kreuzen, dennoch gehen die Romane Houellebecqs in diesem Gestus nicht auf. Zu stark scheint mir insbesondere ihr Charakter von Thesenromanen, der sie nicht zuletzt an die Tradition des philosophischen Romans anbindet, zu stark das utopische Element, das auch im vorliegenden Roman in Form einer besonderen Deutung der Zukunft der französischen Provinz präsent ist.

feiern oder zu geißeln, der vor allem für eine Interessenverschiebung von der Form zurück zum Inhalt steht. So erscheint Houellebecq als Vertreter einer Art spätexistentialistischen Literatur, den jegliche Erwägungen des literarischen Stils radikal indifferent lassen und der bis in die Modellierung seines eigenen Auftretens in ausgewaschenen Jeans und formlosem farblich undefiniertem Parka aus dieser scheinbaren Indifferenz wesentliche Ingredienzien seines Erfolges zieht.

Dass es Houellebecq mit seinem neuesten Roman gelingt, ein gutes Stück weit die Marginalisierungstendenzen zu überwinden, denen er von Seiten der obersten Konsekrationsinstanzen des Literaturbetriebes in Frankreich bislang ausgesetzt war, mag in dieser Perspektive auch damit zu tun haben, dass im Mittelpunkt des Romans eine Reflexion über Kunst und Ästhetik steht, die geeignet scheint, den Autor vom im Übrigen – wie mir scheint – durchaus ungerechtfertigten Makel der Kunstlosigkeit zu befreien. Zwar bleibt Houellebecq auch in diesem Roman seinem speziellen Stil der *Stil-losigkeit* treu, die programmatische Absage an jede bloße Abbildungsästhetik, die einige wichtige Versatzstücke aus der Kunsttheorie von Deleuze/Guattari entlehnt, dürfte es dem offiziellen Literaturbetrieb aber leichter gemacht haben, mittels der Verleihung des Prix Goncourt seinen Frieden mit Houellebecq zu machen. Die Reflexion über die Kunst im Allgemeinen und über die Kunst des Porträts im Besonderen ist im Roman also nicht zuletzt das Instrument einer ästhetischen Selbstverortung des Autors. Schon allein deshalb mag es die Mühe lohnen, sich ihr ein wenig genauer zuzuwenden.

Wie sehr die Porträtproblematik als allgemeine Problematik der modernen Kunst im Zentrum des Romans steht, lässt bereits der Romanbeginn unmissverständlich deutlich werden. Die Exposition des Romans nämlich bildet die Beschreibung eines Doppelporträts von Jeff Koons und Damien Hirst und zwar in der Weise, dass der Leser zunächst nicht weiß, dass es sich nicht um die Beschreibung einer realen Szene, sondern um die Beschreibung eines Bildes handelt. Porträt und Romanerzählung gehen damit gleich zu Beginn eine Synthese ein, die im weiteren Verlauf des Romans dann auch poetologisch untermauert wird:

> Jeff Koons venait de se lever de son siège, les bras lancés en avant dans un élan d'enthousiasme. Assis en face de lui sur un canapé de cuir blanc partiellement recouvert de soieries, un peu tassé sur lui-même, Damien Hirst semblait sur le point d'émettre une objection; son visage était rougeaud, morose. Tous deux étaient vêtus d'un costume noir – celui de Koons, à fines rayures – d'une chemise blanche et d'une cravate noire. Entre les deux hommes, sur la table basse, était posée une corbeille de fruits confits à laquelle ni l'un ni l'autre ne prêtait aucune attention; Hirst buvait une Budweiser Light.[4]

---

4 M. HOUELLEBECQ, *La carte et le territoire*, Paris, Editions Flammarion, 2010, 9.

Dass der Leser es bei der beschriebenen Szene mit einer Art Ekphrasis zu tun hat, wird bei der weiteren Lektüre erst allmählich klar. Dieser Umstand deutet sich erst an, wenn es heißt »on aurait pu se trouver au Qatar, ou à Dubai; la décoration de la chambre était en réalité inspirée par une photographie publicitaire«, und wird zur Gewissheit, wenn der Absatz fortfährt: »Le front de Jeff Koons était légèrement luisant; Jed l'estompa à la brosse, se recula de trois pas. Il y avait décidément un problème avec Koons.«[5]

Erst an dieser Stelle ist klar, dass das Porträt des Künstlers Jeff Koons ein Gemälde beschreibt, ein Gemälde überdies, das noch unvollendet und im Entstehen begriffen ist. Das Porträt, mit dem der Roman einsetzt, ragt also noch in einen Raum unrealisierter Möglichkeiten hinein, es strebt malerisch nach einer Wirklichkeit, die es bislang noch nicht zu fassen vermag. Ziel des Porträts ist eine Wahrheit, die es über die Kontingenz des konkurrierenden Mediums der Fotografie erheben könnte. Denn der Maler Jed Martin malt nicht nach lebenden Modellen, sondern er malt nach Fotografien. Genau deren Fähigkeit, die Wirklichkeit zu erfassen, wird aber von vorneherein bestritten:

> [...] depuis longtemps d'ailleurs les photographes exaspéraient Jed, en particulier les grands photographes, avec leur prétention de révéler dans leurs clichés la vérité de leurs modèles; ils ne révélaient rien du tout, ils se contentaient de se placer devant vous et de déclencher le moteur de leur appareil pour prendre des clichés au petit bonheur en poussant des gloussements, et plus tard ils choisissaient les moins mauvais de la série [...].[6]

Damit ist von Anfang an auch die eingangs skizzierte mediale Konkurrenz der Malerei zur Fotografie thematisiert. Der Maler Jed Martin scheint die Emanzipation der Porträtfotografie zur autonomen Kunst kurzerhand zu leugnen. Die Porträtfotografie wird als seelenlose Maschinenkunst gegeißelt, für die der Maler nur Verachtung übrig hat. Der Riege der ›großen‹ Fotografen wird *en bloc* jede Kreativität abgesprochen: »Il les considérait tous autant qu'ils étaient comme à peu près aussi créatifs qu'un Photomaton.«[7]

Auf den ersten Blick mag die so exponierte Reflexion über die Kunst des Porträts in Houellebecqs Roman in ihrer Grobschlächtigkeit nichts Gutes verheißen. Es scheint, als arbeite sich der Autor an längst überwundenen Oppositionen ab und schlage Schlachten, die längst geschlagen sind. Ob die Kunstbetrachtung im Roman ein Reflexionsniveau erreicht, das in der Lage wäre, einen wirklich neuen Blick auf die Logik des modernen Kunstbetriebs zu ermöglichen, soll insofern offen bleiben. Immerhin wird sich zeigen, dass die Reflexion über die Kunst im Roman doch um einiges komplexer ist, als es zunächst den An-

---

5 *Ibidem*, 10.
6 *Ibidem*, 10 f.
7 *Ibidem*, 11.

schein hat. Tatsächlich wird die eingangs entfaltete problematische Opposition von seelenloser Maschinenkunst und Malerei, als problematisches Verhältnis von Handwerk, industrieller Produktion und Kunst, im Roman ausführlich in Auseinandersetzung unter anderem mit William Morris, der *Arts and Crafts-*Bewegung und dem Bauhaus diskutiert. Die Komplexität der Kunstreflexion im Roman äußert sich aber, wie mir scheint, weniger in diesen thesenhaften Diskussionen als darin, dass die geschilderten Porträts im Roman und auch das Doppelporträt, das den Roman eröffnet, eine höchst vielschichtige emblematische Funktion haben. Diese wird bereits im Titel des Porträts angedeutet: »Damien Hirst et Jeff Koons se partageant le marché de l'art«. Die porträtierten Künstler stehen also nicht nur für eine bestimmte Form der Kunst, sondern auch für eine bestimmte Form des modernen Kunstmarktes. Tatsächlich wurden beide Künstler im Jahre 2008 vor der großen Weltfinanzkrise vom Magazin *Art-Review* zu den bestverdienenden und einflussreichsten Künstlern weltweit gekürt. Dieser spektakuläre ökonomische Erfolg hat dabei nicht nur damit zu tun, dass sowohl Hirst als auch Koons in der Kunstszene durch gezielte Kunstprovokationen von sich reden gemacht haben, sondern scheint vor allem das Ergebnis einer offensiven Erschließung neuer Vermarktungskanäle und neuer Märkte. Während Koons direkt von der Finanzbranche herkommt und vor seiner Künstlerkarriere als Börsenbroker gearbeitet hat, hat sich Hirst nicht zuletzt dadurch einen Namen gemacht, dass er unter Umgehung des traditionellen Galeriewesens neue Formen der Direktvermarktung entwickelt hat. Seine Klientel sind superreiche Industrielle und Finanzmagnaten, denen er auch in der Form seiner Kunst, etwa mit einem komplett mit Diamanten besetzten Totenschädel (»For the Love of God«, 2007) Tribut zollt. Auf diese Weise konnte er im Jahr 2008 in einer einzigen Auktion seiner Werke bei Sothebys ein Rekordergebnis von fast 90 Millionen Dollar erzielen. Der Roman schließt damit direkt an jene grundlegende Problematik des Houellebecqschen Romanschaffens an, die der Autor selbst mit dem Begriff der ›Ausweitung der Kampfzone‹ (»L'extension du domaine de la lutte«) markiert hat. Wie der Raum der Sexualität und der Geschlechterbeziehungen, so wird auch der Bereich der Kunst nach Houellebecq von hemmungslosen Markt- und Kapitalisierungsmechanismen aufgezehrt. Was den modernen Kunstmarkt bei Houellebecq auszeichnet, ist, dass er das Prinzip der Spekulation gewissermaßen in seiner Reinform zeigt. Die Kunst ist der Lieblingstummelplatz von Spekulanten gerade deshalb, weil ihr im Gegensatz zu Aktien, Finanzobligationen, Rentenanleihen, Öl- oder Goldreserven in der Regel so gut wie gar kein realer materieller Gegenwert entspricht.[8]

---

8 »Ils discutèrent quelques minutes de la situation du marché de l'art qui était passablement démente. Beaucoup d'experts avaient cru qu'à la période de frénésie spéculative qui avait précédée succéderait une période plus calme, où le marché croîtrait lentement, régulièrement,

Entsprechend verwundert es nicht, dass das Hirst/Koons-Porträt im Roman auch das Symbol eines künstlerischen Scheiterns ist. Das Doppelporträt der beiden Künstler, das den Abschluss einer großen Serie von Porträts bilden sollte, denen Jed Martin sieben Jahre seines Lebens gewidmet hat, lässt den Künstler am Ende verzweifeln und wird von ihm in einem Ausbruch von Wut und Enttäuschung zerstört.

Ein wesentlicher Zug an der Kunstreflexion im Roman ist damit schon deutlich geworden. Die Kunst in kapitalistischen Gesellschaften ist unausweichlich immer auch eine Reflexion über deren Produktionsmechanismen. Es ist daher kein Zufall, dass die Porträts, die Martin im Roman malt, nicht so sehr als Porträts mehr oder weniger berühmter Persönlichkeiten konzipiert sind, sondern als Darstellungen von Berufen. Die erste Serie wird als »Série des métiers simples« vorgestellt und die zweite Serie als »Série des compositions d'entreprise«. Sie bilden damit ein grundlegendes Interesse des Malers für die soziale Seite von Produktionsprozessen ab und bilden »une étude des conditions productives de la société de son temps« sowie »une image, relationnelle et dialectique, du fonctionnement de l'économie dans son ensemble.«[9] Zwei Aspekte sind dabei für die Kunstreflexion des Romans zunächst herauszuheben. Das Interesse an Problemen der Sozialökonomie bildet den roten Faden, der das Werk von Jed Martin und seine sehr unterschiedlichen Phasen zusammenhält. Während sich Martin in den ersten Jahren seines künstlerischen Schaffens mit der Photographie von industriellen Massenprodukten beschäftigt, und während er in einer zweiten Schaffensphase sich mit dem Abfotografieren von Michelin-Karten dem Verhältnis von abstrahierender Darstellung und Realität widmet, verlagert sich sein Interesse mit der Porträt-Serie gewissermaßen von den Produkten zu den Produzenten. Das Porträt des Schriftstellers Houellebecq ist im Roman daher vor allem das Porträt eines Autors. Das kommt bereits im schlichten Titel des Porträts zum unmissverständlichen Ausdruck: »Michel Houellebecq, écrivain«. In seinem Mittelpunkt steht weniger die Unverwechselbarkeit des Individuums, als vielmehr sein universeller Charakter als Schriftsteller. Dieser Umstand scheint in mehrfacher Hinsicht von Bedeutung. Er ist zunächst bedeutsam, weil sich die Porträtserie Martins damit in eine bestimmte malerische Traditionslinie einschreibt, die im Roman über den

---

à un rythme normal; certains avaient même prédit que l'art deviendrait une *valeur refuge*; ils s'étaient trompés. ›Il n'y a plus de valeur refuge‹, comme l'avait récemment titré le *Financial Times* dans un éditorial; et la spéculation dans le domaine de l'art était devenu encore plus intense, plus déréglée, plus frénétique, des côtes se faisaient et se défaisaient en un éclair, le classement ArtPrice s'établissait maintenant sur une base hebdomadaire.« M. HOUELLEBECQ, *La carte et le territoire* (Anm. 4), 397 (Kursivierung im Original).

9 *Ibidem*, 121.

Namen Van Dyck ausdrücklich benannt[10] wird. Dessen Kaufmannsporträts aber weisen das porträtierte Individuum immer auch als den Vertreter eines Standes oder einer Korporation aus. Damit aber wird die Porträtkunst gleichzeitig ausdrücklich in jenem Spannungsfeld lokalisiert, das wir ganz zu Beginn mit dem Lessingschen Gegensatz von Ähnlichkeit und Ideal markiert hatten. Mit anderen Worten, die Martinschen Porträts sind Porträts, insofern sie sich in einer bestimmten Spannung bewegen, die auch für das gesamte Houellebecqsche Romanschaffen charakteristisch ist: das Spannungsverhältnis des Einzelnen zur Allgemeinheit im doppelten Sinne von Gesellschaft und menschlicher Gattung.

Dem skizzierten exemplarischen Charakter des Porträts kommt im Falle des Autorporträts auch deshalb besondere Bedeutung zu, weil das Porträt des Schriftstellers ja den Abschluss der Porträtserie bildet und als solches das ursprünglich geplante und dann zerstörte Gemälde zweier bildender Künstler ersetzt. Diese Substitution hat im Roman zweifellos einen tieferen Sinn. Zwar insistiert der Roman nachdrücklich auf dem Motiv der Ausweitung der Kampfzone, die nun auch den Bereich der Kunst erfasst, er hält dessen ungeachtet aber ganz offensichtlich an einer entschiedenen Autonomieästhetik fest. Sowohl der fiktive Künstler Jed Martin als auch sein Modell, der reale Schriftsteller Michel Houellebecq, erweisen sich im Roman als Vertreter einer Kunst, die das Geld zwar nicht verachtet, sich im Gegensatz zu Koons oder Hirst den Marktregeln der kapitalistischen Gesellschaft aber radikal verweigert.[11]

Sowohl Martin als auch Houellebecq vertreten demgegenüber im Roman ein Kunstideal, das seinen Autonomieanspruch auf der sozialen Ebene bis zum schieren Autismus treibt. Sie gehorchen keinen äußeren Stimuli, sondern allein einem unerklärlichen und völlig unberechenbaren inneren Antrieb. Das Porträt des Künstlers ist insofern im Roman durchaus nicht frei von einem romantischen Verklärungsgestus. Dieser Verklärungsgestus findet seinen Höhepunkt in einer Art Mythisierung des Blicks, der in ganz klassischer Weise als das unverwechselbare Signum von Individualität und Künstlerschaft erscheint.[12] Das Porträt des Künstlers, das die Wahrheit des Schriftstellers einfängt, bildet damit nicht nur den Höhepunkt des malerischen Werkes von Jed Martin, sondern wird

---

10 *Ibidem*, 177.
11 Dass auch Koons und Hirst in Interviews immer wieder die Autonomie der Kunst betonen, erscheint demgegenüber nicht zuletzt als Konzession an die grundlegenden Normen des künstlerischen Feldes. Vgl. D. BURCHHART – G. NESTLER, *Ich habe die Kunst immer für ihre unpraktische Art geliebt. Ein Gespräch mit Jeff Koons*, in »Kunstforum«, Bd. 201, Ruppichteroth, 2010, 142 ff.
12 Nicht zufällig verbindet die Charakterisierung durch ihren – durch Leidenschaft und Energie geprägten – Blick im Roman Autor und Maler. M. HOUELLEBECQ, *La carte et le territoire* (Anm. 4), 174.

auch das einzige Bild sein, welches der Nachwelt von Michel Houellebecq in Erinnerung bleibt und den Tod überdauert.[13] Es zeigt die Wahrheit des Individuums und verkörpert gleichzeitig gewissermaßen die Essenz einer sozialen Logik. Es bildet insofern auch nicht zufällig den Schlusspunkt der Serie der Berufeporträts. Der Künstler bezeichnet das Ende eines Wegs der individuellen Emanzipation und Befreiung von den Zwängen ökonomischer Notwendigkeiten, die im Roman anhand der Familie von Jed Martin auch in einer Art Familien- und Generationengeschichte als Weg vom Landarbeiter, über den handwerklich arbeitenden Porträtfotografen, den freien Architekten bis zum freischaffenden Künstler vorgeführt wird.

Worauf es im vorliegenden Zusammenhang jedoch vor allem ankommt, ist die Tatsache, dass die Rückwendung zum Porträt im Roman eine ausgesprochene Chiffre und *mise en abîme* des Houellebecqschen Romanschaffens darstellt. Das äußert sich zunächst in einer gemeinsamen Querständigkeit zu den dominierenden Trends der Kunst- bzw. Literaturszene. Tatsächlich reicht ein recht oberflächlicher Blick auf die internationale Kunstszene der letzten Jahrzehnte, um zu sehen, dass das malerische Porträt in seiner spezifischen Funktion der Stabilisierung repräsentativer Subjekte im 20. Jahrhundert eine tiefgreifende Krise erfährt. Was in den 20er Jahren noch in ironischer Brechung bei Malern der neuen Sachlichkeit wie Otto Dix möglich war, wird spätestens nach dem 2. Weltkrieg von einer tiefen Glaubwürdigkeitskrise erfasst.[14] Tatsächlich scheint das Subjekt in den letzten Jahrzehnten eigentlich nur noch als anonymes von seiner Körperhaftigkeit und Sexualität dominiertes Subjekt (Lucian Freud), als verstümmeltes, fragmentiertes Subjekt (Francis Bacon) oder als Gegenstand einer palimpsesthaften Übermalung (Arnulf Rainer) in der Malerei präsent zu sein. Die malerische Darstellung einer als solche identifizierbaren Individualität steht demgegenüber von vorneherein stets unter Heteronomie- oder Kitschverdacht. Sie scheint sich an einer Referenzfunktion von Kunst und einem Subjektmodell zu orientieren, die die moderne Malerei im 20. Jahrhundert stets mit besonderer Radikalität bekämpft hat. Genau diese Referenzialität ist nun

---

13 So sagt im Roman Houellebecq zu Martin: »Vous êtes un bon artiste, sans entrer dans les détails on peut dire ça. Le résultat, c'est que j'ai été pris en photo des milliers de fois, mais s'il y a une image de moi, une seule, qui persistera dans les siècles à venir, ce sera votre tableau.« M. HOUELLEBECQ, *La carte et le territoire* (Anm. 4), 178.

14 Nicht zufällig lässt Houellebecq wichtige kunsthistorische Stationen der abendländischen Porträtkunst in die Reflexionen seiner Protagonisten einfließen. So schreibt der Autor Houellebecq im Roman: »Le regard que Jed Martin porte sur la société de son temps, souligne Houellebecq, est celui d'un ethnologue bien plus que d'un commentateur politique. Martin, insiste-t-il, n'a rien d'un artiste engagé, et même si ›L'introduction en bourse de l'action Beate Uhse‹, une de ses rares scènes de foule, peut évoquer la période expressionniste, nous sommes très loin du traitement grinçant, caustique d'un Georges Grosz ou d'un Otto Dix.« M. HOUELLEBECQ, *La carte et le territoire* (Anm. 4), 189.

aber auch den Houellebecqschen Romanen immer hartnäckig vorgeworfen worden. Während die Emanzipation von jeglicher Referenzfunktion etwa im *Nouveau Roman* oder bei den Oulipisten das gemeinsame Band avangardistischen Literaturschaffens bildet, spielt der Rekurs auf eine identifizierbare soziale Wirklichkeit, der Rekurs auch auf reale Figuren wie etwa den Schriftsteller Philippe Sollers in den *Particules élémentaires* bei Houellebecq eine zentrale Rolle. Auch *La carte et le territoire* bedient sich ausgiebig dieser Technik und nicht zufällig handelt es sich bei einer großen Zahl der im Roman auftretenden Akteure um reale Personen. Dazu passt, dass der Autor Houellebecq im Roman nicht müde wird, eine *formalistische* Literatur zu kritisieren, die sich von jedem Rekurs auf die Wirklichkeit verabschieden zu können glaubt.

Während also die Vorstellung einer gewissen Ähnlichkeitsbeziehung zwischen dargestellter Wirklichkeit und literarischer Welt für Houellebecqs Romanwerk grundsätzlich zentral ist, ist offensichtlich, dass sich der Autor einige Mühe gibt, jeden Rückfall in ein eng verstandenes mimetisches Kunstverständnis zu vermeiden. Entsprechend lässt Houellebecq seinen Protagonisten Jed Martin in seiner zweiten Schaffensphase der Faszination von Autokarten der Marke Michelin erliegen und einige Jahre damit verbringen, diese Karten in verschiedenen Winkeln und in verschiedenen Techniken abzufotografieren. Auf diese Weise wird eine Realität zweiter Ordnung gestiftet, welche nicht nur die ästhetische, sondern auch die epistemische Überlegenheit der Darstellung gegenüber dem Dargestellten zelebriert. Während also die Karte keinen anderen Anspruch hat, als eine auf eine bestimmte Orientierungsfunktion hin ausgerichtete wirklichkeitsgetreue Abbildung einer räumlichen Realität zu sein, arbeitet ihre Erhebung zu einem Darstellungsgegenstand zweiter Ordnung vor allem ihre realitätskonstituierende Funktion heraus. Tatsächlich modelliert die Karte das Territorium in einer Weise, dass man auf ihrer Darstellung mehr sieht als etwa auf einer fotografischen Darstellung des von der Karte Dargestellten. Der Roman bringt diesen geradezu konstruktivistisch anmutenden Grundgedanken auf die Formel »LA CARTE EST PLUS INTÉRESSANTE QUE LE TERRITOIRE.«[15] Die Darstellung ist also dem Dargestellten in gewisser Hinsicht stets überlegen, ihre Überlegenheit – und dies scheint für die literarästhetische Dimension des Romans von grundlegender Bedeutung – rührt aber nicht daher, dass sie sich von ihrer Referenzfunktion verabschiedet, sondern gerade darin, dass sie auf ihr insistiert. Die ästhetischen und epistemischen Qualitäten der Karte stehen also nicht im Gegensatz zu ihrer Referenzialität, sondern sind ihr Ergebnis. Gerade im Vergleich zwischen einer Fotografie der Karte und einer Fotografie des von ihr dargestellten Raumes, des Territoriums, die Jed Martin im Roman tatsächlich in seiner Ausstellung nebeneinander stellt, tritt die wahre

---

15 *Ibidem*, 82.

Überlegenheit der Karte als Produkt eines semiotischen Transformationsprozesses machtvoll hervor.

Es ist kaum zu übersehen, dass sich Houellebecq bei der skizzierten Reflexion über Karte und Territorium einer Begrifflichkeit bedient, die Gilles Deleuze und Félix Guattari 1980 in ihrem Buch *Mille Plateaux* entwickelt haben. Zwar wird man Houellebecqs Werk kaum in einen grundsätzlicheren Zusammenhang mit Deleuze/Guattaris Schizoanalyse bringen wollen und zwar darf getrost bezweifelt werden, dass die Autoren sich in der Houellebecqschen Appropriation ihrer Begriffe wiedergefunden hätten, die Tatsache, dass Deleuze als einziger moderner Philosoph im Roman Erwähnung findet,[16] legt aber nahe, dass die genannten Parallelen kein Zufall sind. Ein solcher Bezug ist vor allem deshalb kaum von der Hand zu weisen, weil Deleuze und Guattari in *Mille Plateaux* genau jenen engen Zusammenhang von Kartographie und Porträtkunst herstellen, der von dem Houellebecqschen Protagonisten Jed Martin im Roman verkörpert wird.[17] Diese Verschmelzung wird von den Autoren in einem vielzitierten Kapitel über die Geburt des Porträts ausführlich entfaltet:

> La tête est comprise dans le corps, mais pas le visage. Le visage est une surface: traits, lignes, rides du visage, visage long, carré, triangulaire, le visage est une carte, même s'il s'applique et s'enroule sur un volume, même s'il entoure et borde des cavités qui n'existent plus que comme trous. Même humaine, la tête n'est pas forcément un visage. Le visage ne se produit que lorsque la tête cesse de faire partie du corps, lorsqu'elle cesse d'être codée par le corps [...].[18]

Auf diese Weise wird nicht nur eine Verbindung von Gesicht und Karte gestiftet, sondern an anderer Stelle auch eine intensive Verbindung von Gesicht und Landschaft, von der sich im Houellebecqschen Roman ebenfalls eine Reihe von Spuren finden.

Zwar ist offensichtlich, dass von einer gezielten Rezeption der Kunsttheorie von Deleuze/Guattari bei Houellebecq keine Rede sein kann, dennoch trägt die – wie mir scheint durchaus ironische – Verwendung von Theoriefragmenten, etwa in Bezug auf das von Deleuze/Guattari breit entfaltete Problem der Christusdarstellung (*vera ikon/Veronika*) oder die Unterscheidung von Kopf und Gesicht zweifellos dazu bei, der Kunstreflexion im Roman ein zeitgenössisches Diskursgepräge zu geben.

---

16 *Ibidem*, 223.
17 An dieser Stelle sei an ein berühmtes Porträt des van Dyck-Zeitgenossen Jan Vermeer erinnert, das diesen Zusammenhang eindrucksvoll belegt. Es handelt sich um seine »Allegorie der Malkunst« (vermutlich 1673), welche bekanntlich einen Maler zeigt, der ein Porträt vor dem Hintergrund einer Landkarte malt und damit Porträtkunst und Kartographie miteinander verschmelzen lässt.
18 G. DELEUZE – F. GUATTARI, »Année zéro – Visagéité«, in *Mille Plateaux. Capitalisme et Schizophrénie*, Bd.2, Paris, Minuit, 1980, 208–210, hier: 208.

Entscheidend ist, dass das Porträt im Roman seine Kraft aus einem bestimmten Verhältnis zur Wahrheit (*vérité*) zieht, die nur über eine vorgängig gestiftete Ähnlichkeitsbeziehung wirksam werden kann. Das malerische Porträt strebt die Ähnlichkeit an, seine Wahrheit steht dennoch jenseits seiner reinen Abbildungsfunktion. Gleiches gilt im Roman für die Kartenkunst des Malers Jed Martin. Sie macht deutlich, dass die reine fotografische Darstellung des Territoriums im Vergleich zur Karte *per definitionem* insignifikant ist. Demgegenüber verweist die fotografische Darstellung der Karte unmittelbar auf jene Signifikanzstruktur, die bei ihrer bloßen praktischen Verwendung gerade unsichtbar bleibt.

Das ästhetische Programm der Houellebecqschen Romane lässt sich vor diesem Hintergrund auch als Versuch einer Art Kartierung der zeitgenössischen Gesellschaft lesen. Der Vorwurf der Kunstlosigkeit verfehlt damit deren spezifische Relevanzstruktur. Ihre Kunst besteht darin, ihre Künstlichkeit unsichtbar zu machen, so wie auch die Karte ihre Signifikanz und ihren ästhetischen Reiz, oder – anders gesprochen – ihre semiotische Struktur nur gewinnt, indem sie sich jeder Eigensinnigkeit und jeder Autoreferenzialität verweigert.

Genau dieser Mechanismus tritt im Roman nicht zuletzt an den dort beschriebenen Doppelporträts hervor, die bereits durch ihre fiktive Zusammenstellung deutlich machen, dass ihr eigentlicher Sinn nicht so sehr in der Darstellung von Individuen als vielmehr in der Darstellung von sozialen Relevanzstrukturen besteht. Ein signifikantes Beispiel für diese Funktion des Porträts findet sich an herausgehobener Stelle neben dem Porträt des Autors in einer längeren Ekphrasis des Gemäldes »Bill Gates et Steve Jobs s'entretenant du futur de l'informatique. La conversation de Palo Alto«, die im Roman als Teil eines Vorworts des Autors Houellebecq zu einem Katalog der Porträts Jed Martins zitiert wird:

> C'est alors que Bill Gates apparaît dans sa vérité profonde, comme un être de foi, et c'est cette candeur du capitaliste sincère que Jed Martin a su rendre en le représentant, les bras largement ouverts, chaleureux et amical, ses lunettes brillant dans les derniers rayons du soleil couchant sur l'océan Pacifique. Jobs au contraire amaigri par la maladie, son visage soucieux, piqué d'une barbe clairsemée, douloureusement posé sur sa main droite, évoque un de ces évangélistes itinérants au moment où, se retrouvant pour la dixième fois clairsemée et indifférente, il est tout à coup envahi par le doute. (S. 192)

Dass Gates und Jobs in dieser Ekphrasis mit Heiligen und Evangelisten und Ferdinand Piëch auf einem anderen Porträt mit Petrus verglichen werden, erhält vor dem Hintergrund der Porträttheorie von *Mille Plateaux* eine zusätzliche ironische Brechung.[19] Tatsächlich sieht ein Kunstkritiker im Roman die Porträts

---

19 Die damit angedeutete Spannung von Immanenz und Transzendenz in der Kunst wird im

Martins als Rückkehr zu einer theologischen Kunst, in deren Mittelpunkt der menschgewordene Gott steht.[20] Dabei ist freilich noch einmal zu betonen, dass der eigentliche Akzent für Houellebecq auf der Tatsache liegt, dass die *vérité profonde* des Porträts nicht in der Individualität der Dargestellten, sondern in dessen sozialer Repräsentativität liegt:

> Deux partisans convaincus de l'économie de marché: deux soutiens résolus, aussi, du Parti démocrate, et pourtant deux facettes opposées du capitalisme, aussi différentes entre elles qu'un banquier de Balzac pouvait l'être d'un ingénieur de Verne. La conversation de Palo Alto, soulignait Houellebecq en conclusion, était un sous-titre par trop modeste: c'est plutôt une brève histoire du capitalisme que Jed Martin aurait pu intituler son tableau, car c'est bien cela ce qu'il était en effet.[21]

Das Porträt strebt damit einerseits nach Individualität und neigt doch gleichzeitig dazu, diese Individualität zu negieren. Es hebt das Individuum auf der einen Seite im Sozialen auf und findet das Überindividuelle gleichzeitig auch in einer Art biologischer Gattungszugehörigkeit. Genau dies wird im Gespräch zwischen Maler und Schriftsteller in einer Weise ausgesprochen, dass ganz nebenbei Porträt- und Romankunst poetologisch völlig ineinander verschmelzen:

> Ce qui est curieux [...] un portraitiste, on s'attend qu'il mette en avant la singularité du modèle, ce qui fait de lui un être unique. Et c'est ce que je fais dans un sens, mais d'un autre point de vue j'ai l'impression que les gens se ressemblent beaucoup plus qu'on ne le dit habituellement, surtout quand je fais les méplats, les maxillaires, j'ai l'impression de répéter les motifs d'un puzzle. Je sais bien que les êtres humains c'est le sujet du roman, de la great occidental novel, un des grands sujets de la peinture aussi, mais je ne peux pas m'empêcher de penser que les gens sont beaucoup moins différents entre eux qu'ils ne croient en général. Qu'il y a trop de complications dans la société, trop de distinctions, de catégories [...].[22]

Die sozialen »distinctions«, denen die Porträtreihe vordergründig gilt, werden also gleichzeitig in der biologischen Körperhaftigkeit von Kieferknochen wieder

---

Roman auch an einem anderen Detail deutlich. Der Maler Jed Martin scheitert im Roman nicht nur an seinem Künstlerporträt, sondern auch bei dem Projekt, einen Priester zu malen.

20 »[...] après nous avoir montré un Dieu coparticipant, avec l'homme, à la création du monde, écrivait-il, l'artiste, achevant son mouvement vers l'incarnation, nous montrait maintenant Dieu descendu parmi les hommes. Loin de l'harmonie des sphères célestes, Dieu était venu à présent ›plonger ses mains dans le cambouis‹, afin que soit rendu hommage, par sa pleine présence, à la dignité sacerdotale du travail humain. Lui-même vrai homme et vrai Dieu, il était venu offrir à l'humanité laborieuse le don sacrificiel de son ardent amour. Dans l'attitude du mécanicien de gauche quittant son poste de travail pour suivre l'ingénieur Ferdinand Piëch, comment ne pas reconnaître, insistait-il, l'attitude de Pierre laissant ses filets en réponse à l'invitation du Christ: ›Viens, et je te ferai pêcheur d'hommes.‹«, M. HOUELLEBECQ, *La carte et le territoire* (Anm. 4), 201–202.

21 *Ibidem*, 192.
22 *Ibidem*, 176.

aufgehoben. Fast möchte man sich an Hegels ironischen Satz aus dem Physiognomikkapitel der *Phänomenologie des Geistes* erinnert fühlen, demzufolge die »Wirklichkeit und das Dasein des Menschen [...] sein Schädelknochen« sei.[23] Gegenstand der Porträts wie auch der Romane von Houellebecq ist damit weniger die Darstellung selbstbewusster Individuen als vielmehr eine Mischung aus soziologischem und biologischem Blick. Trotz seiner Rückkehr zur Abbildung von Individualitäten, die sich dem bloß Körperhaften entziehen, partizipieren Martins Porträts also an jener Fragmentierung, jener Puzzlehaftigkeit der Welt, in der man oftmals das Signum der Moderne hat sehen wollen. Die erstaunliche Tatsache, dass sich der vermeintliche Naturalist Houellebecq im Roman ausgerechnet vor dem großen Meister des konstruktivistischen Puzzles Georges Perec verneigt (der freilich auch der Autor von *Les Choses* ist), mag unter diesem Aspekt weniger paradoxal wirken.[24]

Was für das Porträt von Steve Jobs und Bill Gates gilt, trifft auch auf das Bildnis von Damien Hirst und Jeff Koons zu. Beide repräsentieren weniger Individuen mit ihrer unverwechselbaren künstlerischen Formensprache, als bestimmte Tendenzen der Gegenwartskunst. Während Koons mit seinen Kitsch-Skulpturen und den großformatigen pornografischen Inszenierungen seiner Skandalehe mit dem italienischen Pornostar Cicciolina gewissermaßen den künstlerischen Marktwert von Lust und Sexualität ausmisst, steht Damien Hirst für die ebenso skandalträchtige künstlerische Ausbeutung von Tod, Krankheit und menschlichem Schmerz.[25] Damien Hirst und Jeff Koons repräsentieren damit in gewisser Hinsicht auch die beiden großen Themen von Houellebecqs eigenen Romanen, Sexualität und Vergänglichkeit. Sie tun dies freilich in einer Weise, die diese Themen nicht nur zur Darstellung bringt, sondern sie ins Werk mit hineinnimmt. Während sich der Roman also auf der einen Seite durch eine deutliche Distanz zu der durch Koons und Hirst repräsentierten Unterwerfung der Kunst unter die neokapitalistischen Marktmechanismen auszeichnet, ist eine gefährliche innere Verwandtschaft zu ihrer

---

23 G.W.F. HEGEL, *Phänomenologie des Geistes (Beobachtung der Beziehung des Selbstbewußtseins auf seine unmittelbare Wirklichkeit; Physiognomik und Schädellehre)*, in Werke, Band 3, Red. E. Moldenhauer, Frankfurt a. M., Suhrkamp, 1979, 250.
24 M. HOUELLEBECQ, *La carte et le territoire* (Anm. 4), 169.
25 »Il y a eu, en effet, une espèce de partage: d'un côté le fun, le sexe, le kitsch, l'innocence; de l'autre le trash, la mort, le cynisme«. *Ibidem*, 208. An anderer Stelle im Roman heißt es: »La valeur marchande de la souffrance et de la mort était devenue supérieure à celle du plaisir et du sexe, se dit Jed, et c'est probablement pour cette même raison que Damien Hirst avait quelques années plus tôt ravi à Jeff Koons sa place de numéro 1 mondial sur le marché de l'art. C'est vrai qu'il avait raté le tableau qui devait retracer cet événement, qu'il n'avait même pas réussi à le terminer, mais ce tableau restait imaginable, quelqu'un d'autre aurait pu le réaliser.« *Ibidem*, 371.

Methodik des Kunstskandals und auch zu den von ihnen privilegierten Themen kaum zu übersehen.

Von daher gehört es zu den besonderen Pointen des Romans, dass der Autor Houellebecq im Roman zum Opfer eines Verbrechens wird, das in der Art und Weise, in der es verübt wird, an eine ganze Reihe von Kunstwerken erinnert, die Hirst zunächst im Jahre 1992 in der Saatchi Galerie in London und ein Jahr später auf der Biennale in Venedig ausstellte. Unter dem bezeichnenden Titel »The Physical Impossibility of Death in the Mind of Someone Living« hatte Hirst in London zunächst einen Hai und später in Venedig Schafe und Kühe präsentiert, die säuberlich in zwei Teile oder mehrere Schnitte zerlegt und in Formaldehyd konserviert worden waren. Erinnern schon diese Objekte offensichtlich an die Darstellungstechniken naturkundlicher Museen, so hat Hirst dieses Thema später mit großen Installationen weiterentwickelt, in denen Vitrinen mit naturkundlichen Präparaten, mit anatomischen Modellen oder mit Sezierbestecken zu sehen sind. Alle diese Motive kehren nun im Roman im Zusammenhang mit der Ermordung des Autors wieder. Dieser wird von seinem Mörder mit einem chirurgischen Laser in eine Art künstlerische Installation zerlegt, die gewisse Ähnlichkeiten zu den abstrakten Bildern von Jackson Pollock aufweist. Nur der Schädel des Künstlers bleibt dabei intakt, und man ist versucht, auch in diesem Detail eine Ironisierung des oben zitierten Deleuze/Guattarischen Diktums zu sehen, dass sich das wahre Gesicht erst ereignet, »wenn der Kopf aufhört, Teil des Körpers zu sein«. Wie sich am Ende herausstellt, ist diese beispiellose Zerstückelung auf der Handlungsebene zwar lediglich ein Manöver, um von dem spektakulären Raub des Houellebecqschen Porträts abzulenken, dennoch lässt sich die Zerstückelung des Autors im Roman natürlich auch als Ironisierung der Barthesschen These vom Tod des Autors oder als ebenso exemplarische Ironisierung des vielbeschworenen Übergangs von der Kunst ins Leben deuten. Dieser erweist sich nun unversehens als Übergang von der Kunst in den Tod und erinnert dabei ganz nebenbei an manche gewalttätige Phantasien der Surrealisten.

Der exzentrische Mord, bei dem jede Figürlichkeit gleichsam in die Abstraktion überführt wird, dient freilich gerade in seiner Einmaligkeit und Individualität nur dazu, seine Gewöhnlichkeit und Allgemeinheit zu kaschieren. Auch der Mord des Autors hat damit Teil an jener Spannung von Ähnlichkeit und Ideal, Individualität und Allgemeinheit, die wir als Grundproblematik der ästhetischen Überlegungen im Roman identifiziert hatten. Der Mord geriert sich als einmaliger und einzigartiger Akt einer wahrhaft wahnsinnigen Kunst und erweist sich am Ende doch als Produkt jenes allergemeinsten Motivs der

Geldgier, dem laut Roman 99 Prozent aller Gewaltverbrechen zugrunde liegen.[26]

Freilich bleibt ein wichtiger Aspekt an diesem Mord am Ende zunächst rätselhaft. Offensichtlich hat der zum Mörder gewordene Kunstsammler Petissaud, der im Beruf Chirurg in einer Schönheitsklinik ist, in seiner Sammlung mit Arbeiten von Francis Bacon und von Gunther von Hagens bislang Werke versammelt, die als Porträts zerstückelter menschlicher Körper in gewisser Weise einen Zusammenhang zum Beruf des Chirurgen aufweisen. Diese Werke finden ihren Platz zwischen eigenen Schöpfungen, in denen Petissaud den kleinen aber entscheidenden Schritt von den Hirstschen Installationen aus Tierkadavern zu erschreckenden eigenen Installationen aus menschlichen Gliedmaßen und Leichenteilen vollzieht.[27] Das Portrait Houellebecqs bildet zwischen den Werken von Bacon und von Hagens insofern eine offensichtliche Ausnahme. Es zeigt keine deformierten Körper wie bei Bacon, keine Skelette und konservierten

---

26 »Au départ cette affaire se présentait sous un jour particulièrement atroce, mais original. On pouvait s'imaginer avoir affaire à un crime passionnel, à une crise de folie religieuse, différentes choses. Il était assez déprimant de retomber en fin de compte sur la motivation criminelle la plus répandue, la plus universelle, l'argent.« (*ibidem*, 366)

27 »Les quatre murs de la pièce, de vingt mètres sur dix, étaient presque entièrement meublés d'étagères vitrées de deux mètres de haut. Régulièrement disposées à l'intérieur de ces étagères, éclairées par des spots, s'alignaient de monstrueuses chimères humaines. Des sexes étaient greffés sur des torses, des bras minuscules de fœtus prolongeaient des nez, formant comme des trompes. D'autres compositions étaient des magmas de membres humains accolés, entremêlés, suturés, entourant des têtes grimaçantes. Tout cela était conservé par des moyens qui leur étaient inconnus, mais les représentations étaient d'un réalisme insoutenable. Les visages taillades et souvent énucléés étaient immobilisés dans d'atroces rictus de douleur, des couronnes de sang séché entouraient les amputations« (*ibidem*, 388). Wie nebenbei werden von Houellebecq in diesem Zusammenhang eine ganze Reihe von Topoi der klassischen Kunsttheorie eingespielt. Bekanntlich ist die Chimäre seit der Antike eine Inkarnation des Vermögens der Imagination. In den Ingegno-Lehren von Platonismus und Neuplatonismus aber erscheint die schöpferische Fantasie als die wichtigste Eigenschaft Gottes. Mit seinen Skulpturen aus Leichenteilen setzt sich Petissaud an dessen Stelle und bereichert die Schöpfung um neue Kreaturen (»Il se prenait pour Dieu, tout simplement.«, (*ibidem*, 389). Die Parallelen zwischen Petissaud und Hirst werden dadurch komplettiert, dass Petissaud in seinem Privatmuseum Vitrinen mit Insekten hält, die auf Knopfdruck auf einander losgelassen werden können und sich dann gegenseitig verspeisen. Zwar mag man in diesem Motiv auch Anklänge an triviale Schauerromane erkennen, dennoch bleibt bemerkenswert, dass Hirst in einer seiner bekanntesten Installationen mit dem Titel »A Thousand Years« (1991) eine ganz ähnliche Metapher des »God's eye-view« geschaffen hat. Die Installation besteht aus einer Vitrine mit einer Glasunterteilung. In der einen Hälfte befindet sich ein abgetrennter Rinderschädel, der von Fliegenmaden zerfressen wird, in der anderen Hälfte eine elektrische Fliegenfalle, welche die Fliegen, die so gezüchtet werden, an der Fliegenfalle verglühen lässt. Bezeichnenderweise hat dieses Werk noch kurz vor seinem Tod im Jahre 1992 die besondere Bewunderung von Francis Bacon gefunden. Vgl. W. Seipel – B. Steffen – C. Vitali, *Francis Bacon und die Bildtradition. Eine Ausstellung des Kunsthistorischen Museums Wien in Zusammenarbeit mit der Fondation Beyeler*, Wien / Milano, Kunsthistorisches Museum / Skira, 2003, 316.

Leichenteile wie bei von Hagens, sondern einen intakten Körper, der in der Tradition der europäischen Kunstgeschichte seit der Renaissance ein menschliches Subjekt in seiner Einheit von Individualität und Allgemeinheit repräsentiert.

Freilich wird die von ihm verbürgte Ähnlichkeitsbeziehung durch den Mord an seinem Modell radikal unterlaufen. Es ist der Tod, der jede Individualität vernichtet und der sich am Ende – und ganz im Sinne Roland Barthes' – als die Wahrheit eines jeden Porträts erweist.

Gisela Schlüter (Erlangen)

Literarisches Selbstporträt mit Möbiusschleife: Houellebecq, *La carte et le territoire*

I.

Michel Houellebecqs 2010 erschienener, autobiografisch durchwirkter Roman *La carte et le territoire*[1] präsentiert ein schriftstellerisches Selbstporträt:[2] ein gedoppeltes, medial mehrfach versetztes und medientheoretisch reflektiertes, mit satirischen Zügen versehenes Selbstbildnis. Dieses stellt, in einer charakteristischen Mischung von Selbstpersiflage und Selbstkanonisierung und mit einer für Houellebecqs Schreiben typischen ambivalenten Ironie, Intimität und öffentliches Image Houellebecqs aus.[3]

---

1 M. HOUELLEBECQ, *La carte et le territoire*, Paris, Flammarion, 2010. Vielfältige Anspielungen und Reminiszenzen machen deutlich, wie sehr Houellebecqs/*Houellebecqs* Schreiben im 19. Jahrhundert wurzelt. Literarisch referiert Houellebecq nicht, wie A. BELLANGER (*Houellebecq, écrivain romantique*, Paris, Léo Scheer, 2010) neuerdings behauptet hat, vorrangig auf die Romantik, sondern offenkundig insbesondere auf den französischen Realismus Balzacs und Zolas. Houellebecqs Rekurse auf das 19. Jahrhundert betreffen auch die politische Theorie, im aktuellen Roman vor allem Alexis de Tocqueville und William Morris, im Übrigen bekanntlich auch den Comteschen Positivismus. Mentalitätsgeschichtlich zeigt sich eine Affinität zum Frankreich der Restauration und der Julimonarchie, in dem das Diktum *La France s'ennuie* zum geflügelten Wort wurde. In Form eines Zitats Charles' d'Orléans ziert es als Motto den neuen Roman: »Le monde est ennuyé de moy, Et moy pareillement de luy.« Zumeist wird Lamartine zitiert (»La France s'ennuie«), den *Houellebecq* unter Rekurs auf Tocqueville mit einer Reihe von Sottisen bedenkt.
2 Das *Dix-Neuvième* ist auch das Zeitalter des fotografischen und literarischen Schriftstellerporträts, vgl. H. DUFOUR, *Portraits, en phrases: Les recueils de portraits littéraires au XIXe siècle*, Paris, PUF, 1997.
3 Zur Tradition des gemalten Selbstporträts vgl. O. CALABRESE, *Die Geschichte des Selbstporträts*, München, Hirmer, 2006 (frz. *L'Art de l'autoportrait*, Paris, Éditions Citadelles & Mazenod, 2006); zur Geschichte der einschlägigen Theoriebildung vgl. E. POMMIER, *Théories du portrait: De la Renaissance aux lumières*, Paris, Gallimard, 1998; zum literarischen Porträt vgl. die Einführung von J.-PH. MIRAUX, *Le Portrait littéraire*, Paris, Hachette, 2003, sowie neuerdings die enzyklopädische Monografie von E. ZEMANEK, *Das Gesicht im Gedicht: Studien zum poetischen Porträt*, Köln/Weimar/Wien, Böhlau, 2010 (Pictura et Poesis, 28); ältere Arbeiten zum literarischen Porträt: G. R. KÖHLER, *Das literarische Porträt: Eine Untersuchung zur geschlossenen Personendarstellung in der französischen Erzählliteratur vom*

Houellebecq hat in *La carte et le territoire*, einem ästhetisch-poetologisch ambitionierten Roman, mit autobiografischen Bezügen gespielt[4] und erwartungsgemäß seine Verwandtschaft mit dem gleichnamigen Protagonisten, *Houellebecq*, in einer Reihe von Interviews dementiert, aber gelegentlich auch bestätigt;[5] ebenso sehr wie in *Houellebecq* (»esprit rationnel voire étroit«)[6] spiegelt der Autor sich freilich im zweiten Protagonisten des Romans, dem sensiblen Künstler Jed.

La carte et le territoire setzt die lange Reihe neuerer und neuester französischer semiautobiografischer Narrationen fort. Mit dem im Roman selbst zitierten Begriff der *autofiction*,[7] der sich Serge Doubrovsky verdankt, bezieht sich Houellebecq auf die der französischen autobiografischen Gegenwartsliteratur quasi einprogrammierte metafiktionale Reflektiertheit: Die Fiktion generiert, dem theoretischen Modell der *autofiction* entsprechend, das autobiografische Ich.

Konstitutiv für die aktuelle französische Autobiografie ist darüber hinaus die Sondierung von Intermedialität. Houellebecq knüpft, vor dem Hintergrund aktueller bildwissenschaftlicher und medientheoretischer Überlegungen,[8] an diese medial reflektierte autofiktionale Literatur an und fokussiert intermediale Relationen von Literatur, Malerei, Fotografie (sowie marginal auch Architektur).

Die Tradition des *paragone*, die Theorien der Text-Bild-Relation speziell seit

---

Mittelalter bis zum Ende des 19. Jahrhunderts, Bonn, Romanistischer Verlag, 1991; Th. Koch, *Literarische Menschendarstellung: Studien zu ihrer Theorie und Praxis*, Tübingen, Stauffenburg, 1991. Zum Autorenporträt im engeren Sinne vgl. F. Nies, *Autorenporträts als Kontext des Œuvre und seiner Geschichte*, in J. Mecke – S. Heiler (Hgg.), *Titel-Text-Kontext: Randbezirke des Textes. Festschrift für Arnold Rothe zum 65. Geburtstag*, Berlin / Cambridge, Galda & Wilch, 2000, 267–280; zum multimedialen – insbesondere fotografischen und filmischen – Erscheinungsbild französischer Schriftsteller / innen heute vgl. J.-F. Louette – R.-Y. Roche (éds.), *Portraits de l'écrivain contemporain*, Seyssel, Champ Vallon, 2003.

4 Der Roman hat freilich kaum etwas gemein mit jener *Bekenntnisliteratur*, über die Houellebecq, wohl während der Arbeit an *La carte et le territoire*, mit Bernard-Henri Lévy diskutiert hat, vgl. M. Houellebecq – B.-H. Lévy, *Ennemis publics*, Paris, Flammarion / Grasset, 2008.

5 »›Eh bien‹, sagt er [Houellebecq] schließlich auf die Frage, ob es ein realistisches Selbstporträt sei. ›Das ist schon ganz realistisch, ja. Anfangs jedenfalls. Später dann, ja [...], da weicht es etwas ab.‹« G. Diez, *Bitte keine Schmerzen* [Interview mit Houellebecq], in »Der Spiegel«, 11.04.2011, 122 f.; Zitat 122.
Houellebecq hat zu Protokoll gegeben, er sei in zeitgenössischen Romanen, etwa bei Philippe Dijan und Pierre Mérot, als Figur aufgetaucht und habe sich daher die Freiheit genommen, sich nun einmal selbst darzustellen, denn man kenne sich selbst am besten. Er hat die Öffentlichkeit in weiteren Interviews auch wissen lassen, dass er sich derzeit porträtieren lasse, allerdings den Namen des Künstlers vergessen habe, vgl. S. Zobl, *›Die Welt ist unsicher geworden‹: Michel Houellebecq im großen Interview mit NEWS*, in »NEWS« 15/2011, 94.

6 M. Houellebecq, *La carte* [...] (Anm. 1), 201.

7 »En somme il s'agissait d'autofictions, d'autoportraits imaginaires.« *Ibidem*, 419.

8 Thomas Laux hat in seiner Rezension die langen ästhetischen Räsonnements der Prot-

Lessing und Diderot,[9] die Techniken der Ekphrasis bilden ein ästhetisches Leitmotiv des Romans, der als literarisches Selbstporträt Autobiografie / *autofiction* und Künstlerroman[10] und zudem ein Kriminalroman ist.

II.

Die Handlung des Romans, die nicht linear erzählt wird, setzt in der Gegenwart ein und greift weit in die Zukunft des 21. Jahrhunderts voraus – eine vage utopisch-futurologische Komponente, die den Roman mit *Les Particules élémentaires* verbindet.

Einer der beiden Protagonisten, Jed Martin, ist Fotograf und Maler, Enkel eines Fotografen und Sohn eines Architekten. Der andere, *Houellebecq*, zwanzig Jahre älter als Jed, ist Schriftsteller und ein Einzelgänger wie Jed. Die beiden sind einander fast – so Jeds vorsichtige Einschätzung der Beziehung – freundschaftlich zugetan; die Paar-Konstellation erinnert an das (Halb-)Bruderpaar in *Les Particules élémentaires*. Literatur und Bildende Kunst sind einander in distanzierter Freundschaft und latenter Verwandtschaft verbunden, so das entsprechende ästhetische Basisnarrativ von *La carte et le territoire*.

Jed, dessen Mutter – die schön war wie ein Porträt –[11] früh aus dem Leben geschieden ist und der von seinem viel beschäftigten und erfolgreichen Vater erzogen wurde, hat zunächst als Fotograf von industriell gefertigten Gegenständen des Alltagslebens reüssiert und sich dann mit Fotos von *Michelin*-Regionalkarten Frankreichs einen Namen gemacht, welche er Satellitenbildern der entsprechenden Regionen gegenübergestellt hat.[12] Darauf bezieht sich der Titel: *La carte et le territoire*. Jeds künstlerische Maxime: »La carte est plus

---

agonisten kritisiert: »Das oft verschmockt daherkommende Gerede, die klischierten Bemerkungen über Malerei und Technikeinsatz, das alles mag noch dem jeweiligen Niveau seiner Protagonisten geschuldet sein, ist aber stellenweise zu lang geraten. Wir haben ja längst verstanden.« TH. LAUX, *Wie in der Epoche der Hofmalerei*, in »Neue Zürcher Zeitung«, 09.04.2011, 21.

9 Vgl. dazu u. a. G. WILLEMS, *Anschaulichkeit: Zu Theorie und Geschichte der Wort-Bild-Beziehungen und des literarischen Darstellungsstils*, Tübingen, Niemeyer, 1989, sowie P. ZIMA (Hg.), *Literatur intermedial. Musik-Malerei-Photographie-Film*, Darmstadt, Wissenschaftliche Buchgesellschaft, 1995, bes. Teil 2: *Wort und Bild*.

10 Als (auf die Bildende Kunst bezogener) Künstlerroman transportiert Houellebecqs *La carte et le territoire* Motive der französischen Narrativik des 19. Jahrhunderts (vgl. u. a. Balzac, Zola).

11 »[…]elle ressemblait un peu au portrait d'Agathe von Astighwelt conservé au musée de Dijon.« M. HOUELLEBECQ, *La carte* […] (Anm. 1), 47.

12 Die (hier medial gefilterte) Landschaftsfotografie hat ein Pendant in Houellebecqs Fotos von Lanzarote in *Lanzarote* (2000).

intéressante que le territoire,«[13] reißt kunsttheoretische Traditionen an,[14] die im Roman verschiedentlich thematisiert und durch die Potenzierung von unterschiedlichen medialen Formen von Mimesis affirmiert/kontestiert/konterkariert werden; Houellebecqs Hund hört denn auch auf den Namen *Platon*.

Nach dem großen Erfolg des *Michelin*-Projekts wendet Jed sich der Malerei zu und schafft großformatige Ölgemälde, die thematisch verknüpft sind: die *Série des métiers: Série des métiers simples* sowie *Série des compositions d'entreprise*.[15] Er porträtiert, aus einer Balzacs Poetik vergleichbaren typologischen Ambition heraus,[16] repräsentative Figuren und Persönlichkeiten der zeitgenössischen Berufswelt, einen Wirt, einen Metzger, eine Prostituierte, aber auch seinen Vater, den Architekten, als Unternehmerpersönlichkeit (das Gemälde, so heißt es, zitiere ikonografisch Lorenzo Lotto),[17] Ferdinand Piëch als Ingenieur, dann Jeff Koons und Damien Hirst als Maler, Bill Gates und Steve Jobs als Informatiker und Informationstechnologen und schließlich, als letztes und bestes Bild der Serie, *Michel Houellebecq, écrivain*; an der Darstellung eines katholischen Priesters scheitert er. Die Gemälde, die er anschließend auch fotografiert, tragen zum Teil markante Titel.

Eine zentrale, gewissermaßen programmatische Funktion kommt dem Gemälde zu, auf dem Jeff Koons und Damien Hirst im Gespräch zu sehen sind und das den Titel trägt: *Damien Hirst et Jeff Koons se partageant le marché de l'art*.[18] Dieses Gemälde, das in Form einer längeren Ekphrasis den Roman eröffnet – damit ist von der ersten Zeile des Romans an die Konkurrenz von Simultaneität des Bildlichen und Sukzessivität des Narrativen eröffnet –, repräsentiert den Beruf Jeds, des bildenden Künstlers. Just dieses Gemälde, das an Stelle des nur potentiellen und potentiell kunstgeschichtlich wie intradiegetisch-narratologisch hoch komplexen Selbstporträts Jeds den Beruf des Malers in Gestalt von Jeff Koons und Damien Hirst darstellt, zerstört der Künstler schließlich. In-

---

13 Die Ausstellung seiner Werke findet unter diesem Titel statt: »LA CARTE EST PLUS INTÉRESSANTE QUE LE TERRITOIRE.« M. HOUELLEBECQ, *La carte* [...] (Anm. 1), 82.
14 Diesem ästhetikgeschichtlichen und bildwissenschaftlichen Leitmotiv kann an dieser Stelle nicht nachgegangen werden. Bzgl. des Motivs der Karte sei aber an einen Grundlagentext von Ernst H. Gombrich über die wichtigsten Medien bildlicher Darstellung erinnert, vgl. E. GOMBRICH, *Mirror and Map: Theories of Pictorial Representation*, in »Philosophical Transactions« 270 (1975), 119–149.
15 M. HOUELLEBECQ, *La carte* [...] (Anm. 1), 121 und passim. »[...] désireux de donner une vision exhaustive du secteur productif de la société de son temps, Jed Martin devait nécessairement, à un moment ou à un autre de sa carrière, représenter un artiste«, ibidem, 123.
16 Zur Genese der Houellebecqschen soziologischen Porträtistik in der Nachfolge Balzacs vgl. J. MECKE, *Le social dans tous ses états: le cas Houellebecq*, in M. COLLOMB (éd.), *L'Empreinte du social dans le roman depuis 1980*, Montpellier, Université Paul Valéry, 2005, 47–64, hier: 53.
17 M. HOUELLEBECQ, *La carte* [...] (Anm. 1), 14.
18 *Ibidem*, 29.

nerhalb der Diegese ist für diesen Zerstörungsakt nicht nur künstlerisches Ungenügen, sondern wohl auch Widerwillen gegen die im Gemälde dargestellte extreme Kommerzialisierung des Kunstbetriebs ursächlich, welche ein Leitmotiv des Romans bildet, eine radikale Selbstvermarktung, von der Jed profitiert, die ihn zugleich aber abstößt; intertextuell betrachtet, variiert die Zerstörung des Gemäldes ein geläufiges literarisches Motiv. Jeds künstlerische Entwicklung nimmt später eine neuerliche Wende: Er wird sich – nach den Ereignissen, die sich mit Jeds Porträt *Houellebecqs* verbinden und die den Kern der romanesken Handlung bilden – am Ende seiner künstlerischen Vita von der Malerei abwenden und mit der Kamera Verfall und organische Überwucherung von *hardware* unterschiedlicher Art dokumentieren. Schließlich filmt er Fotos von Personen ab, denen er begegnet ist, seiner Geliebten, seines Vaters, auch *Houellebecqs*, und lässt die Fotos vor seiner Haustür verwittern. Am Schluss sind alle Spuren der Welt und der Jed bekannten Menschen aufgelöst und verschwunden: »Puis tout se calme, il n'y a plus que des herbes agitées par le vent. Le triomphe de la végétation est total.«[19] Die Schlussvision des Romans spiegelt das von Foucault inspirierte, menschenleere Szenario am Ende von *Les Particules élémentaires*.

Als Jed an seiner *Série des métiers* arbeitet, organisiert ein Galerist eine Ausstellung seiner Gemälde und Fotografien und schlägt vor, *Houellebecq* – den Jed zu diesem Zeitpunkt noch nicht kennt – solle einen Katalogtext zur geplanten Ausstellung verfassen. Jeds Vater hat, wohlgemerkt in der Bibliothek des Altersheims, in dem er lebt, zwei Romane *Houellebecqs* gelesen und ermuntert Jed, *Houellebecq* zu engagieren: »j'ai lu deux de ses romans. C'est un bon auteur, il me semble. C'est agréable à lire, et il a une vision assez juste de la société.«[20]

Jed Martin, der den Kontakt zu dem menschenscheuen Schriftsteller über die Vermittlung *Beigbeders* hat herstellen können, sucht *Houellebecq* in Irland auf, wo der Schriftsteller in ländlicher Abgeschiedenheit lebt, bevor er später in die französische Provinz in das Haus zurückkehren wird, in dem er aufgewachsen ist – eine räumliche Regression, die auch Jed im Alter antreten wird. Jed überredet *Houellebecq* dazu, ein Vorwort zum geplanten Ausstellungskatalog zu verfassen. Diesen Text wird *Houellebecq* später tatsächlich liefern, und Jed Martin wird *Houellebecqs* Analyse und Deskription seiner Gemälde und Fotografien als adäquate diskursive Erschließung seines Werkes begrüßen. Als Pendant zur bereits erwähnten Ekphrasis als Incipit von *La carte et le territoire* finden sich in der Mitte des Romans ekphrastische Etüden aus der Feder *Houellebecqs*, der in

---

19 *Ibidem*, 428.
20 *Ibidem*, 23.

seinem Vorwort zum Ausstellungskatalog Jeds Gemälde *Bill Gates et Steve Jobs s'entretenant du futur de l'informatique* beschreibt / erzählt.[21]

So wie sich auf Jeds Gemälden die Gegenspieler Bill Gates und Steve Jobs über die Zukunft der Informationstechnologien und die Antipoden Jeff Koons und Damien Hirst über den Kunstmarkt unterhalten, so dialogisieren Jed Martin und der Schriftsteller *Houellebecq* – in zeitgemäßer Fortführung des klassischen *paragone* – über Kunst, Literatur und Leben.

III.

Als Entgelt für das Vorwort sowie als Abschluss seiner *Série des métiers* mit einem Schriftstellerporträt verspricht Jed Houellebecq, ihn zu porträtieren. *Houellebecq* zeigt sich relativ unbeeindruckt. Bei späterer Gelegenheit wendet er ein: »Mais je n'ai pas l'impression que vous soyez vraiment un portraitiste.«[22] Jed räumt ein, es sei schwierig, dem Ideal des Porträts entsprechend die Individualität des Porträtierten adäquat abzubilden. Denn er habe festgestellt, dass die Porträtierten einander mehr als Menschen ähnelten als sie sich als Individuen voneinander unterschieden.[23] Freilich steht Jeds Projekt im Rahmen seiner Bildenzyklopädie der Berufe und zielt damit auf soziologische Repräsentativität ab. Dementsprechend wird das Porträt Houellebecqs den Titel tragen: *Michel Houellebecq, écrivain*.[24]

Zur Vorbereitung auf die Arbeit sondiert Jed das Arbeitszimmer *Houellebecqs*, um ihn, im Gegensatz zu den Milieuzeichnungen in allen übrigen Gemälden der Serie, »au milieu d'un univers de papier«[25] darstellen zu können,

---

21 *Ibidem*, 189–193.
22 *Ibidem*, 176.
23 »›Ce qui est curieux, vous savez...‹ poursuivit-il plus calmement, ›un portraitiste, on s'attend qu'il mette en avant la singularité du modèle, ce qui fait de lui un être humain unique. Et c'est ce que je fais dans un sens, mais d'un autre point de vue j'ai l'impression que les gens se ressemblent beaucoup plus qu'on ne le dit habituellement, surtout quand je fais les méplats, les maxillaires, j'ai l'impression de répéter les motifs d'un puzzle. Je sais bien que les êtres humains c'est le sujet du roman, de la *great occidental novel*, un des grands sujets de la peinture aussi, mais je ne peux pas m'empêcher de penser que les gens sont beaucoup moins différents entre eux qu'ils ne le croient en général.‹« *Ibidem*. Diese Beobachtung Jeds könnte direkt aus Tocquevilles *De la Démocratie en Amérique* übernommen sein, einer Lieblingslektüre Houellebecqs.
24 Damit sind die klassischen Funktionen des Porträts angesprochen: die anthropologische, die soziologische; die typisierende und die individualisierende.
25 M. Houellebecq, *La carte* [...] (Anm. 1), 185. »Derrière lui [*Houellebecq* auf dem Bild *Michel Houellebecq, écrivain*], à une distance qu'on peut évaluer à cinq mètres, le mur blanc est entièrement tapissé de feuilles manuscrites collées les unes contre les autres, sans le moindre interstice.« *Ibidem*, 184.

nachdem er sich vom widerstrebenden Schriftsteller anhand seiner Manuskripte die materiellen Techniken seiner schriftstellerischen Praxis hat demonstrieren lassen. Jed ist, wie die Kunstkritik hervorheben wird, fasziniert von der Materialität von Texten.[26] Er träumt sich in seinen eigenen potentiellen autobiografischen Text, in die Materialität und Linearität eines Textes hinein, in dem er sein Leben erzählen könnte.[27] Der fiktive autobiografische Texttraum Jeds korrespondiert der fiktional ins Ikonografische transferierten *autofiction* Michel Houellebecqs.

Jed macht trotz *Houellebecqs* notorischen Hasses auf Fotografen zahlreiche Fotografien von *Houellebecq*, nach denen er das Porträt malen wird. Die Porträtfotos von *Houellebecq* korrespondieren extradiegetisch-paratextuell den Fotos des Autors auf dem Umschlag des Buches.[28] Das Foto auf dem Umschlag der deutschen Übersetzung zeigt Houellebecq in jüngeren Jahren zusammen mit seinem Hund als doppeltes Brustporträt. Die französische Ausgabe zeigt den gealterten und ausgezehrten Autor mit einem Gesichtsausdruck, der einerseits an berühmte Schriftstellerporträtfotos und speziell an eine von Nadars Aufnahmen von Baudelaire erinnert.[29] Andererseits realisiert sich in diesem hoch artifiziellen, mit Licht- und Schattenwirkungen arbeitenden Foto des Autors jener raubvogelartige Gesichtsausdruck *Houellebecqs* auf Jeds Bild, den im Roman der fiktive Kunstkritiker und Lyriker Wong Fu Xin in seiner ausführlich referierten Bildanalyse von *Michel Houellebecq, écrivain* hervorhebt.[30]

In den Gesprächen zwischen Jed und *Houellebecq* war schon angesprochen worden, was das gemalte halb- oder ganzfigurige Porträt *Houellebecqs* im Ambiente seines Arbeitszimmers, zwischen seinen Texten und im Moment höchster produktiver Erregung, ja Trance, in jenem Moment, in dem der porträtierte Schriftsteller sich, der Maxime Sainte-Beuves entsprechend, selbst am nächsten

---

26 »Ironiquement, soulignent les historiens d'art, Jed Martin semble dans son travail accorder une énorme importance au texte, se polariser sur le texte détaché de toute référence réelle.« *Ibidem.*
27 *Ibidem*, 153.
28 Vgl. J.-F. LOUETTE – R.-Y. ROCHE (éds.), *Portraits de l'écrivain contemporain* (Anm. 3).
29 Vgl. dazu L. PIETROMARCHI, *Il poeta in posa: I ritratti fotografici di Baudelaire*, in L. GENTILLI – P. OPPICI (a cura di), *Tra parola e immagine. Effigi, busti, ritratti nelle forme letterarie. Atti del Convegno Macerata, Urbino 3–5 aprile 2001*, Pisa / Roma, Istituti editoriali e poligrafici internazionali, 2003, 381–391; das dort abgebildete Foto ist hier nicht gemeint.
30 »L'éclairage, beaucoup plus contrasté que dans les tableaux antérieurs de Martin, laisse dans l'ombre une grande partie du corps de l'écrivain, se concentrant uniquement sur le haut du visage et sur les mains aux doigts crochus, longs, décharnés comme les serres d'un rapace. L'expression du regard apparut à l'époque si étrange qu'elle ne pouvait, estimèrent alors les critiques, être rapprochée d'aucune tradition picturale existante, mais qu'il fallait plutôt la rapprocher de certaines images d'archives ethnologiques prises au cours de cérémonies vaudoues.« M. HOUELLEBECQ, *La carte* [...] (Anm. 1), 185 f.

kommt,[31] dann auch tatsächlich fokussiert: nämlich *Houellebecqs* magischen Blick. Ein intensiver Blick von der Art, der, so hatte Jed zuvor im Gespräch mit seiner Geliebten Olga über seinen eigenen, ähnlich intensiven Blick erfahren, die Frauen in Bann schlägt. Was hier als Cliché erscheint, der magische Blick des Schriftstellers, der charismatischen Persönlichkeit und die *fatal attraction*, ruft den Topos vom Auge als Spiegel der Seele auf. Dieses Detail erscheint als charakteristisch für die ästhetisch-traditionale und andererseits trivialliterarische Doppelcodierung des Romans.

Als Jed *Houellebecq* das Porträt liefert, würdigt dieser sein persönliches Abbild (genauer: Abbild eines Abbildes, nämlich der Fotografien) kaum eines Blickes (»Houellebecq lui [au portrait] jeta un regard un peu distrait [...]«)[32] und enthält sich zunächst jeden Kommentars. Er stellt nur die Frage, wo das Porträt am besten aufzuhängen sei. Es findet seinen Platz über dem häuslichen Kamin des pittoresk-schäbigen Wohnzimmers im Bungalow *Houellebecqs*. Allerdings wird das Porträt, seiner konventionellen memorialistischen Funktion entsprechend, in den Augen *Houellebecqs* zu seinem wichtigsten persönlichen Erinnerungsträger für die Nachwelt.[33] Der Marktwert des Gemäldes beläuft sich auf 12 Millionen Euro.

IV.

Als Jed das nächste Mal *Houellebecq* nebst seinem Hund Platon im Ambiente des häuslichen *living room* zu sehen bekommt, sind beide seit einiger Zeit tot. Jed wird von der Kriminalpolizei mit Fotos konfrontiert, die *Houellebecqs* Wohnzimmer als Tatort zeigen. *Houellebecq* und sein Hund sind geköpft worden. Ihre beiden Köpfe sind malerisch auf Sesseln arrangiert, als posierten sie für zwei Porträts; das Foto im Umschlag der deutschen Übersetzung, das Houellebecq und seinen Hund zeigt,[34] erscheint als ironisches Pendant des schockierenden intradiegetischen Bildes. Die beiden dort ausgestellten abgetrennten Köpfe rufen zugleich parodistisch die illustre ikonografische Tradition der zur Schau

---

31 Es geht um den prägnanten Moment, »l'instant où le poète se ressemble le plus à lui-même.« CH.-A. SAINTE-BEUVE, *Portraits littéraires*, zit. nach H. DUFOUR, *Portraits, en phrases* [...] (Anm. 2), 198.
32 M. HOUELLEBECQ, *La carte* [...] (Anm. 1), 256.
33 »›[...] j'ai été pris en photo des milliers de fois, mais s'il y a une image de moi, une seule, qui persistera dans les siècles à venir, ce sera votre tableau.‹ Il eut soudain un sourire juvénile, et cette fois réellement *désarmant*. ›Vous voyez, je prends la peinture au sérieux ...‹ dit-il.« *Ibidem*, 178.
34 Der Hund Platon ist ersichtlich polyfunktional eingesetzt und spielt bis in die poetologischen Überlegungen *Houellebecqs* hinein eine Rolle. Er ist im Rahmen ikonografischer und dichterischer Traditionen auch genretypisch deutbar.

gestellten abgeschlagenen Häupter des Holofernes, Johannes, Goliath wie den Orpheus-Mythos auf.

Die Körper des Schriftstellers und seines Hundes sind zerstückelt wie in einem Splattermovie,³⁵ gerade so, als sei jener dekonstruktive Körperdiskurs, der seit Jahren wie obsessiv weite Teile der französischen Literatur beherrscht, endlich Fleisch geworden. Die fleischlichen Reste von Herrn und Hund sind kunstvoll über den Raum verteilt. Die ikonografische Anmutung des Arrangements ist unverkennbar: Bacon, Hirst, Body Art und Wiener Aktionismus sowie, aktueller, Gunther von Hagens' *Körperwelten* werden ebenso im Bildgedächtnis des Betrachters/Lesers aufgerufen wie die fragmentierten Körper kubistischer Malerei. Der *Dix-Neuvièmiste* wird sich möglicherweise der *carnoplastie* und ihrer Manifestationen in der literarischen Porträtistik als Fleischwerdung des Grotesken, speziell bei Victor Hugo, entsinnen.³⁶

Dem genretypischen Porträt des Künstlers in seiner Werkstatt, sprich des Schriftstellers in seinem Arbeitszimmer, korrespondiert das grässliche Tableau, als das sich das blutige Arrangement darbietet, ein Zitat aus dem Bildgedächtnis des Mörders – der, das liegt nahe, das wertvolle Gemälde gestohlen hat: ein ikonografisches Zitat, das auch Jeds Bildgedächtnis aktiviert, welcher Jackson Pollock und das Action Painting ins Spiel bringt. Die Bildserie Porträt des Schriftstellers – Tableau der Mordszene – Sepulcrum wird abgeschlossen mit jener schlichten Grabplatte aus schwarzem Basalt, die *Houellebecq*, einen antiken Topos aufgreifend, schon vor seinem gewaltsamen Tod in Auftrag gegeben hatte und auf der unter seinem Namenszug das Möbiusband zu sehen ist³⁷ – gewissermaßen ein letztes hermeneutisches Ornament, als Zeichen für Rekursivität vielleicht eine ironische Hommage an die Postmoderne oder die poetologische Signatur des Textes, Zeichen für die Unendlichkeit³⁸ und als solches Verheißung ewigen Lebens. Scherz, Satire, Ironie, tiefere Bedeutung? *Houellebecq* und/oder Houellebecq treibt/treiben ein doppelbödiges Spiel mit dem Betrachter.³⁹

---

35 Es ist auf ein ähnliches Szenario in einem der jüngsten Kriminalromane von Fred Vargas (*Un Lieu incertain*) hingewiesen worden. La carte et le territoire hat auch darüber hinaus, vor allem wegen manifester Entlehnungen aus der *Wikipedia*, in Frankreich eine Debatte über postmoderne Zitierpraktiken und Plagiate provoziert. – Zur Ikonografie des gewaltsamen Todes vgl. W. Sofsky, *Todesarten. Über Bilder der Gewalt*, Berlin, Matthes & Seitz, 2011.
36 Vgl. J.-Ph. Miraux, Le Portrait littéraire (Anm. 3), 50 f.
37 M. Houellebecq, La carte […] (Anm. 1), 319.
38 Es ist die Frage, ob sich eine in eine Basaltplatte eingelegte oder auf sie aufgetragene Möbiusschleife klar von einer Lemniskate unterscheiden lässt.
39 In der Polyvalenz dieser Zeichen-Setzung manifestiert sich ein Charakteristikum von Houellebecqs Erzählen: der ambivalente Einsatz von Ironie. Vgl. dazu E. Bordas, *Ironie de l'ironie*, in V. Jouve – A. Pagès (éds.), *Les lieux du réalisme. Pour Philippe Hamon*, Paris, Éditions L'Improviste, 2005, 341–358. Bordas wählt als Motto seines Essays ein Zitat von

Der Mord an *Houellebecq* und der Diebstahl des Porträts werden im letzten Teil des Romans, welcher genretypische Elemente des Kriminalromans häuft, aufgeklärt. Ein perverser plastischer Chirurg hat *Houellebecq* und seinen Hund mit scheußlicher professioneller Akkuratesse enthauptet und das ästhetische Arrangement inszeniert. Das entwendete Gemälde hat er in seinem häuslichen Kuriositätenkabinett aufgehängt, zu dem nur er selbst Zugang hat und in dem Plastinate von Gunther von Hagen ebenso zu besichtigen sind wie mordlustige exotische Insekten. Diese museale Inszenierung im häuslichen Gruselkabinett des Dr. Petissaud, einem Inferno in der Manier Breughels, überbietet spektakulär den schäbigen Platz, den das Gemälde im Wohnzimmer *Houellebecqs* gefunden hatte, nachdem es in der Pariser Galerie adäquat ausgestellt worden war und viel Bewunderung gefunden hatte. Nach seiner Wiederentdeckung durch die Polizei erhält zunächst Jed das Bild zurück, fühlt sich aber durch dessen Intensität bedrängt und verkauft es. So gelangt das Bild schließlich zu einem indischen Mobiltelefonanbieter, der sechs Millionen Euro dafür zahlt.

Das ideologische Setting der Erzählung ist nostalgisch getönt und blendet zurück ins 19. Jahrhundert. Jeds Vater und *Houellebecq* teilen die Sympathie für das utopische Gesellschaftsmodell von William Morris, der auch als Pate der *Serie einfacher Berufe* gelten kann. *Houellebecq* tritt Jed gegenüber als Biograf von Morris auf, erzählt ihm über dessen Leben und führt ihn in seine Philosophie ein. Und *Houellebecq* beschreibt ihm auch das äußere Erscheinungsbild Morris' anhand überlieferter gemalter Porträts.

Sein groteskes Alter Ego findet Jed in einem Rocker, der sich der Hobbymalerei widmet. Auf Gemälden im Stil der *Heroic Fantasy* inszeniert er sich als bärtigen Krieger im Kampf mit Zombies, aber auch, unter dem Titel *Entspannung des Kriegers*, im erotischen Nahkampf: »En somme il s'agissait d'autofictions, d'autoportraits imaginaires; et sa technique picturale, défaillante, ne lui permettait malheureusement pas d'atteindre au niveau d'hyperréalisme et de léché classiquement requis par l'*heroic fantasy*.«[40]

V.

Angesichts der intradiegetischen literarischen Zur-Schau-Stellung des/der pikturalen Porträts, des Leitmotivs der Bildenden Kunst und der Porträtistik, vor allem aber des/der *Houellebecq*-Porträts als einer gestaffelten *mise-en-*

Houellebecq, in dem das Phänomen der ambivalenten Ironie thematisiert wird: »un sourire un peu faux, comme s'il voulait indiquer qu'il s'agissait peut-être – mais pas certainement – d'une plaisanterie.« *Ibidem*, 341.
40 M. HOUELLEBECQ, *La carte* […] (Anm. 1), 419.

*abyme*⁴¹ präsentiert sich *La carte et le territoire* als ein romaneskes Selbstporträt Houellebecqs. In der Linie der Bild-/Text-Relation gelesen, ergeben Jeds Beschreibungen *Houellebecqs* und seine Aufzeichnungen ihrer Gespräche sowie *Houellebecqs* direkte und indirekte Selbstcharakterisierungen ein literarisches Bildnis *Houellebecqs*⁴² (dem *Image* Houellebecqs nachgebildet), welches bezeichnenderweise dort ins prägnantere Ikonografische wechselt, wo es um die Quintessenz von *Houellebecqs* Leben geht: »›C'est gentil de m'avoir apporté ce tableau‹, ajouta-t-il après quelques secondes. ›Je le regarderai quelquefois, il me rappellera que j'ai eu une vie intense, par moments.‹«⁴³ Auch dieser ästhetisch pointierte Wechsel von der Literatur zur Malerei rechtfertigt es, *La carte et le territoire* als literarisches *Selbstporträt* zu bezeichnen.

Da Houellebecq sich in die Figur eines Malers projiziert und sich im (literarischen) Porträt als Maler präsentiert, könnte man, einen kunsthistorischen Terminus auf die Literatur übertragend, von einem *portrait historié* sprechen.⁴⁴

Innerhalb dieses literarischen *autoportait*, der autobiografisch grundierten romanesken Fiktion, die explizit den Begriff der *autofiction* ins Spiel bringt, personifizieren der Maler Jed und der Schriftsteller *Houellebecq* die Malerei und die Literatur, die beiden einzigen Künste, die ihn, so *Houellebecq* im Gespräch mit Jed, noch interessierten: »›[...] je crois que j'en ai à peu près fini avec le *monde comme narration* – le monde des romans et des films, le monde de la musique aussi. Je ne m'intéresse plus qu'au *monde comme juxtaposition* – celui de la poésie, de la peinture. Vous prenez un peu plus de pot-au-feu?‹«⁴⁵

Die damit – in derb-komischer Nähe zum Eintopf – intradiegetisch evozierte Ästhetik des Nebeneinanders,⁴⁶ welche der Malerei und der Lyrik gemeinsam

---

41 Es handelt sich nicht um eine *mise-en-abyme* im Sinne einer direkten Spiegelung. Das wäre nur der Fall, wenn Jed als Bildkünstler sich selbst malte oder *Houellebecq* als Schriftsteller sich selbst beschriebe (literar. Selbstporträt oder Autobiografie).

42 Der physiognomische Aspekt und das Körperbild, die im literarischen Porträt traditionell Vorrang besitzen, sind in der literarischen (Selbst-)Charakterisierung *Houellebecqs* deutlich hervorgehoben, nicht aber in der Beschreibung des gemalten Porträts. Über die körperliche Erscheinung Jeds erfährt der Leser wenig; die wenigen genannten Merkmale teilt sein Erscheinungsbild mit dem *Houellebecqs* und Houellebecqs.

43 M. Houellebecq, *La carte* [...] (Anm. 1), 259.

44 »[Das Portrait historié: Das Selbstbildnis in anderer Gestalt]: Gegen Ende des 15. und vor allem im 16. Jahrhundert macht sich das Selbstporträt allmählich unabhängiger, da das eigene Bildnis nun nicht mehr als anonyme Figur, sondern als spezifische, handelnde Person in die bildlich wiedergegebene Erzählung plaziert wird. Der Künstler fügt sich als Interpret einer individuellen Rolle in die Geschichte ein, das heißt, er tritt in Gestalt und unter dem Namen eines anderen oder einer bestimmten thematischen Figur auf. Oder er verkörpert jemanden, der bestimmte Tätigkeiten ausübt wie einen Fischer, Jäger, Prediger, Geographen, Astronomen, Musiker oder Schriftsteller.« O. Calabrese, *Die Geschichte des Selbstporträts* (Anm. 3), 85.

45 M. Houellebecq, *La carte* [...] (Anm. 1), 258 f.

46 Die Übersetzung von frz. *juxtaposition* durch dt. *Nebeneinander(stellung)* scheint eingedenk

sei, wird mit der Ästhetik der Narration (als einer Ästhetik des Nacheinanders) konfrontiert, welche Roman, Musik und Film charakterisiere: Zwei Gemälde Jeds werden Gegenstand der Ekphrasis, einerseits seitens des Erzählers, andererseits seitens *Houellebecqs*. Ein Krimiplot, die Ermordung von *Houellebecq* und *Platon* im *living-room*, erscheint umgekehrt als auf *juxtaposition* basierendes Tableau, das Anlass zu connaisseurhaften Kunstbetrachtungen gibt.

Von Jed existiert kein Foto oder Bild und vor allem kein Selbstbildnis. Der Schriftsteller *Houellebecq* schreibt ebenso wenig seine Autobiografie wie der Maler Jed sein Selbstporträt malt:

> Jed fut alors frappé par cette incongruité: lui qui avait réalisé, au cours de sa vie d'artiste, des milliers de clichés, ne possédait pas une seule photographie de lui-même. Jamais non plus il n'avait envisagé de réaliser d'autoportrait, jamais il ne s'était considéré, si peu que ce soit, comme un sujet artistique valable.⁴⁷

Seinen Berufsstand, die kommerzielle Seite seiner künstlerischen Tätigkeit stellt Jed in dem Gemälde dar, welches Jeff Koons und Damien Hirst zeigt. Sein Künstlertum als solches spiegelt sich im Gemälde *Michel Houellebecq, écrivain*. Und seine individuelle Person erscheint ihm, wie erwähnt, im Traum als materieller Text, als Buchstabenfolge. Wo *Houellebecq* in Erinnerung an intensive Höhepunkte seines Lebens sein Porträt anschaut, dort wechselt Jed in Erinnerung an sein intimes persönliches Leben zum Text.

Houellebecq findet schließlich seine letzte Ruhe unter einer, abgesehen von seinem Namenszug und dem Möbiusband, buchstäblich leeren Grabplatte aus schwarzem Basalt, einem materiellen Ding von jener Kompaktheit, die den jungen Fotografen Jed am Anfang seiner künstlerischen Karriere fasziniert hatte, zudem einem Objekt von goncourtpreisverdächtiger Monumentalität. Jed endet lyrisch, in einer alles überwuchernden Vegetation, die ihn wie alles Organische zu Beginn seiner Laufbahn abgestoßen hatte und der er am Ende seines Lebens die Welt, die Menschheit insgesamt⁴⁸ und sich selbst überlässt. Die Lebensläufe Jeds und *Houellebecqs* und die von ihnen praktizierten *beaux-arts*, Malerei und Literatur, verschlingen sich ineinander.

Jed und *Houellebecq* bilden ästhetisch und professionell eine produktive Kooperative. Das gewissermaßen greifbare Produkt dieser imaginären Kooperative der Künste, Houellebecqs Roman *La carte et le territoire*, ist – im Sinne des

---

der einschlägigen Debatten über die Prinzipien der *beaux-arts* seit dem 18. Jahrhundert an dieser Stelle korrekter als dt. *Aneinanderreihung* (so hat Uli Wittmann übersetzt, vgl. M. HOUELLEBECQ, *Karte und Gebiet*, aus dem Französischen von Uli Wittmann, Köln, Dumont, 2011, 248).

47 M. HOUELLEBECQ, *La carte* […] (Anm. 1), 412.
48 »[…] semblant dans les dernières vidéos se faire le symbole de l'anéantissement généralisé de l'espèce humaine.« *Ibidem*, 428.

im Roman künstlerisch gewürdigten Berufsethos (»*hommage au travail humain*«)[49] – solide gefertigt: In der William Morris-Filiation des Textes gesehen erscheint Houellebecqs aktueller Roman als ein degeneratives literarisches Spätprodukt des *Arts and Crafts Movement*.[50]

---

49 *Ibidem*, 51.
50 Antonia S. Byatt – übrigens auch Spezialistin für die Geschichte der Porträtistik – hat dem *Arts and Crafts Movement* 2009 einen wunderbaren Roman gewidmet, *The Children's Book*, London, Chatto & Windus, 2009; vgl. EAD., *Portraits in Fiction*, London, Chatto & Windus, 2001.

Gerhild Fuchs (Innsbruck)

Gegenläufige Strategien der Figurendarstellung in Gianni Celatis *Costumi degli italiani*

Vor dem Hintergrund einer traditionellen Definition des literarischen Porträts, wie sie etwa von Edmund Heier vorgelegt wurde – als ein »device of characterization within a literary work«, das die Funktion habe, »to delineate character via external appearance« und auf diesem Weg »definite character traits« zu offenbaren[1] –, muss eine Untersuchung zu dem italienischen Gegenwartsautor Gianni Celati gleich vorweg mit der Feststellung beginnen, dass von einer solchen Form des literarischen Porträts bei ihm nicht die Rede sein kann. Die für Celati charakteristischen Novellen[2] wie jene des 1985 erschienenen Erzählbandes *Narratori delle pianure* (auf den sein Bekanntheitsgrad bei der internationalen Leserschaft in erster Linie zurückgeht) zeichnen sich vielmehr gerade dadurch aus, dass die handelnden Figuren gar keine wirkliche Individualisierung erfahren (es wird meist nur mittels ganz und gar generischer Bezeichnungen wie »il radioamatore«, »la ragazza giapponese« oder »il bambino/la bambina«[3] auf sie verwiesen, und es fehlen fast durchweg Beschreibungen ihres Äußeren), sondern ihr Charakterprofil primär durch die Darlegung ihrer Handlungs- und Denkweisen erhalten. Da letztere überdies von der Erzählin-

---

1 E. HEIER, *The Literary Portrait as a Device of Characterization*, in »Neophilologus«, 60, 1976, 321–322.
2 In einem Interview mit Bob Lumley spricht sich Celati im Hinblick auf seine Erzählungen für die Bezeichnung ›Novellen‹ aus. Während die ›Kurzgeschichte‹ (›Short Story‹), so Celati, die Dinge ›szenisch‹ darstelle, indem eine Dialogszene bzw. Situation an die nächste gereiht werde, gehe es in seinen Erzählungen, nach dem Modell Boccaccios, um die narrative Organisation der »repetitive experience of life«, innerhalb derer die dialoghafte Szene nur vereinzelt als erzählerischer Höhepunkt vorkomme. G. CELATI, *The Novella and the New Italian Landscape. Interview with Bob Lumley*, in »Edinburgh Review«, LXXXIII, 1990, 42. Dass diese Gattungsbezeichnung für Celatis Geschichten tatsächlich die am besten geeignete ist, argumentiert F. GATTA, in *Le condizioni del narrare. Il cinema naturale di Gianni Celati*, in *Gianni Celati*, a cura di M. Belpoliti e M. Sironi, Milano, Marcos y Marcos, 2008 (Riga, 28), 267–274. Auch für die Geschichten der *Costumi* soll daher die Gattungsbezeichnung »Novellen« verwendet werden.
3 G. CELATI, *Narratori delle pianure*, Milano, Feltrinelli, 1991³ (Universale Economica Feltrinelli, 1027), 11 ff., 16 ff. und 21 ff.

stanz nicht erklärt, geschweige denn psychologisch ausgedeutet werden, münden Celatis Geschichten nicht nur häufig in eine Art »moral inconclusiveness«[4] ein, sondern unterminieren auch die Stringenz der Handlungslogik. Gemeinsam mit weiteren formalen Konstanten, wie der Bevorzugung kurzer oder fragmentarischer Textformen und der Annäherung an die Modalitäten mündlichen Erzählens, werden diese Besonderheiten der Figurendarstellung in der Sekundärliteratur als Teil einer Poetik des »Minimalismus« verortet.[5] Meist im selben Atemzug wird zudem das Schlagwort der »Archäologie« aufgerufen, um auf Celatis programmatische Hinwendung zu geringgeschätzten, marginalen oder peripheren Gegenständen des Erzählens und Beschreibens zu verweisen, ein Aspekt, der immer wieder schlüssig mit dem »pensiero debole«, jener spezifisch italienischen, durch Denker wie Gianni Vattimo oder Aldo Rovatti geprägten Variante postmodernen Denkens, in Zusammenhang gebracht wird.[6] Auch die in *Narratori delle pianure* auftretenden Handlungsfiguren erscheinen mithin als »personaggi ›semplici‹, minori, che riflettono la ›debolezza‹ del soggetto postmoderno«.[7] Grundsätzlich gelten die hier getroffenen Zuschreibungen hinsichtlich Minimalismus und Archäologie ebenso für die Erzählbände *Quattro novelle sulle apparenze* (1987) und *Cinema naturale* (2001), auch wenn die dort versammelten Novellen durchweg um einiges länger sowie in der Handlungsführung häufig komplexer sind. Quer durch alle drei Bände ist des Weiteren die Reflexion über das Geschichtenerzählen bzw. dessen metanarrative Thematisierung eine wesentliche Konstante und spiegelt sich Mündlichkeit darüber hinaus in dem bewusst ›einfachen‹ Stil Celatis mit seinen parataktischen Satzstrukturen und der – für verschriftlichte Erzählliteratur untypischen – Verwendung des *passato prossimo* statt des *remoto*.

---

4 R. WEST, *Gianni Celati. The Craft of Everyday Storytelling*, Toronto, University of Toronto Press, 2000 (Toronto Italian Studies), 73.

5 So etwa in den Aufsätzen: R. WEST, *Gianni Celati and Literary Minimalism*, in »L'anello che non tiene. Journal of Modern Italian Literature«, 1, 1989, 11 – 29, und P. KUON, *La poetica del ›semplice‹: Celati & Co.*, in *Voci delle pianure*, Atti del Convegno di Salisburgo (23 – 25 marzo 2000), hgg. v. P. Kuon u. M. Bandella, Firenze, Cesati, 2002 (Quaderni della Rassegna, 24), 157 – 176, oder in der Monographie: D. REIMANN, *Osservare il silenzio. Poetik der Archäologie und Minimalismus in der italienischen Erzählliteratur der achtziger und neunziger Jahre*, Heidelberg, Winter, 2005 (Studia Romanica, 127). Zum Aspekt der Mündlichkeit siehe: M. SPUNTA, *Voicing the World. Writing Orality in Contemporary Italian Ficiton*, Oxford u.a., Lang, 2004.

6 Siehe auch hierzu die soeben angeführte Monographie von D. REIMANN, *Osservare il silenzio* (Anm. 5), sowie: P. SCHWARZ LAUSTEN, *L'abbandono del soggetto. Un'analisi del soggetto narrato e quello narrante nell'opera di Gianni Celati*, in »Revue Romane«, 37/1, 2002, 105 – 132 (hier v. a. 118 ff.), und L. FERRARA, *Archeologie del narrare. Tra Calvino e Celati*, in »Esperienze Letterarie«, XVI, 1991, 4, 98 – 108.

7 M. SPUNTA, *Lo spazio delle pianure come ›territorio di racconti‹: verso la foce con Gianni Celati*, in »Spunti e Ricerche: Rivista d'Italianistica«, XVIII, 2003, 8.

Von einer Figurendarstellung im Sinne des traditionellen literarischen Porträts,[8] dem die (schon seit der Moderne abhanden gekommene) Vorstellung eines sicheren Zugriffs auf das Wesen der zu beschreibenden Person zugrunde liegt, kann in diesen Werken, wie gesagt, nicht die Rede sein. Ein wenig anders stellt sich die Sachlage allerdings in Celatis bislang letzten beiden Erzählbänden aus dem Jahr 2008 dar, die deshalb Gegenstand der vorliegenden Untersuchung sein sollen. *Costumi degli italiani I: Un eroe moderno* und *Costumi degli italiani II: Il benessere arriva in casa Pucci*,[9] die gewissermaßen dem Alterswerk des 1937 geborenen Autors zugerechnet werden können, bilden eine Art ideelle Brücke zwischen den beiden großen schöpferischen Phasen im literarischen Werk Celatis, deren erste mit Romanen wie *Comiche* (1971), *Le avventure di Guizzardi* (1973), *La banda dei sospiri* (1976) und *Lunario del paradiso* (1978) an eine literarische Tradition der Körperlichkeit, des ausschweifenden, lustvollen Fabulierens und vor allem des Komischen anschließt, während die zweite Schaffensphase ab den achtziger Jahren,[10] wie kurz ausgeführt, zu einer minimalistischen Schreibweise tendiert und dabei melancholisch-ernste, häufig auch kritische Untertöne besitzt.[11] Abgesehen von der Synthese eigener Schreibweisen enthalten die beiden Bände der *Costumi italiani* aber freilich auch Anklänge an diverse, von Celati seit jeher hochgeschätzte Autoren der italienischen Literaturtradition. Das Spektrum dieser literarischen Vorbilder beginnt chronologisch mit Ariosto, dessen von Sonderlingen und Verrückten bevölkerte Erzählwelt sich laut Paulo Mauri in den Figuren von Celatis Geschichten abbildet,[12] geht weiter mit Leopardi, auf dessen »Discorso sopra lo stato presente dei cos-

---

8 Gemeint ist hier vornehmlich das literarische Personenporträt im Stile eines Balzac, der als exemplarischer Repräsentant der Porträtkunst gilt. Siehe dazu T. Koch, *Literarische Menschendarstellung. Studien zu ihrer Theorie und Praxis*, Tübingen, Stauffenburg, 1991 (Romanica et comparatistica, 18), 99 ff.
9 G. Celati, *Costumi degli italiani I. Un eroe moderno*, Macerata, Quodlibet, 2008 (Compagnia Extra, 3), und G. Celati, *Costumi degli italiani II. Il benessere arriva in casa Pucci*, Macerata, Quodlibet, 2008 (Compagnia Extra, 4). Drei der in den beiden Bänden veröffentlichten Geschichten (»Vite di pascolanti« und »Un eroe moderno« aus dem ersten, sowie »Un episodio nella vita dello scrittore Tritone« aus dem zweiten Band) waren bereits 2006 unter dem Titel *Vite di pascolanti* (Roma, Nottetempo) erschienen. In der deutschen Übersetzung wurden die insgesamt sieben Novellen der *Costumi* in einem Band zusammengefasst und unter dem Titel *Was für ein Leben! Episoden aus dem Alltag der Italiener* bei Wagenbach (2008) veröffentlicht.
10 Zu dieser zählt neben den Novellen auch die halbdokumentarische sowie die phantastische Reiseliteratur Celatis: *Verso la foce* (1989), *Avventure in Africa* (1998) und *Fata Morgana* (2005).
11 Zur impliziten Gesellschafts- bzw. Zivilisationskritik bei Celati siehe beispielsweise G. Fuchs, *Globalisierte Nicht-Orte: Die Kritik an der ökonomischen Überformung der Poebene bei Gianni Celati*, in *Literatur und Ökonomie*, hgg. v. S. Klettenhammer, Innsbruck/Wien/Bozen, StudienVerlag, 2010 (Angewandte Literaturwissenschaft, 8), 184–199.
12 P. Mauri, *Celati. Un mondo di strambi e di lunatici*, in »La Repubblica«, 04/07/2008.

tumi degl'Italiani« der Titel der beiden Bände als Replik verstanden werden kann, und endet bei seelenverwandten Erzählern des 20. Jahrhunderts wie Cesare Zavattini, Federico Fellini[13] sowie, als einem von Celatis »maestri più grandi« im Hinblick auf »ambientazione« und eingenommenen »sguardo«, Antonio Delfini.[14] Dieses bewusste Andocken an die literarische Tradition (mit Blick auf das Gesamtwerk wären etwa auch Ruzante, Folengo, Boiardo und, ganz besonders, Dante hinzuzufügen) kennzeichnet in jeweils unterschiedlicher Weise Celatis gesamtes Werk. Im Falle der *Costumi*-Geschichten, so soll im Folgenden gezeigt werden, schlägt sich dies, als Neuerung gegenüber den zuvor erschienenen Erzählbänden, in der Verwendung anachronistischer Techniken der Beschreibung und des Erzählens nieder, die vor allem die Figurendarstellung betreffen und unter dem Stichwort der Typisierung gefasst werden können. Zugleich wird die den früheren Novellen zugrunde liegende Poetik des Minimalismus und der Archäologie aber durchaus fortgeführt und geht mit den anachronistischen Modi der Figurendarstellung eine eigenwillige Synthese ein, um deren Darlegung es in den folgenden Ausführungen gehen soll.

Zunächst aber noch einige einführende Bemerkungen zur Erzählanlage in *Costumi degli italiani*. Von den vorausgehenden Novellen Celatis unterscheiden sich letztere bereits recht markant durch ihre zeitliche und räumliche Situierung. Herausstechend an *Narratori delle pianure* und teilweise an den *Quattro novelle* sowie *Cinema naturale* war (wie in der Sekundärliteratur vielfach besprochen[15]) die dezidierte Thematisierung der padanischen Provinz der Gegenwart, insbesondere deren suburbaner Zonen mit ihren seelenlosen Wohnsiedlungen, ins Nichts hineingebauten Einkaufs- und Vergnügungszentren und smogflimmernden Industriezonen – lauter klassischen ›Nicht-Orten‹ in der Definition Marc Augés.[16] Die erzählten Geschichten kreisten mithin primär um die Handlungsweisen und Überlegungen, mit denen Individuen auf diese spezifischen Umstände ihrer Lebenswelt reagieren bzw. um die Art und Weise, wie sie damit zurechtzukommen versuchen.[17] Mit seinen jüngsten Novellen versetzt

---

13 Vgl. M. BELPOLITI, *Eroi arcitaliani*, in »L'Espresso«, 10/07/2008.
14 Vgl. P. MAURI, *Celati* (Anm. 12).
15 Siehe beispielsweise P. KUON, ›*La vita naturale, cosa sarebbe*‹. *Modernität und Identität in Gianni Celatis* ›*Narratori delle pianure*‹, in »Italienisch. Zeitschrift für italienische Sprache und Literatur«, XXXVII, Mai 1997, 24–36, oder G. FUCHS, ›*Sto scrivendo in una nebulosa di gas depressivo*‹. *Die Poebene im Spiegel der zeitgenössischen italienischen Erzählliteratur*, in *Reflexe eines Umwelt- und Klimabewusstseins in fiktionalen Texten der Romania*, hgg. v. K. Klettke u. G. Maag, Berlin, Frank & Timme, 2010, 243–264.
16 Vgl. M. AUGÉ, *Orte und Nicht-Orte. Vorüberlegungen zu einer Ethnologie der Einsamkeit*, aus dem Französischen von M. Bischoff, Frankfurt a.M., S. Fischer Verlag, 1994.
17 Kuon sprach diesbezüglich von einer literarischen »Bestandsaufnahme der ›conditio humana‹ unter den Bedingungen der modernen Zivilisation, und zwar am Paradigma der Bassa Padana, die wie kein anderer italienischer Kulturraum zum Experimentierfeld einer gewaltsamen Modernisierung wurde« (P. KUON, ›*La vita naturale, cosa sarebbe*‹ (Anm. 15), 27).

uns Celati hingegen in ein vergangenes, ganz anderen Bedingungen unterworfenes Italien, nämlich jenes des Wirtschaftsbooms der fünfziger Jahre, und macht eine Stadt zum gleichbleibenden Schauplatz aller sieben Geschichten. Letztere besitzt, wie noch genauer zu zeigen sein wird, sämtliche Merkmale einer ›typischen‹ Provinzstadt und repräsentiert, im Unterschied zu den ausufernden Stadtperipherien in *Narratori delle pianure*, einen geschlossenen Raum, fast eine Art *huit clos*, innerhalb dessen sich ein überschaubares, begrenztes Figurenrepertoire bewegt, eben diverse Stadtbewohnerinnen und -bewohner, von denen einige in mehr als einer Geschichte auftreten und wie in einem Reigen in unterschiedliche Beziehungskonstellationen zueinander treten.

Im Hinblick auf die innerwerkliche Motivierung dieses Figurenreigens ist noch ein weiterer, grundlegender Unterschied zu den vorausgehenden Erzählungen zu nennen, nämlich die autobiographische Fiktion, aus der sich die Geschichten der *Costumi* entfalten: Was wir von den diversen Stadtbewohnern erfahren, sind – so wird nach und nach erkenntlich – samt und sonders Erinnerungen eines Ich-Erzählers, der an seine in besagter Stadt[18] verbrachte Jugend- bzw. Gymnasialzeit zurückdenkt und dessen erinnertes, adoleszentes Ich auch selbst manchmal am Rande als Handlungsfigur auftaucht. Zwar bleibt dieses erzählte (wie auch das erzählende) Ich namenlos, jedoch erfahren wir, dass sein Vater ein gewisser »signor Celati« ist, der im Übrigen schriftstellerische Ambitionen hegt.[19] Auch in *Narratori delle pianure* (und anderen der vorausgehenden Novellen) meldet sich, meist am Textbeginn, ein erzählendes ›Ich‹ zu Wort; dieses ist dort aber kein an der Figurenwelt teilhabendes, sondern identifiziert sich mit der persönlichen Erzählerfigur eines *narratore ambulante*, welcher vorgibt, das zu Erzählende irgendwo gehört zu haben und nun ›wieder‹ zu erzählen.[20] Ganz anders in den *Costumi*, wo es sich tatsächlich um einen (um mit Genette zu sprechen) homodiegetischen Ich-Erzähler handelt, der zwar (im Unterschied zum autodiegetischen) nicht als handelnde Figur selbst im Mittelpunkt steht, aber Teil der Erzählwelt ist und als *I as witness* auf deren Ereig-

---

18 Man könnte an eine der Städte von Celatis wechselndem Aufenthalt als Kind und Jugendlicher denken: Sondrio, Belluno, Ferrara. In jedem Fall entsteht, wie in der Folge noch deutlich gemacht wird, das Bild einer typischen italienischen Kleinstadt, in der sich alle kennen. Daher ist die Hypothese, es könnte sich um Bologna handeln (vgl. P. MAURI, *Celati* [Anm. 12]), eher zu verwerfen. Laut Marco Belpoliti handelt es sich jedenfalls um »spazi urbani che non esistono più, forse una Ferrara tra De Chirico e Antonioni, una città da film neorealista, in una età in cui esistevano ancora i Bar Sport, le tabaccherie piene di pensionati che chiacchierano intensamente di tutto e stanno a guardare le donne che passano« (M. BELPOLITI, *Sagome sfuocate e anni Settanta*, in *Gianni Celati* (Anm. 2), 223).
19 G. CELATI, *Costumi degli italiani II* (Anm. 9), 48.
20 Als Beispiel siehe den Beginn der ersten Novelle der *Narratori*: »Ho sentito raccontare la storia d'un radioamatore di Gallarate [...]« (G. CELATI, *Narratori delle pianure* (Anm. 3), 11).

nisse blickt.[21] Dabei lässt die Erzählinstanz der *Costumi* immer wieder die (metatextuelle) Fiktion einer Gleichzeitigkeit des Ungleichzeitigen entstehen, indem die Erzählinhalte auf suggestive Weise als Szenario aufgerufen werden, welches ›hier und jetzt‹ vor den Augen des Ich-Erzählers abzulaufen scheint. Als Beispiel mag der Trauerzug beim Begräbnis des Vaters von Zoffi in der Erzählung »Un eroe moderno« dienen, wo es heißt: »Vicino al carro vedo Zoffi con sua madre in lutto, seguito da altri che per il momento mi restano sconosciuti. Poi vengono i suoi amici, tra cui il sottoscritto quindicenne e i suoi compagni di scuola Fregatti e Barattieri.«[22] Generell lässt die Erzählinstanz den Eindruck entstehen, als würden die Erinnerungen erst während des Erzählens bzw. Schreibens selbst, ja sogar ›durch‹ den Akt des Schreibens, dem Sumpf des Vergessens entrissen werden: »Adesso con la penna che scivola sul foglio spuntano tanti fatti che vengono su da una palude di cose dimenticate, portando a galla posti e persone che devono esserci stati da qualche parte sotto il cielo.«[23] Es ist, als blickte das Erzähler-Ich im Akt des Erzählens, welcher sich in einem fiktiven ›Jetzt‹ der Erzählzeit situiert, in eine Art *tableau vivant* hinein, in dem sich ihm verschiedene Personen seiner Vergangenheit (einschließlich des eigenen vergangenen Ichs) quasi als zu besprechende Figuren präsentieren.

Lässt nun bereits dieser metatextuelle Kunstgriff Ansätze zu einer auktorialen Erzählhaltung erkennen, so kann besonders auch im Hinblick auf die Art und Weise, wie bestimmte Handlungsfiguren beschrieben werden, von auktorialen Formen der Figurencharakterisierung gesprochen werden. Gemeint ist damit eine Technik der direkten, aus Erzählerperspektive vorgenommenen Figurencharakterisierung, die – wie beim literarischen Porträt der Fall – mittels Evokation äußerer Attribute Rückschlüsse auf das Wesen der betreffenden Figur suggeriert oder auch selbst zieht. Celati wendet diese Technik bei der ersten Vorstellung oder Einführung der Figuren fast durchgehend an; so beginnt gleich die erste Erzählung des ersten Bandes mit den Sätzen »Pucci da giovane era mingherlino, timido e anche vestito male, e andava via con la testa bassa, anche storta da una parte. Forse teneva la testa così perché aveva il cervello fuori squadra, come diceva suo padre.«[24] Während aber diese einführende Typisierung im Hinblick auf bestimmte Figuren (meist Mittelpunktsfiguren der Geschichten) im weiteren Erzählverlauf durch gegenläufige Darstellungsmecha-

---

21 In der Terminologie Jochen Vogts handelt es sich um eine Retrospektive mit Randstellung des Ich-Erzählers. Vgl. J. Vogt, *Aspekte erzählender Prosa: eine Einführung in Erzähltechnik und Romantheorie*, München, Fink, 2006[10] (UTB, 2761), 78.
22 G. Celati, *Costumi degli italiani I* (Anm. 9), 47. Weitere Beispiele: G. Celati, *Costumi degli italiani II* (Anm. 9), 46–47, 61, 98.
23 G. Celati, *Costumi degli italiani I* (Anm. 9), 22. Eine ähnliche Form der Retrospektive findet man stellenweise auch in Celatis ›Jugendroman‹ *Lunario del paradiso*.
24 G. Celati, *Costumi degli italiani I* (Anm. 9), 11

nismen konterkariert wird, bleiben andere, vorwiegend Randfiguren, zumeist in deterministischer Weise der einmal getroffenen Zuschreibung verhaftet. Dass diese in manchen Fällen einen geradezu aphoristischen, sentenzenhaften Charakter annehmen kann (und damit wohl dezidiert eine anachronistische Wirkung anstrebt), sei nur kurz an folgender Figurencharakterisierung demonstriert: »Il tipografo Catenacci aveva una gamba rigida e una forte inclinazione per gli imperativi categorici.«[25] Ein wenig genauer soll diese Technik an zwei Randfiguren der ersten *Costumi*-Geschichte, »Vite di pascolanti«, demonstriert werden. Dort wird eine Schulkollegin des Ich-Erzählers, die hübsche und strebsame Veratti, folgendermaßen in die Handlung eingeführt:

> Ragazza ben piantata che tutti dicevano bella, la compagna Veratti oltre al pianoforte e alla bravura scolastica aveva la specialità dei sorrisi smaglianti di buona educazione. Cosa che faceva molto colpo a quei tempi, perché noi non lo sapevamo ancora che si potessero fare dei sorrisi così per niente. Per cui tante volte uno si faceva delle idee, credendo di esserle simpaticissimo, mentre magari lei non l'aveva mai guardato.[26]

Tatsächlich taucht die unverbindliche Wohlerzogenheit der Veratti als ›erwartetes Detail‹ der Figurenbeschreibung[27] an mehreren Stellen dieser ersten Geschichte, und sogar neuerlich in einer Novelle des zweiten Erzählbandes, auf.[28] Mit dieser Charaktereigenschaft und dem dazu passenden Äußeren tritt die »compagna Veratti« in »Vite di pascolanti« in eine signifikante Frontstellung zu einer anderen Randfigur, Bordignoni, ein, der ihr mit seiner Grobschlächtigkeit und – auch mentalen – Schwerfälligkeit quasi diametral entgegensteht:

> Bordignoni [...] era grosso dappertutto, e aveva i denti grossi, la fronte grossa, il naso grosso, gli occhi grossi, le mani grosse, i piedi come due badili, il collo che non si distingueva dalle spalle da tanto che era grosso. Poi aveva le palpebre calate sempre a metà occhio, che non riusciva a vedere il cielo, Bordignoni.[29]

Wie sein Schulkollege Pucci, für den die Veratti eine vorübergehende Vorliebe entwickelt, möchte auch Bordignoni, vom strahlenden Lächeln des hübschen Mädchens fälschlicherweise ermuntert, ihr zuhause Besuche abstatten und beim Klavierspiel zuhören, was sie jedoch schnell wieder abstellt. Ein wesentlicher Hintergrund hierfür ist auch der gesellschaftliche Klassenunterschied, durch den das Mädchen aus gutem Haus, Tochter des »ingegner Veratti«, und Bor-

---

25 G. Celati, *Costumi degli italiani II* (Anm. 9), 53.
26 G. Celati, *Costumi degli italiani I* (Anm. 9), 13–14.
27 Vgl. K.-H. Hartmann, *Wiederholungen im Erzählen. Zur Literarität narrativer Texte*, Stuttgart, Metzler, 1979 (Studien zur Allgemeinen und Vergleichenden Literaturwissenschaft, 17), 75. Auch die Termini der »Mittelpunktsfiguren« und »Randfiguren« sind Hartmann entnommen (vgl. 71).
28 Vgl. G. Celati, *Costumi degli italiani II* (Anm. 9), 95.
29 G. Celati, *Costumi degli italiani I* (Anm. 9), 14–15.

dignoni, »ragazzo popolare del quartiere Mame«,[30] voneinander getrennt sind. Er bewirkt, dass Bordignoni die »sorrisi di buona educazione« der Veratti von Grund auf missversteht, sind diese doch für ihn »delle novità assolute come poniamo il telefono per quelli della Papuasia«.[31]

Die schichtenspezifische Zuweisung der Figuren ist nun ein weiterer, stark ins Gewicht fallender Teil der auktorialen Beschreibungsstrategie, die Celati in *Costumi degli italiani* zur Anwendung bringt. Tatsächlich findet eine Aufteilung der Figuren- und Erzählwelt in klar voneinander unterschiedene Gesellschaftsschichten statt, welche auf geradezu exemplarische Weise zugleich räumlich in den diversen Stadtvierteln verortet werden. So gibt es das als arm verrufene Viertel Mame (aus ihm stammt neben Pucci und Bordignoni auch die Familie des Ich-Erzählers), das Mittelstandsviertel Sant'Isidoro (hier ist etwa der gut gekleidete Malaguti, kritischer Romanleser aus »Un episodio nella vita dello scrittore Tritone«, zuhause) und schließlich das »quartiere Comboni«, in dem die wirklich Wohlhabenden und Angesehenen wie die Familie Veratti wohnen. Wie sehr auch dieser Faktor der sozialen Zugehörigkeit einen fast deterministischen Stellenwert gewinnt, wird ebenfalls gleich in der ersten Geschichte durch die Beschreibung eines für italienische Provinzstädte (teilweise auch heute noch) typischen Ritus' deutlich, nämlich des allabendlichen Flanierens und Sich-zur-Schau-Stellens auf der zentralen Piazza:

> La città aveva una piazza centrale con listone e portici dove la gente andava a passeggio verso sera. [...] C'erano gli avvocati, i notai, i bancari, i cittadini emeriti, gli elegantoni, i figli di commercianti e i rampolli delle migliori famiglie, col codazzo di amici che volevano partecipare alla bella vita. Poi c'erano i semplici pascolanti come me e Pucci e Bordignoni, che c'entravano poco con quell'anda di cordialità serali.[32]

Der öffentliche Raum, so geht auch aus anschließenden Beschreibungen deutlich hervor,[33] wird von der bürgerlichen Mittel- und Oberschicht besetzt, die sich zugleich die Geschmacks- und Meinungskontrolle sichert, was metaphorisch in der »arietta densa di pettegolezzi e di condanne morali che sentivamo fischiare alle nostre orecchie«[34] zum Ausdruck kommt. Das ›Wir‹ ist hierbei ebenfalls ganz klar gesellschaftlich verortet, es umfasst sozusagen die ausgegrenzte, verachtete Gruppe der »semplici pascolanti«, der »ragazzi popolari del quartiere Mame«. Die Sympathielenkung läuft dabei unverhohlen zu letzteren hin, während die Vertreter der ›Reichen‹ größtenteils eine – zumindest implizite – Verurteilung erfahren. Als Beispiel sei die eindrucksvolle, fellineske Gestalt der

---

30 *Ibidem*, 15.
31 *Ibidem*.
32 *Ibidem*, 18.
33 *Ibidem*, 19, 22.
34 *Ibidem*, 19.

Signora Giunone, dominante Mutter des »eroe moderno« Zoffi, genannt, die ihrerseits gleich schon als markanter Typus in das Erzählgeschehen eingeführt wird:

> Lei era una vedova spavalda con capelli tinti di biondo, che camminava tenendo la testa alta, le spalle dritte e molto all'indietro, di modo che il petto venisse molto in avanti. Grossa dappertutto, portava tacchi così alti che le davano slancio in verticale, e sottane così strette che formavano un conoide ribaltato. Dall'alto dei suoi tacchi, la signora Giunone guardava tutti dall'alto in basso, come una che non ha bisogno di nessuno, essendo tra l'altro molto fiera del proprio personale.[35]

Das hochmütige Wesen der Signora Giunone wird im weiteren Verlauf des Erzählbandes nicht nur immer wieder bestätigt, sondern dabei auch verschärft: Gegenüber ihrem eigenen Sohn Zoffi in »Un eroe moderno«, wie auch gegenüber dem bedauernswerten Bacchini, Titelfigur von »Il bancario incanalato«, tritt sie im Verein mit ähnlich gesinnten Honoratioren der Stadt (dem »finanziere Gaibazzi« und dem Unternehmer Minosse) als berechnende, menschenverachtende Geschäftsfrau und Kapitalistin auf, der in Form des nach ihr benannten ersten Hochhauses der Stadt gar ein emblematisches Denkmal gesetzt wird.[36]

Bei diesen für einen Autor wie Celati durchaus ungewohnten Rückgriffen auf die Strategien literarischer Typenbildung, also der bewussten Konstruktion »flacher« Charaktere,[37] ist nun freilich der komische Grundton, in den alle sieben Novellen getaucht sind, mit in Betracht zu ziehen. Üblicherweise wird bei einem Aufeinandertreffen von humoristischer Grundhaltung und zugespitzter Entlarvung menschlicher Verhaltensweisen von ›Satire‹ gesprochen – ein Terminus, der im Falle Celatis aber trotz allem nicht zu passen scheint, wie man auch gerade ihm, der sich absolut gesetzten Zuschreibungen und welterklärenden Posen in all seinen Werken widersetzt hat,[38] nur schwerlich Moralismus unterstellen möchte.[39] Tatsächlich muss bei genauerer Betrachtung der Art und Weise, wie Celati seine überzeichneten Typen im geschlossenen System einer (ebenfalls überzeichneten) italienischen Provinzstadt der fünfziger Jahre in

---

35 Ibidem, 54.
36 Ibidem, 109.
37 Der Terminus stammt bekanntlich von E.M. FORSTER, Ansichten des Romans, 1949 (Aspects of the Novel, 1927[1]). Wie Karl-Heinz Hartmann über derart typisierte Charaktere treffend schreibt, scheinen »Personen einer Erzählung, die in markanten und wiederholt beschriebenen Zügen erfaßt werden, [...] ein für allemal abgestempelt, eindimensional, unveränderbar, von den geschilderten Ereignissen in ihrem Wesen letztlich unberührt und daher ohne Entwicklung, ein Gegenstück zu den komplexen, wandlungsfähigen, unausrechenbaren Figuren« (K.-H. HARTMANN, Wiederholungen im Erzählen (Anm. 27), 70).
38 Siehe dazu etwa R. WEST, Gianni Celati and Literary Minimalism (Anm. 5).
39 Dies tut etwa Marco Belpoliti, wenn er in einer Rezension zu »Vite di pascolanti« schreibt: »La vocazione moralistica di Celati è andata crescendo di libro in libro [...]« (M. BELPOLITI, Sagome sfuocate e anni Settanta, in Gianni Celati (Anm. 2), 223).

Szene setzt, sehr viel eher von einer ›parodierten‹ Gesellschaftssatire gesprochen werden. Das ironische Operieren mit Wesenszügen und Handlungsweisen, die überdeutlichen Klischeecharakter aufweisen, lässt sich beispielsweise an den Entwicklungen rund um die junge Urania in »Il bancario incanalato« gut nachvollziehen. Als Ehefrau der Titelfigur, des Bankbeamten Bacchini, trägt sie stark bei zu dessen wachsendem Gefühl, dass sein Leben in genau vorgezeichneten Bahnen verlaufe, indem sie sämtliche ehelichen und hausfraulichen Verhaltensregeln aus einer neu auf den Markt gekommenen Illustrierten für Frischvermählte bezieht. Dieselbe »rivista illustrata per sposi novelli« wird auch ihr Rettungsanker, als sie sich durch die zweite Romanveröffentlichung ihres Gatten (er beschreibt darin einen Mann, dessen Inneres sich nicht mit dem Äußeren deckt) persönlich hinterfragt fühlt: Sie schreibt an die Ratgeber-Rubrik der Illustrierten und erhält von »Madama Ester« den Rat, derartige »idee morbose« nicht zu dulden, engagiert daraufhin einen Privatdetektiv und überführt Bacchini (der zwar unschuldig, aber unfähig ist, der Ehefrau Rede und Antwort zu stehen, ohne dabei »le sue incredibili colpe« einzugestehen) kurzerhand des Ehebruchs.[40] Wenn nach alledem bekräftigt wird, dass Urania selbst aus diesen Ehewirrnissen ungeschoren hervorgeht, liegt die spielerisch-parodistische Diffamierung der Figur auf der Hand:

> Del resto il dentro e il fuori dell'Urania collimavano sempre benissimo, con o senza l'impiegato Bacchini. Lei era una ragazza sana e non s'era neanche mai sentita troppo incanalata nella vita: al contrario, un incanalamento come si deve la faceva prosperare anche fisicamente.[41]

Der parodistische Effekt entsteht freilich nur dann, wenn der Unernst solcher impliziten Diffamierungen dem Leser zu erkennen gegeben wird, was wiederum nur durch eine klar signalisierte Unzuverlässigkeit der Erzählinstanz bewerkstelligt werden kann. Hinweise hierfür finden sich in *Costumi degli italiani* tatsächlich nicht nur zwischen den Zeilen, sondern wiederholt auch auf expliziter Textebene, etwa durch Wendungen wie »non so cos'abbia sentito [...]«,[42] »Però mi viene in mente che deve essere successo qualcos'altro [...]« und »Ma perché lei stava così distesa? Vorrei saperlo anch'io.«[43] oder auch das Bekenntnis »Non so, immagino tutto [...]«,[44] mit dem (wenn auch nur punktuell) eine vollständige Verdrängung der Erinnerung zugunsten der puren Imagination der Geschehnisse offenbart wird. Von dieser deklarierten Unzuverlässigkeit des Erzählers ist es dann nur ein Schritt zu jener Voreingenommenheit oder

---

40 G. Celati, *Costumi degli italiani I* (Anm. 9), 93–94 u. 101–102.
41 *Ibidem*, 103.
42 *Ibidem*, 59.
43 *Ibidem*, beides 64.
44 *Ibidem*, 58.

Parteilichkeit, mit der er bestimmten Figuren – bevorzugt jenen aus der Fraktion der Angepassten, nach Wohlstand und Ansehen Strebenden – sozusagen den schwarzen Peter der Eindimensionalität und Typenhaftigkeit zuschiebt.

Aus eben dieser Unzuverlässigkeit und Parteilichkeit der Erzählerinstanz entspringt auf der anderen Seite auch die offenkundige Tendenz, den sympathietragenden Figuren der *Costumi*-Novellen eine ganz andere, zur oben skizzierten Typisierung gegenläufige Charakterdarstellung zuteilwerden zu lassen. Es liegt angesichts des bereits Gesagten auf der Hand, dass es sich bei diesen Sympathieträgern um die Unangepassten, Scheiternden, von Ansehen und Wohlstand Ausgeschlossenen, mit einem Wort: um Außenseiterfiguren handelt. Mit einem in der Celati-Kritik inzwischen eingebürgerten Terminus kann auch von diversen Varianten des »personaggio strambo« gesprochen werden,[45] wie sie in Celatis vorausgehenden Werken beider Schaffensperioden zuhauf vorkommen (womit auch gesagt ist, dass die Kontinuität der *Costumi*-Novellen mit dem Gesamtwerk Celatis auf der Ebene eben dieser Figuren zu suchen ist). Die herausragendsten »strambi« sind zweifellos Pucci aus »Vite di pascolanti«, Zoffi aus »Un eroe moderno« und Bacchini aus »Il bancario incanalato«. Jedem dieser Anti-Helden weist Celati von Anfang an eine ganz bestimmte, wiederkehrende Verhaltens- oder Denkweise zu, mit der im Grunde auch hier der Grundstein für eine Typisierung der Figur gegeben sein könnte: Pucci mit seinem schiefen Kopf hat »il cervello fuori squadra«,[46] und zwar so sehr, dass er nicht nur von der Schule ›fliegt‹, sondern mit neunzehn in einer psychiatrischen Anstalt landet; Zoffi, der das Zeug zum Intellektuellen hat, entdeckt an allem »il marcio«[47] und veräußerlicht solche negativen Gedanken mittels Pickeln und Furunkeln; Bacchini schließlich fühlt sich, wie schon kurz dargelegt, in seinem Leben als Bankangestellter und Ehemann gänzlich »incanalato«, was er mit dem Schreiben von Romanen zu bewältigen sucht. Dass es trotz derartiger »Iterationen bei der Personengestaltung«[48] zu keiner Typisierung kommt, dafür sorgen einerseits die mannigfaltigen weiteren Manifestationen der Schrulligkeit bzw. »stramberia« dieser Figuren, andererseits aber auch bestimmte subversive Darbietungsstrategien wie die Fragmentierung der Erzählinformation sowie eine spezifische Technik der impliziten Komplexitätssteigerung mittels Perspektivenwechsel und ›Zwischen-den-Zeilen-Gesagtem‹.

Die Strategie der Fragmentierung hat mit der bereits erwähnten Erzählanlage

---

45 Epifanio Ajello nennt zu Beginn seines Aufsatzes über die »strambi« bei Celati und Cavazzoni folgende Synonyme des Begriffs: »balordo, bislacco, bizzarro, lunatico, perdigiorno, strampalato, stravagante, trasognato« (E. AJELLO, *Elogio del personaggio strambo. Per Gianni Celati ed Ermanno Cavazzoni*, in ›Ridere in pianura‹. *Le specie del comico nella letteratura padano-emiliana*, hgg. von G. Fuchs und A. Pagliardini, Frankfurt a.M. u. a., Lang, 2011 (Grundlagen der Italianistik, 14), 109).
46 G. CELATI, *Costumi degli italiani I* (Anm. 9), 11.

des ›Figurenreigens‹ zu tun, also der Tatsache, dass ein und dieselbe Figur in unterschiedlichen Novellen und Beziehungskonstellationen vorkommen kann. Wie gezeigt wurde, wird dies von Celati bei manchen Randfiguren zur kontinuierlichen Verfestigung typisierender Wesenszüge verwendet. Ein gegensätzlicher Effekt entsteht, wenn ein Wesenszug nicht bestätigt, sondern ganz im Gegenteil aufgefächert, hinterfragt und konterkariert wird, was an der Figur des Pucci exemplarisch demonstriert werden soll. Wir erhalten über Pucci recht divergierende Charakterisierungen, je nachdem, in welcher Situation bzw. Geschichte wir ihn antreffen und aus welcher Warte er uns präsentiert wird. Als Freund des schwerfälligen Bordignoni und des Ich-Erzählers teilt er mit diesen die »Vite di pascolanti« und ergötzt sich an endlosen Streifzügen durch die Stadt. Gesprächig ist er dabei keineswegs, doch erscheint seine Wortkargheit in dieser Novelle nicht wirklich als Defizit, sondern – so wird einmal durch Innensicht vermittelt – möglicherweise als Reaktion auf eine vermutete Monotonie und Repetitivität des gesamten Lebens (»[...] e gli passava per la testa il dubbio che tutti facessero le stesse cose, e che tutti pensassero le stesse cose che pensava lui mangiando la minestra«).[49] Puccis Einweisung in eine psychiatrische Anstalt kommt in »Vite di pascolanti« denn auch gänzlich unvermittelt in Form einer Vorausschau und als unerklärtes Faktum zur Sprache (»Dopo è andato a finire all'ospedale psichiatrico, dove stava sempre zitto e si ripassava questi ricordi uno a uno, e io sono andato a trovarlo qualche volta.«).[50] Sein zusehendes Verstummen und scheinbares Abdriften in die Demenz erfolgt in einem ganz anderen Beziehungskontext, nämlich jenem seines Elternhauses in der Novelle »Il benessere arriva in casa Pucci«. Diese ist primär auf die Figuren der Mutter und des Vaters fokussiert, Pucci eigentlich nur ab und zu aufscheinende Randfigur; doch wird zwischen den Zeilen fassbar, dass gerade das kontinuierliche Streben nach der Erlangung des Wohlstands, dem sich die Eltern Puccis verschrieben haben (die Mutter prostituiert sich sogar dafür), die intellektuelle wie auch emotionale Verwahrlosung und den inneren Rückzug des Sohnes befördern. So ist der auch in dieser Novelle recht unvermittelt daherkommende Hinweis, dass Pucci Junior im Alter von neunzehn Jahren in psychiatrische Verwahrung aufgenommen wird, unmittelbar nach jenem Abschnitt platziert, wo – neuerlich auf implizit diffamierende Weise – von der lange herbeigesehnten Aufnahme von Vater Pucci in eine Beamtenanstellung berichtet wird:

> Il signor Pucci non era più un uomo rovinato. S'era fatto strada nel mondo, e non avrebbe mai più dovuto temere la povertà, le guerre, le carestie, le ingiustizie tra gli

---

47 G. CELATI, *Costumi degli italiani I* (Anm. 9), 49.
48 Vgl. K.-H. HARTMANN, *Wiederholungen im Erzählen* (Anm. 27), 69 ff.
49 G. CELATI, *Costumi degli italiani I* (Anm. 9), 24.
50 *Ibidem*, 26.

uomini, le mazzate dell'avversa fortuna, perché l'assunzione gli garantiva uno stipendio da uomo sistemato nel benessere perpetuo, fino al momento di scendere alla tomba e passare all'aldilà.[51]

Wie hier, so treffen auch an vielen anderen Stellen der *Costumi degli italiani* die beiden gegenläufigen Darbietungsstrategien, die diese Erzählungen prägen – Typisierung und parodistisch angelegte Personen- bzw. Gesellschaftssatire einerseits, Fragmentierung und implizite Komplexitätssteigerung andererseits –, direkt aufeinander, konterkarieren sich gegenseitig, erhellen dabei aber auch Hintergründe, Beweggründe und innere Verfasstheiten der Figuren. Neu ist im Kontext von Celatis literarischem Universum auf jeden Fall der Einsatz anachronistisch anmutender auktorialer Erzählhaltungen, in welche sich die Konzeption der »flachen« Charaktere ebenso einschreibt wie das Spiel mit der Pseudo-Satire, deren Gegenstand eben die typisierten Figuren sind. Hingegen lässt sich an einigen jener Aspekte, die bereits an Erzählbänden wie *Narratori delle pianure* herausgestellt und als Bestandteile einer spezifischen Poetik gedeutet wurden, die Kontinuität mit den vorausgehenden Werken des Autors festmachen: So präsentiert sich Celati auch mit den »personaggi strambi« der *Costumi* als ›archäologischer‹ Sammler und Liebhaber des Entlegenen, Peripheren, Ausgegrenzten,[52] und so erzielt er mittels der skizzierten Fragmentierung und Zerstreuung der Erzählinformation auch hier jene gewollt unpointierte, abschweifende Art des Geschichtenerzählens, die schon zuvor als Zeichen eines literarischen Minimalismus gewertet wurde. Auf stilistisch-grammatikalischer Ebene scheinen in den Novellen der *Costumi* durchaus noch weitere Merkmale des Minimalismus auf, etwa die parataktische Syntax und generell die Einfachheit der Erzählsprache, der Ersatz des *passato remoto* durch das *passato prossimo* oder die Verwendung des *imperfetto* auch zur Wiedergabe punktueller Ereignisse, ein Stilmittel, durch welches »si crea l'impressione di un'azione non finita, di uno spazio in cui la cronologia non conta, e in cui il tempo viene sospeso«.[53] Pia Schwarz Lausten, von der dieses Zitat stammt, bezieht sich damit zwar auf die früheren Novellenbände Celatis, doch trifft die beschriebene Wirkung auf die Geschichten der *Costumi* durchaus ebenfalls zu. Auch sie strahlen, trotz der unverkennbaren Situierung in der Zeit des Wirtschaftsbooms, eine Zeitenthobenheit aus, die Märchen oder Parabeln zueigen sind – doch auch in ihnen, wie schon in *Narratori delle pianure*, erscheinen die Dinge nur an der Oberfläche einfach und simpel. Die Komplexität tut sich bei Celati im Aufeinandertreffen scheinbar widersprüchlicher Erzählaussagen und -strategien, in kleinen Randbemerkungen und vor allem zwischen den Zeilen auf.

---

51 G. Celati, *Costumi degli italiani II* (Anm. 9), 86.
52 Vgl. L. Ferrara, *Archeologie del narrare. Tra Calvino e Celati* (Anm. 6), 98–108.
53 P. Schwarz Lausten, *L'abbandono del soggetto* (Anm. 6), 124–125.

Die Autoren – Les Auteurs – Gli Autori

Didier ALEXANDRE est Professeur de Littérature française du XXe siècle à l'Université de Paris IV-Sorbonne.

Roberto ANTONELLI è Professore ordinario di Filologia Romanza all'Università degli studi di Roma I-La Sapienza.

Rudolf BEHRENS ist Professor für Romanische Philologie, insbesondere Französische Literatur, an der Universität Bochum.

Fabienne BERCEGOL est Professeur de Littérature française du XIXe siècle à l'Université de Toulouse II-Le Mirail.

Michael BERNSEN ist Professor für Vergleichende Romanische Philologie (Literaturwissenschaft / Mediävistik) an der Universität Bonn.

Giampaolo BORGHELLO è stato Professore ordinario di Letteratura Italiana all'Università degli studi di Udine.

Furio BRUGNOLO è Professore ordinario di Filologia Romanza all'Università degli studi di Padova.

Arnaldo BRUNI è Professore ordinario di Letteratura Italiana all'Università degli studi di Firenze.

Roberta CAPELLI è Ricercatrice di Filologia Romanza all'Università degli studi di Trento.

Laurence CLAUDE-PHALIPPOU est Docteur de Littérature et Civilisation françaises et Professeur agrégé dans les »Classes Préparatoires aux Grandes Écoles scientifiques« du Lycée Pierre de Fermat à Toulouse; par ailleurs elle est membre associé à l'Équipe »Littérature et Herméneutique« de l'Université de Toulouse II-Le Mirail.

Renzo CREMANTE è Professore ordinario di Letteratura Italiana all'Università degli studi di Pavia.

Klaus-Dieter ERTLER ist Professor für Romanische Literaturen an der Universität Graz.

Angela FABRIS ist Assoziierte Professorin für Romanische Literaturwissenschaft an der Universität Klagenfurt.

Patrizia FARINELLI è Docente di Letteratura Italiana all'Università di Lubiana / Ljubljana.

Gerhild FUCHS ist a.o. Professorin für Romanische Literatur- und Kulturwissenschaft an der Universität Innsbruck.

Bernard GALLINA è Professore ordinario di Letteratura Francese all'Università degli studi di Udine.

Andreas GIPPER ist Professor für Französische und Italienische Kulturwissenschaft an der Universität Mainz.

Pierre GLAUDES est Professeur de Littérature française du XIXe siècle à l'Université de Paris IV-Sorbonne.

Andrea GREWE ist Professorin für Romanistik / Literaturwissenschaft unter besonderer Berücksichtigung des Italienischen an der Universität Osnabrück.

Elvio GUAGNINI è Professore emerito di Letteratura Italiana all'Università degli studi di Trieste.

Marie-Catherine HUET-BRICHARD est Professeur de Littérature française du XIXe siècle à l'Université de Toulouse II-Le Mirail.

Bernhard HUSS ist Professor für Romanistik, insbesondere Wissenskulturen der Frühen Neuzeit, an der Universität Erlangen-Nürnberg.

Willi JUNG ist Akademischer Direktor (Französische und Italienische Literaturwissenschaft) an der Universität Bonn.

Cornelia KLETTKE ist Professorin für Romanische Literaturwissenschaft (Französisch / Italienisch) an der Universität Potsdam.

Giosuè LACHIN è Professore associato di Filologia Romanza all'Università degli studi di Padova.

Michela LANDI è Ricercatrice di Letteratura Francese all'Università degli studi di Firenze.

Jean-Yves LAURICHESSE est Professeur de Littérature française du XXe siècle à l'Université de Toulouse II-Le Mirail.

Mario MANCINI è stato Professore ordinario di Filologia Romanza all'Università degli studi di Bologna.

Patrick MAROT est Professeur de Littérature française du XXe siècle à l'Université de Toulouse II-Le Mirail.

Franziska MEIER ist Professorin für Französische und Italienische Literaturwissenschaft an der Universität Göttingen.

Cristina NOACCO est Maître de Conférences en Littérature française du Moyen Âge à l'Université de Toulouse II-Le Mirail.

Marina PALADINI MUSITELLI è Professoressa ordinaria di Letteratura italiana all'Università degli studi di Trieste.

Gianfelice PERON è Professore associato di Filologia Romanza all'Università degli studi di Padova.

Marzio PORRO è Professore associato di Storia della lingua italiana all'Università degli studi di Milano.

Yves REBOUL est Maître de Conférences honoraire de Littérature française du XIXe siècle à l'Université de Toulouse II-Le Mirail.

Dagmar REICHARDT is Professor of Modern Italian Studies at the University of Groningen.

Mario RICHTER è stato Professore ordinario di Letteratura Francese all'Università degli studi di Padova.

Edgar SALLAGER ist a.o. Professor i.R. für Neuere Französische und Italienische Literaturwissenschaft an der Universität Klagenfurt.

Gisela SCHLÜTER ist Professorin für Romanistik, insbesondere Literatur- und Kulturwissenschaft, an der Universität Erlangen-Nürnberg.

Michael SCHWARZE ist Professor für Romanische Literaturen mit Schwerpunkt Italienische Literatur an der Universität Konstanz.

Gino TELLINI è Professore ordinario di Letteratura Italiana all'Università degli studi di Firenze.

Sylvie VIGNES est Maître de Conférences habilité à diriger des recherches à l'Université de Toulouse II-Le Mirail, spécialiste de la littérature des XXe et XXIe siècles et directrice de la revue »Littératures« aux Presses Universitaires du Mirail.

Winfried WEHLE ist emeritierter Professor für Romanische Literaturwissenschaft an der Katholischen Universität Eichstätt-Ingolstadt.

Friedrich WOLFZETTEL ist emeritierter Professor für Französische und Italienische Literaturwissenschaft an der Universität Frankfurt a. M.

Francesco ZAMBON è Professore ordinario di Filologia Romanza all'Università degli studi di Trento.

Peter V. ZIMA ist o. Professor für Allgemeine und Vergleichende Literaturwissenschaft an der Universität Klagenfurt.

Index nominum

Der *Index nominum* berücksichtigt keine Namen, die ausschließlich in den Anmerkungen vorkommen.

Abbacyr 653, 655
Addison, Joseph 215, 218 f., 223–226
Adorno, Theodor W. 519, 674
Aimeric de Peguilhan 130
Alcibiade 285, 294
Alençon, duc de 156
Alexandre le Grand 289, 290, 293
Alfieri, Vittorio 245, 278, 281
Alighieri, Dante 34, 48 f., 117–119, 122–132, 134 f., 142, 744
Althusser, Louis 673
Anacreonte 275–277
Andrea, Monte 38, 111, 125, 128 f., 135, 252, 697, 711, 756
Angiolieri, Cecco 128, 135
Angiulieri, Pacino 117, 121, 126, 129
Anouilh, Jean 580
Ansaldo, Giovanni 482, 484, 488, 492
Apollinaire, Guillaume 57, 495–497, 512
Apuleio, Lucio 48
Aragon, Louis 520
Arbasino, Alberto 484, 486
Arendt, Hannah 438
Aretino, Pietro 176, 250, 253
Ariosto, Ludovico 168, 173, 176, 185, 251, 256, 743
Aristote (siehe Aristotele)
Aristotele 29, 48, 173 f., 334
Armstrong, Louis 625, 629, 631
Arp, Hans 518
Arslan, Antonia 498
Aspasie 285
Attila 290, 293
Auerbach, Erich 41–44, 46–52, 98, 605

Augé, Marc 612, 744
Augier, Émile 367
Aurier, Albert 659
Ayler, Albert 629 f.

Bacon, Francis 32, 711, 718, 725, 735
Baker, Chet 630
Baldo di Scarlino 117, 125–127
Balzac, Honoré de 33, 57, 295, 336, 341, 352, 359, 388, 398, 406 f., 543 f., 547, 605 f., 663 f., 666, 669, 684 f., 687 f., 722, 727, 729 f., 743
Bancquart, Marie-Claire 441–443, 445, 450–452
Banville, Théodore de 353
Barbey d'Aurevilly, Jules Amédée 418, 544
Barrès, Maurice 45, 432
Barth, John 337, 392, 551, 673
Barthes, Roland 726
Barthou, Louis 45
Batacchi, Domenico Luigi 252 f.
Baudelaire, Charles 302, 319–321, 329, 333–354, 388, 512, 692, 733
Baudus, Marie Élie Guillaume de 291
Bayle, Pierre 392
Beaujour, Michel 499
Bechet, Sydney 619, 627, 631
Beckett, Samuel 518, 525, 598, 674
Bédier, Joseph 44–46, 103
Beethoven, Ludwig van 502
Beiderbecke, Leon Bix 630
Belleau, Rémi 162
Benda, Julien 432

Bernard, Émile 303, 425, 441, 654, 659, 728, 756
Béroul 100
Bertran de Born 106, 130
Bettarini, Rosanna 121, 123, 134, 138, 140, 533
Bichat, Marie François Xavier 392
Biran, Maine de 266
Blanchot, Maurice 598
Bloy, Léon 423
Boccaccio, Giovanni 253, 741
Böcklin, Arnold 495, 502 f., 510
Boggi, Giovanni 280
Boiardo, Matteo Maria 175–177, 251, 463 f., 744
Boileau, Nicolas 211, 417
Boisdeffre, Pierre de 679
Bonagiunta da Lucca 120, 127
Bonaparte (siehe Napoléon) 254, 285–291, 293
Bontempelli, Massimo 496, 502
Bossuet, Jacques Bénigne 342
Botticelli, Sandro 516, 521
Bouillaud, Jean-Baptiste 394
Brachet, Jean-Louis 385, 390 f.
Braff, Rubby 630
Brancati, Vitaliano 484–489, 492
Brantôme, seigneur de [Pierre de Bourdeille] 154, 162, 164
Breton, André 78–81, 83 f., 86, 95, 102, 514, 516, 546, 554, 621
Breughel 736
Brinvilliers, Marquise de [Marie-Madeleine Marguerite d'Aubray] 267
Briquet, Pierre 385, 390
Broch, Hermann 662, 666, 669, 671
Brod, Max 59, 640, 643, 668
Broe, Roger 563
Broussais, François 392, 394
Brown, Clifford 626, 630

Callisthène 290
Calvino, Italo 405, 597–618, 742, 753
Camilleri, Andrea 518
Camus, Albert 672 f.

Capellano, Andrea 111 f.
Carducci, Giosuè 256, 462, 482
Carlino, Marcello 510
Carlo Magno (siehe Charlemagne)
Carnet, Nelly 354, 690
Carretto, Galeotto del 167, 169
Casti, Giovanni Battista 252 f.
Castiglione, Baldassarre 151, 168
Catherine de Médicis 155 f.
Catone, Marco Porcio 108
Catullo 461, 465
Cavalcanti, Guido 118, 120–122, 126, 129, 131, 134, 540
Cavallotti, Felice 495 f.
Celati, Gianni 245, 741–753
Cellini, Benvenuto 503
Cervantes, Miguel de 32, 110
César, Jules 289
Cézanne, Paul 653
Chalon, Louis 458
Chamfort, Sébastien Roch Nicolas 205, 407
Champvallon, seigneur de [Jacques de Harlay] 151, 163
Chaouat, Bruno 285
Chapelain, Jean 250, 254
Charcot, Jean-Martin 385, 395
Charlemagne 46, 97, 198, 293
Charles IX 155
Chateaubriand, François-René de 285–294, 417, 423, 684
Chénier, André 445
Chirico, Giorgio de 546, 745
Chrétien de Troyes 57 f., 72, 83–85, 98 f., 104–111, 129, 135
Chrysostome, Jean 655
Cicero, Marcus Tullius 106, 108, 262, 416, 475
Cicerone, Marco Tullio (siehe Cicero, Marcus Tullius)
Cino da Pistoia 117, 120–122, 125–127, 131 f., 134
Claretie, Jules 500
Claudel, Paul 622, 633, 651
Clayton, Buck 630

Colbert, Jean-Baptiste 202, 206
Colby, Alice M. 57, 98, 100, 104
Collodi, Carlo 495, 508 f.
Coltrane, John 621, 631
Corbellari, Alain 45
Corti, Maria 337 f., 530, 535, 540, 591
Crépet, Eugène 338–342
Croce, Benedetto 416, 661
Cupis de Camargo, Jean-Baptiste 260 f.
Curtius, Ernst Robert 43, 85, 105 f., 109, 182 f.

Dandrey, Patrick 333, 337 f., 342, 344–346
D'Annunzio, Gabriele 512, 526
Dante da Maiano 121, 123, 125, 134
Dante (siehe Alighieri, Dante)
d'Aubigné, Théodore Agrippa 154, 156, 158
Daudet, Alphonse 410, 412
Daudet, Léon 428
Davanzati, Chiaro 119, 121, 127, 134
Davies, Miles 624, 626, 629
De Camilli, Davide 235 f., 240, 243
Defoe, Daniel 216
Del Giudice, Daniele 673, 677–679
Delacroix, Eugène 333, 652
Deleuze, Gilles 713, 720, 724
Delfini, Antonio 507, 744
Derrida, Jacques 526, 572, 579, 661
Descartes, René 207
Desportes, Philippe 162
d'Este, Isabella 167
Dickens, Charles 666
Diderot, Denis 216, 229, 349, 394, 407, 449, 652, 729
Didi-Huberman, Georges 385
Dionisotti, Carlo 168, 174
Dix, Otto 248, 309, 313, 315, 340, 355, 361, 629, 653, 658, 718, 725, 727, 735
Dolce, Ludovico 129, 134, 139 f., 142, 170–173, 175, 245, 257, 376, 380, 459, 471, 474, 500, 594
Donatello [Donato di Niccolò di Betto Bardi] 489

Dottori, Carlo de' 252
Doubrovsky, Serge 728
Dreyfus, Alfred 427–429, 431, 436 f.
Du Bouchet, André 628
Du Camp, Maxime 322, 326, 329
Dujardin, Édouard 424
Dumas, Alexandre 154, 158 f.
Dumas fils, Alexandre 367
Duncan, Isadora 495, 498 f., 509
d'Urfé, Antoine 162
d'Urfé, Honoré 162
Durkheim, Émile 667
Dvořak, Max 50

Ebreo, Leone 163
Ecateo 48 f.
Eco, Umberto 368, 673 f.
Edison, Harry 624, 627
Eginardo 97
Einstein, Carl 518
Eldridge, Roy 626 f., 629
Eliot, George [Evans, Mary Ann] 666
Elle, Louis Ferdinand 46 f., 56–59, 61–69, 72 f., 102, 106–108, 149, 153, 160, 164, 210, 248, 265, 285–288, 290–292, 295–315, 317 f., 322 f., 325–328, 345, 350, 352, 354 f., 357–360, 362 f., 384, 389–391, 394, 405, 420–422, 424, 428–430, 432–440, 443–445, 447, 449, 451–454, 545–555, 571 f., 575, 619–623, 625, 627–630, 632, 635, 638–640, 642–645, 649, 651, 655, 657 f., 660, 664, 672, 685 f., 692 f., 697, 701–707, 709, 720, 722, 729, 733, 755
Ellington, Duke 623, 625 f., 628 f.
Éluard, Paul 520
Enghien, duc de [Louis Antoine Henri de Bourbon-Condé] 290
Enrico II [Plantageneto] 95
Equicola, Mario 163
Erodoto 48
Eschilo 168
Esopo 79, 85
Esquirol, Jean Etienne Dominique 395
Euripide 168–171, 174 f., 451, 454 f.

Ezechiele 346

Faitinelli, Pietro 129
Faral, Edmond 43, 57, 70, 97, 104, 107, 109
Farina, Salvatore 365
Fauchet, Claude 75
Faulkner, William Cuthbert 635, 642
Faure, Élie 639
Federico II [di Svevia] 103, 134
Fellini, Federico 744
Feltrinelli, Antonio 98, 248, 484, 508, 741
Fénéon, Félix 423
Ferecide 48
Fermine, Maxence 683–692, 694 f.
Ferrier-Caverivière, Nicole 203, 287
Ficino, Marsilio 162 f., 521, 584
Fido, Franco 231
Filippi, Rustico 120, 123, 134
Flaubert, Gustave 57, 299, 380, 388, 398, 407, 547, 684, 709 f.
Folchetto di Marsiglia 123, 134
Folengo, Teofilo 744
Fontaine, Nicolas 203, 417
Foresti, Iacopo Filippo 169
Fort, Paul 49, 57, 62, 88, 100, 127 f., 194, 201, 215, 227 f., 240, 248, 269, 293, 302, 305, 309, 312, 315–317, 321, 325, 327, 334 f., 341, 346, 348, 350 f., 356 f., 371, 375, 408, 420, 423, 436, 438, 458, 484, 489, 493, 529, 535, 552, 574, 577, 587, 590, 595, 630, 638, 653, 659, 662, 666, 697, 705, 728, 747
Forteguerri, Niccolò 252 f.
Foscolo, Giovanni 280
Foscolo, Ugo 247, 275–283
Foucault, Michel 392, 526 f., 731
Fowles, John 673
France, Anatole 44 f., 68, 75, 81, 149, 152, 154, 159, 164, 200, 203, 206, 211, 250, 260, 263, 266, 286–288, 290, 293, 329, 342, 346, 385, 395, 407, 413, 417 f., 420, 425, 427 f., 432–438, 440–445, 447, 450, 452, 455, 623, 631, 654, 658, 684, 727
François I [de Valois] 160

Franquetot de Coigny, Aimée 445
Frénaud, André 621
Frescobaldi, Dino 125, 130, 134
Freud, Sigmund 335, 340, 512, 524, 670, 677, 718
Frye, Northrop 334, 429, 438
Fumaroli, Marc 191, 285
Fusco, Mario 670

Gadda, Carlo Emilio 276, 484, 542
García Márquez, Gabriel 689
Garland, Johannes von 184
Garrisson, Janine 151–153, 155, 162
Gassendi, Pierre 207
Gates, Bill 721, 723, 730, 732
Gatti, Fabrizio 707
Gatti, Gabriele 179–182
Gautier, Louis 394
Gautier, Théophile 341, 343, 403, 406 f., 418, 421
Gelli, Giambattista 462, 464
Gemito, Vincenzo 495, 497 f., 502, 504, 507, 509
Genette, Gérard 97, 626, 745
Gervais de La Rue, Abbé 75
Gessner, Salomon 275
Giacomo da Lentini 119 f., 132, 134
Gianni, Francesco 254
Gianni, Lapo 117, 119, 125–127, 130, 134
Giddens, Anthony 663, 666, 674
Gide, André Paul Guillaume 677
Gillespie, John Birks «Dizzy» 626, 630 f.
Giono, Jean 652 f.
Giovanna d'Arco (siehe Jeanne D'Arc) 251
Giraldi, Giovan Battista 170, 172 f., 178
Gissey, Henry de 212
Glatigny, Albert 458
Goethe, Johann Wolfgang von 281, 394, 445, 513, 548, 561 f., 582
Goffredo di Strasburgo (siehe Gottfried von Straßburg)
Goncourt, Edmond de 389–391, 395 f., 401–404, 406–408, 411 f.,

Goncourt, Jules de 389–391, 395 f., 401–404, 406–408, 412,
Goodman, Benny 620
Gottfried von Straßburg 103
Gourmont, Remy de 413–421, 424 f., 427
Goya, Francisco de 32, 545, 649
Gozzi, Gasparo 231–236, 238, 240, 243–245
Gracq, Julien 543–547, 550–555
Gray, Thomas 443
Greimas, Algirdas Julien 30, 664
Greppi, Paolina 369
Gros, Antoine-Jean 103, 289, 359, 441, 636, 652
Grosjean, Jean 621
Groto, Luigi 170, 179–196
Guattari, Félix 713, 720
Guérin, Jules 429, 438
Guillevic, Eugène 621
Guinizzelli, Guido 120
Guise, Herzog von 93, 110, 155, 363, 427
Guittone d'Arezzo 125, 128, 135

Hackett, Bobby 630
Hagens, Gunther von 725 f., 735
Hamann, Johann Georg 511
Hamon, Philippe 97 f., 115, 334, 337, 339 f., 346, 654, 735
Hampton, Lionel 619, 627, 631
Hannibal 325
Hardwick, Otto 626
Hawkins, Coleman 619–623, 633
Hegel, Georg Wilhelm Friedrich 52, 416, 522, 661, 666, 723
Heidegger, Martin 525
Heier, Edmund 741
Heinrich IV. 161, 200
Henderson, Fletcher 45, 619, 623 f., 629, 631, 633
Henri d'Anjou (siehe Henri III)
Henri de Navarre (siehe Henri IV)
Henri II [de Valois] 160
Henri III 156, 198
Henri IV 149 f., 158–160, 448
Hesiod 187

Hoffmann, E. T. A. 685
Homer 184, 187, 193
Horace 72, 350, 455
Houdart de la Motte, Antoine 254
Houellebecq, Michel 711–725, 727–739
Hue de Rotelande 110 f.
Hugo, Victor 302, 333–352, 362–364, 407, 450, 735
Huisman, Jacques 563
Husić, Snježana 506
Huysmans, Joris-Karl 422, 424

Jabès, Edmond 526
Jacopo da Lèona 117
James, Henry 107, 201, 711
Jean Renart 99–101, 103, 105, 110 f., 113–115
Jeanné, Egide 250
Jeanne d'Arc 64, 250, 287, 441
Jérusalem, Christine 64, 438, 664, 708
Jobs, Steve 721, 723, 730, 732
Joyce, James 34, 584, 635
Junquières, Jean-Baptiste de 249

Kafka, Franz 34, 583, 586, 591, 667, 669–671, 677
Kalscheuer, Claudia 697
Kantorowicz, Ernst 199–201
Kaprièlian, Nelly 697 f., 707
Karl der Große (siehe Charlemagne)
Katharina von Medici (siehe Catherine de Médicis)
Keller, Gottfried 663, 666 f., 671
Kienzle, Siegfried 559 f., 575
Köhler, Gisela Ruth 130, 597, 601, 727
Konitz, Lee 632

La Bruyère, Jean de 33, 203, 212, 216, 219 f., 223 f., 227, 229, 233 f., 238, 245, 262, 407, 684
La Fontaine, Jean de 33, 50 f., 204–208, 213, 251, 417
La Rochefoucauld, François de 220
Labarthe, Patrick 319 f.
Labitte, Charles 417

Lacombe-Saint-Michel, Jean-Pierre 636 f.
Laforgue, Jules 424
Lamartine, Alphonse de 355, 361, 659, 727
Landolfi, Tommaso 484, 503
Langer, Susanne 351, 571
Lapujade, Antoine 162
Larbaud, Valery 628
Lasserre, Pierre 45
Latini, Brunetto 79, 82 f., 126
Laurent Lecoulteux, Madame 445
Laurentino 649
Lautréamont, comte de [Isidore Lucien Ducasse] 353, 421
Lavater, Johann Caspar 263, 265, 271, 309
Le Chaplain, Julien 636
Le Fèvre de La Broderie, Guy 162
Lebrun, Charles 263, 265–267, 269
Leiris, Michel 581
Lejeune-Dehousse, Rita 100, 115
Lemaître, Jules 418, 421, 429
Lemercier, Népomucène 342
Lenoirs, Alexandre 263
Leonardo Da Vinci 489
Leone X 167, 174
Leopardi, Giacomo 247, 469, 511–513, 517, 523, 743
Lessing, Gotthold Ephraim 711, 729
L'Estoile, Pierre de 157
Levaillant, Jean 444, 454 f.
Lévrier, Alexis 219, 223 f.
Lippi, Lorenzo 252
Loisy, Alfred 44
Longhi, Pietro 234–236, 239 f., 243
Longo, Sofista 187, 242
Lorrain [Claude Gellée, dit «le Lorrain»] 649
Lot Borodine, Myrra 100, 115
Lotto, Lorenzo 730
Louis XIV 197 f., 201–203, 206, 208, 210, 212 f., 403
Louis XVIII 292
Louÿs, Pierre 423
Ludwig XIV. (siehe Louis XIV)

Lyotard, Jean-François 661
Mabili, Lorenzo 495, 497, 503
Maeterlinck, Maurice 424
Mâle, Emile 50, 408, 440, 444
Malherbe, François de 162
Mallarmé, Stéphane 422, 424, 512, 523, 526, 532, 661
Malraux, André 627 f.
Manet, Édouard 345, 347, 411, 652
Mann, Heinrich 153 f., 159
Mann, Thomas 484, 678
Manuzio, Aldo 169
Manzoni, Alessandro 34, 247, 278
Marcellino, Ammiano 48
Marcuse, Herbert 676
Marguerite de Navarre 160
Marguerite de Valois, reine de Navarre 149–156, 158–163, 166
Maria di Francia (siehe Marie de France)
Marie de France 75–78, 83, 85, 89, 94, 97, 110–113, 464
Mariéjol, Jean-Hippolyte 159
Marin, Louis 201 f., 324, 438
Marino, Giovan Battista 179 f., 182, 190–196, 536, 544
Marivaux, Pierre Carlet de 219–221, 224, 305, 311
Martens, Wolfgang 217–219
Martin, Denis 563, 712, 714, 716–723, 729–733
Marx, Karl 677
Mascheroni, Lorenzo 254
Matte Blanco, Ignacio 337
Matthieu de Vendôme 56 f., 104, 107, 109
Mauclair, Camille 424
Mauri, Paulo 743–745
Maurois, André 495, 508
Mauron, Charles 337, 465
Meier, Herbert 259, 580, 757
Melville, Herman 653
Ménard, Louis 458
Ménippe [de Sinope] 428
Mercier, Auguste 429, 436
Mercier, Louis Sébastien 259–271

Merleau-Ponty, Maurice   554
Mestica, Giovanni   275
Meter, Helmut   13–15, 17, 27, 37, 117, 198, 232, 253, 370, 512, 600, 662
Meyer, Arthur   46, 103, 105, 114, 311, 429, 557
Michelangiolo [Michelangelo Buonarotti]   489
Michelet, Jules   250, 396, 464
Michieli, Adriano A.   275, 280
Michon, Pierre   649–660
Miraux, Jean-Philippe   35, 495, 598, 601, 617, 727, 735
Mirbeau, Octave   427–429, 431–435, 438, 440
Mistral, Frédéric   115 f.
Mittner, Ladislao   583, 586, 591
Molière [Jean-Baptiste Poquelin]   33, 220, 226
Monferrato, Beatrice di   105
Mongez, Antoine   149, 159–161
Montaigne, Michel de   162, 217, 333
Montale, Eugenio   484, 511, 516, 521, 529 f., 533–542
Montesquiou, Robert de   423
Monti, Vincenzo   247–249, 251–254, 256, 258, 459
Monticelli, Adolphe   652
Moréas, Jean   422 f.
Morel, Bénédict-Augustin   395
Moretti, Marino   486
Morris, William   715, 727, 736, 739
Morton, Jelly Roll   619, 625, 629
Moscoli, Nerio   121, 134
Most, Glenn W.   167
Munch, Edvard   657
Musil, Robert   584, 666, 670 f., 677
Musset, Alfred de   354, 360–362

Nadar [Gaspard-Félix Tournachon]   338, 733
Napoléon   285–294, 343
Napoleone III   342
NDiaye, Marie   697–702, 707–710
Népomucène, Jean   653, 655 f.

Nicole, Pierre   166, 203 f.
Nida, Eugene Albert   580
Nietzsche, Friedrich   514 f., 666, 673
Nodier, Charles   259–261, 271, 622
Norden, Eduard   48 f., 219
Novalis [Georg Philipp Friedrich Freiherr von Hardenberg]   515, 678

Oliver, Joe «King»   619, 624 f., 627, 629, 631
Olivieri, Ugo M.   43, 231
Omero   254 f., 457, 464
Orlando, Francesco   34, 41, 43, 52, 175 f., 185, 277, 335–337, 342, 352, 463 f.
Orwell, George   637
Ovidio   94

Palazzeschi, Aldo   481–489, 492 f.
Pananti, Filippo   252
Pancrazi, Pietro   482, 485, 488, 493
Panofsky, Erwin   50
Paracelso   495, 506 f.
Parini, Giuseppe   254, 281
Paris, Gaston   14, 35, 44, 46 f., 55–60, 68, 70–72, 75–78, 84, 95, 97–100, 103 f., 106, 108, 111, 115 f., 135, 149–152, 154, 157–159, 161–163, 166, 197, 201–207, 210–212, 216, 219, 221, 238, 247 f., 250, 259–264, 266, 268, 270, 285, 287, 292 f., 295, 297, 301–303, 306, 310, 314 f., 322, 328, 333 f., 336–338, 341, 344, 346 f., 349, 351, 357, 359, 383–390, 392–398, 401–404, 406 f., 412, 416–418, 420, 425, 427–429, 438 f., 441 f., 444–450, 452, 458, 495, 499, 523, 526 f., 543, 547, 551 f., 554, 561, 598, 605, 612, 619, 623, 628, 635 f., 638 f., 649 f., 652, 654, 657, 663 f., 670–673, 675 f., 683–686, 688 f., 691 f., 694, 699–702, 709, 713, 720, 727 f., 735 f., 755 f.
Parisotti, Giovan Battista   174 f.
Parker, Charlie   620 f., 627, 629 f.
Pascal, Blaise   197, 247, 457, 708
Pasci de'Bardi, Lippo   119

Pascoli, Giovanni 457 f., 460–465, 467 f., 471–477, 512
Pascoli, Ida 462, 467, 469
Pascoli, Maria 467–469
Pascucci, Angela 503
Pasolini, Pier Paolo 542
Pasquier, Étienne 290
Passerat, Jean 162
Pazzi de' Medici, Alessandro 170
Péladan, Joséphin 458
Perec, Georges 723
Pérez Galdós, Benito 663
Périclès 285
Perrault, Charles 211–213
Perugi, Maurizio 460, 462, 465
Petrarca, Francesco 34, 119 f., 125, 127, 130, 134, 137 f., 143, 169, 172, 174, 176, 181, 183, 186, 279, 281, 524
Petronio Arbitro, Tito 49
Petrus [Apostel] 515, 721
Pfister, Manfred 30, 559
Philipp V. 197
Philippe de Thaon 59
Pie VII 290
Piëch, Ferdinand 721 f., 730
Pier della Vigna 117, 121
Piles, Roger de 199
Pinel, Philippe 392 f.
Pino, Giuseppe 621
Pirandello, Luigi 34, 518
Platon 49, 162, 324, 730, 734, 738
Platone (siehe Platon)
Plotino 345
Pollock, Jackson 651, 724, 735
Pontano, Giovanni 275
Pound, Ezra 537
Poussin, Nicolas 199, 204 f.
Protagora 49
Proust, Marcel 34, 406, 635, 671, 678, 684, 711
Pugliese, Giacomino 117, 120, 125 f., 129, 132
Pulci, Luigi 251, 253

Quaghebeur, Marc 560, 563 f.

Quasimodo, Salvatore 511–527

Rabaté, Dominique 438, 701, 708
Rabelais, François 50, 251, 290, 407
Radisch, Iris 698
Raimbaut de Vaqueiras 105
Rainer, Arnulf 191, 718
Rajna, Pio 46, 126
Raphaël [Raffaello Sanzio] 360
Ravachol [François Koenigstein] 427
Rebell, Hugues 423
Réda, Jacques 619–633
Regn, Gerhard 179, 186, 598, 600
Régnier, Henri de 424
Reine Margot (siehe Marguerite de Valois, reine de Navarre)
Reiß, Katharina 557 f.
Rembrandt [Harmenszoon van Rijn] 652
Renan, Ernest 44, 407, 417
Renard, Jules 422
Renaut 98–113, 115
Rèpaci, Leonida 484
Retz, cardinal de [Jean-François-Paul de Gondi] 33, 403
Retz, maréchale de [Claude Catherine de Clermont] 161
Ribot, Théodule-Armand 420
Richard, Jean-Pierre 113, 641, 661
Ricœur, Paul 347
Riegl, Alois 49–52
Rigaud, Hyacinthe 197–202, 208–213
Rigoli, Juan 395
Rilke, Rainer Maria 513
Rimbaud, Arthur 353–360, 362–364, 421, 619, 621 f., 626, 628, 630, 633, 653, 660, 688
Robbe-Grillet, Alain 598, 608, 635, 655, 673–675, 678, 684, 687
Robert, Adolphe 75, 203, 261, 417, 425, 637
Robespierre, Maximilien de 452–455
Robinet, Charles 200 f.
Robinet, Jean François Eugène 637
Rodio, Apollonio 457
Rollinat, Maurice 458